Studium und Praxis

v. Lewinski/Rüpke/Eckhardt
Datenschutzrecht

Datenschutzrecht

Grundlagen und europarechtliche Neugestaltung

von

Dr. Kai von Lewinski
Professor an der Universität Passau

Dr. Giselher Rüpke MCL
Privatdozent an der Goethe-Universität, Frankfurt a. M.
Rechtsanwalt

Dr. Jens Eckhardt
Rechtsanwalt in Düsseldorf

2. Auflage, 2022

C.H.BECK

Zitiervorschlag: Lewinski/Rüpke/Eckhardt, DatSR

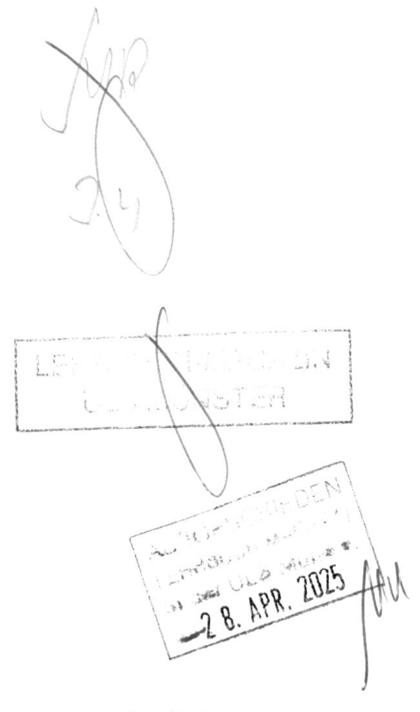

www.beck.de

ISBN Print 978 3 406 74028 2
ISBN E-Book 978 3 406 75972 7

Wilhelmstraße 9, 80801 München
Satz, Druck, Bindung und Umschlaggestaltung:
Druckerei C. H. Beck Nördlingen
(Adresse wie Verlag)

Gedruckt auf säurefreiem, alterungsbeständigem Papier
(hergestellt aus chlorfrei gebleichtem Zellstoff)

Vorwort

Das Datenschutzrecht ist seit 2018 nun europäisch. Es ist aber mehr als nur die DS-GVO. Für sein Verständnis und die Anwendung muss auch auf seine Grundlagen, sein Herkommen und seine primär- und verfassungsrechtliche Verortung geschaut werden. Dieser bewährte Ansatz aus der 1. Auflage wurde beibehalten, auch wenn viele Rückbezüge auf das alte BDSG nun getilgt werden konnten. Insgesamt ist die vorliegende aktualisierte Neuauflage auf dem Stand von Anfang 2022, insbesondere einschließlich der Änderungen durch das TTDSG und das RegMoG.

Die Verteilung der Kapitel aus der 1. Auflage unter den Autoren wurde weitestgehend beibehalten. Die Aktualisierung ist größtenteils in Passau besorgt worden. Hierfür danken die Autoren herzlich (in alphabetischer Reihenfolge) Frau *Katrin Biermeier,* Herrn *Maximilian Gerhold* und Herrn *Marvin Gülker,* die unter teils widrigen Umständen in der Coronazeit geholfen haben, die Entwicklungen seit dem Ersterscheinen nachzutragen. Dies alles wäre ohne die Unterstützung durch die Hilfskräfte des Lehrstuhls nicht möglich gewesen; hier geht unser Dank an Frau *Julia Lebmann,* Herrn *Kilian Ludwig,* Herrn *Vinzenz Luckas,* Frau *Katharina Misdziol* und Frau *Isabell Selbmann.* Sehr hilfreich war die personelle Unterstützung durch die Forschungsstelle für Rechtsfragen der Digitalisierung (FREDI) der Universität Passau.

Passau/Frankfurt a. M./Düsseldorf
im Februar 2022

v. Lewinski/Rüpke/Eckhardt

Inhaltsverzeichnis

3. Abschnitt. Europarechtliche (primärrechtliche) Basis

2. Teil. Harmonisiertes europäisches Datenschutzrecht nach DS-GVO

1. Abschnitt. Geltungsbereich der DS-GVO

2. Abschnitt. Rechtlich vorgegebene Grundstruktur für die Verarbeitung personenbezogener Informationen

3. Abschnitt. Steuerung riskanter Verfahren

4. Abschnitt. Datensicherheit. Technischer/organisatorischer Datenschutz

6. Abschnitt. Haftung, Sanktionen

Abkürzungsverzeichnis

a. A.	anderer Ansicht
a. a. O.	am angeführten Ort
a. E.	am Ende
a. F.	alte Fassung (einer Rechtsvorschrift)
ABl. EG	Amtsblatt der Europäischen Gemeinschaft(en)
ABl. EU	Amtsblatt der Europäischen Union
Abs.	Absatz
AcP	Archiv für die civilistische Praxis (Zsch.)
AEUV	Vertrag über die Arbeitsweise der Europäischen Union
AG	Amtsgericht
AGG	Allgemeines Gleichbehandlungsgesetz
AktG	Aktiengesetz
Alt.	Alternative
Amtl. Begr.	Amtliche Begründung
Anm.	Anmerkung
AO	Abgabenordnung
AöR	Archiv des öffentlichen Rechts (Zsch.)
APEC	Asia-Pacific Economic Cooperation (Asiatisch-Pazifische Wirtschaftsgemeinschaft)
ArbG	Arbeitsgericht
ArbGG	Arbeitsgerichtsgesetz
Art.	Artikel
ATDG	Antiterrordateigesetz
AufenthG	Aufenthaltsgesetz
AuslG	Ausländergesetz
Az.	Aktenzeichen
AZRG	Ausländerzentralregistergesetz
BAG	Bundesarbeitsgericht
BAnz.	Bundesanzeiger
BArchG	Bundesarchivgesetz
BauGB	Baugesetzbuch
BayLDA	Bayerisches Landesamt für Datenschutzaufsicht
BayObLG	Bayerisches Oberstes Landesgericht
BayVBl.	Bayerische Verwaltungsblätter (Zsch.)
BB	Betriebs-Berater (Zsch.)
BBankG	Bundesbankgesetz
BBG	Bundesbeamtengesetz
Bd.	Band
BDG	Bundesdisziplinargesetz
BDO	Bundesdisziplinarordnung
bDSB	behördlicher/betrieblicher Beauftragter für den Datenschutz
BDSG	Bundesdatenschutzgesetz
BeamtStG	Beamtenstatusgesetz
BeckOK DatenSR	→ Wolff/Brink (Lit.-Verzeichnis)
Beschl.	Beschluss
BetrVG	Betriebsverfassungsgesetz
BfD	Bundesbeauftragter für den Datenschutz
BfDI	Bundesbeauftragter für den Datenschutz und die Informationsfreiheit
BFH	Bundesfinanzhof
BGB	Bürgerliches Gesetzbuch
BGBl.	Bundesgesetzblatt
BGH	Bundesgerichtshof

BGHSt .... Bundesgerichtshof in Strafsachen (Entscheidungssammlung)
BGHZ .... Bundesgerichtshof in Zivilsachen (Entscheidungssammlung)
BHO .... Bundeshaushaltsordnung
BImSchG .... Bundes-Immissionsschutzgesetz
BKA .... Bundeskriminalamt
BKAG .... Bundeskriminalamtsgesetz
BKGG .... Bundeskindergeldgesetz
BKR .... Zeitschrift für Bank- und Kapitalmarktrecht (Zsch.)
BMA, BMAS .... Bundesministerium für Arbeit und Sozialordnung
BMI .... Bundesministerium des Innern
BMG .... Bundesmeldegesetz
BMinG .... Bundesministergesetz
BMJ .... Bundesministerium der Justiz
BMJV .... Bundesministerium der Justiz und für Verbraucherschutz
BMWi .... Bundesministerium für Wirtschaft und Energie
BND .... Bundesnachrichtendienst
BNDG .... Gesetz über den Bundesnachrichtendienst
BNotO .... Bundesnotarordnung
BPersVG .... Bundespersonalvertretungsgesetz
BPolG .... Bundespolizeigesetz
BR .... Bundesrat
BRAO .... Bundesrechtsanwaltsordnung
BR-Drs. .... Bundesrats-Drucksache
BReg .... Bundesregierung
BRHG .... Bundesrechnungshofgesetz
BSI .... Bundesamt für Sicherheit in der Informationstechnik
BStatG .... Bundesstatistikgesetz
BStBl. .... Bundessteuerblatt
BStU .... Bundesbeauftragter für die Unterlagen der Staatssicherheit der ehemaligen Deutschen Demokratischen Republik (Stasiunterlagenbehörde)
BT .... Bundestag
BT-Drs. .... Bundestags-Drucksache
BVerfG .... Bundesverfassungsgericht
BVerfGE .... Bundesverfassungsgericht (Entscheidungssammlung)
BVerfGG .... Gesetz über das Bundesverfassungsgericht
BVerfSchG .... Bundesverfassungsschutzgesetz
BVerwG .... Bundesverwaltungsgericht
BVerwGE .... Bundesverwaltungsgericht (Entscheidungssammlung)
BWG .... Bundeswahlgesetz
BWO .... Bundeswahlordnung
BZR .... Bundeszentralregister
BZRG .... Bundeszentralregistergesetz

c.i.c. .... Culpa in contrahendo
CR .... Computer und Recht (Zsch.)
CuA .... Computer und Arbeit (Zsch.)

d.h. .... das heißt
DANA .... Datenschutz-Nachrichten (Zsch.)
DB .... Der Betrieb (Zsch.)
dbr .... Der Betriebsrat (Zsch.)
DDV .... Deutscher Direktmarketing Verband
De-Mail-G .... De-Mail-Gesetz
DIHK .... Deutscher Industrie- und Handelskammertag
DÖV .... Die öffentliche Verwaltung (Zsch.)
DRiG .... Deutsches Richtergesetz
DRiZ .... Deutsche Richterzeitung (Zsch.)
DSB .... Datenschutz-Berater (Zsch.)

DS+DS .... → DuD
DSG-EKD .... Kirchengesetz über den Datenschutz in der Evangelischen Kirche in Deutschland
DS-GVO .... EU-Datenschutz-Grundverordnung
DSRL .... Richtlinie 95/46/EG zum Schutz natürlicher Personen bei der Verarbeitung personenbezogener Daten
DSWR .... Datenverarbeitung in Steuer, Wirtschaft und Recht (Zsch.)
DtZ .... Deutsch-Deutsche Rechts-Zeitschrift (Zsch.)
DuD .... Datenschutz und Datensicherheit (Zsch.)
DVBl. .... Deutsches Verwaltungsblatt (Zsch.)
DVD .... Deutsche Vereinigung für Datenschutz e. V.
DVO .... Durchführungsverordnung
DVR .... Datenverarbeitung im Recht (Zsch.)

EDPL .... European Data Protection Law Review (Zsch.)
EDV .... Elektronische Datenverarbeitung
EG .... Europäische Gemeinschaft
EGGVG .... Einführungsgesetz zum Gerichtsverfassungsgesetz
EGMR .... Europäischer Gerichtshof für Menschenrechte
EGV .... Vertrag über die Europäische Gemeinschaft
Einf. .... Einführung
EK-DSRL .... Datenschutzrichtlinie für elektronische Kommunikation
EKD .... Evangelische Kirche in Deutschland
EMRK .... Europäische Menschenrechtskonvention
EnWG .... Energiewirtschaftsgesetz
E-Privacy-RL .... → EK-DSRL
E-Privacy-VO[-E]....... [Entwurf der] E-Privacy-Verordnung
ErgLfg. .... Ergänzungslieferung
Erl. .... Erläuterung
ErwGr .... Erwägungsgrund
EthRG .... Ethikratgesetz
EU .... Europäische Union
EuG .... Gericht der Europäischen Union
EuGH .... Europäischer Gerichtshof
EUV .... Vertrag über die Europäische Union
EuZW .... Europäische Zeitschrift für Wirtschaftsrecht (Zsch.)
EV .... Einigungsvertrag
evtl. .... eventuell
EWR .... Europäischer Wirtschaftsraum

f., ff. .... folgend(e), fortfolgende
Fa. .... Firma
FAG .... Gesetz über Fernmeldeanlagen
FamFG .... Gesetz über das Verfahren in Familiensachen und in den Angelegenheiten der freiwilligen Gerichtsbarkeit
F. A. Z. .... Frankfurter Allgemeine Zeitung
FernAbsG .... Fernabsatzgesetz
FG .... Finanzgericht, Festgabe
FGO .... Finanzgerichtsordnung
Fn. .... Fußnote
FS .... Festschrift
FTC .... Federal Trade Commission
FuR .... Film und Recht (Zsch.)
FVG .... Finanzverwaltungsgesetz

G 10 .... Gesetz zur Beschränkung des Brief-, Post- und Fernmeldegeheimnisses (Artikel 10-Gesetz)
GBl. .... Gesetzblatt
GBO .... Grundbuchordnung

GDD .... Gesellschaft für Datenschutz und Datensicherheit
gem. .... gemäß
GenA .... Generalanwalt (beim EuGH)
GenDG .... Gendiagnostikgesetz
GenG .... Genossenschaftsgesetz
GewO .... Gewerbeordnung
GewSchG .... Gewaltschutzgesetz
GG .... Grundgesetz für die Bundesrepublik Deutschland
GGO .... Gemeinsame Geschäftsordnung der Bundesministerien
GmbH .... Gesellschaft mit beschränkter Haftung
GmbHG .... Gesetz betreffend die Gesellschaften mit beschränkter Haftung
GMBl. .... Gemeinsames Ministerialblatt
GO BR .... Geschäftsordnung des Bundesrats
GO BReg .... Geschäftsordnung der Bundesregierung
GO BT .... Geschäftsordnung des Bundestages
GRaGVIiS .... Grundrecht auf Gewährleistung der Vertraulichkeit und Integrität informationstechnischer Systeme
GRCh .... Charta der Grundrechte der Europäischen Union
GRUR .... Gewerblicher Rechtsschutz und Urheberrecht (Zsch.)
GS .... Gedenkschrift
GSZ .... Zeitschrift für das Gesamte Sicherheitsrecht (Zsch.)
GVBl. .... Gesetz- und Verordnungsblatt
G-VIiS .... Gewährleistung der Vertraulichkeit und Integrität informationsrechtlicher Systeme
GVG .... Gerichtsverfassungsgesetz
Gw. .... Grundwerk
GWB .... Gesetz gegen Wettbewerbsbeschränkungen
GwG .... Geldwäschegesetz

h. M. .... herrschende Meinung
Hs. .... Halbsatz
HDSG .... Hessisches Datenschutzgesetz
HDSIG .... Hessisches Datenschutz- und Informationsfreiheitsgesetz
HGB .... Handelsgesetzbuch
HHSp AO .... Hübschmann/Hepp/Spitaler, Abgabenordnung, Finanzgerichtsordnung (Loseblatt)
HRLJ .... Human Rights Law Journal (Zsch.)
Hrsg. .... Herausgeber
HSOG .... Hessisches Gesetz über die öffentliche Sicherheit und Ordnung
HwO .... Handwerksordnung

i. d. F. .... in der Fassung
IDNrG .... Identifikationsnummerngesetz
IDPL .... International Data Privacy Law (Zsch.)
i. d. R. .... in der Regel
i. d. S. .... in diesem Sinne
i. S. v. .... im Sinne von
i. V. m. .... in Verbindung mit
IFG .... Informationsfreiheitsgesetz
insb. .... insbesondere
IPbpR .... Internationaler Pakt über bürgerliche und politische Rechte
IPwskR .... Internationaler Pakt über wirtschaftliche, soziale und kulturelle Rechte
ISDN .... Integrated Services Digital Network
IT .... Informationstechnologie
IuKDG .... Informations- und Kommunikationsdienstegesetz

JGG .... Jugendgerichtsgesetz
JI-RL .... Richtlinie (EU) 2016/680 des Europäischen Parlaments und des Rates vom 27. April 2016 zum Schutz natürlicher Personen bei der Verarbeitung per-

	sonenbezogener Daten durch die zuständigen Behörden zum Zwecke der Verhütung, Ermittlung, Aufdeckung oder Verfolgung von Straftaten ...
JuS	Juristische Schulung (Zsch.)
JVA	Justizvollzugsanstalt
JZ	Juristenzeitung (Zsch.)
K&R	Kommunikation und Recht (Zsch.)
Kap.	Kapitel
KDG	Gesetz über den kirchlichen Datenschutz (der römisch-katholischen Kirche)
KG	Kammergericht
KO	Konkursordnung
KSchG	Kündigungsschutzgesetz
KUG	Kunsturhebergesetz
KWG	Kreditwesengesetz
LAG	Landesarbeitsgericht
LDSG	Landesdatenschutzgesetz
LDSIG	Landesdatenschutz- und Informationsfreiheitsgesetz
LfD	Landesbeauftragter für Datenschutz
LfDI	Landesbeauftragter für Datenschutz und Informationsfreiheit
LG	Landgericht
Lfg.	Lieferung
LKV	Landes- und Kommunalverwaltung (Zsch.)
LSG	Landessozialgericht
LT-Drs.	Landtags-Drucksache
LuftVG	Luftverkehrsgesetz
m. w. N.	mit weiteren Nachweisen
MADG	Gesetz über den militärischen Abschirmdienst
MDR	Monatsschrift für Deutsches Recht (Zsch.)
MDStV	Mediendienstestaatsvertrag
MedienStV	Medienstaatsvertrag
MiStra	Anordnung über Mitteilungen in Strafsachen
MMR	MultiMedia und Recht (Zsch.)
N&R	Zeitschrift für Netzwirtschaft & Recht (Zsch.)
NJ	Neue Justiz (Zsch.)
NJOZ	Neuen Juristischen Online-Zeitschrift (Zsch.)
NJW	Neue Juristische Wochenschrift (Zsch.)
NJW-RR	NJW-Rechtsprechungsreport (Zsch.)
NotVO	Notverordnung
Nr.	Nummer
Nrn.	Nummern
NVwZ	Neue Zeitschrift für Verwaltungsrecht (Zsch.)
NVwZ-RR	NVwZ-Rechtsprechungsreport (Zsch.)
NZA	Neue Zeitschrift für Arbeitsrecht (Zsch.)
NZM	Neue Zeitschrift für Miet- und Wohnungsrecht (Zsch.)
NZWehrr	Neue Zeitschrift für Wehrrecht (Zsch.)
NZWiSt	Neue Zeitschrift für Wirtschafts-, Steuer- und Unternehmensstrafrecht (Zsch.)
Ö, ö	Österreich, österreichisch
OECD	Organisation for Economic Co-operation and Development
OHG, oHG	Offene Handelsgesellschaft
OLG	Oberlandesgericht
OVG	Oberverwaltungsgericht
OWiG	Ordnungswidrigkeitengesetz

PC .... Personal Computer
PersR .... Der Personalrat (Zsch.)
PersV .... Die Personalvertretung (Zsch.)
PinG .... Privacy in Germany (Zsch.)
PKZ .... Personenkennzeichen
PolG .... Polizeigesetz
PostG .... Postgesetz
PrALR .... Allgemeines Landrecht für die Preußischen Staaten
PStG .... Personenstandsgesetz

R. a. i. S. .... Recht auf informationelle Selbstbestimmung
RÄStV .... Rundfunkänderungsstaatsvertrag
RBerG .... Rechtsberatungsgesetz
RdA .... Recht der Arbeit (Zsch.)
RDG .... Rechtsdienstleistungsgesetz
RDV .... Recht der Datenverarbeitung (Zsch.)
RefE .... Referentenentwurf
RegE .... Regierungsentwurf
RegMoG .... Registermodernisierungsgesetz
RFID .... Radio-Frequency Identification
RGBl. .... Reichsgesetzblatt
RGSt .... Reichsgericht in Strafsachen (Entscheidungssammlung)
RGZ .... Reichsgericht in Zivilsachen (Entscheidungssammlung)
RiA .... Recht im Amt (Zsch.)
RL .... Richtlinie
Rn. .... Randnummer
RPflG .... Rechtspflegergesetz
Rs. .... Rechtssache
RStV .... Rundfunkstaatsvertrag
RVO .... Reichsversicherungsordnung

S. .... Seite
s. .... siehe
SCHUFA .... Schutzgemeinschaft für allgemeine Kreditsicherung
SchwbG .... Schwerbehindertengesetz
SG .... Sozialgericht
SGB .... Sozialgesetzbuch
SGG .... Sozialgerichtsgesetz
SigG .... Signaturgesetz
SigV .... Signaturverordnung
SIS .... Schengener Informationssystem
st. Rspr. .... ständige Rechtsprechung
StGB .... Strafgesetzbuch
StPO .... Strafprozessordnung
str. .... streitig
StUG .... Stasiunterlagengesetz
StuR .... Staat und Recht (Zsch.)
StVG .... Straßenverkehrsgesetz
StVO .... Straßenverkehrsordnung
SubvG .... Subventionsgesetz
SÜG .... Sicherheitsüberprüfungsgesetz
SZ .... Süddeutsche Zeitung

TB .... Tätigkeitsbericht
TDDSG .... Teledienstedatenschutzgesetz
TDG .... Teledienstegesetz
TKG .... Telekommunikationsgesetz
TMG .... Telemediengesetz
TPG .... Transplantationsgesetz

TTDSG .... Telekommunikations-Telemedien-Datenschutzgesetz
TVG .... Tarifvertragsgesetz
TVÖD .... Tarifvertrag für den öffentlichen Dienst

u. a. .... unter anderem
u. U. .... unter Umständen
UAbs. .... Unterabsatz
UIG .... Umweltinformationsgesetz
ULD .... Unabhängiges Landeszentrum für Datenschutz Schleswig-Holstein
UN .... Vereinte Nationen
UrhG .... Urheberrechtsgesetz
Urt. .... Urteil
usw. .... und so weiter
UWG .... Gesetz gegen den unlauteren Wettbewerb

VDS .... Vorratsdatenspeicherung
VereinsG .... Vereinsgesetz
VerfGH .... Verfassungsgerichtshof
VermA .... Vermittlungsausschuss
VerSanG .... Verbandssanktionengesetz
VerschG .... Verschollenheitsgesetz
VersR .... Versicherungsrecht (Zsch.)
VerwArch. .... Verwaltungsarchiv (Zsch.)
VG .... Verwaltungsgericht
VGH .... Verwaltungsgerichtshof
VO .... Verordnung
VolkszählG .... Volkszählungsgesetz
VSBG .... Verbraucherstreitbeilegungsgesetz
VVDStRL .... Veröffentlichung der Vereinigung der Deutschen Staatsrechtslehrer
VVG .... Gesetz über den Versicherungsvertrag
VW .... Versicherungswirtschaft (Zsch.)
VwGO .... Verwaltungsgerichtsordnung
VwVfG .... Verwaltungsverfahrensgesetz

WaffG .... Waffengesetz
WBeauftrG .... Gesetz über den Wehrbeauftragten
WM .... Wertpapier-Mitteilungen (Zsch.)
WpHG .... Wertpapierhandelsgesetz
WRP .... Wettbewerb in Recht und Praxis (Zsch.)
WRV .... Weimarer Reichsverfassung

z. B. .... zum Beispiel
ZAfTDa .... Zentralarchiv für Tätigkeitsberichte des Bundes- und der Landesdatenschutzbeauftragten und der Aufsichtsbehörden für den Datenschutz
ZD .... Zeitschrift für Datenschutz (Zsch.)
ZfDR .... Zeitschrift für Digitalisierung und Recht (Zsch.)
ZGE .... Zeitschrift für Geistiges Eigentum (Zsch.)
ZGI .... Zeitschrift für das gesamte Informationsrecht (Zsch.)
(Zsch.)Ziff. .... Ziffer
ZIP .... Zeitschrift für Gesellschaftsrecht und Insolvenzpraxis (Zsch.)
ZPO .... Zivilprozessordnung
ZRP .... Zeitschrift für Rechtspolitik (Zsch.)
ZUM .... Zeitschrift für Urheber- und Medienrecht (Zsch.)

Literaturverzeichnis

Albrecht/Jotzo, Das neue Datenschutzrecht der EU, 2017
Auernhammer, EU-Datenschutz-Grundverordnung/BDSG, 7. Aufl. 2020
Auer-Reinsdorff/Conrad, Handbuch IT- und Datenschutzrecht, 3. Aufl. 2019

Bergmann/Möhrle/Herb, Datenschutzrecht (Loseblatt-Kommentar) Stand: 62. ErgLfg. 2021
Bull, Informationelle Selbstbestimmung – Vision oder Illusion, 2. Aufl. 2011

Calliess/Ruffert (Hrsg.), EUV/AEUV, 6. Aufl. 2022

Dammann/Simitis, Kommentar zur EG-Datenschutzrichtlinie, 1997
Däubler/Klebe/Wedde/Weichert, Bundesdatenschutzgesetz, 5. Aufl. 2016
Däubler/Wedde/Weichert/Sommer, EU-Datenschutz-Grundverordnung und BDSG, 2. Aufl. 2020
Dörr/Schmidt, BDSG – Neues Bundesdatenschutzgesetz, 2. Aufl. 1992
Dreier, Grundgesetz Kommentar, Band 1, Präambel, Art. 1–19, 3. Aufl. 2018
Dürig/Herzog/Scholz (Hrsg.), Kommentar zum Grundgesetz, Loseblatt, Stand: 95. ErgLfg. Dezember 2021

Ehmann/Helfrich, Kommentar zur EG-Datenschutzrichtlinie, 1999
Ehmann/Selmayr, Datenschutz-Grundverordnung, 2. Aufl. 2018
Eßer/Franck, Datenschutzrecht – Fälle und Lösungen, 2022

Fischer, Kommentar zum Strafgesetzbuch, 69. Aufl. 2022
Feiler/Forgó, EU-Datenschutz-Grundverordnung, 2017

Gallwas/Geiger/Schneider/Schwappach/Schweinoch, Datenschutzrecht: Kommentar und Vorschriftensammlung (Loseblatt), Stand 1986
Gola, Datenschutz-Grundverordnung, 2. Aufl. 2018
Gola/Heckmann, Bundesdatenschutzgesetz, 13. Aufl. 2019
Gola/Schomerus, Kommentar zum Bundesdatenschutzgesetz, 12. Aufl. 2015
Gierschmann/Säugling, Systematischer Praxiskommentar Datenschutzrecht, 2014
Gierschmann/Schlender/Veil, Kommentar Datenschutz-Grundverordnung, 2. Aufl. 2022
Grabenwarter/Pabel, Europäische Menschenrechtskonvention, 7. Aufl. 2021
Grabitz/Hilf/Nettesheim (Hrsg.), Das Recht der Europäischen Union, Stand 74. ErgLfg. 2022
v. der Groeben/Schwarze/Hatje (Hrsg.), Europäisches Unionsrecht, 7. Aufl. 2015

Härting, Datenschutz-Grundverordnung, 2016
Hoeren/Sieber/Holznagel (Hrsg.), Handbuch Multimedia-Recht. Rechtsfragen des elektronischen Geschäftsverkehrs, 57. Aufl. 2021

Isensee/P. Kirchhof (Hrsg.), Handbuch des Staatsrechts, 3. Aufl. 2003 ff.

Jahnel/Bergauer, Datenschutz-Grundverordnung, 2021
Jarass, Charta der Grundrechte der EU (GRCh), 4. Aufl. 2021
Jarass/Kment, EU-Grundrechte, 2. Aufl. 2019
Jarass/Pieroth, Grundgesetz für die Bundesrepublik Deutschland, Kommentar, 17. Aufl. 2022

Kamlah/Schimmel/Schwan, Bundesdatenschutzgesetz, Kommentar, Stand: 31. Lfg. 6/1982
Kingreen/Poscher, Grundrechte Staatsrecht II, 37. Aufl. 2021
Kühling/Buchner, DS-GVO. BDSG, 3. Aufl. 2020
Kühling/Klar/Sackmann, Datenschutzrecht, 5. Aufl. 2021
Kühling/Martini et al., Die DSGVO und das nationale Recht, 2016

Laue/Nink/Kremer, Das neue Datenschutzrecht in der betrieblichen Praxis, 2016

v. Mangoldt/Klein/Starck, Kommentar zum Grundgesetz, 7. Aufl. 2018
Meyer/Hölscheidt (Hrsg.), Charta der Grundrechte der Europäischen Union, 5. Aufl. 2019

Paal/Pauly, DSGVO, 3. Aufl. 2021
Plath, BDSG/DSGVO – Kommentar zum BDSG und zur DSGVO sowie den Datenschutzbestimmungen des TMG und TKG, 3. Aufl. 2018

Roßnagel, Handbuch Datenschutzrecht, 2003
Roßnagel (Hrsg.), Europäische Datenschutz-Grundverordnung, 2017

Schantz/Wolff, Das neue Datenschutzrecht, 2017
Schwarze/Becker/Hatje/Schoo (Hrsg.), EU-Kommentar, 4. Aufl. 2019
Schwartmann/Jaspers/Thüsing/Kugelmann, DS-GVO/BDSG, 2018
Simitis, Kommentar zum Bundesdatenschutzgesetz, 8. Aufl. 2014
Simitis/Dammann/Mallmann/Reh, Dokumentation zum Bundesdatenschutzgesetz, Stand 6/2017
Simitis/Hornung/Spiecker, Datenschutzrecht, 2019
Specht/Mantz, Handbuch Europäisches und deutsches Datenschutzrecht, 2019
Spindler/Schuster, Recht der elektronischen Medien, 4. Aufl. 2019
Sydow (Hrsg.), Europäische Datenschutzgrundverordnung, 2. Aufl. 2018

Taeger, Einführung in das Datenschutzrecht, 2014
Taeger/Gabel, Bundesdatenschutzgesetz, Kommentar zum BDSG und den einschlägigen Vorschriften des TMG und TKG, 4. Aufl. 2021
Tinnefeld/Buchner/Petri, Einführung in das Datenschutzrecht, 7. Aufl. 2021

Woertge, Die Prinzipien des Datenschutzrechts und ihre Realisierung im geltenden Recht, 1984
Wolff/Brink, BeckOK Datenschutzrecht, 39. Ed. Stand: 1.2.2022 ≈ Datenschutzrecht, 2. Aufl. 2022
Wybitul (Hrsg.), Handbuch EU-Datenschutzgrundverordnung, 2017

§ 1. Einführung

A. Kommunikationstechnische Entwicklungsstufen

1 Zeiten ändern sich. Für den Umgang mit Information[1] sind die Entstehung von Sprache[2] und Schrift[3] und zu Beginn der Neuzeit die Erfindung der Buchdruckerkunst[4] Markzeichen. Dasselbe gilt für die Einführung der elektronischen Datenverarbeitung im 20. Jahrhundert, kommunikativ potenziert durch das Internet. Dieses ist zugleich technische Grundlage für die Sozialen Netzwerke, die den Benutzer zeitgleich zum Inhalteersteller und Datenverarbeiter werden lassen.[5] Die Entwicklung im 21. Jahrhundert zeugt von einer exponentiellen Erweiterung der Verarbeitungsmöglichkeiten. Aus diesen folgt eine zuvor unbekannte Fülle verfügbarer Informationen – **„Ubiquitous Computing"**[6] hat den Weg zu **„Big Data"**[7] befördert. Diese kommen nicht nur als unmittelbare Ausgangsbasis für Kommunikation und Umgang mit Personen in Betracht. Vielmehr erstrecken sich die Erkenntnismöglichkeiten – vermöge ermittelbarer Korrelationen im Rahmen statistischer Auswertung – auf daraus herleitbare Einschätzungen (hohe Wahrscheinlichkeitswerte) über Sachverhalte, menschliche Befindlichkeiten und Verhaltensweisen. Beispiele dafür sind Ermittlungen/Prognosen über Gesundheitsgefahren und Kreditausfallrisiken, Pandemien, Nebenwirkungen von Medikamenten, über Verkehrsstaus, Energieverbrauch, Kreditkartenmissbrauch, Risiken des Marktes, soziale Notlagen …

B. Das hergebrachte/fortwirkende deutsche Konzept

2 Im nachfolgenden Kapitel (→ § 2) werden im historischen Überblick u.a. die Anfänge des (west-)deutschen Datenschutzrechts herausgestellt, insbesondere die Gestaltwerdung des BDSG in den 1970er Jahren (→ § 2 Rn. 62ff.). Der damals gewählte Ansatz war ungewöhnlich und kühn, indem der **Umgang mit (fast) jedweder Information** mit irgendeinem **Bezug auf eine natürliche Person** (→ § 10) zum Gegenstand der gesetzlichen Regelung gemacht wurde. Dieser mit dem BDSG 1977 vollzogene Schritt blieb allerdings unter dem Eindruck der durch EDV eröffneten Möglichkeiten zunächst begrenzt auf den Verarbeitungsmodus *„in Dateien"*.[8] Freilich wurde diese Eingrenzung im Hinblick auf Aussagen des Bundesverfassungsgerichts (BVerfG)[9] im

---

[1] Zum „Konzept Information" näheres → § 3 Rn. 15ff.

[2] Vgl. *Vesting*, Die Medien des Rechts: Sprache, 2011, S. 70ff. et pass.; *Maturana/Varela*, Der Baum der Erkenntnis, 2009, Kap. 9, S. 221ff. (span.: El árbol del conocimiento, 1984).

[3] Vgl. *Vesting*, Die Medien des Rechts: Schrift, 2011, § 2, S. 49ff.; *Stetter*, Schrift und Sprache, 1999, pass.

[4] Vgl. *Vesting*, Die Medien des Rechts: Buchdruck, 2013, S. 52ff.

[5] Anders die Systematik des TTDSG (insbes. § 2 Abs. 2 Nrn. 1 u. 3 TTDSG) und auch schon des TMG (insbes. § 2 Abs. 2 Nrn. 1 u. 3 TMG) mit ihren Gegenüberstellungen von Diensteanbieter und Nutzer; zum „ständige[n] Rollenwechsel" *Roßnagel*, MMR 2005, 71 (72, 74f.).

[6] Dazu *Roßnagel/J. Müller*, CR 2004, 625ff.; *Friedewald et al.*, Ubiquitäres Computing, 2010.

[7] Ausführlich *Mayer-Schönberger/Cukier*, Big Data, 2013, pass.; ferner *BITKOM*, Big Data im Praxiseinsatz – Szenarien, Beispiele, Effekte, 2012, jeweils mit vielen Praxisbeispielen; s.a. *Paal/Hennemann*, NJW 2017, 1697; *Ohrtmann/Schwiering*, NJW 2014, 2984.

[8] BDSG v. 27.1.1977 (BGBl. 1977 I S. 201), insbes. § 1 Abs. 2 S. 1 i.V.m. § 2 Abs. 3 Nr. 3 BDSG 1977; dazu näheres → § 8 Rn. 22ff.

[9] Vgl. dazu zunächst grundsätzlich BVerfG, Urt. v. 15.12.1983 – 1 BvR 209/83 u.a., BVerfGE 65, 1 (41ff.) – Volkszählung, sodann speziell BVerfG, Beschl. v. 9.3.1988 – 1 BvL 49/86, BVerfGE 78, 77 (84) – Entmündigungsbeschluss.

BDSG 1990 (für den „öffentlichen Bereich") aufgegeben,[10] begleitet von Forderungen in der wissenschaftlichen Diskussion nach entsprechender Ausdehnung im „nichtöffentlichen Bereich".[11] Doch der Versuch, menschliche Kommunikation – mit oft herstellbarem „Personenbezug" – mehr oder weniger vollständig unter die Kuratel staatlicher Regulierung zu stellen, kann kaum befriedigen.[12] Der Siegeszug des emphatischen, zugleich soziale Beziehungen verschleiernden Begriffs der *Informationellen Selbstbestimmung* (→ § 4 Rn. 11 ff.) ist wenig geeignet, darüber dauerhaft hinwegzutäuschen. Zu diesem Begriff gewidmeten Ausführungen des **BVerfG im „Volkszählungsurteil"**[13] schreibt der vormalige (erste) Bundesdatenschutzbeauftragte in seinen Erinnerungen: „Diese goldenen Worte sind so eingängig, dass lange Zeit niemand es gewagt hat, sie genauer zu analysieren."[14]

3 Der auf der Ebene unterhalb der Verfassung vormals geltende Regulierungsansatz nach deutschem Recht ist gekennzeichnet durch ein **Verarbeitungsverbot mit Erlaubnisvorbehalt:** Für die Zulässigkeit der jeweiligen Informationsverarbeitung bedarf es entweder einer gesetzlichen Erlaubnis oder einer entsprechenden Einwilligung durch den Betroffenen (§ 4 Abs. 1 BDSG 1990; auch schon § 3 Abs. 1 S. 1 BDSG 1977; heute ebenso Art. 6 Abs. 1 DS-GVO). Zugleich ist – weit überwiegend – die Erforderlichkeit der Verarbeitung für bestimmte, vorab festzulegende Zwecke Voraussetzung der Zulässigkeit (→ § 12 Rn. 17 ff., 38 ff.). Diese Grundsätze beinhalten, sofern sie durchgängig zu beachten sind, für den Umgang mit Information empfindliche Restriktionen; sie können spontanitäts- und kreativitätsfeindlich sein.[15] Dem entspricht das weithin anerkannte Erfordernis einer Befreiung der Medien von der Anwendbarkeit großer Teile des Datenschutzrechts.[16] Im übrigen gewinnen Konflikte mit Meinungsäußerungs- und Informationsfreiheit, die im Recht des Persönlichkeitsschutzes geläufig sind,[17] durch die weitergehenden Restriktionen, die das Datenschutzrecht bereithält, an Schärfe.[18]

4 In das Spektrum einer Ab- bzw. Ausgrenzung gegenüber geltendem Datenschutzrecht gehört die jahrzehntelang in der (west-)deutschen Gesellschaft vorherrschende **Skepsis gegenüber den Zielsetzungen** dieser Rechtsmaterie,[19] bestärkt re-

---

[10] BDSG i. d. F. v. 20.12.1990 (BGBl. 1990 I S. 2954), § 1 Abs. 2.

[11] Dazu kritisch → § 4 Rn. 38 f.

[12] Vgl. *Bull*, Netzpolitik: Freiheit und Rechtsschutz im Internet, 2013, S. 131 ff.; *Ladeur*, DÖV 2009, 45 ff.; aus entstehungsgeschichtlicher Sicht *v. Lewinski*, in: GS Brandner, 2011, S. 107 (116 ff.).

[13] BVerfG, Urt. v. 15.12.1983 – 1 BvR 209/83 u. a., BVerfGE 65, 1 (43).

[14] *Bull*, Widerspruch zum Mainstream, 2012, S. 153.

[15] Daran knüpfen sich vom herkömmlichen Ansatz abweichende Überlegungen an, z. B. bei *Ladeur*, DuD 2000, 12 (u. a. 16 f.).

[16] Sog. „Medienprivileg, heute Art. 85 DS-GVO, früher § 41 BDSG 1990 und näheres im jeweiligen Landesrecht.

[17] Umfassende Darstellung auf verfassungsrechtlicher Ebene bei Dürig/Herzog/Scholz/*Di Fabio*, GG, 39. ErgLfg. 2001, Art. 2 Rn. 231 ff.; für die zivilrechtliche Ebene Erman/*Klass*, 16. Aufl. 2020, BGB Anhang zu § 12 Rn. 244 ff.; *Ehmann*, JURA 2011, 437 (438 f.) mit Weiterverweisen auf Erman/*Ehmann*, 12. Aufl. 2008, BGB Anhang zu § 12.

[18] Vgl. *Koreng/Feldmann*, ZD 2012, 311 ff.; auch BGH, Urt. v. 23.6.2009 – VI ZR 196/08, BGHZ 181, 328 – Spickmich; BVerfG, Beschl. v. 6.11.2019 – 1 BvR 276/17, BVerfGE 152, 216 – Recht auf Vergessen II; eingehend *Langer*, Informationsfreiheit als Grenze informationeller Selbstbestimmung, 1992, S. 205 ff.; *Rüpke*, Freie Advokatur, anwaltliche Informationsverarbeitung und Datenschutzrecht, 1995, S. 91 ff.; *Brossette*, Der Wert der Wahrheit im Schatten des Rechts auf informationelle Selbststimmung, 1991, S. 185 ff.

[19] Solche Skepsis reicht(e) weit hinein in den Kreis der Juristen, wie man z. B. dem Wortlaut einer Fußnote bei *Weingärtner*, Dienstordnung für Notare, 5. Aufl. 1991, § 6 Rn. 101a, entnehmen kann, die dieser dem Wort „Datenschutzgesetz" hinzufügte [hier in deutscher Übersetzung]: „… *so hat man sich jedenfalls früher darum bemüht, Niederträchtigkeiten in Gesetze zu fassen.* (Tacitus, Annalen 3,25)". Beachte zur seinerzeit bestehenden Situation weiterhin die vorsichtigen einleitenden

spektive bestätigt durch große Vollzugsdefizite.[20] Man mag es als eine Ironie ansehen, dass erst in Zeiten zunehmenden, im wesentlichen auf bestehendes Recht gestützten Datenschutzbewusstseins[21] die Unzulänglichkeit eben der geltenden rechtlichen Schutzkonzepte klarer hervorgetreten ist.[22] Beide Erscheinungen sind nur indirekt miteinander verkoppelt, nämlich aufgrund der in den letzten 30 Jahren hinzugekommenen, technisch bedingten Verarbeitungsmöglichkeiten. Doch ist dabei wenig Zufall im Spiel; man erkennt einen ursächlichen Zusammenhang, berücksichtigt man die Ausgangsproblematik, die auf das in den 1970er bis 1980er Jahren entstandene Konzept des deutschen Datenschutzrechts auf verfassungsrechtlicher und gesetzlicher Ebene zurückgeht.[23]

C. Europäische Rechtsentwicklung

5 Zunehmende Bedeutung hat unterdessen das Recht der Europäischen Union (EU) erlangt, zunächst durch die auf der Grundlage der Binnenmarktkompetenz erlassene „Richtlinie 95/46 EG … zum Schutz natürlicher Personen bei der Verarbeitung personenbezogener Daten und zum freien Datenverkehr" (DSRL) vom 24.10.1995.[24] Diese führte zur Anpassung des BDSG ohne tiefgreifende Veränderung durch Bundesgesetz vom 18.5.2001. Nachhaltiger Einfluss kann von der mit dem Lissabon-Vertrag am 1.12.2009 mit *primärrechtlichem* Rang (Art. 6 Abs. 1 Hs. 2 EUV) in Kraft getretenen Grundrechte-Charta (GRCh)[25] ausgehen. Art. 8 GRCh gewährleistet das Recht auf Schutz der den Einzelnen betreffenden personenbezogenen Daten. Eine Verflechtung besteht insoweit mit der Festlegung des Rechts auf Achtung des Privatlebens in Art. 7 GRCh und in Art. 8 der Europäischen Menschenrechtskonvention (EMRK[26]).[27] Ferner durch den Lissabon-Vertrag Eingang ins Primärrecht gefunden hat Art. 16 AEUV, der ebenfalls den Datenschutz zum Gegenstand hat. Unmittelbare Bedeutung auf *sekundärrechtlicher* Ebene kommt nunmehr der **Datenschutz-Grundverordnung** (DS-GVO) vom 27.4.2016[28] zu. Sie hat nicht nur die zuvor genannte Richtlinie abgelöst, sondern in weitgehendem Umfang auch deutsche datenschutzrechtliche Bestimmungen. Freilich schließt die DS-GVO im Rahmen einer beträchtlichen Zahl ihrer Bestimmun-

---

Bemerkungen des *Bundesbeauftragten für Datenschutz (Bull)* in dessen 5. Tätigkeitsbericht vom 13.1.1983, BT-Drs. 9/2386, Abschn. 1.1; auch *Ordemann/Schomerus,* BDSG, 1982, Vorwort, Abs. 2.

[20] *Wybitul,* Datenschutz im Unternehmen, 2011, Vorwort, bemerkt dazu: „Noch vor wenigen Jahren hatte das Datenschutzrecht für viele Unternehmen eine eher begrenzte Bedeutung." Das gilt z.B. für die schleppende Bestellung eines Datenschutzbeauftragten im Unternehmen, wozu seit 1977 eine gesetzliche Pflicht bestand, auf die manche erst mit der BDSG-Novellierung (Umorganisation der einschlägigen Bestimmungen) von 2001 aufmerksam (gemacht) wurden.

[21] Plath/*Plath,* BDSG/DSGVO, 3. Aufl. 2018, stellt im Vorwort zu Recht fest: „Das Thema Datenschutz hat in den letzten Jahren einen Aufstieg genommen wie kaum eine andere Rechtsmaterie."

[22] Vgl. *J. Schneider/Härting,* ZD 2011, 63ff.; *dies.,* ZD 2012, 199ff.; *Giesen,* RDV 2010, 266ff.

[23] Die Kritik an diesem ist alt; vgl. *Krause,* JuS 1984, 268; *H. Schneider,* DÖV 1984, 161 („Bergpredigt des Datenschutzes"); auch *R. Scholz/Pitschas,* Informationelle Selbstbestimmung und staatliche Informationsverantwortung, 1984, z.B. S. 64f., – dazu Rezension durch *Schlink,* NJW 1985, 1822f.; weiterhin *Vogelgesang,* Grundrecht auf informationelle Selbstbestimmung?, 1987, passim.

[24] ABl. EG 1995 L 281, 31.

[25] ABl. EG 2007 C 303, 1.

[26] BGBl. 2010 II S. 1198.

[27] Vgl. dazu Art. 52 Abs. 3, Art. 53 GRCh, Art. 6 Abs. 3 EUV.

[28] ABl. EU 2016 L 119, 1 vom 4.5.2016.

gen die (nähere) mitgliedstaatliche Ausgestaltung nicht aus. Der Bundesgesetzgeber hat denn auch im Teil 1 und 2 des **BDSG**[29] hiervon bereits Gebrauch gemacht. Insbesondere für den öffentlichen Bereich bestehen weiterhin partikulare Weiterentwicklungsmöglichkeiten.[30]

6 Die DS-GVO knüpft mit ihrer Regelungssystematik an die DSRL an. Sie weist insoweit auch beträchtliche Ähnlichkeit mit bereits gekennzeichneten Grundzügen des bislang geltenden deutschen Gesetzesrechts auf. Das betrifft etwa das Verbot mit Erlaubnisvorbehalt verbunden mit dem Erforderlichkeitsprinzip und der gebotenen Festlegung des Verarbeitungszwecks.[31] Die **Grundstruktur** der Verordnung **korreliert mit vorangegangenem Recht.**[32] Bisweilen wird der zugespitzte Vorwurf erhoben, der Verordnungsgeber hätte, alten Wein in neue Schläuche gegossen.[33] Eine solche Annahme wird sich als voreilig erweisen.

D. Zur Gesamtdarstellung

7 Richtungweisender Einfluss des deutschen Datenschutzrechts auf die Entwicklung des EU-Rechts ist aus der DSRL und aus der DS-GVO leicht ablesbar. Die erfolgte Übersteuerung des deutschen Gesetzesrechts durch die deutsche Verfassung(sinterpretation) (→ Rn. 2; näheres dazu → § 4) fördert weiterhin die **Tendenz zur Harmonisierung.** Für die Interpretation der DS-GVO durch deutsche Behörden und Gerichte ist das erkennbar von besonderer Bedeutung. Denn kaum jemand möchte einen Konflikt zwischen den unmittelbar anwendbaren europäischen Normen und denjenigen des Grundgesetzes – bzw. den Aussagen des BVerfG – herbeiführen.[34] Das Bedürfnis zur Anpassung gilt darüber hinaus auch dem Primärrecht der EU. Dies findet in dem Bestreben deutscher Autoren seinen Ausdruck, Art. 8 GRCh – entgegen seiner Entstehungsgeschichte – als eine Gewährleistung des vom BVerfG angenommenen Rechts auf informationelle Selbstbestimmung (R.a.i.S.) anzusehen (→ § 7 Rn. 37ff.).

8 Eine vertiefte Behandlung der DS-GVO kann nicht darauf verzichten, diese Zusammenhänge mit in den Blick zu nehmen. Die Literatur weist zu Recht (kritisch) auf die **Vielzahl unbestimmter/elastischer Formulierungen** im Text der Verordnung hin.[35] Von daher eröffnen sich Spielräume für die jeweilige (verfassungs- bzw. primärrechtskonforme) Interpretation, zumal bei der Realisierung der vielfältig gebotenen Interessenabwägungen. Die DS-GVO – auch i.V.m. dem BDSG – ermöglicht zur Entscheidungsfindung kaum die enge Orientierung am Wortlaut.[36] Umso mehr bedarf es zur sachgerechten Handhabung in der Praxis des Verständnisses von Sinn und Ziel des Datenschutzes in der gesellschaftlichen Realität, auch i.V.m. der gemeinsamen Rechts- und Verfassungstradition der Mitgliedstaaten.

9 Weiter gilt es zu bedenken, dass der DS-GVO kein Ewigkeitswert beigemessen werden kann, während das darüber stehende Verfassungs- und Primärrecht auf Beständigkeit angelegt ist. Die Frage, welche Spielräume das höherrangige Recht den Gesetzgebern belässt, ist somit von bemerkenswerter rechtspolitischer Bedeu-

---

[29] BGBl. 2017 I S. 2097.

[30] So insbes. Art. 6 Abs. 2 und Art. 23 DS-GVO.

[31] Dazu Art. 5–7, insbes. Art. 6 Abs. 1 DS-GVO; → Rn. 3.

[32] Vgl. *Härting*, ITRB 2016, 36–40; *Wiese Svanberg*, PinG 2013, 18f.

[33] Vgl. *Gierschmann*, ZD 2016, 51 (55).

[34] Allgemein überschaubar zur Problemstellung Oppermann/Classen/Nettesheim/*Nettesheim*, Europarecht, 9. Aufl. 2021, § 10 Rn. 14ff.

[35] Vgl. *Gierschmann*, ZD 2016, 51 (55). *Roßnagel/Nebel/Richter*, ZD 2015, 455 (460).

[36] Beachte dazu *Veil*, ZD 2015, 347ff.

tung,[37] auch im Rahmen künftiger Rechtsänderungen zwecks **globaler Anpassung**[38] des Datenschutzes.

10 Aus diesen Überlegungen heraus ergibt sich der **Aufbau des Buches.** Der *1. Teil* ist den *Grundlagen des Datenschutzes* gewidmet. Nach einer kurzen historischen Darstellung zum Datenschutzrecht werden zur grundlegenden Bestimmung des zu schützenden Rechtsguts einige Aspekte aus Informations- und Kommunikationstheorie herausgearbeitet, und zwar im Anschluss an die stattgefundene (rechts)wissenschaftliche Diskussion zur Bedeutung und zum Schutz von (personenbezogenen) Informationen. Daran knüpft die verfassungsrechtliche Darstellung an, und zwar orientiert an den Schwerpunkten, die das BVerfG für den Datenschutz gesetzt hat. Sodann wird der Behandlung datenschutzrechtlicher Probleme anhand von Entscheidungen des Europäischen Gerichtshofs für Menschenrechte (EGMR) und des Gerichtshofs der Europäischen Union (EuGH) nachgegangen, abschließend mit dem Ziel der Gewinnung von Maßstäben zur Interpretation der Art. 7 und 8 GRCh.

11 Gegenstand des *2. Teils* ist die *Datenschutz-Grundverordnung* in **systematischer Aufbereitung** i. V. m. jeweils einschlägigen Bestimmungen des BDSG.

---

[37] Vgl. aus rechtspolitischer Sicht *Härting/Schneider*, ITRB 2013, 19 ff.; für einen Lösungsvorschlag (im Hinblick auf die technischen Big Data-Möglichkeiten) *Cate/Cullen/Mayer-Schönberger*, Data Protection Principles for the 21st Century, Revising the 1980 OECD Guidelines, Dez. 2013.

[38] Vgl. dazu *Forgó*, ZD 2014, 57 (57 f.).

1. Teil. Grundlagen

1. Abschnitt. Historisch-gesellschaftliche und sozialwissenschaftliche Orientierung

§ 2. Rechtsgeschichte des Datenschutzes

Literatur: *Aly/Roth,* Die restlose Erfassung, 2. Aufl. 2000; *Austermühle,* Zur Entstehung und Entwicklung eines persönlichen Geheimsphärenschutzes vom Spätabsolutismus bis zur Gesetzgebung des Deutschen Reiches, 2002; *Bohnen,* Die BDSG-Novellen 2009/2010, 2011; *Büllesbach/Garstka,* Meilensteine auf dem Weg zu einer datenschutzgerechten Gesellschaft, CR 2005, 720; *Degenhart,* Das allgemeine Persönlichkeitsrecht, Art. 2 Abs. 1 i.V. mit Art. 1 Abs. 1 GG, JuS 1992, 361; *Frohman,* The Politics of Personal Information. Surveillance, Privacy, and Power in West Germany, 2020; *Giesker,* Das Recht des Privaten an der eigenen Geheimsphäre, 1905; *Hattenhauer,* „Person" – zur Geschichte eines Begriffs, JuS 1982, 405; *Hondius,* Emerging Data Protection in Europe, 1975; *Kilian,* Personenbezogene Geschichte des Datenschutzrechts, CR 2021, 9; *Klippel,* Historische Wurzeln und Funktionen von Immaterialgüter- und Persönlichkeitsrechten im 19. Jahrhundert, ZNR 1982, 132; *Krajewski,* Datenschutz und Auftragsdatenverarbeitung, Diss. jur. Münster 2021; *Leuze,* Die Entwicklung des Persönlichkeitsrechts im 19. Jahrhundert, 1962; *v. Lewinski,* Datenschutz: Ein Fach ohne (Rechts)Geschichte?, DuD 2003, 61; *ders.,* Geschichte des Datenschutzrechts von 1600 bis 1977, in: Arndt u.a., Freiheit – Sicherheit – Öffentlichkeit, 2009, S. 196; *ders.,* Zufall und Notwendigkeit bei der Entstehung des Datenschutzrechts, in: Pohle/Knaut, Geschichte und Theorie des Datenschutzes, 2014, S. 9; *ders.,* Datenschutzrecht in der DDR, in: FG Will, 2016, S. 576; *Martin,* Das allgemeine Persönlichkeitsrecht in seiner historischen Entwicklung, 2007; *Pohle,* Datenschutz und Technikgestaltung, Diss. rer. nat. HU Berlin 2017; *ders.,* Die immer noch aktuellen Grundfragen des Datenschutzes, in: GS Steinmüller, 2014, S. 45; *Rule/Greenleaf* (Hrsg.), Global Data Protection. The First Generation, 2008; *Scheyhing,* Zur Geschichte des Persönlichkeitsrechts im 19. Jahrhundert, AcP CLXVIII (1960), 503; *Steinmüller,* Das informationelle Selbstbestimmungsrecht – Wie es entstand und was man daraus lernen kann, RDV 2007, 158; *Taeger* (Hrsg.), Die Volkszählung, 1983; *Vismann,* Akten, 2000; *Wietog,* Volkszählungen unter dem Nationalsozialismus, 2001.

1 „In Dunkel ist aber auch die geschichtliche Entwicklung des [Datenschutzrechts] gehüllt, obwohl sich aus ihr für die heutige Betrachtung wertvolle Aufschlüsse ergeben."[1] In der Tat lassen die gängigen Kommentare und Lehrbücher zum Datenschutzrecht dessen Geschichte regelmäßig erst mit dem hessischen Datenschutzgesetz von 1970[2] beginnen,[3] frühestens mit der Diskussion um die „National Data Base" in den USA der 1960er Jahre.[4] In seiner Zukunftsgerichtetheit und auch politisch-aufklärerischen Note beschäftigt sich der Datenschutz kaum selbstreflexiv mit seinem Herkommen und Bedingtheiten und ist damit eine recht **geschichtslose Dis-**

[1] Diese Beschreibung des Forschungsstands bezüglich der Geschichte des Allgemeinen Persönlichkeitsrechts aus dem Jahre 1962 (*Leuze,* Die Entwicklung des Persönlichkeitsrechts im 19. Jahrhundert, 1962, S. 11) lässt sich ohne weiteres auf das heutige Datenschutzrecht übertragen.

[2] HessGVBl. 1970 I S. 625.

[3] Z.B. *Gola/Schomerus,* BDSG, 12. Aufl. 2015, Einl., Rn. 1; Simitis/*Simitis,* BDSG, 8. Aufl. 2014, Einl. Rn. 1ff.; sehr knapp bei *Dörr/Schmidt,* Neues Bundesdatenschutzgesetz, 2. Aufl. 1992, S. 10ff.; *Gallwas/Schneider/Schwappach/Schweinoch/Steinbrink,* BDSG, 1. Lfg. Juli 1978, Einl., Rn. 21ff.; vgl. auch *Lutterbeck,* DuD 1997, 129 (130), und *Bizer,* DuD 2002, 582; anders *Hoeren,* Internetrecht, 3. Aufl. 2018, Rn. 916, der das Datenschutzrecht als den ältesten Teil des Informationsrechts ansieht, älter noch als das Urheberrecht; ähnlich *Sydow,* NVwZ 2008, 481 (481): „ältere[n] Entwicklungsschicht".

[4] Roßnagel HdB DatenSR/*Abel,* 2003, Kap 2.7; *Pohle,* GS Steinmüller, 2014, S. 45 (45).

ziplin.[5] Wenn man das Datenschutzrecht nicht gleichsetzt mit dem Recht der Datenschutzgesetze, reichen seine Wurzeln tiefer zurück als lediglich bis 1970 (erstes hessisches Datenschutzgesetz; → Rn. 59ff.), bis 1977 (erstes Bundesdatenschutzgesetz; → Rn. 62ff.) oder bis 1983 (Volkzählungsentscheidung; → Rn. 64ff.). Doch sind seine Ursprünge und Wurzeln erst zu einem kleinen Teil freigelegt.[6]

2 Die ältesten Schichten des Datenschutzes sind das **Tabu,** die älteste Schicht des Datenschutzrechts ist das **Geheimnisschutzrecht.**

3 Datenschutz ist, auch wenn sich dies aus den Gesetzen nicht auf den ersten Blick ergibt, die **Regelung von Informationsasymmetrien** und die **Begrenzung von Datenmacht.**[7] Diesen Wurzelstrang entlang kann man das Datenschutzrecht bis zum Beginn der Neuzeit, bis zum Entstehen des modernen Staates zurückverfolgen. Historisch stehen dabei, abweichend von der heutigen Konzeption, objektivrechtliche Beschränkungen dieser Datenmacht im Vordergrund, die erst mit der Zeit von subjektivrechtlichen Beschränkungen abgelöst und überlagert wurden.[8]

4 Persönlichkeitsschutz im weitesten Sinne ist ebenfalls schon lange Gegenstand des Rechts. Allerdings ist das **Persönlichkeitsrecht als rechtliche Kategorie** erst in den 1950er endgültig von der Rechtsprechung anerkannt worden.

5 Seit einigen Jahren schieben sich im Datenschutz technische Regelungsansätze und die Regelung von Technik **(Technikrecht)** stärker in den Vordergrund. Dem Datenschutzrecht wächst hier also eine Luftwurzel zu.

A. Vormoderne

6 Privatheit, zumal als rechtliche Kategorie, ist eine neuzeitliche Kategorie. Zwar kannte auch die frühere Zeit Normen und sanktionierte Handlungsweisen, die man heute als persönlichkeitsschützend bezeichnen würde, etwa das **Tabu**[9] oder das **Refugium** als räumlichen Rückzugsraum. Doch war der Mensch viel stärker als heute in soziale Beziehungen eingebunden, ja er leitete seine Rechtstellung überhaupt von der Zugehörigkeit zu einer Familie, zu einem Haus oder zu einem Stand ab. Wegen dieser konstitutiven Bedeutung der **Vergemeinschaftung** konnte es damals keine Privatheit als rechtliche Figur geben.[10]

---

[5] *van Rienen,* Frühformen des Datenschutzes?, 1984, S. XXXV („bislang allzu sehr […] vordergründige und pauschale historische Bezugnahmen"); *Woertge,* Die Prinzipien des Datenschutzrechts und ihre Realisierung im geltenden Recht, 1984, S. VII („keine besondere Tradition"); *v. Lewinski,* DuD 2003, 61 (61). – *Simitis* beschränkt sich in seinem Kommentar ausdrücklich auf eine „Geschichte der Datenschutzgesetzgebung" (Simitis/*Simitis,* BDSG, 8. Aufl. 2014, Einl. Rn. 1).

[6] Erstmals umfassend *v. Lewinski,* in: Arndt u.a. (Hrsg.), Freiheit – Sicherheit – Öffentlichkeit, 2009, S. 196ff.; zur bürokratischen Informationsverarbeitung: *Vismann,* Akten, 2000; zu (Amts-)Verschwiegenheitspflichten: *van Rienen,* Frühformen des Datenschutzes?, 1984; zum Geheimsphärenschutz: *Austermühle,* Zur Entstehung und Entwicklung eines Geheimsphärenschutzes, 2002 (dazu *v. Lewinski,* DuD 2003, 61 (61)); zu Ansätzen in der Märchenwelt der Brüder *Grimm Garstka,* FS Kloepfer, 2013, S. 63ff.; besser erforscht ist das (privatrechtliche) Persönlichkeitsrecht, z.B. *Gottwald,* Das allgemeine Persönlichkeitsrecht, 1996; *Leuze,* Die Entwicklung des Persönlichkeitsrechts im 19. Jahrhundert, 1962, S. 11; *Scheyhing,* AcP CLVIII (1960), 503ff.; Erman/*H. Ehmann,* BGB, 10. Aufl. 2000, Anh. § 12 Rn. 1–10. Verfassungsrechtlich tritt das Persönlichkeitsrecht erst mit dem GG in Erscheinung (vgl. *Degenhart,* JuS 1992, 361 (362f.)).

[7] *Vesting,* in: Ladeur (Hrsg.) Innovationsoffene Regulierung des Internet, 2003, S. 155 (161 et pass.); *v. Lewinski,* in: Arndt u.a. (Hrsg.), Freiheit – Sicherheit – Öffentlichkeit, 2009, S. 196 (200).

[8] *v. Lewinski,* in: Arndt u.a. (Hrsg.), Freiheit – Sicherheit – Öffentlichkeit, 2009, S. 196 (220).

[9] Sinnbildlich hierfür steht für die Vertreibung aus dem Paradies das Feigenblatt (Genesis 3,7).

[10] *Ariès/Duby,* Geschichte des privaten Lebens, 5 Bd.e, 1989, insb. Bd. I S. 101ff.: „Das Private im Öffentlichen".

I. Antike

7 Dennoch finden sich in den Rechtsordnungen der Antike durchaus vereinzelt **Regelungen von informationeller Asymmetrie.**

1. Antike Hochkulturen

8 Die ersten Regeln, die wir kennen, betreffen nicht den Schutz vor Datenverarbeitung, sondern sind Regeln über die Art der Datenverarbeitung. Vorgaben für die **Führung von Listen** in den großen Staaten der Frühzeit (Babylon, Ägypten) sind uns nicht überliefert, jedoch können diese ersten Bürokratien nicht ohne diesbezügliche einheitliche Vorgaben funktioniert haben.[11] Insoweit ist die Erfindung von Schriftzeichen eine erste und notwendige Voraussetzung für Datenmacht.

9 Berichtet wird seit der frühesten Zeit auch über den **Geheimnisschutz.**[12] Neben Staats- und Kriegsgeheimnissen ist hier insbesondere das Arztgeheimnis zu nennen, wobei der Eid des Hippokrates aus dem 5. Jhdt. v. Chr. besonders erwähnenswert erscheint.[13]

2. Altes Testament

10 **Anklänge an heutiges Datenschutzrecht** finden sich im 1. („Du sollst Dir kein Bildnis machen.")[14] und 8. Gebot („Du sollst nicht falsch Zeugnis reden wider Deinen Nächsten").[15] Auch das alte Jüdische Recht kannte die Konstellation, dass man sich unter möglicher Beobachtung befangen verhält.[16]

3. Griechenland

11 Die **Trennung von Öffentlichem und Privatem** und damit der Beginn der Privatsphäre kann auf die Zeit des perikleischen Athens (ca. 500 v. Chr.) datiert werden. Sie machte sich fest an der Unterscheidung zwischen dem Landgut (oikos, οἶκος) als dem Privaten und dem Stadtplatz (agora, ἀγορά) als dem Öffentlichen.[17] Allerdings bezieht sich das noch weniger auf die heutigen Kategorien von Öffentlichem und Privatem, sondern mehr auf die Teilhabe und Teilnahme an den allgemeinen Angelegenheiten, der „Politik" im damaligen Sinne.

4. Rom

12 Auch im Römischen Recht war die Sphäre des Einzelnen als Teil der *familia* als nach außen **abgeschlossenem sozialen Körper** geschützt. Einen Persönlichkeitsschutz des Individuums im eigentlich rechtlichen Sinne gab es allerdings nicht. Doch zeigen sich Ansätze eines zumindest sozialen Geheimnisschutzes: In Rom galt es als „unanständig", vertrauliche Briefe zu veröffentlichen. Ob dies jedoch auch rechtswidrig war, ist offen; das Corpus Iuris schweigt.[18]

---

[11] *Vismann,* Akten, 2000, S. 21.

[12] *Horn,* Datensicherung, ÖVD 1971, 99 (100) („Neu ist nur das Wort.").

[13] *Polenz,* Datenschutz, in: Kilian/Heussen, Computerrechtshandbuch (Stand Februar 2011), Ziff. 137, Rn. 16 („die wohl älteste Datenschutznorm"); vgl. *Fanselow,* DAngVers 2003, 17 (17).

[14] 2. Mose 20,4.

[15] 2. Mose 20,16; vgl. 2. Mose 23,1, Eph. 4,25.

[16] *Tinnefeld,* DuD 2005, 328 (329) m. w. N.

[17] V. a. *H. Arendt,* Vita activa oder Vom tätigen Leben, 1960 (engl.: The Human Condition, 1958); kritisch zu diesem Konzept *Vasilache,* Der Staat und seine Grenzen, 2007, S. 159 f.

[18] *Benöhr,* ZRG RA CXV (1998), 115 (124–148).

13 Die wahrscheinlich populärste Erzählung der Datenschutzgeschichte beinhaltet die biblische **Weihnachtsgeschichte.**[19] Der deutsche Datenschutzrechtler erkennt unwillkürlich die Parallele zwischen seinem Stern von Bethlehem – der Volkszählung der 1980er Jahre – und der Erzählung von Christi Geburt.[20] Jedoch ist bei der Anweisung des Kaisers *Augustus,* dass (erstmals) „alle Welt sich schätzen lassen solle",[21] die Datenverarbeitung nicht selbst Regelungsgegenstand, sondern bloß Mittel zum Zweck. Der antike Zensus ist ein Zeugnis für den bürokratischen Entwicklungsstand des Römischen Imperiums (→ Rn. 8) bis in seine Provinzen hinein.

II. Mittelalter

14 Charakteristisch für das Mittelalter und seine **feudale Gesellschaft** ist das Fehlen der Kategorien von Privatheit und Öffentlichkeit.[22] Bedingt durch die überall in Europa (relativ) schwach ausgeprägte Zentralgewalt und die politische Zersplitterung durch das Feudalsystem kam es zu einer Bedeutungsabnahme der Bürokratie. Urkunden hatten eine weitaus größere Bedeutung als Akten, indem sie nämlich Privilegien verkörperten und Rechtszustände bestätigten. Auch war die administrative Geheimhaltung weniger an einer Institution als am Amtsträger festgemacht. Dies beruht auf dem Verbundcharakter der Herrschaft(en) im mittelalterlichen Deutschland.[23]

15 Jedenfalls ab dem 4. Laterankonzil v. 1215 war das **Beichtgeheimnis** als Aspekt der Geheimhaltung rechtlich geschützt.[24]

B. Frühe Neuzeit

16 Der eigentliche Beginn der Datenschutzgeschichte als der Regelung von (staatlicher) Datenmacht fällt mit dem **Aufkommen des modernen Staates** um (in Deutschland) etwa 1600 zusammen. Der (zunehmend) souveräne Staat nutzt Datenverarbeitungen, um seinen Macht- und Regelungsanspruch umfassend durchzusetzen.

I. Bürokratisierung

17 Das Aufbrechen der engen sozialen Strukturen der mittelalterlichen Gesellschaft führte zu sozialen Wanderungsbewegungen, vor allem vom Land in die Stadt. Städte boten anonyme Märkte. Personen entglitten der bisherigen personal geprägten Sozialordnung. Hierauf reagierte der Staat schon im 17. und 18. Jahrhundert mit **ersten systematischen Datensammlungen,** etwa über das als Risiko für die öffentliche Sicherheit und Ordnung empfundene „fahrende Volk".[25]

18 Von Ansätzen moderner **Aktenführung und Datenverarbeitung** kann man erst mit dem Aufkommen der Registraturen sprechen, mit denen Vorgänge dokumentiert wurden und nicht nur deren Ergebnisse. Diese Register lösten die Archive ab, die damals lediglich (ungeordnete) Aktengräber waren.[26]

---

[19] Dazu *Flohr,* BB 1993, 657ff. (insbes. zum steuerrechtlichen Hintergrund); auch im Alten Testament sind (jüdische) Volkszählungen erwähnt (4. Mose 1,1–54, 26,2–51; s. auch die Strafe Gottes in 1. Chronik 21,2 = 2. Samuel 24,1).

[20] Zur datenschutzrechtlichen Menschwerdung leicht spöttisch *Germann,* ZevKR 48 (2003), 446 (447).

[21] Lukas 2,1–3.

[22] *Habermas,* Strukturwandel der Öffentlichkeit, 1980, S. 19.

[23] *Trantas,* Akteneinsicht und Geheimhaltung im Verwaltungsrecht, 1998, S. 257–261 m.w.N.

[24] Canon 21; heute c. 983, 1388 CIC [Codex Iuris Canonici]; vgl. Art. 9 des Reichskonkordats v. 20.7.1939.

[25] *v. Lewinski,* in: Arndt u.a. (Hrsg.), Freiheit – Sicherheit – Öffentlichkeit, 2009, S. 196 (203 m.w.N.).

[26] *Vismann,* Akten, 2000, S. 137ff., 176f.

19 Nicht nur Datenträger wurden inventarisiert, sondern auch die Welt und vor allem auch die Menschen. Das Aufkommen des modernen Territorialstaats und die Rationalisierung der Verwaltung im Lichte der Aufklärung führten erstmals zu systematischen Aufzeichnungen und **Datensammlungen über die Bevölkerung.** Erste Volkszählungen in Deutschland lassen sich in den großen Städten nachweisen, etwa in Nürnberg schon 1449. Hinzu tritt die Einführung von Personalakten bspw. für Militär und Verwaltung in Preußen 1726 bis 1737 („Conduitenlisten").[27]

II. Faktische Grenzen

20 Wesentlicher (Daten-)Schutz wurde nicht durch Recht, sondern durch die faktischen Grenzen und **technische Begrenztheiten der Datenverarbeitung** bewirkt. Der Staat musste zwar rechtlich keine wesentlichen Schranken hinsichtlich auch eines umfassenden Informationszugangs beachten, war aber durch die (noch) fehlenden Datenspeicherungs- und -verarbeitungsmöglichkeiten an einem solchen umfassenden Zugriff gehindert.[28]

III. Entdeckung des Persönlichkeitsrechts

21 In die frühe Neuzeit reicht auch eine dogmatische Tiefwurzel des Datenschutzrechts – die **Entdeckung des Persönlichkeitsrechts.**[29] *Kant* vertrat, dass der Mensch nicht als Mittel zu behandeln sei, sondern als Zweck an sich selbst.[30] Im Naturrecht sind Persönlichkeitsrecht und Rechtsfähigkeit noch eng mit einander verbunden, man unterscheidet eher zwischen *status naturalis* und *status moralis.* Diese Unterscheidung zeigt sich auch in § 16 ABGB und § 83 Einl. pr. ALR.[31] Ursprünge der Idee von Privatheit finden sich in den Vertragstheorien u. a. von *Hobbes.* In dogmatischer Hinsicht leitete *Hugo Donellus* (1527–1591) aus *Ulpians* „alterum non laedere" die Pflicht ab, den anderen nicht herabzusetzen.[32] So galt in dieser Zeit auch die Hausdurchsuchung in erster Linie als Eingriff in die Ehre, nicht in die Geheimnissphäre.[33]

C. Frühes technisches und bürokratisches Zeitalter (1800–1945)

I. Fortschreiten der Bürokratisierung

22 Die Verwaltung des modernen Staates sammelte immer mehr Daten an. Ausgehend von den ersten flächendeckenden Überwachungssystemen im 16. und 17. Jahrhundert in den italienischen Stadtstaaten (z. B. Venedig) und spanischen Gebieten (Sizilien)[34] ist diese Zeit auch durch eine Zunahme von bürokratisierter **polizeilicher Fahndung und Überwachung** geprägt.[35]

---

[27] „Jährlicher wahrhaftiger Rapport" (Regelbeurteilung); *Döhner,* Von den geheimen Conduitenlisten bis heute, Beamte – heute, 2/1993, 12.

[28] *v. Lewinski,* in: Arndt u. a., Freiheit – Sicherheit – Öffentlichkeit, 2009, S. 196 (206 ff.).

[29] Überblick bei *Klippel,* ZNR 1982, 132 ff.

[30] *Kant,* Gesammelte Schriften (Akademie-Ausgabe), 1900 ff., Bd. 4, S. 440; dazu *Hohmann-Dennhardt,* NJW 2006, 545 (545).

[31] *Scheyhing,* AcP CLXVIII (1960), 503 (509 ff.); ebenso *Leuze,* Die Entwicklung des Persönlichkeitsrechts, 1962, S. 16 ff., der allerdings bezüglich des ABGB differenziert (a. a. O., S. 37).

[32] *Leuze,* Die Entwicklung des Persönlichkeitsrechts, 1962, S. 12 ff.; *Scheyhing,* AcP CLXVIII (1960), 503 (508).

[33] *Austermühle,* Zur Entstehung und Entwicklung eines persönlichen Geheimsphärenschutzes, 2002, S. 117 ff., 120 ff., 127 ff., 145 ff.

[34] Vgl. F. A. Z. v. 12.3.2014, S. N3.

[35] Vgl. dazu *Siemann,* „Deutschlands Ruhe, Sicherheit und Ordnung". Die Anfänge der politischen Polizei 1806–1866, 1985, insb. S. 460.

22a Mit den Bismarck'schen Sozialversicherungen begann der Aufbau einer fürsorglichen und vorsorgenden **Sozial- und Leistungsverwaltung,** einstweilen aber noch dezentral und lokal organisiert.

23 An der Wende zum 20. Jahrhundert hatten die **modernen Bürokommunikationsmittel** Telefon und Fernschreiber, etwa gleichzeitig mit der Schreibmaschine, Einzug in Büros in Wirtschaft und – etwas später – Verwaltung gehalten.[36] Die Verbesserung der Kommunikationsfähigkeit ging einher mit effektiveren Speicherungstechniken, die in Deutschland mit dem Namen *Leitz,* in Amerika mit dem Namen *Shannon* verbunden sind. Auch wurden um 1920 Aktenpläne eingeführt.[37]

24 Die **Verschwiegenheit der Amtswalter** war schon immer eine Selbstverständlichkeit, so selbstverständlich, dass sie erst 1873 in § 11 RBeamtenG kodifiziert wurde. Allerdings galt die Amtsverschwiegenheit nicht dem Schutz des Einzelnen, sondern bestand zur Wahrung der Interessen des Staates und Dienstherrn. Insoweit sind die Amtsverschwiegenheitsvorschriften *keine* Vorläufer des Datenschutzrechts.[38]

II. Berufsrechtliche Verschwiegenheitspflichten

25 Schon eher eine Vorform des Datenschutzrechts sind die **Verschwiegenheitspflichten** und **Zeugnisverweigerungsrechte** für bestimmte Berufsgruppen,[39] die dann (ab etwa 1860) durch verfahrensrechtliche **Beweisverwertungsverbote** flankiert wurden.[40] Beispielhaft genannt werden kann die Verschwiegenheitspflichten im prStGB v. 1851 für „Medizinalpersonen" (später § 300 RStGB). Nicht zu Unrecht wird § 203 Abs. 2 S. 2 StGB als „historischer Prototyp eines datenschutzrechtlichen Straftatbestands" interpretiert.[41]

III. Beginn privater Datenmacht

26 Private tauchten als datenmächtige Akteure erst in der zweiten Hälfte des 19. Jahrhunderts auf. Die ersten **Persönlichkeitsverletzungen durch die Presse,** die die Gerichte erreichten, betrafen unberechtigte Bildaufnahmen von Toten. Im deutschen Rechtskreis ist besonders auf den Bismarck-Fall[42] hinzuweisen, der den Erlass des Kunsturhebergesetzes (KUG) und des darin verankerten Bildnisschutzes befördert hat.[43]

27 In diesen Zeitraum fällt außerdem die Gründung der ersten **Auskunfteien,** die teilweise heute noch bestehen (1841/1849: *Dun&Bradstreet;* 1872: *Schimmelpfeng;* 1879: *Creditreform;* 1885: *Bürgel*) und bereits damals mit einer sehr skeptischen öffentlichen Meinung zu kämpfen hatten.[44] Kritikpunkte waren die Geheimhaltung

[36] *Vismann,* Akten, 2000, S. 267 ff.

[37] *Vismann,* Akten, 2000, S. 276 ff.

[38] *v. Lewinski,* in: Arndt u. a. (Hrsg.), Freiheit – Sicherheit – Öffentlichkeit, 2009, S. 196 (208 ff.).

[39] *Austermühle,* Zur Entstehung und Entwicklung eines persönlichen Geheimsphärenschutzes, 2002, S. 133.

[40] *Austermühle,* Zur Entstehung und Entwicklung eines persönlichen Geheimsphärenschutzes, 2002, S. 142 (gegen *Rogall*).

[41] *Golla,* Die Straf- und Bußgeldtatbestände der Datenschutzgesetze, 2015, S. 37 ff.

[42] RG, Urt. v. 28.12.1899 – VI 259/99, RGZ 45, 170 ff. – Bismarck auf dem Totenbett.

[43] *Martin,* Das allgemeine Persönlichkeitsrecht in seiner historischen Entwicklung, 2007, S. 192 Fn. 706.

[44] *Peilert,* Das Recht des Auskunftei- und Detekteigewerbes, 1996, S. 76 ff., 91 f.; *Tiedemann/Sasse,* Delinquenzprophylaxe, Kreditsicherung und Datenschutz in der Wirtschaft, 1973, S. 36–38; einen guten Überblick über die Lage in Österreich und Europa gibt *Paneth,* Kritik und Reform des geschäftlichen Kreditauskunftswesens, 1933.

und die Herabwürdigung der „Ehre der Mitbürger als Handelsware".[45] 1927 folgte die Gründung der SCHUFA („Schutzgemeinschaft für Absatzwirtschaft").

28 Auch zeigte sich die **Machtposition von Arbeitgebern** vereinzelt auf informationellem Gebiet. Zwar folgte aus der Inhaberschaft von Produktionsmitteln Datenmacht nicht unmittelbar. So kündigten etwa in einem Tarifkonflikt um die Jahrhundertwende die Arbeitnehmer, worauf sich der Arbeitgeber in einem Rundschreiben an andere Arbeitgeber wandte und bat, die namentlich auf einer beigefügten Liste verzeichneten Arbeitnehmer nicht einzustellen.[46] Auch im Rahmen der Sozialistengesetze wurden von den Eisenbahngesellschaften „schwarze Listen" geführt.[47]

IV. Anfänge der Telekommunikation

29 Die moderne Telekommunikation setzte Ende des 18. Jahrhunderts mit der optischen Telegraphie und dann zu Beginn des 19. Jahrhunderts der elektronischen Telegraphie ein.[48] Mit der TelegraphenO[49] und dem TelegraphenG[50] wurden die **ersten gesetzlichen Regelungen der Informationstechnik** geschaffen.

D. Nationalsozialistische Zeit

30 Die Weimarer Republik war in ihrer Spätphase auf gesetzgeberischer Seite gelähmt und trieb staatliche ADV- und IuK-Projekte nicht voran. Daneben rechtfertigt es die rüstungs- und kriegsbedingte Technikfixierung der nationalsozialistischen Zeit, vor allem aber die Wandlung vom Rechtstaat zur Diktatur mit gesellschaftsprägender Überwachung – die „restlose Erfassung"[51] mittels bürokratischer Mittel –, die Regierungszeit *Hitlers* jedenfalls **informations*rechts*geschichtlich als eigene Periode** zu begreifen.[52]

31 Verstärkt wurde insbesondere die Informationsbeschaffung durch die **Systematisierung der Datenerfassung und Ausweitung der Eingriffsbefugnisse.** Die Volkszählungen 1933 und 1939 dienten der Vorbereitung der Erfassung der Bevölkerung, auch unter rassischen und kriegs- und bevölkerungsplanerischen Merkmalen;[53] zunehmend kam es auch zur Auswertung vieler Register (Kirchenbücher, Lexika einschl. „Kürschner" und „Gotha") und amtlicher Unterlagen.[54] Die Aussetzung von Fernmelde- und Postgeheimnis sowie der Unverletzlichkeit der Wohnung nach dem Reichstagsbrand durch NotVO[55] stärkten die Eingriffsmöglichkeiten der Behörden. Auch andere Regelungen wie bspw. die Einführung von Kehrbezirken für Schornsteinfeger[56] und damit einem Kehrmonopol führten dazu, dass jeder Dach-

[45] *Moser*, Geheim-Auskünfte, 1928, S. 29.
[46] Dazu RG, Urt. v. 29.5.1902 – VI 50/02, RGZ 51, 369 (370).
[47] *Funk*, Polizei und Herrschaft im Modernisierungsprozeß, 1998, S. 263, 266, 268.
[48] *Kloepfer*, Technik und Recht im wechselseitigen Werden, 2002, S. 109 ff.
[49] Telegraphen-Ordnung für das Deutsche Reich v. 21.6.1872 (RGBl. S. 213).
[50] Gesetz über das Telegraphenwesen des Deutschen Reichs v. 6.4.1892 (RGBl. S. 467), das nach seinem § 1 auch das Telefon umfasst (zur Entstehungsgeschichte *Kloepfer*, Technik und Recht im wechselseitigen Werden, 2002, S. 150).
[51] Vgl. *Aly/Roth*, Restlose Erfassung, 2000.
[52] In den USA wird der nationalsozialistische Überwachungsstaat teilweise auch als Grund für die europäische Affinität zum Datenschutz betrachtet (vgl. *Garfinkel*, Database Nation, 2001, S. 7, vgl. S. 14; differenzierender *Houck*, FS Dolf Weber, 2016, S. 177 ff.).
[53] *Wietog*, Volkszählungen unter dem Nationalsozialismus, 2001, S. 38 ff., 117 ff.
[54] *Wietog*, Volkszählungen unter dem Nationalsozialismus, 2001, S. 68 ff., 166 ff.; vgl. *Aly/Roth*, Restlose Erfassung, 2000, S. 67 ff., insb. S. 84 ff.
[55] NotVO v. 28.2.1939 (RGBl. 1939 I S. 83).
[56] Gesetz zur Änderung der Gewerbeordnung (RGBl. 1935 I S. 508).

boden vom öffentlich beliehenen Bezirksschornsteinfegermeister betreten und auf verborgene Personen hin überprüft werden konnte. Daneben traten diverse Meldepflichten, etwa für Vermögen über 5000 RM,[57] die Reichsmeldeordnung[58] sowie eine allgemeine Ausweispflicht,[59] ferner stärkere Eingriffe in private Datensammlungen, bspw. der Auskunfteien.[60] Wurden Detekteien anfangs noch für Ermittlungen im Zusammenhang mit Ariernachweisen eingesetzt, führte dann der Polizeistaat[61] zum Niedergang der Branche.

32 In der Volkskartei waren **moderne Datenbanken „vorgedacht“;**[62] in Gestalt eines „Deutschen Turms“ bestand der Plan einer umfassenden nationalen Datenbank.[63] Auf diese Weise sollte die Reichspersonalnummer ersetzt werden, was aber wegen des Kriegsendes über Probeläufe 1944 nicht mehr hinauskam.[64]

E. Nachkriegszeit

33 Die Elektronisierung, die die heutige Beschleunigung der automatischen Datenverarbeitung erst möglich gemacht hat, begann in der Zeit unmittelbar nach dem II. Weltkrieg mit der Entwicklung des Transistors als Vorstufe integrierter Schaltungen. Technisch ging die Entwicklung vor allem von den USA aus, auch wenn mit den Rechnern der Fa. *Zuse* Deutschland durchaus eine Rolle spielte. Das Potential der neuen Technik im Verwaltungskontext zeigt sich im Vorhaben „CyberSyn“ in *Allendes* Chile, einem Projekt zur Steuerung der (sozialistischen) Planwirtschaft in Echtzeit in den frühen Siebziger Jahren, entwickelt vom britischen Informatiker *Stafford Beer* (1926–2002).[65] Es war eine Zeit der **Technikeuphorie,**[66] allerdings hatte es auch schon (erste) **Überwachungsdystopien** gegeben (*Huxleys* „Schöne neue Welt“ (1932); ikonisch dann *Orwells* „1984“ (1949)).

I. Verwaltung und Sicherheitsbehörden

34 Nach dem II. Weltkrieg wurde das Verwaltungsverfahren in Gesetze gefasst (VwVfG v. 1976). Hierbei handelte es sich allerdings nicht um die Konturierung eines neuen Rechtsgebiets, sondern im wesentlichen um eine Zusammenfassung und Systematisierung bereits bestehender Grundsätze. Doch war damit zugleich ein Schritt hin zu der Verrechtlichung des Binnenhandelns der Behörden getan. Geprägt war diese Zeit aus Perspektive der Verwaltung durch die Übernahme vieler neuer Aufgaben, **Rationalisierungsdruck und zunehmenden Rechnereinsatz,** v.a. und zuerst in der Sozialverwaltung und -versicherung[67] sowie dann auch

[57] VO über die Anmeldung des Vermögens von Juden v. 26.4.1938 (RGBl. 1938 I S. 414).
[58] *Mühlbauer,* Kontinuitäten und Brüche in der Entwicklung des deutschen Einwohnermeldewesens, 1995, S. 59ff.
[59] *Aly/Roth,* Restlose Erfassung, 2000, S. 64ff.
[60] *Peilert,* Das Recht des Auskunftei- und Detekteigewerbes, 1996, S. 82f.
[61] *Peilert,* Das Recht des Auskunftei- und Detekteigewerbes, 1996, S. 93; vgl. auch das Gesetz zur Beseitigung von Mißständen im Auskunfts- und Detektivgewerbe vom 1.2.1939 (RGBl. 1939 I S. 266); dazu *Tiedemann/Sasse,* Delinquenzprophylaxe, Kreditsicherung und Datenschutz in der Wirtschaft, 1973, S. 68–69.
[62] *Mühlbauer,* Kontinuitäten und Brüche in der Entwicklung des deutschen Einwohnermeldewesens, 1995, S. 87.
[63] *Aly/Roth,* Restlose Erfassung, 2000, S. 44–48.
[64] *Aly/Roth,* Restlose Erfassung, 2000, S. 54ff., 132ff.
[65] Romanhafte Beschreibung bei *Reh,* Gegen die Zeit, 2015.
[66] Vgl. *Liedtke,* Das Bundesdatenschutzgesetz, 1980, S. 91.
[67] Diesen Fokus hat betont *Krajewski,* Datenschutz und Auftragsverarbeitung, Diss. jur. Münster 2021.

der Finanzverwaltung. Einige informationsrechtliche Aspekte waren daneben auch schon Gegenstand von ausdrücklichen gesetzlichen Regelungen wie bspw. das (steuerrechtliche) Bankgeheimnis, gestützt auf den „Bankenerlass" von 1949, der dann 1990 in den inzwischen wieder gestrichenen § 30a AO übernommen wurde.

35 Die Elektronisierung führte auch zu einem weiteren **Ausbau des Sicherheitsapparats;** insbesondere ab 1970 war das BKA für die weitere Elektronisierung die treibende Kraft.[68] Teils wurden vorher bestehende Elemente wie der Kriminalpolizeiliche Meldedienst (KPMD) übernommen, andererseits wirkte aber das dezentrale Meldewesen als institutionelle Bremse.

II. Vergrößerung privater Datenmacht

36 Zunächst stand die Informationsverarbeitung durch Private nicht im Mittelpunkt der öffentlichen Diskussion – entsprechend **punktuell** waren die gesetzlichen Regelungen (s. bspw. § 38 Abs. 1 Nr. 4 GewO zu Auskunfteien/Detekteien) –, gleichwohl nahm sie in der Nachkriegszeit wieder deutlich zu. So fällt in diese Zeit die Rspr. zur wachsenden Datenmacht im Bereich von **Medien und Presse**[69] und im **Arbeitsleben.**[70] In diesen Zusammenhang gehört auch die Neugründung der SCHUFA (1948), jetzt als „Schutzgemeinschaft für allgemeine Kreditsicherung".[71]

III. Entwicklung des Persönlichkeitsrechts in der Rechtsprechung

37 Ein allgemeines Persönlichkeitsrecht ist weder im Grundgesetz noch im BGB ausdrücklich erwähnt,[72] so dass dessen Entwicklung in der Rechtsprechung stattfand.[73] Ausgangspunkt dieser Entwicklung waren zivilgerichtliche Entscheidungen.[74] In der **Leserbrief-Entscheidung des Bundesgerichtshofs** vom 25.5.1954[75] fand das Allgemeine Persönlichkeitsrecht Anerkennung. Deutlich erkennbar sind hier noch die Ursprünge des Rechts auch im Schutz von Ruf und persönlicher Ehre[76] (→ Rn. 21).

38 Eine weitere Stärkung erfuhr das Persönlichkeitsrecht im sog. **Herrenreiter-Fall,**[77] in dem der BGH erstmals auch einen Geldersatz für Nichtvermögensschäden anerkannte und somit auch den Rechtsschutz effektiver machte. Wiederum erfolgte eine Bezugnahme auf die Ehre und den Ruf. Auch weitere zivilrechtliche Entschei-

---

[68] Überblick bei *Liedtke,* Das Bundesdatenschutzgesetz, 1980, S. 102–106.

[69] S. bspw. BGH, Urt. v. 25.5.1954 – I ZR 211/53, BGHZ 13, 334 ff. – Leserbrief/Schacht; BGH, Urt. v. 14.2.1958 – I ZR 151/56, BGHZ 26, 349 ff. – Herrenreiter; BGH, Urt. v. 16.9.1966 – VI ZR 268/64, NJW 1966, 2353 (2354). – Vor unserer eigenen Tür (arg.: Technikentwicklung); aus verfassungsrechtlicher Sicht *Gottwald,* Das allgemeine Persönlichkeitsrecht, 1996, S. 172 ff.

[70] BAG, Urt. v. 9.9.1975 – 1 ABR 20/74, NJW 1976, 261 ff.

[71] *Kloepfer/Kutzschbach,* MMR 1998, 650 (651).

[72] So auch *Degenhart,* JuS 1992, 361 (362); s. mit umfangreichen Nachweisen aus der Rspr. zur Verankerung in Art. 2 Abs. 1 iVm Art. 1 Abs. 1 GG, [Maunz/]Dürig/Herzog/Scholz/*Di Fabio,* GG, 39. ErgLfg. 2001, Art. 2 Abs. 1 Rn. 128 Fn. 1.

[73] *Jarass,* Die Entwicklung des allgemeinen Persönlichkeitsrechts in der Rechtsprechung des Bundesverfassungsgerichts, in: Erichsen/Kollhosser/Welp (Hrsg.), Recht der Persönlichkeit, 1996, S. 89 ff.; *Baston-Vogt,* Der sachliche Schutzbereich des zivilrechtlichen allgemeinen Persönlichkeitsrechts, 1997, S. 11 ff.; umfassend zu bestehenden Forderungen hiernach in der Literatur *Gottwald,* Das allgemeine Persönlichkeitsrecht, 1996, S. 5 ff., insb. Fn. 2.

[74] BonnKommGG/*D. Lorenz,* 133. Aktual. 2008, Art. 2 Abs. 1 Rn. 228.

[75] BGH, Urt. v. 25.5.1954 – I ZR 211/53, BGHZ 13, 334 ff. – Leserbrief.

[76] *Degenhart,* JuS 1992, 361 (362).

[77] BGH, Urt. v. 14.2.1958 – I ZR 151/56, BGHZ 26, 349 ff. – Herrenreiter.

dungen griffen die Figur des Persönlichkeitsrechts auf.[78] Später finden sich auch Bezugnahmen in der verwaltungsgerichtlichen Rechtsprechung.[79]

39 Im **Soraya-Fall** bekräftigte der BGH seine Herleitung aus der Wertenscheidung des Grundgesetzes in der Leserbrief-Entscheidung (→ Rn. 37; s.a. → § 4 Rn. 30), statt wie bisher auf § 847 BGB analog abzustellen.[80] Diese Entscheidung erfuhr eine Bestätigung durch das BVerfG.[81] Der immaterielle Schadenersatz wird seitdem als „systemimmanente Weiterentwicklung von Grundgedanken der verfassungsgeprägten Rechtsordnung"[82] angesehen. Das BVerfG hatte sich aber auch schon in früheren Entscheidungen mit dem Allgemeinen Persönlichkeitsrecht befasst (→ § 4 Rn. 28ff.). Als frühe Entscheidung ist hier insbesondere das Elfes-Urteil[83] anzuführen.[84] Deutlichere Ausformungen finden sich – ohne zivilrechtlichen Bezug – bereits vor Soraya[85] und setzten sich danach fort,[86] sodass das Persönlichkeitsrecht heute sowohl zivil- als auch verfassungsrechtlich allgemein anerkannt ist.

Exkurs: Datenschutz in der DDR

1. Ausschließlich staatliche Datenmacht

40 Im Unterschied zu den westlichen Staaten bündelte sich in der DDR – wie auch im gesamten Ostblock – die **Datenmacht in der Hand des Staates (und der Partei).**[87] Das Meldewesen hatte eine zentrale Funktion für die Erfüllung staatlicher Aufgaben, nicht nur im Sicherheits-, sondern auch im Fürsorgebereich.[88] Kernelement des ostdeutschen Überwachungsstaats war die Staatssicherheit, landläufig „Stasi" genannt. Ihre Tätigkeit setzte durchaus auf der allgemeinen Dateninfrastruktur der Verwaltung auf, besaß aber darüber hinaus auch eigene Datenbanken und Informationsverarbeitungssysteme. Gewissermaßen das Fundament des Überwachungsstaats waren die Personendatenbank (PDB) und das einheitliche Personenkennzeichen (PKZ).[89] Al-

---

[78] Ärztliche Bescheinigung (BGH, Urt. v. 2.4.1957 – VI ZR 9/56, BGHZ 24, 72ff.); heimliche Tonbandaufnahme (BGH, Urt. v. 20.5.1958 – VI ZR 104/57, BGHZ 27, 284ff.); Künstlername in Werbeanzeige (BGH, Urt. v. 18.3.1959 – IV ZR 182/58, BGHZ 30, 7 (10)); Ginsengwurzel (BGH, Urt. v. 19.9.1961 – VI ZR 259/60, BGHZ 35, 363ff.); Fernsehansagerin (BGH, Urt. v. 5.3.1963 – VI ZR 55/62, BGHZ 39, 124ff.).

[79] BVerwG, Urt. v. 3.9.1970 – II C 130/67, NJW 1971, 70ff.

[80] BGH, Urt. v. 8.12.1964 – VI ZR 201/63, NJW 1965, 685ff. – Soraya; s. auch *Degenhart,* JuS 1992, 361 (362).

[81] Bestätigt durch BVerfG, Beschl. v. 14.2.1973 – 1 BvR 112/65, BVerfGE 34, 269ff.

[82] *Degenhart,* JuS 1992, 361 (362) zu BVerfG, Beschl. v. 14.2.1973 – 1 BvR 112/65, BVerfGE 34, 269ff.

[83] BVerfG, Urt. v. 16.1.1957 – 1 BvR 253/56, BVerfGE 6, 32ff. – Elfes.

[84] Gelegentlich wird auch bereits BVerfG, Urt. v. 20.7.1954 – 1 BVR 459 u.a., BVerfGE 4, 7 (15f.) als frühe Ausprägung erwähnt (bspw. [Maunz/]Dürig/Herzog/Scholz/*Di Fabio,* GG, 39. ErgLfg. 2001, Art. 2 Abs. 1 Rn. 127 Fn. 5).

[85] S. bspw. BVerfG, Beschl. v. 16.7.1969 – 1 BvL 19/63, BVerfGE 27, 1ff. – Mikrozensus.; BVerfG, Beschl. v. 15.1.1970 – 1 BvR 13/68, BVerfGE 27, 344ff. – Ehescheidungsakten; BVerfG, Beschl. v. 31.1.1973 – 2 BvR 454/71, BVerfGE 34, 238ff. – Tonband.

[86] BVerfG, Urt. v. 5.6.1973 – 1 BvR 536/72, BVerfGE 35, 202ff. – Lebach; BVerfG, Beschl. v. 3.6.1980 – 1 BvR 185/77, BVerfGE 54, 148ff. – Eppler; BVerfG, Urt. v. 15.12.1983 – 1 BvR 209/83 u.a., BVerfGE 65, 1ff. – Volkszählung; BVerfG, Beschl. v. 31.1.1989 – 1 BvL 17/87, BVerfGE 79, 256ff. – Kenntnis der eigenen Abstammung; BVerfG, Beschl. v. 14.9.1989 – 2 BvR 1062/87, BVerfGE 80, 367ff. – Tagebuch; BVerfG, Beschl. v. 7.3.1995 – 1 BvR 1564/92, BVerfGE 92, 191ff. – Personalienangabe.

[87] Dazu im einzelnen *v. Lewinski,* FG Will, 2016, S. 576ff.

[88] *Mühlbauer,* Kontinuitäten und Brüche in der Entwicklung des deutschen Einwohnermeldewesens, 1995, S. 153–156.

[89] Durch (nicht veröffentlichten) Beschluss des Ministerrates v. 15.10.1969 und v. 13.7.1971 eingeführt (*Mühlbauer,* Kontinuitäten und Brüche in der Entwicklung des deutschen Einwohnermelde-

lerdings war die DDR zu einer umfassenden Verarbeitung aller Daten – ebenso wie damals im Westteil Deutschlands – informations- und verwaltungstechnisch noch nicht in der Lage.

41 Der politisch und rechtlich sichtbarste und wohl auch kontroverseste Teil der DDR-Vergangenheit sind die sog. **„Stasi-Unterlagen"**, die aktenförmige Hinterlassenschaft der Staatssicherheit. Die Wende war zu plötzlich gekommen, um die mächtigen Datenbestände des ostdeutschen Geheimdienstes auch nur in nennenswerten Teilen zu vernichten. Die Unterlagen wurden zunächst von einer eigenen Behörde, dem „Bundesbeauftragten für die Unterlagen des Staatssicherheitsdiensts" (vgl. §§ 35 ff. StUG), verwahrt und verwaltet; 2021 wurden die Bestände in das Bundesarchiv übernommen.[90]

2. Verfassungsrechtliche und einfachgesetzliche Regelungen

42 Wenn auch ein Datenschutz im Sinne des westlichen Begriffes nicht bestand (→ Rn. 44) und es ein spezifisch sozialistisches Verständnis des Persönlichkeitsrechts gab (→ Rn. 45), existierten dennoch **punktuelle Regelungen zum Schutz von Daten,** informationellen Interessen und auch zum Schutz des Persönlichkeitsrechts.

43 Insbesondere ost- und westdeutsches **Straf- und Strafprozessrecht** unterschied sich auf der Textebene nur wenig. § 135 DDR-StGB schützte das in Art. 31 DDR-Verf garantierte Briefgeheimnis,[91] § 136 DDR-StGB diente dem Schutz des Berufsgeheimnisses; §§ 202–205 DDR-StGB schützten das Post- und Fernmeldegeheimnis (s. Art. 31 DDR-Verf. v. 1968 u. v. 1974), wurden aber faktisch nicht beachtet.[92] Eine deutlich prominentere Regelung erfuhr der **staatliche Geheimnisschutz** in Art. 1 S. 3 DDR-StGB 1977. Prozessual abgesichert wurde der Schutz des **Berufsgeheimnisses** durch ein Aussageverweigerungsrecht von Geistlichen, Ärzten, Apothekern, Rechtsanwälten usw. (§ 29 DDR-StPO 1968). Das „Gesetz über Eintragung und Tilgung im Strafregister"[93] postulierte hinsichtlich verurteilter Personen den Grundsatz der Datensparsamkeit.

3. Begriff und Bedeutung des „Datenschutzes" in der DDR

44 Der Begriff des „Datenschutzes" in der DDR entsprach der natürlichen Wortbedeutung, wie er durch ministerielle Weisung eingeführt[94] wurde, nämlich dem **Schutz der Daten** (und nicht der durch sie beschriebenen Personen). So gilt deshalb die Datensicherheit und der Geheimnisschutz als Wurzel des DDR-Datenrechts.[95]

45 Auch gab es in der DDR kein allgemeines Persönlichkeitsrecht im westlichen Sinne.[96] Persönlichkeitsrechtsschutz galt nicht der „schöpferischen Person [...] schlechthin", sondern der „schöpferischen Persönlichkeit in der sozialistischen Gesellschaft" **(sozialistischer Persönlichkeitsbegriff).**[97] Eine Mindermeinung verengte das (zivilrechtliche) Persönlichkeitsrecht sogar auf den Bereich des Urheberrechts.[98]

---

wesens, 1995, S. 156–157; *v. Lewinski,* FG Will, S. 576 (577)). – Zu ihrer Zusammensetzung Geiger/Klinghardt/*Pietrkiewicz/Burth,* Stasi-Unterlagen-Gesetz, 2006, § 2 StUG Rn. 4.

[90] Umfassend z. B. *Engel,* Die rechtliche Aufarbeitung der Stasi-Unterlagen auf der Grundlage des StUG, 1995.

[91] *Autorenkollektiv,* Strafrecht der Deutschen Demokratischen Republik. Lehrkommentar zum Strafgesetzbuch, Bd. II, 1969, § 136, S. 109.

[92] OLG Dresden, Beschl. v. 22.3.1993 – Ws 100/92, DuD 1994, 346 (347); *Reuter,* NJ 1991, 383 (384).

[93] Strafregistergesetz (StRG) v. 1.12.1957 (DDR-GBl. I S. 647).

[94] *Krapp/Thaten,* RDV 1991, 73 (75), vgl. zuletzt noch die „Anordnung zur Gewährleistung der Datensicherheit" (DSAO) v. 23.2.1989 (dazu *Ehrhardt,* RDV 1990, 123 ff.).

[95] *Lau,* DuD 1991, 391 (391).

[96] *Gottwald,* Das allgemeine Persönlichkeitsrecht, 1996, S. 110; *Pleyer/Lieser-Triebnigg,* FS Schwinge, 1973, S. 153 (154); *Westen,* in: F. C. Schroeder (Hrsg.), Der Schutz individueller Rechte und Interessen im Recht sozialistischer Staaten, 1980, S. 194 f.

[97] *Nathan,* NJ 1964, 741 (745); vgl. *Püschel* u. a., Urheberrecht, 1969, S. 61 ff.

[98] *Nathan,* NJ 1964, 741 ff.; dazu *Fritsche,* Das Recht auf Achtung der Persönlichkeit und sein Schutz im Zivilrecht, Habil. Jena 1982, S. 102; *Pleyer/Lieser-Triebnigg,* FS Schwinge, 1973, S. 153 (154).

46 Gerade vor diesem Hintergrund ist es bemerkenswert, dass eine der wissenschaftlichen **Wurzeln des bundesdeutschen Datenschutzrechts** unter dem Eisernen Vorhang hindurchgewachsen war. In dem für das westdeutsche Datenschutzrecht maßgebliche Gutachten von *Steinmüller* u.a. wird an wesentlicher Stelle auf die Untersuchung *Günter Herzogs* zu „Problemen der Anwendung der kybernetischen Modellmethode in der Kriminologie“ Bezug genommen (→ § 3 Rn. 11 m.w.N.).[99]

F. Erste Datenschutzgesetze und Volkszählungsurteil

I. Vorfeld

47 Nach starker Beschleunigung von Elektronisierung und dem immer stärkeren Anwachsen der Datenverarbeitungen folgte das **Ende der Technikeuphorie.**[100] Schon auf dem 42. DJT 1957 wurde gefragt: „Reichen die geltenden gesetzlichen Bestimmungen insbesondere im Hinblick auf die Entwicklung moderner Nachrichtenmittel aus, um das Privatleben vor Indiskretion zu schützen?“. Erste skeptische Äußerungen im Parlament sind von *Hermann Schmidt-Vockenhausen* (1923–1979)[101] zu verzeichnen. In diese Zeit fällt auch das Aufkommen der Rechtsinformatik.[102]

48 Aus heutiger datenschutzpolitischer Perspektive bemerkenswert ist, dass **Amerika der Ausgangpunkt der Datenschutzdebatte** war. Der amerikanische Journalist *Vance Packard* (1914–1996) thematisierte in seinem Buch „The Naked Society“ (1964; dt.: „Die wehrlose Gesellschaft“) die in das Privatleben der Menschen eindringende staatliche und private Bürokratie. Seine Untersuchung erschien jedoch zu früh, um das Problem der automatischen Datenverarbeitung mehr als nur am Rande zu erwähnen. Ein erstes Hearing im u.s.-amerikanischen Parlament 1959 gilt als Beginn der modernen Datenschutzdebatte.[103] 1973 wurde mit den „Fair Information Practices“ (FIPs) des U.S.-Department of Health, Education and Welfare eine Regelung geschaffen, die aus dortiger Perspektive als „Urmutter des Datenschutzes“ bezeichnet wird.[104] Anfänge u.s.-amerikanischer Datenschutzgesetzgebung markieren der bereichsspezifische Fair Credit Reporting Act v. 1970 und der Privacy Act v. 1974. Die Diskussion in den USA war Impuls für Rechtswissenschaftler in Deutschland, sich dieses Fragenkreises anzunehmen.[105] So wird insb. *Ruprecht Kamlahs* „Right to Privacy“ (1969) als „bahnbrechend“ für den Datenschutz in Deutschland angesehen.[106]

1. Staat als „Großer Bruder“

49 Der moderne und immer umfassender zuständige **Leistungs- und Abgabenstaat** stützte sich in weiter steigendem Umfang auf Datenverarbeitungssysteme. Datensätze wurden über Personenkennzeichen organisiert, die sich zunächst proprietär und spezifisch entwickelten, v.a. im Bereich des (kommunalen) Meldewesens, der Personalverwaltungen des Öffentlichen Diensts, bei den Sozialversicherungen und der Bundeswehr. Innerhalb einzelner Sektoren kam es nach und nach zu Vereinheit-

[99] *Herzog*, StuR [Staat und Recht] 1968, 781 ff., auf den sich *Steinmüller/Lutterbeck/Mallmann/Harbort/Kolb/Schneider*, BT-Drs. 6/3826, 86 ff. bezogen; dazu *Gräwe*, Die Entstehung der Rechtsinformatik, 2011, S. 94 ff.

[100] Überblick bei *Tiedemann/Sasse*, Delinquenzprophylaxe, Kreditsicherung und Datenschutz in der Wirtschaft, 1973, S. 89–106.

[101] Nach *Liedtke*, Das Bundesdatenschutzgesetz, 1980, S. 112 ff., dort auch mit tw. wörtlicher Wiedergabe.

[102] Z.B. *Steinmüller*, EDV und Recht – Einführung in die Rechtsinformatik, 1970; umfassend *Gräwe*, Die Entstehung der Rechtsinformatik, 2011.

[103] *J. Pohle*, GS Steinmüller, 2014, S. 45.

[104] *Garfinkel*, Database Nation, 2001, S. 7.

[105] *Büllesbach/Garstka*, CR 2005, 720 (721).

[106] *Tiedemann/Sasse*, Delinquenzprophylaxe, Kreditsicherung und Datenschutz in der Wirtschaft, 1973, S. 90.

lichungen; so wurde von 1964 an in der Rentenversicherung ein „einheitliches Kennzeichen" eingeführt.[107]

50 Erstmals größere politische Relevanz bekam der Datenschutz dann im Rahmen der **Diskussion um ein bundeseinheitliches Personenkennzeichen (PKZ),**[108] eine einheitliche zwölfstellige Ordnungsnummer für alle Einwohner.[109] Sie beeinflusste die Mikrozensus-Entscheidung des BVerfG[110] und ist vielleicht überhaupt der Ausgangspunkt für die deutsche Datenschutzdiskussion. Bis zur Einführung einer allgemeinen Identifikationsnummer (ID-Nr.) durch das IDNrG im Rahmen des RegMoG (→ § 14 Rn. 15) beiseite gelegt wurde das Personenkennzeichen durch einen Beschluss des Rechtsausschusses des Bundestages von 1976.[111] Freilich wurden gleichwohl als funktionaler Ersatz in der Verwaltung Ordnungsnummern usw. verwendet.[112]

51 Ebenfalls nahm der Einsatz von Überwachungstechnik bei Sicherheitsbehörden zu. Verbunden ist dies v.a. mit den riesigen **Datenbanken zur Terrorismusfahndung,** die unter BKA-Präsident *Horst Herold* aufgebaut worden waren,[113] und der Einsatz der **Rasterfahndung.**[114] Auch der **maschinenlesbare Personalausweis** wurde zeitgenössisch als Baustein einer staatlichen Überwachungsinfrastruktur begriffen.

2. Nicht-öffentlicher Bereich

52 Im nicht-öffentlichen Bereich erfolgte der Einsatz von Informationstechnologie etwas zeitversetzt. Die **Automatisierung der Arbeitswelt** wurde zwar registriert und kritisch kommentiert, die spezifischen Gefahren einer informationellen Übermacht des Arbeitgebers wurden aber noch nicht spezifisch adressiert. Außerhalb des Beschäftigungskontexts beschränkten sich die gesetzlichen Regelungen ebenso wie die wissenschaftliche Diskussion auf Einzelaspekte (z.B. Regelungen in der GewO für Auskunfteien).

3. Begriff des „Datenschutzrechts"

53 Der Begriff „Datenschutz" ist **unbekannten Ursprungs.**[115] Zurückverfolgt werden kann er nicht viel weiter als bis zu den Gesetzgebungsarbeiten zum hessischen Datenschutzgesetz von 1970.[116] Er mag im amerikanischen „Data Protection Law" – im Sinne von Datensicherheit – liegen oder beim „Maschinenschutz", der in den 1960er Jahren kodifiziert worden ist.[117] Zunächst wurde er in Deutschland im Zu-

---

[107] Vgl. Allgemeine Verwaltungsvorschrift zur Einführung einer Versicherungsnummer in der gesetzlichen Rentenversicherung v. 15.2.1964 (BAnz. Nr. 37 v. 15.2.1964); Ruland/*Klässer,* Handbuch der gesetzlichen Rentenversicherung, 1990, Kap. 36 Rn. 1.

[108] *Kirchberg,* ZRP 1977, 137ff.; *Bizer,* DuD 2004, 45; *v. Lewinski,* in: Seckelmann, Digitalisierte Verwaltung. Vernetztes E-Government, 2. Aufl. 2019, S. 107 (Rn. 2–4).

[109] Zum Aufbau *BMI,* Personenkennzeichen, 1971, S. 10f.

[110] BVerfG, Beschl. v. 16.7.1969 – 1 BvL 19/63, BVerfGE 27, 1ff. – Mikrozensus.

[111] Zit. bei *Kirchberg,* ZRP 1977, 137 (137); *Mühlbauer,* Kontinuitäten und Brüche in der Entwicklung des deutschen Einwohnermeldewesens, 1995, S. 100ff.

[112] *Bölsche,* Der Weg in den Überwachungsstaat, 1985, S. 83ff.

[113] Interview mit *Herold,* in: Transatlantik, Nov. 1980, 29ff. (zu seinen Computerplänen).

[114] *Simon/Taeger,* Rasterfahndung, 1981.

[115] *Garstka,* DVBl. 1998, 981 (981, insb. Fn. 2, 3).

[116] *Bull,* Datenschutz, 1984, S. 84f.; vgl. Hessische Zentrale für Datenverarbeitung (Hrsg.), Großer Hessenplan, Entwicklungsplan für den Ausbau der Datenverarbeitung in Hessen, 1970, S. 21f.; Regierungsentwurf zum hessDSG 1970 (hessLT-Drs. 6/3065, S. 7ff.).

[117] *Garstka,* DVBl. 1998, 981 (981 Fn. 2). – *Garstka* nimmt Bezug auf das früher „Maschinenschutzgesetz" und heute „Geräte- und Produktsicherheitsgesetz" genannte „Gesetz über technische Arbeitsmittel [und Verbraucherprodukte]" v. 6.1.2004 (BGBl. I S. 2). Mit diesem wurde ähn-

sammenhang mit betrieblichen Datensicherheitsfragen verwendet[118] (zum Begriff in der DDR → Rn. 44). So war es z.B. ursprünglich noch das Ziel des hessischen Datenschutzgesetzgebers gewesen, die Nutzer – nicht die Betroffenen! – vor den Versuchen Dritter zu schützen, Einblick in die Daten zu nehmen[119] (was dann aber nicht Gesetz wurde, vgl. §§ 2–4 hessLDSG 1970).

54 Die **ursprüngliche Bedeutung,** die den Schutz der Daten impliziert, erweiterte und veränderte sich bald und umfasst seitdem (auch und vor allem) die materiellen Regelungen der personenbezogenen Datenverarbeitung. Diese Umdeutung geht auf *Ulrich Seidel* zurück.[120] In seiner Dissertation „Datenbanken und Persönlichkeitsrecht" (1972) und früheren Veröffentlichungen[121] wird „materielles Datenschutzrecht" als die Regelung (personenbezogener) Datenverarbeitungen insgesamt begriffen und gegenüber dem „formellen Datenschutzrecht" und der „Datensicherung" abgegrenzt.[122] Auch *Steinmüller* hat den Begriff „Datenschutz" 1970 als „Vorkehrungen zum Schutz der Privatsphäre" definiert.[123]

55 Hierdurch ist „Datenschutz" die seitdem allgemein und über Deutschland hinaus gebräuchliche Bedeutung gegeben. Im Ergebnis hat also eine **Begriffsverschiebung** stattgefunden. Das ganz ursprünglich mit „Datenschutz" Gemeinte wird seitdem als „Datensicherheit" bzw. „Datensicherung" bezeichnet. Der Begriff des „Datenschutzes" füllt dagegen die Lücke aus, die durch eine fehlende passende Übersetzung der amerikanischen „Privacy" bestand.[124] Diese Terminologie hat sich sehr schnell eingebürgert.[125] Anfängliches Unbehagen mit der Begriffswahl („überaus irreführend",[126] „eigentlich ganz unpassend" und „unglücklich",[127] Setzen des Begriffs in Anführungszeichen[128]) verebbte. Versuche, ihn zu ersetzen,[129] blieben folgenlos.

II. Erste Datenschutzgesetze

56 Für den Erlass der ersten Datenschutzgesetze lag **kein konkreter Anlass** vor, vielmehr bestand lediglich eine allgemeine Besorgnis vor zukünftigen Gefährdungen. Die Initiative zum Datenschutz kam dementsprechend auch – ähnlich wie der Beginn der Diskussion über Umweltprobleme[130] – nicht aus der Öffentlichkeit oder von Betroffenen, sondern aus der Politik.

57 Die **ersten Datenschutzgesetze** in Deutschland (1970 Hessen, → Rn. 59ff.; 1970 bayerisches EDV-G;[131] 1974 Rheinland-Pfalz;[132] zuletzt Hamburg 1981) regelten, entsprechend der beschränkten Kompetenz der Länder, nur die Datenverarbeitung

---

lich dem Datenschutzrecht „vorgreifender Gefahrenschutz" (*Doetsch/Schnabel,* Gesetz über technische Arbeitsmittel, 2. Aufl. 1970, S. 10) bezweckt.

[118] Pawlikowsky/*Reisinger,* Datenschutz, 1979, S. 14.

[119] Hessische Zentrale für Datenverarbeitung, Großer Hessenplan, 1970, S. 21.

[120] *Zielinski,* JuS 1973, 130 (131); *Kauch* (Hrsg.), Erfassungsschutz, 1975, S. 168.

[121] Zuvor schon *Seidel,* NJW 1970, 1581 (1583f.).

[122] *Seidel,* Datenbanken und Persönlichkeitsschutz, 1972, S. 130.

[123] *Steinmüller,* EDV und Recht, 1970, S. 86.

[124] Roßnagel HdB DatenSR/*Abel,* 2003, Kap. 2.7, Rn. 12.

[125] So schon *Steinmüller* u.a., BT-Drs. 6/3826, 44 Fn. 6 („bereits eingebürgert"); Begründung zu BDSG-Entwurf 1973, BT-Drs. 7/1027, 14 („seit geraumer Zeit allgemein gebräuchlich").

[126] *Simitis,* NJW 1971, 673 (676).

[127] *Bull,* Datenschutz, 1984, 83 (84).

[128] *Simitis,* NJW 1971, 673ff.

[129] *Steinmüller,* EDV und Recht, 1970, S. 87 Ziff. 6 („Informationsschutz").

[130] *Vierhaus,* Umweltbewußtsein von oben, 1994, S. 33 Fn. 36, S. 39–182, S. 533f.

[131] *Blum,* Der „bayerische Weg" in der Datenschutzaufsicht, 2022, E.I.2.

[132] *Simitis,* NJW 1971, 673 (677 Fn. 35, S. 678).

in deren Verwaltung. Das Bundesdatenschutzgesetz (→ Rn. 63ff.) erfasste auch den Bereich der Wirtschaft.

58 Vergleichbar gab es in **anderen europäischen Staaten** Initiativen und Vorarbeiten für Datenschutzgesetze.[133] Für die USA wurde bereits auf den Privacy Act v. 1974 verwiesen, dessen Gültigkeit sich auf die u.s.-amerikanische Bundesverwaltung beschränkte.

1. Hessisches Datenschutzgesetz von 1970

59 Hessen war damit das erste Bundesland – und sogar **das erste Land weltweit** –, das ein Datenschutzgesetz erließ („Datenschutzgesetz" vom 7.10.1970, verkündet am 12.10.1970).[134] Es erfasste zunächst nur den Bereich der öffentlichen Verwaltung des Landes und war eine Reaktion auf die zur Umsetzung des „Großen Hessenplans" durch das hessische Datenverarbeitungsgesetz[135] (DVG) eingeführten Informationssysteme.

60 Anstoß zum hessDSG war ein Artikel von *Hanno Kühnert* in der F.A.Z.,[136] den der damalige hessische Ministerpräsident *Zinn* zum legisfaktorischen Anlass nahm[137] und der von dessen Nachfolger *Osswald* weitergeführt wurde. Im Kontext des „Großen Hessenplans", eines großen Landesentwicklungsprogramms,[138] wurde im **Zusammenhang mit der Verwaltungsautomation** erstmals „Datenschutz" thematisiert.[139]

61 Wegweisend für die weitere Entwicklung des Datenschutzrechts war im hessLDSG die Einrichtung eines **unabhängigen Datenschutzbeauftragten als Kontrollinstitution.**

2. Bundesdatenschutzgesetz

62 **Erste gesetzgeberische Bemühungen auf Bundesebene** waren zu Beginn der Siebziger Jahre zu verzeichnen.[140] Die Bundesregierung plante bereits 1970/71 Datenschutzregelungen innerhalb einer Melderechtsreform;[141] es wurden Gutachten in Auftrag gegeben,[142] ein erster interfraktioneller BDSG-Entwurf (Entwurf der interparlamentarischen Arbeitsgemeinschaft, IPA-Entwurf) vom Oktober 1971[143] verfiel der Diskontinuität durch die Auflösung des Bundestages nach der Vertrauensfrage *Willy Brandts.*

63 Erneut eingebracht wurde ein Regierungsentwurf am 21.9.1973. Ausführliche Ausschusssitzungen in den Jahren 1974 bis 1976 folgten.[144] So wurde das **BDSG 1977** erst am 12.11.1976 auf der Basis des im Vermittlungsausschuss gefundenen Kompromisses verabschiedet. Nach damaliger Vorstellung diente das BDSG zu-

---

[133] Zeitgenössisch zum Diskussionsstand *Hondius,* Emerging Data Protection in Europe, 1975.

[134] HessGVBl. I S. 625.

[135] Gesetz über die Errichtung der Hessischen Zentrale für Datenverarbeitung (HZD) und Kommunaler Gebietsrechenzentren (KGRZ) v. 16.12.1969 (hessGVBl. I S. 304).

[136] *Hanno Kühnert,* Tücken der Computer, in: F.A.Z. v. 10.6.1969, S. 1.

[137] Hassemer/Möller/*Simitis,* 25 Jahre Datenschutz, 1996, S. 28 (28f.); *Simitis,* in: F.A.S. v. 4.1.2015, S. 17.

[138] Überblick hierzu bei Strubelt/Briesen/*van Laak,* Raumplanung nach 1945, 2015, S. 127ff.

[139] Hessische Zentrale für Datenverarbeitung (Hrsg.), Großer Hessenplan, 1970.

[140] Abriss bei *Liedtke,* Das Bundesdatenschutzgesetz, 1980, S. 126–138.

[141] Dokumentation und Zusammenfassung bei BMI, Personenkennzeichen (betrifft: 7), 1971.

[142] Besonders breit rezipiert wurde *Steinmüller/Lutterbeck/Mallmann/Harbort/Kolb/Schneider,* BT-Drs. 6/3826.

[143] BT-Drs. 6/2885.

[144] *Liedtke,* Das Bundesdatenschutzgesetz, 1980, S. 132f. mit ausf. Analyse auf S. 143ff.

nächst der „politischen Bewußtseinsbildung“[145] und trug deshalb ein „Stigma der Vorläufigkeit“.[146]

III. Volkszählungsurteil

64 Die Mauerblümchenexistenz des Datenschutzrechts endete mit dem **Paukenschlag** der Volkszählungsentscheidung.

65 Zwar hatte es durchaus **Vorläufer** in der Rechtsprechung (→ § 5 Rn. 19) gegeben, meist mit Bezug auf sensitive Daten, z. B. zu Scheidungsakten,[147] Arztkarteien[148] und Suchtkrankenberatungsstellen,[149] weiterhin zum Mikrozensus,[150] zum Verbot, den Menschen in seiner Gesamtheit zu registrieren und katalogisieren, auch nicht in der Anonymität einer statistischen Erhebung.[151]

66 Anlass war die (ursprünglich) **für 1980 angesetzte Volkszählung.**[152] Sie traf auf „Beunruhigung“ und „Furcht“ in der Bevölkerung,[153] vor allem wohl der geplante Abgleich der statistischen Daten mit dem Melderegister. Hiergegen wandte sich politischer Protest, in dessen Zusammenhang Verfassungsbeschwerden zum BVerfG erhoben wurden.[154]

67 In der Entscheidung wurde ein „Recht auf informationelle Selbstbestimmung“ vom Gericht aus Art. 2 Abs. 1 und Art. 1 Abs. 1 GG abgeleitet (→ § 4 Rn. 13 ff.) und im Ergebnis die gesamte Verarbeitung personenbezogener Daten (im öffentlichen Bereich) einem **Gesetzesvorbehalt** unterstellt (→ § 4 Rn. 22 f., 38).

68 Der **Begriff des „informationellen Selbstbestimmungsrechts“** ist vom Bundesverfassungsgericht erstmalig in einem Sondervotum erwähnt worden.[155] Im deutschen Schrifttum wurde er zuerst 1971 von *Steinmüller* gebraucht,[156] geht aber wohl auf den u. s.-amerikanischen Juristen *Allan Westin* zurück.[157] In dem von *Steinmüller* u. a. im Auftrag des Bundesinnenministers erstatteten Gutachten wird das für die weitere Entwicklung so bedeutende und folgenreiche „Recht auf informationelle Selbstbestimmung“ aus einem „einfachen kybernetischen Handlungsmodell“[158] entwickelt.

---

[145] *Kloepfer,* VVDStRL 40 (1982), 61 (77).

[146] *Schomerus,* RDV 1986, 61 ff.

[147] BVerfG, Beschl. v. 15.1.1970 – 1 BvR 13/68, BVerfGE 27, 344 (350) – Scheidungsakten.

[148] BVerfG, Beschl. v. 8.3.1972 – 2 BvR 28/71, BVerfGE 32, 373 (379) – Arztkartei.

[149] BVerfG, Beschl. v. 24.5.1977 – 2 BvR 988/75, BVerfGE 44, 353 (372) – Suchtkrankenberatungsstelle.

[150] BVerfG, Beschl. v. 16.7.1969 – 1 BvL 19/63, BVerfGE 27, 1 ff. – Mikrozensus.

[151] BVerfG, Beschl. v. 16.7.1969 – 1 BvL 19/63, BVerfGE 27, 1 (6) – Mikrozensus.

[152] *Taeger,* Die Volkszählung, 1983.

[153] BVerfG, Urt. v. 15.12.1983 – 1 BvR 209/83 u. a., BVerfGE 65, 1 (3); zur allgemeinen Diskussion um die Volkszählung *Bergmann,* Volkszählung und Datenschutz, 2009.

[154] Zum Ablauf des Verfahrens *Steinmüller,* RDV 2007, 158 (160 f.); *Wesel,* Risiko Rechtsanwalt, 2001, S. 220 ff.

[155] Sondervotum *M. Hirsch,* BVerfG, Beschl. v. 5.2.1981 – 2 BvR 646/80, BVerfGE 57, 170 (182, 201). Inhaltlich hat sich das BVerfG schon in früheren Entscheidungen zu einem zur informationellen Selbstbestimmung hinführenden Verständnis des Allgemeinen Persönlichkeitsrechts bekannt (BVerfG, Beschl. v. 31.1.1973 – 2 BvR 454/71, BVerfGE 34, 238 (246); BVerfG, Urt. v. 5.6.1973 – 1 BvR 536/72, BVerfGE 35, 202 (220) – Lebach).

[156] *Steinmüller/Lutterbeck/Mallmann/Harbort/Kolb/Schneider,* Grundfragen des Datenschutzes (= BT-Drs. 6/3826), 1971, S. 88 („Selbstbestimmungsrecht des Bürgers über sein informationelles Personenmodell“); autobiographisch *Steinmüller,* RDV 2007, 158 ff.; für eine gemeinsame Urheberschaft von *Steinmüller, Lutterbeck* und *Podlech* s. *Lutterbeck,* in: Büchner/Dreier, Von der Lochkarte zum globalen Netzwerk, 2007, S. 16 Fn. 5; vgl. *Bull,* Datenschutz, 1984, S. 81 f. mit Anm. 23a; *H. Ehmann,* AcP CLXXXVIII (1988), 230 (329–338); *Kilian,* CR 2021, 9 (9).

[157] *Westin,* Privacy and Freedom, 1967, S. 7 et pass.; anders *Büllesbach/Garstka,* CR 2005, 720 (721), die eine Linie zu *Warren* und *Brandeis* ziehen.

[158] *Steinmüller/Lutterbeck/Mallmann/Harbort/Kolb/Schneider,* BT-Drs. 6/3826, 86 mit Bezug auf *Herzog,* StuR [Staat und Recht] 1968, 781 ff.; → Rn. 46.

IV. BDSG 1990 und verfassungsgerichtliche Konturierung

69 Gerade aber der umfassende Gesetzesvorbehalt (→ Rn. 67) wurde bald als nicht unproblematisch identifiziert, insoweit er zu einer **Normenflut** führte, v.a. durch das sog. bereichsspezifische Datenschutzrecht. Die Übersichtlichkeit und Verständlichkeit des Datenschutzrechts litt, die mit dem Gesetzesvorbehalt bezweckte Begrenzung (staatlicher) Datenverarbeitung stellte sich nicht ein.[159]

70 Ohne freilich an dem Normierungsansatz des BDSG grundsätzlich etwas zu ändern, weitete das **BDSG v. 1990** den Anwendungsbereich aus.

71 Die weitere Konturierung des Datenschutzrechts erfolgte v.a. durch die **Rechtsprechung** des BVerfG (Rasterfahndung,[160] Vaterschaftsfeststellung,[161] Online-Durchsuchung,[162] Kfz-Kennzeichenerfassung,[163] Vorratsdatenspeicherung[164]). Aus der Rechtsprechung der Zivilgerichte ist aus dieser Zeit insb. das SCHUFA-Urteil[165] bemerkenswert, das den Datenschutz im nicht-öffentlichen Bereich weiter konturierte.

V. BDSG-Reformen I, II, III im Jahre 2009

72 2009 war das Datenschutzrecht – jedenfalls in textlicher Hinsicht – umfangreich novelliert worden (BDSG-Novellen I, II, III).[166] Nachdem einige Überwachungsmaßnahmen größerer Unternehmen (Deutsche Telekom, Lidl, Deutsche Bahn) Gegenstand öffentlicher Kritik geworden waren, sah sich der Gesetzgeber aufgerufen, das BDSG „zu verschärfen". Dass dies **in weiten Teilen politischer Aktionismus** war, zeigte sich darin, dass es zu einer strengeren Ausgestaltung des materiellen Arbeitnehmerdatenschutzrechts nicht kam; allerdings wurde mit dem § 32 BDSG-alt (heute § 26 BDSG) der Nukleus eines geschriebenen Arbeitnehmerdatenschutzgesetzes geschaffen. Die Novellierungen bezogen sich ferner auf eine stärkere Begrenzung der Werbung und eine spezifische Regelung für Auskunfteien und zum Scoring.

G. Datenschutz und Vernetzung

I. Telekommunikationsdatenschutz

73 **Erste Regelungen des Telekommunikationsdatenschutzes** finden sich in Anknüpfung an die bisherigen Regelungen zu Telegraphen (→ Rn. 29) in § 14 PostVwG i.V.m. §§ 449ff. Telekommunikationsordnung der Deutschen Bundespost (TKO).

74 Die ursprünglich nur den staatlichen Anbieter von Telekommunikationsdienstleistungen (Deutsche Bundespost) adressierenden Regelungen (§ 30 Abs. 2 PostVerfG i.V.m. der TelekomDSV) mussten mit Beginn der **Liberalisierung des Tele-**

---

[159] Vgl. den Befund bei *Simitis,* RDV 2007, 143ff.

[160] BVerfG, Beschl. v. 4.4.2006 – 1 BvR 518/02, BVerfGE 115, 320ff. – Rasterfahndung; dazu → § 5 Rn. 50ff.

[161] BVerfG, Urt. v. 13.2.2007 – 1 BvR 421/05, BVerfGE 117, 202ff. – Vaterschaftsfeststellung; auch → § 4 Rn. 29.

[162] BVerfG, Urt. v. 27.2.2008 – 1 BvR 370/07, BVerfGE 120, 274ff. – Online-Durchsuchung; → § 5 Rn. 2ff.

[163] BVerfG, Urt. v. 11.3.2008 – 1 BvR 2074/05, BVerfGE 120, 378ff. – Kennzeichenerfassung sowie nunmehr BVerfG, Beschl. v. 18.12.2018 – 1 BvR 142/15, NVwZ 2019, 831ff.; → § 5 Rn. 58.

[164] BVerfG, Urt. v. 2.3.2010 – 1 BvR 256/08, BVerfGE 125, 260ff. – Vorratsdatenspeicherung; → § 5 Rn. 34ff.

[165] BGH, Urt. v. 19.9.1985 – III ZR 213/83, NJW 1986, 46ff.

[166] Überblick bei *Bohnen,* Die BDSG Novellen 2009/2010, 2011.

kommunikationssektors nach der Postreform I (PostStruktG) einen Ausleger für private Anbieter bekommen (§ 14a FAG i.V.m. der UDSV). Beide Normwerke waren im wesentlichen inhaltsgleich, nur bezüglich der Aufsichtsbehörde (BfD für die Bundespost, Länderbehörden für die Privaten) unterschieden sie sich.

75 Die **Privatisierung des Telekommunikationssektors**[167] durch die Postreform II (PTNeuOG) führte dazu, da das grundgesetzliche Fernmeldegeheimnis (Art. 10 GG) nicht zwischen (privaten) Dienstanbietern und Nutzer wirkte (keine unmittelbare Drittwirkung), dass der Staat seiner Schutzpflicht nachkommen musste. Das Ergebnis war § 10 PTRegG i.V.m. TDSV 1996.[168]

76 1996 erging das **Telekommunikationsgesetz (TKG),** dass in dem damaligen § 89 den Telekommunikationsdatenschutz in Form einer Verordnungsermächtigung regelte. Die darauf basierende TDSV wurde jedoch erst im Jahre 2000 erlassen (TDSV 2000).

77 In der Zwischenzeit war die europäische **Telekommunikationsdatenschutzrichtlinie 97/66/EG** (nach einer früheren Fassung auch „ISDN-Richtlinie" genannt) in Kraft getreten. Ihre Vorgaben wurden, zusammen mit Zugriffbefugnissen der Sicherheitsbehörden auf Daten bei den Telekommunikationsunternehmen, durch das sog. Begleitgesetz[169] umgesetzt. 2002 wurde wiederum eine neue TDSV erlassen.

78 2002 trat auch die **Datenschutzrichtlinie für elektronische Kommunikation 2002/58/EG** in Kraft. Ihre Vorgaben wurden 2004, leicht verspätet, durch das neue TKG in deutsches Recht umgesetzt worden. 2009 ist die Telekommunikationsdatenschutzrichtlinie 2002/58/EG (auch: E-Privacy-RL oder EK-DSRL) durch die Richtlinie 2009/136/EG an die technischen und Marktgegebenheiten angepasst worden. Die Umsetzung erfolgte (größtenteils) durch eine Novellierung des TKG im Mai 2012.[170]

78a Eine Novellierung des europäischen Rechtsrahmens zum materiellen Gleichlauf mit der DS-GVO war geplant, kam aber einstweilen nicht zustande. Der deutsche Gesetzgeber hat **für eine Übergangszeit** bis zu einer dann unmittelbar geltenden E-Privacy-VO das Telekommunikations- und das Internetdatenschutzrecht (→ Rn. 79ff.) in einem **Telekommunikations- und Telemedien-Datenschutzgesetz** (TTDSG; → § 18 Rn. 28ff.) zusammengefasst.

II. Internet

79 Die Geschichte des deutschen Internet(datenschutz)rechts beginnt mit dem **Bildschirmtext (Btx).**[171] Die Kompetenz zur Regelung dieses Dienstes war zwischen Bund und Ländern umstritten, so dass die Deutsche Bundespost den Btx-Staatsvertrag der Länder nicht anerkannte (sich aber gleichwohl faktisch daran hielt).[172] Die **Kompetenzverteilung zwischen Bund und Ländern** mit ihren Unklarheiten ist der Grund für die auch noch heute bestehende Zersplitterung des deutschen Internet(datenschutz)rechts. Während dem Bund nach Art. 74 Abs. 1 Nr. 11 GG die (konkurrierende) Gesetzgebungskompetenz für den Bereich der Wirtschaft zusteht, obliegt den Ländern die Gesetzgebung im Bereich der Presse – der Bund hat von seiner damals noch bestehenden Rahmengesetzgebungskompetenz nach Art. 75 Abs. 1 Nr. 2 GG insoweit keinen Gebrauch gemacht – und

[167] *Rieß*, Regulierung und Datenschutz im europäischen Telekommunikationsrecht, 1996, S. 178.

[168] Im Zusammenhang mit der TDSV 1996 bestanden praktische Unsicherheiten, weil zum einen die Verordnung wenige Tage vor Inkrafttreten des TKG noch auf der Basis der alten Ermächtigungsgrundlage erlassen worden war und zum anderen und erst recht, als die Umsetzungsfrist für die Telekommunikationsrichtlinie am 24.10.1998 abgelaufen war.

[169] BGBl. 1997 I S. 3108.

[170] Gesetz zur Änderung telekommunikationsrechtlicher Regelungen v. 3.10.2012 (BGBl. 2012 I S. 958).

[171] Dazu *Steiner*, in: Hübner u.a., Rechtsprobleme des Bildschirmtexts, 1986, S. 89ff.; umfassend *Röhr*, Der lange Weg zum Internet, 2021.

[172] *Rieß*, Regulierung und Datenschutz im europäischen Telekommunikationsrecht, 1996, S. 274f.

des Rundfunks. Doch fügen sich Internet- und andere digitalen Dienste (z.B. Pay-TV) nicht ohne weiteres in die Kompetenzverteilung des GG ein. Da alle Beteiligten jedoch eifersüchtig über ihre Kompetenz in diesem Bereich wachen, man gleichzeitig die Länder- und auch nationalen Grenzen ignorierenden Dienste der Informationsgesellschaft nicht durch einen gesetzlichen Flickenteppich auf Ebene der Länder begegnen kann, hat man sich auf einen politischen Kompromiss geeinigt.[173]

80 Der deutsche Gesetzgeber hatte weltweit als einer der ersten spezielle Datenschutzregelungen für das Internet geschaffen. Aufbauend auf den Regelungen des Btx-Staatsvertrags trat im Rahmen des **„Informations- und Kommunikationsdienstegesetz" (IuKDG)**[174] bereits 1997 das Teledienstedatenschutzgesetz (TDDSG) in Kraft. Zur gleichen Zeit beschlossen die Länder den **Mediendienstestaatsvertrag (MDStV)** und fügten entsprechende Regelungen in den Rundfunkstaatsvertrag ein. – Als Versuch der Lösung der unklaren und umstrittenen föderalen Kompetenzabgrenzung war dies der Versuch eines materiellen Gleichlaufs der Regelungen zu Telediensten, Mediendiensten und Rundfunk **(Parallelgesetzgebung).**

81 Dieser Regelungsansatz geriet an seine Grenzen, als 2001 bzw. 2002 die Regelungen des TDDSG und des MDStV überarbeitet wurden. Ein synchrones Inkrafttreten war nicht zu gewährleisten. Auch gab es **inhaltliche Differenzen,** insbesondere hinsichtlich der Sanktionen. Die nutzerbezogenen Datenschutzregelungen des RStV wurden damals durch den 6. Rundfunkänderungs-Staatsvertrag von 2002 nicht modifiziert, sondern blieben auf dem Stand des TDDSG und MDStV von 1997.

82 Inzwischen sind die datenschutzrechtlichen Regelungen des MDStV und das TDDSG entzerrt und **zwischen Bund und Ländern neu verteilt** worden.[175] Die datenschutzrechtlichen Regelungen des alten RStV, die als Annexkompetenz des Rundfunkrechts eigentlich in die Länderkompetenz fallen, sind durch eine pauschale Verweisung auf das TMG ersetzt worden (§ 60 RStV i.d.F. d. 9. RÄStV). Der RStV enthielt und der MedienStV enthält nun nur zum journalistischen Datenschutz inhaltliche Regelungen (§ 12, § 23, § 113 MedienStV; vorher § 9a, §§ 54ff. RStV).

H. Europäisierung des Datenschutzrechts

83 Der Ausgangspunkt des europäischen Datenschutzrechts ist die **Europaratskonvention Nr. 108** (Übereinkommen zum Schutz des Menschen bei der automatischen Verarbeitung personenbezogener Daten v. 28..11981),[176] eine Regelung auf der Ebene regionalen (europäischen) Völkerrechts. Vorangegangen waren drei Entschließungen in den Jahren 1973 und 1974.[177]

84 Aber auch die Europäische (Wirtschafts-)Gemeinschaft, heute die **Europäische Union,** hatte den Datenschutz schon Mitte der Siebziger Jahre problematisiert.[178] So hatte das Europäische Parlament am 8.5.1979 eine europäische Harmonisierungsrichtlinie für den Datenschutz gefordert[179] und am 9.3.1982 die Datenschutzkon-

---

173 BT-Drs. 14/1191, 4.

174 Umfassend *Engel-Flechsig/Maennel/Tettenborn* (Hrsg.), Beck'scher IuKDG-Kommentar, 2001.

175 Zur Vorgeschichte *Bizer,* DuD 2004, 6 (10).

176 An dieses Datum erinnert der Europäische Datenschutztag, der seit 2007 am 28. Januar begangen wird.

177 Entschließungen (73) 22 u. (73) 23 v. 26.9.1973 sowie (74) 29 v. 20.9.1974.

178 Vgl. „Entschließung zum Schutz der Rechte des einzelnen angesichts der fortschreitenden Entwicklung auf dem Gebiet der Datenverarbeitung" (ABl. 1976 C 100, 27), „Entschließung zum Schutz der Rechte des einzelnen angesichts der fortschreitenden Entwicklung auf dem Gebiet der Datenverarbeitung v. 8.5.1979" (ABl. 1979 C 140, 34, BT-Drs. 8/2928) und v. 9.3.1982 (ABl. 1982 C 87, 39, BT-Drs. 9/1516).

179 Vgl. BT-Drs. 8/2928 (sog. Bayerl-Vorlage); dazu *Knauth,* WM 1990, 209 (213, insb. Fn. 20).

vention begrüßt.[180] Die Europäische Kommission beschäftigte sich, wenn auch zunächst nicht unter besonderer Beachtung des Persönlichkeitsschutzes, seit der gleichen Zeit mit dem Thema,[181] seit 1979 insbesondere mit dem Telekommunikationsmarkt. Der Datenschutz bei der Telekommunikation wurde erstmals im „Grünbuch über die Entwicklung des Gemeinsamen Marktes für Telekommunikationsdienstleistungen und Telekommunikationsendgeräte" (1987) thematisiert.[182]

85 Jedoch erst am 13.9.1990 legte die Europäische Kommission ein **Paket von Regelungsvorschlägen zum Datenschutz auf europäischer Ebene** vor.[183] Wegen der Maastrichter Beschlüsse wurde der allgemeine Datenschutz vom Telekommunikationsdatenschutz verfahrenstechnisch getrennt.[184] So machte die Kommission am 15.10.1992 einen ersten Vorschlag für eine allgemeine Datenschutzrichtlinie[185] und am 13.6.1994 einen Richtlinienvorschlag zum Telekommunikationsdatenschutz.[186] Der Vorschlag der Europäischen Kommission, der Datenschutzkonvention des Europarats (→ Rn. 83) beizutreten, wurde sodann aus rechtlichen und inhaltlichen Gründen nicht weiterverfolgt.[187]

I. Europarechtliche Regelungen

86 Eine umfassende Regelung erfuhr das allgemeine Datenschutzrecht in der EG durch die **Europäische Datenschutzrichtlinie 95/46/EG** v. 24.10.1995.[188] Insbesondere das Datenschutzrecht Deutschlands und Frankreichs waren hier prägend.

87 Das Telekommunikationsdatenschutzrecht erfuhr eine spezielle Regelung durch die **TK-Datenschutzrichtlinie 97/66/EG** v. 15.12.1997, die durch die Datenschutzrichtlinie für elektronische Kommunikation 2002/58/EG und die Richtlinie 2009/136/EG novelliert und an den technischen Fortschritt angepasst wurde. Gegenwärtig wird über eine neue E-Privacy-Verordnung diskutiert (→ § 18 Rn. 11).

88 Die **Umsetzung** erfolgte **in Deutschland** durch das BDSG v. 23.5.2001 und das TKG v. 2004, jeweils unter mehr oder minder großzügiger Überschreitung des Umsetzungszeitraums.

II. Europäische Rechtsprechung

89 In der Folge wurde die **Rechtsprechung des EuGH zum Datenschutzrecht** immer maßgeblicher (zur Unabhängigkeit der Datenschutzaufsichtsbehörden v. 9.3.2010;[189] Google Spain-Urteil zum „Recht auf Vergessenwerden";[190] Safe Har-

---

[180] Vgl. BT-Drs. 9/1516 (sog. Sieglerschmidt-Vorlage); dazu *Sieglerschmidt,* DuD 1982, 189ff.; weiter *Knauth,* WM 1990, 209 (213 Fn. 21).

[181] „Aktionsprogramm für die Politik im wissenschaftlich-technischen Bereich" v. 25.7.1973 KOM (73) 1256 endg.; „Politik der Gemeinschaft auf dem Gebiet der Datenverarbeitung" v. 21.11.1973 KOM (73) 4300 endg.; „Erste Vorschläge der Kommission für prioritäre Aktionen auf dem Gebiet der Informationspolitik" v. 5.5.1975 KOM (75) 35 endg.; *Europäische Kommission (Hrsg.),* Data Protection, Data Security and Privacy, Luxemburg 1977; dazu *Mähring,* Institutionelle Datenschutzkontrolle, 1993, S. 24ff.

[182] BT-Drs. 11/930.

[183] KOM(90)314 endg. – SYN 287–288 v. 13.9.1990.

[184] *Rieß,* Regulierung und Datenschutz im europäischen Telekommunikationsrecht, 1996, S. 76.

[185] KOM(92)422 endg. – SYN 287, ABl. 1992 C 311, 30 = BT-Drs. 12/8329, 4ff.

[186] ABl. 1994 C 200, 4; zum Inhalt *Rieß,* Regulierung und Datenschutz im europäischen Telekommunikationsrecht, 1996, S. 91ff.

[187] *Rieß,* Regulierung und Datenschutz im europäischen Telekommunikationsrecht, 1996, S. 100f.; *Jakob,* DuD 1994, 480ff.

[188] ABl. 1995 L 281, 31; zur Entstehung *Wuermeling,* Handelshemmnis Datenschutz, 2000, S. 17–28.

[189] EuGH, Urt. v. 9.3.2010 – C-518/07, NJW 2010, 1265ff.

[190] EuGH, Urt. v. 13.5.2014 – C-131/12, NJW 2014, 2257ff. – Google Spain; dazu auch → § 11 Rn. 19 und → § 15 Rn. 39.

bor;[191] ULD/Wirtschaftsakademie zur gemeinsamen Verantwortlichkeit im Kontext von Facebook Fanpages[192]).

90 Besonders umstritten in der ganzen EU war und ist die **Vorratsdatenspeicherung.** Sie basiert(e) auf europäischen Vorgaben, war aber wegen verfassungsrechtlicher Prüfung[193] nicht ohne weiteres umzusetzen.[194] Neben datenschutzrechtlichen Bedenken artikulierten v.a. Telekommunikationsunternehmen Protest.[195]

III. Weiterentwicklung des europäischen Rechtsrahmens für den Datenschutz

91 Das heutige europäische Datenschutzrecht, v.a. die DS-GVO, nahm seinen Ausgang vom „Stockholmer Programm" (benannt nach der seinerzeitigen schwedischen Ratspräsidentschaft).[196] Die Europäische Kommission ergriff 2009 mit öffentlichen Konsultationen und einer Anhörung am 1.7.2010 die Initiative. Ergebnis waren zunächst eine Kommissionsmitteilung zum „Gesamtkonzept für den Datenschutz in der Europäischen Union"[197] und schließlich Anfang 2012 die **Kommissionsentwürfe** „Vorschlag für eine Richtlinie des Europäischen Parlaments und des Rates zum Schutz natürlicher Personen bei der Verarbeitung personenbezogener Daten durch die zuständigen Behörden zum Zwecke der Verhütung, Aufdeckung, Untersuchung oder Verfolgung von Straftaten oder der Strafvollstreckung sowie zum freien Datenverkehr" v. 25.1.2012[198] und „Vorschlag einer Verordnung des Europäischen Parlaments und des Rates zum Schutz natürlicher Personen bei der Verarbeitung personenbezogener Daten und zum freien Datenverkehr (Datenschutz-Grundverordnung)" v. 25.1.2012.[199]

92 Das **Europäische Parlament** nahm Ende 2012 umfänglich mit einem „Entwurf eines Berichts über den Vorschlag für eine Verordnung des Europäischen Parlaments und des Rates zum Schutz natürlicher Personen bei der Verarbeitung personenbezogener Daten und zum freien Datenverkehr" („Albrecht-Entwurf")[200] Stellung. Am 21.10.2013 einigte man sich im Innenausschuss (LIBE-Ausschuss). Zwischen den Organen der europäischen Gesetzgebung gab es zunächst einen informellen Trilog ohne greifbares Ergebnis. Am 12.3.2014 beschloss das Europäische Parlament in erster Lesung (Art. 294 Abs. 3 AEUV). Im **Rat der Europäischen Union** erfolgt die inhaltliche Abstimmung 2014–2015.

93 Ende 2015 dann führte der **Trilog** (Abschluss Dez. 2015) zu einem Abschluss.

IV. Das BDSG 2018

94 Gegenstand des neuen BDSG ist zum einen die Anpassung an die Grundverordnung im Rahmen des den Mitgliedstaaten belassenen **Konkretisierungs- und Ausgestaltungsspielraum,** welcher insbesondere die Datenverarbeitung im öffentlichen

[191] EuGH, Urt. v. 6.10.2015 – C-362/14, NJW 2015, 3151ff. – Safe Harbor; dazu → § 9 Rn. 27.

[192] EuGH, Urt. v. 5.6.2018 – C-210/16, NJW 2018, 2537ff. – ULD/Wirtschaftsakademie; s. hierzu *Härting/Gössling,* NJW 2018, 2523ff. sowie *Zimmermann,* ZEuP 2019, 395ff.

[193] BVerfG, Urt. v. 2.3.2010 – 1 BvR 256/08, MMR 2010, 356ff. – Vorratsdatenspeicherung; dazu ausführlich → § 5 Rn. 74ff.

[194] Vgl. jedoch BGBl. 2015 I S. 2218; → § 5 Rn. 81.

[195] F.A.Z. v. 3.7.2017, S. 15.

[196] Europäische Kommission, KOM(2010) 171 endgültig, 3.

[197] KOM(2010) 609 endgültig.

[198] KOM(2012) 10 endgültig.

[199] KOM(2012) 11 endgültig.

[200] Zur maßgeblichen Rolle des MdEP *Philipp Albrecht* (Grüne) s. den Film „Democracy – Im Rausch der Daten", 2015.

Bereich betrifft. Zum anderen erstreckt sich das neue Gesetz auf die Umsetzung der Richtlinie (EU) 2016/680 für den Bereich der Verhütung, Ermittlung und Verfolgung von Straftaten (JI-RL). Im Verfahren besonders umstritten[201] waren der Umfang der dem Gesetzgeber zur Verfügung stehenden Spielräume, ferner die Vertretung Deutschlands im Europäischen Datenschutzausschuss[202] und die Einschränkung der Betroffenenrechte[203] sowie – außerhalb des BDSG selbst – die entsprechenden weiteren Artikel betreffend den Datenschutz bei den Nachrichtendiensten.

95 Der erste Referentenentwurf v. 5.8.2016 löste heftige Auseinandersetzungen aus, die weitere Überarbeitungen und insb. die Beteiligung von Verbänden und Ländern zur Folge hatte.[204] Das deutlich überarbeitete [Artikel-]„Gesetz zur Anpassung des Datenschutzrechts an die Verordnung (EU) 2016/679 und zur Umsetzung der Richtlinie (EU) 2016/680 **(Datenschutz-Anpassungs- und Umsetzungsgesetz EU – DSAnpUG-EU)**“[205] enthielt in Art. 1 das neue Bundesdatenschutzgesetz. Die Regelungen traten zeitgleich mit der DS-GVO am 25.5.2018 in Kraft, bei gleichzeitigem Außerkrafttreten des alten BDSG (Art. 8 DSAnpUG-EU).

96 Parallel gab es eine letzte Änderung des BDSG-alt zur **Lockerung der Vorgaben zur Videoüberwachung.**[206] Sie hatte unmittelbar nicht die Anpassung des deutschen Datenschutzrechts an das neue EU-Datenschutzrecht zum Gegenstand, sondern hat die vom Terrorismus verschärften Sicherheitslage zum Anlass.[207]

97 Im Sommer 2019 beschloss der Bundestag noch das Zweite Datenschutz-Anpassungs- und Umsetzungsgesetz **(2. DSAnpUG-EU)**;[208] über 100 bereichsspezifische Gesetze wurden den geänderten rechtlichen Rahmenbedingungen angepasst. Als anpassungsbedürftig erwies sich zudem das Strafverfahrensrecht;[209] Datenverarbeitungen in seinem Kontext sind nunmehr durch die JI-RL richtliniengeprägt.[210]

V. Corona-Pandemie

98 Die Corona-Pandemie zeigte in vielen Konstellationen die Grenzen des stark verrechtlichten Datenschutzes. So waren die eigentlich erforderlichen Datenschutzfolgenabschätzungen schlichtweg nicht tunlich, als innerhalb von Tagen Millionen Homeoffices in Betrieb genommen werden mussten. Insgesamt ließ sich diese Sondersituation nur durch ein **pragmatisches Vollzugs- und Aufsichtsdefizit** bewältigen; die Rückkehr zu „normalen“ Aufsichtsmaßstäben führten sogar vereinzelt zu Protesten (sogar von Betroffenen[211]).

99 Wie weit der Datenschutz und das Datenschutzrecht einer zur Seuchenbekämpfung wirksamen **Corona-(Warn-)App** entgegengestanden hat, ist umstrit-

---

[201] Dazu bereits umfassend *Kühling/Martini,* Die Datenschutz-Grundverordnung und das nationale Recht, 2016.

[202] MMR-Aktuell 2017, 389117; ZD-Aktuell 2017, 05512.

[203] Übersicht bei *Greve,* NVwZ 2017, 737 ff.

[204] Im einzelnen *Schantz/Wolff,* Das neue DatSchR, 2017, Rn. 206.

[205] BGBl. 2017 I S. 2097.

[206] BT-Drs. 18/10941.

[207] Videoüberwachungsverbesserungsgesetz v. 28.4.2017 (BGBl. 2017 I S. 968).

[208] BT-Drs. 19/4674.

[209] BT-Drs. 19/4671.

[210] Z. B. *Roggenkamp,* in: Specht/Mantz, Handbuch Europäisches und deutsches Datenschutzrecht, 2019, § 21.

[211] So etwa die Petitionen von Schülern gegen die Verdrängung von Produkten der Fa. Microsoft aus den Schulen (F. A. Z. v. 21.6.2021, S. 17).

ten.[212] Jedenfalls hat dies die Akzeptanz des Datenschutzes in der deutschen Bevölkerung nicht erhöht.[213]

---

[212] Z. B. *Wissenschaftlicher Beirat beim BMWi,* Digitalisierung in Deutschland – Lehren aus der Corona-Krise, März 2021, III.2. (S. 16), u. F. A. Z. v. 4.1.2022, S. 1; vgl. die engagierte, aber aus einer Defensive formulierte Verteidigung des Datenschutzes aus dem Bereich der LfD.s aus Berlin und Rheinland-Pfalz (mitget. in DuD 2021, 284).

[213] F. A. S. v. 27.6.2021, S. 21.

§ 3. Leitlinien für den Datenschutz auf informations- und kommunikationstheoretischer Grundlage*

Literatur: *Adams,* The Informational Turn in Philosophy, Minds & Machines 13 (2003), 471; *Albers,* Informationelle Selbstbestimmung, 2005; *dies,* Information als neue Dimension im Recht, RTh 33 (2002), 61; *dies.,* Die Komplexität verfassungsrechtlicher Vorgaben für das Wissen der Verwaltung. Zugleich ein Beitrag zur Systembildung im Informationsrecht, in: Spiecker, Generierung und Transfer staatlichen Wissens, 2008, S. 50; *dies.,* Grundrechtsschutz der Privatheit, DVBl 2010, 1061; *dies.,* Umgang mit personenbezogenen Informationen und Daten, in: Hoffmann-Riem u.a., Grundlagen des Verwaltungsrechts Bd. II (GVwR II), 2. Aufl. 2012, § 22; *I. Augsberg,* „Il faut être absolument postmodern": Ladeurs Rechtstheorie, in: I. Augsberg/Gostomzyk/Viellechner, Denken in Netzwerken, 2009, S. 5; *Baecker,* Form und Formen der Kommunikation, 2005; *ders.,* Kommunikation, 2008; *Bateson,* Ökologie des Geistes, 1988; *Capurro/Hjorland,* The concept of information, Annual Rev. of Information Science & Technology 37 (2003), 343; *Cordeschi,* Cybernetics, Kap. 14, in: Floridi, The Blackwell Guide to the Philosophy of Computing & Information, 2004, S. 186; *Druey,* Information als Gegenstand des Rechts, 1995; *Esser,* Soziologie. Spezielle Grundlagen. Bd. 3: Soziales Handeln, 2000; *Fermandois,* Sprachspiele, Sprechakte, Gespräche, 2000; *Floridi,* Information, Kap. 4, in: ders., Blackwell Guide to the Philosophy of Computing & Information, 2004, S. 40; *ders.,* The Philosophy of Information, 2011; *Fromkin u.a.,* An Introduction to Language, 2009; *Habermas,* Theorie des kommunikativen Handelns, Bd. II, 1981; *Joas/Knöbl,* Sozialtheorie 2011; *Krämer,* Sprache, Sprechakt, Kommunikation, 6. Aufl. 2019; *Krüger,* Selbstreferenz bei Maturana und Luhmann. Ein kommunikationsorientierter Vergleich, Deutsche Zeitschrift für Philosophie, 40 (1992) 474; *Ladeur,* Computerkultur und Evolution der Methodendiskussion in der Rechtswissenschaft, ARSP 74 (1988), 218; *ders.,* Postmoderne Rechtstheorie, Selbstreferenz – Selbstorganisation – Prozeduralisierung, 1992; *Luhmann,* Die Gesellschaft der Gesellschaft (GdG), 1997; *ders.,* Was ist Kommunikation?, in: Soziologische Aufklärung, Bd. 6 (1988), 113; *Maturana/Varela,* Baum der Erkenntnis (1984), 2009; *Mead,* Geist, Identität und Gesellschaft aus der Sicht des Sozialbehaviorismus, 1934/2005; *Schönwälder-Kuntze u.a.,* George Spencer Brown. Eine Einführung in die „Laws of Form", 2009; *Srubar,* Sprache und strukturelle Kopplung. Das Problem der Sprache in Luhmanns Theorie, KZSS 2005, 599ff.; *Stäheli,* Sinnzusammenbrüche: Eine dekonstruktive Lektüre von Niklas Luhmanns Systemtheorie, 2000, S. 129ff.; *Steinmüller,* Das informationelle Selbstbestimmungsrecht – Wie es entstand und was man daraus lernen kann, RDV 2007, 158; *Stetter,* Schrift und Sprache, 1999; *Stichweh,* Niklas Luhmann (1927–1998), in: Kaesler, Klassiker der Soziologie, Bd. II, 2000, 206; *Ott,* Information, 2004; *Vesting,* Die Bedeutung von Information und Kommunikation für die verwaltungsrechtliche Systembildung, in: Hoffmann-Riem u.a., Grundlagen des Verwaltungsrechts Bd. II (GVwR II), 2. Auflage. 2012, § 20; *ders.,* Die Medien des Rechts: Sprache, Band 1, 2011; *ders.,* Das Internet und die Notwendigkeit der Transformation des Datenschutzes, in: Ladeur, Innovationsoffene Regulierung des Internets, 2003, S. 155; *Wagner,* Am Ende der systemtheoretischen Soziologie. Niklas Luhmann & die Dialektik, Zeitschrift für Soziologie 1994, S. 275; *v. Weizsäcker,* Sprache als Information, in: Die Einheit der Natur, 1971, S. 39; *Willke,* Symbolische Systeme, Grundriss einer soziologischen Theorie, 2005; *Wittgenstein,* Tractatus logico-philosophicus: Tagebücher 1914–1916; *ders.,* Philosophische Untersuchungen (PU), 1960; *Wygotski,* Denken und Sprechen, 1934/1974.

A. Ausgangslage

I. Neue Anforderungen

1 Persönlichkeitsschutz, zumal in seiner Ausprägung als Schutz der Privatheit (zur Privatheit → § 4 Rn. 24ff.), hatte immer schon viel mit (der Abwehr von) Information zu tun. Das konnte im vorangegangenen Kapitel im Rahmen der Geschichte bis hin zur ersten Generation der Datenschutzgesetze der 1970er Jahre erläutert werden. In ihrer letzten Stufe war diese Entwicklung durch das Aufkom-

* Wir danken *Jörg Volbers* (FU Berlin), der für die Voraufl. die in §§ 3 und 4 behandelten sprachphilosophischen Aspekte kritisch durchgesehen hatte.

men einer besonders effektiven Technik zur Informationsverarbeitung gekennzeichnet. Mit der EDV trat das Schutzbedürfnis für personenbezogene – **persönlichkeitsbezogene –** ***Informationen*** ganz in den Vordergrund. Dem BVerfG ging es sodann im Volkszählungsurteil darum, dem das verfassungsrechtliche Siegel aufzudrücken.[1]

2 Doch *Datenschutz* ist auch in der heutigen „Informationsgesellschaft" noch keine Selbstverständlichkeit, obwohl sich dies unter den eingetretenen kommunikationstechnischen Bedingungen nahelegen sollte. Nach fünfzigjährigem Bestehen des Rechtsgebiets kennzeichnet immer noch **Unsicherheit die (rechtspolitische) Diskussion** über Inhalt und Umfang gebotener Schutzmaßnahmen. Neben eher zurückhaltend-restriktivem Umgang mit dem Datenschutz auf der einen Seite steht auf der anderen die wiederholte Forderung nach weiterer Modernisierung und erhöhter Effektivität der den Umgang mit personenbezogenen Daten regelnden Rechtsbestimmungen. Die Bezugnahme auf eingetretene Rechtsverletzungen – angeprangerte „Skandale" – hat solchem Begehren Nachdruck verliehen.

3 Die deutsche Debatte ist zu einem wesentlichen Teil durch Leitbegriffe bestimmt gewesen, denen gestützt auf die Rechtsprechung des BVerfG verfassungsrechtliche Qualität beigemessen wird. Ein solcher Zusammenhang ergibt sich zunächst aus der aufgrund **Art. 2 Abs. 1 i.V.m. Art. 1 Abs. 1 GG**[2] abgeleiteten, zentralen **Gewährleistung des Persönlichkeitsrechts,** welches zugleich Schutzgut der Datenschutzgesetze wurde (ausdrücklich § 1 Abs. 1 BDSG 1990). Für eine Erörterung von Grundlagen im Kontext technischer und gesellschaftlicher Entwicklung gilt es deshalb, die vorfindlichen verfassungsrechtlichen Problemstellungen im Blick zu haben. Die nachfolgende Standortbestimmung, die die Eigenart und den Schutzbedarf von Information bzw. Kommunikation betrifft, wird aber auch geeignet sein, für die Interpretation und Weiterführung des einfachen Gesetzesrechts, zumal für die Ausfüllung datenschutzrechtlicher Abwägungsklauseln, Hilfestellung anzubieten. Umso mehr gilt das für die eingetretene Weiterentwicklung auf europarechtlicher Grundlage.

4 Das Folgende beinhaltet keine umfassende Grundlagendiskussion. Vielmehr erfolgt die Konzentration auf einige wenige **Kernprobleme** mitsamt **soziologischer Vertiefung,** die der gebotenen Fundierung der rechtlichen Positionen dient.

II. Informationelle Selbstbestimmung im deutschen Recht

5 Im **Volkszählungsurteil** hatte sich das BVerfG die Arbeit scheinbar leicht gemacht. Wie schon im BDSG 1977 wurden *alle* personenbezogenen Daten – von Telefonnummer, Adresse und Beruf bis zu religiöser Überzeugung und sexuellen Lebensgewohnheiten – in den Schutzbereich einbezogen, nunmehr als Ausfluss *verfassungs*rechtlich geschützter Persönlichkeitsentfaltung. Denn, so schrieb das Gericht, „unter den Bedingungen der automatischen Datenverarbeitung [...] gibt es [...] kein ‚belangloses' Datum mehr."[3] Das „Recht auf informationelle Selbstbe-

---

[1] Vgl. BVerfG, Urt. v. 15.12.1983 – 1 BvR 209/83 u.a., BVerfGE 65, 1 (42f., 45f.) – Volkszählung.

[2] Art. 2 Abs. 1 lautet: „Jeder hat das Recht auf die freie Entfaltung seiner Persönlichkeit, soweit er nicht die Rechte anderer verletzt und nicht gegen die verfassungsmäßige Ordnung oder das Sittengesetz verstößt." Art. 1 Abs. 1 lautet: „Die Würde des Menschen ist unantastbar. Sie zu achten und zu schützen ist Verpflichtung aller staatlichen Gewalt."

[3] So BVerfG, Urt. v. 15.12.1983 – 1 BvR 209/83 u.a., BVerfGE 65, 1 (45). Allerdings hat die nachfolgende Rezeption den Kontext, in dem diese Worte stehen, wenig beachtet: „[E]in für sich gesehen belangloses Datum[...] *kann* [...] einen neuen Stellenwert bekommen; *insoweit* gibt es [...] kein ‚belangloses' Datum mehr." (Hervorhebung hinzugefügt).

stimmung" (R.a.i.S.), das Eingang in das Urteil fand, wurde dementsprechend auf die Entscheidungsfreiheit des Einzelnen über die Verwendung *aller* seiner personenbezogenen Daten erstreckt. Freilich beeilte sich das BVerfG festzuhalten, dass „[d]ieses Recht auf ‚informationelle Selbstbestimmung' nicht schrankenlos gewährleistet" ist. Im Ergebnis entsprechen einem solchen, fast grenzenlosen Schutzbereich sehr weit gefasste Grundrechtsschranken im Interesse des Staates und Dritter.

6 Schwierige grundrechtsdogmatische Probleme waren die Folge. Anlass zur Kritik gab auf der einen Seite die **Konturlosigkeit** des Rechts, verbunden mit unbestimmten Abwägungsprozeduren,[4] auf der anderen die entstandene Normenflut zu dessen Eingrenzung.[5] Zumindest verbale Einigkeit bestand und besteht insoweit, als das R.a.i.S. keine quasi-dingliche Verfügungsmacht des Betroffenen über seine „personenbezogenen Daten" beinhalten solle.[6] Eben einem solchen Verständnis haben allerdings weitgehend die vom BDSG ausgestalteten (Abwehr-)Rechte des Betroffenen entsprochen,[7] und zwar im Ausgangspunkt begründet auf dem Weg eines allgemeinen Verarbeitungsverbots mit gesetzlichem Erlaubnisvorbehalt (§ 4 Abs. 1 BDSG 199), heute Art. 6 Abs. 1 DS-GVO; → § 12 Rn. 1ff.). Für den privatwirtschaftlichen Bereich[8] wurde damit im Grundsatz die Vorrangigkeit gegenüber den (Freiheits-)Rechten des Datenverarbeiters bewirkt,[9] ein Ergebnis, das dem Gebot praktischer Konkordanz schwerlich gerecht wird, auch der Freiheitsvermutung des Art. 5 GG widersprechen kann.[10] Insgesamt hat sich von daher das Bedürfnis ergeben, die Gewährleistung des R.a.i.S. bzw. des Persönlichkeitsrechts klarer zu strukturieren, einzugrenzen oder zu modifizieren.[11]

7 Wie noch zu zeigen sein wird, hat das BVerfG selbst in seiner späteren Rechtsprechung das **Strukturmodell des R.a.i.S.** – mag eben diese Bezeichnung auch zu einem geflügelten Wort geworden sein – beträchtlich **relativiert.** Insbesondere ist es jenen Befürwortern des R.a.i.S. nicht gefolgt, die meinten, mit dessen Kreation sei ein gesteigerter Schutz der Privatheit entfallen.[12] Soweit diese weiterhin aus der gerichtlichen Feststellung, es gäbe kein belangloses Datum mehr, im „Umkehrschluss" folgern wollten, dementsprechend käme ein spezifisch gesteigerter Schutz für sensitive Informationen nicht in Betracht, wurde ihr Standpunkt schon durch die Novellierung des BDSG im Mai 2001 – im Anschluss an die EG-Datenschutz-

---

[4] Vgl. *Ladeur,* DÖV 2009, 45ff.

[5] Vgl. *Hoffmann-Riem,* AöR 123 (1998), 513 (514ff.).

[6] Vgl. *Simitis,* NJW 1984, 398 (400 l.Sp.); dessen Interpretation des Volkszählungsurteils dahingehend, das Gericht habe (im Ergebnis) kein Recht am eigenen Datum anerkannt, bezweifelt zu Recht *Vogelgesang,* Grundrecht auf informationelle Selbstbestimmung?, 1987, S. 140.

[7] Zur quasi-dinglichen Wirkung des R.a.i.S. i.S.d. BVerfG *Spinner,* Die Wissensordnung, 1994, S. 115; *Trute,* JZ 1998, 822 (825); *Duttge,* DSt 36 (1997), 281 (304f.); *Hoffmann-Riem,* JZ 2008, 1009 (1010 l.Sp.).

[8] Vgl. § 1 Abs. 2 Nr. 3, § 2 Abs. 4, §§ 27ff. BDSG 1990 zur Datenverarbeitung durch „nicht-öffentliche Stellen".

[9] Insbesondere Art. 12 und 14 GG.

[10] Vgl. *Langer,* Informationsfreiheit als Grenze informationeller Selbstbestimmung, 1992, passim; beachte *Druey,* Information als Gegenstand des Rechts, 1995, S. 92: „Das Recht zur informationellen Selbstbestimmung ist damit geradezu konträr zur Freiheit der Information."; auch *Rüpke,* Freie Advokatur, anwaltliche Informationsverarbeitung und Datenschutzrecht, 1995, S. 91ff.; vgl. dazu → § 4 Rn. 28ff., insbes. → Rn. 38f.

[11] Eine kritische Bestandsaufnahme geben z.B. *Bull,* Inf. Selbstbestimmung, 2. Aufl. 2011, passim; *Poscher,* Die Zukunft der informationellen Selbstbestimmung ..., in: Gander u.a., Resilienz in der offenen Gesellschaft, 2012, S. 167ff.

[12] Vgl. dazu schon das – nachfolgend in → Rn. 11ff. behandelte – Gutachten *Steinmüller,* BT-Dr. VI/3826 v. 7.9.1972, Abschn. B I (S. 48ff.): „Die unbrauchbare Privatsphäre"; beachte auch Unterabschn. 5.1 zur „Privatheit"; auch → Rn. 26 zu *Albers.*

richtlinie (DSRL) – praktisch obsolet.[13] Hinter beiden genannten Thesen steckte denn auch ein problematisches soziologisches Verständnis von Information, worauf alsbald einzugehen sein wird (→ Rn. 15ff., insbes. → Rn. 26ff.).

III. Personenbezug und Gesellschaft

8 Die umfassendste Kritik am Konzept des R.a.i.S. im Volkszählungsurteil hat *M. Albers* vorgelegt. Eines ihrer zentralen Ergebnisse ist:

> „Dass bereits der Personenbezug von Daten aus sich heraus ausreichen könnte, um der Person, auf die sich das Datum bezieht, [...] eine **umfassende Entscheidungsbefugnis** zuzuweisen, stellte – wenn man die Weite des Datenbegriffs ernst nimmt und wenn man nicht die Idee pflegen will, Daten seien einer Person quasi anhaftende Eigenschaften – eine ersichtlich **absurde Vorstellung** dar."[14]

9 Entsprechende Kritik verdient die plakative Annahme des BVerfG, das R.a.i.S. beinhalte das Recht einer jeden Person, wissen zu können, „**wer was wann** und bei welcher Gelegenheit über sie weiß".[15] Für die Eltern kranker Kinder ist wichtig, einen Kinderarzt und dessen Adresse zu kennen, ohne dass der Arzt wissen müsste, wer ihn und seine Adresse kennt.

10 Eine eigene **Adresse** zu haben, ist, wie sich daran zeigt, eine **gesellschaftliche Angelegenheit.** Robinson braucht keine Adresse, er findet sich selbst ohnehin. (Ähnliches kann für die Berufsbezeichnung gelten.) Dass die Adresse im Einzelfall eine höchst brisante Information sein kann (z.B. bei zu gewärtigender politischer oder rassistischer Verfolgung), stellt keine Grundlage für eine *generelle* Zuordnung der Adresse zum Persönlichkeitsschutz dar.[16]

IV. Informationeller „Start" für das BDSG

11 Das R.a.i.S. verdankt seine Entstehung Überlegungen anhand „eines einfachen **kybernetischen Handlungsmodells**", wie sie sich im Gutachten von *Steinmüller u.a.* finden,[17] das 1971 im Auftrag der Bundesregierung zur Vorbereitung eines Entwurfs für ein BDSG gefertigt wurde.[18] Kausalabläufe eines rückgekoppelten Mechanismus hatten zuvor schon den (Ost-)Berliner Kriminologen *G. Herzog* in seiner Untersuchung zur „Anwendung der kybernetischen Modellmethode in der Kriminologie" im Jahr 1968 besonders beschäftigt.[19] Diese Abhandlung diente ausdrücklich als Vorlage für die Ersteller des *Steinmüller*-Gutachtens (→ § 2 Rn. 46).

12 Diesen genügte zur Begründung möglicher Persönlichkeitsbeeinträchtigungen dementsprechend die Darstellung eines von ihnen angenommenen **Kreislaufs** ausgehend vom individuellen Handeln des Einzelnen mit darauf beruhender informatio-

---

[13] Vgl. Art. 8 DSRL, § 3 Abs. 9 BDSG-alt; jetzt Art. 9 DS-GVO; näheres dazu → § 14 Rn. 8ff.; auch → § 3 Rn. 26ff.

[14] Vgl. *Albers*, Informationelle Selbstbestimmung, 2005, S. 237f., Hervorhebung hinzugefügt; übereinstimmend *Grimm*, JZ 2013, 585 (588 r.Sp.): „Ein Selbstbestimmungsrecht über das Wissen anderer Personen von der eigenen Person dürfte illusorisch sein."; *Koops*, The trouble with European data protection law, IDPL 2014, 250 (251); *v. Lewinski*, Die Matrix des Datenschutzes, 2014, S. 44f.

[15] BVerfG, Urt. v. 15.12.1983 – 1 BvR 209/83 u.a., BVerfGE 65, 1 (43) – Volkszählung.

[16] Wieweit diese Erkenntnis – auf verfassungsrechtlicher Ebene – zum Vorteil der Werbewirtschaft gereicht, ist an dieser Stelle nicht zu erörtern.

[17] BT-Drs. 6/3826 v. 7.9.1972, Abschn. C 2.2.3 vor I (S. 86–88); dazu auch Abschn. D I 1.1 (S. 132) zur Anwendung auf den nicht-öffentlichen Bereich; kritisch zur Position *Steinmüllers* auch *Donos*, Datenschutz – Prinzipien und Ziele, 1998, S. 28f.

[18] Vgl. *Steinmüller*, RDV 2007, 158ff.

[19] *Herzog*, StuR [Staat und Recht], 1968, 781ff.; dazu *Gräwe*, Die Entstehung der Rechtsinformatik, 2011, S. 94f.

neller Ausstrahlung, welche ihrerseits zur Kenntnisnahme und zur Reaktion durch Dritte führe. Eben letztere sei geeignet, auf den zunächst Handelnden (nachteilig) einzuwirken und ihn von daher in seiner Entfaltungsfreiheit zu beeinträchtigen.[20] – Fragen inhaltlicher Bedeutung und Gewichtung zwischenmenschlicher Kommunikation blieben bei der Erarbeitung dieses Befunds ausgeklammert. Solch erstaunliche Vereinfachung war nur möglich auf der Grundlage eines Modells, das einer (nicht-trivialen)[21] **Maschine** nachempfunden war.[22] Das Gutachten war insoweit Ausdruck einer damaligen wissenschaftlichen Strömung, die auch im Sozialbereich möglichst umfassende Orientierung anhand neuer technischer Erklärungsmuster suchte.[23, 24]

13 Leidet das R.a.i.S. an einem Geburtsfehler, so überraschen auch nicht nachfolgende Kinderkrankheiten. Für den Umgang mit dem Rechtsbegriff „informationelle Selbstbestimmung" bedürfte es im Hinblick darauf vor allem näherer Abklärung, **was unter „Information" verstanden wird** und in welcher Beziehung eben diese zum jeweils *selbstbestimmenden* Individuum bzw. zu dessen *Kommunikation mit anderen* steht.

14 Die Beantwortung der Frage danach, was in diesem Kontext Information sei, wird durch den divergierenden Gebrauch des Begriffs in verschiedenen Wissenschaftsbereichen erschwert.[25] Die in juristischen Texten zumeist mangelnde terminologische **Abgrenzung zu *Daten***[26] erhöht die bestehende Unsicherheit. Bei alledem sollte es, wie sich von der Zielsetzung her versteht, nicht um reine Begriffsbestimmungen gehen. Wie verhält sich, so wollen wir vielmehr (u.a.) erfahren, „informationelle Selbstbestimmung" zu zwischenmenschlicher Erfahrung und sprachlicher Verständigung? Welche Folgen erwachsen daraus ggf. für die rechtliche Konzeption von „Datenschutz"?

B. Das Konzept *Information*

I. Entwicklung in neuer Zeit (20. Jahrhundert)

15 Die verunsicherte juristische Diskussion zum Thema *Information* unterliegt, wie schon die Entstehungsgeschichte des R.a.i.S. zeigt, dem Einfluss anderer Wissenschaftsbereiche, oft durch die Soziologie vermittelt. In der Sache geht es zumeist um Orientierung bzw. Abgrenzung im Hinblick auf moderne naturwissenschaftliche Erkenntnisse.

16 Ein Highlight unter diesen war *The Mathematical Theory of Communication* von ***Shannon/Weaver*** im Jahr 1949, womit, wie manche meinen, die „Verwirrung"

[20] Zur entsprechenden Kritik an dem o.g. Gutachten vgl. *Albers,* Informationelle Selbstbestimmung, 2005, S. 213f.

[21] Zur Unterscheidung zwischen trivialen und nicht-trivialen Maschinen *v. Foerster,* Entdecken und Erfinden, in: v. Foerster u.a., Einführung in den Konstruktivismus, 1992, 41 (60ff.).

[22] Vgl. zur Gegenposition – ihrerseits auf der Basis sozialer Wechselseitigkeit – den symbolischen Interaktionismus, dazu die Darstellung bei *Joas/Knöbl,* Sozialtheorie, 2011, S. 183ff., u.a. unter Bezug auf *Mead,* Geist, Identität u. Gesellschaft, 2005 [1934], und *A. Strauss,* Spiegel und Masken, 1974 [1959], S. 30ff.

[23] Zur zeitlichen Eingrenzung – die 1960er und 1970er Jahre – vgl. *Adams,* The Informational Turn in Philosophy, Minds & Machines 13, 2003, 471 (495); *Cordeschi,* in: Floridi, The Blackwell Guide to the Philosophy of Computing & Information, 2004, 186 (189ff.); *Ott,* Information, 2004, S. 165.

[24] Übrigens verboten die zeitlichen Vorgaben des BMI den Gutachtern „solides wissenschaftliches Arbeiten", wie man später erfuhr (vgl. *Steinmüller,* RDV 2007, 158 (159)).

[25] Dazu umfassend *Ott,* Information, 2004, passim; auch *Klemm,* Ein großes Elend, Informatik_Spektrum, 2003, 267ff.

[26] *v. Lewinski/Hähnle,* DuD 2021, 686 (686f.).

eingeleitet wurde.[27] Quantitative und probalistische Aspekte von Information rückten in den Vordergrund. Pointiert war das Statement der Autoren dahingehend, dass semantische Kriterien der Kommunikation für das von ihnen zu behandelnde *engineering problem* (insbesondere Minimierung des Aufwands zur Informationsübermittlung) irrelevant seien.[28] Fraglich kann allerdings sein, ob der Begriff *Information* so reduziert überhaupt Verwendung finden oder besser statt dessen nur von Signalen bzw. Daten gesprochen werden sollte.[29] Doch hat sich die Rede von *Information* auch für den technisch-naturwissenschaftlichen Bereich klar durchgesetzt, in Besonderheit auch in der Biologie.[30]

17 Rechtliche Regelungen gehen demgegenüber über diesen Rahmen beträchtlich hinaus. Das gilt etwa für Schutz des Geistigen Eigentums, für Persönlichkeitsschutz oder für die Tätigkeit der Verwaltung mitsamt der nach dem Informationsfreiheitsgesetz (IFG) geforderten Transparenz. Das Datenschutzrecht insbesondere enthält, was die *Daten* im technischen Sinn anbelangt, gesonderte Regelungen zur Datensicherheit (vgl. Art. 32 DS-GVO und früher § 9 sowie die Anlage zum BDSG 1990), betrifft aber (im übrigen) personenbezogene „*Informationen*" (Art. 4 Nr. 1 DS-GVO).[31] Insoweit sind nicht irgendwelche Signale/Zeichen/Daten bestimmend für den Schutz(-umfang), sondern das jeweils Bezeichnete, die gemeinten **personenbezogenen Inhalte.** Das spricht dafür, dass man es in der Rechts- wie auch in der Sozialwissenschaft mit einem anderen Informationsbegriff zu tun hat als in der Informatik,[32] so dass insoweit die Gleichung Geltung hat: ***information minus meaning = data.***[33] Es sind die semantischen (wie auch pragmatischen) Bezüge der Information, die aufgrund eines solchen Verständnisses deren Besonderheit ausmachen.[34]

18 Demgegenüber wird in der juristischen Literatur[35] häufig zum Verständnis von *Information* die Definition ***Batesons*** herangezogen:

---

[27] So *Capurro/Hjorland,* The concept of information, Annual Rev. of Information Science & Technology 37, 2003, S. 343 ff.

[28] *Shannon/Weaver,* The mathematical theory of communication, 1949, S. 31; dazu auch *Adams,* The Informational Turn in Philosophy, Minds & Machines 13, 2003, 471 (472), und *Baecker,* Form & Formen, 2005, S. 16.

[29] So *Floridi,* The Blackwell Guide to the Philosophy of Computing & Information, 2004, S. 40 (52)/online 2008; sehr dezidiert *Janich,* Was ist Information?, 2006, passim.

[30] Zu den Besonderheiten genetischer Information beachte *Lyre,* Informationstheorie, 2002, S. 86 ff.; *v. Weizsäcker,* Die Einheit der Natur, 1971, S. 39 (53 f.).

[31] Zur Charakterisierung von „Einzelangaben" als *Informationen* vgl. Simitis/*Dammann,* BDSG, 8. Aufl. 2014, § 3 Rn. 5.

[32] Insoweit besteht Übereinstimmung mit *Albers,* Informationelle Selbstbestimmung, 2005, S. 91, insbes. Fn. 242; vgl. zur Problemstellung insgesamt *Capurro/Hjorland,* The concept of information, Annual Rev. of Information Science & Technology 37, 2003, insbes. im Abschn. „The Concept of Information in the Humanities and Social Sciences"; weiterhin *Spiecker gen. Döhmann,* RW 2010, 247 (255). – Von einer „Art Doppelstatus" des Informationsbegriffs (ein und desselben?) zu sprechen, wie es bei *Vesting,* in: GVwR II, 2. Aufl. 2012, § 20 Rn. 21–22, geschieht, ist weniger zielführend; klar differenzierend demgegenüber *Vesting,* in: Grundlagen des Verwaltungsrechts II, 2. Aufl. 2012, § 20 Rn. 25 Abs. 2.

[33] So *Floridi,* The Philosophy of Inf., 2014, S. 83 ff., 136 f.; beachte *Hoffmann-Riem,* Verwaltungsrecht in der Informationsgesellschaft – Einleitende Problemskizze, 2000, S. 12.

[34] Zur Abgrenzung Syntax—Semantik—Pragmatik (ausgehend von *Ch. W. Morris,* Foudation of the theory of signs, 1938); vgl. *Kloepfer,* Informationsrecht, 2002, § 1 Rn. 53 ff.; *Druey,* Information als Gegenstand des Rechts, 1995, S. 6 ff.; *Stohrer,* Informationspflichten Privater gegenüber dem Staat in Zeiten von Privatisierung, Liberalisierung und Deregulierung, 2007, S. 38 ff.

[35] So *Albers,* Zur Neukonzeption des grundrechtlichen Datenschutzes, in: Haratsch u. a., Herausforderungen an das Recht der Informationsgesellschaft, 1996, S. 113 (121); *dies.,* RTh 33 (2002), 61 (68); weniger pointiert *dies.* in nachfolgenden Publikationen, vgl. *dies.,* Informationelle Selbstbestimmung, 2005, S. 91; *dies.,* in: GVwR II, 2. Aufl. 2012, § 22 Rn. 12; *Scherzberg,* Die Öffentlichkeit der Verwaltung, 2000, S. 32 Fn. 56; auch *ders.,* Die öffentliche Verwaltung als informationelle

„Der terminus technicus ‚Information' kann vorläufig als ***irgendein Unterschied, der** bei einem späteren Ereignis **einen Unterschied ausmacht***[36] definiert werden. Diese Definition ist grundlegend für jede Analyse kybernetischer Systeme[.] Die Definition verknüpft diese Analyse mit dem Rest der Wissenschaft, wo die Ursachen von Ereignissen gewöhnlich nicht Unterschiede, sondern Kräfte, Einflüsse [...] sind. Das klassische Beispiel [...] ist die Wärmekraftmaschine, bei der die verfügbare Energie [...] eine Funktion eines Temperatur*unterschiedes* ist."[37]

19 Man erkennt hier die Orientierung an **kausalen Naturprozessen.** Ansätze für eine Anwendung dessen, was für Kraft/Energie gilt, auf zwischenmenschliche Verständigungsprozesse werden dabei allerdings kaum erkennbar. Deshalb ist zumindest die Nonchalance kritikwürdig, mit der Rechtswissenschaftler mitunter (auch) von der Definition *Batesons* Gebrauch machen.[38, 39]

II. Information und Kommunikation bei Luhmann

20 *Luhmanns* Darlegungen sind nicht ohne Einfluss auf die Rechtswissenschaft geblieben. Unter Bezugnahme auf das Informationsverständnis bei *Shannon* und bei *Bateson* geht es ihm zur Erläuterung von Kommunikation um die **Unterscheidung von Information und Mitteilung mit anschließendem Verstehen** (und nachfolgender Reaktion) durch den Empfänger.[40] Erst dadurch entstehe, „als Komponente dieser Unterscheidung, eine Information mit Informationswert"[41] Das wirft allerdings die Frage auf, was denn – im von *Luhmann* angenommenen Ausgangspunkt – unter einer Information ohne Informationswert zu verstehen sei.[42]

21 *Luhmanns* Argumentation verbleibt auf hochabstrakter Ebene.[43] Er weist für seine Überlegungen auf unterschiedliche Quellen hin,[44] etwa auf *Karl Bühler,* dessen Darstellung vom Kratylos des *Plato* ihren Ausgang nimmt.[45] Doch sollte es dabei nicht um die Übernahme von Aspekten unmittelbarer Repräsentation (Abbildung)

Organisation, in: Hoffmann-Riem u.a., Verwaltungsrecht in der Informationsgesellschaft, 2000, 195; s. weiter *Luhmann,* GdG, S. 86, 190; *Willke,* Systemisches Wissensmanagement, 1998, S. 8.

[36] *„a difference that makes a difference"*.

[37] *Bateson,* Ökologie des Geistes, 1988, 488f.

[38] Beachte die unmittelbare Anwendung der Unterschiedsthese auf einen verwaltungsrechtlichen Fall bei *Vesting,* in: GVwR II, 3. Auflage. 2021, § 20 Rn. 18. Wahrscheinlich gilt dieselbe Nonchalance für *Bateson* selbst, beachte dazu den Abschn. „Die Kybernetik des ‚Selbst': Eine Theorie des Alkoholismus", in: Bateson, Ökologie des Geistes, 1988, S. 400ff.

[39] *Zech,* Information als Schutzgegenstand, 2012, S. 1, 51ff., 441, unterscheidet demgegenüber zwischen strukturellen, syntaktischen und semantischen Informationsgütern. Der Schutz personenbezogener Daten nach dem BDSG gilt ihm als ein „Paradefall semantischer Zuordnung semantischer Information", S. 215, 193. *Im Ergebnis* besteht damit für das *Datenschutzrecht* Übereinstimmung mit den obigen Überlegungen. – An einer klaren Abschichtung fehlt es bei *Haase,* Datenschutzrechtliche Fragen des Personenbezugs, 2015, S. 125ff.

[40] Vgl. *Luhmann,* Soziale Systeme, 1984/85, S. 195; *ders.,* GdG, S. 85f.; plastisch am autopoietischen Verständnis orientiert *Sutter,* in: Greshoff/Schimank, Integrative Sozialtheorie?, 2006, S. 63 (73f.); zu o.g. Dreigliederung auch *Esser,* Soziologie. Spezielle Grundlagen. Bd. 3, 2000, S. 260ff.

[41] Vgl. nochmals *Luhmann,* GdG, 1997, S. 85f.

[42] *Stichweh,* S. 213, meint, bei diesem ersten der drei Schritte ginge es um Information i.S. Batesons, also um the difference which makes a difference. Aber ist denn eine solche *difference* eine Information ohne Informationswert? Bei *Stichweh* selbst liest es sich anders, vgl. *ders.,* in: Die Dialogfähigkeit der Soziologie, KZSS, Sonderheft 38, 1998, 433 (440).

[43] Sehr kritisch (auch) *Willke,* Symbolische Systeme, Grundriss einer soziologischen Theorie, 2005, S. 104–119.

[44] Vgl. dazu *Luhmann,* Soziale Systeme, 1984/85, S. 196; *ders.,* Was ist Kommunikation?, in: Soziologische Aufklärung, Bd. 6 (1988), 113 (117).

[45] *Bühler,* Sprachtheorie. Die Darstellungsfunktion der Sprache, 1934 (ND 1965), S. 24ff. zum Organon-Modell: „Kurz, es kann bei der Entscheidung des Kratylos bleiben ..." (S. 30); dazu *Esser,* Soziologie. Spezielle Grundlagen, Bd. 3, 2000, S. 263. Demgegenüber schrieb *Wittgenstein* die „Gegenstrophe zu Platons *Kratylos*", so *Stetter,* Schrift und Sprache, 1999, S. 563.

der (Außen-)Welt durch Sprache gehen, weil dieses Konstrukt heutigem wissenschaftlichem Verständnis nicht (mehr) entspräche.[46] – *Luhmann* stellt zudem eine Verbindung zwischen dem Ansatz bei *Bateson* und dem **Differenzdenken bei *Spencer Brown*** her;[47] „drawing a distinction" ist dessen erkenntnistheoretischer Ausgangsmodus.[48] Dieser ansonsten wenig beachtete[49] Autor erschließt logisch-mathematische Erkenntnisse;[50] *Luhmann* geht davon aus, sie für die Sozialwissenschaften weiterführen zu können. Umstritten ist allerdings auch, ob er *Spencer Brown* korrekt interpretiert hat.[51]

22 Es bleibt zu fragen: Besteht die in der Theorie hervorgehobene *Differenz* zwischen Information und Mitteilung wirklich?[52] Zwar ist Mitteilen wegen der zugrundeliegenden Intention des Mitteilenden von bloßem Verhalten zu unterscheiden, welches für natürliche Veränderungen ursächlich sein kann. Letztere können Information im technisch-naturwissenschaftlichen Sinn beinhalten und sind als solche von – kommunikativen – Mitteilungen zu unterscheiden. Aber der „Unterschied", um den es dabei geht, liegt offenbar auf einer anderen Ebene.

23 Aus pragmatischer Sicht ist Mitteilung *Sprachgebrauch* und somit – *Wittgenstein* zufolge – Teil einer Sprachpraxis:[53] *„die Bedeutung eines Wortes ist sein Gebrauch in der Sprache"*;[54] und auf die Praxis der Kommunikation bezogen: die „Bedeutung" *(meaning)* liegt im Vollzug der Mitteilung selbst.[55] Dieser Praxisbezug des erkenntnistheoretischen (sprachphilosophischen) *linguistic turn*[56] hat die Differenz zwischen Information und Mitteilung abgeschmolzen.

24 Auf der anderen Seite verbleiben Zweifel, ob *Luhmann* der sog. „linguistic turn" – den er eigengeprägt für sich in Anspruch nimmt[57] – vollends gelungen sei.[58] Das von *Luhmann* entwickelte Kommu-

[46] Vgl. *Lorenz,* Stichwort „Abbildtheorie", in: Mittelstraß, Enzyklopädische Philosophie und Wissenschaftstheorie, Bd. 1, 2005, i. V. m. *H. J. Schneider,* ebenda, Stichwort „Bedeutung"; *Vesting,* Medien des Rechts I, S. 73, 77 f., 27 ff.; *L. S. Wygotski,* Denken und Sprechen, 1974, Kap. 7 Abschn. I, S. 294 ff.; auch *Furth,* Intelligenz und Erkennen. Die Grundlagen der genetischen Erkenntnistheorie Piagets, 1972, S. 104 ff.

[47] Vgl. *Luhmann,* Einführung in die Systemtheorie (hrsg. von Baecker), 2008, S. 69 f.

[48] Laws of Form (1969), 2008; dazu Kommentierung bei *Schönwälder-Kuntze u. a.,* George Spencer Brown. Eine Einführung in die „Laws of Form", 2009.

[49] Vgl. *Wagner,* ZfS 1994, 275 (277); bis heute hat *Spencer Brown* wenig Eingang in philosophische und mathematische Lexika bzw. Bibliotheken gefunden.

[50] Insbesondere fortgeführt offenbar von *Louis H. Kauffman* (University of Illinois); *Luhmann* selbst spricht ausdrücklich – hier in Bezug auf den Begriff des re-entry bei *Spencer Brown* – von „Schranken eines *auf Arithmetik und Algebra beschränkten mathematischen Kalküls*", GdG, 1997, S. 45.

[51] Vgl. *Hölscher,* in: Schönwälder-Kuntze u. a., George Spencer Brown, 2009, S. 257 ff.; *Wagner,* ZfS 1994, 277 f.

[52] Beachte *Ladeur,* ARSP 74 (1988), 218 (233): „Luhmanns Theoriebildung ist zu sehr an einem Modell des Prozessierens von Differenzen orientiert".; *ders.,* Postmoderne Rechtstheorie, 1992, S. 132.

[53] *Wittgenstein,* PU, Nr. 23, dort unter der Bezeichnung *Sprachspiel.*

[54] *Wittgenstein,* PU, Nr. 43.

[55] Vgl. dazu *Wittgenstein,* PU, Nr. 23, 130, 198 ff.; *Majetschak,* in: Borsche, Klassiker der Sprachphilosophie, 1996, S. 365 (S. 379 f.); *Krämer,* Sprache, Sprechakt, Kommunikation, 2019, S. 122 ff.; *Fermandois,* Sprachspiele, Sprechakte, Gespräche, 2000, S. 86 ff.; *Glock,* Wittgenstein-Lexikon, 2000, Stichwort „Gebrauch"; beachte *Habermas,* Theorie des kommunikativen Handelns, Bd. II, 1981, S. 11 ff., 30 ff.; *Ladeur,* ARSP 74 (1988), 218 (228).

[56] Dazu übersichtlich *Vesting,* Rechtstheorie, 2015, Rn. 54 ff.; zugleich kritisch *Floridi,* The Blackwell Guide to the Philosophy of Computing & Information, 2004, S. 21, der mit ähnlich pragmatischer Zielsetzung von *information turn in philosophy* spricht, S. 25.

[57] „Insofern folgen wir dem ‚linguistic turn', der das transzendentale Subjekt durch Sprache, aber das heißt jetzt: durch Gesellschaft ersetzt…", so *Luhmann,* GdG, 1997, S. 219, wobei dieser sich in der daran anschließenden Fn. abschließend (nur) auf *Wittgensteins* Tractatus bezieht.

[58] Vgl. dazu *Srubar,* KZSS 2005, 599 ff., insbes. 615, 620; *Ladeur,* Postmoderne Rechtstheorie, 1992, S. 132; *ders.,* ARSP 74 (1988), 218 (228 f.); *H. P. Krüger,* Dtsch.Z. Philos. 40, (1992) 474

nikationsmodell erweist sich als ein Versuch, das sprachliche Abbildverständnis zu verabschieden,[59] ohne die **Regelhaftigkeit** der Sprachspiele auszuloten. Er hat, soweit ersichtlich, eine direkte Auseinandersetzung mit den Aussagen *Wittgensteins* vermieden.[60] Die Defizite der *Luhmann*'schen Theorie im Hinblick auf die zentrale Rolle der Sprache werden in einem Teil der Literatur beklagt.[61]

25 Zum Hintergrund des Ansatzes bei *Luhmann* gehört seine Annahme kommunikativ verfasster gesellschaftlicher Autopoiesis (Selbstproduktion),[62] der zufolge die Verständigung zwischen Individuen erst einer „strukturellen Koppelung" auf dem Weg über das Sozialsystem bedarf.[63] Die darin enthaltene Übernahme eines zutreffenden **biologischen Strukturmodells**[64] in den gesellschaftlichen Bereich ist zumindest schwierig begründbar,[65] worüber auch das in großer Fülle[66] ausgebreitete Werk *Luhmanns* (seit 1984)[67] nicht recht hinweggeholfen hat. Festzuhalten ist, dass die Zugrundelegung in sich geschlossener, „autopoietischer" Sozial-/Gesellschaftssysteme (für die die Individuen jeweils Umwelt sind)[68] von soziologischer Seite oft skeptisch aufgenommen worden ist,[69] was in der rechtswissenschaftlichen Diskussion teilweise Berücksichtigung gefunden hat.[70]

III. Information in Sozial- und Rechtswissenschaft

1. Kritischer Ansatz bei Albers

26 Die verfassungsrechtliche Untersuchung *Albers'* zur informationellen Selbstbestimmung war vom **dreigliedrigen Kommunikationsmodell** *Luhmanns* mit den ge-

(480 f.); beachte *Stäheli*, Sinnzusammenbrüche, 2000, S. 129 ff.; anders – wenngleich zurückhaltend – zu Luhmann *Krämer*, Rechtshistorisches Journal 1998, 558 ff.

[59] Zu dem entsprechenden Weg bei Wittgenstein *Stetter*, Schrift und Sprache, 1999, S. 536 ff.

[60] Dem steht das Aufgreifen und die Diskussion der Aussagen des späten Wittgenstein im Neopragmatismus der letzten Jahrzehnte des 20. Jahrhunderts gegenüber, insbesondere bei *R. Rorty* und *Putnam*, vgl. die Darstellung bei *Joas/Knöbl*, Sozialtheorie 2011, S. 689 ff.

[61] Vgl. *Srubar*, KZSS 2005, 599 ff. (insbes. 615, 620); *Ladeur*, Postmoderne Rechtstheorie, 1995, S. 132; *ders.*, ARSP 74 (1988), 218 (228 f.).; *I. Augsberg*, in: ders./Gostomzyk/Viellechner, Denken in Netzwerken, 2009, S. 5 (14 ff., 34 f.); *H. P. Krüger*, Dtsch.Z. Philos. 40 (1992), 474 (480 f.).

[62] „nur die Kommunikation [...] kann [...] kommunizieren", so *Luhmann*, in: Soziologische Aufklärung, Bd. 6 (1988), S. 113; *ders.*, GdG, 1997, 103 ff.

[63] Vgl. *Luhmann*, GdG, 1997, S. 109: „Erst die Annahme zweier verschiedener Arten autopoietischer Systeme ermöglicht es, die Voraussetzung der ‚Einheit der menschlichen Natur' durch den Begriff der strukturellen Kopplung zu ersetzen."; *ders.*, GdG, S. 221: „Sprache [...] strukturiert [...] die Autopoiesis der Kommunikation".

[64] Vgl. *Maturana/Varela*, Baum der Erkenntnis (1984), 2009, passim.

[65] Ablehnend insofern *Maturana*, in: Schmidt, Der Diskurs des radikalen Konstruktivismus, 1987, 287 (292 ff.); *Hejl*, ebenda, S. 322 ff.; *Maturana*, in: Cybernetics & Human Knowing, 2002, S. 5 ff.

[66] Man möchte sagen: quasi-hegelianisch; dazu insbesondere *Wagner*, ZfS 1994, S. 275 (277).

[67] Vgl. zur seitherigen Radikalisierung der *Luhmann*'schen Theorie anschaulich *Joas/Knöbl*, Sozialtheorie, 2011, S. 379 ff.

[68] Vgl. *Luhmann*, GdG, 1997, S. 30.

[69] Vgl. dazu *Meulemann*, Soziologie von Anfang an ..., 2006, S. 257; *Greshoff*, ZfS 2008, 450 ff.; *ders.*, ZfS 2008, S. 489 ff.; *Srubar*, ZfS 2008, S. 480 ff.; *Joas/Knöbl*, Sozialtheorie, 2011, S. 727 ff., stellen unter Bezugnahme auf *Stichweh* und *Willke* eine „handlungstheoretische Öffnung der Luhmannschen Theorie" fest, ohne die „die empirische Relevanz systemtheoretischer Argumente wohl deutlich schwinden und die Systemtheorie insgesamt in Sterilität versinken dürfte." (S. 731/669 f.); vgl. dazu *Willke*, Symbolische Systeme, Grundriss einer soziologischen Theorie, 2005, S. 104–119. *Stichwehs* (2000, S. 225) Fazit zu *Luhmann:* „Das Programm[...] wird in der Regel abgelehnt." Doch wären „eine nicht kleine Zahl von Kategorien aus dem... Repertoire unverzichtbar". Im Weltmaßstab stünde eine Rezeption noch aus. Eine solche dürfte schwerlich zu erwarten sein. In *Anthony Giddens/Sutton*, Sociology, 9. Aufl. 2021, bleibt *Luhmann* völlig unerwähnt; das gleiche gilt für *M. Francis Abraham*, Contemporary Sociology, 1. Aufl. 2006.

[70] So bei *Rüthers/Fischer/Birk*, Rechtstheorie, 12. Aufl. 2022, Rn. 751a; *M. Rehbinder*, Rechtssoziologie, 8. Aufl. 2014, Rn. 80, auch Rn. 164; *Mahlmann*, Rechtsphilosophie und Rechtstheorie, 2010, § 15 Rn. 68 ff.; *Bull*, Rezension zu Aulehner, DÖV 2011, 694 f.; demgegenüber *Vesting*, Rechtstheorie, 2015, Rn. 113 ff., einschränkend bezüglich der Praxisrelevanz in Rn. 8; *Teubner*, Recht als autopoietisches System, 1989, insbes. S. 39, 40. 41 ff., 102 ff.; *Paterson/Teubner*, in: Reza Banakar u. a., Theory and method in socio-legal research, 2005, S. 215 ff.; *Calliess*, in: S. Buckel u. a., Neue Theorien des Rechts, 2009, S. 53 ff.; *Di Fabio*, Offener Diskurs und geschlossene Systeme, 1991.

nannten Komponenten Information, Mitteilung und Verstehen/Interpretation geprägt.[71] Informationen werden danach „[v]ollendet […] erst durch die *Interpretations*leistung der sich informierenden Person oder Stelle in einem bestimmten sozialen *Kontext.*“[72] Von daher gelangte die Autorin – trotz ihrer Kritik am pauschalen Schutzgutansatz des BVerfG im Volkszählungsurteil (→ Rn. 8) – zu einer skeptisch distanzierten Beurteilung besonderen Privatheitsschutzes wie auch sonstiger Abstufungen verfassungsrechtlichen Schutzes je nach Herkunft oder Inhalt der Informationen. Denn für die Intensität erforderlichen Schutzes komme es im wesentlichen auf den Verwendungskontext an.[73] Die Quintessenz sollte demzufolge sein:

> „Mit der Thematisierung des Problems, dass der Gehalt von Daten kontext- und perspektivenabhängig ist, dass Daten also nicht privat oder sensitiv ‚sind‘, wird eine zentrale **Schwäche der Privatsphärenkonzeption** getroffen.“[74]

27 Geht man von sprachlich verfasstem Informationsmaterial aus (mit dem man es im Datenschutzrecht überkommenerweise zu tun hat),[75] ist eine so starke Akzentuierung der sekundären/kontextbedingten Interpretationsleistung nicht gerechtfertigt.[76] Der **semantische Regelgehalt** in Rede stehender Einzelangaben wurde in der Darlegung *Albers’* gewissermaßen zum Verschwinden gebracht.[77] Mehr noch, wesentliche sprachpragmatische Aspekte von Sprach*regel* und -spiel i. S. *Wittgensteins* blieben insoweit unberücksichtigt. Nicht gefolgt werden kann auch der Annahme *Albers’*, es sei bei dem von ihr gewählten Ansatz um die Abwehr eines „ontischen Informationsverständnisses“ gegangen, [78] welches man *Wittgenstein* schwerlich nachsagen kann.[79]

28 Die **Praxis** etwa **der Polizei** oder des Marketings steht der seinerzeit von *Albers* vorgenommenen Akzentuierung entgegen. Die „Daten“, die der Polizist über Diebstähle, Trunkenheit am Steuer, Gewalttätigkeiten dem Computer entnimmt, sprechen zunächst einmal für sich und sind oftmals Grundlage für rasche Entscheidungen, ohne dass große Interpretationsleistungen realisiert werden (können).[80] Für den Persönlichkeitsschutz ist durchaus von hohem Belang, was inhaltlich – richtig

[71] Vgl. *Albers,* RTh 33 (2002), 61 (72 f.); *dies.,* Informationelle Selbstbestimmung, 2005, S. 88 Fn. 230, S. 91 Fn. 240.

[72] Vgl. *Albers,* in: Spiecker gen. Döhmann, 2008, S. 54 (Hervorhebung hinzugefügt).

[73] Das ist ein aus der bisherigen deutschen Datenschutzdiskussion zur Abwehr der Einführung besonderen Schutzes für sensitive Daten geläufiges Argument; vgl. dazu schon den Hinweis in → Rn. 7; beachte → § 14 Rn. 8 ff.

[74] *Albers,* Informationelle Selbstbestimmung, 2005, S. 216, vgl. weiter S. 366 ff., S. 381 f., S. 621 Ls. 20; auch *dies.,* RTh 33, 61 (81 f.); wesentlich andere Akzentsetzung *dies.,* DVBl. 2010, 1061 ff.

[75] Im übrigen ist von engem Bezug nonverbaler Zeichen/Wahrnehmung zu durch Sprachfähigkeit begründeten kognitiven Strukturen auszugehen; vgl. dazu *Rehberg/Moebius,* in: H. Joas, Lehrbuch der Soziologie, 4. Aufl. 2020, S. 151; *Srubar,* in: Jürgen Raab u. a., Phänomenologie oder Soziologie, 2008, 41 (46 f.); *Krämer,* Sprache, Sprechakt, Kommunikation, 2019, S. 134.

[76] Beachte die umgekehrte Akzentsetzung bei *v. Weizsäcker,* Die Einheit der Natur, 1971, S. 50 ff.

[77] Vgl. auch den Hinweis zu *Albers* bei *Rüpke,* in: Herzog/Mühlhausen, Geldwäschebekämpfung und Gewinnabschöpfung, 2006, § 54 Fn. 14, m. w. N.

[78] *Albers,* Informationelle Selbstbestimmung, 2005, S. 379.

[79] Vermittelnd schreibt *Krämer,* Sprache, Sprechakt, Kommunikation, 2019, S. 130: „Wollte man Wittgenstein eine ontologische Vision zuschreiben, so wäre das die Vorstellung einer ‚flachen Ontologie‘.“

[80] Vgl. dazu *Krämer,* Sprache, Sprechakt, Kommunikation, 2019], S. 133, *Wittgenstein* referierend, zur „blinden […] Praxis des Regelfolgens … Auch im Fluss des Sprechens spielt das Interpretieren gewöhnlich gar keine Rolle […]. Was die Sprachspiele in Gang hält, sind eingeschliffene Muster, … antrainierte Gepflogenheiten, ohne Nachdenken ausgeübte Handlungsweisen – soziale Gebräuche eben.“ Übereinstimmend *E. Fermandois,* Sprachspiele, Sprechakte, Gespräche, 2001, S. 71 ff.; zu fehlender Zeit zu langem Überlegen und Interpretieren *Esser,* Soziologie, Allgemeine Grundlagen, 1999, S. 485.

oder falsch – festgehalten ist, nicht erst die Art und Weise des Verstehens dessen, der die Information verwendet.

2. Information im Verwaltungsverfahren und nach IFG

29 Der Stand der juristischen Diskussion zum „Wissenschaftlichen Informationsbegriff" ist von *Schoch* in seiner Kommentierung zum Informationsfreiheitsgesetz festgehalten worden, wobei ein maßgeblicher Einfluss der Schriften *Albers'* von ihm nachgewiesen wird.[81] Der „(potentielle) Informationsgehalt, der Daten zukommt", werde „auf Grund einer *Interpretationsleistung* durch Ermittlung des Sinngehalts der Daten festgestellt."[82] Es bestehe darin Übereinstimmung, „dass die **Entwicklung von Zeichen bzw. Daten zu ‚Informationen'** eine *kontextabhängige Interpretationsleistung des Empfängers* voraussetzt". Unter Abweisung eines „ontologischen Begriffsverständnisses" wird dabei Bezug genommen auf Erkenntnisse der „Informatik und Kybernetik".[83]

30 Unberücksichtigt bleiben solche der Sprachwissenschaft und Sprachphilosophie, obwohl letztere Disziplinen wesentliche Aussagen zur „Abgrenzung von syntaktischer, semantischer und pragmatischer Ebene" im Bereich sprachlicher Kommunikation machen,[84] von welcher auch das Verwaltungsverfahren und der Informationszugang nach IFG geprägt sind. Sprachliche (semantische) Gehalte – von Worten und Sätzen – sind das phylogenetische **Ergebnis gesellschaftlicher Entwicklung,**[85] ontogenetisch erworben insbesondere in frühkindlicher Praxis.[86] Nicht etwa „entwickeln" sie sich von den Zeichen her. Die Semantik wird also auch in der Darstellung bei *Schoch* weithin übersprungen.

3. Folgerung

31 Die Verlagerung vom semantisch-sprachlichen Informationsgehalt auf die Interpretationsleistung seitens des je Angesprochenen, wie sie für das Verständnis rechtlichen Informationsschutzes insbesondere von *Albers* in Gang gesetzt wurde, dürfte, wie der Bezug auf *Luhmann* nahelegt, auf einem Fehlverständnis im Konstrukt sozialsystematischer „Autopoiesis" von Kommunikation beruhen. Die Rechtsordnung schützt primär Inhalte, nicht erst deren jeweilige Interpretation. Als Grundlage dafür begründet die Sprache eine beträchtliche Stabilität der an zwischenmenschlicher Verständigung orientierten Informationen. Der bisherigen Annahme *Albers'*, dem gezielten (verfassungsrechtlichen) **Schutz privater und sonstiger sensitiver In-**

---

[81] *Schoch,* IFG, 2016, § 2 Rn. 17ff.; vgl. zu diesem Einfluss auch *Britz,* in: Hoffmann-Riem, Offene Rechtswissenschaft, 2010, S. 562ff.

[82] *Schoch,* IFG, 2016, § 2 Rn. 18; ähnlich Roßnagel HdB DatenSR/*Trute,* 2003, Abschn. 2.5 Rn. 18; *Kugelmann,* Die informatorische Rechtsstellung des Bürgers, 2001, S. 16f., 281; auch *Willke,* Systematisches Wissensmanagement, 1998, S. 8f.

[83] *Schoch,* IFG, 2016, Rn. 19f. (Hervorhebungen teilweise original).

[84] Vgl. zu Semantik und Pragmatik *Roman Jakobson,* in: Fromkin u.a., An Introduction to Language, 2009, 167ff. Vgl. im übrigen Simitis/*Dammann,* BDSG, 8. Aufl. 2014, § 3 Rn. 5.

[85] Beachte dazu *Habermas,* Theorie des kommunikativen Handelns, Bd. II, 1981, S. 11ff., 30ff., im Anschluss an *G.H. Mead,* Geist, Identität und Gesellschaft (1973), wobei ersterer auch die Verbindung zu *Wittgenstein* herstellt; *Terrence W. Deacon,* The Symbolic Species, 1997, 102ff., 110ff.; *Ernst Mayr,* Das ist Evolution, 2005 (2001), S. 309f.; demgegenüber differenzierend – auch sich ausdrücklich von *Wittgenstein* unterscheidend – *Floridi,* The Philosophy of Inf., 2013, S. 180.

[86] Dazu näheres bei *Wygotski,* Denken und Sprechen, 1974, etwa Kap. 5 Abschn. X, S. 132ff. Allgemein zur „Ontogenese" *Maturana/Varela,* Baum der Erkenntnis (1984), 2009, S. 251: „Geschichte rekursiver Interaktionen"; sowie S. 228: „Und Bedeutung/Sinn wird Teil unseres Bereiches der Erhaltung der Anpassung."

formationen stünden prinzipielle Bedenken entgegen,[87] ist damit der Boden entzogen. Dieses Ergebnis steht, wie zu zeigen sein wird, in Übereinstimmung mit der Rechtsprechung des BVerfG und des EGMR, auch mit den Verfassungstexten zahlreicher EU-Mitgliedstaaten, mit der Verfassung der USA[88] sowie mit dem sekundären EU-Datenschutzrecht.[89]

IV. Soziale Vernetzung

31a Auch steht der Mensch als soziales Wesen nicht nur unweigerlich in einer Beziehung zu der Gesellschaft (→ Rn. 8 ff.) und der von ihr hervorgebrachten Technik, sondern er konstituiert sie; insoweit ist vom **„Homo dictyous"** gesprochen worden, dem Netzmenschen.[90] Personenbezogene Information ist notwendigerweise immer auch sozialbezogen (→ § 4 Rn. 11 ff.).

C. Perspektiven

32 Die Entwicklung des Konzepts *Information* ist nicht abgeschlossen. Das ist leicht nachvollziehbar vor dem Hintergrund fortschreitender elektronischer Vernetzung und der Ausdehnung des Internet. *Ubiquitous computing*[91] ist allerdings ein missverständliches Stichwort, weil – und solange – die EDV nicht qua (starker) Künstlicher Intelligenz die semantische Dimension menschlicher Sprache einzuholen vermag. Art. 22 DS-GVO – das (begrenzte) Verbot rein automatisierter Einzelentscheidungen zulasten des Betroffenen (vgl. dazu → § 16 Rn. 7 ff.) – ist (auch) Ausdruck der Erkenntnis unzulänglicher Fähigkeiten von Automaten.[92] So **entzieht sich** unser Leben als Individuum sowie in Gesellschaft und Staat naturgemäß einer **totalen Computerisierung.** Soweit Automatisierung stattfindet, geht sie als (schwache) Kreation – Simulation – umgekehrt auf vorangehende informationelle Eigenleistungen des Menschen zurück.[93]

33 Dessen ungeachtet stellt sich die Frage, ob angesichts der immensen Steigerung der Erkenntnisse und Leistungen von Naturwissenschaften und Technik eine *unveränderte* Differenz zwischen technisch-naturwissenschaftlichem und sozialwissenschaftlichem Informationsbegriff angenommen werden kann. Dazu ist die Bemerkung *Vestings* von Interesse, der Computer sei in der Lage, das **Verhältnis von sinnhafter Kommunikation und technischer Umwelt** des Kommunizierens **zu destabilisieren,** was immer dies im einzelnen wird bedeuten können.[94]

34 *Dirk Baecker* legte in diesem Zusammenhang in Anlehnung an *Luhmann* und *Spencer Brown* Untersuchungen vor,[95] die nicht nur die Autopoiesis des gesellschaftlichen Systems zugrunde legen, sondern sich zum Ziel setzen, in **Fortentwick-**

---

[87] Beachte aber dann *Albers,* DVBl 2010, 1061.

[88] Vgl. *Solove/Schwartz,* Information Privacy Law, 7. Aufl. 2021, passim.

[89] Vgl. schon den Hinweis in → Rn. 7; für näheres → §§ 6, 7.

[90] *Christakis/Fowler,* Connected! Die Macht sozialer Netzwerke und warum Glück ansteckend ist, 2010, S. 285 f.

[91] Vgl. *Roßnagel/Müller,* CR 2004, 625 ff.

[92] Beachte dazu *Bull,* Inf. Selbstbestimmung, 2. Aufl. 2011, S. 65 f.; näheres zu Art. 22 DS-GVO → § 16.

[93] Vgl. zu den Problemen künstlicher Intelligenz *Fetzer,* The philosophy of AI [Artificial Intelligence] and its critique, in: Floridi, The Blackwell Guide to the Philosophy of Computing & Information, 2004, S. 119 ff.; *Cordeschi,* ebenda, S. 186 ff.; auch *Jaegwon Kim,* Philosophy of mind, 2006, S. 146 f.; zu *bisherigen* Problemen maschineller sprachlicher Übersetzung *Fromkin u.a,* An Introduction to language, 2009, S. 371 ff.

[94] Vgl. *Vesting,* in: Ladeur, Innovationsoffene Regulierung des Internets, 2003, S. 179; *ders.,* Die Medien des Rechts. Sprache, 2011, S. 25–27.

[95] *Baecker,* Form und Formen der Kommunikation, 2005 Form & Formen; weiterhin *ders.,* Kommunikation, 2008.

lung der mathematisch orientierten Kommunikationstheorie *Shannons* dieselbe „auf Fragen sozialer Kommunikation zu erweitern."[96] Die Ankündigung einer solchen Mathematisierung des Sozialbereichs mochte einem wohl eher rückläufigen Trend entsprechen.[97] Sie blieb bei *Baecker* zunächst uneingelöst. Einerseits, so wurde von ihm postuliert, trete „[a]n die Stelle der Technizität der shannonschen Theorie [...] die Selbstreferenz des spencer-brownschen Kalküls."[98] Andererseits fasste er diesbezüglich jedoch nur „allererste Schritte" ins Auge.[99] Die soziologische Theorie beziehe „die Garantie der *bestimmbaren* Unbestimmtheit [...] aus der *Differenz* von Kommunikation und Bewusstsein."[100] Solche (partiell tautologischen) Aussagen korrelieren mit der (*petitio principii* der) Autopoiesis sozialer Systeme.

35 Nach gegenwärtigem Forschungsstand wird **an der Unterscheidung** zwischen mathematisch erfassbarer **technischer** Information einerseits und semantischer, insbesondere **sprachlicher Information** als Gegenstand menschlicher Kommunikation andererseits **festzuhalten** sein.[101] Die *Technik* automatisierter Datenverarbeitung entspricht nicht dem Denken und der gedanklich-sprachlichen Auseinandersetzung zwischen Menschen bzw. zwischen Bürgern und Verwaltung. Sie kann deshalb nicht Basis der Orientierung für das Verständnis gebotenen Persönlichkeitsschutzes sein. Wohlverstanden geht es für die pragmatische, die soziale Wirklichkeit einbeziehende (verfassungs-)rechtliche Darstellung nicht darum, die komplette Algorithmisierbarkeit menschlicher Kommunikation für die Zukunft kategorisch auszuschließen, mag die Realisierung eines solchen Vorhabens auch unwahrscheinlich sein.[102]

---

[96] Vgl. *Baecker,* Form und Formen der Kommunikation, 2005, Form & Formen, S. 11. Das führt auf einen einheitlichen Begriff von Information hin, deren Zustandekommen jeweils auf einem Selektionsvorgang beruhen soll, sei es aus einem technisch bestimmten, sei es aus einem „sozial konstruierten Auswahlbereich möglicher Nachrichten", so Kommunikation, S. 115. Freilich geht das technische Selektionsmodell von einer endlichen Menge möglicher Nachrichten aus (insbesondere um von daher Wahrscheinlichkeiten zur Berechnung des Optimums effektiver Nachrichtenübertragung bestimmen zu können), dazu Form & Formen, S. 11; Kommunikation, S. 66.

[97] Vgl. dazu zunächst die Darstellung bei *Floridi,* The Blackwell Guide to the Philosophy of Computing & Information, 2004, S. 53ff., der auch den theoretischen Ansatz von *MacKay,* Information, Mechanism and Meaning, 1969, mit erörtert, auf den sich *Baecker,* Form und Formen der Kommunikation, 2005, Form & Formen, S. 17, stützen möchte. Vgl. andererseits auch *Adams,* Knowledge, in: Floridi, The Blackwell Guide to the Philosophy of Computing & Information, 2004, S. 228ff./online 2008; *ders.* Minds & Machines 13 (2003), 471 (495).

[98] *Baecker,* Form und Formen der Kommunikation, 2005, Kommunikation, S. 73.

[99] *Baecker,* Form und Formen der Kommunikation, 2005, Form & Formen, S. 83f.

[100] *Baecker,* Form und Formen der Kommunikation, 2005, Form & Formen, S. 267.

[101] Einen Überblick bietet *Floridi,* The Blackwell Guide to the Philosophy of Computing & Information, 2004, S. 40ff.; *J. Cohen,* Information and Content, in: Floridi, The Blackwell Guide to the Philosophy of Computing & Information, 2004, S. 215ff., insbes. auch in Auseinandersetzung mit *Dretske.*

[102] Hierzu weiter ausgreifend *Floridi,* The Philosophy of Inf., 2013, insbes. Kap. 7 „Action-based semantics", auch Kap. 14, 15.

2. Abschnitt. Verfassungsrechtliche Basis in der Bundesrepublik Deutschland

§ 4. Grundrechtliche Gewährleistung des Datenschutzes – Probleme, Lösungsansätze, Alternativen –

Literatur: *Albers,* Der Umgang mit personenbezogenen Daten, in: Hoffmann-Riem u. a., Grundlagen des Verwaltungsrechts, Bd. II, 2012, § 22; *Amelung,* Der Schutz der Privatheit im Zivilrecht, 2002; *Buchner,* Informationelle Selbstbestimmung im Privatrecht, 2006; *Canaris,* Grundrechte und Privatrecht, AcP 184 (1984), 201; *Ehmann,* Informationsschutz und Informationsverkehr im Zivilrecht, AcP 188 (1988), 230; *Giesen,* Das Grundrecht auf Datenverarbeitung, JZ 2007, 918; *Horn,* Schutz der Privatsphäre, in: Isensee/P. Kirchhof, Handbuch des Staatsrechts, Bd. VII, 3. Aufl. 2009, § 149; *Hebeler/Berg,* Die Grundrechte im Lichte der Digitalisierung – Teil II: Grundrecht zum Schutz persönlicher Daten, JA 2021, 617; *Placzek,* Allgemeines Persönlichkeitsrecht und privatrechtlicher Informations- und Datenschutz. Eine schutzbezogene Untersuchung des Rechts auf informationelle Selbstbestimmung, 2006; *Ruffert,* Vorrang der Verfassung und Eigenständigkeit des Privatrechts, 2001; *Schöndorf-Haubold,* Das Recht auf Achtung des Privatlebens, 2020; *Stern/Becker,* Grundrechte-Kommentar, 2016; *Wittgenstein,* Philosophische Untersuchungen (PU), 1960.

A. Ausgangslage

1 Im Vorangegangenen wurden (sozial)theoretische Komponenten für das Verständnis (verfassungs)rechtlicher Grundlagen von Datenschutz erörtert. Darauf aufbauend soll zunächst die rechtliche Systematisierung und Konkretisierung primär mit Blick auf die deutsche verfassungsgerichtliche Rechtsprechung zum Grundgesetz vorgenommen werden. Der Einbau in die europarechtlich determinierte Rechtsentwicklung – insbes. seit dem 1.12.2009 (Vertrag von Lissabon) – wird in zwei weiteren Schritten erfolgen (→ §§ 6, 7). Für eine solche Aufgliederung dessen, was im Ergebnis als geltendes Recht zusammengehört, sind zwei Punkte von Bedeutung: Zum einen kommt man damit immer noch bisheriger Lern- und Lesegewohnheit entgegen, wie sie einstweilen den systematischen Darstellungen der Grundrechte im deutschen Verfassungsrecht entspricht.[1] Zum anderen ist es für das Problemverständnis aus deutscher Sicht wichtig, zuerst die hiesige Entwicklung zu analysieren.

2 Seit der Elfes-Entscheidung vom 16.1.1957[2] ist das BVerfG in Sachen Entfaltungsfreiheit und Persönlichkeitsschutz einen langen Weg gegangen, mit vielen Verästelungen, denen zum Zweck der Explikation der verfassungsrechtlichen Grundlagen des Datenschutzrechts nachfolgend nur teilweise nachgegangen wird. Im übrigen ist auf verfassungsrechtliche (bzw. primärrechtliche) Aspekte in den weiteren Abschnitten des Buchs wieder zurückzukommen. Das Vorgehen in diesem Untersuchungsteil wird also nicht auf eine möglichst komplette, systematische Interpretation des Art. 2 Abs. 1 i.V.m. Art. 1 Abs. 1 GG ausgerichtet sein (zu diesen schon → § Rn. 3). Insbesondere sind wichtige **Eckpunkte der für datenschutzrechtliche Belange wesentlichen Rechtsprechung** herauszustellen. Dabei ist das Volkszählungsurteil vom 15.12.1983 nach wie vor besonders zu berücksichtigen, ist es doch für lange Zeit richtungweisend für die Entwicklung des Rechtsgebiets geworden.

---

[1] Vgl. dazu statt aller *Kloepfer,* Verfassungsrecht, Bd. 2, 2010, passim.
[2] Vgl. BVerfG, Urt. v. 16.1.1957 – 1 BvR 253/56, BVerfGE 6, 32 – Elfes.

3 Erforderliche Kritik am in dieser Entscheidung gewählten Ansatz, untermauert durch die vorangehend angestellten sozial- und sprachwissenschaftlichen Überlegungen, wird hinführen auf ein **konsequenter angelegtes Spektrum des Persönlichkeitsschutzes,** wie es sich denn sowohl in der jüngeren Judikatur des BVerfG abgezeichnet hat als auch den europarechtlichen Problemlösungen entspricht.

4 Die Rechtsprechung des BVerfG ist insbesondere durch folgende Punkte gekennzeichnet:

- Dem Schutz der Privatsphäre (Privatheit) kommt als Ausprägung des Allgemeinen Persönlichkeitsrechts ein besonderer Platz zu,[3] auch in spezifisch eingegrenzter Gestalt, nämlich zugunsten eines „Kernbereichs privater Lebensgestaltung" (→ § 5 Rn. 16ff.).
- „schon auf der Stufe der Persönlichkeitsgefährdung [...] flankiert und erweitert [...] das R.a.i.S. [...] den grundrechtlichen Schutz von Verhaltensfreiheit und Privatheit".[4]
- Der Schutzanspruch kann zudem abhängig sein von einem zeitlichen Moment. Speziell vor dem Hintergrund dauerhafter Abrufbarkeit von Informationen via Internet kann im Einzelfall nach Zeitablauf ein sog. Recht auf Vergessen bestehen.[5]
- Hinzu gekommen ist als Emanation des Persönlichkeitsrechts die „Gewährleistung der Vertraulichkeit und Integrität informationstechnischer Systeme" (GRaGVIiS);[6] als neue Rechtsposition wird sie nachvollziehbar im Rahmen eines durch technische Entwicklung ausgelösten datenschutzrechtlichen Perspektivenwechsels (→ § 5 Rn. 13ff.).

5 Parallel zum Fortbestand bisheriger Rechtspositionen lässt sich ein **Umstrukturierungsprozess** auf der Grundrechtsebene beobachten,[7] der zur weiteren Ordnung und Klärung datenschutzrechtlicher Problemstellungen auch auf der einfachrechtlichen Ebene hilfreich sein wird. Schärfere Konturen ergeben sich weiterhin bei der Bestimmung der durch automatisierten Datenabgleich zu gewärtigenden Beeinträchtigungen des Persönlichkeitsbereichs, insbesondere mit Blick auf eine klarere Abschichtung zwischen Daten und Information (→ § 5 Rn. 62f.).

B. Generalisierender Schutz personenbezogener Informationen

6 Datenschutzrecht hat den „Personenbezug" von Information zu seinem zentralen Anknüpfungspunkt genommen, um von daher Normen zugunsten des Einzel-

[3] Vgl. BVerfG, Beschl. v. 26.2.2008 – 1 BvR 1602/07, BVerfGE 120, 180 (197, 199) – Caroline von Monaco III: „Verhaltensfreiheit und Privatheit [als] Elemente der Persönlichkeitsentfaltung"/„Schutz der Privatsphäre"; BVerfG, Beschl. v. 26.2.2008 – 2 BvR 392/07, BVerfGE 120, 224 (238) – Inzestverbot: „Intim- und Sexualbereich [...] als Teil seiner Privatsphäre unter den Schutz des Art. 2 Abs. 1 i.V.m. Art. 1 Abs. 1 GG gestellt"; BVerfG, Urt. v. 27.2.2008 – 1 BvR 370/07, BVerfGE 120, 274 (311f.) – Online-Durchsuchung: „das allgemeine Persönlichkeitsrecht [...] in seiner Ausprägung als Schutz der Privatsphäre"; übereinstimmende Formulierungen in BVerfG, Beschl. v. 13.6.2007 – 1 BvR 1550/03, BVerfGE 118, 168 (184) – Kontenabfrage; BVerfG, Urt. v. 11.3.2008 – 1 BvR 2074/05, BVerfGE 120, 378 (397) – Kfz-Kennzeichenerfassung; in BVerfG, Urt. v. 20.4.2016 – 1 BvR 966/09, NJW 2016, 1781 – BKAG – fungiert die Charakterisierung der in Rede stehenden Eingriffe als „tief in die Privatsphäre" reichend als zentraler Parameter für die verfassungsrechtliche Beurteilung, vgl. Rn. 92, 103, 105, 115; BVerfG, Beschl. v. 6.11.2019 – 1 BvR 16/13, BVerfGE 152, 152 (203) – Recht auf Vergessen I: Beeinträchtigung des „Privatleben[s] und [der] Entfaltungsmöglichkeiten der Person" durch Verbreitung zurückliegender Berichte.

[4] Vgl. nochmals BVerfG, Urt. v. 27.2.2008 – 1 BvR 370/07, BVerfGE 120, 274 (311f.); BVerfG, Beschl. v. 13.6.2007 – 1 BvR 1550/03, BVerfGE 118, 168 (184); BVerfG, Urt. v. 11.3.2008 – 1 BvR 2074/05, BVerfGE 120, 378 (397).

[5] BVerfG, Beschl. v. 6.11.2019 – 1 BvR 16/13, BVerfGE 152, 152 (196ff.) – Recht auf Vergessen I.

[6] Vgl. BVerfG, Urt. v. 27.2.2008 – 1 BvR 370/07, BVerfGE 120, 274 (313ff.).

[7] Dazu aus der Lit. explizit *Schoch,* FS Stern, 2012, S. 1491ff.

nen – des insoweit (vermutlich) „Betroffenen“ – zu entwickeln. So war nach § 1 Abs. 1 BDSG 1990 Gesetzeszweck, „den Einzelnen davor zu schützen, dass er durch den Umgang *mit seinen personenbezogenen Daten* in seinem Persönlichkeitsrecht beeinträchtigt wird.“ Dabei ging es gemäß § 3 Abs. 1 BDSG 1990 um „Einzelangaben über persönliche oder sachliche Verhältnisse einer bestimmten oder bestimmbaren natürlichen Person (Betroffener)“ [= § 2 Abs. 1 BDSG 1977]. Entsprechend ist gemäß Art. 1 Abs. 1, Abs. 2, Art. 4 Nr. 1 DS-GVO der Schutz natürlicher Personen – als Grundrechtsschutz – „bei der Verarbeitung personenbezogener Daten“, das sind gemäß Art. 4 Nr. 1 DS-GVO „alle Informationen, die sich auf eine […] ‚betroffene Person‘ […] beziehen“, zu realisieren (vgl. dazu schon → § 3 Rn. 17).

7 Diese Schutztechnik ist nicht selbstverständlich; sie beruht auf einer Entscheidung des Gesetzgebers. Die Lösung ist global, weil sie nach der Art der Daten nicht unterscheidet. Sie ist zudem fließend, sowohl im Hinblick auf die Bestimmung der jeweils betroffenen Person als auch auf die Abgrenzung gegenüber (faktisch) anonymisierten und rein sachbezogenen Informationen (→ § 10). Die Wegbereiter des deutschen Datenschutzrechts waren sich bei der Wahl eines solch **breiten und vagen Ansatzes** relativ unsicher. Sie verwiesen darum zur erforderlichen Präzision auf den jeweiligen spezielleren Verwendungszusammenhang der Information, aus dem die Schutzwürdigkeit im Einzelfall herleitbar sei.[8] Das beinhaltet(e) einen Weiterverweis, der zur nachfolgenden Normenflut (vgl. schon → § 3 Rn. 6) beigetragen hat. So sehr dessen ungeachtet die gesetzgeberische Vorgabe des Schutzes „personenbezogener Daten“ für die Interpretation des einfachen Rechts gegenwärtig feststehen mag, so wenig bindet sie das verfassungsrechtliche Verständnis.

8 Allerdings hat sich das BVerfG im **Volkszählungsurteil** an das vorgefundene legislatorische Konzept gehalten (vgl. schon → § 3 Rn. 5ff.). Für den Begriff der personenbezogenen Daten zitiert es wörtlich § 2 Abs. 1 BDSG 1977.[9] Eben darauf baut auch das von ihm sodann aufgegriffene Prinzip informationeller Selbstbestimmung auf. Dieses erstreckt – und beschränkt[10] – sich auf eben die „personenbezogenen Daten“ desjenigen, dem der Personenbezug inhaltlich gilt.

9 Es versteht sich, dass die offene, von Art. 5 Abs. 3 GG gewährleistete wissenschaftliche Diskussion daran **nicht gebunden** war und ist. Auch für eine rechtsförmliche Bindung i.S.d. § 31 Abs. 1 BVerfGG im Hinblick auf „tragende Gründe“ der Entscheidung des BVerfG – ein in sich umstrittener Grundsatz[11] – ist wenig Raum.[12] Dies gilt umso mehr im Hinblick auf die bereits angesprochene Umorien-

---

[8] Vgl. Bericht der *Datenschutzkommission des Deutschen Juristentags*, Grundsätze für eine gesetzliche Regelung des Datenschutzes, 1974, S. 26f.; beachte *Simitis*, DVR 2 (1973/74), 138 (148, 150f.): was „personenbezogen“ sei, ließe sich nicht exakt angeben; der „Hinweis auf die ‚personenbezogenen Daten‘“ sei nur „der scheinbar weitaus konkretere“ als die von ihm für ungeeignet erachtete Anknüpfung an die Privatsphäre als Schutzgegenstand einer Datenschutzregelung.

[9] BVerfG, Urt. v. 15.12.1983 – 1 BvR 209/83, BVerfGE 65, 1 (42) – Volkszählung.

[10] Nachdem „informationelle Selbstbestimmung“ zum geflügelten Wort geworden ist, ist die Terminologie in Literatur und Rechtsprechung gegenüber der datenschutzrechtlichen Begriffsbildung mitunter weniger genau; vgl. die unterbliebene Abschichtung zum Anwaltsgeheimnis in BGH, Urt. v. 17.5.95 – VIII ZR 94/94, NJW 1995, 2026 (2027 r. Sp.). Etwaige Rechte aufgrund gesetzlich oder vertraglich vorgesehener Geheimnisse, die sich von ihrem Inhalt her oft gerade (auch) auf Dritte beziehen, sind als solche nicht Ausfluss des R. a. i. S.

[11] Vgl. einerseits Schmidt-Bleibtreu/Klein/*Bethge*, 61. ErgLfg. 2021, § 31 BVerfGG, Rn. 94ff.; andererseits *Schlaich/Korioth*, 12. Aufl. 2021, Rn. 485ff.; *Pestalozza*, Verfassungsprozeßrecht, 3. Aufl. 1991, § 20 Rn. 91.

[12] Vgl. dazu *Vogelgesang*, Grundrecht auf informationelle Selbstbestimmung?, 1987, S. 83ff.; beachte *O. Mallmann*, JZ 1983, 651ff., der unter Ablehnung einer grundrechtlichen Herleitung in-

tierung des Gerichts in seiner jüngeren Rechtsprechung zum Persönlichkeitsrecht, in der sich ein partieller Bedeutungsverlust des R.a.i.S. abgezeichnet hat (→ Fn. 5)

10 Von Verfassungs wegen stehen für grundrechtlichen Persönlichkeitsschutz Art. 2 Abs. 1 i.V.m. Art. 1 Abs. 1 GG im Vordergrund; daneben sind weitere Grundrechte, insbesondere Art. 10 und 13 GG, von beträchtlicher Bedeutung. Das entspricht ständiger Rechtsprechung. Der Begriff „personenbezogene Daten" ist demgegenüber – anders als in der Grundrechte-Charta der EU (→ § 7 Rn. 29) – im Grundrechtskatalog des GG nicht enthalten.[13]

C. Sozialcharakter der – personenbezogenen – Information

11 Für die Interpretation der Art. 2 Abs. 1 i.V.m. Art. 1 Abs. 1 GG fällt es schwer, zum Schutz der Persönlichkeit oder, wie es jüngst auch heißt, informationeller Privatheit,[14] einen Begriff einzuführen, der sich bei genauerem Zusehen als einigermaßen widersprüchlich entpuppt. Etwas überspitzt formuliert beinhaltet „personenbezogene Daten" eine ***contradictio in adjectu.***

12 Vorab ist nochmals klar festzuhalten, dass es nicht (nur) um Daten, sondern um Informationen geht (vgl. dazu → § 3 Rn. 15ff.), und zwar solche nicht nach technisch-naturwissenschaftlichem, sondern nach **sozialwissenschaftlichem Verständnis** (→ § 3 Rn. 11ff., 15ff., 30ff.). Von daher sind die Informationen, deren Regelung das Datenschutzrecht zu seinem Gegenstand genommen hat, ein Phänomen der menschlichen Gesellschaft und als solche (primär) sozialbezogen.

I. Zur Rechtsprechung des BVerfG

13 Die „Gemeinschaftsgebundenheit" des Individuums hat das BVerfG auch im Volkszählungsurteil nicht aus dem Blick verloren und ausgeführt:

> „Der Einzelne hat nicht ein Recht im Sinne einer absoluten, uneinschränkbaren Herrschaft über ‚seine' Daten; er ist vielmehr eine sich innerhalb der sozialen Gemeinschaft entfaltende, auf Kommunikation angewiesene Persönlichkeit. Information, auch soweit sie personenbezogen ist, stellt ein **Abbild sozialer Realität** dar, das nicht ausschließlich dem Betroffenen allein zugeordnet werden kann. Das Grundgesetz hat [...] die Spannung Individuum – Gemeinschaft im Sinne der Gemeinschaftsbezogenheit [...] der Person entschieden. [...] Grundsätzlich muss daher der Einzelne Einschränkungen seines Rechts auf informationelle Selbstbestimmung im überwiegenden Allgemeininteresse hinnehmen."[15]

14 In diesem Text wird eine enge **Verknüpfung** zwischen der **„Realität"** und der jeweiligen **Information,** die sich auf sie bezieht, hergestellt. Diese sei ein Abbild der Realität, und da letztere sozial und somit gemeinschaftsgebunden sei, müsse das auch für ihr Abbild gelten. Das BVerfG zitiert zur Bekräftigung u.a. Vorentscheidungen, die sich mit der Sozialbindung wirtschaftlichen, nach Art. 2 Abs. 1, 12 bzw. 14 GG geschützten Verhaltens befasst haben.[16] Es tendiert mit seinen Aussagen da-

---

formationeller Selbstbestimmung zu im wesentlichen mit der nachfolgenden Entscheidung des BVerfG übereinstimmenden Ergebnissen bezüglich der Verfassungswidrigkeit des Melderegisterabgleichs gelangte; von daher bestehen Zweifel am tragenden Charakter der allgemein-belehrenden Ausführungen des Gerichts zum R.a.i.S.; vgl. weiter *Ehmann,* AcP 188 (1988), 230 (302).

[13] Das gleiche gilt für das R.a.i.S.; dazu *Albers,* in: Spiecker gen. Döhmann u.a., Generierung und Transfer staatlichen Wissens, 2008, S. 58: Die rein interpretative Herleitung seitens des BVerfG ließe sich „weiterentwickeln". Für diesbezügliche Aussagen der Verfassungen der Bundesländer *Kloepfer/Schärdel,* JZ 2009, 453 (454f.).

[14] So *Rössler,* Der Wert des Privaten, 2001, S. 201ff.

[15] BVerfG, Urt.v. 15.12.1983 – 1 BvR 209/83, BVerfGE 65, 1 (43f.) – Volkszählung.

[16] Vgl. dazu die in BVerfG, Urt.v. 15.12.1983 – 1 BvR 209/83, BVerfGE 65, 1 (44), zitierten Entscheidungen: BVerfG, Urt.v. 20.7.1954 – 1 BvR 459/52, BVerfGE 4, 7 (15); Beschl. v. 12.11.1958 – 2 BvL 4/56, BVerfGE 8, 274 (329); BVerfG, Urt.v. 1.3.1979 – 1 BvR 532/77 u.a., BVerfGE 50, 290 (353).

hin, die für das grundrechtsgeschützte Handeln des Bürgers geltenden Schranken auf entsprechende Informationen (= Abbilder) zu übertragen.

15 Gedanklich davor liegt der dafür erforderliche erste Schritt: So wie die individuelle Betätigung selbst qua Persönlichkeitsentfaltung **grundrechtlich gewährleistet** ist, so auch das **Abbild** davon, also die jeweilige „personenbezogene Information". Ohne diese Prämisse, den grundrechtlichen Schutzbereich betreffend, wäre die These zu je korrelierenden Schranken ohne substanzielle Grundlage.

16 Das BVerfG hat also im Volkszählungsurteil ein Verständnis von Information eingebracht, das, wie weiter oben dargelegt wurde, mit den Erkenntnissen von Sozial-, Sprach- und Informationswissenschaft nicht (mehr) in Übereinstimmung zu bringen ist.[17] Der Sozialcharakter von Information beruht nicht auf den Bildern, die sie jeweils vom gemeinschaftsgebundenen Leben wiedergeben würde, sondern auf ihrer eigenen kommunikativen Entstehung und Funktion (vgl. auch → § 3 Rn. 20, 30f.). Informationen sind als solche – unabhängig von ihren jeweiligen semantischen Gehalten – eine soziale Kreation und gewissermaßen **Werkzeuge zur Orientierung** und Lebensbewältigung der Menschen.[18]

17 Das BVerfG hat – vereinfachend gesprochen – das (vermeintliche) Abbild, die „personenbezogene" Information, mit der durch diese quasi abgebildeten Realität gleichgesetzt.[19] Demgegenüber ist z.B. festzuhalten, dass der Umstand, dass X schwarze Haare hat, nicht identisch ist mit einer Information, die die Haarfarbe des X zum Gegenstand hat. Dementsprechend lässt sich, wie leicht einsichtig ist, die verfassungsrechtliche Frage, ob Bürger gezwungen werden dürfen, ihre Haare anders zu färben,[20] nicht nach den gleichen Regeln entscheiden wie diejenige, ob die Erzwingung der Eintragung einer (geänderten) Haarfarbe im Reisepass zulässig ist. Eine vergleichbare **Vertauschung**[21] lässt sich beim Versuch des BVerfG beobachten, aus der sozialen Eingebundenheit des handelnden Bürgers eine entsprechende Schrankenziehung für dessen angenommenes Bestimmungsrecht über „seine" personenbezogenen Angaben abzuleiten.

II. Eingrenzung informationellen Persönlichkeitsschutzes

1. Geheimnisse

18 Dem grundlegenden Sozialcharakter von Information entspricht es, dass diese sich insgesamt schwieriger zugunsten Einzelner rechtlich einbinden/zuordnen lässt als individuelles Handeln. Auf der anderen Seite sind klar eingegrenzte **Informationsschranken,** die dem Persönlichkeitsschutz dienlich sind, durchaus realisierbar und effektiv, z.B. die Berufsgeheimnisse, das Post- und Telekommunikationsgeheimnis (→ § 18), auch der Schutz von Wohnung und ggf. Geschäfts- und Betriebs-

[17] Vgl. dazu die Nachw. → § 3 Fn. 46 und 59.

[18] Vgl. die Nachw. → § 3 Fn. 53, 54; *Wittgenstein,* Philosophische Untersuchungen, 1953, Nr. 11, 14 und dazu *Krämer,* Sprache, Sprechakt, Kommunikation, 2019, S. 119.

[19] Ähnlich die Kritik bei *Bull,* Informationelle Selbstbestimmung – Vision oder Illusion?, 2. Aufl. 2011, S. 34; zur Abbildtheorie nochmals → § 3 Fn. 46.

[20] Vgl. zur Haar- und Barttracht die Entscheidung des Wehrdienstsenats, BVerwG, Beschl. v. 27.1.1983 – 2 WDB 17. 82, BVerwGE 76, 60; auch BVerfG, Beschl. v. 14.2.1978 – 2 BvR 406/77, BVerfGE 47, 239 (246ff.); v. Mangoldt/Klein/Starck/*Starck,* GG, 7. Aufl. 2018, Art. 2 Rn. 112 m.w. Nachw. aus der Rechtsprechung.

[21] Vgl. dazu auch *I. Dammann,* Der Kernbereich der privaten Lebensgestaltung, 2011, S. 190, 197, 248: Diesem Autor unterläuft dieselbe Vertauschung (mit anders gearteten Konsequenzen), indem er einen „informationsrechtlichen Grundsatz" dahingehend behauptet, dass – umgekehrt – „*Informationen nicht weitergehend geschützt werden können als das Verhalten, auf das sie sich beziehen.*" Das würde das Ende jedes selbständigen Geheimnisschutzes, auch des Beichtgeheimnisses, bedeuten. Vgl. weiter zu *I. Dammann* → § 5 Fn. 74, 105, 127.

geheimnisse. Bei diesen Beispielen handelt es sich um Abgrenzungen, die als solche **ohne das Kriterium „Personenbezug"** auskommen.[22]

2. Probleme informationeller Zuordnung

19 In Datenschutzgesetzen dient dieses Kriterium demgegenüber regelmäßig dem Brückenschlag – der Gleichsetzung – zwischen der Zuordnung von Eigenschaften/Lebensverhältnissen einer Person (gegenständlicher Personenbezug) einerseits und der Zuordnung der mit diesen sich befassenden Informationen (informationeller Personenbezug) andererseits.

20 Wohnsitz, Eigentums- und Vermögensverhältnisse, berufliche Tätigkeit, Freizeitinteressen sind Angelegenheiten, die überwiegend dem Leben des Einzelnen zugehören; oft liegen freilich Verknüpfungen mit entsprechendem, gleich gewichtigem Engagement anderer vor, was schon vom Lebenssachverhalt her das Problem **mehrfachen Personenbezugs** aufwirft.[23]

21 Doch wichtiger noch ist, dass der Kreis der Personen, den jeweilige *Informationen* von der Sache her etwas angehen – für den diese Informationen relevant sind –, i.d.R. gar nicht deckungsgleich ist mit demjenigen, der in die zugrundeliegenden Angelegenheiten unmittelbar involviert ist. Das Wissen über die Art der gewerblichen Tätigkeit, den Goodwill oder die Bonität sind im wirtschaftlichen Bereich **gerade für *andere,*** die selbst die in Rede stehende Tätigkeit nicht ausüben bzw. die zugrunde liegenden Vermögensgegenstände nicht innehaben, **von Interesse** (je nachdem auch für das Finanzamt).[24] Das gleiche gilt für die Kenntnis von Gefahren(quellen), die vom Verhalten eines Menschen ausgehen und andere bedrohen; ist noch nicht klar, wer im einzelnen überhaupt bedroht ist, so ist jedenfalls die Polizei für die Information „zuständig". Weiterhin ist noch einmal die Adresse als Information über den Wohnsitz hervorzuheben, deren Robinson selbst für seine – auf seine Person bezogene – Aufenthaltsstätte gar nicht bedarf (vgl. schon → § 3 Rn. 10).

3. Folgerung

22 Die Beispiele zeigen, wie problematisch es sein muss, für verfassungsrechtlichen Persönlichkeitsschutz alle „personenbezogenen" Informationen – gewissermaßen eine unendliche Weite – über einen Kamm zu scheren und aufgrund eines monistischen Theorieverständnisses zum Gegenstand je individueller Rechtspositionen zu machen.[25] Mag auch die Legislative in den Datenschutzgesetzen einen solchen Schutzansatz gewählt haben, das **GG bietet** für einen entsprechenden Interpretationsschritt **keine erkennbare Grundlage.**[26]

---

[22] Vgl. dazu noch → Rn. 27; → § 5 Rn. 8, 11; auch Sydow/*Ziebarth,* DS-GVO, 2. Aufl. 2018, Art. 4 Rn. 9.

[23] Dazu näheres → § 10 Rn. 9ff. Zum durch Namensgleichheit ausgelösten Konflikt zwischen Tochter und Vater vgl. BVerfG, Beschl. v. 24.3.1998 – 1 BvR 131/96, BVerfGE 97, 391 (400ff.); zur Abstammung vom nichtehelichen Erzeuger BVerfG, Beschl. v. 6.5.1997 – 1 BvR 409/90, BVerfGE 96, 56 (61ff.); BVerfG, Urt. v. 13.2.2007 – 1 BvR 421/05, BVerfGE 117, 202 (225ff.) – Feststellung der Vaterschaft, in Bezug auf welche das Persönlichkeitsrecht des – die Information begehrenden – Vaters dem R.a.i.S. des Kindes gegenübergestellt wird.

[24] Vgl. BVerfG, Urt. v. 27.6.1991 – 2 BvR 1493/89, BVerfGE 84, 239 (279f.) – Zinsbesteuerung.

[25] Ausführlich zur „Ungeeignetheit des Personenbezugs von Information als Wertungskriterium *Placzek,* Allgemeines Persönlichkeitsrecht und privatrechtlicher Informations- und Datenschutz, 2006, insbes. S. 100.

[26] Zur Kritik an diesem Interpretationsschritt im Volkszählungsurteil → § 3 Rn. 6–8; *Aebi-Müller,* Personenbezogene Informationen im System des zivilrechtlichen Persönlichkeitsschutzes, 2005, S. 295f.; *Schneider/Härting,* ZD 2011, 63; *Bull,* Informationelle Selbstbestimmung – Vision oder Illusion?, 2. Aufl. 2011, passim.

23 Zusammengefasst konstituiert sich menschenwürdige, freie Persönlichkeitsentfaltung nicht vorrangig auf der Grundlage informationeller Restriktionen.[27] Sie ist kommunikativ verwurzelt. Von daher lässt sich aus Art. 2 Abs. 1 i.V.m. Art. 1 Abs. 1 GG (wie erst recht aus den nachfolgenden Spezialgrundrechten) **nur selektiv Schutz** gegen Informationsprozesse herleiten. Die Vermutung für die Freiheit, die jeder grundrechtlichen Gewährleistung individuellen Verhaltens zugehört,[28] gebührt nicht ohne weiteres jeglichem Wunsch des Individuums, entsprechende Informationen generell zu verhindern. Eben letztere Vermutung wäre jedoch grundrechtssystematisch die Konsequenz eines Grundrechts auf „informationelle Selbstbestimmung".

D. Privatheit (nebst Intimität) insbesondere

24 Privatheit als Ausfluss des Persönlichkeitsrechts[29] begründet einen viel breiter angelegten informationellen Schutz im Vergleich zu den Informationsschranken, die durch spezifische Geheimhaltungsvorschriften (→ Rn. 18) bewirkt werden. Die Psychologin *Kruse* spricht zur Charakterisierung vom *„Konzept der Privatheit, diesem* ***erlebnismäßig offenkundigen,*** *konzeptuell frustrierenden Begriff"*.[30] Etwaige Frustrationen sind für den Juristen in Kenntnis fünfzigjähriger Rechtsprechungstradition abbaubar. Das BVerfG ist daran – neben dem EGMR (→ § 6) und der ordentlichen Gerichtsbarkeit[31] – bis in die Gegenwart hinein maßgeblich beteiligt gewesen. Dabei geht es, wie *Kruse* zutreffend zum Ausdruck gebracht hat, weniger um die Herausarbeitung eines theoretischen Konzepts als um die pragmatische Umsetzung dessen, was in der Lebenswirklichkeit von Mensch und Gesellschaft einem offenkundigen Schutzbedürfnis entspricht.

25 Vor einiger Zeit hat *Horn* zum Schutz der Privatsphäre einen neuen Akzent gesetzt: **„Privat ist, was andere nichts angeht"**, lautet sein geflügeltes Wort,[32] wobei er sich im wesentlichen auf kultur- und entwicklungsabhängige Inhalte, auf die Konvention, bezieht.[33] In der Tat werden zumeist solche Angelegenheiten als privat angesehen, die – anders als Beruf, Good Will oder gefährliche Trunkenheit des Autofahrers[34] – einen nur begrenzten Kreis von Menschen, z.B. die Familie,[35] die

[27] Vgl. zur „Kommunikationslosigkeit als Folge eines Rechts auf informationelle Selbstbestimmung" *L. Gräf,* Privatheit und Datenschutz, 1993, S. 176f.

[28] Vgl. Stern/Becker/*Horn,* 3. Aufl. 2018, Art. 2 GG Rn. 6 m.w.N.

[29] Zum Zusammenspiel des Schutzes von Persönlichkeit mit dem Schutz von Privatheit im historischen Kontext *Taraz,* Das Grundrecht auf Gewährleistung der Vertraulichkeit und Integrität informationstechnischer Systeme und die Gewährleistung digitaler Privatheit im grundrechtlichen Kontext, 2016, S. 98ff.

[30] *Lenelis Kruse,* Privatheit als Problem und Gegenstand der Psychologie, 1980, S. 117, insoweit *Margulis,* Privacy as a behavioral phenomenon, Journal of Social Issues 2003, 243, zitierend.

[31] Vgl. *Horn,* in: Isensee/P. Kirchhof, Handbuch des Staatsrechts, Bd. VII, 3. Aufl. 2009, § 149 Rn. 48: für die verfassungsrechtliche Entwicklung „wegweisende Entscheidungen des Bundesgerichtshofs", mit umfangreichen Nachw. in Fn. 77 zu Rn. 28; so BGH, Urt.v. 25.5.1954 – I ZR 211/53, BGHZ 13, 334 – Leserbrief; BGH, Urt.v. 2.4.1957 – VI ZR 9/56, BGHZ 24, 72 – ärztliche Bescheinigung; BGH, Urt.v. 20.3.1968 – I ZR 44/66, NJW 1968, 1773 (1775 r.Sp.) – Mephisto; *Hubmann,* Das Persönlichkeitsrecht, 1967, S. 5 mit Fn. 10; → § 2.

[32] In Anlehnung an *J. S. Mill,* Über die Freiheit, 1859 (zit. nach: Reclam 1974), S. 19.

[33] Vgl. *Horn,* in: Isensee/P. Kirchhof, Handbuch des Staatsrechts, Bd. VII, 3. Aufl. 2009, § 149 Rn. 1, 6f., 15; Stern/Becker/*Horn,* 3. Aufl. 2018, Art. 2 GG, Rn. 42.

[34] Vgl. dazu umgekehrt BVerfG, Beschl. v. 24.6.1993 – 1 BvR 689/92, BVerfGE 89, 69 (82ff.) zur von der Straßenverkehrsbehörde zu respektierenden Privatheit eines medizinisch-psychologischen Gutachtens trotz vorangegangenen einmaligen Haschisch-Konsums auf einem Parkplatz.

[35] Beachte dazu die der Amtshilfe hinderliche Zweckgebundenheit von Ehescheidungsakten, BVerfG, Beschl. v. 15.1.1970 – 1 BvR 13/68, BVerfGE 27, 344 (350ff.); BVerfG, Beschl. v. 18.1.1973 – 2 BvR 483/72, BVerfGE 34, 205 (208ff.).

Freunde,[36] ggf. Reisegefährten, oder ausschließlich einen selbst etwas angehen sollen. Dem entsprechend kommt es hier viel eher als in Ansehung der „personenbezogenen“ Informationen im allgemeinen (→ Rn. 21) zu einer Deckungsgleichheit zwischen dem Kreis der am Verhalten selbst Beteiligten und dem Kreis derjenigen, denen entsprechende Informationen zukommen sollen: während der Beruf oft „Aushängeschild“ für andere ist, behalten die an einer privaten Beziehung Beteiligten ihre Kenntnisse über ihr Sexualverhalten unter sich.

26 Soweit solche Deckungsgleichheit der Kreise vorliegt, ergeben sich überschaubare Abgrenzungsmöglichkeiten bei der Schutzgutumschreibung bzw. der Bestimmung (un)zulässiger Informationsprozesse: beim Umgang der Eltern mit ihren Kindern bleiben die – am Geschehen selbst unbeteiligten – Medienorgane ausgeschlossen,[37] und von Ausnahmelagen abgesehen gilt dasselbe für die Behörden.[38] Privatheitsschutz vermag somit gezielter **am sozialen Befund** anzuknüpfen, als es auf der Grundlage abstrakten Personenbezugs machbar ist.[39]

27 Dabei kann Privatheitsschutz allerdings nicht einfach auf der Basis bloßer Konkretisierung bzw. Eingrenzung von „Personenbezug“ verstanden werden. Es geht vielmehr um ein anderes Schutzprinzip als jenes, das generell zum R.a.i.S. an personenbezogenen Informationen hinführen würde. Das erkennt man schon daran, dass Tagebucheinträge,[40] Selbstgespräche,[41] Familienklatsch[42] und „Gardinenpredigt“[43] privat sind unabhängig davon, ob sie (vorwiegend) **auf Dritte bezogene Aussagen enthalten.**[44] Die Schutzstruktur stimmt insoweit mit derjenigen der Geheimnisse z.B. nach Art. 10 GG überein (wo es nicht nur um private Inhalte geht). In all diesen Fällen ist Personenbezug nicht das Zuordnungs- oder Aufteilungskriterium.

E. Grundrechtliche Bedeutung des Persönlichkeitsschutzes und des Rechts auf informationelle Selbstbestimmung im nicht-öffentlichen Bereich (Drittwirkung)

I. Persönlichkeitsrecht

28 Die Interpretation des Art. 2 Abs. 1 i.V.m. Art. 1 Abs. 1 GG ist nicht nur im Verhältnis des Einzelnen zur öffentlichen Hand relevant. Das Persönlichkeitsrecht ist Gegenstand des Schutzes auch für die Beziehungen unter Privaten, im sog.

[36] Zum „religiösen Bekenntnis im nachbarschaftlich-kommunikativen Bereich […] dort, wo man sich nach Treu und Glauben unter sich wissen darf“, als zum „Kern seiner Privatsphäre (‚privacy‘)“ gehörend BVerfG, Beschl. v. 1.7.1987 – 2 BvR 478/86 u.a., BVerfGE 76, 143 (158f.) – Ahmadiyya.

[37] Dazu BVerfG, Urt. v. 15.12.1999 – 1 BvR 653/96, BVerfGE 101, 361 (385f., 395f.) – Caroline II.

[38] Zur Informationsgewinnung für das „Wächteramt“ i.S.d. Art. 6 Abs. 2 S. 2 GG v. Mangoldt/Klein/Starck/*Robbers*, 7. Aufl. 2018, Art. 6 GG, Rn. 251.

[39] Vgl. zur offenen Interessenabwägung auf der Grundlage der Generalklauseln des Datenschutzrechts → § 12 Rn. 12f., 28.

[40] Vgl. BVerfG, Beschl. v. 14.9.1989 – 2 BvR 1062/87, BVerfGE 80, 367 (373ff.); BVerfG, Beschl. v. 14.7.1964 – 1 BvR 352/64, BVerfGE 18, 146f.; BGH, Urt. vom 9.7.1987 – 4 StR 223/87, NJW 1988, 1037.

[41] Vgl. BGH, Urt. v. 10.8.2005 – 1 StR 140/05, BGHSt 50, 206 – Mörder im Krankenzimmer; bzw. im Pkw: BGH, Urt. v. 22.12.2011 – 2 StR 509/10, NJW 2012, 945.

[42] Zur Kommunikation aus der Untersuchungs- bzw. Strafhaft mit Familienangehörigen vgl. BVerfG, Beschl. v. 16.6.1976 – 2 BvR 97/76, BVerfGE 42, 234 (236f.); Beschl. v. 5.2.1981 – 2 BvR 646/80, BVerfGE 57, 170 (177ff.); Beschl. v. 26.4.1994 – 1 BvR 1689/88, BVerfGE 90, 255; BVerfG, Beschl. v. 24.6.1996 – 2 BvR 2137/95, NJW 1997, 185.

[43] Vgl. BVerfG, Urt. v. 3.3.2004 – 1 BvR 2378/98, BVerfGE 109, 279 (329) – Großer Lauschangriff: „allein mit seinen engsten Familienangehörigen“.

[44] Vgl. auch Art. 2 Abs. 2 lit. c DS-GVO, und → § 8 Rn. 30ff.

„nicht-öffentlichen“ Bereich.[45] Dem liegt die (mittelbare) Drittwirkung des Grundrechts zugrunde,[46] zusammen mit einer diese gewährleistenden **staatlichen Schutzpflicht**[47] (eingegrenzt durch das Untermaßverbot).[48]

29 So können z. B. das **„Privatleben“** oder die **öffentliche Selbstdarstellung** des Individuums[49] oftmals durch Äußerungen/Publikationen beeinträchtigt sein, was Anlass zu *zivil*gerichtlichen Auseinandersetzungen (mit anschließenden Verfassungsbeschwerden) gibt. Dabei geht es (u. a.) um den Wahrheitsgehalt von Aussagen,[50] um Ruf und Ehre des Betroffenen[51] oder dessen Resozialisierungschance,[52] um Eindringen, Zudringlichkeit bei der Recherche,[53] um Rücksichtnahme, Takt, Respekt (vor Intimität),[54] um räumliche **Rückzugsbereiche,**[55] auch um Alltagsverhalten im öffentlichen Raum,[56] um das vertraulich gesprochene Wort[57] und das Recht am eigenen Bild.[58] Familienrechtliche Verfahren, etwa die Klärung der **Abstammung** betreffend, sind ihrerseits geeignet, Konflikte unter Privaten hervorzurufen, bei denen es um das Persönlichkeitsrecht der Beteiligten geht.[59, 60]

---

[45] Dies war die datenschutzrechtliche Terminologie des BDSG bis 2018.

[46] Vgl. BVerfG, Urt. v. 15.1.1958 – 1 BvR 400/51, BVerfGE 7, 198 (203 ff.) – Lüth; BVerfG, Beschl. v. 26.2.1969 – 1 BvR 619/63, BVerfGE 25, 256 (263 ff.) – Blinkfüer.

[47] Vgl. BVerfG, Beschl. v. 6.5.1997 – 1 BvR 409/90, BVerfGE 96, 56 (64); BVerfG, Beschl. v. 27.1.1998 – 1 BvL 15/87, BVerfGE 97, 169 (175 f.) – Kleinbetriebsklausel; EGMR, Urt. v. 24.6.2004 – 59320/00, CEHD 2004-V, NJW 2004, 2647 (2649), Nr. 57 – Caroline; *Stern,* Das Staatsrecht der BRD, Bd. III/1, 1988, § 76 IV 5b (S. 1573 ff.); Dürig/Herzog/Scholz/*Herdegen,* GG, Stand: 94. ErgLfg. 01/2021, Art. 1 Abs. 3 Rn. 73.

[48] Dieses ist spiegelbildlich zum Übermaßverbot bei staatlichen Eingriffen gedacht (vgl. *Canaris,* AcP 184 (1984), 201 (225 ff.); Stern/Becker/*Stern,* GG, 3. Aufl. 2018, Einl. Rn. 80; BVerfG, Urt. v. 28.5.1993 – 2 BvF 2/90, BVerfGE 88, 203 (254) – Schwangerschaftsabbruch II); die Konstruktion ist umstritten (zweifelnd Dreier/*Dreier,* GG, 3. Aufl. 2018, Vorb. 103 m. umfangr. Nachw.; ablehnend Friauf/Höfling/*Enders,* Berliner Komm. zum GG, 2000 (Grundwerk), C vor Art. 1 Rn. 67).

[49] Zu dieser insbes. BVerfG, Beschl. v. 3.6.1980 – 1 BvR 185/77, BVerfGE 54, 148 (155) – Eppler.

[50] Vgl. BVerfG, Beschl. v. 10.11.1998 – 1 BvR 1531/96, BVerfGE 99, 185 (195 ff.) – Helnwein.

[51] Vgl. BVerfG, Beschl. v. 14.1.1998 – 1 BvR 1861/93, BVerfGE 97, 125 (147) – Almsick.

[52] Dazu insbes. BVerfG, Urt. v. 5.6.1973 – 1 BvR 536/72, BVerfGE 35, 202 (218 ff.) – Soldatenmord von Lebach.

[53] Beachte zur Vertraulichkeit einer Redaktionskonferenz, deren „Privatheit“ über Art. 5 GG geschützt wird, und zum Gewicht spezifischer Verletzung derselben durch Einschleichen und Täuschung BVerfG, Beschl. v. 25.1.1984 – 1 BvR 272/81, BVerfGE 66, 116 (137 ff.) – Wallraff; aus der Rechtsprechung der USA *Shulman v. Group W Productions, Inc.,* 955 P 2d 469 = 18 Cal 4th 200 (1998), dazu *Amelung,* Der Schutz der Privatheit im Zivilrecht, 2002, S. 63 ff.

[54] Vgl. BVerfG, Beschl. v. 13.6.2007 – 1 BvR 1783/05, BVerfGE 119, 1 (34) – Esra.

[55] Vgl. BVerfG, Beschl. v. 2.5.2006 – 1 BvR 507/01, NJW 2006, 2836 – Luftbilder von Wohngrundstücken.

[56] Vgl. BVerfG, Beschl. v. 26.2.2008 – 1 BvR 1602/07, BVerfGE 120, 180 (207); Stern/Becker/*Horn,* 3. Aufl. 2018, Art. 2 GG, Rn. 45; *Horn,* in: Isensee/P. Kirchhof, Handbuch des Staatsrechts, Bd. VII, 3. Aufl. 2009, § 149 Rn. 64 ff.

[57] Diesbezüglich differenzierend zwischen Schutz der Privatsphäre und Recht am gesprochenen Wort BVerfG, Beschl. v. 9.10.2002 – 1 BvR 1611/96 u. a., BVerfGE 106, 28 (41 f.); beachte für hoheitlichen Eingriff in beide Rechtspositionen die verfassungsrechtliche Prüfung der StUG-Novelle von 2002 BVerwG Urt. v. 23.6.2004 – 3 C 41. 03, NJW 2004, 2462 – Kohl. Zu Wortprotokollen schon BGH, Urt. v. 19.12.1978 – VI ZR 137/77, BGHZ 73, 120 – Telefonat Kohl–Biedenkopf.

[58] Vgl. BVerfG, Beschl. v. 26.2.2008 – 1 BvR 1602/07, BVerfGE 120, 180 (198); Urt. v. 17.2.1998 – 1 BvF 1/91, BVerfGE 97, 228 (268 f.) – Kurzberichterstattung.

[59] Vgl. BVerfG, Beschl. v. 6.5.1997 – 1 BvR 409/90, BVerfGE 96, 56 (61 ff.) und BVerfG, Urt. v. 13.2.2007 – 1 BvR 421/05, BVerfGE 117, 202 (225 ff.).

[60] Vgl. insgesamt die bei v. Mangoldt/Klein/*Starck,* GG, 7. Aufl. 2018, Art. 2 Rn. 170 ff., gegebene Übersicht. Beachte auch die in das Restatement of Torts der USA eingegangene Aufgliederung – „four distinct kinds of invasion[...] of privacy“ bei *Prosser,* 48 Cal. L. Rev. 383 (1960); vgl. dazu *Solove/Schwartz,* Information Privacy Law, 7. Aufl. 2021, Kap. 1, B 1 (b) + (c).

30 Rechtssystematisch ist zwischen dem grundrechtlich gebotenen Persönlichkeitsschutz und dessen Ausgestaltung durch Gesetzgebung und Rechtsprechung zu unterscheiden. Diese Differenz verwischte sich zunächst in der Judikatur des BGH, der gerade durch die (unmittelbare) Anwendung der Art. 1 und 2 GG der Anerkennung des Allgemeinen Persönlichkeitsrechts im Rahmen des bürgerlichen Rechts zum Durchbruch verhalf.[61] Das BVerfG sah „keinen Anlass", dieser richterrechtlichen Entwicklung – vorbereitet durch „jahrzehntelange[…] Erörterung" in der Zivilrechtsdogmatik – hin zum „festen Bestandteil unserer *Privatrechtsordnung* […] von Verfassungs wegen entgegenzutreten".[62] Dementsprechend hat sich das Persönlichkeitsrecht – gewohnheitsrechtlich[63] – zu einem **sonstigen Recht i.S.d. § 823 Abs. 1 BGB** herausgebildet und damit verselbständigt.[64] Die aus Art. 2 Abs. 1 i.V.m. Art. 1 Abs. 1 GG folgende staatliche Schutzpflicht gibt die Einzelheiten für entsprechende zivilrechtliche Ansprüche nicht vor.[65] Ausdrücklich hat das BVerfG in einer jüngeren Entscheidung hervorgehoben:

> „**Verfassungsrechtliches und zivilrechtliches Persönlichkeitsrecht sind nicht identisch** […]. Der Gesetzgeber und die Zivilgerichte sind grundsätzlich nicht daran gehindert, den Schutz der Persönlichkeit weiter auszubauen, als verfassungsrechtlich geboten ist. Sie haben dabei allerdings auch gegenläufige Positionen Dritter zu wahren."[66]

II. Das Recht auf informationelle Selbstbestimmung insbesondere

31 Im **Volkszählungsurteil,** das eine staatliche Zwangserhebung zum Gegenstand hatte, bestand keine Veranlassung, auf die Frage einer etwaigen Bedeutung des R.a.i.S. für den nicht-öffentlichen Bereich einzugehen. Aber nicht nur die Präjudizien des BVerfG, auf die sich dieses in derselben Entscheidung zur rechtlichen Fortentwicklung stützte,[67] umfassten wichtige zivilrechtliche Ausgangsfälle.[68] Vielmehr legte es seine grundsätzliche, soziologisch-informationell orientierte Argumentation sehr breit an, mit Blick auf die „soziale […] Umwelt" und die Erfordernisse einer **„Gesellschaftsordnung"**.[69] Das spricht für notwendige Auswirkungen in der Zivilrechtsordnung.[70] In der seitherigen Rechtsprechung des BVerfG findet sich

---

[61] So BGH, Urt. v. 25.5.1954 – I ZR 211/53, BGHZ 13, 334 – Leserbrief; BGH, Urt. v. 2.4.1957 – VI ZR 9/56, BGHZ 24, 72 – ärztliche Bescheinigung.

[62] So BVerfG, Beschl. v. 14.2.1973 – 1 BvR 112/65, BVerfGE 34, 269 (281, auch 286 ff.) – Soraya; Hervorhebung hinzugefügt.

[63] Vgl. MünchKommBGB/*Rixecker,* 9. Aufl. 2021, Anh. § 12, Rn. 2, wenngleich dazu kritisch.

[64] Vgl. BGH, Urt. v. 20.3.1968 – I ZR 44/66, BGHZ 50, 133 – Mephisto; Götting/Schertz/Seitz/*Götting* HdB. PersönlichkeitsR, 2. Aufl. 2019, § 3 Rn. 6.

[65] Vgl. *Schwerdtner,* Das Persönlichkeitsrecht in der deutschen Zivilrechtsordnung, 1977, S. 74 f.

[66] BVerfG, Beschl. v. 22.8.2006 – 1 BvR 1168/04, NJW 2006, 3409 (3410 l.Sp.) – Blauer Engel (Marlene D.); daran anschließend BGH, Urt. v. 26.10.06 – I ZR 182/04, NJW 2007, 689 (690 f.) – Lafontaine; BGH, Urt. v. 5.6.08 – I ZR 96/07, NJW 2008, 3782 (Nr. 14); zustimmend Erman/*Klass,* BGB, 16. Aufl. 2020, Anh. § 12, Rn. 9; ebenso die „Abgrenzung zum privatrechtlichen Persönlichkeitsrecht" bei *Jarass*/Pieroth, GG, 16. Aufl. 2020, Art. 2 Rn. 36; *Baston-Vogt,* Der sachliche Schutzbereich des zivilrechtlichen allgemeinen Persönlichkeitsrechts, 1997, S. 122 ff.; gegen eine strikte Trennung, Dürig/Herzog/Scholz/*Di Fabio,* GG, 39. ErgLfg. 2001, Art. 2 Abs. 1 Rn. 138; Staudinger/*Hager,* 15. Aufl. 2017, BGB § 823 Rn. C 4 f. – Deutlich tritt die Abschichtung bei der zivilrechtlichen Anerkennung vermögensrechtlicher Bestandteile des Allgemeinen Persönlichkeitsrechts hervor (vgl. BGH, Urt. v. 1.12.1999 – I ZR 49/97, BGHZ 143, 214 – Musical Marlene D.; BVerfG, Urt. v. 15.12.1999 – 1 BvR 653/96, BVerfGE 101, 361 (385)).

[67] BVerfG, Urt. v. 15.12.1983 – 1 BvR 209/83, BVerfGE 65, 1 (41 f.) – Volkszählung.

[68] Nämlich insbes. BVerfG, Beschl. v. 3.6.1980 – 1 BvR 185/77, BVerfGE 54, 148 (155) und BVerfG, Urt. v. 5.6.1973 – 1 BvR 536/72, BVerfGE 35, 202 (218 ff.).

[69] BVerfG, Urt. v. 15.12.1983 – 1 BvR 209/83, BVerfGE 65, 1 (43) – Volkszählung.

[70] Vgl. *Giesen,* JZ 2007, 918 (920).

allerdings nur eine Handvoll Entscheidungen zur (mittelbaren) Drittwirkung des R. a. i. S.[71]

32 Beim Abschluss eines Wohnraummietvertrags, so befand das Gericht, sei der Mieter (der sich dabei wirksam vertreten ließ) vermöge der Ausstrahlungswirkung des R. a. i. S. auf das Zivilrecht **nicht verpflichtet, seine Entmündigung** wegen Geistesschwäche der anderen Vertragspartei **zu offenbaren;** diese sei deshalb entgegen der Auffassung des Fachgerichts nicht arglistig getäuscht worden.[72] – Demgegenüber stützte das Gericht (unter lediglich beiläufiger Erwähnung des R. a. i. S.) das Recht der Mutter, die Auskunft über die **Identität eines leiblichen Kindesvaters** zu verweigern, auf den Schutz der Privat- und Intimsphäre, zu denen „der familiäre Bereich und die persönlichen, auch die geschlechtlichen Beziehungen zu einem Partner […] gehören".[73] – Andererseits geht es nach Auffassung des Gerichts bei der Eröffnung der **genetischen Merkmale des Kindes,** aus denen sich „Rückschlüsse auf die Abstammung ziehen lassen", um dessen R. a. i. S.[74] – Die Auslegung einer **Liste vormaliger IM** des Ministeriums für Staatssicherheit der DDR durch das Neue Forum wurde vom BGH in Abweichung von der Vorinstanz nicht nur als Verstoß gegen das R. a. i. S. der Betroffenen, sondern darüber hinaus als eine Verletzung „an der Basis ihrer Persönlichkeit" gewertet,[75] während das BVerfG das R. a. i. S. in seiner nachfolgenden Entscheidung unerwähnt ließ und feststellte, eine „Berichterstattung über die Intim-, Privat- oder Vertraulichkeitssphäre, die auch im Fall ihrer Wahrheit regelmäßig rechtswidrig ist […], lag nicht vor."[76, 77]

32a Ausführlich behandelt hat das BVerfG die mittelbare Drittwirkung des R. a. i.S. in seiner Entscheidung zum **Recht auf Vergessen I.**[78] Anders als bei einer Datenverarbeitung durch den Staat, „steht das Recht auf informationelle Selbstbestimmung als verfassungsrechtliche Wertentscheidung für das Verhältnis zwischen Privaten von vornherein im Ausgleich der sich gegenüberstehenden Grundrechte."[79] Folglich bedarf es zur Ermittlung seiner Anforderungen jeweils einer **Abwägung im Einzelfall.** Dabei kann sein Schutzgehalt auch unter Privaten weit reichen, insb. dann, wenn zwischen den Akteuren ein besonderes (staatsähnliches) Machtgefälle erkennbar ist.

33 Dem diesbezüglich überschaubaren Entscheidungsmaterial zum R. a. i.S. steht eine Fülle sonstiger Urteile und Beschlüsse gegenüber, in denen sich das BVerfG zwar auch mit dem Schutz des Persönlichkeitsrechts im nicht-öffentlichen Bereich auseinanderzusetzen hatte, **ohne dass** es jedoch das von ihm im Volkszählungsurteil **neu entwickelte Schutzgut überhaupt erwähnte.** Dabei ging es zumeist ebenfalls um Informationen, die Verhalten, Aussagen, Eigenschaften oder Vorleben von Indivi-

---

[71] Diese Beobachtung macht zuerst *Albers,* Informationelle Selbstbestimmung, 2005, S. 267; *dies.,* in: Grundlagen des Verwaltungsrechts, Bd. II, 2. Aufl. 2012, § 22 Rn. 67; übergangen wurde das bei *Amelung,* Der Schutz der Privatheit im Zivilrecht, 2002, S. 30ff., 43f.

[72] BVerfG, Beschl. v. 11.6.1991 – 1 BvR 239/90, BVerfGE 84, 192.

[73] BVerfG, Beschl. v. 6.5.1997 – 1 BvR 409/90, BVerfGE 96, 56 (61); ohne jeden Hinweis auf das R. a. i. S. BVerfG, Beschl. v. 24.2.2015 – 1 BvR 472/14, BVerfGE 138, 377, Rn. 26ff.; für entsprechenden Schutz des potentiellen Erzeugers BVerfG, Beschl. v. 19.4.2016 – 1 BvR 3309/13, NJW 2016, 1939 (Rn. 58).

[74] BVerfG, Urt. v. 13.2.2007 – 1 BvR 421/05, BVerfGE 117, 202 (228ff.); auch BVerfG, Beschl. v. 13.10.2008. – 1 BvR 1548/03, NJW 2009, 423 (Nr. 18); für ein entsprechendes Recht des potentiellen Erzeugers BVerfG, Urt. v. 19.4.2016 – 1 BvR 3309/13, NJW 2016, 1939 (Rn. 56).

[75] Vgl. BGH v. 12.7.1994 – VI ZR 1/94, JZ 1995, 253 (254).

[76] BVerfG, Beschl. v. 23.2.2000 – 1 BvR 1582/94, NJW 2000, 2413 (2415 r. Sp.).

[77] Hinzuweisen ist weiterhin auf drei Kammerbeschlüsse des BVerfG zum R. a. i. S. im Zusammenhang mit versicherungsvertraglichen Fragen (und Privatgeheimnis nach § 203 StGB), nämlich BVerfG v. 14.12.2001 – 2 BvR 152/01, NJW 2002, 2164 (dazu die berechtigte Kritik bei *Placzek,* Allgemeines Persönlichkeitsrecht und privatrechtlicher Informations- und Datenschutz, 2006, S. 67f., 216); BVerfG v. 23.10.2006 – 1 BvR 2027/02, JZ 2007, 576 und. v. 17.7.2013 – 1 BvR 3167/08, ZD 2014, 84.

[78] BVerfG, Beschl. v. 6.11.2019 – 1 BvR 16/13, BVerfGE 152, 152 (188ff.) – Recht auf Vergessen I.

[79] BVerfG, Beschl. v. 6.11.2019 – 1 BvR 16/13, BVerfGE 152, 152 (190) – Recht auf Vergessen I.

duen zum Gegenstand hatten.[80] Es ging also um personenbezogene Daten im Sinne des § 3 Abs. 1 BDSG 1990 – bzw. im Sinne des Art. 4 Nr. 1 DS-GVO – und das an diese Bestimmungen gegebenenfalls anknüpfende R.a.i.S.: Angaben über den Ausritt einer Prinzessin[81] sollten davon ausgehend grundsätzlich nicht weniger deren R.a.i.S. unterliegen, als dies für die Spritztour des Fahrers eines mit Kennzeichen versehenen Autos bereits angenommen wurde.[82] Ist die Beeinträchtigung des Persönlichkeitsrechts indes eingebettet in einen medialen Kontext, entsteht die Notwendigkeit einer Abgrenzung der Schutzbereiche des R.a.i.S. und des Allgemeinen Persönlichkeitsrechts. Ist das Persönlichkeitsrecht schwerpunktmäßig nicht dadurch tangiert, dass Verarbeiter eine **besondere Machtstellung ob seiner Datenverarbeitung** hat, sondern deshalb bedroht ist, weil Informationen in die **Öffentlichkeit verbreitet** werden, so ergibt sich der grundrechtliche Schutz vor solchen Eingriffen nicht aus dem R.a.i.S., sondern aus dem Allgemeinen Persönlichkeitsrecht.[83]

34 So kommt es bei Beeinträchtigungen des Persönlichkeitsrechts seitens der *Medien* aus verfassungsrechtlicher Sicht regelmäßig nicht auf ein datenschutzrechtliches (einfachgesetzliches) **Medienprivileg**[84] an. Der Ausgleich widerstreitender Interessen ist im Einzelfall schon auf Verfassungsebene grundsätzlich im Wege Praktischer Konkordanz herzustellen. Die DS-GVO selbst fordert dabei in ihrem Art. 85 die Herstellung Praktischer Konkordanz dementsprechend auf der mitgliedstaatlichen Normebene.[85]

III. Systematische Folgerungen

35 Versucht man, die gerichtliche Praxis im erwähnten IM-Verfahren zu generalisieren, kann man schließen, dass die Berufung auf das **R.a.i.S. in der Auseinandersetzung zwischen** Privaten **kaum weiterhilft,** weil es hier für die Durchsetzbarkeit vorrangig um den Schutz gewichtigerer – sensitiver – Bereiche der Persönlichkeit geht. Auch der o.g. Mietrechtsfall beweist nichts anderes, handelte es sich doch um das Recht auf Verschweigen einer besonders gravierenden persönlichen Eigenschaft. Ähnliches gilt für genetische oder medizinische[86] Befunde. Auf der Grundlage dieser Beobachtungen verwundert es auch nicht, dass das BVerfG in seiner übrigen Entscheidungspraxis im nicht-öffentlichen Bereich gar nicht erst den Versuch gemacht hat, das R.a.i.S. mit in seine Überlegungen einzubeziehen. Dieses ist (auch) aus der Sicht des Gerichts regelmäßig kein geeignetes Kriterium, um die staatliche Schutzpflicht zugunsten des Persönlichkeitsrechts des Betroffenen – somit zu Lasten des jeweiligen Grundrechtsträgers auf der Gegenseite – zu mobilisieren. Das R.a.i.S. ist in diesem Bereich für die verfassungsgerichtliche Praxis gewissermaßen ein Leichtgewicht, worüber die datenschutzrechtliche Literatur gern hinwegsieht.[87]

---

[80] Beispiele und Hinweise dafür → Fn. 50, 51, 53–60.

[81] Vgl. BVerfG, Urt. v. 15.12.1999 – 1 BvR 653/96, BVerfGE 101, 361 (363 f.).

[82] So BVerfG, Urt. v. 11.3.2008 – 1 BvR 2074/05, BVerfGE 120, 378 (397 ff.).

[83] BVerfG, Beschl. v. 6.11.2019 – 1 BvR 16/13, BVerfGE 152, 152 (192 f.) – Recht auf Vergessen I; vgl. *v. Lewinski,* Medienrecht, 2020, § 9 Rn. 43 ff.

[84] Vormals geregelt in § 41 BDSG 2003/2016, heute sichergestellt durch Art. 85 DS-GVO.

[85] Taeger/Gabel/*Westphal/Keller,* DSGVO, 4. Aufl. 2022, Art. 85 Rn. 11; *v. Lewinski,* Medienrecht, 2020, § 8 Rn. 109.

[86] Vgl. dazu nochmals die Entscheidung BVerfG, Beschl. v. 23.10.2006 – 1 BvR 2027/02, JZ 2007, 576.

[87] Vgl. *Kühling/Seidel/Sackmann,* Datenschutzrecht, 4. Aufl. 2018, Rn. 158 ff.; die dort in Rn. 160 erörterte Vorratsdatenspeicherung-Entscheidung lässt das R.a.i.S. unerörtert; Taeger/Gabel/*Taeger/Schmidt,* 2. Aufl. 2013, BDSG, Einf. Rn. 31 f.

36 Bisweilen wird sogar postuliert, **die Verfassung gebiete** im Hinblick auf angenommene Drittwirkung des R.a.i.S. [88] für den öffentlichen und den nicht-öffentlichen Sektor **gleich intensiven** oder sogar gleichförmig ausgestalteten **gesetzlichen Datenschutz.**[89] Solche Folgerungen lassen sich aus der außerordentlich zauderlichen Rechtsprechung des BVerfG zur Wirkung des R.a.i.S. zwischen Privaten schlechterdings nicht herleiten.[90] Sie stehen zugleich in klarem Widerspruch zur oben (→ Rn. 30) dargelegten Abstufung zwischen der begrenzten – vom Untermaßverbot geprägten – grundrechtlichen Pflicht zum Persönlichkeitsschutz einerseits und dessen im übrigen offenen Ausgestaltung durch Gesetzgeber und Rechtsprechung andererseits.[91]

37 In ihrer **rechtsdogmatischen Pauschalität** wären jene Forderungen auch **schwerlich angemessen,** um etwaigen neuartigen Gefährdungen der Persönlichkeit durch nicht-staatliche Einrichtungen (zumal im Internet) gezielt zu begegnen.[92] Vermöge ihres behaupteten verfassungsrechtlichen Geltungsanspruchs sind sie eher geeignet, die erforderliche Kreativität der Legislative zu beschneiden (dazu schon → § 1 Rn. 3).

IV. Weiterreichende verfassungsrechtliche Fragen

38 Von verfassungsrechtlicher Seite ist demgegenüber – umgekehrt – erwogen worden, ob die relativ ähnliche Ausgestaltung des Datenschutzes in beiden Bereichen,[93] wie sie durch das frühere BDSG immerhin realisiert worden ist, ihrerseits verfassungswidrig sei, insoweit sie **Grundrechtspositionen der Datenverarbeiter** aus Art. 2 Abs. 1, Art. 5 Abs. 1, Art. 12 Abs. 1 und/oder Art. 14 Abs. 1 GG **zuwiderläuft.**[94] Dabei ist es vor allem um das aufgrund des damaligen § 4 Abs. 1 (i.V.m. §§ 27ff.) BDSG 1990 auch für den nicht-öffentlichen Bereich bewirkte generelle Verbot mit Erlaubnisvorbehalt gegangen, also um das Erfordernis einer gesetzlichen Grundlage für jedwede privatwirtschaftliche Datenverarbeitung.[95]

39 Diese Frage ist offen für weitere Diskussion. Sie steht angesichts der *gesetzgeberischen* Möglichkeiten grundlegender Änderung der bisherigen rechtlichen Gestaltung, aber auch im Hinblick auf die weitläufigen Abwägungsklauseln des Datenschutzrechts nicht im Mittelpunkt der Aufmerksamkeit. Letztere – als Generalklauseln –

---

[88] Zur fehlenden unmittelbaren Drittwirkung des Art. 8 GRCh → § 7 Rn. 42.

[89] Vgl. Simitis/*Simitis,* BDSG, 8. Aufl. 2014, § 1 Rn. 48ff.; dagegen *Zöllner,* RDV 1991, 1ff.

[90] In verfassungsrechtlicher Literatur wird davon ausgegangen, dass sich eine gesetzgeberische Pflicht, die Datenverarbeitung Privater von einer gesetzlichen Grundlage abhängig zu machen (wie es im BDSG geschah und in der DSGVO geschieht → § 13 Rn. 1f.), aus dem GG nicht herleiten lasse (vgl. v. Mangoldt/Klein/Starck/*Starck,* GG, 7. Aufl. 2018, Art. 2 Rn. 177; Dürig/Herzog/Scholz/*Di Fabio,* GG, 39. ErgLfg. 2001, Art. 2 Abs. 1 Rn. 189; weiterhin *Zöllner,* RDV 1985, 1 (12)).

[91] Vgl. *Ruffert,* Vorrang der Verfassung und Eigenständigkeit des Privatrechts, 2001, S. 490f.; für eine selbständige – eigenwillige – Ausgestaltung plädiert *Buchner,* Informationelle Selbstbestimmung im Privatrecht, 2006, passim.

[92] Vgl. *Rogall-Grothe,* NJW 2012, 193 (195).

[93] Zu fehlenden förmlichen Aufteilung zwischen öffentlichem und nicht öffentlichem Bereich nach der DS-GVO → § 8 Rn. 10.

[94] Vgl. *Schmitt Glaeser,* in: Isensee/P. Kirchhof, Handbuch des Staatsrechts, Bd. VI, 2001, § 129 Rn. 93; *Brossette,* Der Wert der Wahrheit im Schatten des R.a.i.S., 1991, S. 184ff.; *Breitfeld,* Berufsfreiheit und Eigentumsschutz als Schranke ..., 1992, S. 49ff., 124ff.; *M. Langer,* Informationsfreiheit als Grenze informationeller Selbstbestimmung, 1992, S. 163ff., 198ff.; *Buchner,* Informationelle Selbstbestimmung im Privatrecht, 2006, S. 61; → § 3 Rn. 6.

[95] Zum „Prinzipienwechsel" *H. Ehmann,* AcP 188 (1988), 230ff. mit Ls. 15ff. (S. 377f.); umfassende Kritik bei *Giesen,* JZ 2007, 918 (922ff.); *ders.,* RDV 2010, 266ff.

eröffnen zugunsten sachangemessener Datenverarbeitung weite Interpretationsspielräume[96] bei der Anwendung durch Judikative bzw. Exekutive. Jedenfalls zur **verfassungskonformen Interpretation** darf man die aufgeworfene Frage nicht aus dem Blick verlieren. Entsprechendes sollte für eine primärrechtskonforme Interpretation der DS-GVO gelten (vgl. dazu → § 7 Rn. 36ff. und → § 12 Rn. 33ff.).

[96] Vgl. nochmals zur DS-GVO → § 12 Rn. 1; weiterhin → § 3 Rn. 6.

§ 5. Ausgewählte Probleme des Datenschutzes gemäß Rechtsprechung des Bundesverfassungsgerichts

Literatur: *Baldus,* Der Kernbereich privater Lebensgestaltung, JZ 2008, 218; *Th. Böckenförde,* Auf dem Weg zur elektronischen Privatsphäre, JZ 2008, 925; *ders.,* Terrorismusabwehr durch das Bundeskriminalamt, 2009; *Breyer,* Kfz-Massenabgleich nach dem Urteil des BVerfG, NVwZ 2008, 824; *Cornils,* Grundrechtsschutz gegenüber polizeilicher Kfz-Kennzeichenüberwachung, JURA 2010, 443; *I. Dammann,* Der Kernbereich der privaten Lebensgestaltung, 2011; *Dederer,* Die Garantie der Menschenwürde, JöR 2009, 89; *Denninger,* Verfassungsrechtliche Grenzen des Lauschens, ZRP 2004, 101; *Drallé,* Das Grundrecht auf Gewährleistung der Vertraulichkeit und Integrität informationstechnischer Systeme, 2010; *Eifert,* Das Recht auf Informationelle Selbstbestimmung im Internet, NVwZ 2008, 521; *Gröschner/Lembcke,* Das Dogma der Unantastbarkeit, 2009; *Guckelberger,* Zukunftsfähigkeit landesrechtlicher Kennzeichenabgleichsnormen, NVwZ 2009, 352 (356ff.); *Hauser,* Das IT-Grundrecht, 2015; *Heinemann,* Grundrechtlicher Schutz informationstechnischer Systeme, 2015; *Hoffmann-Riem,* Der grundrechtliche Schutz der Vertraulichkeit und Integrität eigengenutzter informationstechnischer Systeme, JZ 2008, 1009; *Hornung,* Ein neues Grundrecht, CR 2008, 299; *Kloepfer,* Leben und Würde des Menschen, in: Badura/Dreier, Festschrift 50 Jahre BVerfG, Bd. II, 2001, S. 77; *ders.,* Grundrechtstatbestand und Grundrechtsschranken in der Rechtsprechung des BVerfG – dargestellt am Beispiel der Menschenwürde, in: Starck, FG 25 Jahre BVerfG, 1976, Bd. II, S. 405; *Kühling,* Der Fall der Vorratsdatenspeicherungsrichtlinie und der Aufstieg des EuGH zum Grundrechtsgericht, NVwZ 2014, 681; *Kutscha,* Mehr Schutz von Computerdaten durch ein neues Grundrecht? NJW 2008, 1042; *Lepsius,* Der große Lauschangriff vor dem BVerfG, JURA 2005, 433; *v. Lewinski/Gülker,* Europa-, verfassungs- und datenschutzrechtliche Grundfragen des Registermodernisierungsgesetzes (RegMoG), DVBl. 2021, 633; *Lisken,* Zur polizeilichen Rasterfahndung, NVwZ 2002, 513; *Martínez Soria,* Grenzen vorbeugender Kriminalitätsbekämpfung im Polizeirecht: Die automatisierte Kfz-Kennzeichenerkennung, DÖV 2007, 779; *Nettesheim,* Grundrechtsschutz der Privatheit, VVDStRL 70 (2011), 7ff.; *Petri,* Das Grundrecht auf Gewährleistung der Vertraulichkeit und Integrität informationstechnischer Systeme, in: Der Hessische Datenschutzbeauftragte, 17. Wiesbadener Forum Datenschutz, S. 55; *Poscher,* Menschenwürde und Kernbereichsschutz, JZ 2009, 269; *Rixen,* Die Würde des Menschen, in: Heselhaus/Nowak, Hdb. der Europäischen Grundrechte, 2006, § 9; *Roggan,* Online-Durchsuchungen, Rechtliche und tatsächliche Konsequenzen des BVerfG-Urteils vom 27.2.2008, 2008; *Roßnagel,* Neue Maßstäbe für den Datenschutz in Europa, MMR 2014, 372; *ders.,* Kennzeichenscanning. Verfassungsrechtliche Bewertung der verdachtslosen automatisierten Erfassung von Kraftfahrzeugkennzeichen, ADAC-Studie, 2008, S. 22; *ders.,* Verfassungsrechtliche Grenzen polizeilicher Kfz-Kennzeichenerfassung, NJW 2008, 2547; *ders./Schnabel,* Das Grundrecht auf Gewährleistung der Vertraulichkeit und Integrität informationstechnischer Systeme und sein Einfluss auf das Privatrecht, NJW 2008, 3534; *Schantz,* Der Zugriff auf E-Mails durch die BaFin, WM 2009, 2112; *Schlegel,* Warum die Festplatte keine Wohnung ist – Art. 13 GG und die Online-Durchsuchung, GA 2007, 648; *Schnabel,* Zur Verletzung des Rechts auf informationelle Selbstbestimmung durch maschinellen Abgleich von Kreditkartenabrechnungen, CR 2009, 384; *Slobogin,* Government Data Mining and the Fourth Amendment, The University of Chicago Law Review, Vol. 75 (2008), 317; *Taraz,* Das Grundrecht auf Gewährleistung der Vertraulichkeit und Integrität informationstechnischer Systeme und die Gewährleistung digitaler Privatheit im grundrechtlichen Kontext, 2016; *Trute,* Grenzen des präventionsorientierten Polizeirechts in der Rechtsprechung des BVerfG, Die Verwaltung 42 (2009), 85; *Uerpmann-Wittzack* (Hrsg.), Das neue Computer-Grundrecht, 2009; *Warntjen,* Heimliche Zwangsmaßnahmen und der Kernbereich privater Lebensgestaltung, 2007; *Welsing,* Das Recht auf informationelle Selbstbestimmung im Rahmen der Terrorabwehr, 2009; *Wolff,* Vorratsdatenspeicherung – Der Gesetzgeber gefangen zwischen Europarecht und Verfassung?, NVwZ 2010, 751; *Zelyk,* Das einheitliche steuerliche Identifikationsmerkmal, 2012.

1 Im vorangegangenen Kapitel wurden die verfassungsrechtlichen Grundstrukturen informationellen Persönlichkeitsschutzes erörtert. Die Rechtsprechung des BVerfG gibt Veranlassung, zu einem vertieften Verständnis die von ihm vorgenommenen verfassungsrechtlichen Analysen für besondere Konfliktlagen im Zusammenhang hoheitlicher Kontrolleingriffe mit darzustellen. Dadurch erlangt der in Rede stehende Grundrechtsschutz bedeutend schärfere Konturen, unabhängig

davon, ob den vom Gericht gefundenen Lösungen durchweg uneingeschränkt gefolgt werden kann. Fraglich ist, in welchem Umfang diese Rechtsprechung von der Rechtsentwicklung in der EU zur Kenntnis genommen (werden) wird. Im Fall der „Vorratsdatenspeicherung" hat sich bereits aufgrund einer Vorlage zum EuGH zwecks Prüfung der Gültigkeit der einschlägigen Richtlinie eine nachvollziehbare Parallelität zur vorangegangenen Entscheidung des BVerfG gezeigt (dazu → Abschn. D [→ Rn. 74ff.]), (wohl aber nur) gelegentlich der Entscheidungen „Recht auf Vergessen I" und „Recht auf Vergessen II" (→ § 7 Rn. 5a) wurde der grundlegende Konflikt zwischen den beiden Höchstgerichten erneut deutlich (→ § 6 Fn. 1). Eine unmittelbare Anwendung der DS-GVO kommt hingegen wegen Art. 2 Abs. 2 lit. d DS-GVO und im Geltungsbereich der JI-RL in den nachfolgend erörterten hoheitlichen Bereichen insoweit nicht in Betracht (→ § 8 Rn. 6f.).

A. Das Grundrecht auf Gewährleistung der Vertraulichkeit und Integrität informationstechnischer Systeme

I. Schutzbereich

2 Mit Urteil vom 27.2.2008[1] erklärte das BVerfG die Bestimmung eines Landesverfassungsschutzgesetzes für nichtig. Die Entscheidung betraf u.a. die gesetzliche Grundlage für das nachrichtendienstliche Mittel eines „heimliche[n] Zugriff[s] auf informationstechnische Systeme [...] mit Einsatz technischer Mittel", kurz **„Online-Durchsuchung"** genannt. Nachfolgend erfolgte unter Berücksichtigung der zahlreichen Vorgaben des Gerichts eine Neuregelung für einen solchen Eingriff in anderem Rahmen, nämlich in § 20k BKAG 2008,[2] und aufgrund erneuter verfassungsgerichtlicher Prüfung[3] in § 49 BKAG 2018.[4]

3 Verfassungsrechtlicher Prüfungsmaßstab waren, wie das BVerfG in der erstgenannten Entscheidung klarstellte, **weder Art. 10 noch Art. 13 GG.** Wird nämlich (insbesondere) der Inhalt einer Festplatte zum Gegenstand einer Infiltration und Ausforschung gemacht, geht es insoweit nicht um laufende, gerade auf dem Übermittlungsweg besonders gefährdete Telekommunikation, zu deren Absicherung das Fernmeldegeheimnis gilt.[5] Auch steht spezifischer Schutz für ein informationstechnisches System nicht im Zusammenhang damit, ob dieses sich in Räumlichkeiten befindet, die als *Wohnung* geschützt sind.[6]

4 Systematisch folgerichtig war damit der einschlägige Schutz im Allgemeinen Persönlichkeitsrecht (Art. 2 Abs. 1 i.V.m. Art. 1 Abs. 1 GG) zu verorten, allerdings nicht ohne weiteres in dessen Ausprägung als Schutz der Privatsphäre. Denn die Informationen, die von den Menschen in ihren informationstechnischen Systemen verarbeitet werden und von daher regelmäßig vor einem Zugriff bewahrt werden sollen, haben nicht nur mit privaten Angelegenheiten zu tun, sondern z.B. auch mit beruflichen.[7]

---

[1] BVerfG, Urt. v. 27.2.2008 – 1 BvR 370/07, BVerfGE 120, 274 (275, 282, 302–340 [Tenor, Rn. 29–33, 165–287]); beachte auch die vorangegangene Entscheidung BGH, Beschl. v. 31.1.2007 – StB 18/06, BGHSt 51, 211 zum Erfordernis einer speziellen gesetzlichen Grundlage (in der StPO). Insgesamt zur Entscheidung des BVerfG *Drallé*, Das Grundrecht auf Gewährleistung der Vertraulichkeit und Integrität informationstechnischer Systeme, 2010.

[2] BGBl. 2008 I S. 3083.

[3] BVerfG, Urt. v. 20.4.2016 – 1 BvR 966, 1140/09, BVerfGE 141, 220ff.

[4] G.v. 1.6.2017 (BGBl. I 1354); beachte weiterhin § 100b StPO i.d.F. v. 17.8.2017 (BGBl. I 3202).

[5] Vgl. BVerfG, Urt. v. 27.2.2008 – 1 BvR 370/07, BVerfGE 120, 274 (306–309 [Rn. 182–190]); → § 18.

[6] Vgl. BVerfG, Urt. v. 27.2.2008 – 1 BvR 370/07, BVerfGE 120, 274 (309–311 [Rn. 191–195]).

[7] Vgl. dazu BVerfG, Urt. v. 27.2.2008 – 1 BvR 370/07, BVerfGE 120, 274 (311 [Rn. 197]).

Hieran zeigt sich der angestrebte gesteigerte Schutz, der zugunsten jeweiliger Betreiber von Datenverarbeitungsanlagen[8] erforderlich geworden ist. Es gehe, so führt das Gericht aus, um

„Persönlichkeitsgefährdungen [...], die sich daraus ergeben, dass der Einzelne zu seiner Persönlichkeitsentfaltung auf die Nutzung informationstechnischer Systeme angewiesen ist und dabei dem System persönliche Daten anvertraut. [...] Ein Dritter, der auf ein solches System zugreift, kann sich einen potentiell **äußerst großen und aussagekräftigen Datenbestand** verschaffen. [...] Nicht nur bei einer Nutzung für private Zwecke, sondern **auch bei einer geschäftlichen Nutzung** lässt sich aus dem Nutzungsverhalten regelmäßig auf persönliche Eigenschaften oder Vorlieben schließen. Der spezifische Grundrechtsschutz erstreckt sich ferner beispielsweise auf solche Mobiltelefone oder elektronische Terminkalender, die über einen großen Funktionsumfang verfügen und personenbezogene Daten vielfältiger Art erfassen und speichern können."[9]

5 Diese IT-typische Gefahrenlage nimmt das Gericht zum Anlass, aus Art. 2 Abs. 1 i.V.m. Art. 1 Abs. 1 GG eine weitere, neue Ausprägung des Persönlichkeitsrechts herzuleiten, nämlich das „Grundrecht auf Gewährleistung der Vertraulichkeit und Integrität[10] informationstechnischer Systeme" (GRaGVIiS), teilweise auch **IT-Grundrecht** genannt. Der Schutzbereich dieses Teil-Grundrechts[11] erstreckt sich nicht auf solche Anlagen, die nach ihrer „technischen Konstruktion lediglich Daten mit punktuellem Bezug zu einem bestimmten Lebensbereich" enthalten, z.B. „nicht vernetzte elektronische Steuerungsanlagen der Haustechnik"[12] oder RFID-Chips.[13]

II. Eingriffe/Schranken

6 Die Gewährleistung der Vertraulichkeit und Integrität informationstechnischer Systeme bedingt als besondere Ausprägung des Persönlichkeitsschutzes gesteigerte Anforderungen an die Zulässigkeit gesetzlicher Einschränkungen, und zwar insbesondere dann, wenn der Eingriff heimlich online und längerfristig durchgeführt wird.[14] Zur **Abwehr von Gefahren** ist ein solcher nur verfassungsgemäß, wenn diese für **überragend wichtige Rechtsgüter** bestehen, nämlich für Leib, Leben oder Freiheit der Person, ferner für „solche Güter der Allgemeinheit, deren Bedrohung die Grundlagen oder den Bestand des Staates oder die Grundlagen der Existenz der Menschen berührt[, wozu] auch die Funktionsfähigkeit wesentlicher Teile existenzsichernder öffentlicher Versorgungseinrichtungen [...] zählt".[15] Der Eingriff ist zudem nur angemessen, „wenn *bestimmte Tatsachen* auf eine *im Einzelfall* drohende Gefahr [...] hinweisen, selbst wenn sich noch nicht mit hinreichender Wahrscheinlichkeit feststel-

[8] Zu diesem Begriff vgl. § 3 Abs. 2 S. 1 BDSG 2016, entsprechend zur „automatisierten Verarbeitung" i.S.d. Art. 2 Abs. 1 DS-GVO → § 8 Rn. 22; auch → Fn. 46.

[9] BVerfG, Urt. v. 27.2.2008 – 1 BvR 370/07, BVerfGE 120, 274 (312f., 314 [Rn. 200, 203]); ähnlich BVerfG, Urt. v. 27.2.2008 – 1 BvR 370/07, BVerfGE 120, 274 (322f. [Rn. 231]) zur „gesteigerten Sensibilität".

[10] Zur „Integrität" insbesondere → § 19.

[11] Es handelt sich um eine *Ausprägung* des allgemeinen Persönlichkeitsrechts, der vom BVerfG wenig konsequent sogleich der Titel „Grundrecht" verliehen wird (BVerfG, Urt. v. 27.2.2008 – 1 BvR 370/07, BVerfGE 120, 274 (302 [Rn. 166]); dazu kritisch *Th. Böckenförde,* JZ 2008, 925 (927); vgl. weiter *Hoffmann-Riem,* JZ 2008, 1009 (1014f., 1022)).

[12] BVerfG, Urt. v. 27.2.2008 – 1 BvR 370/07, BVerfGE 120, 274 (313 [Rn. 202]).

[13] Zu diesen *Holznagel/Schumacher,* Auswirkungen des Grundrechts auf Vertraulichkeit und Integrität informationstechnischer Systeme auf RFID-Chips, MMR 2009, 3 (4–6).

[14] Allein diese Konstellation war bislang Gegenstand der verfassungsgerichtlichen Prüfung (vgl. BVerfG, Urt. v. 27.2.2008 – 1 BvR 370/07, BVerfGE 120, 274 (323–325 [Rn. 234–238])).

[15] BVerfG, Urt. v. 27.2.2008 – 1 BvR 370/07, BVerfGE 120, 274 (328 [Rn. 247]). Entsprechend hohe Voraussetzungen für den Eingriff im Rahmen von Strafverfolgung erörtert *Bäcker,* in: Uerpmann-Wittzack, Das neue Computer-Grundrecht, 2009, S. 22ff.

len lässt, dass die Gefahr schon in näherer Zukunft eintritt."[16] Dabei muss sich die Gefahrprognose auf die Beteiligung „bestimmte[r] Personen" richten, damit „die Überwachungsmaßnahme gezielt [...] eingesetzt [...] werden kann.[17] „[G]rundsätzlich [...] ist der Zugriff [...] unter den Vorbehalt **richterlicher Anordnung** zu stellen."[18]

III. Parallelen zu anderen Gewährleistungen des Persönlichkeitsbereichs

7 Diese materiellrechtlichen wie verfahrensrechtlichen Eingriffsvoraussetzungen zeigen abgestufte Ähnlichkeiten zu denjenigen für Eingriffe in das **Telekommunikationsgeheimnis**[19] und für **Lauscheingriffe** in Wohnungen.[20] Die strukturelle Verwandtschaft der *Schutzbereiche selbst* ist ihrerseits deutlich, insbesondere beim Vergleich zu Art. 10 GG (und zu anderen rechtsförmlichen Geheimnissen; → § 4 Rn. 18): Bei diesen Gewährleistungen sind Gegenstand des Schutzes nicht Informationen eingegrenzter *inhaltlicher Bedeutungen,* sondern bestimmte – als eigene genutzte[21] – *„Räume" des Umgangs mit Information.* Damit geht – auch hier (→ § 4 Rn. 22f.) – die Marginalisierung der Relevanz spezifischen Personenbezugs der einzelnen Information für die Grundrechtsträgerschaft einher. Ausdrücklich weist das BVerfG auf die „Streubreite" des Eingriffs in die Vertraulichkeit und Integrität informationstechnischer Systeme hin, die sich aus der Speicherung kommunikativer Beziehungen mit *Dritten* im informationstechnischen System ergibt.[22] Eben dies entspricht auch den Gegebenheiten beim Eingriff in den Privatbereich (→ § 4 Rn. 27). In all diesen Konstellationen geht es um die Gewährleistung eines informationellen Bereichs, der dem Grundrechtsträger unabhängig von konkreten Inhalten als der seine zur Persönlichkeitsentfaltung zuerkannt wird. Von daher lässt sich bei dem GRaGVIiS *cum grano salis* vom Schutz einer **elektronischen Privatsphäre** sprechen.[23]

IV. Erweiterte Bedeutung des GRaGVIiS

8 Die heimliche Online-Durchsuchung stellt nur einen besonders schweren Eingriff in die Vertraulichkeit und Integrität informationstechnischer Systeme dar. Ins-

[16] BVerfG, Urt. v. 27.2.2008 – 1 BvR 370/07, BVerfGE 120, 274 (326 [Rn. 242]), Hervorhebung hinzugefügt; vgl. weiter S. 328f. [Rn. 249ff.], insbes. zum Erfordernis, „dass zumindest tatsächliche Anhaltspunkte einer konkreten Gefahr [...] bestehen". Das Merkmal einer konkreten Gefahr wird freilich mit dem bloßen Erfordernis einer zu erwartenden Realisierung der Gefahr *in näherer Zukunft* relativiert; vgl. *Kutscha,* NJW 2008, 1042 (1043f.); *Hornung,* CR 2008, 299 (304 sub 1); *Roggan,* 2008, S. 103f., 113ff.

[17] BVerfG, Urt. v. 27.2.2008 – 1 BvR 370/07, BVerfGE 120, 274 (329 [Rn. 251]); im Anschluss daran BVerfG, Urt. v. 20.4.2016 – 1 BvR 966/09 u. a. –, BVerfGE 141, 220 (Rn. 313) – BKAG.

[18] BVerfG, Urt. v. 27.2.2008 – 1 BvR 370/07, BVerfGE 120, 274 (331 [Rn. 257]).

[19] Z. B. gilt für dieses nach Gesetzesrecht der regelmäßige Richtervorbehalt; zum verfassungsrechtlichen Rang des Richtervorbehalts Dreier/*Hermes*, GG, 3. Aufl. 2018, Art. 10 Rn. 78; BVerfG, Urt. v. 12.3.2003 – 1 BvR 330/96, BVerfGE 107, 299 (325f.) – Schneider/Klein; BVerfG, Urt. v. 2.3.10 – 1 BvR 256/08, BVerfGE 125, 260 (Rn. 247ff.) – Vorratsdatenspeicherung.

[20] Vgl. BVerfG, Urt. v. 3.3.2004 – 1 BvR 2378/98, BVerfGE 109, 279 (343ff.) zur Verhältnismäßigkeit i. e. S., wenngleich im Kontext repressiver Eingriffe; ebenda S. 357 zum Richtervorbehalt; zu diesem Art. 13 Abs. 3 S. 3, 4 und Abs. 4; zur möglichen Parallelität mit Art. 13 Abs. 4 GG vgl. *Bäcker,* in: Lepper, Privatsphäre mit System – Datenschutz in einer vernetzten Welt, 2010, S. 4 (13); anders *Th. Böckenförde,* JZ 2008, 925 (931); vgl. insgesamt zu den Parallelitäten *Nettesheim,* VVDStRL 70 (2011), 7 (Ls. 13).

[21] BVerfG, Urt. v. 27.2.2008 – 1 BvR 370/07, BVerfGE 120, 274 (315 [Rn. 206]).

[22] BVerfG, Urt. v. 27.2.2008 – 1 BvR 370/07, BVerfGE 120, 274 (323 [Rn. 233]).

[23] So *Th. Böckenförde,* JZ 2008, 925 (938f.); sehr ähnlich *Gusy,* Gewährleistung der Vertraulichkeit und Integrität informationstechnischer Systeme, DuD 2009, 33 (38f.); s. auch *Taraz,* Das Grundrecht auf Gewährleistung der Vertraulichkeit und Integrität informationstechnischer Systeme und die Gewährleistung digitaler Privatheit im grundrechtlichen Kontext, 2016, S. 111ff.

besondere die **offene Beschlagnahme** von Festplatten – offline – oder die Fertigung von Kopien derselben zum Zweck der Auswertung sind ihrerseits gravierende Eingriffe und dementsprechend an restriktive Voraussetzungen der Gefahrenabwehr bzw. der Strafverfolgung zu knüpfen.[24] Fraglos bedarf dieser Bereich insgesamt noch näherer gesetzlicher Ausgestaltung.[25]

8a Neben der abwehrrechtlichen Dimension hat das GRaGVIiS auch eine **Schutzdimension.**[26] Ein besonderes Schutzbedürfnis Betroffener ergibt sich daraus, dass die Entfaltungsfreiheit heute kaum ohne jede Nutzung informationstechnischer Systeme denkbar ist.[27]

„Die Einzelnen können von ihren grundrechtlichen Freiheiten ohne die Nutzung informationstechnischer Systeme immer weniger Gebrauch machen und können sich auch den Gefahren der Nutzung informationstechnischer Systeme immer weniger dadurch entziehen, dass sie auf diese Nutzung verzichten. Vor diesem Hintergrund gebieten die Grundrechte nicht nur, dass der Staat selbst die berechtigten Erwartungen an die Integrität und Vertraulichkeit derartiger Systeme achtet [...]. Vielmehr trifft den Staat auch eine Pflicht, dazu beizutragen, dass die Integrität und Vertraulichkeit informationstechnischer Systeme gegen Angriffe durch Dritte geschützt werden".[28]

Im Einzelfall folgt hieraus gegebenenfalls eine konkrete Verpflichtung des Staates, Nutzer vor einer Infiltration informationstechnischer Systeme durch Dritte zu schützen.[29]

V. Abgrenzung zum Recht auf informationelle Selbstbestimmung

1. Begründung des BVerfG und Kritik

9 Wenig gelungen ist es dem BVerfG allerdings, die **Eigenart und Bedeutung des GRaGVIiS gegenüber dem R.a.i.S.** klar herauszuarbeiten. Im Kern beschränken sich seine diesbezüglichen Ausführungen hierauf:

„Ein Dritter, der auf ein solches [informationstechnisches] System zugreift, kann sich einen potentiell äußerst großen und aussagekräftigen Datenbestand verschaffen, ohne noch auf weitere Datenerhebungs- und Datenverarbeitungsmaßnahmen angewiesen zu sein. Ein solcher Zugriff geht in seinem **Gewicht** für die Persönlichkeit des Betroffenen **über einzelne Datenerhebungen,** vor denen das Recht auf informationelle Selbstbestimmung schützt, **weit hinaus.**"[30]

10 Das Gericht geht davon aus, dass sich dem in das System Eindringenden ein weitreichendes Persönlichkeitsprofil (zu diesem Begriff → § 16) des Benutzers unmittelbar darbieten wird. Demgegenüber würden ohne eine so geartete Informationsbasis regelmäßig[31] kompliziertere Informationserhebungen bzw. -zusammen-

[24] Vgl. dazu – der Findung des GRaGVIiS vorangehend – BVerfG, Beschl. v. 12.4.2005 – 2 BvR 1027/02, BVerfGE 113, 29 (44ff., 52ff.) – Rechtsanwaltskanzlei; auch *Hoffmann-Riem,* JZ 2008, 1009 (1015f.); insbes. die klare, zutreffende Darstellung bei *Bäcker* in: Lepper, Privatsphäre mit System – Datenschutz in einer vernetzten Welt, 2010, S. 4 (20) mit umfangr. Nachw. zur gegenteiligen Auffassung; **a.A.** auch BVerfG, Beschl. v. 16.6.2009 – 2 BvR 902/06, BVerfGE 124, 43 (57 [Rn. 51]) – Mailserver des Providers, in einem offenkundigen obiter dictum; unzutreffend in Bezug auf eine sichergestellte, der Staatsanwaltschaft vorliegende Festplatte auch OLG Koblenz, Beschl. v. 11.6.2010 – 2 VAs 1/10, Rn. 41.

[25] Vgl. *Bäcker* in: Lepper, Privatsphäre mit System – Datenschutz in einer vernetzten Welt, 2010, S. 4 (25); *Th. Böckenförde,* JZ 2008, 925 (930f.); *Hornung,* CR 2008, 299 (303 sub 4).

[26] BVerfG, Beschl. v. 8.6.2021 – 1 BvR 2771/18, NVwZ 2021, 1361.

[27] Hierzu schon BVerfG, Urt. v. 27.2.2008 – 1 BvR 370/07, BVerfGE 120, 274 (306); BVerfG, Beschl. v. 8.6.2021 – 1 BvR 2771/18, NVwZ 2021, 1361 (1363 [Rn. 33]).

[28] BVerfG, Beschl. v. 8.6.2021 – 1 BvR 2771/18, NVwZ 2021, 1361 (1363 [Rn. 33]).

[29] Wobei dieser Verpflichtung eine Quellen-Telekommunikationsüberwachung durch den Staat unter Rückgriff auf unbekannte Sicherheitslücken nicht grundsätzlich entgegensteht (BVerfG, Beschl. v. 8.6.2021 – 1 BvR 2771/18, NVwZ 2021, 1361 (1363 [Rn. 34])).

[30] BVerfG, Urt. v. 27.2.2008 – 1 BvR 370/07, BVerfGE 120, 274 (313 [Rn. 200]).

[31] Auch bei Einsatz von IT auf Seiten des Zugreifenden.

führungen aus diversen Lebensbereichen erforderlich sein, um zu einem „Querschnitt" oder Profil persönlicher Eigenschaften einer ausgewählten Person zu gelangen. Diese zutreffende Beobachtung erklärt freilich nicht, weshalb das **R.a.i.S.** angesichts des massiveren, schlagartigen Zugriffs auf informationstechnische Systeme eine ungeeignete Verteidigungsposition ist. Sollte es nur gegenüber überschaubaren Einzelattacken Schutz gewähren und damit zur **„kleinen Münze"** geworden sein? So haben sich viele Kritiker gefragt und sind, einer solchen Folgerung entgegentretend, zu dem Schluss gelangt, die Kreation des neuen Teil-Grundrechts sei letztlich überflüssig gewesen.[32]

2. Wesentliche Unterscheidung

11 Diese Kritik verkennt allerdings, dass es bei dem GRaGVIiS nicht um schlichte Intensitätserhöhung eines gleichgerichteten Schutzes geht. Das BVerfG hat es nicht deutlich genug zum Ausdruck gebracht: Man hat es nicht mit einem *Mehr*, sondern mit einem *Aliud* im Verhältnis zum R.a.i.S. zu tun.[33] Schutzgegenstand des GRaGVIiS sind nicht „Einzelangaben über persönliche oder sachliche Verhältnisse"[34] desjenigen, der das informationstechnische System nutzt, sondern dessen Umgang mit Informationen (auf wen sie sich auch immer von ihrem Inhalt her beziehen mögen) innerhalb des Systems, insofern also die **gesamte Kommunikation des Nutzers** mit sich selbst bzw. mit anderen.[35]

12 Vergleichbar ist dies auch – neben den vorangehend bereits aufgewiesenen Parallelitäten (→ Rn. 7) – einem *besonderen* Schutz für das **geschriebene Wort** als Ausfluss der Persönlichkeit.[36] Es besteht kein *generelles* Recht des Schreibenden dahingehend, dass das Geschriebene von anderen nicht gelesen wird.[37] Indes, die besondere Schutzbedürftigkeit elektronisch gespeicherter Informationen wurde vom BVerfG klar dargelegt, wobei dessen Begründung von den informationstechnischen Gegebenheiten her wiederum große Ähnlichkeit hat mit derjenigen, die der Gewährleistung nach Art. 10 GG zugrunde liegt, dort im Hinblick auf die spezifische Verletzlichkeit von Information auf dem Transportwege.[38]

3. Perspektivenwechsel

13 Der Kreation des BVerfG liegt ein bemerkenswerter Perspektivenwechsel zugrunde. Das Volkszählungsurteil war z.T. noch geprägt durch die Überraschung oder Unheimlichkeit des Neuen, das die EDV für jedermann zunächst beinhalten mochte. Die „Angst vor dem Computer",[39] die Sorge vor dem Missbrauch der EDV, war zuvor gleichermaßen leitend für die Gestaltung des BDSG 1977 gewesen.

---

[32] Vgl. *Volkmann*, DVBl. 2008, 590 (593); *Manssen*, in: Uerpmann-Wittzack, Das neue Computer-Grundrecht, 2009, S. 61 ff.; *Eifert*, NVwZ 2008, 521; *Kutscha*, ZRP 2010, 112 (114).

[33] Vgl. dazu *Bäcker*, in: Uerpmann-Wittzack, Das neue Computer-Grundrecht, 2009, S. 9.

[34] S. § 3 Abs. 1 i.V.m. § 1 Abs. 1 BDSG-alt; entsprechend Art. 4 Nr. 1 DS-GVO, hierzu → § 10 Rn. 3 f.

[35] Wohlverstanden handelt es sich also nicht um ein apersonales technikbezogenes Grundrecht (vgl. *Hoffmann-Riem*, AöR 134 (2009), 513 (531)).

[36] Vgl. dazu *Hubmann*, Das Persönlichkeitsrecht, 1967, § 44 „Das geschriebene Wort" (S. 316 ff.).

[37] Vgl. Erman/*Ehmann*, BGB, 16. Aufl. 2020, § 12 Anh., Rn. 117–119; beachte andererseits § 110 StPO wie auch die Kritik an der sukzessiven Lockerung seiner Voraussetzungen in den vergangenen Jahrzehnten (dazu etwa *Schlegel*, GA 2007, 648 (661 f.)).

[38] Vgl. Stern/Becker/*Schenke*, GG, 3. Aufl. 2018, Art. 10 Rn. 9 nebst entsprechenden Nachw. aus der Rechtsprechung des BVerfG.

[39] Vgl. *Bull*, Datenschutz oder die Angst vor dem Computer, 1984, passim.

Seinerzeit ging es vorrangig um Persönlichkeitsgefährdungen durch zentrale Großcomputer, die entweder von der öffentlichen Hand oder von wirtschaftsmächtigen Großunternehmen betrieben wurden (→ § 2 Rn. 49ff.). Mit solch einseitigen Machtkonstellationen vor Augen konnte es sich nahelegen, den betroffenen Menschen als „kleinen Mann" so umfassend wie möglich und damit auch so pauschal wie (scheinbar) nötig zu schützen. Eben dies war die Geburtsstunde des Schutzes jedweder „personenbezogener Daten" und des R.a.i.S.. 25 Jahre später haben sich die Gewichte deutlich verschoben. **Fast jedermann verfügt heute selbst über elektronische Gerätschaften** (wobei die von ihm genutzten PCs und smarten Telefone bei weitem die Leistungsfähigkeit der früheren Großgeräte übertreffen). Die eigene Informationsverarbeitung und der Schutz ihrer Funktionen stehen deshalb mindestens ebenso im Zentrum der Aufmerksamkeit wie die Frage möglicher Auswirkungen der Verarbeitung „eigener" personenbezogener Informationen bei anderen.[40] Dem hat das BVerfG durch die Findung eines neuen Teil-Grundrechts Rechnung getragen. Es geht davon aus, dass der Einzelne gerade auch in seiner Funktion als Informationsverarbeiter in seinem Persönlichkeitsrecht verletzt sein kann.[41]

14 Der eingetretene Entwicklungsschub lässt sich auch anhand der bis 2018 geltenden datenschutzrechtlichen Systematik verdeutlichen.[42] Diese ging – wie sinngemäß auch die DS-GVO heute – davon aus, dass sich jeweils die Information verarbeitende, „verantwortliche Stelle" und der Betroffene gegenüberstehen, vgl. § 3 Abs. 1 u. 7 BDSG 1990,[43] und dass es darum geht, letzteren – den „Einzelnen" – in seinem Persönlichkeitsrecht zu schützen, § 1 Abs. 1 i.V.m. § 3 Abs. 1 BDSG 1990. Mit voranschreitender Technik ist dieser Einzelne **häufig selbst zur verantwortlichen Stelle** geworden (sofern sein Informationsumgang nicht ausschließlich persönlichen oder familiären Tätigkeiten gewidmet war[44]). Er befand sich dabei zwar nach wie vor auch in der Rolle eines Betroffenen – eines Inhabers des R.a.i.S. – im Hinblick auf seine „personenbezogenen Daten", wie sie zusammen mit anderen Informationen in seiner Datenverarbeitungsanlage (§ 3 Abs. 2 S. 1 BDSG 1990),[45] seinem informationstechnischen System,[46] regelmäßig gespeichert waren. Die Vertraulichkeit der erstgenannten, auf ihn selbst bezogenen Daten konnte und kann aber – schon wegen der Schwierigkeit entsprechender tatsächlicher wie begrifflicher Trennung von Informationen (vgl. → § 4 Rn. 19ff.) – durch etwaige Pflichten als Datenverarbeiter gegenüber anderen nach §§ 33, 34 und 38 BDSG 1990 – bzw. nach Art. 12ff., Art. 58 DS-DVO – konterkariert werden (vgl. → § 15). Vorrang kann ihm demgegenüber das GRaGVIiS vermitteln (mag auch deren Bedeutung in der Drittrichtung noch nicht voll ausgelotet sein[47]). Insgesamt vermittelt das GRaGVIiS gegenüber dem R.a.i.S. den spezielleren Schutz.[48]

---

[40] Ähnlich *Th. Böckenförde,* JZ 2008, 925 (927 r.Sp.).
[41] Vgl. *Tinnefeld,* DuD 2009, 490ff.
[42] Für entsprechende Überlegungen zur DS-GVO auch → § 11 Rn. 1.
[43] Z.B. i.V.m. § 28 Abs. 1 S. 1 Nr. 2 BDSG-alt; vgl. auch Art. 4 Nr. 1, 7 i.V.m. Art. 5ff. DS-GVO.
[44] Sog. Haushaltsausnahme (heute Art. 2 Abs. 1 lit. c DS-GVO); dazu → 8 Rn. 30ff.
[45] Zur „automatisierten Verarbeitung" i.S.d. Art. 2 Abs. 1 DS-GVO → § 8 Rn. 21.
[46] Nicht jede Datenverarbeitungsanlage i.S.d. BDSG bzw. automatisierte Verarbeitung im Sinne der DS-GVO ist nach den vom BVerfG aufgestellten Kriterien ein „informationstechnisches System", wohl aber gilt das Umgekehrte.
[47] Vgl. *Roßnagel/Schnabel,* NJW 2008, 3534; *Schmidbauer,* in: Uerpmann-Wittzack, Das neue Computer-Grundrecht, 2009, S. 31ff.; *Schantz,* WM 2009, 2112; *Pötters,* Grundrechte und Beschäftigtendatenschutzes, 2013, S. 33ff., 120.
[48] Vgl. *Hoffmann-Riem,* JZ 2008, 1009 (1015f.); ferner die Nachw. in Fn. 24.

15 **Zusammengefasst** betrifft das GRaGVIiS nicht primär die Abwehr fremder Datenverarbeitung, sondern den Schutz der eigenen. Die Abkehr von der ursprünglichen datenschutzrechtlichen Orientierung am Großrechner hat sich mit der Entscheidung des BVerfG vom 27.2.2008 vollendet. „Jedermann" ist Datenverarbeiter an internetfähigen Geräten geworden und verlangt nach einem Schutzschirm für sein IT-System. Im Mittelpunkt stehen damit nicht „personenbezogene" Informationen, schon weil der zu schützende Verarbeiter nicht nur Inhalte gesichert sehen möchte, die sich mit eigenen Verhältnissen und Eigenschaften befassen. Geschützt wird vielmehr seine kommunikative – elektronisch gestützte – Entfaltung als solche.[49]

B. Schutz des (unantastbaren) Kernbereichs privater Lebensgestaltung

16 Eine weitere Vertiefung/Spezialisierung des Persönlichkeitsschutzes ist in den Blick zu nehmen. Sie hat, wenngleich länger in der Rechtsprechung des BVerfG vorbereitet, ihrerseits erst in jüngerer Zeit genauere Ausprägung erfahren und erweist sich systematisch als ein Gegenpol zum R.a.i.S. Während nämlich letzteres aufgrund seines weit ausgreifenden Schutzbereichs durch das Erfordernis vielfältig vorgesehener Abwägungsprozeduren gekennzeichnet ist, geht es nunmehr um einen an den Schutz der Privatheit anknüpfenden „Kernbereich"[50]. Von diesem wird im Grundsatz angenommen, dass er „unantastbar" sei und damit der Abwägung mit gegenläufigen Interessen nicht unterliege. Rechtspolitisch betrachtet hat man es gewissermaßen mit einem Bollwerk zu tun, das besonders geeignet sein kann, den Versuchungen staatlicher Organe zu **totaler Erfassung des Individuums entgegenzutreten.**

I. Entwicklung

17 Das BVerfG hat von Anfang an das Erfordernis **spezifisch gesteigerten Schutzes** eines Kerns der Persönlichkeitsentfaltung zu fokussieren versucht. Das geschah im Ausgangspunkt obiter dicens in der bereits erwähnten Elfes-Entscheidung vom 16.1.1957 (die zu ihrem konkreten Gegenstand die Freiheit der Ausreise hatte). Seinerzeit erstreckte das BVerfG die „freie Entfaltung der Persönlichkeit" i.S.d. Art. 2 Abs. 1 GG auf *allgemeine Handlungs*freiheit, letztere allerdings einschränkbar durch „jede […] verfassungsmäßige Rechtsnorm",[51] insoweit also dem Vorbehalt des Gesetzes unterworfen. Das Allgemeine Persönlichkeitsrecht mit seinen privaten, informationell-kommunikativen Komponenten von Persönlichkeitsentfaltung stand nicht im Mittelpunkt der Überlegungen. Es war als solches noch nicht verfassungsrechtlich ausgebildet (→ § 2 Rn. 37–39), um von daher im Vergleich zur Handlungsfreiheit höherrangigen Schutz zu genießen. In dieser Lage kam es dem Gericht zunächst nur darauf an, eben wegen des angenommenen Gesetzesvorbehalts Bedenken gegen einen „Leerlauf" des Art. 2 Abs. 1 GG entgegenzutreten, wie folgt:

> „Vor allem dürfen die Gesetze […] die **Würde des Menschen** nicht verletzen […], aber auch die geistige, politische und wirtschaftliche Freiheit […] nicht so einschränken, dass sie in ihrem Wesensgehalt angetastet würde. […] Hieraus ergibt sich, dass dem einzelnen Bürger eine Sphäre privater Lebensgestaltung verfassungskräftig vorbehalten ist, also ein letzter unantastbarer Bereich menschlicher Freiheit besteht, der *der Einwirkung der gesamten öffentlichen Gewalt entzogen* ist."[52]

[49] Vgl. nochmals *Th. Böckenförde*, JZ 2008, 925 (928).
[50] S. dazu *Schneider*, JuS 2021, 29.
[51] Vgl. BVerfG, Urt. v. 16.1.1957 – 1 BvR 253/56, BVerfGE 6, 32 (36–38).
[52] BVerfG, Urt. v. 16.1.1957 – 1 BvR 253/56, BVerfGE 6, 32 (41) – Hervorhebung hinzugefügt.

18 Für eine schlüssige grundrechtliche Schutzsystematik waren diese Aussagen nicht wirklich befriedigend: Einem generell unter den Vorbehalt verfassungsmäßiger/verhältnismäßiger Gesetze stehenden Bereich wurde **übergangslos ein *unantastbarer* Bereich** gegenübergestellt.

19 Ausgefüllt wurde die Lücke – beginnend mit dem Mikrozensus-Beschluss vom 16.7.1969[53] – durch eine breiter angelegte verfassungsgerichtliche Herausarbeitung von Konstellationen gebotenen Schutzes von Privatheit und sozialer, kommunikativer Selbstdarstellung der Person.[54] Entsprechende Fallgestaltungen führen in der Regel nicht zur völligen Unantastbarkeit des Persönlichkeitsbereichs, sondern enthalten (lediglich) wegen ihrer besonderen Relevanz für Entwicklung und Lebensgestaltung des Individuums zugunsten desselben ein erhöhtes Abwägungspotenzial im Rahmen **„strikter Wahrung des Verhältnismäßigkeitsgebots"**.[55] Das wurde vom BVerfG u.a. für die eng begrenzte Verwendbarkeit von Ehescheidungsakten,[56] medizinischen Unterlagen[57] oder solchen einer Drogenberatungsstelle[58] für je andere (Verwaltungs-)Zwecke festgestellt, desgleichen für den gebotenen diskreten Umgang mit einem wegen Verschwendung oder Trunksucht ergangenen Entmündigungsbeschluss.[59]

II. Neu ausgeprägter Kernbereich

20 Ein zusätzlicher Entwicklungsschub wurde im Jahr 1998 durch die rechtspolitisch umkämpfte Erweiterung des Art. 13 GG um die heutigen Absätze 3–6 ausgelöst. Sie hatte die Überwachung von Wohnungen mit technischen Mitteln – den **sog. Lauscheingriff**[60] – zum Gegenstand.[61] Zeitgleich erfolgte zu Absatz 3 eine gesetzliche Ausgestaltung in der StPO.[62] Sowohl diese Gesetzesnovellierung als auch Art. 13 Abs. 3 GG selbst wurden 2004 zum Gegenstand eines Urteils des BVerfG. Die wegen Art. 79 Abs. 3 GG auch bei Verfassungsänderungen bindende Menschenwürdegarantie erlangte dabei besondere Bedeutung.[63] Die „Privatwohnung" sei „als ‚letztes Refugium' ein Mittel zur Wahrung der Menschenwürde."[64] Letztlich ging es freilich nicht um die geschützten Räumlichkeiten selbst. Im Mittelpunkt stand für das BVerfG in Anknüpfung an die oben zitierte Aussage im Elfes-Urteil dies:

> „Zur Entfaltung der Persönlichkeit im Kernbereich privater Lebensgestaltung gehört die Möglichkeit, innere Vorgänge wie Empfindungen und Gefühle sowie Überlegungen, Ansichten und **Erlebnisse höchstpersönlicher Art** zum Ausdruck zu bringen, und zwar *ohne Angst, dass staatliche Stellen dies überwachen.* Vom Schutz umfasst sind auch Gefühlsäußerungen, Äußerungen des unbewussten Erlebens sowie Ausdrucksformen der Sexualität."[65]

---

[53] BVerfG, Beschl. v. 16.7.1969 – 1 BvL 19/63, BVerfGE 27, 1ff.

[54] Dazu insgesamt BVerfG, Beschl. v. 3.6.1980 – 1 BvR 185/77, BVerfGE 54, 148 (153ff.) – Eppler, wo der „allgemeinen Handlungsfreiheit" (auch) die „engere Persönlichkeitssphäre" gegenübergestellt wird, zur Selbstdarstellung der Person S. 155f.

[55] So BVerfG, Beschl. v. 15.1.1970 – 1 BvR 13/68, BVerfGE 27, 344 (351); BVerfG, Beschl. v. 18.1.1973 – 2 BvR 483/72, BVerfGE 34, 205 (209).

[56] Vgl. BVerfG, Beschl. v. 15.1.1970 – 1 BvR 13/68, BVerfGE 27, 344 (350ff.); BVerfG, Beschl. v. 18.1.1973 – 2 BvR 483/72, BVerfGE 34, 205 (208ff.).

[57] Vgl. BVerfG, Beschl. v. 8.3.1972 – 2 BvR 28/71, BVerfGE 32, 373 (378ff.) – ärztliche Karteikarte.

[58] Vgl. BVerfG, Beschl. v. 24.5.1977 – 2 BvR 988/75, BVerfGE 44, 353 (372ff.).

[59] Vgl. BVerfG, Beschl. v. 9.3.1988 – 1 BvL 49/86, BVerfGE 78, 77 (84ff.).

[60] Die Bezeichnung „Lauschangriff" ist populär; der Sache nach handelt es sich nicht um einen „Angriff", sondern einen hoheitlichen *Eingriff.*

[61] Dazu näheres bei Dreier/*Hermes,* GG, 3. Aufl. 2018, Art. 13 Rn. 4, 49ff.

[62] S. dazu auch die *heutige* Fassung des §§ 100c, 100d StPO.

[63] BVerfG, Urt. v. 3.3.2004 – 1 BvR 2378/98 u.a., BVerfGE 109, 279 (310f.).

[64] BVerfG, Urt. v. 3.3.2004 – 1 BvR 2378/98 u.a., BVerfGE 109, 279 (314).

[65] BVerfG, Urt. v. 3.3.2004 – 1 BvR 2378/98 u.a., BVerfGE 109, 279 (313) – Hervorhebung hinzugefügt.

21 Dieser Kernbereichsschutz gebühre privat-persönlicher **Kommunikation** des Einzelnen mit sich selbst oder **mit vertrauten Personen,** insbesondere mit engen Familienangehörigen, Geistlichen (Beichtvätern), Strafverteidigern und Ärzten.[66]

22 Ein weiteres Urteil – vom 27.7.2005[67] – hatte das Erfordernis entsprechender Intensivierung des Schutzes für höchstpersönliche Telekommunikationen auf der Basis des **Art. 10 GG** zum Gegenstand. Vergleichbares gilt nach der oben (→ Rn. 2ff.) erörterten Entscheidung vom 27.2.2008 im Rahmen des **GRaGVIiS.**[68] Der insgesamt aus Art. 1 Abs. 1 GG angelegten Begründung wie auch der Fokussierung auf private Lebensgestaltung als solche entspricht es, dass der vom BVerfG postulierte Höchstschutz nicht auf die insoweit angesprochenen drei Spezialbereiche beschränkt bleiben kann. Er erlangt vielmehr Bedeutung im Rahmen der Gewährleistung von **Privatheit überhaupt.**[69] Das gilt z.B. für Tagebücher[70] sowie gegenüber heimlichen Tonbandaufnahmen[71] und verdeckten Ermittlern.[72] Zuletzt hat das Gericht in einem Grundsatzurteil vom 19.5.2020 klargestellt, dass dieser Kernbereichsschutz auch nicht an den Landesgrenzen Halt macht.[73]

23 Die Konsequenz, mit der das Gericht der staatlichen Intervention ein „*Bis hierher und nicht weiter!*" entgegengehalten hat, ist beachtlich.[74] Der Gesetzgeber ist dem durch Novellierungen im wesentlichen gefolgt.[75] Er hat dabei allerdings durchweg darauf verzichtet, den „Kernbereich privater Lebensgestaltung" zu definieren bzw. näher zu beschreiben. Nach Auffassung des BVerfG kann darin ein Verstoß gegen den Bestimmtheitsgrundsatz nicht gefunden werden. Vielmehr sei es Aufgabe der **Fachgerichte, die Konkretisierung** in Ansehung des Einzelfalls **vorzunehmen.**[76]

24 Dieses Vorhaben ist noch in der Entwicklung begriffen.[77] Es sollte auf der Basis dessen, was Privatheit (→ § 4 Rn. 24ff.) – insbesondere (aber nicht nur) in Gestalt von Intimität[78] – ausmacht, nicht unausführbar sein. Ziel ist die **Auslotung eines Mini-**

---

[66] BVerfG, Urt. v. 3.3.2004 – 1 BvR 2378/98 u.a., BVerfGE 109, 279 (319, 322f., 317).

[67] BVerfG, Urt. v. 27.7.2005 – 1 BvR 668/04, BVerfGE 113, 348 (390–392) – TKÜ nach ndsSOG; dazu weiter BVerfG, Beschl. v. 16.6.2009 – 2 BvR 902/06, BVerfGE 124, 43 (69f., 76f.).

[68] BVerfG, Urt. v. 27.2.2008 – 1 BvR 370/07, 1 BvR 595/07, BVerfGE 120, 274 (335–339).

[69] Vgl. § 29 Abs. 6 bbgPolG; *Baldus,* JZ 2008, 218 (221); ausführlich *Warntjen,* Heimliche Zwangsmaßnahmen und der Kernbereich privater Lebensgestaltung, 2007, S. 132ff., zusammengefasst S. 182f.; *Bäcker,* Terrorismusabwehr durch das Bundeskriminalamt, 2009, S. 80ff.; auch *Roggan,* NVwZ 2007, 1238 (1239).

[70] Vgl. dazu die kritikwürdige 4:4-Tagebuchentscheidung BVerfG, Beschl. v. 14.9.1989 – 2 BvR 1062/87, BVerfGE 80, 367 (373ff.).

[71] Vgl. dazu BVerfG, Beschl. v. 31.1.1973 – 2 BvR 454/71, BVerfGE 34, 238 (245, 248).

[72] Vgl. BVerfG, Urt. v. 20.4.2016 – 1 BvR 966 u.a., NJW 2016, 1781 (Rn. 176f.) – BKAG; *Poscher,* JZ 2009, 269 (271).

[73] BVerfG, Urt. v. 19.5.2020 – 1 BvR 2835/17, BVerfGE 154, 152 (262ff.) – BND-Ausland-Ausland-Fernmeldeaufklärung.

[74] A.A. *I. Dammann,* der den Rechtsbegriff des unantastbaren Kernbereichs sogar für verfassungswidrig hält (Der Kernbereich der privaten Lebensgestaltung, 2011, S. 185ff.) und an dessen Stelle durchgängig den Grundsatz der Verhältnismäßigkeit treten lassen will (vgl. Der Kernbereich der privaten Lebensgestaltung, 2011, S. 197, 226, 233); zur Kritik an diesem Autor → § 4 Fn. 21 und → § 5 Fn. 127, 128.

[75] Vgl. § 100d StPO, §§ 45 Abs. 7f., 46 Abs. 6 – 8, 49 Abs. 7f., 51 Abs. 7f. BKAG 2018, § 3a G 10, §§ 22a Abs. 2, 23a Abs. 4a, 32a Abs. 2 ZFdG; ferner die Polizeigesetze der Länder, z.B. §§ 15 Abs. 4 S. 4f., 15b Abs. 5 hessSOG.

[76] Vgl. BVerfG, Beschl. v. 11.5.2007 – 2 BvR 543/06, NJW 2007, 2753 (Rn. 40ff.) – zur Neuregelung des § 100c a.F. StPO; auch BVerfG, Beschl. v. 16.6.2009 – 2 BvR 902/06, BVerfGE 124, 43 (69f., 76f.).

[77] Auch die nachfolgenden Konkretisierungsversuche des BVerfG, Urt. v. 20.4.2016 – 1 BvR 966, 1 BvR 1140/09, NJW 2016, 1781 (Rn. 119–129), gelten vorrangig der Schutztechnik als solcher.

[78] Zur Intim*sphäre Stern,* Der allgemeine Privatsphärenschutz durch das GG und seine Parallelen im internationalen und europäischen Recht, FS Ress, 2005, 1259 (1268) mit Nachw.

mums sozio-psychischer Bedürfnisse bzw. Befindlichkeiten – zunächst von Fall zu Fall. Allerdings gibt es auf diesem Weg grundsätzliche Schwierigkeiten. Eine von ihnen ist grundrechtsdogmatischer Natur (dazu nachfolgend → III.). Die andere betrifft die Zulässigkeit erforderlicher Tatsachenerhebungen zwecks Verifizierung des zu schützenden Kernbereichs im Einzelfall (nachfolgend → IV.).

III. „Unantastbarkeit“

1. Problemstellung

25 Das BVerfG hatte 1957 mit dem Postulat eines der öffentlichen Gewalt insgesamt entzogenen unantastbaren Bereichs privater Lebensgestaltung ein **hohes Ziel** aufgestellt. Es überrascht, dass dieser Rechtsgrundsatz erst 47 Jahre später in der Judikatur des Gerichts volle Wirksamkeit entfaltete und zur Feststellung der Verfassungswidrigkeit staatlichen Handelns führte.[79]

26 Das BVerfG hat eine starke Verkoppelung zwischen höchstpersönlicher privater Lebensgestaltung und Unantastbarkeit vorgenommen. Der von ihm gewählte normative Ansatz mochte dazu verleiten, den Umfang des Kernbereichs weniger mit Rücksicht auf die zugrunde liegenden Bedürfnisse des Einzelnen als vielmehr mit Blick auf die Vereinbarkeit der *ausnahmslosen* Gewährleistung mit dem Gemeinwohl zu bestimmen.[80] M. a. W. begründete angenommene **völlige Unantastbarkeit die Tendenz zu möglichst enger Auslegung** dessen, was der Kernbereich beinhaltet.[81] Eben das dürfte für lange Zeit zu dessen Bedeutungsschwäche gegenüber staatlichen Informationszugriffen geführt haben.

2. Herkömmliche Regeln

27 Ausdrücklich anerkannter *uneingeschränkter* Schutz von (personenbezogener) Information ist in der Rechtsordnung selten.[82] Ein Beispiel ist das **Beichtgeheimnis** des Geistlichen,[83] während umgekehrt sonstige Berufsgeheimnisse Ausnahmen unterliegen, was u. a. die Pflicht zur Anzeige geplanter Schwerstverbrechen nach §§ 138, 139 Abs. 3 StGB verdeutlicht.

28 Absoluten Schutz genießt die Verschwiegenheit des Beschuldigten bei der Strafverfolgung[84] und damit dessen Freiheit von der Pflicht, sich selbst zu bezichtigen: *nemo tenetur se ipsum accusare.*[85] Eng damit verbunden ist das Folterverbot, das Verbot der Misshandlung und Quälerei (zur Beschaffung von Informa-

[79] Vgl. dazu *Denninger,* ZRP 2004, 101.

[80] Vgl. dazu im Ansatz BVerfG, Urt. v. 10.5.1957 – 1 BvR 550/52, BVerfGE 6, 389 (433) – § 175 StGB a. F.: kein Kernbereichsschutz mit Rücksicht auf (intensiven) „Bezug auf das Soziale“ und wegen Verstoßes gegen das „Sittengesetz“; zu persönlicher Information insbes. BVerfG, Beschl. v. 14.9.1989 – 2 BvR 1062/87, BVerfGE 80, 367 (376ff.) – Begründung der „Mehrheit“.

[81] Vgl. Dürig/Herzog/Scholz/*Herdegen,* GG, 94. ErgLfg. 2021, Art. 1 Rn. 48.

[82] Vgl. *umkehrt* die in → Rn. 6, 7 erörterten – rechtsähnlich ausgeformten – informationellen *Schranken* des GRaGVIiS, der Wohnung und der Telekommunikation.

[83] Vgl. § 53 Abs. 1 Nr. 1 StPO, § 139 Abs. 2 StGB.

[84] So §§ 136 Abs. 1 S. 1, 243 Abs. 5 S. 1 StPO.

[85] Der Grundsatz wird nach der h. M. von der Menschenwürdegarantie umfasst (vgl. BVerfG, Beschl. v. 22.10.1980 – 2 BvR 1172/79 u. a., BVerfGE 55, 144 (150) – BinnenschifffahrtsG; BVerfG, Beschl. v. 13.1.1981 – 1 BvR 116/77, BVerfGE 56, 37 (43) – Gemeinschuldner; für Grenzfälle (beim verdeckten Ermittler) BGH, Urt. v. 26.7.2007 – 3 StR 104/07, NJW 2007, 3138ff.; BGH, Beschl. v. 18.5.2010 – 5 StR 51/10, NJW 2010, 3670 (3671f.); BGH, Urt. v. 29.4.2009 – 1 StR 701/08, NJW 2009, 2463 (2466f.)); zu den Offenbarungspflichten im Besteuerungsverfahren *Ruegenberg,* Das nationale und internationale Steuergeheimnis im Schnittpunkt von Besteuerungs- und Strafverfahren, 2001, passim; Karpenstein/Mayer/*Meyer,* EMRK, 3. Aufl. 2022, Art. 6 Rn. 133f.

tion).[86] Weiterhin unzulässig ist **erzwungenes Eindringen in die Psyche** mittels Lügendetektor[87] oder aufgrund mentaler Manipulation (Gehirnwäsche). „Die *Gedanken* sind frei, wer kann sie erjagen?" bringt ein fundamentales menschliches Bedürfnis zum Ausdruck. Dieses erstreckt sich auch auf (abgegrenzte) Möglichkeiten persönlich-vertraulichen Gedanken*austausches.*

3. Unantastbarkeit im Grundgesetz

a) Grundlagen

29 Das verfassungsrechtliche Postulat der Unantastbarkeit – nicht nur für den Bereich persönlicher Information – ist im Text des **Art. 1 Abs. 1 GG** klar festgehalten.[88] Die Vorschrift verbietet, die Menschenwürde *anzutasten,*[89] sie verlangt deren Achtung und Schutz.

30 Die partielle Unantastbarkeit von Grundrechten ist auch noch anderweit im Grundgesetz geregelt. Deren **„Wesensgehalt"** darf gemäß Art. 19 Abs. 2 „in keinem Falle [...] angetastet werden." Diese Regelung spielt jedoch in der Praxis nur eine marginale Rolle.[90] Jeweiliger Bezug auf Art. 1 Abs. 1 GG hat – in weitem Umfang – ihren Platz eingenommen.[91]

31 Art. 1 Abs. 1 GG beinhaltet – entgegen dem Hinweis auf *„nachfolgende* [...] Grundrechte" in Abs. 3 der Bestimmung – nach überwiegender Auffassung nicht nur ein objektives Grundprinzip, sondern ein **subjektives Grundrecht** des Einzelnen.[92] Das entspricht dem historischen wie gegenwärtigen Gewicht der Vorschrift und verleiht dieser praxisorientierte Bedeutung. Dem Einzelnen steht ein Achtungs- und Schutz*anspruch* zu.[93] Die Menschenwürdegarantie erlangt so eine eigene, justiziable Ausprägung angesichts konkreter Bedrängnis des Individuums aufgrund besonders gesteigerter Eingriffe. Deren Spezifikum kann sowohl in der „Tiefe" der Beeinträchtigung (persönlicher Kommunikation) als auch in deren „Breite" (durch Rundum-Überwachung)[94] liegen. Ziel bleibt, in beiderlei Hinsicht Maßstäbe zu finden.

---

[86] Vgl. Art. 3 EMRK; Art. 4 GRCh; Art. 104 Abs. 1 S. 2 GG; § 136a StPO; zur Begrenzung zulässiger Maßnahmen zur Vorbereitung eines Gutachtens über den psychischen Zustand eines Beschuldigten Meyer-Goßner/Schmitt/*Schmitt,* 64. Aufl. 2021, § 81 StPO, Rn. 5.

[87] Näheres zum Polygraphen bei *Eisenberg,* Beweisrecht der StPO, 10. Aufl. 2017, Rn. 693 ff.

[88] Übereinstimmend Art. 1 GRCh; beachte dazu BVerfG, Urt. v. 30.6.2009 – 2 BvE 2/08 u.a., BVerfGE 123, 267 (334) – Lissabon-Vertrag.

[89] Die Vorschrift ist – ähnlich wie Art. 3 Abs. 1 GG – als tatsächliche Aussage formuliert („ist unantastbar"), hat aber normativen Inhalt, h. M.; dazu Nachweise bei Dreier/*Dreier,* GG, 3. Aufl. 2018, Art. 1 I Rn. 72.

[90] Vgl. *Jarass*/Pieroth, GG, 16. Aufl. 2020, Art. 19 Rn. 9 a. E.

[91] So die Entwicklung in der Rechtsprechung des BVerfG; vgl. zum Verhältnis von Art. 19 Abs. 2 zu Art. 1 Abs. 1 GG Stern/Becker/*Brüning,* GG, 3. Aufl. 2018 Art. 19 Rn. 41; v. Mangoldt/Klein/*Starck,* GG, 7. Aufl. 2018, Art. 1 Rn. 34 mit Fn. 130; für „strikte Trennung" plädiert Dürig/Herzog/Scholz/*Herdegen,* GG, 94. ErgLfg. 01/2021, Art. 1 Rn. 26.

[92] Vgl. die Nachw. bei *Jarass*/Pieroth, GG, 16. Aufl. 2020, Art. 1 Rn. 3; prägnant Gröschner/Lembcke/*Herdegen,* S. 93 (104); *Dederer,* JöR 2009, 89 (89–98); **a. A.** u. a. Dreier/*Dreier,* GG, 3. Aufl. 2018, Art. 1 I Rn. 67 ff.; Stern/Becker/*Enders,* GG, 3. Aufl. 2018 Art. 1 Rn. 37 ff.

[93] U. a. auch zur Abwehr menschenunwürdiger Haftbedingungen (durch Verfassungsbeschwerde), dazu BVerfG, Kammerbeschl. v. 27.2.2002 – 2 BvR 553/01, NJW 2002, 2699; beachte weiter BVerfG, Urt. v. 9.2.2010 – 1 BvL 1/09, JZ 2010, 515 (516 f. [Rn. 133 ff.]) – Hartz IV; BVerfG, Urt. v. 30.6.2009 – 2 BvE 2/08, BVerfGE 123, 267 (334).

[94] Vgl. den Hinweis in BVerfG, Urt. v. 3.3.2004 – 1 BvR 2378/98 u. a., BVerfGE 109, 279 (323); ferner BVerfG, Urt. v. 12.4.2005 – 2 BvR 581/01, BVerfGE 112, 304 (319 f.) – GPS; BGH, Urt. v. 14.8.2009 – 3 StR 552/08, NJW 2009, 3448 (Rn. 88 ff.); eingehend *Hornung,* in: Albers/Weinzierl, Menschenrechtliche Standards in der Sicherheitspolitik, 2010, S. 65 (72 ff.).

32 Anders als das für objektive Leitgrundsätze gilt, führt freilich die Grundrechtsqualität, soll sie sich in Konflikten bewähren, zur Frage rechtssicherer Schrankenbestimmung hin.[95] Doch nach bislang vorherrschendem, **rigorosem Verständnis** ist die Menschenwürde im Hinblick auf den Wortlaut des Art. 1 Abs. 1 GG völlig frei von für Grundrechtsausübung sonst bestehenden Einschränkungen.[96] Hierzu heißt es z. B. in einer Ausbildungszeitschrift:

> „**Verfassungsimmanente Schranken kommen nicht in Betracht.** Auf abweichende […] Gegenauffassungen sollten sich Studierende nicht einlassen. Zwar ist es richtig, dass die ‚Unabwägbarkeitslehre' zu teilweise schwer lösbaren Konflikten und Problemen führt. Doch wäre der Preis für die Menschenwürde als Basis des Wertesystems der Bundesrepublik Deutschland viel zu hoch, wollte man sie einer allgemeinen Abwägung öffnen."[97]

33 Dass rechtsdogmatischer Rigorismus **nicht der Konfliktlösung dient,** wird dabei eingeräumt. Um letztere muss es in der Praxis gehen, ohne dass die Verbindlichkeit des obersten Verfassungsgrundsatzes damit in Frage gestellt würde.[98]

b) Leitlinien in der Rechtsprechung des BVerfG zu Art. 1 Abs. 1 GG

34 Der Begriff Menschenwürde werde, so schreibt das BVerfG,

> „häufig *vom Verletzungsvorgang her* beschrieben[.] Anknüpfend an die Erfahrungen in der Zeit des Nationalsozialismus standen [bei Entstehung des GG] zunächst Erscheinungen wie **Misshandlung, Verfolgung […], Erniedrigung, Brandmarkung** […] im Zentrum der Überlegungen."[99]

35 Eine dem verwandte Schutzintention kommt in der Rechtsprechung des BVerfG zur Gewährleistung eines **humanen Strafvollzugs** zur Geltung.[100] Auch der Anspruch auf Sicherung des wirtschaftlichen **Existenzminimums**[101] – wenngleich (als Leistungsrecht) systematisch und inhaltlich anders beschaffen – weist vom Rechtstatsächlichen her Ähnlichkeit auf. Denn extreme ökonomische Not und faktische Erniedrigung liegen nicht weit auseinander.

36 Bei alldem spiegelt sich im Postulat der Unantastbarkeit die Ausrichtung an besonders *ernsten Bedrohungen* menschlichen Daseins. Eben damit korreliert die vom BVerfG hervorgehobene Orientierung am (zu verhindernden) *Verletzungsvorgang*[102] – samt dessen (ggf. zu bekämpfenden) Zielsetzungen.[103] Das impliziert eine

---

[95] Vgl. *Baldus,* JZ 2008, 218 (224 f).

[96] Vgl. dazu Gröschner/Lembcke/*Kunig,* S. 121 ff.; Stern/Becker/*Enders,* GG, 3. Aufl. 2018 Art. 1 Rn. 16.

[97] *Hufen,* JuS 2010, 1 (9).

[98] Vgl. nochmals *Kloepfer,* FS 25 Jahre BVerfG, 2001, S. 102 f., zur „Zukunftsfähigkeit von Art. 1 Abs. 1 […] durch Beschränkbarkeit"; *ders.,* Verfassungsrecht II, 2010, § 55. In diese Richtung weist auch die Rechtsprechung des EuGH zu Art. 1 GRCh; vgl. dazu *Schorkopf,* in: Ehlers, Europäische Freiheiten und Grundrechte 2009, § 15 Rn. 16; *Jarass,* GRCh, 4. Aufl. 2021, Art. 1 Rn. 12 f.

[99] BVerfG, Urt. v. 3.3.2004 –1 BvR 2378/98 u. a., BVerfGE 109, 279 (312).

[100] Vgl. BVerfG, Kammerbeschl. v. 16.3.1993 – 2 BvR 202/93, NJW 1993, 3190 – mit Fäkalien überschwemmter Haftraum.

[101] Vgl. BVerfG, Urt. v. 9.2.2010 – 1 BvL 1/09, JZ 2010, 515 (516 f. [Rn. 133 ff.]) – Hartz IV; BVerfG, Urt. v. 30.6.2009 – 2 BvE 2/08, BVerfGE 123, 267 (334).

[102] Beachte dazu *Alexy,* Theorie der Grundrechte, 1986, S. 94 ff.

[103] Zur Finalität des Eingriffs Dürig/Herzog/Scholz/*Herdegen,* GG, 94. ErgLfg. 01/2021, Art. 1 Rn. 47; BVerfG, Beschl. v. 20.2.2009 – 1 BvR 2266/04, BeckRS 9998, 54183, II 1b bb (1) – „Der Holocaust auf Ihrem Teller"; BVerfG, Beschl. v. 11.3.2003 – 1 BvR 426/02, BVerfGE 107, 275 (284 f.) – Benetton II; *Poscher,* JZ 2009, 269 (275 f.). Die rein subjektive Intention ist nicht ausschlaggebend (*Jarass*/Pieroth, GG, 16. Aufl. 2020, Art. 1 Rn. 13; beachte abw. Meinung in BVerfG, Urt. v. 15.12.1970 – 2 BvF 1/69 u. a., BVerfGE 30, 1, 33 ff. (39 f.) – Abhörurteil; weiterhin BVerfG, Urt. v. 15.2.2006 – 1 BvR 357/05, BVerfGE 115, 118 (154, 160) – LuftSiG).

gesellschaftlich-rechtliche Bewertung des Befunds.[104] In der Rechtsprechung zu lebenslanger Freiheitsstrafe wird dies sehr deutlich. Das Gericht erörtert die beträchtliche Gefahr des Eintritts irreparabler Schäden psychischer oder physischer Art durch langjährige Haft und insbesondere die Bedeutung eines Lebens ohne Hoffnung auf die Chance, je wieder freizukommen. Eben darin ist eine massive **Würdebeeinträchtigung** zu finden, die über eine zeitweilige Aufhebung der Freiheit der Person (vgl. Art. 2 Abs. 2 S. 2, Art. 104 GG) wesentlich hinausgeht.[105] Andererseits sei es der staatlichen **Gemeinschaft nicht verwehrt, sich** gegen einen gemeingefährlichen Straftäter dauerhaft **zu schützen.**[106] Dasselbe gelte auch für langdauernde Sicherungsverwahrung, „wenn diese wegen fortdauernder Gefährlichkeit [...] notwendig ist."[107]

c) Einschränkungen der Menschenwürde systematisch betrachtet

37 Eine Reihe von Grundrechten sind „unverletzlich", so gemäß Art. 2 Abs. 2 S. 2, Art. 4 Abs. 1, Art. 10 Abs. 1 und Art. 13 Abs. 1 GG. Dessen ungeachtet unterliegen sie, abgesehen von der Glaubens-, Gewissens- und Religionsfreiheit des Art. 4 Abs. 1 GG, ausdrücklich im GG geregelten Schranken. Art. 4 Abs. 1 GG wird seinerseits, wie auch andere schrankenlose Grundrechte (z.B. die Kunstfreiheit, Art. 5 Abs. 3 GG), durch verfassungsimmanente Schranken eingegrenzt, wie sie sich aus möglichen **Konflikten zwischen unterschiedlichen grundrechtlichen Gewährleistungen** nicht selten ergeben. Die verbale Steigerung von *unverletzlich* zu *unantastbar* in Art. 1 Abs. 1 GG ist für sich allein keine zwingende Grundlage für die Annahme, dass jedwede verfassungsimmanente Eingrenzung des Menschenwürdegrundrechts unzulässig sei, zumal wenn dies im Interesse des Lebens anderer oder zur Erhaltung grundlegender Daseinsvoraussetzungen des Gemeinwesens geschieht.[108]

38 Das Fanal, dass der Verfassungsgeber 1949 mit Art. 1 Abs. 1 GG gesetzt hat, wäre missverstanden, würde es als Grundlage dafür dienen, schwierigen (z.T. neuartigen) Abwägungsfragen auszuweichen. Auch wenn letzteres regelmäßig in der Fachdiskussion nicht geschieht, so besteht statt dessen doch die Neigung, für verfassungsgemäß erkannte Eingrenzungen der Menschenwürdegarantie mit verbalen Konstruktionen anders darzustellen. Nicht selten wird angenommen, dass sich der *Inhalt* der Menschenwürde *erst aus dem ableite,* was eine Austarierung zwischen (rudimentären) individuellen Existenzbedingungen mit (unabweisbaren) Bedürfnissen der Gesellschaft ergibt.[109] Im Ergebnis hat man es mit einer ***bilanzierenden Gesamtbetrachtung*** zu tun.[110]

---

[104] Kritisch zur damit verbundenen „Politisierung" *Nettesheim,* VVDStRL 70 (2011), 7ff. (bei Fn. 69ff.); beachte weiterhin *Diggelmann,* VVDStRL 70 (2011), S. 50ff., Abschn. III 1.

[105] Vgl. BVerfG, Urt. v. 21.6.1977 – 1 BvL 14/76, BVerfGE 45, 187 (228ff., 245); Urt. v. 24.4.1986 – 2 BvR 1146/85, BVerfGE 72, 105 (115ff.), einen hochbetagten Auschwitz-Mörder betreffend; BVerfG, Beschl. v. 8.11.2006 – 2 BvR 578/02 u.a., BVerfGE 117, 71 (89ff.) – Sexualmord; Dürig/Herzog/Scholz/*Herdegen,* GG, 94. ErgLfg. 01/2021, Art. 1 Rn. 49; *I. Dammann,* Der Kernbereich der privaten Lebensgestaltung, 2011, S. 64ff.

[106] BVerfG, Urt. v. 21.6.1977 – 1 BvL 14/76, BVerfGE 45, 187 (242).

[107] Vgl. BVerfG, Urt. v. 5.2.2004 – 2 BvR 2029/01, BVerfGE 109, 133 (151, 167); dazu *Dederer,* JöR 2009, 89 (113f.); *Elsner/Schober,* DVBl. 2007, 278ff.

[108] Vgl. *Kloepfer,* in: FG 25 Jahre BVerfG, 1976, S. 405 (411).

[109] Diesbezüglich kritisch zur Definition des Kernbereichs privater Lebensgestaltung *Baldus* JZ 2008, 218 (224); ausführlich zur Menschenwürdegarantie *Dederer,* JöR 2009, 89 (112ff.).

[110] So Dürig/Herzog/Scholz/*Herdegen,* GG, 94. ErgLfg. 01/2021, 1 Rn. 46ff.; *Dederer,* JöR 2009, 89 (112ff.); dazu kritisch – aber letztlich zirkulär – *v. Bernstorff,* JZ 2013, 905 (910ff.).

39 Immerhin regen sich Zweifel daran, ob man es dabei bewenden lassen sollte. Die Transparenz sichernde Struktur der Grundrechtssystematik mit ihrer konfligierenden Interessen entsprechenden **Gegenüberstellung von Schutzbereich und Eingriffsrechtfertigung**[111] wäre insoweit preisgegeben. Dieses Freiheit sichernde systematische Konzept[112] sollte man durch eine formale (quasi-zivilreligiöse)[113] Verabsolutierung des Menschenwürdeschutzes nicht in Frage stellen.[114]

4. Praktische Ergebnisse für den Kernbereich privater Lebensgestaltung

40 Der BGH hat sich mit einer Lausch-Konstellation auseinandergesetzt, in der

> „die aufgenommenen Gebete in gefahrrelevante Gespräche über die Rechtfertigung von terroristischen Anschlägen oder die **Verherrlichung des ‚Märtyrertods'** eingebettet waren[115] und deshalb nicht höchstpersönliche Gefühle oder Gedanken und damit den Kernbereich berührten."[116]

41 Doch religiöse Überzeugungen und Handlungsmotive des Einzelnen als solche sind höchstpersönlich, und dasselbe gilt, wie es dem Ansatz des BVerfG entspricht, auch für hierüber geführte Gespräche unter eng Vertrauten.[117] Allerdings deckt weder die Religionsfreiheit Menschenopfer noch die Freiheit privater Lebensgestaltung (intime) **Gewaltanwendung im Kernbereich.**[118] Damit werden verfassungsimmanente Schranken sichtbar, deren präventive oder repressive Realisierung entsprechende Informationsverarbeitung voraussetzt.

42 Den Darlegungen des BVerfG zufolge fällt die **Planung und Verabredung von** (schweren) **Straftaten** nicht in den Schutzbereich.[119] Das ist grundsätzlich überzeugend; zumal die Treffen der organisierten Kriminalität in einer (konspirativen)[120] Wohnung mit dem Kernbereich privater Lebensgestaltung nicht deckungsgleich ist. Eine andere Beurteilung als die vom BVerfG vorgenommene wäre hingegen in jenem Fall am Platz gewesen, in dem sich jemand im Rahmen von Tagebuchaufzeichnungen mit seinem psychisch-sexuell bedingten Hang zu (bevorstehenden) Gewalttaten auseinandergesetzt hatte.[121] Wenig konsequent ist insgesamt der Hinweis des BVerfG, dass „Gespräche, die Angaben über begangene Straftaten enthalten, [...] ihrem Inhalt nach nicht dem unantastbaren Kernbereich [angehören]" (kön-

---

[111] Vgl. Dreier/*Dreier,* GG, 3. Aufl. 2018, Vorb. Rn. 119ff., 134ff.; *Kloepfer,* FG 25 Jahre BVerfG, 1976, S. 405 (406f.).

[112] Zur Nutzanwendung vgl. u. a. unmittelbar nachfolgend → Rn. 40ff. und → Rn. 45.

[113] „Die Absolutheit des Würdeschutzes kommt der menschlichen Sehnsucht nach einfachen Gewissheiten entgegen" (so, Dürig/Herzog/Scholz/*Herdegen,* GG, 94. ErgLfg. 01/2021, Art. 1 Rn. 47).

[114] Übereinstimmend *Hain,* Konkretisierung der Menschenwürde durch Abwägung?, Der Staat 45 (2006), 189 (212).

[115] Wenngleich die Einbettung taktische Gründe gehabt haben mag.

[116] BGH, Urt. v. 14.8.2009 – 3 StR 552/08, NJW 2009, 3448 (Rn. 77).

[117] Vgl. zum Briefwechsel unter Geschwistern in „beleidigungsfreier Sphäre" BVerfG, Beschl. v. 26.4.1994 – 1 BvR 1689/88, BVerfGE 90, 255 (260f.).

[118] Übereinstimmend im Ergebnis BVerfG, Beschl. v. 10.6.2009 – 1 BvR 1107/09, NJW 2009, 3357 (3359 [Rn. 24ff.]) – Vergewaltigung durch Fußballstar.

[119] Vgl. BVerfG, Beschl. v. 14.9.1989 – 2 BvR 1062/87, BVerfGE 80, 367 (376); Beschl. v. 16.6. 2009 – 2 BvR 902/06, BVerfGE 124, 43 (70); Urt. v. 20.4.2016 – 1 BvR 966/09 u.a., BVerfGE 141, 220 (Rn. 122); BVerfG, Urt. v. 19.5.2020 – 1 BvR 2835/17, BVerfGE 154, 152 (Rn. 202) – BND-Ausland-Ausland-Fernmeldeaufklärung

[120] Dazu *Lepsius,* Der große Lauschangriff vor dem BVerfG, JURA 2005, 433 (440).

[121] Vgl. zum Sachverhalt BVerfG, Beschl. v. 14.9.1989 – 2 BvR 1062/87, BVerfGE 80, 367 (368f.); zur Kritik *Bull,* RDV 2008, 51 (l. Sp.); zum Schutzbereich abweichend von der Bewertung durch die 4:4-„Mehrheit" des Senats die in derselben Sache zuvor erfolgte Beurteilung durch den BGH, Urt. v. 9.7.1987 – 4 StR 223/87, NJW 1988, 1037 (1038 l. Sp.).

nen).[122] Für **Schuldbekenntnisse** eines reumütigen Täters gegenüber seiner Mutter sollte das nicht gelten.[123] Ein so tief in höchstpersönliche Abläufe eindringender Abhörvorgang gerät in (zu) große Nähe zu erzwungener Selbstbezichtigung.[124]

43 Grundsätzlich lassen sich Aufzeichnungen und Gespräche mit konkreten Hinweisen auf Straftaten nicht einfach ausnehmen. Das würde darauf hinauslaufen, insofern den Kernbereich ausschließlich **vom öffentlichen Strafverfolgungsinteresse her zu definieren** und den psycho-sozialen Kontext zu vernachlässigen. Vielmehr gehören die in Rede stehenden Konstellationen in den Kernbereich, was, wie der vom BGH entschiedene Fall verdeutlicht, nicht ausschließt, dass im Einzelfall aufgrund vorgenommener Abwägung ein Eingriff gerechtfertigt sein kann. Das wird für präventive Zwecke öfter in Betracht kommen als für repressive.[125]

44 Aus diesen **praxisorientierten** Überlegungen wird deutlich, dass die Gegenüberstellung von Schutzbereich und Schranken – wie sie das BVerfG wegen eines *„absolut* geschützten Kernbereich[s] privater Lebensgestaltung"[126] vermieden hat – rechtliche Vorteile beinhaltet und zu bevorzugen ist.[127]

IV. Zweistufiges Kontrollverfahren insbesondere[128]

1. Erste Stufe: Abgrenzung im Echtzeit-(Live)Verfahren

45 Für die Gewährleistung gebotenen Schutzes ist es erforderlich, tatsächliche **Feststellungen** darüber zu treffen, ob und **inwieweit kernbereichsrelevante Kommunikationen** vorliegen. Das ist oft nicht möglich, ohne dabei schon in dieselben einzudringen, insoweit also einen *Eingriff* vorzunehmen.[129] Zur möglichen Vermei-

[122] Vgl. BVerfG, Urt. v. 3.3.2004 – 1 BvR 2378/98 u.a., BVerfGE 109, 279 (319f.). Das BVerfG schert damit von den Rechtstatsachen her zwei verschiedene Dinge über einen Kamm, nämlich die kommunikative „Logistik" der organisierten Kriminalität einerseits und Geständnisse (über Kapitalverbrechen) gegenüber vertrauten Personen andererseits (vgl. *Meyer-Wieck,* NJW 2005, 2037ff.; *Warntjen,* Heimliche Zwangsmaßnahmen und der Kernbereich privater Lebensgestaltung, 2007, S. 91f.).

[123] Vgl. auch BGH, Urt. v. 9.7.1987 – 4 StR 223/87, NJW 1988, 1037 (1038 l.Sp.) in Bezug auf das Telefonat, dass zur Sicherstellung des Tagebuchs führte.

[124] Insofern kritisch *Amelung,* Die zweite Tagebuchentscheidung des BVerfG, NJW 1990, 1753ff.; weitere Nachw. → Fn. 85.

[125] Vgl. *Baldus,* JZ 2008, 218 (222, 226); *Dederer,* JöR 2009, 89 (120 sub dd).

[126] So die Formulierung in BVerfG, Urt. v. 3.3.2004 – 1 BvR 2378/98, BVerfGE 109, 279 (Ls. 5); BVerfG, Urt. v. 27.7.2005 – 1 BvR 668/04, BVerfGE 113, 348 (390) – Hervorhebung hinzugefügt; im Grundsatz fortgeführt durch die nachfolgend in → Rn. 48 näher erörterte Entscheidung des Gerichts BVerfG, Urt. v. 20.4.2016 – 1 BvR 966/09, BVerfGE 141, 220 (Rn. 124).

[127] Obiges Ergebnis findet durch die Untersuchung *I. Dammanns,* insbes. zur einschlägigen Rechtsprechung, eine praktische Bestätigung. Das gilt, ohne dass man sich den von diesem gezogenen rigiden theoretischen Konsequenzen anzuschließen hätte (dazu → Fn. 74); die mit letzteren verbundene Abkoppelung jedes Kernbereichsschutzes von der Menschenwürdegarantie (u.a. *ders.,* Der Kernbereich der privaten Lebensgestaltung, 2011, S. 242f., 245) widerspräche gebotenem verfassungsrechtlichen Schutz.

[128] Dazu BVerfG, Urt. v. 27.2.2008 – 1 BvR 370/07 u.a., BVerfGE 120, 274 (338f.); zustimmend *Th. Böckenförde,* JZ 2008, 925 (932); *Baldus,* JZ 2008, 218 (226f.); *Drallé,* Das Grundrecht auf Gewährleistung der Vertraulichkeit und Integrität informationstechnischer Systeme, 2010, S. 132ff.; teilweise kritische Details bei *Hornung,* CR 2008, 299 (304f.); näheres auch bei *Perne,* DVBl. 2006, 1486ff. – Die Bedeutung der Zweistufigkeit bleibt bei *I. Dammann,* Der Kernbereich der privaten Lebensgestaltung, 2011, S. 49ff., 109, 177, unterbelichtet; uneingeschränkte Kritik an dieser bei *Barrot,* Der Kernbereich privater Lebensgestaltung, 2012, S. 162ff., 213.

[129] Dies ist ein Hauptargument der dissentierenden Richterinnen *Jaeger* und *Hohmann-Dennhardt* in der Lauscheingriff-Entscheidung, BVerfG, Urt. v. 3.3.2004 – 1 BvR 2378/98 u.a., BVerfGE 109, 279, 382 (383f.); im Anschluss daran *Denninger,* ZRP 2004, 101 (102); *Lepsius,* JURA 2005, 433 (439); *Kutscha,* NJW 2008, 1042 (1044); *Sachs/Krings,* JuS 2008, 481 (485f.).

dung eines solchen hat das BVerfG beim Lauscheingriff **Vermutungsregeln** zugunsten von Privatwohnungen bzw. zulasten von Geschäftsräumen über das Vorliegen respektive das Fehlen von Kernbereichsrelevanz aufgestellt.[130] Für die Telefonüberwachung bzw. die Infiltration informationstechnischer Systeme versagen solche Ansätze mangels entsprechender räumlicher Abschichtung.[131] Bei Beeinträchtigung der Vertraulichkeit und Integrität informationstechnischer Systeme kommt angesichts des regelmäßig automatisierten Überwachungsverfahrens auch die Orientierung an augenblicklich erfassbaren Überwachungsinhalten, die wegen Zugehörigkeit zum Kernbereich zum sofortigen Abbruch der Erhebung führen müssen,[132] kaum in Betracht.[133]

2. Zweite Stufe: Einschaltung eines Unabhängigen

46 Auf der Basis der absoluten Unantastbarkeitsthese wäre die aufgezeigte Abgrenzungsproblematik auch mithilfe einer gesteigert restriktiven Interpretation des Kernbereichs nicht sinnvoll lösbar.[134] Stattdessen ist im Hinblick auf den zur Feststellung von Kernbereichsrelevanz erforderlichen informationellen Eingriff (nur) die Forderung strikter Befolgung des Grundsatzes der Verhältnismäßigkeit zugrunde zu legen,[135] hier in Gestalt des Gebots der **Auswahl des mildesten Eingriffsmittels.** Bestmögliche Schonung des engsten Bereichs privat-persönlicher Kommunikation bei der Abschichtung von allen übrigen Informationen kann die Prüfung durch eine neutrale, unabhängige Instanz bieten.[136]

47 Insbesondere kann ein **Richter** damit beauftragt werden, das durch technischen Zugriff erlangte **Informationsmaterial zu sichten** und die Löschung zu veranlassen, soweit der Kernbereich unzulässig betroffen ist.[137] Es entspricht rechtsstaatlicher Tradition, besonders schwerwiegende Grundrechtseingriffe unter den Vorbehalt einer Entscheidung durch den Richter zu stellen, damit dieser je nach Sachlage ungerechtfertigte Beeinträchtigungen abwende.[138] Die ihm aufzuerlegende strenge Verschwiegenheit für den Fall, dass er in seiner Beurteilung zur Löschungspflicht gelangt, gehört zu seinem Berufsethos (vgl. § 43 DRiG).

---

[130] BVerfG, Urt. v. 3.3.2004 – 1 BvR 2378/98 u.a., BVerfGE 109, 279 (320f.).

[131] BVerfG, Urt. v. 27.7.2005 – 1 BvR 668/04, BVerfGE 113, 348 (392); BVerfG, Urt. v. 27.2.2008 – 1 BvR 370/07, BVerfGE 120, 274 (337f.); BVerfG, Beschl. v. 12.10.2011 – 2 BvR 236/08, BVerfGE 129, 208 (247).

[132] Vgl. dazu BVerfG, Urt. v. 3.3.2004 – 1 BvR 2378/98 u.a., BVerfGE 109, 279 (323f.); jetzt in § 100d Abs. 4 S. 2ff. StPO geregelt.

[133] So BVerfG, Urt. v. 27.2.2008 – 1 BvR 370/07 u.a., BVerfGE 120, 274 (337 [Rn. 277f.]); beachte nunmehr die Regelung in § 100d Abs. 3 StPO.

[134] Vgl. Stern/Becker/*Enders*, GG, 3. Aufl. 2018, Art. 1 Rn. 74f.

[135] Dazu mit besonderem Nachdruck BVerfG, Urt. v. 27.7.2005 – 1 BvR 668/04, BVerfGE 113, 348 (392).

[136] Vgl. *Bäcker*, Terrorismusabwehr durch das Bundeskriminalamt, 2009, S. 85; *Volkmann*, DVBl. 2008, 590 (593); beachte die neuen Regelungen in § 3a S. 3, 4 G 10, §§ 46 Abs. 7, 49 Abs. 7, 51 Abs. 7 S. 4 BKAG 2018; § 15 Abs. 5 S. 10 hessSOG.

[137] Vgl. *Poscher*, JZ 2009, 269 (273, 275f.); *Kutscha*, NJW 2008, 1042 (1044); BVerfG, Urt. v. 3.3.2004 – 1 BvR 2378/98 u.a., BVerfGE 109, 279 (333f.); kritisch mit Blick auf die Realisierung *Schlegel*, GA 2007, 648 (661ff.); für eine offene Flanke im Rahmen des § 110 StPO vgl. BVerfG, Beschl. v. 16.6.2009 – 2 BvR 902/06, BVerfGE 124, 43 (76f.).

[138] Zum verfassungsrechtlichen Rang des Richtervorbehalts vgl. Dreier/*Hermes*, GG, 3. Aufl. 2018, Art. 10 Rn. 78; v. Mangoldt/Klein/Starck/*Gusy*, GG, 7. Aufl. 2018, Art. 10 Rn. 77; BVerfG, Urt. v. 14.7.1999 – 1 BvR 2226/94, BVerfGE 100, 313 (361f.) – Strategische Überwachung III; BVerfG, Urt. v. 12.3.2003 – 1 BvR 330/96, BVerfGE 107, 299 (325f.) – Schneider/Klein; BVerfG, Urt. v. 2.3.10 – 1 BvR 256/08, NJW 2010, 833 [Rn. 247ff.]).

48 Allerdings hat der Gesetzgeber in der StPO diesen Lösungsweg so nicht eingeschlagen, und zwar (zunächst)[139] mit Billigung des BVerfG.[140] Im 2008 in das BKAG eingefügten Unterabschnitt zur „Abwehr von Gefahren des internationalen Terrorismus“ wurde die Rolle des Richters teilweise stärker ausgestaltet (vgl. dazu die §§ 20h Abs. 5 S. 4, 20l Abs. 6 S. 4,[141] auch § 20k Abs. 7 S. 3 BKAG 2008). Das BVerfG hat freilich eine Überprüfung der Bestimmungen der §§ 20aff. BKAG 2008[142] zum Anlass genommen, darüber hinausgehend die verfassungsrechtlich gewährleistete Rolle einer unabhängigen Instanz[143] zur Herausfilterung kernbereichsrelevanter Informationen *vor Kenntnisnahme* und Nutzung durch das BKA herauszustellen. Dabei hat es **Abstufungen** vorgenommen, und zwar (insbes.) zwischen der **Wohnraumüberwachung** und dem Zugriff auf informationstechnische Systeme (→ Rn. 2ff.) einerseits und der **Überwachung der Telekommunikation** andererseits. Diese ist nicht in gleichem Ausmaß durch Eindringen in die Privatsphäre gekennzeichnet wie die beiden erstgenannten Eingriffe.[144] Deshalb kann insoweit die unabhängige Sichtung automatischer Aufzeichnungen auf Situationen beschränkt werden, in denen behördlicherseits Zweifel im Hinblick auf eine etwaige Kernbereichszugehörigkeit der gespeicherten Information bestehen.[145]

49 Anders verhält es sich nach Auffassung des BVerfG in den beiden erstgenannten Fällen, in denen das Prinzip **unabhängiger Sichtung und Prüfung vor der zulässigen Verwendung durchweg** Platz greifen müsse.[146] Dieser Forderung entspricht die in § 46 Abs. 6, 7, § 49 Abs. 7 BKAG 2018 vorgesehene Lösung. Demgegenüber hat der Richter *Schluckebier* in seiner abweichenden Meinung zutreffend zu bedenken gegeben, dass es „im Rahmen der Gefahrenabwehr und Straftatenverhütung [...] typischerweise um Fallgestaltungen geht, bei denen die Auswertung von Erkenntnissen oft in hohem Maße beschleunigungs- und eilbedürftig ist.“[147] Das impliziert die Frage, ob die gebotene Abwägung nach Verhältnismäßigkeitsgrundsätzen (→ Rn. 46) zwingend die vorangehende unabhängige (richterliche) Prüfung gebietet. In der Senatsentscheidung hat das BVerfG beiläufig einen Ausweg zugunsten von „besondere[n] Regelungen [...] für **Ausnahmefälle bei Gefahr im Verzug**“ angedeutet.[148] Dieser Weg wird in §§ 45 Abs. 8, 46 Abs. 8, 49 Abs. 8, 51 Abs. 8 BKAG 2018 realisiert. – Andererseits hat der Gesetzgeber bei der Novellierung der StPO durch Gesetz vom 17.8.2017[149] in § 100d Abs. 3 S. 2 für die Online-Durchsuchung und in § 100d Abs. 4 S. 4 u. 5 für die akustische Wohnraumüberwachung eine im Ausgangspunkt flexiblere Lösung vorgesehen, die die (erneute) Einschaltung des

---

[139] Der nachfolgende Wandel wird ausdrücklich hervorgehoben von *Schluckebier*, in: BVerfG, Urt. v. 20.4.2016 – 1 BvR 966/09, BVerfGE 141, 220, abweichende Meinung Rn. 14; ungenau die Mehrheitsentscheidung, Rn. 200, mit der Bezugnahme auf BVerfG, Urt. v. 3.3.2004 – 1 BvR 2378/98, BVerfGE 109, 279 (333f.).

[140] Vgl. § 100c Abs. 7 a.F. StPO und dazu BVerfG, Beschl. v. 11.5.2007 – 2 BvR 543/06, NJW 2007, 2753 (Rn. 65f.); § 100a Abs. 4 a.F. StPO und dazu BVerfG, Beschl. v. 12.10.2011 – 2 BvR 236/08, BVerfGE 129, 208 (249f. [Rn. 221ff.]); zum Schutz des Kernbereichs bei Eingriffen nach §§ 94ff. StPO vgl. noch BVerfG, Beschl. v. 16.6.2009 – 2 BvR 902/06, BVerfGE 124, 43 (69f. [Rn. 90]), dazu krit. *Schwabenbauer*, Kommunikationsschutz durch Art. 10 GG im digitalen Zeitalter, AöR 137 (2012), 1 (30ff.).

[141] Vgl. auch § 3a S. 4 G 10.

[142] BVerfG, Urt. v. 20.4.2016 – 1 BvR 966/09 u.a., NJW 2016, 1781 (Rn. 176f.) – BKAG; kritisch zu dieser Entscheidung *Durner*, DVBl. 2016, 780ff.

[143] S. BVerfG, Urt. v. 20.4.2016 – 1 BvR 966/09 u.a., NJW 2016, 1781 (Rn. 224).

[144] BVerfG, Urt. v. 20.4.2016 – 1 BvR 966/09 u.a., NJW 2016, 1781 (Rn. 238).

[145] Dazu § 51 Abs. 7 S. 3 BKAG 2018, wonach in Zweifelsfällen nur eine automatische Aufzeichnung fortgesetzt werden darf. Nach S. 4 gilt: „Automatische Aufzeichnungen sind unverzüglich dem anordnenden Gericht vorzulegen“. – Beachte näher BVerfG, Urt. v. 20.4.16 – 1 BvR 966/09 u.a., BVerfGE 141, 220 [Rn. 244]).

[146] BVerfG, Urt. v. 20.4.2016 – 1 BvR 966/09 u.a., BVerfGE 141, 220 (Rn. 200, 204, 220, 223f.).

[147] BVerfG, Urt. v. 20.4.2016 – 1 BvR 966/09 u.a., BVerfGE 141, 220, abweichende Meinung *Schluckebier*, a.a.O., Rn. 15; dazu auch *Wiemers*, NVwZ 2016, 840 (841).

[148] BVerfG, Urt. v. 20.4.2016 – 1 BvR 966 u.a., BVerfGE 141, 220 (Rn. 204 a.E.).

[149] BGBl. I 2017 S. 3202.

Richters (als unabhängige Stelle) in von der Strafverfolgungsbehörde zweifelsfrei entscheidbaren Fällen vermeidet.

C. Automatisierter Datenabgleich, auch „Rasterfahndung"

I. Bedeutung für die Praxis und für das grundrechtliche Verständnis

50 Der automatisierte Datenabgleich verdient im Rahmen der verfassungsrechtlichen Darstellung aus zwei Gründen besondere Beachtung: Zum einen wird er in diversen Rechtsbereichen – ausdrücklich – vom Gesetz zugelassen. Dabei ist er im Hinblick auf die **Tiefe des mit ihm ggf. verbundenen Eingriffs in das Persönlichkeitsrecht häufig umstritten.** Zum anderen führt die verfassungsrechtliche Analyse auf eine Grundsatzfrage, bei der es um die bereits weiter oben erörterte Abschichtung zwischen Daten und Information geht.[150] Erst wenn man diese Frage in die Überlegungen einbezieht, wird der vom BVerfG nach Überwindung einiger Unklarheiten letztlich gewählte Ausgangspunkt klar nachvollziehbar.

51 „Rasterfahndung" ist ein eher politisch geprägtes Schlagwort. **§ 98a Abs. 1 S. 1 StPO** spricht von der Möglichkeit, dass „personenbezogene Daten von Personen, die bestimmte, auf den Täter vermutlich zutreffende Prüfungsmerkmale erfüllen, mit anderen Daten *maschinell abgeglichen* werden". Ähnlich sprechen die **Landespolizeigesetze** vom *(automatisierten) Abgleich* von Daten mit anderen Datenbeständen. Dabei gilt der Abgleich als besonders einschneidende Maßnahme dann, wenn personenbezogene Daten von *anderen Stellen* – seitens der Wirtschaft oder seitens anderer öffentlichrechtlicher Einrichtungen – an die Polizei erst zu übertragen sind, bevor diese den Abgleich mit weiteren, bei ihr bereits vorhandenen Daten durchführen kann.[151] In Betracht kommen auch Fälle, in denen die Polizei sich die Daten zum Zweck des Abgleichs selbst unmittelbar verschafft, wie das mit Hilfe automatischer Kfz-Kennzeichenlesesysteme,[152] beim Einsatz von IMSI-Catchern[153] und bei der Schleppnetzfahndung[154] geschieht.

52 Zur Übertragung an die Polizei kommen z. B. Daten von Reisebüros oder Fluggesellschaften über Reisende in bestimmte Länder zu bestimmten Zeiten in Frage.[155] Sie können Gegenstand des Abgleichs mit vorläufigen Erkenntnissen über mögliche Geldwäscher, Drogen- oder Frauenhändler werden, welche der Polizei aufgrund bislang unbestätigter Hinweise bekannt geworden sind. So ausgerichtete Fahndung impliziert eine partielle **Umkehrung üblicher Ermittlungstätigkeit,** soweit letztere sich gezielt gegen als verdächtig bzw. gefährlich angesehene Personen richtet. Beim jeweiligen Heranziehen weiterer Daten zum Abgleich geht es demgegenüber zunächst darum, aus einem Kreis weit überwiegend Unverdächtiger Aussagen über Verdächtige herauszufiltern.[156]

---

[150] Dazu näheres → § 3 Rn. 15 ff.; zur Entstehung des insoweit irreführenden Begriffs „Datenschutz" → § 2 Rn. 53 ff.

[151] Vgl. §§ 98a, 98b StPO, § 48 BKAG 2018, § 26 hessSOG einerseits und § 98c StPO, § 34 BPolG, § 25 hessSOG andererseits zur polizeirechtlichen Gegenüberstellung.

[152] Vgl. dazu etwa § 14a hessSOG; zur hierzu erfolgten Rechtsprechung des BVerfG → Rn. 59.

[153] Vgl. § 100i Abs. 1 Nr. 2 StPO; dazu die Entscheidung des BVerfG, Beschl. v. 22.8.2006 – 2 BvR 1345/03, NJW 2007, 351 (Rn. 73–76).

[154] § 163d StPO; dazu *Kühne,* Strafprozessrecht, 9. Aufl. 2015, Rn. 546 ff.

[155] Vgl. dazu die Spezialregelung in § 31a BPolG.

[156] Vgl. *Kühne,* Strafprozessrecht, 9. Aufl. 2015, Rn. 543; KK-StPO/*Greven,* 8. Aufl. 2019, § 98a Rn. 11, 2. Mit der Herstellung von Persönlichkeitsprofilen hat das, anders als das in BVerfG, Beschl. v. 4.4.2006 – 1 BvR 518/02, BVerfGE 115, 320 (350 f.) – Schläferraster, dargestellt wird, wenig zu tun (vgl. dazu *Trute,* Die Verwaltung 42 (2009), 85 (99 f.); *Warntjen,* Heimliche Zwangsmaßnahmen und der Kernbereich privater Lebensgestaltung, 2007, S. 173 ff.).

53 Der Datenabgleich im **Sozialrecht** gilt der Bekämpfung missbräuchlicher (Doppel-)Inanspruchnahme von Leistungen.[157] Beispiele im nicht-öffentlichen Bereich finden sich bei der Realisierung interner Sicherungsmaßnahmen der Kreditinstitute durch EDV-Monitoring,[158] insbesondere auch zur **Geldwäschebekämpfung,**[159] weiterhin etwa für Compliance gegenüber Beschäftigten.[160] Abgleich von Dateien lässt sich als eine Art des Data Mining verstehen, welches vor allem als ein Instrument des Customer Relations Management[161] fungiert.[162]

54 Für die Beurteilung des Datenabgleichs geht es insgesamt nicht vorrangig um Privatheit i.e.S., um Kernbereichsschutz oder erhöhte Vertraulichkeit. Vielmehr können Informationen niedrigen Sensitivitätsgrades Gegenstand des – in seinem Umfang umstrittenen – verfassungsrechtlichen Schutzes sein. Die angenommene Bedrohlichkeit ergibt sich wesentlich aus der Menge oder **Streubreite des involvierten personenbezogenen Datenmaterials** und der damit oft (über)großen Zahl der von der Datenverarbeitung erfassten Personen. Auch erkennt das BVerfG, dass ein automatisierter Datenabgleich im Einzelfall für alle Erfassten ungeachtet seiner Folgen freiheitsbeschränkend wirken kann, indem er ein **ständiges Gefühl des Überwachtseins** auslöst.[163]

II. (Kein) Grundrechtseingriff bei Nichttreffern?

55 Besonders anschaulich zeigt sich die zentrale Problematik automatisierter Datenabgleiche im Verhältnis zum R.a.i.S. in jüngerer Rechtsprechung des BVerfG. Eine Entscheidung aus dem Jahr 2009 hatte die Verfassungsmäßigkeit eines durchgeführten Ermittlungsverfahrens zum Gegenstand, das der Auffindung von Beziehern kinderpornographischer Dokumente im Internet galt.[164] Letztere waren auf einer bestimmten Website zugänglich, und zwar zum Preis von 79,99 US$, zahlbar per Kreditkarte an eine philippinische Bank. Die Staatsanwaltschaft richtete deshalb an die Institute, die Mastercard- und Visakarten in Deutschland ausgeben, die Aufforderung, alle Kreditkartenkonten anzugeben, die innerhalb einer bestimmten Zeitperiode entsprechende Überweisungen aufwiesen. Der **Abgleich mit ca. 20 Mio. Konten** führte zu 322 Treffern.

56 Ein so geartetes Massen-Screening, das sich auf die Daten einer großen Menge völlig unbeteiligter Personen mit erstreckt, kann **Anlass zu Zweifeln an der Verhältnismäßigkeit** des Vorgehens geben. Allerdings ist deren Prüfung erst am Platz, wenn man sich über die Eingriffsqualität des Vorgangs klar geworden ist. Hierzu schreibt das BVerfG:

---

[157] Vgl. z.B. § 52 SGB II; § 41 Abs. 4 BAföG.

[158] Vgl. § 25h Abs. 2 KWG.

[159] Hierzu auch §§ 4–6 GwG; zur verfassungsrechtlichen Bewertung Herzog/Mülhausen/*Rüpke*, Geldwäschebekämpfung, 2006, § 55 Rn. 21 ff.

[160] Dazu auch § 32d Abs. 3 des RegE eines Gesetzes zur Regelung des Beschäftigtendatenschutzes, BT-Drs. 17/4230; Kommentierung bei *Wybitul*, Handbuch Datenschutz im Unternehmen, 2011, S. 471 ff.

[161] Vgl. dazu *Schweizer*, Customer Relationship Management. Datenschutz- und Privatrechtsverletzungen beim CRM, 2007, passim.

[162] Beachte den weiter gefassten Sprachgebrauch in den USA, wo gerade auch von *Government* Data Mining gesprochen wird; und: „Computer matching programs are an example of data mining." (so *Solove/Schwartz*, Information Privacy Law, 2015, S. 689; näheres bei *Rubinstein/Lee/Schwartz*, Data Mining and Internet Profiling, 75 UniChi. L. Rev. 261 ff. (2008); *Slobogin*, Government Data Mining ..., 75 U. Chi. L. Rev. 318 ff. (2008)).

[163] BVerfG, Beschl. v. 18.12.2018 – 1 BvR 142/15, BVerfGE 150, 244 (268) m.w.N.

[164] BVerfG, Beschl. v. 17.2.2009 – 2 BvR 1372/07 u.a., NJW 2009, 1405 ff.

„Für die Annahme eines Eingriffs [in das R. a. i. S.] genügt es nicht, dass die Daten bei den Unternehmen in einen maschinellen Suchlauf mit eingestellt wurden, da [die] Daten [der jetzigen Beschwerdeführer] anonym und spurenlos aus diesem Suchlauf ausgeschieden wurden und nicht im Zusammenhang mit dieser Ermittlungsmaßnahme behördlich zur Kenntnis genommen wurden“.[165]

57 Das bedeutet also, dass ein **Eingriff** nicht etwa gegenüber 20 Mio. Personen stattgefunden habe, sondern **nur in den 322 Treffer-Fällen.** Nur diesen gegenüber war der Zugriff der Strafverfolgungsbehörde denn auch nach allgemeinen strafprozessualen Grundsätzen – nämlich wegen Vorliegens der in Rede stehenden Überweisung – aufgrund „zureichender tatsächlicher Anhaltspunkte“ für das Begehen einer Straftat[166] letztlich gerechtfertigt.

58 Ganz ähnlich hat sich das BVerfG in einer (inzwischen überholten)[167] Entscheidung geäußert, die das automatisierte **Kraftfahrzeug-Scanning** auf öffentlichen Verkehrswegen betraf:

„Zu einem Eingriff in den Schutzbereich des R. a. i. S. kommt es daher [...] nicht, wenn der Abgleich mit dem Fahndungsbestand unverzüglich vorgenommen wird und negativ ausfällt (sog. Nichttrefferfall) sowie zusätzlich rechtlich und technisch gesichert ist, dass die Daten anonym bleiben und sofort spurenlos und ohne die Möglichkeit, einen Personenbezug herzustellen, gelöscht werden.“[168]

III. Kritische Prüfung der (Nicht-)Eingriffsthese

1. Breit angelegte Überwachung?

59 Diese Annahmen des BVerfG, die sich auch schon auf frühere Äußerungen des Gerichts zurückführen lassen,[169] haben in der Literatur ablehnende Stellungnahmen ausgelöst.[170] Zudem wurde der aufgestellte Grundsatz in der Kfz-Scanning-Entscheidung selbst nicht konsequent berücksichtigt. Denn in einem nachfolgenden Teil der Urteilsbegründung trat das Gericht einer **„flächendeckenden“ Erfassung** von Kfz-Daten als einer verfassungsrechtlich unzulässigen, „grundrechtseingreifenden Ermittlung [...] ins Blaue hinein‘“ entgegen.[171] Außerdem bezog sich das Gericht zur Darlegung der Unverhältnismäßigkeit eines zu breit angelegten Screenings – hier wie auch in einer Reihe anderer Entscheidungen[172] – auf die **Beeinträchtigung der Unbefangenheit** des Einzelnen unter dem „Eindruck ständiger Kontrolle“ und die damit möglicherweise verbundene Einschüchterung durch das Gefühl des Überwachtwerdens.[173]

---

[165] BVerfG, Beschl. v. 17.2.2009 – 2 BvR 1372/07 u. a., NJW 2009, 1405 (Rn. 17–19).

[166] Vgl. §§ 152 Abs. 2, 160 Abs. 1 StPO.

[167] Vgl. BVerfG, Beschl. v. 18.12.2018 – 1 BvR 142/15, BVerfGE 150, 244 (Ls. 1).

[168] BVerfG, Urt. v. 11.3.2008 – 1 BvR 2074/05 u. a., BVerfGE 120, 378 (399); übereinstimmend *Bull*, RDV 2008, 47 (53 r. Sp.).; ausführlich *ders.*, FS Selmer, 2004, S. 29 (34 ff.).

[169] Vgl. insbesondere BVerfG, Urt. v. 12.3.2003 – 1 BvR 330/96 u. a., BVerfGE 107, 299 (328); ferner BVerfG, Urt. v. 28.4.1999 – 1 BvL 22/95 u. a., BVerfGE 100, 59; BVerfG, Beschl. v. 4.4.2006 – 1 BvR 518/02, BVerfGE 115, 320 (343).

[170] Vgl. *Cornils*, JURA 2010, 443 (445 f.); *Breyer*, NVwZ 2008, 824 (824 f.); *Schnabel*, CR 2009, 384 (384 f.); *Martínez Soria*, DÖV 2007, 779 (782 f.); eingehend mit von der nachfolgenden Entscheidung des BVerfG abweichendem Ergebnis *Roßnagel*, Kennzeichenscanning, 2008, S. 22 f.; ferner *Lisken*, NVwZ 2002, 513 (515); beachte aber *Roßnagel*, NJW 2008, 2547 (2548 l. Sp.); *Guckelberger*, NVwZ 2009, 352 (356 ff.) mit Nachw.

[171] Vgl. BVerfG, Urt. v. 11.3.2008 – 1 BvR 2074/05 u. a., BVerfGE 120, 378 (430); zur diesbezüglichen Inkonsequenz *Breyer*, NVwZ 2008, 824 (825); *Cornils*, JURA 2010, 443 (446).

[172] BVerfG, Urt. v. 11.3.2008 – 1 BvR 2074/05, BVerfGE 120, 378 (402, 430); BVerfG, Beschl. v. 4.4.2006 – 1 BvR 518/02, BVerfGE 115, 320 (354 f.); im Kontext der Telekommunikation BVerfG, Urt. v. 12.3.2003 – 1 BvR 330/96 u. a., BVerfGE 107, 299 (328 sub cc); nachfolgend BVerfG, Urt. v. 2.3.2010 – 1 BvR 256/08 u. a., BVerfGE 125, 260 (332) – Vorratsdatenspeicherung – mit abweichender Auffassung im Dissent *Eichberger*, S. 380.

[173] Vgl. zu einem grundrechtsdogmatischen Lösungsansatz im Zusammenhang von Online-Streifen *Oermann/Staben*, Der Staat 52 (2013), 620 ff.

60 Insgesamt verblieb trotz umfangreicher verfassungsrechtlicher Entscheidungspraxis sowie Behandlung dieser Thematik in der Literatur beträchtliche Unsicherheit bei der Beurteilung des automatisierten Datenabgleichs. Symptomatisch ist, dass eine etwas früher ergangene Entscheidung des BVerfG – zur polizeigesetzlichen **Rasterfahndung nach „Schläfern"** – durch ein dezidiertes abweichendes Votum mit geprägt wurde, zu dessen Begründung die Richterin *Haas* in Abwehr der Überlegungen der Senatsmehrheit über die angenommene Breitenwirkung der Maßnahme u. a. ausführte:

> „Erst bei einer geringen Zahl Betroffener [...] wird der Einzelne bei der konkreten Überprüfung in seiner Individualität wahrgenommen".[174]

61 Legt man eben diese Aussage als „psychologisches" Leitprinzip zugrunde und verbindet es mit dem zuvor dargestellten Grundsatz eines *fehlenden Eingriffs* bei den Nichttreffern aufgrund **anonymer und spurenloser Ausscheidung** aus dem Suchlauf, dann mag die etwaige Problematik allgemeiner Betroffenheit, Verunsicherung oder gar Einschüchterung durch die Möglichkeiten automatisierter Datenabgleiche in einem anderen Licht erscheinen.

2. Involvierte Daten und/oder personenbezogene Informationen?

62 Die Kritik an der Annahme eines fehlenden Eingriffs bei Nichttreffern geht davon aus, dass der Einzelne als Träger des R. a. i. S. von jedwedem Datenverarbeitungsvorgang betroffen sei, der *Daten*material einbezieht, welches *Daten*träger – Zeichen – für auf die jeweilige Person bezogene Information ist.[175] Dabei wird jedoch gerade die Besonderheit digitaler Codierung verkannt, auf deren Grundlage der automatisierte Abgleich realisiert wird. Personenbezogene *Informationen* spielen für diesen keine Rolle. Der Vergleich von Zeichenketten findet ausschließlich **auf der technischen Datenebene** statt, ohne dass, soweit sich kein Treffer ergibt, eine „Decodierung" stattfindet. An dem informationellen Status des Basismaterials ändert sich insofern nichts (vergleichbar dem Regen, der über eine Steinplatte mit eingravierter Schrift plätschert). Kreiert wird eine neue Datei, in die die Treffer hineinkopiert werden. Allein insoweit kommt eine Nutzung der involvierten personenbezogenen *Informationen* in Betracht.

63 Dass zur Erzielung des jeweils angestrebten Ergebnisses nichts *mehr* an *Informations*verarbeitung im Spiel ist oder sein müsste, lässt sich anhand eines alternativen Lösungswegs zur Suche nach den erwähnten Erwerbern von Kinderpornographie verdeutlichen. Er nimmt seinen Ausgang von der **Verschlüsselung der Namen** und aller sonstiger Identitätsmerkmale durch die jeweiligen Kreditkarteninstitute. Diese würden sodann die Gesamtheit der Datensätze – mit Überweisungsbeträgen und empfangender Bank in Klarschrift – der Staatsanwaltschaft übergeben, den entsprechenden Schlüssel jedoch streng geheimhalten. Die Daten wären insoweit für die Behörde faktisch anonym.[176] Sie könnte mit diesem Datenmaterial die Suche nach den Datensätzen mit den relevanten Überweisungskriterien selbst vornehmen und die Treffer kopieren, während sie alles übrige zu löschen hätte. Erst danach würden ihr die Schlüssel von den Instituten bekannt gegeben. Die Staatsanwaltschaft würde also schließlich über die gewünschte Information bezüglich der genannten 322 Fälle verfügen, über die *allein* auch eine Übermittlung und Nutzung personenbezogener Informationen i. S. d. Datenschutzrechts (vgl. Art. 4 Nr. 2 DS-GVO; → § 10 Rn. 31 mit Fn. 66) stattgefunden hätte.

3. Eingriffsauslösende Qualität des Betroffenseins

63a Nach Einschätzung des BVerfG kann ein Eingriff in das R. a. i. S. im Ausnahmefall gleichwohl auch dann anzunehmen sein, wenn personenbezogene Daten ledig-

[174] BVerfG, Beschl. v. 4.4.2006 – 1 BvR 518/02, BVerfGE 115, 320 (374); beachte dazu *Ladeur*, DÖV 2009, 45 (53); auch *Slobogin*, Government Data Mining ..., 75 U. Chi. L. Rev. 338.
[175] Vgl. dazu die in → Fn. 170 genannten Autoren nebst Fundstellen.
[176] Näheres zur faktischen Anonymität auch im Kontext der DS-GVO → § 10 Rn. 25 ff.

lich zufällig miterfasst werden und sodann „technisch wieder anonym, spurenlos und ohne Erkenntnisse für die Ermittlungsbehörden gelöscht werden."[177] Dies setzt indes voraus, dass sich das **behördliche Interesse** an den betroffenen Daten spezifisch verdichtet hat. Die jüngste Entscheidung des Gerichts zur automatisierten Kraftfahrzeugkennzeichenkontrolle geht nun in Abweichung zur früheren Rechtsprechung von einem solchen verdichteten Interesse aus, mit der Folge, dass ein Kennzeichenabgleich, auch wenn er nicht zu einem Treffer führt, in das R.a.i.S. eingreifen soll.[178] Das BVerfG führt hierzu aus:

> „Maßgeblich ist hierfür, dass Erfassung und Abgleich der Daten einen Kontrollvorgang begründen, der sich bewusst auf alle in die Kennzeichenkontrolle einbezogenen Personen erstreckt und erstrecken soll. Die Einbeziehung der Daten auch von Personen, deren Abgleich letztlich zu Nichttreffern führt, erfolgt **nicht ungezielt und allein technikbedingt,** sondern ist **notwendiger und gewollter Teil der Kontrolle** und gibt ihr als Fahndungsmaßnahme erst ihren Sinn."[179]

4. Eingeschlossene Übermittlungsvorgänge

64 Übermittlungsprobleme stellen sich dann nicht, wenn das erforderliche Datenmaterial insgesamt bereits bei derjenigen verantwortlichen Stelle vorhanden ist, welche die Recherche für ihre eigenen Zwecke vornehmen möchte. Dies gilt u.a. für die meisten **Compliance-Screenings,**[180] wie etwa für dasjenige im Jahre 2008 von der Deutschen Bahn AG durchgeführte.[181] Der Abgleich als solcher vermochte ausgehend von der früheren Rechtsprechung nur die Rechtssphäre derjenigen zu betreffen, bei denen sich wegen übereinstimmender Kontonummer bei jeweiligen Mitarbeitern und jeweiligen Lieferanten ein Treffer ergab. *Informationell* wurde nur eben dieser Personenkreis erfasst. Als flankierende Maßnahme der Datensicherheit kommt in solchen Fällen zusätzlich die Verschlüsselung von Namen und Adressen (Pseudonymisierung) vor Durchführung des Abgleichs mit nachfolgender Entschlüsselung der Treffer in Betracht.[182]

65 Soweit eine **Datenübermittlung** zum Zweck der Durchführung des Datenabgleichs **erforderlich** ist, wird die *involvierte Information* dem Empfänger grundsätzlich erstmalig zugänglich gemacht. Dieser bedarf ihrer allerdings zur Realisierung des technischen Suchlaufs nicht, sondern erst zum Erkennen und Verwerten der Treffer. Jedweder Zugriff des Empfängers auf den Informationsgehalt von Nichttreffern widerspräche der Zielsetzung des Abgleichs, hätte also mit diesem sachlich nichts zu tun.

66 Gegen solchen **Missbrauch** kann freilich nur in einem Teil der Fälle – wie bereits am Beispiel der Recherche nach den Erwerbern des Pornomaterials erläutert wurde – eine Verschlüsselung weiterhelfen. Anders verhält es sich, wenn die Feststellung von *Namens*übereinstimmungen in verschiedenen Dateien (z.B. der Polizei einerseits und einer Fluggesellschaft andererseits) das Ziel ist, wenn es also um die Ermittlung des Zusammentreffens mehrerer, in verschiedenen Dateien festgehaltener Merkmale jeweiliger Personen geht. Denn ein Abgleich auf der Basis effektiv ver-

---

[177] BVerfG, Beschl. v. 18.12.2018 – 1 BvR 142/15, BVerfGE 150, 244 (267); s.a. BVerfG, Beschl. v. 4.4.2006 – 1 BvR 518/02, BVerfGE 115, 320 (343); BVerfG, Urt. v. 11.3.2008 – 1 BvR 2074/05 u.a., BVerfGE 120, 378 (398).

[178] BVerfG, Beschl. v. 18.12.2018 – 1 BvR 142/15, BVerfGE 150, 244 (Ls. 1).

[179] BVerfG, Beschl. v. 18.12.2018 – 1 BvR 142/15, BVerfGE 150, 244 (267f.).

[180] *Zikesch/Reimer,* DuD 2010, 96; auch *Brink/S. Schmidt,* MMR 2010, 592.

[181] Vgl. *Diller,* BB 2009, 438.

[182] Vgl. nochmals § 32d Abs. 3 des Reg.-Entwurfs eines Gesetzes zur Regelung des Beschäftigtendatenschutzes, BT-Drs. 17/4230.

schlüsselter Daten – hier der Namen – ist nach gegenwärtigem Kenntnisstand nicht möglich.[183]

67 Insoweit entspricht es also durchaus den involvierten erhöhten Gefährdungen des Persönlichkeitsrechts, dass sowohl StPO als auch die Polizeigesetze **schärfere Voraussetzungen für den Abgleich mit Fremdmaterial** aufstellen. Richtigerweise geht es dabei aus verfassungsrechtlicher Sicht nicht um die Gefährlichkeit des *Daten*abgleichs als solchen,[184] sondern darum, dass, um diesen durchführen zu können, eine Fülle personenbezogener *Informationen* dem möglichen – auch missbräuchlichen – Zugriff insbesondere durch Polizei und Strafverfolgungsbehörden ausgesetzt werden.

5. Hohe Einschreitschwelle?

68 Das hat **zunächst** zu den **eher ambivalenten Aussagen** der Senatsmehrheit in der Schläferraster-Entscheidung geführt. Der dieser zugrunde liegende Sachverhalt erstreckte sich, ausgehend von millionenfachen Datensätzen, auf drei Stufen des Screenings, und zwar mit zwei zwischengeschalteten Übermittlungen jeweils von einer Behörde zur anderen (Meldebehörde – Landespolizei – BKA). Ggf. hilfreiche bzw. behördlicherseits versäumte Verschlüsselungsmöglichkeiten hat das Gericht seinerzeit nicht erörtert; auch blieben die erforderlichen Differenzierungen hinsichtlich der Eingriffsqualität noch unscharf. Die Quintessenz, die das BVerfG zog, hat die nachfolgende Diskussion wenig überzeugt.[185] Sie lautete:

> „Nach diesen Maßstäben darf eine Rasterfahndung **nicht schon im Vorfeld einer konkreten Gefahr** ermöglicht werden, denn sie würde zu vollständig verdachtslos und mit hoher Streubreite erfolgenden Grundrechtseingriffen führen, die Informationen mit intensivem Persönlichkeitsbezug erfassen können."[186]

69 Doch „Rasterfahndung" versteht sich als eine **Vorfeldmaßnahme,** bei der es gerade darum geht, erst einmal potenzielle Gefahren bzw. Täter zu entdecken.[187] Verfassungsrechtlich ist sie durchaus akzeptabel, soweit es gelingt, eine hohe Streubreite von *Grundrechtseingriffen* auszuschließen. Hierfür kann ein klar eingegrenztes und **sachlich begründetes,**[188] voll automatisiertes **Research-Programm** Sorge tragen, dass in weitestmöglichem Umfang unverschlüsselte Übermittlungsvorgänge vermeidet.

---

[183] Das hängt damit zusammen, dass eine starke Verschlüsselung nach einem (gesteuerten) Zufallsprinzip dazu führt, dass mehrfache Verschlüsselung desselben Wortes bzw. Textes nicht zu jeweils identischen Chiffraten führt, vgl. zu polyalphabetischen Chiffrierungen *Beutelspacher,* Kryptologie, 2014, Kap. 5, S. 111 ff.

[184] Anders noch BVerfG, Urt. v. 28.4.1999 – 1 BvL 22/95 u. a., BVerfGE 100, 59, wonach „[d]em Abgleich selbst [...] als Akt der Auswahl [...] Eingriffscharakter" zukomme, „unabhängig davon, ob er maschinell vor sich geht oder durch Mitarbeiter [...] erfolgt [...], die zu diesem Zweck den Kommunikationsinhalt zur Kenntnis nehmen" – Unscharf, eher schwankend, BVerfG, Beschl. v. 4.4.2006 – 1 BvR 518/02, BVerfGE 115, 320 (343 f.) für die 1. Stufe bei mehrstufigem Datenabgleich; für weithin fehlenden Eingriffscharakter abweichende Meinung *Haas,* ebenda S. 371.

[185] Vgl. *Trute,* Die Verwaltung 42 (2009), 85 (98 ff.); *Hillgruber,* JZ 2007, 209 (212–214); *Bausback,* NJW 2006, 1922.

[186] BVerfG, Beschl. v. 4.4.2006 – 1 BvR 518/02, BVerfGE 115, 320 (362); zustimmend *Hohmann-Dennhardt,* RDV 2008, 1 (6); *Geis/Geis,* MMR 2006, 540. – BVerfG, Urt. v. 20.4.2016 – 1 BvR 966/09, BVerfGE 141, 220, Rn. 207, setzt, wenngleich unter Bezugnahme auf die erstgenannte Entscheidung, durch Bestätigung der Verfassungsmäßigkeit des § 20j Abs. 1 Hs. 2 BKAG a. F. andere Akzente.

[187] Vgl. hierzu *Möstl,* DVBl. 2010, 808 (809 ff.); *Frenz,* NVwZ 2007, 631 (634); *Volkmann,* JZ 2006, 918; demgegenüber versucht *Bäcker,* Terrorismusabwehr durch das Bundeskriminalamt, 2009, S. 102, durch ein sehr weites Verständnis *konkreter* Gefahr zu helfen; ähnliche Bemühungen bei *Poscher,* Die Verwaltung 41 (2008), 345 (365 f.); teilweise ähnlich auch *Schewe,* NVwZ 2007, 174 (177).

[188] Nur solche Eingrenzung führt zu fundierten Treffern; aus dem Bereich der Steuerfahndung BFH, Beschl. v. 25.7.2000 – VII B 28/99, NJW 2000, 3157, und BVerfG, Beschl. v. 1.3.2002 – 2 BvR

IV. Ausblick

70 IT ermöglicht einen **rasanten Umgang mit den *Zeichen*,** und das bleibt nicht ohne Auswirkung auf das „Schicksal" der *Informationen,* für die sie stehen, in unserer Gesellschaft (die sich deshalb gern Informationsgesellschaft nennt). Verfassungsrechtlicher Persönlichkeitsschutz hat nicht per se die Aufgabe, diese Entwicklung abzubremsen. Generell lässt sich auch nur schwer darstellen, dass IT für die Persönlichkeitsentfaltung gefährlicher sei als Zeichen auf Papier. Die Stasi-Akten sind dafür ein eklatantes, bizarres Beispiel.

71 Die Besonderheit *automatisierter* Datenverarbeitung ist gerade darin zu finden, dass sie Informations*träger* – **abgelöst von ihrem sprachlich-kommunikativen Sinn** – auf der Basis von Algorithmen zu ordnen und **umzuordnen** vermag.[189] Damit ist es möglich geworden, Abgleiche auf der Grundlage von Zeichenketten durchzuführen, ohne deren Bedeutung zu erkennen.[190] Zugleich kann dabei gewährleistet sein, dass bei der Durchführung des technischen Ablaufs die Zielsetzung des Screenings streng eingehalten wird, während z.B. ein Sachbearbeiter bei der Durchsicht von Papierakten, um bestimmte Informationen herauszusuchen, sehr leicht auftragswidrig („neugierig") abweichen kann.[191]

72 Es ist nach allem **keine Grundlage** dafür zu erkennen, dass sich das **Persönlichkeitsrecht** von Verfassungs wegen **unmittelbar auf** („personenbezogenes") ***Datenmaterial*** in rein informations*technischen* Verarbeitungsprozessen **erstreckt.** Wäre dies der Fall, dann müsste sich der Schutz auch auf jedwede statistische Benutzung solchen Ausgangsmaterials erstrecken.[192] Ganz ähnlich kann nicht angenommen werden, dass ein Polizist, der – mangels Einschreitbefugnis rechtswidrig – aus *telefonbuch.de* zum Namen des konkret Betroffenen die entsprechende Rufnummer oder Adresse abfragt, damit vielmillionenfach in die Rechtssphäre aller dort namentlich verzeichneten, abzugleichenden Telefonanschlussinhaber eingreift.[193] Insofern erweist sich also das vom BVerfG entwickelte restriktive Verständnis als voll gerechtfertigt.

73 Das soeben genannte Beispiel findet auch eine Parallele im Verhalten eines Polizisten, der anhand eines ihm vorliegenden Passbildes auf belebter Straße nach dem Abgebildeten durch „Abgleich" fahndet, wodurch er das Persönlichkeitsrecht derjenigen, in deren Gesichter er *vergeblich* prüfend blickt, nicht beeinträchtigen würde.[194] Letztere bleiben bei einem solchen Vorgang, anders als bei einer Passkontrol-

---

.972/00, NJW 2002, 1940 – Tafelgeschäfte; dazu *Son,* Heimliche polizeiliche Eingriffe in das R.a.i.S., 2006, S. 366f.; zum Geldwäsche-Research; Herzog/*Mülhausen,* Geldwäschebekämpfung, 2006, § 42 Rn. 22ff.; *Bergles/Eul,* BKR 2002, 556; *Findeisen,* WM 1998, 2410 (2417ff.); *Scherp,* WM 2003, 1254 (1257f.).

[189] Das hebt *Wieczorek,* DuD 2011, 476 (478) hervor.

[190] Dazu *Posner,* Privacy, Surveillance, and Law, 75 U.Chi.L.Rev 245, 254 (2008): "Computer searches do not invade privacy because search programs are not sentient beings. Only the human search should raise constitutional or other legal issues." Zur „Einkapselung" von Suchprozessen auch *Ladeur,* in: Götting, Hdb. des Persönlichkeitsrechts, 2. Aufl. 2019, § 8 Rn. 36.

[191] Dazu *Loschelder,* Der Staat 20 (1981), 349 (372).

[192] Vgl. dazu Simitis/*Dammann,* BDSG, 8. Aufl. 2014, § 3 Rn. 191.

[193] Das BVerfG schränkt freilich in seiner jüngeren Rechtsprechung die Eingriffsqualität bei Informationen aus allgemein zugängliche Quellen ohnehin stark ein, auch hinsichtlich intendierter Erhebungsergebnisse (vgl. zur Internet-Recherche BVerfG, Urt. v. 27.2.2008 – 1 BvR 370/07 u.a., BVerfGE 120, 274 (344–346) – Online-Durchsuchung; dazu kritisch *Eifert,* NVwZ 2008, 521 (522), auch *Th. Böckenförde,* JZ 2008, 925 (935f.); vgl. weiter BVerfG, Beschl. v. 10.3.2008 – 1 BvR 2388/03, BVerfGE 120, 351 (361f.) – Domizilgesellschaften; im übrigen → § 14 Rn. 2f.).

[194] Beachte dazu die Überlegungen bei *Britz,* Freie Entfaltung durch Selbstdarstellung, 2007, S. 63f.

le, (faktisch) anonym. Das gilt umso mehr für einen ausschließlich maschinellen Abgleich auf digitaler Basis (s.a. → Rn. 63a). Grundlage für diese Erkenntnis ist die **Abschichtung zwischen Daten und Information,** zwischen Zeichen und Bezeichnetem (→ § 3 Rn. 15ff.). Festgestellte Unsicherheiten bei der Bestimmung des verfassungsrechtlichen Schutzumfangs gegenüber *automatisiertem* Datenabgleich beruhen dementsprechend nicht selten auf der Vernachlässigung eben dieser Differenz (§ 3 Rn. 33ff.).

D. „Vorratsdatenspeicherung"

74 Zur weiteren Verdeutlichung und Vertiefung der Darstellung verfassungsrechtlichen Persönlichkeits- und Datenschutzes ist die in diesem Bereich gegenwärtig wohl meistumstrittene Problemstellung zu erörtern. Sie betrifft das gesetzliche Gebot mehrmonatiger Speicherung einer großen Anzahl von **Verkehrsdaten der Telekommunikation** (§ 3 Nr. 70 TKG, § 9 TTDSG und → § 18) – respektive ein entsprechendes Löschungsverbot – ohne konkreten Anlass, jeweils gerichtet an die Erbringer öffentlich zugänglicher Telekommunikationsdienste (§ 3 Nr. 44 TKG und → § 18). Zugleich ist hierbei ein wesentlicher Zusammenhang mit dem (Primär-)Recht der EU aufzuzeigen, welches im übrigen Gegenstand eines anderen Untersuchungsteils sein wird (→ § 7).

I. Entwicklung bis hin zu einer Entscheidung des BVerfG

75 Die „Vorratsdatenspeicherung" hat bereits Rechtsgeschichte gemacht: Im Rahmen verstärkter Bemühungen der Terrorismusbekämpfung legte die **Richtlinie 2006/24/EG vom 15.3.2006**[195] unter teilweiser Abänderung der Datenschutzrichtlinie für elektronische Kommunikation vom 12.7.2002 (→ § 18 Rn. 7) eine Pflicht der Mitgliedstaaten fest, dafür Sorge zu tragen, dass im einzelnen aufgelistete Verkehrsdaten, soweit sie (ohnehin) im Zuge der Bereitstellung der betreffenden Kommunikationsdienste erzeugt oder verarbeitet werden, für mindestens sechs und höchstens 24 Monate „auf Vorrat gespeichert werden."[196]

76 Etliche Mitgliedstaaten waren zögerlich mit der Umsetzung der neuen Richtlinie.[197] Gegen einige von ihnen ging die Kommission deshalb im Vertragsverletzungsverfahren vor dem EuGH erfolgreich vor.[198] Diverse Verfassungsgerichte der Mitgliedstaaten erklärten umgekehrt die jeweiligen Umsetzungsgesetze für verfassungswidrig.[199] In Deutschland erfolgte die **Umsetzung mit Gesetz vom 21.12.2007,**[200] durch welches insbesondere **§ 100g StPO** geändert und die **§§ 113a, 113b in das TKG** (heute §§ 175, 176 TKG) eingefügt wurden. Gegen diese Regelungen erging zunächst am 11.3.2008 eine dieselben einschränkende einstweilige Anordnung durch das BVerfG.[201] Sodann traf die Vorschriften mit 6 : 2 Stimmen der Bannstrahl des Gerichts mit Entscheidung vom 2.3.2010[202] wegen **Verstoßes gegen Art. 10 Abs. 1 GG.**

---

[195] ABl. EG 2006 L 105, 54ff.

[196] So Art. 3, 6 der RL 2006/24/EG.

[197] Dazu Übersicht bei *Szuba*, Vorratsdatenspeicherung, 2011, S. 262ff.

[198] So EuGH, Urt. v. 4.2.2010 – C-185/09, Slg. 2010, I-00014 – Kommission ./. Schweden.

[199] Nämlich Bulgarien (2008), Rumänien (8.10.2009), Tschechien (22.3.2011), Zypern (2011) – hier mitgeteilt nach *Lynskey*, 51 CMLRev 1789, 1799 (2014).

[200] BGBl. 2007 I S. 3198.

[201] BVerfG, Beschl. v. 11.3.2008 – 1 BvR 256/08, BVerfGE 121, 1.

[202] BVerfG, Urt. v. 2.3.2010 – 1 BvR 256 u.a., BVerfGE 125, 260.

77 Allerdings hielt das BVerfG die Vorratsdatenspeicherung für „mit Art. 10 GG nicht schlechthin unvereinbar".[203] Das GG verbiete dieselbe „nicht unter allen Umständen."[204] Vielmehr stützte das BVerfG seine Beurteilung auf die konkrete gesetzliche Ausgestaltung bis hin zu Defiziten der Datensicherheit.[205] Nach Verhältnismäßigkeitsgrundsätzen sei die vorgesehene Speicherung durchaus *geeignet* und *erforderlich.* Eine „Rekonstruktion gerade der Telekommunikationsverbindungsdaten [sei] für eine effektive Strafverfolgung und Gefahrenabwehr von besonderer Bedeutung." Jedoch bedürfe es zur Wahrung der Verhältnismäßigkeit im engeren Sinn im Hinblick auf das Vorliegen eines „**besonders schweren [Grundrechts-]Eingriff**[s] mit einer Streubreite, wie sie die Rechtsordnung bisher nicht kennt", bei möglicher Auswertung der gespeicherten Daten „bis in die Intimsphäre hineinreichend" und im Hinblick auf ein zu gewärtigendes „diffus bedrohliches Gefühl des Beobachtetseins" in der Bevölkerung spezifischer gesetzlicher Ausgestaltung.[206] Diese solle insbesondere detaillierte, eingrenzende Regelungen über die jeweils zulässige *Verwendung* der vorsorglich gespeicherten Informationen beinhalten. Vor allem gehe es dabei – erstens – repressiv um die Beschränkung auf die Verfolgung auch im Einzelfall schwerwiegender Straftaten auf der Grundlage eines abschließenden Straftatenkatalogs und – zweitens – präventiv um die Konzentration auf die Abwehr von Gefahren für Leib, Leben, Freiheit, Bestand des Staates und von gemeinen Gefahren.[207] Weiterhin[208] legte das Gericht Anforderungen an die Transparenz des Verfahrens (nachträgliche Benachrichtigung bei heimlicher Verwendung der abgefragten Informationen) und zum Richtervorbehalt dar.[209] Die Ausführungen des Gerichts wurden in den abweichenden Voten[210] insbesondere hinsichtlich der Annahme eines *besonders schweren* Grundrechtseingriffs (wie er etwa bei der akustischen Wohnraumüberwachung gegeben ist) heftig kritisiert.[211]

II. Die weitere Entwicklung – geprägt durch Urteile des EuGH

78 Die Entscheidung des BVerfG enthob die Bundesrepublik freilich nicht der europarechtlichen Pflicht, der Richtlinie 2006/24/EG (erneut) nachzukommen. Da dies nicht geschah,[212] eröffnete die Europäische Kommission im Jahr 2012 auch gegen Deutschland ein Vertragsverletzungsverfahren.

79 Doch gelangte der **EuGH** mit Urteil vom 8.4.2014[213] in einem die Richtlinie betreffenden Vorabentscheidungsverfahren[214] nunmehr zu einer der Entscheidung des

[203] So schon Ls. 1 und sodann BVerfG, Urt. v. 2.3.2010 – 1 BvR 256/08 u.a., BVerfGE 125, 260 (316, 321 [Rn. 205, 213]); näheres dazu bei *Hornung/Schnabel,* DVBl. 2010, 824 ff.

[204] Deshalb bestehe auch kein unlösbarer Konflikt mit der RL 2006/24/EG (vgl. BVerfG, Urt. v. 2.3.2010 – 1 BvR 256/08, BVerfGE 125, 260 (308 f.)).

[205] Vgl. BVerfG, Urt. v. 2.3.2010 – 1 BvR 256/08, BVerfGE 125, 260 (325 ff., 348 ff. [Rn. 220 ff., 271 ff.]).

[206] BVerfG, Urt. v. 2.3.2010 – 1 BvR 256/08 u.a., BVerfGE 125, 260 (318 ff. [Rn. 210 ff.]).

[207] Vgl. BVerfG, Urt. v. 2.3.2010 – 1 BvR 256/08 u.a., BVerfGE 125, 260 (328 ff. [Rn. 228 ff.]).

[208] Die vom Gericht aufgelisteten Voraussetzungen für die Verhältnismäßigkeit i.e.S. sind kumulativ zu verstehen, wie sich aus der Wortwahl „zunächst" (S. 321 [Rn. 214]), „und" (S. 325 [Rn. 220] und Ls. 2), „weiterhin" (S. 327 [Rn. 226]; S. 334 [Rn. 239]; S. 337 [Rn. 245]), „auch" (S. 339 [Rn. 251]) und „schließlich" (S. 339 [Rn. 252]) ergibt.

[209] Vgl. BVerfG, Urt. v. 2.3.2010 – 1 BvR 256/08 u.a., BVerfGE 125, 260 (334 ff. [Rn. 239 ff.]).

[210] Vgl. Richter *Schluckebier* und *Eichberger,* BVerfG, Urt. v. 2.3.2010 – 1 BvR 256/08 u.a., BVerfGE 125, 260 (364 ff., 380 ff. [Rn. 310 ff., 337 ff.]).

[211] Übereinstimmend in der Kritik an der Annahme eines besonders schweren Eingriffs *Möstl,* ZRP 2011, 225.

[212] Vgl. zur entstandenen Situation *Möstl,* ZRP 2011, 225 (225 ff.).

[213] EuGH, Urt. v. 8.4.2014 – C-293/12 u.a., NVwZ 2014, 709 ff.; die in diesem Verfahren eingenommene Position des Generalanwalts wird näher erläutert bei *Busch,* ZRP 2014, 41 ff.

[214] S. Art. 267 AEUV.

BVerfG insgesamt ähnlichen[215] rechtlichen Beurteilung der „Vorratsdatenspeicherung" und **erklärte die Vorschrift für ungültig.** In den abschließenden Ausführungen des Gerichtshofs heißt es zusammenfassend allerdings:

> „Aus der *Gesamtheit* der vorstehenden Erwägungen ist zu schließen, dass der Unionsgesetzgeber beim Erlass der Richtlinie 2006/24 die Grenzen überschritten hat, die er zur Wahrung des Grundsatzes der Verhältnismäßigkeit im Hinblick auf die Art. 7, 8 und 52 Abs. 1 der Charta einhalten musste."[216]

80 Das Gericht war also außerordentlich vorsichtig bei seiner Schlussfolgerung zur Begründung der **Unverhältnismäßigkeit** der vom Gesetzgeber getroffenen Regelung. Es hat sich seinerzeit nur auf die Aussage festgelegt, dass dieser durch Nichtbeachtung *aller* in der Entscheidung aufgestellten Voraussetzungen das Fass zum Überlaufen brachte,[217] insbesondere also wegen

> (1.) völlig undifferenzierter Erfassung der gesamten europäischen Bevölkerung; (2.) mangelnder Festlegung der materiell- und verfahrensrechtlichen Kriterien für den Zugang der nationalen Behörden zu den Daten; (3.) mangelnder Differenzierung bezüglich des jeweils angemessenen Zeitraums der Speicherung; (4.) defizitärer Regelung der Datensicherheit; (5.) fehlenden Ausschlusses der Speicherung außerhalb des Unionsgebiets.

81 Im Ergebnis hatte damit auch diese Entscheidung dem Gesetzgeber deutlich den Weg zu einer grundrechtsfreundlicheren Neugestaltung offengelassen.[218] Deutschland reagierte durch das **„Gesetz zur Einführung einer Speicherpflicht** und einer Höchstspeicherfrist für Verkehrsdaten" vom 10.12.2015.[219] Besonders markant-polemisch wird dieser Weg der deutschen Legislative von einem vormaligen Richter am BVerwG allerdings als „Neustart der Geisterfahrer" bezeichnet.[220] Die Irritation, die die Thematik ausgelöst hat, ist damit gut gekennzeichnet.

82 Die Vorabentscheidung des EuGH vom 21.12.2016, welche insbesondere auf einer Vorlage durch den Court of Appeal (England & Wales) wegen des britischen Gesetzes[221] beruhte,[222] hat sich durch häufige Bezugnahme auf die EuGH-Entscheidung vom 8.4.2014 um die Darstellung von Kontinuität der eigenen Rechtsprechung bemüht.[223] Doch die teilweise verschachtelte Argumentation führte – in

---

[215] Vgl. dazu *Roßnagel,* MMR 2014, 372 (375) bezüglich der „meisten Detailergebnisse"; *Durner,* DVBl. 2014, 712 (714); beachte → Rn. 93 mit Fn. 260.

[216] EuGH, Urt. v. 8.4.2014 – C-293/12, NVwZ 2014, 709 (Rn. 69), Hervorhebung hinzugefügt.

[217] Darin ist ein wesentlicher Unterschied zur vorangegangenen Entscheidung des BVerfG zu finden, der in der deutschen Literatur oft übersehen wird (vgl. z. B. *Boehm/Cole,* MMR 2014, 569 (570); *Kühling,* NVwZ 2014, 681 (683) meint, trotz „unklar[er]" Formulierung durch das Gericht „dürften die 5 Anforderungen kumulativ zu verstehen sein.").

[218] Vgl. *Simitis,* NJW 2014, 2158 (2160): „Anerkennung der Vorratsdatenspeicherung"; abwägend *Kühling,* NVwZ 2014, 681 (683 f.); stark einschränkend *Roßnagel,* MMR 2014, 372 (375 ff.); a. A. *Spiecker gen. Döhmann,* JZ 2014, 1109 (1112): „Vorratsdatenspeicherung [...] faktisch zu Grabe getragen"; *Leutheusser-Schnarrenberger,* Das Ende der anlasslosen Vorratsdatenspeicherung, PinG 2014, 125 ff.

[219] Gegen dieses Gesetz wurden Verfassungsbeschwerden zum BVerfG eingelegt – u. a. 1 BvR 229/16; Anträge auf Erlass einer einstweiligen Anordnung wurden wiederholt abgelehnt – u. a. 1 BvQ 42/15; so auch schon BVerfG, Beschl. v. 12.1.2016 – 1 BvQ 55/15.

[220] *Graulich,* Vorgänge, 7/2015, 85 ff.

[221] Data Retention and Investigatory Powers Act 2014 (DRIPA); dazu und zur Überprüfung durch den High Court *Woods,* EDPL 2015, 236 ff.

[222] Sowie aufgrund einer Vorlage durch das Oberverwaltungsgericht Stockholm wegen entsprechender schwedischer Regelung; beachte dazu die gegenläufige Entscheidung des EuGH, Urt. v. 4.2.2010 – C-185/09, Slg. 2010, I-00014 – Kommission ./. Schweden (vgl. → Rn. 76 mit Fn. 198).

[223] EuGH, Urt. v. 21.12.2016 – C-203/15 u. a., ECLI:EU:C:2016:970 – Tele2 Sverige AB bzw. Secretary of State ./. Watson u. a., vgl. z. B. Rn. 96, 98–103, usw.; dazu *Frenz,* DVBl. 2017, 181 ff.; *Derksen,* NVwZ 2017, 1005 ff.

Abweichung von der dezidierten Stellungnahme des Generalanwalts[224] – im Ergebnis hin zu einem kumulativen Verständnis der seinerzeit (→ Rn. 80) alternativ aufgestellten Voraussetzungen.[225]

82a Seine Rechtsauffassung, dass eine anlass- und unterschiedslose Vorratsspeicherung von Verkehrs- und Standortdaten grundsätzlich nicht mit europäischen Grundrechten vereinbar ist, hat der Gerichtshof in einer **Vorabentscheidung vom 6.10.2020** nochmals bekräftigt.[226] Auch das jüngste Vorabentscheidungsersuchen des BVerwG, das die derzeit jedenfalls formal geltende[227] deutsche Regelung zum Gegenstand hat, wird aller Voraussicht nach nicht zu einer abweichenden Entscheidung des EuGH führen.[228]

83 Zusammengenommen kann man in der europäischen wie auch mitgliedstaatlichen Behandlung der Thematik **erhebliche Schwankungen der (primär)rechtlichen Beurteilung** ausmachen. Umso mehr legt es sich nahe, gerade auch mit Blick auf die in Deutschland realisierte Lösung eine vertiefte (verfassungs-/primär-)rechtliche Zuordnung vorzunehmen.

III. Anzuwendender Grundrechtsschutz

84 Ausgangspunkt im deutschen Verfassungsrecht ist die Gewährleistung des Fernmeldegeheimnisses nach Art. 10 GG als speziellere Garantie gegenüber dem R. a. i. S.[229] Verkehrsdaten gehören allerdings **nicht zum zentralen Schutzbereich** jener Vorschrift, der von der Bewahrung der Vertraulichkeit der transportierten Kommunikations*inhalte* gekennzeichnet ist. Andererseits gehört es seit jeher zur verfassungsrechtlichen Garantie von Brief-, Post- und Fernmeldegeheimnis, dass Informationen über Absender, Empfänger und die weiteren Umstände des Transports vom Schutzbereich umfasst sind, wenngleich – mit Blick auf gesetzliche Einschränkungsmöglichkeiten – nicht mit der gleichen Intensität wie die Inhalte.[230] Dies hat übrigens sowohl beim BVerfG als auch beim EuGH zu der Folgerung geführt, dass jedenfalls der **Wesensgehalt des Art. 10 GG** durch die „Vorratsdatenspeicherung" **nicht betroffen** sei.[231]

---

[224] Zur Interpretation des Verhältnisses dieser Voraussetzungen zueinander vgl. GA *Saugmandsgaard Øe*, Schlussanträge v. 19.7.2016 – C-203/15 u. a., ECLI:EU:C:2016:57, Rn. 192 ff.

[225] EuGH, Urt. v. 21.12.2016 – C-203/15 u. a., ECLI:EU:C:2016:970 – Tele2 Sverige AB bzw. Secretary of State ./. Watson u. a.; beachte hierzu die offene Aneinanderreihung zweier Aussagen in der abschließenden Tenorierung, insbes. auch den Hinweis in Rn. 113, ferner Rn. 89, 95 ff.; zur Kritik an der Entscheidung insbes. noch → Rn. 93.

[226] EuGH, Urt. v. 6.10.2020 – C-511/18 u.a., ECLI:EU:C:2020:791; s. a. EuGH, Urt. v. 2.3.2021 – C-746/18, ECLI:EU:C:2021:152 und EuGH, Urt. v. 5.4.2022 – C-140/20.

[227] Faktisch ist die Vorratsdatenspeicherung in Deutschland seit 2017 durch die Bundesnetzagentur ausgesetzt (F. A. Z. v. 19.11.2021, S. 4).

[228] So die Einschätzung des Generalanwalts, s. Schlussanträge v. 18.11.2021 – C-793/19 u. a., ECLI:EU:C:2021:939.

[229] Das BVerfG geht allerdings – ohne (nachvollziehbare) Begründung – davon aus, dass „Maßgaben", die es aus Art. 2 Abs. 1 i. V. m. Art. 1 Abs. 1 GG entwickelt habe, auf die speziellere Garantie übertragbar seien, BVerfG, Urt. v. 2.3.2010 – 1 BvR 256/08 u. a., BVerfGE 125, 260 (310); BVerfG, Urt. v. 14.7.1999 – 1 BvR 2226/94 u. a., BVerfGE 100, 313 (359) – Strategische Überwachung III.

[230] Vgl. BVerfG, Urt. v. 14.7.1999 – 1 BvR 2226/94 u. a., BVerfGE 100, 313 (358); Urt. v. 12.3.2003 – 1 BvR 330/96 u. a., BVerfGE 107, 299 (312 f., 317 f.) – Schneider/Klein; zur Abstufung der Einschränkungsmöglichkeiten vgl. z. B. den Straftatenkatalog des § 100a Abs. 2 StPO einerseits mit der bloßen Voraussetzung des Verdachts einer Straftat von „erheblicher Bedeutung" andererseits; näheres hierzu → § 14 Rn. 4 f.; beachte aber BVerfG, Urt. v. 2.3.2010 – 1 BvR 256/08 u. a., BVerfGE 125, 260 (328, [Rn. 227]).

[231] Vgl. BVerfG, Urt. v. 2.3.2010 – 1 BvR 256/08 u. a., BVerfGE 125, 260 (322 [Rn. 215]); EuGH, Urt. v. 8.4.2014 – C-293/12 u. a., NVwZ 2014, 709 (Rn. 39); EuGH, Urt. v. 21.12.2016 – C-203/15 u. a., ECLI:EU:C:2016:970, Rn. 101.

85 Den Verkehrsdaten der Telekommunikation – „Metadaten" – kommt mit Blick auf die technische Entwicklung eine besondere Qualität zu. Die meisten von ihnen, wie sie heutzutage erzeugt, gespeichert oder (sofort) gelöscht werden, beruhen auf digitaler Übertragung der Kommunikation, waren also **dem Fernmeldewesen vor einigen Jahrzehnten noch fremd.** Weder bei manueller Vermittlung durch das „Fräulein vom Amt" noch bei der sodann angewandten elektro-mechanischen Vermittlungstechnik waren Aufzeichnungsleistungen des jetzt in Rede stehenden Umfangs irgendwie denkbar.[232] Das gibt der gegenwärtigen Diskussion um die „Vorratsdatenspeicherung" im gesellschaftlich-politischen Bereich ihr eigenes Gepräge: Bewertungen, auch Befürchtungen, bewegen sich, so will es scheinen, noch im Neuland. Es mag sein, dass eine kommende Generation von Nutzern und Nutznießern von Internet und Big-Data-Projekten von vornherein eine höhere Akzeptanz in Bezug auf damit verbundene massive Datenspeicherungen mitzubringen bereit sein wird.[233] Und die erhöhte Anonymität, die neue Kommunikationstechniken (auch) mit sich bringen, ist ihrerseits nicht selbstverständlich.[234] – Gerade auch vor diesem Hintergrund ist ein Versuch, die Erfassung von Metadaten mit der ganz andersgearteten Überwachung von Kommunikationsinhalten unter Hinweis auf die jeweils mögliche Eingriffstiefe auf eine Stufe zu stellen,[235] nicht hilfreich (dazu weiteres → § 14 Rn. 4 f.).

IV. Bisherige staatlich verordnete anlasslose Speicherungen

86 Melderegister (z. B. § 3 BMG) und v. a. die zur allgemeinen Identifikationsnummer ausgebaute Steuer-ID gem. § 1 IDNrG i. V. m. § 139b AO sind staatliche Instrumente, mit denen die Verwaltung erkennbar **jeden Bürger und Einwohner** von Geburt an **erfasst.**[236] Dabei liegt in der einzelnen konkreten Nummer an sich keine besondere Gefahr für die Persönlichkeitsentfaltung, sondern vornehmlich in den Verknüpfungsmöglichkeiten, die 2021 mit dem RegMoG[237] und der damit verbundenen Einführung der Identifikationsnummer in über 50 Register ausgeweitet wurden. Gleichwohl ist die Nutzung derartiger Nummern im modernen Sozialstaat (Art. 20 Abs. 1 GG) unerlässlich und dient der Gleichbehandlung, sodass – auch mit Blick auf die vorgesehenen Maßnahmen der IT-Sicherheit und die Kontrollmöglichkeiten der Betroffenen – von der verfassungsrechtlichen Zulässigkeit der Identifikationsnummer auszugehen ist.[238] Ähnliche Erfassungen erfolgen späterhin,

[232] Vgl. zur Bedeutung der technischen Entwicklung BVerfG, Urt. v. 12.3.2003 – 1 BvR 330/96 u. a., BVerfGE 107, 299 (318 f.).

[233] Vgl. dazu *Nettesheim,* in: Hess/Mariottini, Protecting privacy in private international and procedural law and by data protection, 2015, S. 62 f.

[234] Vgl. die Hinweise bei *Wolff,* NVwZ 2010, 751 (753); BVerfG, Urt. v. 2.3.2010 – 1 BvR 256/08 u. a., BVerfGE 125, 260 (322 f.).

[235] So der GA *Saugmannsgaard Øe,* Schlussanträge v. 19.7.2016 – C-203/15 u. a., ECLI:EU:C:2016:572, Rn. 254 ff., und ihm folgend EuGH, Urt. v. 21.12.2016 – C-203/15 u. a., ECLI:EU:C:2016:970, Rn. 99; hierher gehört auch die Vorbehaltlosigkeit, mit der der EuGH sich für Fragen der durch Vorratsdatenspeicherung bewirkten Grundrechtseinschränkung auf EMRK-Rechtsprechung zum Abhören von Telefonaten bezieht, vgl. Rn. 109 unter Bezugnahme auf EuGH, Urt. v. 8.4.2014 – C-293/12 u. a., NVwZ 2014, 709 (Rn. 54).

[236] Die wechselseitige Beziehung zwischen Meldebehörden und dem Bundeszentralamt für Steuern zum Zwecke der erstmaligen Zuteilung der Identifikationsnummer wird in § 139b Abs. 6 S. 1 AO festgelegt. Zur Verfassungsmäßigkeit der Identifikationsnummer vgl. BFH, Urt. v. 18.1.2012 – II R 49/10, BFHE 235, 151.

[237] BGBl. I 2021 S. 591.

[238] Ausf. *v. Lewinski/Gülker,* DVBl. 2021, 633 (634 ff.).

nämlich sobald man sich einen Telefonanschluss zulegt,[239] ein Konto bei einem inländischen Kreditinstitut eröffnet[240] oder Halter eines Kraftfahrzeugs wird (vgl. §§ 31ff. StVG). All diese staatlich verordneten, zum Teil von der öffentlichen Verwaltung selbst durchgeführten Registrierungen personenbezogener Informationen haben gemeinsam, dass sie zur Realisierung hoheitlicher Aufgaben zunächst vorsorglich, „anlasslos" erfolgen, also ohne unmittelbaren, konkreten Handlungsbedarf. Insgesamt erstrecken sie sich kaum auf Informationen höheren Sensitivitätsgrads,[241] insbesondere nicht auf kommunikative Inhalte, sondern routinemäßig auf Personalien und gewisse technische Gegebenheiten. (Fast) alle Menschen werden gleichermaßen („flächendeckend")[242] betroffen.

87 Dieses **Gleichmaß der Betroffenheit** unterscheidet die genannten Registrierungen schon im Ansatz von einem Eintrag einer Person in eine Datei der Polizei oder der Staatsanwaltschaft wegen Vorliegens „tatsächlicher Anhaltspunkte" für eine (zu gewärtigende) strafbare Handlung,[243] umso mehr von einem Eintrag in die Antiterrordatei,[244] zumeist auch von einem Zugriff auf Information zum Zweck der „Rasterfahndung" (dazu → Rn. 50).

88 Die Registerpflichten sind im Gefolge verfassungsgerichtlicher Überprüfung nur in Randbereichen Gegenstand der Korrektur geworden.[245] Auch zur Identifikationsnummer nach § 1 IDNrG liegt noch keine gerichtliche Entscheidung vor; die frühere Entscheidung des BFH zur bisherigen Steuer-ID (§ 139b AO)[246] ist wegen des durch das RegMoG vergrößerten Maßstabs nicht ohne weiteres übertragbar. Im übrigen sind die Registerpflichten als **verfassungsrechtlich zulässige Maßnahmen vorbereitender hoheitlicher Steuerung** anzusehen, sei es zum Zwecke der Gefahrenabwehr, der Bekämpfung von Kriminalität (inklusive Geldwäsche), der gleichmäßigeren Besteuerung oder der Realisierung sozialstaatlicher Maßnahmen. Dabei ist freilich zu beachten, dass die jeweilige Abfrage aus einem Register ihrerseits als ein gesonderter Eingriff anzusehen ist, der regelmäßig einer eigenen verhältnismäßigen gesetzlichen Grundlage bedarf.[247] Eben dies entspricht den Ausführungen von BVerfG und EuGH über die Speicherung der Vorratsdaten einerseits und deren Verwendung andererseits.

---

239 Flächendeckendes Telekommunikationsnummernregister nach § 172 TKG (damals § 111 TKG) mit automatisierter hoheitlicher Zugriffsmöglichkeit nach § 173 TKG (damals § 112 TKG); dazu BVerfG, Beschl. v. 24.1.2012 – 1 BvR 1299/05, BVerfGE 130, 151 (186ff.).

240 Vom Kreditinstitut zu führende Datei über Kontostammdaten mit automatisierter hoheitlicher Zugriffsmöglichkeit, § 24c KWG; dazu BVerfG, Beschl. v. 13.6.2007 – 1 BvR 1550/03 u.a., BVerfGE 118, 168 (168ff.).

241 Vgl. zu § 139b AO BFH, Urt. v. 18.1.2012 – II R 49/10, BFHE 235, 151 (Rn. 66, 82); zu den Stammdaten nach § 172 Abs. 1 TKG (damals § 111 Abs. 1 TKG) BVerfG, Beschl. v. 24.1.2012 – 1 BvR 1299/05, BVerfGE 130, 151 (Rn. 136, 159); zu den Kontostammdaten BVerfG, Beschl. v. 13.6. 2007 – 1 BvR 1550/03 u.a., BVerfGE 118, 168 (185, 198).

242 So die Terminologie des BVerfG z.B. in BVerfG, Beschl. v. 24.1.2012 – 1 BvR 1299/05, BVerfGE 130, 151 (158).

243 Vgl. dazu z.B. § 20 Abs. 1 i.V.m. § 13 Abs. 2 Nr. 1 hessSOG; § 152 Abs. 2 i.V.m. § 483 StPO; jüngst in den Fokus der Kritik geraten ist in diesem Zusammenhang eine geheime bayerische Datenbank zu potenziell gewaltbereiten Fußballfans (EASy GS), vgl. F.A.Z. v. 20.8.2021, S. 28.

244 Vgl. § 2 ATDG; dazu BVerfG, Urt. v. 24.4.2013 – 1 BvR 1215/07, BVerfGE 133, 277.

245 Vgl. BVerfG, Beschl. v. 24.1.2012 – 1 BvR 1299/05, BVerfGE 130, 151; BVerfG, Beschl. v. 13.6.2007 – 1 BvR 1550/03 u.a., BVerfGE 118, 168ff.

246 BFH, Urt. v. 18.1.2012 – II R 49/10, BFHE 235, 151; zu ihrer Verfassungsmäßigkeit auch *Zelyk*, Das einheitliche steuerliche Identifikationsmerkmal, 2012, S. 113ff.

247 Vgl. z.B. §§ 33ff., 44ff. BMG; § 174 TKG (nebst weiterer Rechtsgrundlage nach dem „Doppeltür"-Modell); s. BVerfG, Beschl. v. 24.1.2012 – 1 BvR 1299/05, BVerfGE 130, 151 (184f.), sowie Beschl. v. 27.5.2020 – 1 BvR 1873/13 u.a., BVerfGE 155, 119 (167) – Bestandsdatenauskunft II; § 93b i.V.m. § 93 Abs. 7 und 8 AO; §§ 35ff. StVG; auch § 139b Abs. 2 AO.

89 Registerpflichten entsprechen staatlichen Verwaltungsbedürfnissen, ohne dass der Einzelne damit von vornherein dem Verdacht ausgesetzt würde, ein Rechtsbrecher zu sein. Umgekehrt können die Freiheitsbedürfnisse der Bürger dahin führen, dass die Gemeinschaft z. B. auf die Einführung eines Melderegisters verzichtet, wie es in Großbritannien und in den USA der Fall ist. Dabei handelt es sich um eine politische Entscheidung, die wohl nirgends verfassungsrechtlich festgelegt ist.[248] Wichtig ist die Erkenntnis, dass die *Allgemeinheit* des Betroffenseins durch staatlich vorgegebene Registrierungen – auch „Streubreite" genannt – als solche kein Kriterium für die besondere Tiefe des damit jeweils für den Grundrechtsträger (ggf.) verbundenen Eingriffs ist.[249] Insbesondere wird – im Gegenteil – hierdurch jedwede **Diskriminierung vermieden.**[250]

V. Das Metadaten-Register:[251] Speicherung/Nutzung. Datensicherung

90 Die unterschiedslose – anlasslose, durch Gesetz bekannt gemachte – Registrierung von Metadaten kann verfassungsrechtliche Bedenken wegen unzulässiger Gleichbehandlung[252] unbescholtener Individuen und solcher, die dem Kreis „Verdächtiger" zuzurechnen seien, begründen.[253] Damit würde jedoch der Charakter der vorgeschriebenen Datenspeicherung verkannt. Sie steht umfangmäßig in Abhängigkeit von den technischen Prozessen, die bei den Telekommunikationsdiensten zur Realisierung ihrer vertragsgemäßen Leistungen ablaufen.[254] Für die besondere Vorratshaltung vorgesehen ist dabei nur die Fixierung rein technisch ausgewählten Datenmaterials unabhängig von den entsprechenden Informationsinhalten, nicht etwa deren unterschiedslose Nutzung.[255] Der nachfolgende Zugriff der Sicherheitsbehörden auf personenbezogener Grundlage greift zwar in die Rechte aller betroffener Personen **(auch im Nicht-Treffer-Fall)** ein (→ Rn. 55–63a, 70 ff.); dieser Umstand bedeutet indes nicht grundsätzlich Unverhältnismäßigkeit.[256]

---

[248] Demgegenüber hat das BVerfG allerdings eine Obergrenze verfassungsrechtlicher Zulässigkeit von Registerpflichten des Einzelnen in Betracht gezogen, ohne diese Grenze genauer konkretisieren zu können: Unzulässig sei „eine möglichst flächendeckende vorsorgliche Speicherung aller für die Strafverfolgung oder Gefahrenprävention nützlichen Daten". Die in Rede stehende Speicherung dürfe „auch nicht im Zusammenhang mit anderen vorhandenen Dateien zur Rekonstruierbarkeit praktisch aller Aktivitäten der Bürger führen." (BVerfG, Urt. v. 2.3.2010 – 1 BvR 256/08, BVerfGE 125, 260 (323 f.); dazu *Roßnagel,* NJW 2010, 1238 (1240 f.)).

[249] Vgl. *Bull,* in: van Ooyen/Möllers, Handbuch BVerfG im politischen System, 2015, S. 627 (640); *Weber,* Die Sicherung rechtsstaatlicher Standards im modernen Polizeirecht, 2011, S. 179.

[250] Vgl. hierzu *Ladeur,* DÖV 2009, 45 (53); *Möstl,* ZRP 2011, 225; dazu schon → Rn. 60, unter Bezugnahme auf das Votum der Richterin *Haas* in der Schläferraster-Entscheidung des BVerfG.

[251] Ähnliche Begriffsbildung bei *Löffelmann,* Kaum betroffen, F. A. Z. v. 30.4.2015, S. 7.

[252] Vgl. zur unzulässigen Gleichbehandlung von wesentlich Ungleichem Kurzübersicht bei Jarass/Pieroth/*Jarass,* GG, 16. Aufl. 2020, Art. 3 Rn. 12 mit Nachw. aus der Rspr. des BVerfG.

[253] Vgl. dazu BVerfG, Urt. v. 2.3.2010 – 1 BvR 256/08, BVerfGE 125, 260 (318 [Rn. 210]): „Erfasst werden [...] alle Bürger ohne Anknüpfung an ein zurechenbar vorwerfbares Verhalten"; EuGH, Urt. v. 8.4.2014 – C-293/12 u. a., NVwZ 2014, 709 (Rn. 58): „gilt also auch für Personen, bei denen keinerlei Anhaltspunkt dafür besteht, dass ihr Verhalten in einem auch nur mittelbaren oder entfernten Zusammenhang mit schweren Straftaten stehen könnte."

[254] Vgl. Wortlaut des § 175 Abs. 1 TKG sowie die Begründung zur Vorgängervorschrift des § 113a TKG in BT-Dr. 18/5088, S. 37, Abs. 1 letzter Satz; Wortlaut des Art. 3 der Richtlinie 2006/24/EG; näheres (zur alten Fassung des §§ 113a TKG) bei *Gausling,* Verdachtsunabhängige Speicherung von Verkehrsdaten auf Vorrat, 2010, insbes. S. 72.

[255] Sehr deutlich zu dieser Abschichtung die Ausführungen des BVerfG im Verfahren der Einstweiligen Anordnung, BVerfG, Beschl. v. 11.3.2008 – 1 BvR 256/08, BVerfGE 121, 1 (20).

[256] Vgl. BVerfG, Beschl. v. 18.12.2018 – 1 BvR 142/15, BVerfGE 150, 244.

91 Zur rechtsstaatlichen Absicherung gehört dabei – das ist inzwischen Routine unter dem GG – die vorgelagerte Steuerung von Inhalt und Umfang des hoheitlichen Abfragevorgangs durch **richterliche Entscheidung.** Sie entspricht gleichermaßen den vom BVerfG und vom EuGH aufgestellten Anforderungen und wird auch von dem neuen Gesetz zur Einführung einer Speicherpflicht[257] im Anschluss an vorangegangene Ausgestaltungen (der StPO und des Polizeirechts) verwirklicht.

92 Besondere Beachtung verdient vorliegend der gegenüber dem regelmäßigen temporären Geschäftsbedarf der Telekommunikationsdienste wesentlich größere Umfang des zeitgleich vorhandenen Datenmaterials in den jeweiligen Metadaten-Registern. Im Hinblick auf das strikte Verbot der Verwendung dieses „überschüssigen" Materials außerhalb der eng gesteckten gesetzlichen Grenzen für den Bedarf der Sicherheitsbehörden verbleibt insoweit das **Erfordernis der Abwehr von Missbrauch durch unzulässige Zugriffe.** Nicht umsonst hat das BVerfG die Frage der Datensicherheit (inklusive „anspruchsvolle Verschlüsselung") in seinen Darlegungen zu den erforderlichen gesetzlichen Einschränkungen an die erste Stelle gesetzt.[258] Solchen technischen Anforderungen ist unabhängig von der verfehlten Annahme des Vorliegens eines „besonders schweren Eingriffs" hohes Gewicht beizumessen, und zwar höheres als bei den oben erwähnten sonstigen Registern, weil das Metadaten-Register wesentlich sensitivere Informationen in sich birgt.[259]

93 Demgegenüber ist die Überlegung, zur Eingrenzung des Umfangs der Vorratsdatenspeicherung einen inhaltlichen Bezug zwischen den zu speichernden Daten/Informationen und den jeweiligen Zielsetzungen der Sicherheitsbehörden zu verlangen,[260] nicht zielführend. Denn der Telekommunikationsdienstleister kann und soll sich für die Informationsinhalte nicht interessieren (müssen). Auch ist aus der Sicht der Sicherheitsbehörden nicht generell vorab bestimmbar, welche Informationsbeziehungen im konkreten Fall Aufschluss zur Bekämpfung schwerer Straftaten geben werden.[261]

VI. Neue gesetzliche Regelung/verbleibende Bedenken

94 Der deutsche Gesetzgeber hat durch das genannte Gesetz vom 10.12.2015 mit §§ 113d ff. TKG (heute: §§ 178 ff. TKG) ein detailliertes, sanktionsbewehrtes Sicherheitskonzept vorgegeben.[262] Auch wenn man davon ausgeht, dass demgemäß alles dem Stand der Technik Entsprechende (vgl. § 178 TKG) realisiert wird, lässt sich – immer noch – die **Frage *hinreichender* technischer Sicherheit** erheben. Die politische Diskussion um das Für und Wider wird deshalb nicht beendet sein. Begreift man den Ernst, mit der sie von den Gegnern des vorsorglichen Metadaten-Registers mit Blick auf das Persönlichkeitsrecht des Einzelnen geführt wird, lässt sie sich mit einem ähnlichen Diskurs über technische Sicherheit – seinerzeit (insbes.) mit Blick auf Leben und körperliche Unversehrtheit geführt – vergleichen, nämlich demjenigen über die Nutzung der Kernenergie für friedliche Zwecke. Allerdings war und ist aus der Kompetenznorm des Art. 73 Abs. 1 Nr. 14 GG (früher

---

[257] → Rn. 81, hier § 101a i. V. m. § 100e StPO.

[258] BVerfG, Urt. v. 2.3.2010 – 1 BvR 256/08 u. a., BVerfGE 125, 260 (325 ff. [Rn. 220 ff.]).

[259] Dazu BVerfG, Urt. v. 2.3.2010 – 1 BvR 256/08 u. a., BVerfGE 125, 260 (319 f. [Rn. 211 ff.]): „tiefe Einblicke in das soziale Umfeld und die individuellen Aktivitäten".

[260] So – ansatzweise – EuGH, Urt. v. 8.4.2014 – C-293/12 u. a., NVwZ 2014, 709 (Rn. 59); nachdrücklicher EuGH, Urt. v. 21.12.2016 – C-203/15 u. a., ECLI:EU:C:2016:970, Rn. 106; anders BVerfG, Urt. v. 2.3.2010 – 1 BvR 256/08 u. a., BVerfGE 125, 260 (316 ff. [Rn. 204 ff.]); → Rn. 77.

[261] Vgl. GA *Saugmannsgaard Øe,* Schlussanträge v. 19.7.2016 – C-203/15 u. a., ECLI:EU:C:2016:572, Rn. 213.

[262] Vgl. dazu auch BT-Drs. 18/5088, S. 41 ff.

Art. 74 Nr. 11a GG) die verfassungsrechtliche Zulässigkeit dieser Energiegewinnung (Erdbebensicherheit vorausgesetzt)[263] herzuleiten.[264] Der Gesetzgeber hat sich in jener Sache jedoch einschlägigen Besorgnissen angeschlossen und den verbindlichen Ausstieg festgeschrieben. Diese Freiheit lässt ihm die Verfassung auch bezüglich der „Vorratsdatenspeicherung", um den Bedenken gegenüber der Sicherheit einer Massenspeicherung Rechnung zu tragen, es sei denn, dass ihn umgekehrt zum Zwecke der Kriminalitätsbekämpfung eine grundrechtliche Schutzpflicht träfe, diesen Weg der Datenverarbeitung zwingend vorzuschreiben. Doch ist eine entsprechende Handlungspflicht als Ausfluss des Untermaßverbots schwer belegbar.

95 Demgegenüber wird von den Kritikern der „Vorratsdatenspeicherung" nicht selten (sogar) vorgetragen, diese sei **zur Bekämpfung von Kriminalität** wenig oder überhaupt **nicht geeignet.**[265] BVerfG und EuGH haben das Gegenteil angenommen.[266] Auch ist davon auszugehen, dass die Strafverfolgungsbehörden, die seit längerem eine solche Regelung einhellig fordern,[267] nicht nach einer untauglichen Waffe verlangen.

96 Zusammengefasst stehen sich unter Zugrundelegung der vorangegangenen Erwägungen – nur noch – diese zwei technischen Argumente gegenüber: Bedenken gelten dem Maß der Datensicherheit der Speicherung auf der einen Seite und der Effektivität vorgesehener informationeller Auswertungen auf der anderen. Zwar können beide grundsätzlich auch von verfassungsrechtlicher Relevanz sein. Bei gründlicher **Erfassung** der beiderseitigen Kriterien **durch den Gesetzgeber** käme das schwerlich in Betracht, auch im Hinblick auf die diesem zukommende Einschätzungsprärogative in Prognosefragen.[268]

97 Ob die „Vorratsdatenspeicherung" tatsächlich, wie BVerfG und EuGH übereinstimmend erwägen,[269] geeignet ist, in (erheblichen Teilen) der Bevölkerung **diffuse, freiheitsbeeinträchtigende Gefühle** des Beobachtetwerdens bei der Inanspruchnahme von Telekommunikation auszulösen, ist **ungewiss.**[270] Wohlverstanden geht es nicht um eine *spezifische* Bedrohung in *konkreten* Situationen jeweiliger Grundrechtsausübung. Allein dem parlamentarischen Gesetzgeber kann es erforderlichenfalls zustehen, auf der Basis der Mehrheitsbildung den „Gefühlen" seiner Wählerschaft gerecht zu werden.[271] Diese hat es auch nicht, wie die beiden Gerichte ungenau angenommen haben, mit einer unbemerkt – hinter ihrem Rücken – vorgenommenen staatlichen Registrierung zu tun. Vielmehr ist die letztere gerade wegen ihrer anlasslosen Allgemeinheit undifferenziert für jedermann erfahrbar und dem Einzelnen jedenfalls bei mittlerer Aufmerksamkeit für den etwaigen Inhalt von Gesetzen zumeist bekannt.

---

[263] An dieser Voraussetzung scheiterte das Kernkraftwerk Mühlheim-Kärlich – lange vor dem Unfall in Fukushima im März 2011 (vgl. BVerwG, Urt. v. 14.1.1998 – 11 C 11/96, BVerwGE 106, 115).

[264] Vgl. Jarass/Pieroth/*Pieroth*, GG, 16. Aufl. 2020, Art. 73 Rn. 43 mit Nachw. aus der Rspr. des BVerfG.

[265] Vgl. *Leutheusser-Schnarrenberger*, PinG 2014, 125 (127) mit Nachw.

[266] → Rn. 77; übereinstimmend *Dix*, DANA 1/2012, 15 (16).

[267] Vgl. *Münch*, Praktische Nutzung der „Vorratsdatenspeicherung", ZRP 2015, 130ff.; *C. Frank*, PinG 2015, 141 (142); *Möstl*, ZRP 2011, 225 (227f.).

[268] Zu Fragen der Kontrolldichte bei Tatsachenfeststellungen und Prognoseentscheidungen im Verfahren vor dem BVerfG vgl. *Schlaich/Korioth*, Das BVerfG, 12. Aufl. 2021, Rn. 532ff.

[269] BVerfG, Urt. v. 2.3.2010 – 1 BvR 256/08 u.a., BVerfGE 125, 260 (320) Rn. 212; EuGH, Urt. v. 8.4.2014 – C-293/12 u.a., NVwZ 2014, 709 (Rn. 37); interessant ist im Vergleich hierzu der französische Umgang mit der Vorratsdatenspeicherung, ausführlich hierzu *Gerhold*, DÖV 2022, 93.

[270] Skepsis bezüglich dieses Kriteriums bei *Kühling*, NVwZ 2014, 681 (682); ausführlich dazu *Bull*, Sinn und Unsinn des Datenschutzes, 2015, S. 94ff.; *ders.*, Netzpolitik, 2013, S. 72ff.

[271] Vgl. insgesamt zur Kritik an der Entscheidung des BVerfG zur Vorratsdatenspeicherung wegen des eingetretenen Schadens für die Demokratie *Wolff*, NVwZ 2010, 751.

3. Abschnitt. Europarechtliche (primärrechtliche) Basis

Literatur: *Aebi-Müller,* Personenbezogene Informationen im System des zivilrechtlichen Persönlichkeitsschutzes. Unter besonderer Berücksichtigung der Rechtslage in der Schweiz und in Deutschland, 2005; *Belser*/Epiney/Waldmann, Datenschutzrecht, Grundlagen und öffentliches Recht, 2011; *Bygrave,* Data Protection Law, Approaching its rationale, logic and limits, 2002; *Kranenborg,* Access to documents and data protection in the European Union: On the public nature of personal data, CMLR 45 (2008), 1079; *Marsch,* Das europäische Datenschutzgrundrecht, 2018; *Moreham,* The right to respect for private life in the European Convention on Human Rights, European Human Rights Law Rev. 2008, 44; *Oliver,* The Protection of privacy in the economic sphere before the European Court of Justice, CMLRev 46 (2009), 1443; *Roßnagel/Pfitzmann/Garstka,* Modernisierung des Datenschutzrechts (Gutachten im Auftrag des BMI), 2001; *Siemen,* Datenschutz als europäisches Grundrecht, 2006; *Weber/Sommerhalder,* Das Recht der personenbezogenen Information, 2007.

1 Deutsches Verfassungsrecht und mit ihm gerade die grundrechtlichen Gewährleistungen befinden sich schon seit längerer Zeit in einem europarechtlichen Transformationsprozess, wie er etwa durch die Solange-Entscheidungen des BVerfG signalisiert wurde.[1] Mit dem Inkrafttreten des Lissabon-Vertrags unter Einschluss der Charta der Grundrechte der EU (GRCh) vollzog sich ein besonderer, positivrechtlicher Einschnitt auf der verfassungsrechtlichen bzw. primärrechtlichen Ebene. Die gegenwärtige, auf einem (partiell eingegrenzten) **Anwendungsvorrang**[2] **des Europarechts** beruhende Rechtslage geht über das hinaus, was in der Entwicklung europäischer Grundrechte in der Rechtsprechung des EuGH und mehr noch durch die Aussagen des EGMR zur EMRK angelegt war. Für den Bereich des Datenschutzrechts spielen insgesamt Art. 16 Abs. 2 AEUV,[3] Art. 7 und 8 GRCh und Art. 8 EMRK eine hervorragende Rolle.

2 Die Straßburger und die Luxemburger europäische Rechtsprechung gehören zwei verschiedenen völkerrechtlichen/konstitutionellen Systemen zu, welche nicht nur von einem unterschiedlichen Kreis beteiligter Staaten, sondern vor allem von sehr unterschiedlichen Strukturen, Zielsetzungen und Kompetenzen geprägt sind. Doch alle (gegenwärtig) 27 Mitgliedstaaten der EU sind auch Mitglieder des Europarats und damit Vertragsparteien der Konvention.[4] Daraus folgt der ständige Ein-

---

[1] BVerfG, Beschl. v. 29.5.1974 – 2 BvL 52/71, BVerfGE 37, 271; BVerfG, Beschl. v. 22.10.1986 – 2 BvR 197/83, BVerfGE 73, 339 – Solange I und II; seither ist das BVerfG bemüht, seine Autonomie gegenüber dem EuGH zu behaupten, wie sich etwa in folgenden Entscheidungen zeigt BVerfG, Urt. v. 2.3.2010 – 1 BvR 256/08 u.a., BVerfGE 125, 260 (306ff.) – Vorratsdatenspeicherung; BVerfG, Urt. v. 24.4.2013 – 1 BvR 1215/07, BVerfGE 133, 277 (316) – Anti-Terror-Datei-Gesetz; BVerfG, Urt. v. 16.2.2016 – 2 BvR 2728 u.a., BVerfGE 142, 123; BVerfG, Beschl. v. 6.11.2019 – 1 BvR 16/13, BVerfGE 152, 152 – Recht auf Vergessen I; BVerfG, Beschl. v. 6.11.2019 – 1 BvR 276/17, BVerfGE 152, 216 – Recht auf Vergessen II; ausführlich zum Verhältnis beider (Grund-) Rechtsordnungen zueinander *Marsch,* Das europäische Datenschutzgrundrecht 2018, Kap. 4; *ders.,* ZEuS 2020, 597.

[2] Dazu ausführlich Oppermann/Classen/Nettesheim/*Nettesheim,* Europarecht, 9. Aufl. 2021, § 10; EuGH, Urt. v. 26.2.13 – C-399/11, ECLI:EU:C:2013:107 – Melloni.

[3] Nach herrschender Auffassung kommt Art. 16 Abs. 1 AEUV neben Art. 8 GRCh grundrechtlich keine gesonderte Bedeutung zu (vgl. dazu *Spiecker gen. Döhmann,* JZ 2011, 169 (172 r.Sp.), m.w.Nachw.).

[4] Für den Zusammenhang zwischen Mitgliedschaft im Europarat und Beitritt zur Konvention vgl. Art. 59 Abs. 1 EMRK. – Nach Art. 59 Abs. 2 EMRK kann die EU ihrerseits der Konvention beitreten und nach Art. 6 Abs. 2 S. 1 EUV ist die EU eben dazu gehalten. Das Verfahren hierzu erfuhr eine Unterbrechung durch den EuGH, Gutachten 2/13 v. 18.12.2014 – ECLI:EU:C:2014:2454, durch welches eine den Beitritt vorsehende Übereinkunft für mit dem Vertragswerk der EU unvereinbar erklärt wurde.

fluss der EMRK – zusammen mit den „gemeinsamen Verfassungsüberlieferungen“ der Mitgliedstaaten – auf die Grundrechtsrechtsprechung des EuGH und des EuG.[5]

3 **Deutsches Datenschutzrecht** befindet sich – hier zunächst auf der verfassungsrechtlichen Ebene betrachtet – perspektivisch in einer besonderen Situation in Europa. Der Weg, den das BVerfG im Volkszählungsurteil eingeschlagen hat, ist *Sonderweg* geblieben.[6] Die Idee, *informationeller Selbstbestimmung* als solcher Grundrechtsschutz zuzuweisen, ist in der gemeineuropäischen Rechtsentwicklung nicht angelegt und hat außerhalb des deutschen Sprachraums keine ins Gewicht fallende Gefolgschaft gefunden (→ § 7 Rn. 39). Auch für Österreich[7] und die Schweiz[8] ist lediglich zögerliche Akzeptanz zu vermerken.

4 Daneben finden sich bemerkenswerte **Unterschiede der Akzentuierung** in der Rechtsprechung des **EGMR einerseits** und des **EuGH andererseits.** Dem ist im folgenden näher nachzugehen, auch zur Präzisierung des geltenden deutschen Verfassungsrechts. Für die Interpretation der EMRK durch den EGMR hat das BVerfG das Erfordernis einer entsprechenden Analyse mehrfach ausgesprochen: „Die Gewährleistungen der Konvention [...] und die Rechtsprechung des EGMR [...] dienen auf der Ebene des Verfassungsrechts als Auslegungshilfen für die Bestimmung von Inhalt und Reichweite von Grundrechten“.[9] – Für die Judikatur des EuGH ergab sich (auch) vor dem 1.12.2009 eine Pflicht zur Berücksichtigung/Beachtung der EMRK und der „gemeinsame[n] Verfassungsüberlieferungen der Mitgliedstaaten“ aus Art. 6 Abs. 2 EUV a.F., oftmals realisiert im Rahmen eines Vorabentscheidungsverfahrens nach Art. 234 EGV.[10] Die Erörterung des Gehalts der Art. 7 und 8 GRCh – als Ergebnis vorangegangener Entwicklung – hat vor diesem Hintergrund[11] stattzufinden (→ 7 Rn. 29ff.).

§ 6. Art. 8 EMRK in Anwendung auf personenbezogene Informationen durch den EGMR

A. Ausgangspunkt: Privatleben i.w.S.

5 Art. 8 EMRK, der das „Recht auf Achtung“ des „Privat- und Familienlebens“, der „Wohnung und [...] Korrespondenz“ gewährleistet, ist für den EGMR Grundlage zur Beurteilung datenschutzrechtlicher Problemstellungen. So fand die Vorschrift u.a. in zwei Entscheidungen aus 1987 und 2000 Anwendung auf die Speicherung von Informationen in geheimen **Unterlagen von Polizei und Nachrichtendiensten.** Insbesondere ging es dabei um zeitlich weit zurückliegende politische Aktivitäten,

[5] Insoweit bekräftigen Art. 6 Abs. 3 EUV, auch Art. 52 Abs. 4 GRCh, nur den bisherigen Rechtszustand.

[6] Vgl. *Stentzel,* PinG 2015, 185 (186).

[7] Dezidiert kritisch aus österreichischer Sicht *Berka,* in: Eilmannsberger u.a., Geheimnisschutz, Datenschutz, Informationsschutz, 2008, S. 61ff.

[8] Einen Überblick zur dortigen Rechtsprechung und Literatur gibt Belser/Epiney/Waldmann/*Belser,* Datenschutzrecht, 2011, § 6 Rn. 115ff.; weiter zur Kritik am R.a.i.S. aus schweizerischer Sicht *Aebi-Muller,* Personenbezogene Informationen im System des zivilrechtlichen Persönlichkeitsschutzes, 2005, § 13.

[9] So BVerfG, Beschl. v. 14.10.2004 – 2 BvR 1481/04, BVerfGE 111, 307 (317) – Görgülü; dazu *Payandeh,* DÖV 2011, 382ff.

[10] Vgl. zu Art. 267 AEUV *Britz,* NJW 2012, 1313ff.

[11] Anders der Untersuchungsgang bei *Siemen,* Datenschutz als europäisches Grundrecht, 2006, die sich bemüht, von einem vorausgesetzten Begriff des Datenschutzes her zu ergründen, wieweit die Rechtsprechung europäischer Gerichte dem gerecht werden; zur Kritik an diesem Ansatz *Bull,* DVBl. 2007, 687f.

die z. Zt. ihres Geschehens öffentlich wahrnehmbar waren.[12] Das Gericht entwickelte in diesem Zusammenhang den von ihm im Urteil vom 17.2.2011 erneut festgehaltenen Grundsatz:

„Selbst *öffentliche* Daten können zum *Privat*leben gehören, wenn sie von Behörden systematisch in ihren Registern gesammelt und gespeichert werden".[13]

6 Darin kommt das Dilemma, zugleich aber auch ein Stück Produktivität der Rechtsprechung des EGMR zum Ausdruck. Das „Dilemma" ist ein aus der datenschutzrechtlichen Diskussion bekanntes, welchem man sich gegenübersieht, wann immer man versucht, den Schutzzielen des Datenschutzrechts ein einheitliches Rechtsgut – hier das Privatleben – zuzuordnen.[14] Umgekehrt signalisiert das Gericht, dass es mit Blick auf Möglichkeiten der Informationsverarbeitung diesen entsprechend pragmatische Lösungen zum Zweck des Persönlichkeitsschutzes anstrebt. Das öffnet den Weg zu einem **flexiblen Verständnis von „Privatleben"**:[15]

„Es wäre jedoch zu eng, wenn dieser Begriff auf einen ‚inneren Kern' beschränkt würde, [...] und davon die von diesem Kreis nicht umfasste Außenwelt völlig auszuschließen. Die Achtung des Privatlebens muss auch bis zu einem gewissen Grad das Recht umfassen, Beziehungen zu anderen Menschen herzustellen und zu entfalten."[16]

B. Beruf. Wirtschaft

7 Eine **klare Trennung** zwischen der privaten Lebenswelt und dem Berufs- und Geschäftsbereich[17] ist nach Auffassung des EGMR **nicht realisierbar.** Die meisten Menschen hätten auch „gerade in ihrem Berufsleben eine signifikante [...] Möglichkeit zur Entwicklung der Beziehungen mit der Außenwelt",[18] welche als solche der Persönlichkeitsentfaltung zugehörig seien. Dank dieser Argumentation erhält Art. 8 EMRK zugleich eine lückenfüllende Funktion; denn die Konvention enthält keine

---

[12] Vgl. EGMR, Urt. v. 26.3.1987 – 9248/81, Série A no. 116, Rn. 17, 48 – Leander ./. Schweden; ausführlicher EGMR (Große Kammer), Urt. v. 4.5.2000 – 28341/95, CEDH 2000-V, Rn. 42ff. – Rotaru ./. Rumänien; weiterhin EGMR, Urt. v. 6.6.2006 – 62332/00, CEDH 2006-VII, Rn. 71f. – Segerstedt-Wiberg ./. Schweden; allgemein zur Löschung einer zurückliegenden strafrechtlichen Verwarnung EGMR, Urt. v. 13.11.12 – 24029/07, ECLI:CE:ECHR:2012:1113JUD002402907 Rn. 187ff. – M. M. ./. UK.

[13] EGMR, Urt. v. 17.2.2011 – 12884/03, NVwZ 2011, 1503 (n. 74) – Wasmuth ./. Deutschland, Hervorhebung hinzugefügt.

[14] Vgl. umgekehrt zum R. a. i. S. → § 4 Rn. 22f.

[15] Dazu kritisch *Harris/O'Boyle/Warbrick*, Law of the European Convention on Human Rights, 4. Aufl. 2018, S. 361ff.; *Moreham*, The right to respect for private life in the European Convention on Human Rights, European Human Rights Law Rev. 2008, 44 (45).

[16] EGMR, Urt. v. 16.12.1992 – 13710/88, Ser. A no. 251-B, NJW 1993, 718 (Rn. 29) – Niemietz ./. Deutschland; vgl. weiterhin EGMR, Urt. v. 28.5.2009 – 26713/05, ECLI:CE:ECHR:2009: 0528JUD002671305, Rn. 22 – Bigaeva ./. Griechenland: „soziales Privatleben"; EGMR, Urt. v. 7.2. 2012 – 40660/08, CEDH 2012-I, NJW 2012, 1053 (Rn. 95) – Caroline von Hannover./. Deutschland; EGMR, Urt. v. 9.1.2013 – 21722/11, CEDH 2013-I, 165f. – Oleksandr Volkov ./. Ukraine.

[17] Einen guten Überblick vermittelt *Oliver*, CMLRev 46 (2009), 1443 (1449ff.).

[18] EGMR, Urt. v. 16.12.1992 – 13710/88, Ser. A no. 251-B, NJW 1993, 718 (Rn. 29) – Niemietz ./. Deutschland; vgl. weiterhin EGMR, Urt. v. 28.5.2009 – 26713/05, ECLI:CE:ECHR:2009: 0528JUD 002671305, Rn. 22 – Bigaeva ./. Griechenland: „soziales Privatleben"; EGMR, Urt. v. 7.2.2012 – 40660/08, CEDH 2012-I, NJW 2912, 1053 (Rn. 95) – Caroline von Hannover ./. Deutschland; EGMR, Urt. v. 9.1.2013 – 21722/11, CEDH 2013-I, 165f. – Oleksandr Volkov ./. Ukraine; EGMR, Urt. v. 16.2.2000 – 27798/95, CEDH 2000-II, ÖJZ 2001, 71, Rn. 65 – Amann ./. Schweiz; EGMR, Urt. v. 25.6.1997 – 20605/92, CEDH 1997-III, Rn. 42 – Halford ./. Vereinigtes Königreich; EGMR (Große Kammer), Urt. v. 4.5.2000 – 28341/95, CEDH 2000-V, Rn. 42ff. – Rotaru ./. Rumänien.

dem Art. 12 GG entsprechende Bestimmung.[19] Die Ausweitung des Schutzes auf diese Bereiche wirkt sich wesentlich auf den Inhalt der Begriffe „Wohnung“ – durch Hineinnahme von Kanzlei- und Geschäftsräumen[20] – und „Korrespondenz“ aus. Letztere umfasst auch die beruflich-gewerbliche Telekommunikation.[21] Auch vertrauliche Wirtschaftsdaten können umfasst sein.[22]

8 Information über das ***Einkommen** einer Person des öffentlichen Lebens* wurde als nicht deren Privatleben betreffend angesehen.[23] Demgegenüber gilt in Bezug auf Freizeitaktivitäten solcher Personen eher das Umgekehrte.[24] Daraus erkennt man, dass das Gericht nicht etwa zu einer generellen Nivellierung der Schutzwürdigkeit von Informationen aus verschiedenen Lebensbereichen neigt. Soweit es im übrigen den informationellen Schutz aus Art. 8 auf berufliche Kommunikation ausdehnt, hat es ausdrücklich darauf hingewiesen, dass insoweit zulässige Eingriffe nach Abs. 2 „durchaus weitreichender“ sein können als im eigentlichen Privatbereich.[25] Es bleibt damit bei **deutlichen Abstufungen.**[26]

C. Besondere Arten personenbezogener Informationen

9 Das Recht auf Achtung des Privatlebens aktualisiert sich in der Rechtsprechung des EGMR insbesondere[27] in Bezug auf **sensitive Informationen,** wie sie schon in Art. 6 der Datenschutzkonvention 108 des Europarats, dem Vorbild von Art. 9 DS-GVO (näher → § 14 Rn. 8), vorgezeichnet wurden. Relativ häufig sind die Fälle, in

[19] Vgl. dazu EGMR. Urt. v. 27.7.2004 – 55480/00 u. a., CEDH 2004-VIII, Rn. 46 ff. – Sidabras ./. Litauen; EGMR, Urt. v. 28.5.2009 – 26713/05, E CLI:CE:ECHR:2009:0528JUD002671305, Rn. 23 – Bigaeva ./. Griechenland; Urt. v. 23.3.2006 – 77962/01, ECLI:CE:ECHR:2006:0323JUD007796201 Rn. 44 ff. – Vitiello ./. Italien.

[20] Vgl. EGMR Urt. v. 16.12.1992 – 13710/88, Ser. A no. 251-B, NJW 1993, 718 (Rn. 30–32) – Niemietz ./. Deutschland; EGMR, Urt. v. 6.4.2002 – 37971/97, CEDH 2002-III, Rn. 40 ff. – Soc. Colas Est ./. Frankreich; EGMR, Urt. v. 28.4.2005 – 41604/98, CEDH 2005-IV, NJW 2006, 1495, Rn. 32 f. – Buck ./. Deutschland; EGMR, Urt v. 9.4.2009 – 19856/04, NJW 2010, 2109, Rn. 29 – Kolesnichenko/Russland; EGMR, Urt. v. 21.1.2010 – 43757/05, ECLI:CE:ECHR:2010:0121JUD004375705, DÖV 2010, 365 – Da Silveira/Frankreich.

[21] Vgl. EGMR, Urt. v. 16.2.2000 – 27798/95, CEDH 2000-II, ÖJZ 2001, 71, Rn. 44 – Amann ./. Schweiz; EGMR, Urt. v. 25.6.1997 – 20605/92, CEDH 1997-III, Rn. 42 ff. mit umfangr. Nachw. – Halford ./. Vereinigtes Königr.; EGMR, Urt. v. 25.3.1998 – 23224/94, CEDH 1998-II, Rn. 50 – Kopp ./. Schweiz.

[22] So in Bezug auf die Beschlagnahme von Bankunterlagen EGMR, Urt. v. 7.7.2015 – 28005/12, ECLI:CE:ECHR:2015:0707JUD002800512, Rn. 51 ff. – M. N. ./. San Marino.

[23] EGMR, Urt. v. 21.1.1999 – 29183/95, CEDH 1999-I, Rn. 46 Abs. 2, Rn. 50 a. E., Rn. 53 – Fressoz & Roire ./. Frankreich – unter Bezugnahme auf die vorausgegangene Entsch. des Court de Cassation zur französischen Rechtslage; vgl. EGMR, Urt. v. 4.1.2007 – 39658/05, ECLI:CE:ECHR:2007:0104DEC003965805, Abschn. „The Law“ Abs. 2 – Smith ./. Vereinigtes Königreich. – bezüglich des Inhalts einer Verhandlung mit der Geschäftsbank. – Beachte die in → § 7 Rn. 25 ff., 32 f. diskutierte Rechtsprechung des EuGH.

[24] EGMR, Urt. v. 24.6.2004 – 59320/00, CEDH 2004-VI, Rn. 48 ff., NJW 2004, 2647; auch EGMR, Urt. v. 7.2.2012 – 40660/08, CEDH 2012-I, NJW 2012, 1053 (Rn. 95) – Caroline von Hannover./. Deutschland, I + II.

[25] So EGMR, Urt. v. 16.12.1992 – 13710/88, Ser. A no. 251-B, NJW 1993, 718 (Rn. 31 a. E.) – Niemietz ./. Deutschland; EGMR, Urt. v. 6.4.2002 – 37971/97, CEDH 2002-III, Rn. 49, 42 – Soc. Colas Est ./. Frankreich; EGMR, Urt. v. 14.3.2013 – 24117/08, ECLI:CE:ECHR:2013:0314JUD002411708, Rn. 104 a. E. – Bernh Larsen Hold. ./. Norwegen; *Moreham,* European Human Rights Law Rev. 2008, 44 (51); *Weber/Sommerhalder,* Das Recht der personenbezogenen Informationen, 2007, S. 77.

[26] Das lässt *Hanschmann,* in: Matz-Lück, Grundrechte und Grundfreiheiten im Mehrebenensystem, 2012, S. 293 (300 ff.), unbeachtet.

[27] Nicht etwa ausschließlich, wie der EGMR mehrfach ausdrücklich hervorgehoben hat, vgl. EGMR, Urt. v. 7.7.2015 – 28005/12, ECLI:CE:ECHR:2015:0707JUD002800512, Rn. 51 – M. N. ./. San Marino.

denen es um Informationen über politische Überzeugungen[28] und über die Gesundheit[29] (unter Einschluss genetischen Materials)[30] geht.

D. Öffentlichkeit

10 Schon unabhängig von besonderem Modebewusstsein geht jedermann auf nicht unbelebter Straße davon aus, wahrgenommen zu werden.[31] Er ist so im Rechtssinn eine **„allgemein zugängliche Quelle"**.[32] Eine solche unterliegt, wie der Begriff zum Ausdruck bringt, aus tatsächlicher Sicht der ungehinderten Informationsgewinnung. Der EGMR spricht insofern von „öffentlichen Daten", die, wie eingangs schon zitiert,[33] dem Schutz des Art. 8 EMRK (nur) gegenüber *systematischer* Sammlung und Speicherung unterfallen.[34] Dabei sind je nach den (örtlichen) Gegebenheiten „*berechtigte Erwartungen* der Vertraulichkeit ein wichtiges, aber nicht notwendig entscheidendes Kriterium" zugunsten von Privatheitsschutz,[35] was vor allem für die Beurteilung verdeckter Informationsbeschaffung relevant ist.[36] Ausgangspunkt ist bei alledem die Beurteilung *behördlicher* Aktivitäten gewesen. Doch legt der EGMR im *Zivilrechts*bereich korrelierende staatliche Schutzpflichten für das Privatleben zugrunde.[37]

11 Auch die bloße Beobachtung mittels einer **Videoanlage** (Erhebung von Information) ohne Aufzeichnung wird vom EGMR als eingriffsneutral angesehen.[38] Doch mit der Speicherung und damit dem nicht nur momentanen Verfügbar-Sein einer

---

[28] Vgl. EGMR, Urt v. 26.3.1987 – 9248/81, Série A no. 116, Rn. 17, 48 – Leander ./. Schweden; EGMR (Große Kammer), Urt. v. 4.5.2000 – 28341/95, CEDH 2000-V, Rn. 42 ff. – Rotaru ./. Rumänien; EGMR, Urt. v. 6.6.2006 – 62332/00, CEDH 2006-VII, Rn. 71 f. – Segerstedt-Wiberg ./. Schweden; EGMR, Urt. v. 18.11.2008 – 22427/04, ECLI:CE:ECHR:2008:1118JUD002242704, Rn. 5 ff., 33 ff. – Cemalettín Canli ./. Türkei.

[29] EGMR, Urt. v. 25.2.1997 – 22009/93, CEDH 1997-I, Rn. 94 ff. – Z ./. Finnland; EGMR, Entsch. v. 10.10.2006, Nr. 7508/02, Rn. 32 ff. – L. L. ./. Frankreich; EGMR, Urt. v. 17.7.08 – 20511/03, ECLI:CE:ECHR: 2008:0717JUD002051103 Rn. 6 ff., 38 ff. – I ./. Finnland.

[30] EGMR, Urt. v. 4.12.08 – 30562/04, CEDH 2008-V, NJOZ 2010, 696, Rn. 70 ff. – Marper ./. Vereinigtes Königreich., mit dem Ergebnis millionenfacher Löschungspflicht.

[31] Vgl. dazu EGMR, Urt. v. 25.9.2001 – 44787/98, CEDH 2001-IX, ÖJZ 2002, 911, Rn. 57 – P. G. & J. H. ./. Vereinigtes Königreich.

[32] Vgl. zu diesem Begriff Art. 5 Abs. 1 S. 1 GG; dazu gehören sowohl zutageliegende Sachverhalte als auch die Medien; für näheres → § 14 Rn. 2 f.

[33] EGMR, Urt. v. 17.2.2011 – 12884/03, NVwZ 2011, 1503, Rn. 74 – Wasmuth ./. Deutschland, Hervorhebung hinzugefügt.

[34] Diesbezüglich zeichnet sich eine deutliche Parallelität zu der der in → § 5 Rn. 67 Fn. 184 erwähnten jüngeren Rechtsprechung des BVerfG ab.

[35] Vgl. EGMR, Urt. v. 2.9.2010 – 35623/05, CEDH 220-VI, NJW 2011, 1333 (Rn. 44) (Hervorhebung hinzugefügt) – Uzun ./. Deutschland.

[36] Vgl. dazu EGMR, Urt. v. 15.6.1992 – 12433/86, Ser. A no. 238, Rn. 40, für einen verdeckten Ermittler gegenüber Drogenhändler, welcher nach Auffassung des Gerichts mit einer solchen Maßnahme rechnen musste – Lüdi ./. Schweiz; anders die Beurteilung z. B. in der Entscheidung EGMR, Urt. v. 17.7.2003 – 63737/00, CEDH 2003-IX, Rn. 37 ff. – Perry v. Vereinigtes Königreich.

[37] Zum Privatheitsschutz gegenüber Ermittlungen durch einen Detektiv vgl. Entscheidung EGMR, Entsch. v. 28.6.2001 – 41953/98, CEDH 2001-VII – Verlière ./. Schweiz; ferner die Entscheidungen des EGMR zum Schutz gegenüber Medienorganen, z. B. EGMR, Urt. v. 24.6.2004 – 59320/00, CEDH 2004-VI, JZ 2004,1015 (Rn. 57); EGMR, Urt. v. 15.11.2007 – 12556/03, NJW-RR 2008, 1218 (Rn. 37 f.) – Pfeiffer ./. Österreich; weiterhin EGMR, Urt. v. 17.7.08 – 20511/03, ECLI:CE:ECHR:2008:0717JUD002051103, Rn. 36 – I ./. Finnland.

[38] Vgl. dazu insbes. EGMR, Urt. v. 1.7.2008 – 42250/02, ECLI:CE:ECHR:2008: 0701JUD 004225002, Rn. 130–132 – Calmanovici ./. Rumänien; EKMR, Entsch. v. 14.1.1998 – 32200/96 u. a., Série A no. 92, Abschn. „The Law" sub 3 – Herbecq ./. Belgien; auch EGMR, Urt. v. 25.9.2001 – 44787/98, CEDH 2001-IX, ÖJZ 2002, 911 (Rn. 57); EGMR, Urt. v. 17.7.2003 – 63737/00, CEDH 2003-IX, Rn. 38, 40 – Perry v. Vereinigtes. Königreich; EGMR, Urt. v. 28.1.2003 – 44647/98, CEDH 2003-I, ÖJZ 2004, 651 (Rn. 59) – Peck ./. GB.

Information wandele sich hier der Charakter der Maßnahme.[39] Ähnlich differenziert bewertet das Gericht die bloße Herstellung von **Fotos im öffentlichen Raum** einerseits[40] und deren Verwertung[41]/Weitergabe[42] andererseits.

12 Was mit *systematischem* Sammeln und Speichern[43] gemeint ist, hat das Gericht zumindest grob umschrieben. Es geht ihm um die Zusammenstellung – **Kompilation – von Informationen „über jeweilige Individuen"**.[44] Diese Eingrenzung wird man nicht als eine Beschränkung auf die Erstellung von Persönlichkeitsprofilen (dazu → § 16) in dem Sinn verstehen können, dass es von vornherein auf die Ansammlung einer großen Anzahl personenbezogener Informationen/Merkmalsausprägungen (dazu → § 10 Rn. 3f.) ankäme. Vielmehr ist systematisches Vorgehen gegenüber einem bestimmten Individuum dann anzunehmen, wenn dieses z.B. zum **gezielten** Gegenstand von **Ermittlungen** seitens der Sicherheitsbehörden wird.[45] Dasselbe kann u.U. gelten, wenn ein (neuer) Geschäftspartner Veranlassung sieht, über den jeweils anderen Akten (einen Datensatz) anzulegen. Umgekehrt entbehrt die Erwähnung eines Namens in einem Gesprächsprotokoll oder eines Zeugen in einem Unfallbericht der „Systematik" gegenüber den in dieser Weise „betroffenen" Personen.[46] Noch mehr sollte das für die

---

[39] Vgl. nochmals EGMR, Urt. v. 17.7.2003 – 63737/00, CEDH 2003-IX, Rn. 37ff. – Perry v. Verein. Königreich.

[40] Vgl. EKMR v. 19.5.1994 – 15225/89, Rn. 48ff. (i.V.m. EGMR, Urt. v. 31.1.1995 – 15225/89, Série A no. 305-B) – Friedl ./. Österreich.

[41] Aber kein Eingriff, wenn die Fotos in anderem Verfahren – z.B. bei Passanträgen – freiwillig gegeben wurden, vgl. EGMR vom 7.12.92, Nr. 18395/91 – Lupker ./. Niederlande, gemäß Hinweis in EGMR, Urt. v. 17.7.2003 – 63737/00, CEDH 2003-IX, Rn. 42 – Perry ./. Verein. Königreich.

[42] Vgl. EGMR, Urt. v. 11.1.2005 – 50774/99, CEDH 2005-I, Rn. 26ff. – Sciacca ./. Italien; EGMR, Urt. v. 28.1.2003 – 44647/98, CEDH 2003-I, ÖJZ 2004, 651 (Rn. 60ff.) – Peck ./. Vereinigtes Königreich.

[43] Vgl. das Zitat → Rn. 5; die Formulierung ist gleichermaßen enthalten in EGMR (Große Kammer), Urt. v. 4.5.2000 – 28341/95, CEDH 2000-V, Rn. 43 a.E.– Rotaru ./. Rumänien; EGMR, Urt. v. 31.5.2005 – 64330/01, ECLI:CE:ECHR:2005:0531JUD006433001, Rn. 62 – Antunes Rocha ./. Portugal; EGMR, Urt. v. 6.6.2006 – 62332/00, CEDH 2006-VII, Rn. 72 – Segerstedt-Wiberg ./. Schweden; EGMR, Urt. v. 1.7.2008 – 42250/02, ECLI:CE:ECHR:2008:0701JUD004225002, Rn. 130 – Calmanovici ./. Rumänien; EGMR, Urt. v. 18.11.2008 – 22427/04, ECLI:CE:ECHR:2008:1118JUD002242704, Rn. 33 – Cemalettin Canli ./. Türkei. – Eine Abweichung findet sich in einigen überwiegend älteren Entscheidungen, in denen von „systematisch[em] *oder* dauerhaft[em]" Speichern die Rede ist (Hervorhebung hinzugefügt): EGMR, Urt. v. 25.9.2001 – 44787/98, CEDH 2001-IX, ÖJZ 2002, 911 (Rn. 57) – P.G. & J.H. ./. Vereinigtes Königreich; EGMR, Urt. v. 28.1.2003 – 44647/98, CEDH 2003-I, ÖJZ 2004, 651 (Rn. 59) – Peck ./. GB; EGMR, Urt. v. 17.7.2003 – 63737/00, CEDH 2003-IX, Rn. 38 – Perry v. Vereinigtes Königreich; in jüngerer Zeit noch EGMR, Urt. v. 2.9.2010 – 35623/05, CEDH 220-VI, NJW 2011, 1333 (Rn. 44) – Uzun ./. Deutschland; diese Abweichung war für den Inhalt der jeweils getroffenen Entscheidung jedoch belanglos.

[44] Im Originaltext: „the compilation of data [...] on particular individuals", EGMR Urt. v. 28.1.2003 – 44647/98, CEDH 2003-I, ÖJZ 2004, 651 (Rn. 59) – Peck ./. GB.; übereinstimmend EGMR, Urt. v. 17.7.2003 – 63737/00, CEDH 2003-IX, Rn. 38 – Perry v. Vereinigtes. Königreich; ähnlich EGMR, Urt. v. 25.9.2001 – 44787/98, CEDH 2001-IX, ÖJZ 2002, 911 (Rn. 57) – P.G. & J.H. ./. Verein. Königreich: „files gathered [...] on a particular individual"; EGMR, Urt. v. 2.9.2010 – 35623/05, CEDH 220-VI, NJW 2011, 1333 (Rn. 46) – Uzun ./. Deutschland: „systematic collection and storing of data [...] on particular individuals", franz.: „la collecte et la conservation systématiques d'informations [...] sur certains individus". „Particular" bzw. „certain" mit „bestimmt(e)" zu übersetzen wäre wegen Verwechslungsgefahr mit der Definition für personenbezogene Daten in Art. 2 lit. a der Konvention 108 (→ Fn. 50), in Art. 2 lit. DSRL, wo es im Englischen „identified" bzw. franz. „identifié" heißt, ebenfalls missverständlich.

[45] Vgl. die dementsprechende Regelung in § 1 Abs. 7 des britischen Data Protection Act 1984 – „Processing [...] by reference to the data subject; dazu *H. Rowe*, Data Protection Act: a practical guide, 1999, Kap. 5 sub (4), (g).

[46] Vgl. EGMR, Urt. v. 4.1.2007 – 39658/05, ECLI:CE:ECHR:2007:0104DEC003965805, Abschn. „Facts" und „The Law" – Smith ./. Vereinigtes Königr.; *Kranenborg*, CMLR 45 (2008), 1079 (1092f., 1105ff.); zum Sprecher in der Öffentlichkeit (eines Parlamentariers) EGMR Urt. v. 13.4.2009 – 37374/05, ECLI:CE:ECHR:2009:0414JUD003737405, Rn. 37 – Társaság ./. Ungarn; zur anders orientierten Rechtsprechung des EuGH → § 7 Rn. 10ff.

Funktion personenbezogener Informationen im Rahmen des technischen Ablaufs der Datenverarbeitung – auch bei reinen Suchprozessen – gelten.[47]

E. Persönlichkeitsschutz

13 Zusammengefasst beinhaltet die sachorientierte Bemühung um eine extensive Interpretation des Art. 8 Abs. 1 EMRK **nicht etwa die *grenzenlose* Ausweitung auf jegliche personenbezogenen Informationen.**[48] Diese sind für den EGMR nicht per se Schutzgut i.S.d. Art. 8 Abs. 1 EMRK.[49] Daran ändert sich auch nichts durch gelegentliche Hinweise des Gerichts auf die Definition personenbezogener Daten in der Datenschutzkonvention des Europarats.[50] Auch die Frage, ob es überhaupt „belanglose Daten“ gäbe oder nicht (vgl. dazu → § 3 Rn. 5), ist beim EGMR kein Thema. Denn für die Menschenrechtsgarantie des Art. 8 EMRK verbleibt es ungeachtet möglicher zusätzlicher Schutzelemente auf anderer Ebene bei der Herausarbeitung **gesonderter inhaltlicher Kriterien** des „Privatlebens“,[51] mögen diese auch für Bereiche außerhalb der „Wohnung“ und in der Öffentlichkeit durchaus Bedeutung erlangen. Vom Wortlaut herkommend geht es vorrangig um Privatleben bzw. *Privatheit;* dieser Topos ist jedoch vom Gericht weiterentwickelt und ausgeweitet worden zu dem, was Persönlichkeitsschutz gerade auch im sozialen Bereich ausmacht. Das Ergebnis mag man, stellt man auf dem Einzelnen daraus erwachsende Autonomieaspekte[52] ab, **informationelle *Mit*bestimmung**[53] nennen.[54]

---

[47] Vgl. dazu *Roßnagel/Pfitzmann/Garstka*, Gutachten, 2001, 68f.; *dies.*, Modernisierung des Datenschutzrechts, DuD 2001, 253 (257).

[48] An diesem Befund richten *De Hert/Gutwirth*, in: Gutwirth u. a., Reviewing Data Protection?, 2009, S. 3 (insbes. 24–26), – umgekehrt – ihre weitreichende Kritik an der Rechtsprechung des EGMR aus.

[49] Vgl. dazu die Entscheidung EGMR, Urt. v. 4.12.2008 – 30562/04, CEDH 2008-V, NJOZ 2010, 696 (Rn. 67) – Marper ./. Vereinigtes Königr.: „zu berücksichtigen [ist] der besondere Zusammenhang […], in dem die Informationen gesammelt und gespeichert wurden, sowie die Art der Informationen, die Form ihrer Verwendung und Verarbeitung und das Ergebnis, zu dem das führen kann“.

[50] Vgl. Art. 2 lit. a des Übereinkommens zum Schutz der Menschen bei der automatisierten Verarbeitung personenbezogener Daten (Konvention 108) v. 28.1.81 (BGBl. 1985 II S. 539), Änderung vom 16.8.2002 (BGBl. 2002 II S. 1882. Entsprechende Hinweise des EGMR u. a. in EGMR, Urt. v. 16.2.2000 – 27798/95, CEDH 2000-II, ÖJZ 2001, 71 (Rn. 65) – Amann ./. Schweiz; in EGMR (Große Kammer), Urt. v. 4.5.2000 – 28341/95, CEDH 2000-V, Rn. 42ff. – Rotaru ./. Rumänien; in EGMR, Urt. v. 2.9.2010 – 35623/05, CEDH 220-VI, NJW 2011, 1333 (Rn. 46) – Uzun ./. Deutschland; dazu *Oliver*, CMLRev 46 (2009), 1443 (1450); auch *Kranenborg*, CMLRev 45 (2008), 1079 (1084f., 1091f.); *Siemen*, Datenschutz als europäisches Grundrecht, 2006, S. 121; dem bloßen Hinweischarakter trägt *R. J. Schweitzer*, DuD 2009, 462 (465), nicht Rechnung.

[51] Übereinstimmend zur Rechtsprechung des EGMR *Kokott/Sobotta*, IDPL 2013, 222 (223f.); beachte *Schiedermair*, Der Schutz des Privaten als internationales Grundrecht, 2012, S. 239ff.

[52] Ausdrücklich nimmt der EGMR den Autonomiegedanken – ein Selbstbestimmungsrecht als Bestandteil des Art. 8 EMRK – in seiner Entscheidung EGMR, Urt. v. 29.4.2002 – 2346/02, CEDH 2002-III, Rn. 61 – Pretty ./. Vereinigtes Königreich – auf; dabei ging es aber gerade nicht um Information, sondern darum, den Freitod zu wählen.

[53] Vgl. zu dieser Formulierung *Bygrave*, Data Protection Law, 2014, S. 154; Gola/Schomerus/*Gola/Köffer/Klug*, BDSG, 12. Aufl. 2015, § 1 Rn. 13; *Tinnefeld/Buchner/Petri*, 7. Aufl. 2019, S. 118, sprechen von einem „(Mit-)Gestaltungsrecht“, S. 123 von „(mit)bestimmen“.

[54] Das R. a. i. S. ist aus der Rechtsprechung des EGMR zu Art. 8 EMRK nicht herleitbar (übereinstimmend *Albers*, Informationelle Selbstbestimmung, 2005, S. 297; desgl. zu Art. 8 EMRK Pabel/Schmahl/*Wildhaber*, IntKommEMRK, Lfg. 4/92, Art. 8 Rn. 336f.; auch *R. H. Weber/Sommerhalder*, Das Recht der personenbezogenen Informationen, 2007, S. 76; *F. Fischer*, Rheinischer Kommentar zur europäischen Menschenrechtskonvention, 3. Aufl. 2020, Rn. 144; **a. A.** Dörr/Grote/Marauhn/*Marauhn/Thorn*, EMRK/GG Konkordanz Kommentar, 2. Aufl. 2013, Kap. 16 Rn. 28f.; *Mehring*, Europarecht 1991, 369 (371ff.); Schulze/Janssen/Kadelbach/*Holznagel/Felber*, Europarecht, 4. Aufl. 2020, § 38 Rn. 2; *Grabenwarter/Pabel*, EMRK, 7. Aufl. 2021, § 22 Rn. 40; Belser/Epiney/Waldmann/*Epiney/Schleiss*, 2015, § 3 Rn. 12).

§ 7. Grundrechtliche Gewährleistungen in der EU

Literatur: *Adamski,* Approximating a workable compromise on access to official documents: The 2011 developments in the European courts, CMLRev 49 (2012), 521; *Buchner,* Grundsätze und Rechtmäßigkeit der Datenverarbeitung unter der DS-GVO, DuD 2016, 155; *Eichenhofer,* e-Privacy, 2021; *Heberlein,* Konkordanz der Grundrechte – multipler Grundrechtsschutz durch die Datenschutz-Grundverordnung, DVBl. 2020, 1225; *De Hert/Gutwirth,* Data Protection in the Case Law of Strasbourg and Luxemburg: Constitutionalisation in Action, in: Reviewing Data Protection?, in: Gutwirth u.a., 2009; *Kirchhof,* Steueranspruch und Informationseingriff, in: FS *Tipke,* 1995, S. 27; *Kranenborg,* Access to documents and data protection in the European Union: On the public nature of personal Data, CMLRev 45 (2008), 1079; *Lynskey,* From Market-Making Tool to Fundamental Right: The Role of the Court of Justice in Data Protecion's Identity Crisis, in: Gutwirth u.a., European Data Protection: Coming of Age, 2013; *Marsch,* Das europäische Datenschutzgrundrecht, 2018; Peers/Hervey/Kenner/Ward/*Kranenborg,* The EU-Charter of Fundamental Rights, Art. 8 Rn. 08.25; *Seer,* Datenschutz im Besteuerungsverfahren, in: FS Meilicke, 2010, S. 687.

A. Rechtlicher Rahmen

I. Rechtsetzungskompetenz der EU

1 Art. 16 Abs. 2 AEUV begründet nunmehr eine ausdrückliche, selbständige Rechtssetzungskompetenz für unionsrechtliches Datenschutzrecht. Zuvor war wesentlicher Anknüpfungspunkt die Kompetenz zur **Verwirklichung des Binnenmarktes,** [1] worauf sich insbesondere die Datenschutzrichtlinie vom 24.10.1995 (DSRL)[2] gestützt hat.

2 2003 hat der EuGH im Urteil zum Österreichischen Rundfunk (ORF)[3] eine ungewöhnliche **Ausweitung des Geltungsbereichs dieser Richtlinie** vorgenommen. Danach ist Binnenmarktrelevanz einer die Informationsverarbeitung betreffenden nationalen Regelung unabhängig davon gegeben, ob die von einer solchen Regelung erfassten Sachlagen jeweils von zwischenstaatlicher Bedeutung sind. Die vom österreichischen Gesetzgeber vorgesehene Offenlegung der Höhe von Gehältern Bediensteter der öffentlichen Hand – auf den ersten Blick eine rein innerösterreichische Angelegenheit – gehörte dazu. Die Kompetenz der Europäischen Gemeinschaft zur Verwirklichung des gemeinsamen Binnenmarkts[4] verbunden mit der Tatsache, dass „**alle** personenbezogenen **Daten zwischen den Mitgliedstaaten übermittelt werden können**", ließen den EuGH auf die Anwendbarkeit der Richtlinie schließen. Es könne nicht darauf ankommen, ob beim jeweiligen konkreten Sachverhalt ein hinreichender Zusammenhang mit der Ausübung der im EG-Vertrag garantierten Grundfreiheiten – hier insbesondere mit der Arbeitnehmerfreizügigkeit – bestehe; andernfalls bliebe eine Abgrenzung des Anwendungsbereichs der Richtlinie immer ungewiss und von Zufälligkeiten abhängig. Es handele sich *nicht* um eine Tätigkeit, die im Sinne des Art. 3 Abs. 2 DSRL „nicht in den *Anwendungsbereich des Gemeinschaftsrechts*" falle. – Die besondere Qualität von Information lässt diese Lösung pragmatisch gerechtfertigt erscheinen.[5]

---

[1] Vgl. Art. 100a EGV i.d.F. bis 1997 bzw. nachfolgend Art. 95 EGV, jetzt Art. 114 AEUV.

[2] ABl. EG 1995 L 281, Einleitungssatz.

[3] EuGH, Urt. v. 20.5.2003 – C-465/00 u.a., RDV 2003, 231 (Rn. 39ff.); nachfolgende Hervorhebungen sind hinzugefügt.

[4] Gemäß der damaligen gesetzlichen Formulierung „zur schrittweisen Verwirklichung" desselben.

[5] Vgl. zu dieser Entscheidung (kritisch) *Britz,* EuGRZ 2009, 1 (4f.); *Ruffert,* EuGRZ 2004, 466 (467ff.); *Siemen,* EuR 2004, 306; *Classen,* CMLRev 41, 1377 (1382); anders *Coudray,* CMLRev 41, 1361 (1369ff.).

3 Der Ansatz ist von Bedeutung für die Interpretation von Art. 16 Abs. 2 AEUV geworden. Denn dieser räumt der EU u.a. die Kompetenz ein, Vorschriften über den Schutz personenbezogener Daten bei der Verarbeitung durch die Mitgliedstaaten zu erlassen, wenngleich dem Wortlaut nach nur „im Rahmen der Ausübung von Tätigkeiten, die in den *Anwendungsbereich des Unionsrechts* fallen“. Doch hat die Entwicklung dahin geführt, dass, sieht man von Informationsverarbeitung im privat-persönlichen Bereich ab, neben dem allgemeinen Subsidiaritäts- und Verhältnismäßigkeitsgrundsatz[6] **keine Kompetenzgrenzen** mehr greifbar sind.[7]

4 Losgelöst von Marktrelevanz hat sich die Kompetenz insbesondere ausgeweitet auf weite Bereiche der **öffentlichen Verwaltung**[8] und der Justiz.[9] Das gilt insbesondere auch für die Bekämpfung von Straftaten, welche – vormals der „Dritten Säule“ gem. Art. 29ff. EUV a.F. unterfallend – vom Anwendungsbereich der DSRL ausdrücklich ausgeschlossen wurde.[10] Aufgrund der alten Rechtslage war noch 2008 der Rahmenbeschluss „über den Schutz personenbezogener Daten [bei] der polizeilichen und justiziellen Zusammenarbeit in Strafsachen“ ergangen,[11] gemäß Art. 1 Abs. 2 eingeschränkt auf Datenverarbeitungsvorgänge jenseits der nationalen Ebene der Mitgliedstaaten. Demgegenüber gilt Art. 16 Abs. 2 AEUV als die erforderliche Rechtsgrundlage für die Regelung auch der lokalen Datenverarbeitung in der öffentlichen Verwaltung.[12]

II. Grundrechtlicher Gewährleistungsbereich in der EU und Auswirkung auf die Anwendbarkeit der Grundrechte der Mitgliedstaaten

5 Diese Entwicklung hat nachhaltige Konsequenzen für den grundrechtlichen Gewährleistungsbereich. Schon die ungeschriebenen Grundrechte aufgrund gemeinsamer Verfassungsüberlieferungen der Mitgliedstaaten galten und gelten gemäß Rechtsprechung des EuGH **im Anwendungsbereich** des Gemeinschafts- und Unionsrechts.[13] Art. 51 Abs. 1 S. 1 GRCh enthält eine restriktivere Formulierung, insoweit sie den Geltungsbereich der Grundrechte gegenüber den Mitgliedstaaten „ausschließlich“ auf die **„Durchführung** des Rechts der Union“ erstreckt. Nach der Rechtsprechung des EuGH und nach vorherrschender Auffassung ist hierin jedoch keine Änderung gegenüber der früheren Terminologie zu finden.[14] Im Ergebnis

[6] Gemäß Art. 5 EUV.

[7] Vgl. Calliess/Ruffert/*Kingreen,* 6. Aufl. 2022, Art. 16 AEUV, Rn. 6; *Streinz,* 3. Aufl. 2018, Art. 16 AEUV, Rn. 8; *Spiecker gen. Döhmann,* JZ 2011, 172: „umfassende datenschutzrechtliche Kompetenznorm“; *J.-P. Schneider,* in: BeckOK DatSchR, Völker- und unionsrechtliche Grundlagen, 2017, Rn. 36; *v. Lewinski,* DuD 2012, 564 (566); a.A. *Giesen,* CR 2012, 550 (554).

[8] Vgl. für die Kommunalverwaltung schon vor Inkrafttreten des Lissabon-Vertrags, auch im Anschluss an ORF (→ Fn. 3) EuGH Urt. v. 7.5.2009 – C-553/07, Slg. 2009, I-03889 – Rijkeboer.

[9] Diesbezüglich zur Gerichtsbarkeit mit Bezug auf die DS-GVO → § 25 Rn. 2.

[10] Vgl. Art. 3 Abs. 2 SpStr. 1 derselben.

[11] Rahmenbeschluss 2008/977/JI des Rates vom 27.11.2008, ABl. 2008 L 350/60; dessen Aufhebung per 6.5.2018 durch Art. 59 Abs. 1 JI-RL; dazu → § 8 Rn. 6ff.

[12] KOM(2012) 9638 endg.; KOM(2012) 10 endg., S. 2; *Nguyen,* ZEuS 2012, 277 (288); *Hijmans/Scirocco,* CMLRev 46 (2009), 1485 (1494, 1502, 1519); auch *Bäcker/Hornung,* ZD 2012, 147 (149); **a.A.** *Bundesrat,* BR-Drs. 51/12 (Beschluss) (2) v. 30.3.2012, Abschn. 5, 6; kritisch auch *Kugelmann,* DuD 2012, 581ff.

[13] Vgl. dazu die Erläuterungen des Präsidiums des Grundrechte-Konvents zu Art. 51 GRCh (ABl. EG 2007 C 303, 17 (32)), und zwar unter Bezugnahme auf EuGH, Urt. v. 13.7.1989 – C-5/88, Slg. 1989, 02609 (Rn. 16ff.) – Wachauf; EuGH, Urt. v. 18.6.1991 – C-260/89, Slg. 1991, I-02925 (Rn. 42f.) – ERT; EuGH, Urt. v. 18.12.1997 – C-309/96, Slg. 1997, I-07493 (Rn. 12ff.) – Annibaldi.

[14] Zustimmend *Jarass,* NVwZ 2012, 457ff.; bekräftigt und vertieft durch EuGH, Urt. v. 26.2.2013 – C-617/10, NJW 2013, 1415 (Rn. 19ff.) – Åkerberg Fransson; hierzu kritisch BVerfG, Urt. v. 24.4.2013 – 1 BvR 1215/07, JZ 2013, 621, Rn. 88ff. – ATDG, sowie *Grimm,* JZ 2013, 585 (590ff.);

gelangt man damit im Fall umfassender unionsrechtlicher Legeferierung des Datenschutzrechts auch zu umfassender Wirksamkeit der entsprechenden grundrechtlichen Gewährleistungen im Unionsrecht.[15]

5a In der Folge bleibt für grundrechtlichen Bestimmungen der Mitgliedstaaten jedenfalls insoweit kein Raum, als ein Sachverhalt **vollständig durch Unionsrecht determiniert** ist,[16] das unionsrechtliche Sekundärrecht Umsetzungsspielräume also nicht vorsieht.[17] Umgekehrt ist mitgliedstaatliches Recht dann wenigstens auch anwendbar, wenn **Regelungsspielräume bei den Mitgliedstaaten** verbleiben.[18] Das BVerfG zieht in einem solchen Fall bei der Prüfung die Grundrechte des Grundgesetzes heran, sofern keine hinreichenden Anhaltspunkte den Schluss nahelegen, dass im Einzelfall Grundrechtsvielfalt europarechtlich nicht gewollt ist, oder das grundrechtliche Schutzniveau der Charta durch deutsches Verfassungsrecht nicht mitgewährleistet wird.[19]

B. Der vor Inkrafttreten der GRCh gewährleistete Schutz

I. Persönlichkeitsschutz und Transparenz bei der öffentlichen Hand

1. Namen(sliste) von Lobbyisten

6 Im Verfahren Bavarian Lager ./. Europäische Kommission vor dem EuG[20] verlangte die Klägerin – die in England bayerisches Bier vertreiben wollte – die Einsicht in das Protokoll einer bei der Kommission durchgeführten Sitzung, an welcher auch Vertreter europäischer Bierbrauer teilgenommen hatten. Rechtsgrundlage für das Verlangen war die VO über öffentlichen Zugang zu Dokumenten der EG-Organe.[21] Die Kommission stützte sich für ihre Weigerung, die im Protokoll enthaltenen **Namen der Teilnehmer** offenzulegen, auf eine Ausnahmeregelung in Art. 4 der VO, der zufolge der Zugang verweigert wird, sofern ein solcher den „Schutz der Privatsphäre und der Integrität des Einzelnen, *insbesondere gemäß den Rechtsvorschriften […] über den Schutz personenbezogener Daten*", untergraben würde.[22]

7 Das Gericht setzte dem – in wesentlicher Übereinstimmung mit dem Europäischen Datenschutzbeauftragten[23] – entgegen:

> „Auch bedeutet der Umstand, dass der Begriff ‚Privatleben' nach der Rechtsprechung des EGMR weit gefasst ist und dass das Recht auf Schutz personenbezogener Daten einer der Aspekte

demgegenüber zustimmend *Winter,* NZA 2013, 473, sowie *Weiß,* EuZW 2013, 287; beachte dazu *Fontanelli,* European Constitutional Law Review 9 (2013), 315 ff.; beachte weiterhin EuGH Urt. v. 30.4.2014 – C-390/12, EuZW 2014, 597 – Pfleger.

[15] Vgl. Grabitz/Hilf/Nettesheim/*Sobotta,* Das Recht der EU, Stand 74. ErgLfg. 2021, Art. 16 AEUV, Rn. 14.

[16] Vgl. EuGH, Urt. v. 26.2.2013 – C-399/11, ECLI:EU:C:2013:107, Rn. 55 ff.; BVerfG, Beschl. v. 27.4.2021 – 2 BvR 206/14, NVwZ 2021, 1211; *Preßlein,* EuR, 247 (250 f.).

[17] Vgl. *Thym,* NVwZ 2013, 889 ff.; *Kingreen,* JZ 2013, 801 (806 ff.); *Streinz,* FS Dauses, 2014, S. 429 ff. – Das BVerfG legt insoweit die Unionsgrundrechte als Prüfungsmaßstab an (BVerfG, Beschl. v. 6.11.2019 – 1 BvR 276/17, BVerfGE 152, 216 – Recht auf Vergessen II; BVerfG Beschl. v. 1.12.2020 – 2 BvR 1845/18 u.a., NJW 2021, 1518; s. dazu *Marsch,* ZEuS 2020, 597 (693 ff); *Preßlein,* EuR 2021, 247).

[18] Ausführlich *Eichenhofer,* e-Privacy, 2021, S. 214 ff.; differenziert *Marsch,* Das europäische Datenschutzrecht, 2018, Kap. 4.

[19] BVerfG, Beschl. v. 6.11.2019 – 1 BvR 16/13, BVerfGE 152, 152 (Ls. 1) – Recht auf Vergessen I.

[20] EuG, Urt. v. 8.11.2007 – T-194/04, Slg. 2007, II-04523.

[21] VO (EG) 1049/2001 v. 30.5.2001, ABl. EG 2001 L 145, 43.

[22] EuG, Urt. v. 8.11.2007 – T-194/04, Slg. 2007, II-04523 (Rn. 69 ff.).

[23] Vgl. EuG, Urt. v. 8.11.2007 – T-194/04, Slg. 2007, II-04523 (Rn. 67 f.).

des Rechts auf Achtung des Privatlebens sein kann […], nicht, dass alle personenbezogenen Daten notwendig unter den Begriff ‚Privatsphäre' fallen […] Erst recht sind **nicht alle personenbezogenen Daten** ihrer Art nach **geeignet, die Privatsphäre** des Betroffenen **zu beeinträchtigen.**"[24]

Damit nahm das EuG zur Ausfüllung sekundären Gemeinschaftsrechts auf die oben dargestellte **Rechtsprechung des EGMR zu Art. 8 EMRK** (→ § 6) **Bezug** und bestätigte diese zugleich. Es gab der Klage mangels einer zu gewärtigenden Beeinträchtigung der Privatsphäre durch Offenlegung der Namen statt.[25] 8

Man kann zwei Kriterien unterscheiden, die hier zusammengekommen sind und die dem Erfordernis von Persönlichkeitsschutz vermindertes Gewicht zukommen ließen. Zum einen handelte es sich bei der Tätigkeit von Verbandsvertretern und Lobbyisten gegenüber mit Hoheitsgewalt ausgestatteten Organen um **öffentliche Angelegenheiten,** die typischerweise dem demokratischen Transparenzgebot unterliegen.[26] Zum anderen ging es der Klägerin erkennbar nicht darum, über *jeweilige natürliche Personen systematisch* Informationen zu sammeln,[27] sondern vielmehr darum, der interessengeleiteten Geschäftspolitik konkurrierender Firmen in Brüssel genauer nachzuspüren. 9

Im Rechtsmittelverfahren hat der **EuGH diese Entscheidung aufgehoben.**[28] Das fiel ihm subsumtionstechnisch nicht schwer.[29] Denn das EuG hatte dem Weiterverweis in Art. 4 VO (EG) 1049/2001 auf die „Rechtsvorschriften über den Schutz personenbezogener Daten" kein eigenes Gewicht beigemessen. Inhaltlich führte der Verweis auf die Datenschutz-VO für Organe der EG.[30] Art. 8 lit. b VO (EG) 45/2001 sieht vor, dass der Empfänger einer Informationsübermittlung deren „Notwendigkeit" nachweisen muss. Ein entsprechender Nachweis war, wie der Gerichtshof feststellte, vom Kläger nicht erbracht worden.[31] 10

Das für das Datenschutzrecht kennzeichnende Erforderlichkeitsprinzip[32] kam dabei voll zur Geltung.[33] Allerdings verblieb der EuGH, anders als das erstinstanzliche Gericht, bei seiner Argumentation ganz auf der sekundärrechtlichen Ebene, unter Verzicht auf eine verfassungs-(primärrechts-)konforme Interpretation zumal im Kontext der EMRK. Dennoch kann man die Aussagen dieser Entscheidung für verfassungsrechtliche Fragestellungen nicht einfach beiseitelegen. Aus ihr leitet sich nämlich die Erkenntnis ab, dass, soweit man von der Schutzwürdigkeit *jedweder* „personenbezogener Daten" ausgeht, der verfassungsrechtliche **Konflikt zwischen Persönlichkeitsschutz** einerseits **und Informationszugangsfreiheit** andererseits **kaum zu lösen** ist. Denn immerhin enthält ein großer Teil der für diese in Betracht kommenden Dokumente die Namen irgendwie am jeweiligen Vorgang beteiligter 11

---

[24] EuG, Urt. v. 8.11.2007 – T-194/04, Slg. 2007, II-04523 (Rn. 118f.).

[25] Zustimmend *Kranenborg,* CMLRev 45 (2008), 1079 (1093).

[26] Vgl. Art. 15 AEUV; Art. 42 GRCh.

[27] Vgl. dazu → § 6 Rn. 12; beachte die GA *Scharpston,* SchlA v. 15.10.2009 – C-28/08 P, Slg. 2010, I-06055 Abschn. 138f., 158ff. – Bavarian Lager.

[28] EuGH, Urt. v. 29.6.2010 – C-28/08 P, Slg. 2010, I-06055, EuGRZ 2010, 469, und zwar entgegen dem Votum der GA *Scharpston,* SchlA v. 15.10.2009 – C-28/08 P, Slg. 2010, I-06055 (Rn. 226).

[29] Beachte dazu die Kritik an der EuG-Entscheidung bei *De Hert/Gutwirth,* in: Gutwirth, CMLRev 45 (2008), S. 39ff.

[30] VO (EG) 45/2001 v. 18.12.2000 (ABl. EG 2001 L 8, 1).

[31] EuGH, Urt. v. 29.6.2010 – C-28/08 P, EuGRZ 2010, 469 Rn. 78; beachte demgegenüber für eine insgesamt andere Bewertung in Bezug auf eine Gästeliste der deutschen Kanzlerin VG Berlin, Urt. v. 7.4.2011 – 2 K 39.10, ZD 2011, 94; bestätigt durch OVG Berlin-Bbg, Urt. v. 20.3.2012 – OVG 12 B 27.11, DuD 2012, 687.

[32] Vgl. → § 12 Rn. 17ff.

[33] Beachte dazu auch EuGH, Urt. v. 16.7.2015 – C-615/13 P (EuG), ZD 2015, 470 (Rn. 58), wo die Erforderlichkeit bejaht wurde.

Personen, so dass vom diese Freiheit ausmachenden *ungehinderten* (unbegründeten, nicht „erforderlichen“) Zugang des Bürgers wenig übrigbleiben könnte.[34] Hinzu kommt der verfassungsrechtlich bedeutsame, enge Zusammenhang mit der aus Informationszugangsfreiheit schöpfenden Medienfreiheit,[35] zu deren Absicherung datenschutzrechtlich umgekehrt gerade ein weitgehendes Medienprivileg vorgesehen ist.[36]

12 Insgesamt ist es deshalb schwer nachvollziehbar, weshalb der EuGH in *Bavarian Lager* meinte, gerade zugunsten des Persönlichkeitsschutzes von Lobbyisten ein Exempel statuieren zu sollen.[37]

2. Parlamentarische Aktivitäten

13 Im Verfahren Dennekamp ./. Europäisches Parlament[38] hat sich das EuG den Vorgaben des EuGH in dessen Bavarian-Lager-Entscheidung voll angeschlossen. Der klagende Journalist befasste sich mit den Kosten eines vom Parlament verabschiedeten Konzepts für zusätzliche Versorgungsbezüge der Abgeordneten, an dem teilzuhaben letzteren die Möglichkeit eröffnet war. Er begehrte Zugang zu der Liste derjenigen Parlamentsmitglieder, die an dem Zusatzversorgungsmodell partizipierten, um etwaige **Interessenkonflikte auszuleuchten,**

14 Das Gericht meinte hingegen, dass die *Erforderlichkeit* i.S.d. Datenschutz-VO (EG) 45/2001 für die vom Kläger geforderte Informationsübermittlung nicht gegeben sei. Dafür stützte es sich u.a. auf das von der Kommission vorgetragene Argument, die notwendige Finanzkontrolle würde durch den Europäischen Rechnungshof und den Haushaltsausschuss des Parlaments hinreichend realisiert. Dies ist ein Aspekt, den der EuGH bereits Jahre zuvor in seiner Entscheidung Rechnungshof ./. Österreichischer Rundfunk zugunsten von Datenschutz für (höhere) Gehälter ins Spiel gebracht hatte.[39] Der Fall Dennekamp zeigt, wie ein solches Argument die primäre **Verantwortlichkeit des Parlaments gegenüber den (Unions-) Bürgern** und die erforderliche „Beteiligung der Zivilgesellschaft [...] unter weitestgehender Beachtung des Grundsatzes der Offenheit“ (Art. 15 AEUV) ins Leere laufen lässt.[40]

II. Persönlichkeitsschutz und Transparenz individueller wirtschaftlicher Verhältnisse

1. Überblick zu Einkünften

15 Das Merkmal Gehalt/Einkünfte – nebst entsprechender Steuerpflicht – hat seine eigene europäisch-datenschutzrechtliche Dimension insoweit, als ausweislich ein-

[34] Vgl. dazu *Kranenborg*, CMLRev 45 (2008), 1079 (1099), unter Bezugnahme auf entsprechende Äußerungen des Europäischen Bürgerbeauftragten und des Europäischen Datenschutzbeauftragten. Beachte immerhin die Ausnahmeklauseln zugunsten des Antragstellers nach § 5 Abs. 3, 4 IFG; ferner den Kommissionsvorschlag vom 30.4.2008 zur Änderung der VO (EG) 1049/2001, KOM(2008)229 endg., Art. 4 Abs. 5 (neu): „Namen, Titel und Funktionen von Inhabern öffentlicher Ämter, von Beamten und Interessenvertretern im Zusammenhang mit ihrer Berufstätigkeit sind offenzulegen“.

[35] Vgl. *Adamski*, CMLRev 49 (2012), 521 (547ff.); weiter dazu → Rn. 25f.

[36] Vgl. damals Art. 9 DSRL; heute Art. 85f. DS-GVO.

[37] Vgl. *Erd*, K&R 10, 562 (562ff).; *Schoch*, IFG, 2. Aufl. 2016, Einl. Rn. 124; ausführliche Kritik bei *Leino*, CMLRev 48 (2011), 1215 (1234ff.); schwankend in der Bewertung *Sanner*, EuZW 2010, 774ff.; der Entscheidung zustimmend *Skouris*, MMR 2011, 423 (424).

[38] EuG, Urt. v. 23.11.2011 – T-82/09, Slg. 2011, II-00418.

[39] Vgl. EuGH, Urt. v. 20.5.2003 – C-465/00 u.a., Slg. 2003, I-04989, RDV 2003, 231, hier Rn. 88.

[40] Vgl. *Adamski*, CMLRev 49 (2012), 521 (543ff.).

schlägiger Regelungen **in den Mitgliedstaaten der Schutzbedarf unterschiedlich** eingeschätzt wird.

16 In Deutschland ist die Einkommenshöhe vieler Beschäftigter bei jeweils bekannter beruflicher Position aus **Besoldungsordnungen** oder **Tarifverträgen** überwiegend ableitbar. Für die je einzelnen Vorstandsmitglieder börsennotierter Aktiengesellschaften findet die Offenlegung im Bundesanzeiger statt.[41] Die Veröffentlichungspflicht für die Vergütung von Vorstandsmitgliedern der gesetzlichen Krankenversicherungen nach dem SGB[42] fand den Segen sowohl des BSG[43] als auch des BVerfG.[44]

17 Auch der österreichische Gesetzgeber hatte dem öffentlichen Informationsinteresse an den Bezügen (u. a.) von Mitarbeitern des Österreichischen Rundfunks den Vorzug gegeben. Demgegenüber äußerte der EuGH – unter Verweis auf Art. 8 Abs. 2 EMRK[45] – erhebliche Zweifel an der Notwendigkeit der vorgesehenen **namentlichen Offenlegung,**[46] überließ die Letztentscheidung allerdings dem Österreichischen Verfassungsgerichtshof. Dieser erklärte daraufhin die Veröffentlichung der Namen wegen Vorrangs des Gemeinschaftsrechts für unzulässig.[47]

18 Der EuGH wird sich in nächster Zeit mit Vorabentscheidungsverfahren aus Litauen und Luxemburg zu befassen haben, die Pflichten zur Offenlegung von Interessen sowie deren öffentliches Zugänglichmachen betreffen.[48]

2. Steuergeheimnis in Deutschland

19 Die Ambivalenz der Zuordnung von Informationen über Einkommens- wie auch Vermögensverhältnisse wird aus einer weiter ausgreifenden Bemerkung des BVerfG im Zusammenhang der Besteuerung von **Kapitalerträgen** ersichtlich:

> „Es kann *dahinstehen*, ob der Informationszugriff auf privates Finanzkapital und seine Erträge als Vorgang des marktoffenbaren Erwerbs ohne besonderen persönlichkeitsgeprägten Gehalt überhaupt vom Gewährleistungsinhalt des verfassungsrechtlichen Datenschutzes erfasst wird.“[49]

20 Diese Aussage im „Zinsurteil“ von 1991 hat als solche nachfolgend wenig Bedeutung erlangt.[50] Umgekehrt genießt das von den Amtsträgern zu wahrende **Steuergeheimnis** nach deutschem Recht inhaltlich aus § 30 AO, § 355 StGB umfassenden Schutz. Letzterer besteht – jedenfalls in wesentlichen Teilaspekten – den Darlegungen im Flick-Urteil (1984) zufolge **von Verfassungs wegen,** und zwar gemäß Art. 2 Abs. 1 i. V. m. Art. 1 Abs. 1 und Art. 14 GG im Rahmen „grundrechtliche[n] Datenschutz[es]“; allerdings sei das in § 30 AO umschriebene Geheimnis „*als solches* kein Grundrecht.“[51]

---

[41] Im Anhang als Teil des Jahresabschlusses, vgl. § 285 Nr. 9a S. 4, § 325 HGB.

[42] § 35a Abs. 6 S. 2 SGB IV.

[43] BSG, Urt. v. 14.2.2007 – B 1 A 3/06 R, NZS 2008, 89.

[44] BVerfG, Beschl. v. 25.2.2008 – 1 BvR 3255/07, NJW 2008, 1435 ff.

[45] Zum „symbiotischen Zusammenhang zwischen dem unionsrechtlichen Datenschutzrecht und Art. 8 EMRK“ in dieser EuGH-Entscheidung *Schorkopf*, in: Ehlers, Europäische Grundrechte, 4. Aufl. 2015, § 16 Rn. 42; kritisch *Classen*, CMLRev 41 (2004), 1377 (1382 f.).

[46] Vgl. EuGH, Urt. v. 20.5.2003 – C-465/00 u. a., RDV 2003, 231, Rn. 39 ff., auch Rn. 72.

[47] VfGH, Erkenntnis v. 28.11.2003 – KR1/00, Slg. 17065, Abschn. II 4b (vor 5).

[48] S. dazu die Schlussanträge der Generalstaatsanwälte *Pikamäe*, Schlussantrag v. 9.12.2021 – 1 C-184/20, BeckRS 2021, 38224 sowie *Pitruzzella*, Schlussantrag vom 20.1.2022 – C-37/20 u. a., BeckRS 2022, 428.

[49] BVerfG, Urt. v. 27.6.1991 – 2 BvR 1493/89, BVerfGE 84, 239 (280) (Hervorhebung hinzugefügt); sehr ähnlich die Formulierung des Schweiz. Bundesgerichts, Urt. v. 15.5.1998, BGE 124 I, 176 (E. 5): „Die Frage, ob die allgemeine Zugänglichkeit der im Steuerausweis enthaltenen Daten überhaupt in den Schutzbereich der persönlichen Freiheit bzw. von Art. 8 EMRK fällt, kann offenbleiben“.

[50] Beachte *Seer*, FS Meilicke, S. 687 (689 Fn. 9): bezüglich umfassenden Schutzes im Rahmen des R. a. i. S. „zweifelnd noch [!] BVerfG, Urt. v. 27.6.1991 – 2 BvR 1493/89, BVerfGE 84, 239, 278 ff.“

[51] BVerfG, Urt. v. 17.7.1984 – 2 BvE 11/83 u. a., BVerfGE 67, 100 (142 f.).

21 Ausgehend von strikter Anwendung aus dem Volkszählungsurteil hergeleiteter Grundsätze wird teilweise der verfassungsrechtliche Schutz für *jedwede* von § 30 AO umfasste Information zugrundegelegt.[52] Aber eine solche Folgerung versteht sich nicht von selbst. Das BVerfG selbst argumentierte im Flick-Urteil durchaus differenziert von den betroffenen Inhalten her:

> „Die Angaben, die ein Steuerpflichtiger [dem Finanzamt] zu machen hat, ermöglichen weitreichende Einblicke in die persönlichen Verhältnisse (bis hin beispielsweise zu gesundheitlichen Gebrechen, religiösen Bindungen, Ehe- und Familienverhältnissen oder politischen Verbindungen) *und* in die beruflichen, betrieblichen, unternehmerischen oder sonstigen wirtschaftlichen Verhältnisse."[53]

22 Informationen in Bezug auf die zweite Gruppe von „Verhältnissen" haben eine nähere **Beziehung zum „marktoffenbaren Erwerb"** i.S.d. Ausführungen im Zinsurteil. Zudem merkte das BVerfG im Flick-Urteil an:

> „Dabei kann hier *dahinstehen, ob alle Tatbestände des § 30 AO* durch verfassungsrechtliche Anforderungen an den Schutz individualisierter und individualisierbarer steuerlicher Daten *geboten sind* oder ihnen genügen."[54]

23 Darin zeigt sich eine Verbindung zwischen den beiden Entscheidungen. Wiederkehrend offene Formulierungen (zum „Dahinstehen" des Umfangs des Schutzbereichs) von verfassungsgerichtlicher Seite sollten (umso mehr) geeignet sein, **dem *Gesetzgeber* neue Wege** für den Fall **offenzuhalten,** dass er zu einer veränderten finanz- bzw. sozialpolitischen Einschätzung gebotener Stringenz des Steuergeheimnisses gelangen würde. Als verfassungsrechtliche Bewertung ist diese klar zu trennen von der rechts*politischen* Frage, wie man z.B. den im Deutschen Bundestag 1950 gescheiterten Antrag, Steuerlisten offenzulegen,[55] beurteilt.[56]

3. Einkünfte, Vermögen, Steuern: Transparenz in Europa

24 Die Möglichkeit der **Einsichtnahme in Steuerlisten** entspricht dem Recht einer Reihe von Mitgliedstaaten der EU – Schweden, Finnland, Italien, Frankreich – wie auch dem Recht Norwegens und diversen Kantonen der Schweiz.[57] Eine spezifische europäische Norm besteht diesbezüglich nicht. Das Einsichtsrecht hat – zumal nach den Grundsätzen der ORF-Entscheidung – Binnenmarktrelevanz, sei es (z.B.) mit Blick auf die Verhandlungsposition von Kaufleuten bei Abschluss grenzüberschreitender Rechtsgeschäfte, sei es mit Blick auf die Arbeitnehmerfreizügigkeit. So-

[52] Dezidiert in diesem Sinn *Seer,* FS Meilicke, 689 (689f.); auch Roßnagel, HdB DatenSR/*Miedbrodt,* 2003, Abschn. 4.9 Rn. 52 a.E.; eher abwägend Klein/*Rüsken,* AO, 15. Aufl. 2020, § 30 Rn. 5ff.; Tipke/Kruse/*Drüen,* AO/FGO, 168. Aktual. 2021, § 30 AO, Rn. 6; vgl. auch BFH, Beschl. v. 4.10.2007 – VII B 110/07, NJW 2007, 3742 (3743).

[53] BVerfG, Urt. v. 17.7.1984 – 2 BvE 11/83 u.a., BVerfGE 67, 100 (142) – Hervorhebung hinzugefügt.

[54] BVerfG, Urt. v. 17.7.1984 – 2 BvE 11/83 u.a., BVerfGE 67, 100 (144) – Hervorhebung hinzugefügt.

[55] Verhandlungen des Deutschen Bundestages Bd. 7, 1. Wahlperiode, 145. Sitzung v. 31.5.1951 (5709ff., 5740-45); auch Bd. 3, 1. Wahlperiode, 63. Sitzung v. 11.5.1959 (2292ff.); beachte die entsprechende Forderung der Sozialdemokratie in den 1920er Jahren (dazu RT-Drs. V/1234).

[56] Übereinstimmend für die verfassungsrechtliche Zulässigkeit der Offenlegung von Steuerlisten *P. Kirchhof,* FS Tipke, 1995, S. 27 (40).

[57] Vgl. den Ländervergleich bei *Tipke,* Steuerrechtsordnung I, 1. Auf.. 1993, S. 214ff.; ferner bei *Kruse,* Über das Steuergeheimnis, BB 1998, 2133 (2134);M zum Kanton Zürich vgl. Schweiz. Bundesgericht, Urt. v. 15.5.1998, BGE 124 I, 176 (E. 5); zu Frankreich EGMR, Urt. v. 21.1.1999 – 29183/95, CEHD 1999-I – Fressoz & Roire ./. Frankreich; zu Schweden EKMR, Urt. v. 1.12.1985 – 10473/83, 45 DR 121 – Lundvall . /. Schweden; ausführlich *Rossi,* Informationsfreiheit und Verfassungsrecht, 2004, 28ff.

weit es um die Steuerdaten natürlicher Personen geht, mag sich seit Inkrafttreten des Lissabon-Vertrages eine entsprechende Regelungskompetenz der EU zur Festlegung vertraulicher Behandlung der Daten aus Art. 16 Abs. 2 AEUV ergeben.[58]

25 Nur indirekt betraf – aufgrund einer Vorlage durch das finnische Oberste Verwaltungsgericht – die Entscheidung des EuGH vom 16.12.2008[59] den offenen Zugang zu Steuerdaten durch alle Bürger. Ausgangspunkt des Verfahrens war ein vom finnischen Datenschutzbeauftragten beabsichtigtes Verbot der Verbreitung von aus den steuerbehördlichen Unterlagen erlangten Informationen über Einkünfte, Vermögen und Steuern, und zwar zum einen durch eine gedruckte, hierauf spezifisch ausgerichtete Zeitung und zum anderen auf dem Wege entgeltpflichtiger, über Handy abrufbarer Kurznachrichten. Dabei ging es dem Datenschutzbeauftragten nicht darum, die skandinavische Tradition zulässiger Einsichtnahme in die Steuerlisten bei der Behörde infrage zu stellen, sondern lediglich um die **Weiterverarbeitung der Daten durch privatwirtschaftliche Unternehmen.** Auch die vom finnischen Gericht formulierte zentrale Vorlagefrage bezog sich demgemäß nicht auf die Zulässigkeit der staatlichen Einschränkung des Steuergeheimnisses, sondern stattdessen darauf, ob die in Rede stehende unternehmerische Tätigkeit als eine solche **zu journalistischen Zwecken** angesehen werden und damit unter die Ausnahmeklausel des Art. 9 DSRL (heute Art. 85 DS-GVO) fallen könne.[60] Diese Möglichkeit wurde vom EuGH auf der Grundlage näherer Betrachtungen zur Meinungs- und Medienfreiheit bejaht, und zwar mit der Maßgabe, dass das mitgliedstaatliche Gericht näher zu prüfen habe, ob die vorliegenden Tätigkeiten „ausschließlich zum Ziel haben, Informationen, Meinungen oder Ideen in der Öffentlichkeit zu verbreiten".[61] Eben dies hat das Oberste Verwaltungsgericht nachfolgend verneint.[62]

26 Die Entscheidungsfindung des EuGH und sich daran anschließende Stellungnahmen[63] haben überwiegend Gewicht und Umfang des Medienprivilegs zum Fokus gehabt. Doch hat es sich dabei um einen fragwürdigen Problemzugang gehandelt. Schwerlich lässt sich effektiver, nachhaltiger Persönlichkeitsschutz dadurch bewirken, Medienunternehmen dabei einzuschränken, dem Interessierten Informationen über Dritte zu vermitteln, die dieser durch einen Gang zur Behörde jederzeit ohne weiteres direkt erlangen kann. Der rechtliche Kern der Auseinandersetzung

---

[58] Beachte aber Art. 114 Abs. 2 AEUV; zum Einschluss von Verfahrens-(Informations-)Normen unter den Begriff der „Bestimmungen über die Steuern" EuGH, Urt. v. 26.1.2006 – C-533/03, Slg. 2006, I-01025 Rn. 47, 63; damit übereinstimmend, Schwarze/*Herrnfeld*, EU-Komm 4. Aufl. 2019, Art. 114 AEUV, Rn. 19; Geiger/Khan/Kotzur/*Khan*, EUV/AEUV, 6. Aufl. 2017, Art. 114 AEUV, Rn. 16; **a.A.** – ohne Berücksichtigung der EuGH-Rechtsprechung – Grabitz/Hilf/Nettesheim/*Tietje*, 74. ErgLfg. 2021, Art. 114 AEUV, Rn. 90. – Für die auf Art. 100a EGV (Maastricht) gestützte DSRL ergab sich von daher eine unmittelbare Einschränkung ihrer Anwendbarkeit. Soweit ersichtlich, ist eine *entsprechende* Einschränkung der Kompetenz aus Art. 16 Abs. 2 AEUV bislang nicht ausgelotet worden.

[59] EuGH, Urt. v. 16.12.2008 – C-73/07, EuGRZ 2009, 23 – Finnischer Datenschutzbeauftragter ./. Satakunnan & Satamedia.

[60] EuGH, Urt. v. 16.12.2008 – C-73/07, EuGRZ 2009, 23 (Rn. 34 sub 2, dazu Rn. 50ff.) – Finnischer Datenschutzbeauftragter ./. Satakunnan & Satamedia.

[61] EuGH, Urt. v. 16.12.2008 – C-73/07, EuGRZ 2009, 23 (Rn. 62) – Finnischer Datenschutzbeauftragter ./. Satakunnan & Satamedia.

[62] Korkein hallinto-oikeus, Entscheidung v. 23.9.2009 – HFD:2009:82; dazu *Ollila,* Processing Personal Data for Journalistic Purposes, Europarättslig Tidskrift (Stockholm) 2010, 366 (370ff.). Gegen das daraufhin vom finnischen Datenschutzbeauftragten erneut ausgesprochene Verbot wurde wiederum die Verwaltungsgerichtsbarkeit angerufen.

[63] Vgl. *Zerdick,* RDV 2009, 56 (59f.); *Docquir,* European Journal of Consumer Law 2009, 560 (560ff.).

lag demgegenüber woanders:[64] Voraussetzung zu dessen Erfassung ist die Differenzierung nach der Art der in Rede stehenden personenbezogenen Informationen. Es geht um den Umgang mit Informationen aus **allgemein zugänglichen Quellen.** Anders als das frühere BDSG kannte die DSRL – ebenso wenig heute die DS-GVO – zwar keine ausdrücklichen Sonderregeln zum freieren Umgang mit Informationen dieser Klasse. Doch die allgemeinen datenschutzrechtlichen wie auch die verfassungsrechtlichen Abwägungsgrundsätze, insbes. in Gestalt des Art. 7 lit. f DSRL (heute Art. 6 Abs. 1 lit. f DS-GVO) wie auch des Art. 8 EMRK, eröffnen den Weg zur Berücksichtigung des Umstands, dass dem Persönlichkeitsschutz gegenüber der Verbreitung von der Allgemeinheit ohnehin schon zugänglichen Informationen deutlich geringeres Gewicht zukommt.[65]

27 In diesem Rahmen war der EuGH wegen der besonderen Gesetzeslage in Finnland mit der **noch weitergehenden Frage** befasst, ob die DSRL es zulasse, insgesamt die Anwendbarkeit datenschutzrechtlicher Regeln auf bereits veröffentlichte Informationen auszuschließen. Das Gericht befand hierzu, dass eine solche

> „allgemeine Ausnahme [...] die Richtlinie weitgehend leerlaufen [ließe]. Es würde nämlich ausreichen, dass die Mitgliedstaaten Daten veröffentlichen ließen, um diese dem von der Richtlinie vorgesehenen Schutz zu entziehen."[66]

28 Daran ist richtig, dass der geminderte Schutzstatus (bzw. dessen kompletter Fortfall) durch Gewährung des öffentlichen Zugangs zu behördlichen Informationen auf eine Festlegung seitens des Mitgliedstaats zurückgehen würde. Doch würde daraus nicht ohne weiteres der Leerlauf etwaigen Persönlichkeitsschutzes folgen.[67] Denn grundsätzlich bleibt zu prüfen, ob der Mitgliedstaat zu solcher Zugangsgewährung in Übereinstimmung mit europäischem Recht berechtigt ist, mag dies auch im konkreten Fall prozessrechtlich für den EuGH nicht zur Entscheidung gestanden haben.[68] Es wäre allerdings überraschend, würde das Ergebnis letztlich die europarechtliche Unzulässigkeit öffentlicher Steuerlisten sein. Umgekehrt eröffnete sich dem EuGH mit dem Verweis auf den näher zu bestimmenden Umfang des Medienprivilegs durch die mitgliedstaatlichen Gerichte ein eleganter **Umweg,[69] unterschiedliche mitgliedstaatliche Gewichtungen des Steuergeheimnisses zu respektieren.** Dies ist leicht akzeptabel, weil die in Rede stehenden Informationen sensitive Bereiche der Persönlichkeitsentfaltung regelmäßig nicht betreffen. Die komplette Wahrung des Steuergeheimnisses ist keineswegs Voraussetzung für eine rechtsstaatliche Ordnung. Eben dies entspricht europäischen Rechtsstandards.[70]

---

[64] Vgl. näheres zum folgenden insbesondere bei *Hins,* CMLRev 47 (2010), 215 (215ff.).

[65] Vgl. insbes. zu Art. 8 EMRK die Erörterung der Rechtsprechung des EGMR sowie dessen dort zitierte Entscheidungen (→ § 6 Rn. 10); im übrigen näheres zu Daten aus allgemein zugänglichen Quellen → § 14 Rn. 2f.

[66] EuGH, Urt. v. 16.12.2008 – C-73/07, EuGRZ 2009, 23 (Rn. 48) – Finnischer Datenschutzbeauftragter ./. Satakunnan & Satamedia.

[67] Vgl. dazu *Kahlert,* European Law Reporter 2009, 67 (68, 70, Nr. 2 sub (3)).

[68] Anders im Fall einer Nichtigkeitsklage oder einem Vertragsverletzungsverfahren, gerichtet gegen das finnische „Gesetz über die Öffentlichkeit und Geheimhaltung von Steuerdaten".

[69] Dazu kritisch Oliver, CMLRev 46 (2009) 1443 (1460ff.).

[70] Vgl. nochmals *Tipke,* Steuerrechtsordnung I, 1. Aufl. 1993, S. 214ff.; *Kruse,* Über das Steuergeheimnis, BB 1998, 2133 (2134); zum Kanton Zürich vgl. Schweiz. Bundesgericht, Urt. v. 15.5.1998, BGE 124 I 176, E. 5, zu Frankreich EGMR, Urt. v. 21.1.1999 – 29183/95, CEHD 1999-I – Fressoz & Roire ./. Frankreich; zu Schweden EGMR, Urt. v. 11.12.1985 – 10473/83, 45 DR 121 – Lundvall . /. Schweden; *P. Kirchhof,* FS Tipke, 1995, S. 27 (40); auch *Schomerus,* Steuergeheimnis und Informationsfreiheitsrecht, in: Internationales Steuer- und Gesellschaftsrecht aktuell, 2010, S. 239 (246 mit Fn. 57).

C. Von der GRCh gewährleisteter Schutz

I. Systematik

29 Mit der GRCh – gleichrangig mit dem EUV und dem AEUV (Art. 6 Abs. 1 UAbs. 1 Hs. 2 EUV) – sind die Grundrechte Teil des kodifizierten Primärrechts der EU geworden. Der EuGH ist oberste Instanz zu dessen Interpretation.[71] Die Grundrechte der EMRK[72] sind ihrerseits gemäß Art. 6 Abs. 3 EUV „als allgemeine Grundsätze Teil des [primären] Unionsrechts." **Art. 7 GRCh** enthält im Wortlaut **fast übereinstimmend mit Art. 8 Abs. 1 EMRK** das Recht auf Achtung des Privat- und Familienlebens, der Wohnung und der Kommunikation (statt „Korrespondenz" nach der EMRK). Daneben regelt **Art. 8 Abs. 1 GRCh** das Recht auf Schutz der die jeweilige Person „betreffenden **personenbezogenen Daten**", zusammen mit kurz gefassten datenschutzrechtlichen Grundsätzen in den Absätzen 2 und 3. Gesetzliche Einschränkungsmöglichkeiten der Grundrechtsausübung sind für alle Gewährleistungen der Charta in Art. 52 Abs. 1 GRCh zugunsten des Gemeinwohls und der Rechte anderer vorgesehen, mit den Schranken-Schranken der Wahrung des jeweiligen Wesensgehalts und des Grundsatzes der Verhältnismäßigkeit.

30 Das Präsidium des **Grundrechte-Konvents,** der die Charta erarbeitete, hat den einzelnen Artikeln **Erläuterungen** mitgegeben,[73] welche, wie in der Präambel und in Art. 52 Abs. 7 GRCh bestimmt ist, bei der Auslegung der Charta durch die Gerichte „gebührend zu berücksichtigen" sind.[74] So halten die Erläuterungen fest, dass die „Rechte nach Art. 7 [...] den Rechten, die durch Art. 8 EMRK garantiert sind [...], entsprechen." Zugleich wird auf Art. 52 Abs. 3 GRCh verwiesen, der in Bezug auf die EMRK „die gleiche Bedeutung und Tragweite" einander entsprechender Vorschriften festlegt. Die Erläuterungen erstrecken die Parallelität ausdrücklich auch auf die Einschränkungsmöglichkeiten nach Art. 8 Abs. 2 EMRK. Für das Verständnis des Art. 7 GRCh sind damit deutliche Maßstäbe primärrechtlich vorgegeben, zugleich im Hinblick auf die dazu ergangene Rechtsprechung des EGMR. Letztere hat, wie oben näher dargelegt wurde, auch Grundsätze für den Umgang mit personenbezogenen Informationen entwickelt.[75]

31 Art. 8 GRCh findet als solcher keine Entsprechung in der EMRK. Die Erläuterungen weisen darauf hin, dass die Vorschrift auf die Datenschutzrichtlinie 95/46/EG (DSRL),[76] auf Art. 8 EMRK und auf das Datenschutz-Übereinkommen des Europarats vom 28.1.1981[77] gestützt ist.[78] Die Datenschutzrichtlinie insbesondere[79] habe

[71] Vgl. Art. 19 Abs. 1 S. 2 EUV, dazu insbes. Art. 267 AEUV.

[72] Zum Verhältnis des Datenschutzes in der GRCh zu anderen Grundrechtsgehalten *Heberlein,* DVBl. 2020, 1225ff.

[73] ABl. EG 2007 C 303, 17ff.

[74] Dasselbe wird in Art. 6 Abs. 1 UAbs. 3 EUV vorgeschrieben.

[75] Das gilt gleichermaßen für den Umfang der Einschränkungsmöglichkeiten nach Art. 8 Abs. 2 EMRK und die damit verbundenen Abwägungserfordernisse nach den Kriterien der Notwendigkeit („in einer demokratischen Gesellschaft") bzw. Verhältnismäßigkeit. Anders, als *De Hert/Gutwirth,* S. 20ff., meinen, besteht hierzu eine umfangreiche Judikatur des EGMR; dazu aus jüngerer Zeit EGMR, Urt. v. 4.12.2008 – 30562/04, CEHD 2008-V, NJOZ 2010, 696 (Rn. 101ff.) – Marper; EGMR, Urt. v. 2.9.2010 – 35623/05, CEHD 2010-VI, NJW 2011, 1333 (Rn. 77ff.) – Uzun; EGMR, Urt. v. 3.7.2012 – 30457/06, NJW 2013, 3081 (Rn. 43ff.) – Robathin.

[76] ABl. EG 1995 L 281, 31.

[77] Übereinkommen zum Schutz des Menschen bei der automatischen Verarbeitung personenbezogener Daten (Konvention 108) (BGBl. 1985 II S. 539), geändert am 16.8.2002 (BGBl. II S. 1882).

[78] Eingangs wird weiterhin auf Art. 286 EVG, ersetzt durch Art. 16 AEUV und Art. 39 EUV, Bezug genommen.

[79] Und entsprechend die parallele, den Datenschutz bei der Verarbeitung durch die Organe der Gemeinschaft betreffende VO (EG) Nr. 45/2001 v. 18.12.2000, ABl. EG 2001 L 8, 1.

„Bedingungen und Beschränkungen für die Wahrnehmung des Rechts auf den Schutz personenbezogener Daten" enthalten. In der Tat entsprechen die in Art. 8 Abs. 2 und 3 GRCh zusammengefassten Grundsätze der (damals geltenden) DSRL und haben insoweit sekundäres Gemeinschaftsrecht auf die Primärebene gehoben. Allerdings enthalten sie – genauso wie das Recht auf den Schutz als solches nach Abs. 1 – keine Maßstäbe für die Abgrenzung/Abwägung zwischen Persönlichkeitsschutz (Schutz der „personenbezogenen Daten") einerseits und den Erfordernissen der Kommunikationsfreiheit, des Gemeinwohls, der öffentlichen Sicherheit usw. andererseits. Entsprechendes ergibt sich – in Form einer Generalklausel – erst aus dem Zusammenspiel mit Art. 52 Abs. 1 GRCh.[80] Im (Abwägungs-)Ergebnis führt das zu einer Konstellation großer Rechtsähnlichkeit mit Art. 8 Abs. 2 EMRK. Eine **eigenständige** primärrechtliche **Bedeutung des Art. 8 GRCh** neben Art. 7 GRCh ist im Hinblick auf weitgehende beiderseitige Übereinstimmung mit dem materiellen Regelungsgehalt des Art. 8 EMRK **nicht ohne weiteres erkennbar.**[81]

II. Rechtsprechung des EuGH

32 Erwartungen dahingehend, der EuGH möge in seiner Rechtsprechung die jeweils gesonderte Bedeutung dieser beiden GRCh-Bestimmungen herausarbeiten, wurden bislang enttäuscht.[82] Vielmehr hat sich das Gericht regelmäßig des Kunstgriffs bedient, Art. 7 und Art. 8 GRCh gewissermaßen in einem Atemzuge in die jeweilige rechtliche Argumentation einzubeziehen. Das bedeutet im Ergebnis, dass der EuGH im Rahmen der jeweiligen primärrechtlichen Untersuchung datenschutzrechtlicher Fragestellungen **Art. 7 und 8 GRCh als einheitlichen normativen Gehalt** behandelt hat. Art. 8 GRCh wird dabei gewissermaßen eingeschmolzen, wenngleich nicht vollständig; jedenfalls entbehrt der „Restbestand" bislang erforderlicher rechtsstaatlicher Klarheit.

33 Die erste primärrechtliche Überprüfung sekundärrechtlicher Normen, die der EuGH nach Inkrafttreten der GRCh anhand der Art. 7 und 8 GRCh vornahm, erfolgte durch Entscheidung vom 9.11.2010 im **Fall Schecke.**[83] Gegenstand der Auseinandersetzung war die Frage der Zulässigkeit behördlicher **Veröffentlichung gewährter Agrarsubventionen** für zwei Jahre im Internet, und zwar unter Nennung von Namen und Wohnsitzgemeinde des Empfängers sowie des dem Einzelnen je Haushaltsjahr gezahlten Betrags. Diese Vorgehensweise entspricht dem Transparenzprinzip der EU (vgl. Art. 10 EUV, Art. 15 AEUV), hier zumal im Hinblick auf den hohen Anteil der Ausgaben der Union im Agrarbereich. Bedenken können bestehen, insoweit die Subventionsbeträge indirekt Aufschluss über die Höhe des jeweiligen Einkommens der Empfänger geben können.

34 Die Problematik der Sensitivität des persönlichen Einkommens im europäischen Rahmen wurde bereits weiter oben dargestellt, auch unter Bezugnahme auf die Entscheidungen des EuGH in Sachen Österreichischer Rundfunk bzw. Satamedia

[80] Vgl. dazu auch *Hustinx*, S. 18: Einschränkungen dieses Grundrechts sollten allein von Art. 52 GRCh her verstanden und beurteilt werden, während Art. 8 Abs. 2 und 3 GRCh (nur) den Inhalt des Grundrechts umschreiben.

[81] Ausführliche Darstellung zum Verhältnis beider Normen *Eichenhofer*, e-Privacy, 2021, S. 271 ff.; s. auch *Marsch*, Das europäische Datenschutzgrundrecht, 2018, Kap. 3, der in den Art. 8 GRCh ein Recht auf eine grundrechtsadäquate Ausgestaltung des einfachen Datenschutzrechts hineinließt.

[82] Vgl. *Brink/Wolff*, JZ 2011, 206.

[83] EuGH, Urt. v. 9.11.2010 – C-92/09 u.a., Slg. 2010, I-11063, JZ 2011, 201 mit Anm. *Brink/Wolff*.

(→ Rn. 15–28). In diesen beiden Vorabentscheidungsverfahren vermochte das Gericht die diesbezügliche Letztentscheidung offenzuhalten, also den Gerichten der Mitgliedstaaten zu überlassen. Die Überprüfung im Fall Schecke anhand des Grundsatzes der Verhältnismäßigkeit führte demgegenüber zur partiellen Ungültigkeitserklärung der die Veröffentlichung regelnden Verordnungen der EU, insoweit in diesen undifferenziert die individuelle Namensnennung vorgesehen war. Das Ergebnis ist umstritten[84] schon im Hinblick darauf, dass Rückschlüsse von der Subventionshöhe auf das Einkommen nur relativ vage erfolgen können.[85] Auf diese Überlegung gestützt hätte sich also (auch hier) für den EuGH ein Weg angeboten, die **Bedeutung** der Information über individuelles **Einkommen für das „Privatleben"** wegen unterschiedlicher mitgliedstaatlicher Befindlichkeiten unter Aufrechterhaltung der Verordnung offen zu lassen. Es liegt auf der Hand, dass die datenschutzrechtliche Bremse, die der EuGH im Fall Schecke gezogen hat, bei Vorhandensein offener Steuerlisten wenig Sinn machen kann.

35 Immerhin bietet Art. 7 i. V. m. Art. 52 Abs. 3 GRCh, Art. 8 EMRK bezüglich eines etwaigen Eingriffs ins Privatleben – in der weiten, aber doch eingegrenzten Auslegung des EGMR – Ansatzpunkte für die Berücksichtigung **unterschiedlicher (gesellschaftlicher) Bedingungen.** Entsprechende Ansätze kann man demgegenüber nach dem gegenwärtigen Stand der Rechtsprechung zu Art. 8 GRCh dieser Vorschrift nicht abgewinnen. Die Prüfung des EuGH in der *Schecke*-Entscheidung zum anwendbaren Regelungsgehalt dieser Vorschrift – losgelöst von der ansonsten vorgenommenen Kombination mit Art. 7 GRCh – umfasste nur einen Satz:

> „Im Übrigen stellt die durch [die] Verordnung [...] vorgeschriebene Veröffentlichung eine Verarbeitung personenbezogener Daten im Sinne des Art. 8 Abs. 2 der Charta dar."[86]

Wie wenig dieser Ansatz (für sich allein) der Problemlösung dienlich ist, erkennt man daran, dass die Informationen über gewährte Subventionen schon ganz unabhängig von möglichen Rückschlüssen auf das jeweilige Einkommen davon erfasst werden. Zur **Feineinstellung** für die (nachfolgend) erforderliche Abwägung nach Verhältnismäßigkeitsgrundsätzen gelangt man dabei **erst aufgrund der Kriterien des Art. 7 GRCh** (i. V. m. Art. 8 EMRK).[87]

36 Der EuGH hat den **Trend zur Verschmelzung** der beiden Charta-Bestimmungen **weiter fortgesetzt.** Das gilt z. B. für die bereits erörterte Entscheidung zur „Vorratsdatenspeicherung" vom 8.4.2014 (→ § 5 Rn. 79 f.). Das primärrechtlich geschützte Rechtsgut – „Art. 7 und 8" – wird weit überwiegend als Einheitliches behandelt;[88] und zum Verhältnis beider zueinander weist das Gericht darauf hin,

> „dass der Schutz personenbezogener Daten, zu dem Art. 8 Abs. 1 der Charta ausdrücklich verpflichtet, für das in ihrem Art. 7 verankerte Recht auf Achtung des Privatlebens von besonderer Bedeutung ist."[89]

[84] Vgl. *Hornung*, MMR 2011, 127 (127 f.); *Guckelberger*, EuZW 2011, 126 (126 ff.); *Kilian*, NJW 2011, 1325 (1325 ff.); *Wollenschläger*, AöR 135 (2010), 363 (372 ff., 388 ff.); *Masing*, RDV-Beil. 2/2014, 1 (3 ff.); dem EuGH zustimmend *Epiney*, NVwZ 2011, 976 (979 f.).

[85] Vgl. *Kühling/Klar*, JURA 2011, 771 (776).

[86] EuGH, Urt. v. 9.11.2010 – C-92/09 u. a., EuZW 2010, 939 (Rn. 60).

[87] Vgl. dazu die Ausführungen bei *Hustinx*, zusammengefasst bei *Härting*, BB 2014, 1105.

[88] Vgl. z. B. EuGH, Urt. v. 8.4.2014 – C-293/12 u. a., ECLI:EU:C:2014:238, Rn. 29–37, 60, 65; weiterhin EuGH, Urt. v. 17.10.2013 – C-291/12, ECLI:EU:C:2013:670, Rn. 24, 39, 46, 49– Schwarz/Bochum; ähnlich EuGH, Urt. v. 13.5.2014 – C-131/12, ZD 2014, 350, Rn. 38, 69, 80 f., 97 – Google Spain; EuGH, Urt. v. 6.10.2015 – C-362/14, ECLI:EU:C:2015:650, Rn. 71 f., 78, 91 – Safe Harbor; auch EuGH, Urt. v. 7.11.2013 – C-473/12, ECLI:EU:C:2013:715, Rn. 39 – IPI.

[89] Vgl. EuGH, Urt. v. 8.4.2014 – C-293/12 u. a., ECLI:EU:C:2014:238, NVwZ 2014, 709 (709 ff.) – Vorratsdatenspeicherung.

Allein für Fragen der Datensicherheit und der Kontrolle durch eine unabhängige Stelle wird ausschließlich auf Art. 8 (auch Abs. 3) GRCh Bezug genommen.[90]

III. Zur weiteren Interpretation des Art. 8 GRCh

37 Aufgrund dieses Befundes gestaltet sich die weitere Interpretation des Art. 8 GRCh als schwierig. Eine Reihe **deutscher Interpreten** nimmt vereinfachend an, mit dieser Bestimmung sei das **R.a.i.S. (primär-)unionsrechtlich festgeschrieben.**[91] Unabhängig von der dargestellten verfassungsrechtlichen Problematik dieser Rechtsfigur (→ § 4) stehen einer solchen Annahme auf europäischer Ebene zwei Überlegungen entgegen.

1. Entstehung der Charta-Bestimmung

38 Im Rahmen der Erörterungen zum „Datenschutz" ist der Grundrechte-Konvent einem Abänderungsantrag des Inhalts, ein Selbstbestimmungsrecht über die Preisgabe und Verwendung der personenbezogenen Daten ausdrücklich in die Charta aufzunehmen, im Ergebnis nicht gefolgt, um stattdessen an der Gewährleistung des Rechts auf Schutz der personenbezogenen Daten festzuhalten. Ursächlich dafür waren Einwände von Delegierten, geäußert u.a. in dem Bestreben, „das Datenschutzrecht weniger absolut zu gestalten" und der „Gefahr, dass Ordnungs-, Polizei- und Steuerbehörden in ihrer alltäglichen Arbeit behindert würden", vorzubeugen; das „Erfordernis der Zustimmung des Betroffenen zur Sammlung, Verwendung und Verbreitung aller seiner Daten [sei] nicht hinnehmbar."[92] Die **gegenüber einem Selbstbestimmungsrecht weniger stringente Formulierung** eines Rechts auf Schutz ist also nicht etwa rein zufällig zustandegekommen, sondern mit dem erklärten Ziel elastischerer Ausgestaltungsmöglichkeiten.

2. Verfassung(süberlieferung)en der Mitgliedstaaten

39 Entsprechendes ergibt sich aus gemeinsamen Verfassungsüberlieferungen der Mitgliedstaaten.[93] Wie bereits hervorgehoben wurde, ist das R.a.i.S. den Rechtsordnungen (fast) aller anderen Mitgliedstaaten fremd (→ § 6 Rn. 3). „Informational self-determination" gilt – mit den Worten des vormaligen Europäischen Datenschutzbeauftragten *Hustinx* – als „German concept".[94] Andererseits sind in den letzten Jahrzehnten in einer Vielzahl von Mitgliedstaaten verfassungsrechtliche Bestimmungen zum Schutz der Persönlichkeit/der Privatheit und (auch) zum Schutz personenbezogener/persönlicher Daten (personal data) entstanden.[95] Auf

---

[90] EuGH, Urt. v. 8.4.2014, C-293/12 u.a., ECLI:EU:C:2014:238, Rn. 66, 68, NVwZ 2014, 709 (709 ff.) – Vorratsdatenspeicherung.

[91] Vgl. Meyer/Hölscheidt/*Bernsdorff,* GRCh, 5. Aufl. 2019, Art. 8 Rn. 14, 18 f.; Calliess/Ruffert/*Kingreen,* 6. Aufl. 2022, Art. 8 GRCh, Rn. 1; s. weiter → § 6 Rn. 13 zum R.a.i.S. im Rahmen des Art. 8 EMRK.

[92] Vgl. Meyer/Hölscheidt/*Bernsdorff,* GRCh, 5. Aufl. 2019 Art. 8 Rn. 5–10; *Bernsdorff/Borowsky,* Die Charta der Grundrechte der EU, Handreichungen und Sitzungsprotokolle, 2002, S. 195 f., 293 f., S. 68–73 zu Nr. 11, 28, 40, 50, 54, 67; Schwarze/*Knecht,* EU-Komm., 4. Aufl. 2019, Art. 8 GRCh, Rn. 2.

[93] Vgl. zu den gemeinsamen Verfassungsüberlieferungen *Bleckmann,* Nationale Grundrechte im Anwendungsbereich des Rechts der EU, 2011, insbes. S. 267 ff.

[94] Peers/Hervey/Kenner/Ward/*Kranenborg,* GRCh, 2. Aufl. 2022, Art. 8 Rn. 08.34, unter Bezugnahme auf *Albers,* Informationelle Selbstbestimmung, 2005 (dazu → § 3 Rn. 27).

[95] Abgedruckt bei *Simitis/Dammann,* Dokumentation zum BDSG, Stand 06/2017, Art. 3 RL 95/46/EG, Teil D; einen vorläufigen Überblick gibt Meyer/Hölscheidt/*Bernsdorff,* GRCh, 5. Aufl.

ihrer Grundlage ist mittlerweile[96] die Annahme des Vorliegens gemeinsamer Verfassungsüberlieferungen zum Schutz personenbezogener Daten gerechtfertigt, so dass sich aus Art. 52 Abs. 4 GRCh das Erfordernis ergibt, Art. 8 Abs. 1 GRCh „im Einklang mit diesen Überlieferungen" auszulegen.[97] Die in Rede stehenden Verfassungsbestimmungen nehmen ihrerseits **keine detaillierte/vertiefte Umschreibung des geschützten Rechtsguts** vor; regelmäßig verweisen sie zugleich auf die erforderliche Ausgestaltung durch den Gesetzgeber.

40 Bei einer Auswertung der diversen Bestimmungen darf es, um aus ihnen *gemeinsame* Überlieferungen herzuleiten, nicht etwa um die Ermittlung eines Maximal- bzw. Minimalstandards gehen,[98] was ggfs. die vorausgesetzte Gemeinsamkeit konterkarieren würde. Letztere sollte sich vielmehr aus dem Rechtsverständnis einer relativ breiten Mehrheit der Mitgliedstaaten herleiten lassen.[99] Von daher ist die Annahme gerechtfertigt, dass eine weitgehende dezidierte Fixierung datenschutzrechtlicher Grundsätze bzw. datenschutzrechtlichen Grundsatzverständnisses auf der verfassungsrechtlichen Ebene gerade nicht gemeinsamer Überlieferung entspricht. Dieser ist vielmehr eine Tendenz zu entnehmen, **wesentliche Aussagen** über Inhalt und Grenzen des Schutzes von Privatheit und persönlichen/personenbezogenen Informationen den jeweiligen **Gesetzgebern zu überlassen.** Das deckt sich mit der entsprechend offenen Formulierung in der Endfassung des Art. 8 Abs. 1 GRCh. Es ist also klar angezeigt, aus dieser Bestimmung *nicht* die primärrechtliche Festlegung auf ein stringentes datenschutzrechtliches Konzept herzuleiten.

IV. Folgerungen

41 (1.) In welche Richtung auch immer die Wege – sei es des EU-Gesetzgebers, sei es der mitgliedstaatlichen Legislativen – zur Realisierung von Datenschutz gehen, die dabei einzuhaltenden **primärrechtlichen Vorgaben sind begrenzt.** Insbesondere kann aus dem Nebeneinander der Gewährleistungen in Art. 7 und Art. 8 der Charta nicht zwingend hergeleitet werden, dass letztere Bestimmung im Rahmen des „Schutz[es] der […] personenbezogenen Daten" nach Abs. 1 über den Schutzgehalt des Art. 8 EMRK – in der Interpretation durch den EGMR – nennenswert hinausgeht. In der Kommentarliteratur zu Art. 8 GRCh wird allerdings nicht selten angenommen, dass gemäß Art. 8 GRCh *jedwede* personenbezogenen Informationen Gegenstand des Schutzes seien, also ganz unabhängig von einem inhaltlichen Bezug zum „Privatleben" im Sinne der weit ausgreifenden EGMR-Rechtsprechung.[100] Der EuGH meint seinerseits in der Schecke-Entscheidung, dass sich beide Charta-Bestimmungen zusammengenommen mit der „Achtung des Privatlebens auf jede

2019, Art. 8 Rn. 3; zu den Verfassungen der Welt: https://www.constituteproject.org/ (abgerufen am 29.1.2022).

[96] Art. 52 Abs. 4 GRCh verlangt nicht notwendig seit langem bestehende Überlieferungen; auch Verfassungsordnungen aus jüngster Zeit können die erforderliche Gemeinsamkeit aufweisen, vgl. dazu *Jarass,* GRCh, 4. Aufl. 2021, Art. 52 Rn. 67.

[97] Dazu insgesamt Meyer/*Borowsky,* 5. Aufl. 2019, GRCh Art. 52 Rn. 68ff.; beachte auch Art. 6 Abs. 3 EUV, wonach „Grundrechte, […] wie sie sich aus den gemeinsamen Verfassungsüberlieferungen der Mitgliedstaaten ergeben, […] als allgemeine Grundsätze Teil des Unionsrechts […] sind".

[98] Vgl. Schwarze/*Hatje,* 4. Aufl. 2019, Art. 6 EUV, Rn. 29; Geiger/Khan/Kotzur/*Geiger,* EUV/AEUV, 6. Aufl. 2017, Art. 6 EUV, Rn. 28.

[99] Vgl. *Jarass,* GRCh, 4. Aufl. 2021, Art. 52 Rn. 66f.

[100] Vgl. Calliess/Ruffert/*Kingreen,* 6. Aufl. 2022, Art. 8 GRCh, Rn. 10; Meyer/Hölscheidt/*Bernsdorff,* GRCh, 5. Aufl. 2019, Art. 8 Rn. 20; Peers/Hervey/Kenner/Ward/*Kranenborg,* GRCh, 2. Aufl. 2022, Art. 8 Rn. 08.113; differenzierend *Jarass,* GRCh, 4. Aufl. 2021, Art. 8 Rn. 6.

Information erstreckt, die eine bestimmte oder bestimmbare natürliche Person betrifft". Die Annahme des Gerichts, sich eben hierfür auf die Rechtsprechung des EGMR berufen zu können,[101] beruht allerdings auf einem gründlichen Missverständnis (→ § 6 Rn. 13). Verfassungs-/primärrechtliche Rechtsprechung und Literatur werden das weiter zu klären haben, um die gebotene Entscheidungsfreiheit der Legislativen bei der Entwicklung und Beurteilung künftiger Schutzkonzepte zu wahren.

42 (2.) **Art. 8 Abs. 2 S. 1 GRCh** macht mangels Einwilligung eine „gesetzlich geregelte […] legitime […] Grundlage" zur Voraussetzung für die Verarbeitung der *von Abs. 1 erfassten* Informationen. Er schreibt die Verarbeitung nach Treu und Glauben für festgelegte Zwecke vor. Diese Vorschrift entspricht dem gebotenen rechtlichen Rahmen für hoheitliche Tätigkeit. Unmittelbare **Drittwirkung** ist Art. 8 GRCh nicht beizumessen; beachte dazu die in Art. 51 Abs. 1 S. 1 GRCh vorgesehenen Adressaten.[102] Deren Schutzpflichten in Bezug auf die Datenverarbeitung von Privaten unterliegen erheblicher gesetzgeberischer Gestaltungsfreiheit.[103] Von daher kann für den nicht-öffentlichen Bereich die primärrechtliche Vorgabe einer lückenlosen gesetzgeberischen Regelung[104] (auch nur) im Rahmen des Art. 8 Abs. 2 S. 1 GRCh nicht angenommen werden.

---

[101] So in der Schecke-Entscheidung EuGH, Urt. v. 9.11.2010 – C-92/09 u.a., Slg. 2010, I-11063 (Rn. 52), unter Bezugnahme auf EGMR, Urt. v. 16.2.2000 – 27798/95, CEHD 2000-II – Amann ./. Schweiz sowie auf EGMR, Urt. v. 4.5.2000 – 28341/95, CEHD 2000-V – Rotaru ./. Rumänien (zu diesen Entscheidungen → § 6 Rn. 7, 9, 12); zu in diesem Zusammenhang ggf. missverständlichen Formulierungen des EGMR durch Bezugnahme auf die Datenschutzkonvention des Europarats → § 6 Rn. 13.

[102] Vgl. *Kokott/Sobotta,* IDPL 2013, 225; *Jarass,* GRCh, 4. Aufl. 2021, Art. 8 Rn. 3; a.A. *v. Danwitz,* DuD 2015, 581 (585f.).

[103] Vgl. *Jarass,* GRCh, 4. Aufl. 2021, Art. 8 Rn. 12.

[104] Vgl. zu damit verbundenen Problemstellungen *Stentzel,* Der datenschutzrechtliche Präventionsstaat, PinG 2016, 45 (46f.).

2. Teil. Harmonisiertes europäisches Datenschutzrecht nach DS-GVO

1 Die Datenschutz-Grundverordnung (DS-GVO), in Kraft getreten am 25.5.2016 mit Geltung ab 25.5.2018, markiert einen **Umbruch für das sekundäre Datenschutzrecht** der Union und zugleich für das entsprechende Gesetzesrecht in den Mitgliedstaaten. Die vor über zwei Jahrzehnten begonnene europarechtliche Steuerung durch die Datenschutzrichtlinie 95/46/EG (DSRL)[1] ist durch die unmittelbar in den Mitgliedstaaten geltende Verordnung 2016/679 abgelöst worden, verbunden mit eintretender Unanwendbarkeit entgegenstehenden mitgliedstaatlichen Rechts. Diese Entwicklung lässt sich allerdings nicht aus einem einseitigen Vorrang des Unionsrechts heraus verstehen. Zwar ist letzterer grundsätzlich geeignet, die Einheitlichkeit des geltenden Rechts in der EU voranzutreiben. Andererseits ist zu bedenken, dass man es mit einer rechtlichen Querschnittmaterie zu tun hat, die den Inhalt anderer Rechtsbereiche – z.B. Vertragsrecht, Arbeitsrecht, Verwaltungsverfahrensrecht, Gesundheits- oder Steuerrecht – nicht unwesentlich beeinflusst; von daher sind der Vereinheitlichung des Datenschutzrechts im Hinblick auf die Eigenart der jeweiligen mitgliedstaatlichen Rechtsmaterien notwendige Grenzen gesetzt. Dieser Umstand spiegelt sich weniger in förmlichen Kompetenzgrenzen der EU (→ § 7 Rn. 1ff.) bei der Regelung des Datenschutzes wider als vielmehr in den zahlreichen Öffnungsklauseln zugunsten einzelstaatlicher Regelung, wie sie in die DS-GVO auf Betreiben der Mitgliedstaaten aufgenommen wurden.[2]

2 Die Erarbeitung des nun maßgeblichen Rechtszustands im jeweiligen Mitgliedstaat kann sich deshalb nicht allein auf die Regelungen und das rechtliche Instrumentarium der DS-GVO stützen. Das **Zusammenspiel mit** – verbleibendem bzw. ergänzend neu geschaffenem; insb. in Teil 1 und Teil 2 des BDSG von 2018[3] – **mitgliedstaatlichem Recht** ist zu berücksichtigen. Zwiespältige/widersprüchliche Lösungen sollten sich daraus in der Regel nicht ergeben. Das hängt wiederum mit umfangreich eingeschliffener Rechtsähnlichkeit der Bestimmungen auf europäischer und mitgliedstaatlicher Ebene zusammen. Ein Scharnier hierfür war die DSRL von 1995 gewesen, die auch unter beträchtlichem deutschen Einfluss (vom BDSG her) entstanden und sodann zur Vorlage für die weitere Gestaltung datenschutzrechtlicher Vorschriften in den Mitgliedstaaten geworden ist.

3 Mittlerweile entwickelt sich für die **Interpretation der DS-GVO** selbst eine diese ausformende administrative bzw. gerichtliche Praxis. Die Erwägungsgründe, die den Artikeln der Verordnung vorangestellt sind, dienen als Richtschnur für die Interpretation.[4] Besonders ins Gewicht fällt nach wie vor die juristische Erfahrung, wie sie bisher in Rechtsprechung und Literatur zum normativen Gefüge von DSRL und mitgliedstaatlichem Recht ihren Niederschlag gefunden hat. Das deutsche Datenschutzrecht hat sich in fünf Jahrzehnten zumal in der Kommentarliteratur zum BDSG besonders intensiver Durcharbeitung erfreut.

---

[1] ABl. EG 1995 L 281, 31.

[2] Eine gute Übersicht zu den Regelungsspielräumen für die Mitgliedstaaten findet sich bei *Buchner,* DuD 2016, 155 (160).

[3] BGBl. 2017 I S. 2097.

[4] Vgl. Riesenhuber/*Köndgen/Mörsdorf,* Europäische Methodenlehre, 4. Aufl. 2021, § 6 Rn. 48ff., mit Bezug auf die Rechtsprechung des EuGH.

1. Abschnitt. Geltungsbereich der DS-GVO

§ 8. Sachlicher Geltungsbereich (Art. 2 DS-GVO)

Literatur: *Bäcker/Hornung*, EU-Richtlinie für die Datenverarbeitung bei Polizei und Justiz in Europa, ZD 2012, 147; *Buchner*, Grundsätze und Rechtmäßigkeit der Datenverarbeitung unter der DS-GVO, DuD 2016, 155; *Gola/Lepperhoff*, Reichweite des Haushalts- und Familienprivilegs bei der Datenverarbeitung, ZD 2016, 9; *Szczekalla*, Sicherung grund- und menschenrechtlicher Standards gegenüber neuen Gefährdungen durch private und ausländische Akteure, DVBl 2014, 1108.

A. Rechtssystematische Eingrenzungen

I. Grundregeln

4 Die DS-GVO wird ausdrücklich auf die **unionsrechtliche Regelungskompetenz** aus Art. 16 AEUV gestützt, nimmt jedoch die „Verarbeitung personenbezogener Daten durch die Organe, Einrichtungen, Ämter und Agenturen der Union" vom Geltungsbereich aus (Art. 2 Abs. 3 DS-GVO). Diesbezüglich gilt insbesondere die Verordnung (EG) 45/2001 (→ § 7 Rn. 10), die an die Grundsätze der DS-GVO angepasst worden ist.[5] Damit verbleibt als Regelungsgegenstand für die DS-GVO nach Art. 16 Abs. 2 AEUV die Verarbeitung „durch die Mitgliedstaaten im Rahmen der Ausübung von Tätigkeiten, die in den Anwendungsbereich des Unionsrechts fallen". Eben diese Eingrenzung wird – negativ herum formuliert – in der DS-GVO dahingehend vorgesehen, dass diese keine Anwendung finde „im Rahmen einer Tätigkeit, die nicht in den Anwendungsbereich des Unionsrechts fällt" (Art. 2 Abs. 2 lit. a DS-GVO). Letzterer ist – auf der Grundlage vorangegangener EuGH-Rechtsprechung – weit zu verstehen (→ § 7 Rn. 3 ff.). ErwGr 16 DS-GVO nennt – im Anschluss an Art. 4 Abs. 2 S. 3 EUV – als Beispiel für die Nichtanwendbarkeit „die nationale Sicherheit betreffende Tätigkeiten", ohne diese näher zu umschreiben.[6] Hierzu wird neben dem militärischen Verteidigungsbereich die Tätigkeit der Nachrichtendienste, also der Verfassungsschutzämter, des Bundesnachrichtendienstes und des Militärischen Abschirmdienstes, gerechnet.[7]

5 Ausgeschlossen ist weiterhin ausdrücklich die Verarbeitung durch Mitgliedstaaten im Rahmen der Gemeinsamen Außen- und Sicherheitspolitik (Art. 2 Abs. 2 lit. b DS-GVO sowie Art. 16 Abs. 3 AEUV i. V. m. Art. 39 EUV).[8]

II. Abgrenzung zum Geltungsbereich der JI-RL und deren Umsetzung im BDSG

6 Ausgeschlossen von der Anwendung der DS-GVO ist weiterhin die Verarbeitung personenbezogener Daten zum Zweck der Straftatenverhütung, **Strafverfolgung**

---

[5] Art. 99 ÄndVO (EU) 2018/1725 v. 23.10.2018 (ABl. EU Nr. L 295 S. 39).

[6] Beachte Art. 4 Abs. 2 S. 3 EUV; vgl. auch ErwGr 14 der JI-RL (zu dieser nachfolgend in Rn. 7), wo „die nationale Sicherheit betreffende Tätigkeiten" ergänzt wird durch den Verweis auf „Tätigkeiten von Agenturen oder Stellen, die mit Fragen der nationalen Sicherheit befasst sind". Für enge Interpretation dieses Begriffs Schwarze/*Hatje*, EU-Komm., 4. Aufl. 2019, Art. 4 EUV, Rn. 19 a. E.; kritisch zur Ausnahme „nationale Sicherheit" im Hinblick auf das Datenschutzrecht *Szczekalla*, DVBl. 2014, 1108 (1112).

[7] *Bäcker/Hornung*, ZD 2012, 147 (149).

[8] Zu letzterer Bestimmung näheres bei Streinz/*Kugelmann*, 3. Aufl. 2018, Art. 39 EUV; als Beispiel werden Abkommen mit Drittstaaten über Fluggastdaten genannt; vgl. auch *Frenz*, VR 2016, 45.

oder Strafvollstreckung, „einschließlich des Schutzes vor und der Abwehr von Gefahren für die öffentliche Sicherheit“ (Art. 2 Abs. 2 lit. d DS-GVO). Für eben diese Bereiche wurde zeitgleich mit der DS-GVO die JI-RL vom 27.4.2016[9] verabschiedet. Diese Abtrennung erklärt sich zum einen aus der vorangegangenen Rechtsentwicklung: Die DSRL von 1995 galt ihrerseits nicht im Rahmen polizeilicher bzw. strafverfolgender Tätigkeit, was sich vor Inkrafttreten des Vertrags von Lissabon schon aus der eingeschränkten Kompetenz der EG erklärte.[10] Zum anderen gilt – weiterhin –, dass den Mitgliedstaaten in diesen Bereichen, für die die Freiheit von wirtschaftlichen Hemmnissen nicht unmittelbar Leitprinzip ist, z.T. größere Möglichkeit je eigener rechtlicher Gestaltung verbleiben soll.[11] Die JI-RL ist mit Blick auf die erforderliche Umsetzung im Verhältnis zur Verordnung durch eine lockerere unionsrechtliche Führung gekennzeichnet. Dieser Umstand findet zusätzlich Ausdruck in der Öffnungsklausel des Art. 1 Abs. 3 JI-RL dahingehend, dass die Mitgliedstaaten nicht daran gehindert sind,

> „zum Schutz der Rechte und Freiheiten der betroffenen Personen bei der Verarbeitung personenbezogener Daten durch die zuständigen Behörden Garantien festzulegen, die strenger sind als die Garantien dieser Richtlinie.“

Mit anderen Worten wird im Rahmen dieser Richtlinie das Harmonisierungsziel auf die Festlegung von Mindeststandards zurückgenommen.[12]

7 Mit dem Einschluss von Schutz und Abwehr bezüglich der „Gefahren für die öffentliche Sicherheit“ bleibt die ***präventive* polizeiliche Tätigkeit** nicht auf die „Verhütung […] von Straftaten“ beschränkt. Im ErwGr 12 der JI-RL wird hierzu auf polizeiliche Tätigkeiten in Fällen hingewiesen, „in denen nicht von vornherein bekannt ist, ob es sich um Straftaten handelt oder nicht, ferner auf Tätigkeiten – Ergreifen von Zwangsmitteln – bei Demonstrationen, sportlichen Großveranstaltungen und Ausschreitungen“, schließlich auf die „Aufrechterhaltung der öffentlichen Ordnung […] zum Zweck […] der Abwehr von Bedrohungen für […] grundlegende Interessen der Gesellschaft, die zu einer Straftat führen können.“ Aus diesem Kontext ist zu entnehmen, dass mit Abwehr von Gefahren für die öffentliche Sicherheit i.S.d. Art. 1 JI-RL nur ein eingegrenzter Kernbereich (vollzugs-)polizeilicher Tätigkeit gemeint ist, nicht die Wahrnehmung sonstiger Gefahrenabwehraufgaben auf der Grundlage weit gefächerter Materien des besonderen Verwaltungsrechts, wie z.B. des Bodenschutz- oder des Bauordnungsrechts, auch des Pass-, Personalausweis- oder Aufenthaltsrechts.[13]

8 Die Anwendungsbereiche von DS-GVO und JI-RL schließen einander aus (vgl. ErwGr 19 DS-GVO). Doch kann ein und derselbe Datenbestand je nach den verfolgten Zwecken der Verarbeitung in den Regelungsbereich der einen wie auch der anderen Vorschrift fallen.[14] – § 45 BDSG knüpft für dessen Teil 3, der auf Bundes-

---

[9] ABl. EU 2016 L 119, 89.

[10] Vgl. Art. 3 Abs. 2 SpStr. 1 DSRL und dazu *Dammann*/Simitis, EG-Datenschutzrichtlinie, 1997, Art. 3 Rn. 6.

[11] Vgl. dazu die Bezugnahme auf „die verschiedenen Rechtsordnungen und -traditionen der Mitgliedstaaten“ in Art. 67 Abs. 1 AEUV, auch die besondere Betonung des unionsrechtlichen Subsidiaritätsprinzips in Art. 69 AEUV.

[12] Zur demgegenüber umfassenden Harmonisierung nach der DSRL vgl. EuGH, Urt. v. 24.11.2011 – C-468/10, ZD 2012, 33 (Rn. 29) – ASNEF.

[13] Vgl. dazu Lisken/Denninger/*Bäcker*, HdB-Polizeirecht, 6. Aufl. 2018, Abschn. B Rn. 214ff.: „Polizei und Ordnungsbehörden“.

[14] Vgl. dazu schon für die entsprechende Abgrenzung des Anwendungsbereichs der DSRL die Entscheidung des EuGH, Urt. v. 16.12.2008 – C-524/06, DVBl 2009, 171 (Rn. 44ff.) – Huber; beachte jetzt ErwGr 19 DS-GVO und ErwGr 12JI-RL.

ebene der generellen Umsetzung der Richtlinie dient, an deren Anwendungsbereich gemäß §§ 1, 2 BDSG derselben an.

III. „Öffentlicher Bereich"

1. Unterscheidung zwischen öffentlichem und nicht-öffentlichem Bereich

9 Das deutsche Datenschutzrecht hat herkömmlicherweise zwischen der Datenverarbeitung „öffentlicher Stellen" (sog. öffentlicher Bereich) und „nicht-öffentlicher Stellen" (sog. nicht-öffentlicher Bereich) unterschieden. Diese Zweiteilung beruht zum einen auf der (strengeren) Bindung der öffentlichen Hand an verfassungsrechtliche Gewährleistungen, hier an das Gebot des Persönlichkeitsschutzes, und zum anderen auf der Grundrechtsträgerschaft nicht-hoheitlicher Datenverarbeiter aus Art. 12, 14 oder Art. 2 Abs. 1 i.V.m. Art. 1 Abs. 1 GG. Die „öffentlichen Stellen" des Bundes werden nach wie vor in § 2 Abs. 1, 3 S. 1 BDSG benannt, diejenigen der Länder in § 2 Abs. 2, 3 S. 2 BDSG sowie in den entsprechenden Vorschriften der Landesdatenschutzgesetze. Damit werden (fast) alle öffentlich-rechtlich organisierten Einrichtungen der Exekutive, Judikative und Legislative[15] erfasst. „Nicht-öffentliche Stellen" (§ 2 Abs. 4 BDSG) sind natürliche Personen sowie die privatrechtlich organisierten Unternehmungen und Vereinigungen, also juristische Personen, weiterhin (insbesondere) Gesellschaften bürgerlichen Rechts, offene Handelsgesellschaften und Kommanditgesellschaften, Vereine und politische Parteien. Nach dem Grundmuster ist die **Organisationsform (Rechtsform),** nicht die (etwa „verwaltungsprivatrechtliche" oder fiskalische) Handlungsform für die Abschichtung **ausschlaggebend.**

10 Das Datenschutzrecht der EU hat eine so geartete förmliche Aufteilung nicht vorgenommen. Dies galt schon für die DSRL und wird in der DS-GVO fortgeführt, während die JI-RL schon wegen ihrer spezielleren Thematik insgesamt dem öffentlichen Bereich zuzurechnen ist. Andererseits bleibt es dabei, dass die Mitgliedstaaten für den öffentlichen Bereich insgesamt ein stärkeres Bedürfnis haben, aus ihren je eigenen Traditionen heraus rechtliche Gestaltungen vorzunehmen bzw. zu erhalten, als dies für den nicht-öffentlichen Bereich der Fall ist. In den Verhandlungen vor Verabschiedung der DS-GVO hat das in der Schlussphase auf Betreiben des Rats der EU zu einer Sonderregelung in Art. 6 Abs. 2 i.V.m. Abs. 1 lit. c und lit. e DS-GVO geführt. Danach können die Mitgliedstaaten (insbesondere) für Datenverarbeitungen zum Zweck der „Wahrnehmung einer Aufgabe [...], die im öffentlichen Interesse liegt oder in Ausübung öffentlicher Gewalt erfolgt, [...] spezifische Anforderungen für die Verarbeitung sowie sonstige Maßnahmen präziser bestimmen," und zwar im Wege der Beibehaltung oder durch Neueinführung entsprechender Vorschriften. Damit eröffnet sich ein beträchtlicher **Spielraum für den mitgliedstaatlichen Gesetzgeber.** Dies gilt umso mehr insoweit, als die Rechtsgrundlage für die Realisierung der jeweiligen Aufgabe selbst – z.B. die Führung von Fahrzeugregistern oder die Durchführung einer Volkszählung – regelmäßig vom Mitgliedstaat selbst kreiert wird (vgl. Art. 6 Abs. 3 S. 1 lit. b, auch i.V.m. S. 2–4 DS-GVO).

2. Deutsche Ausgestaltung im öffentlichen Bereich

11 Deutsches Datenschutzrecht in Bund und Ländern bietet (auch) bezüglich des öffentlichen Bereichs eine in der Praxis eingeübte, in wesentlichen Teilen näher aus-

---

[15] Dazu Simitis/*Dammann,* BDSG, 8. Aufl. 2014, § 2 Rn. 30; Beispiel aus dem Recht der Landtage war früher: § 39 hessDSG, jetzt i.V.m. der Datenschutzordnung des Hessischen Landtags vom 18.1.2014 = Anl. 4 zur Geschäftsordnung des Hessischen Landtags, hessGVBl. 2014 I S. 49.

gestaltete Grundlage für die Rechtmäßigkeit der Verarbeitung. Die vorfindliche Zweiteilung in öffentlichen und nicht-öffentlichen Bereich macht es dem deutschen Gesetzgeber leicht, im Hinblick auf europarechtliche Vorgaben vorzugsweise im erstgenannten Bereich an bestehenden Strukturen festzuhalten. Dabei gilt es, auch die bislang vorgesehenen **Ausnahmen von der Bereichszuordnung** nach der Organisationsform mit im Blick zu behalten:

12 (1.) Öffentlichrechtliche **Unternehmen, soweit sie *am Wettbewerb teilnehmen,*** werden in Ansehung der materiellrechtlichen Datenschutznormen nach § 2 Abs. 5 BDSG als *nicht-öffentliche* Stellen behandelt;[16] entsprechendes gilt für Einrichtungen auf Länderebene nach den Landesdatenschutzgesetzen.[17] Am Wettbewerb nehmen Unternehmen der Daseinsvorsorge unabhängig vom Fehlen einer Gewinnerzielungsabsicht immer dann teil, wenn sie Leistungen am Markt erbringen, die auch von Privaten erbracht werden können. Dies ist nicht der Fall, insoweit ein öffentlichrechtliches Monopol vorliegt, etwa aufgrund eines nach gemeindlicher Satzung bestehenden Anschluss- und Benutzungszwangs – Zweck der Regelung ist die Wahrung der Chancengleichheit zwischen staatlichen bzw. kommunalen Einrichtungen einerseits und privatwirtschaftlichen andererseits, z.B. für Kreditinstitute, Versicherungen, Verkehrs- und Versorgungsunternehmen. Diese **Zielsetzung** entspricht gleichermaßen derjenigen des europäischen **Binnenmarktes.**

13 (2.) Umgekehrt werden Privatpersonen/privatrechtliche Unternehmen als sogenannte **beliehene Unternehmer** von § 2 Abs. 4 S. 2 BDSG und von den Landesdatenschutzgesetzen als *öffentliche* Stellen behandelt. Das gilt z.B. bei der Wahrnehmung obrigkeitlicher Aufgaben durch Jagdaufseher, Flug- und Schiffskapitäne wie auch für die Durchführung schlicht hoheitlicher Aufgaben z.B. der Prüfingenieure, der TÜV-Sachbearbeiter oder der staatlich anerkannten Ersatzschulen.[18] Diese Zuordnung entspricht dem in Art. 6 Abs. 2 i.V.m. Abs. 1 lit. e DS-GVO vorgesehenen Regelungsansatz.

14 (3.) Eine verwandte Abweichung von der Zuordnung nach der jeweiligen Rechtsform der verantwortlichen Stelle ist in § 2 Abs. 1–3 BDSG in Bezug auf **„Vereinigungen des privaten Rechts von öffentlichen Stellen"**[19] des Bundes und/oder der Länder vorgesehen. Voraussetzung für die Zuordnung zum öffentlichen Bereich ist die Wahrnehmung einer öffentlichen Aufgabe. Reine Finanzbeteiligungen, ohne Zusammenhang mit den spezifischen Aufgaben der beteiligten öffentlichen Stellen, scheiden aus.[20] In diesen Grenzen ergibt sich auch hier Übereinstimmung mit dem bezeichneten Regelungsansatz der DS-GVO.

3. Innerstaatliche Gesetzgebungskompetenzen

15 Für die weitere Ausgestaltung des deutschen Datenschutzrechts – im Kontext der neuen unionsrechtlichen Regelungen – gilt es weiterhin, die Aufteilung der Gesetzgebungskompetenzen zwischen **Bund und Ländern** zu berücksichtigen. Zugleich lässt sich dabei anknüpfen an die bestehende Zuordnung zwischen BDSG einerseits und den Landesdatenschutzgesetzen andererseits.

---

[16] Beachte aber § 5 Abs. 1 S. 2 BDSG.

[17] Welche die für nicht-öffentliche Stellen geltenden Vorschriften des BDSG für anwendbar erklären, z.B. § 2 Abs. 2 S. 2 nrwDSG; vgl. die Zusammenstellung bei Simitis/*Simitis,* BDSG, 8. Aufl. 2014, § 27 Fn. 40.

[18] Vgl. Gola/Heckmann/*Schulz,* BDSG, 13. Aufl. 2019, § 2 Rn. 26.

[19] So die Formulierung in § 2 Abs. 3 BDSG-alt/BDSG; § 2 Abs. 1 und Abs. 2 BDSG-alt/BDSG – wie auch Landesdatenschutzgesetze – sprechen stattdessen von „Vereinigungen ungeachtet ihrer Rechtsform"; dazu Beispiel auf Landesebene: Verkehrsverbünde in Form der GmbH.

[20] Vgl. *Bergmann/Möhrle/Herb,* Stand 62. Aktual. 2021, § 2 BDSG, Rn. 32.

a) Öffentlicher Bereich

16 In Bezug auf die Tätigkeit der öffentlichen Verwaltung ist Datenschutzrecht teilweise als ein das **Verwaltungsverfahren** regelndes Recht anzusehen.[21] Jedenfalls in dem Umfang, in welchem dem Individuums gegenüber der öffentlichen Hand subjektive Rechte auf Auskunft, Berichtigung und Löschung eingeräumt werden, ist demgegenüber vom **materiellrechtlichen Charakter** der datenschutzrechtlichen Vorschriften auszugehen.[22]

17 (1.) Für den Bund ergibt sich demgemäß die Zuständigkeit zur Regelung des Datenschutzes bei der **Bundesverwaltung** zum einen aus der je entsprechenden Sachkompetenz (nach Art. 73, 74 GG) und zum anderen – lückenfüllend zu Art. 86 GG – für das Verwaltungsverfahren aus der Natur der Sache.[23] – Soweit umgekehrt **Landesbehörden Landesrecht durchführen,** steht die Regelung des Datenschutzes ausschließlich dem Landesgesetzgeber zu.

18 (2.) Bei der **Ausführung von Bundesrecht durch die Landesbehörden** ergibt sich eine Gesetzgebungskompetenz des Bundes hinsichtlich der materiellrechtlichen Teile des Datenschutzrechts aus der Sachkompetenz, die dem jeweiligen Bundesrecht zugrunde liegt (Art. 73, 74 GG).[24] Hinsichtlich der verfahrensrechtlichen Gehalte eröffnet sich die – eingeschränkte – Regelungsmöglichkeit durch den Bund aus Art. 84 Abs. 1 GG.[25] Vergleichbares gilt – lückenausfüllend – für die Bundesauftragsverwaltung (Art. 85 GG).[26] Zwar hat der Bund bislang von diesen Kompetenzen in (heute) § 1 Abs. 1 Nr. 2a BDSG im Ausgangspunkt Gebrauch gemacht. Auf dieser Grundlage wäre allerdings eine Landesbehörde gezwungen, ggf. im Rahmen ein und desselben Verwaltungsvorgangs – z. B. der Beurteilung eines Bauvorhabens nach Bauplanungs- und Bauordnungsrecht – sowohl das BDSG als auch das Landesdatenschutzgesetz anzuwenden. Dies hat der Bundesgesetzgeber durch **Subsidiaritätsklauseln zugunsten vorhandener Landesdatenschutzgesetze,** wie sie in den soeben genannten Vorschriften des BDSG mitenthalten sind,[27] vermieden. Im Ergebnis findet deshalb, da alle 16 Bundesländer Datenschutzgesetze erlassen haben, bei den Landesbehörden gegenwärtig eine einheitliche Steuerung durch das jeweilige Landesdatenschutzgesetz statt.

---

[21] Vgl. *Auernhammer,* BDSG, 3. Aufl. 1993, Einf. Rn. 31.

[22] Vgl. AK-GG/*Bull,* 2001, Art. 84 Rn. 17; Simitis/*Simitis,* BDSG, 8. Aufl. 2014 § 1 Rn. 9. Im einzelnen gestaltet sich die Abgrenzung zwischen materiellrechtlichen Bestimmungen und verfahrensrechtlichen komplex (vgl. dazu – in Parallelität zu § 15 BDSG-alt – die Beurteilung der Amtshilfebestimmungen des VwVfG: *Kopp/Ramsauer,* VwVfG, 22. Aufl. 2021, Einf. I Rn. 14, messen den §§ 4–8 „überwiegend materiell-rechtlichen Charakter" bei; AK-GG/*Bull,* 2001, Art. 84 Rn. 17, spricht diesbezüglich von „Doppelnatur").

[23] Vgl. Sachs/*Sachs,* GG, 9. Aufl. 2021, Art. 86 Rn. 30; *Stern*, Staatsrecht, Bd. 2, 1980, § 41 VII 4 (S. 820); *Ule/Laubinger,* Verwaltungsverfahrensrecht, 1995, § 1 Rn. 2.

[24] Übereinstimmend die Annahme der Kompetenz des Bundesgesetzgebers für die „annexen", nämlich materiellrechtlichen Materien des VwVfG, vgl. *Kopp/Ramsauer,* VwVfG, 22. Aufl. 2021, Einf. Rn. 14f.

[25] Überzeugend Dürig/Herzog/Scholz/*F. Kirchhof,* GG, Stand 95. ErgLfg. 2021, Art. 84 Rn. 14: Art. 84 Abs. 1 GG ist hierfür konstitutiv; andere Autoren gehen von einer entsprechenden Annexkompetenz aus (vgl. Stelkens/Bonk/Sachs/*Schmitz,* VwVfG, 9. Aufl. 2018, § 1 Rn. 32).

[26] Dazu Näheres bei Dürig/Herzog/Scholz/*F. Kirchhof,* GG, Stand 95. ErgLfg. 2021, Art. 85 Rn. 41 ff., unter Bezugnahme auf BVerfG, Beschl. v. 15.7.1969 – 2 BvF 1/64, BVerfGE 26, 338 (385).

[27] „[S]oweit der Datenschutz nicht durch Landesrecht geregelt ist". Damit verzichtet der Bund, wenn eine solche Regelung vorliegt, hinsichtlich der materiellrechtlichen Teile auf die Ausübung konkurrierender Gesetzgebung nach Art. 72 GG; für Materien, die der ausschließlichen Gesetzgebung unterfallen, ist im Hinblick auf die soeben zitierte Klausel von einer ausdrücklichen Ermächtigung der Länder i. S. d. Art. 71 GG auszugehen. – Beachte die Parallelität des Regelungsmodells zu § 1 Abs. 2 und 3 VwVfG (vgl. dazu Stelkens/Bonk/Sachs/*Schmitz,* VwVfG, 9. Aufl. 2018, § 1 Rn. 71 f.).

b) Nicht-öffentlicher Bereich

19 Regelungen des Datenschutzrechts für die nicht-öffentlichen Stellen (für die die DS-GVO dem mitgliedstaatlichen Gesetzgeber wenig Raum lässt) können teilweise als Zivilrecht angesehen werden. Die Vorschriften über den Umgang mit personenbezogenen Informationen durch den Datenverarbeiter beinhalten Abgrenzungen zwischen dessen Rechtssphäre und derjenigen des betroffenen Individuums. Zu beachten ist freilich die besondere Schutztechnik, die von einem strafbewehrten Verarbeitungsverbot, eingeschränkt durch gesetzliche Zulässigkeitstatbestände, ihren Ausgang nimmt (→ § 12 Rn. 1ff., → § 24).[28] Hinzu kommen die Vorschriften über Aufsicht und Kontrolle, die fraglos **nicht dem „Bürgerlichen Recht" zugerechnet** werden können.[29] Soweit demzufolge die Kompetenz des Bundesgesetzgebers nicht aus Art. 74 Abs. 1 Nr. 1 GG ableitbar ist, bedarf es anderer Grundlagen insbesondere aus dem Katalog eben dieses Artikels. In der Sache geht es überwiegend um Wirtschaftsregulierung i. w. S. Die gesetzgeberische Zuständigkeit ergibt sich im wesentlichen aus den Nrn. 11, 12[30] und 3 des Art. 74 Abs. 1 GG. Es bleiben Lücken, insoweit wirtschaftliche Betätigung nicht vorliegt,[31] die Kulturhoheit der Länder betroffen ist[32] oder die je speziellere Zuständigkeitsnorm ausschließend[33] wirkt.

B. Eingrenzungen von der Sache her

20 Die DS-GVO **vermeidet eine umfassende Regelung allen Umgangs** mit personenbezogenen Informationen. Im Ergebnis sind zwei Bereiche ausmachbar, für die sie – um der Freiheitsentfaltung auf Seiten der verantwortlichen Stelle willen – auf eine persönlichkeitsrechtschützende Steuerung zugunsten des Betroffenen verzichtet. Das ergibt sich zunächst von ihrem Regelungsschwerpunkt her.

I. Technik der Informationsverarbeitung

1. Automatisierte Verarbeitung

21 Die Geltung der DS-GVO ist zunächst gerichtet auf die „ganz oder teilweise automatisierte Verarbeitung" (Art. 2 Abs. 1 DS-GVO). Diese primäre Ausrichtung entspricht den ursprünglichen Zielsetzungen des Datenschutzrechts, vgl. dazu auf europarechtlicher Ebene die Konvention 108 des Europarats von 1981 „zum Schutz des Menschen bei der *automatischen* Verarbeitung personenbezogener Daten" (dazu → § 2 Rn. 83) Das frühere BDSG sprach vom „Einsatz von Datenverarbeitungsanlagen" (vgl. §§ 1 Abs. 2 Nr. 3, 27 Abs. 1 BDSG-alt) und – im wesentlichen gleichbedeutend – „automatisierter Verarbeitung" (§ 3 Abs. 2 BDSG-alt); derselbe Begriff findet sich im heutigen § 1 Abs. 1 S. 2 BDSG. Es geht um den besonders hohen Schutzbedarf im Hinblick auf die vielfältige Steigerung der informationellen Zugriffsmöglichkeiten bei ***digitaler*** **Datenverarbeitung.** Analoge Speicherung auf Bild- und Tonträgern als solche fällt nicht darunter; dasselbe gilt für Sendungen per

---

[28] Vgl. dazu v. Münch/Kunig/*Kunig*, GG, 6. Aufl. 2012, Art. 74 Rn. 9; zuvor schon *Wochner*, DVBl. 1982, 233f.

[29] Vgl. insgesamt Simitis/*Simitis*, BDSG, 8. Aufl. 2014, § 1 Rn. 6ff.

[30] Zum Arbeitsrecht vgl. Art. 88 DS-GVO; dazu *Wybitul/Pötters*, Der neue Datenschutz am Arbeitsplatz, RDV 2016, 10ff.

[31] Vgl. dazu aber unten → Rn. 30 betr. persönliche und familiäre Tätigkeiten.

[32] Vgl. Dürig/Herzog/Scholz/*Maunz*, GG, Stand 95. ErgLfg. 07/2021, Art. 74 Rn. 153; zum Privatschulrecht Jarass/Pieroth/*Pieroth*, GG, 16. Aufl. 2020, Art. 70 Rn. 20 m. Nachw.

[33] Ausdrücklich ausschließend z. B. Art. 74 Abs. 1 Nr. 11 GG für Gaststätten.

Telefax und den Einsatz konventioneller Kopiergeräte. Textverarbeitungssysteme und E-Mail-Verkehr beruhen auf digitaler Verarbeitung.[34] Da die DS-GVO wie auch das BDSG ausdrücklich die ***teilweise*** **Automatisierung** einbeziehen, umschließt diese Regelung auch solche Vorgänge in ihrer Gesamtheit, bei denen Zwischenschritte, z.B. durch die Einschaltung von Speicherchips, digitalisiert sind. Auch die unmittelbare Nutzung automatisiert gespeicherter Information außerhalb der Datenverarbeitungsanlage, etwa das Ausdrucken eines Textes und dessen – auch briefliche/mündliche[35] – Übermittlung gehören in diesen Zusammenhang.

2. Nichtautomatisierte Verarbeitung im „Dateisystem"

a) Begriffliches

22 Art. 2 Abs. 1 DS-GVO erstreckt den sachlichen Anwendungsbereich weiterhin auf nicht automatisierte Verarbeitungen, „die in einem Dateisystem gespeichert sind oder gespeichert werden sollen" – kurz: **dateibasiert** sind. Dasselbe gilt für § 1 Abs. 1 BDSG

23 Ein Dateisystem ist gemäß Art. 4 Nr. 6 DS-GVO, § 46 Nr. 6 BDSG

> „jede strukturierte Sammlung personenbezogener Daten, die nach bestimmten Kriterien zugänglich sind, unabhängig davon, ob diese Sammlung zentral, dezentral oder nach funktionalen oder geografischen Gesichtspunkten geordnet geführt wird".

24 Diese Definition ist – von minimalen sprachlichen Abweichungen abgesehen – identisch mit der Definition der *Datei* in Art. 2 lit. c DSRL. Die jetzige Abweichung von der Bezeichnung „Datei" hin zu „Dateisystem" ist von daher ohne inhaltliche Relevanz. Das findet weitere Bestätigung darin, dass in den englischen bzw. französischen Fassungen der DSRL bzw. der DS-GVO die entsprechenden Bezeichnungen (nämlich **„filing system"** bzw. „fichier") völlig unverändert geblieben sind. Der Begriff „Datei" – ursprünglich eine Zusammensetzung aus *Da*ten und Kar*tei* – entstammt der EDV-Sprache, wird im vorliegenden Zusammenhang jedoch umgekehrt für die Informationsverarbeitung außerhalb der EDV verwandt. Entsprechendes gilt auch für den Begriff „Dateisystem", wobei dieser in der EDV ein der Zugriffssteuerung dienendes Zuordnungs- und Ablagesystem für Dateien bezeichnet.

b) Zielsetzung

25 Es geht um die Erstreckung der Anwendung der DS-GVO auf **manuelle Verarbeitungen in Kombination mit systematisierter Zugriffsmöglichkeit,** gewissermaßen in rudimentärer Ähnlichkeit mit den Möglichkeiten des Computers. Beispiele sind Karteikarten, Lochkarten, auch Formulare (aus Fragebogenaktion) und (Gehalts-) Listen mit jeweils gleichartiger Anordnung zu erfassender personenbezogener Informationen. Dabei kann es sich auch um sensitive Daten – z.B. Krankheitskarteien – handeln. Insgesamt hat man es allerdings in Ermangelung jedweder IT-mäßigen Erfassung im Hinblick auf die erreichte Leistungsfähigkeit mit weniger bedeutsamen Vorgängen zu tun. Das hat der europäische Verordnungsgeber nicht übersehen. Seine Begründung für die partielle Einbeziehung manueller Verarbeitungen weist in eine andere Richtung:

> „Um ein **ernsthaftes Risiko einer Umgehung** der Vorschriften zu vermeiden, sollte der Schutz natürlicher Personen technologieneutral sein[.] Der Schutz [...] sollte für die automatisierte Verarbeitung [...] ebenso gelten wie für die manuelle [...], wenn die personenbezogenen Daten in einem Dateisystem gespeichert sind oder [...] werden sollen" (ErwGr 15 DS-GVO).

26 Danach ist Ziel nicht die rigide Einbeziehung möglichst weiter Bereiche manueller Verarbeitung, sondern die Vermeidung von *Anreizen* für die verantwortliche

[34] Vgl. Paal/Pauly/*Ernst,* DS-GVO, 3. Aufl. 2021, Art 2 Rn. 5.

[35] Zum mündlichen Bekanntgeben/Weitergeben vgl. Simitis/*Dammann,* BDSG, 8. Aufl. 2014, § 3 Rn. 146.

Stelle, statt naheliegender automatisierter Verfahren Karteikästen anzulegen. Folgt man dieser Intention, so ergeben sich entsprechend höhere Anforderungen an das Niveau/die Effektivität eines Dateisystems i.S.d. Art. 2 Abs. 1 DS-GVO. Das aufgestellte Postulat, technikneutral zu sein, führt im vorliegenden Zusammenhang[36] nicht weiter, weil es dem Verordnungsgeber gerade darum geht, **nach den verwendeten Techniken abgestuft zu reagieren** und in diesem Rahmen Umgehungen entgegenzuwirken.

27 Die zur Interpretation des Begriffs der nichtautomatisierten Datei in § 3 Abs. 2 S. 2 BDSG-alt bislang geführte Diskussion kann zur Interpretation der DS-GVO beitragen. Nach dem früheren BDSG ging es dabei um die Abgrenzung von dessen Anwendung im nicht-öffentlichen Bereich. Von daher ergibt sich auch hier in Hinblick auf die zu berücksichtigenden beiderseitigen Grundrechtspositionen ein Erfordernis eher restriktiven Verständnisses des Dateibegriffs.[37] Nach beiden Normen geht es um „Sammlungen" von (personenbezogenen) Informationen, also um thematisch festgelegte Zusammenstellungen, z.B. von Kundendaten oder Informationen über Sozialhilfeempfänger. Diese Sammlungen müssen eine gewisse inhaltliche Ordnung aufweisen, nämlich **„strukturiert" bzw. „gleichartig aufgebaut"** sein. Typisches Beispiel dafür ist die Karteikarte mit festgelegten Feldern, die für die Eintragung jeweils bestimmter Merkmale (Name, Adresse, Geburtsdatum, Kaufgewohnheit ...) vorgesehen sind. Damit ist regelmäßig auch die weitere Voraussetzung geschaffen, nämlich das Erfordernis der Zugänglichkeit „nach bestimmten Merkmalen [Kriterien]" (zumal in der Lochkartei), und weiterhin die Möglichkeit der **Auswertung nach eben diesen (mindestens zwei) Kriterien.**

28 Eine Unterlage, die sich nur auf *eine* Person bezieht und viele Informationen über diese in geordneter Weise – durch Aufgliederung nach Lebens-/Tätigkeitsbereichen und Zeitabschnitten – enthält, mag zwar als „strukturiert" gelten. Sie ist jedoch nicht *gleichartig* aufgebaut, insoweit keine vergleichbaren gesammelten Unterlagen vorliegen. Der Auffassung, solch ein individuelles „Profil" stelle für sich genommen schon eine Datei/ein Dateisystem dar,[38] kann deshalb nicht gefolgt werden. Im Gegenteil wird die Rechtsprechung zur Interpretation des Begriffs des Dateisystems im Wege der teleologischen Reduktion von einer **Mindestanzahl betroffener Personen** auszugehen haben, die nicht unter 50 liegen sollte. Nur dann kann man von einer dateimäßigen Organisationsform ausgehen, die das Auffinden und Auswerten der Informationen effektiv erleichtert[39] und zugleich als eine Möglichkeit angesehen werden könnte, den mit automatisierter Verarbeitung verbundenen datenschutzrechtlichen Restriktionen auszuweichen.

c) Akten insbesondere

29 Akten sind im Ausgangspunkt keine Dateien/Dateisysteme. Davon ging schon das BDSG 1977 aus,[40] verbunden mit einer Ausnahme für den Fall automatisierter Auswertungsverfahren. ErwGr Nr. 15 DS-GVO hält – im Anschluss an ErwGr Nr. 27 DSRL – fest, dass

[36] Allgemein zur Kritik dieses Postulats im Rahmen der DS-GVO *Sydow/Kring,* ZD 2014, 271 (271ff.).

[37] Zu den involvierten verfassungsrechtlichen Fragen → § 4 Rn. 35ff.

[38] So Simitis/*Dammann,* BDSG, 8. Aufl. 2014, § 3 Rn. 97; Taeger/Gabel/*Buchner,* 4. Aufl. 2022, Art 4 DSGVO, Rn. 161.

[39] Insoweit im wesentlichen übereinstimmend Simitis/*Dammann,* BDSG, 8. Aufl. 2014, § 3 Rn. 97.

[40] Dort § 2 Abs. 3 Nr. 3; übereinstimmend § 3 Abs. 2 Nr. 2 S. 2 BDSG 1990.

„Akten oder Aktensammlungen sowie ihre Deckblätter, die nicht nach bestimmten Kriterien geordnet sind, [...] nicht in den Anwendungsbereich dieser Verordnung fallen [...] sollten.“[41]

Für Akten, in denen Unterlagen – zwecks Dokumentation und Aufbewahrung – undifferenziert chronologisch abgeheftet werden, ist das leicht nachvollziehbar. Sie sind nicht darauf angelegt, Informationen nach inhaltlichen Kriterien leicht zugänglich zu machen, sondern müssen ggf. vom suchenden Sachbearbeiter „durchgeblättert“ werden. Andererseits ist in jeder gut geführten Einrichtung von einer Ordnung der Akten nach Sachgegenstand, auch i.V.m. jeweiligem Aktenzeichen, auszugehen. Von daher könnte ErwGr 15 mitsamt dem Verweis auf die Deckblätter den Schluss rechtfertigen, dass nur völlig ungeordnete Akten vom Anwendungsbereich der Verordnung ausgeschlossen wären,[42] womit die Einschränkung auf Dateisysteme in Art. 2 Abs. 1 DS-GVO weitgehend ins Leere ginge. Nur sporadische Notizen und mündliche Äußerungen blieben unerfasst.[43] Doch das widerspräche gerade dem spezifischen, restriktiv orientierten Regelungsgehalt der Vorschrift. Für die Annahme einer Datei/eines Dateisystems ist es nicht ausreichend, dass die Akten – wenngleich gesteuert durch Beschriftung der Deckblätter – in einer äußeren Anordnung aufbewahrt werden.[44] Vom Anwendungsbereich der DS-GVO umfasst werden vielmehr die Fälle, in denen die **Akten eine spezifische innere Struktur** – Aufteilung nach einheitlich festgelegten personenbezogenen Kriterien – aufweisen.[45] Das kann etwa bei Personalakten, ggf. auch bei Akten über längerfristige Observationen,[46] der Fall sein. Demgegenüber dürfte sich die Aktenführung einer Detektei vorrangig an den Erfordernissen des Einzelfalls orientieren,[47] also schwerlich nach einheitlich festgelegten Kriterien organisiert werden. In solchen Fällen verbleibt immerhin und notwendigerweise der zivil- und ggf. strafrechtliche Schutz Betroffener aus dem allgemeinen Persönlichkeitsrecht.

II. Persönliche oder familiäre Tätigkeiten

30 Ein weiterer Bereich, den Art. 2 Abs. 2 lit. c DS-GVO und übereinstimmend § 1 Abs. 1 S. 2 BDSG nicht ihrer Anwendung unterwerfen, betrifft die Datenverarbeitung „durch natürliche Personen zur Ausübung ausschließlich persönlicher oder familiärer Tätigkeiten“ – das sogen. **Haushaltsprivileg.** Der EuGH befand, dass die entsprechende Vorgängerregelung in der DSRL eng auszulegen sei, wobei er sich insbesondere auf die vorausgesetzte **Ausschließlichkeit**[48] stützte.[49] Dementspre-

[41] Im ErwGr 27 DSRL war die Formulierung rigoroser dahingehend, dass solche Dokumente „unter keinen Umständen in den Anwendungsbereich der Richtlinie“ fallen.

[42] So *Schantz/Wolff,* Das neue DatSchR, 2017, Rn. 311; auch BeckOK DatenSR/*Schild,* 38. Ed. 2021, Art. 4 DS-GVO, Rn. 83; zur Personengerichtetheit *Gola/Klug,* Grundzüge des Datenschutzrechts, 2003, S. 42f. – Nach VG Gelsenkirchen, Urt. v. 27.4.2020 – 20 K 6392/18, ZD 2020, 544, Rn. 66 sind jedenfalls zwei Ordnungskriterien in Papierakten hinreichend für ein Dateisystem.

[43] Vgl. auch *Bäcker/Hornung,* ZD 2012, 147 (149).

[44] Schwankend Gola/*Gola,* DS-GVO, 2. Aufl. 2018, Art. 2 Rn. 8, Art. 4 Rn. 43.

[45] Vgl. entsprechend zu § 3 Abs. 2 S. 2 BDSG-alt *Duhr/Naujok/Peter/Seiffert,* DuD 2002, 5 (9); Däubler/Klebe/Wedde/Weichert/*Weichert,* BDSG, 5. Aufl. 2016, § 3 Rn. 24.

[46] Vgl. § 163f StPO, § 15 hessSOG.

[47] Vgl. dazu Simitis/*Ehmann,* BDSG, 8. Aufl. 2014, § 29 Rn. 97; Roßnagel Hdb. DatenSR/*Duhr,* 2003, Abschn. 7.5 Rn. 6.

[48] Relativierend zu diesem Kriterium *Gola/Lepperhoff,* ZD 2016, 9 (10 l. Sp.).

[49] Zu widersprechen ist einem weiteren, in der Literatur vorgebrachten Argument für eine enge Auslegung durch Hinweis auf die Verbindlichkeit der Konvention 108 des Europarats von 1981 (→ § 2 Rn. 83), welche ein Haushaltsprivileg nicht enthält; diese Regelungslücke erklärt sich aus dem auf automatisierte Verarbeitung beschränkten Geltungsbereich der Konvention, entstanden zu einer Zeit, in der solche Verarbeitung im persönlichen/familiären Bereich nicht in Betracht kam.

chend falle die Videoüberwachung zum Schutz eines Einfamilienhauses, insoweit sie sich teilweise auf öffentlichen Raum erstreckt, nicht unter die Ausnahmeklausel.[50] Dieselbe Folgerung gilt für Dashcams. Zur eingegrenzten Bedeutung des Privilegs ist weiterhin ErwGr 18 DS-GVO zu beachten,[51] wonach Voraussetzung ist, dass die jeweilige Datenverarbeitung „ohne Bezug zu einer beruflichen oder wirtschaftlichen Tätigkeit vorgenommen wird." Auch die eigene Vermögensverwaltung nennenswerten Umfangs, z. B. die Vermietung eigener Grundflächen, ist damit von der Ausnahme nicht umfasst.[52]

31 Als Beispiele für die Anwendung der Klausel werden in ErwGr 18 DS-GVO das „Führen eines Schriftverkehrs oder von Anschriftenverzeichnissen oder die Nutzung sozialer Netze und Online-Tätigkeiten" benannt. Wirtschaftsführung des Privathaushalts nebst privatem Konsum, **Freizeit, Urlaub, Tagebücher,** entsprechende Fotos, Hobbies, Kontakte mit der Verwandtschaft sind Stichworte für den Lebenskreis, um den es geht. Auch – informationshungrige – Familienforschung wird in diesem Zusammenhang oft genannt (soweit es sich nicht um die Daten Verstorbener handelt; vgl. → § 10 Rn. 6). Durch den jeweiligen Informationsumgang inhaltlich betroffene Personen[53] sind nicht selten auch Dritte, zu denen eine persönliche/familiäre Beziehung *nicht* besteht.[54] – Streitig ist die Zuordnung kommunikativer Beziehungen in kleinen, von wechselseitiger Kenntnis (fast) aller Mitglieder untereinander geprägten Vereinen und ähnliche Gruppierungen.[55]

32 Verfassungsrechtliche Grundsätze zum Schutz des Persönlichkeitsbereichs des Datenverarbeiters liegen dem Privileg zugrunde.[56] Allerdings ist ein Ausgleich zwischen **einander gegenüberstehenden (Grund-)Rechtspositionen** geboten. Auch Informationsverarbeitung im persönlichen oder familiären Tätigkeitsbereich kann zu erheblichen Verletzungen der Persönlichkeit/der Ehre auf Seiten des Betroffenen führen.[57] Dabei versteht sich auch hier, dass zivil- und strafrechtliche Sanktionen bei Verletzung des Persönlichkeitsrechts wirksame Steuerungsfunktion beinhalten.

33 Von der Zielsetzung der DS-GVO her lassen sich zudem konkretisierend Grenzen des Privilegs begründen. Eine Beschränkung kann sich bezüglich des zulässigen Empfängerkreises ergeben. Zur Ausübung persönlicher oder familiärer Tätigkeiten gehört es regelmäßig, dass der damit verbundene Umgang mit Informationen **nicht beliebig in die Öffentlichkeit getragen** wird. Vom Privileg von vornherein nicht gedeckt ist aus dieser Sicht die Offenlegung der Information über eine für jedermann zugängliche persönliche Homepage,[58] desgleichen nicht die Einführung in ein soziales Netzwerk ohne Begrenzung des jeweiligen Teilnehmerkreises.[59] Denn als

---

[50] EuGH, Beschl. v. 11.12.2014 – C-212/13, NJW 2015, 463 mit Anmerkung *Klar.*

[51] Insoweit präzisiert gegenüber ErwGr 12 DSRL.

[52] Diesbezüglich anders die bisherige Interpretation zu den o. g. Bestimmungen des früheren BDSG, sofern nicht „durch die Art oder den Umfang eine gewerbliche Tätigkeit entsteht", so Auernhammer/*v. Lewinski,* DS-GVO/BDSG, 7. Aufl. 2020, § 1 BDSG, Rn. 19; Simitis/*Dammann,* BDSG, 8. Aufl. 2014, § 1 Rn. 151.

[53] Vgl. die Definition in Art. 4 Nr. 1 DS-GVO und dazu unten → § 10 Rn. 3 ff.

[54] Vgl. Simitis/*Dammann,* BDSG, 8. Aufl. 2014, § 1 Rn. 152.

[55] Zustimmend Auernhammer/*v. Lewinski,* 7. Aufl. 2020, § 1 BDSG, Rn. 18; *Derfler,* RDV 2020, 128 ff.; a. A. Simitis/*Dammann,* 8. Aufl. 2013, BDSG § 1 Rn. 151.

[56] Zum Persönlichkeitsschutz auch für den Verantwortlichen [Verarbeiter] vgl. auch oben → § 5 Rn. 13–15.

[57] Dazu Auernhammer/*v. Lewinski,* DSGVO/BDSG, 7. Aufl. 2020, § 1 BDSG, Rn. 10 f.

[58] *Benedikt/Kraning,* ZD 2019, 4, 7.

[59] Vgl. Simitis/*Dammann,* BDSG, 8. Aufl. 2014, BDSG § 1 Rn. 151, Auernhammer/*v. Lewinski,* 7. Aufl. 2020, Art. 2 DSGVO, Rn. 30.

Ausnahmeregelung wird dieselbe nur im Rahmen einer Informationsverwendung gerechtfertigt, die dem persönlichen/familiären Charakter der Tätigkeit – der zu realisierenden Kommunikation – entspricht.[60]

C. Besonders geregelte Bereiche

I. Unionsrecht

34 Die EU – zuvor auch die EG – hat auf primärrechtlicher Grundlage Regelungen für diverse **Informationssysteme** geschaffen. Dabei wurden in jüngerer Zeit zunehmend detaillierte datenschutzrechtliche Vorschriften mit eingefügt. Vorrangig ist es um Systeme im Bereich der **polizeilichen/strafverfolgenden Zusammenarbeit** gegangen,[61] welche jetzt dem Geltungsbereich der JI-R unterfällt. Diese bestimmt in Art. 60, dass die datenschutzrechtlichen Bestimmungen in den genannten, früheren Rechtsakten der Union „unberührt [...] bleiben".[62] In ErwGr 94 JI-RL wird bezüglich der Datenverarbeitung im Verkehr der Mitgliedstaaten untereinander und des Zugangs derselben zu den Systemen lediglich postuliert, dass die Kommission die Frage einer Anpassung der bisherigen Bestimmungen an die jetzige Richtlinie prüfen soll. Neu ist demgegenüber die Verordnung der EU vom 11.5.2016,[63] die Agentur Europol betreffend (Art. 88 AEUV). Diese Verordnung enthält eine umfangreiche Regelung über Informationsverarbeitung, Übermittlung/Austausch personenbezogener Daten und Kontrolle. Hier heißt es in deren ErwGr 40, dass diese Bestimmungen „autonom sein [...] sollten", wenngleich „vereinbar" insbesondere mit der JI-RL.

35 Der Text der DS-GVO enthält keine dem Art. 60 JI-RL entsprechende Regelung des Verhältnisses zu besonders geregelten Bereichen der Informationsverarbeitung im Unionsrecht. Art. 98 i.V.m. ErwGr 17 DS-GVO enthält freilich seinerseits einen Appell an die Kommission, „gegebenenfalls Gesetzgebungsvorschläge zur Änderung anderer Rechtsakte der Union zum Schutz personenbezogener Daten" vorzulegen, „damit ein einheitlicher und kohärenter Schutz natürlicher Personen bei der Verarbeitung sichergestellt wird". Das lässt dieselbe Grundregel erkennen, wonach bestehende Spezialregelungen zunächst unberührt bleiben. Im Geltungsbereich der DS-GVO betrifft das u.a. das **Schengener Informationssystem** der zweiten Generation (SIS II) gemäß Verordnung vom 20.12.2006[64] zum Zweck der Einreise- und Aufenthaltskontrolle,[65] ferner das Visa-Informationssystem (VIS) gemäß Entscheidung des Rats vom 8.6.2004[66] sowie das „Eurodac"-System, den Abgleich von Fingerabdrücken betreffend, gemäß Verordnung vom 26.6.2013.[67]

---

[60] Vgl. insgesamt auch den kritischen Ansatz bei *Gola/Lepperhoff,* ZD 2016, 9ff. – zugleich mit kritischen Überlegungen zu einer „Vollüberwachung" der Computernutzung von Kindern und anderen Familienmitgliedern aufgrund entsprechender Funktionen von Betriebssystemen.

[61] Vgl. auch zu den polizeilichen Informationssystemen auf Unionsebene Lisken/Denninger/*Aden,* HdB Polizeirecht, 6. Aufl. 2018, Teil N Rn. 136ff.

[62] „[S]hall remain unaffected" in der englischen Fassung.

[63] VO (EU) 2016/794 (ABl. EU 2016 L 135, 53).

[64] VO (EG) Nr. 1987/2006 (ABl. EG 2006 L 381, 4ff.); dazu parallel für die „Dritte Säule" Beschl. 2007/533/JI des Rates (ABl. EG 2007 L 205, 63ff.).

[65] Vgl. zu den Informationssystemen zu diesem Zwecke *Oppermann/Classen/Nettesheim,* Europarecht, 9. Aufl. 2021, § 33 Rn. 66ff.

[66] Entsch. 2004/512/EG des Rates, ABl. 2004 L 213, 5ff. und dazu VO (EG) Nr. 767/2008.

[67] VO (EU) Nr. 603/2013 (ABl. EU 2013 L 180, 1ff., Art. 23ff.); vgl. für weitere Vorschriften Kühling/Buchner/*Kühling/Raab,* 3. Aufl. 2020, Art. 99 DS-GVO, Rn. 6.

II. Mitgliedstaatliches Recht

1. Nicht-öffentlicher Bereich

36 (1.) Art. 95 DS-GVO geht vom Fortbestand der Regelungen nach der Datenschutzrichtlinie für die elektronische Kommunikation[68] aus. Im deutschen Recht ist der Telekommunikationsdatenschutz nun im **Telekommunikations- und Telemedien-Datenschutzgesetz (TTDSG)** geregelt. Die Vorschriften beruhen auf einer ursprünglichen Umsetzung der zuvor genannten Richtlinie im TKG und haben dementsprechend Bestand.[69] Ein europäischer Nachfolgerechtsakt ist in Vorbereitung (→ § 18 Rn. 11ff.).

37 (2.) Demgegenüber hätten, so ist verbreitet vertreten worden (dazu → § 18 Rn. 12ff.), die datenschutzrechtlichen Bestimmungen des **Telemediengesetzes** (§§ 11ff. TMG a.F.) mit Eintritt der Geltung der DS-GVO am 25.5.2018 mangels einer entsprechenden Öffnungsklausel keinen Fortbestand. Dies entspreche, so wird angenommen, der „Technikneutralität" der Verordnung.[70]

38 (3.) In Fortführung des in Art. 9 DSRL enthaltenen Privilegs für die Datenverarbeitung „allein zu **journalistischen, künstlerischen oder literarischen** Zwecken"[71] legt Art. 85 Abs. 2 DS-GVO für die Mitgliedstaaten fest, dass diese für die genannten Verarbeitungen – auch solcher für wissenschaftliche Zwecke – „Abweichungen oder Ausnahmen" von fast allen Bestimmungen der Verordnung vorsehen, „wenn dies erforderlich ist, um das Recht auf Schutz der personenbezogenen Daten mit der Freiheit der Meinungsäußerung und der Informationsfreiheit in Einklang zu bringen."[72] Auf dieser Grundlage können die im deutschen Recht von Bund und Ländern schon immer enthaltenen datenschutzrechtlichen Privilegien für die Medien fortbestehen, wenngleich unter Berücksichtigung der Bestimmungen über Rechtsbehelfe, Haftung und Sanktionen des Kapitels VIII der DS-GVO (welches von der Privilegierung gemäß Art. 85 Abs. 2 DS-GVO ausgenommen ist).[73]

39 (4.) Art. 85 Abs. 1 DS-GVO sieht darüber hinaus noch eine beträchtliche Erweiterung der Öffnung der datenschutzrechtlichen Regelungen der Verordnung zugunsten freieren Umgangs mit personenbezogenen Informationen vor, und zwar wiederum mit der Maßgabe der Realisierung durch die Mitgliedstaaten. Diese sollen

> „durch Rechtsvorschriften das Recht auf den **Schutz personenbezogener Daten** gemäß dieser Verordnung mit dem Recht auf **freie Meinungsäußerung** und Informationsfreiheit, einschließlich der Verarbeitung zu journalistischen Zwecken und zu wissenschaftlichen, künstlerischen oder literarischen Zwecken, **in Einklang [...] bringen**".

40 Die Ausnahmeregel, die früher gemäß Art. 9 DSRL *„allein* zu journalistischen [usw.] Zwecken" festgelegt worden ist, wird also nunmehr viel breiter angelegt.[74] Es

---

[68] RL 2002/58/EG (ABl. EG 2002 L 201, 37).

[69] Übereinstimmend *Buchner,* DuD 2016, 155 (161).

[70] Vgl. nochmals *Buchner,* DuD 2016, 155 (161); kritisch *Piltz/Krohm,* PinG 2013, 56 (59); demgegenüber zustimmend *Keppeler,* MMR 2015, 779ff.; → § 18 Rn. 21ff.

[71] Vgl. für die Rechtsprechung des EuGH zu Art. 9 DSRL und zu den mit dieser Vorschrift eingeräumten Spielräumen der Mitgliedstaaten → § 7 Rn. 25ff.

[72] Vgl. dazu *Schantz/Wolff,* Das neue DatSchR, 2017, Rn. 1317ff.

[73] Ausgenommen von der Ausnahmeregelung des Art. 85 Abs. 2 sind außerdem die Allgemeinen Bestimmungen des Kap. I über Gegenstand und Ziele sowie Anwendungsbereich und Begriffsbestimmungen der Verordnung.

[74] Dies ist ein Endergebnis aus den sogen. Trilog-Verhandlungen zwischen Vertretern der Kommission, des EU-Parlaments und des Rats in Jahr 2015. Zunächst hatte sich die Kommission in ihrem Vorschlag eng an den Wortlaut des Art. 9 DSRL gehalten, vgl. deren Vorschlag v. 25.1.2012, KOM(2012) 11 endgültig – 2012/0011 (COD).

bleibt abzuwarten, welche Gestaltungsfreiheiten die mitgliedstaatlichen Gesetzgeber aus Art. 85 Abs. 1 DS-GVO für sich herleiten werden, gerade auch im Hinblick darauf, dass die Garantie der Meinungs- und Informationsfreiheit nach Art. 11 GRCh weit – auch kommerzielle Inhalte umfassend – zu verstehen ist.[75]

41 (5.) Art. 88 DS-GVO eröffnet den Mitgliedstaaten die Ausgestaltung des Beschäftigtendatenschutzes. § 26 BDSG hat hiervon bislang nur zurückhaltend Gebrauch gemacht.

2. Öffentlicher Bereich

a) Bereichsspezifisches Recht und Subsidiarität des allgemeinen Datenschutzrechts

42 Die weitreichende Öffnungsklausel des Art. 6 Abs. 2 DS-GVO (→ Rn. 10) ist geeignet, Grundlage für *bestehende oder zukünftige* informationsrechtliche Regelungen gerade auch in spezifischen öffentlich-rechtlichen Rechtsbereichen zu sein. Das gilt z.B. für Bestimmungen in den diversen Teilen des **Sozialgesetzbuches, im Meldewesen,** im Aufenthalts-, Steuer- oder Schulrecht. Die Schaffung bereichsspezifischer Vorschriften des Datenschutzes entspricht einer alten rechtspolitischen Forderung dahingehend, gegenüber sehr allgemeinen Abwägungsklauseln der allgemeinen Datenschutzvorschriften konkretere Maßstäbe gesetzgeberisch vorzusehen.[76] Von vornherein hat sich deshalb das BDSG gegenüber „andere[n] Rechtsvorschriften des Bundes", die „auf personenbezogene Daten anzuwenden sind", Subsidiarität beigemessen, so nunmehr § 1 Abs. 2 BDSG.[77]

43 Nicht ausschlaggebend ist, ob die Anwendung der Spezialnorm zu einem intensiveren oder zu einem schwächer ausgestalteten Datenschutz führt.[78] Voraussetzung ist demgegenüber, dass die fragliche Spezialnorm **Vorgaben über den Umgang mit Information beinhaltet** und sich von daher auf personenbezogene Informationen erstrecken kann. Schreibt die Spezialnorm zwingend (und verfassungskonform) entsprechendes Handeln einer Behörde bzw. des Bürgers vor – z.B. in Gestalt einer Registrier-, Auskunfts- oder Zeugnispflicht –, bedarf es ihres Vorranges schon zur Wahrung der Widerspruchsfreiheit der Rechtsordnung.[79] Demgegenüber genügt es nicht, dass eine Norm (behördliche) Aufgaben umschreibt, zu deren Durchführung es der Informationsverarbeitung bedarf. In diesen Fällen gilt es vielmehr gerade, die Voraussetzungen des allgemeinen Datenschutzrechts als Rechtsgrundlage heranzuziehen. Aktualisiert hat sich diese Fragestellung u.a. in einem gesellschaftsrechtlichen Kontext, nämlich im Rahmen von (Banken-)Fusionen und dem damit verbundenen Schicksal – ggf. sensibler – Kundendaten. Das Umwandlungsgesetz enthält keine einschlägigen Regelungen über diesbezügliche Informationsprozesse. Es be-

[75] Vgl. dazu *Jarass,* GRCh, 4. Aufl. 2021, Art. 11 Rn. 8; Meyer/Hölscheidt/*Bernsdorff,* GRCh, 5. Aufl. 2019, Art. 11 Rn. 12 mit Fn. 2; Calliess/Ruffert/*Calliess,* AEUV/EUV, 6. Aufl. 2022, Art. 11 GRCh, Rn. 6; Tettinger/*Stern,* Europäische Grundrechtscharta, 2006, Art. 11 Rn. 25; mit Nachw. aus der Rspr. des EGMR und des EuGH; auch Wirtschaftswerbung sei einzubeziehen.

[76] Vgl. Simitis/Dammann/Mallmann/Reh/*Simitis,* Kommentar zum BDSG, 2. Aufl. 1979 und 3. Aufl. 1981, jeweils Einl. Rn. 64.

[77] Beachte entsprechende Regelungen in den Landesdatenschutzgesetzen, vgl. z.B. § 2 Abs. 5 S. 1 bawLDSG, § 2 Abs. 3 nrwDSG; enger z.B. § 3 Abs. 3 hessDSG a.F.; § 2 Abs. 4 sächsDSG.

[78] So die h.M.; vgl. Gola/Schomerus/*Gola/Körffer/Klug,* BDSG, 12. Aufl. 2015, § 1 Rn. 24, Rn. 80; *Auernhammer,* BDSG, 3. Aufl. 1993, § 1 Rn. 26; differenzierend Simitis/*Dix,* BDSG, 8. Aufl. 2014, § 1 Rn. 172.

[79] Für entsprechende Überlegungen zum anwaltlichen Berufsrecht vgl. *Rüpke,* Freie Advokatur, 1995, S. 6f.

darf daher nach überwiegender Auffassung der Prüfung nach allgemeinem Datenschutzrecht.[80]

b) „Deckungsgleichheit“

44 Das Subsidiaritätsprinzip beinhaltet nicht, dass das allgemeine Recht in seiner Gesamtheit zurücktritt, wenn immer überhaupt eine Regelung über den Informationsumgang im Spezialbereich vorliegt. Oft hat man es hierbei aus Sicht der datenschutzrechtlichen Systematik nur mit **Teilregelungen** zu tun. Diese beziehen sich z.B. nicht auf alle Phasen der Verarbeitung (etwa nur auf Speichern und Nutzen, nicht auf Übermitteln) oder zwar auf die gesamte Verarbeitung, nicht aber auf Betroffenenrechte (Art. 12ff. DS-GVO, §§ 32ff., §§ 55ff. BDSG) bzw. auf die Pflichten des Verantwortlichen (Art. 24ff. DS-GVO). In solchen Fällen springt das allgemeine Datenschutzrecht ergänzend ein, wenn immer personenbezogene Informationen in Rede stehen. Im Ergebnis weicht dieses nur insoweit zurück, als das Spezialrecht deckungsgleiche Regelungen enthält.[81]

45 Der Bedeutung der Subsidiaritätsklausel kann es allerdings auch entsprechen, dass die einer spezielleren Rechtsvorschrift zugrundeliegende *Konzeption* zur Unanwendbarkeit gegenläufiger Bestimmungen des allgemeinen Rechts führen kann, ohne dass das bereichsspezifische Recht eine abweichende Regelung ausdrücklich enthält.[82] So hat das BAG im Hinblick auf die Bindungen des betrieblichen Datenschutzbeauftragten an die Unternehmerseite gefolgert, dass dieser in Abweichung von der Regelung im BDSG[83] für die Kontrolle der Datenverarbeitung des Betriebsrats nicht zuständig ist, obwohl das BetrVG eine solche Einschränkung nicht vorgesehen hat.[84]

46 Die DS-GVO enthält eine Reihe **neuerer Regelungsgegenstände,** die so bislang im deutschen Datenschutzrecht nicht enthalten sind (dazu → § 16). Das gilt sowohl in Bezug auf das BDSG als auch auf viele bereichsspezifische Normen. Demzufolge wird es bei diesen oft an entsprechender Deckungsgleichheit fehlen, so dass ergänzend den europarechtlichen Bestimmungen beträchtliche Bedeutung zukommen wird.

D. Selbstregulierungsregelungen

47 Ist eine Selbstregulierung genehmigt, dient sie als amtlich bestätigte Interpretationshilfe, an die die zuständigen Behörden gebunden sind (→ § 23 Rn. 10, Rn. 21). In den Art. 40f. hält die DS-GVO überdies die Möglichkeit der datenschutzrechtlichen Selbstregulierung bereit. Danach können Wirtschaftsunternehmen **Verhaltensregeln** erarbeiten, die sodann von den Datenschutzbehörden gebilligt werden. Diese sog. **Codes of Conduct** ermöglichen die Präzision geltenden

[80] Das Ergebnis ist damit keineswegs präjudiziert (vgl. Simitis/*Dix*, BDSG, 8. Aufl. 2014, § 1 Rn. 170 Fn. 385 m. umfangr. Nachw.; Simitis/*Simitis*, BDSG, 8. Aufl. 2014, § 28 Rn. 66).

[81] Vgl. Gola/Schomerus/*Gola/Körffer/Klug*, BDSG, 12. Aufl. 2016 § 1 Rn. 24; BeckOK DatenSR/*Gusy/Eichenhofer*, 38. Ed. 2021, BDSG § 1 Rn. 80: gleichermaßen zutreffend ist die Bezeichnung *Tatbestandskongruenz.*

[82] Vgl. Gola/Schomerus/*Gola/Körffer/Klug*, BDSG, 12. Aufl. 2015, § 1 Rn. 24, zum „Schweigen des Fachgesetzes“; *Auernhammer*, BDSG, 3. Aufl. 1993, § 1 Rn. 26 a.E.

[83] Seinerzeit §§ 36 Abs. 5, 37, in der nachfolgenden Fassung noch § 4f Abs. 5, § 4g BDSG-alt.

[84] BAG, Beschl. v. 11.11.1997 1 – 1 ABR 21/97, NJW 1998, 2466 (2466ff.); übereinstimmend BVerwG, Urt. v. 8.8.1986 – 4 C 16/84, NVwZ 1987, 488 (488f.), zur analogen Subsidiaritätsregelung in § 1 VwVfG; vgl. dazu weiter Kopp/Ramsauer/*Ramsauer*, VwVfG, 22. Aufl. 2021, § 1 Rn. 34; Meyer/*Borgs*, VwVfG, 1982, § 1 Rn. 18.

Datenschutzrechts; neue Legitimationsgrundlagen lassen sich so indes nicht schaffen.[85, 86]

---

[85] Auernhammer/*Vomhof*, DSGVO/BDSG, 7. Aufl. 2020, Art. 40 DSGVO, Rn. 1; *Kranig/Peintinger*, ZD 2014, 3.

[86] Auernhammer/*Vomhof*, DSGVO/BDSG, 7. Aufl. 2020, Art. 40 DSGVO, Rn. 65.

§ 9. Räumlicher Anwendungsbereich. Datenschutzkollisionsrecht

Schrifttum: *Beyvers/Herbrich,* Das Niederlassungsprinzip im Datenschutzrecht – am Beispiel von Facebook, ZD 2014, 558; *Brauneck,* Marktortprinzip der DSGVO: Weltgeltung für EU-Datenschutz?, EuZW 2019, 494; *Kettgen-Hahn,* Datenschutz im nationalen sowie grenzüberschreitenden Kontext, 2020; *Klar,* Die extraterritoriale Wirkung des neuen europäischen Datenschutzrechts, DuD 2017, 533; *v. Lewinski,* Privacy Shield – Notdeich nach dem Pearl Harbor für den transatlantischen Datenverkehr, EuR 2016, 76; *ders.,* Medienrecht, 2020, §§ 4–6; *ders./Herrmann,* Cloud vs. Cloud – Datenschutz im Binnenmarkt, ZD 2016, 467; *Lüttringhaus,* Das internationale Datenprivatrecht: Baustein des Wirtschaftskollisionsrechts des 21. Jahrhunderts, ZVglRWiss 117 (2018), 50; *Uecker,* Extraterritorialer Anwendungsbereich der DS-GVO, ZD 2019, 67; *Voigt,* Die räumliche Anwendbarkeit der EU Datenschutz-Grundverordnung auf Auftragsverarbeiter im Drittland, 2020; *Wieczorek,* Der räumliche Anwendungsbereich der EU-Datenschutz-Grundverordnung, DuD 2013, 644; *Wuermeling,* Handelshemmnis Datenschutz, 2000.

A. Problemstellung des Internationalen Datenschutzrechts

1 Datenverarbeitung, auch die von personenbezogenen Daten, kennt in unserer vernetzten Welt kaum technische Grenzen. So überquert ein **weltumspannender Datenverkehr** Grenzen zwischen Staaten, Rechts- und Kulturräumen. Und die jeweiligen Anforderungen an die Erlaubtheit und die Voraussetzungen der Verarbeitung personenbezogener Daten sind durchaus unterschiedlich.

2 In manchen Gesellschaften ist das Wissen übereinander sozialer Kitt oder auch gesellschaftliches Kontrollmittel, in anderen ist die heimische Burg ein Höchstwert. Die **Balance zwischen Öffentlichem und Privatem** ist jeweils spezifisch, jedenfalls **nicht universell einheitlich.**

3 Während **Datenverarbeitung** also ein **ubiquitär**es Phänomen ist, ist **Recht** nach wie vor **räumlich**es Konzept. Beides miteinander zu koordinieren ist die Aufgabe des Internationalen Datenschutzrechtrechts. Es enthält Bestimmungen über den räumlichen Anwendungsbereich (→ B.). Da die Bestimmungen der Rechtsordnungen der Welt jedoch nicht – anders als vielleicht beim Grundstücksrecht – den Anwendungsbereich ihres Datenschutzrechts an der Staatsgrenze enden lassen (können), kommt es zu Überschneidungen der Anwendungsbereiche und zu Kollisionen. Diese können entweder durch eine technische oder rechtliche Beschränkung dieser Überschneidungen vermieden werden (→ C.). Wenn Transfer personenbezogener Daten aber gleichwohl stattfinden soll, dann müssen die Rechtsordnungen miteinander auf eine Weise koordiniert werden, dass Kollisionen aufgelöst werden; das (Datenschutz-)Kollisionsrecht (→ D.) modifiziert den (national bzw. unional bestimmten) Anwendungsbereich des (Datenschutz-)Rechts hinsichtlich seines konkreten Geltungsbereichs. Auf solche Abschottungs- oder Koordinationsmechanismen kann in dem Maße verzichtet werden, wie das Datenschutzrecht zwischen den Staaten und auf dem Globus harmonisiert ist (→ E.).

B. Räumlicher Anwendungsbereich

4 Für die Bestimmung seiner Anwendbarkeit kennt das Datenschutzrecht mehrere **unterschiedliche Anknüpfungsmomente.** Kein Anknüpfungsmoment ist allerdings die Staats- oder Unionsbürgerschaft.

I. Niederlassung

5 An erster Stelle steht der Ort der Niederlassung eines Verantwortlichen oder Auftragsverarbeiters (Art. 3 Abs. 1 DS-GVO). Damit wird das auch sonst im Eu-

ropa- und (Wirtschafts-)Verwaltungsrecht verbreitete **Sitz(land)prinzip** angewendet.

6 Der datenschutzrechtliche **Begriff der „Niederlassung"** ist in der DS-GVO nicht legaldefiniert. Aus ErwGr 22 S. 2 DS-GVO ergibt sich jedenfalls, dass es sich um eine „feste Einrichtung" handeln muss; eine bloße Cloud-Instanz reicht also nicht, wohl aber ein bloßes Postfach.[1] Anders als im Handelsrecht kommt es auf die Rechtsform oder gar die Eigenschaft als juristische Person nicht an.

7 Die Niederlassung ist aber nur dann Anknüpfungspunkt für das Datenschutzrecht, wenn dort eine **„effektive und tatsächliche Ausübung der Tätigkeit"** stattfindet (ErwGr 22 S. 2 DS-GVO), was im Internationalen Gesellschaftsrecht dem „Verwaltungssitz" entspricht. Die Anforderungen hieran sind nicht sehr hoch; der eben erwähnte Briefkasten reicht zwar als Niederlassung aus, nicht aber für eine (Datenverarbeitungs-)Tätigkeit, wohl aber schon ein kleines Büro.[2] Auch muss es sich bei der Tätigkeit nicht um die eigentliche Rechen(zentrum)tätigkeit handeln, sondern auch eine Vermarktungsgesellschaft,[3] die nur mittelbar mit der Verarbeitung zu tun hat, reicht hin.

8 **Auftragsverarbeiter in Drittländern** fallen häufig nicht in den Anwendungsbereich der DSGVO, wenn sie keine Niederlassung in der EU haben (Art. 3 Abs. 1 DS-GVO) und weil sie ihre Waren bzw. Dienstleistung typischerweise nicht dem Betroffenen anbieten (Art. 3 Abs. 2 Nr. 1 DS-GVO). Zwar werden viele Pflichten und Anforderungen durch das vertragliche Auftragsdatenverarbeitungsverhältnis (→ § 11 Rn. 1 ff.) bzw. im Rahmen von Maßnahmen nach Kap. V der DS-GVO (Art. 44 ff. DS-GVO) auch für den Auftragsverarbeiter außerhalb der EU gelten. Doch bleibt diese nur transmittorische Verpflichtung auf das Datenschutzrecht nicht nur theoretisch defizitär,[4] sondern auch die Qualität einer nur (standard-)vertraglichen Verpflichtung ist geringer als ein unmittelbarer Normbefehl. – Dieses vermeintliche Schlupfloch ist allerdings hinzunehmen, weil zum einen zur Realisierung von Betroffenenrechten immer noch der (primär verantwortliche; → § 11 Rn. 1) Verantwortliche greifbar ist. Und zum anderen greift das europäische Datenschutzrecht ohnehin schon weit in fremde Rechtskreise und Jurisdiktionen über (→ Rn. 21).

II. Marktort

9 Daneben gilt das **Marktortprinzip** (Art. 3 Abs. 2 lit. a DS-GVO). Davon erfasst sind Konstellationen, in denen zwar der Verantwortliche keine Niederlassung in der EU hat, mit seiner (unternehmerischen) Tätigkeit aber gleichwohl auf den Binnenmarkt zielt. Der Normgeber hatte hierbei offensichtlich nicht nur klassische Fernabsatzkonstellationen vor Augen, sondern – wie dann auch Art. 3 Abs. 2 lit. b DS-GVO zeigt – Internetsachverhalte.

10 Ob Waren und Dienstleistungen auf dem europäischen Binnenmarkt angeboten werden, bestimmt sich nach den Umständen des Einzelfalls. Bei entgeltlichen Leistungen wird man auf den Euro (oder eine andere **Währung eines Mitgliedstaates**) abstellen können, bei körperlichen Waren darauf, ob sie auch nach in die Europäische Union versandt werden. Für Werbeaussagen und Internetauftritte kommt der verwendeten Sprache eine große Bedeutung zu, jedenfalls für Sprachen, die außerhalb der EU nicht in nennenswertem Umfang gesprochen werden.

11 Während also eine Website in Englisch kein zwingendes Indiz für ein Adressieren des irischen Marktes ist, wird man das bei einer estnischen Seite in Bezug auf den baltischen Staat wohl schon annehmen müssen. Hinsichtlich der **deutschen Sprache** ist zu bedenken, dass zwar Österreich, Bel-

[1] EuGH, Urt. v. 1.10.2015 – C-230/24, Rn. 33 – Weltimmo.

[2] Auernhammer/*v. Lewinski*, DSGVO/BDSG, 7. Aufl. 2020, Art. 3 DSGVO, Rn. 7, 9.

[3] EuGH, Urt. v. 13.5.2014 – C-131/12, NJW 2014, 2257 (2260) – Google Spain.

[4] Zu dieser Konstellation *Voigt,* Die räumliche Anwendbarkeit der EU Datenschutz-Grundverordnung auf Auftragsverarbeiter im Drittland, 2020.

gien und Luxemburg ebenfalls EU-Staaten sind, die Schweiz und Liechtenstein[5] jedoch nicht. Hier sind dann weitere Gesichtspunkte heranzuziehen, wenn dies aufgrund der Angemessenheit des Datenschutzniveaus in diesen beiden deutschsprachigen Drittländern überhaupt relevant wird.

12 Einen speziellen Fall des Marktortprinzips regelt Art. 3 Abs. 2 lit. b DS-GVO mit dem **Sitz des Beobachteten.** Die Netzökonomie basiert überkommenerweise und größtenteils auf dem „Umsonst-Internet", in dem die Nutzer für Leistungen nicht mit Geld zahlen, sondern durch die Preisgabe ihrer Daten (vgl. § 312 Abs. 1a u. § 327 Abs. 3 BGB). Das Beobachtetwerden wird wirtschaftlich im Bereich des Telematik und des „Smart Living" noch weiter zunehmen. Hier lässt es die DS-GVO hinsichtlich ihrer Anwendbarkeit genügen, dass der Beobachtete seinen Sitz in der Union hat. Ein nur vorübergehender Aufenthalt – etwa bei Facebooknutzenden U.S.-Touristen in Europa[6] – reicht allerdings nicht aus.

III. Erfolgte Drittlandübermittlung?

13 Im Falle einer erfolgten Drittlanddatenübermittlung (→ Rn. 21 ff.) ordnet § 44 S. 1 Hs. 1 DS-GVO an, dass dies nur unter den Voraussetzungen der DS-GVO geschehen dürfe. Eine so weitreichende (räumliche) Anwendbarkeit gerät in Konflikt mit den datenverarbeitungsbezogenen Normen im Drittland, v. a. mit dort ggf. bestehenden Datenverarbeitungsfreiheiten. Seinem tatsächlichen Wortlaut entsprechend würde es zwar mangels direkter Ausübung von Hoheitsgewalt nicht gegen das **völkerrechtliche Gebot der Nichteinmischung** in die inneren Angelegenheiten anderer Staaten und das Interventionsverbot verstoßen; richtigerweise ist diese Regelung gleichwohl als ein Gebot an die drittlandübermittelnde Stelle zu verstehen, geeignete Maßnahmen zu ergreifen, dass es zu einer Weiterübermittlung nur unter den genannten Voraussetzungen kommt,[7] und deshalb nur als unechte Anwendungsvorschrift zu verstehen.

IV. Diplomatische Vertretungen. Schiffe und Flugzeuge

14 Während das Niederlassungs- und das Marktortprinzip jeweils auf einen Sitz innerhalb des Gebiets der Europäischen Union abstellen, adressiert Art. 3 Abs. 3 DS-GVO in gewisser Weise die umgekehrte Konstellation, nämlich einen Sitz gerade außerhalb des Unionsgebiets. Aufgrund der völkerrechtlichen Übereinkommen über den diplomatischen und konsularischen Verkehr sind diplomatische Vertretungen **„extraterritorial"**. Hier findet europäisches Datenschutzrecht dann Anwendung, wenn und soweit diese Stellen aufgrund dieser völkerrechtlichen Sonderkonstellation des auswärtigen Verkehrs auch sonst europäischem Recht unterliegen.

15 Ähnliches gilt für Schiffe und Flugzeuge unter der Flagge eines EU-Mitgliedstaates. Auf Hoher See bzw. im außereuropäischen Luftraum unterfallen sie territorial nicht mehr dem Recht der EU, wohl aber entsprechend dem **Flaggenprinzip.**

C. Beschränkung grenzüberschreitender Datenübermittlung

16 Zur Souveränität – die die Europäische Union im eigentlichen Sinne freilich nicht besitzt, worauf es hier aber nicht ankommt – gehört die Kontrolle der Außengrenzen. In Daten(schutz)hinsicht bedeutet **Daten(schutz)souveränität,** dass man über

---

[5] Für Liechtenstein als EWR-Staat ist allerdings das EU-Datenschutzrechts übernommen (Simitis/Hornung/Spiecker/*Hornung*, 2019, Art. 3 DSGVO Rn. 69 m. w. N.).
[6] *Lüttringhaus*, ZVglRWiss 117 (2018), 50 (62).
[7] Schantz/Wolff/*Schantz*, Das neue Datenschutzrecht, 2017, S. 239.

das Ein- und Ausfließen von Daten bestimmen können darf. Die EU hat sich dafür entschieden, einen Export von personenbezogenen Daten nur zu erlauben, wenn dort ein bestimmtes Niveau des Datenschutzes besteht oder besondere Umstände vorliegen (→ Rn. 21).

I. Keine Beschränkungen innerhalb des Binnenmarkts

17 Innerhalb der Europäischen Union gibt es keine Schranken zwischen den Mitgliedstaaten hinsichtlich des Transfers personenbezogener Daten. Vielmehr ist es gerade der Zweck der Vereinheitlichung des Datenschutzrechts in Europa durch die DS-GVO, die Notwendigkeit für Grenzen für Daten entfallen zu lassen und so einen Binnenmarkt (auch) für Daten zu schaffen. Ausdrücklich ordnet Art. 1 Abs. 3 DS-GVO deshalb auch ein entsprechendes Verbot an. Auch wenn es eine Datenverkehrsfreiheit (als fünfte Grundfreiheit) nicht ausdrücklich gibt,[8] ist der freie Datenverkehr innerhalb der Union unstreitig auch von den bisherigen Grundfreiheiten erfasst, im wesentlichen wohl durch die **Dienstleistungsfreiheit (Art. 56 AEUV).**[9]

18 Wie auch andere Binnenmarktvorschriften gilt die DS-GVO auch in den **EWR-Staaten** Norwegen, Island und Liechtenstein. Sie zählen deshalb datenschutzrechtlich zum Binnenmarkt, so dass Datentransfer dorthin und von dort ohne weitere Voraussetzungen möglich ist.

II. Keine Datenimportbeschränkungen

19 Datenschutzrechtlich gibt es – soweit ersichtlich – keine Importbeschränkungen. Personenbezogene Daten von außerhalb der EU können also **unbeschränkt in die EU übermittelt** werden.

20 Auch spiegelbildlich sind keine Beschränkungen anderer Rechtsordnungen bekannt, wonach ein Export von personenbezogenen Daten Restriktionen unterläge (anders als vielleicht bei Staatsgeheimnissen oder Kulturgütern oder vielleicht aus totalitären abgeschotteten Staaten). Auch wenn es in anderen Rechtsordnungen ebenfalls die Voraussetzung eines angemessenen Schutzniveaus (→ Rn. 23 ff.) o. ä. gibt, ist das **Niveau in der EU** – soweit ersichtlich – tatsächlich der in Festreden oft beschworene **„datenschutzrechtliche Goldstandard“**.

III. Datenexportbeschränkungen

21 Obwohl das europäische Datenschutzrecht mit den Regelungen über seinen räumlichen Anwendungsbereich (→ Rn. 4 ff.) und v. a. mit dem Marktortprinzip über die territorialen Grenzen der Union hinausgreift, ist es weit davon entfernt, sich für alle Welt für anwendbar zu erklären **(kein Weltrechtsprinzip).** Gleichwohl will es den Abfluss personenbezogener Daten aus der EU in Staaten, die ein anderes Verständnis von und Verhältnis zu Datenschutz haben, kontrollieren und beschränken. Denn wegen der leichten Transferierbarkeit von Daten sind sie mit nur ein paar Tastendrücken dem Anwendungsbereich und damit dem Schutz des europäischen Datenschutzrechts entzogen. Ausdrücklich begreift sich die DS-GVO als flankierenden Umgehungsschutz (vgl. Art. 44 S. 2 DS-GVO: „nicht untergraben“).

22 Deshalb ist eine Übermittlung von personenbezogenen Daten in Drittländer nur beim Vorliegen der Voraussetzungen nach Kap. V (Art. 44 S. 1 DS-GVO) gestattet. Art. 44 DS-GVO legt dabei als allgemeinen Grundsatz einen **speziellen Gesetzesvorbehalt für Datenübermittlungen in Drittländer** fest, der in den Art. 45–49 DS-

---

[8] Zu Umfang und Gestalt einer „Digitalverkehrsfreiheit“ *Krönke,* Öffentliches Digitalwirtschaftsrecht, 2020, S. 101 ff.

[9] Vgl. Gola/*Pötters,* DSGVO, 2. Aufl. 2018, Art. 1 Rn. 17.

GVO dann spezifisch ausgestaltet wird. Für eine Drittlandsübermittlung müssen also neben den allgemeinen Anforderungen an Verarbeitung personenbezogener Daten zudem immer auch noch diese speziellen Drittlandsvorschriften einzuhalten **(Zweistufigkeit).**

1. Angemessenheitsentscheidung

23 Eine Übermittlung in ein Drittland ist ganz oder sektoriell möglich, wenn die **EU-Kommission** beschlossen hat, dass dort ein „angemessenes Schutzniveau" herrsche (Art. 45 Abs. 1 S. 1 DS-GVO). Als **materielle Kriterien** für ein „angemessenes Schutzniveau" gibt Art. 45 Abs. 2 DS-GVO zahlreiche Gesichtspunkte vor. Sie beziehen sich auf verfassungsrechtliche Sicherungen und rechtsstaatliche Standards (Art. 45 Abs. 2 lit. a DS-GVO), Existenz und Stellung von Datenschutzbehörden (Art. 45 Abs. 2 lit. b DS-GVO) und völkerrechtliche und andere internationale rechtliche Bindungen (Art. 45 Abs. 2 lit. c DS-GVO). Das Verhältnis dieser zahlreichen Aspekte zueinander oder die Methode zur Bestimmung des „angemessenen Schutzniveaus" – immerhin eine **komplexe gesamthafte Datenschutzrechtsvergleichung** – ergibt sich dagegen aus der DS-GVO nicht.

24 Als ein mögliches **Verfahren** sieht Art. 45 Abs. 3 DS-GVO das Erlassen eines Durchführungsrechtsaktes vor, der dann im EU-Amtsblatt zu veröffentlichen ist (Art. 45 Abs. 8 DS-GVO). Die EU-Kommission treffen zahlreiche Verfahrens- und Überwachungspflichten, so dass das Datenschutzniveau in den Drittländern regelmäßig überprüft wird (Art. 45 Abs. 4 DS-GVO).

25 Solche Angemessenheitsentscheidungen gibt es für eine Reihe von Staaten, insb. etwa für die **Schweiz, Israel, Japan, Südkorea** und **Neuseeland** sowie eine Reihe von europäischen Klein- und Kleinststaaten. Sektoriell ein „angemessenes Schutzniveau" ist **Kanada** attestiert worden.

26 Für das **Vereinigte Königreich** besteht nach dem Brexit einstweilen ein angemessenes Schutzniveau fort.[10]

27 Eine Sondersituation besteht für die **USA,** das Land mit den am Abstand wichtigsten Datenverarbeitern, aber einem doch nicht ohne weiteres „angemessenen Datenschutzniveau". Um den für beide Seiten wirtschaftlich unverzichtbaren Datenverkehr zu ermöglichen, hat man sich (noch unter der DSRL) auf einen sog. **„Safe Harbor"** geeinigt, woraufhin ein entsprechender Angemessenheitsbeschluss erging. Nachdem dieser vom EuGH für rechtswidrig erklärt worden war,[11] einigte man sich auf den **„EU-U.S. Privacy Shield",** der vom EuGH aber ebenfalls kassiert wurde.[12] Ein Folgeabkommen wird erarbeitet.

28 Wenn und soweit eine (wirksame) Angemessenheitsentscheidung vorliegt, sind dann **keine weiteren Voraussetzungen** (mehr) zu erfüllen (Art. 45 Abs. 1 S. 2 DS-GVO).

2. Geeignete Garantien

29 Eine Datenübermittlung in ein Drittland kann auch dadurch erlaubt sein, dass der konkrete Verantwortliche oder Auftragsdatenverarbeiter **„geeignete Garantien"** vorsieht und diese auch **effektiv durchsetzbar** sind (Art. 46 Abs. 1 DS-GVO). Die Durchsetzbarkeit muss sich sinnvollerweise auf die Durchsetzbarkeit im Drittland beziehen.

30 **Von Gesetzes wegen** sind nach Art. 46 Abs. 2 DS-GVO verbindliche Dokumente zwischen öffentlichen Stellen (Art. 46 Abs. 2 lit. a DS-GVO), verbindliche interne

---

[10] *Brauneck,* RDi 2021, 425 ff.; *Wittershagen,* The Transfer of Personal Data from the European Union to the United Kingdom post – Brexit, Diss. jur. Passau, 2022.

[11] EuGH, Urt. v. 6.10.2015 – C-362/14, NJW 2015, 3151 ff. – Schrems I.

[12] EuGH, Urt. v. 16.7.2020 – C-311/18, NJW 2020, 2613 ff. – Schrems II.

Datenschutzvorschriften (sog. Binding Corporate Rules, BCR, Art. 46 Abs. 2 lit. b, Art. 47 DS-GVO), genehmigte **Standarddatenschutzklauseln** (Art. 46 Abs. 2 lit. c u. d DS-GVO) sowie genehmigte Verhaltensregeln und Zertifizierungsmechanismen (Art. 46 Abs. 2 lit. e u. f DS-GVO) beachtlich.

31 Wenn die **zuständige Aufsichtsbehörde** dies **genehmigt,** kann die Drittlandsübermittlung nach Art. 46 Abs. 3 DS-GVO auch auf individuelle und **spezifische behördliche oder vertragliche Vereinbarung** jenseits der Standardvertragsklauseln gestützt werden (Art. 46 Abs. 3 DS-GVO). Die Aufsichtsbehörde hat sich hierbei mit den Behörden aus den anderen Mitgliedstaaten entsprechend abzustimmen (Kohärenzverfahren, Art. 46 Abs. 4 i. V. m. Art. 63 ff. DS-GVO).

3. Informationelle Amts- und Rechtshilfe. Registerauskunft

32 Soweit durch Amtshilfe- und Rechtshilfeabkommen zugelassen, dürfen personenbezogene Daten auch in diesem Rahmen übermittelt werden (Art. 48 DS-GVO). Die Sicherungen des Datenschutzes richten sich nach diesen Abkommen, bei denen regelmäßig aber die verfahrensmäßige und **prozessuale Wahrheitsfindung** im Mittelpunkt steht. Da entsprechende Abkommen zwar nicht das Datenschutzniveau, wohl aber das Rechtstaatsniveau berücksichtigt haben und zudem internationale informationelle Amts- und Rechtshilfe in der Praxis nur selten in Anspruch genommen werden, bedeutet diese Rechtsgrundlage keinen datenschutzrechtlichen Dammbruch.

33 In diesen systematischen Zusammenhang gehört auch der **Registerzugang** vom Ausland her (Art. 49 Abs. 1 lit. g DS-GVO). Öffentliche Register (z. B. Grundbuch, Handelsregister, Einwohnermelderegister) erfüllen ihre Funktion für den Rechtsverkehr nur, wenn auf sie auch effektiv von jedermann Zugriff genommen werden kann. Um eine „Untergrabung" (Art. 44 S. 2 DS-GVO) zu verhindern, dürfen aus Registern nur einzelne und auf den Einzelfall bezogene Daten übermittelt werden (Art. 49 Abs. 2 DS-GVO).

4. Situative Ausnahmen

34 Neben diesen gesamthaften Konstellationen sieht § 49 DS-GVO noch weitere Ausnahmen für bestimmte Fälle vor; ausdrücklich ist der situative Ausnahmecharakter in Art. 49 Abs. 1 S. 2 DS-GVO niedergeschrieben, und der Verantwortliche muss die Aufsichtsbehörde entsprechend in Kenntnis setzen (Art. 49 Abs. 1 S. 3 DS-GVO). Damit erfüllt dieser Erlaubnistatbestand eine **Auffangfunktion.** Die in Art. 49 Abs. 1 S. 1 DS-GVO genannten Ausnahmen, die von der Einwilligung (lit. a) über die Vertragserfüllung (lit. b u. c) zu verschiedenen vertypten Interessenabwägungen (lit. d–f) reichen, stellen das internationaldatenschutzrechtliche Spiegelbild des Art. 6 Abs. 1 DS-GVO dar.

IV. Keine Datenlokalisierung

35 Auch wenn die europäischen Regeln für den personenbezogenen Datenexport umfassend und streng sind, ist unter den genannten Voraussetzungen ein **Transfer von Daten in Drittländer** aber **umfänglich möglich.** Zwar ist das europäische Recht erkennbar (vgl. Art. 44 S. 2 DS-GVO) bestrebt, personenbezogene Daten nicht unkontrolliert in Drittländer abfließen zulassen, so dass man durchaus von einer „sanften Form der Lokalisierung" sprechen kann. Allerdings besteht anders als etwa in Russland keine Pflicht zur **Datenlokalisierung,** wonach Daten jedenfalls

immer auch im jeweiligen Land gespeichert werden und bleiben müssen, wenn sie in andere Länder übermittelt werden sollen.[13]

D. Kollision von Datenschutzrechtsordnungen

36 Nun kann es aber durchaus sein, dass Datenschutzvorschriften, die territorial so ausgreifen wie die der EU, mit entsprechenden Regelungen anderer Rechtsordnungen in Konflikt geraten, insoweit sie sich in ihrem (räumlichen) Anwendungsbereich überschneiden. Dies kann im juristischen Sinne dann zu einer Normkollision führen, die nach den Regeln des Kollisionsrechts aufgelöst werden muss. Das Kollisionsrecht ist keine universelle Rechtsmaterie, ja nicht einmal internationales Recht, sondern **nationales (bzw. hier unionales) Rechtsanwendungsrecht.** Jedoch haben sich für mehr und mehr Rechtsmaterien, teilweise schon über Jahrhunderte, allgemein anerkannte Kollisionsregeln herausgebildet. Für noch verhältnismäßig junge Rechtsgebiete wie das Datenschutzrecht oder das Informationsrecht[14] überhaupt ist vieles noch im Werden.

37 Auf der **materiellrechtlichen Ebene,** also der Frage des konkreten Regelungsinhalts einer DS-GVO-Norm, ist das europäische Datenschutzrecht wenig flexibel, weil es insoweit dezidierte Regelungen vorgibt, die von keinen geschriebenen Kollisionsregelungen begleitet sind und für ungeschriebene Kollisionsregeln keinen Raum lassen; auch eine Rechtswahl scheidet aus.[15] Insoweit bleibt eine Normkollision unaufgelöst mit der Folge, dass der Normadressat sich zwei gesetzlichen Anforderungen gegenübersieht, die sich im Extremfall sogar widersprechen können.

38 Diese konkret nicht auflösbare Situation führt dazu, dass im Zweifel auch zwei oder mehr staatliche Institutionen (Gericht, Staatsanwaltschaft [Datenschutz-]Behörde) für die Aufsicht oder Beurteilung zuständig sind. Dies ist dann aber keine **Kollision auf verfahrensrechtlicher Ebene,** sondern es liegt nur noch eine parallele Zuständigkeit vor, in der es (möglicherweise) divergierende Entscheidungen von Gerichten/Behörden unterschiedlicher Staaten gibt. Obwohl sich diese materiellrechtlich (→ Rn. 37) widersprechen mögen, kollidieren sie nicht, solange die räumlichen Zuständigkeitsbereiche der Behörden getrennt sind. Und das werden sie stets sein, weil innerhalb eines Staates eine Zuständigkeitsordnung bestehen wird, und zwischen den Staaten bestimmt sich die räumliche Zuständigkeit territorial nach dem Staatsgebiet, also dem Grenzverlauf.

39 Für den von materiell konfligierenden und parallel ergehenden Entscheidungen betroffenen Normunterworfenen – meist ein Verantwortlicher oder ein Auftragsverarbeiter – löst sich dies dann dahingehend auf, dass die **Durchsetzung der Entscheidungen international** im Ausgangspunkt auf das jeweilige Staatsgebiet beschränkt ist. Befindet man sich außerhalb dieses (Staats-)Gebiets, kann eine Gerichts- oder Verwaltungsentscheidung einem gegenüber nicht durchgesetzt werden. Grenzüberschreitende Urteils- und Verwaltungsvollstreckungen sind selten und stehen v. a. immer unter einem Ordre public-Vorbehalt.

40 Zwischen diesen drei Ebenen der Datenschutzkollision – materielles Recht (→ Rn. 37), Verfahren (→ Rn. 38) und Vollstreckung (→ § 39) – lässt sich eine **Wechselwirkung** beobachten. Je strenger und rigider die Regeln auf der materiellrechtlichen Ebene sind, desto schwieriger sind sie auf der Verfahrens- und v. a. Durchsetzungsebene außerhalb des eigenen Territoriums zu effektuieren.

---

[13] *Stepanova/Groothuis,* ZD 2020, 291 ff.
[14] *v. Lewinski,* Medienrecht, 2020, § 6 Rn. 5 et pass.
[15] Simitis/Hornung/Spiecker/*Hornung,* 2019, Art. 3 DSGVO Rn. 70.

41 Das europäische Datenschutzrecht versucht hier etwa durch die Pflicht zur Benennung eines **Vertreters innerhalb der EU** (Art. 27 DS-GVO, ggf. i. V.m. § 44 Abs. 3 BDSG), der als Anlaufstelle und ggf. auch als Zustellungsadressat fungiert, eine pragmatisch-praktische Lösung zu finden.

E. Internationale Datenschutzharmonisierung

42 Die Unterschiedlichkeit von Datenschutzregelungen und -konzepten auf der Welt ist für unsere Gegenwart hinzunehmen. Wie aber auch in vielen anderen Gebieten – vom Immaterialgüterrecht (z. B. [Revidiertes] Berner Übereinkunft v. 1886) über das Medienrecht (z. B. Rundfunkfriedenspakt v. 1936) bis zum Welthandelsrecht der WTO – ist eine allmähliche weltweite Angleichung so sinnvoll wie auf lange Sicht auch wahrscheinlich. Dass die EU und ihre Organe und Datenschutzinstitutionen sich in diesen Prozess einbringen, wird in Art. 50 DS-GVO abgesprochen. Allerdings gehen die Vorgaben dieser Norm kaum über **Aufgabenbeschreibungen** hinaus, die zudem auch schon nach den allgemeinen Vorschriften bestanden hätten.

43 Tatsächlich folgen viele Rechtsordnungen und ausländische Anbieter dem europäischen Datenschutzrecht **(Brussels Effect).**[16] Dies ist aber nicht immer nur der Überzeugungskraft des EU-Datenschutzkonzepts geschuldet, sondern auch der Marktmacht und wirtschaftlichen Dominanz der EU und der Bedeutung des europäischen Marktes. Viele Staaten, deren (Digital-)Wirtschaft auf einen problemlosen Zugang zum europäischen Binnenmarkt angewiesen ist, würden sich schwer damit tun, ein eigenes und dann vielleicht nicht „adäquates" Datenschutzregime zu etablieren. Und viele Unternehmen werden die Kosten von unterschiedlichen Geschäftsmodellen und Datenbanken gegenüber den höheren Kosten für GDPR-Compliance abwägen. In diesem Weg der Verbreitung der europäischen Datenschutzvorstellungen kann man einen **imperialen Ansatz** sehen.

44 Ein solcher ist in ähnlicher Weise auch im Zusammenhang mit dem chinesischen Datenschutzgesetz postuliert worden **(Beijing Effect).**

---

[16] *v. der Leyen,* A Union that strives for more [Programm für Kommissionspräsidentschaft], 2019 (https://ec.europa.eu/info/sites/default/files/political-guidelines-next-commission_en_0.pdf): „... and many countries followed our path".

2. Abschnitt. Rechtlich vorgegebene Grundstruktur für die Verarbeitung personenbezogener Informationen

§ 10. Betroffene. Personenbezogene Informationen

Literatur: *Arens,* Postmortaler Datenschutz und die Datenschutz-Grundverordnung, RDV 2018, 127; *BfDI,* Positionspapier zur Anonymisierung unter der DSGVO unter besonderer Berücksichtigung der TK-Branche, 2020; *Brink/Eckhardt,* Wann ist ein Datum ein personenbezogenes Datum?, ZD 2015, 205; *Forgó/Krügel,* Der Personenbezug von Geodaten – Cui bono, wenn alles bestimmbar ist?, MMR 2010, 17 (21 ff.); *Golla,* Mehr als die Summe der einzelnen Teile? – Kollektiver Datenschutz, PinG 2018, 2; *Guckelberger,* Veröffentlichung der Leistungsempfänger von EU-Subventionen und unionsgrundrechtlicher Datenschutz, EuZW 2011, 126; *Haase,* Datenschutzrechtliche Fragen des Personenbezugs: Eine Untersuchung des sachlichen Anwendungsbereichs des deutschen Datenschutzrechts und seiner europarechtlichen Bezüge, 2015; *Härting,* Starke Behörden, schwaches Recht – Der neue EU-Datenschutzentwurf, BB 2012, 459; *Hornung/Wagner,* Anonymisierung als datenschutzrelevante Verarbeitung?, ZD 2020, 223; *Karg,* Die Rechtsfigur des personenbezogenen Datums – Ein Anachronismus des Datenschutzes?, ZD 2012, 255; *Kühling/Klar,* Unsicherheitsfaktor Datenschutzrecht – das Beispiel des Personenbezugs und der Anonymität, NJW 2013, 3611; *v. Lewinski,* Kaufleute im Schutzbereich des BDSG, DuD 2000, 39; *Raji,* Rechtliche Bewertung synthetischer Daten für KI-Systeme, DuD 2021, 303; *Schneider/Härting,* Warum wir ein neues BDSG brauchen – Kritischer Beitrag zum BDSG und dessen Defiziten, ZD 2011, 63; *Schwartz/Solove,* Reconciling Personal Information in the United States and European Union, California Law Review 102 (2014), 877; *Winter/Battis/Halvani,* Herausforderungen für die Anonymisierung von Daten, ZD 2019, 489.

A. Einführung

1 In wesentlicher Übereinstimmung mit dem bislang geltenden deutschen Datenschutzrecht nimmt sich die DS-GVO vor, in Anbetracht der „Verarbeitung personenbezogener Daten […] natürliche[n] Personen […] Schutz" zu gewähren (Art. 1 Abs. 1 DSGVO). Sie bezieht sich dafür zugleich auf grundrechtlichen Schutz, insbesondere auf das „Recht auf Schutz der personenbezogenen Daten" (Art. 1 Abs. 2 DS-GVO, Art. 8 Abs. 1 GRCh). Als solche gelten „alle Informationen, die sich auf eine identifizierte oder identifizierbare natürliche Person (im Folgenden ‚betroffene Person') beziehen" (Art. 4 Nr. 1 DS-GVO). Darin ist einerseits eine wichtige Eingrenzung zu finden. Datenschutzrecht ist **kein allgemeines Informationsrecht.** Mit der DS-GVO wird zwar auch der freie Datenverkehr (in der EU) angestrebt, doch gilt dies nur bezüglich personenbezogener Informationen, also spiegelbildlich zu den um des Persönlichkeitsschutzes willen vorgesehenen Beschränkungen (Art. 1 Abs. 1 DS-GVO a. E.). Andererseits fragt sich, ob mit dem Kriterium des Personenbezugs eine hinreichende, klare Eingrenzung gefunden ist, zumal, wie bereits gezeigt wurde, der uneingeschränkte regelnde Zugriff des Gesetzgebers auf (irgendwie) personenbezogene Informationen nach richtiger Auffassung die verfassungs- bzw. primärrechtlichen Erfordernisse übersteigt (→ § 4 Rn. 22).

2 Das vorliegende Kapitel betrifft vorrangig die Explikation einer für das Datenschutzrecht wesentlichen **Schutztechnik,** und zwar in Besonderheit dessen, was den Personenbezug von Informationen als solchen ausmacht. Die Probleme, die mit dem Rechtsbegriff des Personenbezugs verbunden sind, weisen in mehrere Richtungen. Nicht nur kommt es darauf an, die gesetzlichen Regelungsgegenstände zu bestimmen bzw. abzugrenzen, so im Hinblick (auch) auf Bewertungen, Wünsche und Prognosen, auf pseudonymisierte, verschlüsselte und anonymisierte Informa-

tionen. Es geht weiterhin darum, welchen Personen als „Betroffenen" jeweils Rechte erwachsen; dazu gehört auch die Berücksichtigung von Mehrpersonenbezug und Gruppenzugehörigkeit. Von Bedeutung ist die Möglichkeit eines abgestuften rechtlichen Schutzes je nach der Qualität des Personenbezugs. – Man hat der DS-GVO zum Vorwurf gemacht, dass sie (wie zuvor das BDSG) sozusagen nach einem Schwarz-oder-Weiß-Prinzip ihre Geltung von dem Vorliegen oder Nichtvorliegen personenbezogener Information abhängig macht.[1] Letzteres trifft nur im Ausgangspunkt zu. Die DS-GVO eröffnet Wege zu flexibler Gestaltung (→ Rn. 35ff.).

B. Personenbezogene Informationen (Merkmale)

3 Insgesamt stellt sich die Definition personenbezogener Daten[2] in Art. 4 Nr. 1 Hs. 1 DS-GVO („alle Informationen, die sich auf eine identifizierte oder identifizierbare natürliche Person [...] beziehen") als eine begrüßenswerte **Verschlankung** gegenüber § 3 Abs. 1 BDSG-alt dar.

4 Demgegenüber bietet Halbsatz 2, der Hinweise für die Identifizierbarkeit von Personen enthält, zusätzlich eine **hilfreiche Gruppierung** personenbezogener Daten an: einerseits geht es dabei um Kennungen, die auf eine direkte Zuordnung zum Individuum hin ausgerichtet sind, z.B. Personenkennzeichen/Identifikationsnummer (→ § 14 Rn. 13ff.), Künstlername, Kundennummer, Passbild, (genetischer) Fingerabdruck; andererseits hat man es mit „besonderen Merkmalen" zu tun, welche das Individuum in einer Fülle von Hinsichten kennzeichnen mögen, aber regelmäßig zu einer Identifizierung erst führen, wenn sie bezüglich einer Person in besonderer (einmaliger) *Kombination* vorliegen (z.B.: [1] eine Ärztin, [2] ca. 50 Jahre alt, [3] wohnhaft in Nancy, [4] BMW-Fahrerin und [5] Tennisspielerin).

5 Die zum Personenbezug **geeigneten Merkmale** sind unterschiedlicher Qualität. Es kann sich um körperliche Eigenschaften wie auch um innere, geistige Zustände, Einstellungen oder Wünsche handeln, um durchgeführte Handlungen, getane Äußerungen und gegenwärtiges Verhalten. Dazu gehören auch das Vorhandensein sozialer, familiärer und wirtschaftlicher Beziehungen sowie die Identität (Benennung) jeweiliger Bezugspersonen bzw. entsprechender Gruppierungen (Mitgliedschaften). Hinzutreten Einschätzungen, Erwartungen, Beurteilungen von dritter Seite (z.B. seitens des Arbeitgebers).[3] Nicht selten hat man es mit wechselseitigem/doppeltem Bezug der jeweiligen Information zu tun,[4] so kennzeichnenderweise auch bei der Mehrzahl der Verkehrsdaten nach § 3 Nr. 70 TKG, § 5 TTDSG.[5]

6 Nach bisherigem deutschen Recht begann die Datenschutzberechtigung – in Übereinstimmung mit der Rechtsfähigkeit gemäß § 1 BGB – mit der Vollendung der **Geburt;** sie **endet mit dem Tod** (h.M.). Freilich können Aussagen über Verstorbene einen Bezug auf lebende Personen haben und von daher datenschutzrechtlich relevant sein. Das gilt insbesondere für genetische Informationen. Angaben aus pränataler Diagnostik sind der Mutter zuzuordnen.[6] Die DS-GVO lässt eine Abweichung von diesen Grundsätzen nicht nur nicht erkennen, sondern stellt in Erwägungsgrund 27 ausdrücklich klar, dass sie auf die Verarbeitung von Daten Ver-

---

[1] Vgl. *Härting*, BB 2012, 459 (463); *Schneider/Härting*, ZD 2011, 63 (64f.).

[2] Fast wortgleich mit Art. 4 Nr. 1 DS-GVO die Begriffsbestimmung für den Sicherheitsbereich in § 46 Nr. 1 BDSG.

[3] Vgl. Gola/*Gola*, DSGVO, 2. Aufl. 2018, Art. 4 Rn. 4ff.

[4] Für medizinische Wertungen vgl. OLG Brandenburg, Beschl. v. 12.2.2008 – 2 VAs 7/07, BeckRS 2008, 4292.

[5] Näheres zu Fragen des doppelten Personenbezugs unten → Rn. 9ff.

[6] Vgl. für alles Auernhammer/*Eßer*, DSGVO/BDSG, 7. Aufl. 2020, Art. 4 DS-GVO, Rn. 14f.

storbener nicht anwendbar ist. Eine Bestätigung ist darin zu finden, dass für die Grundrechtsberechtigung sowohl nach der EMRK als auch nach der GRCh derselbe zeitliche Rahmen anzunehmen ist.[7] Die Mitgliedstaaten können bezüglich des Umgangs mit den Daten Verstorbener folglich eigene Regelungen vorsehen (bloß klarstellend ErwGr 27 S. 2 DS-GVO). Deutschland hat davon bis auf einige wenige Regelungen (etwa in § 203 Abs. 5 StGB) keinen Gebrauch gemacht. Das ist eine bewusste Entscheidung, die den Weg zu einer Analogie der DS-GVO für die Daten Verstorbener versperrt.[8]

7 Die DS-GVO erstreckt ihre Geltung auf Informationen, die sich auf natürliche Personen beziehen. **Juristische Personen** zählen gemäß Art. 4 Nr. 1 DS-DVO (übereinstimmend Art. 3 Nr. 1 JI-RL, § 46 Nr. 1 BDSG) nicht zu den *Betroffenen* (s. a. → Rn. 13 f.); dasselbe gilt für nicht-rechtsfähige Gesellschaften, Vereine und sonstige Personengemeinschaften.[9] Im Ausgangspunkt ergibt sich daraus eine Ungleichbehandlung zwischen Einzelkaufleuten einerseits und Handelsgesellschaften andererseits bei der Ausübung gewerblicher Tätigkeiten.[10] Eine Rechtfertigung dafür kann man in den Publizitäts- und Rechnungslegungspflichten juristischer Personen finden, womit diesen im Interesse des Rechtsverkehrs ohnehin eine transparentere Rechtsstellung zugewiesen ist.[11] Dass die letztere dessen ungeachtet nicht völlig schutzlos ist, lässt sich schon den verfassungsrechtlichen Grundlagen entnehmen. Vom BVerfG werden juristische Personen – vornehmlich im wirtschaftsorientierten Tätigkeitsfeld – als geeignete Träger des R. a. i. S. angesehen, zumal gegenüber hoheitlichem Handeln.[12] Dasselbe ergibt sich für die Grundrechtsträgerschaft nach Art. 8 EMRK.[13] Für Art. 7, 8 GRCh kann entsprechendes freilich nicht ohne weiteres gefolgert werden. Der EuGH hat vielmehr in der Entscheidung *Schecke* zur Bestimmung der Betroffenheit einen auf die dortigen *Gesellschafter* als *natürliche* Personen bezogenen Ansatz gewählt,[14] woraufhin die umstrittene Kernfrage selbst weiterhin als offengeblieben diskutiert wird.[15] – Insoweit die DS-GVO keinen Schutz gewährt, gilt mitgliedstaatli-

---

[7] Vgl. *Grabenwarter/Pabel,* Europ. Menschenrechtskonvention, 7. Aufl. 2021, § 17 Rn. 3 f.; *Jarass/Kment,* EU-Grundrechte, 2. Aufl. 2019, § 4 Rn. 29, § 8 Rn. 6.

[8] *Arens,* RDV 2018, 127 (129 f.).

[9] Vgl. dazu Sydow/*Ziebarth,* DSGVO, 2. Aufl. 2018, Art. 4 Rn. 13.

[10] *v. Lewinski,* DuD 2000, 39 ff.

[11] So Simitis/*Dammann,* BDSG, 8. Aufl. 2014, § 3 Rn. 18.

[12] Vgl. BVerfG, Beschl. v. 1.10.1987 – 2 BvR 1178/86 u. a., BVerfGE 77, 1 (57, 61) – Neue Heimat; BVerfG, Beschl. v. 9.10.2002 – 1 BvR 1611/96 u. a., BVerfGE 106, 28 (42 f.) – Mithöreinrichtung; BVerfG, Beschl. v. 13.6.2007 – 1 BvR 1550/03 u. a., BVerfGE 118, 168 (203 f.) – Kontenstammdaten; BVerfG, Urt. v. 24.11.2010 – 1 BvF 2/05, BVerfGE 128, 1 (43) – GenTG; **a. A.** *Kloepfer,* Verfassungsrecht II, 2010, § 56 Rn. 76. – Viel spricht dafür, im Rahmen gewerblicher Tätigkeit für juristische Personen den entsprechenden Grundrechtsschutz in Art. 12 und Art. 14 GG zu verankern (vgl. Dürig/Herzog/Scholz/*Di Fabio,* GG, 39. ErgLfg. 2001, Art. 2 Abs. 1 Rn. 225; *Jarass,* GG, 16. Aufl. 2020, Art. 2 Rn. 52; *Bull,* Informationelle Selbstbestimmung, 2. Aufl. 2011, S. 58 f.). Entsprechendes gilt – von der Grundregel des Art. 19 Abs. 3 GG her – auch für teilrechtsfähige Personenmehrheiten, z. B. nicht-rechtsfähige Vereine; vgl. *Kingreen/Poscher,* Staatsrecht II, 36. Aufl. 2020, Rn. 207 ff.

[13] Vgl. *Grabenwarter/Pabel,* Europ. Menschenrechtskonvention, 7. Aufl. 2021, § 17 Rn. 5, § 22 Rn. 4; auch → § 6 Rn. 5–8.

[14] EuGH, Urt. v. 9.11.2010 – C-92/09, EuZW 2010, 939 (Rn. 53, 87); näheres zu dieser Entscheidung → § 7 Rn. 33 ff. – danach ist der Schutzbereich bei juristischen Personen nur betroffen, wenn deren Firmenname den Namen einer natürlichen Person mit beinhaltet, vgl. Rn. 53; beachte aber ErwGr 14 S. 2 DS-GVO; zur Kritik an der Entscheidung Calliess/Ruffert/*Kingreen,* EUV/AEUV, 6. Aufl. 2022, Art. 8 GRCh, Rn. 12; *Kokott/Sobotta,* FS Hustinx, 2014, S. 89 f.; *Andoulsi,* Revue de droit européen 2012, 499 (512–514); *J. P. Schneider,* Die Verwaltung 2011, 499 (509 ff.); *Guckelberger,* EuZW 2011, 126 (128 f.); auch *Schnabel,* K&R 2009, 358 (359).

[15] Der Grundrechtsträgerschaft zuneigend *Jarass,* GRCh 4. Aufl. 2021, Art. 8 Rn. 8, Art. 51 Rn. 55 f.; differenzierend/schwankend Meyer/Hölscheidt/*Schwerdtfeger,* GRCh, 5. Aufl. 2019,

ches Recht, in Deutschland insbesondere auf der Grundlage des (Allgemeinen) Persönlichkeitsrechts.[16] In einigen europäischen Staaten erstrecken die (bisherigen) Datenschutzgesetze den Schutz ausdrücklich auf juristische Personen.[17] Eine Sonderregelung zugunsten juristischer Personen besteht in Umsetzung europarechtlicher Vorgaben im Bereich der Telekommunikation (→ § 18 Rn. 37).

7a Auf nicht rechtlich konstituierte (= [teil-]rechtsfähige) Gruppen stellt das Datenschutzrecht nicht ab,[18] wiewohl der Gruppenbezug bei statistischen Analysen eine durchaus wichtige Bedeutung hat **(Group Privacy).** Dies ist aber weniger eine bewusste konzeptionelle datenschutzrechtliche Entscheidung, sondern Folge des vornehmlich vom Individuum her gedachten (westlichen) Rechtssystems.[19]

C. Mehrfacher bzw. eingeschränkter Personenbezug

8 Die Ausführungen in diesem Unterabschnitt sind im wesentlichen auf datenschutzrechtliche Grundsätze gestützt, wie sie sich in Rechtsprechung und Literatur[20] für das deutsche Recht in den vergangenen Jahrzehnten entwickelt haben. Auf unionsrechtlicher Ebene haben sie – zur Interpretation der DSRL – in erheblichem Umfang Niederschlag gefunden in der Stellungnahme 4/2007 zum Begriff „personenbezogene Daten" der Artikel 29-Gruppe von 20.6.2007.[21] Es geht um die Entwicklung **rechtssystematischer Zuordnungskriterien,** die unter der Geltung der DS-GVO gleichermaßen Bedeutung erlangen.

I. Grundmodell

9 Die DS-GVO widmet sich den „Rechte[n] der betroffenen Person" im gesamten Kap. III (Art. 12ff.), das BDSG in entsprechender Weise in §§ 32ff., 55ff. (→ § 15) Die involvierten Rechte z.B. auf Auskunft oder auf Löschung personenbezogener Daten vermitteln dem Betroffenen Entscheidungsbefugnisse. Deren effektive Ausübung setzt Klarheit voraus, wem dieselben jeweils zustehen sollen. Von daher entspricht es der datenschutzrechtlichen Systematik, eine straffe Zuordnung zugrundezulegen, so dass nach Möglichkeit in Ansehung der je einzelnen personenbezogenen Information auch nur ***eine* Person Betroffener** ist.[22] Wegen des Sozialcharakters (zwischen)menschlicher Beziehungen – ggf. mit vielen Haupt- und Nebenbeteiligten –, umso mehr wegen des Sozialcharakters von Information als solcher, stößt dies auf beträchtliche Schwierigkeiten.[23] Normative Festlegungen bzw. kasuistische Abwägungsprozeduren sind erforderlich, um eine Häufung von Mehrfachpersonenbezug zu vermeiden.

Art. 51 Rn. 61; Schwarze/*Knecht,* EU-Kommentar, 4. Aufl. 2019, Art. 8 GRCh, Rn. 3; anders *Frenz,* Europarecht, 3. Aufl. 2021, Kap. 9 Rn. 1367: reine Geschäftsdaten seien vom Schutzbereich des Art. 8 GRCh ausgeschlossen; *Kühling/Klar,* JURA 2011, 771 (774); vgl. weiter *Siemen,* Datenschutz als europäisches Grundrecht, 2006, S. 281; beachte nochmals die in → Fn. 12 genannten Autoren.

[16] Vgl. dazu ausführlich Erman/*Klass,* 16. Aufl. 2020, BGB Anh. § 12 Rn. 51ff.

[17] So Österreich, Schweiz und Italien; für eine entsprechende Regelung in Deutschland vgl. *Roßnagel/Pfitzmann/Garstka,* Modernisierung des Datenschutzrechts, Gutachten, 2001, S. 64ff.

[18] *Golla,* PinG 2018, 2 (3f.).

[19] Allgemein hierzu *v. Lewinski,* Von Frauen, Sorben und Hohenzollern – Grundrechte gesellschaftlicher Gruppen, NJ 2020, 93ff.

[20] Vorrangig bei Simitis/*Dammann,* 1. Aufl. 1978, mit der Kommentierung zu § 3 BDSG in den acht Folgeauflagen von 1978 bis 2014.

[21] Working Paper (WP) 136, abgedruckt in *Simitis/Dammann,* Dokumentation, Teil F-EU 20.

[22] Vgl. Simitis/*Dammann,* BDSG, 8. Aufl. 2014, § 3 Rn. 20, 41; missverstanden von *Haase,* Datenschutzrechtliche Fragen des Personenbezugs, 2015, S. 105f.

[23] Vgl. dazu → § 4 Rn. 19ff.

10 Gemäß § 21 Abs. 1 PStG werden im Geburtenregister die Namen des neugeborenen Kindes sowie seiner Eltern eingetragen. Das sind zunächst Informationen, die jeweils auf den Namensträger bezogen sind. Das Kind insbesondere wird damit erstmalig von Amts wegen *identifiziert.* – Zugleich ist das Kind-Haben nebst dessen Namen personenbezogene Information über die Eltern und umgekehrt das Eltern-Haben und deren Namen personenbezogene Information über das Kind: insoweit *doppelter Personenbezug.*[24] – Weiterhin werden nach der genannten Vorschrift Ort und Zeit der Geburt beurkundet. Die Standesämter teilen den Meldebehörden gemäß § 17 Abs. 4 BMG unverzüglich die Beurkundung der Geburt mit. Letztere haben sodann nach § 139b Abs. 7 AO dem Bundeszentralamt für Steuern zwecks Zuteilung einer einmaligen, lebenslangen „Identifikationsnummer" die Namen des Kindes und **Tag und Ort der Geburt** mitzuteilen. Damit wird eine dauerhafte Kennung des neugeborenen Menschen begründet. Das Geburtsdatum selbst geht zwar nicht in die Identifikationsnummer ein. Doch wird dieses, um Verwechslungen auszuschließen, seinerseits sowohl im amtlichen als auch im geschäftlichen Umgang häufig zur Feststellung der Identität eingesetzt. Staat und Gesellschaft haben sich darauf geeinigt, dass *diese Information, obwohl sie ein zentrales Ereignis im Leben der Mutter betrifft, regelmäßig nicht als auf diese bezogen anzusehen ist.*

11 Vergleichbares gilt für **Drittkonstellationen** in alltäglichem Rahmen: *Keine* personenbezogenen Daten des Menschen sind die Eigenschaften (Krankheiten) seines Partners oder seiner Freunde, die Schulden eines Geschäftspartners, die Vermögensverhältnisse des Arbeitgebers oder die Gewalttätigkeit des Nachbarn, obwohl es sich bei alledem nicht selten um Gegebenheiten handelt, die von beträchtlichem Einfluss auf die Lebenssituation der Einzelnen sind. Der Kreis rechtlich relevanter personenbezogener Informationen ist dem gesetzlichen Konzept zufolge also nicht nach der Bedeutsamkeit des zugrundeliegenden Ereignisses für den Betroffenen bestimmbar. Vielmehr wird ein *materieller* Personen*bezug* der Information vorausgesetzt (→ Rn. 19), in Abgrenzung von einem etwaigen (unmittelbaren) Bezug der Information auf jeweils *andere* Personen.[25]

II. Gesteuerter Personenbezug

12 Dieses Ordnungsmuster kann allerdings durch die Art und Weise des Informationsumgangs beim Verantwortlichen durchbrochen werden. So kann eine Auskunftei durch Speicherung – Bereitstellung zum Zweck der Übermittlung – von drittbezogenen Informationen, die von Relevanz für die Bonität eines Einzelkaufmanns sind, den Kreis der (auch) auf diesen bezogenen Informationen erweitern. Aktualisiert hat sich dies für Informationen über eine zwischenzeitlich insolvent gewordene Ein-Mann-GmbH in Bezug auf deren vormaligen Gesellschafter und Geschäftsführer. Der BGH ist in der einschlägigen Entscheidung zutreffend zu dem Ergebnis gelangt, dass, obwohl Informationen über juristische Personen als solche nicht dem Schutzbereich des BDSG unterfallen, die Auskunftei aufgrund ihrer Vorgehensweise auf den Einzelkaufmann bezogene und damit datenschutzrechtlich geschützte Informationen speicherte. Zu berücksichtigen sei der **„Zusammenhang [...], in dem die Daten erscheinen"**, hier „die finanzielle Situation einer GmbH [...] als Teil der Angaben über die [natürliche] Person".[26]

13 Gelegentlich wird unter Bezugnahme auf die genannte BGH-Entscheidung davon gesprochen, dass Informationen über eine Ein-Mann-GmbH auf eine dahinterstehende natürliche Person (re-

[24] Zum doppelten Personenbezug zahlreiche Beispiele bei Simitis/*Dammann,* BDSG, 8. Aufl. 2014, § 3 Rn. 43f.

[25] Vgl. BVerwG, Urt. v. 24.3.2010 – 6 A 2.09, DVBl 2010, 1307 (Rn. 34); → Rn. 16; ausführlich Simitis/*Dammann,* BDSG, 8. Aufl. 2014, § 3 Rn. 20. In die gleiche Richtung ging die Behandlung des Kriteriums „über" aus Art. 2 lit. a DSRL (insoweit übereinstimmend mit § 3 Abs. 1 BDSG a.F.) durch die Artikel 29-Gruppe (→ Rn. 8), Working Paper (WP) 136.

[26] Vgl. BGH, Urt. v. 17.12.1985 – VI ZR 244/84, NJW 1986, 2505f.

gelmäßig) „durchschlagen".[27] Diese Formulierung darf nicht zu dem Missverständnis verleiten, dass von daher so geartete Gesellschaften ihrerseits datenschutzrechtlich geschützt seien. Das würde der Zielsetzung des BDSG wie auch der DS-GVO widersprechen, juristische Personen insgesamt vom Schutz auszuschließen.[28] Vielmehr sind auf jene Gesellschaften bezogene Informationen – im Rahmen der Verfolgung wirtschaftlicher/werberischer Zwecke des Verantwortlichen – datenschutzrechtlich ungeschützt, solange sie nicht zum Gegenstand einer Angabe über natürliche Personen werden. – Dasselbe gilt im Ausgangspunkt auch für Informationen über Gesellschaften/Gemeinschaften ohne eigene Rechtsfähigkeit, wenngleich sich hier das **„Durchschlagen" zu jeweiligen Gesellschaftern/Gruppenmitgliedern** u. a. aufgrund unbeschränkter Haftung leichter realisiert.[29]

14 Unter Bezugnahme auf die vorgenannte BGH-Entscheidung befasste sich das OLG Hamm mit Wirtschaftsauskünften über eine Unternehmerin. Diese enthielten zugleich Mitteilungen über die desolaten Vermögensverhältnisse ihres **Ehemanns.** Aufgrund des so seitens des Datenverarbeiters hergestellten Zusammenhangs ging es dabei „auch um personenbezogene Daten der [Ehefrau]." Die Übermittlung solcher Daten wurde im entschiedenen Fall nach Abwägung gemäß § 29 Abs. 2 BDSG-alt für nicht erforderlich und damit für unzulässig erachtet.[30]

15 Man erkennt aus dieser Rechtsprechung, dass die **vom Verantwortlichen** bei der Speicherung **verfolgte Intention** nicht ohne Einfluss auf die Zuordnung personenbezogener Daten auf den je Einzelnen ist. So vermag eine Auskunftei als Verantwortliche – aufgrund technischer Gestaltung oder im Einzelfall – über von ihr herstellbare Zusammenhänge selbst entscheiden. Deren Sachdienlichkeit/Erforderlichkeit unterliegt zwar datenschutzrechtlicher Überprüfung, doch geschieht dies im Gefolge der von der Verantwortlichen selbst begründeten Prämisse vorliegenden Personenbezugs.

16 Diese Erkenntnis steht zwar auf ersten Blick im Spannungsverhältnis zu der Aussage des BVerwG in einer jüngeren Entscheidung zum Auskunftsanspruch eines Betroffenen (des klageführenden Journalisten gegenüber dem BND), wonach der Schutzbereich des R. a. i. S. „unabhängig von der Finalität und dem Speicherort der betreffenden Datenerhebung" zu verstehen sei.[31] Dabei ging es allerdings zunächst um die Interpretation des § 15 Abs. 1 S. 1 BVerfSchG bzw. § 19 Abs. 1 S. 1 Nr. 1 BDSG-alt, wonach dem Betroffenen Auskunft „über *zu seiner Person gespeicherte* Daten" zu gewähren ist. Dass darunter alle gespeicherten personenbezogenen Daten ohne Festlegung auf den Speicherort fallen, entsprach schon seit jeher der Rechtsprechung des BGH.[32] Doch ging es dem BVerwG im übrigen – bei grundsätzlich bestehender Möglichkeit mehrfachen Personenbezugs – gerade umgekehrt um eine **Eingrenzung des Kreises personenbezogener Information Betroffener.** Dies geschah aufgrund der (vorfindlichen) funktionalen Abschichtung des streitgegenständlichen Informationsgehalts (eines Dossiers sog. BND-Meldungen) einerseits von der personellen Beziehung (zwischen einem indiskreten Mitarbeiter der Behörde und dem klägerischen Journalisten) andererseits. Die Klageabweisung ergab sich durch Abgrenzung gegenüber „rein sachverhaltsbezogene[n] Daten bzw. [...] personenbezogene[n] Daten Dritter ohne einen relevanten Personenbezug zum Kläger".[33] Der

---

[27] Vgl. Plath/*Schreiber,* BDSG/DSGVO, 3. Aufl. 2018, § 3 BDSG, Rn. 11; differenziert Gola/*Gola,* DS-GVO, 2. Aufl. 2018, Art. 4 Rn. 24 f.

[28] So ErwGr 14 DS-GVO; ErwGr 24 DSRL; zum BDSG vgl. schon den Gesetzentwurf der BReg. v. 21.9.1973, BT-Drs. 7/1027, S. 19, insbesondere unter Verweis auf das Erfordernis praktikabler, rechtssicherer Abgrenzung; zuvor schon *Simitis,* Datenschutz – Notwendigkeit und Voraussetzungen einer gesetzlichen Regelung, DVR 2 (1973/74), 138 (155 ff.).

[29] Vgl. Simitis/*Dammann,* BDSG, 8. Aufl. 2014, § 3 Rn. 44; Gola/*Gola,* DS-GVO, 2. Aufl. 2018, Art. 4 Rn. 8.

[30] OLG Hamm, Urt. v. 4.4.1995 – 9 U 42/95, NJW 1996, 131; übereinstimmend Simitis/*Dammann,* BDSG, 8. Aufl. 2014, § 3 Rn. 43 (sowie Rn. 20 a. E.): „Daten der Beziehungsperson [...] betreffen nur diese, soweit sie nicht auch gegenüber der anderen Person genutzt werden [...], soweit sie nicht gerade mit Blick auf sie verarbeitet werden".

[31] BVerwG, Urt. v. 24.3.2010 – 6 A 2.09, DVBl. 2010, 1307, Rn. 31.

[32] BGH, Urt. v. 19.5.1981 – VI ZR 273/79, NJW 1981, 1738.

[33] BVerwG, Urt. v. 24.3.2010 – 6 A 2.09, DVBl. 2010, 1307 (Rn. 34 ff., 42); beachte dazu auch EGMR, Urt. v. 4.1.2007 – 39658/05, ECLI:CE:ECHR:2007:0104DEC003965805 – Smith ./. UK.

BND hätte sich möglicherweise weitergehenden Auskunftsansprüchen ausgesetzt, wäre die Person des Klägers in eine der „BND-Meldungen" selbst inhaltlich einbezogen gewesen. – Solche Differenzierung stellt nicht infrage, dass der Verantwortliche *nicht* legitimiert ist, die Unwirksamkeit bestehenden unmittelbaren Personenbezugs kraft eigener Wahl herbeizuführen. Das Umgekehrte hingegen, die „Kreation" des Personenbezugs durch eigene Gestaltung, bleibt möglich, verbunden mit diesbezüglicher Unterwerfung unter das Regime des Datenschutzrechts.

III. Sachdaten. Geodaten

17 Die genannte Entscheidung des BVerwG nahm die Abgrenzung des Kreises personenbezogener Informationen des Klägers *gleichermaßen* gegenüber den personenbezogenen Informationen Dritter wie auch gegenüber rein sachverhaltsbezogenen Informationen vor. In der Tat hat man es in beiderlei Hinsicht mit einer **analogen Abgrenzungsproblematik** zu tun. Im Zusammenhang der neuen Technologien zur präzisen Erfassung der Erdoberfläche (Geolokalisierung) ist dies umso deutlicher hervorgetreten.[34] Zahlreiche Beispiele stammen freilich schon aus alter Zeit, zumal für technische Daten. So ist anzunehmen, dass die Details einer Planung nicht ohne weiteres durch die Unterschrift des Architekten bzw. Bauingenieurs zu deren personenbezogenen Daten werden.[35] Dasselbe gilt für den Grundstückseigentümer bezüglich der Daten z.B. über die Kanalisation. Anders kann es sein, wenn die technische Information – z.B. über Altlasten-Kontaminationen des Bodens – nachhaltige Auswirkung auf die Vermögenslage des Eigentümers hat.[36] Die mit den neuen Techniken erzielbaren detaillierten Informationen über die Erdoberfläche[37] wie auch über aufstehende Gebäude (Google Street View)[38] haben die Besonderheit, dass sie praktisch ausnahmslos in Kombination mit Flurkarten, Grundbüchern sowie Telefon- und Adressbüchern mit jeweiligen Personen als Grundstückseigentümer, Pächter oder Mieter in Verbindung gebracht werden können. Von hier aus zeichnet sich die Möglichkeit ab, jedwede verfügbaren Informationen als (mehrfach-)personenbezogene anzusehen.[39]

18 Eine Luftaufnahme vom Hühnerstall eines vermutlichen Kleinbauern ist als solche nicht als personenbezogene Information zu behandeln. Dasselbe gilt für eine Information über das Baujahr einer Gerätschaft, vorfindlich in einem Labor in einem Vorort von Wien, in Bezug auf den unbenannten Inhaber der Einrichtung. Dritte dürfen sich z.B. Kenntnis über das Alter vorhandener Gerätschaften verschaffen und sich per E-Mail darüber austauschen, ohne sich hierfür auf ein berechtigtes Interesse im Sinne des Art. 6 Abs. 1 lit. f DS-GVO stützen zu müssen.

19 Voraussetzung für datenschutzrechtliche Relevanz ist, wie für Drittkonstellationen bereits dargestellt wurde,[40] ein ***materieller* Personen*bezug*,** hier also **zum** in Rede stehenden **Sachverhalt.** So, wie die Vermögenslage des Geschäftspartners nicht

---

[34] Beachte dazu die ausdrückliche Erwähnung der „Standortdaten" als Zuordnungskriterium für die Identifizierbarkeit natürlicher Personen in Art. 4 Nr. 1 DS-GVO; auch „Stellungnahme 13/2011 zu den Geolokalisierungsdiensten von intelligenten mobilen Endgeräten" der Artikel 29-Gruppe v. 16.5.2011.

[35] Vgl. Gola/*Gola,* DS-GVO, 2. Aufl. 2018, Art. 4 Rn. 12. Übereinstimmend trifft das z.B. auch für einen Lageristen zu, der die Empfangsbestätigung für eine bei ihm eingegangene Warenlieferung unterschrieben hat.

[36] Für pragmatische Abgrenzungen Simitis/*Dammann,* BDSG, 8. Aufl. 2014, § 3 Rn. 60.

[37] Zur angewandten Technik *Weichert,* Geodaten – datenschutzrechtliche Erfahrungen, Erwartungen und Empfehlungen, DuD 2009, 347ff.

[38] Hierzu *Spiecker gen. Döhmann,* Datenschutzrechtliche Fragen und Antworten in Bezug auf Panorama-Abbildungen im Internet – Google Street View und die Aussichten, CR 2010, 311ff.

[39] Zur Gefahr, dass das Datenschutzrecht so insgesamt nicht mehr handhabbar wäre, Simitis/*Dammann,* BDSG, 8. Aufl. 2014, § 3 Rn. 57ff.

[40] → Rn. 11; beachte hierzu die kritische Analyse bei *Haase,* Datenschutzrechtliche Fragen des Personenbezugs, 2015, S. 240ff.

per se eine eigene personenbezogene Information darstellt, so gilt das analog auch für die Eigenschaften im eigenen Umfeld vorfindlicher Sachen. Zur Veranschaulichung hat die Artikel 29-Gruppe folgendes Beispiel gebildet:

20 „Der **Wert einer Immobilie** ist eine Information über einen Gegenstand. Hier finden Datenschutzbestimmungen eindeutig keine Anwendung, wenn die Information ausschließlich dazu verwendet wird, die Immobilienpreise in einem bestimmten Wohngebiet zu veranschaulichen. Unter bestimmten Umständen ist jedoch auch diese Information der Kategorie ‚personenbezogene Daten' zuzurechnen. Die Immobilie ist nämlich ein Vermögenswert, der unter anderem zur Festsetzung der vom Eigentümer zu entrichtenden Steuern herangezogen wird. In diesem Kontext ist die Personenbezogenheit dieser Information nicht zu bestreiten."[41]

21 Demzufolge ist auf den Kontext – auf den tatsächlichen oder vorgesehenen **Verwendungszusammenhang** abzustellen. Damit wird die Qualifizierung der Information als personenbezogen nicht subjektivem Belieben anheimgegeben. Maßgebliches ergibt sich regelmäßig aus dem Geschäftsmodell, in dem die Informationen zur Verwendung gelangen.[42] Hierin zeigt sich erneut die Parallelität zur Bedeutung der geschäftlichen/behördlichen Intentionen – z.B. einer Auskunftei oder eines Nachrichtendienstes – in Bezug auf (dritt)betroffene Personen (→ Rn. 15).

22 Personenbezug liegt immer dann vor, wenn Sachdaten zu gemeinsamer Verwendung mit Identifikationsdaten einer Person in geeigneter Weise verknüpft sind[43] oder wenn eine solche Verknüpfung intendiert ist.[44] So ist die Standortüberwachung von Taxis geeignet, das Verhalten der beteiligten Taxifahrer zu überwachen, und beinhaltet von daher auf diese Personen bezogene Informationen.[45]

D. Identifizierte oder identifizierbare Betroffene

I. Die Einzelnen im Fokus

23 Neben die sachlich-inhaltliche Dimension des Personenbezugs tritt dessen formal-selektive **(sigmatische) Funktion.**[46] Als betroffen ist eine Person nur anzusehen, wenn die jeweilige Information einer identifizierten (bestimmten) oder zumindest identifizierbaren (bestimmbaren) Person gilt. Deshalb scheiden allgemeine Aussagen aus, z.B. über die Hilfsbereitschaft von Menschen, über deren Lebenserwartung oder über ein gegenwärtiges Erdbeben im Raum von Lissabon, obwohl solche Feststellungen durchaus Belangvolles für das Leben von Personen beinhalten. Insofern ziehen auch Meinungs- und Informationsfreiheit denkbarem Datenschutz deutlich Grenzen.

24 Allerdings können umgekehrt bei statistischen Erkenntnissen – die auf der Aggregation von bei je Einzelnen erhobenen Informationen beruhen – Zweifel daran aufkommen, ob sie keinen Personenbezug aufweisen. Unkompliziert ist dazu das Beispiel sogenannter Ausreißer. Aus einer Darstellung der Ergebnisse einer Umfrage in einer Gemeinde mit 2000 Einwohnern nach deren parteipolitischen Präferenzen, aufgegliedert nach dem jeweiligen Lebensalter der Befragten, ist die Aussage

[41] *Artikel 29-Gruppe,* in: Simitis u.a., WP 136, Abschn. III 2, Beispiel 5.
[42] *Forgó/Krügel,* MMR 2010, 17 (21ff.); a.A. *Weichert,* DuD 2009, 347 (351); auch *Karg,* ZD 2012, 255 (256f.).
[43] Vgl. BVerfG, Urt. v. 24.11.2010 – 1 BvF 2/05, BVerfGE 128, 1 (42ff.) zum Standortregister für technisch veränderte Organismen nach § 16a GenTG.
[44] Vgl. *Forgó/Krügel,* MMR 2010, 17 (21ff.).
[45] Beispiel Nr. 8 aus Stellungnahme 4/2007 der Artikel 29-Gruppe, Working Paper (WP) 136, Abschn. III 2.
[46] Zur Terminologie Simitis/*Dammann,* BDSG, 8. Aufl. 2014, § 3 Rn. 6f., 59.

des einzigen dort lebenden 91-Jährigen diesem leicht zuzuordnen.[47] **Höhere Aggregation** der Altersgruppen, – z. B. nach Jahrzehnten – bietet da Hilfe zur Aufhebung oder zumindest Erschwerung der Bestimmbarkeit des Betroffenen.[48]

25 Die datenschutzrechtliche Literatur hat von Anfang an die Frage beschäftigt, wieweit im Hinblick auf mathematische Analysetechniken („Schnüffeltechniken") zur Re-Identifikation auf der Basis statistischen Datenmaterials von der *Bestimmbarkeit* Einzelner auszugehen sei. Der Gesetzgeber hatte diesbezüglich durch die im Jahre 1990 eingefügte Definition des Anonymisierens eine Klarstellung bewirkt. Für den Ausschluss des Personenbezugs kam es nicht darauf an, dass auch „nur mit einem unverhältnismäßig großen Aufwand an Zeit, Kosten und Arbeitskraft" die Identifizierung herbeigeführt werden könnte. Ausschlaggebend ist danach die **faktische Anonymität.**[49] Auch wenn die DS-GVO keine ausdrückliche Definition der Anonymisierung mehr enthält, finden diese Überlegungen Niederschlag in ErwGr 26 DS-GVO. Der EuGH hat auf dieser Basis geurteilt, dass gesetzlich verbotene wie auch praktisch nicht durchführbare Methoden für das Beurteilen der Identifizierbarkeit außer Betracht zu bleiben haben.[50] Dennoch ist die Anonymisierung von Daten auf der technischen Ebene eine Herausforderung.[51] Liegen Daten zunächst in personenbezogener Form vor und werden diese dann anonymisiert, so handelt es sich bei diesem Vorgang um eine Verarbeitung, die einer Rechtsgrundlage bedarf,[52] die aber in aller Regel jedenfalls in Form der Interessenabwägung vorliegen wird.

25a Anonym sind auch **synthetische Daten.**[53] Das gilt jedenfalls dann, wenn sie wirklich keinen Rückschluss mehr auf die ursprünglichen Eingangsdaten zulassen.

II. Die Bedeutung des informationellen Umfelds

26 Das „Rätsel" der Identifizierbarkeit begegnet uns nicht nur bei zusammengefassten Informationen. Zur Veranschaulichung diene ein schlichtes Beispiel: Die Mitteilung darüber, dass A seinen Büroschlüssel verloren hat, wäre eine auf diese Person bezogene Information. Doch der Finder des Gegenstands erfährt durch seine Wahrnehmung zunächst nur, dass der Schlüssel *irgendjemandem* verloren gegangen ist. Später beobachtet er, dass A dabei ist, in den Gängen des Bürogebäudes etwas zu suchen. Diese **Zusatzinformation** ermöglicht ihm die Schlussfolgerung, dass A (vermutlich) der Verlierer ist. – Immer dann, wenn die Erlangung entsprechender Zusatzinformation wahrscheinlich gelingen kann, ist schon aufgrund der Ausgangsinformation von der Identifizierbarkeit des Betroffenen auszugehen. Dieser Grundsatz wird in ErwGr 26 DS-DVO so festgehalten:

„Um festzustellen, ob eine natürliche Person identifizierbar ist, sollten alle Mittel berücksichtigt werden, die von dem Verantwortlichen oder einer anderen Person **nach allgemeinem Ermessen**

[47] Vgl. dazu BVerfG, Beschl. v. 18.12.1987 – 1 BvR 962/87, NJW 1988, 959 f.; *Dorer/Mainusch/Tubies,* Bundesstatistikgesetz, 1988, § 16 Rn. 27.

[48] Vgl. für weiteres Simitis/*Dammann,* BDSG, 8. Aufl. 2014, § 3 BDSG Rn. 14, der zur Erläuterung der Aggregation von Dreiergruppen ausgeht; aus praktischer Sicht sollte sich die Zusammenfassung eher auf 5–8 Personen erstrecken.

[49] Vgl. zur Volkszählung 1987 BVerfG, Beschl. v. 24.9.1987 – 1 BvR 970/87, NJW 1987, 2805 (2807 l. Sp. – wo es in der dritten Zeile „Deanonymisierung" heißen sollte); BVerfG, Beschl. v. 28.9.1987 – 1 BvR 1063/87, NJW 1988, 962 (963 f.).

[50] EuGH, Urt. v. 19.10.2016 – C 582/14, ZD 2017, 24 (Rn. 46).

[51] *BfDI,* Positionspapier Anonymisierung, 2020, 4; zum Stand der Technik *Winter/Battis/Halvani,* ZD 2019, 489; vgl. auch WP 216, 13 ff.

[52] *Hornung/Wagner,* ZD 2020, 223 (224); *Raji,* DuD 2021, 303 (307); *BfDI,* Positionspapier Anonymisierung, 2020, 5.

[53] *Raji,* DuD 2021, 303 (305 f.).

[vernünftigerweise][54] **wahrscheinlich genutzt** werden, um die natürliche Person [...] zu identifizieren. [...] Bei der Feststellung, ob Mittel nach allgemeinem Ermessen [vernünftigerweise] wahrscheinlich zur Identifizierung [...] genutzt werden, sollten alle objektiven Faktoren, wie die Kosten der Identifizierung und der dafür erforderliche Zeitaufwand herangezogen werden".

Die zuletzt genannten Kriterien[55] weisen große Ähnlichkeit mit den in § 3 Abs. 6 BDSG-alt aufgestellten Bedingungen für die *Herstellung* faktischer Anonymität auf. Sie begegnen uns – spiegelbildlich – wieder in der DS-GVO als Voraussetzungen der Identifizierbarkeit.

27 In der deutschen Rechtsprechung aus jüngerer Zeit finden sich zwei **konträre gerichtliche Beurteilungen faktischer Anonymität** bezüglich der Speicherung von Kfz-Kennzeichen und Fahrzeugidentifikationsnummern beim Hinweis- und Informationssystem (HIS) der deutschen Versicherungswirtschaft. Die dortigen Einträge beruhen auf Meldungen regulierter Schadensfälle seitens der beteiligten Versicherungsunternehmen. Diese wollen sich durch die zentral vorgehaltenen Informationen dagegen schützen, dass nach einer sogen. fiktiven Schadensregulierung – ohne Vorlage einer konkreten Reparaturkostenrechnung – betrügerisch die erneute Inanspruchnahme einer Versicherung gelingen kann. Informationen zum Eigentümer des Fahrzeugs oder zu sonstigen Personen mit Berührung zum Versicherungsfall werden dafür nicht gespeichert. Das AG Coburg[56] meinte dessen ungeachtet, das Vorliegen auf den Eigentümer bezogener Informationen beim HIS ließe sich bejahen, weil sich aufgrund der diesem bereits vorliegenden Daten im Wege einer Halterauskunft (vgl. § 39 Abs. 1 StVG) bei der Kfz-Zulassungsstelle bzw. beim Kfz-Bundesamt die erforderliche Zusatzinformation ohne unverhältnismäßigen Aufwand erlangen ließe. Das AG Kassel[57] wies demgegenüber auf den mit einem solchen Vorgehen erforderlichen Zusatzaufwand und auf die Notwendigkeit der „Darlegung des die Abfrage erlaubenden besonderen Interesses" hin; dabei „handelt es sich nicht mehr um einen nicht unverhältnismäßigen Aufwand". Ein solcher läge nur vor, „wenn zwanglos etwa Haltername oder -anschrift aus der Datenbank heraus ermittelt werden könnten."

28 Das erläuterte Beispiel hat eine **typische Sachdatei** zum Gegenstand. Die in ihr enthaltenen Informationen über Autos haben als solche die erforderliche Aussagekraft zur Erfüllung der vom HIS vertraglich eingegangenen Verpflichtungen zur Auskunftserteilung. Ein berechtigtes Interesse des HIS zur Einholung einer Halterauskunft ist daher nicht erkennbar. Eben dies ergibt sich aus dem verfolgten – begrenzten – Geschäftszweck. Die Erlangung personenbezogener „Zusatzinformation" verstieße also mangels Grundlage im StVG und mangels Erforderlichkeit gegen Art. 6 Abs. 1 lit. f DS-GVO. Dem AG Kassel ist also im Ergebnis zu folgen. Das gilt unabhängig davon, ob man seinem eher lakonischen Hinweis auf einen unverhältnismäßigen Aufwand zustimmen möchte. Zu darauf abgestimmten Gewichtungen wird es noch weiterer Konkretisierung durch die künftige Rechtsprechung bedürfen.

III. Zusatzwissen im rechtlichen Rahmen

29 Insgesamt kann nach zutreffender Auffassung etwaig **rechtswidrig erlangbare** Zusatzinformation **nicht zur Begründung des Personenbezugs** der Ausgangsinformation herangezogen werden.[58] Es besteht keine Grundlage, einen Verarbeiter von Information den Beschränkungen des Datenschutzrechts nur deshalb zu unterwer-

---

[54] Im entsprechenden ErwGr 26 DSRL lautete die analoge Formulierung: „sollten alle Mittel berücksichtigt werden, die vernünftigerweise [...] eingesetzt werden könnten". Eine wesentliche Bedeutung kommt der in der deutschsprachigen Fassung der Verordnung vorgenommenen sprachlichen Abwandlung nicht zu. In der französischen bzw. englischen Fassung wurde eine solche Abwandlung nicht vorgenommen; vielmehr ist hier übereinstimmend in DSRL und DS-GVO von „raisonnablement" bzw. „reasonably" – statt „nach allgemeinem Ermessen" die Rede.

[55] Sie werden bei Roßnagel/*Barlag*, DS-GVO, 2017, § 3 Rn. 9f., nicht hinreichend berücksichtigt.

[56] AG Coburg, Urt. v. 7.11.2012 – 12 C 179/12, ZD 2013, 458.

[57] AG Kassel, Urt. v. 7.5.2013 – 435 C 584/13, ZD 2014, 90.

[58] EuGH, Urt. v. 19.10.2016 – C 582/14, ZD 2017, 24 (Rn. 46); näheres dazu bei Simitis/*Dammann*, BSDG, 8. Aufl. 2014, § 3 Rn. 26ff., 33.

fen, weil es möglich ist, dass Personen in seiner Lage bereit sein können, das Recht zu verletzen. Dadurch ließe sich auch schwerlich erhöhter Persönlichkeitsschutz erreichen, weil solche Bereitschaft, wenn sie denn besteht, sich gleichermaßen bei feststehendem Personenbezug der Ausgangsinformation realisieren dürfte. Rechtssystematisch ist – über den zuvor erörterten Rechtsfall hinaus – zu berücksichtigen, dass die über möglichen Personenbezug gesteuerten datenschutzrechtlichen Normen nicht für sich allein stehen, sondern im Rahmen der Rechtsordnung, im Zusammenspiel mit anderen (informationsrechtlichen) Normen verstanden werden müssen.[59] Das gilt insbesondere mit Blick auf die Berufs- und Amtsgeheimnisse oder das Telekommunikationsgeheimnis, für deren Verletzung spezifische rechtliche Sanktionen vorgesehen sind.

IV. Zusatzwissen Dritter

1. Relativer/absoluter Personenbezug

30 Umfangreich ist in der Literatur die Frage diskutiert worden, ob der Verantwortliche personenbezogene Daten auch dann verarbeitet, wenn er über das erforderliche Zusatzwissen zur Herstellung des Personenbezugs nicht selbst verfügt, sondern nur Dritte (außerhalb seines kommunikativen Umfelds).[60] Nach herrschender Auffassung ist, was das Wissen Dritter anbetrifft, die erkennbare Zugänglichkeit für den Verantwortlichen rechtsstaatlich begründete Voraussetzung (**„relativer Personenbezug“**).[61] Nach der Theorie vom „absoluten Personenbezug“ würde hingegen die Fähigkeit jedes beliebigen Dritten zur Deanonymisierung genügen.[62] Solche Versuche der Ausweitung des Kreises personenbezogener Daten kann dem Schutz damit einbezogener „Betroffener“ durchaus nicht förderlich sein, weil ein diesbezüglich Verantwortlicher in Ermangelung möglicher Kenntnis der zu schützenden Individuen deren eventuelle Rechtsstellung nicht berücksichtigen kann und wird.[63] Für die Rechtslage nach der DS-GVO ist der bereits zitierte ErwGr 26 (→ Rn. 26) zu berücksichtigen, in welchem allerdings ausdrücklich „von dem Verantwortlichen *oder einer anderen Person*“ als mögliche Benutzer von Mitteln zur Identifizierung die Rede ist. Doch orientiert sich eben dieser Erwägungsgrund, wie bereits dargestellt wurde, an einer nach allgemeinem Ermessen (vernünftigerweise; → Rn. 26) zu erwartenden Nutzung. Zugleich gelten die Grundsätze zur Abgrenzung gegenüber faktischer Anonymität im nachfolgenden Satz des ErwGr 26 DS-DVO.[64]

31 Damit ist deutlich geworden, dass ein Verarbeiter von Information sich nicht um Identifizierungsmöglichkeiten zu kümmern hat, die jenseits seines Wirkungskreises liegen. Ein einzelner Unternehmer braucht sich nicht dafür zu interessieren, ob das statistische Material, das ihm sein Berufsverband zur Verfügung gestellt hat, möglicherweise von letzterem durch diesem zur Verfügung stehende Methoden mit ver-

---

[59] *Pahlen-Brandt,* K&R 2008, 288 (289) im Anschluss an das AG Berlin Mitte, Urt. v. 27.3.2007 – 5 C 314/06, K&R 2007, 600.

[60] Vgl. dazu *Kühling/Klar,* Unsicherheitsfaktor Datenschutzrecht – das Beispiel des Personenbezugs und der Anonymität, NJW 2013, 3611 (3614 ff.).

[61] Vgl. Auernhammer/*Eßer,* 7. Aufl. 2020, DS-GVO Art. 4 Rn. 20; Kühling/Buchner/*Klar/Kühling,* 3. Aufl. 2020, DS-GVO Art. 4 Rn. 25; *Brink/Eckhardt,* Wann ist ein Datum ein personenbezogenes Datum?, ZD 2015, 205 (209 ff.).

[62] Das gilt im wesentlichen für etliche Stellungnahmen von deutschen Datenschutzbeauftragten; vgl. Nachweise bei *Kühling/Klar,* NJW 2013, 3611 (Fn. 30).

[63] Vgl. die Überlegungen zu Art. 11 DS-GVO → Rn. 40.

[64] Vgl. dazu auch *Brink/Eckhardt,* ZD 2015, 205 (208 f.); der Auffassung von *Härting,* DS-GVO, 2016, Rn. 270 ff., die DS-GVO tendiere zur Theorie vom absoluten Personenbezug, kann deshalb nicht gefolgt werden.

hältnismäßigem Aufwand auf Individuen rückführbar sei. Das gleiche gilt für den **Cloud Service-Provider,** dem der Cloud Service-Nutzer stark verschlüsselte personenbezogene Informationen nach dem Stand der Technik anvertraut hat.[65] Demgegenüber ist bei einer Weiterleitung von Informationen ohne Personenbezug an einen Inhaber erforderlichen Zusatzwissens Vorsicht geboten. Insoweit kann von einer Übermittlung im Sinne des Art. 4 Nr. 2 DS-GVO auszugehen sein.[66]

2. Dynamische IP-Adresse als personenbezogenes Datum?

32 In diesen Kontext gehört auch die stattgefundene Kontroverse um die Qualität der dynamischen *I*nternet *P*rotocol-Adresse.[67] Diese stellt sich als eine dem Rechner beim Anschluss an das Internet jeweils neu zugeteilte Zahlenfolge dar. Sie dient der Kommunikation zwischen Nutzern und jeweiligen Online-Mediendiensten (Content-Provider). Inhaltlich ermöglicht sie diesen lediglich eine grobe regionale Zuordnung des Nutzers. Die IP-Adresse lässt als solche einen Rückschluss auf die Person des Nutzers nicht zu. Allein der Internet-Zugangsanbieter (Access-Provider), der die IP-Adressen jeweils vergibt, verfügt über die entsprechenden Bestandsdaten der Nutzer und hat die technische Möglichkeit der Verknüpfung. Nur er ist in der Lage, auf der Grundlage einer IP-Adresse und entsprechender Zeitangabe zu ermitteln, um welchen Nutzer es sich im Einzelfall gehandelt hat. Freilich ist ihm die Offenbarung im Hinblick auf das **Telekommunikationsgeheimnis** nur unter eng begrenzten, gesetzlich geregelten Voraussetzungen möglich (§ 3 TTDSG). Ohne Vorliegen dieser Voraussetzungen ist die IP-Adresse also durchweg für den Zugangsanbieter auf einen identifizierten/identifizierbaren Nutzer bezogen, schwerlich aber für den Content-Provider (→ Rn. 30, 29).

33 Der **EuGH** hat am 19.10.2016[68] – auf Vorlage des BGH hin[69] – auf der Grundlage des Art. 2 lit. a DSRL entschieden, dass eine dynamische IP-Adresse für den Mediendienstanbieter ein personenbezogenes Datum darstellt, wenn dieser „über rechtliche Mittel verfügt, die es ihm erlauben, die betreffende Person anhand der Zusatzinformationen, über die der Internetzugangsanbieter dieser Person verfügt, bestimmen zu lassen." Diese Aussage steht für sich genommen in Übereinstimmung mit dem zuvor Dargelegten, vorausgesetzt, der Content-Provider hat Kenntnis davon erlangt, welcher Access-Provider die Zuordnung der entsprechenden IP-Adresse vorgenommen hat, um sich unter Bezugnahme auf triftige Gründe – Abwehr von Cyber-Attacken – an diesen mit der Bitte um Offenlegung des Teilnehmers wenden zu können. Unklar bleibt die Entscheidung freilich hinsichtlich einer entsprechenden rechtlichen Zulässigkeit für die Offenlegung. Der EuGH verweist

---

[65] Vgl. dazu *Grenzer/Heitmüller,* Zur Problematik des Personenbezuges beim Cloud Computing, PinG 2014, 221 (229f.). – Das schließt nicht aus, dass die für den Cloud Service-Nutzer zuständige Aufsichtsbehörde sich um die erforderliche Qualität der Übermittlung – der Verschlüsselung – an den Cloud Service-Provider kümmern kann; vgl. zu diesen Besorgnissen die „Orientierungshilfe – Cloud Computing", Version 2.0, v. 9.10.2014, S. 12f.; dazu *Eckhardt,* DuD 2015, 176 (179f.).

[66] Vgl. Simitis/*Dammann,* BDSG, 8. Aufl. 2014, § 3 Rn. 34; *Kühling/Klar,* NJW 2013, 3611 (3615 bei Fn. 39).

[67] Eine Übersicht über den Meinungsstand gab der BGH in seinem Vorlagebeschluss an den EuGH v. 28.10.2014 – VI ZR 135/13, ZD 2015, 80 (Rn. 23ff.); *Eckhardt,* IP-Adresse als personenbezogenes Datum – neues Öl ins Feuer, CR 2011, 399ff.

[68] EuGH, Urt. v. 19.10.2016 – C-582/14, ZD 2017, 24 (Rn. 31ff., 49) – Breyer; orientiert an den Schlussanträgen des Generalanwalts GA *Campos Sánchez-Bordona,* SchlA v. 12.5.2016 – C-582/14, ECLI:EU:C:2016:339; Anm. von *Kühling/Klar,* ZD 2017, 27ff.

[69] BGH, EuGH-Vorlage v. 28.10.2014 – VI ZR 135/13, ZD 2015, 80ff.

diesbezüglich auf „vom vorlegenden Gericht insoweit vorzunehmende Prüfungen".[70] Die Entscheidung hierüber wurde dem BGH überlassen, der zwischenzeitlich zur Annahme vorliegenden Personenbezugs gelangte, wenngleich ohne den nachfolgend festgehaltenen Einwänden gerecht zu werden.[71]

34 Die letztlich verborgen gebliebene Grundsatzfrage bedarf unter der Geltung der DS-GVO gleichermaßen der Klärung. Sie ergibt sich daraus, dass weder dem Content- noch dem Access-Provider die Möglichkeit offensteht, die von ersterem gewünschte Information ohne **Einschaltung staatlicher Instanzen** – der Sicherheitsbehörden – in Erfahrung zu bringen. Deren Entscheidung im konkreten Fall beinhaltet fraglos einen Eingriff in den Persönlichkeitsbereich des Betroffenen, um dessen Identität es geht. Dafür stehen spezifische, die staatliche Tätigkeit eingrenzende Rechtsgrundlagen zur Verfügung. Deren Einhaltung – vor dem Hintergrund der allseitigen Beachtung des Telekommunikationsgeheimnisses – dient dem insoweit nach Art. 10 GG gebotenen Persönlichkeitsschutz. Dem allgemeinen Datenschutzrecht verbleibt im Hinblick auf die spezialgesetzlichen Regelungen keine konfliktlösende Rolle. Denn soweit sich aufgrund des Spezialrechts im Einzelfall ergibt, dass der staatliche Zugriff unzulässig ist, gibt es für das Datenschutzrecht nichts mehr zu entscheiden. Dessen Anwendung wegen trotzdem abstrakt/absolut anzunehmenden Personenbezugs auch beim Content Provider ginge ins Leere. Darüber hinaus gilt es zu bedenken, dass staatliches Vorgehen seitens der Sicherheitsbehörden (oftmals vorbehaltlich richterlicher Entscheidung) in vielen anderen Lebensbereichen gleichermaßen in Betracht kommt. Es ist wenig plausibel und verfassungsrechtlich bedenklich, dass deshalb (faktisch) anonyme Datenbestände – interne Statistiken, Planungen, Berichte über betriebliche, technische Abläufe und Forschungsberichte – in großem Umfang als personenbezogene zu behandeln sein sollten.

V. Abstufung zwischen identifizierten und identifizierbaren Betroffenen

35 In der datenschutzrechtlichen Literatur findet sich häufiger die Überlegung, das Gesetz mache **zwischen der Bestimmtheit und der Bestimmbarkeit natürlicher Personen keinen Unterschied;** eine Abgrenzung zwischen diesen beiden Kriterien sei deshalb überflüssig bzw. „allenfalls von theoretischem Interesse".[72] Diese Auffassung ist weder mit Blick auf die Rechtstatsachen noch auf die rechtlichen Erfordernisse nach der DS-GVO akzeptabel.

1. Pseudonymität

36 Insbesondere die Pseudonymisierung beruht regelmäßig auf einer **Umwandlung** von auf ***identifizierte*** Personen bezogenen Informationen zu solchen, die mithilfe zusätzlicher Information, nämlich einer festgelegten Zuordnungsregel, auf ***identifizierbare*** Personen bezogen bleiben.[73] Im Anschluss an die Definition in Art. 4 Nr. 5 DS-GVO[74] wird in ErwGr 26 und 28 DS-DVO u.a. ausgeführt:

> „Einer Pseudonymisierung unterzogene personenbezogene Daten, die durch Heranziehung zusätzlicher Informationen einer natürlichen Person zugeordnet werden könnten, sollten als Informationen über eine identifizierbare natürliche Person betrachtet werden."

---

[70] EuGH, Urt. v. 19.10.2016 – C 582/14, ZD 2017, 24 (Rn. 47).

[71] BGH, Urt. v. 16.5.2017 – VI ZR 135/13, NJW 2017, 2416 (Rn. 26).

[72] Vgl. Paal/Pauly/*Ernst,* DS-GVO, 3. Aufl. 2021, Art. 4 Rn. 9; Simitis/*Dammann,* BDSG, 8. Aufl. 2014, § 3 Rn. 23; *Haase,* Datenschutzrechtliche Fragen des Personenbezugs, 2015, S. 259f.

[73] Vgl. – noch zu § 3 Abs. 6a BDSG-alt – Simitis/*Scholz,* BDSG, 8. Aufl. 2014, § 3 Rn. 214f.; zur Vergleichbarkeit der beiden Bestimmungen auch Roßnagel/*Johannes,* DS-GVO, 2017, § 4 Rn. 92.

[74] Im wesentlichen übereinstimmend – für den Sicherheitsbereich – § 46 Nr. 5 BDSG.

„Die Anwendung der Pseudonymisierung auf personenbezogene Daten kann die Risiken der betroffenen Person senken und die Verantwortlichen...bei der Einhaltung ihrer Datenschutzpflichten unterstützen."

In Art. 25 Abs. 1 und Art. 32 Abs. 1 lit. a DS-GVO wird die Pseudonymisierung/Verschlüsselung als geeignete technische/organisatorische Maßnahme vorgeschrieben.[75] Sie unterscheidet sich von der Datenaggregation (zu statistischen Zwecken) durch die Erhaltung der (verschleierten) Zuordnung jeweiliger Daten(sätze) zur einzelnen Person. Das ermöglicht die Verkettbarkeit mit nachfolgenden Speicherungen unter demselben Pseudonym und damit Langzeitstudien und Profilbildung.[76]

37 Pseudonymisierung ist ein **Instrument möglichen Interessenausgleichs** zwischen Verantwortlichem und Betroffenem. Der alltägliche Umgang in Arbeit, Wirtschaft und Verwaltung orientiert sich überwiegend (anders bei Bargeschäften) an dem direkten – namentlichen – Bezug auf die jeweils beteiligten Personen. Demgegenüber sind (medizinische) Forschung, Planung, Rechnungsprüfung oder Qualitätssicherung darauf i. d. R. nicht angewiesen, wenngleich in einzelnen Fällen – z. B. aufgedeckter Erkrankungen – nicht darauf verzichtet werden sollte, den konkreten Personenbezug herzustellen. Die Ersetzung des Namens und vergleichbarer Identifikationsmerkmale (→ Rn. 5) lässt regelmäßig die beteiligten Individuen unerkannt und ermöglicht dem Verantwortlichen einen freieren Umgang mit der betroffenen (partiell verschlüsselten) Information, z. B. bei Übermittlungen in beteiligten Fachkreisen.[77]

2. Eingeschränkte Anwendung datenschutzrechtlicher Bestimmungen gemäß Art. 11 DS-GVO

38 Die Bedeutung der Unterscheidung zwischen Informationen mit Bezug auf identifizierte und auf identifizierbare Personen ist anhand der ausdrücklichen gesetzlichen Regelungen zur Pseudonymität deutlich hervorgetreten. Der Verordnungsgeber geht zurecht davon aus, dass der Umgang mit Direktinformationen datenschutzrechtlich einem anderen, strengeren Regime unterworfen sein soll als der Umgang mit pseudonymisierten Informationen, mögen auch beide Kategorien unter den Begriff personenbezogene Daten fallen. Das mehrfach hervorgehobene Postulat der Pseudonymisierung ist Ausdruck dieser Abstufung.

39 Diese Feststellungen werfen die weitere Frage auf, wieweit das Konzept der Pseudonymität aufgrund nur identifizierbarer Betroffener verallgemeinerungsfähig ist. Das betrifft gerade auch **Big-Data-Anwendungen,** etwa zur Vorhersage von Epidemien aufgrund individueller Nutzungen des Internets oder zur Beurteilung der Verkehrslage aufgrund der Erfassung von Echtzeit-Standortdaten.[78] Oftmals ist die Identifizierung der involvierten Personen selbst dabei überflüssig.[79] Die pseudonyme Erhebung des Basismaterials bzw. dessen pseudonyme Behandlung ist insoweit datenschutzrechtlich geboten. Von daher kann die Abwägung der wechselseitigen Interessen zu weitgehender Zulässigkeit der Weiterverwendung führen.[80]

[75] Zu diesen Maßnahmen → §§ 19 f.

[76] Hierzu und zum folgenden Simitis/*Scholz*, BDSG, 8. Aufl. 2014, § 3 Rn. 216 ff.; auch *Karg*, DuD 2015, 520 (523 f.); *Roßnagel/Scholz*, MMR 2000, 721 ff.

[77] Nicht gefolgt werden kann der skeptischen Interpretation zur DS-GVO bei *Härting*, DS-GVO, 2016, Rn. 300 ff.

[78] Dazu das Beispiel „Intrix" bei *Mayer-Schönberger/Cukier*, Big Data, 2013, S. 169 f.

[79] Vgl. *Leonard*, IDPL 2014, 53 (60, 62); *Türpe u. a.*, DuD 2014, 31 ff.

[80] Vgl. zur Pseudonymität als Abwägungsbelang Auernhammer/*Eßer*, DS-GVO/BDSG, 7. Aufl. 2020, Art. 4 DS-GVO, Rn. 69; *Härting*, NJW 2013, 2065 (2067); *Eckhardt/Kramer*, DuD 2013, 287 (288 f.).

40 Für die Fälle fehlender Identifizierung bei bestehender Identifizierbarkeit des Betroffenen legt Art. 11 DS-GVO dies fest:

„Ist für die Zwecke, für die ein Verantwortlicher personenbezogene Daten verarbeitet, die Identifizierung der betroffenen Person durch den Verantwortlichen nicht oder nicht mehr erforderlich, so ist dieser nicht verpflichtet, **zur bloßen Einhaltung dieser Verordnung zusätzliche Informationen** aufzubewahren, einzuholen oder zu verarbeiten, um die betroffene Person zu identifizieren.“[81]

Man kann insoweit von einer **Obliegenheit des Vergessens** sprechen. Kommt der Verantwortliche dieser nach, so entgeht er etlichen Verpflichtungen, die ihm die Verordnung ansonsten bei der Verarbeitung personenbezogener Daten auferlegt. Dabei geht es zum einen um die eingeschränkte Realisierung der Rechte der betroffenen Person nach Kap. III der DS-DVO, zum anderen – jedenfalls teilweise – um die materiell-rechtlichen (Abwägungs-)Pflichten; die Berücksichtigung der Interessen einer *namenlosen* Person dürfte oftmals schwierig oder ausgeschlossen sein.

41 Die Problemstellung, für die Art. 11 DS-GVO eine Regelung trifft, blieb im deutschen Recht bislang unberücksichtigt. In der führenden Kommentierung zu § 3 BDSG-alt wurde hierzu lakonisch ausgeführt:

„Der Gesetzgeber hat in Kauf genommen, dass die verantwortliche Stelle einige der datenschutzrechtlichen Verpflichtungen, wie etwa zur Benachrichtigung und zur Auskunft, nicht oder nur mit erheblichen Komplikationen erfüllen kann, wenn sie zu einem Datum oder einen Datensatz über keine Namens- und Adressdaten verfügt.“[82]

Die DS-GVO nimmt diesbezüglich also eine wesentliche Klarstellung vor, die im Hinblick auf die entwickelten Techniken der EDV von besonderer Bedeutung ist.[83] Die neue Regelung bedarf in zweierlei Hinsicht **weiterer interpretatorischer Ausarbeitung.**[84] Zum einen geht es darum, zur Abgrenzung zwischen identifizierten und identifizierbaren natürlichen Personen für die Praxis handhabbare Maßstäbe zu entwickeln. Das jeweilige Geschäftsmodell des Verantwortlichen sollte dabei der Orientierung dienen. Solange nach diesem die alsbaldige Identifizierung wesentlicher Anteile der zu verarbeitenden Informationen (noch) in Betracht kommt, kann das Privileg des Art. 11 Abs. 1 DS-GVO nicht in Anspruch genommen werden. Zum anderen ist weitere Klarstellung vonnöten, in welchem Umfang datenschutzrechtliche Regeln zurücktreten bzw. aufrechterhalten bleiben. Unanwendbar sind jedenfalls solche Vorschriften, die die direkte Ansprache gegenüber dem Betroffenen zum Gegenstand haben. Anwendbar sind Bestimmungen über Datensicherheit und Technikgestaltung und im wesentlichen die Grundsätze des Art. 5 DS-GVO. Differenzierender Betrachtung bedarf die Übermittlung;[85] erforderlichenfalls sollte eine zusätzliche (ggfs. vertragliche) Absicherung gegen Identifizierung durch den Empfänger erfolgen.[86]

[81] Zur Widersprüchlichkeit des nachfolgenden Abs. 2 S. 1 DS-GVO Plath/*Plath*, BDSG/DSGVO, 3. Aufl. 2018, Art. 11 DS-GVO, Rn. 7; Laue/Kremer/*Kremer*, Das neue Datenschutzrecht in der betrieblichen Praxis, 2. Aufl. 2019, § 2 Rn. 79; beachte auch ErwGr 57 DS-GVO.

[82] Simitis/*Dammann*, BDSG, 8. Aufl. 2014, § 3 Rn. 23, aber mit dem demgegenüber zutreffenden Hinweis auf die kritische Stellungnahme zu einem „Betroffenenbegriff, bei dem der Betroffene für die verarbeitende Stelle letztlich unbekannt bleibt,“ bei *Meyerdierks*, MMR 2009, 8 (12); zu den mit solcher Situation gegebenenfalls verbundenen Haftungsrisiken noch Simitis/*Dammann*, BDSG, 8. Aufl. 2014, § 3 Rn. 38.

[83] Hierzu *Ohrtmann/Schwiering*, Big Data und Datenschutz, NJW 2014, 2984, die u.a. in Fn. 68 ausführen, dass Art. 11 [seinerzeit Art. 10 des Entwurfs] DS-GVO zufolge „die Pseudonymisierung das Datenschutzrecht praktisch ausschließt“; zu dieser Vorschrift weiterhin *Schwartz/Solove*, California Law Review 102 (2014), 877 (909f.).

[84] Vgl. zum folgenden *Schwartz/Solove*, California Law Review 102 (2014), 877 (906, 909ff.).

[85] Beachte dazu auch das in → Rn. 31 a.E. zur Übermittlung Gesagte.

[86] Zu Fragen der Zweckbindung → § 12 Rn. 38ff.

E. Zusammenfassung. Ausblick

42 Alle Personen sind potentiell Betroffene, und der Begriff personenbezogener Information erscheint zunächst als weit offen und konturlos. Aus der Perspektive des deutschen Datenschutzrechts gilt das umso mehr im Hinblick auf die weitgreifende verfassungsrechtliche Ausgangsposition, die das BVerfG im Volkszählungsurteil umrissen hat. Die DS-GVO setzt auf der EU-Rechtsebene neue Akzente. Es ergeben sich nunmehr noch deutlichere Ansätze zur **gebotenen Strukturierung** des Personenbezugs:

43 1. Personenbezug meint in der Regel den **Bezug** jeweiliger Information **auf *eine* Person.** Dies bedingt inhaltliche Zuordnungen und damit für zahlreiche Fälle tatsächlichen Mehrfachbezugs die Ausbildung von Prioritäten von der Sache her, übersteuerungsfähig durch die Intentionen des Verantwortlichen. Ein analoger Befund ergibt sich für die Zuordnung von sachverhaltsbezogenen Informationen inklusive Geodaten.

44 2. Personenbezug setzt die Identifikation oder zumindest die Identifizierbarkeit einer betroffenen Person voraus. Bei Aggregation zu statistischen Zwecken ist diese Voraussetzung nach Vorliegen wenigstens **faktischer Anonymität** nicht erfüllt. Dasselbe gilt für Informationen im Einzelfall, die keinen Aufschluss über involvierte Personen geben. Freilich sind bei dieser Beurteilung die Möglichkeiten des Verantwortlichen zu berücksichtigen, durch verfügbare oder erlangbare zusätzliche Information solchen Aufschluss zu gewinnen. Das betrifft auch eventuelles **Zusatzwissen Dritter,** die vernünftigerweise und im Rahmen verhältnismäßigen Aufwands rechtmäßig eingeschaltet werden können. Dies sollte – trotz gegenteiliger Ansätze in der Rechtsprechung des EuGH – nicht für die Aufdeckung des Personenbezugs dynamischer IP-Adressen zugunsten des Content-Providers gelten. Denn wegen des Telekommunikationsgeheimnisses ist die dafür erforderliche Mitwirkung des Access-Providers nur auf der Grundlage eines Eingriffs staatlicher Sicherheitsbehörden zulässig.

45 3. Wichtig ist – entgegen früheren Annahmen – die rechtliche **Abstufung zwischen identifizierten und identifizierbaren Betroffenen.** Die Pseudonymisierung, eine von der DS-GVO im Rahmen der Technikgestaltung und zur Sicherheit der Verarbeitung vorgeschriebene Maßnahme, beruht wesentlich auf dieser Unterscheidung[87] und dient aus materiell-rechtlicher Sicht oftmals dem Interessenausgleich zwischen Verantwortlichem und Betroffenem. Sie ist geeignet, für Big-Data-Anwendungen eine wichtige Rolle zu spielen. Art. 11 DS-GVO nimmt insoweit den Geltungsanspruch datenschutzrechtlicher Regelungen in beträchtlichem Umfang zurück. Weitere interpretatorische Ausarbeitung ist diesbezüglich angezeigt.

[87] Vgl. noch Kühling/Buchner/*Weichert,* DS-GVO, 3. Aufl. 2020, Art. 11 Rn. 12; unklar Ehmann/Selmayr/*Klabunde,* DS-GVO, 2. Aufl. 2018, Art. 11 Rn. 12.

§ 11. Verantwortliche und andere im Rahmen der Verarbeitung mitwirkende Stellen

Literatur: *Alich/Nolte,* Zur datenschutzrechtlichen Verantwortlichkeit (außereuropäischer) Hostprovider für Drittinhalte, CR 2011, 741; *Conrad,* Die Verantwortlichkeit in der Realität, DuD 2019, 563; *Dovas,* Joint Controllership – Möglichkeiten und Risiken der Datennutzung? ZD 2016, 512; *Eckhardt,* DS-GVO: Anforderungen an die Auftragsverarbeitung als Instrument zur Einbindung Externer, CCZ 2017, 111; *Gola/Reif,* Kundendatenschutz, 2016; *Kosmider,* Verantwortlichkeit im Datenschutz, 2021, B. (S. 25ff.); *Kühling,* Im Dauerlicht der Öffentlichkeit – Freifahrt für personenbezogene Bewertungsportale?!, NJW 2015, 447; *Martini/Fritzsche,* Mitverantwortung in sozialen Netzwerken, NVwZ-Extra 21/2015, 1; *Monreal,* Der für die Verarbeitung Verantwortliche, ZD 2014, 611; *Müthlein,* ADV 5.0 – Neugestaltung der Auftragsdatenverarbeitung in Deutschland, RDV 2016, 74; *Paal,* Persönlichkeitsrechtsschutz in Online-Bewertungsportalen, NJW 2016, 2081; *Radtke,* Gemeinsame Verantwortlichkeit unter der DSGVO, 2021; *Schneider,* Gemeinsame Verantwortlichkeit, 2021; *Schmitz/v. Dall'Armi,* Auftragsdatenverarbeitung in der DS-GVO – das Ende der Privilegierung?: Wie Daten künftig von Dienstleistern verarbeitet werden müssen, ZD 2016, 427 (428f.).

A. „Verantwortlicher"

1 Das Pendant zur betroffenen Person ist der Verantwortliche. Dessen Rolle ist dadurch gekennzeichnet, dass er personenbezogene Daten eines anderen, nämlich des Betroffenen, verarbeitet. Letzterer genießt den Schutz der gesetzlichen Vorschriften, während ersterer von diesen **in die Pflicht genommen** wird. Der Umgang mit sich selbst betreffenden Informationen ist dementsprechend datenschutzrechtlich irrelevant.[1] Das kann nach den Regeln doppelten Personenbezugs (→ § 10 Rn. 9ff.) auch dann gelten, wenn zugleich Aussagen über vorhandene Beziehungen zu anderen Personen mit enthalten sind, z.B. aufgrund übereinstimmenden Familiennamens.[2] Unberücksichtigt bleibt in der dichotomischen Regelungsstruktur des Gesetzes der Schutz, den auch der Verantwortliche als solcher von Verfassung wegen aus dem Grundrecht auf Gewährleistung der Vertraulichkeit und Integrität informationstechnischer Systeme genießt (→ § 5 Rn. 2ff., 11f., 13ff.).

2 Als Verantwortliche – dem Kreis der geeigneten (Haupt-)Adressaten der DS-GVO zugehörig – kommt jede **„natürliche oder juristische Person, Behörde,** Einrichtung oder andere Stelle" in Betracht, Art. 4 Nr. 7 Hs. 1 DS-GVO.[3] Der deutschen Tradition entspricht zur Umschreibung des Anwendungsbereichs eine Dreigliederung der Verantwortlichen in (1) öffentliche Stellen des Bundes, (2) öffentliche Stellen der Länder und (3) nichtöffentliche Stellen (§ 1 Abs. 1 BDSG; → § 8 Rn. 9ff.). Bund und Länder sind als solche demgemäß keine „Stellen". Maßgebliche verantwortliche Organisationseinheiten sind im Bereich der Exekutive vielmehr Behörden oder sonstige öffentlich-rechtlich organisierte, eigenständige Einrichtungen, etwa Eigenbetriebe, Institute, Schulen; deren Teile – Referate, Dezernate, Abteilungen – sind für sich genommen keine Stellen.[4] Entsprechendes gilt für die Einrichtungen juristischer Personen des öffentlichen Rechts. Die Kommunalverwaltung wird regelmäßig von *einer* Behörde, dem Gemeindevorstand, wahrge-

---

[1] Vgl. Simitis/*Dammann,* BDSG, 8. Aufl. 2014, § 3 Rn. 226; Paal/Pauly/*Frenzel,* DS-GVO, 3. Aufl. 2021, Art. 6 Rn. 19.

[2] Für entsprechende Konflikte paradigmatisch BVerfG, Beschl. v. 24.3.1998 – 1 BvR 131/96, BVerfGE 97, 391ff. – Äußerungen missbrauchter Tochter.

[3] Übereinstimmend – für den Anwendungsbereich der JI-RL – § 46 Nr. 7 BDSG.

[4] Vgl. Kühling/Buchner/*Hartung,* DS-GVO, 3. Aufl. 2020, Art. 4 Nr. 7 Rn. 9.

nommen.[5] – Juristische Personen des Zivilrechts sind *als solche* „nicht-öffentliche *Stellen*", also mögliche Verantwortliche. Dasselbe gilt für nicht-rechtsfähige Personenvereinigungen, insbesondere für OHG, KG, BGB-Gesellschaften, Vereine und politische Parteien. Zweigniederlassungen sind *Teil* der verantwortlichen Stelle,[6] für Personalvertretungen wird dies (inzwischen) mit beachtlichen Argumenten vertreten (vgl. auch § 79a BetrVG; dazu auch → § 21 Rn. 120ff.)[7].

3 Voraussetzung für die Verantwortlichkeit einer Stelle ist, dass sie „allein oder gemeinsam mit anderen **über die Zwecke und Mittel der Verarbeitung** von personenbezogenen Daten **entscheidet**". Diese Formulierung in Art. 4 Nr. 7 DS-GVO[8] stimmt mit derjenigen in Art. 2 lit. d DSRL überein. Das BVerwG hat darauf abgestellt, ob die Stelle „rechtlichen oder tatsächlichen Einfluss auf Ob, Art und Umfang der Nutzung der Datenverarbeitung [...] in eigener Verantwortungs- und Gestaltungsmacht" hat.[9]

B. Beschäftigte

4 Es versteht sich, dass auf der bezeichneten Grundlage der einzelne Mitarbeiter/Beamte nicht Verantwortlicher ist, sofern er **im Rahmen eines Unternehmens/einer Institution/Behörde für diese handelt.** Dem entspricht die Regelung in Art. 29 DS-GVO, wonach jede dem Verantwortlichen unterstellte Person, die Zugang zu personenbezogenen Daten hat, in der Regel diese Daten „ausschließlich auf Weisung des Verantwortlichen verarbeiten" darf.[10] Ergänzend sieht Art. 32 Abs. 4 DS-GVO die Pflicht der Verantwortlichen vor, „sicherzustellen, dass ihnen unterstellte natürliche Personen, die Zugang zu personenbezogenen Daten haben, diese nur auf Anweisung des Verantwortlichen verarbeiten". Damit korreliert das Prinzip der „Integrität und Vertraulichkeit" nach Art. 5 Abs. 1 lit. f DS-GVO. Die Vornahme einer ausdrücklichen Verpflichtung Beschäftigter auf das Datengeheimnis – § 5 BDSG-alt entsprechend – sieht die DS-GVO hingegen obligatorisch nur für den „Auftragsverarbeiter" vor (vgl. Art. 28 Abs. 3 lit. b DS-GVO).[11]

C. „Auftragsverarbeiter"

I. Rechtliche Grundlagen

5 Von Anbeginn hat das Datenschutzrecht auch der **Übertragung der Datenverarbeitung an eine *andere Stelle*** Rechnung getragen.[12] Das BDSG (seit 1977) hat damit von vornherein Dienstleister – insbesondere Lohn- und sonstige Servicerechenzentren – zum geeigneten Gegenstand einer gesonderten Regelung genommen.[13] Kennzeich-

[5] Vgl. § 66 Abs. 1 S. 1 hessGemO; davon ausgenommen sind Standesamt und Jugendamt mit eigenen gesetzlich festgelegten Kompetenzen, vgl. §§ 1, 2 PStG, § 69 Abs. 3 i.V.m. §§ 50ff., 52aff. SGB VIII.

[6] Dazu Simitis/*Dammann*, BDSG, 8. Aufl. 2014, § 3 Rn. 233.

[7] *Möhle*, Die datenschutzrechtliche Verantwortlichkeit des Betriebsrats, 2021.

[8] Übereinstimmend – für den Anwendungsbereich der JI-RL – § 46 Nr. 7 BDSG.

[9] Vorlagebeschluss an den EuGH, BVerwG v. 25.2.2016 – 1 C 28.14, ZD 2016, 393 (Rn. 27f.); ähnlich die Formulierung bei Kühling/Buchner/*Hartung*, 3. Aufl. 2020, DS-GVO, Art. 4 Nr. 7 Rn. 13: „Entscheidungsbefugnis über den Zweck, dh über das Ob, Wofür und Wieweit einer Datenverarbeitung".

[10] So entsprechend Art. 23 JI-RL.

[11] Vgl. für alles Ehmann/Selmayr/*Bertermann*, DS-GVO, 2. Aufl. 2018, Art. 29 Rn. 6f.

[12] Umfassend *Krajewski*, Datenschutz und Auftragsverarbeitung, Diss. iur. Münster 2021, insb. Teil 4.

[13] Vgl. *Simitis/Dammann/Mallmann/Reh*, BDSG, 1. Aufl. 1978, § 31 Rn. 30f.; *Auernhammer*, BDSG, 1. Aufl. 1977, § 31 Rn. 6.

nend ist dabei die Erledigung einer vorbestimmten, zumal informationstechnischen Aufgabe durch einen „Auftragnehmer" – das Gesetz nennt ihn „Auftragsverarbeiter" (Art. 28 DS-GVO) – nach den Weisungen eines anderen, des „Auftraggebers".

6 Nach Art. 4 Nr. 8 DS-GVO kann jede „natürliche oder juristische Person, Behörde, Einrichtung oder andere Stelle [...] Auftragsverarbeiter"[14] sein; ein solcher ist regelmäßig gehalten, personenbezogene Daten **nur auf Weisung und unter Kontrolle des Verantwortlichen**[15] zu verarbeiten (Art. 29 DS-GVO).[16] Die Betroffenenrechte i.S.d. Art. 12ff. DS-GVO richten sich nur gegen den Verantwortlichen selbst, arg. Art. 28 Abs. 3 lit. e DS-GVO.[17] Im übrigen wird der Auftragsverarbeiter mehrfach ähnlich einem Verantwortlichen in die Regelungen der DS-GVO einbezogen. Das betrifft u.a. die Vorschriften über Datensicherheit (Art. 32f. DS-GVO, auch Art. 28 Abs. 3 lit. c DS-GVO),[18] die Bestellung eines Datenschutzbeauftragten (Art. 37 DS-GVO, §§ 38, 5 BDSG; → § 21 Rn. 28, 31ff.), die Befugnisse der Aufsichtsbehörde (Art. 58 DS-GVO, § 9 Abs. 1, § 16, § 40 BDSG; → § 22), die Haftung (Art. 82 DS-GVO) und die Verhängung von Geldbußen (Art. 83 DS-GVO, §§ 41ff. BDSG).[19] Insgesamt wird dem Rechtsinstitut der Auftragsverarbeitung von der Verordnung eigenes Gewicht beigemessen.[20] Das entspricht der ökonomischen Bedeutung heutiger (Internet-)Dienstleister.[21]

7 Die durch die Verarbeitungsmöglichkeiten nach Art. 28 DS-GVO implizit bewirkte Eingrenzung der Rechtsposition des Betroffenen wird durch die strengen, in Art. 28 (insbes. Abs. 3) festgelegten Voraussetzungen abgefedert, die regelmäßig in Form eines schriftlichen Vertrags (auch Textform gemäß Abs. 9) zwischen Verantwortlichem und Auftragsverarbeiter festzulegen sind.[22] Ein solcher Vertrag unterliegt auch der Kontrollbefugnis durch die Aufsichtsbehörde (Art. 57 Abs. 1 lit. a, Art. 58 Abs. 1 lit. a DS-GVO).[23] Er bewirkt, dass der Auftragsverarbeiter dem Verantwortlichen gegenüber **nicht Dritter** ist (Art. 4 Nr. 10 DS-GVO; → Rn. 34), vielmehr umgekehrt **dem datenschutzrechtlichen Regelungsregime des Verantwortlichen unterfällt.**[24] Dieser darf sich, wie sich versteht, nicht eines Auftragsverarbeiters unter Umgehung der für seine eigene Datenverarbeitung geltenden Rechtsvorschriften bedienen.[25] Man beachte dazu auch dessen Remonstrationspflicht gegenüber seinem Auftraggeber nach Art. 28 Abs. 3 UAbs. 2 [S. 3] DS-GVO.

8 Aufgrund dieser Systematik bedarf es **keiner weiteren Rechtsgrundlage für den impliziten Informationsaustausch** zwischen dem Verantwortlichen und dem Auftragsverarbeiter bzw. für die vertraglich begründete Weiterverarbeitung durch letz-

---

[14] In der englischen bzw. französischen Fassung der DS-GVO: „processor" bzw. „sous-traitant". – Übereinstimmend – für den Anwendungsbereich der JI-RL – § 46 Nr. 8 BDSG.

[15] In der englischen bzw. französischen Fassung der DS-GVO: „controller" bzw. „responsable du traitement".

[16] Zugleich in wesentlicher Übereinstimmung – für den Anwendungsbereich der JI-RL – § 64 BDSG.

[17] So ausdrücklich – für den Anwendungsbereich der JI-RL – § 62 Abs. 1 S. 2 BDSG.

[18] Für den Anwendungsbereich der JI-RL vgl. § 64 BDSG.

[19] Für den Anwendungsbereich der JI-RL vgl. § 84 BDSG; vgl. im übrigen → § 24 Rn. 37.

[20] Vgl. Gola/*Klug*, D-GVO, 2. Aufl. 2018, Art. 28 Rn. 3 unter Hinweis auf ErwGr 13.

[21] Entsprechende Überlegungen zu einem Ungleichgewicht zwischen kleinen Verantwortlichen und großen Dienstleistern finden sich beim Europäischen Datenschutzausschuss, Guideline 07/2020, Version 2.0, Rn. 110.

[22] Dazu ausführlicher Mustervertrag bei Wybitul/*Ströbel/Sigel*, Hdb DS-GVO, Teil 1 Rn. 469ff.

[23] Vgl. Kühling/Buchner/*Boehm*, DS-GVO, 3. Aufl. 2020, Art. 58 Rn. 14; Gola/*Nguyen*, DS-GVO, 2. Aufl. 2018, Art. 58 Rn. 4.

[24] Vgl. Kühling/Buchner/*Hartung*, DS-GVO, 3. Aufl. 2020, Art. 28 Rn. 15f.

[25] Vgl. dazu – von § 11 BDSG-alt ausgehend – Kühling/Buchner/*Hartung*, 3. Aufl. 2020, Art. 28 Rn. 14.

teren.[26] Art. 28 – insbesondere Abs. 3 – ist Spezialnorm gegenüber Art. 6 DS-GVO.[27] Im Grunde geht es dabei auch nicht, wie oftmals gesagt wird, um eine „Privilegierung" der Auftragsverarbeitung,[28] sondern gewissermaßen um eine wirtschaftlich begründete Selbstverständlichkeit: Genauso, wie der Geschäftsführer/Behördenleiter sich der Hilfe von Mitarbeitern bei der Datenverarbeitung bedienen kann, entspricht die sachgemäße Kooperation mit geeigneten Dienstleistern unangefochtenen (wirtschaftlichen) Erfordernissen. Dem trägt in der DS-GVO die besondere rechtliche Ausgestaltung der Auftragsverarbeitung Rechnung. Diese kann freilich nicht beliebig Platz greifen. Der Abschluss eines die Kautelen des Art. 28 DS-GVO berücksichtigenden Vertrags ist für sich allein nicht hinreichend. Grundlage ist vielmehr eine funktionelle Betrachtungsweise mit Blick auf die faktischen Gegebenheiten.[29]

II. Anwendungen

9 Zwar ist Auftragsverarbeitung im Ausgangspunkt klar unterscheidbar von der weisungsunabhängigen Informationsverarbeitung durch den Verantwortlichen, welcher „über die Zwecke und Mittel der Verarbeitung […] entscheidet", wohingegen der Auftragsverarbeiter „personenbezogene[…] Daten nur auf dokumentierte Weisung [hin] verarbeitet".[30] In der Praxis zeigt sich jedoch, dass auf dieser Grundlage eine trennscharfe Abgrenzung nur selten in Betracht kommt, so etwa für den Auftrag zum Kopieren, zur Vernichtung von Datenträgern oder für das Lettershop-Verfahren.[31] Auch der Anbieter von **Hosting-Diensten** kann geeigneter Auftragsverarbeiter sein, insoweit er nicht die Daten für eigene (Marketing-)Zwecke verwendet.[32] **Cloud Computing** ist i.d.R. als Auftragsverarbeitung anzusehen.[33]

10 Zumeist geht es zwischen den Beteiligten um ein Zusammenwirken aufgrund spezifischer Kenntnisse, Fähigkeiten, technischer Anlagen oder Routinen. Von daher ist ein hierarchisches Beziehungsgefüge nur zum Teil am Platz. So wird ein beauftragtes Unternehmen häufig relativ selbständig Entscheidungen über die Mittel bzw. die Art der Durchführung der Verarbeitung zu treffen haben.[34] Oft genanntes

---

[26] Übereinstimmend Plath/*Plath*, BDSG/DSGVO, 3. Aufl. 2018, Art. 28 DS-GVO, Rn. 2; Kühling/Buchner/*Hartung*, DS-GVO, 3. Aufl. 2020, Art. 28 Rn. 18f.; *Eckhardt*, CCZ 2017, 111 (113) mit umfangr. Nachw.

[27] Vgl. dazu Paal/Pauly/*Martini*, DS-GVO, 3. Aufl. 2021, Art. 28 Rn. 11; Plath/*Plath*, BDSG/DSGVO, 3. Aufl. 2018, Art. 28 DSGVO, Rn. 3; diesbezüglich **a.A.** Ehmann/Selmayr/*Bertermann*, DS-GVO, 2. Aufl. 2018, Art. 28 Rn. 4; BeckOK DatenSR/*Spoerr*, 38. Ed. 2021, Art. 28 DS-GVO, Rn. 31.

[28] Vgl. dazu die Kritik an einem solchen Verständnis bei *Schmitz/v. Dall'Armi*, ZD 2016, 427 (428f.).

[29] Europäischer Datenschutzausschuss, Guideline 07/2020, Version 2.0, Rn. 12f., 29, 103 Fn. 42; auch *Müthlein*, RDV 2016, 74ff.

[30] Vgl. nochmals Art. 28 Abs. 3 lit. a DS-GVO; zur entsprechenden Anwendung des Art. 28 DS-GVO auf die IT-Prüfung und -Wartung Ehmann/Selmayr/*Bertermann*, DS-GVO, 2. Aufl. 2018, Art. 28 Rn. 12.

[31] Differenzierend zu letzterem Simitis/*Petri*, BDSG, 8. Aufl. 2014, § 11 Rn. 36; zum Verfahren selbst Gola/Reif/Gola, Kundendatenschutz, 2011, Rn. 50.

32 Europäischer Datenschutzausschuss, Guideline 07/2020, Version 2.0, Rn. 40 Bsp. 4; Simitis/*Petri*, BDSG, 8. Aufl. 2014, § 11 Rn. 32; auch Kühling/Buchner/*Bergt*, DS-GVO, 3. Aufl. 2020, Art. 82 Rn. 40.

[33] Vgl. Kühling/Buchner/*Hartung*, DS-GVO, 3. Aufl. 2020, Art. 28 Rn. 44; Simitis/*Petri*, BDSG, 8. Aufl. 2014, § 11 Rn. 30; ausführlich Taeger/Gabel/*Gabel*, DS-GVO, 4. Aufl. 2022, Art. 28 Rn. 22, sowie Plath/*Plath*, BDSG/DSGVO, 3. Aufl. 2018, Art. 28 DSGVO, Rn. 48ff.

[34] Vgl. Ehmann/Selmayr/*Bertermann*, DS-GVO, 2. Aufl. 2018, Art. 28 Rn. 3; Kühling/Buchner/*Hartung*, DS-GVO, 3. Aufl. 2020, Art. 28 Rn. 30, 43 – beide unter Bezugnahme auf Artikel 29-

Beispiel für Auftragsverarbeitung ist das Betreiben eines **Callcenters,** zumal wenn es sich bei Kundenanrufen mit der Identität des Auftraggebers vorstellt.[35] Typisch für ein Zusammenwirken ist die konzernteilige Wahrnehmung festgelegter, spezieller Aufgaben durch *ein* Konzernunternehmen (als **Shared-Service**-Center), insoweit es dabei um Auswahl und Einsatz einheitlicher informationstechnischer Mittel/Systeme geht;[36] demgegenüber ginge die zentrale Steuerung in Bezug auf **Beschäftigtendaten** über den Rahmen gemeinsamen Einsatzes (nur) der Verarbeitungstechnik im Hinblick auf involvierte Personalentscheidungen hinaus.[37]

D. „Gemeinsam Verantwortliche" (Art. 26 DS-GVO)

I. Vorangegangene Regelungen gemeinsamer Verantwortlichkeit

11–13 Keinesfalls geht es bei den aufgezeigten Grenzen, die sich aus dem Charakter der Auftrags-/Weisungsverhältnisse ergeben, um den Ausschluss anderweit möglicher Zusammenarbeit bei der Verarbeitung personenbezogener Informationen. Auch sind die Beziehungen zwischen den Verantwortlichen im übrigen nicht etwa eingeschränkt auf förmliche Übermittlungen von einer informationsverarbeitenden Stelle zur anderen. Eine so starre Aufgliederung würde der Lebenswirklichkeit in Wirtschaft und Gesellschaft nicht gerecht. Das Datenschutzrecht sieht **flexiblere Formen des Zusammenwirkens** zwischen – gleichgestellten – Verantwortlichen vor. Art. 4 Nr. 7 DS-GVO greift diesbezüglich wiederum (→ Rn. 3) die Formulierung aus Art. 2 lit. d DSRL dahingehend auf, dass ein Verantwortlicher „allein oder gemeinsam mit anderen" über Zwecke und Mittel entscheidet. Mehr noch, Art. 26 DS-GVO regelt eigens die Position der „Gemeinsam für die Verarbeitung Verantwortliche[n]" – der *„Joint controllers"*.[38] Damit soll der Möglichkeit vielgestaltigen informationellen Zusammenwirkens Rechnung getragen werden, wie es sich insbesondere über das Internet anbietet. Die Artikel 29-Gruppe (→ § 22 Rn. 11) hatte bereits in ihrem Arbeitspapier „zu den Begriffen ‚für die Verarbeitung Verantwortlicher' und ‚Auftragsverarbeiter'" von 2010 – zu Art. 2 lit. d DSRL – gestützt auf zahlreiche Beispiele eine insgesamt sehr flexible Interpretation des Begriffs *„gemeinsam* mit anderen" vorgeschlagen.[39] Die Darlegungen sind richtungweisend für die gegenwärtige Kommentarliteratur zur Interpretation des Art. 26 DS-GVO geworden. Demgegenüber ist allerdings eine **differenzierende Betrachtung** am Platz.

II. Inhalt und Ausprägungen gemeinsamer Verantwortlichkeit

14 Art. 26 Abs. 1 S. 1 DS-GVO präzisiert: „Legen zwei oder mehr Verantwortliche gemeinsam die Zwecke der und die Mittel zur Verarbeitung fest, so sind sie gemeinsam Verantwortliche." Grundsätzlich entsprechen diese Voraussetzungen denjenigen für die Begründung einer Gesellschaft i.S.d. § 705 BGB, welche ihrerseits geeigneter Verantwortlicher nach Art. 4 Nr. 7 DS-GVO ist (→ Rn. 2). Sehr deutlich wird jeweils die gemeinsame Zielsetzung, das **gewollte Zusammenwirken,** als kennzeichnend zum Ausdruck gebracht. Wichtig soll weiterhin nach Art. 26 Abs. 1 S. 2,

---

Gruppe, WP 169, S. 17 (siehe auch Europäischer Datenschutzausschuss, Guideline 07/2020, Version 2.0, Rn. 37, 80).

[35] Dazu Europäischer Datenschutzausschuss, Guideline 07/2020, Version 2.0, Rn. 41.

[36] Vgl. dazu Kühling/Buchner/*Hartung,* DS-GVO, 3. Aufl. 2020, Art. 28 Rn. 44.

[37] Vgl. *Gola,* DS-GVO, 2. Aufl. 2018, Art. 6 Rn. 104.

[38] Vgl. *Dovas,* Joint Controllership, ZD 2016, 512.

[39] Stellungnahme 1/2010, WP 169 v. 16.2.2010, abgedr. bei *Simitis/Dammann/Mallmann/Reh,* BDSG-Dokumentation, Teil F-EU 40, hier: Abschn. III.1.d).

Abs. 2 DS-GVO das Gebot klarer Aufteilung/Zuordnung bestehender datenschutzrechtlicher Pflichten auf die beteiligten Verantwortlichen – respektive Gesellschafter – sein. Diese Pflichten werden allerdings nur sehr pauschal umrissen (wie ein Vergleich mit den sehr viel detaillierteren Angaben für den Auftragsverarbeiter in Art. 28 Abs. 3 DS-GVO verdeutlicht), und die Aufteilung selbst bleibt den Beteiligten zur freien Gestaltung überlassen.

15 Zunächst ist deshalb aus dem Text des Art. 26 DS-GVO nicht ohne weiteres deutlich, inwieweit dieser über den ansonsten bestehenden Rechtszustand wesentlich hinausführt. Eine Antwort auf diese Frage kann sich aus den schon erwähnten Ausführungen der Artikel 29-Gruppe ergeben, insoweit es dort u.a. heißt, es sei für die Interpretation von Verarbeitung „gemeinsam mit anderen“ nicht angängig,

> „den Schwerpunkt ausschließlich auf den Fall [zu] leg[en], in dem alle für die Verarbeitung Verantwortlichen in Bezug auf ein und dieselbe Verarbeitung gleichermaßen entscheiden und die gleiche Verantwortung tragen. Die tatsächlichen Gegebenheiten zeigen stattdessen, dass dies nur eine der verschiedenen möglichen Formen ‚pluralistischer Kontrolle‘ ist. Unter diesem Aspekt muss der Begriff ‚gemeinsam‘ im Sinne von **‚zusammen mit‘** oder **‚nicht alleine‘** in unterschiedlichen Spielarten und Konstellationen ausgelegt werden.“

16 Zur Orientierung bietet sich von daher mit Rücksicht auf den Text des Art. 26 Abs. 1 S. 1 DS-GVO eine Zweiteilung vorfindlicher Konstellationen an. Zu unterscheiden ist danach zwischen Fällen geplanten/gezielten Zusammenwirkens, von denen der Wortlaut ausgeht, und sonstigem – zumal technisch bedingtem – Zusammentreffen/Ineinandergreifen der informationellen Aktivitäten.

17 (1) Zur ersten Kategorie gehört fraglos das „Beispiel 8: Reisebüro (2)“ aus dem Papier der Artikel 29-Gruppe, ein Modell, nach dem ein Reisebüro, eine Hotelkette und eine Fluggesellschaft „beschließen, eine gemeinsame internetgestützte Plattform einzurichten, um ihre Zusammenarbeit bei der Verwaltung von Reisereservierungen zu verbessern“. In diesem Fall hat man es insbesondere (auch) mit gemeinsamer Zielsetzung, nämlich der Realisierung von Serviceleistungen für die betroffenen Reisenden, zu tun.[40] – Entsprechendes gilt für die Informationsverarbeitung im Rahmen **gezielter, arbeitsteilig organisierter Zusammenarbeit** zwischen mehreren Unternehmen innerhalb eines Konzerns.[41]

18 (2) Das Verhältnis zwischen Handeln eines Host-Providers und eines Content-Providers ist demgegenüber ein anderes (→ Rn. 9, ferner → Rn. 23ff.). Es fehlt zumeist an gemeinsamer informationeller Zielsetzung. Der **Host-Provider** hat regelmäßig an dem Hauptziel des Betreibers der Website, dem Nutzer bestimmte Inhalte mitzuteilen, keinen Anteil. Er ist i.d.R. nicht legitimiert, über den Inhalt der Website mitzubestimmen. Dessen ungeachtet hat man es mit einer unverzichtbaren technischen Verkoppelung beider Tätigkeiten zu tun.

19 Zur Beurteilung einer so gearteten Sachlage findet sich erstmals ein interessanter Hinweis in der ***Google Spain*-Entscheidung des EuGH.** Der Suchmaschinenbetreiber wird vom Gerichtshof als „für die Verarbeitung Verantwortlicher“ gemäß Art. 2 lit. d i.V.m. lit. b DSRL angesehen, insoweit er Informationen aus dem Internet „erhebt, speichert und organisiert“.[42] An dieser Verantwortlichkeit ändert sich nach Auffassung des Gerichts nichts, wenn der Betreiber einer Website von einer für ihn bestehenden Möglichkeit keinen Gebrauch gemacht hat, durch Anwendung eines entsprechenden Ausschlussprotokolls die Nichterfassung durch Suchmaschinen zu

[40] Weitere Beispiele aus der Stellungnahme der Artikel 29-Gruppe, welche dieser Kategorie zugeordnet werden können, sind etwa die Nr. 6 (Personalvermittler) und Nr. 10 (Finanztransaktionen).

[41] Vgl. Paal/Pauly/*Martini*, DS-GVO, 3. Aufl. 2021, Art. 26 Rn. 2 m. w. Nachw.

[42] EuGH (Große Kammer), Urt. v. 13.5.2014 – C-131/12, ZD 2014, 350 (Rn. 28ff.).

veranlassen. Vielmehr könne diese Möglichkeit bedeuten, dass *beide* Betreiber – in einer Verarbeitungskette bzw. Vorgangsreihe[43] – nach Art. 2 lit. d DSRL *gemeinsam* über die Mittel der Verarbeitung durch die Suchmaschine entscheiden.[44] Anderenfalls, also ohne eine Ausschlussmöglichkeit für den Website-Betreiber, wäre dementsprechend davon auszugehen, dass der Suchmaschinenbetreiber für das, was er macht, allein verantwortlich ist. – Folgt man dieser Argumentation, ergibt sich für die „Gemeinsamkeit" der Verarbeitung hier nicht die gesellschaftsrechtlich vorgeprägte Voraussetzung (→ Rn. 14) gemeinsam erfolgter Zwecksetzung, wohl aber der gezielten, im wesentlichen gleichgerichteten Entscheidung jedes Beteiligten, wenn auch zeitlich abgestuft.

19a Gemeinsame Verantwortlichkeit meint nach neuerer Rechtsprechung des EuGH **nicht zwangsläufig gleichwertige Verantwortlichkeit** aller Verarbeiter.[45] Auch ist keine Voraussetzung, dass jeder Verantwortliche Zugang zu den betreffenden personenbezogenen Daten hat.[46] Allerdings geht die Verantwortlichkeit nur so weit wie ein Verarbeiter tatsächlich über Zwecke und Mittel einer Verarbeitung entscheiden kann.[47]

III. Besondere Verarbeitungskonstellationen im Internet

20 Eine Abgrenzung von Verantwortungsbereichen kann dann schwierig sein, wenn Datenverarbeitung technisch verkoppelt stattfindet. Ein Beispiel, wie es heute vielfach vorzufinden ist, ist der in eine Website eingebundene **Facebook-Like-Button.** Die Verknüpfung erfolgt dabei mit Zustimmung des Website-Betreibers, also aufgrund einer Entscheidung auch durch diesen. Der Button ermöglicht durch bloßes Aufrufen der Website (unabhängig davon, ob der Besucher ein Facebook-Konto unterhält, den Gefällt-mir-Button betätigt oder Kenntnis von den Verarbeitungsvorgängen hat) die Übertragung der IP-Adresse sowie weiterer technischer Informationen über den Benutzer an Facebook und vermittelt damit die Basis für die Identifizierbarkeit natürlicher Personen. Zwar hat der Website-Betreiber keine Kontrolle über die somit ausgelöste Datenverarbeitung durch Facebook. Gleichwohl entscheidet der Betreiber über die Einbindung des Buttons in seine Website, was die Verarbeitung durch Facebook überhaupt erst ermöglicht. In einem solchen Fall ist gemeinsam mit Facebook auch der Websitebetreiber als Verantwortlicher einzuordnen.[48] Seine Verantwortlichkeit ist indes insoweit beschränkt, als dem Betreiber Entscheidungsmacht über die Zwecke und Mittel einer Datenverarbeitung zukommt, hier also auf Erhebung und Übermittlung.[49]

21 Ähnlich entschied der EuGH auch schon in Bezug auf sog. **Facebook-Fanpages,** dass der Betreiber einer solchen Seite

> „durch die von ihm vorgenommene Parametrierung […] an der Entscheidung über die Zwecke und Mittel der Verarbeitung der personenbezogenen Daten der Besucher seiner Fanpage beteiligt ist. Daher ist er […] mit Facebook Ireland für diese Verarbeitung Verantwortlicher".[50]

---

[43] Vgl. Europäischer Datenschutzausschuss, Guideline 07/2020, Version 2.0, Rn. 51 ff.; Ehmann/Selmayr/*Bertermann*, DS-GVO, 2. Aufl. 2018, Art. 26 Rn. 7.

[44] EuGH (Große Kammer), Urt. v. 13.5.2014 – C-131/12, ZD 2014, 350 (Rn. 39 f.).

[45] EuGH (Große Kammer), Urt. v. 5.6.2018 – C-210/16, EuZW 2018, 534 (Rn. 43) – WAK Schleswig-Holstein; EuGH, Urt. v. 10.7.2018 – C-25/17, ZD 2018, 469 (Rn. 66) – Zeugen Jehovas; EuGH, Urt. v. 29.7.2019 – C-40/17, MMR 2019, 579 (Rn. 70) – Fashion ID.

[46] EuGH (Große Kammer), Urt. v. 5.6.2018 – C-210/16, EuZW 2018, 534 (Rn. 38) – WAK Schleswig-Holstein; EuGH, Urt. v. 10.7.2018 – C-25/17, ZD 2018, 469 (Rn. 69) – Zeugen Jehovas; EuGH, Urt. v. 29.7.2019 – C-40/17, MMR 2019, 579 (Rn. 82) – Fashion ID.

[47] EuGH, Urt. v. 29.7.2019 – C-40/17, MMR 2019, 579 (Rn. 85) – Fashion ID.

[48] EuGH, Urt. v. 29.7.2019 – C-40/17, MMR 2019, 579 (Rn. 84) – Fashion ID.

[49] EuGH, Urt. v. 29.7.2019 – C-40/17, MMR 2019, 579 (Rn. 85) – Fashion ID.

[50] EuGH, Urt. v. 5.6.2018 (Große Kammer) – C-210/16, EuZW 2018, 534 (Rn. 39).

Dies gelte umso mehr, sofern die Fanpage von Personen ohne eigenes Facebook-Konto besucht wird.[51]

22 Die Inanspruchnahme der Plattform von Facebook (als Infrastrukturanbieter) für die Eröffnung einer Fanpage erfolgt auf der Grundlage einer **unabdingbaren Vertragsregelung,** die Facebook das Recht gibt, bei Aufruf der Fanpage Daten über den jeweiligen Nutzungsvorgang zu erheben, auch um die Nutzer nach Möglichkeit zu identifizieren. Der Betreiber der Fanpage hat keinerlei Einfluss auf diesen Vorgang. Ihm werden von Facebook lediglich anonymisierte, statistische Informationen über die stattgefundenen Nutzungen übermittelt.[52] Er ist bar jeder Entscheidungsmöglichkeit über den zu Grunde liegenden Umgang mit personenbezogenen Informationen durch Facebook. Zur Vermeidung eines solchen verfügt er lediglich über die Alternative, auf eine Zusammenarbeit mit diesem Hostprovider überhaupt zu verzichten. Tut er dies nicht, setzt er immerhin wissentlich eine notwendige Ursache für die in Rede stehende (unzulässige[53]) Datenverarbeitung.

IV. Telemediendienste (Hostprovider/Portale), Nutzer und Betroffene

23 In einer Reihe von Entscheidungen hat sich der 6. Senat des BGH – umgekehrt – mit Inhalt und Grenzen einer (gemeinsamen) Verantwortlichkeit des Hostproviders auseinandergesetzt. Teilweise geschah das – ausgelöst durch gegen diesen gerichtete Unterlassungsklagen – ganz ohne Bezugnahme auf das Datenschutzrecht. [54]

24 Infrastrukturanbieter sind, davon nimmt die gerichtliche Argumentation ihren Ausgang, **Diensteanbieter** im Sinne des § 2 S. 1 Nr. 1 i.V.m. § 1 Abs. 1 S. 1 TMG. Nach § 10 TMG ist ein Diensteanbieter für fremde Informationen[55], die er für einen Benutzer speichert (Hosting), in der Regel „nicht verantwortlich", sofern er keine Kenntnis von etwaig rechtswidrigen, bei ihm gespeicherten Inhalten hat. Nach Kenntniserlangung obliegt es ihm, unter Einschaltung des verantwortlichen Nutzers und des Betroffenen ein vom BGH näher beschriebenes Abklärungsverfahren durchzuführen.[56] Ergibt sich die Unzulässigkeit der Speicherung, besteht die Pflicht des Providers zur Beseitigung der Beeinträchtigung aus allgemeinen Vorschriften, vgl. § 7 Abs. 1 TMG – regelmäßig analog § 1004 i.V.m. § 823 Abs. 1, Abs. 2 BGB **(„Störerhaftung"),** zumeist durch Löschung.[57]

25 Diese Privilegierung von Diensteanbietern betrifft die straf- und zivilrechtliche Haftung für fremde Informationen. Unabhängig davon kann ein Hostprovider Verantwortlicher i.S.v. Art. 4 Nr. 7 DS-GVO sein. Eine Pflicht zur Berichtigung oder zur Löschung ergibt sich mithin ggf. auch aus einem Anspruch aus **Art. 16f. DS-GVO.**[58]

---

[51] EuGH, Urt. v. 5.6.2018 (Große Kammer) – C-210/16, EuZW 2018, 534 (Rn. 41).

[52] Als Reichweitenanalyse „Facebook-Insights".

[53] Wegen Verletzung der nach § 25 TTDSG zu beachtenden rechtlichen Voraussetzungen durch Facebook; vgl. dazu Art. 6 Abs. 1 lit. f DS-GVO und insbes. Art. 13 Abs. 1 lit. c DS-GVO.

[54] So etwa BGH, Urt. v. 25.10.2011 – VI ZR 93/10, MMR 2012, 124; BGH, Urt. v. 1.3.2016 – VI ZR 34/15, ZD 2016, 281 – Ärztebewertung III; BGH Urt. v. 4.4.2017 – VI ZR 123/16, NJW 2017, 2029.

[55] Bei eigenen Informationen greift die Haftungsprivilegierung dagegen nicht (ausführlich dazu *v. Lewinski,* Medienrecht, 2020, § 26 Rn. 57f.).

[56] Zum *Notice and take down*-Verfahren *Hoeren,* MMR 2012, 127.

[57] S. auch *v. Lewinski,* Medienrecht, 2020, § 26 Rn. 55ff.

[58] Datenschutzrecht nach dem BDSG-alt wurde vom BGH nur uneinheitlich in seine Entscheidungen zur Verantwortlichkeit eines Hostproviders miteinbezogen, vgl. nur die Rechtsprechung zu den Bewertungsportalen BGH, Urt. v. 23.6.2009 – VI ZR 196/08, BGHZ 181, 328; BGH, Urt. v. 23.9.2014 – VI ZR 358/13, ZD 2015, 85 – Ärztebewertung II; BGH, Urt. v. 1.3.2016 – VI ZR 34/15, ZD 2016, 281 – Ärztebewertung III; BGH, Urt. v. 20.2.2018 – VI ZR 30/17, NJW 2018, 1884 – Ärztebewertungsportal III.

26–27 Ein differenzierter Blick hinsichtlich der Heranziehung des Datenschutzrechts in solchen Fällen lässt sich in den Entscheidungen des BGH zu den **Bewertungsportalen** erkennen. Sowohl in seiner Entscheidung vom 23.6.2009 zur Lehrerbewertung[59] als auch in derjenigen vom 23.9.2014 zur Ärztebewertung[60] behandelt er diese Hostprovider (auch) als datenschutzrechtlich verantwortliche Stellen. Gegenstand der Entscheidungen war dabei nicht die Unrichtigkeit oder besondere Verletzlichkeit jeweiliger Einzelbewertungen, sondern vielmehr die Zulässigkeit der Erstellung von Bewertungsprofilen sowie des Bewertens an sich. In der nachfolgenden Entscheidung vom 1.3.2016[61] zu eben demselben Ärztebewertungsportal bleibt das Datenschutzrecht umgekehrt unerwähnt.[62] Allerdings steht nunmehr im Mittelpunkt der gerichtlichen Auseinandersetzung die Beanstandung eines Zahnarztes, der für die wichtigsten Funktionen seiner beruflichen Tätigkeit von einem anonymen „Patienten" jeweils mit der Schlechtestnote 6 versehen worden ist. Rechtsgrundlage ist die (mittelbare) **Störerhaftung,** wie oben dargelegt (→ Rn. 24). Zuletzt hatte sich der BGH ein drittes Mal mit der genannten Ärztebewertungsplattform auseinanderzusetzen. Die Entscheidung des 6. Senats vom 20.2.2018[63] betraf wieder das Konzept des Bewertungsportals per se, nun unter dem Gesichtspunkt, dass generierte Profile eingesetzt werden, um darauf entgeltlich Werbung für andere (zahlende) Ärzte anzuzeigen; dabei wurde erstmals im Kontext solcher Bewertungsportale ein datenschutzrechtlicher Löschungsanspruch bzgl. eines Profils festgestellt.

V. Résumé

1. Öffnung zu neuem Lösungsweg

28 Im Ergebnis fußt die Rechtsprechung des 6. Senats zu den Bewertungsforen[64] datenschutzrechtlich auf ***getrennten* Verantwortlichkeiten,** nämlich einerseits für die Vorgaben des Betreibers und andererseits für die Eingaben/Bewertungen seitens der Benutzer,[65] wobei deren Verantwortlichkeit freilich für die unmittelbare Rechtsverfolgung gewissermaßen im Windschatten liegen bleibt. Die Entscheidungen vom 23.6.2009, vom 23.9.2014 und vom 20.2.2018 sind primär auf den jeweils ausgelegten Rahmen gerichtet, durch den der Ablauf der Informationsverarbeitungen festgelegt wird, inklusive die Registrierung oder sonstige Erfassung der Nutzer, wobei die Rolle des Betreibers bei der Lehrerbewertung im Hinblick auf das Lebensalter der Bewerter umso schwerer wiegt. In der Entscheidung vom 1.3.2016 geht es hingegen ausschließlich um die inhaltlichen Aussagen der Benutzer selbst. Obwohl es dabei um handfeste Verarbeitung personenbezogener Informationen geht, scheint das Datenschutzrecht zur Lösung des Konflikts weniger passend; eine allgemeine zivilrechtliche Rechtsgrundlage springt in die Lücke.

29 Wie die erwähnten Entscheidungen des EuGH zu Like-Buttons und Fanpages zeigen, führt die Verantwortlichkeit des einen Akteurs nicht notwendigerweise dazu, dass ein anderer Beteiligter – selbst der Nutzer einer Plattform – nicht auch

[59] BGH, Urt. v. 23.6.2009 – VI ZR 196/08, BGHZ 181, 328.
[60] BGH, Urt. v. 23.9.2014 – VI ZR 358/13, ZD 2015, 85 – Ärztebewertung II
[61] BGH, Urt. v. 1.3.2016 – VI ZR 34/15, ZD 2016, 281 – Ärztebewertung III.
[62] Dazu *Kriegesmann,* CR 2016, 394; *Paal,* MMR 2016, 422.
[63] BGH, Urt. v. 20.2.2018 – VI ZR 30/17, NJW 2018, 1884 – Ärztebewertungsportal III.
[64] BGH, Urt. v. 23.6.2009 – VI ZR 196/08, BGHZ 181, 328; BGH, Urt. v. 23.9.2014 – VI ZR 358/13, ZD 2015, 85 – Ärztebewertung II; BGH, Urt. v. 1.3.2016 – VI ZR 34/15, ZD 2016, 281 – Ärztebewertung III.
[65] Vgl. dazu *Jandt/Roßnagel,* ZD 2011, 160 (160f.); beachte dazu nunmehr auch die Regelungen des NetzDG v. 1.9.2017 (BGBl. I S. 3352).

datenschutzrechtlich verantwortlich sein kann. Insgesamt hat die Entwicklung das Erfordernis eines ausgeweiteten, **elastischeren Verständnisses von beieinanderliegenden Verantwortlichkeiten** gezeigt. Eben dieses Bedürfnis wird von Art. 26 DS-GVO aufgefangen. Die Rechtsprechung des BGH ist durchaus ein guter Anknüpfungspunkt, soweit an die Stelle der *getrennten* Verantwortlichkeiten die *gemeinsame* Verantwortung tritt.

30 Es entspricht zumindest verbreiteter Auffassung, dass die Vorschrift geeignet ist, mehr **Klarheit und Sicherheit für die Rechtsbeziehungen im Internet** herbeizuführen.[66] Voraussetzung dafür ist die von Art. 26 DS-GVO vorgeschriebene Vereinbarung zwischen den Verantwortlichen, die im wesentlichen auf eigener Gestaltung der Beteiligten beruhen soll, die – anders als bei einer Regelung von hoher Hand – in genauer Kenntnis der vorgesehenen Verarbeitungskonstellationen das Konfliktpotenzial weitgehend auszuschöpfen in der Lage sind. Das betrifft zugleich die eventuelle Übernahme wie Eingrenzung von Verantwortlichkeit für Aktivitäten eines je anderen Verantwortlichen. Auch sollte eine klare Einbindung der Nutzer von Portalen durchaus möglich sein, womit bei entsprechender Ausgestaltung Hilfskonstruktionen wie die der Störerhaftung überflüssig werden können.[67]

2. Hemmnisse?

31 Insgesamt bietet Art. 26 DS-GVO eine „pluralistische" Grundlage für die informationelle Zusammenarbeit in sehr unterschiedlichen Konstellationen,[68] auch mit sehr unterschiedlichem Gewicht und Engagement der daran beteiligten Partner. Zu diesem Konzept passt allerdings sehr wenig die Annahme, aus Art. 26 Abs. 3 DS-GVO sei herzuleiten, der Betroffene könne seine Rechte aus der Verordnung gegenüber jedem der beteiligten Verantwortlichen – einer **Gesamtschuldnerschaft entsprechend** – uneingeschränkt geltend machen.[69] Das würde z. B. bedeuten, dass sich die Nutzer einer Plattform identischen Forderungen auf Auskunft, Löschung, Einschränkung (Sperrung) und Berichtigung gegenüber sehen würden, wie der Betreiber des Telemediendienstes selbst. Art. 26 Abs. 3 DS-GVO, so will es scheinen, unterläuft deshalb die differenzierten Vorgaben der beiden vorangegangenen Absätze.[70]

32 Diesem scheinbaren Dilemma liegt freilich ein sprachliches Missverständnis zugrunde. Der Fassung des deutschen Textes mit der linkischen Formulierung *„bei und gegenüber* jedem einzelnen der Verantwortlichen" entspricht folgende englischsprachige Fassung des Abs. 3:

> „Irrespective of the terms of the arrangement referred to in paragraph 1, the data subject may exercise his or her rights under this Regulation *in respect of and against* each of the controllers."

Das Wort „bei" im deutschen Text gibt das Gemeinte sehr ungenau wieder.[71] „In respect of" bedeutet hinsichtlich/in Bezug auf/in Ansehung/betreffend. Eben dar-

---

[66] Paal/Pauly/*Martini*, DS-GVO, 3. Aufl. 2021, Art. 26 Rn. 8.

[67] Letztere kann allerdings unter Geltung der DS-GVO eine Stütze finden in ErwGr 21 mit dessen Rückverweis auf Art. 12–15 der Richtlinie über den elektronischen Geschäftsverkehr, damit auch auf Art. 14 Abs. 3 derselben (→ Rn. 27).

[68] Nach BeckOK DatenSR/*Spoerr*, 38. Ed. 1.11.2021, DS-GVO Art. 26 Rn. 37, „besteht ein sehr hohes Ausmaß an Flexibilität bei der Ausgestaltung der Governance einer gemeinsamen Verantwortung."

[69] Ehmann/Selmayr/*Bertermann*, DS-GVO, 2. Aufl. 2018, Art. 26 Rn. 16; unklar Kühling/Buchner/*Hartung*, DS-GVO, 3. Aufl. 2020, Art. 26 Rn. 64.

[70] So Gola/*Piltz*, DS-GVO, 2. Aufl. 2018, Art. 26 Rn. 23, der dem mit einer anderen, wenngleich unbefriedigenden Interpretation entgegentritt.

[71] Ein Abgleich mit der französischen Fassung führt zu demselben Ergebnis.

aus ergibt sich eine Einschränkung der Rechte des Betroffenen aus Art. 26 Abs. 3 DS-GVO. Letzterer kann „ungeachtet der Einzelheiten der Vereinbarung gemäß Abs. 1" gegenüber jedem einzelnen der gemeinsam Verantwortlichen (nur) solche Rechte geltend machen, die gerade gegenüber diesem – „in respect of him" – vom Sachverhalt her begründet sind. Nur dieses Ergebnis entspricht dem mit Art. 26 DS-GVO neu ausgeformten Rechtsinstitut. Die mit diesem erfassten Konstellationen sind so vielfältig, dass man ihnen mit **durchweg stringenter, kumulativer Einstandspflicht** der Beteiligten **nicht gerecht** werden könnte. Diese Einschätzung deckt sich auch mit der Rechtsprechung des EuGH, der klarstellt, dass gemeinsame Verantwortlichkeit mehrerer Beteiligter nicht gleichbedeutend ist mit deren gleichwertiger Verantwortlichkeit.[72]

33 Skepsis gegenüber dem Modell des Art. 26 DS-GVO wird durch den nicht selten vertretenen Standpunkt signalisiert, die Vorschrift beinhalte, was die Übermittlung von Informationen zwischen den gemeinsam Verantwortlichen anbelangt, keine **„Privilegierung"**; vielmehr sei Art. 6 DS-GVO auf diesen Vorgang anzuwenden.[73] Eine solche Betrachtung vernachlässigt den sachbezogenen Regelungsgehalt des Art. 26 DS-GVO. Es versteht sich, dass alle Verantwortlichen sich im Rahmen bestehenden Datenschutzrechts zu bewegen haben, auch im Hinblick auf die Zwecke, die sie verfolgen. Art. 26 DS-GVO bietet ihnen davon ausgehend die Grundlage für die Realisierung miteinander verbundener Zweckverfolgung ohne weitergehende Einschränkungen, soweit sie sich nicht aus Art. 26 Abs. 1 S. 2, Abs. 2 DS-GVO herleiten.[74] Ein restriktiveres Verständnis kann sich allerdings für die Verarbeitung sensitiver Daten i.S.d. Art. 9 DS-GVO ergeben (→ § 14 Rn. 8).

E. Unterstellte Person

33a Das Verhältnis des Verantwortlichen nicht nur zu einem Auftragsverarbeiter, sondern auch zu einer diesen jeweils **unterstellten Person mit Zugang zu personenbezogenen Daten** regelt Art. 29 DS-GVO. Das Gesetz stellt hier die Weisungsgebundenheit und darüber hinaus auch das Weisungserfordernis mit Nachdruck fest (zum Verhältnis zwischen Verantwortlichem und Auftragsverarbeiter → Rn. 5ff.). Unterstellte Personen sind dabei solche, gegenüber denen dem Verantwortlichen bzw. dem Auftragsverarbeiter – in Abgrenzung zum Dritten i.S.d. Art. 4 Nr. 10 DS-GVO – ein Direktionsrecht zukommt, typischerweise also Arbeitnehmer (→ Rn. 4).[75]

F. Dritte und Empfänger

34 Im **Definitionskatalog** der DS-GVO wird niemand vergessen. So ist gemäß Art. 4 Nr. 10 *Dritter* jede Person, Behörde, Stelle, welche nicht Betroffener (→ § 10), Verantwortlicher (→ Rn. 1ff.), Auftragsverarbeiter (→ Rn. 5ff.) oder Beschäftigter

[72] EuGH (Große Kammer), Urt. v. 5.6.2018 – C-210/16, EuZW 2018, 534 (Rn. 43) – WAK Schleswig-Holstein; EuGH, Urt. v. 10.7.2018 – C-25/17, ZD 2018, 469 (Rn. 66) – Zeugen Jehovas; EuGH, Urt. v. 29.7.2019 – C-40/17, MMR 2019, 579 (Rn. 70) – Fashion ID; EuGH, Urt. v. 5.6.2018 – C-210/16, EuZW 2018, 534 (Rn. 43).

[73] Vgl. Laue/Kremer/*Laue,* Das neue Datenschutzrecht in der betrieblichen Praxis, 2. Aufl. 2019, § 1 Rn. 57; *Radtke,* Gemeinsame Verantwortlichkeit, 2021, S. 404ff.; BeckOK DatenSR/*Spoerr,* 38. Ed. 2021, Art. 26 DS-GVO, Rn. 23f.; a.A. Wybitul/*Tinnefeld/Hanßen,* DS-GVO HdB, 2017, Art. 26 DS-GVO, Rn. 3; *Monreal,* „Der für die Verarbeitung Verantwortliche" – das unbekannte Wesen des deutschen Datenschutzrechts, ZD 2014, 611 (616).

[74] Das beinhaltet als solches kein Konzernprivileg, → § 12 Rn. 35; vgl. auch → Rn. 10.

[75] Paal/Pauly/*Martini,* 3. Aufl. 2021, DS-GVO Art. 29 Rn. 14ff.

(→ Rn. 4) ist. Ausdrücklich werden die berechtigten Interessen eines Dritten gemäß Art. 6 Abs. 1 lit. f DS-GVO zum Gegenstand der Abwägung für die Bestimmung der Rechtmäßigkeit einer Verarbeitung. Dementsprechend erstreckt sich die Informationspflicht des Verantwortlichen gegenüber dem Betroffenen gemäß Art. 13 Abs. 1 lit. d bzw. Art. 14 Abs. 2 lit. b DS-GVO auch auf die mit einer Verarbeitung verfolgten Interessen Dritter. – Jeder Dritte ist, wie sich versteht, im Hinblick auf durch ihn selbst erfolgende Datenverarbeitung potentieller Verantwortlicher.

35 Der Begriff des **Empfängers** im Sinne des Art. 4 Nr. 9 DS-GVO umfasst alle Personen, Behörden, Stellen, denen „personenbezogene Daten offengelegt [insbesondere übermittelt] werden“. Er ist weiter als der Begriff des Dritten, betrifft insbesondere auch die Bekanntgabe an Auftragsverarbeiter, nicht aber an Beschäftigte oder unselbständige Organisationseinheiten des Verantwortlichen selbst.[76] Von Bedeutung ist er für die Transparenzpflichten (Art. 13 Abs. 1 lit. e, Art. 14 Abs. 1 lit. e, Art. 15 Abs. 1 lit. c DS-GVO), für die Mitteilungspflicht nach Art. 19 DS-GVO und das Verfahrensverzeichnis (Art. 30 lit. d DS-GVO).

---

[76] Vgl. Kühling/Buchner/*Hartung*, 3. Aufl. 2020, DS-GVO Art. 4 Nr. 9 DS-GVO, Rn. 6; Auernhammer/*Eßer*, DSGVO/BSDG, 7. Aufl. 2020, Art. 4 DS-GVO, Rn. 90ff.; demgegenüber schwankend Paal/Pauly/*Ernst*, DS-GVO, 3. Aufl. 2021, Art. 4 Rn. 57.

§ 12. Rechtsgrundlagen der Verarbeitung

Literatur: *Buchner,* Grundsätze und Rechtmäßigkeit der Datenverarbeitung unter der DS-GVO, DuD 2016, 155; *Conrad,* Transfer von Mitarbeiterdaten zwischen verbundenen Unternehmen, ITRB 2005, 164; *Engeler,* Das überschätzte Kopplungsverbot, ZD 2018, 55; *Garstka,* Empfiehlt es sich, Notwendigkeit und Grenzen des Schutzes personenbezogener – auch grenzüberschreitender – Informationen neu zu bestimmen?, DVBl 1998, 981; *Gola/Wronka,* Handbuch Arbeitnehmerdatenschutz, 7. Aufl. 2016; *Marsch/Rademacher,* Generalklauseln im Datenschutzrecht, Die Verwaltung 54 (2021), 1; *Roßnagel,* Modernisierung des Datenschutzrechts für eine Welt allgegenwärtiger Datenverarbeitung, MMR 2005, 71; *Stern,* Zur Entstehung und Ableitung des Übermaßverbots, in: FS Lerche zum 65. Geburtstag 1993, S. 165.

A. Datenschutzrechtlicher Regelungsansatz in der DS-GVO

1 Art. 6 DS-GVO regelt die „Rechtmäßigkeit der Verarbeitung". In Absatz 1 lit. a–f werden die „Bedingungen" aufgelistet, unter denen allein die automatisierte bzw. dateibasierte Verarbeitung (→ § 8 Rn. 22ff.) personenbezogener Daten rechtmäßig ist. Rechtstechnisch handelt es sich dabei um ein allgemeines **Verbot der Datenverarbeitung unter Vorbehalt** des Eingreifens gesetzlich vorgesehener Erlaubnistatbestände. Die Gestaltung ist, wie gezeigt wurde, insbesondere für den nichtöffentlichen Bereich verfassungs- bzw. primärrechtlich nicht zwingend gefordert (→ § 4 Rn. 38f., 22f.; → § 7 Rn. 41). Im Ergebnis führt der systematisch weit ausgreifende Ansatz[1] allerdings nicht zu einer massiven Einschränkung zulässiger Datenverarbeitung. Das erklärt sich einerseits aus dem oben dargelegten, eingegrenzten Verständnis von Personenbezug und dessen abgestuftem Charakter zwischen identifizierten und identifizierbaren Personen (Art. 4 Nr. 1 DS-GVO; → § 10 Rn. 35ff.) sowie andererseits aus generalklauselartigen gesetzlichen Erlaubnistatbeständen, die ihrerseits allerdings durch die Leitprinzipien der Erforderlichkeit und der Zweckbindung maßvoll eingegrenzt werden.[2]

2–3 Mit der systematischen Gestaltung korreliert[3] die mehrfach festgelegte „Rechenschaftspflichtigkeit" des Verantwortlichen für das *Erlaubt-Sein* – die Zulässigkeit – der von ihm vorgenommenen Verarbeitung (z.B. Art. 5 Abs. 2, Art. 24 Abs. 1 DS-GVO, auch Art. 28 Abs. 3 lit. h DS-GVO), mitsamt der daraus folgenden **Darlegungs- und ggfs. Beweislast.**

4 Anders als die frühere DSRL ist die Verordnung unmittelbar geltendes Recht, grundsätzlich mit Anwendungsvorrang auch gegenüber **mitgliedstaatlichen Spezialregelungen.** Dies wiederum hat den Verordnungsgeber veranlasst, den Mitgliedstaaten für solche Regelungen ausdrücklich gesonderte europarechtliche Grundlagen einzuräumen (vgl. dazu insbes. für den öffentlichen Bereich Art. 6 Abs. 2 DS-GVO).[4]

---

[1] Vorschläge der Eingrenzung des Anwendungsbereichs, insbesondere in Bezug auf kleine [und mittlere] Unternehmen (z.B. Bäcker und Schuster vor Ort), die in der Entwurfsphase der DS-GVO unterbreitet wurden (z.B. von *Masing,* Sonderveröffentlichung zu RDV 2/14, S. 3ff.), konnten sich nicht durchsetzen.

[2] Konzeptionell *Marsch/Rademacher,* Die Verwaltung 54 (2021), 1 (14ff.).

[3] Vgl. *Eckhardt/Kramer,* DuD 2013, 285 (289).

[4] Vgl. insgesamt zusammenfassend Roßnagel/*Roßnagel,* DS-GVO, 2017, § 5 Rn. 10.

B. Informationsverarbeitung auf gesetzlicher Grundlage (Art. 6 Abs. 1 lit. b–f DS-GVO)

5 Die **Erlaubnistatbestände des Art. 6 Abs. 1** DS-GVO sind nicht nach dem im deutschen Recht geläufigen Schema der Aufgliederung zwischen öffentlichem und nichtöffentlichem Bereich (→ § 8 Rn. 9 ff.) gegliedert: Auf die Einwilligung durch den Betroffenen (lit. a; nachfolgend nicht behandelt, sondern ausführlich → § 13) folgt die Anknüpfung der Informationsverarbeitung an die Erfüllung (auch öffentlich-rechtlicher)[5] Verträge (lit. b) und die Verarbeitung im Rahmen der Erfüllung rechtlicher Verpflichtungen (lit. c). Daran schließt die Verarbeitung zum Schutz lebenswichtiger Interessen einer Person an (lit. d). Besondere Komplexität weist sodann die – zweigliedrige – Position der Verarbeitung zur Wahrnehmung einer Aufgabe „im öffentlichen Interesse" respektive im Rahmen hoheitlicher Verwaltung auf (lit. e). Die letzte Position ist der Interessenabwägung unter Privaten gewidmet (lit. f mit UAbs. 2).

5a Einen besonderen Katalog an Erlaubnistatbeständen für die **Verarbeitung besonderer Kategorien personenbezogener Daten** enthält Art. 9 DS-GVO (→ § 14 Rn. 8 ff.).

I. Vertragsrechtliche Beziehungen

6 Der Einwilligung nach Art. 6 Abs. 1 lit. a DS-GVO am nächsten steht der weitere Erlaubnistatbestand gemäß lit. b, nämlich die Zulässigkeit der Informationsverarbeitung „für die **Erfüllung eines Vertrags,** dessen Vertragspartei die betroffene Person ist, oder zur Durchführung vorvertraglicher Maßnahmen". Leitprinzip hierfür ist die einem Vertragsschluss zugrunde liegende Einigkeit der Parteien über die Realisierung eines angestrebten Ergebnisses, wobei allerdings streitig ist, ob für die Frage, welche Datenverarbeitung in Abgrenzung zur Einwilligung hierher gehört, auf den konkreten, möglicherweise (bewusst) weit gestalteten Vertrag abzustellen oder ob ähnlich der Vertragstypologie des BGB vom einzelnen Vertrag zu abstrahieren ist.[6] Jedenfalls sind regelmäßig diverse personenbezogene Informationen über die Gegenseite – auch vorab – erforderlich, z. B. zur Abwicklung einer Lieferung, zur individuellen/maßgerechten Produktherstellung oder zur Bestimmung des Risikos bei einem Kredit- oder Versicherungsvertrag. Zum Schutz des Betroffenen hält die Regelung ausdrücklich fest, dass vorvertragliche Maßnahmen die Verarbeitung nur rechtfertigen, wenn diese auf dessen Initiative hin durchgeführt werden.[7]

II. Erfüllung von Rechtspflichten

7 Art. 6 Abs. 1 lit. c DS-GVO geht von einer durch materielles Recht begründeten, **verpflichtenden Aufgabe** des Verantwortlichen aus, deren Erfüllung die personenbezogene Datenverarbeitung über jeweils Betroffene[8] erforderlich macht. Verant-

[5] Übereinstimmend *Albrecht/Jotzo,* 2017, Teil 3 Rn. 51 a. E.

[6] Dazu *Engeler,* ZD 2018, 55 (57), der ersteren Ansatz als „konkret-objektiv" und letzteren als „abstrakt-wertend" bezeichnet. Er tritt dabei für ersteres ein und will dabei entstehende Benachteiligungen der betroffenen Person auf der Ebene der Erforderlichkeit (→ Rn. 17 ff.) durch die AGB-Kontrolle und § 242 BGB korrigieren. Problematisch an seinem Ansatz ist, dass die Einwilligung als zentrales Institut des Datenschutzrechts (vgl. nur die hervorgehobene Position in Art. 6 Abs. 1 UAbs. 1 lit. a DS-GVO) erheblich an Bedeutung einbüßt.

[7] Weiteres – zur „Erforderlichkeit" – im Zusammenhang des Art. 6 Abs. 1 lit. b DS-GVO → Rn. 34.

[8] Gemeint sind nicht personenbezogene Daten des Verarbeiters selbst, die dieser staatlichen Organen gegenüber zu offenbaren verpflichtet ist; vgl. dazu Paal/Pauly/*Frenzel,* DSGVO, 3. Aufl. 2021, Art. 6 Rn. 19; → § 11 Rn. 1.

wortliche im Sinne dieser Bestimmung sind vornehmlich Private.[9] Die Rechtsgrundlage und mit ihr der Zweck der erforderlichen Verarbeitung muss entweder im Unionsrecht oder im Recht des jeweiligen Mitgliedstaats festgelegt sein (Art. 6 Abs. 3 S. 1 i.V.m. S. 2 Alt. 1 DS-GVO). Als Beispiele hierzu werden oft die zahlreichen Aufzeichnungs-, Aufbewahrungs- und Meldepflichten im Handels-, Gewerbe-, Handwerks-, Sozial-, Arbeits- und allgemeinen Melderecht genannt.[10] Insoweit diese Vorschriften die Informationsverarbeitung selbst im einzelnen vorschreiben, impliziert das allerdings schon deren vom Gesetzgeber zugrundegelegte Erforderlichkeit zur Aufgabenerfüllung.[11] Solche Spezialregelungen fallen zudem unter die in Art. 6 Abs. 2 DS-GVO genannten Regelungsbefugnisse der Mitgliedstaaten. In diesem Rahmen entbehrt deshalb Art. 6 Abs. 1 lit. c eines eigenen Regelungsgehalts.

8 Demgegenüber wird in ErwGr 45 festgehalten, dass nach der Verordnung „**nicht für jede einzelne Verarbeitung ein spezifisches Gesetz** verlangt [...] wird. Ein Gesetz als Grundlage für mehrere Verarbeitungsvorgänge kann ausreichend sein".[12] Dem können rechtliche Vorgaben entsprechen, welche zweckbestimmt Handlungs-/Verhaltenspflichten auferlegen, deren Realisierung je nach Sachlage personenbezogene Informationsverarbeitung *erforderlich* macht. Das kann z.B. für die Tätigkeit eines Betriebsbeauftragten für Immissionsschutz gelten, zumal im Zusammenhang einer Überprüfung von Betriebsangehörigen.[13] Eben die Erforderlichkeit („Kausalzusammenhang") als kennzeichnendes Tatbestandsmerkmal nach Art. 6 Abs. 1 lit. c DS-GVO soll dabei die Grenze abstecken und gibt somit dieser Bestimmung deren eigenständige Bedeutung.

III. Wahrnehmung öffentlicher Aufgaben

9 Art. 6 Abs. 1 lit. e DS-GVO stellt anders als lit. c nicht auf eine Verpflichtung, sondern auf eine gesetzlich[14] vorgesehene Rechtsmacht zur Wahrnehmung jeweiliger Aufgaben ab, und zwar auf solche, die (1.) „im öffentlichen Interesse" liegen bzw. (2.) in Ausübung von Hoheitsrechten[15] erfolgen, „die dem Verantwortlichen übertragen" wurden. Auch hier wird durch Art. 6 Abs. 3 S. 1 u. 2 DS-GVO der Bezug zur jeweils rechtlich festgelegten Aufgabenstellung hergestellt.

10 Ausgangspunkt ist die Wahrnehmung einer Aufgabe mit den damit verbundenen Zwecken (Art. 6 Abs. 1 lit. e i.V.m. Abs. 3 S. 2 DS-GVO). Vorausgesetzt wird dabei jeweils die **durch Rechtsvorschrift festgelegte Zuständigkeit des Verantwortlichen**

---

[9] Beachte dazu die nachfolgend im Text genannten Beispiele mit Nachweisen; ferner den Hinweis auch auf „private Stellen" in Art. 55 Abs. 2 DS-DVO; insoweit übereinstimmend Paal/Pauly/*Frenzel*, DSGVO, 3. Aufl. 2021, Art. 6 Rn. 18; *Kühling/Martini u.a.*, DS-GVO u. das nationale Recht, S. 29; weitergehend Roßnagel/*Schaller*, DS-GVO, 2017, § 4 Rn. 15.

[10] Vgl. Paal/Pauly/*Frenzel*, DS-GVO, 3. Aufl. 2021, Art. 6 Rn. 17; Kühling/*Buchner/Petri*, DS-GVO, 3. Aufl. 2020, Art. 6 Rn. 96ff.

[11] Vgl. nochmals Paal/Pauly/*Frenzel*, DS-GVO, 3. Aufl. 2021, Art. 6 Rn. 16.

[12] Vgl. dazu auch Kühling/*Buchner/Petri*, DS-DVO, 3. Aufl. 2020, Art. 6 Rn. 91.

[13] Vgl. zur Tätigkeit des Immissionsschutzbeauftragten Landmann/Rohmer UmweltR/*Hansmann*, Stand 1. Mai 2021, § 54 BImSchG, Rn. 10f.

[14] Erforderlich ist eine materiell-rechtliche Grundlage im Unionsrecht oder im Recht des jeweiligen Mitgliedstaates, so Art. 6 Abs. 3 S. 1 DS-GVO.

[15] Die amtliche deutschsprachige Version spricht weniger zielführend von „Ausübung öffentlicher Gewalt"; die englische Version lautet demgegenüber „exercise of official authority", die französische „exercice de l'autorité publique"; insgesamt besteht kein Anhalt, dass der Verordnungsgeber schlichte Hoheitsverwaltung von der Regelung ausschließen wollte.

(Art. 6 Abs. 3 S. 1 DS-GVO).[16] Es versteht sich, dass letztere selbst in der DS-GVO nicht geregelt sein kann, vielmehr (insbesondere) die behördlichen Zuständigkeiten eine Angelegenheit verwaltungsrechtlicher Normen sind. Eben daran anknüpfend legt Art. 6 Abs. 1 lit. e DS-GVO die Zulässigkeit jeweils erforderlicher personenbezogener Informationsverarbeitung fest. – Demgegenüber hat der Bundesgesetzgeber es freilich für erforderlich befunden,[17] in § 3 BDSG (zusätzlich) eine *generelle* mitgliedstaatliche Rechtsgrundlage für die „Verarbeitung personenbezogener Daten durch eine öffentliche Stelle" zu schaffen, und zwar „zur Erfüllung der in der Zuständigkeit des Verantwortlichen liegenden Aufgabe". Die Norm hat subsidiären Charakter und soll nach der Gesetzesbegründung nur Datenverarbeitungen mit geringer Eingriffsintensität rechtfertigen können.[18] Es gibt in der Literatur aber Strömungen, die sie weit interpretieren.[19]

11 Der in Art. 6 Abs. 1 lit. e DS-GVO vorangestellte Bezug auf das – allgemein gefasste – **öffentliche Interesse** enthält seine gesonderte Bedeutung, insofern es dabei nicht um Hoheitsträger als Verantwortliche geht.[20] Sie können im Rahmen der **Daseinsvorsorge** – zumal der Gesundheitsfürsorge – mit der Wahrnehmung öffentlicher Interessen betraut sein.[21] Das gilt z.B. auch für die nach dem Personenbeförderungsgesetz erfassten Unternehmen oder für Ersatzschulen in freier Trägerschaft. Staatliche Bedarfsplanung (Krankenhausplanung), Förderung oder Kontingentierung sind Anzeichen für zu verfolgende öffentliche Interessen. – Eine Präzisierung dieses für das deutsche Datenschutzrecht neuen Ansatzes seitens des mitgliedstaatlichen Gesetzgebers bleibt vorbehalten und ist angezeigt.

Zum Widerspruchsrecht nach Art. 21 Abs. 1 i.V.m. Art. 6 Abs. 1 lit. e DS-GVO wird auf die entsprechenden Ausführungen zu lit. f in → Rn. 14 hingewiesen.

IV. Wahrung berechtigter Interessen Privater

12 Besondere Bedeutung kommt Art. 6 Abs. 1 lit. f DS-GVO zu. Es handelt sich um eine zentrale Vorschrift für die Datenverarbeitung von Privaten, vorrangig (aber nicht nur) für deren wirtschaftliche Betätigung. Die Bestimmung tritt neben den Erlaubnistatbestand für vertragliche Beziehungen mit dem Betroffenen (lit. b). Sie gilt z.B. für Fragen der Zulässigkeit von Werbung,[22] Webtracking, Data Mining, des Informationsaustauschs bei Forderungsabtretung,[23] Unternehmenskauf[24] und Due Diligence der Zentralisierung von Datenverarbeitung in verbundenen Unternehmen,[25] der In-

[16] Vgl. Auernhammer/*Kramer*, DSGVO/BDSG, 7. Aufl. 2020, Art. 6 DS-GVO, Rn. 59f.; Roßnagel/*Schaller*, DS-GVO, 2017, § 4 Rn. 9 a.E.; Paal/Pauly/*Frenzel*, 3. Aufl. 2021, Art. 6 DS-GVO, Rn. 23.

[17] Zur Kritik *Schaar/Dix/Neumann/Büllesbach*, Stellungnahme der Europäischen Akademie für Informationsfreiheit und Datenschutz v. 1.12.2016, S. 2: Fragwürdig seien die im Entwurf vorgenommenen umfangreichen und gemäß EuGH-Rechtsprechung vermutlich unzulässigen Normwiederholungen (vgl. dazu EuGH, Urt. v. 28.3.1985 – C-272/83, Slg. 1985, 1057 Rn. 26f.).

[18] BT-Drs. 18/11325, 81.

[19] Etwa *Marsch/Rademacher*, Die Verwaltung 54 (2021), 1 (14ff.).

[20] Vgl. Roßnagel/*Schaller*, DS-GVO, 2017, § 4 Rn. 11ff.; a.A. Paal/Pauly/*Frenzel*, DS-GVO, 3. Aufl. 2021, Art. 6 Rn. 24; *Albrecht/Jotzo*, Teil 3 Rn. 47, mit fehlgeleitetem Hinweis auf private Auskunfteien.

[21] So ErwGr 45 DS-GVO.

[22] Dazu ErwGr 47 S. 7: „Direktwerbung kann als eine einem berechtigten Interesse dienende Verarbeitung betrachtet werden."

[23] Vgl. BGH, Urt. v. 27.2.2007 – XI ZR 195/05, BGHZ 171, 180.

[24] Vgl. dazu *Conrad*, Datenhandel und Unternehmenskauf, ZD 2016, 1 (2).

[25] Siehe ErwGr 48; dazu *Laue/Nink/Kremer*, Das neue Datenschutzrecht in der betrieblichen Praxis, 2. Aufl. 2019, § 1 Rn. 44ff.; → Rn. 35.

anspruchnahme von Warndiensten, des bracheninternen Austauschs „Schwarzer Listen“[26] oder der Kontrolle/Überwachung zur Abwehr strafbarer Handlungen.[27] Anders als bei der Informationsverarbeitung im vertraglichen Rahmen fehlt es in diesen Konstellationen an einer gemeinsamen Zielsetzung mit dem Betroffenen. Dementsprechend geht lit. f vom *Gegenüberstehen* der „Interessen oder Grundrechte und Grundfreiheiten der betroffenen Person“ einerseits und den (ggf.) „berechtigten Interessen des Verantwortlichen oder eines Dritten“ andererseits aus. Von daher postuliert die Vorschrift eine **Abwägung der wechselseitigen Interessen.** Deren Durchführung fällt dem Verantwortlichen – in eigener Sache – zu, wobei die von ihm verfolgten – „berechtigten“ – Interessen besonderer Transparenzpflicht unterliegen (Art. 13 Abs. 1 lit. d, Art. 14 Abs. 2 lit. b DS-GVO).

13 Inhaltlich kann man die vorgesehene Abwägung als dadurch vorgeprägt ansehen, dass sich die Unzulässigkeit der Verarbeitung nur ergibt, wenn die Gegenrechte des Betroffenen *„überwiegen“*, also nicht schon bei Gleichgewichtigkeit der beiderseitigen Interessen. Solches *Gleich*gewicht ist allerdings nicht mehr als eine aus der Physik entliehene Metapher und dementsprechend bei der Einschätzung sozialer Lebenssachverhalte als exakte Größe nicht ermittelbar/fixierbar, so dass der genannten Formulierung kein eigener Aussagewert zukommt. Auch ist fraglich, ob aus ihr eine Darlegungslast des Betroffenen abgeleitet werden könnte.[28] Letzteres entspräche kaum den vorerwähnten Rechenschaftspflichtigkeiten des Verantwortlichen (→ Rn. 2, 12). „Auf jeden Fall wäre“, so heißt es im übrigen in ErwGr 47 S. 3, „das Bestehen eines berechtigten Interesses besonders sorgfältig abzuwägen“, und zwar in Relation zur Situation des Betroffenen. Insbesondere setzt die DS-GVO dem damit einen strengeren Maßstab entgegen. Z.B. lenkt ErwGr 47 die Beurteilung hin auf die **„vernünftigen Erwartungen der betroffenen Person,** die auf ihrer Beziehung zu dem Verantwortlichen beruhen“ (Reasonable Expectation). Diese können etwa aus einer Kundenbeziehung oder einem Dienstverhältnis bestehen. So wird der treue Kunde regelmäßig nicht überrascht sein, wenn seine Adressdaten gespeichert bleiben, um ihn über die technische Entwicklung ähnlicher Produkte oder neu produzierte Zusatzteile informieren zu können. Demgegenüber würde die jugendliche Käuferin eines Abendkleides überrascht sein, wenn ihre Adresse an Organisatoren eines Schönheitswettbewerbs weitergeleitet würde: „vernünftigerweise“ muss die junge Dame diesbezüglich „nicht mit einer weiteren Verarbeitung rechnen“.[29] Daran scheitert die Zulässigkeit der Datenverarbeitung, obwohl sich in solchen Fällen eine Beeinträchtigung nicht durchweg nahelegt.

14 Art. 21 Abs. 1 DS-GVO sieht außerdem für die Erlaubnistatbestände des Art. 6 Abs. 1 lit. e und lit. f ein **Widerspruchsrecht Betroffener** vor „aus Gründen, die sich aus ihrer besonderen Situation ergeben“ (→ § 13 Rn. 124 ff.). Eine solche kann sich aus familiärer Situation, aus dem Bekanntheitsgrad der Person, aus Rufgefährdung, aus Betroffenheit durch besondere Schicksalsschläge,[30] aus zu gewärtigender politischer Verfolgung oder aus Bedrohungen durch Verbrechen/Terror ergeben.[31] Der Widerspruch ist für den Verantwortlichen immerhin überwindbar, und zwar durch

[26] Vgl. Taeger/Gabel/*Taeger,* DSGVO, 4. Aufl. 2022, Art. 6 Rn. 106 ff.; als problematisch – weil nicht selten von subjektiv gefärbten Erfahrungen geprägt – werden Mieterwarndateien für Vermieter angesehen (vgl. auch den Beispielsfall für eine Warndatei bei *Gola/Reif,* Praxisfälle Datenschutzrecht, 2. Aufl. 2016, S. 160 ff.).

[27] S. ErwGr 47 S. 6 DS-GVO.

[28] So Paal/Pauly/*Frenzel,* DS-GVO, 3. Aufl. 2021, Art. 6 Rn. 31.

[29] So DS-GVO ErwGr 47 S. 4.

[30] Zur Abgrenzung LG Karlsruhe, Urt. v. 16.10.2014 – 7 O 227/14.

[31] Vgl. Simitis/*Dix,* BDSG, 8. Aufl. 2014, § 35 Rn. 56 ff.

den Nachweis „zwingende[r] schutzwürdige[r] Gründe für die Verarbeitung […], die die Interessen, Rechte und Freiheiten der betroffenen Person überwiegen" (Art. 21 Abs. 1 DS-GVO).[32] Diese Hürde dürfte für Wirtschaftsunternehmen nur schwer zu nehmen sein – anders etwa im Gesundheitswesen bei der Eindämmung von Epidemien –, so dass man es im Ergebnis mit einer **qualifizierten Opt-out-Lösung** zu tun hat, deren Funktionsfähigkeit freilich von der Erfüllung/Erfüllbarkeit korrelierender Transparenzpflichten des Verantwortlichen abhängig ist (→ § 15 Rn. 2ff., 19ff.). – Das Widerspruchsrecht greift freilich nicht, wenn die Informationsverarbeitung der „Geltendmachung, Ausübung oder Verteidigung von Rechtsansprüchen" dient. Denn es soll nicht als Hebel dazu dienen, sich als Betroffener der Durchsetzung rechtlich geschützter Ansprüche zu entziehen.

V. Schutz lebenswichtiger Interessen

15 Art. 6 Abs. 1 lit. d DS-GVO beinhaltet eine eigene Rechtsgrundlage zur Verarbeitung personenbezogener Informationen beim Erfordernis des Schutzes lebenswichtiger Interessen,[33] sei es des Betroffenen, sei es einer anderen natürlichen Person. Mit Blick auf den ersteren hat man es mit einer Abwägung/Konfliktlösung zwischen dem Schutz einer Person und deren eigener „informationeller Selbstbestimmung" zu tun. In Bezug auf eine dritte Person ergibt sich die Zulässigkeit der *erforderlichen* Verarbeitung aus der Garantenstellung des Betroffenen. Zu den lebenswichtigen Interessen sind – jedenfalls – Erhaltung des **Lebens** und das Freisein von schwerwiegenden körperlichen und **gesundheitlichen Beeinträchtigungen,** die Freiheit von Gefangenschaft und Folter,[34] auch von schwerwiegender psychischer Repression[35] zu zählen.

16 Der besonderen Schutzwürdigkeit dieser Interessen wird in der DS-GVO auch bei der Zulässigkeit der Verarbeitung sensitiver Daten (→ § 14 Rn. 8ff.) nach Art. 9 Abs. 2 lit. c sowie bei der Übermittlung in Drittländer gemäß Art. 49 Abs. 1 lit. f DS-GVO Rechnung getragen. Nach letzteren Vorschriften ist übereinstimmend Voraussetzung der Zulässigkeit, dass der Betroffene „**aus physischen**[36] **oder rechtlichen Gründen außer Stande ist, seine Einwilligung** zu geben." Für die Verarbeitung weniger sensitiver Daten im Rahmen des Art. 6 ist diese Einschränkung – aufgrund entsprechender Anwendung – nicht ohne weiteres begründet.[37] Die Unzulässigkeit ergibt sich hier jedenfalls dann, wenn es (nur) um die lebenswichtigen Interessen des Betroffenen selbst geht und es sich nahelegt, dass dieser, wenn er sich denn erklären würde, seine Einwilligung verweigerte. Im übrigen ist nach ErwGr 46 davon auszugehen, dass eine Verarbeitung überhaupt nur dann auf Art. 6 Abs. 1 lit. d DS-GVO gestützt werden soll, wenn sie „offensichtlich nicht auf eine andere Rechtsgrundlage gestützt werden kann." Dazu wird auf die Parallelität zu wichtigen öffentlichen Interessen (Art. 6 Abs. 1 lit. e DS-GVO) etwa bei der Verfolgung humanitärer Zwecke hingewiesen.

C. Erforderlichkeit/Verhältnismäßigkeit

17 Die Erlaubnistatbestände des Art. 6 Abs. 1 lit. b–f DS-GVO haben eine gemeinsame Prägung. Sie wird durch das **Tatbestandsmerkmal „erforderlich"** hergestellt, jeweils in Verknüpfung mit gesetzten Aufgaben/Zielsetzungen. Diese richten sich

[32] Näheres zu dieser Bestimmung bei Paal/Pauly/*Martini*, DS-GVO, 3. Aufl. 2021, Art. 21 Rn. 35ff.
[33] Englisch: „vital interests".
[34] Vgl. Art. 2 Abs. 1, 3 Abs. 1, Art. 4, 5 und 6 GRCh; dazu Paal/Pauly/*Frenzel*, DS-GVO, 3. Aufl. 2021, Art. 6 Rn. 20.
[35] Vgl. Taeger/Gabel/*Taeger*, DSGVO, 4. Aufl. 2022, Art. 6 Rn. 91.
[36] In Art. 9 Abs. 1 lit. c DS-GVO heißt es stattdessen „aus körperlichen […] Gründen"; im englischen Text in beiden Fällen übereinstimmend „physical".
[37] Vgl. Paal/Pauly/*Frenzel*, DS-GVO, 3. Aufl. 2021, Art. 6 Rn. 21.

auf jeweilige „*Erfüllung*" aufgrund vertraglicher/rechtlicher Festlegungen oder auf die „*Wahr(nehm)ung*"/*Durchsetzung* öffentlicher oder privater Interessen. Für die Qualifizierung ggfs. zulässiger Informationsverarbeitung als erforderlich geht es um die Notwendigkeit zur Erreichung eben dieser Ziele. Damit wird jeweils eine spezifische Verkoppelung zwischen der betreffenden Aufgabenerledigung und der Verarbeitungszulässigkeit postuliert.

I. Kausalzusammenhang?

18 Das Erforderlichkeitsprinzip kommt, so erscheint es zunächst, relativ schneidig daher. Zu dem Verständnis in Deutschland dürfte u.a. die Kommentierung des § 9 BDSG 1977 durch den Referenten des seinerzeitigen Gesetzentwurfs beigetragen haben, welcher ausführte:

> „Die Daten müssen für die Erfüllung einer Aufgabe erforderlich sein im Sinne von conditiones sine quibus non."[38]

Die Formulierung **„conditio sine qua non"** wurde von den drei ältesten (weiteren) Kommentaren zum BDSG aufgegriffen und fortgeführt.[39] Sie wurde jeweils mit der Vorstellung eines besonders strengen Regimes von Notwendigkeit verbunden. Gemeint war und ist, dass die Zulässigkeit der Verarbeitung einer bestimmten Information davon abhängig sei, ob sie für die Erfüllung einer konkreten, aktuellen Aufgabe unerlässlich ist[40] – vergleichbar einer notwendigen Ursache.

19 Freilich kann es sich vom Sachgegenstand praktischer (Rechts-)Wissenschaft her vorliegend nicht um eine *notwendige Bedingung* im Sinne einer logischen Beziehung handeln.[41] Im übrigen bezieht sich der Maßstab der Conditio sine qua non in der Rechtswissenschaft regelmäßig auf die Abbildung eines **„Kausalzusammenhangs"**[42] **i.S.d. Äquivalenztheorie,** wonach Ereignisse immer dann als Ursache anzusehen sind, wenn sie nicht *hinweggedacht* werden können, ohne dass der Erfolg in seiner konkreten Gestalt entfiele.[43] Auf dieser Grundlage wäre die (erfolgte) Verarbeitung einer jeweiligen Information eben deshalb gemäß Art. 6 Abs. 1 DS-GVO „erforderlich" (gewesen), weil ohne deren Heranziehung im konkret vorliegenden Fall die in dieser Bestimmung genannten Aufgaben/Zielsetzungen nicht realisiert würden (worden wären). Alternative Wege der Erledigung blieben dabei außer Betracht; die Bestimmung äquivalenter Kausalität lässt es gerade nicht zu, dass Umstände zur Verursachungskette *hinzugedacht* werden, um die Kausalität auszuschließen.[44] Die Äquivalenztheorie analysiert empirische Abläufe im Rahmen der

---

[38] *Auernhammer,* BDSG, 3. Aufl. 1993, § 9 Rn. 4, § 13 Rn. 6.

[39] Vgl. Gola/Schomerus/*Gola/Klug/Körffer,* BDSG, 12. Aufl. 2015, § 13 Rn. 3; Simitis/*Sokol/Scholz,* BDSG, 8. Aufl., 2014, § 13 Rn. 26; Simitis/*Dammann,* BDSG, 8. Aufl. 2014, § 14 Rn. 15; *Schaffland/Wiltfang,* BDSG, Lfg. 4/2011, § 13 Rn. 4b.

[40] So – noch für das frühere BDSG – *Kühling/Seidel/Sivridis,* Datenschutzrecht, 2. Aufl. 2015, Rn. 460.

[41] Vgl. dazu Stichwort „Bedingung", in Mittelstraß, Enzyklopädie Philosophie und Wissenschaftstheorie, 2005. Dass es nicht darum geht, einem Kausalzusammenhang im naturwissenschaftlichen Sinn nachzugehen, ergibt sich schon aus der Qualität der (personenbezogenen) Informationen im sozialen Kontext, dazu näheres → § 3 Rn. 15ff., 30ff.

[42] Vgl. *Zippelius,* Rechtsphilosophie, 6. Aufl. 2011, § 34 I, zur Kausalität als rechtswissenschaftlichem Hilfsbegriff.

[43] Dazu Schönke/Schröder/*Eisele,* StGB, 30. Aufl. 2019, Vorbem. §§ 13ff. Rn. 73af.; MünchKommBGB/*Oetker,* 8. Aufl. 2020, § 249 Rn. 103; *Fischer,* StGB, 69. Aufl. 2022, Vor § 13 Rn. 21f.

[44] Vgl. BGH, Urt. v. 6.6.2013 – IX ZR 204/12, NJW 2013, 2345 (Rn. 20); BGH, Urt. v. 5.5.2011 – IX ZR 144/10, NJW 2011, 2960 (Rn. 35); BGH, Urt. v. 4.7.1994 – II ZR 126/93, NJW 1995, 126 (127 sub 2b); BGH, Urt. v. 24.10.1985 – IX ZR 91/84, BGHZ 96, 157 (172).

Zuordnung jeweiliger (haftungs-/strafrechtlicher) Verantwortlichkeit. Sie entbehrt insoweit des normativen Steuerungscharakters, der umgekehrt den in Rede stehenden datenschutzrechtlichen Bestimmungen über die Rechtmäßigkeit von Informationsverarbeitungen innewohnt. Die Metapher der „conditio sine qua non" ist in diesem Zusammenhang also irreführend.

II. Diskrepanzen der Interpretation

20 Schwierigkeiten bietet auch die Interpretation des vom **EuGH** ohne nähere Begründung bevorzugten Begriffs des **„absolut Notwendigen"**.[45] Dieser kam zunächst zur Anwendung im Zusammenhang der Erfassung *notwendiger/erforderlicher* Beeinträchtigung der Privatsphäre/personenbezogener Daten auf der Grundlage der DSRL, so im Rahmen der weiter oben erörterten Entscheidung *Satamedia.*[46] Sodann wurde der Begriff vom Gericht aufgegriffen zur Auslegung der Art. 7, 8 i.V.m. Art. 52 Abs. 1 GRCh, zunächst in der Entscheidung *Schecke.*[47] Freilich hat der EuGH nicht geklärt, worin das Spezifische des *Absoluten* jeweiliger Notwendigkeit zu finden sei. Zumal in der zuerst genannten Entscheidung, wo das Abwägungsergebnis zwischen Persönlichkeitsschutz und Medienfreiheit offengelassen und in die Hände des vorlegenden finnischen Gerichts gelegt wurde, wird deutlich, dass man es in dieser Sache gerade nicht mit einem „absolut" festlegbaren Resultat in der einen oder der anderen Richtung zu tun hatte.[48]

21 Insgesamt ist *erforderlich* (auch: *notwendig*)[49] ein **offener Begriff** geblieben. Dessen Offenheit geht über diejenige eines unbestimmten Rechtsbegriffs[50] beträchtlich hinaus, womit korreliert, dass er in einer sehr großen Anzahl datenschutzrechtlicher Vorschriften in unterschiedlichen Zusammenhängen übereinstimmend im Wortlaut Verwendung findet. Ein Beispiel dafür ist die Regelung der Rechtmäßigkeit in Art. 6 DS-GVO für Verarbeitungen im Rahmen vertragsrechtlicher Beziehungen einerseits (→ Rn. 6) und für außervertragliche, insbesondere öffentlich-rechtliche Verhältnisse andererseits (→ Rn. 7ff.).

22 Von Interesse sind in diesem Zusammenhang die Wandlungen, die die Art. 6 Abs. 1 lit. b DS-GVO entsprechende BDSG-Bestimmung – zuletzt § 28 Abs. 1 S. 1 Nr. 1 – im Laufe der Zeit erfuhr. Denn ursprünglich erklärte das Gesetz die Verarbeitung schlicht „*im Rahmen* der Zweckbestimmung eines Vertragsverhältnisses" für zulässig;[51] später lautete die entsprechende Formulierung „wenn [die Verarbeitung] der **Zweckbestimmung eines Vertragsverhältnisses [...]** ***dient***".[52] Streitig war seinerzeit, ob diese Voraussetzung mit einem Erforderlich-Sein identisch zu erachten sei.[53] Erst

---

[45] „[S]trictly necessary".

[46] → § 7 Rn. 25ff., und zwar in Rn. 56 der Entscheidung.

[47] → § 7 Rn. 33ff., und zwar im Rn. 65ff., 77 der Entscheidung; nachfolgend in der Entscheidung zur Vorratsdatenspeicherung EuGH, Urt. v. 8.4.2014 – C-293/12 u.a., ECLI:EU:C:2014:238 → § 5 Rn. 79ff., und zwar in Rn. 52; EuGH, Urt. v. 6.10.2015 – C-362/14, NJW 2015, 3151 (Rn. 92) – Safe Harbor; weitere Verwendung des Begriffs bei EuGH, Urt. v. 17.6.2021 – C-597/19, GRUR 2021, 1067 (Rn. 110); EuGH, Urt. v. 22.6.2021 – C-439/19, ZGI 2021, 16 (Rn. 110).

[48] Eben dasselbe gilt für die anhand der DSRL getroffene Entscheidung des EuGH, Urt. v. 7.11.2013 – C-473/12, ZD 2014, 137 (Rn. 39) – IPI; beachte dazu auch EuGH, Urt. v. 16.12.2008 – C-524/06, RDV 2009, 65 (Rn. 62) – Huber, wo zu Art. 7 lit. e DSRL nur von schlichter Notwendigkeit die Rede ist und auf dieser Grundlage die tiefer eingreifende aber effiziente Anwendung der aufenthaltsrechtlichen Vorschriften akzeptiert wird.

[49] Für beide in der DS-GVO verwandten Begriffe steht im englischen Text gleichermaßen „necessary", im französischen „nécessaire".

[50] Zu dieser Qualität des Erforderlichkeitsbegriffs Gola/*Schulz*, DSGVO, 2. Aufl. 2018, Art. 6 Rn. 20.

[51] § 23 BDSG 1977; § 28 Abs. 1 Nr. 1 BDSG 1990.

[52] § 28 Abs. 1 S. 1 Nr. 1 BDSG 2003.

[53] Vgl. dazu Nachweise bei *Gola/Schomerus*, BDSG, 9. Aufl. 2007, § 28 Rn. 13.

durch die 2009 vorgenommene BDSG-Novellierung wurde die *Erforderlichkeit* der Verarbeitung für das jeweilige Rechtsgeschäft zur gesetzlichen Voraussetzung erhoben, insofern in Übereinstimmung mit Art. 7 lit. b DSRL. Das geschah laut amtlicher Begründung, um deutlich zu machen, dass neben den erforderlichen Daten „keine weiteren ‚überschießenden Daten' […] verwendet werden dürfen".[54]

23 **Art. 6 Abs. 1 lit. b DS-GVO** übernimmt die Formulierung des Art. 7 lit. b DSRL. Allerdings wird überwiegend angenommen, dass der Begriff **„erforderlich" hier weniger strikt zu verstehen** ist als in den nachfolgenden Alternativen des Art. 6 Abs. 1 DS-GVO.[55] Das überrascht nicht im Hinblick die besonderen kommunikativen Bedingungen (vor)vertraglicher Beziehungen (→ Rn. 69).

24 Eine vergleichbare Ambivalenz ergibt sich aus der übereinstimmenden Verwendung des Begriffs der Erforderlichkeit/Notwendigkeit als Voraussetzung für zulässige Verarbeitungen einerseits und für das Nichtbestehen einer **Pflicht zur Löschung** andererseits (vgl. Art. 6 Abs. 1 mit Art. 17 Abs. 1 lit. a DS-GVO).[56] In der deutschen Rechtsprechung ist eine deutliche Tendenz erkennbar, die Voraussetzung einer der Löschung entgegenstehenden Erforderlichkeit der Aufbewahrung in die bloße Förderlichkeit/Geeignetheit einer Aufbewahrung umzudeuten.[57] Hierfür hat das BVerwG Marksteine gesetzt.[58] Weiterhin stellt die *Google Spain*-Entscheidung des EuGH für die Zulässigkeit der Einschränkung des „Rechts auf Vergessenwerden" durch Aufrechterhaltung des Suchmaschinen-Zugriffs nicht etwa auf die fortgesetzte – absolute (→ Rn. 20) – Notwendigkeit eines solchen ab. Stattdessen nimmt das Gericht eine Abwägung zwischen der Beeinträchtigung des Persönlichkeitsrechts und der kommunikativen Förderlichkeit des Internets (oder dem „Interesse der Öffentlichkeit am Zugang zu der Information") vor.[59] Das BSG füllt den Begriff zumindest im Rahmen von Art. 6 Abs. 1 lit. c DS-GVO bei Löschbegehren unter Rückgriff auf die mitgliedstaatlichen Regelungen.[60]

III. Erforderlichkeit/Verhältnismäßigkeit im (alten) Polizeirecht

25 Gegenüber dem schwankenden, ungesicherten Umgang mit dem Erforderlichkeitsprinzip im Datenschutzrecht kann zur weiteren Orientierung eine Anknüpfung an **vorhergehende deutsche Rechtstradition** hilfreich sein. Sie führt zurück in

[54] Vgl. BT-Drs. 16/13657, 18.

[55] Vgl. Paal/Pauly/*Frenzel*, DSGVO, 3. Aufl. 2021, Art. 6 Rn. 14; Plath/*Plath*, BDSG/DSGVO, 3. Aufl. 2018, Art. 6 DSGVO, Rn. 18.; Auernhammer/*Kramer*, DSGVO/BDSG, 7. Aufl. 2020, Art. 6 DS-GVO, Rn. 43; beachte *Gola*, DS-GVO, 2. Aufl. 2018, Art. 6 Rn. 37; Kühling/*Buchner/Petri*, DS-GVO, 3. Aufl. 2020, Art. 6 Rn. 38 ff.

[56] Zur Löschungspflicht – zum Recht auf Vergessenwerden → § 15 Rn. 36 ff.

[57] Im Zusammenhang von steuer- und handelsrechtlichen Aufbewahrungspflichten strenger auf die Zweckbestimmung abstellend *Weichert*, DuD 2021, 755 ff.

[58] Vgl. BVerwG, Beschl. v. 12.11.1992 – 1 B 164.92, Buchholz 402.41 Nr. 56; BVerwG, Beschl. v. 18.3.1994 – 11 B 76/93, NJW 1994, 2499; beachte BVerwG Urt. v. 20.2.1990 – 1 C 30/86, NJW 1990, 2768 (2770). Im Anschluss an die Nachweise aus der Rechtsprechung des Gerichts Simitis/*Mallmann*, BDSG, 8. Aufl. 2014, § 20 Rn. 42: die weitere (polizeiliche) Speicherung ist (nur dann) unzulässig, wenn „nichts dafür spricht, dass die Eintragung in Zukunft noch praktische Bedeutung hat, und deshalb ausgeschlossen werden kann, dass die vorhandenen Daten die Arbeit der zuständigen Behörden noch fördern können." Daran anschließend auch OLG Dresden, Beschl. v. 19.5.2003 – 2 VAs 4/02, RDV 2004, 84 (Rn. 22 ff.) (insbes. zu § 489 Abs. 2 StPO), auf die etwaige *praktische* Bedeutung der Eintragung abstellend. Es ist danach nicht nach eingriffsmilderen Alternativen zu fragen. Auch kann bloße behördliche Arbeitserleichterung praktische Bedeutung haben. Kriterien konsequent verstandener Notwendigkeit kommen demnach (zutreffend) in diesem Zusammenhang nicht zum Tragen.

[59] EuGH, Urt. v. 13.5.2014 – C-131/12, ZD 2014, 350 (Rn. 81).

[60] BSG, Urt. v. 18.12.2018, B 1 KR 31/17 R, ZD 2019, 326 (Rn. 18); BSG, Urt. v. 14.5.2020 – B 14 AS 7/19 R, ZD 2021, 101 (Rn. 19).

die rechtsstaatliche Entwicklung des Polizeirechts. In Eingrenzung vorangegangener absolutistischer/wohlfahrtsstaatlicher Steuerungsmacht der Obrigkeit[61] regelte das Preußische Allgemeine Landrecht die Aufgabe der Polizei wie folgt:

> „Die ***nöthigen*** **Anstalten** zur Erhaltung der öffentlichen Ruhe, Sicherheit und Ordnung und zur Abwendung der dem Publiko oder einzelnen Mitgliedern desselben bevorstehenden Gefahr zu treffen, ist das Amt der Polizey."[62]

26 Das preußische Polizeiverwaltungsgesetz (PVG) v. 1931 regelte entsprechendes in § 14, wonach die „Polizeibehörden [...] die...*notwendigen* Maßnahmen zu treffen [...] haben, um von der Allgemeinheit oder dem einzelnen Gefahren abzuwehren". § 41 PVG legte für polizeiliche Verfügungen ausdrücklich die *Erforderlichkeit* derselben für die Störungsbeseitigung/Gefahrenabwehr fest; soweit dafür mehrere Mittel in Betracht kämen, solle die Polizei *„tunlichst* das den Betroffenen und die Allgemeinheit am wenigsten beeinträchtigende Mittel" wählen. Daran schloss sich eine **Opt-out-Lösung** an:

> „Dem Betroffenen ist auf Antrag zu gestatten, ein von ihm angebotenes anderes Mittel anzuwenden, durch das die Gefahr ebenso wirksam abgewehrt wird."[63]

27 Dieser Regelungsansatz beinhaltet in seiner Gesamtheit ein für die Praxis der Polizeiarbeit sachdienliches Lösungsmodell. Er stellt die **Geeignetheit/Effektivität** jeweiliger Gefahrenabwehrmaßnahmen **in den Mittelpunkt,** nicht deren Erforderlichkeit. Denn diese soll sich erst daraus ergeben, dass unter mehreren zur Verwirklichung der polizeilichen Zielsetzung geeigneten Mitteln das den Betroffenen schonendste zur Anwendung gelangt.[64] Diesbezüglich war das PVG bestrebt, der Polizei „komplizierte Untersuchungen" zu ersparen[65] und eine Obliegenheit des Polizeipflichtigen zur Mitwirkung zugrundezulegen.

28 Hinter der Voraussetzung gleicher Effektivität des Austauschmittels verbergen sich richtigerweise Abwägungsfragen, etwa soweit einem im Ergebnis als gering einzuschätzenden Minus an Effektivität für die behördliche Zielsetzung beträchtliche Vorteile für die Rechtsposition des Betroffenen gegenüberstehen.[66] Damit wird im Rahmen einer jeweiligen Untersuchung die dritte Stufe der Verhältnismäßigkeit (i. w. S.) erreicht,[67] nämlich diejenige der Proportionalität (auch: Zumutbarkeit). Für

---

[61] Diese Qualität kann aus rechtsgeschichtlicher Sicht der Regelung selbst nicht ohne weiteres zugebilligt werden; vorrangig geht es dabei vielmehr um die nachfolgende Rechtsprechung insbesondere des prOVG, die der Bestimmung eine entsprechende Prägung gegeben hat (vgl. dazu Lisken/Denninger/*Stolleis/Petri/Kremer,* Polizeirecht HdB, 7. Aufl. 2021, A Rn. 20, 49).

[62] § 10 II 17 prALR.

[63] Die Regelung findet sich gleichermaßen in zahlreichen heute gültigen Polizeigesetzen (vgl. dazu *Götz/Geis,* Allgemeines Polizei- und Ordnungsrecht, 16. Auf. 2017, § 11 Rn. 28).

[64] Zum heutigen Recht Lisken/Denninger/*Rachor,* Polizeirecht HdB, 7. Aufl. 2021, E Rn. 125 ff.; reich an Beispielen zur (mangelnden) Erforderlichkeit *Schoch,* Besonderes Verwaltungsrecht, 15. Aufl. 2013, 2. Kap., Rn. 157. Vergleichbares gilt im Rahmen des Grundsatzes der Verhältnismäßigkeit auf der verfassungsrechtlichen Ebene, vgl. Jarass/Pieroth/*Jarass,* GG, 16. Aufl. 2020, Art. 20 Rn. 112 mit Nachweisen aus der Rechtsprechung des BVerfG.

[65] Vgl. *Drews/Wacke/Vogel/Martens,* Gefahrenabwehr, 1986, S. 427.

[66] Z. B. bei immissionsschutzrechtlichen Auflagen – mit nachfolgender zusätzlicher Überwachungslast für die Behörde – statt eines Nutzungsverbots, vgl. dazu *Götz/Geis,* Allgemeines Polizei- und Ordnungsrecht, 16. Aufl. 2017, § 11 Rn. 26; grundsätzlich zur oben bezeichneten Abwägungsproblematik Sachs/*Sachs,* GG, 9. Aufl. 2021, Art. 20 Rn. 153; *Th. Reuter,* JURA 2009, 511 (513 Fn. 31); *Schenke,* Polizei- und Ordnungsrecht, 11. Aufl. 2021, Rn. 335: das Austauschmittel darf nicht zu einer *gravierenden* Beeinträchtigung der Allgemeinheit führen. Überwiegend wird freilich angenommen, die Polizei brauche sich auf angebotene weniger effektive Austauschmittel gar nicht einzulassen.

[67] Für entsprechende Wechselbeziehungen zwischen Erforderlichkeit/Austauschmittel und Proportionalität auf der verfassungsrechtlichen Ebene des Grundsatzes der Verhältnismäßigkeit vgl. Jarass/Pieroth/*Jarass,* GG, 16. Aufl. 2020, Art. 20 Rn. 119.

diese geht es darum, zwischen gesetzlicher Zielsetzung (geschütztem Rechtsgut) und Gewicht des mit dem angewandten Mittel bewirkten Eingriffs in die Sphäre des Einzelnen abzuwägen.[68] – Insgesamt werden daraus die Relationen deutlich, in denen das Erforderlichkeitsprinzip steht. Zum einen baut Erforderlichkeit auf der Geeignetheit von Mitteln auf, zwischen denen gegebenenfalls auszuwählen ist. Zum anderen ist dabei das heranzuziehende Auswahlprinzip auf die Proportionalität (auch: Verhältnismäßigkeit i. e. S.) der zu realisierenden Maßnahme bezogen. „Erforderlich" steht somit nicht für einen eigenen materiell-rechtlichen Regelungsgehalt, sondern bezeichnet die **strukturelle Zuordnung zwischen Geeignetheit und Proportionalität.**

IV. Rechtsprechungspraxis

29 Die aufgezeigten datenschutzrechtlichen Interpretationsprobleme zum Begriff der Erforderlichkeit können, bedenkt man dessen eingeschränkte Rolle für die Tätigkeit der Polizei, damit zu tun haben, dass ihm der häufig angenommene zentrale Stellenwert für die Einschränkung zulässiger Datenverarbeitung so nicht zukommt. Entsprechende Zweifel[69] finden in einem Teil der Rechtsprechung ihre Bestätigung. Nicht selten steht im Vordergrund die Frage, ob die vorgenommene Datenverarbeitung von dem dieser zugrunde gelegten Zweck voll gedeckt ist, ohne dass dabei alternative Lösungswege zur Erörterung gelangen. Dabei wird von der Erforderlichkeit der Verarbeitung gesprochen, während es genauer um deren **Geeignetheit oder Zweckgerechtigkeit** geht. Mit dieser ist nicht die diffuse Zweckmäßigkeit zur Befriedigung breit angelegter Informationsinteressen des Verantwortlichen gemeint,[70] sondern vielmehr dessen Zielgenauigkeit – bei sparsamem Einsatz von Daten – entsprechend der Kompetenz/Aufgabenstellung einer Behörde oder dem wirtschaftlichen Vorhaben eines ordentlichen Kaufmanns/Unternehmers.[71] Dieser Problemzugang dürfte sich im wesentlichen auch mit dem Verarbeitungsgrundsatz des Art. 5 Abs. 1 lit. c DS-GVO – „Datenminimierung" – decken, eine Bestimmung, deren Gehalt freilich nach dem gegenwärtigen Stand der Diskussion noch nicht voll ausgelotet ist.[72]

30 Aus der – zunehmend umfangreichen – Rechtsprechung der **Fachgerichte:**

- BAG vom 22.10.1986 zum **Personalfragebogen** des Arbeitgebers:[73] Es dürfe in die private Sphäre des Arbeitnehmers „nicht tiefer eingedrungen werden […], als es der Zweck des Arbeitsverhältnisses *unbedingt erfordert*" Doch sei Voraussetzung zulässiger Verarbeitung nicht, „dass die Daten für den Arbeitgeber unverzichtbar

---

[68] Dieser Aspekt wurde im PVG so nicht berücksichtigt, obwohl er längst polizeirechtlichem Verständnis entsprach (vgl. *Stern,* FS Lerche zum 65. Geburtstag 1993, S. 165 (168)).

[69] Vgl. etwa *Roßnagel,* MMR 2005, 71 (72); *Garstka,* DVBl 1998, 981 (983).

[70] Statt *zweckmäßig* besser: *zwecktauglich,* vgl. *Schoch,* Besonderes Verwaltungsrecht, 15. Aufl. 2013, 2. Kap., Rn. 156-; *Lerche,* Übermaß und Verfassungsrecht, 1961, S. 76.

[71] Zur gesteigerten Sorgfalt desselben § 347 Abs. 1 HGB.

[72] Was „das für die Zwecke der Verarbeitung notwendige [= erforderliche/necessary, vgl. → Fn. 49] Maß" i. S. d. Bestimmung anbelangt, führt Paal/Pauly/*Frenzel,* DS-GVO, 3. Aufl. 2021, Art. 5 Rn. 37, aus: „Mit der Zweckangemessenheit und der Erheblichkeit wird diese Anforderung regelmäßig konsumiert."; vgl. auch Kühling/Buchner/*Herbst,* DS-GVO, 3. Aufl. 2020, Art. 5 Rn. 56 f. Und Roßnagel/*Barlag,* DS-GVO, 2017, § 3 Rn. 233 a. E., hält fest, Datenminimierung biete einen schwächeren Schutz als der Grundsatz der Erforderlichkeit; anders *Albrecht/Jotzo,* Neue DatSchR EU, 2017, Teil 2 Rn. 6; beachte ErwGr 39 S. 7. Mittlerweile betont auch der EuGH den Zusammenhang zwischen der Erforderlichkeit und dem Grundsatz der Datenminimierung (s. EuGH, Urt. v. 11.12.2019 – C-708/18, ZD 2020, 148 (Rn. 48)).

[73] BAG, Urt. v. 22.10.1986 – 5 AZR 660/85, NJW 1987, 2459 (2461) – Hervorhebungen hinzugefügt.

sein müssen [...], weil damit berechtigte Informationsinteressen des Arbeitgebers zu wenig berücksichtigt würden." Diese erstreckten sich auch auf eine jeweilige Information, die erst künftig für eine „soziale Auswahl bei Kündigungen und für Entscheidungen über Versetzungen [...] *wichtig werden* [...] *kann*". Ausschlaggebend war damit nicht die alternativlose Unerlässlichkeit, sondern die Zwecktauglichkeit/gezielte Geeignetheit der Informationsverarbeitung.

- VG Düsseldorf vom 6.11.1984:[74] Die Offenbarung von **Sozialdaten** auf Überweisungsträgern für die entsprechenden Leistungen ist – kurz gesagt – überflüssig/nicht zwecktauglich. Umgekehrt gehe es für die Zulässigkeit keineswegs darum, dass die Offenbarung solcher Daten „stets die ‚ultima ratio' sein muss".
- OLG Köln vom 19.11.2010:[75] Wettbewerber auf dem Strommarkt (Beklagter) verwendet Informationen über solche vormaligen Kunden, die zu dem klagenden Unternehmen wechselten, um diese als Kunden zurückzugewinnen. Das Gericht vermochte jedoch ein Interesse des Datenverarbeiters dahingehend, „gezielt die zu den Klägerinnen gewechselten Kunden nun wieder abzuwerben, [...] nicht [...] als berechtigt anzuerkennen, sondern nur ein Interesse, jegliche verlorengegangene[n] Kunden zurückzugewinnen." Von daher sei die Datenverwendung „nützlich, aber [...] nicht erforderlich." Sie entsprach nicht dem vom Gericht anerkannten legitimen Ziel und war von daher (teilweise) **überflüssig und ungeeignet.**
- VG Berlin vom 13.1.2014:[76] Die Speicherung von Daten der Mitarbeiter eines beauftragten Unternehmens (Kartendienstes) durch den Auftraggeber zwecks **späterer Zeugenbenennung** im Urheberrechtsprozess beruhte auf einem berechtigten Interesse. Daraus ergab sich im Hinblick auf die vom Gericht dargelegten prozessualen Gründe die Eignung der Informationsverarbeitung. Ein alternatives, milderes Mittel – Speicherung beim Auftragnehmer – wird vom Gericht als nicht hinreichend verlässlich beiseite getan.
- BVerwG vom 27.3.2019:[77] **Videoüberwachung** ist nur erforderlich, wenn ein über das allgemeine Lebensrisiko hinausgehendes Risiko nachgewiesen wird, wobei auf ErwGr 47 DS-GVO zurückzugreifen ist.
- VG Mainz vom 24.9.2020:[78] **Videoüberwachung** eines Parkplatzes während der Öffnungszeiten des Geschäfts nicht erforderlich, weil es an schutzwürdigen und objektiv begründbaren Interessen des Verantwortlichen im Sinne des Erwägungsgrunds 47 DS-GVO fehlt.
- VG Hannover vom 9.11.2021:[79] Erhebung des **taggenauen Geburtsdatums** ist nicht einmal zweckförderlich für den Geschäftsbetrieb einer Apotheke und deshalb nicht erforderlich.
- Die Entscheidungen, die die „Erforderlichkeit" fortbestehender Informationen bei anderenfalls bestehender Löschungspflicht zum Inhalt hatten, sind bereits in → Rn. 24 behandelt.
- Geringer ist die Zahl der Entscheidungen, in denen **wegen eines geeigneten Austauschmittels** die Erforderlichkeit der durchgeführten – geeigneten – Maßnahme verneint wurde. Dies gilt etwa für den Beschluss des SG Düsseldorf vom 23.11.2005[80] wegen behördlicherseits eingeholter Information beim Vermieter über eine

[74] VG Düsseldorf, Urt. v. 6.11.1984 – 17 K 2376/83, NJW 1985, 1794 (1795).
[75] OLG Köln, Urt. v. 19.11.2010 – 6 U 73/10, CR 2011, 680 (681).
[76] VG Berlin, Urt. v. 13.1.2014 – 1 K 220.12, ZD 2014, 316 (317 f.).
[77] BVerwG, Urt. v. 27.3.2019 – 6 C 2.18, ZD 2019, 372 (Rn. 24 ff., 47).
[78] VG Mainz, Urt. v. 24.9.2020 – 1 K 584/19.MZ, ZD 2021, 336 (Rn. 34 ff.).
[79] VG Hannover, Urt. v. 9.11.2021 – 10 A 502/19, juris (Rn. 29 ff.).
[80] SG Düsseldorf, Beschl. v. 23.11.2005 – S 35 AS 343/05 ER, RDV 2006, 84.

bestehende eheähnliche Gemeinschaft vor Befragung der Betroffenen selbst. – Dazu gehört auch die Entscheidung des BSG vom 28.11.2002[81] betr. die Erhebung von Arbeitnehmer-Anfängerdaten durch eine Ersatzkrankenkasse beim Arbeitgeber: es genüge, Werbung im öffentlichen Raum zu betreiben. Ausdrücklich wegen Bereitstehens eines milderen Mittels hat der BGH mit Urteil vom 15.5.2018[82] die Erforderlichkeit bei der permanenten Aufzeichnung des Straßenverkehrs durch **Dashcams** zu Beweisführungszwecken in etwaigen Unfallprozessen abgelehnt. Man solle auf Geräte zurückgreifen, die nur unmittelbar im Vorfeld eines Unfalls aufzeichneten. Ein Beweisverwertungsverbot wollte er daraus aber nicht folgern.

31 Der Grundsatz der Verhältnismäßigkeit – begründet im Rechtsstaatsprinzip und in den Grundrechten selbst – hat **Verfassungsrang.** Er ist in dieser Eigenschaft Gegenstand umfangreicher Rechtsprechung des BVerfG geworden.[83] Einige Schlaglichter auf diese – jeweils mit Bezug auf personenbezogene Informationen – können im vorliegenden Zusammenhang zum Verständnis hilfreich sein:

- Quasi-lehrbuchmäßig hat das BVerfG im **Entmündigungsbeschluss** vom 9.3.1988[84] die Verhältnismäßigkeit der öffentlichen Bekanntmachung von Entmündigungen wegen Trunksucht abgehandelt. Die Eignung der von § 687 ZPO a.F. vorgesehenen Maßnahme zur Zweckerreichung sei gegeben. Die öffentliche Zugänglichkeit der Information sei auch erforderlich. Allerdings ließ das Gericht dahingestellt, „ob andere Veröffentlichungsformen, etwa in Gestalt von Auskunfts- oder Einsichtsrechten, möglich wären". Denn jedenfalls seien die Grenzen des Zumutbaren überschritten, die Proportionalität also nicht gewahrt.
- Systematisch im wesentlichen übereinstimmend hat das Gericht über die **„Vorratsdatenspeicherung"** am 2.3.2010 entschieden: Das Vorhaben sei geeignet und erforderlich, aber im Ergebnis unverhältnismäßig i.e.S. (näheres mit Nachweisen → § 5 Rn. 76f.). Der EuGH sprach der Vorratsdatenspeicherung ebenfalls mehrfach die Erforderlichkeit ab (→ 5 Rn. 78ff.). Auf der mitgliedstaatlichen Ebene kreist die Frage seitdem um eine Unionsrechtskonformität einer nationalen Vorratsdatenspeicherung.[85]
- Zu gleichem (Teil-)Ergebnis gelangte das Gericht in den Entscheidungen vom 11.3.2008 und 18.12.2018 zur automatischen Erfassung von **Kraftfahrzeugkennzeichen;** das Verfahren sei zur Verfolgung präventiver/repressiver Zwecke geeignet, und mildere Mittel seien im Hinblick auf die vorgesehene neuartige Reichweite der Beobachtung nicht ersichtlich; verletzt sei die Verhältnismäßigkeit i.e.S.[86]
- Gleichermaßen entschied das BVerfG am 27.2.2008 über den durch das Verfassungsschutzgesetz NRW vorgesehenen Eingriff in das Grundrecht auf Gewährleistung der **Vertraulichkeit und Integrität informationstechnischer Systeme.**[87] Die Beurteilung der Eignung so gearteter heimlicher Zugriffe überließ das Gericht dem Gesetzgeber; dieser durfte auch davon ausgehen, dass ein den Bürger weniger belastender, für die staatliche Zielsetzung ebenso wirksamer Weg der Informationserhebung nicht zur Verfügung stehe; doch die vom Gesetzgeber gewählte defizitäre Ausgestaltung verletze die Verhältnismäßigkeit i.e.S.

---

[81] BSG, Urt. v. 28.11.2002 – B 7-1 A 2/00 R, RDV 2003, 142.
[82] BGH, Urt. v. 15.5.2018 – VI ZR 233/17, NJW 2018, 2883 (Rn. 25).
[83] Übersicht bei Jarass/Pieroth/*Jarass*, GG, 16. Aufl. 2020, Art. 20 Rn. 112ff.
[84] BVerfG, Beschl. v. 9.3.1988 – 1 BvL 49/86, BVerfGE 78, 77 (85ff.).
[85] S. BVerwG, Beschl. v. 25.9.2019 – 6 C 12/18, NVwZ 2020, 1108 (Rn. 18ff.).
[86] Vgl. → § 5 Rn. 58f.; insbes. BVerfG, Urt. v. 11.3.2008 – 1 BvR 2074/05 u.a., BVerfGE 120, 378 (428); BVerfG, Beschl. v. 18.12.2018 – 1 BvR 142/15, BVerfGE 150, 244 (Rn. 89ff.).
[87] Dazu → § 5 Rn. 2ff.; insbes. BVerfG, Urt. v. 27.2.2008 – 1 BvR 370/07 u.a., BVerfGE 120, 274 (320ff.).

32 Insgesamt lässt sich aus diesen Rechtsprechungsbeispielen zur Beeinträchtigung des Persönlichkeitsrechts durch Informationsverarbeitung eine Tendenz des BVerfG entnehmen, der Frage **alternativer Lösungswege** unter dem Aspekt der Erforderlichkeit regelmäßig **nicht vertieft nachzugehen;** doch muss sich die zu überprüfende gesetzgeberische Regelung, auch wenn sie zweckgerecht/geeignet angelegt ist, dem grundrechtlichen Abwägungstest unter dem Gesichtspunkt der Proportionalität stellen. Das deckt sich mit der Gewichtung, die bei der Überprüfung datenschutzrechtlicher Fragestellungen bei den Fachgerichten beobachtet wurde.

V. Ausgewählte Folgerungen

33 Für die Interpretation der von der DS-GVO geschaffenen Rechtsgrundlagen – insbes. des Art. 6 Abs. 1 lit. b–f DS-GVO – ergeben sich Konsequenzen. Denn sowohl systematische, historische als auch zweckgerichtete, praxisorientierte Überlegungen führen zu einer **veränderten Sicht** der tragenden rechtlichen Elemente informationeller Zweck-Mittel-Kopplungen, wie sie mit dem Rahmenbegriff „erforderlich" umschrieben werden. Die Verarbeitungsgrundsätze des Art. 5 Abs. 1 lit. a–e DS-GVO sind dabei zu beachten.

1. Vertragsverhältnis

34 Die Verarbeitung nach **Art. 6 Abs. 1 lit. b DS-GVO** (→ Rn. 6) ist gekennzeichnet durch einen – im wesentlichen von den Vertragsparteien gemeinsam angestrebten – Vertragszweck. Daran knüpft sich leicht die gesetzliche Forderung aus Art. 5 lit. b DS-GVO nach einer Verarbeitung „für festgelegte, eindeutige und legitime Zwecke". Die Zweckgerechtigkeit – gepaart mit dem Transparenzgebot und dem Minimierungsgebot gemäß Art. 5 Abs. 1 lit. a u. c DS-GVO – bewirkt die *erforderliche* Steuerung. Zugleich verbleibt den Verantwortlichen Gestaltungsfreiheit im Rahmen vertragsautonomer Zielsetzungen.[88] Sie sind z.B. nicht gehalten, zur Realisierung des Vertragszwecks im Rahmen verkehrsüblichen Geschäftsbetriebs auf die Einschaltung von Dritten/Erfüllungsgehilfen nur deshalb zu verzichten, weil damit die Übermittlung vertragsbezogener Informationen verbunden sein würde. – Jeder Vertragspartner darf im Rahmen ständiger Geschäftsbeziehungen Bewertungen[89] über den anderen verarbeiten, die es ihm erleichtern, künftige Vorgänge reibungslos bzw. risikofrei abzuwickeln. – Diesen Möglichkeiten steht auf der anderen Seite die Offenheit/Transparenz zugunsten des Betroffenen gegenüber, bewirkt durch die Informationspflichten des Verantwortlichen.[90] Diese bestehen freilich dann nicht, wenn dessen allgemein anerkannte Geschäftszwecke erheblich gefährdet sein würden, es sei denn, dass das Interesse des Betroffenen an der Informationserteilung dessen ungeachtet überwiegt.[91]

2. Verbundene Unternehmen

35 Wesentliche Grundlage für die Zulässigkeit der Datenverarbeitung durch wirtschaftliche Unternehmen ist auch **Art. 6 Abs. 1 lit. f** DS-GVO.[92] Art. 4 Nr. 19,

---

[88] Vgl. Auernhammer/*Kramer,* DSGVO/BDSG, 7. Aufl., 2020, Art. 6 DS-GVO, Rn. 29; auch BeckOK DatenSR/*Wolff,* 38. Ed. 2021, Prinzipien Syst. A Rn. 25.

[89] Vgl. allgemein zu Werturteilen Simitis/*Dammann,* BDSG, 8. Aufl. 2014, § 3 Rn. 12; zu Bonitätsdaten Gola/Schomerus/*Gola/Klug/Körffer,* BDSG, 12. Aufl. 2015, § 28 Rn. 17, auch Rn. 19; zu Scoring-Werten beachte § 31 BDSG 2018 sowie → § 16 Rn. 62ff.

[90] Vgl. Art. 13, 14 i.V.m. Art. 15 Abs. 1 Hs. 2 DS-GVO; dazu Näheres → § 15 Rn. 2ff., 19ff.

[91] So Art. 23 Abs. 1 lit. i DS-GVO i.V.m. § 33 Abs. 1 Nr. 2a BDSG; dazu näheres → § 15 Rn. 9f., 12.

[92] Näheres zu dieser Bestimmung schon in → Rn. 12ff.

Art. 37 Abs. 2, 47 und Art. 88 Abs. 2 DS-GVO enthalten Bestimmungen über Unternehmensgruppen und berücksichtigen damit deren legitime Zwecke im Wirtschaftsleben. Zwar enthält die DS-GVO **kein Konzernprivileg** i. e. S., so dass der organisatorisch bedingte Informationsaustausch innerhalb einer Unternehmensgruppe seine Rechtsgrundlage in Art. 6 Abs. 1 lit. f DS-GVO findet. Der Maßstab zweckgerechter Verarbeitung – in Abwägung gegen die schutzwürdigen Belange der Betroffenen[93] – ist jedoch geeignet, zu praktikablen Ergebnissen zu führen. Dies findet seine Bestätigung in ErwGr 48, wonach ein berechtigtes Interesse an der Übermittlung „personenbezogene[r] Daten innerhalb der Unternehmensgruppe für interne Verwaltungszwecke, einschließlich der Verarbeitung personenbezogener Daten von Kunden und Beschäftigten", bestehen kann.[94]

3. Öffentliche Verwaltung

36 Die Vielfalt der Bereiche öffentlicher Verwaltung und die dabei jeweils gegebene Intensität der Anbindung an die gesetzliche Grundlage stellt sich der einheitlichen Darstellung der Koppelung von Aufgabe/Zweck und zu verarbeitender personenbezogener Information entgegen. Das gilt sowohl mit Bezug auf **Art. 6 Abs. 1 lit. e** DS-GVO als auch für die partielle Wiederholung dieser Norm – unter Einschluss des Kriteriums der Erforderlichkeit – in § 3 BDSG. (→ Rn. 10). Ausdruck der bezeichneten Vielfalt sind zudem die zahlreichen bereichsspezifischen datenschutzrechtlichen Normen (im Sozial-, Steuerrecht usw.), für die Art. 6 Abs. 2 DS-GVO die Grundlage mitgliedstaatlicher Regelung bildet.

37 *Gebundene* öffentliche Verwaltung – so etwa vorrangig bei Genehmigungsverfahren im (bau)technischen Bereich – wird oftmals durch ein klar festgelegtes und demgemäß abzuarbeitendes Programm bestimmt. Dadurch wird zweckgerechte Informationsverarbeitung im wesentlichen eingegrenzt. Ein solches Vor-Bild ist bei der Ermächtigung zur Beurteilung persönlichen Verhaltens[95] und zu **Ermessensentscheidungen**[96] genauso wenig gegeben wie bei Planungs- und Gestaltungsfragen. Auch bedarf eine Behörde zusätzlicher Informationen, wenn Zweifel an der Richtigkeit/Glaubwürdigkeit ihr vorgelegter Sachverhalte bestehen.[97] Bei alledem wird schon vom verfassungsrechtlichen Grundsatz der Gesetzmäßigkeit der Verwaltung her konsequente Zweckverfolgung bei sparsamem Einsatz personenbezogener Informationen durch die Behörde vorausgesetzt (→ Rn. 29). Das schließt jedoch erhebliche informationelle Spielräume der öffentlichen Verwaltung nicht aus, die ihrerseits eingegrenzt sind durch die Verhältnismäßigkeit i. e. S. (→ Rn. 32, 28), auch in Kombination mit dem Widerspruchsrecht nach Art. 21 Abs. 1 DS-GVO (→ Rn. 14).

D. Zweckbindung

38 Das Zweckbindungsprinzip wurde **unter dem Eindruck der Aussagen des BVerfG im Volkszählungsurteil** (→ § 4 Rn. 13 ff.) in das **BDSG 1990** für den öffentlichen Bereich inkorporiert. Danach

---

[93] Ergänzt durch des Widerspruchsrecht – quasi Opt-out-Regelung – nach Art. 21 DS-GVO, → Rn. 14.

[94] Dazu *Albrecht/Jotzo,* 2017, Teil 3 Rn. 15; *Laue/Nink/Kremer,* 2. Aufl., 2019, § 1 Rn. 44–46.

[95] Dazu z. B. § 35 Abs. 1 GewO (Gewerbeuntersagung wegen Unzuverlässigkeit), vgl. Landmann/Rohmer/*Marcks,* Gewerbeordnung, 86. ErgLfg. 2021, § 35 GewO, Rn. 61, über „sonstige Untersagungsgründe".

[96] Dazu z. B. die an die Person gerichtete Untersagung des weiteren Betriebs einer genehmigungsbedürftigen Anlage nach § 20 Abs. 3 BImSchG (vgl. Landmann/Rohmer/*Hansmann/Röckinghausen,* Umweltrecht, 96. ErgLfg. 2022, § 20 BImSchG, Rn. 71).

[97] Vgl. zu alledem Simitis/*Dammann,* BDSG, 8. Aufl. 2014 § 15 Rn. 17.

dürfen personenbezogene Daten nur für die Zwecke verarbeitet werden, „für die die Daten erhoben worden sind." Diese Bindung trat neben das bereits seit dem BDSG 1977 geltende Erforderlichkeitsprinzip. Bei strikter Anwendung führt es, wenn immer bei mehreren verantwortlichen Stellen Bedarf für ein und dieselbe Information besteht, zum Erfordernis der Mehrfacherhebung, also zum Ausschluss wechselseitiger Informationshilfe. Insoweit besteht ein innerer Zusammenhang mit dem im deutschen Datenschutzrecht früher gleichermaßen geltenden Prinzip der Erhebung beim Betroffenen, § 4 Abs. 2 S. 1 BDSG-alt. Im Zusammenspiel beider Grundsätze kann man das Streben nach Erfüllung des Postulats erkennen, dass der Einzelne wissen soll, was andere – die Verantwortlichen – über ihn wissen.[98]

39 Die **DSRL** hatte die Erhebung beim Betroffenen nicht vorgeschrieben. Auch wurde die Frage einer Anbindung erhobener personenbezogener Information an vorgefasste Zwecke schon im Ausgangspunkt vorsichtiger angegangen. Dazu heißt es in Art. 6 Abs. 1 lit. b DSRL, es sei durch die Mitgliedstaaten vorzusehen, dass die Daten „für festgelegte eindeutige und rechtmäßige Zwecke erhoben und nicht in einer mit diesen Zweckbestimmungen nicht zu vereinbarenden Weise weiterverarbeitet werden."

40 Mit dieser Formulierung hat die Richtlinie zunächst in Form einer Generalklausel sowohl dem Sozialcharakter – der Multifunktionalität – zwischenmenschlicher Information als auch den menschlichen/sozialen Bedürfnissen nach Vertraulichkeit Rechnung getragen. Freilich wäre auch in diesem Zusammenhang der Eindruck falsch, dass das deutsche Datenschutzrecht in Theorie und Praxis demgegenüber bislang einen rigiden Kurs realisiert hätte. Man erkannte das schon an den **umfangreichen Ausnahmekatalogen** zur Zweckbindung in den Datenschutzgesetzen des Bundes und der Länder, also insbesondere im Katalog des § 14 Abs. 2 Nrn. 1–9 BDSG 2016. In dieser Aufzählung steckt nämlich in gewisser Weise eine Umschreibung vereinbarer Wege der Zweckänderung.

41 Art. 5 Abs. 1 lit. b DS-GVO wiederholt sinngemäß den vorangehend zitierten Grundsatz aus Art. 6 Abs. 1 lit. b DSRL. Im Rahmen der Regelungen für die Rechtmäßigkeit der Verarbeitung greift Art. 6 Abs. 4 DS-GVO darauf zurück; hier werden im Halbsatz 2 lit. a–e Kriterien vorgegeben, die der Verantwortliche zur Feststellung der Vereinbarkeit der **Weiterverarbeitung für einen anderen Zweck** zu berücksichtigen hat.[99]

42 Es geht dabei um „jede Verbindung zwischen den Zwecken", also z.B. zwischen der Buchung einer Reise und dem nachfolgenden Angebot von entsprechender Ausrüstung, Landkarten, Literatur; ferner geht es um den Zusammenhang, in dem die Daten erhoben worden sind, also insbesondere offen oder in vertraulichem Kontext; eine wichtige Rolle spielt die Art der Daten, seien es landläufige wie eine Adresse, solche aus allgemein zugänglichen Quellen oder umgekehrt solche den Bedarf an Alkohol betreffend; weiterhin bedarf es der Beurteilung über „die möglichen Folgen" für den Betroffenen; auch **„geeignete Garantien"**, etwa Pseudonymisierung, fallen wesentlich ins Gewicht.

43 Unabhängig von diesen Vorgaben zur Konkretisierung der gesetzten Grenzen zulässiger Zweckänderung sieht Art. 6 Abs. 4 DS-GVO die Möglichkeit vor, dass im Rahmen des Art. 23 Abs. 1 DS-GVO[100] die **Verarbeitung zu einem anderen Zweck durch Rechtsvorschrift der Union oder der Mitgliedstaaten** vorgesehen wird. Dies ist durch §§ 23ff. BDSG in eingeschränktem Umfang geschehen. Für die Verarbeitung durch öffentliche Stellen gelten insoweit §§ 23, 25 BDSG. Dabei wiederholt § 23 Abs. 1 BDSG im wesentlichen den Ausnahmekatalog des § 14 Abs. 2 BDSG 2016. § 24 BDSG sieht eine Zulässigkeit der Verarbeitung zu anderen Zwecken für nicht-öffentliche Stellen vor, die auf Gefahrenabwehr, Verfolgung von Straftaten und auf die Geltendmachung, Ausübung und Verteidigung zivilrechtlicher Ansprüche beschränkt ist.

44 ErwGr 50 S. 2 DS-GVO sieht vor, dass im Fall der Zweckvereinbarkeit zur Verarbeitung für den neuen Zweck, „keine andere gesonderte Rechtsgrundlage erfor-

[98] Vgl. BVerfG vom 15.12.1983 – 1 BvR 209 u.a., BVerfGE 65, 1 (43) – Volkszählung, dazu → § 3 Rn. 5, → § 4 Rn. 13ff.

[99] Vgl. dazu anschaulich Gola/*Schulz*, DSGVO, 2. Aufl. 2018, Art. 6 Rn. 177ff.

[100] Dazu näheres bei Kühling/*Buchner/Petri*, 3. Aufl. 2020, Art. 6 DS-GVO, Rn. 180, 199f.

derlich [sei] als diejenige für die [vorangegangene] Erhebung der personenbezogenen Daten.“ Eine solche **Erleichterung für Zweckänderungen** ist freilich aus rechtssystematischer Sicht nicht ohne weiteres überzeugend. Teilweise wird allerdings angenommen, dass es sich um ein Redaktionsversehen bei der Erstellung der Erwägungsgründe gehandelt habe.[101]

[101] Vgl. Gola/*Schulz,* DSGVO, 2. Aufl. 2018, Art. 6 Rn. 210. mit Nachw.

§ 13. Einwilligung und andere Willensäußerungen

Literatur: *Artikel 29-Gruppe,* Guidelines on Consent under Regulation 2016/679, Nov. 2017; *Beisenherz/Tinnefeld,* Aspekte der Einwilligung, DuD 2011, 110; *Buchner,* Informationelle Selbstbestimmung im Privatrecht, 2006; *Buchner,* Widerrufbarkeit der Einwilligung, DuD 2021, 831; *Buchner/Kühling,* Die Einwilligung in der Datenschutzordnung 2018, DuD 2017, 544; *Ernst,* Die Widerruflichkeit der datenschutzrechtlichen Einwilligung, ZD 2020, 383; *Fröde,* Willenserklärung, Rechtsgeschäft und Geschäftsfähigkeit, 2012; *Funke,* Dogmatik und Voraussetzungen der datenschutzrechtlichen Einwilligung im Zivilrecht, 2017; *Geiger,* Die Einwilligung in die Verarbeitung personenbezogener Daten als Ausübung des Rechts auf informationelle Selbstbestimmung, NVwZ 1989, 35; *Gola/Schulz,* DS-GVO – Neue Vorgaben für den Datenschutz bei Kindern?, ZD 2013, 475; *Hermstrüwer,* Informationelle Selbstgefährdung, 2016; *Herbst,* Die Widerruflichkeit der Einwilligung in die Datenverarbeitung bei medizinischer Forschung, MedR 2009, 149; *Katko/Babaei-Beigi,* Accountability statt Einwilligung?, MMR 2014, 360; *Kienle,* Datenmündigkeit, PinG 2020, 208; *Kosta,* Consent in European Data Protection Law, 2013; *Kothe,* Die rechtfertigende Einwilligung, AcP CLXXXV (1985), 105; *Krönke,* Datenpaternalismus, Der Staat 55 (2016), 319; *Mendes,* Schutz vor Informationsrisiken und Gewährleistung einer gehaltvollen Zustimmung, 2015; *Ohly,* „Volenti non fit iniuria" – Die Einwilligung im Privatrecht, 2002; *Pollmann/Kipker,* Informierte Einwilligung in der Online-Welt, DuD 2016, 378; *Radlanski,* Das Konzept der Einwilligung in der datenschutzrechtlichen Realität, 2016; *Rauda,* Gemeinsamkeiten von US Children Online Privacy Protection Act (COPPA) und DS-GVO, MMR 2017, 15; *Riesenhuber,* Die Einwilligung des Arbeitnehmers im Datenschutzrecht, RdA 2001, 257; *Rogosch,* Die Einwilligung im Datenschutzrecht, 2013; *Sandfuchs,* Privatheit wider Willen?, 2015; *Schieder,* Zur datenschutzrechtlichen Einwilligung in polizeiliche Zwangsmaßnahmen, GSZ 2021, 16; *Schrader,* Datenschutz Minderjähriger, 2021, S. 73–132; *Voigt,* Die datenschutzrechtliche Einwilligung, 2020; *Taeger/Schweda,* Die gemeinsam mit anderen Erklärungen erteilte Einwilligung, ZD 2020, 124 ff.; *Zahn,* Der Einwilligungsunfähige in der Medizin, 2012; *Zscherpe,* Anforderungen an die datenschutzrechtliche Einwilligung im Internet, MMR 2004, 723.

A. Willensäußerungen im Datenschutzrecht

1 Im überkommenen deutschen Konzept der „informationellen Selbstbestimmung" (→ § 4 Rn. 31 ff.) nimmt der Wille des Betroffenen **konzeptionell eine wichtige Stellung** ein. Dies gilt gleichermaßen im europäischen Datenschutzrecht, was auf verfassungsrechtlicher (primärrechtlicher) Ebene nicht so eindeutig aus dem Text hervorgeht wie im deutschen Verfassungsrecht, da die europäischen Grundrechte ein ausdrückliches (Grund-)Recht auf „informationelle Selbstbestimmung" nicht kennen (→ § 6 Rn. 3).

2 Dem Willen des Betroffenen soll nach der Vorstellung des Datenschutzrechts gleichwohl v. a. durch die Einwilligung Rechnung getragen werden.[1] Dies wird schon durch die **prominente systematische Stellung der Einwilligung** (→ C.) gegenüber den anderen Datenverarbeitungserlaubnistatbeständen deutlich, wenn in Art. 6 Abs. 1 S. 1 DS-GVO die Einwilligung in lit. a vor den übrigen Erlaubnistatbeständen in lit. b–f geregelt ist.[2] Darüber hinaus spielt der Wille des Betroffenen auch jenseits der Einwilligung im rechtstechnischen Sinne, nämlich als bloßer Realakt, eine wichtige Rolle (→ D.). Datenschutzrechtliche Willenserklärung und bloße datenschutzrechtliche Willensbetätigung haben durchaus einige Gemeinsamkeiten (→ B.).

3 Eine allgemeine und umfassende **„datenschutzrechtliche Rechtsgeschäftslehre"** ist jedoch bislang noch nicht entwickelt worden. Ausdrücklich normiert ist nur die

---

[1] Kritisch *Veil,* NVwZ 2018, 686 (688).

[2] Paal/Pauly/*Frenzel,* DS-GVO, 3. Aufl. 2021 Art. 7 Rn. 1; gegen einen konzeptionellen Vorrang der Einwilligung aber *Veil,* NVwZ 2018, 686 (688); *ders.*, NJW 2018, 3337 (3338).

Einwilligung, punktuell auch deren Widerruf sowie der Widerspruch. Nicht geregelt sind der Widerruf des Widerspruchs und die bloße Willensäußerung. Auch die Rückkopplung mit allgemeinen Instituten wie z.B. der Anfechtung ist noch nicht abschließend geklärt.

I. Rechtsnatur

4 Trotz der ausführlichen Regelung der Einwilligung (Art. 6 Abs. 1 lit. a, Art. 7, Art. 8 DS-GVO) enthält das europäische Datenschutzrecht kein eigenes Konzept von Einwilligung und überhaupt der datenschutzrechtlichen Willenserklärung. Jedenfalls stellt sich die Frage der **dogmatischen Einordnung** im Datenschutzrecht (→ 1.), im Zivilrecht (→ 2.) und im grundrechtlichen Kontext (→ 3.).

1. Datenschutzrechtliche Einordnung

5 Teilweise wird die Einwilligung als datenschutzrechtliches Betroffenenrecht kategorisiert.[3] **Systematisch** und **dogmatisch** allerdings kann dies nicht überzeugen. Zum einen sind die Einwilligung (Art. 7 DS-GVO) und die Betroffenenrechte (Art. 12ff. DS-GVO) im Gesetz getrennt dargestellt. Und zum anderen ist die Einwilligung nicht ein Mittel zum Schutz der informationellen Selbstbestimmung, sondern dient unmittelbar dessen Ausübung.

2. Zivilrechtliche Einordnung

a) Mitgliedstaatliche oder europäische Rechtsgeschäftslehre?

6 Nach der Europäisierung des Datenschutzrechts stellt sich die Frage, ob die Rechtsgeschäftslehre, in die die Einwilligung eingebettet ist, ebenfalls vollharmonisiert ist oder sich nach wie vor nach mitgliedstaatlichem Recht bestimmt. Ausdrücklich erwähnt und geregelt ist nur die Einwilligung (Art. 7f. DS-GVO; → Rn. 87ff.), deren Widerruf (Art. 7 Abs. 3 DS-GVO; → Rn. 144ff.) und der Widerspruch (Art. 21 DS-GVO; → Rn. 124ff.). Diese Vorschriften sind zweifellos **autonom europarechtlich auszulegen.**

7 Nur in dem (überschaubaren) **nicht-harmonisierten Teil des Datenschutzrechts** (→ § 8 Rn. 4ff.) wäre Raum für eine autonom-mitgliedstaatliche Einwilligungsdogmatik; der mitgliedstaatliche Gewinn durch eine autonome Regelung würde freilich aufgewogen durch Zerreißungseffekte in der Willenserklärungsdogmatik.

8 Die im europäischen Recht nicht ausdrücklich angesprochenen Aspekte (Geschäftsfähigkeit, Stellvertretung, Willensmängel und Anfechtbarkeit, Zugang usw.) können entweder weiterhin dem **mitgliedstaatlichen Recht** oder einem (ungeschriebenen) **gemeineuropäischen Privatrecht** unterfallen.[4] Für letzteres spricht der Effet utile und die Vermeidung von Zerreißeffekten, die ansonsten die datenschutzrechtliche Querschnittskodifikation begleiten. Für ein Fortgelten der Privatrechtsordnungen der Mitgliedstaaten spricht neben dem europarechtlichen Subsidiaritätsprinzip auch die Regelungstendenz im europäischen (Privat-)Recht, das Übergriffe in den Allgemeinen Teil größtenteils vermeidet.[5]

---

[3] Z.B. *Franck*, RDV 2015, 137 (137).

[4] Allg. zur Charakterisierung des europäischen Privatrechts *Schulze*, ZEuP 1993, 442ff.; *Kötz*, Europäisches Vertragsrecht, 2015, § 1.

[5] S. allg. zum fragmentarischen Charakter des europäischen Zivilrechts *Schulze/Zoll*, Europäisches Vertragsrecht, 2015, § 1 Rn. 33.

b) Willenserklärung oder Realakt?

9 Ob die Einwilligung Willenserklärung oder Realakt ist, ist im deutschen Privat-, Informations- und bisherigen Datenschutzrecht umstritten gewesen. Vertreten worden sind alle Auffassungen von Rechtsgeschäft[6] bis Realhandlung[7] mit allen Zwischenformen wie der „Rechtshandlung nichtrechtsgeschäftlicher Art“ [8] oder der „rechtsgeschäftsähnlichen Handlung“.[9] Oft ist die Frage unentschieden gelassen[10] und einzelfallbezogen[11] oder nach praktischen Gesichtspunkten[12] gelöst worden.

10 Zunächst einmal ist jede Äußerung eines Willens ein Realakt.[13] (Erst) durch rechtliche Anordnung werden Willensäußerungen dann zu **(rechtsgeschäftlichen) Willenserklärungen.** Dies ist allgemein dann der Fall, wenn die Willensäußerung auf einen rechtlichen Erfolg gerichtet ist.[14] Diesen rechtlichen Erfolg bestimmt Art. 6 Abs. 1 lit. a DS-GVO, wonach eine Verarbeitung (u.a. nur) rechtmäßig ist (= rechtliche Folge), wenn der Betroffene die Einwilligung gegeben hat[15]. Dasselbe gilt für den Widerruf der Einwilligung (Art. 7 Abs. 3 DS-GVO), wonach die weitere Verarbeitung ex nunc nicht mehr auf Art. 6 Abs. 1 lit. a DS-GVO gestützt werden kann (vgl. Art. 7 Abs. 3 S. 2 DS-GVO). Der Widerspruch führt nach Art. 21 Abs. 1 S. 2 DS-GVO dazu, dass der Verantwortliche die Daten nicht mehr verarbeitet (= verarbeiten darf).

11 Ohne eine entsprechende rechtliche Anordnung bleiben **Willensäußerungen Realakte,** an die freilich das Recht ebenfalls Rechtsfolgen knüpfen kann. So sind Willensäußerungen, ohne zugleich eine Willenserklärung zu sein, insbesondere im Rahmen einer Interessenabwägung bedeutsam, aber etwa auch bei entsprechender gesetzlicher Anordnung im Sicherheitsrecht.[16]

---

[6] LG Hamburg, Urt. v. 27.8.1982 – 74 O 80/82, ZIP 1982, 1313 (1315); LG Bremen, Urt. v. 27.2.2001 – 1 O 2275/00, DuD 2001, 620 (620); Simitis/*Simitis,* BDSG, 8. Aufl. 2014, § 4a Rn. 20; *Kloepfer,* Informationsrecht, 2002, S. 300; *Hollmann,* NJW 1978, 2332 (2332); *Hümmerich,* DuD 1978, 135 (136); *Schuster/Simon,* NJW 1980, 1287 (1288).

[7] *v. Uckermann,* DuD 1979, 163 (166); *Dörr/Schmidt,* Neues Bundesdatenschutzgesetz, 2. Aufl. 1992, § 4 BDSG, Rn. 3; Gola/Schomerus/*Gola/Körffer/Klug,* BDSG, 11. Aufl. 2012, § 4a Rn. 25 (anders dann jedoch Gola/Schomerus/*Gola/Körffer/Klug,* BDSG, 12. Aufl. 2015, § 4a Rn. 2).

[8] *Schaffland/Wiltfang,* Stand 8/2017, § 4a BDSG, Rn. 21; dagegen *Gallwas,* § 3 BDSG 1977, Rn. 15.

[9] BGH, Urt. v. 5.12.1958 – VI ZR 266/57, BGHZ 29, 33 (36); Roßnagel HdB DatenSR/*Holznagel/Sonntag,* 2003, Kap. 4.8 Rn. 21; ähnlich Köhler/Bornkamm/Feddersen/*Köhler,* 40. Aufl. 2022, § 7 UWG, Rn. 413.

[10] BAG, Urt. v. 11.12.2014 – 8 AZR 1010/13, K&R 2015, 433 (434); *Menzel,* DuD 2008, 400 (401); *Müller-Riemenschneider/Specht,* K&R 2014, 77 (77); *Veil,* NJW 2018, 3337 (3338), der die Willensbetätigung als entscheidend betrachtet.

[11] OLG Hamburg, Urt. v. 23.11.1983 – 5 U 222/82, ZIP 1983, 1435 (1437); *Gallwas,* in: Gallwas u.a., § 3 BDSG 1977, Rn. 12ff.

[12] Nachw. aus dem älteren Schrifttum bei *Höft,* Straf- und Ordnungswidrigkeiten im Bundesdatenschutzrecht, 1986, insb. S. 41ff.

[13] Für die grundsätzliche Einordnung datenschutzrechtlicher Erklärungen als tatsächliche Handlung (Realakt) wurde im deutschen Recht teilweise auch die „Einheit der Rechtsordnung“ angeführt, wonach die Einordnung der „Einwilligung“ im Straf- und Verwaltungsrecht als Realakt auch im Zivilrecht zu beachten sei (so *v. Uckermann,* DuD 1979, 163 (166); dagegen *Kohte,* AcP CLXXXV (1985), 105 (156ff.)).

[14] Hierauf abstellend auch *Funke,* Dogmatik und Voraussetzung der datenschutzrechtlichen Einwilligung im Zivilrecht, 2017, S. 82ff.

[15] So auch *Funke,* Dogmatik und Voraussetzung der datenschutzrechtlichen Einwilligung im Zivilrecht, 2017, S. 84.

[16] *Schieder,* GZS 2021, 16 (19).

3. Kein Grundrechtsverzicht

12 Grundrechtlich sind Einwilligungen und andere datenschutzrechtliche Willensäußerungen kein Grundrechtsverzicht,[17] sondern nur **Grundrechtsausübungsverzicht.**[18] Die Nichtdisponibilität über das Allgemeine Persönlichkeitsrecht sowie über seine Ausprägungen wäre antiliberal und vorkonstitutionell.[19]

13 Allerdings gibt es im Datenschutz durchaus auch eine Richtung, die ein überindividuelles Verständnis hat und stärker die systemischen Gefahren der Datenverarbeitung betont. Wenn der Schutz personenbezogener Daten nicht mehr (nur) als subjektives Grundrecht verstanden wird, sondern als ein **überindividueller, gesellschaftlicher Wert,** kann man die Einwilligung nicht als Grundrechtsausübung verstehen, sondern deren Gebrauch auch mit Pflichtigkeiten verbinden.[20] Dies war von *Spiros Simitis* vor einiger Zeit in der Formel zusammengefasst worden, die Menschen müssten um der demokratischen Gesellschaft willen zum Datenschutz gezwungen werden.[21] Etwas näher an der Terminologie der Grundrechtsdogmatik könnte man von einer „Sozialpflichtigkeit der Informationellen Selbstbestimmung" sprechen.

14 Zwar wird die Frage, ob es sich bei der datenschutzrechtlichen Einwilligung nach Art. 8 Abs. 2 GRCh aus rechtsdogmatischer Sicht um einen Rechtfertigungsgrund, dessen Verhältnis zur allgemeinen Grundrechtsschranke des Art. 52 Abs. 1 GRCh wiederum systematisch nicht befriedigend aufgelöst werden kann,[22] handelt oder diese bereits den Eingriff ausschließt (Grundrechtsausübungsverzicht), auf der Ebene europäischer Grundrechte teilweise noch als nicht abschließend geklärt bezeichnet.[23] Vereinzelt wird die Einwilligung (außerhalb des unionsrechtlichen Kontexts) als Rechtfertigungsgrund bezeichnet.[24] Andere verweisen ohne nähere Diskussion und dann methodisch zweifelhaft in Anlehnung an das Volkszählungsurteil[25] des BVerfG pauschal auf das mitgliedstaatliche (deutsche) Recht, dessen Figur der informationellen Selbstbestimmung und die deutsche Dogmatik zur Einwilligung als Grundrechtsgebrauch,[26] wonach kein Eingriff vorläge. Mit Verweis auf den Wortlaut insbesondere des Art. 8 Abs. 2 S. 1 Var. 1 GRCh im Vergleich zu den Rechtfertigungsgründen in Var. 2 wird mehrheitlich davon ausgegangen, dass die Einwilligung bereits **den Eingriff ausschließt.**[27] Dass der noch sekundärrechtlich auszuformenden – Art. 8 Abs. 2 S. 1 Var. 1 GRCh schweigt zu Wirksamkeitsvoraussetzungen – Einwilligung primärrechtlicher Rang zugeschrieben wurde, liegt vor

---

[17] BVerfG, Beschl. v. 23.10.2006 – 1 BvR 2027/02, RDV 2007, 20 (21): „Auch die Freiheit, persönliche Informationen zu offenbaren, ist grundrechtlich geschützt."; Simitis/*Simitis*, BDSG, 8. Aufl. 2014, § 4a Rn. 2.

[18] Hierzu allgemein *Bethge*, in: Isensee/P. Kirchhof, Handbuch des Staatsrechts, Bd. 9, 3. Aufl. 2011, § 203 Rn. 125–131.

[19] *Kohte*, AcP CLXXXV (1985), 105 (111).

[20] Gegen eine Reduzierung auf eine „rein individuelle Angelegenheit" Simitis/*Simitis*, BDSG. 8. Aufl. 2014, Einf. Rn. 114; s. auch BVerfG, Urt. v. 15.12.1983 – 1 BvR 209/83 u. a., BVerfGE 65, 1 (43) – Volkszählung.

[21] Ausdrücklich und pointiert *Simitis*, F. A. S. v. 4.1.2015, S. 17.

[22] *Marsch*, Das europäische Datenschutzgrundrecht, 2018, S. 136 f., der aufzeigt, dass auch die EuGH-Judikatur insoweit sehr inkonsistent ist.

[23] Unter Hinweis auf widersprüchliche Aussagen des EuGH auch *Marsch*, Das europäische Datenschutzgrundrecht, 2018, S. 136; Calliess/Ruffert/*Kingreen*, EUV/AEUV, 6. Aufl. 2022, Art. 8 GRCh, Rn. 14.

[24] *Buchner*, DuD 2010, 39 (39); *Haft*, NJW 1997, 1194 (1195).

[25] BVerfG, Urt. v. 15.12.1983 – 1 BvR 209/83 u. a., BVerfGE 65, 1 (41 ff.) – Volkszählung.

[26] Stern/Sachs/*Johlen*, GRCh, 2016, Art. 8 Rn. 5; kritisch auch *Marsch*, Das europäische Datenschutzgrundrecht, 2018, S. 136.

[27] So Callies/Ruffert/*Kingreen*, EUV/AEUV, 6. Aufl. 2022, Art. 8 GRCh, Rn. 13; *Jarass*, GRCh, 4. Aufl. 2021 Art. 8 Rn. 9; v. der Groeben/Schwarze/Hatje/*Augsberg*, Europäisches Unionsrecht, 7. Aufl. 2015, Art. 8 GRCh, Rn. 12. – Parallel hierzu die h. M. im Strafrecht, etwa OLG Karlsruhe, Beschl. v. 28.6.2017 – 1 Rb 8 Ss 540/16, ZD 2017, 478 m. Anm. *Golla*.

allem daran, dass sie sich als Erlaubnistatbestand beschreiben lässt.[28] Art. 8 Abs. 2 S. 1 Var. 1 GRCh ist somit sekundärrechtsgeleitet auszulegen.[29]

15 Für den Grundrechtsausübungsverzicht bestehen allerdings **Grenzen der Dispositionsbefugnis,** die sich aus dem Schutz der Menschenwürde,[30] möglicherweise auch den guten Sitten (vgl. § 228 StGB), ergeben.

II. Begrifflichkeit

16 Mangels eines umfassenden europarechtlichen Konzepts der Einwilligung und erst recht wegen des Fehlens einer europäischen Rechtsgeschäftslehre (→ Rn. 8) gibt es **keine umfassende und konsistente Nomenklatur** für datenschutzrechtliche Willensäußerungen. Manche Begriffe sind vom Recht vorgegeben (→ Rn. 18ff.), andere müssen noch ergänzt werden (→ Rn. 22ff.).

17 Im Vergleich mit dem APEC Privacy Framework fällt auf, dass dieses auf eine ähnlich detaillierte Begrifflichkeit verzichtet und in Art. 20 (nur) zusammenfassend von „Choice", also von **Wahlmöglichkeiten,** spricht, die der Betroffene bezüglich seiner Daten haben müsse.[31]

1. Legaldefinitionen, Gesetzesbegriffe und Lücken

18 An prominenter Stelle in Art. 6 Abs. 1 lit. a DS-GVO steht die **„Einwilligung"** der betroffenen Person. Sie ist nach Art. 4 Nr. 11 DS-GVO „jede freiwillig für den bestimmten Fall, in informierter Weise und unmissverständlich abgegebene Willensbekundung in Form einer Erklärung oder einer sonstigen eindeutigen bestätigenden Handlung, mit der die betroffene Person zu verstehen gibt, dass sie mit der Verarbeitung der sie betreffenden personenbezogenen Daten einverstanden ist" (ähnlich § 51 BDSG).

19 Allerdings wird mit der Einwilligung nur *eine* Ausprägung von Willensbetätigungen benannt (und zugleich hervorgehoben). Das bisherige wie das aktuelle europäische Datenschutzrecht kennt daneben (Art. 4 Nr. 11, Art. 6 Abs. 1 lit. a DS-GVO) den **„Widerruf"**[32] (der Einwilligung)[33] (Art. 7 Abs. 3 DS-GVO) und den **„Widerspruch"** (Art. 21 DS-GVO).

20 Auch das frühere **deutsche Datenschutzrecht** kannte die Begriffe „Einwilligung" (nach § 4a BDSG-alt), „Widerruf" der Einwilligung (z.B. § 28 Abs. 3a S. 1 a.E. BDSG-alt; § 13 Abs. 2 Nr. 4 TMG-alt) und „Widerspruch" (nach § 20 Abs. 5, § 28 Abs. 4, § 35 Abs. 5 BDSG-alt). Das heutige BDSG enthält keine umfassende Dogmatik der Willensäußerungen, sondern spezifiziert lediglich den Begriff der „Einwilligung" (§ 26 Abs. 2 u. 3, § 51 BDSG).

---

[28] *Marsch,* Das europäische Datenschutzgrundrecht, 2018, S. 151.

[29] *Marsch,* Das europäische Datenschutzgrundrecht, 2018, S. 144, 152.

[30] EuGH, Urt. v. 14.10.2004 – C-36/02, Slg. 2004 I-0960; jeweils aus dem deutschen Recht BVerwG, Urt. v. 15.12.1981 – 1 C 232.79, NJW 1982, 664 (664) – Peepshow; BVerwG, Beschl. v. 11.2.1987 – 1 B 129.86, NVwZ 1987, 411 – Peepshow; VG Neustadt, Beschl. v. 21.5.1992 – 7 L 1271.92, NVwZ 1993, 98 (99); s. auch zu den „Zwergenweitwurf"-Entscheidungen in Deutschland und Frankreich *Schwarzburg,* Die Menschenwürde im Recht der Europäischen Union, 2011, S. 337f.

[31] APEC, Privacy Framework Doc. No. 205-SO-01.2 (2005); dazu *Hargreaves,* Can.J.L. & Tech. [Canadian Journal of Law and Technology] 1 (2010), 1 (6).

[32] ErwGr 42 S. 4 DS-GVO spricht (in der deutschen Sprachfassung) einmal auch von dem „Zurückziehen" der Einwilligung.

[33] Der „Widerruf" taucht im Verordnungstext auch noch in seiner verwaltungsverfahrensrechtlichen (wenn auch nicht notwendigerweise mit § 49 VwVfG identischen) Bedeutung auf (z.B. Art. 41 Abs. 5, Art. 42 Abs. 7 S. 2, Art. 43 Abs. 7, Art. 58 Abs. 2 lit. h DS-GVO, s.a. ErwGr 103 S. 3). Auch die Aufhebung von bestimmten Durchführungsrechtsakten (Art. 45 Abs. 5 DS-GVO) oder von Rechtssetzungsbefugnissen (Art. 92 Abs. 3 S. 1 DS-GVO) werden „Widerruf" genannt.

21 Alle diese Gesetzesbegriffe beschreiben jeweils **nur Teilaspekte datenschutzrechtlicher Willensbetätigung.** Sie sind weder umfassend noch abschließend. So sind zusätzlich insbesondere das (einfache) Einverständnis und der Widerruf eines Widerspruchs zu nennen, ferner die allgemeinen (vertrags-)rechtlichen Institute wie die Anfechtung und die nachträgliche Genehmigung.

2. Umfassende Nomenklatur

22 Für die nachstehende Darstellung wird **vorgeschlagen,** systematisierend einerseits zwischen rechtsgeschäftlicher Willenserklärung und Realakt und andererseits nach der Willensrichtung zwischen „Zustimmung“[34] und „Ablehnung“ zu unterscheiden. Stets muss auch der aufhebende Actus contrarius zu der jeweiligen Willensäußerung mitbedacht sein.

23 Im Einklang mit der eingeführten Terminologie soll im folgenden eine für die Datenverwendung konstitutive Willensäußerung **„Einwilligung“** heißen.[35] Ein konstitutives Verbot, eine Untersagung, heißt **„Widerspruch“** (vgl. Art. 21 Abs. 1 DS-GVO, s.a. Art. 18 Abs. 1 lit. a DS-GVO);[36] auch sie ist Willenserklärung. – Wird eine solche Willenserklärung (vom Erklärenden einseitig) aufgehoben, soll von **„Widerruf“** gesprochen werden. Ein Widerruf kann sich also sowohl auf eine Einwilligung wie auf einen Widerspruch beziehen.[37]

24 Einwilligung, Widerspruch und deren Widerruf sind **rechtsgeschäftliche Willenserklärungen.** Für sie gelten die allgemeinen Regeln für Willenserklärungen. Sie sind nach den allgemeinen Kriterien (des mitgliedstaatlichen oder gemeineuropäischen Rechts; → Rn. 8) anfechtbar und auch rückwirkend erklärbar (Genehmigung, vgl. § 184 BGB).

25 Bloße Willensäußerungen sollen **„Einverständnis“** und **„Einwand“** genannt werden;[38] sie werden teilweise (im urheberrechtlichen Kontext) als „schlichte Einwilligung“ bezeichnet.[39] Obwohl sie nicht auf einen unmittelbaren rechtlichen Erfolg gerichtet sind, kann das Gesetz an diese Willensäußerungen gleichwohl Rechtsfolgen knüpfen. Insbesondere beim Tatbestandsmerkmal der (schutzwürdigen) Interessen des Betroffenen kommt es auch auf dessen (geäußerten) Willen an. Besonders deutlich wird dies in Art. 6 Abs. 1 S. 1 lit. f DS-GVO, der darauf abstellt, dass „nicht die Interessen oder Grundrechte und Grundfreiheiten […] überwiegen“.[40]

26 Einen rechtlichen Begriff für den Wegfall des Einverständnisses bzw. eines Einwands gibt es nicht, er ist aber auch nicht erforderlich. Denn als **Realakt** und damit

---

[34] Zumindest im europäischen Recht scheint der Begriff der Zustimmung aber auch zum Teil undifferenziert mit der Einwilligung gleichgesetzt zu werden (ErwGr 35, 37 JI-RL).

[35] Am Begriff der „Einwilligung“ im BDSG ist kritisiert worden, dass er eigentlich die Zustimmung zu einem Rechtsgeschäft Dritter bezeichne (*Hümmerich,* DuD 1978, 135 (136f.), der deshalb den Begriff „Einverständniserklärung“ vorzieht). Dieser Einwand übersieht jedoch, dass es auch im sonstigen Recht – etwa im Strafrecht oder hinsichtlich Grundrechtseingriffen – durchaus den Unterschied zwischen der rechtfertigenden Einwilligung und der nach §§ 182ff. BGB gibt (*Kohte,* AcP CLXXXV (1985), 105 (111)).

[36] Gegen den Begriff des „Widerspruchs“ kann geltend gemacht werden, dass er bereits und noch länger im Verwaltungsrecht eingeführt ist.

[37] Ohne diese terminologische Unterscheidung *Ernst,* ZD 2020, 383 (383).

[38] Der Begriff des „Einwands“ für die Ablehnung einer Datenverwendung durch Willenserklärung ist in das Datenschutzrecht noch nicht eingeführt. Im schleswig-holsteinischen Recht (§ 29 slhLDSG-alt) wurde er synonym für „Widerspruch“ verwendet. Der ähnliche Begriff der „Einwendung“ ist zivilrechtlich besetzt (*Ulrici/Purrmann,* JuS 2011, 104ff., *Linhart,* JA 2006, 266ff.).

[39] BGH, Urt. v. 29.4.2010 – I ZR 69/08, K&R 2010, 501 (505); dazu *Müller-Riemenschneider/Specht,* K&R 2014, 77 (78).

[40] Näheres zu dieser Vorschrift → § 12 Rn. 12ff.

als Tatsache entfaltet er keine (unmittelbaren) Rechtswirkungen. Soweit Rechtsnormen, insbesondere Interessenabwägungsklauseln, solche einfachen Willensäußerungen berücksichtigen, kommt es für die Prüfung der jeweiligen Verarbeitung lediglich darauf an, ob eine Willensäußerung tatsächlich (noch oder schon) vorliegt.

III. (Kommendes) Datenrecht?

27 Die Frage nach der (zulässigen) rechtlichen Wirkung von Einwilligungen stellt sich aufgrund der technischen Entwicklung in neuen Zusammenhängen. Viele internetbasierte Dienste („Dienste der Informationsgesellschaft", vgl. Art. 8 Abs. 1 S. 1 DS-GVO) basieren auf dem **Austausch von personenbezogenen Daten gegen Inhalte oder Dienste („Umsonst-Internet")**. Dieses ökonomische Modell bestand freilich schon früher; Gewinnspiele und v.a. auch die Mischfinanzierung der Medien aus Vertriebs- und Werbeerlösen beruhen hierauf.

28 Das überkommene deutsche persönlichkeitsbasierte Konzept des Datenschutzes stand einer solchen **Kommerzialisierung der Einwilligung** recht kritisch und skeptisch gegenüber. Hier nimmt das europäische Datenschutzrecht schon wegen der grundrechtlichen Verselbständigung des Datenschutzgrundrechts (Art. 8 GRCh) eine neutralere Funktion ein, wenngleich ErwGr 43 S. 2 Var. 2 DS-GVO ein Kopplungsverbot (→ Rn. 57ff.) anspricht und Ansätze für eine „Market Privacy" im europäischen Datenschutzrecht auch nicht zu erkennen sind.

29 Doch scheint in einem Informations- und Datenzeitalter ein Verständnis des personenbezogenen Datums als Res extra commercium nicht recht passend und von der Wirklichkeit ohnehin unwiderruflich überholt zu werden. Zwar zeichnet sich ein **Datengüterrecht und Datenverkehrsrecht** erst in Umrissen ab. Eine „Verdinglichung" der personenbezogenen Daten aber ist wohl unausweichlich,[41] so dass die Kommerzialisierung der Einwilligungserklärung nunmehr nur noch ein faktischer Befund, nicht mehr aber ein (Gegen-)Argument ist.

B. Allgemeine Anforderungen an Willensäußerungen

30 Eine Reihe von Anforderungen wird an **alle Formen der Willensäußerung** gestellt.

I. Modi der Willensäußerung

31 Willensäußerungen können **auf beliebige Art** gemacht werden. Für den Realakt von Einverständnis und Einwand war das nie zweifelhaft, für die Einwilligung hatte das deutsche Datenschutzrecht früher regelmäßig die Schriftform vorgesehen (§ 4a Abs. 1 S. 3 BDSG-alt; bis zum 2. DSAnpUG-EU noch für den Beschäftigtendatenschutz § 26 Abs. 2 S. 3 BDSG), was das europäische Datenschutzrecht nicht übernommen hat (→ Rn. 103ff.). In ErwGr 32 DS-GVO wird (für die Einwilligung) ausdrücklich von mündlichen Erklärungen und solchen in Schriftzeichen gesprochen, ebenso von einem Anklicken oder – ganz weitgefasst – „sonstigen Verhaltensweisen" (ErwGr 32 S. 2 DS-GVO). Entscheidend kommt es darauf an, dass es sich um eine Willensbetätigung des Betroffenen handelt, was durch die die Regel bestätigende Ausnahme („automatisierte Verfahren", Art. 21 Abs. 5 DS-GVO) deutlich wird.

32 Wie die Erwähnung der „sonstigen Verhaltensweise" (ErwGr 32 S. 2 DS-GVO) zeigt, reicht auch eine **konkludente** Willensäußerung aus. So kann etwa selbst in

[41] *v. Lewinski*, Die Matrix des Datenschutzes, 2014, S. 48ff.

dem rügelosen Hinnehmen einer Datenverarbeitung über einen längeren Zeitraum eine Einwilligungserklärung liegen.[42] Überhaupt kann sich auch in einer (mehraktigen) Interaktion[43] eine Einwilligung manifestieren.

33 So gilt das **Überreichen von Visitenkarten** als Einwilligung in eine Verarbeitung und spätere (werbliche) Ansprache.[44] Ferner beinhaltet die **Tätigkeit als Messehostess** eine konkludente Einwilligung in Bildaufnahmen.[45] Die Aufstellung zum Gruppenbild, etwa bei Klassen- oder Jahrgangsfotos, ist ebenfalls eine Einwilligung.[46] Keine konkludente Einwilligung in Bildaufnahmen liegt dagegen darin, dass man sich in der Öffentlichkeit bewegt oder an einer Demonstration teilnimmt.[47]

34 Die Annahme einer zulässigen Einwilligung allein aufgrund der Möglichkeit eines **Opt-Out,** also eines aktiven Abwählens einer voreingestellten Zustimmung zu einer Klausel, ist auch im deutschen Recht schon kontrovers diskutiert worden. Der BGH spricht sich aus datenschutzrechtlicher Sicht grundsätzlich für eine Zulässigkeit aus,[48] der EuGH verneint dies für Cookies[49] und vorangekreuzte Felder[50].

35 Nichtstun als solches („Stillschweigen", ErwGr 32 S. 3 DS-GVO) ist dagegen keine Willensäußerung. Entsprechend den allgemeinen zivilrechtlichen Grundsätzen hat **Schweigen** grundsätzlich keinen Erklärungswert. Anders verhält es sich, wenn der Betroffene zwar den Mund nicht aufmacht, wohl aber beredt schweigt, was dann eine konkludente Willensäußerung darstellen kann (→ Rn. 32).

36 Keine Einwilligung im rechtsgeschäftlichen Sinne und auch keine Willensbetätigung ist die **mutmaßliche Einwilligung.** [51] Diese Kategorisierung als Nicht-Willensäußerung zeigt sich im Datenschutzrecht etwa darin, dass selbst bei einer Lebensgefahr keine (mutmaßliche) Einwilligung angenommen wird, sondern hierfür auf andere Erlaubnistatbestände zurückgegriffen wird (Art. 9 Abs. 2 lit. c, Art. 6 Abs. 1 lit. d DS-GVO, s. a. ErwGr 112 S. 1).

37 Datenschutzrechtlich kann eine solche mutmaßliche Einwilligung aber durchaus **im Rahmen der Interessenabwägung berücksichtigt** werden.[52] Sie ist entgegen der begrifflichen Bezeichnung keine Einwilligung und auch kein Realakt, sondern begründet (nur) ein (mutmaßliches) Interesse. Im Rahmen der Bußgeld- und Straftatbestände kann das mutmaßliche Interesse einen Rechtfertigungsgrund darstellen.

38 Datenschutzrechtliche Erklärungen können auch **Gegenstand von Rechtsgeschäften**[53] (schuldrechtlichen Verpflichtungsgeschäften) sein. Hier ist im Hinblick auf die Rechtsfolgen einer Unwirksamkeit, eines Widerrufs oder einer Anfechtung zu unterscheiden, ob die Einwilligung als Willenserklärung Teil des Rechtsgeschäfts

---

[42] LAG Frankfurt am Main, Urt. v. 27.8.1981 – 9 Sa Ga 360/81, MDR 1982, 82 (83); *Wahlers*, PersV 1983, 225 (231). – Allerdings besteht keine generelle Vermutung für eine (konkludente) Einwilligung, da dies eine Minderung der eigenen Rechtsposition bedeutet (RG, Urt. v. 7.5.1927 – I 22/27, RGZ 116, 313 (316); RG, Urt. v. 20.9.1927 – VII 155/27, RGZ 118, 63 (66); BGH, Urt. v. 18.4.1989 – X ZR 85/88, NJW-RR 1989, 1373 (1374) („im allgemeinen nicht").

[43] Vgl. *Bizer*, DuD 2002, 276 (280).

[44] Auernhammer/*Kramer*, DSGVO/BDSG, 7. Aufl. 2020, Art. 7 DS-GVO, Rn. 5.

[45] BGH, Urt. v. 11.11.2014 – VI ZR 9/14, RDV 2015, 147 (148).

[46] Vgl. OVG Koblenz, Beschl. v. 2.4.2020 – 2 A 11539/19.OVG, ZD 2020, 480 (481) (konkret aber über § 23 KUG, d. h. jenseits der Einwilligung gelöst).

[47] OLG Frankfurt am Main, Urt. v. 21.4.2016 – 16 U 251/15, ZD 2016, 586 (586 f.).

[48] BGH, Urt. v. 16.7.2008 – VIII ZR 348/06, MMR 2008, 731 (732).

[49] EuGH, Urt. v. 1.10.2019 – C-673/17, NJW 2019, 3433 (Ls. 1).

[50] EuGH, Urt. v. 11.11.2020 – C-61/19, NJW 2021, 841 (Rn. 41) – Orange România SA.

[51] Roßnagel HdB DatenSR/*Holznagel/Sonntag*, 2003, Kap. 4.8 Rn. 36.

[52] Allerdings ist die Wertung des § 677 BGB zu berücksichtigen, der den mutmaßlichen Willen durch das Interesse und den erklärten äußeren Willen begrenzt.

[53] Im Zusammenhang mit (privatrechtlichen) Verträgen ist jedoch zu beachten, dass Datenverarbeitung, um den (gemeinsamen) Vertragszweck zu erreichen, durch Art. 6 Abs. 1 S. 1 lit. b DS-GVO gesetzlich erlaubt ist.

selbst ist bzw. das Erfüllungsgeschäft oder auch nur die Geschäftsgrundlage bildet (dazu → Rn. 116ff.).

II. Freiwilligkeit

39 Im Zusammenhang mit der **Einwilligung** wird im Datenschutzrecht die Freiwilligkeit besonders betont. Nach ErwGr 43 S. 4 DS-GVO gilt eine Einwilligung als freiwillig, wenn der Betroffene eine „echte und freie Wahl" hat und er aus der Verweigerung oder dem Widerruf („Zurückziehen") keinen Nachteil erleidet. Schon nach Art. 2 lit. h DSRL musste die Einwilligung „ohne Zwang" erfolgen, nach § 4a Abs. 1 S. 1 BDSG-alt auf einer „freien Entscheidung [...] beruhen"; Vergleichbares wird in § 26 Abs. 2 S. 1 BDSG für die Einwilligung durch Beschäftigte angeordnet. Die Vorgabe der Freiwilligkeit gilt auch für **sonstige Willensäußerungen,** weil der Wille nur dann rechtlich relevant sein kann, wenn er frei geäußert wird.

40 Im Schrifttum werden seit jeher unter Berufung auf die ausdrückliche Erwähnung der „Freiwilligkeit" **Voraussetzungen für die Wirksamkeit** der Einwilligung postuliert.[54] So sei die Freiwilligkeit mehr als das bloße Nichtvorliegen von Willensmängeln. Eine Überrumplung,[55] übermäßige Anreize für eine Einwilligung, seelische Zwänge (z.B. bei Heilbehandlungen),[56] Drohung (etwa mit einer Meldung an die SCHUFA),[57] Fehlen von praktischen Alternativen (bei Ablehnung der SCHUFA-Klausel durch Bankkunden)[58] oder Subordinationsverhältnisse gegenüber dem Staat oder auch dem Arbeitgeber werden als Beispiele angeführt. Hierbei handelt es sich um Konstellationen, die in der Rechtsgeschäftslehre als **Willensmängel** behandelt werden. Auch werden sie über das Wettbewerbsrecht (vgl. § 4a UWG) und das Verbot irreführender und verdeckter Klauseln im AGB-Recht (§ 307 Abs. 1 S. 2 BGB) adressiert. Daraus kann man herleiten, dass das Tatbestandsmerkmal der Freiwilligkeit keine weitergehenden Anforderungen an den Willen des Betroffenen stellt.[59] Allerdings schließt diese Sichtweise nicht aus, dass sich aus dem Datenschutzrecht (als speziellerem Recht) spezielle Regeln für Willensmängel ergeben, die schon auf der Ebene der rechtlichen Wirksamkeit der Erklärung selbst ansetzen (und nicht erst, wie im allgemeinen Zivilrecht, etwa eine Anfechtungsmöglichkeit eröffnen).

1. Grenzen des willensäußerungsbasierten Konzepts

41 Das Konzept der Einwilligung, wie überhaupt ein auf den individuellen Willen gründendes Datenschutzrecht, sieht sich **grundsätzlichen Einwänden** ausgesetzt.[60] Sie mögen in einer freiheitlichen Gesellschaft nicht durchgreifen, zeigen aber gleichwohl Funktionsgrenzen auf.

a) Macht- und Wissensasymmetrien

42 Ein Bedenken macht daran fest, dass Datenverarbeitungssituationen typischerweise von Hierarchien, wirtschaftlichen Asymmetrien und Wissensgefälle geprägt

[54] Kritisch hierzu *Buchner,* Informationelle Selbstbestimmung im Privatrecht, 2006, S. 117f.
[55] *Tinnefeld,* NJW 2001, 3078 (3081).
[56] BGH, Beschl. v. 21.6.1983 – VI ZR 108/82, VersR 1983, 957 (958) (unwirksame Einwilligung ohne Brille, unter dem Einfluss von Schmerzmitteln und in Bedrängnis); *Simitis,* MedR 1985, 195 (197).
[57] Vgl. AG Mainz, Beschl. v. 14.7.2006 – 84 C 107/06 [nicht veröffentlicht].
[58] Vgl. *Petri,* RDV 2007, 153 (155f.).
[59] Bäumler/*Bull,* Der neue Datenschutz, 1998, S. 25 (33) („gut gemeint, aber nicht durchsetzbar").
[60] Zugespitzt *Weichert,* in: Peissl, Privacy, 2003, S. 145 (150): „Pakt mit dem Teufel".

sind (→ Rn. 55). Die für eine Willensbetätigung erforderliche **Freiwilligkeit sei in Abhängigkeits- und Drucksituationen** nicht gegeben oder jedenfalls eingeschränkt. Dem ist grundsätzlich entgegenzuhalten, dass es eine umfassende Freiheit von sozialen und faktischen Randbedingungen nicht gibt und damit auch keine absolute Freiwilligkeit.[61] Insoweit kann dies kein allgemeines Argument gegen Willensäußerungen sein, sondern nur Anlass zur entsprechenden Regelung bestimmter Konstellationen.

43 Das **klassische Subordinationsverhältnis** ist das zwischen Staat einerseits und Bürger bzw. Individuum andererseits. Weil der Staat, der im Rahmen seiner ihm zugewiesen Aufgaben aufgrund der ihm zur Verfügung gestellten Befugnisse in den meisten Situationen die erforderlichen Datenverarbeitungen[62] auch aufgrund gesetzlicher Erlaubnis vornehmen darf und ggf. erzwingen kann, ist für eine Einwilligung nur wenig Raum und auch regelmäßig kein Bedarf.[63] Das Datenschutzrecht trägt dieser typischen Drucksituation bei der **Einwilligung gegenüber Behörden** Rechnung (vgl. ErwGr 35, 37 JI-RL).

44 Auch in **Beschäftigungsverhältnissen** wird von einer besonderen Schutzbedürftigkeit und oftmals fehlender Freiwilligkeit der Beschäftigten ausgegangen. Kennzeichnend ist, dass auf bestimmte Fragen, wie insbes. derjenigen nach einer Schwangerschaft, sogar gelogen werden darf, was ansonsten Vertrauensverhältnisse schwer beschädigen würde. Allerdings ist selbst in Beschäftigungsverhältnissen eine wirksame Willensbetätigung von betroffenen Arbeitnehmern nicht ausgeschlossen (§ 26 Abs. 2 u. 3 BDSG), etwa bei sog. **Vorteilseinwilligungen** (z.B. in Bezug auf Firmenwagen, private Nutzung betrieblicher IT-Ressourcen).[64]

45 Im Wirtschaftsverkehr besteht zwischen Betroffenen und Verantwortlichem in ihren Rollen als **„Verbraucher"** (§ 13 BGB) und **„Unternehmer"** (§ 14 BGB) ebenfalls oft ein Gefälle, das meist weniger rechtlich als faktisch begründet ist. Der Unternehmer wird aufgrund seiner Geschäftserfahrung manches besser überblicken und ist insoweit **intellektuell überlegen.**[65]

46 Speziell geregelt ist bzw. war teilweise die Willensbetätigung in **monopolartig strukturierten Märkten** (vgl. § 28 Abs. 3b BDSG-alt). Datenschutzrechtlich nicht erheblich ist dagegen, ob der Betroffene auf eine Leistung des Verantwortlichen besonders oder gar existentiell angewiesen ist, solange er diese Leistung auf dem Markt auch ohne datenschutzrechtliche Einwilligung erhalten kann.

b) Rationale Apathie

47 Ein weiterer Aspekt ist die „rationale Apathie" der Betroffenen.[66] Oftmals scheint es nicht nur günstiger, Datenschutzverletzungen oder informationelle Zudringlichkeiten von Datenverarbeitern hinzunehmen, sondern auch, sich mit der Tatsache und den Rahmenbedingungen personenbezogener Datenverarbeitung überhaupt nicht zu befassen. Dieses Phänomen hat mehrere Ursachen und Gründe, die auch in Kombination auftreten können. Ökonomisch lassen sie sich darauf zurückführen, dass der **Aufwand für eine Willensbetätigung zu hoch** ist.

---

[61] Vgl. nur zum Patientenverhältnis *Otto/Rüdlin,* ZD 2017, 519 (521).

[62] Von einer Erlaubnis aufgrund Einwilligung unabhängig von den Zwecken des SGB im Sozialdatenschutzrecht geht offenbar *Bieresborn,* NZS 2017, 926 (930) aus; **a.A.** überzeugend *Roßnagel/Hoidn,* DuD 2018, 487 (489).

[63] *Ph. Reimer,* DÖV 2018, 881 (886f.); zur Einwilligung im Sozialrecht früher noch sehr restriktiv (normakzessorische Einwilligung) BSGE 102, 134 (Rn. 35ff.); zur Frage nach einer erweiterten Erlaubnis durch Einwilligung heute *Roßnagel/Hoidn,* DuD 2018, 487 (489).

[64] Auernhammer/*Forst,* DSGVO/BDSG, 7. Aufl. 2020, § 26 BDSG § Rn. 77.

[65] Hierzu *Kollmar/El-Auwad,* K&R 2021, 73ff.

[66] *v. Lewinski,* PinG 2013, 12 (13).

48 So wird eine (ausdrückliche) Einwilligungserklärung nicht für jede (Verarbeitungs-)Situation abgegeben, etwa für **komplexe Verarbeitungskontexte mit nur geringem Gefährdungspotential für das Persönlichkeitsrecht;** hier ist es für den Betroffenen rational, sich keine vertieften Gedanken zu machen.[67] In anderen Konstellationen ist die Frage der Einwilligung eine bloße Förmelei, wie etwa in den frühen Jahren der Fotografie mit mehrminütigen Belichtungszeiten, in der der Fotografierte ohnehin lange genau zum Zwecke der Aufnahme stillstehen musste; heute entspricht dem die Bitte: „Bitte recht freundlich!".

49 Am landläufigen Beispiel von Beratungsprotokollen von Bankberatern zeigt sich ferner, dass umfangreiche Mitteilungs- und Dokumentationspflichten dem Verbraucher im Zweifel nicht helfen, wenn ihm eine Prüfung der mitgeteilten Informationen entweder aufgrund der Masse oder fehlender Fachkenntnisse kaum möglich ist. Die Gefahr eines solchen **„information overflow"** scheint auch im Hinblick auf die umfangreichen Informationspflichten der Art. 13, 14 DS-GVO durchaus real (→ § 15 Rn. 2). Dabei ist zu beachten, dass mehr Informationen eben nicht zwingend zu einem höheren Datenschutzniveau führen.[68] Man spricht insoweit auch vom „more is less"-Paradoxon.[69]

50 So ist die Möglichkeit für den Betroffenen, **unter 59 potentiellen Empfängern** seiner Daten im Zusammenhang mit einem Gewinnspiel in einer durch Hyperlink erreichbaren Liste **eine individuelle Auswahl** zu treffen, als weltfremd beurteilt worden.[70] Die Notwendigkeit, dem Setzen von Cookies zustimmen zu müssen (→ § 18 Rn. 58), ist als „Cookieterror" bezeichnet worden.[71]

51 Hinzu kommt, dass **informationelle Eingriffe nicht unmittelbar fühlbar** sind. Sie haben meist auch keine direkte Konsequenz. Der Mensch reagiert auf solchermaßen gemittelte Reize und Impulse weniger stark als etwa auf körperlichen Schmerz oder eine unmittelbare finanzielle Einbuße. Somit ist es schon aus psychologischer Perspektive verständlich, dass Gefährdungen und Verletzungen der informationellen Privatheit als weniger dringlich empfunden werden als Beeinträchtigungen durch die körperliche Umwelt. Die häufigsten Verstöße befinden sich dazu auch noch auf einer sehr niederschwelligen Ebene (insb. im Werbebereich und im Internet), sodass von rechtlichen Schritten meist nicht nur abgesehen wird, sondern diese gar nicht erst als eine Option wahrgenommen werden.

52 Dies erklärt das vielfach beobachtete sog. **„Privacy-Paradox"**, nach dem auf abstrakter Ebene Datenschutz einen hohen Stellenwert hat, dieser aber in der individuellen Umsetzung (Selbstdatenschutz, Datenenthaltsamkeit) schon für geringe materielle und ideelle Vorteile aufgegeben wird.

c) Individualität der Willensäußerung und soziale Aspekte von Datenverarbeitung

53 Auch ist das Willensäußerungskonzept **in multipolaren Informationsbeziehungen unterkomplex,**[72] was man schon im Dreipersonenverhältnis sieht, wie es etwa im Telekommunikationsrecht geregelt ist (→ § 18). Hier sind Konstellationen denkbar, in denen die Willensäußerung des einen im Widerspruch zur Willensäußerung des anderen Betroffenen steht. Ein datenschutzrechtliches „Kollisionsregime" für solche Fälle ist bislang nicht entwickelt worden.

---

[67] Zu Smart Home-Anwendungen *Koolen,* EDPL 2021, 174 ff.
[68] *Leucker,* PinG 2015, 195 (198).
[69] *Moerel,* Big Data Protection – How to Make the Draft EU Regulation on Data Protection Future Proof, 2014, S. 47.
[70] OLG Frankfurt am Main, Urt. v. 17.12.2015 – 6 U 30/15, K&R 2016, 197 (198).
[71] *Domscheit-Berg,* zit. in: F. A. S. v. 24.10.2021, S. 1 u. 7, dort auch m. w. N.
[72] So auch *Cebulla,* ZD 2015, 507 (510) zur Einwilligung Drittbetroffener bei Kollateraldaten.

54 Die **gesamtgesellschaftlich (macht-)begrenzende Funktion** von Datenschutz kommt in dem Konzept von Einwilligung ebenfalls nicht zum Ausdruck. Wenn und soweit Datenschutz informationelle Machtballungen einhegen will, kommt dies in dem allein auf das Individuum abstellenden Konzept der Einwilligung nicht zum Ausdruck (→ Rn. 13).

2. Asymmetrien und Abhängigkeitsverhältnisse

55 Das praktische Hauptanwendungsgebiet der „Freiwilligkeit" ist das Vorliegen eines wirtschaftlichen, sozialen oder intellektuellen Machtgefälles, wie es oft zwischen Verantwortlichem und Betroffenem in Über-/Unterordnungsverhältnissen besteht (→ Rn. 42), namentlich im **öffentlichen Bereich** (ErwGr 43 S. 1 DS-GVO) und im **Arbeitsleben,** zunehmend aber gegenüber Anbietern von **Internetdiensten.** Es kommt auch in Betracht bei der Vorstrukturierung („Formatierung") der Einwilligung und ihrer Reduzierung auf Ja/Nein-Fragen.

56 Zwar ist eine Willensäußerung auch in diesen Bereichen grundsätzlich möglich,[73] doch muss hier in spezifischer Weise die Möglichkeit für den Betroffenen betrachtet werden, sich auch anders als vorgegeben zu entscheiden.[74] Gerade wenn eine entgegenstehende Entscheidung des Betroffenen **organisatorisch nicht abgebildet** werden kann, wird der Druck regelmäßig so groß sein, dass jedenfalls faustregelhaft nicht von einer freien Willensbetätigung ausgegangen werden kann. Andererseits ist der Umstand, dass andere Beschäftigte die Einwilligung nicht erteilt haben, ein Indiz für die Freiwilligkeit.[75] Auch **implizierte Verweigerungsmöglichkeiten**[76] indizieren die Freiwilligkeit der Willensäußerung.

3. Kopplungsverbote

57 Grundsätzlich kann sich eine **Willensbetätigung auf mehrere Aspekte oder mehrere Gegenstände beziehen** (vgl. Art. 6 Abs. 1 lit. a DS-GVO: „einen oder mehrere bestimmte Zwecke"). Allerdings kann aus der Einwilligung in eine Verarbeitung nicht automatisch auf andere Verarbeitungen geschlossen werden.[77] Wenn es allerdings „nicht angebracht" ist, dürfen für verschiedene Verarbeitungen bzw. Verarbeitungszwecke Einwilligungen nicht en bloc eingeholt werden (ErwGr 43 S. 2 DS-GVO).

58 Ein **ausdrückliches Kopplungsverbot,** wie es früher nach § 28 Abs. 3b BDSG-alt, § 12 Abs. 3 TMG-alt, § 95 Abs. 5 TKG-alt bestand, gibt es nach neuerem Datenschutzrecht nicht mehr.[78] Allerdings ist die Konstellation, in der die datenschutzrechtliche Einwilligung mit anderen Erklärungen verbunden wird, nicht frei von jeder rechtlichen Vorgabe (insbesondere Art. 7 Abs. 4 DS-GVO). Nach ErwGr 43 S. 2 Var. 2 DS-GVO besteht ein Kopplungsverbot dahingehend, dass eine im Zusammenhang mit einer Vertragserfüllung erklärte Einwilligung nicht möglich ist,

---

[73] BAG, Urt. v. 11.12.2014 – 8 AZR 1010/13, BB 2015, 1276 (1278); *Lambrich/Cahlik,* RDV 2002, 287 (292 f.) (zum Arbeitsrecht).

[74] Ausführlich und mit Fallbeispielen zum öffentlichen Bereich *Menzel,* DuD 2008, 400 (401 ff.).

[75] Vgl. BAG, Urt. v. 11.12.2014 – 8 AZR 1010/13, K&R 2015, 433 (435).

[76] *Simitis,* MedR 1985, 195 (197).

[77] Vgl. OLG Frankfurt am Main, Urt. v. 21.4.2016 – 16 U 251/15, K&R 2016, 524 (525).

[78] Simitis/Hornung/Spiecker gen. Döhmann/*Klement,* DSGVO, 2019, Art. 7 Rn. 58; *Kipker/Voskamp,* DuD 2012, 737 (738); weitgehend aber öOGH, Urt. v. 31.8.2018 – 6 Ob 140/18h, K&R 2019, 141, der sich (vielleicht zu) weitgehend auf ErwGr. 43 S. 2 stützt; wohl **a. A.** der italienische Kassationshof, dem *Pertot,* GPR 2019, 54 (55 f.) zustimmt; zu Recht kritisch zu einer von Art. 7 Abs. 4 DS-GVO gelösten Auslegung auch *Engeler,* ZD 2018, 55 (59)).

wenn sie sich auf eine Verarbeitung bezieht, die nicht der Vertragserfüllung dient. Da für die Vertragserfüllung erforderliche Datenverarbeitungen von nicht unter Art. 9 Abs. 1 DS-GVO fallenden Daten auch ohne Einwilligung stets nach Art. 6 Abs. 1 lit. b DS-GVO erlaubt sind, wird hier (nur) die Konstellation adressiert, dass die vertragserforderliche Datenverarbeitung mit einer sonstigen, über das Erforderliche hinausgehenden, zu einem Paket verschnürt wird.[79]

59 Bei diesen Regelungen der Kopplung von Willenserklärungen wird nur **auf die Situation des Betroffenen abgestellt,** nicht – wie etwa im Kartellrecht – auf den Marktanteil des Verantwortlichen.[80] Allerdings kann indirekt die Marktstellung des Verantwortlichen gleichwohl eine Bedeutung haben, wenn er nämlich den Markt in einer Weise dominiert, dass keine funktional äquivalenten Angebote bestehen. Wenn dann der Betroffene auf die monopol angebotene Leistung existentiell angewiesen ist, kann es am Tatbestandsmerkmal der Freiwilligkeit fehlen.[81]

60 Umstritten ist, ob die Einwilligung in ein Nutzertracking (v. a. von Medienangeboten) im Internet freiwillig ist, wenn die Inhalte auch über ein entgeltliches sog. „Pur-Abo" zugänglich sind.[82] Unproblematisch ist die Verbindung einer datenschutzrechtlichen Einwilligung mit der Möglichkeit der **Teilnahme an einem Gewinnspiel oder an Rabattsystemen,** weil es stets zumutbar ist, an einem Gewinnspiel nicht teilzunehmen.[83] Allerdings können sich nach den allgemeinen wettbewerbsrechtlichen Kriterien des „Anreißens" und der „Irreführung" auch für Gewinnspiele Grenzen ergeben.[84]

4. Einwilligungsverbot und Unbeachtlichkeit der Willensäußerung

61 In bestimmten Konstellationen schließt das Datenschutzrecht die Einwilligung aus und betrachtet Willenserklärungen als unbeachtlich. Hierbei handelt es sich um **Vertypungen des Betroffenenschutzes.** Wegen des rechtstechnischen Verbots mit Erlaubnisvorbehalt (→ § 12 Rn. 1) wird die Unbeachtlichkeit von Willensäußerungen legistisch teilweise auch als Verbot der Verarbeitung dargestellt.

62 § 28a Abs. 2 S. 4 BDSG-alt enthielt ein solches **ausdrückliches Einwilligungsverbot.** Im Ergebnis handelt es sich dabei um ein Verbot, was aber wegen des rechtskonstruktiven Ausgangspunkts des BDSG, dem Verbot mit Erlaubnisvorbehalt, gesetzestechnisch nicht auch so ausgedrückt wurde.

63 Für **sensitive Daten** besteht kein generelles Einwilligungsverbot, sondern vielmehr allgemein nur besondere Anforderungen an die Einwilligungserklärung, insb. hinsichtlich ihrer Ausdrücklichkeit (ErwGr 51 S. 6 DS-GVO). Allerdings kann durch unions- oder mitgliedstaatliches spezielles Gesetz (Art. 9 Abs. 2 lit. a DS-GVO) ein solches Einwilligungsverbot normiert werden. Als Minus zu einem Verbot müssen durch eine solche Spezialregelung auch zusätzliche Anforderungen an die Einwilligung, etwa an deren Form, gemacht werden können.

64 § 18 GenDG enthält immanent ein Einwilligungsverbot, da ansonsten der vom Gesetz bezweckte Schutz der **geninformationellen Selbstbestimmung** untergraben werden könnte.[85]

---

[79] Instruktiv hierzu *Engeler,* ZD 2018, 55 (56 ff.).

[80] So war (noch unter Geltung des BDSG-alt) ein Marktanteil von über 73 % für unschädlich gehalten worden (OLG Brandenburg, Urt. v. 11.1.2006 – 7 U 52/05, RDV 2006, 210 (212) – ebay).

[81] Simitis/Hornung/Spiecker gen. Döhmann/*Klement,* DSGVO, 2019, Art. 7 Rn. 62; auf Wahrnehmung grundrechtliche Freiheitsräume stellt *Engeler,* ZD 2018, 55 (59) ab.

[82] c't 19/2021, 41.

[83] BGH, Urt. v. 16.7.2008 – VIII ZR 348/06, BGHZ 177, 253 (261) – Payback; OLG Frankfurt am Main, Urt. v. 27.6.2019 – 6 U 6/19, K&R 2019, 666; a. A. Anm. *Schröder,* K&R 2019, 143 (144) zu öOGH, Urt. v. 31.8.2018 – 6 Ob 140/18h, K&R 2019, 141.

[84] OLG Köln, Urt. v. 12.9.2007 – 6 U 63/07, RDV 2008, 25 (25) – WM-Tickets.

[85] *Kröger,* MedR 2010, 751 (755 f.).

65 Ebenfalls kein generelles Einwilligungsverbot besteht für **Übermittlungen in Drittländer** (ErwGr 111 S. 1 DS-GVO).

66 Im **Beschäftigungskontext** besteht keine generelle Unbeachtlichkeit des Willens des Beschäftigten (→ Rn. 44), auch wenn das Machtgefälle hier offensichtlich ist.

67 Allerdings ist auch über den Bereich der sensitiven Daten hinaus (→ Rn. 63) ein **mitgliedstaatlicher Ausgestaltungsvorbehalt** eingeräumt (ErwGr 155 DS-GVO), so dass für Teilbereiche auch kategorische Datenverarbeitungsverbote eingeführt werden können. In § 26 BDSG ist dies freilich nicht der Fall.

67a Nicht einwilligungsfähig sind bestimmte **Datensicherheitsmaßnahmen** (Art. 32 DS-GVO) oder insb. der Verzicht auf solche, denn bei diesen handelt es sich um objektive Anforderungen an die Verarbeitung personenbezogener Daten, nicht um eine subjektive Rechtsposition. Wohinein allerdings eingewilligt werden kann, ist die konkrete personenbezogene Datenverarbeitung mit einem geringeren als vom Datenschutzrecht vorgesehenen Datensicherheitsniveau, freilich immer nur inter partes.[86]

III. Willensäußerungen von Minderjährigen und beschränkt Geschäftsfähigen

68 Bei Minderjährigen wie auch bei sonst beschränkt Geschäftsfähigen muss der prinzipielle Vorrang der Entscheidung des Erziehungsberechtigten[87] und der **Minderjährigenschutz** gegen das **Selbstbestimmungsrecht des beschränkt Geschäftsfähigen** abgewogen werden.[88] Wegen dieser Abwägungsbedürftigkeit kommt es jedenfalls mit Blick auf das Persönlichkeitsrecht (nur) auf die Einsichtsfähigkeit an, bei Rechtsgeschäften zusätzlich auf die (Teil-)Rechtsgeschäftsfähigkeit.[89]

1. Allgemeine Einsichtsfähigkeit und typische Altersgrenzen

69 In der Praxis braucht ein Verantwortlicher die Einsichtsfähigkeit von Minderjährigen und beschränkt Geschäftsfähigen **nicht individuell festzustellen.** Gerade bei Massen- und Alltagsgeschäften kann man, auch im Hinblick auf die Verkehrssicherheit, auf die gesetzlich festgelegten Altersgrenzen zurückgreifen.[90] Danach gelten folgende Faustregeln für die Beachtlichkeit von Willensäußerungen:

70 Nach § 104 Nr. 1 BGB können **Kinder unter 7 Jahren** keine wirksame Einwilligungserklärung abgeben. Mangels Einsichtsfähigkeit werden ihre Willensäußerungen allgemein rechtlich unbeachtlich bleiben. Diese Altersgrenze von 7 Jahren, unterhalb derer Willensbetätigungen keine unmittelbare rechtliche Relevanz haben, findet sich auch in anderen Bereichen, etwa dem Deliktsrecht (§ 828 Abs. 1 BGB) und im Strafrecht (§ 10 StGB, ggf. i.V.m. § 1 Abs. 2 u. 3 JGG). Für diese Altersgruppe ist ausschließlich auf die Erziehungsberechtigten abzustellen.[91]

71 **Bis zu einem Alter von 14 Jahren** spricht eine Vermutung gegen die Einwilligungsfähigkeit (vgl. § 19 StGB; s. auch die jugendschutzrechtliche Unterscheidung zwi-

[86] Die vermengt bzw. übersieht öDSB, Beschl. v. 16.11.2018 – DSB-D213.692/0001-DSB/2018, Ziff. 3.2.2.

[87] *Gallwas,* in: Gallwas u.a., § 3 BDSG 1977, Rn. 16; gegen eine Aufweichung des Letztentscheidungsrecht der Eltern über eine teleologische Reduktion des § 1626 Abs. 1 BGB *Funke,* Dogmatik und Voraussetzung der datenschutzrechtlichen Einwilligung im Zivilrecht, 2017, S. 146.

[88] *Kohte,* AcP CLXXXV (1985), 105 (119).

[89] *Schröder,* in: Schmidt-Kessel/Langhanke, Datenschutz als Verbraucherschutz, 2016, S. 135 (141).

[90] *Schröder,* in: Schmidt-Kessel/Langhanke, Datenschutz als Verbraucherschutz, 2016, S. 135 (143); ähnlich *Zscherpe,* MMR 2004, 723 (724).

[91] Vgl. BVerfG, Beschl. v. 29.7.2003 – 1 BvR 1964/00, BVerfGK 1, 285 (287).

schen Kind und Jugendlichem, § 1 Abs. 1 Nrn. 1 u. 2 JuSchG). Diese kann jedoch z.B. bei entsprechender und altersgerechter Aufklärung widerlegt werden.[92] Medienpädagogisch oder aus einer Marketingperspektive kann man mit dem Konzept einer „digitalen Volljährigkeit", die auf den gekonnten Umgang mit IT und Telemediendiensten abstellt, auch schon auf niedrigere Altersgrenzen (etwa 10 Jahren) kommen; entgegengehalten werden kann dem, dass es nicht auf das Technikverständnis, sondern auf das der persönlichen und gesellschaftlichen Folgen ankommt.[93]

72 Bei **Jugendlichen**[94] kann neben den §§ 104ff. BGB z.B. auch auf die Religionsmündigkeit (§ 5 KErzG:[95] 14 Jahre), die Sozialmündigkeit (§ 36 SGB I: 15 Jahre)[96] und das in manchen Bundesländern bestehende Wahlrecht ab 16 Jahren[97] verwiesen werden. Allgemein geht das Gesetz für diese Altersgruppe von einer gewissen Mündigkeit aus. Die Einsichtsfähigkeit zur Willensbetätigung hinsichtlich des Persönlichkeitsrechts wird hier regelmäßig vorliegen. Entscheidend wird in Anlehnung an die Wertung des § 110 BGB die Tragweite der Erklärung des Jugendlichen sein. Die Einwilligung für die Zusendung eines Newsletters ist eher möglich als die in die Weitergabe an einen Adresshändler[98] oder auch die Nutzung zu (eigenen) Werbezwecken.[99]

73 Für **genetische Untersuchungen** stellt das Gesetz nicht auf die Volljährigkeit ab, sondern darauf, ob die Person „in der Lage ist, Wesen, Bedeutung und Tragweite der genetischen Untersuchung zu erkennen und ihren Willen danach auszurichten" (§ 8 i.V.m. § 14 Abs. 1 GenDG). Dies kann also schon unterhalb der Grenze von 18 Jahren der Fall sein, aber auch oberhalb dieser Grenze (noch) nicht.

74 Problematisch ist auch die Feststellung des Alters durch den Verantwortlichen, insb. wenn er datensparsam in sein Angebot „Privacy by Design" einbaut.[100] Die in gewisser Weise **vorbildgebende Regelung des u.s.-amerikanischen COPPA**[101] (→ Fn. 109) stellt auf einen „Actual knowledge standard" ab, ist also auf Minderjährige, deren Alter nicht bekannt ist, nicht anwendbar.[102]

2. Datenschutzrechtliche Rechtsgeschäftsfähigkeit

75 Für Willenserklärungen, namentlich die Einwilligung, gelten die formalen Schwellenwerte der Geschäftsfähigkeit (§§ 104ff. BGB), die teilweise **durch spezielle Regelungen des Datenschutzrechts modifiziert** werden.[103] Nach den allgemeinen Regeln

[92] So auch die Konzeption der beweglichen Altersgrenzen nach § 5 Abs. 1 S. 2 JMStV i.d.F. d. 19. RÄStV.

[93] *Ernst*, DANA 1/2017, 14 (16).

[94] Nach § 3 Abs. 1 JMStV spricht das deutsche Recht bis zum Ende des 13. Lebensjahrs von „Kind", vom 14. bis zum 18. Geburtstag von „Jugendlichen".

[95] Gesetz über die religiöse Kindererziehung v. 15.7.1921 (RGBl. 1921, 939), zul. geänd. d. Art. 15 G v. 4.5.2021 (BGBl. I S. 882, 936)).

[96] Für Nachrangigkeit der Wertung des § 36 SGB I hingegen selbst im Sozialdatenschutz v. Wulffen/Schütze/*Bieresborn*, SGB X, 9. Aufl. 2020, § 67b Rn. 6. m.w.N. zur Gegenauffassung; **a.A.** auch im Regelfall *Tinnefeld/Conrad*, ZD 2018, 391 (393); ablehnend auch *Funke*, Dogmatik und Voraussetzung der datenschutzrechtlichen Einwilligung im Zivilrecht, 2017, S. 143.

[97] Vgl. § 7 Abs. 1 Nr. 1 mvpKWG; § 3 Abs. 1 Nr. 1 slhGKWG.

[98] *Zscherpe*, MMR 2004, 723 (724).

[99] OLG Hamm, Urt. v. 20.9.2012 – I-4 U 85/12, K&R 2013, 53 (55).

[100] *Schröder*, in: Schmidt-Kessel/Langhanke, Datenschutz als Verbraucherschutz, 2016, S. 135 (145).

[101] *Rauda*, MMR 2017, 15ff.

[102] *Lejeune*, CR 2013, 755 (758).

[103] *Kienle*, PinG 2020, 203ff.; *Funke*, Dogmatik und Voraussetzung der datenschutzrechtlichen Einwilligung im Zivilrecht, 2017, S. 153ff.; der Geschäftsfähigkeit lediglich Indizfunktion beimessend *Tinnefeld/Conrad*, ZD 2018, 391 (393).

(des deutschen Rechts) sind rechtsgeschäftliche Erklärungen eines Nicht-Geschäftsfähigen unwirksam, die eines beschränkt Geschäftsfähigen grundsätzlich schwebend unwirksam (§ 108 Abs. 1 BGB). – Diese Grundregeln erfahren aber Ausnahmen:

76 Insb. im Onlinekontext, aber auch allgemein wird man eine datenschutzrechtliche Willenserklärung kaum je als **„lediglich rechtlichen Vorteil"** i. S. d. **§ 107 BGB** begreifen können, auch wenn ein Dienst dann kostenfrei genutzt werden kann. Zwar sind personenbezogene Daten im geltenden Datenschutzrecht nicht verdinglicht – das mag ein künftiges Datenrecht (→ Rn. 27 ff.) in der Zukunft anders regeln –, als gesetzlich geschützten Teil der Persönlichkeit begreift das geltende Datenschutzrecht allerdings die Einwilligung aufgrund der dadurch eintretenden Minderung der eigenen Rechtsposition. Eine kostenfreie Leistung, für die man aber „mit seinen Daten bezahlt", ist nicht „lediglich ein rechtlicher Vorteil" i. S. d. § 107 BGB.[104]

77 Gleiches gilt nach § 110 BGB an sich auch in Bereichen, für die der Erziehungsberechtigte seine Einwilligung (nach BGB, nicht nach DS-GVO) gegeben hat. Nach den allgemeinen zivilrechtlichen Regeln könnte der Jugendliche dann wirksam damit zusammenhängende Rechtsgeschäfte eingehen, also auch datenschutzrechtliche Einwilligungserklärungen sowie Widersprüche und deren Widerrufe abgeben. Fraglich ist aber, ob der **„Taschengeldparagraph"**[105] genannte § 110 BGB überhaupt auf die datenschutzrechtlichen Willenserklärungen anwendbar ist. Der Wortlaut spricht dagegen, denn die personenbezogenen Daten eines Minderjährigen sind kein „Mittel, die ihm zu diesem Zweck oder zur freien Verfügung von dem Vertreter [...] überlassen worden sind". Wenn man aber dieser Vorschrift den allgemeinen Gedanken entnimmt, dass beschränkt Geschäftsfähigen in bestimmten Bereichen ein autonomes Handeln gestattet sein soll, dann wird man für eben solche Bereiche auch die wirksame datenschutzrechtliche Einwilligung zulassen müssen.[106] Dies wird dadurch gestützt, dass man für die Einwilligung in Beeinträchtigungen oder Eingriffe in höchstpersönliche Rechtsgüter schon die natürliche Einsichtsfähigkeit (→ Rn. 69 ff.) genügen lässt.

78 Eine Ausnahme gilt für datenschutzrechtliche Willenserklärungen – Einwilligungserklärungen, Widersprüche und deren Widerrufe – im Rahmen des **selbständigen Betriebs eines Erwerbsgeschäfts** (§ 112 BGB) und in **Dienst- und Arbeitsverhältnissen** (§ 113 BGB). Hier besitzen Jugendliche gegenständlich beschränkt volle Geschäftsfähigkeit, was dann auch Rechtsgeschäfte im Bereich des Datenschutzes umfasst.

79 Vergleichbar mit dem Gedanken des „Taschengeldparagraphen" ist die Vorstellung des europäischen Datenschutzrechts, dass **Präventions- und Beratungsdienste,** die sich unmittelbar an Kinder wenden (z. B. Missbrauchshilfestellen), nicht auf die Einwilligung der Erziehungsberechtigten angewiesen sein sollen (ErwGr 38 S. 2 DS-GVO).

80 Für **Online-Dienste** setzt Art. 8 Abs. 1 DS-GVO allerdings als Spezialnorm[107] eine Altersgrenze von 16 Jahren für die Einwilligungserklärung von Minderjährigen. Diese Grenze kann mitgliedstaatlich auf höchstens 13 Jahren abgesenkt werden, was durch das BDSG allerdings nicht geschieht.[108] Das Mindestalter von 13 Jahren orientiert sich insoweit an dem U.S.-Children Online Privacy Protection Act v. 1998 (COPPA).[109]

---

[104] *Faust,* 71. DJT, 2016, A 89.
[105] *Ulrici,* NJW 2003, 2053 (2054).
[106] So im Ergebnis auch *Zscherpe,* MMR 2004, 723 (724).
[107] *Kress/Nagel,* CRi 2017, 6 ff.; s. hierzu ausführlich *Buchner/Kühling,* DuD 2017, 544 (546 f.).
[108] Kritisch *Buchner/Kühling,* DuD 2017, 544 (546) zu einem starren Modell.
[109] 15 U. S. C. §§ 6501–6506 (Publ.L. 105–177, 112 Stat.); dazu *Buchner,* Informationelle Selbstbestimmung im Privatrecht, 2006, S. 18.

IV. Spezialgesetzliche Regelungen und mitgliedstaatliche Abweichungsmöglichkeiten

81 Grundsätzlich sind wegen des Ziels der europäischen Vollharmonisierung im Datenschutzrecht die Regelungen zur datenschutzrechtlichen Willensbetätigung abschließend. Die Mitgliedstaaten können lediglich die Schwelle für **die Einwilligung Minderjähriger im Zusammenhang mit Online-Diensten** von 16 auf 13 Jahre senken (Art. 13 Abs. 2 DS-GVO; → Rn. 80) und die Möglichkeit der **Einwilligung in die Verarbeitung sensitiver Daten** (sektoriell) ausschließen (Art. 9 Abs. 2 lit. a DS-GVO; → Rn. 63).[110] Allgemein ergeben sich aus der **Abweichungsvorschrift für öffentliche Zwecke** nach Art. 23 DS-GVO für die Mitgliedstaaten noch Möglichkeiten, das Widerspruchsrecht insb. im Zusammenhang mit der Erfüllung öffentlicher Aufgaben (Art. 21 Abs. 1 S. 1 i.V.m. Art. 6 Abs. 1 S. 1 lit. e DS-GVO) einzuschränken. Ähnliches gilt für die Verarbeitung im Zusammenhang mit **Forschung und Statistik** (Art. 89 Abs. 2 u. 3 DS-GVO).

82 Ansonsten sind viele bereichsspezifische Vorschriften und Regelungen des mitgliedstaatlichen Rechts wegen des **Anwendungsvorrangs der DS-GVO** außer Anwendung geraten:

83 Ein Beispiel für eine deutsche mitgliedstaatliche Regelung ist bei klinischen Arzneimittelstudien der gesetzliche Ausschluss, bei denen die Einwilligung hinsichtlich pseudonymisiert an die Zulassungsbehörde übermittelter Daten nicht widerrufen werden kann (§ 40 Abs. 2a S. 1 Nr. 2 AMG; ähnlich § 28c Abs. 2 Nr. 2 RöV; § 87 Abs. 2 Nr. 2 StrlSchV).[111] Diese **Beschränkung der Widerrufsmöglichkeit** über die DS-GVO hinaus widerspricht freilich Art. 7 Abs. 3 S. 1 DS-GVO, kann aber möglicherweise auf Art. 89 Abs. 2 u. 3 DS-GVO gestützt werden.

84 Nicht (mehr) möglich ist – etwa in Anlehnung an die Rechtsprechung des BAG[112] – die **Einführung zusätzlicher Schriftformerfordernisse** durch die „Hintertür".[113]

85 Der § 22 S. 1 KUG war schon immer als speziell zum BDSG angesehen worden.[114] Diese Regelung wird als **Wiederholung der Regelung** der DS-GVO bestehen bleiben können, im Medienbereich ist sie eine innerstaatliche Ausgestaltung i. S. v. Art. 85 DS-GVO.[115]

86 Den mitgliedstaatlichen Gesetzgebern ist ansonsten eine Änderung bzw. Anpassung der Regelungen über die Einwilligung nicht möglich. Wohl aber besteht in einem gewissen Rahmen die **Möglichkeit, die Zweckänderungsmöglichkeiten usw. zu „konkretisieren"**. Damit können u. U. zusätzliche gesetzliche Erlaubnistatbestände geschaffen werden, personenbezogene Daten zu verarbeiten. In diesem Maße ist dann für Verantwortliche die Einholung einer Einwilligung entbehrlich.

C. Datenschutzrechtliche Willenserklärungen

I. Einwilligung

87 Die prominenteste Form datenschutzrechtlicher Willensbetätigung ist die Einwilligung in die Verarbeitung der eigenen Daten durch einen anderen. Die Einwilligung ist nach Art. 6 Abs. 1 lit. a DS-GVO der erste gesetzliche Rechtmäßigkeitsgrund für die Datenverarbeitung. Die Einwilligung ist **in der Praxis** ein **sehr flexibles Instrument** von sektoriell teils großer Bedeutung. Für viele Bereiche stellt sie sogar die einzige Möglichkeit einer rechtmäßigen Datenverarbeitung dar.[116]

---

[110] *Laue*, ZD 2016, 463 (465); *Kühling/Martini u. a.*, DSGVO und das nationale Recht, 2016, S. 316f.

[111] Hierzu *Herbst*, MedR 2009, 149 (152).

[112] BAG, Urt. v. 11.12.2014 – 8 AZR 1010/13, ZD 2015, 330 (332).

[113] *Krohm*, ZD 2016, 368 (370).

[114] BAG, Urt. v. 11.12.2014 – 8 ARZ 1010/13, BB 2015, 1276 (1278), speziell für das Schriftformerfordernis nach § 4a Abs. 1 S. 4 BDSG-alt, allerdings mit einer (Rück-)Ausnahme für das Arbeitsrecht.

[115] BGH, Urt. v. 7.7.2020 – VI ZR 246/19, NJW 2020, 3715 (3716f.).

[116] *Pollmann/Kipker*, DuD 2016, 378 (379).

1. Informiertheit und Transparenz

88 Für die Einwilligung will das Recht in besonderer Weise einen bestimmten Wissensstand beim Betroffenen sicherstellen **(Wissenselement der Willensbetätigung).** Damit werden die allgemeinen Grundsätze über die Transparenz (Art. 5 DS-GVO, ErwGr 39 DS-GVO) für den Bereich der Einwilligung konkretisiert. Die Unterrichtungspflichten ergeben sich vor allem aus Art. 13 DS-GVO, weil einer Einwilligung meist eine Direkterhebung bei Betroffenen folgt.[117]

89 Die im wesentlichen inhaltsgleiche Vorschrift des Art. 14 DS-GVO erfasst die **einwilligungsgedeckte Erhebung bei einem Dritten.**

90 Relativiert wird dies jedoch im Lichte von Art. 13 Abs. 4 DS-GVO (s. auch ErwGr 62 DS-GVO), der die Unterrichtungspflicht entfallen lässt, wenn dem Betroffenen die **mitzuteilenden Informationen bereits bekannt** sind.

a) Vorangehende Unterrichtung

91 Die Unterrichtungspflicht bezieht sich v. a. auf folgende Umstände:
- **Identität des Verantwortlichen** und seine **Kontaktdaten** (Art. 13 Abs. 1 lit. a u. lit. b DS-GVO)
- **Zweck der Datenverarbeitung** (Art. 13 Abs. 1 lit. c DS-GVO)
- **Empfänger,** jedenfalls Kategorien nach (Art. 13 Abs. 1 lit. e DS-GVO)
- **Drittlandsübermittlungen** und deren Rahmenbedingungen (Art. 13 Abs. 1 lit. f DS-GVO)
- **Speicherungsdauer** (Art. 13 Abs. 2 lit. a DS-GVO)
- **Widerrufsmöglichkeit** (Art. 13 Abs. 2 lit. c, Art. 14 Abs. 2 lit. d DS-GVO)

92 Im Zusammenhang mit **wissenschaftlicher Forschung,** die aus der Natur der Sache nur ein Erkenntnisziel benennen kann, nicht aber die zukünftig erreichten Erkenntnisse, können Abstriche bei der Spezifität der Unterrichtung gemacht werden, wenn dies im Rahmen wissenschaftsethischer Standards geschieht (Art. 5 Abs. 1 lit. b Hs. 2, ErwGr 33 DS-GVO).[118]

93 Bei **Gentests** sind die Anforderungen an die „Aufklärung" ausdrücklich geregelt (§ 9 GenDG).

94 Die Erfüllung der Informierungspflichten nach Art. 13f. DS-GVO ist **keine Wirksamkeitsvoraussetzung für die Einwilligung,**[119] die gleichwohl aber informiert erfolgen muss (Art. 4 Nr. 4 DS-GVO).[120]

b) Vorangehende Belehrung

95 Der Betroffene ist auf sein Verlangen oder, wenn es die Umstände verlangen, über die **Folgen der Verweigerung der Einwilligung** zu belehren. Dies schließt eine Belehrung über die **Rechte hinsichtlich Auskunft, Berichtigung, Löschung und Sperrung** ein. Die Belehrung über das Widerrufsrecht (Art. 13 Abs. 2 lit. c DS-GVO) muss mit dem Hinweis verbunden werden, dass ein Widerruf der Einwilligung nur ex nunc wirkt (→ Rn. 143). Ebenfalls ist über ein ggf. bestehendes **Recht auf Datenübertragbarkeit** (Art. 13 Abs. 2 lit. b DS-GVO) zu belehren. Ferner hin-

[117] Vgl. dazu weiter → § 15 Rn. 2ff.
[118] *Schaar,* ZD 2016, 244 (225).
[119] *Albrecht/Jotzo,* Neues DatSchR EU, 2017, S. 71.
[120] Zu diesem Zusammenhang *Tinnefeld/Conrad,* ZD 2018, 391 (392f.); aus der Praxis s. auch CNIL, Beschl. v. 21.1.2019 – n°SAN-2019-001, Rn. 42 – Google LLC. Nach der Feststellung eines Verstoßes gegen Art. 13 DS-GVO ist die Unwirksamkeit der Einwilligung keine große Hürde mehr.

zuweisen ist auf das Beschwerderecht bei einer Aufsichtsbehörde (Art. 13 Abs. 2 lit. d DS-GVO).

96 Im Zusammenhang mit **Direktwerbung** muss eine verständliche und von anderen Unterrichtungen getrennte Belehrung über das Widerspruchsrecht in Bezug auf Direktwerbung (ErwGr 70 S. 2 DS-GVO) erfolgen.

c) Verständlichkeit und Zugänglichkeit

97 Die datenschutzrechtlichen Informationen unterliegen **besonderen Anforderungen an die Verständlichkeit** nach Art. 12 DS-GVO (ErwGr 58 DS-GVO), besonders auch gegenüber Kindern (ErwGr 58 S. 4 DS-GVO).[121]

98 Dies bezieht sich zum einen auf eine **verständliche Form.** So hält die Rechtsprechung 56 Bildschirmseiten Fließtext ohne Gliederung für unverständlich.[122] Überhaupt spielt der **Umfang** hinsichtlich der Form eine Rolle.

99 Neben der Form fordert das Datenschutzrecht eine **verständliche Sprache.** Gemeint ist eine empfängerangemessene Alltagssprache, kein Juristen-Deutsch. Das Sprachniveau der DS-GVO als einen sinnvollen Orientierungswert zu verstehen, mag methodisch nicht abwegig sein. Die sprachliche Darstellung darf jedenfalls aber keine verdeckte Generaleinwilligung darstellen.[123]

99a Unter Geltung des Art. 12 DS-GVO befand die CNIL eine über mehrere Dokumente verstreute Darstellung der Informationen und das Auffinden nach erst mehreren Klicks als nicht **zugänglich.**[124]

2. Bestimmtheit

100 Die rechtsgeschäftliche Willenserklärung bedarf, da sie auf eine unmittelbare rechtliche Folge gerichtet ist, eines eindeutigen, jedenfalls eines eindeutig bestimmbaren Inhalts. Dieses Bestimmtheitsgebot kann als **„innere Form" der Einwilligungserklärung** begriffen werden.

101 Allerdings muss sich eine Einwilligungserklärung nicht auf eine festumrissene Konstellation beziehen, sondern kann auch auf umschriebene oder bedingte künftige Verarbeitungen, gar auch auf erst zukünftige Konstellationen (ErwGr 39 S. 2 DS-GVO) bezogen sein. Lediglich **Blanketteinwilligungen** sind nicht möglich.[125]

102 In ErwGr 32 DS-GVO zeigt sich die DS-GVO gegenüber **maschinellen Einwilligungserklärungen** durchaus offen. So wird die Formulierung einer Einwilligung durch „technische Einstellungen" teils als Hinweis auf die Möglichkeit einer Einwilligung mittels Browsereinstellungen verstanden.[126]

102a Vor allem im Forschungs- und Medizinbereich entwickeln sich weitere und durchaus anspruchsvolle Einwilligungskonzepte: So soll im Rahmen einer **dynamischen Einwilligung** sich diese in einer kontinuierlichen Kommunikation zwischen Verantwortlichem und Betroffenen aktualisieren; dies könnte man mit (Ketten von) Stellvertretungen (→ Rn. 162ff.) und dann in Anlehnung an Konzepte der Liquid Democracy[127] auch als **Liquid Consent** ausgestalten. Bei **Kaskaden- oder Meta-**

---

[121] *Laue*, ZD 2016, 463 (465f.).

[122] Vgl. LG Frankfurt am Main, Urt. v. 10.6.2016 – 2-3 O 364/15, RDV 2016, 276 (Ls.).

[123] BGH, Urt. v. 14.3.2017 – VI ZR 721/15, DuD 2017, 449 (451); so auch CNIL, Beschl. v. 21.1.2019 – n°SAN-2019-001, Rn. 116 – Google LLC.

[124] CNIL, Beschl. v. 21.1.2019 – n°SAN-2019-001, Rn. 97ff. – Google LLC.

[125] Paal/Pauly/*Frenzel*, DS-GVO, 3. Aufl. 2021 Art. 7 Rn. 8; CNIL, Beschl. v. 21.1.2019 – n°SAN-2019-001, Rn. 160 – Google LLC.

[126] *Härting*, DSGVO, 2016, Rn. 364.

[127] Dazu *v. Notz*, Liquid Democracy, 2020; *Wischmeyer*, Was ist eigentlich … liquid democracy, JuS 2020, 20ff.

Consent wird in einem ersten Schritt die Einwilligung zum Modus späterer Einwilligungen eingeholt. **Contextual Consent** macht die Art und Weise der Einwilligung von den Umständen und der Person des Betroffenen abhängig,[128] was freilich dann seinerseits mit u. U. sensitiver Datenverarbeitung verbunden ist. V. a. in der Internet- und Werbewirtschaft wird über **Consent Management Plattforms (CMPs)** diskutiert; in § 26 TTDSG sind solche „Dienste zur Einwilligungsverwaltung" nun ausdrücklich angesprochen (→ Rn. 167a).

3. Form

a) Grundsatz der Formfreiheit

103 Willenserklärungen sind **grundsätzlich formfrei;** dies gilt auch nach DS-GVO. Nur für spezielle Fälle wird eine bestimmte Form und inhaltliche Gestaltung gefordert (Art. 7 Abs. 2 S. 1 DS-GVO).

104 Für die datenschutzrechtliche Einwilligungserklärung gab im **früheren deutschen Datenschutzrecht** § 4a Abs. 1 S. 3 BDSG-alt grundsätzlich die **Schriftform** vor, ließ aber zugleich auch Ausnahmen zu. Regelungen des deutschen Rechts, die früher (bereichsspezifisch) Ausnahmen von dem Schriftformerfordernis zuließen (z. B. § 13 Abs. 2 TMG-alt), sind nicht nur gegenstandslos, sondern wären in ihren (erleichternd gemeinten, nun aber gleichwohl beschränkenden) Vorgaben auch europarechtswidrig. Ausnahmen gelten nur, soweit dies von der DS-GVO durch Öffnungsvorschriften (insb. als Art. 85–89 DS-GVO) erlaubt ist; Art. 23 DS-GVO ermöglicht dies mangels Erwähnung des Art. 7 DS-GVO nicht, so dass etwa § 5 Abs. 3 EGovG unanwendbar ist.[129]

105 Formvorgaben für Erklärungen, insb. der Schriftform, werden vor allem eine **Beweisfunktion** und eine **Warnfunktion** zugeschrieben. Da diese Funktionen aber im Datenschutzrecht durch andere Regelungen und Verfahren sichergestellt werden, ist richtigerweise nicht zusätzlich noch ein allgemeines Schriftformerfordernis festgeschrieben worden.[130] Die Beweis- und Dokumentarfunktion ist durch die allgemeine Rechenschaftspflichtigkeit (Art. 5 Abs. 2 DS-GVO) abgedeckt, die Warnfunktion durch die Unterrichtungs- (Art. 13 Abs. 1, Art. 14 Abs. 1 DS-GVO) und vor allem Belehrungspflichten (Art. 13 Abs. 2, Art. 14 Abs. 2 DS-GVO).

106 Auch sind Formerfordernisse mit Blick auf die **„informationelle Selbstbestimmung"** nicht gänzlich unproblematisch, weil sie die rechtswirksame Artikulation des eigenen Willens in Bezug auf Datenverarbeitungen durch Dritte erschweren. So konnten die bisherigen Einwilligungsregelungen des BDSG mit der Formbedürftigkeit (§ 4a Abs. 1 S. 3 BDSG-alt) sich sogar **dysfunktional** auf die informationelle Selbstbestimmung auswirken, wenn sie etwa eine gewollte informationelle Preisgabe erschweren.[131]

b) Formvorgaben

aa) AGB

107 Eine Verschärfung der formularmäßig gegebenen Einwilligungserklärung ergibt sich aus Art. 7 Abs. 2 DS-GVO. Diese Norm bewirkt eine **Angleichung an das AGB-Recht,** insbesondere an das Verbot überraschender Klauseln (§ 305c Abs. 1 BGB). Als Regelung des allgemeinen Zivilrechts tritt das AGB-Recht allerdings

---

[128] *Dorneck/Gassner/Kersten/Lindner/Linoh/Nebe/Rosenau/Schmidt am Busch,* MedR 2019, 431 (439).

[129] *Denkhaus/Richter/Bostelmann,* EGovG/OZG, 2019, § 5 EGovG, Rn. 28ff.

[130] So auch *Buchner/Kühling,* DuD 2017, 544 (546).

[131] *v. Lewinski,* Die Matrix des Datenschutzes, 2014, S. 85; *Sandfuchs,* Privatheit wider Willen, 2015.

grundsätzlich hinter dem spezielleren Datenschutzrecht zurück.[132] Soweit das Datenschutzrecht Regelungslücken enthält, werden diese durch das mitgliedstaatliche und ggf. gemeineuropäische Zivilrecht gefüllt. Komplizierte Abgrenzungsfragen ergeben sich unter anderem dann, wenn Datenschutzverstöße bspw. durch Verbraucherschutzverbände zum Gegenstand AGB-rechtlicher Klagen gemacht werden.[133]

108 Danach ist eine formularmäßige Einwilligungserklärung zwar nicht „besonders hervorzuheben" (so noch nach § 4a Abs. 1 S. 4 BDSG-alt). Sie muss aber **„von anderen Sachverhalten" zu unterscheiden** sein (Art. 7 Abs. 2 S. 1 DS-GVO). Die Praxis kann hierfür wohl weiterhin auf die bisherige Handhabung zurückgreifen. Danach kann eine „klare Unterscheidung" durch Hinweis an hervorgehobener Stelle,[134] Sperrschrift, Fettdruck, Unterstreichung, Einrahmung, Trennlinien, Einrücken, vergrößerter Abstand vom übrigen Text, eine deutliche Überschrift oder seitlichen Balken bewirkt werden.[135] Bei der Gestaltung kann zudem auf die Judikatur zum früheren § 1b Abs. 2 S. 2 AbzG[136] zurückgegriffen werden. Danach ist die Hervorgehobenheit (= klare Unterscheidbarkeit) verneint worden, wenn der Text lang ist (im Bsp. 7 Seiten), durchgehend die gleiche Schrifttype verwendet wird, nur geringfügig vergrößerte Abstände zwischen den Zeilen bzw. Absätzen verwendet werden und nur wenig eingerückt wird, zumal, wenn die Datums- und Unterschriftszeile in gleichem Maße eingerückt ist.[137]

109 Ob eine „klare Unterscheidung" erforderlich ist, wenn daneben nur ***eine* andere Erklärung** abgegeben wird, ist dem Gesetzeswortlaut nach zu bejahen. Ob neben der datenschutzrechtlichen Einwilligung noch andere Erklärungen hervorgehoben werden dürfen, ohne für diese die „klare Unterscheidbarkeit" entfallen zu lassen, ist teilweise verneint worden,[138] bestimmt sich aber danach, ob die datenschutzrechtliche Erklärung nach wie vor „klar zu unterscheiden" ist. Zu beachten ist auch, dass der Widerruf einer Einwilligung auf einem separaten Formular, also eine an sich sehr klare Trennung, dann jedoch einen Verstoß gegen die Freiwilligkeit der Einwilligung bedeuten kann.[139]

bb) Ausdrücklichkeit bei sensitiven und Gesundheitsdaten

110 Besondere Anforderungen an die Einwilligung in die Verwendung von **sensitiven Daten** (Art. 9 Abs. 1 DS-GVO) bestimmt Art. 9 Abs. 2 DS-GVO. Danach muss sich die Einwilligung ausdrücklich (auch) auf diese Daten beziehen. Ein solcher Bezug kann sich durch die Erwähnung von „Gesundheitsdaten", aber auch aus einem insoweit eindeutigen Kontext ergeben.

---

[132] Zum Verhältnis im einzelnen s. *v. Lewinski/Herrmann,* PinG 2017, 165 (169 f.).

[133] S. bspw. EuGH, Urt. v. 28.7.2016 – C-191/15, ECLI:EU:C:2016:612 – Verein für Konsumenteninformation (Amazon).

[134] *Bergmann/Möhrle/Herb,* Stand 62. Aktual. 2021, Art. 7 DSGVO, Rn. 35; dagegen *Dörr,* DuD 1992, 167 (167) (der das Tatbestandsmerkmal „im äußeren Erscheinungsbild" des § 4 Abs. 2 S. 3 BDSG 1990 mit drucktechnisch gleichsetzt). Beachte aber demgegenüber § 4a Abs. 1 S. 4 BDSG-alt („besonders hervorgehoben") und auch schon § 3 S. 2 BDSG 1977 („besonders hinzuweisen").

[135] BGH, Urt. v. 27.4.1994 – VIII ZR 223/93, NJW 1994, 1800 (1801) (zu § 1b Abs. 2 S. 2 AbzG: „in drucktechnisch deutlich gestalteter Weise"; *Bergmann/Möhrle/Herb,* Stand 62. Aktual. 2021, Art. 7 DSGVO Rn. 37).

[136] Gesetz betreffend die Abzahlungsgeschäfte v. 16.5.1894 (RGBl. S. 450) i. d. F. d. 2. Novelle des AbzG v. 15.5.1974 (BGBl. I S. 1169), aufgeh. d. Art. 10 Abs. 1 S. 2 G v. 17.12.1990 (BGBl. I S. 2840); vgl. BGH, Urt. v. 27.4.1994 – VIII ZR 223/93, NJW 1994, 1800 (1801).

[137] BGH, Urt. v. 27.4.1994 – VIII ZR 223/93, NJW 1994, 1800 (1801) (zu § 1b Abs. 2 S. 2 AbzG).

[138] OLG Köln, Urt. v. 11.1.2002 – 6 U 125/01, RDV 2002, 237 (238 f.); *Petri,* RDV 2007, 153 (158).

[139] EuGH, Urt. v. 11.11.2020 – C-61/19, ZD 2021, 89 (91 [Rn. 45]).

111 Früher unterlagen **nach deutschem Recht Schweigepflichtentbindungsklauseln,** insbesondere im Gesundheitsbereich und anderer regulierter Berufe, als solche keinen Formvorschriften, was gegenüber dem damaligen (deutschen) Datenschutzrecht eine Erleichterung darstellte. Durch die insgesamt abgesenkten Anforderungen der DS-GVO an die Form der Einwilligung hat die Frage, wie weit für bestimmte Berufsgruppen Sonderregelungen bestehen, an Bedeutung verloren.

cc) Ausdrücklichkeit bei automatisierten Einzelentscheidungen

112 Die „Ausdrücklichkeit" der Einwilligung ist Teil des Erlaubnistatbestands (Art. 22 Abs. 2 lit. c DS-GVO). Die Ausdrücklichkeit muss sich auch auf den **Umstand der automatisierten Einzelentscheidung** beziehen.[140]

dd) Schriftform bei Einwilligungen im Beschäftigungsverhältnis

113 Im Rahmen des Konkretisierungsspielraums von Art. 88 DS-GVO ist in § 26 Abs. 2 S. 3 BDSG in Beschäftigungsverhältnissen grundsätzlich die Schriftform vorgeschrieben, wovon abgesehen werden kann, wenn „wegen besonderer Umstände eine andere Form angemessen ist". So kann etwa auf die besondere Situation eines mit seinem Arbeitgeber nur **telefonisch erreichbaren Außendienstmitarbeiters** oder bei **Homeoffice-Pflicht** Rücksicht genommen werden.

c) Nachweisbarkeit

114 Anders als das frühere deutsche Recht schreibt das europäische Datenschutzrecht zwar keine bestimmte Form für die Einwilligungserklärung und andere Willensäußerungen vor (→ Rn. 103). In gewisser Weise funktional ersetzt wird dies aber durch die **Obliegenheit,** die Einwilligung einschließlich ihrer Voraussetzungen hinsichtlich Freiwilligkeit und Informiertheit nachweisen zu können.[141] Dieses Dokumentationserfordernis wurde für die Einwilligungserklärung ausdrücklich in Art. 7 Abs. 1 DS-GVO niedergelegt.

115 In diesem Zusammenhang darf die **Tatsache der Einwilligung** vom Verantwortlichen personenbezogen gespeichert werden. Die Anforderungen und v.a. die Aufbewahrungsfrist des § 7a UWG für Einwilligungen in Telefonwerbung müssen dabei allerdings nicht erfüllt werden.

4. Rechtswirkungen

116 Die Rechtswirkungen der datenschutzrechtlichen Einwilligung **als rechtsgeschäftlicher Willenserklärung** bestimmen sich nach den Regeln der (gemeineuropäischen) Rechtsgeschäftslehre sowie datenschutzrechtlicher Spezialregeln.

a) Konstitutiver Erlaubnistatbestand

117 Aus dem datenschutzrechtlichen Regelungskonzept der „informationellen Fremdbestimmung"[142] heraus ist es konsequent, die Einwilligung nach Art. 6 Abs. 1 S. 1 lit. a DS-GVO nicht als eine (eigene) informationelle Verfügung zu betrachten, sondern als die **Gestattung einer (fremden) informationellen Handlung.**[143]

117a Die Einwilligung kann sich, den allgemeinen Regeln für Willenserklärungen folgend, nur auf Rechtsgüter beziehen, über die der Erklärende verfügen kann. Insoweit kann nur die auf die Person des Erklärenden bezogene Datenverarbeitung gestattet werden, **nicht aber** sind **objektivrechtliche Datenschutzbestimmungen** als solche abdingbar.[144]

---

[140] Auernhammer/*Herbst,* DSGVO/BDSG, 7. Aufl. 2020, Art. 22 DS-GVO, Rn. 23.
[141] OVG Saarlouis, Beschl. v. 16.2.2021 – 2 A 355/19, RDV 2021, 166 (Ls. 1); *Thüsing/Schmidt/Forst,* RDV 2017, 116 (121).
[142] Vgl. *v. Lewinski,* Die Matrix des Datenschutzes, 2014, S. 48.
[143] Auernhammer/*v. Lewinski,* DSGVO/BDSG, 7. Aufl. 2020, Einf. Rn. 29.
[144] So im Ergebnis auch *Bleckat,* RDV 2021, 206 (207 f.), der aber von einem Verbotsgesetz ausgeht.

b) Zeitpunkt und Wirksamkeitsdauer

118 Die datenschutzrechtliche Einwilligung muss als Willenserklärung nach § 130 Abs. 1 S. 1, ggf. i. V. m. Abs. 3 BGB, dem Verantwortlichen zugehen.[145] Sie entfaltet ihre Wirkungen mit **Zugang,** wenn nicht der Betroffene einen späteren Zeitpunkt bestimmt.

119 Nach bisheriger h. M. im deutschen Datenschutzrecht war eine Rückwirkung der Einwilligung nicht möglich, ebenso wenig eine nachträgliche Zustimmung (Genehmigung).[146] Nach der allgemeinen Rechtsgeschäftslehre allerdings ist dies freilich ohne weiteres möglich. Da entgegenstehende Regelungen im insoweit speziellen Datenschutzrecht fehlen, muss eine **Rückwirkung möglich** sein.

120 Wie jede Willenserklärung kann die Einwilligung **befristet** werden, auch wenn sie grundsätzlich, d. h. ohne eine weitere Erklärung, unbegrenzt gilt. Rechtspolitisch wird über eine Befristung oder regelmäßige Erneuerung von Willenserklärung in manchen Zusammenhängen wie der Einwilligung in die Veröffentlichung im Internet diskutiert.[147] Im wettbewerbsrechtlichen Werberecht geht die Rechtsprechung in vielen Fällen von einer zeitlichen Begrenzung der Einwilligung aus.[148]

121 Mit der Geltung von **Einwilligungserklärungen aus der Zeit vor Geltung der DS-GVO** für die Zeit nach dem 25.5.2018 befasst sich ErwGr 171. Grundsätzlich müssen Einwilligungen dem Rechtsstand zum 25.5.2018 entsprechen. Nach dem Wortlaut von ErwGr 171 S. 3 in der deutschsprachigen Übersetzung bleiben auch Einwilligungserklärungen, die die Anforderungen der neuen DS-GVO nicht komplett erfüllen, wirksam, soweit sie jedenfalls der DS-RL 95/46/EG entsprachen und die auch dem bislang geltenden deutschen Recht zugrunde gelegt wurden.[149]

c) Folgen ungenügender Einwilligung

122 Eine unwirksame Einwilligung ist **nichtig.** Manche Landesdatenschutzgesetze hatten diese Rechtsfolge bislang ausdrücklich vorgesehen. Bei Teilbarkeit kann an eine **geltungserhaltende Reduktion** gedacht werden.[150]

123 Eine unwirksame Einwilligungserklärung, insb. eine bloß formunwirksame, kann aber gleichwohl **als Einverständnis** im Rahmen der datenschutzrechtlichen Interessenabwägungsklausel Berücksichtigung finden, jedenfalls wenn dem Betroffenen nicht suggeriert wurde, es käme entscheidend auf seine Einwilligung an.[151] Auch kann eine unwirksame Einwilligung u. U. auch einen straf- und deliktsrechtlichen Rechtfertigungsgrund darstellen.[152]

---

[145] Dies wurde auch unter dem BDSG von denjenigen Stimmen im Schrifttum anerkannt, die in der Einwilligung keine Willenserklärung sehen. Sie leiten dies dann aus der ausdrücklichen Regelung zur Abgabe der Einwilligungserklärung (§ 4a BDSG-alt) ab (vgl. *Kohte,* AcP CLXXXV (1985), 105 (122)).

[146] Vgl. BT-Drs. 7/5277, 6; *Petri,* RDV 2007, 153 (155).

[147] Insb. *Spindler,* Persönlichkeitsschutz im Internet – Anforderungen und Grenzen einer Regulierung, 69. DJT-Gutachten, 2013, F 79, F 109; für eine Unterscheidung zwischen „relativem" und „absolutem" „Verfallsdatum" *Rolfs,* FS Taeger, 2020, S. 373 ff.

[148] Z. B. AG Bonn, Urt. v. 10.5.2016 – 104 C 227/15 (4 Jahre); LG München I, Urt. v. 8.4.2010 – 17 HK O 138/10, CR 2011, 830 (1,5 Jahre); LG Stuttgart, Urt. v. 31.8.2006 – 38 O 17/06 KfH, WRP 2006, 1548 (Ls.) (4 Wochen); LG Berlin, Beschl. v. 2.7.2004 – 15 O 653/03, CR 2004, 941 (2 Jahre); LG Hamburg, Urt. v. 17.2.2004 – 312 O 645/02 (10 Jahre); a. A. AG Hamburg, Urt. v. 24.8.2016 – 9 C 106/16.

[149] BGH, Urt. v. 25.10.2012 – I ZR 169/10, NJW 2013, 2683 (2685); BGH, Urt. v. 14.3.2017 – VI ZR 721/15, ZVertriebsR 2017, 172 (175).

[150] Auernhammer/*Kramer,* DSGVO/BDSG, 7. Aufl. 2020, Art. 7 DS-GVO, Rn. 30.

[151] Vgl. Simitis/*Scholz/Sokol,* BDSG, 8. Aufl. 2014, § 4 Rn. 6.

[152] AWV-Fachinformationen Teil 2, S. 37 (zit. bei *Gallwas* u. a., § 3 BDSG 1977, Rn. 10); **a. A.** *Preuß,* Die Kontrolle von E-Mails und sonstigen elektronischen Dokumenten im Rahmen unternehmensinterner Ermittlungen, 2016, S. 401 f.

II. Widerspruch

124 In einer Reihe von Verarbeitungskontexten kann der Betroffene der Verarbeitung seiner Daten widersprechen. Das Widerspruchsrecht als konstitutive Untersagungsbefugnis (→ Rn. 138) besteht **nur für gesetzlich ausdrücklich aufgeführte Konstellationen.** Dies sind nach der DS-GVO die Datenverarbeitung im öffentlichen Interesse (Art. 21 Abs. 1 S. 1 i.V.m. Art. 6 Abs. 1 S. 1 lit. e DS-GVO), die Datenverarbeitung aufgrund Interessenabwägung (Art. 21 Abs. 1 S. 1 i.V.m. Art. 6 Abs. 1 S. 1 lit. f DS-GVO), bei Profiling (Art. 21 Abs. 1 S. 1 Hs. 2 DS-GVO), Direktwerbung (Art. 21 Abs. 2 DS-GVO) und Forschung und Statistik (Art. 21 Abs. 6 DS-GVO).

125 **Widerspruchsrechte** sind **im Fachrecht** vielfach und vielgestaltig geregelt (z.B. § 6 Abs. 2 S. 4 HwO; § 9 Abs. 4 S. 2 IHK-G). Ein allgemeiner Unterlassungs- und Beseitigungsanspruch (§ 1004 Abs. 1 i.V.m. § 823 Abs. 1 u. 2 BGB)[153] scheidet allerdings aus, weil das europäische Datenschutzrecht insoweit die speziellere Regelung enthält.

126 Nach § 36 BDSG ist das **Widerspruchsrecht gegenüber öffentlichen Stellen** ausgeschlossen, wenn an der Verarbeitung ein zwingendes öffentliches Interesse besteht, das die Interessen des Betroffenen überwiegt oder wenn durch eine Rechtsvorschrift die Datenverarbeitung vorgeschrieben ist.

127 Die **Rechtmäßigkeit der Verarbeitung** zum Zeitpunkt des Widerspruchs ist ohne Belang. Ist sie **rechtswidrig,** ändert der Widerspruch hieran nichts.

1. Transparenz als Voraussetzung

128 Wie sich aus der allgemeinen Vorschrift des Art. 12 Abs. 1 DS-GVO ergibt, gelten die in den nachfolgenden Normen bestimmten Transparenzpflichten auch für das Widerspruchrecht gem. Art. 21 DS-GVO. In den Verarbeitungskonstellationen, in denen ein solches besteht (→ Rn. 124), muss der Verantwortliche den Betroffenen **über das Bestehen von dessen Widerspruchsrecht belehren** (Art. 21 Abs. 4 DS-GVO); dies gilt freilich nicht für das Widerspruchsrecht gegen die Verarbeitung für wissenschaftliche und statistische Zwecke, da Art. 21 Abs. 4 DS-GVO nicht auf Art. 21 Abs. 6 DS-GVO verweist. Die formalen Anforderungen an die Belehrung ergeben sich allgemein aus Art. 12 DS-GVO.

129 Anders als bei der Einwilligung (→ Rn. 87ff.) muss ein Widerspruch **nicht informiert** erfolgen, sondern kann auch in **Unkenntnis** oder aus **Unverstand** erhoben werden; hier geht das Datenschutzrecht von seiner Grundannahme aus, dass die Nicht-Verarbeitung stets weniger gefährdend sei als die Verarbeitung.

2. Bestimmtheit

130 Für den Widerspruch bestehen mangels besonderer gesetzlicher Anordnung keine speziellen Bestimmtheitserfordernisse. Es genügt, dass nach den allgemeinen Maßstäben **(objektivierter Empfängerhorizont)** die Erklärung des Betroffenen als Widerspruch zu interpretieren ist.

3. Formfreiheit

131 **Mangels einer speziellen Formvorschrift** ist der Widerspruch formfrei möglich.

132 Der Widerspruch kennt grundsätzlich **kein Begründungserfordernis** und unterliegt keiner Interessenabwägung. Er kann vom Betroffenen also ohne weitere Voraussetzungen erklärt werden.

133 Nur beim **Widerspruch gegen die Verarbeitung zu Forschungs- und Statistikzwecken** müssen „Gründe, die sich aus [der] besonderen Situation [des Betroffenen] ergeben" vorliegen und folglich

---

[153] So aber *Franck,* RDV 2015, 137 (138).

auch geltend gemacht werden. Anders als beim allgemeinen Widerspruch (→ Rn. 133) besteht hier ausnahmsweise eine Begründungslast beim Betroffenen.

134 Der Verantwortliche hat die **elektronische Einlegung von Widerspruch** zu ermöglichen (ErwGr 59 S. 2 DS-GVO).

135 Bei **Internetdiensten** muss die Möglichkeit bestehen, den Widerspruch auch automatisiert einzulegen (Art. 21 Abs. 5 DS-GVO).

136 Die Kosten des Widerspruchs werden nur hinsichtlich des Werbeverarbeitungswiderspruchs (Art. 21 Abs. 2 DS-GVO) angesprochen und dieser muss dort „jederzeit unentgeltlich" sein (ErwGr 70 S. 1 DS-GVO). Hinsichtlich des Widerspruchs in anderen Konstellationen wird nur verlangt, dass „Mechanismen, die dafür sorgen, dass [vom] Widerspruchsrecht Gebrauch gemacht werden kann", vorgesehen sind (ErwGr 59 S. 1 DS-GVO). Eine Bestätigung über den Widerspruch ist außer bei Missbrauch und Exzess stets kostenfrei (Art. 12 Abs. 5 S. 1 DS-GVO). Auch wenn keine **grundsätzliche Kostenfreiheit** angeordnet wird, sind die Möglichkeiten der Bepreisung dieser Rechtsausübung ausgesprochen eingeschränkt. Der Widerspruch gegen **Direktwerbung** muss ausdrücklich jederzeit und unentgeltlich möglich sein (ErwGr 69 S. 1 DS-GVO).

137 Wie auch bei Willenserklärungen besteht **keine (selbständige) Überprüfungspflicht hinsichtlich der Identität des Erklärenden.** Allerdings kommt es für die Rechtswirkung darauf an, von wem die Erklärung stammt. Insoweit darf der Verantwortliche die Identität des Erklärenden überprüfen, wobei das hierfür gewählte Verfahren angesichts der grundsätzlichen Formfreiheit nicht prohibitiv sein darf.[154]

4. Rechtswirkungen

138 Der Widerspruch ist eine Willenserklärung (→ Rn. 19). Als eine Willenserklärung muss der Widerspruch **dem Verantwortlichen zugehen.**

139 Durch einen Widerspruch entfällt – unter den jeweiligen Voraussetzungen – der Rechtsgrund für eine Datenverarbeitung. Insoweit handelt sich dabei also um eine **konstitutive Untersagungsbefugnis** (Art. 21 Abs. 1 S. 2 DS-GVO: „Der Verantwortliche verarbeitet die personenbezogenen Daten nicht mehr […]".). Nach Art. 17 Abs. 1 lit. c DS-GVO sind die betreffenden Daten dann grundsätzlich zu löschen.

140 Unterschieden wird zwischen dem Werbewiderspruch (Art. 21 Abs. 2 DS-GVO) als einem **„absolutem Widerspruchsrecht"** und einem **„relativen Widerspruchsrecht"**.[155]

141 Allerdings kann die Datenverarbeitung gleichwohl erfolgen (bzw. fortgesetzt werden), wenn spezielle und enge Voraussetzungen vorliegen. Diese ergeben sich entweder aus der speziellen, den Widerspruch überspielenden Vorschriften des Art. 21 Abs. 1 S. 2 DS-GVO, bei denen es darauf ankommt, dass der Verantwortliche seine überwiegenden Interessen darlegt, die angesichts des ausdrücklich entgegenstehenden Willens des Betroffenen den Grad von **„zwingenden berechtigten Interessen"** haben müssen (ErwGr 69 S. 2 DS-GVO). Ähnlich wie bei Art. 6 Abs. 1 S. 1 lit. f DS-GVO kommt es auf eine Interessenabwägung an, in der die Interessen des Verantwortlichen aber ein besonderes Gewicht haben müssen, um zu einer Erlaubtheit der Verarbeitung zu kommen.

[154] Vgl. Auernhammer/*Kramer*, DSGVO/BDSG, 7. Aufl. 2020, Art. 21 DS-GVO, Rn. 45.
[155] Auernhammer/*Kramer*, DSGVO/BDSG, 7. Aufl. 2020, Art. 21 DS-GVO, Rn. 1.

142 Im Ergebnis führt der Widerspruch (außerhalb der Werbedatenverarbeitung) zu einer **Aktualisierung der Rechenschaftspflicht** (Art. 5 Abs. 2 DS-GVO) hinsichtlich der Rechtmäßigkeit. Der Betroffene zwingt den Verantwortlichen durch seinen Widerspruch, die zuvor insb. auf öffentliche Zwecke (Art. 6 Abs. 1 S. 1 lit. e DS-GVO) oder die Interessenabwägung (Art. 6 Abs. 1 S. 1 lit. f DS-GVO) gestützte Verarbeitung auf eine andere Rechtsgrundlage zu stützen oder das Vorliegen der bisher angenommenen Verarbeitungsgrundlage zu untermauern.

143 Der Widerspruch **wirkt nur ex nunc** (Art. 21 Abs. 1 S. 2, Abs. 3 DS-GVO).

III. Widerruf von Einwilligung und Widerspruch

144 Der geäußerte **Wille in Bezug auf Datenverwendungen kann sich ändern.** Eine die Selbstbestimmung und Willensfreiheit achtende Rechtsordnung muss dies abbilden, gleichzeitig aber auch die Belange von Vertragspartnern oder der Allgemeinheit berücksichtigen.

145 Die Einwilligung und der Widerspruch sind im systematischen Sinne keine Gegenbegriffe, sondern beschreiben jeweils eine rechtsgeschäftliche Willensbetätigung in die eine bzw. die andere Richtung. Wie aber schon die Existenz der Kategorie des Widerrufs (der Einwilligung) zeigt, ist Widerspruch nicht der **Actus contrarius** zur Einwilligung (und auch nicht umgekehrt).

146 So ist im europäischen Datenschutzrecht der **Widerruf der Einwilligung** als rechtliche Kategorie anerkannt (Art. 7 Abs. 3 DS-GVO, s.a. ErwGr 65 S. 2); besonders wichtig war dem Normgeber die Widerrufbarkeit bei der Einwilligung von Minderjährigen (ErwGr 65 S. 3 DS-GVO).

147 Der **Widerruf des Widerspruchs** ist dagegen nicht ausdrücklich geregelt. Wenn man den Widerspruch als Willenserklärung einordnet, dann liegt es für dessen Actus contrarius nahe, hier dieselben Regeln anzuwenden, wie für den Widerruf der Einwilligung.

148 Der datenschutzrechtliche Widerruf ist, als Actus contrarius zur rechtsgeschäftlichen Einwilligungs- oder Widerspruchserklärung, ebenfalls eine **Willenserklärung.**[156] Denn er beseitigt die für eine Datenverwendung konstitutive Einwilligung bzw. den entgegenstehenden Widerspruch.

1. Beschränkungen und Bedingungen

149 Die Widerruflichkeit einer Einwilligungserklärung zählte nach dem früheren BDSG nicht zu den unabdingbaren Rechten des Betroffenen (arg. ex § 6 Abs. 1 BDSG-alt).[157] Insoweit konnte sie nach deutschem Recht auch **durch Gesetz oder durch Vertrag ausgeschlossen** werden. Ein Beispiel für den gesetzlichen Ausschluss sind klinische Arzneimittelstudien, bei denen die Einwilligung hinsichtlich pseudonymisiert an die Zulassungsbehörde übermittelter Daten nicht widerrufen werden kann (§ 40 Abs. 2a S. 1 Nr. 2 AMG; ähnlich § 28c Abs. 2 Nr. 2 RöV; § 87 Abs. 2 Nr. 2 StrlSchV).[158] Ein vertraglicher Ausschluss ist etwa bei Verträgen mit fester Laufzeit möglich, für die die Nutzung der Daten Voraussetzung ist.[159]

150 Allgemeinen Kriterien entsprechend wird man den **rechtsmissbräuchlichen Widerruf der Einwilligung** (§ 226 BGB, § 242 BGB) allerdings für unwirksam halten können.[160]

---

[156] Anders *Gallwas,* in: Gallwas u.a., § 3 BDSG 1977, Rn. 12ff.
[157] Anders Roßnagel HdB DatenSR/*Holznagel/Sonntag,* 2003, Kap. 4.8 Rn. 65, die einen *„endgültigen* Verzicht" ausschließen wollen.
[158] Hierzu *Herbst,* MedR 2009, 149 (152).
[159] Vgl. *Buchner,* Informationelle Selbstbestimmung im Privatrecht, 2006, S. 273f.
[160] *Franck,* RDV 2015, 137 (138).

2. Informiertheit

151 **Über die Wirkung des Widerrufs nur ex nunc** ist der Betroffene zu belehren (Art. 7 Abs. 3 S. 3 DS-GVO). Mangels besonderer Regelungen muss über die Widerruflichkeit des Widerspruchs nicht informiert werden.

3. Bestimmtheit

152 Hinsichtlich der Bestimmtheit des Widerrufs gibt es keine gesetzlichen Vorgaben. Es kommt also **nach den allgemeinen Vorschriften** auf die Auslegung vom objektivierten Empfängerhorizont aus an.

4. Formfreiheit

153 Der Widerruf einer Einwilligungserklärung ist mangels gesetzlicher Bestimmung **grundsätzlich formfrei.** Aus Art. 7 Abs. 3 S. 4 DS-GVO folgt, dass für den Widerruf der Einwilligung keine strengere Form als für die Einwilligung gelten darf.

5. Rechtswirkungen

154 Die Einwilligung kann grundsätzlich **jederzeit widerrufen** werden (Art. 7 Abs. 3 S. 1 DS-GVO). Als Willenserklärung entfaltet der Widerruf nach Art. 7 Abs. 3 S. 2 DS-GVO seine Rechtswirkungen ab dem Zugang und dann (nur) mit Wirkung für die Zukunft. – Gleiches gilt für den Widerruf des Widerspruchs.

155 Grundsätzliche Rechtsfolge eines Widerrufs der Einwilligung ist die **Pflicht des Verantwortlichen,** die betreffenden **Daten zu löschen** (Art. 17 Abs. 1 lit. b DS-GVO).

a) Rückgriff auf gesetzliche Erlaubnisnormen

156 Wenn die Einwilligung widerrufen wird, bedeutet das jedoch nicht automatisch ein Verbot der Verarbeitung. Vielmehr kommt es darauf an, ob die Verarbeitung auf einen anderen (gesetzlichen) Erlaubnistatbestand gestützt werden kann. Hier spielt insb. die **Interessenabwägung** (Art. 6 Abs. 1 lit. f DS-GVO) eine Rolle, in der auch der Umstand, dass zur Zeit der Geltung der Einwilligung ein Einverständnis mit der Verarbeitung bestanden hat, Berücksichtigung finden kann.[161] Wenn nun der Verantwortliche hierauf (vorhersehbar) vertraut und Aufwendungen getätigt hat, kann auch eine Fortsetzung der Verarbeitung rechtmäßig sein.[162]

157 Das **Gebot von Treu und Glauben** (§ 242 BGB) kann den kurzfristigen Widerruf und den Widerruf zur Unzeit verbieten.[163] Ebenso bleibt eine mögliche Schadenersatzpflicht bei Widerruf im Rahmen entgeltlicher Verträge unberührt.[164]

b) Rückwirkung auf Vertragsverhältnisse

158 Probleme treten jedoch auf, wenn die Einwilligung **Teil eines gegenseitigen Rechtsverhältnisses,** z.B. eines Vertrages, ist. Die Folgen eines Widerrufs bestim-

[161] Ob es treuwidrig ist, sich bei einer unwirksam erteilten Einwilligung auf gesetzliche Erlaubnistatbestände zu berufen, ist eine hiervon zu unterscheidende Frage (zu Recht ablehnend *Veil,* NJW 2018, 3337 (3342) unter Verweis auf Art. 17 Abs. 1 lit. b DS-GVO; *Funke,* Dogmatik und Voraussetzung der datenschutzrechtlichen Einwilligung im Zivilrecht, 2017, S. 107).

[162] Vgl. BAG, Urt. v. 11.12.2014 – 8 AZR 1010/13, K&R 2015, 433 (436): Videoaufnahme von einem früheren Beschäftigten.

[163] *Kohte,* AcP CLXXXV (1985), 105 (138).

[164] *Kohte,* AcP CLXXXV (1985), 105 (138).

men sich dann nach dessen speziellen Bestimmungen und der Rechtsnatur des jeweiligen Vertragstyps[165] sowie nach dem Gebot von Treu und Glauben.[166]

159 Ist eine Willensbetätigung Teil eines Vertrages, ohne dass die von ihr betroffene Datenverwendung für ein Vertragsverhältnis erforderlich wäre (Art. 6 Abs. 1 lit. b DS-GVO), ist zu differenzieren:[167] Ein **Dauerschuldverhältnis,** das als wesentlichen Teil eine Einwilligung enthält, kann jederzeit aus wichtigem Grund gekündigt werden (§ 314 BGB). Ansonsten ist es eine Frage des Einzelfalls, ob die (nachträgliche) Unwirksamkeit der Einwilligung **auf das Grundgeschäft durchschlägt.**[168]

6. Verhältnis zur Anfechtung

160 Neben der Möglichkeit des Widerrufs der Einwilligung kann deren Anfechtbarkeit stehen, so in den Fällen des § 123 BGB und bei den Irrtumsfällen des § 119 BGB. In diesen Fällen liegt **kein Mangel an „Freiwilligkeit“** mit der Folge der Unwirksamkeit der Willenserklärung vor. Denn man würde dem Betroffenen sonst die Möglichkeit nehmen, sich im Rahmen der Anfechtungsmöglichkeiten nach dem Ende des Willensmangels frei zu entscheiden. Auch sind keine materiellen Wertungsgesichtspunkte ersichtlich, nach denen im Datenschutzrecht von den im Privatrecht erprobten und lange bewährten Grundsätzen abgewichen werden muss. Dort gilt, dass eine nicht freiwillig abgegebene (Willens-)Erklärung anfechtbar (§ 123 BGB) ist und die Nichtigkeitsfolge (etwa nach § 138 BGB) verdrängt.[169]

161 Eine Anfechtung wirkt grundsätzlich **ex tunc.** Doch muss dies, wie für andere Dauerschuldverhältnisse, modifiziert werden. Datenverarbeitungen und ggf. Persönlichkeitsrechtsbeeinträchtigungen in der Vergangenheit können nicht ungeschehen gemacht werden, so dass regelmäßig nur eine **Anfechtungswirkung ex nunc** in Frage kommt.[170]

IV. Stellvertretung

1. Gewillkürte Vertretung

162 Für Einwilligung und Widerruf, die Willenserklärungen sind (→ Rn. 24), ist nach den allgemeinen Regeln für Rechtsgeschäfte eine Stellvertretung möglich.[171] Dies ergibt sich schon aus **Grundsätzen des Zivilrechts,** das Ausnahmen und Einschränkungen der Stellvertretung ausdrücklich regelt (z.B. in § 1311 BGB [Eheschließung], § 1904 Abs. 2 u. § 1906 Abs. 5 BGB). Im **Öffentlichen Recht** bestimmt § 14 Abs. 1 VwVfG, dass Bevollmächtigungen möglich sind. Der Befund wird zusätzlich dadurch gestützt, dass die Möglichkeit der Stellvertretung in „ausgebildeter Verkehrsgesellschaft erforderlich“ ist.[172] Im Datenschutzrecht fehlt es an einer aus-

[165] So schon *v. Tuhr,* Der Allgemeine Teil des Deutschen Bürgerlichen Rechts, Bd. II/1, 1914, S. 469.

[166] Roßnagel HdB DatenSR/*Holznagel/Sonntag,* 2003, Kap. 4.8 Rn. 66.

[167] S. hierzu (noch auf der Basis des § 28 Abs. 1 S. 1 Nr. 1 BDSG-alt) *Buchner,* Informationelle Selbstbestimmung im Privatrecht, 2006, S. 201 ff. mit Verweis auf *Ohly,* Volenti non fit iniuria, 2002, S. 141 ff., wo ein dreistufiges Modell aus Einwilligung i.e.S., rechtsgeschäftlicher Einwilligung und der Einräumung von Datennutzungsrechten vorgeschlagen wird.

[168] Dies sieht *Kohte,* AcP CLXXXV (1985), 105 (136) sogar als den Regelfall an.

[169] *Ohly,* Volenti non fit iniuria, 2002, S. 447.

[170] *Kroll,* Datenschutz im Arbeitsverhältnis, 1981, S. 169 f.; dagegen *Kohte,* AcP CLXXXV (1985), 105 (140).

[171] *Kühling,* ZfDR 2021, 1 (8 ff.); Roßnagel HdB DatenSR/*Holznagel/Sonntag,* 2003, Kap. 4.8 Rn. 27 m.w.N.

[172] *Ulrici,* NJW 2003, 2053 (2055 f.).

drücklichen Vorschrift; in ErwGr 38 S. 3 DS-GVO wird aber die Stellvertretung am Rande erwähnt, also (in Bezug jedenfalls auf Minderjährige) implizit vorausgesetzt. Und da an dieser Stelle eine Ausnahme von der Stellvertretung angesprochen wird, muss davon ausgegangen werden, dass das europäische Datenschutzrecht insgesamt von der Möglichkeit einer Stellvertretung ausgeht.

163 Allerdings wird gegen die Möglichkeit der Vertretung bei der Einwilligung (und damit auch beim Widerspruch sowie dem Widerruf von Einwilligung und Widerspruch) eingewandt, dass es sich bei der datenschutzrechtlichen Willenserklärung um ein **höchstpersönliches Rechtsgeschäft** handele.[173] Der Gesetzgeber habe ein „Höchstmaß an Schutz der Informationellen Selbstbestimmung" bezweckt, weshalb sich der Betroffene unmittelbar zu der Frage der Verarbeitung äußern müsse.[174] Daran ist im Ausgangspunkt richtig, dass die Vertretung bei manchen höchstpersönlichen Fragen nicht ohne weiteres möglich ist (vgl. die bereits erwähnten, allerdings ausdrücklichen Bestimmungen nach § 1904 Abs. 2 und § 1906 Abs. 5 BGB). Jedoch zeigen die genannten Vorschriften, dass eine Vertretung auch in diesen besonderen Fällen nicht per se ausgeschlossen, sondern lediglich an besondere Form- und Verfahrensvoraussetzungen geknüpft ist. Da eine entsprechende einschränkende Vorschrift im Datenschutzrecht jedoch fehlt, ist eine Vertretung bei der Abgabe einer datenschutzrechtlichen Einwilligung wie auch eines Widerspruchs deshalb nur in außergewöhnlichen Fällen ausgeschlossen, wie etwa bei Präventions- und Beratungsdiensten für Minderjährige (ErwGr 38 S. 3 DS-GVO).

164 Die Bevollmächtigung zur Abgabe einer Einwilligungserklärung ist nach § 167 Abs. 2 BGB **nicht formbedürftig.**

165 Selbst die Abgabe einer **Einwilligungserklärung ohne Vertretungsmacht** ist möglich. Die Wirksamkeit hängt dann von der Genehmigung des (vermeintlich) Vertretenen ab (§ 177 Abs. 1 BGB). Auch die Geschäftsführung ohne Auftrag kann die Abgabe von (dann wirksamen) Einwilligungs- und Widerrufserklärungen beinhalten. Unabhängig davon ist schließlich auch Botenschaft möglich.[175]

2. Gesetzliche Vertretung. Minderjährige

166 Gesetzliche Vertretungsmacht haben **Ehegatten** füreinander bei Geschäften zur Deckung des (täglichen) Lebensbedarfs (§ 1357 Abs. 1 S. 1 BGB). Soweit dies die Abgabe einer datenschutzrechtlichen Einwilligungserklärung betrifft, kann diese auch vom jeweils anderen Ehegatten abgegeben werden.

167 Für **Minderjährige und sonstige in der Geschäftsfähigkeit Beschränkte** gelten ebenfalls die allgemeinen rechtsgeschäftlichen Regeln. Dies ist in ErwGr 38 S. 3 DS-GVO ausdrücklich anerkannt. Grundsätzlich ist es deshalb dem Erziehungsberechtigten oder Betreuer, solange und soweit er zur rechtsgeschäftlichen Vertretung berechtigt ist, auch möglich, die Einwilligung nach Art. 7 DS-GVO zu erklären.[176] Im Rahmen der elterlichen Gewalt („elterliche Verantwortung") können die Erziehungsberechtigten den Minderjährigen auch zur Preisgabe von Daten zwingen. In Fällen allerdings, die stark in das Persönlichkeitsrecht eingreifen (z.B. ärztlichen oder psychologische Untersuchungen), muss individuell auf die Einsichtsfähigkeit und Grundrechtsmündigkeit abgestellt werden.[177] Ob hierfür der beschränkt Geschäftsfähige oder sein gesetzlicher Vertreter oder nur beide zusammen das Einver-

---

[173] *Auernhammer*, BDSG, 3. Aufl. 1991, § 4 Rn. 11.
[174] Simitis/*Simitis*, BDSG, 8. Aufl. 2014, § 4a Rn. 30f.
[175] Simitis/*Simitis*, BDSG. 8. Aufl. 2014, § 4a Rn. 31.
[176] Z.B. AG Gießen, Beschl. v. 16.6.2018 – 230 XVII 381/17 G, RDV 2019, 42 (Ls.).
[177] *Gernhuber*, FamRZ 1962, 89 (94).

ständnis erklären können, hängt von den Umständen des Einzelfalls ab.[178] Anhaltspunkte im Gesetz ergeben sich beispielsweise aus § 45 Abs. 1 JArbSchG, § 40 Abs. 4 Nr. 3 AMG und § 3 KastrG; den speziellen Fall von Präventions- und Beratungsdiensten für Kinder spricht ErwGr 38 S. 3 DS-GVO an.

3. Einwilligungsmanagementsysteme

167a Mit § 26 TTDSG sind „Dienste zur Einwilligungsverwaltung" (**Personal Information Management Systems, PIMS;** → § 18 Rn. 60bf.) erstmals geregelt. Diese sollen treuhänderisch die Einwilligungsmöglichkeit von Nutzern insb. von Onlinediensten verwalten und so die rationale Apathie der Nutzer überwinden (vgl. → Rn. 102a). Solche PIMS müssen nach § 26 Abs. 1 TTDSG ein nutzerfreundliches und zugleich wettbewerbskonformes Verfahren bereitstellen (Nr. 1) und dürfen kein eigenes wirtschaftliches Interesse an der Erteilung von Einwilligungen haben oder vermitteln (Nr. 2), zudem unterliegen sie hinsichtlich der Verarbeitung der Daten einer strengen Zweckbindung (Nr. 3) und müssen ein Datensicherheitskonzept vorlegen (Nr. 4); Einzelheiten bestimmt eine Rechtsverordnung (§ 26 Abs. 2 TTDSG).[179]

V. Genehmigung

168 Die Genehmigung als **nachträgliche Zustimmung,** wie nach allgemeinem Zivilrecht allgemein möglich, ist im Datenschutzrecht nicht vorgesehen. Von der bisher h. M. zum deutschen Datenschutzrecht war sie allerdings nicht anerkannt. Nach der hier vertretenen rechtsgeschäftsorientierten Auffassung muss eine nachträgliche Genehmigung als Erlaubnistatbestand aber gleichwohl möglich sein.

169 Jedenfalls aber kann eine nachträgliche Genehmigung durchaus datenschutzrechtliche Rechtswirkungen haben. Zum einen ist sie ein **Indiz für eine subjektiv fehlende Betroffenheit,** was etwa bei der (retrospektiven) Beurteilung von gesetzlichen Erlaubnistatbeständen mit Wertungs- und Abwägungsmöglichkeiten eine Rolle spielen kann. Vor allem auf der Sanktionenebene, vom Schadenersatz bis zum Ordnungswidrigkeiten- und Strafverfahren, spielt die Genehmigung hinsichtlich der Höhe der Sanktion und mit Blick auf ein Absehen von einer solchen eine Rolle.

170 Schließlich ist eine Genehmigung immer auch der **Verzicht auf einen Widerspruch,** der freilich nur ex nunc rechtliche Bedeutung hat.

VI. Verzicht auf Betroffenenrechte

171 Nach früherem deutschen Datenschutzrecht war der rechtsgeschäftliche Verzicht auf bestimmte Betroffenenrechte **ausdrücklich ausgeschlossen** (§ 6 Abs. 1 BDSG-alt).

172 Das europäische Datenschutzrecht enthält zum Verzicht auf Betroffenenrechte **keine ausdrückliche Vorschrift.** Ob ein solcher möglich ist, bestimmt sich also nach allgemeinen Grundsätzen; Klarheit wird erst nach einer entsprechenden Entscheidung des EuGH bestehen.

---

[178] *Kohte,* AcP CLXXXV (1985), 105 (143ff.); für die Einwilligung (nach § 22 KUG) beider Elternteile bei Bildern des Kindes auf Sozialen Netzwerken OLG Düsseldorf, Beschl. v. 20.7.2021 – 1 UF 74/21, ZD 2021, 650 (651).

[179] Zu Gestaltungsmöglichkeiten des Verordnungsgebers *Schwartmann/Benedikt,* RDV 2021, 248 (252f.).

VII. Verhältnis datenschutzrechtlicher Ansprüche zur Unwirksamkeit des Rechtsgeschäfts

173 Die Unwirksamkeit eines Rechtsgeschäfts kann sich aus einem **gesetzlichen Verbot** (§ 134 BGB) sowie aus einem **Verstoß gegen die guten Sitten** (§ 138 Abs. 1 BGB) oder **Spezialnormen** ergeben. Rechtsprechung und Schrifttum haben sich bisher – soweit ersichtlich – noch nicht ausführlich mit diesem Thema beschäftigt.[180]

174 Dies hat seinen Grund sicherlich auch darin, dass die datenschutzrechtlichen Normen als die **spezielleren Normen zu den allgemeinen zivilrechtlichen Nichtigkeitsnormen** angesehen werden. Die undifferenzierte Nichtigkeit ist nicht erforderlich, wenn die spezialgesetzlichen Regelungen ausreichen, um den gesetzlich vorgesehen Schutz zu gewährleisten,[181] insbesondere, wenn der Betroffene spezialgesetzliche Möglichkeiten hat, sich zu wehren.[182] Im Datenschutzrecht hat der Gesetzgeber für die Fälle rechtswidriger Datenverarbeitungen solche differenzierten Lösungen vorgegeben (Widerspruchsrechte, Löschungspflichten, Sperrung, Berichtigung).

175 Auch verträgt sich der **verarbeitungsschrittorientierte Regelungsansatz des Datenschutzrechts** nicht mit der **pauschalisierenden Rechtsfolge einer Nichtigkeit** des Rechtsgeschäfts. Eine lediglich zwischen den Vertragsparteien wirkende Nichtigkeit eines Rechtsverhältnisses würde dem Betroffenen keine (zusätzlichen) Rechte gewähren.

176 Allerdings wird von der Rechtsprechung die abschließende Geltung des Datenschutzrechts durchbrochen, wenn nicht nur eine Persönlichkeitsrechts*beeinträchtigung*, sondern eine **Persönlichkeitsrechts*verletzung*** vorliegt.[183] Aber nicht jeder Verstoß gegen das Datenschutzrecht ist auch eine solche Persönlichkeitsrechts*verletzung*.[184] § 1 Abs. 1 BDSG-alt schützte schon vor „Beeinträchtigungen“ des Allgemeinen Persönlichkeitsrechts, nicht nur vor Verletzungen,[185] das BDSG ist insoweit eine Vorfeldregelung.[186] Deshalb ist eine über die datenschutzrechtlichen Folgen einer rechtswidrigen Datenverarbeitung hinausgehende und diese damit außer Kraft setzende Nichtigkeit nur dann anzunehmen, wenn höchstpersönliche Rechtsgüter betroffen sind,[187] wenn ein bewusster Verstoß beider Seiten vorliegt[188] sowie wohl auch bei jedem Verstoß gegen eine Strafnorm. Bei letztgenanntem Fall ist insbesondere an die durch § 203 StGB besonders geschützten berufsrechtlichen Verschwiegenheitspflichten zu denken.

D. Bloße Willensäußerungen im Datenschutzrecht

177 Die bloße Willensäußerung ist **(nur) ein Realakt.** Ihr kommt keine unmittelbare Rechtswirkung zu. Gleichwohl kann sie datenschutzrechtlich erheblich sein, insbes.

---

[180] *Kusserow/Dittrich,* WM 1997, 1786 (1791).

[181] BGH, Urt. v. 23.10.1980 – IVa ZR 28/80, BGHZ 78, 263 (266); BGH, Urt. v. 19.1.1984 – VII ZR 121/83, BGHZ 89, 369 (373); BGH, Urt. v. 17.1.1985 – III ZR 135/83, BGHZ 93, 264 (267).

[182] BGH, Urt. v. 22.5.1978 – III ZR 153/76, BGHZ 71, 358 (362).

[183] BGH, Urt. v. 19.5.1981 – VI ZR 273/79, NJW 1981, 1738 (1740); weitergehend Urt. v. 7.7.1983 – III ZR 159/82, NJW 1984, 436ff.; Urt. v. 22.5.1984 – VI ZR 105/82, BGHZ 91, 233ff.

[184] *Klippel,* BB 1983, 407 (409).

[185] Auf einen „Missbrauch“ wie in BDSG 1977 wird nicht mehr abgestellt (Simitis/*Simitis,* BDSG, 8. Aufl. 2014, § 1 Rn. 24).

[186] Allgemein *v. Lewinski,* Die Matrix des Datenschutzes, 2014, S. 81ff.

[187] BGH, Urt. v. 11.12.1991 – VII ZR 4/91, BGHZ 116, 268 (276f.).

[188] BGH, Urt. v. 14.11.1960 – VIII ZR 116/59, WM 1960, 1417 (1419f.); BGH, Urt. v. 11.12.1991 – VII ZR 4/91, BGHZ 116, 268 (276f.).

etwa im Zusammenhang mit einer Interessenabwägung, in der die Äußerung des Willens des Betroffenen maßgeblich einzustellen ist.[189]

178 Die bloße Willensäußerung kann den Gehalt eines positiven **Einverständnisses** oder eines negativen **Einwands** haben. Im Widerspruch zu einem geäußerten Einwand ist etwa keine (gemeinsame) vertragliche Zweckbestimmung möglich. Der Verzicht auf einen Einwand ist nicht auch zugleich ein (rechtsgeschäftliches) Einverständnis.[190]

I. Formfreiheit von Einverständnis und Einwand

179 Einverständnis und Einwand sind – als Realakte – formfrei. Werden sie in einer Interessenabwägung oder in eine Entscheidung über die Erforderlichkeit einer Datenverwendung einbezogen, ist jedoch mit Blick auf die für die Einwilligung bezweckte Warnfunktion die Schriftform unter Umständen nützlich. Jedenfalls sind sie im Rahmen der datenschutzrechtlichen Rechenschaftspflichtigkeit (Art. 5 Abs. 2 DS-GVO) zu **dokumentieren.**

II. Kenntnis des Verantwortlichen

180 Für Realakte wie das Einverständnis, aber auch den Einwand fehlt es an einer Bestimmung über den Zugang der Äußerung entsprechend § 130 BGB. Denn in diesen Fällen kommt es maßgeblich auf einen **geäußerten Willen der Betroffenen** an, nicht auf die Kenntnisnahme des Verantwortlichen. Wenn jedoch eine solche Willensäußerung zur Grundlage einer Interessenabwägung oder der Entscheidung über die Erforderlichkeit einer Datenverwendung gemacht werden soll, muss der Verantwortliche auch Kenntnis von dem entsprechenden Willen haben.

III. Wegfall des Einverständnisses und des Einwands

181 Der Wegfall eines Einverständnisses wirkt als Realakt **ex nunc.** Sobald dieser dem Verantwortlichen zur Kenntnis gelangt, hat dieser die Auswirkungen der Rücknahme in dessen Auswirkungen auf die Interessenabwägung bzw. Erforderlichkeit zu prüfen. War das Einverständnis Geschäftsgrundlage, kommt auch eine Anwendung des § 313 BGB in Frage. Unbenommen bleibt es dem Betroffenen, sein allgemeines Widerspruchsrecht – als rechtsgeschäftliche Erklärung – geltend zu machen.

IV. „Vertretung" und „Genehmigung" bei Einverständnis und Einwand

182 Beim Einverständnis und dem Einwand sowie bei deren Wegfall als jeweils Realakte ist eine **Stellvertretung grundsätzlich nicht möglich.**

183 Die Mitteilung des Einverständnisses bzw. eines Einwands „in Vertretung" ist rechtlich als **Wissenserklärung über eine innere Tatsache eines Dritten** einzuordnen. Sie ist an keine rechtlichen Voraussetzungen geknüpft.[191] Da das Einverständnis und der Einwand datenschutzrechtlich nur insoweit Auswirkungen haben, als dass eine Interessenabwägung oder eine Erforderlichkeitsprüfung für oder gegen eine Datenverarbeitung ausgeht, ist bei eben dieser Abwägung und Prüfung zu berücksichtigen, dass die entsprechende Tatsache nicht durch den Betroffenen selbst mitgeteilt worden ist.

---

[189] Vgl. im Kontext des Sanktionenrechts OLG Karlsruhe, Beschl. v. 28.6.2017 – 1 Rb 8 Ss 540/16, ZD 2017, 478f.; Auernhammer/*v. Lewinski,* DSGVO/BDSG, 5. Aufl. 2017, § 43 BDSG, Rn. 60 m. w. N., auch zur a. A.

[190] Simitis/*Simitis,* BDSG, 8. Aufl. 2014, § 28 Rn. 263.

[191] Allerdings kann eine solche Mitteilung durch einen Dritten, wenn dieser dem Datenschutzrecht personal unterfällt, eine Übermittlung darstellen, die ihrerseits datenschutzrechtlich gerechtfertigt sein muss.

§ 14. Datenklassen

Literatur: *Benecke/Wagner,* Öffnungsklauseln in der Datenschutz-Grundverordnung und das deutsche BDSG – Grenzen und Gestaltungsräume für ein nationales Datenschutzrecht, DVBl. 2016, 600; *Kirchberg,* Personenkennzeichen – Ende der Privatsphäre, ZRP 1977, 137; *v. Lewinski/ Gülker,* Europa-, verfassungs- und datenschutzrechtliche Grundfragen des Registermodernisierungsgesetzes (RegMoG), DVBl. 2021, 633; *Peuker,* Registermodernisierung und Datenschutz, NVwZ 2021, 1167; *Schneider/Schindler,* Videoüberwachung als Verarbeitung besonderer Kategorien personenbezogener Daten, ZD 2018, 463; *Simitis,* Sensitive Daten: zur Geschichte und Wirkung einer Fiktion, FS Pedrazzini, 1990, 469; *Veil,* DS-DVO: Risikobasierter Ansatz statt rigides Verbotsprinzip, ZD 2015, 347; *Zelyk,* Das einheitliche steuerliche Identifikationsmerkmal, 2012.

1 Personenbezogene Informationen lassen sich klassifizieren im Hinblick auf das regelmäßige Gewicht des Umgangs mit ihnen für die Integrität der Persönlichkeit. Dabei geht es um Unterschiede im gesellschaftlichen Kontext, in der kommunikativen Funktion oder um die besondere Sensitivität der Inhalte. Die allgemeinen Grundregeln über die Rechtmäßigkeit der Verarbeitung nach Art. 6 DS-GVO sind auf diese Thematik nicht (unmittelbar) ausgerichtet. Dem galten schon im Entwurfsstadium der Verordnung kritische Überlegungen dahingehend, dass die beabsichtigte Regelung auf der Grundlage eines generellen Verbotsprinzips (→ § 12 Rn. 1) einen stärker **risikobasierten Ansatz** vermissen lasse.[1] Im Ergebnis trifft das nur partiell zu. Die im Rahmen der nachfolgenden Darstellung zu erörternden Regelungen des Art. 9 DS-GVO, die sensitiven Informationen („besonderen Kategorien personenbezogener Daten“) betreffend, weisen besonders deutlich in eine andere Richtung. Ähnliches mag auch in Bezug auf andere Informationsgruppen gelten, wie sie bislang schon von der Rechtsordnung differenziert behandelt wurden. Auf diese sonstigen Gruppierungen wird zunächst eingegangen.

A. Allgemein zugängliche Quellen

2 Das ursprüngliche BDSG enthielt seit der Erstfassung durchweg ein Verarbeitungsprivileg für Daten aus „allgemein zugänglichen Quellen“. Verfassungsrechtlich findet es seine Grundlage in **Art. 5 Abs. 1 GG,** wonach jeder das Recht hat, „sich aus allgemein zugänglichen Quellen ungehindert zu unterrichten.“[2] Zu diesen gehören nicht nur die der Allgemeinheit zugänglichen Medien, wie Zeitungen, Rundfunk, Literatur, Internet (mit Suchmaschine), Telefon- und Adressbücher, öffentliche Register,[3] sondern auch faktisch allgemein wahrnehmbare Sachverhalte,[4] also z. B. Häuserfronten, Klingelschilder, Unfallstellen oder die Mimik und Gestik des öffentlichen Redners. Die DSRL hatte ein solches Privileg zugunsten des für die Verarbeitung Verantwortlichen nicht (ausdrücklich) vorgesehen. Dasselbe gilt für die DS-GVO.[5] Sie sieht lediglich einmal einen eingeschränkten Schutzanspruch für

[1] Vgl. *Veil,* ZD 2015, 347 ff.

[2] Vgl. *Auernhammer,* 1. Aufl. 1977, BDSG § 23 Rn. 12; Simitis/Dammann/Mallmann/Reh/ *Simitis,* BDSG, 3. Aufl. 1981, § 23 Rn. 76.

[3] Vgl. Gola/Schomerus/*Gola/Körffer/Klug,* BDSG, 12. Aufl. 2015, § 28 Rn. 32 ff., § 14 Rn. 19.

[4] „[A]uch Ereignisse und Vorgänge“, BVerfG, Urt. v. 24.1.2001 – 1 BvR 2623/95 u. a., BVerfGE 103, 44 (60); Jarass/Pieroth/*Jarass,* GG, 16. Aufl. 2020, Art. 5 Rn. 22 m. w. Nachw.

[5] Allein in Art. 14 Abs. 2 lit. f DS-GVO ist im Rahmen der Informationspflicht für personenbezogene Daten von solchen die Rede, die „aus öffentlich zugänglichen Quellen stammen“; dazu Ehmann/Selmayr/*Knyrim,* DS-GVO, 2. Aufl. 2018, Art. 14 Rn. 38.

den Betroffenen vor, wenn dieser selbst die in Rede stehenden Informationen „offensichtlich öffentlich gemacht hat“ (Art. 9 Abs. 2 lit. e DS-GVO).

3 In der großen Mehrzahl der Fälle ist davon auszugehen, dass die Beeinträchtigung des Betroffenen durch die Verarbeitung ohnehin allgemein zugänglicher Informationen wenig(er) schwer wiegt.[6] Daher ist die Annahme berechtigt, dass dem Kriterium der allgemeinen Zugänglichkeit wesentliche Bedeutung bei von der Verordnung vorgesehenen Interessenabwägungen bzw. bei der Anwendung des Erforderlichkeitsprinzips (→ § 12 Rn. 28) zukommen wird. Das wird auch wegen **Art. 11 Abs. 1 GRCh**[7] ein Gebot der primärrechtskonformen Interpretation sein. Zugleich korreliert dies mit dem Regelungsauftrag des Art. 85 Abs. 1 DS-GVO.[8] Ein „Freibrief“ für beliebige – zumal heimliche – Verarbeitung ergibt sich daraus nicht.[9] Wesentliche Aspekte zu dieser Thematik insgesamt vermittelt die Rechtsprechung des EGMR (→ § 6 Rn. 10–12).

B. Äußerer Umgang/Kontakt einerseits und Inhalte andererseits

4 Eine andere Abstufung des Schutzumfangs ist mit dem Brief(- und Post-)geheimnis verbunden, grundgesetzlich unter Gesetzesvorbehalt gewährleistet von Art. 10 Abs. 1, 2 S. 1 GG. Einerseits geht es um den Inhalt der Kommunikation (vgl. dazu § 202 StGB), andererseits um den – zwischenmenschlichen – Übermittlungsvorgang (dazu § 39 PostG, § 206 Abs. 1, 5 S. 1 StGB). In beiden Hinsichten liegen (auch) personenbezogene Informationen vor (→ § 4 Rn. 18). – Diese Abschichtung findet ihre Fortsetzung in den Regeln über Telekommunikation. Der **höhere Schutz für die Inhalte** lässt sich aus den gesteigerten Voraussetzungen für die Telekommunikationsüberwachung nach § 100a StPO gegenüber denjenigen für die Erhebung von Verkehrsdaten[10] nach § 100g Abs. 1 StPO[11] ableiten. Noch eingeschränkter ist der Schutz der – nicht Art. 10 GG unterfallenden – Bestands-/Kundendaten des Anbieters von Telekommunikationsdiensten, wie sich aus § 2 Nr. 2, § 21 TTDSG ergibt. – Mit dem automatisierten Auskunftsverfahren aus Kundendateien nach § 173 TKG vergleichbar ist der automatisierte Abruf von Kontoinformationen nach § 24c KWG, auch i.V.m. §§ 93b, 93 Abs. 7, 8 AO, der gemäß 24c Abs. 1 S. 1 KWG auf die Kontostammdaten beschränkt ist: *„Diese Informationen haben bei isolierter Betrachtung keine besondere Persönlichkeitsrelevanz.“*[12]

5 Die dargelegten Abstufungen finden sich im Rahmen der Wahrung von Berufsgeheimnissen wieder. Zwar erstreckt sich bei diesen der Vertrauensschutz auch auf das Bestehen, das Wann und Wo eines **Mandats- bzw. Patientenverhältnisses** als solches. Doch sind auf dieser Ebene rechtlich vorgesehene[13] – wie auch den Erfordernissen der Praxis entsprechende[14] – Einschränkungen relativ zahl-

[6] Vgl. BGH, Urt. v. 29.4.2014 – VI ZR 137/13, NJW 2014, 2276; BGH, Urt. v. 5.11.2013 – VI ZR 304/12, ZD 2014, 410 – Vaterschaft eines Prominenten; Simitis/*Simitis*, BDSG, 8. Aufl. 2014, § 28 Rn. 162.

[7] Vgl. *Jarass*, GRCh, 4. Aufl. 2021, Art. 11 Rn. 15.

[8] Vgl. zu diesem Paal/Pauly/*Pauly*, DS-GVO, 3. Aufl. 2021, Art. 85 Rn. 4; *Benecke/Wagner*, DVBl. 2016, 600 (602f.); stärker eingrenzend Kühling/Buchner/*Buchner/Tinnefeld*, 3. Aufl. 2020, Art. 85 DS-GVO, Rn. 12.

[9] Vgl. dazu § 4 BDSG; BVerwG, Urt. v. 25.1.2012 – 6 C 9/11, ZD 2012, 438 (440f.) – Reeperbahn; weiterhin Art. 35 Abs. 3 lit. c DS-GVO; dazu Ehmann/Selmayr/*Baumgartner*, DS-GVO, 2. Aufl. 2018, Art. 35 Rn. 40ff.; beachte insbes. EuGH, Urt. v. 13.5.2014 – C-131/12, ZD 2014, 350 (Rn. 28–30) – Google; EuGH, Urt. v. 16.12.2008 – C-73/07, Slg. 2008, I-09831, MMR 2009, 175 (Rn. 48) – Satamedia; dazu → § 7 Rn. 26, auch Rn. 27f.

[10] Vgl. zu diesen § 3 Nr. 70, § 176 TKG; § 9 TTDSG.

[11] Wenngleich auch hier mit Richtervorbehalt nach § 101a Abs. 1 S. 1 i.V.m. § 100e StPO.

[12] So BVerfG, Beschl. v. 13.6.2007 – 1 BvR 1550/03 u.a., BVerfGE 118, 168 (198f. [Rn. 135ff.]).

[13] Vgl. § 802c ZPO für Forderungen gegen den Berufsträger.

[14] Angesprochen sind damit ggf. notwendige Darlegungen des Anwalts gegenüber einem potentiellen Mandanten bzw. einem Anwaltskollegen zur Vermeidung von Interessenkonflikten (§ 43a

reich. Ein Beispiel dafür ist das Recht der Finanzbehörden, die nach § 22 UStG geforderten Aufzeichnungen zu kennen, aus denen sich (nur) die Honorarforderungen gegen die Betroffenen ergeben.[15]

C. Wirtschafts- und Finanzinformationen

6 Die Beziehungen von Wirtschaftsunternehmen zueinander mit entsprechenden Informationen übereinander sind in sehr beträchtlichem Umfang nicht Gegenstand des Datenschutzrechts. Dasselbe gilt für entsprechende hoheitliche Steuerungseingriffe in Bezug auf solche Wirtschaftssubjekte. Dies folgt aus der Unanwendbarkeit des Datenschutzrechts auf juristische Personen als „Betroffene" gem. Art. 4 Nr. 1 DS-GVO, § 46 Nr. 1 BDSG (→ § 10 Rn. 7). Deshalb hat man es vor allem für einzelfallbezogene Wirtschafts- und Finanzdaten mit **je unterschiedlichen informationsrechtlichen Regimen** zu tun. Die damit verbundene, bereits erwähnte Diskrepanz, dass Einzelkaufleute diesbezüglich höheren Schutz genießen als ihre als GmbH organisierten Konkurrenten (→ § 10 Rn. 7), hätte freilich durch die gleichmäßige Herausnahme aller Wirtschaftsunternehmen aus dem Schutzbereich des Datenschutzrechts vermieden werden können. Dieser Weg wurde zuvor in der Fachdiskussion durchaus befürwortet.[16] Immerhin ist der Entwurfsbegründung der Bundesregierung zum BDSG 1977 zu entnehmen, dass die mangelnde Aufnahme gerade der juristischen Personen in den vorgesehenen gesetzlichen Schutz „deren Wünschen […] entspricht".[17] Die erzielte Lösung ist in Bezug auf den (einseitigen) Ausschluss juristischer Personen jedenfalls nicht selbstverständlich. Das gilt schon im Hinblick auf den primär- bzw. verfassungsrechtlichen Schutz nach Art. 8 EMRK, Art. 7, 8 GRCh und Art. 2 Abs. 1 GG, wie er ihnen – gerade im Hinblick auf den wirtschaftlichen Schwerpunkt ihres jeweiligen Tätigkeitsbereichs[18] – teilweise zugute kommt.[19]

7 Mit der wirtschaftsdominierten Abschichtung zwischen juristischen und natürlichen Personen, wie sie auf der sekundär- und auch auf der primärrechtlichen Schutzebene besteht, korreliert die unterschiedliche Intensität des (sekundärrechtlichen) Datenschutzes zugunsten natürlicher Personen in Bezug auf Wirtschafts- und Finanzinformationen einerseits und in Bezug auf Informationen, die den privatpersönlichen Lebenskreis betreffen, andererseits.[20] Dies gilt umso mehr, soweit es ersterenfalls um gewerbliche Tätigkeit des Betroffenen geht.[21] Den Datenschutzgesetzen unterfallende **Wirtschaftsdaten des Einzelnen** sind demzufolge den **gegenläufigen Interessen** des Verantwortlichen **stärker ausgesetzt.** Verdeutlichen kann man sich dies an den Regelungen und Entscheidungen zur Publikation von Prominentengehältern in Abwägung gegen die Interessen öffentlicher Meinungsbil-

Abs. 4 BRAO, § 3 BORA) wie auch die praktischen Gegebenheiten in Bürogemeinschaften; vgl. dazu Hartung/Scharmer/*Gasteyer,* 7. Aufl. 2020, § 2 BORA, Rn. 117.

[15] Vgl. zu den insofern gegenüber §§ 102, 104 AO vorzunehmenden Abgrenzungen BFH, Beschl. v. 11.12.1957 – II 100/53 U, BFHE 66, 225 (232); dazu auch Klein/*Rüsken,* AO, 15. Aufl. 2020, § 104 Rn. 2; auch BFH, Urt. v. 26.2.2004 – IV R 50/01, NJW 2004, 1614 (1616 r.Sp.).

[16] Vgl. *C. Sasse,* Sinn und Unsinn des Datenschutzes, 1976, S. 45 ff.

[17] BT-Drs. 7/1027, 19 Abschn. 3.9.1; dazu auch *Tuner,* DuD 1985, 20 (25 l.Sp.).

[18] Beachte dazu generell Art. 19 Abs. 3 Hs. 2 GG; Stern/Becker/*Brüning,* GG, 3. Aufl. 2019, Art. 19 Rn. 58.

[19] Siehe dazu → § 10 Rn. 7; zum „niedrigeren Schutzumfang" des Unternehmerpersönlichkeitsrechts gegenüber dem allgemeinen Persönlichkeitsrecht vgl. Gola/*Gola,* DS-GVO, 2. Aufl. 2018, Art. 4 Rn. 24.

[20] Zur verfassungsrechtlichen Ebene diesbezüglich verdeutlichend → § 7 Rn. 21 f.

[21] Vgl. Kühling/Buchner/*Buchner/Petri,* 3. Aufl. 2020, DS-GVO Art. 6 Rn. 150; auch Schantz/Wolff/*Wolff,* Das neue DatSchR, 2017, Rn. 659 f.

dung.[22] Diesem Personenkreis wird umgekehrt ein geschützter Privatbereich in beträchtlichem Umfang zugebilligt.[23]

D. Verarbeitung „besonderer Kategorien personenbezogener Daten" (sensitive Information)

I. Normative Grundlagen

8 Eine ausdrückliche, besonders ausgearbeitete Stufung der Schutzintensität soll durch Art. 9 DS-GVO – zusammen mit weiteren Bestimmungen der Verordnung (vgl. Art. 6 Abs. 4 lit. c, 22 Abs. 4, 30 Abs. 5, 35 Abs. 3 lit. b, 37 Abs. 1 lit. c, 83 Abs. 5 lit. a DS-GVO) – sowie aufgrund der §§ 22, 46 Nrn. 11–14, § 48 BDSG erzielt werden, nämlich in Bezug auf die Verarbeitung „besonderer Kategorien personenbezogener Daten". Zum einen geht es bei diesen Informationen in Anlehnung an verfassungs-/primärrechtliche **Diskriminierungsverbote** (vgl. Art. 3 Abs. 3 GG, Art. 21 GRCh, Art. 14 EMRK) um deren vorsorgliche Beachtung, zum anderen um den Schutz eines **engeren persönlichen Lebenskreises** des Betroffenen.[24] Zu den in Rede stehenden sensitiven (sensiblen) Informationen gehören u.a. Angaben über die rassische oder ethnische Herkunft, über politische, religiöse Überzeugungen, über die Gesundheit, das Sexualleben oder die genetische Beschaffenheit des einzelnen. – Für die Verarbeitung personenbezogener Daten über Straftaten und strafrechtliche Verurteilungen/Sicherungsmaßregeln enthält Art. 10 DS-GVO eine separate Regelung.

9 Ein solcher gesteigerter Schutz war im BDSG zunächst nicht enthalten. Vorgesehen war und ist er (gegenüber automatisierter Verarbeitung) nach Art. 6 der Konvention 108 des Europarats. Für die EU hat er seit 1995 Gültigkeit aufgrund des **Art. 8 DSRL.**[25] Deren Umsetzung ins deutsche Recht erfolgte erst 2001.

9a Ob es sich bei Art. 9 DS-GVO um eine **Lex specialis zu Art. 6 DS-GVO** handelt,[26] ist umstritten. Dafür spricht die Systematik der DS-GVO, die besondere Kategorien personenbezogener Daten einem strengen Schutzregime unterstellen will,[27] dagegen ErwGr 51 S. 5.[28] Das BAG hat die Frage dem EuGH vorgelegt, ohne für eine bestimmte Meinung Stellung zu beziehen.[29] Sollte es sich nicht um eine Lex specialis handeln, wird man aus teleologischen Gründen aber zumindest eine kumulative Anwendung der Voraussetzungen des Art. 9 DS-GVO verlangen müssen.

II. Rückschlussproblematik bei doppelfunktionalen Daten

10 Der Umstand, dass das **deutsche Recht** erst mit 24jähriger **Verspätung diesen besonderen Schutz legiferierte,** ging auf die verbreitete Auffassung in der deutschen rechtswissenschaftlichen Diskussion zurück, ein solcher Schutzansatz sei zwecklos,

---

[22] Vgl. die Nachw. → § 7 Rn. 16f., auch → § 6 Rn. 8; BayVGH, Beschl. v. 14.5.2012 – 7 CE 12.370, ZD 2012, 395.

[23] Zur diesbezüglichen Abgrenzung unter ausführlicher Bezugnahme auf die Rechtsprechung des BGH und des BVerfG vgl. EGMR, Urt. v. 19.9.2013 – 8772/10, NJW 2014, 1645 – Caroline von Hannover III.

[24] Vgl. dazu Kühling/Buchner/*Weichert,* 3. Aufl. 2020, DS-GVO Art. 9 Rn. 15ff.

[25] Beachte dazu die Analyse und Entwicklungsvorschläge der Artikel 29-Gruppe im „Advice paper on special categories of data (‚sensitive data')" v. 4.4.2011.

[26] So Sydow/*Kampert,* 2. Aufl. 2018, Art. 9 DS-GVO, Rn. 1.

[27] Ehmann/Selmayr/*Schiff,* DS-GVO, 2. Aufl. 2018, Art. 9 Rn. 11.

[28] Gola/*Schulz,* DS-GVO, 2. Aufl. 2018, Art. 9 Rn. 6; unklar BeckOK DatSchR/*Albers/Veit,* 38. Ed. 2021, Art. 9 DS-GVO, Rn. 11.

[29] BAG, Beschl. v. 26.8.2021 – 8 AZR 253/20 (A), NZA 2021, 1713 (Fr. 3 u. Rn. 28ff.).

weil es für die Beeinträchtigung des Betroffenen nicht auf den Umgang mit einer je einzelnen Information, sondern allein auf den jeweiligen „Verwendungszusammenhang“ ankomme.[30] Auf das dem zugrundeliegende, fehlgeleitete Informationsverständnis wurde an früherer Stelle eingegangen (→ § 3 Rn. 27–32). Ein realisierbarer Vorschlag, auf welchem Weg vielfältige „Verwendungszusammenhänge“ systematisch zu erfassen seien und so zur Grundlage für gestaffelten Persönlichkeitsschutz werden könnten, ist nie vorgelegt worden.[31] Die Kritik daran, umgekehrt zu demselben Zweck bestimmte Gruppen sensitiver Informationen konkret zu benennen, hat übersehen – und darin liegt die Ironie –, dass sich personenbezogene Informationen höheren Sensitivitätsgrads regelmäßig gerade dadurch auszeichnen, dass sie eine intensivere Bindung an jeweilige Verwendungszusammenhänge aufweisen. Mit anderen Worten stellt sich der Schutz der „besonderen Kategorien“ zugleich als ein gangbarer Weg dar, auf dem Verwendungszusammenhänge Berücksichtigung finden. Die Ausgestaltung der Zulässigkeitsalternativen für den Umgang mit sensitiven Informationen in Art. 9 Abs. 2, 3 DS-GVO bestätigt dies.

11 Evident ist der Unterschied zwischen Informationen über Religion oder Gesundheit einerseits und den üblichen Kontaktinformationen (Adresse, Telefonnummer, auch Beruf)[32] andererseits. Letztere zeichnen sich gerade dadurch aus, dass sie nicht einem vorbestimmten Kontext zugehören. An dieser Qualität ändert sich auch dadurch nichts, dass im Einzelfall eine Adresse z.B. auf den Aufenthalt in einer Spezialklinik hinweist.[33] Das Besondere ist dann ggf. der mögliche Hinweis/Rückschluss nicht auf irgendeine (wenngleich „nicht-belanglose“)[34] Eigenschaft des Betroffenen, sondern auf eine solche, die den besonderen Kategorien des Art. 9 DS-GVO zugehört. Allein dies vermag den gebotenen gesteigerten Schutz auszulösen. Die Berücksichtigung von **Rückschlussmöglichkeiten** sieht die Vorschrift ausdrücklich vor. Auch insofern kommt zur Begrenzung der Kontext zum Tragen. So ist die Adresse der Klinik im Rahmen der Lieferadressen eines Pizza-Service regelmäßig nicht als sensitiv i.S.d. Art. 9 DS-GVO zu betrachten. Der Eintrag des Ausleihers eines religiösen Buchs in der Datei der Bibliothek betrifft als solcher nicht die religiöse Überzeugung im Sinne des Art. 9 DS-GVO. Das gleiche gilt für die Kundendatei des Weinhändlers in Bezug auf die Gesundheit der Kunden. Etwas anderes gilt für behördliche Aufzeichnungen über einen Personenkreis von (vermutlichen) Drogenkonsumenten.[35] Zu beachten ist der vom Verantwortlichen – objektiv erfassbar – verfolgte Zweck, der nicht auf die Erfassung/Berücksichtigung des verbotenen Merkmals gerichtet sein darf.[36] Die rechtlichen Maßstäbe, die insofern anzulegen sind, weisen beträchtliche **Ähnlichkeit** mit Grundsätzen für die **Interpretation des Art. 3 Abs. 3 GG** auf,[37] eine Parallelität, die noch der weiteren wissenschaftlichen Vertiefung bedarf.

11a Besonders plastisch wird die Problematik am Beispiel der Verarbeitung von Bildern von Menschen. Eine weite Auslegung des Art. 9 Abs. 1 DS-GVO würde hier

[30] Hierzu umfassende Darstellung bei Simitis/*Simitis*, BDSG, 8. Aufl. 2014, § 3 Rn. 251f. mit umfangr. Nachw.; Gola/Schomerus/*Gola/Körffer/Klug*, BDSG, 12. Aufl. 2015, § 3 Rn. 56.

[31] Vgl. Ehmann/Selmayr/*Schiff*, DS-GVO, 2. Aufl. 2018, Art. 9 Rn. 3: „eine normative Abstrahierung zahlenmäßig nicht zu überblickender Datenverarbeitungskontexte [ist] kaum möglich“.

[32] Vgl. dazu → § 3 Rn. 9f., auch → § 4 Rn. 21, 25.

[33] So aber Simitis/*Simitis*, BDSG, 8. Aufl. 2014, § 3 Rn. 251: ein Zirkelschluss.

[34] Im Sinne der Rechtsprechung des BVerfG, → § 3 Rn. 5, 7.

[35] Vgl. Kühling/Buchner/*Weichert*, 3. Aufl. 2020, Art. 9 DS-GVO, Rn. 22f.

[36] Vgl. Paal/Pauly/*Frenzel*, 3. Aufl. 2021, Art. 9 DS-GVO, Rn. 9.

[37] Vgl. in diesem Zusammenhang zu Kausalität/Finalität/verdeckter Diskriminierung, auch zu mittelbarer Diskriminierung, Dreier/*Heun*, GG, 3. Aufl. 2018, Art. 3 Rn. 121ff.

in die Uferlosigkeit führen. Wer das Foto eines Inuit hochlädt, verarbeitet deshalb nicht ohne weiteres Daten über die ethnische Herkunft.[38] Auch erlauben die Bilder einer **Videoüberwachung**skamera möglicherweise Rückschlüsse auf nach Art. 9 Abs. 1 DS-GVO geschützte Merkmale, etwa wenn eine gefilmte Person ein Kopftuch oder eine Kippa trägt, doch würde dieses Verständnis jegliche Videoüberwachung den Anforderungen des Art. 9 DS-GVO unterstellen.[39] Kontext und Verwertungsabsicht sind deshalb bei der Frage, ob besondere Arten personenbezogener Daten nach Art. 9 Abs. 1 DS-GVO vorliegen, mit zu berücksichtigen.[40]

12 Zu den Irrtümern, die zu der langwierigen Verzögerung der Regelung besonderer Kategorien personenbezogener Informationen in Deutschland führten, gehört noch die früher geäußerte Auffassung, dass die Standards für den Schutz solcher Informationen in den einzelnen europäischen Staaten so unterschiedlich seien, dass sich eine **einheitliche Basis für eine EU-rechtliche Gestaltung** gar nicht würde finden lassen.[41] Diese Befürchtung hat sich durch die eingetretene Rechtsentwicklung von selbst erledigt.

E. Personenkennzeichen

13 Eine besonders gelagerte Klasse personenbezogener Daten stellen sogenannte Personenkennzeichen (PKZ) dar. Personenkennzeichen dienen v.a. der Verwaltung dazu, die in verschiedenen Registern enthaltenen Informationen eindeutig einer bestimmten Person zuordnen zu können, ohne dass es zu Missverständnissen etwa wegen Unregelmäßigkeiten in der Namensschreibung („Maier" statt „Meier" o.ä.) oder wegen Namensgleichheit kommt. Obwohl als Datum selbst praktisch belanglos, liegt ihr Potential vor allem in der eindeutigen Verknüpfung anderer Datenbestände. Personenkennzeichen sind schon früh wegen dieser **Konzentrationswirkung** als Gefahr für die Privatsphäre betrachtet worden.[42] Das Bundesverfassungsgericht sah in ihnen im Volkzählungsurteil einen „entscheidende[n] Schritt" hin zu vollständigen staatlichen Persönlichkeitsprofilen[43], welche es in einer früheren Entscheidung für unvereinbar mit der Menschenwürde[44] befunden hatte.

14 Datenschutzrechtlich werden Personenkennzeichen und ihre Voraussetzungen in **Art. 87 DS-GVO** geregelt, der von „nationaler Kennziffer" einerseits und „andere[n] Kennzeichen von allgemeiner Bedeutung" andererseits spricht. Die Begriffe unterscheiden sich vor allem bezüglich der Anzahl der betroffenen staatlichen Register (alle bzw. sektorübergreifend mehrere) und sollen hier unter den Oberbegriff des Personenkennzeichens gefasst werden.[45] Die Norm enthält eine **Öffnungsklausel** zugunsten diesbezüglicher mitgliedsstaatlicher Regelungen, von denen sie lediglich die „Wahrung geeigneter Garantien für die Rechte und Freiheiten der betroffenen Person" verlangt. Da Art. 87 DS-GVO damit kaum Vorgaben für die mitgliedsstaatlichen Regelungen macht, ist eine deutsche Regelung im Rahmen der Öffnungsklausel **vorrangig am Grundgesetz zu messen.**

15 In Deutschland war ein erster Anlauf zu Personenkennzeichen 1976 im Rechtsausschuss des Bundestags wegen verfassungsrechtlicher Bedenken gescheitert (dazu → § 2 Rn. 50 m.w.N.). Jüngst hat sich der dadurch herbeigeführte Zu-

[38] BeckOK DatenSR/*Albers/Veit*, 38. Ed. 2021, Art. 9 DS-GVO, Rn. 35.
[39] VG Mainz, Urt. v. 24.9.2020, 1 K 584/19.MZ, ZD 2021, 336 (Rn. 28f.).
[40] So nun auch VG Mainz, Urt. v. 24.9.2020, 1 K 584/19.MZ, ZD 2021, 336 (Rn. 29); *Schneider/Schindler*, ZD 2018, 463 (467f.); **a. A.** slhLT-Drucks. 19/429, 144.
[41] So *Simitis*, FS Pedrazzini, 1990, S. 469–482.
[42] *Kirchberg*, ZRP 1977, 137 (138).
[43] BVerfG, Urt. v. 15.12.1983 – 1 BvR 209/83 u.a., BVerfGE 65, 1 (57) – Volkszählung.
[44] BVerfG, Beschl. v. 16.7.1969 – 1 BvL 19/63, BVerfGE 27, 1 (6) – Mikrozensus.
[45] So auch BeckOK DatenSR/*v. Lewinski*, 38. Ed. 2021, Art. 87 DS-GVO, Rn. 26.

stand aber durch das **Registermodernisierungsgesetz (RegMoG)** geändert, das in Art. 1 das **Identifikationsnummerngesetz (IDNrG)** enthält und die bisher auf den Steuerbereich beschränkte Steuer-Identifikationsnummer nach § 139b AO in eine Vielzahl staatlicher Register als eindeutiges Erkennungsmerkmal einführt. Diese avanciert damit von einem bereichsspezifischen zu einem Kennzeichen von allgemeiner Bedeutung im Sinne des Art. 87 DS-GVO.[46] Die Verfassungsmäßigkeit dieser Gesetze ist mit Blick auf die verfassungsrechtliche Spannungslage bei Personenkennzeichen (→ Rn. 13) umstritten, richtigerweise aber zu bejahen.[47]

16 Inhaltlich errichtet § 3 IDNrG beim Bundesverwaltungsamt eine Registermodernisierungsbehörde, die die Einführung der Steuer-Identifikationsnummer in die weiteren über 50 Register gemäß der Anlage zu § 1 IDNrG koordiniert. Nach Abschluss der Einführung wird die Kommunikation zwischen Registern unterschiedlicher sogenannter „Bereiche" gem. § 7 IDNrG anhand der Identifikationsnummer gesichert über zwei Vermittlungsstellen laufen, die Missbrauch unterbinden sollen. Diese Lösung wurde im Gesetzgebungsverfahren als **„4-Ecken-Modell"** bzw. „4-Corner-Modell" bezeichnet[48] und einer anderen Umsetzung unter Einschaltung einer „Stammzahl" gegenübergestellt, die in Österreich Anwendung findet. Für Übermittlungen innerhalb eines „Bereichs" gelten wie bisher die allgemeinen Regelungen.

17 Das IDNrG enthält über die Zulässigkeit der **Verarbeitung der Identifikationsnummer durch nicht-öffentliche Stellen** keine eindeutige Aussage.[49] Auf europäischer Ebene bemüht die Kommission sich mit der Reform der eIDAS-VO (EU) 910/2014 derzeit um die gegenseitige Anerkennung nationaler elektronischer Identifizierungsmerkmale auch und gerade für den nicht-öffentlichen Bereich.[50]

18 Keine Personenkennzeichen i.S.d. Art. 87 DS-GVO sind **sektorspezifische Kennzeichen,** d.h. Nummern oder andere Identifikatoren, die nur innerhalb eines beschränkten Bereichs zum Einsatz kommen. Das galt bis zum Inkrafttreten des RegMoG etwa für die Steuer-Identifikationsnummer und gilt weiterhin für die (noch) zahlreichen anderen bereichsspezifischen Kennzeichnungen, unter denen etwa die Rentenversicherungsnummer nach § 147 SGB VI oder die AZR-Nummer nach § 3 Abs. 1 Nr. 2 AZRG erwähnenswert sind. Solche bereichsspezifischen Kennzeichen werden von Art. 87 DS-GVO nicht erfasst, sondern unterfallen den allgemeinen datenschutzrechtlichen Regelungen.

---

[46] *v. Lewinski/Gülker,* DVBl. 2021, 633 (633).

[47] Ausführlich *v. Lewinski/Gülker,* DVBl. 2021, 633 (634 ff.); ebenso *Peuker,* NVwZ 2021, 1167 (1169 ff.); **a. A.** *Sorge/Leicht,* ZRP 2020, 242 (244).

[48] BT-Drs. 19/24226, S. 65 f.

[49] Dazu *v. Lewinski/Gülker,* DVBl. 2021, 633 (637 f.).

[50] COM(2021) 281 final, S. 1 ff.

§ 15. Informationspflichten und Betroffenenrechte

Literatur: *Ben-Shahar/Schneider,* The Failure of Mandated Disclosure, University of Pennsylvania Law Review 159 (2011), 647; *Brink/Joos,* Reichweite und Grenzen des Auskunftsanspruchs und des Rechts auf Kopie, ZD 2019, 483; *Durmus,* Das Recht auf Datenübertragbarkeit, RDV 2018, 80; *Eckhardt,* EU-DatenschutzVO – Ein Schreckgespenst oder Fortschritt?, CR 2012, 195; *Engeler/Quiel,* Recht auf Kopie und Auskunftsanspruch im Datenschutzrecht, NJW 2019, 2201; *Elfering,* Unlocking the Right to Data Portability, 2019; *Härting,* Was ist eigentlich eine „Kopie"?, CR 2019, 219; *Kirchhefer-Lauber,* Digitales Kaufrecht 2022, JuS 2021, 918; *König,* Das Recht auf eine Datenkopie im Arbeitsverhältnis, CR 2019, 295; *Koreng,* Reichweite des datenschutzrechtlichen Auskunftsanspruchs, NJW 2021, 2692; *Kratz,* Datenportabilität und „Walled Gardens", InTeR 2019, 26; *Kumkar,* Herausforderungen eines Gewährleistungsrechts im digitalen Zeitalter, ZfPW 2020, 306; *Oettel,* Datensparsame Datenübertragbarkeit, DuD 2020, 819; *Pałka,* The World of Fifty (Interoperable) Facebooks, Seton Hall Law Review 51 (2021), 1193; *Robrecht,* EU-Datenschutzgrundverordnung: Transparenzgewinn oder Information-Overkill, 2015; *Schweitzer,* Datenzugang in der Datenökonomie: Eckpfeiler einer neuen Informationsordnung, GRUR 2019, 569; *Spindler,* Umsetzung der Richtlinie über digitale Inhalte im BGB, MMR 2021, 451 u. 2021, 528; *Straub,* Do ut des data – Bezahlen mit Daten im digitalen Zeitalter, NJW 2021, 3217.

A. Informationsfluss vom Verantwortlichen zum Betroffenen

1 Im Anschluss an das Kap. II „Grundsätze" der DS-GVO, die vorliegend im wesentlichen in den → §§ 10, 12–14 erörtert wurden, wird in Kap. III der DS-GVO ein eigenes System von Betroffenenrechten festgeschrieben. Es geht dabei vorrangig nicht um die Einschränkung zulässigen Umgangs mit Information, sondern im Gegenteil namens der **„Transparenz"** um eine Fülle vorgeschriebener Informierungen seitens des Verantwortlichen an den Betroffenen. Dieses Gegen-Konzept ist ein Novum gegenüber herkömmlichem, auf Abwehr beruhendem Persönlichkeitsschutz, doch ist es als solches essenziell für das Gesamtkonzept des Datenschutzes. Es beruht auf dem Faktum, dass zumal automatisierte Informationsverarbeitung für jeden, der ihr als außenstehender „Betroffener" gegenübersteht, schwer durchschaubar ist. Die Blackbox des Verantwortlichen soll sich öffnen, allerdings nicht, wie nach dem Informationszugang (gegenüber Behörden, z.B. gem. IFG) für jedermann,[1] sondern nur für den Betroffenen i.S.d. Art. 4 Nr. 1 DS-GVO.

I. Regelmäßige Informationspflichten des Verantwortlichen

1. Die Pflichten im einzelnen

2 Da der Betroffene oftmals gar nicht weiß, wer – in welchen Zusammenhängen – ihn betreffende Informationen verarbeitet, sieht die Verordnung eine aktive Informationspflicht des Verantwortlichen ihm gegenüber vor (Art. 14 DS-GVO). Diese Vorschrift findet Anwendung nur insoweit, als die zu verarbeitenden Informationen „nicht bei der betroffenen Person erhoben", also vom Verantwortlichen ohne deren Mitwirkung und ohne deren Kenntnis[2] erlangt wurden. Anderenfalls gilt Art. 13 DS-GVO, welcher die „Informationspflicht bei Erhebung von personenbezogenen Daten bei der betroffenen Person" regelt (→ § 13 Rn. 91ff.). Insgesamt legt

[1] Vgl. dazu auch die Transparenzverordnung 1049/2001/EG über den Zugang von Dokumenten der EG-Organe, Art. 2 Abs. 1, Art. 6; auch → § 7 Rn. 6.

[2] So Gola/*Franck,* DS-GVO, 2. Aufl. 2018, Art. 13 Rn. 4; Ehmann/Selmayr/*Knyrim,* DS-GVO, 2. Aufl. 2018, Art. 14 Rn. 2. – Es finden sich für die Abgrenzung unterschiedliche Akzente bei Kühling/Buchner/*Bäcker,* 3. Aufl. 2020, DS-GVO Art. 13 Rn. 13 m.w.Nachw. in Fn. 11.

die Verordnung für beide Alternativen des Informationszugriffs größtenteils übereinstimmende, **umfangreiche Kataloge von (Meta-)Informationen** vor, die vom Verantwortlichen dem Betroffenen, sei es bei der Erhebung, sei es innerhalb einer angemessenen Frist – so etwa „längstens [...] innerhalb eines Monats" (Art. 14 Abs. 3 DS-GVO) – mitzuteilen sind.

3 Dabei sind die beiden **Kataloge ihrerseits zweigeteilt.** In Art. 13 Abs. 2 bzw. 14 Abs. 2 DS-GVO werden solche Informationen zusätzlich benannt, „die [immer?] erforderlich sind, um der betroffenen Person gegenüber eine faire und transparente Verarbeitung zu gewährleisten".[3] Plausibler ist allerdings die Lesart *„Informationen [...], insoweit sie erforderlich sind, um [...] eine faire [...] Verarbeitung zu gewährleisten"*. Somit wird nämlich dem Verantwortlichen ein Beurteilungsspielraum eingeräumt, und die jeweilige Aufgliederung der Mitteilungspflichten in zwei Absätze erlangt von daher eine klare Bedeutung.[4]

4 Im jeweiligen Abs. 1 geht es
- um den Namen und die Kontaktdaten des Verantwortlichen und des Datenschutzbeauftragten,
- um Information über die **Zwecke** der Verarbeitung und deren **Rechtsgrundlage** und
- um die **Empfänger** bzw. Kategorien von Empfängern der Daten, ggf. um beabsichtigte **Drittlandübermittlungen;**
- im Fall des Art. 14 DS-GVO kommt die Mitteilung über die **„Kategorien personenbezogener Daten,** die verarbeitet werden", hinzu (während die Pflicht zur Offenlegung verarbeiteter Inhalte selbst erst durch die Ausübung des Auskunftsrechts seitens des Betroffenen entsteht, → Rn. 19ff.).

5 Der jeweilige Abs. 2 betrifft
- die **Dauer** der Speicherung,
- die Unterrichtung über die vielfältigen weiteren Betroffenenrechte,
- ggf. die Unterrichtung über **automatisierte Entscheidungsfindungen** einschließlich Profiling (→ § 16);
- wenn die Verarbeitung auf Art. 6 Abs. 1 lit. f DS-GVO beruht: die Mitteilung der **berechtigten Interessen** auf Seiten des Verantwortlichen oder eines Dritten (Art. 14 Abs. 2 lit. b DS-GVO); in Art. 13 DS-GVO wird dieser Topos dem Abs. 1 (lit. d) zugeordnet;
- nur in Art. 13 Abs. 2 lit. e DS-GVO: die Darlegung, ob die Bereitstellung der jeweiligen Daten durch den Betroffenen **gesetzlich oder vertraglich vorgeschrieben** oder für den Vertragsabschluss erforderlich ist, ob die betroffene Person verpflichtet ist, die Daten bereitzustellen und welche möglichen Folgen die Nichtbereitstellung hätte;
- nur in Art. 14 Abs. 2 lit. f DS-GVO: die **Quelle** der Daten.

6 Im Falle einer beabsichtigten Zweckänderung sind nach Art. 13 Abs. 3 bzw. Art. 14 Abs. 4 DS-GVO dem Betroffenen „Informationen über diesen **anderen Zweck**" sowie über damit verbundene – durch die Änderung bedingte – „maßgebliche Informationen gemäß Abs. 2" zur Verfügung zu stellen. Dazu dürften auch

[3] So Art. 14 Abs. 2 DS-GVO; in Art. 13 Abs. 2 DS-GVO heißt es statt „erforderlich": „notwendig"; in der englischen Version heißt es in beiden Fällen übereinstimmend: „necessary".

[4] Die Informationspflichten nach Art. 13 Abs. 2 bzw. Art. 14 Abs. 2 DS-GVO sind bei richtiger Lesart situationsabhängig – und damit risikobasiert – zu verstehen (vgl. dazu ErwGr 60); differenzierend Ehmann/Selmayr/*Knyrim*, DS-GVO, 2. Aufl. 2018, Art. 13 Rn. 29, Art. 14 Rn. 32; **a. A.** Gola/*Franck*, DS-GVO, 2. Aufl. 2018, Art. 13 Rn. 5f.; Kühling/Buchner/*Bäcker*, 3. Aufl. 2020, Art. 13 DS-GVO, Rn. 20; BeckOK DatenSR/*Schmidt-Wudy*, 38. Ed. 2021, Art. 13 DS-GVO, Rn. 59.

solche über die entsprechende Rechtsgrundlage bzw. über Abwägungskriterien nach Art. 6 Abs. 4 lit. a–e DS-GVO gehören.[5]

2. Einschränkungen der Informationspflicht

a) Fälle nachträglicher Zweckänderung

7 Wie sich versteht, entfällt die Informationspflicht des Verantwortlichen, wenn die **betroffene Person bereits** über die entsprechenden **Informationen verfügt** (Art. 13 Abs. 4, Art. 14 Abs. 5 lit. a DS-GVO). Im übrigen regelt Art. 13 DS-GVO keine Ausnahmen. Gestützt auf Art. 23 Abs. 1 DS-GVO sehen §§ 32 Abs. 1, 29 Abs. 2 BDSG Einschränkungen der sich aus Art. 13 Abs. 3 DS-GVO **bei nachträglicher Zweckänderung** ergebenden Informationspflichten vor:[6]

- § 32 Abs. 1 Nr. 1 BDSG beschränkt die hier geregelte Ausnahme auf „analog gespeicherte […] Daten" [!], erstreckt sich also auf Karteikästen u. ä.[7] und – im öffentlichen Bereich – auch auf Akten (vgl. hierzu § 1 Abs. 8 BDSG).
- § 32 Abs. 1 Nr. 4 BDSG befreit vorbehaltlich einer Abwägung mit den Gegeninteressen von der Informationspflicht, wenn deren Befolgung die **Geltendmachung** (usw.) bestehender **rechtlicher Ansprüche** gefährden würde.
- Die § 32 Abs. 1 Nrn. 2–3 u. 5 BDSG betreffen die Wahrung **öffentlicher Aufgaben** und Interessen.
- Der Vorschlag im Gesetzentwurf der Bundesregierung,[8] für nicht-öffentliche Stellen eine Ausnahme von der Informationspflicht vorzusehen, wenn deren Erfüllung *„einen **unverhältnismäßigen Aufwand** erfordern würde und das Interesse der betroffenen Person an der Informationserteilung nach den Umständen des Einzelfalls, insbesondere wegen des Zusammenhangs, in dem die Daten erhoben wurden, als gering anzusehen ist,"* blieb im Gesetzgebungsverfahren unberücksichtigt. Anders als im Art. 14 Abs. 5 lit. b DS-GVO (→ Rn. 9 Spstr. 1 Alt. 2) ist insoweit der Grundsatz der Verhältnismäßigkeit nicht zum Tragen gekommen.
- § 29 Abs. 2 BDSG trägt den Erfordernissen vertraulicher Kommunikation zwischen dem **Mandanten und dem Berufsgeheimnisträger** Rechnung. Die vom Gesetzgeber beigefügte Abwägungsklausel unterliegt gravierenden verfassungsrechtlichen Bedenken.[9]

b) Fälle der Erhebung nicht beim Betroffenen

aa) DS-GVO

8 Eine Ausnahme von den Informationspflichten nach Art. 14 DS-GVO besteht nach dessen Absatz 5 lit. c für das Vorliegen ausdrücklicher (spezieller) anderweitiger Regelungen der Union oder der Mitgliedstaaten über die Erhebung/Offenlegung personenbezogener Informationen (z. B. für gesetzliche **Meldepflichten**).[10] Nach lit. d gilt dasselbe im Hinblick auf die **Berufsgeheimnisse,** auch unter Bezug

[5] Vgl. Kühling/Buchner/*Bäcker,* 3. Aufl. 2020, DS-GVO Art. 14 Rn. 47; Ehmann/Selmayr/*Knyrim,* 2. Aufl. 2018, Art. 13 DS-GVO, Rn. 67; → § 12 Rn. 41 f.

[6] Vgl. dazu *Schantz/Wolff,* Das neue DatSchR, 2017, Rn. 1164 ff.

[7] Genaueres zur nichtautomatisierten Verarbeitung in einem Dateisystem gespeicherter Informationen → § 8 Rn. 23 ff.

[8] BT-Drs. 18/11325, 33; dazu *Schantz/Wolff,* Das neue DatSchR, 2017, Rn. 1165.

[9] Vgl. *Rüpke,* Freie Advokatur, anwaltliche Informationsverarbeitung und Datenschutzrecht, 1995, S. 16 f., 131 ff.

[10] Vgl. Kühling/Buchner/*Bäcker,* DS-GVO, 3. Aufl. 2020, Art. 14 Rn. 64 ff.

auf Berufssatzungen.[11] Diese Geheimnisse umfassen regelmäßig auch die Metainformationen.[12]

9 Art. 14 Abs. 5 lit. b DS-GVO enthält eine weitere Ausnahmeregelung, nämlich
- für den Fall, dass sich „die Erteilung dieser Informationen als unmöglich erweist oder einen **unverhältnismäßigen Aufwand**[13] erfordern würde" (insbes. bei im öffentlichen Interesse liegenden Verarbeitungen für Archivzwecke, für Zwecke der wissenschaftlichen oder historischen Forschung oder für statistische Zwecke) oder
- soweit die Informationspflicht (nach Abs. 1) voraussichtlich die Verwirklichung der **Ziele der Verarbeitung unmöglich** macht oder ernsthaft beeinträchtigt.

10 Irritierend mag dabei die in lit. b vorgenommene Zusammenfassung zweier grundsätzlich verschiedener Gegebenheiten sein. Die **Unmöglichkeit der Informationserteilung** bzw. die **Unverhältnismäßigkeit** des dabei entstehenden Aufwands (z.B. mangels verfügbarer Kontaktdaten des Betroffenen) ist eine Sache, das **Konterkarieren der Ziele einer Verarbeitung** (z.B. durch Information des zu Beobachtenden seitens des Privatdetektivs) eine völlig andere.[14] Hervorgerufen wird die vorfindliche Irritation[15] durch ungenaue Interpunktion im deutschsprachigen Text; Klarheit bringt die französische Fassung.[16]

bb) BDSG

11 Das BDSG enthält in §§ 33 Abs. 1, 29 Abs. 1 S. 1 Einschränkungen bezüglich der Informationspflichten nach Art. 14 DS-GVO.[17]
- § 33 Abs. 1 Nr. 1, Nr. 2 lit. b BDSG dienen – ähnlich wie § 32 Abs. 1 Nrn. 2–3 BDSG – der Wahrung **öffentlicher Aufgaben** und Interessen;[18]
- § 33 Abs. 1 Nr. 2 lit. a BDSG regelt zunächst – ähnlich wie § 32 Abs. 1 Nr. 4 BDSG – für nicht-öffentliche Stellen eine Ausnahme im Hinblick auf eine Gefährdung der Geltendmachung (usw.) ***zivilrechtlicher* Ansprüche;**
- darüber hinaus umfasst jene Bestimmung Informationen aus der Verarbeitung zivilrechtlicher Verträge, insoweit diese „der Verhütung von Schäden durch Straftaten dient"; dabei geht es um **Warnsysteme**/„Schwarze Listen", wie sie von Versicherungen, Krankenhäusern, Vermieterorganisationen und vom Versandhandel geführt werden.[19]

---

[11] Vgl. Gola/*Franck*, 2. Aufl. 2018, Art. 14 DS-GVO, Rn. 27.

[12] Vgl. dazu Kühling/Buchner/*Bäcker*, 3. Aufl. 2020, Art. 14 DS-GVO, Rn. 70; → § 14 Rn. 5.

[13] Beachte dazu ErwGr 62 DS-GVO a.E.: „Als Anhaltspunkte sollten dabei die Zahl der betroffenen Personen, das Alter der Daten oder etwaige geeignete Garantien in Betracht gezogen werden."

[14] Vgl. dazu Kühling/Buchner/*Bäcker*, 3. Aufl. 2020, Art. 14 DS-GVO, Rn. 53ff., 60; Gola/*Franck*, 2. Aufl. 2018, DS-GVO Art. 14 Rn. 25.

[15] Vgl. dazu Ehmann/Selmayr/*Knyrim*, 2. Aufl. 2018, Art. 14 DS-GVO, Rn. 44; auch *Schantz/Wolff*, Das neue DatSchR, 2017, Rn. 1169.

[16] „5. Les paragraphes 1 à 4 ne s'appliquent pas lorsque et dans la mesure où:
a) …
b) la fourniture de telles informations se révèle impossible ou exigerait des efforts disproportionnés, en particulier pour le traitement à des fins archivistiques dans l'intérêt public, à des fins de recherche scientifique ou historique ou à des fins statistiques […], ou dans la mesure où l'obligation visée au paragraphe 1 du présent article est susceptible de rendre impossible ou de compromettre gravement la réalisation des objectifs dudit traitement."

[17] Beachte auch § 33 Abs. 3 BDSG in Bezug auf Übermittlungen durch öffentliche Stellen an die Geheimdienste.

[18] Dazu *Schantz/Wolff*, Das neue DatSchR, 2017, Rn. 170.

[19] Vgl. dazu *Schantz/Wolff*, Das neue DatSchR, 2017, Rn. 1174 unter Bezugnahme auf BT-Drs. 18/12144, S. 5; näheres zu Warndiensten bei Simitis/*Ehmann*, BDSG, 8. Aufl. 2014, § 29 Rn. 110ff.

– Der Vorschlag im Gesetzentwurf der Bundesregierung, für nicht-öffentliche Stellen in § 33 BDSG eine Ausnahme für den Fall vorzusehen, dass die Informationspflicht *„allgemein anerkannte* ***Geschäftszwecke*** *des Verantwortlichen erheblich* ***gefährden*** *würde,“* und zwar (auch hier) verbunden mit einer Abwägungsklausel im Hinblick auf das gegenläufige Interesse betroffener Personen,[20] blieb im Gesetzgebungsverfahren unberücksichtigt. Den Gewährleistungen aus Art. 15f. GRCh und Art. 12, 14 GG wäre diese zunächst vorgesehene Ausnahme gerecht geworden. Im wesentlichen ist das entsprechende Ergebnis nach richtiger Auffassung bereits mit Art. 14 Abs. 5 lit. b DS-GVO (→ Rn. 9 Spstr. 2) gesichert. Hinzu tritt die Regelung in **§ 29 Abs. 1 S. 1 BDSG,** wonach die Informationspflicht aus Art. 14 DS-GVO nicht besteht, 12

„soweit durch ihre Erfüllung Informationen offenbart würden, die ihrem Wesen nach, insbesondere wegen der überwiegenden berechtigten Interessen eines Dritten, geheim gehalten werden müssen.“[21]

c) Übersicht

Zusammengefasst geht es bei den Ausnahmen von den Informationspflichten in der DS-GVO und im BDSG vorrangig um folgende Problemkomplexe: 13

(1) Wahrung der **Aufgaben öffentlicher Stellen** bzw. der **Geschäftszwecke** nicht-öffentlicher Stellen (Art. 14 Abs. 5 lit. b DS-GVO; § 32 Abs. 1 Nr. 2, § 33 Abs. 1 Nr. 1 lit. a BDSG)
(2) Wahrung von **Geheimnissen** (Art. 14 Abs. 5 lit. d DS-GVO, § 29 Abs. 1 S. 1, Abs. 2, auch § 32 Abs. 1 Nr. 5 BDSG),
(3) Wahrung von **Ansprüchen inklusive Schadensverhütung** (§ 32 Abs. 1 Nr. 4, § 33 Abs. 1 Nr. 2 lit. a BDSG),
(4) **Gefahrenabwehr** und Wahrung des Wohls von Bund und Ländern (§ 32 Abs. 1 Nr. 3, § 33 Abs. 1 Nr. 1 lit. b, Nr. 2 lit. b BDSG) und
(5) Wahrung des Grundsatzes der Verhältnismäßigkeit bezüglich des **Aufwandes** bei Informationserteilung (Art. 14 Abs. 5 lit. b DS-GVO).

Insgesamt sind damit wichtige und **bewährte Aspekte notwendiger Einschränkungen** der personenbezogenen Informationspflichten zusammengestellt. 14

Allerdings können Zweifel bestehen, ob die genannten, auf die Öffnungsklausel des Art. 23 Abs. 1 DS-GVO gestützten Vorschriften des BDSG **die von Art. 23 Abs. 2 lit. a–h DS-GVO aufgestellten Voraussetzungen** erfüllen. Diese beinhalten – jedenfalls für den Regelfall – u.a. *spezifische* Regelungen in Bezug auf die Zwecke der Verarbeitung oder die Verarbeitungskategorien, die Kategorien der in Rede stehenden personenbezogenen Daten, den Umfang der vorgenommenen Beschränkungen, Garantien gegen Missbrauch, jeweilige Speicherfristen usw.[22] 15

3. Data Breach Notification

Das Datenschutzrecht enthält ferner noch eine Informierungspflicht für die spezifische Situation eines Abflusses personenbezogener Daten infolge einer **Daten-** 15a

---

[20] BT-Drs. 11/11325, S. 34.

[21] Vgl. dazu *Schantz/Wolff,* Das neue DatSchR, 2017, Rn. 1366.

[22] Vgl. zu den „konkrete[n] inhaltliche[n] Mindestanforderungen“ nach Art. 23 Abs. 2 DS-GVO Paal/Pauly/*Paal,* DS-GVO, 3. Aufl. 2021, Art. 23 Rn. 44ff.; Plath/*Grages,* BDSG/DSGVO, 3. Aufl. 2018, DS-GVO Art. 23 Rn. 9: „Im Ergebnis müssen die Beschränkungen sehr spezifisch ausgestaltet werden; allgemeine Freistellungen […] in ganzen Sektoren sind damit regelmäßig unzulässig.“; *Kühling/Martini,* Die DSGVO und das nationale Recht, 2016, S. 71f.; Sydow/*Peuker,* 2. Aufl. 2018, DS-GVO Art. 23 Rn. 46ff.

panne (→ § 19 Rn. 30) **mit hohem Risiko für Betroffene.** In einem solchen Fall sind die Betroffenen unverzüglich zu benachrichtigen (Art. 34 Abs. 1 DS-GVO). Den allgemeinen Anforderungen entsprechend, aber spezifisch zugeschnitten auf diesen Fall hat die Informierung verständlich und mit sachdienlichen Angaben zu erfolgen (Art. 34 Abs. 2 DS-GVO). Die Informierung ist nur in abschließend aufgezählten Fällen entbehrlich (Art. 34 Abs. 3 DS-GVO) und kann im Unterlassensfalle durch die Aufsichtsbehörde ersatzweise vorgenommen werden (Art. 34 Abs. 4 DS-GVO).

4. Wertung

16 Im Ergebnis wenig überzeugend ist das **entstandene Konglomerat** zwischen unions- und mitgliedstaatlichem Recht mit den sich daraus ergebenden unterschiedlichen Gewichtungen jeweiliger Kriterien für den nicht-öffentlichen bzw. den öffentlichen Bereich sowie im Rahmen der Informationserhebung beim Betroffenen einerseits und der indirekten Erhebung andererseits. Bei hoher Komplexität ergeben sich zum Teil wenig plausible Abgrenzungen und voraussichtlich nicht leicht umsetzbare Lösungen,[23] von gelungener Rechtsharmonisierung auf europäischer Ebene ganz zu schweigen.[24]

17 Das dahinterliegende Dilemma ist das sozialtheoretisch und verfassungsrechtlich aufweisbare **Missverständnis über „informationelle Selbstbestimmung“**, welche gerade (auch) im Hinblick auf den gesetzlich verordneten Zugriff der Betroffenen auf das Informationsmaterial des Verantwortlichen in informationelle Fremdbestimmung umzuschlagen geeignet ist.[25] Das Nähere zur kritischen Prüfung der verfassungsrechtlichen Grundlagen wurde an früherer Stelle dargelegt (→ § 3, → § 4 Rn. 11 ff.). Auch wurde gezeigt, dass die Europäische Grundrechtecharta – vor dem Hintergrund europäischer Grundrechtstradition – keine Begründung für „informationelle Selbstbestimmung“ beinhaltet (→ § 7 Rn. 29 ff., 37 ff.).

18 Darüber hinaus haben empirische Untersuchungen aufgezeigt, dass der *Information Overload,* in den ungezügelte Transparenzvorschriften hineinführen, **kontraproduktiv** ist.[26] Der Aufmerksamkeitsverlust durch die Überflutung mit oft umfangreichen Datenschutzerklärungen ist bekannt. [27] Ein nicht unwesentlicher Kritikpunkt ist auch darin zu finden, dass die nicht unerheblichen fixen Kosten für die gebotene Transparenz sich als beträchtlicher Wettbewerbsvorteil für Großunternehmen auswirkt.[28]

II. Auskunftsrecht des Betroffenen

1. Grundlagen

19 Das Recht auf Auskunft – zusammen mit den Rechten auf Berichtigung, Sperrung und Löschung – wurde vom **bisherigen Datenschutzrecht** schon immer an

---

[23] Vgl. dazu die um konzeptionelle Geschlossenheit bemühte Darstellung bei *Schantz/Wolff,* Das neue DatSchR, 2017, Rn. 1163 ff.

[24] Vgl. *Albrecht/Jotzo,* Teil 4 Rn. 30.

[25] Vgl. *v. Lewinski,* in: Stiftung Datenschutz, Zukunft der informationellen Selbstbestimmung, 2016, S. 75 (78); *ders.,* Die Matrix des Datenschutzes, 2014, S. 40 ff., auch „informationelle Fremdbeschränkung“ benannt.

[26] *Ben-Shahar/Schneider,* U. Pa. L. Rev. 159 (2011), 647 ff.; *Rohrecht,* EU-Datenschutzgrundverordnung, passim, insbes. S. 72 f.; Schantz/*Wolff,* Das neue DatSchR, 2017, Rn. 1155; *Gola/Schulz,* RDV 2013, 1 (6 r. Sp.); Paal/Pauly/*Paal,* 3. Aufl. 2021, Art. 12 DS-GVO, Rn. 5.

[27] *Roßnagel,* DuD 2016, 561 (563): „Eine ‚Zwangs‘-Information würde das Gegenteil ihres Zwecks erreichen.“; *Eckhardt,* CR 2012, 195 (198); zur Apathie → § 13 Rn. 47 ff.

[28] Vgl. nochmals *Ben-Shahar/Schneider,* U. Pa. L. Rev. 159 (2011), 647 (738).

hervorragender Stelle gewährleistet. Schon § 6 BDSG a.F. und Art. 8 der **Datenschutzkonvention** des Europarats von 1981 sahen ein Auskunftsrecht des Betroffenen vor. Art. 8 Abs. 2 S. 2 **GRCh** gewährt jeder Person das Recht, „Auskunft über die sie betreffenden erhobenen Daten zu erhalten". Sehr ausführlich bestimmt nunmehr **Art. 15 Abs. 1 DS-GVO**[29] das dreigliedrige Auskunftsrecht der betroffenen Person, nämlich auf Klarstellung, ob der Verantwortliche deren Daten überhaupt verarbeitet, bejahendenfalls auf Mitteilung des Inhalts dieser Daten sowie über eine Reihe von Metadaten, ähnlich denjenigen, die Gegenstand der Informationspflicht nach Art. 13, 14 DS-GVO sind (→ Rn. 4f.), nämlich folgendes betreffend:

- Verarbeitungszwecke
- Kategorien personenbezogener Daten der Verarbeitung
- Empfänger oder Kategorien von Empfängern[30] der Daten in Vergangenheit und Zukunft; Drittstaatstransfer
- Näheres zur Dauer der Speicherung
- Hinweis auf weitere Rechte des Betroffenen
- Verfügbare Information über die Herkunft der Daten
- automatisierte Entscheidungsfindung inklusive Profiling (→ § 16 Rn. 46ff.).

19a Art. 15 DS-GVO gewährt neben dem in Absatz 1 vorgesehenen Auskunftsrecht in Absatz 3 ein **Recht auf „eine Kopie der personenbezogenen Daten"**. Ob es sich dabei um einen eigenen Anspruch neben dem Auskunftsrecht oder nur um eine Modifikation desselben handelt, ist umstritten. Richtigerweise spricht die systematische Ausgliederung in einen eigenen Absatz für einen **selbständigen Anspruch.**[31] Das klärt allerdings noch nicht die Frage, inwiefern sich der Anspruchsgegenstand des Art. 15 Abs. 3 DS-GVO von dem des Art. 15 Abs. 1 DS-GVO unterscheidet. Diesbezüglich wird vertreten, dem Wortlaut des Wortes „Kopie" folgend handele es sich um eine bildhafte Darstellung, jedenfalls einen unmittelbaren und ungefilterten Zugang.[32] Derartige Vorstellungen scheinen doch sehr von analogen photomechanischen Kopiergeräten geprägt. Daten in einer Datenbank haben keine gewissermaßen „kanonische" Darstellung jenseits des Abdrucks in Tabellenform, sondern ihre Darstellung hängt ganz vom Computerprogramm ab, mit dem die Datenbank ausgelesen wird.

2. Charakteristika der Auskunftspflicht

20 Der Unterschied zu den Informationspflichten nach Art. 13, 14 DS-GVO ist im wesentlichen in zwei Punkten zu finden:

- Verfahrensrechtlich gilt, dass sich die Auskunftspflicht des Verantwortlichen erst auf die **Initiative des Betroffenen** hin realisiert. Die vorangegangene Unterrichtung durch ersteren kann und soll dabei Grundlage für entsprechende Auskunftsbegehren sein, ist aber keineswegs dessen Voraussetzung. Auch kann sich dieses – schon um der jeweiligen Aktualität der zu erlangenden Information willen – auch auf solche Kriterien richten, die schon Gegenstand einer vorangegangenen Informationserteilung waren.[33]

---

[29] Beachte dazu ErwGr 63 DS-GVO.

[30] Der Betroffene hat das Wahlrecht, vgl. Schantz/Wolff/*Schantz*, Das neue DatSchR, 2017, Rn. 1198 mit weiteren Nachw.; str.; eher vermittelnd Gola/*Franck*, DS-GVO, 2. Aufl. 2018, Art. 15 Rn. 10.

[31] Wie hier OVG Münster, Urt. v. 8.6.2021 – 16 A 1582/20, CR 2021, 591 (594ff.); *Brink/Joos*, ZD 20198, 483 (484); *Engeler/Quiel*, NJW 2019, 2201 (2201f.); a.A. LAG Stuttgart, Urt. v. 17.3.2021 – 21 Sa 43/20, NZA-RR 2021, 410 (Rn. 47).

[32] *Engeler/Quiel*, NJW 2019, 2201 (2203).

[33] EuGH, Urt v. 7 5.2009 – C-553/07, Slg. 2009, I-03889, EuZW 2009, 546 (Rn. 67ff.) – Rijkeboer; BGH, Urt. v. 15.6.2021 – VI ZR 576/19, NJW 2021, 2726 (Rn. 25).

– Hauptgegenstand der Auskunftserteilung aufgrund eines Begehrens nach Art. 15 DS-GVO ist diejenige über die vom Verantwortlichen **verarbeiteten personenbezogenen Informationen selbst.** Erst die Auskunft zwingt also den Verantwortlichen dazu, seine informationellen Aktivitäten konkret in Bezug auf den Betroffenen offenzulegen.

21 Die Auskunftspflicht hindert den Verantwortlichen nicht daran, den Personenbezug bei ihm vorhandener Informationen zu löschen.[34] Im Gegenteil sieht Art. 11 DS-DVO ausdrücklich vor, dass der Verantwortliche nicht verpflichtet ist, nicht (mehr) erforderliche Informationen für die Zwecke der Verordnung „aufzubewahren, einzuholen oder zu verarbeiten, um die betroffene Person zu identifizieren." Dies deckt sich mit den Geboten der Datenminimierung und Pseudonymisierung.[35] Übereinstimmend wird in ErwGr 64 DS-GVO – insbesondere zur Identitätsfeststellung – festgehalten, dass ein Verantwortlicher personenbezogene Daten **nicht allein zu dem Zweck speichern** sollte, **auf mögliche Auskunftsersuchen reagieren** zu können.

22 Die soeben genannten Regeln können nicht ohne Einschränkung auf die Metadaten übertragen werden. Denn diese handeln nicht unmittelbar von den Eigenschaften bzw. vom Verhalten des im Ausgangspunkt Betroffenen,[36] sondern beschreiben primär das informationelle Verhalten des Verantwortlichen.[37] Der EuGH hat in vergleichbarem Zusammenhang von „zwei Kategorien von Daten" gesprochen; die begehrte Auskunft über eine erfolgte behördliche Weiterleitung der in Rede stehenden personenbezogenen Informationen betreffe die zweite. Es bestehe eine Pflicht der Behörde, **Nachweise** über durchgeführte Übermittlungen **zum Zwecke der Auskunftserteilung** für einen angemessenen Zeitraum **aufzubewahren;** ein Jahr sei dafür unzureichend, zumal wenn die Basisdaten von der Behörde viel länger aufbewahrt werden.[38]

3. Einschränkungen des Rechts auf Auskunftserteilung

a) DS-GVO

23 Die DS-GVO regelt eine ausdrückliche Ausnahme von der Pflicht des Verantwortlichen, Auskunft zu erteilen, nämlich in Art. 15 Abs. 4 DS-GVO in Bezug auf die Erteilung von Kopien gemäß Abs. 3. Die **Berücksichtigung der „Rechte und Freiheiten anderer Personen"** auf die Ausgabe von Kopien zu beschränken, macht wenig Sinn. Demgegenüber befindet ErwGr 63 zum Auskunfts*recht* – nach Erörterung erwünschter *Möglichkeit* eines Fernzugangs (S. 4) – im S. 5:

> „Dieses Recht sollte die Rechte und Freiheiten anderer Personen, etwa Geschäftsgeheimnisse oder Rechte des geistigen Eigentums und insbesondere das Urheberrecht an Software, nicht beeinträchtigen."

---

[34] Damit ist nicht etwa gemeint: in Reaktion auf einen Löschungsantrag, sondern im Rahmen regelmäßiger informationeller Verwaltung/Geschäftsführung, also insbesondere der Erledigung, des Fortfalls des Informationsbedarfs. Soweit Ehmann/Selmayr/*Ehmann*, DS-GVO, 2. Aufl. 2018, Art. 15 Rn. 7, meint, der Verantwortliche habe nach dem Konzept der DS-GVO kein eigenständiges Recht auf Löschung, kann ihm keineswegs gefolgt werden; auch → Rn. 36.

[35] Vgl. Art. 5 Abs. 1 lit. c, Art. 25 Abs. 1 DS-DVO; näheres dazu → § 10 Rn. 35 ff.

[36] Vgl. auch die Sprachregelung bei Ehmann/Selmayr/*Ehmann*, DS-GVO, 2. Aufl. 2018, Art. 15 Rn. 15, dahingehend, dass die Metadaten „am Personenbezug der ‚eigentlichen' personenbezogenen Daten" teilnehmen, sobald sie mit diesen verknüpft sind.

[37] Vgl. näheres zum (mehrfachen) Personenbezug → § 10 Rn. 8 ff.; beachte weiter → § 14 Rn. 4 f.

[38] EuGH, Urt. v. 7.5.2009 – C-553/07, Slg. 2009, I-03889, EuZW 2009, 546 (Rn. 41 ff.) – Rijkeboer – zur DSRL; dazu *Schantz*/Wolff, Das neue DatSchR, 2017, Rn. 1196 ff.

Eine primärrechtskonforme, teleologisch-ausweitende Interpretation in Bezug auf Auskunftspflichten im „Original“ – statt nur in Kopie – drängt sich auf.[39]

23a Der BGH hat Bestrebungen, das Auskunftsrecht und den Anspruch auf Kopie unter eine Art Vorbehalt der Sinnhaftigkeit zu stellen,[40] eine ausdrückliche Absage erteilt. Umfasst seien **sämtliche personenbezogene Daten, und zwar auch dann, wenn der Betroffene prinzipiell schon über sie verfüge oder es sich um interne Vermerke handele.**[41] Die vom BGH vertretene Ausnahme für rechtliche Einschätzungen[42] ist allerdings besser im Rahmen des Geschäftsgeheimnisschutzes in Art. 15 Abs. 4 DS-GVO[43] oder bei § 29 Abs. 1 S. 2 BDSG aufgehoben (→ Rn 25–26).

b) BDSG

24 Gestützt auf Art. 23 DS-GVO regelt § 34 BDSG Ausnahmen von der Auskunftspflicht unter Bezugnahme auf § 33 Abs. 1, Abs. 2 lit. b, Abs. 3 BDSG. Es handelt sich dabei vornehmlich um die Gewährleistung der Wahrnehmung öffentlicher Aufgaben und öffentlicher (Sicherheits-)Interessen. Darüber hinaus sieht **§ 29 Abs. 1 S. 2 BDSG** – in Parallelität zur Einschränkung der Informationspflicht (→ Rn. 12) – eine Ausnahme vor, soweit durch eine Auskunft

> „Informationen offenbart würden, die nach einer Rechtsvorschrift oder ihrem Wesen nach, insbesondere wegen der überwiegenden berechtigten Interessen eines Dritten, geheim gehalten werden müssen.“

25–26 Unter Rückgriff auf das Verständnis der entsprechenden Regelungen des bisherigen Datenschutzrechts bietet § 29 Abs. 1 S. 2 BDSG Raum für den Schutz nicht nur der hier eigens benannten Geheimhaltungspflichten nach Rechtsvorschrift, sondern auch vertraglich **begründeter Verschwiegenheitspflichten**[44] (z.B. gegenüber einem Informanten[45] oder im Rahmen einer stillen Zession),[46] zum Schutz von **Geschäfts- und Privatgeheimnissen** sowie zum Schutz sachlich-fachlich begründeter Geschäftszwecke, und zwar in Abwägung gegen das ggf. überwiegende Interesse des Betroffenen an der Auskunftserteilung.[47]

III. Datenportabilität

27 Zu den Betroffenenrechten gehört nach Art. 20 DS-GVO das neue Rechtsinstitut der Datenübertragbarkeit (Datenportabilität). Es geht dabei allerdings **nicht um die Gewährleistung der technischen Möglichkeit** der Übertragbarkeit von einem Verantwortlichen auf einen anderen, vielmehr um das Recht auf Übertragung zwischen diesen unter der Voraussetzung der Übertragbarkeit.[48] Die technischen Details

[39] Vgl. dazu schon zur Informationspflicht → Rn. 12; näheres bei Sydow/*Specht,* 2. Aufl. 2018, DS-GVO Art. 15 Rn. 22f., die zugleich von einem Redaktionsversehen ausgeht; vgl. weiter Paal/Pauly/*Paal,* DS-GVO, 3. Aufl. 2021, Art. 15 Rn. 41f.; a. A. Kühling/Buchner/*Bäcker,* 3. Aufl. 2020, Art. 15 DS-GVO, Rn. 47.

[40] Insb. *Härting,* CR 2019, 219 (224) unter Verweis auf das querulatorische Missbrauchspotential.

[41] BGH, Urt. v. 15.6.2021 – VI ZR 576/19, NJW 2021, 2726 (Rn. 22ff.).

[42] BGH, Urt. v. 15.6.2021 – VI ZR 576/19, NJW 2021, 2726 (Rn. 28).

[43] So *Koreng,* NJW 2021, 2692 (2693f.).

[44] Vgl. Schantz/Wolff/*Schantz,* Das neue DatSchR, 2017, Rn. 1366.

[45] Beachte zur datenschutzrechtlichen Problemstellung im Rahmen der Verkehrsfähigkeit von Geldforderungen BGH, Urt. v. 27.2.2007 – XI ZR 195/05, NJW 2007, 2106 (2108ff.); BVerfG, Beschl. v. 11.7.2007 – 1 BvR 1025/07, NJW 2007, 3707f.

[46] Differenzierend Simitis/*Dix,* BDSG, 8. Aufl. 2014, § 33 Rn. 80.

[47] Zum Abwägungserfordernis – jenseits durch Rechtsvorschrift festgelegter Geheimhaltungspflichten – Schantz/Wolff/*Schantz,* Das neue DatSchR, 2017, Rn. 1366.

[48] Vgl. Sydow/*Sydow,* DS-GVO, 2. Aufl. 2018, Art. 20 Rn. 10.

können allerdings wegen fehlender allgemein akzeptierter Datenformate durchaus haarig sein.[49]

28 Der Einzelne überlässt im informationellen Alltag zahlreiche auf sich selbst bezogene Informationen z.B. bei Banken, Kreditkartenunternehmen und Versicherungen, bei Energieversorgern sowie insbesondere auf Online-Plattformen/Sozialen Netzwerken, und zwar auf der Basis **freiwilliger „Bereitstellung"** (durch Einwilligung, Vertragsabschluss); vom Verantwortlichen bei einer Person ohne deren Wissen erhobene Informationen sind also im Ausgangspunkt nicht umfasst.[50]

29 Art. 20 Abs. 1 DS-GVO räumt dem Betroffenen die Möglichkeit ein, die entsprechenden – automatisierten – **Daten** „in einem strukturierten, gängigen und maschinenlesbaren Format"[51] **zurückzuerhalten** und an einen anderen Verantwortlichen **zu übermitteln.** Zugleich kann er, wenn die Informationen für den Verantwortlichen nicht mehr erforderlich sind, bei diesem deren Löschung verlangen (Art. 20 Abs. 3 S. 1 i.V.m. Art. 17 DS-GVO).[52] Art. 20 Abs. 2 DS-GVO geht darüber hinaus. Danach wird dem Betroffenen gegenüber dem (Erst-)Verantwortlichen unter der Voraussetzung technischer Machbarkeit das Recht darauf eingeräumt, dass dieser die Daten einem anderen Verantwortlichen direkt übermittelt.

30 Wesentliches Ziel ist, dem Einzelnen den **Wechsel zu einem anderen Vertragspartne**r/Versorger/Provider zu **erleichtern** und zugleich den Wettbewerb zu fördern.[53] Nach Art. 20 Abs. 3 S. 2 DS-GVO gilt die Regelung nicht für Verarbeitungen im Sinne des Art. 6 Abs. 1 lit. e DS-GVO; sie findet deshalb im Ergebnis auf die Datenverarbeitung bei Behörden keine Anwendung.[54] Allerdings handelt es sich bei der Ausübung des Rechts aus Art. 20 Abs. 1 DS-GVO faktisch um einen **einmaligen, punktuellen „Takeout".** Eine „Datenübertragbarkeit in Echtzeit", wie sie die Kommission der Norm entnehmen will[55] und die darauf abzielt, Netzwerkeffekte namentlich bei sozialen Medien abzubauen, steht im Widerspruch zur Fristenregelung des Art. 12 Abs. 3 DSGVO[56] und passt nicht zur historisch beabsichtigten Förderung **komplementärer** statt substitutiver **Dienste.**[57] Abzuwarten bleibt, ob sich diese Situation mit dem geplanten **Digital Markets Act**[58] ändern wird, der in Art. 6 Abs. 1 lit. h DMA-KommeE eine Interoperabilitätsverpflichtung enthält. Von der gegenwärtigen Rechtslage ist der Weg bis zu einem interoperablen Markt nach dem Vorbild der Telekommunikation[59] jedenfalls noch weit.

31 Nach Art. 20 Abs. 4 DS-GVO darf die Ausübung der bezeichneten Rechte auf Datenübertragbarkeit „die **Rechte und Freiheiten anderer Personen nicht beeinträchtigen.**" Es geht dabei datenschutzrechtlich darum, dass die in Betracht kommenden Informationen zugleich Bezug auf Dritte haben respektive ein bestimmter Datensatz mehr als eine betroffene Person tangiert.[60] Bei der Rückübertragung an

---

[49] Vgl. *Oettel,* DuD 2020, 819 (819ff).

[50] Vgl. Gola/*Piltz,* DS-GVO, 2. Aufl. 2018, Art. 20 Rn. 15; für eine weite Auslegung des Begriffs der Bereitstellung unter Bezugnahme auf die Entstehungsgeschichte *Schantz/Wolff,* Das neue DatSchR, 2017, Rn. 1239.

[51] Dazu BeckOK DatenSR/*v. Lewinski,* 38. Ed. 2021, Art. 20 DS-GVO, Rn. 68ff.

[52] Vgl. Sydow/*Sydow,* DS-GVO, 2. Aufl. 2018, Art. 20 Rn. 20ff.

[53] Vgl. *Schantz/Wolff,* Das neue DatSchR, 2017, Rn. 1236f.

[54] Vgl. Gola/*Piltz,* 2. Aufl. 2018, Art. 20 DS-GVO, Rn. 5.

[55] KOM(2020) 264 final, S. 10f.

[56] *Schweitzer,* GRUR 2019, 569 (574).

[57] Vgl. *Kratz,* InTeR 2019, 26 (28).

[58] COM(2020) 842 final.

[59] So die Vision bei *Palka,* Seton Hall Law Review 2021, 1193 (1228ff.); vgl. auch *Elfering,* Unlocking the Right to Data Portability, 2019, S. 31f.

[60] Dazu ErwGr 68 S. 8 DS-GVO.

den Betroffenen selbst ergeben sich diesbezüglich keine Probleme, weil diesem die Informationen ohnehin schon bekannt sind. Bei der Übermittlung an einen anderen Verantwortlichen ist deren Zulässigkeit insbesondere nach Art. 6 Abs. 1 lit. f DS-DVO – vom Betroffenen – zu prüfen.[61] – Im übrigen können Urheberrechte und Geschäftsgeheimnisse des Erstverantwortlichen oder Dritter der Übertragung entgegenstehen.[62] Eine besondere Schwierigkeit können hier Datenbankrechte nach § 87a UrhG darstellen, da sich die Abfrage personenbezogener Daten in maschinenlesbaren Formaten urheberrechtlich als gem. § 87b Abs. 1 UrhG dem Datenbankhersteller vorbehaltene Exfiltration der Datenbank darstellen kann.[63]

32 Konzeptionell kann das Recht auf Datenportabilität als Fortentwicklung des Auskunftsanspruchs – mitsamt Gewährung einer Kopie[64] – verstanden werden.[65] Systematisch hat der Normgeber freilich das neue Rechtsinstitut in Abschnitt 3 der Betroffenenrechte mit dem Recht auf Berichtigung, Löschung und Verarbeitungseinschränkung (Sperrung) zusammengefasst.[66] Diese Sicht findet ihre Rechtfertigung darin, dass es sich hier übereinstimmend um Rechtspositionen handelt, vermöge derer der **Betroffene aktiv Einfluss auf die Datenverarbeitung** selbst nehmen kann, ihm also Steuerungsbefugnisse eingeräumt werden.[67]

32a Eine etwas versteckte Regelung zur Datenportabilität findet sich seit dem 1.1.2022 in **§ 327p Abs. 3 BGB.** Die Norm ist Teil der Regelungen des Verbraucherschutzrechts über digitale Produkte (→ Rn. 46ff.). Sie gewährt speziell für den Fall der Vertragsbeendigung ähnlich wie Art. 20 DS-GVO die Möglichkeit des punktuellen Abzugs von Daten, die allerdings – dies folgt aus dem Verweis auf § 327p Abs. 2 S. 1 BGB – **nicht personenbezogen** sein dürfen. § 327p Abs. 3 BGB und Art. 20 DS-GVO stehen damit in einem Exklusivitätsverhältnis.[68]

B. Interventionsrechte des Betroffenen

I. Berichtigung

33 Der Anspruch auf Berichtigung ist in Art. 8 Abs. 2 S. 2 GRCh primärrechtlich verankert. Zu den Grundsätzen der DS-GVO gehört gemäß Art. 5 Abs. 1 lit. d die „Richtigkeit" personenbezogener Daten dahingehend, dass diese „sachlich richtig und erforderlichenfalls auf dem neuesten Stand" sind. Es seien „alle angemessenen Maßnahmen zu treffen, damit […] Daten, die im Hinblick auf die Zwecke ihrer Verarbeitung unrichtig sind, unverzüglich gelöscht oder berichtigt werden". Dementsprechend hat der Betroffene nach Art. 16 DS-GVO gegenüber dem Verantwortlichen ein Recht auf Berichtigung. Art. 16 S. 2 DS-GVO gewährt ausdrücklich „unter Berücksichtigung der Zwecke der Verarbeitung" **auch das Recht auf Vervollständigung** unvollständiger Inhalte.

34 Es geht primär um die Korrektur unrichtiger **Tatsachenfeststellungen.** Auf unzutreffende Werturteile als solche findet Art. 16 DS-GVO keine Anwendung. Allerdings beruhen diese oftmals auf unzutreffenden tatsächlichen Annahmen. Treten

[61] Dazu auch *Schantz/Wolff,* Das neue DatSchR, 2017, Rn. 1240.
[62] Vgl. für alles Kühling/Buchner/*Herbst,* 3. Aufl. 2020, Art. 20 DS-GVO, Rn. 17.
[63] *Elfering,* Unlocking the Right to Data Portability, 2019, S. 49ff.
[64] → Rn. 19; näheres zur diesbezüglichen Abgrenzung bei Kühling/Buchner/*Herbst,* 3. Aufl. 2020, Art. 20 DS-GVO, Rn. 19.
[65] Vgl. Sydow/*Sydow,* 2. Aufl. 2018, Art. 20 DS-GVO, Rn. 5.
[66] Anders noch die Entwurfsfassung, die die Datenportabilität zusammen mit dem Auskunftsanspruch regelte, COM(2012)0011 – C7–0025/2012 – 2012/0011 (COD), S. 92f.
[67] Vgl. Sydow/*Sydow,* 2. Aufl. 2018, Art. 20 DS-GVO, Rn. 3 m. w. Nachw.
[68] BeckOK DatenSR/*v. Lewinski,* 39. Ed. 2022, Art. 20 DS-GVO, Rn. 116.

diese deutlich hervor, so kann sich der Verantwortliche dem Berichtigungsverlangen nicht entziehen. Handfeste Bewertungen, z.B. die Bezeichnung einer Person als unzuverlässig im Sinne der Gewerbeordnung, bedürfen zumeist der Vervollständigung und sind damit Grundlage für einen Anspruch nach Satz 2 der Bestimmung. Insgesamt hat man es mit einer Abgrenzungsproblematik zu tun, die der Bestimmung des Umfangs zivil- bzw. strafrechtlichen Persönlichkeitsschutzes – in Abwägung zur Meinungsäußerungsfreiheit – rechtsähnlich ist.[69]

35 Eine **Aktualisierung** gespeicherter Informationen ist nicht geboten, wenn diese sich inhaltlich auf die Situation in einem zurückliegenden Zeitpunkt beziehen.[70] Entsprechendes gilt für ein Protokoll über in einer Sitzung gefallene – inhaltlich unzutreffende – Äußerungen; denn die erfolgte Aufzeichnung hat gerade die Funktion, das Gesagte als solches zu dokumentieren.[71]

II. Löschung

1. Systematik

36 Im Recht des Betroffenen auf Löschung und in der Pflicht des Verantwortlichen zur Löschung ***spiegelt* sich das datenschutzrechtliche Verarbeitungsverbot** mit Erlaubnisvorbehalt: Vom Grundsatz her ist die Verarbeitung personenbezogener Daten verboten – es sei denn, sie ist gesetzlich erlaubt (→ § 12 Rn. 1). Zwar wird nach Art. 4 Nr. 2 DS-GVO auch die Löschung formal der Verarbeitung zugerechnet. Doch materiell bewirkt diese gerade die Beendigung derselben. Dementsprechend steht denn auch das Löschungs*verbot* nicht im Vordergrund des Art. 17 DS-GVO, sondern umgekehrt die Realisierung eines „Rechts auf Vergessenwerden" *durch* Löschung. In der Systematik dieser Bestimmung kommt das dadurch zum Ausdruck, dass zunächst in Absatz 1 lit. a–d zahlreiche Konstellationen zur Begründung der Löschungs*pflicht* aufgelistet werden, die zusammengefasst übereinstimmend die jeweilige Unzulässigkeit der Verarbeitung (außer Löschung) zum Inhalt haben.[72] Eventuelle Löschungsverbote kommen demgegenüber erst in Art. 17 Abs. 3 DS-GVO mit zum Tragen.[73]

37 Grundsätzlich beinhaltet das Datenschutzrecht **keine Pflicht zur Datenverarbeitung,** und es hindert demgemäß den Verantwortlichen nicht daran, eine solche – durch Löschung – zu beenden.[74] Das entspricht zugleich dem Prinzip der „Datenminimierung" i.S.d. Art. 5 Abs. 1 lit. c DS-GVO. Etwas Gegenteiliges kann auch Art. 8 GRCh nicht entnommen werden.

2. Information an Dritte

38 Ein die Effektivität von Löschungen – wie auch entsprechend von Berichtigungen und Verarbeitungseinschränkungen (→ Rn. 40ff.) – betreffendes Problem er-

[69] Vgl. insgesamt Simitis/*Mallmann,* BDSG, 8. Aufl. 2014, § 20 Rn. 17ff.; Kühling/Buchner/*Herbst,* 3. Aufl. 2020, Art. 16 DS-GVO, Rn. 8f.

[70] Vgl. Gola/*Reif,* DS-GVO, 2. Aufl. 2018, Art. 16 Rn. 12.

[71] Beispiel nach *Schantz/Wolff,* Das neue DatSchR, 2017, Rn. 1208.

[72] *Schantz/Wolff,* Das neue DatSchR, 2017, Rn. 1213, meinen deshalb zu Recht, die Löschungsgründe seien „sehr ausdifferenziert, was allerdings unnötig kompliziert ist."

[73] Vgl. OLG Dresden, Urt. v. 14.12.2021 – 4 U 1278/21. – Der Auffassung, die in Abs. 3 geregelten Ausnahmen von der Löschungspflicht kämen durchweg Löschungsverboten gleich (so Kühling/Buchner/*Herbst,* 3. Aufl. 2020, Art. 17 DS-DVO, Rn. 70) ist nicht zutreffend, was sich schon aus den in der Bestimmung eingeschlossenen flexiblen *Erforderlichkeits*klauseln ergibt (dazu → § 12 Rn. 17ff.); zum Löschungsrecht des Verantwortlichen weiter → Rn. 37.

[74] Anders Gola/*Nolte/Werkmeister,* DS-GVO, 2. Aufl. 2018, Art. 17 Rn. 3, die jeweils eine einschlägige Rechtsgrundlage für die Löschung durch den Verantwortlichen verlangen.

gibt sich aufgrund vorangegangener Offenlegung (Übermittlung/Verbreitung) der zu tilgenden Information. Art. 19 S. 1 DS-GVO sieht insoweit eine Mitteilungspflicht des Verantwortlichen an alle diejenigen vor, die von ihm die in Rede stehende Information empfangen haben, soweit dies nicht unmöglich ist oder einen unverhältnismäßigen Aufwand mit sich bringt. Der Betroffene ist nach S. 2 auf Verlangen über diesen Empfängerkreis zu informieren.

39 Art. 17 Abs. 2 DS-GVO geht für die Löschung über die individuelle Nachberichtspflicht hinaus. Es handelt sich um eine Spezialregelung für den Fall, dass der Verantwortliche die von ihm zu löschende Information „öffentlich gemacht" hat, also von ihm eine Veröffentlichung, gerichtet an einen unbestimmten Personenkreis, vorgenommen wurde.[75] Dieser Fall hat durch die Möglichkeiten der Informationsverbreitung im Internet besondere Bedeutung erlangt und den Ruf nach einem **„Recht auf Vergessenwerden"** verstärkt, dem der EuGH erstmals im Urteil „Google Spain" nachkam (→ § 2 Rn. 89; → § 11 Rn. 19). In dieser Entscheidung ging es allerdings noch nicht um weitergehende Nachberichtspflichten, sondern überhaupt um die Anwendbarkeit des europäischen Datenschutzrechts auf Suchmaschinenbetreiber, zu denen der EuGH festhielt, dass diesen gegenüber unter bestimmten Umständen, insbesondere mit Blick auf den Zeitablauf, ein „Recht auf Vergessenwerden" entgegengehalten werden könne.[76] Nach Art. 17 Abs. 2 DS-GVO soll der Verantwortliche hierüber hinausgehend unter Berücksichtigung verfügbarer Technologie und der Implementierungskosten alle weiteren Verantwortlichen, die die zu löschenden Daten ihrerseits verarbeiten, „darüber [...] informieren, dass eine betroffene Person von ihnen die Löschung aller Links zu diesen [...] Daten oder von Kopien oder Replikaktionen dieser [...] Daten *verlangt*".[77] Die **Umsetzung** dieser Vorschrift ist freilich im Hinblick darauf, dass der Kreis der Empfänger unbestimmt ist, **außerordentlich schwierig.** Nicht umsonst hat der europäische Gesetzgeber in Art. 70 Abs. 1 lit. d DS-GVO dem Europäischen Datenschutzausschuss (→ § 22 Rn. 11) die Aufgabe zugewiesen, zu Art. 17 Abs. 2 DS-GVO Leitlinien bereitzustellen.[78]

III. Einschränkung der Verarbeitung (Sperrung)

40 Wenn Daten nicht gelöscht werden, aber auch nicht anderweitig mehr verwendet werden sollen, wird ihre Verarbeitung eingeschränkt oder kurz: die Daten werden gesperrt.[79] Art. 4 Nr. 3 DS-GVO spricht von einer „Markierung" solcher Daten, ErwGr 67 DS-GVO beschreibt Methoden der Beschränkung, die unter anderem darin bestehen können, dass ausgewählte Daten vorübergehend auf ein anderes Verarbeitungssystem übertragen werden, dass sie für Nutzer gesperrt oder dass veröffentlichte Daten vorübergehend von einer Website entfernt werden. Einerseits geht es dabei um die dilatorische Regelung für **Zwischenphasen der Prüfung** und Entscheidung, andererseits um die Eingrenzung möglicher Verarbeitung für ganz bestimmten Zwecke.

41 Zur ersten Gruppe gehört zunächst der in Art. 18 Abs. 1 lit. a DS-GVO beschriebene Fall, dass der **Betroffene die Richtigkeit** auf ihn bezogener Informatio-

---

[75] Vgl. Kühling/Buchner/*Herbst,* 3. Aufl. 2020, Art. 17 DS-GVO, Rn. 66.

[76] EuGH, Urt. v. 13.5.2014 – C-131/12, NJW 2014, 2257 (Rn. 89ff.) – Google Spain.

[77] Zum Erfordernis eines Antrags des Betroffenen Gola/*Nolte/Werkmeister,* 2. Aufl. 2018, Art. 17 DS-GVO, Rn. 38; Kühling/Buchner/*Herbst,* 3. Aufl. 2020, Art. 17 DS-GVO, Rn. 52.

[78] Z.B. *EDSA,* Leitlinien 5/2019 zu den Kriterien des Rechts auf Vergessenwerden in Fällen in Bezug auf Suchmaschinen gemäß der DSGVO, Teil 1, v. 7.7.2020.

[79] Vgl. näheres bei Kühling/Buchner/*Herbst,* 3. Aufl. 2020, Art. 18 DS-GVO, Rn. 1, 19ff.; kurze Übersicht bei *Schantz/Wolff,* Das neue DatSchR, 2017, Rn. 1223ff.

nen beim Verantwortlichen substantiiert **bestreitet.** Er kann dann die Einschränkung der Verarbeitung verlangen, „und zwar für eine Dauer, die es dem Verantwortlichen ermöglicht, die Richtigkeit der […] Daten zu überprüfen." Die Verordnung enthält allerdings keine Regelung zu der Frage, was mit den gesperrten Daten zu geschehen habe, wenn eine Abklärung über die (Un-)Richtigkeit nicht gelingt, also die Sachlage streitig bleibt. §§ 20 Abs. 4, 35 Abs. 4 BDSG-alt hatten für diesen Fall die fortgesetzte Sperrung vorgesehen. Dasselbe wird von einigen Autoren auch unter der Geltung der DS-GVO zur Schließung einer von ihnen angenommenen Lücke vertreten.[80] *Gola* legt demgegenüber die Beweislast des Betroffenen zugrunde.[81] Dem steht Art. 5 Abs. 1 lit. d i.V.m. Abs. 2 DS-GVO klar entgegen.[82]

42 Art. 18 Abs. 1 lit. d DS-GVO sieht die Einschränkung der Verarbeitung auch für den Fall vor, dass der Betroffene von seinem **Widerspruchsrecht** nach Art. 21 Abs. 1 DS-GVO (→ § 12 Rn. 14) Gebrauch gemacht hat, „solange noch nicht feststeht, ob die berechtigten Gründe des Verantwortlichen gegenüber denen der betroffenen Person überwiegen", ggf. bis zur Abklärung durch gerichtliche Entscheidung.[83]

43 Art. 18 Abs. 1 lit. b, c DS-GVO regeln hingegen Tatbestände, in denen eine Löschungspflicht des Verantwortlichen nach Art. 17 Abs. 1 lit. d bzw. lit. a DS-GVO klar besteht, der **Betroffene** jedoch die **Einschränkung** der Verarbeitung mit Blick auf eigene (Beweissicherung-)zwecke **verlangt**/benötigt.[84]

44 **§ 35 BDSG** lässt für eine Reihe weiterer Fälle die Sperrung an die Stelle der Löschung treten. § 35 Abs. 3 BDSG gilt für den Fall, dass satzungsgemäße oder vertragliche Aufbewahrungsfristen der Löschung entgegenstehen, § 35 Abs. 2 BDSG greift Platz, wenn – auch ohne entsprechendes Verlangen des Betroffenen – Grund zu der Annahme besteht, dass durch die Löschung dessen schutzwürdige Interessen beeinträchtigt würden und § 35 Abs. 1 BDSG betrifft nicht automatisierte Datenverarbeitung, wenn eine Löschung wegen der besonderen Art der Speicherung nicht oder nur mit unverhältnismäßig hohem Aufwand möglich ist.

45 Art. 18 Abs. 2 DS-GVO legt den Umfang der verbleibenden **zulässigen Verarbeitung gesperrter Informationen** fest. Zulässig ist diese auf der Grundlage der Einwilligung des Betroffenen, ferner zur Geltendmachung, Ausübung oder Verteidigung von Rechtsansprüchen, also zur konkreten Überwindung von Beweisschwierigkeiten auf Seiten des Verantwortlichen, im Rahmen einer strengen Verhältnismäßigkeitsprüfung auch zum Schutz überwiegender Rechte Dritter sowie aus Gründen eines wichtigen öffentlichen Interesses der Union oder eines Mitgliedstaates.[85]

C. Verbraucherschutzrechte

46 Verbraucherschutzrecht und Datenschutzrecht sind zwei systematisch und auch dogmatisch getrennte und damit eigenständige Rechtsgebiete. Wegen ihrer (im nicht-öffentlichen Bereich) freilich oftmals **parallelen Schutzrichtung** werden sie miteinander verzahnt, etwa durch die Einordnung von Datenschutzrecht als wettbewerbsrelevant (→ § 23 Rn. 51). Im Rahmen der Umsetzung der Digitale-Inhalte-

[80] So BeckOK DatenSR/*Worms,* 38. Ed. 2021, Art. 18 DS-GVO, Rn. 33ff.; Sydow/*Peuker,* 2. Aufl. 2018, Art. 18 DS-GVO, Rn. 12; Ehmann/Selmayr/*Kamann/Braun,* 2. Aufl. 2018, Art. 16 DS-GVO, Rn. 22.

[81] Gola/*Gola,* 2. Aufl. 2018, DS-GVO Art. 18 DS-GVO, Rn. 12.

[82] So Kühling/Buchner/*Herbst,* 3. Aufl. 2020, Art. 18 DS-GVO, Rn. 13.

[83] Vgl. Ehmann/Selmayr/*Kamann/Braun,* 2. Aufl. 2018, Art. 18 DS-GVO, Rn. 23; anders BeckOK DatenSR/*Worms,* 38. Ed. 2021, Art. 18 DS-GVO, Rn. 44.

[84] Vgl. dazu Sydow/*Peuker,* 2. Aufl. 2018, Art. 18 DS-GVO, Rn. 13–15.

[85] Vgl. dazu Sydow/*Peuker,* 2. Aufl. 2018, Art. 18 DS-GVO, Rn. 22–26.

Richtlinie (EU) 2019/770 in das deutsche Recht wird nun das **„Bezahlen mit Daten"** in § 312 Abs. 1a und § 327 Abs. 3 BGB als Verbrauchergeschäft qualifiziert. Damit fallen zunächst einmal die allgemeinen **Pflichten des elektronischen Geschäftsverkehrs** der §§ 312ff. BGB an, wenn ein Verbrauchervertrag abgeschlossen wird. Dies darf nicht schematisch angenommen werden, sondern ist (entgegen den Andeutungen der Gesetzesbegründung zur vermeintlichen Typisierung)[86] wegen Art. 3 Abs. 10 RL 2019/770/EU nach den allgemeinen Regeln der deutschen Rechtsgeschäftslehre zu beurteilen. Der bloße Einsatz von Tracking-Methoden taugt deshalb nicht als Indiz für einen Vertragsschluss.[87] Dafür spricht auch der Rechtsgedanke des § 327q Abs. 1 BGB, der eine Trennung von Datenschutz- und Vertragsrecht vorsieht. Wenn aber ein Vertragsschluss zu bejahen ist, wird typischerweise ein Fernabsatzvertrag nach § 312c BGB vorliegen, sodass sich etwa eine Pflicht zur Bereitstellung des Vertragsinhalts auf einem dauerhaften Datenträger nach § 312f Abs. 2 BGB und ein **Widerrufsrecht** des Verbrauchers aus § 312g BGB, über welches zu informieren ist (§ 312d BGB), ergeben. Dieses kann allerdings potentiell aufgrund der Regelung des § 356 Abs. 5 BGB erlöschen; mit Wirkung zum 28.5.2022 wird dies wegen **§ 356 Abs. 4 Nr. 1 BGB n.F., § 356 Abs. 5 Nr. 1 BGB n.F.** sogar die Regel sein. Mit Wirkung zum selben Zeitpunkt wird § 357a Abs. 3 BGB n.F. ferner den **Wertersatzanspruch** in den Fällen des „Bezahlens mit Daten" ausschließen. Hinzu treten die spezifischen Rechte aus **§§ 327ff. BGB bei Verbraucherverträgen über digitale Produkte** gem. § 327 Abs. 1 BGB; für Kaufverträge über Waren mit digitalen Elementen gilt gem. § 327a Abs. 3 BGB dagegen Kaufrecht. Die im allgemeinen Schuldrecht angesiedelten §§ 327ff. BGB sind vom Gesetzgeber bewusst unabhängig von der konkreten dogmatischen Zuordnung zu einem Vertragstyp gehalten worden.[88] Dabei halten die §§ 327ff. BGB an der **tradierten Dreiteilung** aus vorrangiger Nacherfüllung, Minderung oder „Vertragsbeendigung" (als neues Institut jenseits von Rücktritt und Kündigung mit Bezug sowohl auf Dauer- als auch auf gewöhnliche Schuldverhältnisse, §§ 327m, 327o BGB) und Schadensersatz fest (§ 327i BGB). Einzelheiten gehören ins Zivilrecht und können hier nicht vertieft werden.[89]

47 Näherer Betrachtung bedürfen die Bezüge der neuen Normen zum Datenschutzrecht (zur Datenportabilitätsregelung in § 327p Abs. 3 BGB bereits → Rn. 32a). Nach der Gesetzesbegründung führen **Datenschutzverstöße nicht zur Nichtigkeit des Vertrags** gem. § 134 BGB.[90] Offen bleibt damit eine Einstufung als **Mangel** im Sinne des § 327e BGB. Lediglich in einem konkreten Fall ist den neuen Regelungen eine Aussage zu entnehmen: wenn nämlich die **Aktualisierungspflicht** des Unternehmers nach § 327f BGB aktiviert wird, zu der namentlich auch Sicherheitsaktualisierungen gehören (§ 327f Abs. 1 S. 2 BGB). Denn soweit der Unternehmer auch Verantwortlicher ist, trifft ihn eine diesbezügliche datenschutzrechtliche Pflicht aus Art. 32 DS-GVO. Weshalb es im Rahmen dieser Aktualisierungspflicht allerdings zwingend notwendig sein soll, die Kontaktdaten des Verbrauchers zu erheben und zu verarbeiten,[91] erschließt sich nicht recht. Aktualisierungen können online zur Verfügung gestellt werden und die betroffene Software kann im Rahmen ihrer Aus-

---

[86] BT-Drs. 19/27653, 40.

[87] *Straub,* NJW 2021, 3217 (3218).

[88] BT-Drs. 19/27653, 35; *Kirchhefer-Lauber,* JuS 2021, 1125 (1126).

[89] Vgl. *Spindler,* MMR 2021, 451; *Spindler,* MMR 2021, 528; kurz auch *Kirchefer-Lauber,* JuS 2021, 1125; *Huth/Kühl/Könen,* ZJS 2021, 740.

[90] BT-Drs. 19/27653, 36.

[91] So *Spindler,* MMR 2021, 451 (456).

führung selbst auf Aktualisierungen prüfen; steht eine solche zur Verfügung, kann sie ein Dialogfenster anzeigen oder ein anderes Benachrichtigungsmittel wählen. Die Aktualisierungspflicht aus **§ 327f BGB ist deshalb kein gesetzlicher Erlaubnistatbestand** im Sinne des Art. 6 Abs. 1 lit. c DS-GVO.

48 Ausdrückliche Regelung erfahren hat das Verhältnis zwischen Verbraucherschutz- und Datenschutzrecht in **§ 327q BGB.** § 327q Abs. 1 BGB enthält die wichtige Klarstellung, dass „die **Abgabe datenschutzrechtlicher Erklärungen**" **die Wirksamkeit des Vertrags unberührt** lässt, d.h. führt eine scharfe Trennung zwischen Vertragsrecht und Datenschutzrecht ein. Wird also etwa eine datenschutzrechtliche Einwilligung gem. Art. 7 Abs. 3 DS-GVO widerrufen, bleibt der zivilrechtliche Vertrag auch dann wirksam, wenn nach § 327 Abs. 3 BGB mit Daten „bezahlt" wird. Etwaige **Ersatzansprüche** des Unternehmers wegen solchen Verhaltens schließt § 327q Abs. 3 BGB ausdrücklich aus. Diese Regelungen sollen sicherstellen, dass die Entscheidung namentlich über den Widerruf der Einwilligung für den Verbraucher frei ist.[92] Die für den Unternehmer ungünstige Folge, dass die für ihn bestimmte Gegenleistung trotz für ihn weiter bestehender Leistungspflicht praktisch entwertet wird, fängt § 327q Abs. 2 BGB mit einem **Recht zur fristlosen Kündigung** auf, das allerdings unter Abwägungsvorbehalt steht. Ungeklärt ist, ob ein Unternehmer, der auf die Kündigung verzichtet oder der im Rahmen der Abwägung unterliegt, vom Verbraucher **Erfüllung** verlangen kann. Die Einordnung des „Zahlens" mit Daten in das synallagmatische Vertragsverhältnis legt das nahe, dagegen spricht die Aushebelung der Freiwilligkeit, die § 327q Abs. 1 BGB gerade schützen will. Durch bloßen Widerruf der Einwilligung könnte der Verbraucher sich einem entsprechenden Anspruch jedenfalls nicht entziehen.[93] Einzelheiten wird die Rechtsprechung klären müssen.

---

[92] *Spindler*, MMR 2021, 528 (530).
[93] Übersehen von *Kumkar*, ZfPW 2020, 306 (327).

3. Abschnitt. Steuerung riskanter Verfahren

§ 16. Automatisierte Einzelentscheidung. KI-Systeme

Literatur: *Abel/Djagani,* Weitergabe von Kreditnehmerdaten bei Forderungskauf und Inkasso, ZD 2017, 114; *Beck,* Der Entwurf des Digital Services Act – Hintergrund, Ziele und Grundsätze künftiger Regulierung des virtuellen Raumes in der EU, DVBl. 2021, 1000; *Born,* Bonitätsprüfungen im Online-Handel – Scorewert-basierte automatisierte Entscheidung über das Angebot von Zahlungsmöglichkeiten, ZD 2015, 66; *Culik/Döpke,* Zweckbindungsgrundsatz gegen unkontrollierten Einsatz von Big Data-Anwendungen, ZD 2017, 226; *Deuster,* Automatisierte Entscheidungen nach der Datenschutz-Grundverordnung, PinG 2016, 75; *Djeffal,* Art. 22 DSGVO als soziotechnische Gestaltungsnorm, DuD 2021, 529; *Dzida/Groh,* Diskriminierung nach dem AGG beim Einsatz von Algorithmen im Bewerbungsverfahren, NJW 2018, 1917; *Dzidam,* Big Data und Arbeitsrecht, NZA 2017, 541; *Ebers,* Standardisierung Künstlicher Intelligenz und KI-Verordnungsvorschlag, RDi 2021, 588; *Ebers/Hoch/Rosenkranz/Ruschemeier/Steinrötter,* Der Entwurf für eine EU-KI-Verordnung: Richtige Richtung mit Optimierungsbedarf, RDi 2021, 528; *Ehmann,* BDSG-neu: Gelungener Diskussionsentwurf oder erneuter untauglicher Versuch zur „Nachbesserung" der DS-GVO?, ZD-Aktuell 2016, 04216; *Ebert/Spiecker gen. Döhmann,* Der Kommissionsentwurf für eine KI-Verordnung der EU, NVwZ 2021, 118; *Eichler,* Zulässigkeit der Tätigkeiten von Auskunfteien nach der DS-GVO, RDV 2017, 10; *Eschholz,* Big Data-Scoring unter dem Einfluss der Datenschutz-Grundverordnung, DuD, 2017, 180; *Hawath,* Regulating Automated Decision-Making: An Analysis of Control over Processing and Additional Saveguards in Article 22 of the GDPR, EDPL 2021, 161; *Hoeren,* Big Data und Datenqualität – ein Blick auf die DS-GVO, ZD 2016, 459; *Hoffmann/Kevekordes,* Das Right to Explanation, DuD 2021, 609; *v. Lewinski/de Barros Fritz,* Arbeitgeberhaftung nach dem AGG infolge des Einsatzes von Algorithmen bei Personalentscheidungen, NZA 2018, 620; *v. Lewinski/Pohl,* Auskunfteien nach der europäischen Datenschutzreform, ZD 2018, 17; *Kumkar/Roth-Isigkeit,* Erklärungspflichten bei automatisierten Datenverarbeitungen nach der DSGVO, JZ 2020, 277; *Lorentz,* Profiling, 2020; Martini, Blackbox Algorithmus, 2019; *Martini/Nink,* Wenn Maschinen entscheiden … – vollautomatisierte Verwaltungsverfahren und der Persönlichkeitsschutz, NVwZ 2017, 681; *Russel/Norvig,* Artificial Intelligence: A Modern Approach, 4. Aufl. 2020; *Schallbruch,* EU-Regulierung der Künstlichen Intelligenz, DuD 2021, 438; *Scheider,* Schließt Art. 9 DS-GVO die Zulässigkeit der Verarbeitung bei Big Data aus?, ZD 2017, 303; *Sesing,* Grenzen systemischer Transparenz bei automatisierter Datenverarbeitung, MMR 2021, 288; *Steinbach,* Regulierung algorithmenbasierter Entscheidungen, 2021; *Spindler,* Der Vorschlag der EU-Kommission für eine Verordnung zur Regulierung der Künstlichen Intelligenz (KI-VO-E), CR 2021, 361; *Spindler,* Der Vorschlag für ein neues Haftungsregime für Internetprovider – der EU-Digital Services Act, GRUR 2021, 545 und 653; *Taeger,* Scoring in Deutschland nach der EU-Datenschutzgrundverordnung, ZRP 2016, 72; *Taeger,* Verbot des Profilings nach Art. 22 DS-GVO und die Regulierung des Scorings ab Mai 2018, RDV 2017, 3; *Wachter/Mittelstadt/Floridi,* Why a Right to Explanation of Automated Decision-Making Does Not Exist in the General Data Protection Regulation, IDPL 7 (2017), 76; *Wischmeyer,* Regulierung intelligenter Systeme, AöR 143 (2018), 1.

1–2 Der Regelung über die Automatisierte Entscheidung in Art. 22 DS-GVO liegt der Grundsatz zugrunde, dass **keine Maschine eine negative Entscheidung in Bezug auf einen Menschen** treffen soll. Allerdings verbietet die Regelung insoweit nicht die Bewertung durch eine Maschine überhaupt, sondern nur, dass eine Maschine das „letzte Wort" hat.[1] In Deutschland, in dem der Datenschutz aus der Menschenwürde abgeleitet wurde (→ § 2 Rn. 67), war eine entsprechende Regelung konsequenterweise in § 6a BDSG-alt enthalten. Auch die **Datenschutzrichtlinie 95/46/EG** (DSRL) enthielt in Art. 15 ebenfalls eine Regelung über die Automatisierte Entscheidung. Dieser Ansatz des Schutzes der betroffenen Person wird in Art. 22

[1] BeckOK DatenSR/*v. Lewinski,* 39. Ed. 2022, DS-GVO Art. 22 Rn. 2; *Albrecht/Jotzo,* Das neue Datenschutzrecht der EU, § 3 Rn. 61.

DS-GVO fortgesetzt und bringt insoweit keine grundlegenden Änderungen. Die Norm ist im **Zeitalter der Digitalisierung** hochaktuell. Denn Art 22 DS-GVO greift Mechanismen der computergestützten Entscheidungsfindung auf.[2] Der Spielraum digitaler Entscheidungsfindung ist vielfältig und reicht von Bonitätsbewertungen über Ablehnung von Kreditkartenbelastungen anhand verdächtiger Muster bis personalisiertem Marketing. Neben den durch menschliche Programmierung vorgegebenen Rechenschritten kommen unter den Stichworten Big Data[3] und Smart Data Formen einer Art maschinellen Lernens und der „Künstlichen Intelligenz" (KI) hinzu. Hierbei werden nicht nur durch Menschen aufgestellte Hypothesen bestätigt, sondern die Systeme beginnen auf der Grundlage von Daten zusätzlich neue Erkenntnisse zu entwickeln.

3–5 Die DS-GVO geht vom materiellen **Verbot mit Erlaubnisvorbehalt in Art. 6 Abs. 1 DS-GVO** aus und flankiert dieses durch formale Anforderungen, insbesondere zur Dokumentation. Aber keine Verarbeitung personenbezogener Daten ist danach per se verboten. Vielmehr ist stets auf der Grundlage eines risikobasierten Ansatzes insbesondere durch Interessenabwägung (vgl. Art. 6 Abs. 1 lit. f, Abs. 4 DS-GVO) und Datenschutz-Folgenabschätzung (vgl. Art. 35, 36 DS-GVO) die Zulässigkeit zu bewerten. Art. 22 DS-GVO ist eine **flankierende Regelung zum eigentlichen Erlaubnistatbestand** in Art. 6 ff. DS-GVO.[4] Art. 22 Abs. 1 DS-GVO knüpft an das Ergebnis der Bewertung an und verbietet eine bestimmte Art der Verarbeitung personenbezogener Daten. Art. 22 DS-GVO ist damit auch kein eigenständiger Erlaubnistatbestand, sondern es verbleibt bei den Regelungen in Art. 6 ff. DS-GVO.[5]

6 Einen weiteren Aspekt, der für eine kritische Haltung gegenüber automatisierten Einzelfallentscheidungen spricht, greift schon die Begründung des Kommissionsentwurfs zu Art. 15 DSRL auf: Das von der Maschine gelieferte Ergebnis, dem immer höherentwickelte Software und Expertenwissen zugrundeliegt, hat einen **scheinbar objektiven und unbestreitbaren Charakter, dem der menschliche Entscheidungsträger übermäßige Bedeutung beimessen kann,** wenn er seiner Verantwortung nicht nachkommt.[6] Diesem Kritikpunkt kann eine Regelung wie Art. 22 DS-GVO nur eingeschränkt begegnen. Denn Art. 22 DS-GVO verbietet nur, dass eine Maschine das „letzte Wort" hat. Sie sieht aber keine wirksamen Mechanismen gegen die Beeinflussung der menschlichen Entscheidung vor, wenn diese auf eine Automatisierte Entscheidung aufbaut.

A. Automatisierte Entscheidung im Einzelfall

I. Begriff

7–9 Der **Begriff „Automatisierte Entscheidung im Einzelfall"** ist in der DS-GVO nicht legaldefiniert. Aus seiner Verwendung als gesetzliche Überschrift des Art. 22

---

[2] Schantz/Wolff/*Schantz*, Das neue DatenSchR, 2017, S. 228.

[3] Vgl. Wybitul DS-GVO-HdB/*Draf*, 2017, Art. 22 DS-GVO, Rn. 2; vgl. Paal/Pauly/*Martini*, 3. Aufl. 2021, Art. 22 DS-GVO, Rn. 8.

[4] *Taeger*, RDV 2017, 3 (6); BeckOK DatenSR/*v. Lewinski*, 39. Ed. 2022, Art. 22 DS-GVO, Rn. 3; *Albrecht/Jotzo*, Das neue Datenschutzrecht der EU, § 3 Rn. 62; Gola/*Schulz*, 2. Aufl. 2018, Art. 22 DS-GVO, Rn. 3.

[5] *Taeger*, RDV 2017, 3 (6); BeckOK DatenSR/*v. Lewinski*, 39. Ed. 2022, Art. 22 DS-GVO, Rn. 4; Gola/*Schulz*, DS-GVO, 2. Aufl. 2018, Art. 22 Rn. 3; missverständlich wohl *Albrecht/Jotzo*, Das neue Datenschutzrecht der EU, § 3 Rn. 64, Seite 79 („Im Umkehrschluss erlaubt Art. 22 Abs. 1 DS-GVO ...").

[6] Schantz/Wolff/*Schantz*, Das neue DatenSchR, 2017, S. 229 unter Bezugnahme auf *Dammann/Simitis*, Datenschutz-Richtlinie 95/46 EG, Art. 15, Vorbemerkung vor Rn. 1.

DS-GVO ergibt sich, dass er die dort beschriebene Verarbeitung bezeichnet, die sich aus den drei nachfolgend beschriebenen Merkmalen zusammensetzt. **Automatisierte Entscheidung und automatisierte Verarbeitung** sind also nicht inhaltsgleich. Auch aus Art. 22 Abs. 4 DS-GVO ergibt sich, dass für Art. 22 DS-GVO das Element der Entscheidung prägend ist.

1. Automatisierte Verarbeitung

10 Eine automatisierte Verarbeitung (→ § 8 Rn. 22ff.) ist **konstitutiv für eine Automatisierte Entscheidung,** macht die Verarbeitung aber noch nicht allein zu einer Automatisierten Entscheidung im Sinne des Art. 22 DS-GVO.

11 Umstritten ist, ob Art. 22 DS-GVO auf jede automatisierte Verarbeitung zur Anwendung kommt[7] oder eine **„gewisse Komplexität“** Voraussetzung ist.[8] Für die erstgenannte Ansicht spricht zunächst einmal der Wortlaut. Sinn und Zweck der Regelung streiten jedoch für die zweite Ansicht. Denn anderenfalls wären triviale Wenn/Dann-Entscheidungen wie automatisierte Genehmigungen von Abhebungen am Geldausgabeautomaten, automatisierte Genehmigungen von Kreditkartenverfügungen oder automatisierter Guthabenabgleich zur Ausführung von Überweisungs-, Scheck- oder Lastschriftaufträgen ebenfalls erfasst.[9]

12–14 Art. 22 Abs. 1 DS-GVO spricht explizit das sog. **Profiling** an. Aus dem Wortlaut des Art. 22 Abs. 1 DS-GVO ergibt sich, dass die in Art. 22 DS-GVO geregelte **Automatisierte Entscheidung** und Profiling **nicht synonym** sind.[10] Art. 22 DS-GVO erfasst damit auch solche automatisierten Entscheidungen, die zwar nicht auf Profiling beruhen, aber die übrigen Tatbestandsmerkmale erfüllen.[11]

15 Art. 22 DS-GVO unterwirft nicht jedes Profiling *per se* seiner Rechtsfolge. Ein Profiling ist nur dann von Art. 22 DS-GVO erfasst, wenn alle **konstitutiven Merkmale einer „Automatisierten Entscheidung im Einzelfall“** erfüllt sind.

16 Die Formulierung „automatisierten Verarbeitung – einschließlich Profiling –“ betont nach der hier vertretenen Ansicht lediglich, dass auch ein Profiling in den Anwendungsbereich des Art. 22 DS-GVO fallen kann, nicht aber dass jedes Profiling erfasst oder Art. 22 DS-GVO schon auf die bloße Profilbildung anzuwenden ist. Auch im Wortlaut des Art. 22 Abs. 1 DS-GVO findet die **Anwendung auf die bloße Profilbildung keine Stütze.** Ebenso wenig erfordert der Schutzzweck eine Anwendung auf die bloße Profilbildung. ErwGr 71 DS-GVO spricht ebenso für diese Bewertung, denn er spricht ausdrücklich an, dass Art. 22 DS-GVO ein Profiling erfassen soll, soweit dieses rechtliche Wirkung für die betroffene Person entfaltet oder sie in ähnlicher Weise erheblich beeinträchtigt.

3. Ausschließlichkeit der automatisierten Verarbeitung

17 Art. 22 Abs. 1 DS-GVO ist nur dann anwendbar, wenn die **Entscheidung ausschließlich auf einer automatisierten Verarbeitung** beruht. Hierin kommt zum Ausdruck, dass das „letzte Wort“ nicht bei einer Maschine liegen darf, sondern bei einem Menschen liegen muss. Nicht einschlägig ist Art. 22 Abs. 1 DS-GVO daher

---

[7] *Dammann,* ZD 2016, 307, (312).

[8] BeckOK DatenSR/*v. Lewinski,* 39. Ed. 2022, Art. 22 DS-GVO, Rn. 12f.; Gola/*Schulz,* DS-GVO, 2. Aufl. 2018, Art. 22 Rn. 20.

[9] BeckOK DatenSR/*v. Lewinski,* 39. Ed. 2022, Art. 22 DS-GVO, Rn. 13.

[10] Wortlaut des Art. 22 Abs. 1 DS-GVO: „auf einer automatisierten Verarbeitung – einschließlich Profiling –“.

[11] Zum Profiling noch unten → Rn. 52ff.

dann, wenn die automatisierte Entscheidung nur die Entscheidung vorbereitet oder nur ein Aspekt unter weiteren der Entscheidungsfindung ist.[12]

18 Dies verdeutlicht zugleich auch die Schwäche dieser Regelung. Denn die Regelung ist schon dann nicht anwendbar, wenn ein **menschlicher Entscheidungsträger** zwischengeschaltet ist.[13] Hat ein zwischengeschalteter menschlicher Entscheidungsträger allerdings keinerlei Befugnisse zu einer abweichenden Entscheidung und ist damit auf die Rolle des menschlichen Sprachrohrs reduziert, wird weiterhin von einer ausschließlich auf einer automatisierten Verarbeitung beruhenden Entscheidung im Sinne des Art. 22 Abs. 1 DS-GVO auszugehen sein.[14]

19 Welche **Qualität der Entscheidungsspielraum** haben muss, ist weder durch die DS-GVO vorgegeben noch anhand der Vorgängerregelungen in BDSG-alt und DSRL gerichtlich entschieden worden.[15] Es wird mit Blick darauf vertreten, dass durch Art. 22 DS-GVO Automatisierte Entscheidungen im Einzelfall grundsätzlich Anerkennung gefunden hätten, dass an den Entscheidungsspielraum keine zu hohen Anforderungen zu stellen seien und bspw. das bloße Aussortieren von nicht plausiblen „Maschinenentscheidungen" den Anforderungen des Art. 22 DS-GVO noch genüge.[16] Anderseits soll die bloße Entscheidung, auf den automatisierten Prozess nicht einzuwirken, nicht genügen.[17] Eine Stichprobenkontrolle soll ebenfalls nicht zur Annahme eines Entscheidungsspielraums genügen.[18] Wenngleich sich Argumente für diese Betrachtung anführen lassen, wird insoweit erst durch eine Entscheidung des EuGH Klarheit zu erwarten sein.

2. Rechtliche Wirkung und erhebliche Beeinträchtigung

20–22 Art. 22 Abs. 1 DS-GVO verbietet die ausschließlich auf einer automatisierten Verarbeitung beruhende Entscheidung nur, wenn diese **gegenüber der betroffenen Person rechtliche Wirkung entfaltet oder sie in ähnlicher Weise erheblich beeinträchtigt.** Die Norm erfasst nur negative Entscheidungen von einigem Gewicht.[19] Erfasst ist damit insbesondere die **Ablehnung von Vertragsschlüssen,** wobei ErwGr 71 als klassische Fälle die automatische Ablehnung des Abschlusses eines Online-Kreditvertrages und Online-Einstellungsverfahren ohne jegliches menschliches Eingreifen nennt. **Realakte** entfalten keine unmittelbare rechtliche Wirkung, können jedoch von dem Merkmal „in ähnlicher Weise erheblich beeinträchtigt" erfasst sein.[20]

23–24 Die DS-GVO definiert nicht, was unter einer **erheblichen Beeinträchtigung** zu verstehen sein soll. Aus der Formulierung ergibt sich nur, dass jedenfalls nicht jede Beeinträchtigung erfasst ist. Als Beispiele für erhebliche Beeinträchtigungen werden

---

[12] Ebenso Ehmann/Selmayr/*Hladjk,* DS-GVO, 2. Aufl. 2018, Art. 22 Rn. 6; Schantz/Wolff/*Schantz,* Das neue DatSchR, 2017, S. 231.

[13] BeckOK DatenSR/*v. Lewinski,* 39. Ed. 2022, Art. 22 DS-GVO, Rn. 23; Gola/*Schulz,* 2. Aufl. 2018, Art. 22 DS-GVO, Rn. 14.

[14] Im Ergebnis ebenso BeckOK DatenSR/*v. Lewinski,* 39. Ed. 2022, Art. 22 DS-GVO, Rn. 25; Paal/Pauly/*Martini,* 3. Aufl. 2021, Art. 22 DS-GVO, Rn. 17ff.; *Steinbach,* Regulierung algorithmenbasierter Entscheidungen, 2021, S. 132.

[15] BeckOK DatenSR/*v. Lewinski,* 39. Ed. 2022, Art. 22 DS-GVO, Rn. 25.1.

[16] BeckOK DatenSR/*v. Lewinski,* 39. Ed. 2022, Art. 22 DS-GVO, Rn. 25.1.

[17] Paal/Pauly/*Martini,* 3. Aufl. 2021, Art. 22 DS-GVO, Rn. 19.

[18] Paal/Pauly/*Martini,* 3. Aufl. 2021, Art. 22 DS-GVO, Rn. 19.

[19] Schantz/Wolff/*Schantz,* Das neue DatSchR, 2017, S. 231; Paal/Pauly/*Martini,* 3. Aufl. 2021, Art. 22 DS-GVO, Rn. 28; Gola/*Schulz,* 2. Aufl. 2018, Art. 22 DS-GVO, Rn. 22; **a. A.** Auernhammer/*Herbst,* DSGVO/BDSG, 7. Aufl. 2020, Art. 22 DS-GVO, Rn. 10.

[20] Vgl. BeckOK DatenSR/*v. Lewinski,* 39. Ed. 2022, Art. 22 DS-GVO, Rn. 37.

genannt das automatisierte „Aussieben" von Bewerbern für eine Stelle oder einen Studienplatz sowie andere Maßnahmen, die das berufliche Fortkommen betreffen.[21] Jedenfalls ist wegen ErwGr 76 die Erheblichkeit einer Beeinträchtigung **objektiv** und nicht aus Sicht der einzelnen betroffenen Person zu bewerten.[22]

25 **Personalisierte Werbung** ist – wenngleich häufig Folge eines Profilings – grundsätzlich nicht von Art. 22 Abs. 1 DS-GVO erfasst.[23] Denn die Unterbreitung oder Nicht-Unterbreitung eines Angebots hat nicht unmittelbar eine rechtliche Wirkung und wird – abgesehen von extremen Ausnahmefällen – die betroffene Person auch nicht erheblich beeinträchtigen.[24] Auch die Auswahl des Werbeinhalts, wie sie beispielsweise auf den Werbeflächen auf Internetseiten im Rahmen des sog. „Real Time Bidding" zur Anwendung kommt, wird nicht von Art. 22 Abs. 1 DS-GVO erfasst.[25]

II. Verbot der Automatisierten Entscheidung im Einzelfall

25a Die Zulässigkeit der eigentlichen Verarbeitung personenbezogener Daten bestimmt sich nach **Art. 6ff. DS-GVO.** Art. 22 DS-GVO regelt nur das Verbot bestimmter automatisierter Verarbeitungen aufgrund ihres Ergebnisses. Er lässt sich jedoch nicht als Rechtsgrundlage für die Automatisierten Entscheidungen heranziehen, welche nicht durch Art. 22 DS-GVO untersagt sind. Im **Ergebnis** enthält Art. 22 DS-GVO nur **zusätzlich ein Verbot** der dort geregelten Verarbeitungsverfahren. Das Erfordernis einer Zulässigkeitsprüfung nach Art. 6ff. DS-GVO bleibt durch Art. 22 DS-GVO unberührt.

III. Ausnahmen vom Verbot der Automatisierten Einzelentscheidung

26 In Art. 22 Abs. 2 DS-GVO sind **drei Ausnahmen** vom Verbot des Art. 22 Abs. 1 DS-GVO geregelt. In Abs. 3 werden gemeinsame Bestimmungen zum Schutz der Rechte der betroffenen Person getroffen, und Abs. 4 enthält eine Rückausnahme.

1. Tatbestand der Ausnahmen (Abs. 2)

27 Nach Art. 22 Abs. 2 lit. a DS-GVO greift das Verbot nicht, wenn die Entscheidung „für den **Abschluss oder die Erfüllung eines Vertrags** zwischen der betroffenen Person und dem Verantwortlichen erforderlich ist". Als Beispiel für eine Entscheidung über den **Abschluss eines Vertrags** lassen sich insbesondere Bonitätseinschätzungen vor Abschluss eines Dauerschuldverhältnisses mit Vorleistungspflicht des Leistungserbringers (z.B. Mobilfunkverträge) nennen. Beispiele für eine Entscheidung im Rahmen der **Erfüllung eines Vertrags** sind die Betrugserkennung bei Versicherungsleistungen oder der Kostenerstattung im Rahmen der Krankenversicherung. Zur Bejahung der Erforderlichkeit wird eine bloße Dienlichkeit nicht genügen. Vielmehr ist auf der Grundlage einer Abwägung der beiderseitigen Interessen die Erforderlichkeit festzustellen.

---

[21] Vgl. ErwGr 71; Schantz/Wolff/*Schantz*, Das neue DatSchR, 2017.

[22] BeckOK DatenSR/*v. Lewinski*, 39. Ed. 2022, Art. 22 DS-GVO, Rn. 38.

[23] *Schleipfer*, ZD 2017, 460 (462); Ehmann/Selmayr/*Hladjk*, 2. Aufl. 2018, Art. 22 DS-GVO, Rn. 9; Kühling/Buchner/*Buchner*, 3. Aufl. 2020, Art. 22 DS-GVO, Rn. 26; *Weigel*, CR 2016, 102 (107); Paal/Pauly/*Martini*, 3. Aufl. 2021, Art. 22 DS-GVO, Rn. 23; BeckOK DatenSR/*v. Lewinski*, 39. Ed. 2022, Art. 22 DS-GVO, Rn. 34, 41; vgl. *Roßnagel/Richter/Nebel*, ZD 2013, 103 (108).

[24] Ebenso: BeckOK DatenSR/*v. Lewinski*, 39. Ed. 1.11.2022, Art. 22 DS-GVO, Rn. 34, 41; Paal/Pauly/*Martini*, 3. Aufl. 2021, Art. 22 DS-GVO, Rn. 23.

[25] BeckOK DatenSR/*v. Lewinski*, 39. Ed. 2022, Art. 22 DS-GVO, Rn. 34.

28 Der Erlaubnistatbestand ist insbesondere für **massenhafte oder zeitkritische Verträge** relevant.[26] Denn die Erforderlichkeit im Sinne von Art. 22 Abs. 2 lit. a DS-GVO wird insbesondere in dem Fall zu bejahen sein, in dem der Abschluss oder die Erfüllung des Vertrages dann nicht möglich wäre, wenn eine Überprüfung durch eine natürliche Person stattfinden müsste.[27]

29 Nach Art. 22 Abs. 2 lit. b DS-GVO kommt das Verbot nach Absatz 1 nicht zum Tragen, wenn die Entscheidung „**aufgrund von Rechtsvorschriften** der Union oder der Mitgliedstaaten, denen der Verantwortliche unterliegt, zulässig ist und diese Rechtvorschriften angemessene Maßnahmen zur Wahrung der Rechte und Freiheiten sowie der berechtigten Interessen der betroffenen Person enthalten". Hierbei handelt es sich um eine Öffnungsklausel für automatisierte Entscheidungen für insbesondere mitgliedstaatlichen gesetzliche Regelungen.[28] Wenn von dieser Möglichkeit Gebrauch gemacht wird, muss die entsprechende gesetzliche Regelung angemessene Maßnahmen zur Wahrung der Rechte und Freiheiten sowie der berechtigten Interessen der betroffenen Personen vorsehen.

30 Auf Grundlage einer ausdrücklichen **Einwilligung der betroffenen Person** sind nach Art. 22 Abs. 2 lit. c DS-GVO automatisierte Entscheidungen ebenfalls zulässig. Bei der Anwendung dieser Ausnahme muss darauf geachtet werden, dass das in Art. 22 Abs. 1 DS-GVO verankerte Verbot nicht durch eine unangemessene Nutzung der Einwilligungsmöglichkeit unterlaufen wird. Aufgrund des Vorbehalts der Ausdrücklichkeit sind konkludente Einwilligungen ausgeschlossen.

2. Schutz der Rechte der betroffenen Personen (Abs. 3)

31 Für die Ausnahmen nach Art. 22 Abs. 2 lit. a **(Abschluss und Erfüllung eines Vertrages)** und lit. c **(ausdrückliche Einwilligung)** DS-GVO sieht Art. 22 Abs. 3 DS-GVO weitere Absicherungen vor. Art. 22 Abs. 3 DS-GVO zielt darauf ab, dass die betroffene Person eine menschliche Entscheidung erzwingen kann. Der Verantwortliche muss danach **angemessene Maßnahmen treffen, um die Rechte und Freiheiten** sowie d**ie berechtigten Interessen** der betroffenen Person zu wahren.

32 Die betroffene Person muss mindestens die Möglichkeit haben, das **Eingreifen einer Person** seitens des Verantwortlichen zu erwirken. Wenn die betroffene Person dies vor der automatisierten Verarbeitung geltend macht, muss ein menschlicher Entscheidungsträger zwischengeschaltet werden. Hat eine automatisierte Entscheidung im Einzelfall bereits stattgefunden, muss die getroffene Entscheidung nachträglich durch einen menschlichen Entscheidungsträger überprüft werden.

33 Darüber hinaus kann die betroffene Person **ihren eigenen Standpunkt darlegen.** Das soll ihr letztlich ermöglichen, auf die Bewertung des menschlichen Entscheidungsträgers Einfluss zu nehmen. Der Wortlaut des Art. 22 Abs. 3 DS-GVO spricht zwar nicht aus, dass der menschliche Entscheidungsträger sich mit diesem dargelegten Standpunkt auseinandersetzen muss. Nach dem Sinn und Zweck der Regelung ist dies jedoch zwingend.

34 Die betroffene Person muss außerdem das Recht haben, die Automatisierte Entscheidung im Einzelfall anzufechten. Die Regelung darf jedoch nicht im Sinne der deutschen gesetzlichen Regelungen über die „Anfechtung" (beispielsweise §§ 142 BGB, §§ 119ff. BGB oder § 42 VwGO) verstanden werden, sondern ist, wie die

[26] BeckOK DatenSR/*v. Lewinski*, 39. Ed. 2022, Art. 22 DS-GVO, Rn. 43.
[27] BeckOK DatenSR/*v. Lewinski*, 39. Ed. 2022, Art. 22 DS-GVO, Rn. 43.
[28] Schantz/Wolff/*Schantz*, Das neue DatSchR, 2017, S. 232.

DS-GVO insgesamt, autonom unionsrechtlich auszulegen.[29] Die betroffene Person muss die **Möglichkeit eines gerichtlichen Rechtsbehelfs** haben.

Eine **Informationspflicht des Verantwortlichen** über die Rechte nach Art. 22 Abs. 3 DS-GVO **gegenüber der betroffenen Person** ist in Art. 22 DS-GVO nicht vorgesehen. Eine Informationspflicht ließe sich jedoch daraus ableiten, dass der Verantwortliche allgemein nach Art. 22 Abs. 3 DS-GVO angemessene Maßnahmen zur Wahrung der Rechte und Freiheiten sowie der berechtigten Interessen der betroffenen Person ergreifen muss. **35**

3. Ausschluss besonderer Kategorien personenbezogener Daten (Abs. 4)

Die Regelung in Art. 22 Abs. 4 DS-GVO ist eine **Rückausnahme zu den Ausnahmen des Art. 22 Abs. 2 DS-GVO,** soweit besondere Kategorien personenbezogener Daten im Sinne des Art. 9 Abs. 1 DS-GVO betroffen sind. Mit dieser Rückausnahme wird dem besonderen Schutzbedürfnis dieser Kategorien Rechnung getragen. **36**

Durch diese Regelung soll **verhindert** werden, dass betroffene Personen nach Rasse, ethnischer Herkunft, Religion oder Weltanschauung, Gewerkschaftszugehörigkeit, genetischen Anlagen, Gesundheitszustand oder sexueller Orientierung **diskriminiert** werden. **37**

Gleichzeitig enthält Art. 22 Abs. 4 DS-GVO eine **Einschränkung.** Denn die Rückausnahme gilt nur dann, wenn nicht die Voraussetzungen von Art. 9 Abs. 2 lit. a oder lit. g DS-GVO vorliegen und angemessene Maßnahmen zum Schutz der Rechte und Freiheiten sowie der berechtigten Interessen der betroffenen Person getroffen wurden. **38**

Voraussetzung ist nach Art. 22 Abs. 4 DS-GVO, dass die automatisierte **Entscheidung** nach Art. 22 Abs. 1 DS-GVO auf solchen Daten beruht. Wann hiervon auszugehen, ist nicht eindeutig gesetzlich geregelt. Auf solchen Daten wird eine Entscheidung jedenfalls dann **beruhen,** wenn ihnen entscheidender Einfluss zukommt.[30] Daraus ergibt sich im Umkehrschluss, dass solche Daten nicht generell von einer Verarbeitung im Rahmen einer automatisierten Entscheidung nach Art. 22 Abs. 1 DS-GVO ausgeschlossen sind. **39–40**

4. Einschränkung nach Art. 23 DS-GVO

Nach Art. 23 Abs. 1 DS-GVO kann Art. 22 Abs. 1 DS-GVO **eingeschränkt** werden. **41**

Der deutsche Gesetzgeber hat von dieser Möglichkeit Gebrauch gemacht. Nach § 37 Abs. 1 Nr. 1 BDSG ist eine automatisierte Einzelentscheidung zulässig, wenn dem Begehren der betroffenen Person im Rahmen eines **Versicherungsvertrags** stattgegeben wird. Es wird vertreten, dass diese Regelung in Anbetracht von Art. 22 Abs. 1 DS-GVO nicht erforderlich gewesen sei, da es sich hierbei nicht um einen Fall einer „erheblichen Beeinträchtigung" handle.[31] Gleichwohl sorgt die Regelung für Rechtssicherheit, da Art. 22 Abs. 1 DS-GVO – wie oben ausgeführt – nicht zwingend auf negative Entscheidungen mit rechtlicher Wirkung beschränkt ist. **42**

Darüber hinaus soll nach § 37 Abs. 1 Nr. 2 BDSG bei Versicherungsverträgen eine automatisierte Entscheidung zulässig sein, wenn diese auf der Anwendung verbindlicher Entgeltregelungen beruht. Dieser Regelung zielt auf die automatisierte Abarbeitung von Kostenerstattungsanträgen der **privaten Krankenversicherungen.**[32] **43–45**

---

[29] Ebenso BeckOK DatenSR/*v. Lewinski,* 39. Ed. 2022, Art. 22 DS-GVO, Rn. 50.
[30] Schantz/Wolff/*Schantz,* Das neue DatSchR, 2017, S. 236.
[31] Schantz/Wolff/*Schantz,* Das neue DatSchR, 2017, S. 233.
[32] BT-Drs. 18/11325, 106; kritisch dazu Schantz/Wolff/*Schantz,* Das neue DatSchR, 2017, S. 236.

IV. Informationspflichten in Bezug auf die Automatisierte Einzelentscheidung

46–47 Der Verantwortliche ist verpflichtet, der betroffenen Person proaktiv **automatisierte Entscheidungen im Sinne von Art. 22 DS-GVO transparent** zu machen. Nach Art. 13 Abs. 2 lit. f, Art. 14 Abs. 2 lit. g DS-GVO sind der betroffenen Person Informationen über „das Bestehen einer automatisierten Entscheidungsfindung einschließlich Profiling [...] und – zumindest in diesen Fällen – aussagekräftige Informationen über die involvierte Logik sowie die Tragweite und die angestrebten Auswirkungen" zur Verfügung zu stellen. Dieselbe Information ist dem Betroffenen nach Art. 15 Abs. 1 lit. h DS-GVO zu geben, wenn dieser seinen in Art. 15 DS-GVO verankerten Auskunftsanspruch geltend macht. Damit unterscheidet die Norm zwischen einer **einfachen Transparenzpflicht** bezüglich des Einsatzes automatisierter Entscheidungsfindung überhaupt und einer **erweiterten Transparenzpflicht** bezüglich der involvierten Logik und der Tragweite.[33] Die explizite Nennung in dem Katalog der proaktiven Informationspflichten macht deutlich, dass der Gesetzgeber der Automatisierten Einzelentscheidung ein hohes Risiko beimisst. Greift Art. 22 DS-GVO ein, sind deshalb und mit Blick auf die sonst sinnlos werdende Parenthese[34] beide Pflichten zu beachten.[35] Die betroffene Person soll sich ein **Bild von der automatisierten Entscheidungsfindung** machen können.

48 Für die Praxis von entscheidender Bedeutung ist, wie weit die Pflicht zu einer **aussagekräftigen Information über die involvierte Logik** reicht. Art. 13 und Art. 14 DS-GVO enthalten hierzu weder eine weitergehende Konkretisierung noch eine Beschränkung der Pflicht zur proaktiven Unterrichtung der betroffenen Person Die Literatur diskutiert das Problem unter dem Schlagwort eines **„Right to Explanation"** bezogen auf die konkrete Entscheidung im Einzelfall.[36] Die DS-GVO, die hier nur wenig von den Vorgängerregelungen der DSRL abweicht und Informationen zeitlich vor der Entscheidung verlangt, dürfte ein solches kaum enthalten.[37] Aufzuklären ist damit nur **über die grundsätzliche Funktionsweise** des Systems, nicht über das Zustandekommen der Entscheidung im Einzelfall.[38]

49 Für das **Auskunftsrecht** der betroffenen Person nach Art. 15 DS-GVO sind **Grenzen** vorgesehen, die insbesondere das Geistige Eigentum schützen sollen (→ § 15 Rn. 23). Diese gelten aus teleologischen Gründen auch für die Auskunftspflichten und führen dazu, dass insbesondere der urheberrechtlich geschützte Quellcode eingesetzter Software nicht offengelegt werden muss. Diese sind zwar in Art. 13 und Art. 14 DS-GVO nicht in Bezug genommen. Gleichwohl müssen diese auch zur Einschränkung der Pflichten nach Art. 13, 14 DS-GVO führen, da anderenfalls die Einschränkungen im Rahmen von Art. 15 DS-GVO leerliefen. Denn eine Einschränkung im Rahmen eines Auskunftsanspruchs nach Art. 15 DS-GVO wäre sinnfrei, wenn der Verantwortliche nach Art. 13 und Art. 14 DS-GVO ohne Einschränkung zur proaktiven Unterrichtung der betroffenen Person hierüber verpflichtet wäre. Damit sind die Einschränkungen des Art. 15 DS-GVO auch im Rahmen von Art. 13, 14 DS-GVO anwendbar.

---

[33] Kühling/Buchner/*Bäcker*, 3. Aufl. 2020, Art. 13 DS-GVO, Rn. 53.
[34] Kühling/Buchner/*Bäcker*, 3. Aufl. 2020, Art. 13 DS-GVO, Rn. 53.
[35] Zur Frage, was bei Profiling außerhalb des Art. 22 DS-GVO gilt, unten → Rn. 55.
[36] Überblick bei *Dimitrova*, EDPL 2020, 211 (212ff.).
[37] *Wischmeyer*, AöR 143 (2018), 1, (49ff.); *Wachter/Mittelstadt/Floridi*, IDPL 7 (2017), 76 (79ff.); a.A. *Hoffmann/Kevekordes*, DuD 2021, 609 (610).
[38] *Wachter/Mittelstadt/Floridi*, IDPL 7 (2017), 76 (82); ähnl., aber auf den Rechtsmittelzweck abstellend, *Kumkar/Roth-Isigkeit*, JZ 2020, 277 (283ff.).

50 Art. 15 Abs. 4 DS-GVO sieht vor, dass das Recht der betroffenen Person **in den Rechten und Freiheiten anderer Personen seine Grenzen** findet. Aus ErwGr 63 DS-GVO ergibt sich, dass auch **Geschäftsgeheimnisse und Rechte des Geistigen Eigentums** und insbesondere das Urheberrecht an Software als Rechte und Freiheiten anderer Personen gelten. ErwGr 63 stellt aber auch klar, dass dies nicht dazu führen darf, dass der betroffenen Person jegliche Auskunft verweigert wird. Daraus ergibt sich zunächst, dass der Verantwortliche den Quellcode einer Software im Rahmen der Pflicht zur Transparenz in Bezug auf eine Automatisierte Einzelentscheidung nicht offenlegen muss. Darüber hinaus ergibt sich hieraus aber auch, dass der Verantwortliche nicht den Algorithmus oder die sogenannte „Scoringformel" offenlegen muss.

51 Die Pflichten nach Art. 13, Art. 14 und Art. 15 DS-GVO treffen den **Verantwortlichen.** Dies ist insbesondere dann von Bedeutung, wenn derjenige, welcher das Ergebnis einer automatisierten Entscheidungsfindung nutzt, und derjenige, welcher die automatisierte Entscheidungsfindung durchführt, nicht identisch sind. Der Wortlaut der Regelungen in Art. 13, 14 DS-GVO lässt sich jedoch dahingehend verstehen, dass der Verantwortliche, welcher das Ergebnis einer automatisierten Entscheidungsfindung nutzt, zur Auskunft hierüber gegenüber der betroffenen Person verpflichtet ist. Denn die Regelungen sprechen davon, dass der Verantwortliche über „das Bestehen einer automatisierten Entscheidungsfindung einschließlich Profiling" zu unterrichten hat und in diesen Fällen dann auch aussagekräftige Informationen über die involvierte Logik mitteilen muss.

B. Profiling

52 Kurioserweise hat der Gesetzgeber den **Begriff Profiling** zwar in Art. 4 Nr. 4 DS-GVO legaldefiniert, aber gleichwohl **keine explizite Regelung** hierzu in der DS-GVO vorgesehen. Die Überschrift des Art. 22 DS-GVO erweckt zwar den Eindruck, eine Regelung zum sog. Profiling zu enthalten. Dies ist jedoch nur begrenzt zutreffend. Art. 22 DS-GVO regelt das Profiling nicht umfassend, sondern nur insoweit, als dieses eine automatisierten Entscheidung im Sinne von Art. 22 DS-GVO ist (→ Rn. 13ff.). Art. 22 DS-GVO erfasst damit nur eine Teilmenge des Profiling.[39] Typisches Beispiel für Profiling ist das Scoring durch Auskunfteien an Versicherungen (§ 31 Abs. 1 BDSG) .

52a „Profiling" ist gemäß der **Legaldefinition in Art. 4 Nr. 4 DS-GVO** jede Art der automatisierten Verarbeitung personenbezogener Daten, die darin besteht, dass diese personenbezogenen Daten verwendet werden, um bestimmte persönliche Aspekte, die sich auf eine natürliche Person beziehen, zu bewerten, insbesondere um Aspekte bezüglich Arbeitsleistung, wirtschaftliche Lage, Gesundheit, persönliche Vorlieben, Interessen, Zuverlässigkeit, Verhalten, Aufenthaltsort oder Ortswechsel dieser natürlichen Person zu analysieren oder vorherzusagen. Profiling ist danach eine Ausprägung der Automatisierten Entscheidung.[40]

52b Die Formulierung „automatisierten Verarbeitung – einschließlich Profiling –" betont nach der hier vertretenen Ansicht lediglich, dass auch ein Profiling in den Anwendungsbereich des Art. 22 DS-GVO fallen kann, nicht aber dass jedes Profiling erfasst oder Art. 22 DS-GVO schon auf die bloße Profilbildung anzuwenden ist.[41]

---

[39] Zur Einordnung personalisierter Werbung → Rn. 28.

[40] *Lorentz,* Profiling, 78f.; im Ergebnis ebenso Taeger RDV 2017, 3 (4); Gola/*Schulz,* 2. Aufl. 2018, Art. 22 DS-GVO, Rn. 20; Paal/Pauly/*Martini,* 3. Aufl. 2021, Art. 22 DS-GVO, Rn. 21; zur automatisierten Verarbeitung → § 8 Rn. 22ff.

[41] *Lorentz,* Profiling, 2020, S. 78f.; im Ergebnis ebenso *Taeger,* RDV 2017, 3 (4).

Auch im Wortlaut des Art. 22 Abs. 1 DS-GVO findet die **Anwendung auf die bloße Profilbildung keine Stütze.**[42] Ebenso wenig erfordert der Schutzzweck (→ Rn. 1 ff.) eine Anwendung auf die bloße Profilbildung. ErwGr 71 DS-GVO spricht ebenso für diese Bewertung, denn er spricht ausdrücklich an, dass Art. 22 DS-GVO ein Profiling erfassen soll, soweit dieses rechtliche Wirkung für die betroffene Person entfaltet oder sie in ähnlicher Weise erheblich beeinträchtigt.

I. Zulässigkeit des Profiling

53 Die Zulässigkeit des Profilings bestimmt sich, wie für jede Verarbeitung personenbezogener Daten, nach **Art. 6 ff. DS-GVO.** Das wird durch ErwGr 72 S. 1 DS-GVO bestätigt.[43] ErwGr 72 S. 2 DS-GVO fordert, dass der Europäische Datenschutzausschuss diesbezüglich Leitlinien herausgibt.[44]

54 Aus ErwGr 71 DS-GVO ergeben sich **Leitlinien,** die bei der Zulässigkeitsbewertung eines Profiling berücksichtigt werden sollten: Um unter Berücksichtigung der besonderen Umstände und Rahmenbedingungen, unter denen die personenbezogenen Daten verarbeitet werden, der betroffenen Person gegenüber eine faire und transparente Verarbeitung zu gewährleisten, sollte der für die Verarbeitung Verantwortliche geeignete mathematische oder statistische Verfahren für das Profiling verwenden, technische und organisatorische Maßnahmen treffen, mit denen in geeigneter Weise insbesondere sichergestellt wird, dass Faktoren, die zu unrichtigen personenbezogenen Daten führen, korrigiert werden und das Risiko von Fehlern minimiert wird, und personenbezogene Daten in einer Weise sichern, dass den potenziellen Bedrohungen für die Interessen und Rechte der betroffenen Person Rechnung getragen wird und mit denen verhindert wird, dass es gegenüber natürlichen Personen aufgrund von Rasse, ethnischer Herkunft, politischer Meinung, Religion oder Weltanschauung, Gewerkschaftszugehörigkeit, genetischer Anlagen oder Gesundheitszustand sowie sexueller Orientierung zu diskriminierenden Wirkungen oder zu Maßnahmen kommt, die eine solche Wirkung haben.

II. Transparenz in Bezug auf das Profiling

55 Die Pflicht zur **Transparenz** in Bezug auf das Profiling ist ebenfalls **nicht explizit geregelt.** Die Regelungen über die Unterrichtung des Betroffenen nach Art. 13, 14 DS-GVO sowie der Auskunftsanspruch nach Art. 15 DS-GVO nehmen nur ein Profiling im Sinne von Art. 22 DS-GVO explizit in Bezug. Auf ein Profiling außerhalb einer Entscheidungsfindung sind sie nicht anwendbar.[45] Aus ErwGr 60 DS-GVO ergibt sich allerdings, dass die Grundsätze einer fairen und transparenten Verarbeitung es erforderlich machen, dass die betroffene Person über die Existenz des Verarbeitungsvorgangs und seine Zwecke unterrichtet wird. „Der Verantwortliche sollte der betroffenen Person alle weiteren Informationen zur Verfügung stellen, die unter Berücksichtigung der besonderen Umstände und Rahmenbedingun-

---

[42] So scheinbar auch *Albrecht/Jotzo,* Das neue Datenschutzrecht der EU, § 3 Rn. 66, unter Bezugnahme auf ErwGr 72 DS-GVO. Im Ergebnis wie hier *Taeger,* RDV 2017, 3 (6); wohl auch Paal/Pauly/*Martini,* 3. Aufl. 2021, Art. 22 DS-GVO, Rn. 21, wenngleich nicht eindeutig mit Blick auf Paal/Pauly/*Martini,* 3. Aufl. 2021, Art. 22 DS-GVO, Rn. 8.

[43] ErwGr 72 S. 1 DS-GVO: „Das Profiling unterliegt den Vorschriften dieser Verordnung für die Verarbeitung personenbezogener Daten, wie etwa die Rechtsgrundlage für die Verarbeitung oder die Datenschutzgrundsätze."

[44] Entsprechende Anhaltspunkte lassen sich WP 251 rev.01 der Artikel 29-Gruppe entnehmen, das der EDSA am 25.5.2018 bestätigt hat.

[45] *Sesing,* MMR 2021, 288 (289).

gen, unter denen die personenbezogenen Daten verarbeitet werden, notwendig sind, um eine faire und transparente Verarbeitung zu gewährleisten. Darüber hinaus sollte er die betroffene Person darauf hinweisen, dass Profiling stattfindet und welche Folgen dies hat." ErwGr 63 DS-GVO macht das Profiling auch über den Wortlaut des Art. 15 DS-GVO hinaus zum Gegenstand einer Auskunftspflicht. Anwendbar sind die Regelungen allerdings dann, wenn eine bloß, aber immerhin **algorithmisch unterstützte Entscheidungsfindung** stattfindet (die ebenfalls außerhalb von Art. 22 DS-GVO liegt, weil z.B. am Ende ein kompetenter Mensch die abschließende Entscheidung trifft). Das folgt daraus, dass erstens die Parenthese „zumindest in diesen Fällen" sonst sinnlos wäre,[46] und zweitens, dass angesichts der Leichtgläubigkeit von Menschen gegenüber maschinellen Empfehlungen die Gefahrenlage sich nicht besonders unterscheidet.[47] Damit greift zumindest die einfache Transparenzpflicht in mehr Fällen als Art. 22 DS-GVO und kann Profiling erfassen. Ob das auch für die erweiterte Transparenzpflicht bezüglich involvierter Logik und Tragweite gilt, ist nicht ganz klar. Aus dem „zumindest" in der Parenthese lässt sich nur schließen, dass diese erweiterte Pflicht wenigstens immer dann greift, wenn eine automatisierte Entscheidungsfindung im Sinne des Art. 22 DS-GVO vorliegt.[48] Im übrigen bleiben die Bedeutung und Reichweite der Parenthese aber im Dunkeln.[49]

56 ErwGr 91 DS-GVO betont das Erfordernis einer **Datenschutz-Folgenabschätzung** für das Profiling. Danach sollte sie auch durchgeführt werden, wenn die personenbezogenen Daten für das Treffen von Entscheidungen in Bezug auf bestimmte natürliche Personen im Anschluss an eine systematische und eingehende Bewertung persönlicher Aspekte natürlicher Personen auf der Grundlage eines Profilings dieser Daten verarbeitet werden.[50] Der Wortlaut des Art. 35 Abs. 3 lit. a DS-GVO ist jedoch nicht so eindeutig. Denn dort wird lediglich angesprochen, dass ein Profiling eben auch eine in Art. 35 Abs. 3 lit. a DS-GVO adressierte systematische und umfassende Bewertung persönlicher Aspekte natürlicher Personen sein könne, die sich auf automatisierte Verarbeitung gründe.[51]

III. Profiling zur Direktwerbung

57 Das Profiling zur Direktwerbung wird durch ErwGr 70 DS-GVO adressiert. Werden personenbezogene Daten verarbeitet, um **Direktwerbung** zu betreiben, sieht ErwGr 70 S. 1 DS-GVO zunächst vor, dass die betroffene Person jederzeit unentgeltlich Widerspruch gegen eine solche – ursprüngliche oder spätere – Verarbeitung einschließlich des Profilings einlegen können sollte, soweit sie mit dieser Direktwerbung zusammenhängt.

58 Hierin bestätigt sich, dass auch das Profiling zur Direktwerbung in Bezug auf seine Zulässigkeit wie jede andere Verarbeitung zum Zwecke der Direktwerbung zu beurteilen ist. Bei der Interessenabwägung nach **Art. 6 Abs. 1 lit. f DS-GVO** sowie bei der Kompatibilitätsprüfung im Rahmen einer zweckändernden Weiterverarbeitung nach **Art. 6 Abs. 4 DS-GVO** ist natürlich der konkreten Form des Profilings

[46] Kühling/Buchner/*Bäcker,* 3. Aufl. 2020, Art. 13 DS-GVO, Rn. 52.

[47] *Hoffman/Kevekordes,* DuD 2021, 609 (610); zu psychologischen Effekten *Steinbach,* Regulierung algorithmischer Entscheidungen, 2021, 127ff.; zu kurz daher *Martini,* JZ 2017, 1017 (1020).

[48] Kühling/Buchner/*Bäcker,* 3. Aufl. 2020, Art. 13 DS-GVO, Rn. 53.

[49] Zum Streitstand *Sesing,* MMR 2021, 288 (290); zum Inhalt der Transparenzpflicht → Rn. 48.

[50] ErwGr 91 DS-GVO.

[51] „[S]ystematische und umfassende Bewertung persönlicher Aspekte natürlicher Personen, die sich auf automatisierte Verarbeitung einschließlich Profiling gründet und die ihrerseits als Grundlage für Entscheidungen dient, die Rechtswirkung gegenüber natürlichen Personen entfalten oder diese in ähnlich erheblicher Weise beeinträchtigen" (Art. 35 Abs. 3 lit. a DS-GVO).

Rechnung zu tragen. Schon die Definition in Art. 4 Nr. 4 DS-GVO macht deutlich, dass es nicht das eine Profiling gibt, sodass sich eine abstrakte pauschale Prüfung unter dem Begriff „Profiling“ verbietet.

59 ErwGr 70 S. 2 DS-GVO betont, dass die betroffene Person ausdrücklich auf das in ErwGr 70 S. 1 DS-GVO angesprochene **Recht zum Widerspruch** hingewiesen werden und dieser Hinweis in einer verständlichen und von anderen Informationen getrennten Form erfolgen muss. Wenngleich sich damit aus ErwGr 70 DS-GVO keine über Art. 21 Abs. 2 DS-GVO hinausgehende Pflicht ergibt, wird gleichwohl deutlich, dass die DS-GVO gerade auch beim Profiling auf Schutz durch Transparenz setzt.

60–61 Indem die DS-GVO das Profiling generell und insbesondere im Bereich Marketing nicht spezifisch regelt, bleibt sie hinter dem mit ihr verbundenen Anspruch zurück, ein **Datenschutzrecht für das digitale Zeitalter** zu schaffen. Die DS-GVO bleibt damit konzeptionell hinter dem bisherigen deutschen Datenschutzrecht zurück,[52] das jedenfalls für Telemedien in § 15 Abs. 3 TMG a.F. eine spezielle Regelung für Nutzungsprofile enthielt. Dementsprechend und weil die alternde EK-DSRL es nicht besser macht, hat diese Norm sich als europarechtswidrig herausgestellt und wurde durch den neuen § 25 TTDSG ersetzt, der nunmehr statt auf „Opt In“ auf „Opt Out“ setzt (→ § 18 Rn. 6). Der deutsche Gesetzgeber versucht dem Problem nun durch Einwilligungstreuhänder zu begegnen (§ 26 TTDSG).

C. Scoring nach dem BDSG

62 Unter der Überschrift „Schutz des Wirtschaftsverkehrs bei Scoring und Bonitätsauskünften“ ist in § 31 Abs. 1 BDSG der Sache nach die Regelung über das Scoring aus § 28b BDSG-alt übernommen und in § 31 Abs. 2 BDSG die Verwendung eines Wahrscheinlichkeitswerts geregelt. Aus der Begründung zum Gesetzgebungsverfahren ergibt sich als Grund für die **Fortführung der entsprechenden Regelungen des BDSG-alt,** dass die bisherigen Regelungen zu Auskunfteien und Scoring dem Schutz des Wirtschaftsverkehrs dienen und für Betroffene wie auch für die Wirtschaft eine überragende Bedeutung besitzen. Verbraucher vor Überschuldung zu schützen, liege danach sowohl im Interesse der Verbraucher selbst als auch der Wirtschaft; die Ermittlung der Kreditwürdigkeit und die Erteilung von Bonitätsauskünften bilden das Fundament des deutschen Kreditwesens und damit auch der Funktionsfähigkeit der Wirtschaft.[53]

63 **§ 31 Abs. 1 BDSG** knüpft an § 28b BDSG-alt an. Die Norm definiert den Begriff „Scoring“ als die Verwendung eines Wahrscheinlichkeitswerts über ein bestimmtes zukünftiges Verhalten einer natürlichen Person zum Zweck der Entscheidung über die Begründung, Durchführung oder Beendigung eines Vertragsverhältnisses mit dieser Person und legt in seinen Nrn. 1–4 die Anforderungen an die Zulässigkeit eines solchen Scorings fest. Ein Scoring im Rahmen von unternehmensinternen Compliance-Maßnahmen oder im Rahmen von Werbung und Marketing ist daher nicht von § 31 BDSG erfasst.

64 Die Definition von **Scoring** macht deutlich, dass es sich um ein Profiling im Sinne der DS-GVO handelt. Das so beschriebene bloße Scoring ist nach der hier vertretenen Auffassung aber keine Automatisierte Entscheidung im Sinne von Art. 22 Abs. 1 DS-GVO, sondern ein vorbereitendes Profiling. Denn das Scoring bereitet zwar eine Entscheidung vor, enthält aber nicht die für eine Automatisierte Ent-

[52] Ebenso *Schleipfer,* ZD 2017, 460 (462f.).
[53] BT-Drs. 18/11325, 101.

scheidung im Sinne von Art. 22 Abs. 1 DS-GVO konstitutiven weiteren Merkmale (→ Rn. 52b). Diese Definition von Scoring schließt die menschliche Entscheidungsfindung nicht aus.[54]

65 Die Regelung über die **Verwendung des Scoringwertes** ist in Anlehnung an § 28a BDSG-alt gestaltet, aber anders als dort auf die Verwendung eines Wahrscheinlichkeitswerts über die Zahlungsfähig- und Zahlungswilligkeit beschränkt.[55] Die **Scoreformel** selbst unterliegt als Geschäftsgeheimnis nicht dem Auskunftsanspruch aus Art. 15 DS-GVO.[56]

66 Ob für die Regelungen in § 31 BDSG in der DS-GVO eine **Öffnungsklausel** enthalten ist, ist umstritten.[57] Soweit Art. 22 Abs. 2 lit. b DS-GVO als Rechtsgrundlage für das Scoring in Betracht gezogen werden soll, ist zu berücksichtigen, dass Art. 22 DS-GVO nur die Automatisierte Entscheidung im Sinne von Art. 22 Abs. 1 DS-GVO, aber nicht das bloße Scoring erfasst.[58] Aus Art. 6 Abs. 1 lit. f DS-GVO lässt sich kein Spielraum für eine mitgliedstaatliche Regelung ableiten, da für diese Regelung – gerade anders als bei Art. 6 Abs. 1 lit. c und lit. e DS-GVO – durch die DS-GVO keine Öffnung für mitgliedstaatliche Konkretisierungen vorgesehen ist.[59] Das Bundesministerium des Innern stellte sich auf den Standpunkt, dass die Regelungen letztlich auf Art. 6 Abs. 4 und 23 Abs. 1 DS-GVO gestützt werden können.[60] Jedenfalls werden viele der von § 31 BDSG getroffenen Wertungen in die Interessenabwägung nach Art. 6 Abs. 1 lit. f DS-GVO einfließen können.[61] Das VG Wiesbaden hat dem EuGH die Frage vorgelegt, ob sich § 31 BDSG auf eine Öffnungsklausel der DS-GVO stützen lässt und dabei aus den genannten Gründen angenommen, dass dies nicht der Fall sei.[62]

D. Künstliche Intelligenz

67 **Künstliche Intelligenz** (KI, engl. „artificial intelligence", AI, wobei Streit über die korrekte Übersetzung des englischen Begriffs besteht)[63] ist nicht ausdrücklich Regelungsgegenstand der DS-GVO allgemein oder von Art. 22 DS-GVO im speziellen. Art. 22 DS-GVO hat aber Auswirkungen auf den Einsatz von KI-Systemen.

I. Das Phänomen KI

68 Der Begriff der künstlichen Intelligenz hat **keine in der Jurisprudenz anerkannte Definition** und bedarf deshalb der Erläuterung. Er erweckt allgemeinsprachlich zunächst einmal den Anschein, als handle es sich um Systeme mit quasi unbegrenzten Fähigkeiten, was aber mitnichten der Fall ist. Die aus Science-Fiction-Filmen bekannten „starken" oder „General AIs" mit quasimenschlichen Fähigkeiten sind

---

[54] Im Ergebnis ebenso *Taeger,* RDV 2017, 3 (6); vgl. Gola/*Schulz,* 2. Aufl. 2018, DS-GVO, Art. 22 Rn. 15.

[55] BT-Drs. 18/11325, S. 101.

[56] *v. Lewinski/Pohl,* ZD 2018, 17 (21 f.); noch zur Rechtslage vor Inkrafttreten der DS-GVO BGH, Urt. v. 28.1.2014 – VI ZR 156/13, MMR 2014, 489 (491).

[57] *Ehmann,* ZD-Aktuell 2016, 04216; *Ehrig/Glatzner,* PinG, 2016, 211 (213); *Helfrich,* ZD 2017, 97 (98); *Taeger* RDV 2017, 3 (5).

[58] Ebenso Plath/*Kamlah,* 3. Aufl. 2018, Art. 22 DS-GVO, Rn. 9; Taeger RDV 2017, 3 (7).

[59] *Kühling/Martini u. a.,* DSGVO u. nationales Recht, 2016, S. 441 f.

[60] Referentenentwurf zum BDSG vom 23.11.2016; vgl. *Taeger,* RDV 2017, 3 (7 f.).

[61] *v. Lewinski/Pohl,* ZD 2018, 17 (18 ff.); *Weichert,* ZD 2021, 554 (555).

[62] VG Wiesbaden, Beschl. v. 1.10.2021 – 6 K 788/20.WI, WM 2021, 2437 (Rn. 99 ff.).

[63] *Herberger,* NJW 2018, 2825 (2825 ff.).

bestenfalls Zukunftsmusik.[64] Jenseits dieser Feststellung bleibt aber unklar, was genau eigentlich unter den Begriff „Künstliche Intelligenz" zu fassen ist. Verschiedene Definitionsversuche existieren,[65] wobei die informatische Fachwelt das Konzept des autonom agierenden, **rationalen und deshalb „intelligenten" Agenten** ins Zentrum gestellt hat.[66] In dieser Konzeption sind auch solche Systeme als künstliche Intelligenzen anzusehen, die nicht notwendigerweise schon wesensbedingt nicht nachvollziehbar sind. Für die Zwecke des Art. 22 DS-GVO macht die eingesetzte Technik keinen Unterschied, sodass diesem Verständnis von KI hier gefolgt werden soll.[67] Die Norm erfasst hochentwickelte selbstlernende Software-Agenten genauso wie Uraltsysteme.

69 Damit soll den aktuellen KI-Techniken keinesfalls ihre Bedeutung abgesprochen werden. Im Gegenteil befinden sich diese derzeit sichtbar auf dem Vormarsch gegenüber „herkömmlichen" KI-Systemen mit festen Entscheidungsbäumen. Speziell die besonders erfolgreiche Technik des **Deep Learning** führt zu Entscheidungen, die mit menschlicher Logik kaum nachvollzogen werden können.[68] Bei Deep Learning handelt es sich um eine besondere Form von maschinellem Lernen auf Basis stochastischer Methoden, bei der das trainierte KI-System sogenannte **neuronale Netze** anlegt, dessen einzelne Elemente gewissermaßen kleine Teilentscheidungen sehr unterschiedlichen Gewichts treffen.[69] **Die geschaffenen Systeme erkennen Korrelationen** und können auf diese Weise je nach Qualität der verwendeten Trainingsdaten ähnliche Sachverhalte gut identifizieren, z.B. Objekte erkennen oder – vermeintlich – die Zuverlässigkeit potentieller Arbeitnehmer. Einen logischen Zusammenhang können sie dagegen nicht ausmachen, sondern sind sich etwa auch sicher, dass zwischen der Scheidungsrate im US-Bundesstaat Maine und dem Pro-Kopf-Verzehr von Margarine eine 99%ige Korrelation bestehe.[70]

70 Legt man für Künstliche Intelligenz die Definition des rationalen Agenten (→ Rn. 68) zugrunde, beschränkt der Begriff sich nicht auf Verfahren des Deep Learnings und es ist verfehlt, die Nichtnachvollziehbarkeit von KI-Systemen allein mit dessen Besonderheiten zu begründen und hieraus rechtliche Konsequenzen zu ziehen. Die **„Blackbox"**, von der im Zusammenhang mit KI-Systemen oft gesprochen wird, kann neben oder im Falle anderer Techniken als Deep Learning auch anstelle dieses rein technischen Aspektes andere Gründe haben. So dürfte es für die meisten Menschen kaum einen Unterschied machen, ob die ausgesprochene Kündigung nun auf ein KI-System mit Deep-Learning-Technik oder auf einen herkömmlichen direkt in Code gefassten Algorithmus zurückgeht. Weil Quellcode für die meisten Menschen unverständlich ist und er im übrigen oftmals als Geschäftsgeheimnis unter Verschluss gehalten wird, weisen derartige Systeme nicht weniger Blackbox-Symptome auf als Systeme mit Deep Learning.[71] Das von Art. 22 DS-GVO behandelte Problem **„Computer says no"** stellt sich gleichermaßen.

---

[64] *Russel/Norvig,* Artificial Intelligence, 32f.; *Wischmeyer,* AöR 143 (2018), 1 (3f.). – Dass diese Filme nicht Technik, sondern letztlich Magie zeigen, kritisiert *Hermann,* FIfF-Kommunikation 4/20, 12, 14f.

[65] Zu ihnen *Herberger,* NJW 2018, 2825 (2825ff.).

[66] Ausführlich *Russel/Norvig,* Artificial Intelligence, 4. Aufl. 2020, S. 36ff.

[67] Zur Definition des KI-Begriffs durch den KI-VO-E → Rn. 80.

[68] *Martini,* Blackbox Algorithmus, 43f.; *Burrell,* Big Data & Society 3 (2016), 1 (9), der mit Blick auf die Andersartigkeit der maschinellen Logik fragt, was genau wir eigentlich wissen wollen.

[69] Ausf. *Russel/Norvig,* Artificial Intelligence, 4. Aufl. 2020, S. 750ff.

[70] *Dzida/Groh,* NJW 2018, 1917 (1918).

[71] *Martini,* Blackbox Algorithmus, 2019, S. 28ff.

II. Anforderungen der DS-GVO an KI-Systeme

1. Keine direkte KI-Regulierung in Art. 22 DS-GVO

71 Art. 22 DS-GVO **erfasst den Einsatz von KI-Systemen nicht per se,** sondern greift erst dann ein, wenn die Entscheidung ausschließlich vom Computer ohne Dazwischentreten eines Menschen getroffen wird.[72] Wie jedes andere Profiling fällt deshalb auch ein vollständig KI-gestütztes Profiling nicht in den Anwendungsbereich des Art. 22 DS-GVO (→ Rn. 14f.). Das hat zwei wichtige Konsequenzen: erstens sperrt das Dazwischentreten eines Menschen die Anwendung von Art. 22 DS-GVO. Zweitens ist Gegenstand der Regelung nur die Entscheidung gegenüber der betroffenen Person, d.h. namentlich der gesamte vorangehende Trainingsprozess neuronaler Netze fällt nicht unter Art. 22 DS-GVO.

72 Dieses Ergebnis ist verschiedentlich als unbefriedigend empfunden worden.[73] Die technische Funktionsweise des Deep Learnings führt dazu, dass in den Trainingsdaten vorhandene Verhältnisse zuverlässig auch dann erkannt werden, wenn diese Verhältnisse gesellschaftlich unerwünscht sind. Das kann man zwar nicht dem Algorithmus ankreiden, denn die rein statistische Feststellung, dass etwa Frauen in der Arbeitswelt oft benachteiligt werden, ist erst einmal neutral.[74] Wenn auf Grundlage dieser Feststellung dann allerdings Entscheidungen getroffen werden, kann eine Diskriminierung nach § 1 AGG vorliegen. Da man nun aber der Ausgabe eines auf Deep Learning basierenden KI-Systems nicht ansieht, ob solche Korrelationen erkannt wurden, ergibt sich der Wunsch, zumindest die Trainingsdaten regulativ zu erfassen. Konstruktiv soll das geschehen, indem man Art. 22 DS-GVO **als „soziotechnische Gestaltungsnorm"** begreift, der wie Art. 25 DS-GVO darauf abziele, rechtliche Wertungen schon in den Programmcode einzubauen.[75] Ein anderer Ansatz versucht, die in Art. 5 DS-GVO geregelten Grundsätze, insbesondere den **Grundsatz von Treu und Glauben** in Art. 5 Abs. 1 lit. a DS-GVO **und der Datenminimierung** aus Art. 5 Abs. 1 lit. c DS-GVO, **als überindividuell zu verstehen,** sodass sie schon in der Trainingsphase zur Anwendung kommen und dort gesamtgesellschaftliche Vorstellungen verankern sollen.[76] Beide Ansätze, so wohlgemeint sie angesichts der Problematik auch sind, sind **mit der Systematik des Datenschutzrechts unvereinbar.** Das Trainieren eines neuronalen Netzes ist bestenfalls – sofern keine synthetischen Daten zum Einsatz kommen –[77] eine Verarbeitung der Daten der im Trainingsdatensatz enthaltenen Personen. Sie werden regelmäßig eingewilligt und dementsprechend von ihrem Selbstbestimmungsrecht Gebrauch gemacht haben, worauf beide Ansätze keine Rücksicht nehmen. Das beim Einsatz des trainierten KI-Systems folgende Profiling stellt dann wiederum eine Verarbeitung der Daten einer anderen Person dar. Durch eine Vorverlagerung würden diese beiden Verarbeitungen miteinander vermischt bzw. im Falle synthetischer Daten sogar die DS-GVO entgegen ihrem Anwendungsbereich zur Anwendung gebracht. Demgegenüber ist der angesprochene Versuch, Art. 22 DS-GVO einen unmittelbar tech-

---

[72] BeckOK DatenSR/*v. Lewinski*, 38. Ed. 2021, Art. 22 DS-GVO, Rn. 21ff.

[73] *Hawath*, EDPL 2021, 161 (172): „Article 22's failed attempt at empowering data subjects".

[74] *Wagner u.a.*, juridikum 2/2020, 191 (195).

[75] *Djeffal*, DuD 2021, 529 (530). – Die Forderung nach Einbau rechtlicher Wertungen in KI-Code findet sich auch schon bei *Martini*, JZ 2017, 1017 (1019).

[76] *Hawath*, EDPL 2021, 161, (168ff.); ähnl. *Stevens*, CR 2020, 73 (74ff.), der das allerdings nur als Grundlage für eine zukünftige KI-Regulierung anregt.

[77] In diesem Fall ist mangels personenbezogener Daten der gesamte Anwendungsbereich der DS-GVO in der Trainingsphase nicht eröffnet (*Raji*, DuD 2020, 303, (305 f)).

nikgestaltenden Charakter entnehmen zu wollen, mit Blick auf den ausdrücklich mit einem solchen formulierten Art. 25 DS-GVO systematisch problematisch.

73 Hinter alledem verbirgt sich letztlich die **gesetzliche Designentscheidung,** das Datenschutzrecht individualzentriert auszugestalten.[78] Das mag in gewissen Konstellationen wie den systemischen Risiken von KI gewiss problematisch sein, berechtigt aber nicht zum Übergriff in die Sphäre des Gesetzgebers. Dieser hat die Zeichen der Zeit aber mittlerweile erkannt. Mit der geplanten Regulierung der KI auf EU-Ebene (dazu → Rn. 79ff.) werden die genannten Ansätze hinfällig. Angesichts der ausdrücklichen Regulierung von KI durch die EU wäre ein Zugriff auf die Regelungen der DS-GVO zur Lösung KI-spezifischer Probleme dann auch systemwidrig.

2. Indirekte Regelungen in der DS-GVO

74 Soweit der Tatbestand von Art. 22 DS-GVO tatsächlich vorliegt, **gilt er natürlich auch für Automatisierte Entscheidungen durch KI-Systeme.** Es muss demnach einer der Gestattungstatbestände des Art. 22 Abs. 2 DS-GVO vorliegen und in den Fällen des Art. 22 Abs. 2 lit. a und c DS-GVO Möglichkeiten zum Eingreifen eines Menschen, zur Darlegung des eigenen Standpunkts und zur Anfechtung der Entscheidung vorgesehen werden; für die Fälle des Art. 22 Abs. 2 lit. b DS-GVO wird das regelmäßig aus der entsprechenden Rechtsvorschrift folgen.[79] Hierbei stellen sich allerdings keine besonderen Probleme, die über die KI-unabhängigen Fragen hinausgingen (→ Rn. 31ff.).

75 Größere Schwierigkeiten in der Anwendung auf KI weisen die **Transparenzpflichten** auf, die die DS-GVO in Art. 13 Abs. 2 lit. f, 14 Abs. 2 lit. g DS-GVO und in der Form des Auskunftsanspruchs in Art. 15 Abs. 1 lit. h DS-GVO anordnet. Der Einsatz von KI-Systemen wird regelmäßig ein Profiling darstellen. Liegen nicht zugleich die Voraussetzungen des Art. 22 DS-GVO vor, führt das zum einen in den Streit um Transparenzpflichten bei algorithmisch gestützten Entscheidungen und die Bedeutung der Parenthese (→ Rn. 55). Zum anderen stellt sich die Frage, wie speziell beim Einsatz neuronaler Netze Informationen „über die involvierte Logik" auszusehen haben. Zu beauskunften ist zwar nicht die Logik zur Entscheidung im Einzelfall (→ Rn. 48). Für einen Teilbereich der Künstlichen Intelligenz könnte man dem sicher nachkommen,[80] doch speziell die Logik von Deep-Learning-basierten Künstlichen Intelligenzen ist aus menschlicher Perspektive nicht nachvollziehbar.[81] Ausgangspunkt muss hier sein, dass **Unmögliches nicht verlangt werden kann** und schon jedes Mehr an Erklärung zu einem Mehr an informationeller Selbstbestimmung führt.[82] Damit wird es einerseits nicht genügen, sich auf die Aussage, dass man ein KI-System einsetze, zu beschränken, andererseits wird es auch nicht notwendig sein, den Quellcode oder das trainierte neuronale Netz offenzulegen (vgl. → Rn. 50).

III. KI-Bezogene Regelungen außerhalb der DS-GVO

76 Außerhalb der DS-GVO finden sich keine Regelungen, aus denen sich gesteigerte Transparenzerfordernisse an KI-Systeme entnehmen ließen. Im Gegenteil kann es

---

[78] A.A. *Hawath,* EDPL 2021, 161 (162ff.), die Kontrolle in den Vordergrund rückt und S. 168 dann folgert: „the focal point should be on principles that are independent of individuals exercising control".

[79] BeckOK DatenSR/*v. Lewinski,* 39. Ed. 2022, Art. 22 DS-GVO, Rn. 46.

[80] Zur Begriffsabgrenzung oben → Rn. 68ff.

[81] *Martini,* Blackbox Algorithmus, 2019, S. 43f.; *Burrell,* Big Data & Society 3 (2016), 1 (9).

[82] Vgl. *Hoffmann/Kevekordes,* DuD 2021, 609 (615).

sich bei KI-Systemen um **Geschäftsgeheimnisse** im Sinne des GeschGehG handeln, deren Offenlegung das Recht dem Inhaber vorzubehalten sucht.[83] ErwGr 63 DS-GVO behandelt Geschäftsgeheimnisse ausdrücklich als eine Schranke zum Auskunftsrecht des Betroffenen,[84] das nach Art. 15 Abs. 1 lit. h DS-GVO auch die erwähnte Bestimmung zur involvierten Logik umfasst. In der Folge wirft der Geschäftsgeheimnisschutz Probleme auch für das **Antidiskriminierungsrecht** auf. Wer sich auf die undurchsichtigen Empfehlungen von Systemen auf Deep-Learning-Basis verlässt, läuft Risiko, nach § 1 AGG verbotene Kriterien in seiner Entscheidung zu verwenden und so eine mittelbare Diskriminierung gem. § 3 Abs. 2 AGG herbeizuführen.[85] Das gilt insbesondere, aber keineswegs nur in den Fällen, in denen es sich um eine automatisierte Einzelfallentscheidung nach Art. 22 DS-GVO handelt.[86] In der Praxis wird das aber nicht auffallen, weil als Geschäftsgeheimnis unter Verschluss gehaltene KI-Systeme vom Betroffenen nicht untersucht werden können und deshalb nicht einmal die für die Beweislasterleichterung des § 22 AGG notwendigen Indizien einer Diskriminierung dargelegt werden können, was bei neuronalen Netzen noch einmal durch deren Nichtnachvollziehbarkeit erschwert wird.[87] Ohnehin ist § 22 AGG bei fehlender Kenntnis des Handelnden vom genutzten inkriminierten Merkmal nicht anwendbar; es muss Teil seines Motivbündels sein.[88]

77 Im **IT-Sicherheitsrecht** finden sich keine spezifischen Vorgaben zur Sicherheit von oder vor KI-Systemen. Stattdessen existieren nur wenige punktuelle und bereichsspezifische Regelungen wie etwa § 1f StVG, die man als **„Regelungszoo"** bezeichnet hat.[89] Die bereichsübergreifende Norm für die Betreiber Kritischer Infrastruktur **(KRITIS)** in § 8a BSIG erfasst als technologieneutrale Norm zwar auch den Einsatz von KI-Komponenten in Kritischen Infrastrukturen, fordert aber nur allgemein die Einhaltung des Stands der Technik.

78 Die zivilrechtliche Diskussion wird von **Haftungsfragen** bestimmt. KI-Systeme können eine Vielzahl zivilrechtlicher Haftungsprobleme auslösen, von denen hier der Fall genannt sei, dass Googles „Autocomplete"-Funktion Personennamen u. a. mit „Scientology" ergänzte.[90] Allein, spezielle auf KI bezogene Haftungsregeln hat das Zivilrecht bisher nicht entwickelt.

IV. AI Act und Digital Services Act

79 Wie zuvor angesprochen (→ Rn 73) ist das Datenschutzrecht nicht der richtige Aufhänger für die spezifischen Probleme künstlicher Intelligenz. Die Europäische Kommission hat deshalb im Frühjahr 2021 einen **Vorschlag für eine Verordnung des europäischen Parlaments und des Rates zur Festlegung harmonisierter Vorschriften für Künstliche Intelligenz** und zur Änderung bestimmter Rechtsakte der Union vorgelegt.[91] Ein weiteres Vorhaben der Kommission, der **Vorschlag für eine**

[83] *Apel/Kaulartz*, RDi 2020, 24 (29 ff.); *Söbbing*, MMR 2021, 111 (115 f).
[84] WP 25 Rev. 1.1 v. 6.2.2018, III.D.2.
[85] *v. Lewinski/de Barros Fritz*, NZA 2018, 620 (622).
[86] Auch der Einsatz eines „autonomen" Systems etwa im Bewerbungsverfahren ist eine „Behandlung" im Sinne des AGG, s. *v. Lewinski/de Barros Fritz*, NZA 2018 (621).
[87] *Dzida/Groh*, NJW 2018, 1917 (1922).
[88] BAG, Urt. v. 26.9.2013 – 8 AZR 650/12, NZA 2014, 258 (Rn. 25 f.); BAG, Urt. v. 21.6.2012 – 8 AZR 364/11, NZA 2012, 1345 (Rn. 32 f.).
[89] Vgl. *Blach*, GRUR 2021, 1038 (1039).
[90] BGH, Urt. v. 14.5.2013, VI ZR 269/12, BGHZ 197, 213 – „Autocomplete"-Funktion. Zum ganzen *Schaub*, in: Taeger, Rechtsfragen digitaler Transformationen – Gestaltung digitaler Veränderungsprozesse durch Recht, 2018, 439 (442 ff.).
[91] COM(2021) 206 final.

Verordnung des europäischen Parlaments und des Rates über einen Binnenmarkt für digitale Dienste und zur Änderung der Richtlinie 2000/31/EG,[92] nimmt die von KI ausgehenden Gefahren für die Meinungsbildung auf den sozialen Medien in den Blick. Beide Vorschläge lassen die Regelungen der DS-GVO jeweils unberührt, sodass der Einsatz von KI über diese spezifischen Regelungen hinaus auch weiterhin dem Datenschutzrechtsregime unterliegen wird.[93]

1. KI-Verordnung (KI-VO-E)

80 Das entgegen der Vorgaben des Art. 288 AEUV etwas hochtrabend als „Gesetz über künstliche Intelligenz" (in der englischen Fassung **„Artificial Intelligence Act"**) betitelte erste Vorhaben enthält eine **horizontale,** d.h. bereichsübergreifende Regelung des Einsatzes künstlicher Intelligenz **gestaffelt nach Risikogruppen,** wobei die Regelung auch des staatlichen Einsatzes durch Behörden Zweifel an der Kompetenz der Union hervorgerufen[94] hat. Der geschilderten definitorischen Problematik des Begriffs KI (→ Rn. 68) begegnet der Entwurf entgegen den Erwartungen nicht etwa durch eine Beschränkung auf Blackbox-Techniken wie neuronale Netze,[95] sondern gem. Art. 3 Nr. 1 des Vorschlags durch die **Auflistung bestimmter Technologien in einem Anhang I** zur Verordnung. Diese Liste enthält zwar an erster Stelle die Deep-Learning-Technik (Anhang I lit. a), erfasst darüber hinaus jedoch Techniken, die nicht von Informatik wegen undurchschaubar wären, z.B. Expertensysteme.[96] Über die Auflistung im Anhang I hinaus muss eine Software, um KI zu sein, gem. Art. 3 Nr. 1 außerdem im Hinblick auf eine Reihe von Zielen, die vom Menschen festgelegt werden, Ergebnisse wie Inhalte, Vorhersagen, Empfehlungen oder Entscheidungen hervorbringen können, die das Umfeld beeinflussen, mit dem sie interagieren. Worin diese Beeinflussung der Umgebung bestehen soll, lässt die Verordnung offen. Bei einem wörtlichen Verständnis könnten KI-Systeme vor ihrem Einsatz damit niemals KI im Sinne des Art. 3 Nr. 1 des Vorschlags sein. Angesichts der Zielsetzung und der noch vorzustellenden Regularien bereits im Vorfeld des Einsatzes erscheint diese Voraussetzung sinnwidrig. Es muss deshalb genügen, wenn die eingesetzten Systeme bereits das *Potential* haben, das Umfeld zu beeinflussen.

81 Die (deutsche) Datenethikkommission hatte für die Regulierung von KI einen risikobasierten Ansatz vorgeschlagen, der die Risiken in fünf Stufen von geringem bis unvertretbarem Schädigungspotential gliederte.[97] Auch wenn die Kommission nicht in fünf, sondern (je nach Lesart) nur in drei oder vier Stufen unterteilt, ist die Kommission grundsätzlich dem risikobasierten Ansatz gefolgt und **hat sich von der für das Datenschutzrecht typischen Perspektive des Betroffenen gelöst.**[98] Unterschieden wird zwischen KI-Anwendungen, die ein unannehmbares Risiko, ein hohes Risiko, ein geringes oder ein minimales Risiko besitzen.[99] Anwendungen von KI mit unannehmbarem Risiko werden in Art. 5 KI-VO-E **verboten,** nicht aber

[92] COM(2020) 825 final.
[93] COM(2021) 206 final, Ziff. 1.2; Art. 1 Abs. 5 lit. i DSA-KommE.
[94] *Ebers u.a.* RDi 2021, 528 (529).
[95] *Unger,* ZRP 2020, 234 (235); *Schallbruch,* DuD 2021, 438 (441).
[96] *Spindler,* CR 2021, 361 (362f.); *Ebert/Spiecker,* NVwZ 2021, 1188 (1188f.).
[97] Datenethikkommission, Gutachten, 2019, 173ff.
[98] Der KI-VO-E kennt nicht einmal Betroffenenrechte, *Bomhard/Merkle,* RDi 2021, 276 (283); *Ebert/Spiecker,* NVwZ 2021, 1188 (1193).
[99] COM(2020), 206 final, Ziff. 5.2.2. Die Nummerierung mit i-iii dort legt nahe, dass es sich um drei statt vier Stufen handelt, obwohl der Verordnungstext die feinere Abstufung durchaus nachvollzieht.

deren Entwicklung.[100] Hierunter fallen „Techniken der unterschwelligen Beeinflussung außerhalb des Bewusstseins einer Person", „um das Verhalten einer Person in einer Weise wesentlich zu beeinflussen, die dieser Person oder einer anderen Person einen physischen oder psychischen Schaden zufügt oder zufügen kann" (Art. 5 Abs. 1 lit. a KI-VO-E; lit. b ordnet dasselbe an bei Ausnutzung von Schwächen aufgrund von Alter oder Behinderung). Die Einschränkung auf die „wesentliche" Verhaltensänderung und die genannten Schäden wird zur Folge haben, dass **die allermeisten KI-Systeme vom Verbot nicht erfasst** werden.[101] Auch verboten ist durch Art. 5 Abs. 1 lit. c KI-VO-E sogenanntes „Social Scoring" durch den Staat, wie es in China verwirklicht wird. Derartige Planungen sind in der EU allerdings ohnehin nicht bekannt, Private wiederum erfasst die Norm nur, soweit sie in staatlichem Auftrag handeln. Sie hat damit mehr eine symbolische als eine praktische Bedeutung. Art. 5 Abs. 1 lit. d KI-VO-E verbietet die **biometrische Echtzeit-Fernidentifikation** z.B. durch Gesichtserkennung, doch ist der Norm von der Literatur attestiert worden, dass ihre Ausnahmen häufiger vorliegen werden als ihr Regelfall, zumal Art. 5 Abs. 4 KI-VO-E noch eine Öffnungsklausel zugunsten der Mitgliedsstaaten enthält.[102] In der Gesamtschau ist also nur ein sehr überschaubarer Teil denkbarer KI-Anwendungen wirklich durch Art. 5 KI-VO-E verboten.[103]

82 KI-Systemen auf der niedrigsten Risikostufe „minimal" werden keine zusätzlichen Pflichten auferlegt, bei solchen mit nur „geringem" Risiko gibt es **Transparenz- und Kennzeichnungspflichten** nach Maßgabe des Art. 52 KI-VO-E, der die Interaktion mit Menschen und die Generierung von **„Deep Fakes"** (der Begriff wird in Art. 52 Abs. 3 KI-VO-E sogar legal definiert) zum Gegenstand hat. Der Löwenanteil der Regularien des Vorschlags entfällt auf **Hochrisikosysteme.** Dies sind nach Art. 6 Abs. 2 KI-VO-E vor allem solche, die in Anhang III des Entwurfs aufgeführt sind, wobei die Kommission diesen Anhang gem. Art. 7 KI-VO-E durch delegierten Rechtsakt selbstständig an die technische Entwicklung anpassen können soll. Hinzu tritt eine Generalklausel in Art. 6 Abs. 1 KI-VO-E, die den Einsatz von KI in oder als nach Anhang II zertifizierungspflichtige(n) Sicherheitskomponenten erfasst. Der Begriff der Sicherheitskomponente definiert sich über Art. 3 Nr. 14 KI-VO-E als Bestandteil eines Produkts oder Systems, der eine Sicherheitsfunktion für dieses Produkt oder System erfüllt oder dessen Ausfall oder Störung die Gesundheit und Sicherheit von Personen oder Sachen gefährdet. Für derartige Hochrisikosysteme gelten **zusätzliche besondere Anforderungen gem. Art. 8ff. KI-VO-E,** deren Einzelheiten durch technische Standards näher bestimmt werden sollen. Mancher erblickt hierin ein Demokratieproblem.[104] Bemerkenswert ist die Vorgabe aus Art. 14 Abs. 1 KI-VO-E, die den technikorientierten Ansatz des Art. 25 DS-GVO konsequent fortführt und rechtliche **Vorgaben schon für die Gestaltung der KI-Systeme** macht (hier: Schaffung von Aufsichtsmöglichkeiten für Menschen).[105] In ähnlicher Weise schreibt Art. 10 KI-VO-E Qualitätskriterien für die zu verwendenden Trainingsdatensätze vor, um dem Diskriminierungsproblem zu begegnen.

---

[100] *Ebert/Spiecker,* NVwZ 1188 (1189).

[101] *Ebers u. a.,* RDi 2021, 528 (530); *Ebert/Spiecker,* NVwZ 2021, 1188 (1189).

[102] *Ebert/Spiecker,* NVwZ 2021, 1188 (1190) sprechen davon, die Norm sei „gar kein Verbot", *Spindler,* CR 2021, 361 (365) sieht „Tür und Tor für eine biometrische Erkennung eröffnet"; *Ebers u. a.,* RDi 2021, 528 (531) halten die Norm schlicht für „zu eng formuliert"; **a. A.** offenbar *Schallbruch,* DuD 2018, 438 (441), der von hohen Anforderungen ausgeht.

[103] Ebenso *Schallbruch,* DuD 2018, 438 (441).

[104] *Ebers,* RDi 2021, 588, (594f.); *Ebers u. a.,* RDi 2021, 528 (532).

[105] Diese Regelungstechnik hatten etwa *Martini,* JZ 2017, 1017 (1019) und *Wischmeyer,* AöR 143 (2018), 1, 20ff. schon früher gefordert.

Freilich müssten diese Trainingsdaten besser als die Realität sein, um das effektiv zu gewährleisten. Nach dem Rechtsgrundsatz, dass man **Unmögliches nicht verlangen** kann, wird man die Kriterien des Art. 10 Abs. 2 bis 4 KI-VO-E so interpretieren müssen, dass Daten, die die realen Verhältnisse adäquat abbilden, hinreichend gut sind. Gar nicht geregelt ist **das Lernen erst im laufenden Betrieb.**[106] Weitere Pflichten sind eine **Registrierungspflicht** (Art. 60 KI-VO-E), Logging-Pflichten (Art. 12 Abs. 1 KI-VO-E), die **Bereithaltung technischer Dokumentation** (Art. 11, 18 KI-VO-E) und eines **Qualitätsmanagementsystems** (Art. 17 KI-VO-E) sowie eine **Beobachtungspflicht** (Art. 61 KI-VO-E). Aus zivilrechtlicher Perspektive interessant ist Art. 29 KI-VO-E, der verschiedene Pflichten von Nutzern von Hochrisiko-KI-Systemen regelt. Da der KI-VO-E anders als noch vom europäischen Parlament gefordert[107] **keine eigenen Regelungen über die zivilrechtliche Haftung** enthält und insoweit das Feld den Mitgliedsstaaten überlässt, dürfte es sich bei den Regelungen des KI-VO-E aus deutscher Sicht zumindest zum Teil um **Schutzgesetze im Sinne des § 823 Abs. 2 BGB** handeln, vielleicht auch um Marktverhaltensregeln nach § 3a UWG.[108]

2. Digital Services Act (DSA-E)

83 Anders als die KI-Verordnung spricht der Vorschlag für ein „Gesetz über digitale Dienste“ (englischer Titel: **„Digital Services Act“**) nicht direkt über Künstliche Intelligenz, adressiert aber Fragen, die aus ihrem Einsatz namentlich für Empfehlungen in den Sozialen Medien hervorgehen. Der Einsatz undurchsichtiger Algorithmen war als **Gefahr für den demokratische Meinungsaustausch** ausgemacht worden[109] und soll nunmehr reguliert werden. Der DSA-E soll in Teilen die eCommerceRL ablösen, geht aber insbesondere bei der Regulierung der Plattformen hierüber hinaus und erlegt ihnen zumindest ein Stück weit die gesellschaftliche Verantwortung für ihr Geschäftsmodell auf.[110] Diesbezüglich trifft er **abgestufte Regelungen für kleine, mittlere und sehr große Plattformanbieter.**[111] Erstere werden über Art. 16 DSA-E von sämtlichen plattformspezifischen Pflichten freigestellt, sodass sie nur die für alle Host-Provider üblichen Verpflichtungen beachten müssen. Es finden sich aber bereits unter diesen Verpflichtungen solche, die spezifisch auf Künstliche Intelligenz zugeschnitten sind: In den AGB ist gem. Art. 12 Abs. 1 DSA-E auf die Verwendung „algorithmischer Entscheidungsfindung“ **hinzuweisen** – scheinbar geht die Kommission davon aus, diese würden tatsächlich gelesen – und gem. Art. 15 Abs. 1 i.V.m. Art. 15 Abs. 2 lit. c DSA-E sind Lösch- und Sperrmaßnahmen im Einzelfall **zu begründen,** wobei die Verwendung „automatisierter Mittel“ **offenzulegen** ist.[112] Mittelgroße Plattformen, nach der Konzeption des Art. 16 DSA-E also solche, die **nicht Klein- oder Kleinstunternehmen** im Sinne des Anhangs der Empfehlung 2003/361/EG sind, treffen weitergehende Pflichten, von denen KI-spezifisch sind die Einrichtung eines **internen Beschwerdemanagementsystems** (Art. 17 DSA-E), bei dem Beschwerdeentscheidungen **nicht allein mit**

---

[106] *Spindler,* CR 2021, 361 (368).

[107] Entschließung 2020/2014(INL) des Europäischen Parlaments v. 20.10.2020.

[108] Zu diesen beiden Aspekten ausf. *Grützmacher,* CR 2021, 433 (437ff.).

[109] ErwGr 56 DSA-E; s. auch BT-Drs. 19/23700, 468.

[110] *Beck,* DVBl. 2021, 1000 (1003).

[111] COM(2020) 825 final, 7.

[112] Die Zusammenschau von Art. 15 Abs. 1 und Abs. 2 lit. c DSA-E zeigt, dass nur die Tatsache des Einsatzes automatisierter Mittel offenzulegen ist, nicht aber wie diese automatisierten Mittel ihre Entscheidung getroffen haben. Letztlich akzeptiert die Kommission damit die Nichterklärbarkeit der Entscheidungen neuronaler Netze.

automatisierten Mitteln getroffen werden dürfen (Art. 17 Abs. 4 DSA-E); die Verpflichtung, in den jährlichen Transparenzberichten die etwaige Verwendung automatisierter Mittel zur Moderation einschließlich Indikatoren für deren Genauigkeit offenzulegen (Art. 23 Abs. 1 lit. c DSA-E); und die Pflicht, (personalisierte) **Werbeanzeigen** nicht nur wie bereits ohnehin verpflichtend zu kennzeichnen, sondern darüber hinaus die wichtigsten Parameter anzuzeigen, die zur Auswahl der Werbeanzeige geführt haben (Art. 24 lit. c DSA-E).

84 Umfassende Pflichten treffen darüber hinaus **„sehr große Online-Plattformen"**, ein Begriff, den Art. 25 Abs. 1 DSA-E auf 45 Mio. EU-Nutzer festlegt, wobei die Kommission gem. Art. 25 Abs. 2 DSA-E diesen Wert durch delegierten Rechtsakt der Bevölkerungsentwicklung derart anpassen können soll, dass er ca. 10 % der EU-Bevölkerung umfasst. Der gewählte regulative Ansatz wurde dabei offenbar dem Finanzaufsichtsrecht entlehnt.[113] So müssen die sehr großen Online-Plattformen **jährliche Risikoanalysen** durchführen (Art. 26 DSA-E), sich **unabhängigen Audits** unterziehen (Art. 28 DSA-E). und einen **Compliance-Beauftragten** bestellen (Art. 32 DSA-E). Bei der Verwendung von Empfehlungssystemen gem. Art. 2 lit. o DSA-E – was für alle derzeit gängigen Sozialen Medien anzunehmen ist – verlässt die Kommission allerdings den strukturellen Governance-Ansatz und setzt insoweit inkonsequent auf die Ermächtigung des Individuums, dem nach Art. 29 Abs. 1 DSA-E die wichtigsten Parameter des Empfehlungssystems **„in klarer, barrierefreier und leicht verständlicher Weise" erläutert** werden und ihm **„mindestens eine Option, die nicht auf Profiling"** im Sinne des Art. 4 Nr. 4 DS-GVO beruht, zur Verfügung gestellt werden muss. Erfahrungsgemäß werden sich für Erklärung und Umschaltoption nur wenige Nutzer interessieren. Der **Datenzugang für Aufsichtsbehörden und Wissenschaftler** nach Art. 31 DSA-E kehrt demgegenüber zum strukturellen Ansatz zurück.

85 Für die Durchsetzung aller dieser Pflichten zeichnen gem. Art. 38 DSA-E mitgliedstaatliche Aufsichtsbehörden verantwortlich (etwas blumig als **„Koordinatoren für digitale Dienste"** bezeichnet), mit einem **Eingriffsrecht der Kommission** bei den sehr großen Online-Plattformen gem. Art. 51 DSA-E. Art. 59 DSA-E sieht die nunmehr üblichen **umsatzabhängigen Bußgelder** vor (bis zu 6 %, Art. 59 Abs. 1 DSA-E), hinzu tritt eine Möglichkeit zur Verhängung von **Zwangsgeldern** bei sehr großen Online-Plattformen durch die Kommission (Art. 60 DSA-E); zivilrechtliche Fragen lässt der DSA-E dagegen offen.[114] Die nach Art. 47 DSA-E in einem **Europäischen Gremium für digitale Dienste** zusammenzuschließenden Aufsichtsbehörden sollen einmal mehr **„völlig unabhängig"** handeln (Art. 39 Abs. 2 DSA-E). Gegenüber dieser Unabhängigkeit gelten dieselben Bedenken, die sich schon bei der „völligen Unabhängigkeit" der Datenschutzaufsichtsbehörden stellen (→ § 22 Rn. 101).

---

[113] *Spindler*, GRUR 2021, 653 (658 et pass.).

[114] Zu ihnen *Spindler*, GRUR 2021, 653, 653 ff.

§ 17. Verzeichnis von Verarbeitungstätigkeiten, Datenschutz-Folgenabschätzung, Vorherige Konsultation

Literatur: *Ashkar,* Durchsetzung und Sanktionierung des Datenschutzrechts nach den Entwürfen der Datenschutz-Grundverordnung, DuD 2015, 796; *Bieker/Hansen,* Normen des technischen Datenschutzes nach der europäischen Datenschutzreform, DuD 2017, 285; *Braun,* Vorherige Konsultation der Datenschutzaufsicht nach Folgenabschätzung, ZD 2021, 297; *Eckhardt/Kramer,* EU-DSGVO – Diskussionspunkte aus der Praxis, DuD 2013, 287; *Faust/Spittka/Wybitul,* Milliardenbußgelder nach der DS-GVO? Ein Überblick über die neuen Sanktionen bei Verstößen gegen den Datenschutz, ZD 2016, 120; *Gossen/Schramm:* Das Verarbeitungsverzeichnis der DS-GVO, ZD 2017, 7; *Kaufmann,* Meldepflichten und Datenschutz-Folgenabschätzung – Kodifizierung neuer Pflichten in der EU-Datenschutz-Grundverordnung, ZD 2012, 358; *Nguyen,* Die zukünftige Datenschutzaufsicht in Europa, ZD 2015, 265; *Rath/Feuerherdt,* Datenschutz-Folgenabschätzung als Standard im Konzern, CR 2017, 500; *Schmitz/v. Dall'Armi,* Datenschutz-Folgenabschätzung – verstehen und anwenden, ZD 2017, 57; *Syckor/Strufe/Lauber-Rönsberg,* Die Datenschutz-Folgenabschätzung: Ausnahme oder Regelfall?, ZD 2019, 390; *Wichtermann,* Die Datenschutz-Folgenabschätzung in der DS-GVO, ZD 2016, 797.

1–2 Das Verzeichnis von Verarbeitungstätigkeiten nach Art. 30 der DS-GVO und die Datenschutz-Folgenabschätzung nach Art. 35 DS-GVO wurden im Vergleich zur Datenschutz-Richtlinie 95/46/EG (DSRL) als **Neuerung** und im Vergleich zum BDSG-alt jedenfalls als neu gefasste Pflichten des Verantwortlichen gesehen.[1] Zwar enthielten sowohl die DSRL als auch das BDSG-alt Vorläufer zu den Regelungen der Art. 30, 35, 36 DS-GVO, diese waren jedoch anders strukturiert und enthielten insbesondere eine allgemeine Meldepflicht. Nach der DS-GVO sollen sich Verfahren und Mechanismen dagegen vorrangig mit denjenigen **Arten von Verarbeitungsvorgängen** befassen, die aufgrund ihrer Art, ihres Umfangs, ihrer Umstände und ihrer Zwecke wahrscheinlich ein **hohes Risiko für die Rechte und Freiheiten natürlicher Personen** mit sich bringen.

3 Meldepflicht und das Verzeichnis sind prinzipiell voneinander unabhängig. Allerdings wird in der Gesamtschau auch deutlich, dass das Verzeichnis von Verarbeitungstätigkeiten und die Datenschutz-Folgenabschätzung durchaus **miteinander verbunden** sind (→ Rn. 5).

A. Verzeichnis von Verarbeitungstätigkeiten (Art. 30 DS-GVO)

4 ErwGr 82 DS-GVO gibt die **Funktion des Verzeichnisses** von Verarbeitungstätigkeiten vor: Zum Nachweis der Einhaltung der DS-GVO soll der Verantwortliche oder der Auftragsverarbeiter ein Verzeichnis der Verarbeitungstätigkeiten führen, die seiner Zuständigkeit unterliegen. Jeder Verantwortliche und jeder Auftragsverarbeiter soll verpflichtet sein, mit der Aufsichtsbehörde zusammenzuarbeiten und dieser auf Anfrage das entsprechende Verzeichnis vorzulegen, damit die betreffenden Verarbeitungsvorgänge anhand dieser Verzeichnisse kontrolliert werden können.

5 In ErwGr 83 DS-GVO schließt sich unmittelbar die Forderung nach einer **Risikobewertung** der Verarbeitungen an, womit auch die Funktion des Verzeichnisses von Verarbeitungstätigkeiten als Vorbereitung zur Durchführung einer Datenschutz-Folgenabschätzung deutlich wird. Dieser Zusammenhang besteht aber auch faktisch im Unternehmensalltag. Obgleich der Zusammenhang im Wortlaut der

[1] *Roßnagel/Marschall,* DS-GVO, 2017, S. 156.

Art. 30, 35 DS-GVO nicht explizit angelegt ist, so stellt sich de facto das Führen eines Verzeichnisses über die Verarbeitungstätigkeiten als Voraussetzung für die Erfüllung der Pflichten zur Datenschutz-Folgenabschätzung und damit letztlich auch zur Konsultation der Datenschutz-Aufsichtsbehörden dar. Denn nur das Führen eines Verzeichnisses von Verarbeitungstätigkeiten schafft für den Verantwortlichen die erforderliche Übersicht über die Verarbeitungstätigkeiten, und nur wenn diese Übersicht vorhanden ist, besteht die Möglichkeit, die Verarbeitungstätigkeiten zu identifizieren, die nach Art. 35 DS-GVO einer Datenschutz-Folgenabschätzung zu unterziehen sind.

6 Die durch Art. 30 DS-GVO vorgesehene **Dokumentationspflicht** in Gestalt des Verzeichnisses von Verarbeitungstätigkeiten verfolgt des weiteren das Ziel, Transparenz bei der datenverarbeitenden Tätigkeit herzustellen (vgl. ErwGr 59 DS-GVO). Die Transparenz zielt in zwei Richtungen: Zum einen soll sich der Verantwortliche durch die Dokumentation und Beschreibung der Verarbeitungstätigkeiten diese vor Augen führen. Das soll verhindern, dass der Verantwortliche – bildlich gesprochen – die Augen vor den Risiken für die betroffenen Personen verschließt. Zum anderen soll die Umsetzung der Verpflichtung die Transparenz gegenüber der betroffenen Person erleichtern und nicht zuletzt auch die Möglichkeit der Überprüfung der ordnungsgemäßen Einhaltung ermöglichen, beispielsweise durch die zuständige Datenschutz-Aufsichtsbehörde.[2]

7 Das Verzeichnis von Verarbeitungstätigkeiten dient aber **nicht unmittelbar der Transparenz gegenüber dem Betroffenen.** Denn es besteht für den Verantwortlichen keine Pflicht, das Verzeichnis der betroffenen Person zugänglich zu machen. Es ist auch nicht auf ein Auskunftsbegehren nach Art. 15 DS-GVO hin herauszugeben.[3] Allerdings hilft es bei der Vorbereitung der Transparenzpflichten nach Art. 13, 14, 15 DS-GVO und somit mittelbar der Transparenz gegenüber dem Betroffenen, wenngleich der Inhalt des Verzeichnisses nach Art. 30 DS-GVO hinter dem Inhalt der Transparenzpflicht nach Art. 13, 14 DS-GVO zurückbleibt (vgl. bspw. Art. 13 Abs. 1 lit. c Hs. 2 DS-GVO). Der **Aufsichtsbehörde** ist das Verzeichnis nach Art. 30 Abs. 4 DS-GVO **auf Verlangen vorzulegen,** sodass das Verzeichnis insoweit unmittelbar der Transparenz gegenüber der Aufsichtsbehörde dient.

I. Überblick

8 Die DS-GVO enthält mehrere **Einzelregelungen zu Dokumentationspflichten.** In Art. 30 DS-GVO besteht mit dem Verzeichnis von Verarbeitungstätigkeiten neben der Rechenschaftspflicht nach Art. 5 Abs. 2 DS-GVO eine zentrale Regelung der Dokumentation.

9–11 Die nach dem alten Recht bestehende Meldepflicht von Verfahren gegenüber der Aufsichtsbehörde ist durch die DS-GVO entfallen. Anders als früher ist das Verzeichnis über die Verarbeitungstätigkeiten nach Art. 30 DS-GVO auch **nicht mehr jedermann auf Antrag** zur Verfügung zu stellen. In der DS-GVO dient das Verzeichnis über die Verarbeitungstätigkeiten nach Art. 30 DS-GVO dazu, **dem Verantwortlichen seine Datenverarbeitung „vor Augen zu führen"** (→ Rn. 6).

12 Verstöße gegen Art. 30 DS-GVO sind **bußgeldbewehrt** (Art. 83 Abs. 4 DS-GVO).

---

[2] Vgl. ErwGr 39 DS-GVO; vgl. *Nguyen,* ZD 2015, 265 zur Datenschutzaufsicht.

[3] AG Seligenstadt, Urt. v. 23.6.2020 – 1 C 7/19 (3), ZD 2021, 48 (49).

II. Regelung in der DS-GVO

1. Verpflichtung zum Führen eines Verzeichnisses von Verarbeitungstätigkeiten

13 Jeder **Verantwortliche** hat – und zwar in Bezug auf alle Verarbeitungstätigkeiten, die er ausführt – ein Verzeichnis nach Art. 30 Abs. 1 DS-GVO zu führen. Verantwortlicher ist nach der Legaldefinition in Art. 4 Nr. 7 DS-GVO die natürliche oder juristische Person, Behörde, Einrichtung oder andere Stelle, die allein oder gemeinsam mit anderen über die Zwecke und Mittel der Verarbeitung von personenbezogenen Daten entscheidet.

14 Ein **Auftragsverarbeiter** hat nach Art. 30 Abs. 2 DS-GVO ein Verzeichnis in Bezug auf die als Auftragsverarbeiter ausgeführten Verarbeitungen zu führen. Auftragsverarbeiter ist nach der Legaldefinition in Art. 4 Nr. 8 DS-GVO eine natürliche oder juristische Person, Behörde, Einrichtung oder andere Stelle, die personenbezogene Daten im Auftrag des Verantwortlichen verarbeitet.

15 Der **Auftragsverarbeiter** ist in Bezug auf seine eigenen Verarbeitungen als Verantwortlicher nach Art. 30 Abs. 1 DS-GVO zum Führen eines Verzeichnisses verpflichtet. Die Sonderregelung in Art. 30 Abs. 2 DSVO befreit den Auftragsverarbeiter nicht von den Pflichten nach Art. 30 Abs. 1 DS-GVO, sondern schafft eine **für die Rolle als Auftragsverarbeiter spezifische zusätzliche Pflicht.**[4] Das ergibt sich aus dem mit Abs. 1 verfolgten Sinn und Zweck (→ Rn. 6) sowie aus dem Unterschied in Bezug auf die Inhalte der Verzeichnisse nach Absatz 1 und Absatz 2.

2. Gegenstand und Inhalt des Verzeichnisses

16 Der **Gegenstand und Inhalt** des Verzeichnisses von Verarbeitungstätigkeiten für den Verantwortlichen ergibt sich aus Art. 30 Abs. 1 lit. a–g DS-GVO, während Art. 30 Abs. 2 lit. a–d DS-GVO für die Dokumentation in Bezug auf Tätigkeiten als Auftragsverarbeiter spezifische Angaben zum Auftragsverhältnis umfasst.

a) Verzeichnis von Verarbeitungstätigkeiten des Verantwortlichen

17 Gegenstand des Verzeichnisses nach Art. 30 Abs. 1 DS-GVO sind „alle Verarbeitungstätigkeiten". Der Begriff „Verarbeitungstätigkeit" ist in der DS-GVO nicht definiert. Für die Auslegung ergibt sich aus dem Plural zunächst, dass die DS-GVO davon ausgeht, dass ein **Verantwortlicher mehrere Verarbeitungstätigkeiten** ausführt und in Bezug auf jede den Inhalt nach Art. 30 Abs. 1 DS-GVO zu dokumentieren hat.

18 Die DS-GVO definiert den **Begriff „Verarbeitung"** in Art. 4 Nr. 2 DS-GVO, was nur eingeschränkt weiterführt („*jeden mit oder ohne Hilfe automatisierter Verfahren ausgeführten Vorgang oder jede solche Vorgangsreihe im Zusammenhang mit personenbezogenen Daten wie das Erheben, das Erfassen, die Organisation, das Ordnen, die Speicherung, die Anpassung oder Veränderung, das Auslesen, das Abfragen, die Verwendung, die Offenlegung durch Übermittlung, Verbreitung oder eine andere Form der Bereitstellung, den Abgleich oder die Verknüpfung, die Einschränkung, das Löschen oder die Vernichtung*" (Art. 4 Nr. 2 DS-GVO)). Denn offensichtlich ist eine „Verarbeitungstätigkeit" mehr als eine „Verarbeitung".[5]

---

[4] Im Ergebnis ebenso BeckOK DatenSR/*Spoerr*, 39. Ed. 2022, Art. 30 DS-GVO, Rn. 11; Sydow/*Ingold*, 2. Aufl. 2018, Art. 30 DS-GVO, Rn. 8.

[5] BeckOK DatenSR/*Spoerr*, 38. Ed. 2021, Art. 30 DS-GVO, Rn. 6, welcher dem Zusatz „-tätigkeit" in „Verarbeitungstätigkeit" keine inhaltliche Bedeutung beimisst und auf „Verarbeitung" im Sinne der Legaldefinition abstellt.

19 Als Orientierung für den Inhalt des Verzeichnisses kann auf den **Sinn und Zweck** abgestellt werden: Art. 30 DS-GVO soll der Aufsichtsbehörde die Kontrolle über die Einhaltung der Verordnung ermöglichen (vgl. ErwGr 82 DS-GVO; → Rn. 6). Die Aufstellung der in Art. 30 Abs. 1 lit. a–g DS-GVO genannten Informationen und Angaben soll daher so detailliert, systematisiert und geordnet sein, dass sie eine Überprüfung dazu ermöglicht, ob der Ersteller des Verzeichnisses seinen Pflichten nachgekommen ist.[6] Damit ist für den Konkretisierungsgrad allerdings nicht viel gewonnen. Denn hieraus ergibt sich nicht, was die zu beschreibende Verarbeitungstätigkeit ist: jede einzelne Verarbeitung oder eine Bündelung von Verarbeitungsvorgängen (vgl. Art. 35 Abs. 1 S. 2 DS-GVO).

20 Das BDSG-alt sprach zur Festlegung in § 4e BDSG-alt von **„Verfahren automatisierter Verarbeitungen"**, welche im Kontext der Formulierung in Art. 18 DSRL zu sehen ist: „*Verarbeitung oder eine Mehrzahl von Verarbeitungen zur Realisierung einer oder mehrerer verbundener Zweckbestimmungen*". Diese Regelung wurde so angewendet, dass in dieser Weise zusammenhängende Verarbeitungen zusammengefasst und die Angaben hierauf gebündelt zusammengestellt wurden. Mit Blick darauf, dass Art. 18 DSRL in gewissem Umfang eine Nachfolge in Art. 35 und Art. 30 DS-GVO haben soll und „Verarbeitungstätigkeit" in der DS-GVO nicht definiert ist, kommt eine Auslegung in diesem Sinn in Betracht.

21 **Für diese Auslegung** spricht auch, dass eine kleinteilige Ausrichtung der Dokumentation an den einzelnen Verarbeitungen wie das Erheben, das Erfassen, die Organisation, das Ordnen, die Speicherung, die Anpassung oder Veränderung, das Auslesen, das Abfragen, die Verwendung, die Offenlegung durch Übermittlung, Verbreitung oder eine andere Form der Bereitstellung, den Abgleich oder die Verknüpfung, die Einschränkung, das Löschen oder die Vernichtung (siehe Art. 4 Nr. 2 DS-GVO) dazu führen würde, dass der „Wald vor lauter Bäumen" nicht mehr zu sehen wäre. Mit einer solchen Granularität wären die Zielsetzungen des Art. 30 DS-GVO nicht erreichbar, wonach der Verantwortliche sich die Verarbeitung transparent und damit bewusst machen soll, die Kontrolle durch die Aufsichtsbehörden erleichtert und eine Datenschutz-Folgenabschätzung vorbereitet werden soll (→ Rn. 6). Hierfür spricht auch, dass Art. 30 Abs. 1 lit. c und lit. d DS-GVO auf Kategorien personenbezogener Daten und Empfänger und nicht auf Einzelkonkretisierungen abstellen. Im Ergebnis müssen die Informationen auf einen Zweck oder die **Bündelung von Zwecken** bezogen sein. Hierfür spricht auch, dass eine datenschutzrechtliche Zulässigkeitsprüfung stets am Zweck ausgerichtet ist.

22 Der **Inhalt** des Verfahrensverzeichnisses von Verarbeitungstätigkeiten für den Verantwortlichen ist **enumerativ in Art. 35 Abs. 1 lit. a–g DS-GVO** aufgeführt.

b) Verzeichnis von Verarbeitungstätigkeiten des Auftragsverarbeiters

23 Jeder Auftragsverarbeiter führt ein Verzeichnis zu allen ***„Kategorien von im Auftrag eines Verantwortlichen durchgeführten Tätigkeiten der Verarbeitung"***. Der Bezug sind also die Kategorien der Verarbeitungen. Die DS-GVO geht damit von standardisierten Leistungen eines Auftragsverarbeiters für mehrere Auftraggeber aus.

24 Der **Inhalt** des Verfahrensverzeichnisses von Verarbeitungstätigkeiten für den Auftragsverarbeiter ist **enumerativ in Art. 35 Abs. 2 lit. a–d DS-GVO** aufgeführt.

25 Die Erfüllung dieser Pflicht kann dem Auftragsverarbeiter im Einzelfall unmöglich sein. Denn nicht jeder Auftragsverarbeiter hat Kenntnis von den konkreten

[6] BeckOK DatenSR/*Spoerr*, 39. Ed. 2022, Art. 30 DS-GVO, Rn. 5.

Verarbeitungstätigkeiten des Auftraggebers, die er unterstützt. Dies gilt insbesondere für die Bereitstellung von IT- und Telekommunikationsinfrastruktur. Es würde den Grundsätzen der DS-GVO, insbesondere Art. 25 DS-GVO (Datenschutz durch Technikgestaltung und durch datenschutzfreundliche Voreinstellungen) widersprechen, wenn der Auftragsverarbeiter sich allein wegen Art. 30 Abs. 2 DS-GVO konkrete Kenntnis verschaffen müsste. Der Auftragsverarbeiter ist dann von der Verpflichtung zur Dokumentation der entsprechenden Einzelangabe befreit, aber nicht von der Dokumentationspflicht insgesamt entbunden.

26 Der Auftragsverarbeiter hat dann das **zu dokumentieren, was er dokumentieren kann,** ohne sich Kenntnis verschaffen zu müssen. Denn eine Pflicht zur Beschaffung von Informationen vom Auftraggeber sieht Art. 30 Abs. 2 DS-GVO nicht vor.

3. Form und Bereitstellung des Verzeichnisses

27 Nach Art. 30 Abs. 3 DS-GVO ist die Dokumentation **schriftlich** zu führen, wobei Art. 30 Abs. 3 DS-GVO gleichzeitig klarstellt, dass die **elektronische Form** genügt.[7]

28 Diese Formulierung, wonach eine Dokumentation schriftlich zu erfolgen hat, was aber auch in elektronischer Form geschehen kann, findet sich in der DS-GVO an verschiedenen Stellen, beispielsweise auch im Rahmen der Gestaltung der Auftragsverarbeitung nach Art. 28 DS-GVO. Es ist hier eine einheitliche Auslegung der Wendung in der gesamten DS-GVO anzustreben. Der DS-GVO ist in ihrer Gesamtheit zu entnehmen, dass sie unter **„Schriftlichkeit" keine solche im Sinne des deutschen gesetzlichen Schriftformerfordernisses** versteht.

29 Die Dokumentation nach Art. 30 DS-GVO ist auf Anfrage der zuständigen Datenschutz-Aufsichtsbehörde zur Verfügung zu stellen **(Vorlagepflicht nach Art. 30 Abs. 4 DS-GVO).** Hieran zeigt sich die Funktion der Dokumentation als Bestandteil der Überprüfungsmöglichkeiten durch die Datenschutz-Aufsichtsbehörden.

4. Befreiung vom Führen des Verzeichnisses

30 Die Dokumentationspflicht soll zur Vermeidung von Bürokratie und Kosten **nicht für kleine und mittelständische Unternehmen gelten,** weshalb in Art. 30 Abs. 5 DS-GVO eine Ausnahmeregelung vorgesehen ist. Die Ausnahmeregelung erlangt jedoch aufgrund ihrer inhaltlichen Anforderungen (→ Rn. 33 ff) und der Bedeutung des Verzeichnisses von Verarbeitungstätigkeiten für eine Datenschutz-Folgenabschätzung (→ Rn. 5) kaum praktische Bedeutung.[8]

31 Durch die EU-Empfehlung 2003/361[9] wird mittels der Anzahl der Beschäftigten und des Jahresumsatzes bestimmt, was Kleinstunternehmen, kleine und mittlere Unternehmen (KMU) sind. Hieran knüpft Art. 30 Abs. 5 DS-GVO nicht vollständig an. Denn er stellt nur auf das **Kriterium der Anzahl der Beschäftigten** ab.[10] Für die Auslegung, wann von einem Beschäftigten ausgegangen werden kann, kann eine Anlehnung an diese Empfehlung erfolgen, wobei der Schutzzweck der DS-GVO sowie der Sinn und Zweck der Pflicht nach Art. 30 DS-GVO zu berücksichtigen ist.

---

[7] „[S]chriftlich zu führen, was auch in einem elektronischen Format erfolgen kann", Art. 30 Abs. 3 DS-GVO.

[8] Im Ergebnis ebenso BeckOK DatenSR/*Spoerr*, 39. Ed. 2022, Art. 30 DS-GVO, Rn. 14; Ehmann/Selmayr/*Bertermann*, 2. Aufl. 2018, Art. 30 DS-GVO, Rn. 6.

[9] Empfehlung der Kommission v. 6.5.2003 betreffend die Definition der Kleinstunternehmen sowie der kleinen und mittleren Unternehmen (ABl. 2003 L 124, 36).

[10] Vgl. BeckOK DatenSR/*Spoerr*, 39. Ed. 2022, Art. 30 DS-GVO, Rn. 15; Paal/Pauly/*Martini*, 3. Aufl. 2021, Art. 30 DS-GVO, Rn. 26.

32 **Art. 30 Abs. 5 DS-GVO** enthielt bis zu seiner Berichtigung (→ Rn. 36) folgende Regelung: *„Die in den Absätzen 1 und 2 genannten Pflichten gelten nicht für Unternehmen oder Einrichtungen, die weniger als 250 Mitarbeiter beschäftigen, sofern die von ihnen vorgenommene Verarbeitung nicht ein Risiko für die Rechte und Freiheiten der betroffenen Personen birgt, die Verarbeitung nicht nur gelegentlich erfolgt oder nicht die Verarbeitung besonderer Datenkategorien gemäß Artikel 9 Absatz 1 bzw. die Verarbeitung von personenbezogenen Daten über strafrechtliche Verurteilungen und Straftaten im Sinne des Artikels 10 einschließt."*

33 Der **Begriff Unternehmen** ist in Art. 4 Nr. 18 DS-GVO legaldefiniert. Der Begriff „Einrichtungen" erfasst jede organisatorische Selbständigkeit, wozu auch Behörden und soziale Einrichtungen gehören sollen.[11] Dieser Anknüpfungspunkt ist jedoch nicht stringent, da Adressaten der Regelung in Abs. 1 und Abs. 2 „Verantwortliche" (Art. 4 Nr. 7 DS-GVO) und „Auftragsverarbeiter" (Art. 4 Nr. 8 DS-GVO) sind. Die Regelung muss daher so gelesen werden, dass jeder Verantwortliche oder Auftragsverarbeiter befreit ist, wenn diese Voraussetzungen vorliegen. Der Begriff „Einrichtung" darf jedoch nicht so verstanden werden, dass es innerhalb eines Verantwortlichen oder eines Auftraggebers Einheiten geben könnte, die isoliert von der Pflicht ausgenommen sind.

34 Für die Befreiung nach Art. 30 Abs. 5 DS-GVO ist jedoch **nicht allein die Anzahl der Beschäftigten entscheidend.** Es ist eine Rückausnahme für Tätigkeiten vorgesehen, für die entsprechend dem risikobasierten Ansatz der DS-GVO die Mitarbeiterzahl nicht maßgeblich sein kann. Wie der vorstehende Wortlaut der Regelung zeigt, war sie – wie *Schantz* zutreffend salomonisch schreibt[12] – „unglücklich formuliert". Zunächst kam nicht klar zum Ausdruck, dass die Ausnahme nur dann bestehen bleibt, wenn keine Rückausnahme gegeben ist. Darüber hinaus führte der Wortlaut dazu, dass die Privilegierung gerade dann greift, wenn die Verarbeitung dauerhaft und nicht nur gelegentlich erfolgt. Dem Sinn und Zweck nach ist das Gegenteil gewollt, sodass die Regelung auch so zu handhaben gewesen sei.[13]

35 In gewisser Weise ist auch die durch die Formulierung ***„nicht ein Risiko für die Rechte und Freiheiten der betroffenen Personen birgt"*** beschriebene Rückausnahme kurios.[14] Denn die Prüfung, ob ein solches Risiko besteht oder nicht, setzt eine Prüfung aller Verarbeitungstätigkeiten voraus, für welche gerade die Informationen nach Art. 30 Abs. 1 DS-GVO benötigt werden. Um der Regelung Sinn zu geben, muss ein Risiko bestehen, das zwar höher ist als das allgemeine Grundrisiko, welches mit jeder Verarbeitung personenbezogener Daten verbunden ist, aber gleichzeitig die Schwelle eines „hohen Risikos" nicht überschreitet, wie es beispielsweise in Art. 35, 36 aber auch 34 DS-GVO Tatbestandsmerkmal ist.[15] Die DS-GVO kennt Differenzierungen nach Risikokategorien, wie die differenzierte Verwendung im Regelungskomplex zur Verletzung des Schutzes personenbezogener Daten in Art. 33, 34 DS-GVO zeigt: die Meldepflicht nach Art. 33 DS-GVO besteht bereits

---

[11] Wolff/Schantz/*Schantz*, Das neue DatSchR, 2017, S. 269.

[12] Wolff/Schantz/*Schantz*, Das neue DatSchR, 2017, S. 269.

[13] Ebenso Wolff/Schantz/*Schantz*, Das neue DatSchR, 2017, S. 269, der das Korrigendum vorhersah; Paal/Pauly/*Martini*, 1. Aufl. 2017, Art. 30 DS-GVO, Rn. 33, ab der 2. Aufl. ist die Aussage mit der Berichtigung weggefallen.

[14] Zum Begriff „Risiko" im Vergleich zum Begriff „hohes Risiko" siehe die Ausführungen zu Art. 33, 34 DS-GVO, da die beiden Regelungen über die Informationspflicht zwischen Risiko und hohem Risiko differenzieren. Die Begriffe sind jedoch in der Datenschutz-Grundverordnung nicht definiert und werden umstrittener Gegenstand der Auslegung sein.

[15] BeckOK DatenSR/*Spoerr*, 38. Ed. 2021, Art. 30 DS-GVO, Rn. 20f.; vgl. Paal/Pauly/*Martini*, 3. Aufl. 2021, Art. 30 DS-GVO, Rn. 32.

bei einem „Risiko“ für die Rechte und Freiheiten natürlicher Personen, wohingegen die Benachrichtigungspflicht nach Art. 34 DS-GVO ein „hohes Risiko“ voraussetzt.

36 Die Regelung wäre ihrem **Sinn und Zweck** nach so zu lesen gewesen: „Ein Verzeichnis über Verarbeitungstätigkeiten muss nicht geführt werden, *wenn weniger als 250 Mitarbeiter beschäftigt werden, es sei denn, die von ihnen vorgenommene Verarbeitung birgt ein Risiko für die Rechte und Freiheiten der betroffenen Personen oder die Verarbeitung erfolgt nicht nur gelegentlich oder die Verarbeitung schließt besondere Datenkategorien gemäß Artikel 9 Absatz 1 bzw. die Verarbeitung von personenbezogenen Daten über strafrechtliche Verurteilungen und Straftaten im Sinne des Artikels 10 ein.*“ – Dem entspricht die zwischenzeitlich berichtigte Fassung.[16]

37 Letztlich wird die **Ausnahme in Art. 30 Abs. 5 DS-GVO** aus einem weiteren Grund **wohl kaum praktische Bedeutung** erlangen. Denn die Durchführung der Datenschutz-Folgenabschätzung nach Art. 35 DS-GVO unterliegt keiner vergleichbaren oder gar inhaltsgleichen Ausnahme, wie sie in Art. 30 Abs. 5 DS-GVO vorgesehen ist. De facto setzt die Erfüllung der Pflicht nach Art. 35 DS-GVO voraus, dass der Verantwortliche sich einen Überblick über sämtliche Verarbeitungen bzw. Verarbeitungstätigkeiten verschafft (→ Rn. 5). Selbst wenn der Verantwortliche nicht zur Durchführung einer Datenschutz-Folgenabschätzung nach Art. 35 verpflichtet ist, muss er dokumentieren und nachweisen können, warum er zu einer solchen nicht verpflichtet ist. Das erfordert praktisch das Erstellen einer Übersicht über alle Verarbeitungen bzw. Verarbeitungstätigkeiten, die durch den Verantwortlichen ausgeführt werden. Gerade auch mit Blick auf die Sanktionsdrohung bei Verstößen gegen Art. 35 der DS-GVO zeigt sich das Erfordernis, die Durchführung der Datenschutz-Folgenabschätzung oder das Nichtbestehen einer Pflicht zu deren Durchführung zu dokumentieren. Allerdings hat die EU-Kommission in ihrer ersten Evaluation der DS-GVO angekündigt, Änderungen der DS-GVO zur Erleichterung der Verzeichnisführungspflicht für kleine und mittlere Unternehmen zu prüfen.[17]

5. Sanktionierung eines Verstoßes

38 Mit Blick auf das Bestimmtheitserfordernis für Sanktionen lassen sich erhebliche Zweifel in Bezug auf Art. 30 DS-GVO anmelden.[18] Art. 83 Abs. 4 lit. a DS-GVO verweist auf die Pflichten des Art. 30 DS-GVO und fordert eine **Sanktionierung** *„bei Verstößen gegen diese […] Bestimmung“*. Welche Verstöße damit im konkreten Fall gemeint sind, bleibt unklar und wird durch Art. 83 Abs. 4 lit. a DS-GVO nicht näher definiert.[19]

B. Datenschutz-Folgenabschätzung (Art. 35 DS-GVO)

39 Das **Ziel der Datenschutz-Folgenabschätzung** (engl.: **Data Protection Impact Assessment** – DPIA) ist es, die Sicherheit der Datenverarbeitung durch risikoorientierte Schutzmaßnahmen zu gewährleisten und dadurch die Vorgaben der DS-GVO

[16] ABl. EU Nr. L 314 S. 72 v. 22.11.2016; vgl. auch Wolff/Schantz/*Schantz*, Das neue DatSchR, 2017, S. 269, der jedoch eine Formulierung mit einer anderen Beweislastverteilung („sofern“ anstatt hier „es sei denn“) vorgeschlagen hat.

[17] COM(2020) 264 final, 19.

[18] Vgl. *Faust/Spittka/Wybitul*, ZD 2016, S. 120.

[19] *Roßnagel/Marschall*, DS-GVO, 2017, S. 164; *Ashkar*, DuD 2015, 796.

sicherzustellen (vgl. ErwGr 83 DS-GVO). Damit soll der Schutz der Rechte und Freiheiten der betroffenen Personen vor potenziellen Risiken und Rechtsverletzungen erreicht werden (ErwGr 94, 90 und 91 DS-GVO). Insofern weist die Regelung einen Zusammenhang zum Datenschutz durch Technikgestaltung und durch datenschutzfreundliche Voreinstellungen (Art. 25 DS-GVO) (→ § 20) sowie zur Sicherheit der Verarbeitung (Art. 32 DS-GVO) (→ § 19) auf.[20]

40 Sie geht aber darüber hinaus, da sie letztlich auch eine Rechtmäßigkeitsprüfung bedeutet[21] und weist einen **Zusammenhang zu Art. 6–10 DS-GVO** auf. Denn eine Verarbeitung, deren Bewertung im Rahmen einer Datenschutz-Folgenabschätzung negativ ausfällt, wird höheren Begründungsanforderungen im Rahmen von Art. 6ff. DS-GVO unterliegen als bei einem positiven Ergebnis. Gleichwohl ist die Rechtsfolge des Art. 35 DS-GVO nicht unmittelbar die Rechtmäßigkeit oder -widrigkeit (→ Rn. 68). Hierin kommt ein Element der DS-GVO zum Ausdruck, welches in der DSRL und dem BDSG-alt so nicht verankert war: Die Zulässigkeit der Verarbeitung personenbezogener Daten hängt auch davon ab, ob der Schutz der Daten gewährleistet ist. Im Ergebnis hat das BVerfG diesen Ansatz – wenngleich unter anderen Vorzeichen – auch im Rahmen der ersten Entscheidung über die Vorratsdatenspeicherung formuliert. Denn das BVerfG hat die Speicherung von Verkehrsdaten auf Vorrat, wie sie seinerzeit in §§ 113a, 113b TKG a.F. geregelt war, nicht per se für unzulässig gehalten, sondern hat die Regelungen (nur) deshalb für nichtig erklärt, weil es den Schutz der Daten durch die gesetzliche Ausgestaltung der Vorratsdatenspeicherung nicht ausreichend geregelt sah.[22] Das BVerfG hat darüber hinaus ausgeführt, dass bei der Zulässigkeitsprüfung auch berücksichtigt werden muss, ob und in welchem Maße weitere solche Maßnahmen erfolgen; in der konkreten Entscheidung waren zur damaligen Zeit keine weiteren Maßnahmen zu berücksichtigen.

41 Die Bedeutung des Art. 35 DS-GVO ist daher für den Ansatz der DS-GVO zur Realisierung von Datenschutz wesentlich und – wenngleich die DS-GVO im übrigen nicht so zukunftsorientiert ist, wie das Gesetzgebungsprojekt ankündigte – ein **richtungsweisendes Element zur Gewährleistung des Datenschutzes in der digitalen Gesellschaft.** In Art. 35 DS-GVO kommt am deutlichsten der risikobasierte Ansatz der DS-GVO zum Ausdruck.[23]

I. Überblick

42–43 Die Datenschutz-Folgenabschätzung nach DS-GVO dient vorrangig dazu, die mit einer Datenverarbeitung verbundenen **Risiken** zu erkennen.

44 Die DS-GVO verfolgt einen **risikobasierten Ansatz.** Dieser Ansatz fordert, die mit einer Verarbeitung personenbezogener Daten verbundenen Risiken zu identifizieren. Aus legislativer Sicht wird das Instrument der Dokumentation dazu eingesetzt, den Regelungsadressaten zu zwingen, sich mit der Datenverarbeitung und den Zulässigkeitsfragen **auseinanderzusetzen.**[24] In diesem Kontext ist die Dokumentationspflicht nach Art. 30 DS-GVO sowie die Datenschutz-Folgenabschätzung nach Art. 35 DS-GVO und auch deren Bußgeldbewehrung zu sehen.

---

[20] Ebenso Schantz/Wolff/*Schantz,* Das neue DatSchR, 2017, S. 271.

[21] Ebenso Paal/Pauly/*Martini,* 3. Aufl. 2021, Art. 35 DS-GVO, Rn. 22.

[22] BVerfG, Urt. v. 2.3.2010 – 1 BvR 256/08 u.a., MMR 2010, 356ff; *Eckhardt/Schütze,* CR 2010, 225ff.

[23] Ähnlich Schantz/Wolff/*Schantz,* Das neue DatSchR, 2017, S. 271; Auernhammer/*Raum,* 7. Aufl. 2020, Art. 35 DS-GVO, Rn. 2. Ebenso deutlich wird dies bspw. in Art. 39 Abs. 2 DS-GVO im Rahmen der Aufgaben des Datenschutzbeauftragten angesprochen (→ § 21).

[24] Vgl. *Roßnagel/Marschall,* DS-GVO, 2017, S. 156, 164.

45 Die Datenschutz-Folgenabschätzung bezieht sich dementsprechend auch **nicht nur auf automatisierte Verfahren,** sondern auf **alle Verarbeitungen** personenbezogener Daten.

46 Die Datenschutz-Folgenabschätzung nach Art. 35 DS-GVO ist **durch den Verantwortlichen** durchzuführen, nicht durch den Datenschutzbeauftragten. Der Verantwortliche hat bei der Durchführung der Datenschutz-Folgenabschätzung den Datenschutzbeauftragten aber zu Rate zu ziehen (siehe weitergehend zur Rolle des Datenschutzbeauftragten → § 20).

II. Regelung in der DS-GVO

1. Verpflichtung zur Datenschutz-Folgenabschätzung

47 Zur Durchführung der Datenschutz-Folgenabschätzung ist nach Art. 35 DS-GVO der **Verantwortliche** (Art. 4 Nr. 7 DS-GVO) verpflichtet. Der Auftragsverarbeiter wird durch Art. 35 DS-GVO anders als beim Verzeichnis über Verarbeitungstätigkeiten nach Art. 30 DS-GVO nicht in die Pflicht genommen. Hierin kommt die in Art. 28, 29 DS-GVO und indirekt in Art. 26 DS-GVO angelegte Verantwortungsverteilung zwischen dem Verantwortlichem als Auftraggeber der Verarbeitung und dem Auftragsverarbeiter zum Ausdruck (→ § 11 Rn. 5 ff.): Auch wenn der Auftragsverarbeiter die Tätigkeit ausführt, ist der Auftraggeber der „Herr der Verarbeitung" und damit für die Zulässigkeit verantwortlich.

48 Allerdings muss bei der Durchführung der Datenschutz-Folgenabschätzung durch den Verantwortlichen die **Einbindung des Auftragsverarbeiters** berücksichtigt werden. Dementsprechend muss der Auftragsverarbeiter den Verantwortlichen nach Art. 28 Abs. 3 S. 2 lit. f DS-GVO bei der Datenschutz-Folgenabschätzung unterstützen. Bei einer Auftragsverarbeitung muss gegebenenfalls zwischen der Datenschutz-Folgenabschätzung in Bezug auf die ausgelagerte Verarbeitung einerseits und der Datenschutz-Folgenabschätzung in Bezug auf die Auslagerung an den Auftragsverarbeiter andererseits unterschieden werden. Denn dies sind zwei verschiedene Risiken. Nicht ausgeschlossen ist, dass beides als Einheit bewertet wird.

2. Pflicht zur Durchführung einer Datenschutz-Folgenabschätzung

49 Die Datenschutz-Folgenabschätzung nach Art. 35 DS-GVO zwingt dazu, **vor Beginn einer (neuen) Verarbeitung** personenbezogener Daten deren Risiken und Folgen zu analysieren sowie die notwendigen Schutzvorkehrungen zu planen und während des Betriebs der Anwendung die Einhaltung gesetzlicher Vorgaben zu dokumentieren (vgl. ErwGr 90).[25] Allerdings kann sich auch bei bereits begonnenen Verarbeitungen eine Änderung ergeben, welche eine Datenschutz-Folgenabschätzung erforderlich macht.[26] Art. 35 DS-GVO ist also bei Einführung und Veränderung von Verarbeitungen zu berücksichtigen.

50 Wenngleich sich aus dem Wortlaut des Art. 35 DS-GVO nicht unmittelbar ergibt, dass die Datenschutz-Folgenabschätzung vor der Einführung der Verarbeitung vorzunehmen ist, so ergibt sich dies zumindest aus dem Sinn und Zweck der Regelung und insbesondere mittelbar aus der in Art. 36 DS-GVO geregelten und sich gegebenenfalls an die Datenschutz-Folgenabschätzung anschließenden **Konsultation der Datenschutz-Aufsichtsbehörde.** Die Konsultation der Aufsichtsbehörde muss nämlich vor Inbetriebnahme der Datenverarbeitung abgeschlossen sein und

[25] *Wichtermann* DuD 2016, 797 (798).
[26] Sydow/*Schwendemann,* 2. Aufl. 2018, Art. 35 DS-GVO, Rn. 6.

setzt tatbestandlich die Durchführung einer Datenschutz-Folgenabschätzung voraus.

a) Zweistufigkeit der Regelung in Art. 35 DS-GVO

51 Eine Datenschutz-Folgenabschätzung ist nach Art. 35 Abs. 1 S. 1 DS-GVO durchzuführen, wenn eine Form der Verarbeitung, insbesondere eine Verwendung neuer Technologien, aufgrund der Art, des Umfangs, der Umstände und der Zwecke der Verarbeitung voraussichtlich ein hohes Risiko für die Rechte und Freiheiten natürlicher Personen zur Folge hat. Aus dieser Tatbestandsvoraussetzung ergibt sich eine **Zweistufigkeit der Prüfung:**[27]

- **1. Stufe:** Zunächst ist unter Berücksichtigung der Kriterien des Art. 35 DS-GVO zu beurteilen, ob **voraussichtlich** ein hohes Risiko besteht.
- **2. Stufe:** Falls diese Prognose bejaht wird, muss anhand der Kriterien und Vorgaben des Art. 35 DS-GVO geprüft werden, ob **tatsächlich** ein hohes Risiko besteht.

52 Der Prüfungsgegenstand der **ersten Stufe** ergibt sich unmittelbar aus Art. 35 Abs. 1 DS-GVO. Die Ausrichtung der Prüfung auf der **zweiten Stufe** ergibt sich aus dem Zusammenspiel mit Art. 36 DS-GVO, der tatbestandlich zur Voraussetzung hat, dass eine Datenschutz-Folgenabschätzung nach Art. 35 DS-GVO zur Feststellung eines hohen Risikos geführt hat.

b) Gegenstand der Datenschutz-Folgenabschätzung

53 Gegenstand der Datenschutz-Folgenabschätzung ist die Verarbeitung *(„eine Form der Verarbeitung")*. Der Tatbestand knüpft damit – ebenso wie Art. 30 DS-GVO – an die Definition in Art. 4 Nr. 2 DS-GVO an. Es stellt sich somit in Bezug auf den **Gegenstand der Datenschutz-Folgenabschätzung** dieselbe Problematik wie beim Gegenstand des Verzeichnisses über Verarbeitungstätigkeiten (siehe hierzu oben → § 17 Rn. 17ff.).

54 Art. 35 Abs. 1 S. 2 DS-GVO ermöglicht es aber, für **„mehrere ähnliche Verarbeitungsvorgänge"**, sofern diese ein ähnlich hohes Risiko aufweisen, eine einzige Datenschutz-Folgenabschätzung durchzuführen. Der Wortlaut und die Systematik sprechen dafür, dass hiermit eine über die Bündelung von Verarbeitungstätigkeiten im Sinne von Art. 30 DS-GVO (→ § 17 Rn. 17ff.) hinausgehende „gemeinsame" Datenschutz-Folgenabschätzung für mehrere Verarbeitungstätigkeiten gemeint ist.[28] Denn Art. 35 Abs. 1 S. 2 DS-GVO knüpft nicht an eine inhaltliche Gemeinsamkeit der Verarbeitungen an, wie sie in Art. 30 DS-GVO vorgesehen ist, sondern das Kriterium für eine Bündelung der Verarbeitungen ist das ähnlich hohe Risiko.[29] Aus ErwGr 92 DS-GVO ergibt sich, dass eine einheitliche Datenschutz-Folgenabschätzung auch für einen gesamten Wirtschaftssektor, für ein bestimmtes Marktsegment oder für eine weit verbreitete horizontale Tätigkeit erfolgen kann.

c) Pflicht zur Durchführung einer Datenschutz-Folgenabschätzung

55 Voraussetzung einer Datenschutz-Folgenabschätzung ist nach Art. 35 Abs. 1 S. 1 DS-GVO die **Prognose eines hohen Risikos** für die Rechte und Freiheiten natürli-

[27] Ebenso Schantz/Wolff/*Schantz*, Das neue DatSchR, 2017, S. 271.

[28] Wohl ebenso Paal/Pauly/*Martini*, 3. Aufl. 2021, Art. 35 DS-GVO, Rn. 21.

[29] „Für die Untersuchung mehrerer ähnlicher Verarbeitungsvorgänge mit ähnlich hohen Risiken kann eine einzige Abschätzung vorgenommen werden." (Art. 35 Abs. 1 S. 2 DS-GVO); **a. A.** scheinbar Schantz/Wolff/*Schantz*, Das neue DatSchR, 2017, S. 273, der auf die inhaltliche Verbundenheit der Verfahren abstellt.

cher Personen als Folge einer Verarbeitung. Dieses Risiko muss sich nach Art. 35 Abs. 1 S. 1 DS-GVO kausal aus der Art, des Umfangs, der Umstände und der Zwecke der Verarbeitung ergeben. Dem Wortlaut nach ist diese Aufzählung abschließend.[30] Sie lässt dennoch viel Spielraum bei der Frage, was ein normales von einem „hohen" Risiko unterscheidet.[31]

56 Die in Art. 35 Abs. 1 S. 1 DS-GVO angesprochenen neuen Technologien verdeutlichen nur die Intention des Gesetzgebers. Aber weder begründet die **Verwendung neuer Technologien** stets tatbestandlich die Pflicht zur Durchführung einer Datenschutz-Folgenabschätzung, noch ist die Neuheit an sich ein Aspekt, der zur Bestimmung des Risikos relevant ist. Mittelbar werden neue Technologien über das Kriterium „Art" der Verarbeitung Berücksichtigung finden und dort in der Praxis aufgrund der Betonung des Gesetzgebers faktisch besonders berücksichtigt werden.

57 Eine nicht abschließende Aufzählung von Fällen, in denen eine Datenschutz-Folgenabschätzung erforderlich ist,[32] enthält Absatz 3 des Art. 35 DS-GVO:

- **systematische und umfassende Bewertung persönlicher Aspekte** natürlicher Personen, die sich auf automatisierte Verarbeitung einschließlich Profiling gründet und die ihrerseits als Grundlage für Entscheidungen dient, die Rechtswirkung gegenüber natürlichen Personen entfaltet oder diese in ähnlich erheblicher Weise beeinträchtigt. Hierdurch entsteht ein Zusammenhang zu Art. 22 DS-GVO. (→ § 16)
- **umfangreiche Verarbeitung besonderer Kategorien von personenbezogenen Daten** gemäß Artikel 9 Absatz 1 oder von personenbezogenen Daten über strafrechtliche Verurteilungen und Straftaten gemäß Artikel 10. Danach ist nicht bei jeder Verarbeitung nach Art. 9 und 10 DS-GVO eine Datenschutz-Folgenabschätzung erforderlich, da es sich um eine umfangreiche Verarbeitung handeln muss.
- **systematische umfangreiche Überwachung** öffentlich zugänglicher Bereiche.

58 Eine **Konkretisierung durch Positiv- (Art. 35 Abs. 4 DS-GVO)**[33] **und Negativlisten (Art. 35 Abs. 5 DS-GVO)** der Aufsichtsbehörden ermöglicht Art. 35 Abs. 4–6 DS-GVO. Der Systematik der Regelung nach können Fälle des Art. 35 Abs. 3 DS-GVO nicht im Wege einer Negativliste per se ausgenommen werden. Eine Konkretisierung der Tatbestandsmerkmale des Art. 35 Abs. 3 DS-GVO (bspw. „umfangreich") erscheint jedoch nicht ausgeschlossen.

59 Um die unionsweit einheitliche Anwendung der DS-GVO sicherzustellen, müssen die mitgliedstaatlichen Listen vor deren Festlegung nach Art. 35 Abs. 6 DS-GVO im **Kohärenzverfahren** abgestimmt werden. Dies gilt jedenfalls dann, „wenn solche Listen Verarbeitungstätigkeiten umfassen, die mit dem Angebot von Waren oder Dienstleistungen für betroffene Personen oder des Beobachtungsverhaltens dieser Personen mit mehreren Mitgliedstaaten im Zusammenhang stehen oder die den freien Verkehr personenbezogener Daten innerhalb der Union beeinträchtigen können". Die Parallelität zur Regelung in Art. 3 Abs. 2 lit. a und lit. b DS-GVO, welche die Anwendung der DS-GVO regelt, wird hier erkennbar.[34] Im Ergebnis können die mitgliedstaatlichen Aufsichtsbehörden lediglich in Fällen des E-Com-

---

[30] Der „insbesondere"-Einschub in Art. 35 Abs. 1 S. 1 DS-GVO bezieht sich nur auf die Verwendung neuer Technologien.

[31] Dazu mit neun Kriterien das WP 248 Rev 01, 9 ff. und *Syckor/Strufe/Lauber-Rönsberg*, ZD 2019, 390 (391 ff).

[32] *Rath/Feuerherdt*, CR 2017, 500 (501).

[33] Zur Auswirkung der Positivlisten auf die Vorherige Konsultation nach Art. 36 DS-GVO → Rn. 84.

[34] *Roßnagel/Marschall*, DS-GVO, 2017, S. 162.

merce und der Verhaltensbeobachtung ohne Auslandsbezug solche Positiv- und/oder Negativlisten ohne Durchführung des Kohärenzverfahrens festlegen.[35]

60 In der Praxis wird es den **Datenschutzaufsichtsbehörden** deutlich leichter fallen, Konstellationen zu definieren, in denen über Art. 35 Abs. 3 DS-GVO hinaus eine Datenschutz-Folgenabschätzung sicher durchgeführt werden muss, als Listen zu erstellen, in welchen eine Datenschutz-Folgenabschätzung nicht stattfinden muss. Denn der Erstellung einer solchen Liste ist sinnvollerweise eine gewisse Abstrahierung immanent. Das würde dazu führen, dass auch für die Fälle, in denen keine Datenschutz-Folgenabschätzung durchzuführen wäre, ein relativ grobes Raster vorgegeben würde, was dann aufgrund des Abstraktionsgrades das Risiko bergen würde, dass auch Konstellationen ausgenommen wären, welche im konkreten Einzelfall einer Datenschutz-Folgenabschätzung bedürften.

60a 2018 hatte die Datenschutzkonferenz ein erstes Entwurfspapier für eine Positivliste erarbeitet.[36] Auf Basis dieses Vorschlags haben die verschiedenen Datenschutzaufsichtsbehörden des Bundes und der Länder ihre eigenen **Listen** erstellt und publiziert.[37] Eine Negativliste ist Stand 2021 noch von keiner deutschen Aufsichtsbehörde erstellt worden, immerhin aber von der österreichischen Datenschutzaufsicht.[38] Der EDSA hat im Kohärenzverfahren Änderungen an der ihm vorgelegten Liste verlangt.[39]

61 Art. 35 Abs. 11 DS-GVO sichert folgende **Pflicht** ab: „Erforderlichenfalls führt der Verantwortliche eine Überprüfung durch, um zu bewerten, ob die Verarbeitung gemäß der Datenschutz-Folgenabschätzung durchgeführt wird; dies gilt zumindest, wenn hinsichtlich des mit den Verarbeitungsvorgängen verbundenen Risikos Änderungen eingetreten sind." Wann die Überprüfung nach Halbsatz 1 erforderlich ist, lässt sich der Regelung nicht klar entnehmen. Sie ist vorzunehmen, wenn Zweifel an der Umsetzung der Vorgaben bestehen. Darüber hinaus besteht die Pflicht jedenfalls dann, wenn die Verarbeitung geändert wird.

62 Eine **Ausnahme von der Pflicht zur Durchführung einer Datenschutz-Folgenabschätzung** besteht nach **Art. 35 Abs. 10 DS-GVO,** wenn der mitgliedstaatlichen Gesetzgeber im Rahmen des Gesetzgebungsverfahrens eine solche Datenschutz-Folgenabschätzung durchgeführt hat.

3. Durchführung einer Datenschutz-Folgenabschätzung

63 Durch Art. 35 Abs. 7 und 9 DS-GVO wird der Inhalt und das Verfahren der Datenschutz-Folgenabschätzung präzisiert. Art. 35 Abs. 7 DS-GVO gestaltet nur einen **Mindestinhalt** der Folgenabschätzung und bietet somit grundsätzlich Spielraum für Konkretisierungen und Ergänzungen.

64 Das **„Wie" der Datenschutz-Folgenabschätzung** ist in Art. 35 DS-GVO nur unvollständig geregelt. Denn in Art. 35 Abs. 7 DS-GVO ist allein festgelegt, dass kumulativ zumindest Folgendes in einer Datenschutz-Folgenabschätzung enthalten sein muss:

---

[35] *Roßnagel/Marschall,* DS-GVO, 2017, S. 162; vgl. *Gierschmann,* ZD 2016, 51 (53).

[36] DSK, https://www.lfd.niedersachsen.de/download/134415/DSFA_Muss-Liste_fuer_den_nicht-oeffentlichen_Bereich.pdf (abgerufen am 15.12.2021).

[37] Beispielhaft BfDI, https://www.bfdi.bund.de/SharedDocs/Downloads/DE/Muster/Liste_VerarbeitungsvorgaengeArt35.pdf?__blob=publicationFile&v=5 (abgerufen am 15.12.2021); BayLDA, https://www.datenschutz-bayern.de/datenschutzreform2018/DSFA_Blacklist.pdf (abgerufen am 15.12.2021); HmbBfDI, https://datenschutz-hamburg.de/assets/pdf/Liste_Art_35-4_DSGVO_HmbBfDI-oeffentlicher_Bereich_v2.0a.pdf (abgerufen am 15.12.2021).

[38] öBGBl. II Nr. 108/2018.

[39] EDSA, Opinion 5/2018 v. 25.9.2018 on the draft list of the competent supervisory authorities of Germany.

- eine systematische Beschreibung der geplanten Verarbeitungsvorgänge und der Zwecke der Verarbeitung, gegebenenfalls einschließlich der von dem Verantwortlichen verfolgten berechtigten Interessen,
- eine Bewertung der Notwendigkeit und Verhältnismäßigkeit der Verarbeitungsvorgänge in Bezug auf den Zweck,
- eine Bewertung der Risiken für die Rechte und Freiheiten der betroffenen Personen gemäß Absatz 1 und
- die zur Bewältigung der Risiken geplanten Abhilfemaßnahmen, einschließlich Garantien, Sicherheitsvorkehrungen und Verfahren, durch die der Schutz personenbezogener Daten sichergestellt und der Nachweis dafür erbracht wird, dass diese Verordnung eingehalten wird, wobei den Rechten und berechtigten Interessen der betroffenen Personen und sonstiger Betroffener Rechnung getragen wird.

65 Da Art. 35 Abs. 7 DS-GVO die **Inhalte der Datenschutz-Folgenabschätzung nicht abschließend** regelt (deutsche Fassung: „zumindest"/englische Fassung: „at least"), könnte rein formal betrachtet der mitgliedstaatliche Gesetzgeber die Liste noch ergänzen bzw. konkretisieren, ohne gegen die Vorgaben der Verordnung zu verstoßen.[40] Dieser Ansatz ist jedoch mit Vorsicht zu betrachten, da die DS-GVO gerade den Ansatz einer Vollharmonisierung verfolgt. Dies spricht dagegen, dass durch nationale Regelungen der EU-Mitgliedstaaten unterschiedlich hohe Anforderungen an die Einhaltung der Datenschutz-Grundverordnung gestellt werden.

66 Der Verantwortliche hat nach Art. 35 Abs. 2 DS-GVO bei der Durchführung einer Datenschutz-Folgenabschätzung den **Rat des Datenschutzbeauftragten** einzuholen. Selbstverständlich besteht diese Pflicht nur, wenn ein solcher benannt ist. Die Pflicht, den Rat des Datenschutzbeauftragten einzuholen, besteht unabhängig davon, ob es sich um eine Pflichtbenennung oder eine freiwillige Benennung eines Datenschutzbeauftragten handelt (hierzu → § 21).

67 Die in **Art. 35 DS-GVO** geregelte **Rechtsfolge** ist ausschließlich die Pflicht zur Durchführung der Datenschutz-Folgenabschätzung, also die Prüfung, ob tatsächlich ein hohes Risiko besteht. Die Konsequenz der Feststellung eines solchen Risikos ist in Art. 35 DS-GVO nicht geregelt.[41] Die Durchführung der Datenschutz-Folgenabschätzung zwingt allenfalls mittelbar zu Maßnahmen zur Eindämmung der Risiken. Die Bejahung eines hohen Risikos wirkt sich allerdings auf der Tatbestandsseite der Vorherigen Konsultation nach Art. 36 DS-GVO aus.[42]

68 Allein, dass durch eine Verarbeitung ein **hohes Risiko** für den Schutz personenbezogener Daten besteht, führt nach der DS-GVO **nicht zwingend zur Unzulässigkeit.**[43] Allerdings muss die Erkenntnis, dass ein solches Risiko besteht, bei der Zulässigkeitsprüfung nach Art. 6 ff. DS-GVO berücksichtigt werden.

69 Nicht explizit, aber der Sache nach wird an das Ergebnis der Datenschutz-Folgenabschätzung in verschiedenen Regelungen wie Art. 24 Abs. 1 S. 1, Art. 25, Art. 32 Abs. 1 DS-GVO für die Entscheidung über **Maßnahmen zum Schutz der Rechte und Freiheiten der betroffenen Personen** angeknüpft.[44]

70 Wenngleich Art. 35 DS-GVO **keine Formvorschrift** enthält, so zwingt doch die Pflicht zum Nachweis der Durchführung einer Datenschutz-Folgenabschätzung zu deren Dokumentation. Die Form der Dokumentation kann in Anlehnung

---

[40] *Roßnagel/Marschall*, DS-GVO, 2017, S. 162.
[41] Hierzu → Rn. 39; ebenso: Sydow/*Schwendemann*, 2. Aufl. 2018, Art. 35 DS-GVO, Rn. 1.
[42] Im Ergebnis ebenso Paal/Pauly/*Martini*, 3. Aufl. 2021 Art. 35 DS-GVO, Rn. 23 f.; → C.
[43] Hierzu → Rn. 39; ebenso Sydow/*Schwendemann*, 2. Aufl. 2018, Art. 35 DS-GVO, Rn. 1.
[44] Schantz/Wolff/*Schantz*, Das neue DatSchR, 2017, S. 274.

an Art. 30 Abs. 3 DS-GVO jedenfalls auch in einem elektronischen Format erfolgen.[45]

71 Aus Art. 35 Abs. 11 DS-GVO ergibt sich, was eigentlich der Regelung bereits immanent ist, dass der Verantwortliche die Maßnahmen, welche er in der Datenschutz-Folgenabschätzung berücksichtigt hat, auch **tatsächlich** so **umsetzt.**[46]

4. Datenschutz-Folgenabschätzung im Rahmen von Gesetzgebungsverfahren

72 Nach Art. 35 Abs. 10 DS-GVO können die mitgliedstaatlichen Gesetzgeber bei der Verarbeitung, die unter die Erlaubnistatbestände in Art. 6 Abs. lit. c oder lit. e DS-GVO fällt, eine **Datenschutz-Folgenabschätzung im Rahmen des Gesetzgebungsverfahrens** durchführen, was für die Verantwortlichen zur Folge hat, dass sie auf eine Datenschutz-Folgenabschätzung verzichten können.

73 Neben den sich hieraus möglicherweise ergebenden unterschiedlichen Schutzniveaus in den Mitgliedstaaten ist aus der Sicht des Datenschutzes auch **kritisch anzumerken,** dass die „Gesetzes-Datenschutz-Folgenabschätzung" zwangsläufig in einer allgemeineren und abstrahierteren Form durchgeführt werden wird als eine konkrete Datenschutz-Folgenabschätzung durch den Verantwortlichen nach Art. 35 DS-GVO. Es bleiben dann gerade die spezifischen, mit der konkreten Datenverarbeitung verbundenen Risiken der Rechte und Interessen der Betroffenen unberücksichtigt. Dies läuft der Zielvorstellung der Datenschutz-Folgenabschätzung nach Art. 35 Abs. 1 DS-GVO zuwider.[47]

74 Die Bedeutung **dieser Möglichkeit für den Verantwortlichen** ist allerdings ebenfalls nicht zu verkennen. Denn die Durchführung einer konkreten Datenschutz-Folgenabschätzung nach Art. 35 DS-GVO und ggf. der danach zwingend erforderlichen Vorherigen Konsultation der Datenschutz-Aufsichtsbehörden nach Art. 36 DS-GVO kann den Verantwortlichen in einem für ihn nicht auflösbaren Widerspruch zur Erfüllung der in Art. 6 Abs. 1 lit. c und lit. d DS-GVO in Bezug genommenen Pflichten führen. Denn Art. 6 Abs. 1 lit. c DS-GVO regelt, dass die Verarbeitung rechtmäßig ist, wenn die Verarbeitung zur Erfüllung einer rechtlichen Verpflichtung erforderlich ist, welcher der Verantwortliche unterliegt. Daneben regelt Art. 6 Abs. 1 lit. e DS-GVO, dass die Verarbeitung zulässig ist, wenn sie für die Wahrnehmung einer Aufgabe erforderlich ist, die im öffentlichen Interesse liegt oder in Ausübung öffentlicher Gewalt erfolgt, die dem Verantwortlichen übertragen wurde. Der Spielraum des Verantwortlichen zur Gestaltung von Maßnahmen, welche ein positives Ergebnis der Datenschutz-Folgenabschätzung bewirken, kann daher im Einzelfall erheblich begrenzt sein. Jedenfalls die Festlegung in Art. 36 Abs. 1 DS-GVO, wonach der Verantwortliche vor Abschluss der Vorherigen Konsultation die Verarbeitung nicht beginnen darf, bringt den Verantwortlichen in einen unlösbaren Konflikt, wenn er durch die in Art. 6 Abs. 1 lit. c und lit. e DS-GVO in Bezug genommenen Regelungen gleichwohl verpflichtet ist, die Verarbeitungen auszuführen und die Durchführung des Konsultationsverfahrens nicht abgewartet werden kann.

5. Verhaltensregelungen und Zertifizierungen

75 Nach Art. 35 Abs. 8 DS-GVO ist die **Einhaltung genehmigter Verhaltensregeln** gemäß Art. 40 DS-GVO durch die zuständigen Verantwortlichen oder die zuständigen Auftragsverarbeiter bei der Beurteilung der Auswirkungen der von diesen

---

[45] Sydow/*Schwendemann*, 2. Aufl. 2018, Art. 35 DS-GVO, Rn. 37; → Rn. 26f.
[46] Schantz/Wolff/*Schantz*, Das neue DatSchR, 2017, S. 273.
[47] Ebenso *Roßnagel/Marschall*, DS-GVO, 2017, S. 163.

durchgeführten Verarbeitungsvorgänge, insbesondere für die Zwecke einer Datenschutz-Folgenabschätzung, gebührend zu berücksichtigen.

6. Übergangsregelung für die Datenschutz-Folgenabschätzung

76 ErwGr 89 lässt sich dahin verstehen, dass für bestimmte, **zum Zeitpunkt des Anwendungsbeginns der DS-GVO bereits bestehende Verarbeitungsvorgänge,** eine Datenschutz-Folgenabschätzung durchzuführen ist: *„Zu solchen Arten von Verarbeitungsvorgängen gehören insbesondere solche, bei denen neue Technologien eingesetzt werden oder die neuartig sind und bei denen der Verantwortliche noch keine Datenschutz-Folgenabschätzung durchgeführt hat bzw. bei denen aufgrund der seit der ursprünglichen Verarbeitung vergangenen Zeit eine Datenschutz-Folgenabschätzung notwendig geworden ist."* (ErwGr. 89 DS-GVO). Diese Auslegung ist zweifelhaft. Denn für bereits begonnene Verarbeitungsvorgänge muss ein Bestandsschutz in Betracht kommen können.

77 Selbst wenn eine solche Auslegung zutreffend sein sollte, so besteht die **Pflicht nach Art. 35 DS-GVO erst ab dem Anwendungsbeginn der DS-GVO,** sodass dieser Verpflichtung genügt wird, wenn die Datenschutz-Folgenabschätzung ab dem Anwendungsbeginn der DS-GVO ausgeführt wird.

78 Soweit sich aus der Systematik der Art. 35, 36 DS-GVO ergibt, dass eine Verarbeitung erst nach Abschluss einer Datenschutz-Folgenabschätzung gem. Art. 35 DS-GVO und erforderlichenfalls zusätzlich nach einer Vorherigen Konsultation gem. Art. 36 DS-GVO begonnen werden dürfe, so kann dies **für bereits zum** Anwendungsbeginn der DS-GVO **stattfindende Verarbeitungen nicht gelten.** Denn anderenfalls würde die DS-GVO zur Durchführung einer Datenschutz-Folgenabschätzung vor ihrem Anwendungsbeginn zwingen und der Anwendungsbeginn würde entgegen dem eindeutigen Wortlaut des Art. 99 DS-GVO vorverlegt.

79 Jedenfalls bei **grundlegenden Änderungen der Verarbeitung** entstehen auch für bereits zum Anwendungsbeginn der DS-GVO stattfindende Verarbeitungen die Pflichten nach Art. 35, 36 DS-GVO.

7. Sanktionierung eines Verstoßes

80 Das Unterlassen einer Datenschutz-Folgenabschätzung ist nach Art. 83 Abs. 4 lit. a DS-GVO mit Geldbußen von bis zu 10 Mio. Euro oder im Fall eines Unternehmens von bis zu 2% seines gesamten weltweit erzielten Jahresumsatzes des vorangegangenen Geschäftsjahres sanktioniert. Für die **Nichtdurchführung** ist dies offensichtlich.

81 Mit Blick auf das **Bestimmtheitserfordernis** für Sanktionen lassen sich erhebliche Zweifel in Bezug auf Art. 35 DS-GVO anmelden.[48] Art. 83 Abs. 4 lit. a DS-GVO verweist auf die Pflichten aus Art. 35 DS-GVO und fordert eine Sanktionierung *„bei Verstößen gegen diese [...] Bestimmung"*. Welche Verstöße damit im konkreten Fall gemeint sind, bleibt unklar und wird durch Art. 83 Abs. 4 lit. a DS-GVO nicht näher definiert.[49] Jedenfalls die Frage der Schuldhaftigkeit eines Verstoßes wird mit Blick auf die Vagheit der Vorgaben in Art. 35 DS-GVO kritisch zu prüfen sein.

---

[48] Vgl. *Faust/Spittka/Wybitul,* ZD 2016, 120.

[49] *Roßnagel/Marschall,* DS-GVO, 2017, S. 164; *Ashkar,* DuD 2015, 796.

C. Vorherige Konsultation (Art. 36 DS-GVO)

I. Überblick

82 Die Regelung über die Vorherige Konsultation in Art. 36 DS-GVO ist im Zusammenhang mit Art. 35 DS-GVO zu sehen. Hierin stellen beide Regelungen eine Einheit dar. In dieser Einheit regelt Art. 35 DS-GVO die Tatbestandsvoraussetzungen und Art. 36 DS-GVO die Rechtsfolge. Die Vorherige Konsultation steht gewissermaßen **„an der Spitze einer Pyramide“**[50] der in diesem Kapitel vorgestellten Verpflichtungen.

II. Regelung in der DS-GVO

1. Verpflichtung zur Vorherigen Konsultation

Zur Durchführung der Vorherigen Konsultation ist der **Verantwortliche** verpflichtet. Es gelten die Ausführungen zu Art. 35 DS-GVO entsprechend.

2. Voraussetzungen und Inhalt einer Vorherigen Konsultation

83 Die Vorherige Konsultation setzt nach Art. 36 DS-GVO **tatbestandlich** eine **Datenschutz-Folgenabschätzung** mit dem Ergebnis voraus, dass **tatsächlich ein hohes Risiko** besteht.[51] Damit besteht in allen Fällen, in welchen eine Datenschutz-Folgenabschätzung nicht durchzuführen ist, allein schon deshalb auch keine Pflicht zur Vorherigen Konsultation. Der Unterschied zwischen den Tatbestandsvoraussetzungen des Art. 35 DS-GVO und Art. 36 DS-GVO ist, dass Art. 35 Abs. 1 DS-GVO ein voraussichtlich hohes Risiko fordert, während Art. 36 Abs. 1 DS-GVO ein festgestelltes hohes Risiko fordert.

84 Die **Auswirkungen der Negativlisten** nach **Art. 35 Abs. 5 DS-GVO** (→ Rn. 58ff.) und die damit einhergehende Befreiung von der Pflicht zur Datenschutz-Folgenabschätzung sind in Bezug **auf die Vorherige Konsultation** nach Art. 36 DS-GVO in der DS-GVO nicht explizit geregelt. Relevant ist die Frage dieser Befreiung insbesondere mit Blick auf das Bußgeld für den Fall einer Nicht-Durchführung einer Vorherigen Konsultation gemäß Art. 83 Abs. 4 DS-GVO. Art. 36 Abs. 1 DS-GVO sieht vor, dass der Verantwortliche vor der Verarbeitung die Aufsichtsbehörde konsultiert, *„wenn aus einer Datenschutz-Folgenabschätzung gemäß Art. 35 hervorgeht, dass die Verarbeitung ein hohes Risiko zur Folge hätte, sofern der Verantwortliche keine Maßnahmen zur Eindämmung des Risikos trifft.“* Durch das Anknüpfen der Vorherigen Konsultation an die Durchführung einer Datenschutz-Folgenabschätzung gemäß Art. 35 DS-GVO ließe sich argumentieren, dass eine Befreiung von der Pflicht zur Durchführung einer Datenschutz-Folgenabschätzung durch eine Negativliste auch gleichzeitig die Befreiung von der Pflicht zur Vorherigen Konsultation bewirkt. Dieses Verständnis der Regelungssystematik ist auch in sich stimmig. Denn eine Verarbeitungstätigkeit wird durch die Datenschutz-Aufsichtsbehörden nur dann in die Liste der nicht einer Datenschutz-Folgenabschätzung unterfallenden Tätigkeiten nach Art. 35 Abs. 5 DS-GVO aufgenommen werden, wenn eine entsprechende Verarbeitungstätigkeit kein hohes Risiko für die Rechte und Freiheiten natürlicher Personen (vgl. Art. 35 Abs. 1 DS-GVO) zur Folge hat. Wenn dies der Fall ist, entfällt auch das Tatbestandsmerkmal „hohes Risiko“

[50] Treffend *Braun*, ZD 2021, 297 (298).
[51] Ebenso BeckOK DatenSR/*Hansen*, 39. Ed. 2022, Art. 36 DS-GVO, Rn. 7ff.

im Sinne von Art. 36 Abs. 1 DS-GVO. Dieser Aspekt macht – wie bereits oben ausgeführt – deutlich, warum die Datenschutz-Aufsichtsbehörden in Bezug auf die Feststellung der Nicht-Erforderlichkeit einer Datenschutz-Folgenabschätzung nach Art. 35 Abs. 5 DS-GVO zurückhaltend sind.

85 Nach dem Wortlaut der **Tatbestandsseite des Art. 36 Abs. 1 DS-GVO** ist **unklar,** wie der Halbsatz *„sofern der Verantwortliche keine Maßnahmen zur Eindämmung des Risikos trifft"* sich auswirkt. Sprachlich sind zwei Auslegungen denkbar:[52]

- Ein hohes Risiko besteht nur dann, wenn der Verantwortliche keine Maßnahmen zur Eindämmung trifft. Mit anderen Worten: Es besteht ein hohes Risiko, wenn die ergriffenen Maßnahmen hypothetisch weggedacht werden.
- Der Verantwortliche konsultiert die Aufsichtsbehörde nur dann, wenn er keine Maßnahmen zur Eindämmung trifft. Mit anderen Worten: Es besteht ein hohes Risiko und der Verantwortliche will oder kann nicht die gebotenen Maßnahmen zur Eindämmung ergreifen.

86 Der **Unterschied ist für den Anwendungsbereich weitreichend.** Im ersten Fall wird die Aufsichtsbehörde stets bei einem hohen Risiko konsultiert werden und die zur Eindämmung ergriffenen Maßnahmen überprüfen. Im zweiten Fall führen alle Fälle, in denen Maßnahmen zur Eindämmung ergriffen sind dazu, dass keine Konsultation erforderlich ist.

87 ErwGr 94 DS-GVO spricht dafür, dass die **Konsultation nur erforderlich ist, wenn** der Verantwortliche auf Basis einer durchgeführten Datenschutz-Folgenabschätzung zu dem Ergebnis gelangt, dass das verbleibende Risiko trotz getroffener Maßnahmen zu hoch ist und sich nicht durch Mittel eindämmen lässt, die zu den verfügbaren Technologien gehören und deren Implementierungskosten vertretbar sind.[53]

88 **Voraussetzung für die Konsultationspflicht** ist mithin, dass der Verantwortliche ein hohes Risiko der geplanten Verarbeitung erkennt, das er nach eigener Einschätzung angesichts des aktuellen Stands der Technik oder angesichts unvertretbarer Implementierungskosten nicht eindämmen kann. In dieser Situation ersucht er die Aufsichtsbehörde um Rat, bevor er die Verarbeitung aufnimmt.[54]

89 Aus Art. 36 Abs. 1 DS-GVO ergibt sich, dass **die Konsultation vor der Verarbeitung** erfolgen muss. Nicht explizit ergibt sich aus Art. 36 DS-GVO, ob der Abschluss des Konsultationsverfahrens abgewartet werden muss.[55] Da Art. 36 Abs. 2 S. 1 l. Hs. DS-GVO klarstellt, dass es bei den allgemeinen Eingriffsbefugnissen der Datenschutz-Aufsichtsbehörden bleibt und das Konsultationsverfahren bewusst nicht umfassend, sondern nur über die Öffnungsklausel in Art. 36 Abs. 5 DS-GVO als Genehmigungsverfahren ausgestaltet wurde, ist das zu verneinen.[56]

90 In den Fällen des Art. 36 Abs. 5 DS-GVO können Verantwortliche unabhängig von Art. 36 Abs. 1 DS-GVO **zu einer Vorherigen Konsultation verpflichtet werden.**

90a Bemerkenswerterweise ist Stand 2021 in ganz Deutschland seit Inkrafttreten der DS-GVO offenbar kein einziges und sind in der EU insgesamt **nur eine Handvoll Konsultationsverfahren** durchgeführt worden.[57]

---

[52] Ebenso BeckOK DatenSR/*Hansen,* 39. Ed. 2022, Art. 36 DS-GVO, Rn. 7ff.

[53] Ebenso BeckOK DatenSR/*Hansen,* 39. Ed. 2022, Art. 36 DS-GVO, Rn. 9; *Schmitz/v. Dall'Armi,* ZD 2017, 57 (63).

[54] *Schmitz/v. Dall'Armi,* ZD 2017, 57 (63); BeckOK DatenSR/*Hansen,* 39. Ed. 2022, Art. 36 DS-GVO, Rn. 9.

[55] So aber Sydow/*Reimer,* 2. Aufl. 2018, Art. 36 DS-GVO, Rn. 8; BeckOK DatenSR/*Hansen,* DS-GVO, 39. Ed. 2022, Art. 36 Rn. 7.

[56] Auernhammer/*Raum,* DS-GVO/BDSG, 7. Aufl. 2020, Art. 36 DS-GVO, Rn. 9.

[57] *Braun,* ZD 2021, 297 (299).

a) Aufgabe des Verantwortlichen

91 Die **Durchführung der Konsultation** besteht nach Art. 36 Abs. 3 DS-GVO für den Verantwortlichen darin, dass er der Aufsichtsbehörde kumulativ folgende Informationen zur Verfügung stellt:
- gegebenenfalls Angaben zu den jeweiligen Zuständigkeiten des Verantwortlichen, der gemeinsamen Verantwortlichen und der an der Verarbeitung beteiligten Auftragsverarbeiter, insbesondere bei einer Verarbeitung innerhalb einer Gruppe von Unternehmen,
- die Zwecke und die Mittel der beabsichtigten Verarbeitung,
- die zum Schutz der Rechte und Freiheiten der betroffenen Personen gemäß dieser Verordnung vorgesehenen Maßnahmen und Garantien,
- gegebenenfalls die Kontaktdaten des Datenschutzbeauftragten,
- die Datenschutz-Folgenabschätzung gemäß Art. 35 DS-GVO und
- alle sonstigen von der Aufsichtsbehörde angeforderten Informationen.

b) Aufgabe der Aufsichtsbehörde

92 Nicht explizit geregelt ist die **Pflicht der Aufsichtsbehörde,** die Unterlagen zu prüfen. Dies ergibt sich nur indirekt aus Art. 36 Abs. 2 DS-GVO, da sich ohne eine solche Prüfung die dort genannten Pflichten nicht erfüllen lassen.

93 Die Aufsichtsbehörde prüft nach Art. 36 Abs. 2 DS-GVO, ob *„die geplante Verarbeitung gemäß Absatz 1 nicht im Einklang mit dieser Verordnung"* steht. Die Systematik spricht dafür, dass die Bezugnahme auf Abs. 1 nicht den **Prüfungsumfang** begrenzt, sondern den Prüfungsgegenstand – also die Verarbeitung nach Abs. 1, in Bezug auf welche die Tatbestandsvoraussetzungen vorliegen – in Bezug nimmt.

94 Auch hieraus ergibt sich, dass allein die Tatsache, dass die Verarbeitung ein **hohes Risiko bedeutet, nicht die Unzulässigkeit** begründet.[58] Die Unzulässigkeit muss sich aus anderen Regelungen der DS-GVO ergeben, bspw. Art. 6–10 DS-GVO.

95 Die **Aufgabe der Aufsichtsbehörde** ist es nach Art. 36 Abs. 2 DS-GVO, dem Verantwortlichen eine schriftliche Empfehlung zu erteilen. Diese kann sich nicht darauf beschränken, dass die Verarbeitung unzulässig ist, sondern muss konkrete Empfehlungen enthalten, wie die Zulässigkeit der Verarbeitung zu erreichen ist, falls die Aufsichtsbehörde diese (noch) nicht für gegeben hält. Dies ergibt sich aus dem Beispiel *„insbesondere weil der Verantwortliche das Risiko nicht ausreichend ermittelt oder nicht ausreichend eingedämmt hat"* für die Feststellung der Unzulässigkeit.

96 Kurios ist, dass die Empfehlung auch dem **Auftragsverarbeiter** unterbreitet werden kann, der jedoch weder nach Art. 35 DS-GVO noch nach Art. 36 DS-GVO im vorliegenden Kontext beteiligt ist.

97 Die Empfehlung hat **innerhalb eines Zeitraums von bis zu acht Wochen** nach Erhalt des Ersuchens um Konsultation schriftlich zu erfolgen. Diese Frist kann unter Berücksichtigung der Komplexität der geplanten Verarbeitung um sechs Wochen verlängert werden. Die Aufsichtsbehörde unterrichtet über eine solche Fristverlängerung innerhalb eines Monats nach Eingang des Antrags auf Konsultation zusammen mit den Gründen für die Verzögerung. Diese Fristen können ausgesetzt werden, bis die Aufsichtsbehörde die für die Zwecke der Konsultation angeforderten Informationen erhalten hat.

98 Die **Aufsichtsbehörde** kann zusätzlich ihre in Art. 58 DS-GVO genannten **Befugnisse** ausüben, wie Art. 36 Abs. 2 S. 1 DS-GVO explizit anspricht. Das bedeutet

---

[58] Ebenso BeckOK DatenSR/*Hansen*, 39. Ed. 2022, Art. 36 DS-GVO, Rn. 7ff.

auch, dass der Gesetzgeber davon ausgeht, dass allein eine negative Bewertung durch die Aufsichtsbehörde nicht ipso iure zur verbindlichen Unzulässigkeit der Verarbeitung führt.

3. Übergangsregelung für die Vorherige Konsultation

99 Die Pflicht zur Vorherigen Konsultation hängt tatbestandlich von dem Ergebnis der Durchführung einer Datenschutz-Folgenabschätzung ab. Damit kann die **Pflicht zur Vorherigen Konsultation schon tatbestandlich nicht bestehen, solange keine Datenschutz-Folgenabschätzung durchgeführt werden musste** (ausführlich → Rn. 77ff.).

4. Sanktionierung eines Verstoßes

100 Das Unterlassen einer Vorherigen Konsultation ist nach Art. 83 Abs. 4 lit. a DS-GVO mit **Geldbußen** von bis zu 10 Mio. Euro oder im Fall eines Unternehmens von bis zu 2% seines gesamten weltweit erzielten Jahresumsatzes des vorangegangenen Geschäftsjahrs sanktioniert.

101 Im Rahmen der Sanktionierung wird die **unklare Auslegung der Voraussetzungen** des Art. 36 DS-GVO erhebliche Auswirkungen haben.

§ 18. Telekommunikations- und Teledienstedatenschutzrecht

Literatur: *Buchner,* Grundsätze und Rechtmäßigkeit der Datenverarbeitung unter der DS-GVO, DuD 2016, 155; *Eckhardt,* Datenschutzrichtlinie für elektronische Kommunikation – Auswirkungen auf Werbung mittels elektronischer Post, MMR 2003, 557; *ders.*, Datenschutz und Überwachung im Regierungsentwurf zum TKG, CR 2003, 805; *ders.*, Zur Zulässigkeit der Verbindungsdatenspeicherung bei Festpreisangeboten, K&R 2006, 293; *ders.*, EU-DatenschutzVO – Ein Schreckgespenst oder Fortschritt?, CR 2012, 195; *Eckhardt/Schmitz,* Informationspflicht bei „Datenschutzpannen", DuD 2008, 390; *Eckhardt/Schmitz,* Datenschutz in der TKG-Novelle, CR 2011, 436; *Eichenhofer,* Privatheit im Internet als Vertrauensschutz, Der Staat (55) 2016, 41; *ders.*, e-Privacy, 2021; *Geppert/Schütz* (Hrsg.), Beck'scher TKG-Kommentar, 4. Aufl. 2013; *Golland,* Das Telekommunikation-Telemedien-Datenschutzgesetz, NJW 2021, 2238; *Hanloser,* Schutz der Geräteintegrität durch § 25 TTDSG, ZD 2021, 399; *Herrmann,* Modernisierung des Datenschutzrechts – ausschließlich eine europäische Aufgabe?, ZD 2012, 49; *Heun,* Handbuch des Telekommunikationsrechts, 2. Aufl. 2007; *Heun,* IT-Unternehmen als Telekommunikationsanbieter, CR 2008, 79ff.; *Keppeler,* Was bleibt vom TMG-Datenschutz nach der DS-GVO? – Lösung und Schaffung von Abgrenzungsproblemen im Multimedia-Datenschutz, MMR 2015, 779; *Kiparski,* Die Telekommunikations-Datenschutzregelungen im neuen TTDSG, CR 2021, 482; *Kühling/Sauerborn,* TTDSG-Kabinettsentwurf und Art. 95 DSGVO, CR 2021, 271; *Nebel/Richter,* Datenschutz bei Internetdiensten nach der DS-GVO – Vergleich der deutschen Rechtslage mit dem Kommissionsentwurf, ZD 2012, 407; *Ohlenburg,* Die neue EU-Datenschutzrichtlinie 2002/58/EG – Auswirkungen und Neuerungen für elektronische Kommunikation, MMR 2003, 83; *Piltz,* Das neue TTDSG aus Sicht der Telemedien, CR 2021, 555; *Säcker* (Hrsg.), Berliner Kommentar zum TKG, 3. Aufl. 2013; *Schwartmann/Benedikt,* Einwilligungsmanagementsysteme nach dem Telekommunikation-Telemedien-Datenschutzgesetz (TTDSG) – Lösungen und Chancen für einen fairen Onlinedatenschutz, RDV 2021, 248; *Specht-Riemenschneider/Blankertz/Sierek/Schneider/Knapp/Henne,* Die Datentreuhand, MMR-Beil. 2021, 25; *Spindler/Schuster,* Recht der elektronischen Medien, 3. Aufl. 2015; *Sydow/Kring,* Die Datenschutzgrundverordnung zwischen Technikneutralität und Technikbezug – Konkurrierende Leitbilder für den europäischen Rechtsrahmen, ZD 2014, 271.

1 Die **DS-GVO** beansprucht als EU-Verordnung **in ihrem Anwendungsbereich Anwendungsvorrang vor den mitgliedstaatlichen Bestimmungen des Datenschutzes.** Ausweislich ErwGr 15 DS-GVO ist die DS-GVO technikneutral anzuwenden und soll insbesondere die Risiken des digitalen Zeitalters abbilden (vgl. zum sachlichen Anwendungsbereich → § 8).[1] Nach dieser Konzeption der DS-GVO bleibt also kein Raum mehr für mitgliedstaatliches Datenschutzrecht, das spezifische Regelungen anknüpfend an die verwendete Technik vorsieht.[2]

2 Allerdings sieht **Art. 95 DS-GVO** vor, dass die DS-GVO natürlichen oder juristischen Personen „in Bezug auf die Verarbeitung in Verbindung mit der Bereitstellung öffentlich zugänglicher elektronischer Kommunikationsdienste in öffentlichen Kommunikationsnetzen in der Union keine zusätzlichen Pflichten" auferlegt, „soweit sie besonderen in der Richtlinie 2002/48/EG festgelegten Pflichten unterliegen, die dasselbe Ziel verfolgen".

3 Dementsprechend kollidierten die Regelungen der DS-GVO mit den Datenschutzbestimmungen im Telekommunikationsgesetz (TKG), wie sie in §§ 91ff. TKG-2012 enthalten waren, und im Telemediengesetz (TMG), wie sie in §§ 11ff. TMG-2020 enthalten waren. Der Gesetzgeber hat mit dem Ziel, dieses Spannungs-

[1] „Um ein ernsthaftes Risiko einer Umgehung der Vorschriften zu vermeiden, sollte der Schutz natürlicher Personen technologieneutral sein und nicht von den verwendeten Techniken abhängen." (Auszug aus ErwGr 15 DS-GVO).

[2] Ebenso Sydow/*Sydow,* DS-GVO, 2. Aufl. 2018, Einl., Rn. 43; *Buchner,* DuD 2016, 155 (161).

verhältnis aufzuheben, mit Wirkung vom 1.12.2021 das **Telekommunikation-Telemedien-Datenschutz-Gesetz (TTDSG**[3]) erlassen und zugleich die bisherigen datenschutzrechtlichen Regelungen in TKG und TMG aufgehoben.[4] Das neue TTDSG vereint die Regelungen zum Datenschutz im Telekommunikations- und Telemedienbereich nun in einem einzigen Gesetz und ist insoweit scheinbar stärker am Unionsrecht orientiert. Inhaltlich hält der deutsche Gesetzgeber trotz der Vereinigung in einem Gesetz an der tradierten deutschen Einteilung des elektronischen Bereichs in Telekommunikation einerseits und Telemedien andererseits fest. Denn das TTDSG enthält weiterhin getrennt Regelungen für Telekommunikation und Telemedien (→ Rn. 14a) und macht weiterhin die Abgrenzung zwischen Telekommunikation und Telemedien erforderlich. Bei der Auslegung und Anwendung der Regelungen des TTDSG ist zu berücksichtigten, dass sie **weitgehend der Umsetzung der EK-DSRL** (→ Rn. 4ff.) **dienen.** Die Regelungen des TTDSG werden durch die DS-GVO im Umfang der Öffnungsklausel des Art. 95 DS-GVO nicht durch DS-GVO verdrängt. Allerdings enthält das TTDSG auch vereinzelt Regelungen wie § 19 Abs. 3 TTDSG, die außerhalb der Anwendungsbereiche sowohl der DS-GVO als auch der EK-DSRL liegen.

A. Datenschutzrichtlinie für elektronische Kommunikation (EK-DSRL)

4 Die Datenschutzrichtlinie für elektronische Kommunikation (EK-DSRL)[5] enthält verbindliche Mindestvorgaben für den Datenschutz im Bereich elektronischer Kommunikation.[6] Die EK-DSRL ergänzte ursprünglich die DSRL durch Vorgaben für den Datenschutz im Bereich elektronischer Kommunikation. Durch die EK-DSRL wurden die **Mitgliedsstaaten verpflichtet, spezifische Regelungen zum Datenschutz für elektronische Kommunikation zu erlassen.** Die Richtlinie enthält insbesondere Vorgaben zu Einzelverbindungsnachweisen, zur Anzeige und Unterdrückung von Rufnummern, zur automatischen Anrufweiterschaltung sowie zur Aufnahme von Teilnehmern in Teilnehmerverzeichnissen. Es handelte sich um spezifische Datenschutzbestimmungen für den Bereich der elektronischen Kommunikation, wobei die ursprüngliche Regelung von 2002 noch eine deutlichere Prägung im Sinne der klassischen Telekommunikation hatte.

5 Diese EK-DSRL wurde 2009 durch die **Richtlinie 2009/136/EG,**[7] die auch als **sog. Cookie-Richtlinie** bezeichnet wird, geändert. Diese Richtlinie enthielt Änderungen der EK-DSRL insbesondere für die Meldepflichten bei der Verletzung des Schutzes personenbezogener Daten. Sie sah auch für bestimmte Konstellationen die Einwilligung der Nutzer vor, wenn Daten auf ihren Endgeräten gespeichert werden sollten oder anderweitig darauf zugegriffen wird (Art. 5 Abs. 3 EK-DSRL i.d.F. durch Art. 2 Nr. 5 der Richtlinie 2009/136/EG).[8] Da dies insbesondere auf die so-

---

[3] Nicht zu verwechseln mit dem TDDSG, das als Vorgänger der datenschutzrechtlichen Regelungen des TMG 2007 außer Kraft trat.

[4] BGBl. I 2021 S. 1982.

[5] RL 2002/58/EG des europäischen Parlaments und des Rates vom 12.7.2002 über die Verarbeitung personenbezogener Daten und dem Schutz der Privatsphäre in der elektronischen Kommunikation.

[6] Dazu *Ohlenburg*, MMR 2003, 83ff.; vgl. *Eckhardt*, MMR 2003, 557ff.

[7] RL 2009/136/EG des Europäischen Parlaments und des Rates vom 25.11.2009 zur Änderung der RL 2002/22/EG über den Universaldienst und Nutzerrechte bei elektronischen Kommunikationsnetzen und -diensten, der RL 2002/58/EG über die Verarbeitung personenbezogener Daten und den Schutz der Privatsphäre in der elektronischen Kommunikation und der VO (EG) Nr. 2006/2004 über die Zusammenarbeit im Verbraucherschutz (ABl. 2009 L 337/11).

[8] *Conrad/Hausen* in HdB IT- und DatenschutzR, 3. Aufl. 2019, § 36 Rn. 9ff.

genannten Cookies[9] abzielte, erhielt diese Änderungs-Richtlinie unter Vernachlässigung ihrer weiteren substanziellen Inhalte die Bezeichnung „Cookie-Richtlinie".

6 Im Rahmen der **Umsetzung dieser Änderungsrichtlinie** erwies sich einmal mehr die Zweiteilung der Datenschutzbestimmungen im Bereich elektronischer Kommunikationsdienste in Deutschland – nämlich **einerseits im Telekommunikationsgesetz und andererseits im Telemediengesetz** – als problematisch. Denn während die Regelungen dieser Änderungsrichtlinie mit Ausnahme der „Cookie-Regelung" im TKG umgesetzt werden konnten und wurden, hätte die Regelung zu Cookies nach der deutschen Systematik eine Umsetzung in den Datenschutzbestimmungen des TMG erfordert. Der deutsche Gesetzgeber nahm jedoch keine Änderung am TMG vor, um die Vorgaben aus der Änderungsrichtlinie umzusetzen, und verwies darauf, dass die Vorgaben der Änderungsrichtlinie bereits im TMG umgesetzt seien.[10] Das führte wiederum zu kontroversen Diskussionen, ob dies zutreffend sei.[11] Mit Urteil vom 1.10.2019 hat der EuGH schließlich festgestellt, dass Art. 5 Abs. 3 der EK-DSRL ein **„Opt In"** des Nutzers vorschreibe.[12] Der BGH hat dementsprechend die deutsche Regelung, die in § 15 Abs. 3 TMG ausdrücklich ein „Opt Out" vorschrieb, europarechtskonform, aber in methodisch zweifelhafter Weise entgegen dem eindeutigen Wortlaut[13] dahingehend „ausgelegt", dass ein „Opt In" erforderlich sei.[14] Das TTDSG enthält nunmehr eine den Anforderungen der EK-DSRK entsprechende „Opt In"-Regelung in § 25 Abs. 1 S. 1 TTDSG.

7 Besondere Aufmerksamkeit erhielt die EK-DSRL durch die Entscheidung des **EuGH zur Richtlinie über die Vorratsdatenspeicherung** (→ § 5 Rn. 79f.). Aus Art. 15 der EK-DSRL ergab sich, dass sich eine mitgliedstaatliche Regelung über die Vorratsdatenspeicherung an den Vorgaben des Art. 7 GRCh orientieren müsse.[15] Nach Auffassung des EuGH war Art. 15 EK-DSRL so auszulegen, dass mit ihm eine mitgliedstaatliche Regelung kollidiert, die für Zwecke der Bekämpfung von Straftaten eine allgemeine Vorratsdatenspeicherung sämtlicher Verkehrs- und Standortdaten aller Teilnehmer und registrierter Nutzer auf alle elektronischen Kommunikationsmittel vorsieht.[16]

7a Festzustellen ist, dass die EK-DSRL wie die DS-GVO dem individualistischen Ansatz des Datenschutzrechts verhaftet bleibt. Gerade im Internet, das im Zuge der Digitalisierung alle Facetten des Lebens durchdringt, kommt diese Konzeption an ihre Grenzen.[17] Es muss daher in Betracht gezogen werden, neben der „informationellen Selbstbestimmung" auch auf **objektivrechtliche Konzepte** wie etwa den

[9] Spindler/Schuster/*Spindler/Nink*, 4. Aufl. 2019, § 11 TMG, Rn. 5 wörtlich: Cookies sind kleine Datenpakete, die von einem Web-Server erzeugt und bei Kommunikation des Nutzers mit dem Web-Server auf der Festplatte des Web-Client des Nutzers abgelegt werden. Bei einem erneuten Betreten des Web-Servers des Anbieters werden diese Datenpakete, sofern der Cookie eine über den einmaligen Besuch hinausgehende Lebensdauer hat, wieder an den Anbieter zurückgesandt. Bei einem vorhandenen Profil können die Daten diesem also zugeordnet werden, wodurch sich dann der Personenbezug herstellen lässt, d. h. nunmehr personenbezogene Daten existieren. Somit dient bereits das Setzen des Cookies der Vorbereitung eines späteren Datenumgangs.

[10] S. Darstellung im Beschluss des Düsseldorfer Kreises vom 24./25.11.2010; Spindler/Schuster/*Nink*, 4. Aufl. 2019, § 13 TMG, Rn. 3.

[11] *Conrad/Hausen* in HdB IT- und DatenschutzR, 3. Aufl. 2019, § 36 Rn. 12; Spindler/Schuster/*Spindler/Nink*, 4. Aufl. 2019, § 13 TMG, Rn. 6f.

[12] EuGH, Urt. v. 1.10.2019 – C-637/17, NJW 2019, 3433 (Rn. 49ff.) – Planet49.

[13] *Jandt*, ZD 2020, 551 (552).

[14] BGH, Urt. v. 28.5.2020 – I ZR 7/16, NJW 2020, 2540 (Rn. 47ff.) – Cookie-Einwilligung II.

[15] Schantz/Wolff/*Wolff*, Das neue DatSchR, 2017, S. 87.

[16] EuGH, Urt. v. 21.12.2016 – C-203/15 u. a., NJW 2017, 717 (Rn. 107f.) – Tele2 Svirige AB/Post; Schantz/Wolff/*Wolff*, Das neue DatSchR, 2017, S. 87.

[17] *Eichenhofer*, e-Privacy, 2021, S. 69ff.

Schutz des Vertrauens in die Einhaltung privatheitschützender Normen zu rekurrieren, die sich auch in den einschlägigen europäischen und konventionsrechtlichen Grundrechten verankern lassen.[18] Sicherlich keine Lösung ist es, angesichts der Gefährdung der Privatheit im Internet juristisch die Waffen zu strecken und das **„Ende der Privatheit"** zu verkünden – Gefährdung kann man nicht mit Aufgabe gleichsetzen.[19] Es stünde auch im Gegensatz zu wissenschaftlichen Erkenntnissen über die Bedeutung der Privatheit für viele Internetnutzer.[20] Bisher beschränkt das Datenschutzrecht derartige Bestrebungen aber vornehmlich auf den Bereich der technischen Sicherheit.[21]

B. Verhältnis der DS-GVO zur EK-DSRL und mitgliedstaatlichen Regelungen

8 Das Verhältnis der EK-DSRL zur DS-GVO wird in **Art. 95 DS-GVO** geregelt (→ Rn. 9ff.). Da eine Richtlinie der Umsetzung in mitgliedstaatliches Recht bedarf, stellt sich darauf aufbauend die Frage nach dem Verhältnis der mitgliedstaatlichen Regelungen zur Umsetzung der EK-DSRL zur DS-GVO anhand von Art. 95 DS-GVO (→ Rn. 12ff.).

I. Verhältnis der DS-GVO zur EK-DSRL

9 Nach Art. 95 DS-GVO legt die DS-GVO *„natürlichen oder juristischen Personen in Bezug auf die Verarbeitung in Verbindung mit der Bereitstellung öffentlich zugänglicher elektronischer Kommunikationsdienste in öffentlichen Kommunikationsnetzen in der Union keine zusätzlichen Pflichten auf, soweit sie besonderen in der [EK-DSRL] festgelegten Pflichten unterliegen, die dasselbe Ziel verfolgen"*. Damit wird das Verhältnis zwischen der EK-DSRL und der DS-GVO zwar klargestellt, jedoch nicht deutlich.[22] Zunächst einmal tritt die DS-GVO nur dann zurück, wenn überhaupt ein „öffentlich zugänglicher elektronischer Kommunikationsdienst in öffentlichen Kommunikationsnetzen in der Union" betrieben wird. Nun schreibt die EK-DSRL bloß eine Mindestharmonisierung vor, was die Frage aufwirft, ob lediglich die notwendigen mitgliedstaatlichen Umsetzungen durch Art. 95 DS-GVO „freigeschaltet" werden oder auch aus Sicht der EK-DSRL erlaubte überschießende Teile. Die hM geht unter Verweis auf die Vollharmonisierung durch die DS-GVO von einer **Reduktion des mitgliedstaatlichen Spielraums auf die zur Umsetzung der Mindestharmonisierung notwendigen Normen** aus (→ Rn. 16ff.).[23] Effektiv macht sie damit die EK-DSRL entgegen der ursprünglichen Konzeption dieser Richtlinie zur vollharmonisierenden Richtlinie. Sofern diese Voraussetzungen vorliegen, kommt es sodann darauf an, ob es um eine Pflicht aus der EK-DSRL geht, die dasselbe Ziel wie eine Pflicht aus der DS-GVO verfolgt. Das kann angesichts der unterschiedlichen Regelungsmaterien – Telekommunikationsdatenschutz auch für juristische Personen in der EK-DSRL, Schutz personenbezogener Daten in der DS-GVO –[24] nur anhand der jeweiligen Norm bestimmt werden.

[18] Ausf. *Eichenhofer,* e-Privacy, 2021, S. 173ff., 290ff.
[19] *Eichenhofer,* Der Staat 55 (2016), 41 (47f. mit Fn. 47).
[20] *Eichenhofer,* e-Privacy, 2021, S. 95ff.
[21] Vgl. *Eichenhofer,* e-Privacy, 2012, S. 429ff.
[22] Ebenso Schantz/Wolff/*Wolff,* Das neue DatSchR, 2017, S. 87.
[23] *Kühling/Sauerborn,* CR 2021, 271 (273); *Kiparski,* CR 2021, 482 (485); Wolff/Brink/*Holländer,* 2013, Art. 95 DS-GVO, Rn. 5; Kühling/Buchner/*Kühling/Raab,* 3. Aufl. 2020, Art. 95 DS-GVO, Rn. 11; Auernhammer/*Heun/Assion,* 7. Aufl. 2020, DS-GVO Art. 95 Rn. 14. **A.A.** bei Plath/*Jenny,* 3. Aufl. 2018, DS-GVO Art. 95 Rn. 7.
[24] Auernhammer/*Heun/Assion,* 7. Aufl. 2020, Art. 95 DS-GVO, Rn. 4.

10 Im Ergebnis bedeutet die Regelung in Art. 95 DS-GVO den **Vorrang der Regelungen der EK-DSRL gegenüber den Regelungen der DS-GVO.**[25] Die EK-DSRL ist jedoch anders als die DS-GVO nicht unmittelbar anwendbar, sodass der Anwendungsvorrang in der Praxis sich nicht unmittelbar in der EK-DSRL auswirkt, sondern **Auswirkungen in Bezug auf die mitgliedstaatlichen Gesetze zur Umsetzung der** EK-DSRL hat. Das bedeutet: Soweit im nationalen Recht, insbesondere in den Datenschutzbestimmungen des TTDSG, Vorgaben der EK-DSRL umgesetzt sind, bleiben diese vom Anwendungsvorrang der DS-GVO ausgenommen. Zu beachten ist darüber hinaus, dass die EK-DSRL nicht nur den Umgang mit personenbezogenen Daten regelt, sondern auch darüber hinausgehende Pflichten zum Gegenstand hat, die mangels Eröffnung des Anwendungsbereichs der DS-GVO auch nicht von dieser verdrängt werden können, was z. B. den Umgang mit den Daten juristischer Personen betrifft.[26] In diesem Falle ist die überschießende Umsetzung weiter zulässig. Von selbst versteht sich, dass Regelungen wie § 19 Abs. 3 TTDSG, die weder vom Anwendungsbereich der DS-GVO noch von demjenigen der EK-DSRL erfasst werden, keinen europarechtlichen Vorgaben unterliegen.

11 Der Normgeber der DS-GVO fordert in ErwGr 173 DS-GVO die EU-Kommission zur **Reform der EK-DSRL** auf, um Kohärenz mit der DS-GVO zu schaffen. Die EU-Kommission hat hierzu am 10.1.2017 einen ersten Entwurf einer **E-Privacy-Verordnung**[27] vorgelegt. Zuletzt hat der Rat der EU Anfang 2021 seine Verhandlungsposition festgelegt.[28] Die Vorschläge knüpfen an die Regelungsmaterien der EK-DSRL an und werden insbesondere wegen der möglichen Regelungen zum Einsatz von sog. Cookies (→ Rn. 5 Fn. 9) kontrovers diskutiert. Eine E-Privacy-Verordnung würde in ihrem Anwendungsbereich als Lex specialis der DS-GVO vorgehen und das TTDSG verdrängen. Der ursprüngliche Zeitplan eines Anwendungsbeginns einer E-Privacy-Verordnung zeitgleich zur DS-GVO ist allerdings obsolet. Auch mit der Stellungnahme des Rates ist 2021 weder der Regelungsgehalt noch der Zeitpunkt des Inkrafttretens sicher absehbar.

II. Verhältnis der DS-GVO zu mitgliedstaatlichen Datenschutzbestimmungen

12 Mit dem Inkrafttreten des TTDSG ist gegenüber der früheren, unklaren Rechtslage seit Inkrafttreten der DS-GVO scheinbar **eine erhebliche Verbesserung** verbunden (→ Rn. 3), doch ist zweifelhaft, ob sich alle neuen Regelungen im durch Art. 95 DS-GVO gesteckten Rahmen halten, wodurch eben gerade nicht eine klare Abgrenzung und Rechtssicherheit geschaffen ist.[29] Auch bei der Anwendung des TTDSG ist es daher erforderlich, dass vor Anwendung der konkreten Regelung zunächst geprüft wird, ob sie – erstens – durch Art. 95 DS-GVO von dem **Anwendungsvorrang der DS-GVO** ausgenommen ist und – zweitens – auf Vorgaben der EK-DSRL beruht. Denn nur in diesem Rahmen sieht Art. 95 DS-GVO einen Spielraum für mitgliedstaatliche Regelungen vor. Dabei ergibt sich allerdings das Problem, dass Art. 95 DS-GVO selbst Auslegungsspielraum bietet (→ Rn. 9).

---

[25] Ebenso Paal/Pauly/*Pauly,* 3. Aufl. 2021, Art. 95 DS-GVO, Rn. 2; Schantz/Wolff/*Wolff,* Das neue DatSchR, 2017, S. 87; *Kiparski,* CR 2021, 482 (482 f.); *Schramm/Shvets,* MMR 2019, 228 (229); wohl auch BeckOK DatenSR/*Holländer,* 39. Ed. 2022, Art. 95 DS-GVO, Rn. 1; Roßnagel/*Geminn/Richter,* DS-GVO, 2017, S. 81 ff.; vgl. *Nebel/Richter,* ZD 2012, 407 (408).

[26] *Kühling/Sauerborn,* CR 2021, 271 (272).

[27] KOM (2017) 10 Finalpunkt 2017/0003 (COD).

[28] c't 6/2021, 32. Die Position des Rates ist abrufbar unter https://data.consilium.europa.eu/doc/document/ST-6087-2021-INIT/en/pdf (letzter Abruf: 4.10.2021).

[29] Vgl. *Kühling/Sauerborn,* CR 2021, 271 (274 ff.); *Kiparski,* CR 2021, 482 (483).

1. Datenschutzbestimmungen des TKG

13 Bis vor kurzem ergab sich bezüglich der Datenschutzbestimmungen des TKG 2012 die Problematik, dass der **deutsche Gesetzgeber mit den §§ 91 ff. TKG 2012 zwar die EK-DSRL umgesetzt, sich bei der inhaltlichen Gestaltung jedoch nicht hierauf beschränkt hatte.** Es konnte mithin nicht in „Bausch und Bogen" angenommen werden, dass die Datenschutzbestimmungen in §§ 91 ff. TKG 2012 vom Anwendungsvorrang der DS-GVO verschont bleiben. Vielmehr bedurfte es nach der überwiegenden Meinung einer konkreten Analyse der Regelungen im Einzelfall.[30] Mit dem Telekommunikationsmodernisierungsgesetz[31] wurden die entsprechenden Bestimmungen mit Wirkung vom 1.12.2021 aus dem TKG gestrichen. Ihre Nachfolger finden sich nun im TTDSG.[32] Das TTDSG schreibt jedoch insoweit im wesentlichen nur die bereits in §§ 91 ff. TKG 2012 fort, sodass sich dieselbe Herausforderung nur in „neuem Gewand" stellt.

14 Im TKG verblieben ist der Abschnitt über die **öffentliche Sicherheit,** der nunmehr in Teil 10 die §§ 163 ff. TKG 2021 ausmacht. Während damit die Abschnitte über das Fernmeldegeheimnis und den Datenschutz im TKG-2021 entfallen sind, gilt dies also nicht für die Sicherheit der Verarbeitung. Darüber hinaus fügt das Gesetz einen neuen Abschnitt über die Notfallvorsorge ein, der die bisherigen Bestimmungen des PTSG übernimmt.[33] Mit dem Fortfall der datenschutzrechtlichen Vorschriften aus dem TKG hat sich die Frage, wie weit sie von Art. 95 DS-GVO gedeckt sind, im TKG 2021 erledigt bzw. **in das TTDSG verschoben.** Die verbliebenen und neuen datenschutzrechtlichen Bestimmungen im TKG-2021 dienen nicht der Umsetzung der EK-DSRL, sondern der Umsetzung anderer europäischer Richtlinien – insbesondere der Umsetzung der EKEK-RL[34] – oder stellen wie namentlich die §§ 175 ff. TKG 2021 genuin mitgliedstaatliches Recht außerhalb des Anwendungsbereichs der DS-GVO dar. Bezüglich dieser Normen besteht **kein Konfliktverhältnis** zur DS-GVO.

2. Datenschutzbestimmungen des TTDSG

14a Das TTDSG regelt nach einem kurzen ersten allgemeinen Teil (§§ 1–2 TTDSG) in Teil 2 (§§ 3–18 TTDSG) den Telekommunikationsdatenschutz (bisher Gegenstand des TKG 2012) und in Teil 3 (§§ 19–26) den Telemediendatenschutz (bisher Gegenstand des TMG 2020); Teil 4 beschäftigt sich mit Straf-, Bußgeld- und Aufsichtsvorschriften (§§ 27–30 TTDSG). Dabei erfolgt die im deutschen Recht bisher übliche und weiterhin vorgesehe Trennung zwischen Telekommunikation und Telemedien weiterhin nicht trennscharf in dem Sinne, dass die beiden Abschnitte mit einer Norm zum Anwendungsbereich eingeleitet würden, sondern es **bestimmt jede Norm des TTDSG selbst ihren Adressaten.**[35] In den beiden Teilen 2 und 3 werden größtenteils Bestimmungen der EK-DSRL umgesetzt.

15 Allerdings kann sich eine **Veränderung der Auslegung der mitgliedstaatlichen Bestimmungen zur Umsetzung der EK-DSRL** ergeben, soweit die EK-DSRL auf Re-

[30] Ebenso Schantz/Wolff/*Wolff*, Das neue DatSchR, 2017, S. 89; Roßnagel/*Geminn/Richter*, DS-GVO, 2017, S. 81; vgl. *Nebel/Richter*, ZD 2012, 407 (408); Sydow/*Sydow*, 2. Aufl. 2018, DS-GVO, Einl. Rn. 44.

[31] BGBl I 2021 S. 1858.

[32] Vgl. BT-Drs. 19/26108, 359.

[33] BT-Drs. 19/26108, 359.

[34] Richtlinie (EU) 2018/1972 des Europäischen Parlaments und des Rates vom 11.12.2018 über den europäischen Kodex für die elektronische Kommunikation.

[35] *Kühling/Sauerborn*, CR 2021, 271 (273).

gelungen der vormaligen DSRL verweist. Sie verweist bspw. in den Begriffsbestimmungen auf die DSRL. Dementsprechend hat der BGH bei der Auslegung des Begriffs „Einwilligung" in § 7 UWG die Definition in Art. 2 lit. h DSRL zugrundegelegt.[36] Denn § 7 UWG beruht teilweise auf Art. 13 der EK-DSRL,[37] welcher wiederum auf die Definition von Einwilligung in der DSRL verweist. Aus Art. 94 Abs. 2 DS-GVO ergibt sich, dass Verweise und Bezugnahmen der EK-DSRL auf die DSRL als Verweise auf die DS-GVO zu verstehen sind. Dementsprechend erlangt die DS-GVO mittelbar Einfluss auf die Auslegung der EK-DSRL und damit auf die mitgliedstaatlichen Bestimmungen zur Umsetzung der EK-DSRL. Nach anderer Ansicht ist jedoch Art. 95 DS-GVO nicht nur als Regelung zur Klarstellung des Rangverhältnisses zu verstehen, sondern als allgemeine Bestandsschutz-Regelung für die durch die EK-DSRL vorgegebenen Regelungen.[38]

16–17 Neben diesem sich aus Art. 95 DS-GVO ergebendem Rangverhältnis zwischen der EK-DSRL und der DS-GVO ergibt sich auf Grund der Umsetzung der Vorgaben der EK-DSRL durch den deutschen Gesetzgeber im TTDSG ein weiteres Problem. Dieses kann trotz des beschriebenen Vorrangs der EK-DSRL dazu führen, dass gleichwohl die **Bestimmungen der §§ 3 ff. TTDSG hinter die DS-GVO zurücktreten:** Das TTDSG reguliert nämlich in verschiedenen Normen die Anbieter von **„geschäftsmäßig"** angebotenen Telekommunikationsdiensten (§ 3 Abs. 2 S. 1 Nr. 2 TTDSG, auf den vielfach aus anderen Normen des TTDSG verwiesen wird), ein Merkmal, das **weder von der EK-DSRL vorgesehen noch mit dem dortigen Merkmal „öffentlich" deckungsgleich ist.**[39] Geschäftsmäßig kann auch ein nicht-öffentlicher Telekommunikationsdienst sein, etwa die gestattete private Nutzung der Telekommunikationsinfrastruktur durch einen Arbeitgeber gegenüber seinen Angestellten.[40] Die Beibehaltung der Verpflichtung auch der **nicht-öffentlichen, aber geschäftsmäßigen Telekommunikationsdiensteanbieter** im telekommunikationsrechtlichen Teil auf das Fernmeldegeheimnis begründet der Gesetzgeber zum einen mit einer aus Art. 10 GG folgenden Schutzpflicht, zum anderen mit der Umsetzung von Art. 5 Abs. 1 EK-DSRL.[41] Art. 5 Abs. 1 EK-DSRL gilt aber nicht für „geschäftsmäßige" Telekommunikationsdiensteanbieter, sondern nur für öffentliche Telekommunikationsdiensteanbieter.[42] Selbst wenn eine grundrechtliche Schutzpflicht anzunehmen wäre, würde diese nach dem hier vertretenen Verständnis des Art. 95 DS-GVO dem Anwendungsvorrang des EU-Rechts zum Opfer fallen, da ein ausbrechender Rechtsakt der Union kaum angenommen werden kann. Auch für die Union gelten primärrechtliche Verpflichtungen, die nicht hinter Art. 10 GG zurückbleiben dürften, und für eine Primärrechtswidrigkeit der EK-DSRL ist nichts vorgebracht. Demnach unterfällt der überschießende Teil der Geschäftsmäßigkeit dem Anwendungsvorrang der DS-GVO und ist unanwendbar.[43]

---

[36] BGH, Urt. v. 25.10.2012 – I ZR 169/10, MMR 2013, 380, 381 mit Anm. *Eckhardt;* BGH, Urt. v. 14.3.2017 – VI ZR 721/15, ZD 2017, 327 (329) mit Anm. *Eckhardt.*

[37] Hierzu *Eckhardt,* MMR 2003, 557 (561 f.).

[38] Schantz/Wolff/*Wolff,* Das neue DatSchR, 2017, S. 88 unter Bezugnahme auf die Äußerungen der Kommission während der Beratungen, wie sie bei *Piltz,* K&R 2016, 557 (560) dargestellt werden.

[39] *Kühling/Sauerborn,* CR 2021, 271 (273 f.); noch zum vergleichbaren § 88 TKG a. F. Spindler/Schuster/*Eckhardt,* 4. Aufl. 2019, § 88 TKG, Rn. 36.

[40] Vgl. Geppert/Schütz/*Braun,* 4. Aufl. 2013, § 91 TKG, Rn. 12. – Einzelheiten zum deutschen Begriff der Geschäftsmäßigkeit sind streitig.

[41] BT-Drs. 19/27441, 34.

[42] *Kiparski,* CR 2021, 482 (485 f.).

[43] *Kühling/Sauerborn,* CR 2021, 271 (273 f.); *Kiparski,* CR 2021, 482 (485 f.), der sich mit Recht überrascht zeigt, weil dieses Merkmal zeitgleich aus dem TKG 2021 gestrichen wurde; ausführlich noch zur gleichen Problematik im TKG a. F. Heun, Hdb TelekomR/*Eckhardt,* 2. Aufl. 2007, S. 65 ff.

18 Aufgrund der unterschiedlichen Festlegung des **persönlichen Anwendungsbereichs** in der EK-DSRL (*„öffentlich zugängliche Kommunikationsdienste"*) einerseits und der Datenschutzbestimmungen im TTDSG (*„Anbieter von [...] geschäftsmäßig angebotenen Telekommunikationsdiensten"*, § 3 Abs. 2 Nr. 2 TTDSG) andererseits werden nicht alle durch §§ 3ff. TTDSG erfassten Datenverarbeiter von der Vorrangregelung des Art. 95 DS-GVO zugunsten der EK-DSRL umfasst. Die Normen des TTDSG, die auf § 3 Abs. 2 Nr. 2 TTDSG Bezug nehmen (zB §§ 6 Abs. 1, 7 Abs. 1, 9 Abs. 1 TTDSG), kommen nur für **Erbringer öffentlich zugänglicher Telekommunikationsdienste** aufgrund von Art. 95 DS-GVO **zur Geltung.** Für die weiteren durch §§ 3ff. TTDSG erfassten Telekommunikationsdienstleistungen gilt der Anwendungsvorrang der DS-GVO.

19 Hinzu kommt allerdings, dass die Regelungen in **§§ 3ff. TTDSG nur insoweit gelten, als sie auch inhaltlich der Umsetzung der Richtlinie 2002/58/EG dienen** und damit auf dieser beruhen oder Regelungen außerhalb des Anwendungsbereichs der DS-GVO enthalten. Das erzwingt eine Detailbewertung in Bezug auf jede Regelung der §§ 3ff. TTDSG, ob sie sich im Rahmen des Art. 95 DS-GVO befindet.

20 Im Ergebnis bedeutet das eine **zweistufige Prüfung der Anwendbarkeit der §§ 3ff. TTDSG:**

1. Nur für die von Art. 95 DS-GVO erfassten Datenverarbeiter kommen die auf § 3 Abs. 2 Nr. 2 TTDSG Bezug nehmenden Datenschutzbestimmungen des TTDSG zur Anwendung.
2. Auch für diese kommen nur die Datenschutzbestimmungen der §§ 3ff. TTDSG zur Anwendung, welche der Umsetzung der Richtlinie 2002/58/EG dienen.

21 Art. 95 DS-GVO *„erlegt natürlichen oder juristischen Personen in Bezug auf die Verarbeitung in Verbindung mit der Bereitstellung öffentlich zugänglicher elektronischer Kommunikationsdienste in öffentlichen Kommunikationsnetzen in der Union keine zusätzlichen Pflichten auf, soweit sie besonderen in der Richtlinie 2002/58/EG festgelegten Pflichten unterliegen, die dasselbe Ziel verfolgen"*. Nach **Art. 3 Abs. 1 gilt die EK-DSRL** *„für die Verarbeitung personenbezogener Daten in Verbindung mit der Bereitstellung öffentlich zugänglicher elektronischer Kommunikationsdienste in öffentlichen Kommunikationsnetzen in der Gemeinschaft"*. Die EK-DSRL nimmt zur Definition dieser Begriffe Bezug auf die Richtlinie 2002/21/EG („Rahmenrichtlinie"). Art. 2 lit. c der Richtlinie 2002/21/EG definierte elektronische Kommunikationsdienste als gewöhnlich gegen Entgelt erbrachte Dienste, die ganz oder überwiegend in der Übertragung von Signalen über elektronische Kommunikationsnetze bestehen, einschließlich Telekommunikations- und Übertragungsdienste in Rundfunknetzen, jedoch ausgenommen Dienste, die Inhalte über elektronische Kommunikationsnetze und -dienste anbieten oder eine redaktionelle Kontrolle über sie ausüben; nicht dazu gehören die Dienste der Informationsgesellschaft im Sinne von Art. 1 RL 98/34/EG, die nicht ganz oder überwiegend in der Übertragung von Signalen über elektronische Kommunikationsnetze bestehen. Nach Art. 125 EKEK-RL i.V.m. Anhang XIII EKEK-RL gilt der Verweis als ein solcher auf Art. 2 Nr. 4 EKEK-RL, der elektronische Kommunikationsdienste definiert als gewöhnlich gegen Entgelt über elektronische Kommunikationsnetze erbrachte Dienste, die – mit Ausnahme von Diensten, die Inhalte über elektronische Kommunikationsnetze und -dienste anbieten oder eine redaktionelle Kontrolle über sie ausüben – Internetzugangsdienste (lit. a), interpersonelle Kommunikationsdienste (lit. b) oder Dienste, die ganz oder überwiegend in der Übertragung von Signalen bestehen, wie Übertragungsdienste, die für

die Maschine-Maschine-Kommunikation und für den Rundfunk genutzt werden (lit. c).

22 Das **TMG** galt nach seinem § 1 Abs. 1 für alle elektronischen Informations- und Kommunikationsdienste, soweit sie nicht Telekommunikationsdienste nach § 3 Nr. 24 TKG, die ganz in der Übertragung von Signalen über Telekommunikationsnetze bestehen, telekommunikationsgestützte Dienste nach § 3 Nr. 25 TKG oder Rundfunk nach § 2 des Rundfunkstaatsvertrages sind (Telemedien).

23 Seit dem Inkrafttreten des TTDSG **enthält das TMG keine datenschutzrechtlichen Bestimmungen mehr.** Diese **telemediendatenschutzrechtlichen** Vorschriften wurden größtenteils gestrichen und die Reste in die §§ 19ff. TTDSG überführt, die über den Begriff des „Anbieters von Telemedien" in § 2 Abs. 2 Nr. 1 TTDSG i. V. m. § 2 Abs. 1 TTDSG aber weiterhin Bezug auf die **Definition von „Telemedien"** in § 1 Abs. 1 TMG nehmen, sodass die deutsche Zweiteilung in Telemedien und Telekommunikation im Grundsatz weiterhin erhalten bleibt.

24 **Die Datenschutzbestimmungen der §§ 19ff. TTDSG** regeln der Gesetzesbegründung zufolge nur solche Bereiche, die nicht durch die DS-GVO verdrängt werden.[44] Nicht unionsrechtskonforme Vorschriften des TMG 2020 sollen damit weggefallen sein. Allerdings steht auch bei manchen telemediendatenschutzrechtlichen Vorschriften des TTDSG weiterhin eine **Überschreitung der Regelungsmaterie der EK-DSRL** im Raum, wenngleich sich eine ähnliche Problematik mit dem Merkmal der „Geschäftsmäßigkeit" wie bei den telekommunikationsrechtlichen Datenschutzbestimmungen des TTDSG nicht stellt. Soweit in den §§ 19ff. TTDSG das **„geschäftsmäßige" Anbieten von *Telemedien*diensten** in Bezug genommen wird, betrifft das nur Normen mit Bezug auf die öffentliche Sicherheit, die gem. Art. 2 Abs. 2 lit. d DS-GVO nicht in den Anwendungsbereich der DS-GVO fallen und deshalb auch nicht mit ihr kollidieren können.

3. E-Commerce-Richtlinie

25 Die **weiteren Bestimmungen des TMG, die nicht den Datenschutz betreffen,** also die §§ 1–10 TMG und damit insbesondere die Haftungsprivilegierungsregelungen in §§ 7–10 TMG, bleiben von der DS-GVO unberührt. Dies ergibt sich schon daraus, dass sie nicht in den Anwendungsbereich der DS-GVO fallen. Für die Haftungsprivilegierung für Durchleitung, Caching und Hosting nach §§ 7–10 TMG ergibt sich dies auch daraus, dass sie auf den Art. 12–15 der sogenannten E-Commerce-Richtlinie 2000/31/EG beruhen, für die Art. 2 Abs. 4 DS-GVO explizit klarstellt, dass diese Regelungen unberührt bleiben.

26 Diese Klarstellung in Art. 2 Abs. 4 DS-GVO ist jedenfalls deshalb sinnvoll, weil in den Konstellationen nach Art. 12–15 der E-Commerce-Richtlinie durch zwischenzeitliche Speicherung eine **datenschutzrechtliche Verantwortlichkeit des Intermediärs** jedenfalls dann entstehen könnte, wenn dadurch personenbezogene Daten zwischengespeichert werden – wenngleich die Verarbeitung im Einzelnen durch einen Dritten erfolgt.[45]

26a Die EU-Kommission beabsichtigt, die E-Commerce-Richtlinie zu reformieren und teilweise durch den sog. **„Digital Services Act"**, eine Verordnung über digitale Dienste, abzulösen. Zu den datenschutzrechtlichen Auswirkungen dieses Vorschlags → § 16 Rn. 83ff.

---

[44] BT-Drs. 19/27441, 36.

[45] Schantz/Wolff/*Wolff*, Das neue DatSchR, 2017, S. 89.

III. Zusammenfassung

27 Für den Bereich der Telekommunikation gelten die Regelungen der DS-GVO, soweit es nicht um das Erbringen öffentlich zugänglicher Telekommunikationsdienste geht. Für das **Erbringen öffentlich zugänglicher Telekommunikationsdienste** können die Datenschutzbestimmungen in §§ 3ff. TTDSG zur Anwendung kommen, sofern sie inhaltlich auf der EK-DSRL beruhen. Im Bereich der **Telemedien** macht das mitgliedstaatliche Recht nur noch marginale Datenschutzvorschriften, sodass weitestgehend die DS-GVO zur Anwendung kommt.

C. Datenschutz nach dem TTDSG und dem TKG

28–29 Der **bereichsspezifische Datenschutz** sowie der Schutz des Fernmeldegeheimnisses werden im zweiten Teil des TTTDSG geregelt. Beide Schutzrichtungen zielen auf den Schutz des Nutzenden gegenüber dem Leistenden ab. Sie überschneiden sich zum Teil, der Datenschutz geht jedoch in seinem Schutzumfang zugunsten des Nutzenden weiter.

I. Schutzbereich

30 Der **Schutzbereich des telekommunikationsrechtlichen Datenschutzes** wird durch den Anwendungsbereich und die spezifische Schutzbeziehung bestimmt.

1. Anwendungsbereich

31 § 1 TTDSG legt den Anwendungsbereich des TTDSG fest. Die Norm enthält in Abs. 1 einen langen Katalog, der vom Fernmeldegeheimnis (Nr. 1) über den **Schutz personenbezogener Daten** bei der Nutzung von Telekommunikationsdiensten und Telemedien (Nr. 2) bis hin zur **Regelung der Aufsichtsbehörden** im betroffenen Bereich (Nr. 8) reicht.

2. Persönlicher Schutzbereich

32 Eine weitere wesentliche Begrenzung des Anwendungsbereichs ergab sich früher aus § 91 Abs. 1 S. 1 TKG-2012 durch die Nennung derjenigen, deren Daten geschützt werden sollen. Diese Nennung ist aus § 1 TTDSG ersatzlos fortgefallen. Die Frage der Abgrenzung zur DSGVO bestimmt sich nunmehr allein über Art. 95 DS-GVO und die Regelungen der EK-DSRL. Diese verpflichtet nur die Betreiber **öffentlich zugänglicher elektronischer Kommunikationsdienste** (→ Rn. 14a).

33–36 Im persönlichen Schutzbereich der Datenschutzbestimmungen des TKG-2012 kam die für die Anwendung der Datenschutzbestimmungen des TKG spezifische Beziehung zum Ausdruck: Der Datenerhebende/-verwendende muss dem Betroffenen, welcher **Teilnehmer oder Nutzer** sein muss, als Diensteanbieter gegenübertreten. Die Feststellung, ob diese TKG-spezifische Beziehung gegeben ist, war früher für die Abgrenzung gegenüber dem TMG 2020 und dem BDSG-alt entscheidend. Das TTDSG erfasst gem. § 1 Abs. 1 Nr. 2 nunmehr jedoch sowohl den Telekommunikations- als auch den Telemediendatenschutz, sodass es hierauf nicht mehr ankommt.

37 Die **Anwendung der Bestimmungen in §§ 3ff. TTDSG** erfährt durch § 1 Abs. 2 TTDSG eine **Ausdehnung auf** dem Fernmeldegeheimnis unterliegende Einzelangaben über Verhältnisse einer bestimmten oder bestimmbaren **juristischen Person oder Personengesellschaft,** sofern sie mit der Fähigkeit ausgestattet ist, Rechte zu

erwerben oder Verbindlichkeiten einzugehen. Dieser Schutz gilt allerdings **nur insoweit, als die Daten dem Schutz des Fernmeldegeheimnisses** unterliegen. Die „Bestandsdaten“ juristischer Personen beispielsweise unterliegen daher regelmäßig nicht den datenschutzrechtlichen Bestimmungen, weil Bestandsdaten nicht unter den Schutz durch das Fernmeldegeheimnis fallen (→ Rn. 101). Die Erweiterung auf juristische Personen bewegt sich außerhalb des Anwendungsbereichs der DS-GVO und geht auf Art. 1 Abs. 2 S. 2 EK-DSRL zurück, sodass kein Konflikt mit Art. 95 DS-GVO besteht.

II. Dienstespezifischer Anwendungsbereich

38 Durch die Bezugnahme auf die Telekommunikation und die Verpflichtung der „geschäftsmäßigen Erbringer von Telekommunikationsdiensten“ wird die **Beschränkung** der Datenschutzregelungen der §§ 3ff. TTDSG **auf den telekommunikationsspezifischen Datenschutz** deutlich. Dadurch wird der Schutz der Personen gerade in ihrer Beziehung als Nachfrager zu den Unternehmen oder Personen in ihrer Eigenschaft als Erbringer von geschäftsmäßigen Telekommunikationsdiensten beschrieben.

39 Die Beschränkung der Schutzbeziehung auf einen telekommunikationsspezifischen Datenschutz machte eine **Abgrenzung** zu den **Datenschutzbestimmungen des TMG 2020 und dem BDSG-alt** erforderlich. Diese Abgrenzung konnte an dem Begriff „Telekommunikation“ als dem zentralen Merkmal des Anwendungsbereichs der §§ 91ff. TKG 2012 festgemacht werden.

40 Im Datenschutzrecht hatte sich zur Abgrenzung von TKG 2012, TMG 2020 und BDSG-alt eine **Abgrenzung anhand eines sog. Schichtenmodells** entwickelt. Aus der **dienstespezifischen Geltung der bereichsspezifischen Datenschutzgesetze** einerseits und der **Subsidiarität des BDSG-alt** andererseits ergab sich, dass die beiden bereichsspezifischen Datenschutzgesetze gegeneinander abzugrenzen waren. Das BDSG-alt griff erst dann, wenn keines der beiden einschlägig war.

41 Dieses Modell hat sich vor dem Inkrafttreten des TKG 2004 durchgesetzt[46] und blieb trotz der TKG-Novelle 2012 erforderlich. Die **funktionelle Abgrenzung** der Anwendungsbereiche der verschiedenen datenschutzrechtlichen Regelungen anhand des **sog. Schichtenmodells**[47] unterschied drei verschiedene Ebenen.[48] Entscheidend war, ob es um die **Übertragung von Inhalten einerseits** oder das **Angebot und die Verantwortung für die Inhalte andererseits** ging.

- **Inhaltsebene:** Es werden Daten für Zwecke jenseits des Telemediendienstes übermittelt. Der Umgang mit diesen wurde dem BDSG-alt zugeordnet.[49]
- **Diensteebene** (bspw.: WWW): Interaktion zwischen Anbieter und Nutzer eines Telemediendienstes. Dies wurde den Datenschutzbestimmungen des TMG 2020 zugeordnet.[50]
- **Verbindungsaufbau** (bspw.: TCP/IP-Protokoll): Diese Ebene betrifft die Daten, die zum Transport der Inhalte erforderlich sind. Sie wurde dem TKG 2012 zugeordnet.[51]

42 Das TMG regelte das inhaltliche Angebot, während das TKG die Technik regelte, die ohne Rücksicht auf den Inhalt diese übertragt.[52]

43 Nach der hier vertretenen Auffassung war die Abgrenzung zu den Datenschutzbestimmungen des TMG 2020 obsolet, da diese durch die DS-GVO verdrängt wurden (→ Rn. 22ff.). Sie behält aufgrund Art. 95 DS-GVO für die §§ 3ff. TTDSG

---

[46] So auch *Büttgen*, RDV 2003, 213 (214). In BT-Drs. 15/2316, 88 wird das Absehen von der Zusammenführung der Datenschutzbestimmungen für Telekommunikations- und Teledienste mit der Umsetzungsfrist der EK-DSRL bis Ende Oktober 2003 begründet. Ausführlich zu den Gründen und Hintergründen *Ohlenburg*, MMR 2004, 431.

[47] *Gola/Klug*, Grundzüge des Datenschutzrechts, 2003, S. 59f., 189; vgl. *Schaar*, Datenschutz im Internet, 2002, Rn. 246f.; ebenso *Schrey/Meister*, K&R 2002, 171 (181).

[48] Heun HdB-TelekommR/*Eckhardt*, 2. Aufl. 2007, S. 1472f.

[49] Heun HdB-TelekommR/*Eckhardt*, 2. Aufl. 2007, S. 1473.

[50] Heun HdB-TelekommR/*Eckhardt*, 2. Aufl. 2007, S. 1473.

[51] Heun HdB-TelekommR/*Eckhardt*, 2. Aufl. 2007, S. 1473.

[52] Heun HdB-TelekommR/*Eckhardt*, 2. Aufl. 2007, S. 1473f.; BGH, Urt. v. 22.11.2001 – III ZR 5/01, CR 2002, 107 m. Anm. *Eckhardt*.

weiter Relevanz, wobei die **Abgrenzung nach Maßgabe des Art. 95 DS-GVO** zu erfolgen hat (Rn. 13ff.). Auch diese Abgrenzung setzt daran an, ob eine kommunikationsspezifische Leistungsbeziehung besteht. Die vorgenannte Abgrenzung anhand des Schichtenmodells erscheint damit allerdings insoweit ebenfalls obsolet.

III. Verpflichteter Personenkreis

1. Diensteanbieter und geschäftsmäßiges Erbringen von Telekommunikationsdiensten

44 Die telekommunikationsbezogenen Normen des TTDSG knüpfen an die Verpflichtung zur Einhaltung des Fernmeldegeheimnisses nach § 3 Abs. 2 TTDSG an. Die Norm unterscheidet in Nr. 1 zwischen den **Anbietern öffentlich zugänglicher Telekommunikationsdienste** und in Nr. 2 zwischen Anbietern geschäftsmäßiger, gerade nicht unbedingt öffentlicher Telekommunikationsdienste. Verpflichtet werden ferner **Betreiber öffentlicher Telekommunikationsnetze** (Nr. 3) und Betreiber von Telekommunikationsanlagen, mit denen geschäftsmäßig Telekommunikationsdienste erbracht werden.

2. Abgrenzung zum Erbringen von Telekommunikationsdiensten

45 Die §§ 88ff. TKG 2012 knüpften verschiedene Pflichten an die Begriffe **„geschäftsmäßiges Erbringen von Telekommunikationsdiensten"** und **„Telekommunikationsdienst"**. Diese waren im TKG 2012 jeweils und unterschiedlich eigenständig definiert.

46 Das TTDSG kennt eine derartige Unterscheidung nicht mehr, sondern verweist in verschiedenen Normen einheitlich auf den Kreis der in § 3 Abs. 2 TTDSG **auf das Fernmeldegeheimnis verpflichteten Personen.** Darunter befindet sich allerdings in § 3 Abs. 2 Nr. 2 und Nr. 4 TTDSG nach wie vor die Erfassung von Anbietern von „geschäftsmäßig" angebotenen Telekommunikationsdiensten. Im TKG 2021 ist die Definition der Geschäftsmäßigkeit jedoch gar nicht mehr enthalten und auch das TTDSG definiert sie nicht.[53] Mangels anderer Anhaltspunkte wird man auf die bisherigen Termini zurückgreifen müssen. Nach wie vor ohne Rückgriff auf die Geschäftsmäßigkeit und nur unter Verwendung des Begriffs „Telekommunikationsdienst" (§ 3 Nr. 61 TKG 2021) kommen einige Normen der Regelungen zur öffentlichen Sicherheit in §§ 164ff. TKG 2021 aus. Soweit die beiden unterschiedlichen Begriffe zur Festlegung des persönlichen Anwendungsbereiches im TTDSG einerseits und im TKG andererseits verwendet werden, ist dieser damit ebenfalls verschieden. Die Definition erfolgt einerseits nach § 3 Nr. 10 TKG 2012 und andererseits in § 3 Nr. 61 TKG 2012.[54] Die Definition von „geschäftsmäßiger Telekommunikationsdienst" rekurrierte nicht auf den Begriff und damit auch nicht auf die Definition von Telekommunikationsdienst: Geschäftsmäßiges Erbringen von Telekommunikationsdiensten ist das nachhaltige Angebot von Telekommunikation für Dritte mit oder ohne Gewinnerzielungsabsicht (§ 3 Nr. 10 TKG 2012), wohingegen Telekommunikationsdienste v.a. in der Regel gegen Entgelt erbrachte Dienste sind, die ganz oder überwiegend in der Übertragung von Signalen über Telekommunikationsnetze bestehen, einschließlich Übertragungsdiensten in Rundfunknetzen (§ 3 Nr. 61 lit. c TKG 2021).[55]

---

[53] *Kiparski,* CR 2021, 482 (485).
[54] Zur alten Rechtslage Heun HdB-TelekommR/*Eckhardt,* 2. Aufl. 2007, S. 63.
[55] Grundlegend und ausführlich zur alten Rechtslage Heun HdB-TelekommR/*Eckhardt,* 2. Aufl. 2007, S. 63ff.

47 Die Begriffe „**Anbieter**" und „**geschäftsmäßiges Erbringen**" von Telekommunikationsdiensten" werden zur Beschreibung des Kreises der Verpflichteten im TTDSG genutzt.

48 Zur Festlegung des Kreises der Verpflichteten in Teil 10 Abschnitt 1 TKG 2021 (Öffentliche Sicherheit) – also in §§ 164 ff. TKG 2021 – wird an den **Begriff „Telekommunikationsdienst"** angeknüpft. Das Merkmal **„öffentlich zugänglich"** wird in diesem Abschnitt verwendet, um den Kreis der Verpflichteten in einzelnen Regelungen der §§ 164 ff. TKG 2021 weiter zu begrenzen. Bloße Telekommunikationsdienste fallen damit nicht in den Anwendungsbereich dieser Regelungen.[56] Im Zuge der TKG-Novelle 2012[57] ist die Formulierung „*für die Öffentlichkeit*" (bis zur TKG-Novelle 2012: „*Telekommunikationsdienst für die Öffentlichkeit*") durch die Formulierung „öffentlich zugänglich" (seit der TKG-Novelle 2012: „öffentlich zugänglicher Telekommunikationsdienst") ersetzt worden, ohne dass – so der Gesetzgeber ausdrücklich in der Entwurfsbegründung – damit eine inhaltliche Änderung erfolgen sollte.[58] Trotz der sprachlichen Neufassung hat sich inhaltlich an dem Merkmal „öffentlich" nichts geändert.

49 Verständlich wird die Verwendung der Begriffe einerseits im TTDSG und andererseits in §§ 164 ff. TKG 2021 durch die **Betrachtung der historischen Entwicklung:** Zunächst wurde „Öffentlichkeit" und „geschlossene Benutzergruppe" als begriffliches Gegensatzpaar verwendet. Öffentlichkeit wurde verneint, wenn eine geschlossene Benutzergruppe gegeben war. Im TKG hat sich im Laufe der Jahre ab 1996 eine sehr wechselhafte Auslegung des Merkmals Öffentlichkeit ergeben. Die Diskussion um die Auslegung fand dabei aber nicht mit Blick auf die Datenschutzbestimmungen, sondern mit Blick auf die Frage der Regulierung des Telekommunikationsmarktes statt. Der Begriff „geschlossene Benutzergruppe" wurde im Jahr 1995 als Ausnahme von dem fernmelderechtlichen Monopol zunächst weit ausgelegt. Nach der Privatisierung und Liberalisierung wurde er dann aber eng ausgelegt, weil der Ex-Monopolist im Bereich der geschlossenen Benutzergruppen nicht der Regulierung unterlag. Die Auslegung war damit in erster Linie regulatorisch veranlasst. Sie unterlag damit stets dem Wandel des Kontexts, in dem das Begriffspaar verwendet wurde.[59] Mit der Novellierung des TKG im Zuge der EU-Kommunikationsrichtlinie aus dem Jahr 2002 erlangte die Verwendung des Begriffs Öffentlichkeit ein unionsrechtliches Gepräge.

50 Dementsprechend wurde für das TKG 2012 vertreten, dass eine von dem Begriffspaar gelöste, eigenständige Definition von „*Öffentlichkeit*" zu erfolgen hat. Aufgrund des Verzichts auf eine normübergreifende gesetzliche **Definition von „Öffentlichkeit"** in § 3 TKG 2012 konnte und musste eine **normspezifische Auslegung** erfolgen.[60]

51 Die gesamte zum Anwendungsbereich der Datenschutzbestimmungen des TKG geführte Diskussion über die Definition von „öffentlich zugänglich" und „geschlossene Benutzergruppe"[61] dürfte sich mit Blick auf den Anwendungsvorrang der DS-GVO und den durch Art. 95 DS-GVO nur für öffentlich zugängliche Telekommunikationsdienste geschaffenen „Korridor" zur Anwendung der Datenschutzbestimmungen des TTDSG (→ Rn. 13 ff.) erledigt haben.

3. Einordnung von OTT-Diensten

51a Lange umstritten war, ob sogenannte **„Over-the-Top"-Dienste (OTT-Dienste)** im Schichtenmodell (→ Rn. 41) der Telekommunikation oder den Telemedien zu-

[56] S. z. B. § 169 TKG 2021.
[57] Gesetz zur Änderung telekommunikationsrechtlicher Regelungen vom 3.5.2012 (BGBl. 2012 I Nr. 19 S. 958 ff.).
[58] „Aus Gründen der Vereinheitlichung des Sprachgebrauchs wird im TKG nunmehr durchgehend statt der Bezeichnung „Telekommunikationsdienste für die Öffentlichkeit" die Bezeichnung „öffentlich zugängliche Telekommunikationsdienste" verwendet, da dies der Bezeichnung in den Richtlinien entspricht. Inhaltliche Änderungen sind mit der neuen Begriffswahl nicht verbunden" (BT-Drs. 17/5707, 50).
[59] Grundlegend und ausführlich: Heun HdB-TelekommR/*Eckhardt,* 2. Aufl. 2007, S. 66.
[60] Heun HdB-TelekommR/*Eckhardt,* 2. Aufl. 2007, S. 66 f.
[61] Grundlegend und ausführlich: Heun HdB-TelekommR/*Eckhardt,* 2. Aufl. 2007, S. 65 ff.

zuordnen waren. Es geht dabei um Dienste, die klassischerweise der Telekommunikation zugeordnet wurden, aber nunmehr über das Internet abgewickelt werden.[62] Hierher zählt man insbesondere die **Instant-Messenger** wie „WhatsApp“, „Signal“ oder „Threema“,[63] aber auch die rein internetbasierte Telefonie mittels **Voice over IP (VoIP)** ist hier einzuordnen.[64] 2019 setzte der EuGH mit zwei Urteilen einen vorläufigen Schlusspunkt unter die Debatte. Er urteilte, dass der E-Mail-Dienst „GMail“ nicht überwiegend im Signalaustausch bestehe und deshalb kein Telekommunikationsdienst sei.[65] Anders verhielte es sich bei „SkypeOut“, weil dieser Dienst Anbindung an das herkömmliche öffentliche Telefonnetz (PSTN) beinhalte.[66] Bedenkt man, dass mittlerweile das öffentliche Telefonnetz fast durchgängig selbst auf VoIP basiert, wird die Beliebigkeit der Abgrenzung deutlich. Auch fehlt dem Begriff „OTT“ eine anerkannte trennscharfe Definition – letztlich bleibt nichts als die saubere Subsumtion unter die gesetzliche Definition des Telekommunikationsdiensts.[67]

51b Mit Inkrafttreten des TKG 2021 hat sich das Problem erledigt. § 3 Nr. 24 TKG 2021 erfasst nun in Umsetzung von Art. 2 Nr. 5 EKEK-RL ausdrücklich auch OTT-Dienste, soweit sie **„interpersonelle Kommunikationsdienste“ sind.** Diese fallen nach § 3 Nr. 61 TKG 2021 (Art. 2 Nr. 4 EKEK-RL) nunmehr unter den Begriff des Telekommunikationsdienstes, sind also keine Telemediendienste. Wegen der Inbezugnahme der telekommunikationsrechtlichen Begriffsbestimmungen durch § 2 Abs. 1 TTDSG gilt dieses Verständnis auch für das TTDSG.

IV. Inhalt der Verpflichtung und Rechtmäßigkeitstatbestände

52 Das TTDSG regelt nach einem ersten allgemeinen Teil zu Anwendungsbereich und Begriffsbestimmungen (§§ 1, 2 TTDSG) zunächst in Teil 2 den Datenschutz in der Telekommunikation, bevor in Teil 3 der Telemediendatenschutz geregelt wird. Zu beachten ist dabei, dass die in den Überschriften der Teile angedeutete Zweiteilung nicht immer strikt durchgehalten wird; die Regelung des § 25 TTDSG etwa betrifft sowohl Telekommunikation als auch Telemedien. Stets ist der genaue Anwendungsbereich durch Lektüre der Norm zu ermitteln. Teil 4 regelt Straf- und Bußgeldvorschriften sowie die Aufsicht. Die datenschutzrechtlichen Regelungen im Teil 2 (Telekommunikation) des TTDSG lassen sich in **zwei Kategorien** einteilen. Die **erste Kategorie** umfasst die Regelungen über die Verarbeitung geschützter Daten, die für die betriebliche Abwicklung des Leistungsangebots erforderlich sind (Kapitel 2, §§ 9–13 TTDSG). Sie gestalten das Binnenverhältnis des Diensteanbieters zum Teilnehmer. Die **Regelungen der zweiten Kategorie** entspringen zwar diesem Binnenverhältnis, haben aber auch eine Außenwirkung (Kapitel 3 und 4, §§ 14–18 TTDSG) wie bspw. die Mitteilung ankommender Verbindungen (§ 14 TTDSG).[68] Kapitel 1 (§§ 3–8 TTDSG) regelt vornehmlich das Fernmeldegeheimnis und seine Ausnahmen, allerdings sind die §§ 6, 7 TTDSG eher der Regelung des Binnenverhältnisses zuzuordnen und werden daher in diesem Abschnitt behandelt. Die Erläuterung des Fernmeldegeheimnisses schließt sich dann im nächsten Abschnitt an.

---

[62] Jandt/Steidle/*Aßmus*, Datenschutz im Internet, 2018, Kap. B Rn. 278.
[63] Jandt/Steidle/*Aßmus*, Datenschutz im Internet, 2018, Kap. B Rn. 278.
[64] Hoeren/Sieber/Holznagel/*Oster*, Hdb. MultimediaR, 56. ErgLfg. 2021, Teil 4 Kap. A Rn. 6.
[65] EuGH, Urt. v. 13.6.2019 – C-193/18, MMR 2019, 514 (Rn. 37) – Google/Deutschland.
[66] EuGH, Urt. v. 5.6.2019 – C-142/18, MMR 2019, 517 (Rn. 40ff.) – Skype Communications/Belgien.
[67] *Spies*, MMR 2019, 516 (517); *Schubert*, MMR 2018, 554 (555).
[68] Zur alten Rechtslage Heun HdB-TelekommR/*Eckhardt*, 2. Aufl. 2007, S. 1481.

1. Informationspflichten

Die **bisherigen Informationspflichten** bezüglich der Verarbeitung personenbezogener Daten nach § 93 TKG 2012 sind **ersatzlos weggefallen.** Sie waren nach Inkrafttreten der DS-GVO teilweise europarechtswidrig.[69] Nunmehr richten sich die Informationspflichten nach den Regeln der DS-GVO, auch im Falle von Datenpannen. Im TKG verbleibt mit § 55 TKG 2021 lediglich eine verbraucherschutzrechtliche Vorschrift, die **Informationspflichten beim Vertragsschluss** auferlegt und keinen Bezug zum Datenschutz hat. Ebenfalls entfallen sind die **Informationspflichten für Telemediendiensteanbieter** nach § 13 Abs. 1 TMG 2020, auch hier gilt nur die DS-GVO. 53–56

2. Einwilligung

§ 94 TKG 2012 regelte die **sog. elektronische Einwilligung.** Diese Sonderregelung war unter der Geltung des BDSG-alt entscheidend, da nach BDSG-alt grundsätzlich die Schriftform galt (→ § 13 Rn. 104). Die Regelung ist mit dem TKG 2021 **ersatzlos entfallen,** dasselbe gilt für die telemedienrechtliche Regelung der Einwilligung in § 13 Abs. 2 TMG, die ebenfalls von der Schriftform dispensierte. Die DS-GVO kennt von vornherein kein Schriftformerfordernis für die Einwilligung, von dem im Telemedien- und Telekommunikationsbereich befreit werden müsste. 57

Die Voraussetzungen sind **wie für andere Einwilligungen** auch im einzelnen in Art. 7 DS-GVO festgelegt. 58

Eine **spezielle Regelung** zu einem Einwilligungserfordernis und dessen Ausnahmen enthält § 25 TTDSG. Dieser ist thematisch im Teil 3 des TTDSG – also dem Telemediendatenschutz – eingebettet, gilt aber ebenso für den Telekommunikationsdatenschutz und enthält insbesondere in § 25 Abs. 2 Nr. 1 TTDSG eine für den Telekommunikationsdatenschutz spezielle Ausnahme von der Einwilligung. 59–60

3. Gesetzliche Rechtmäßigkeitstatbestände des TTDSG

Die telekommunikations- und telemedienrechtlichen Datenschutzbestimmungen erlauben die für die geschäftsmäßige Erbringung des Telekommunikations- bzw. Telemediendienstes **erforderliche Erhebung und Verwendung personenbezogener Daten.** 61

a) Bestandsdaten

Nach § 95 TKG 2012 war der Dienstanbieter berechtigt, **Bestandsdaten** in einem für die geschäftsmäßige Erbringung des Telekommunikationsdienstes erforderlichen Umfang zu erheben. Diese Regelung ist entfallen. Die Erhebung und Verarbeitung von Bestandsdaten ist sowohl in der Telekommunikation als auch im Bereich der Telemedien **allein an Art. 6 DS-GVO zu messen.** 62–64

Nach § 7 Abs. 1 TTDSG (§ 95 Abs. 4 TKG 2012) ist der Diensteanbieter zwar unter dem Vorbehalt der Erforderlichkeit **berechtigt, aber grundsätzlich nicht verpflichtet,** die **Vorlage eines amtlichen Ausweises** zur Überprüfung der Angaben des Endnutzers zu verlangen. Anderes gilt nur für **Prepaid-Anbieter:** Diese müssen die Angaben des Endnutzers gem. § 172 Abs. 2 TKG 2021 (§ 111 Abs. 1 S. 2 TKG 2012) anhand des amtlichen Ausweises überprüfen. Im übrigen ist von einer solchen Erforderlichkeit ist zumindest dann auszugehen, wenn etwa dem Diensteanbieter gegenüber Dritten aufgrund eines Verhaltens des Teilnehmers Verpflichtun- 65–66

---

[69] Dazu die 1. Auflage an dieser Stelle.

gen entstehen können.[70] In diesem Rahmen ist die Erstellung einer Kopie des amtlichen Ausweises zulässig, die unverzüglich nach der Überprüfung zu vernichten ist (§ 7 Abs. 3 S. 1, 2 TTDSG).

67 Die **Regelung in § 7 Abs. 3 TTDSG,** welche eine Vorlage und Kopie eines amtlichen Ausweises zur Überprüfung der Identität legitimiert und die darin anschließende Vernichtung fordert, **fällt nicht in den Anwendungsbereich der DS-GVO.** Denn es handelt sich um eine nicht automatisierte und nicht in einem Dateisystem stattfindende Verarbeitung (vgl. Art. 2 Abs. 1 DS-GVO).[71] Sie wird daher nicht durch die DS-GVO verdrängt.

b) Verkehrs- und Nutzungsdaten

68 In §§ 9, 10 TTDSG (96ff. TKG 2012) ist die **Verwendung von Verkehrsdaten** durch Telekommunikationsanbieter geregelt. Bei Telemedien fallen begrifflich keine Verkehrs-, sondern **Nutzungsdaten** an (vgl. die Definition in § 2 Nr. 3 TTDSG). Im TTDSG findet sich zu Nutzungsdaten nur die Regelung zur **Nutzungsdatenauskunft** an den Staat nach § 24 TTDSG, die alte Regelung nach § 15 TMG 2020 ist entfallen. Die Verarbeitung von Nutzungsdaten richtet sich daher abseits dessen nach der DS-GVO. § 9 TTDSG regelt die Verwendung zur Leistungserbringung und § 10 TTDSG zur Abrechnung der Leistungen. § 13 TTDSG regelt standortbezogene Dienste (sog. Location Based Services), erfasst aber neben Verkehrs- auch Standortdaten. Die weiteren Regelungen sind telekommunikationsspezifischen Umständen geschuldet.

69 § 9 TTDSG regelt die Erhebung und Verwendung von Verkehrsdaten zum **Herstellen und Aufrechterhalten einer Telekommunikationsverbindung** (vgl. § 9 Abs. 1 S. 1 Nr. 5 TTDSG). Verkehrsdaten sind die Daten, deren Erhebung, Verarbeitung oder Nutzung bei der Erbringung eines Telekommunikationsdienstes erforderlich ist (§ 3 Nr. 70 TKG). Welche Daten erforderlich sind, bestimmt sich im jeweiligen Einzelfall nach der konkreten Ausgestaltung des Telekommunikationsdienstes. § 9 Abs. 1 S. 1 TTDSG enthält eine nicht enumerative Aufzählung der Daten, die erforderlichenfalls erhoben werden dürfen.

70 § 9 Abs. 1 S. 1 Hs. 1 TTDSG regelt die Verwendung der nach § 9 Abs. 1 S. 1 Hs. 2 TTDSG erhobenen Daten. Die Verkehrsdaten, die zu keinem der in § 9 Abs. 1 S. 1 Hs. 1 TTDSG genannten Zweck erforderlich sind, sind gemäß § 9 Abs. 1 S. 2 TTDSG **unverzüglich nach Beendigung der Verbindung zu löschen.** Die Regelung ist im Kontext von § 10 Abs. 2 TTDSG zu bewerten (→ Rn. 77).

71 § 9 TTDSG ist nur für **Anbieter öffentlich zugänglicher Telekommunikationsdienste** anwendbar, da er seine Grundlagen in Art. 2 lit. b in Verbindung mit ErwGr 15 sowie Art. 6 EK-DSRL hat.[72] Für **nicht öffentlich zugängliche Kommunikationsdienste** wird die Regelung hingegen durch die DS-GVO verdrängt.

72 **§ 10 TTDSG** (§ 97 TKG 2012) enthält die **Regelungen über die Entgeltermittlung und -abrechnung.** § 10 Abs. 1 S. 1 TTDSG knüpft hierzu an die Verkehrsdaten i.S.d. § 9 Abs. 1 TTDSG an. Die Erlaubnis zur Verarbeitung weiterer Daten, die in § 97 Abs. 2 Nr. 1 TKG 2012 enthalten war, ist im TTDSG entfallen.

73 Die Verkehrsdaten dürfen **unter dem Vorbehalt der Erforderlichkeit für die Entgeltermittlung und -abrechnung** verwendet werden. Die Abs. 2–4 des § 10 TTDSG

[70] Heun HdB-TelekommR/*Eckhardt*, 2. Aufl. 2007, S. 1490 zur alten Rechtslage.
[71] Roßnagel/*Geminn/Richter*, DS-GVO, 2017, S. 283; **a.A.** *Kühling/Sauerborn*, CR 2021, 271 (275).
[72] Roßnagel/*Geminn/Richter*, DS-GVO, 2017, S. 284; vgl. BT-Drs. 19/27441, 35.

konkretisieren die Verarbeitung der Daten. Der Grundsatz ist: Daten, die nicht zur Entgeltberechnung erforderlich sind, sind auch nicht zum Nachweis der Richtigkeit erforderlich.[73]

74 Durch § 10 Abs. 1 S. 3 TTDSG (§ 97 Abs. 1 S. 3 TKG 2012) wird es dem Diensteanbieter ermöglicht, mit Dritten **Inkassoverträge** zu schließen. Erfolgt der **Einzug des Entgeltes durch Dritte,** legitimiert § 10 Abs. 1 S. 3 TTDSG die Übermittlung der in § 9 Abs. 1 TTDSG genannten Daten unter dem Vorbehalt der Erforderlichkeit hierzu sowie zur Erstellung einer detaillierten Rechnung.[74] Der Datenempfänger ist gemäß § 10 Abs. 1 S. 5 TTDSG explizit auf das Fernmeldegeheimnis sowie die Wahrung des Datenschutzes zu verpflichten.

75 Trotz der gesetzlichen Zulässigkeitsregelung in § 97 Abs. 1 S. 3 TKG 2012 wurde in der Instanzrechtsprechung vereinzelt eine **Inkassoabtretung** als unwirksam wegen Verstoßes gegen ein gesetzliches Verbot bewertet. Der BGH hat in zwei und der EuGH in einer Grundsatzentscheidung den Rahmen für Inkassozessionen abgesteckt:[75]

76 Nach der Entscheidung des BGH vom 16.2.2012 ist eine (erste) Abtretung einer Entgeltforderung aus einer Telekommunikationsleistung zulässig, auch wenn dies zur Folge hat, dass dem Zessionar zum Nachweis der Entgeltforderung die Verkehrsdaten übermittelt werden müssen. Auf der Grundlage des mitgliedstaatlichen TKG liefert der BGH in dieser Entscheidung eine stichhaltige und überzeugende Begründung.[76] Die Frage nach der Vereinbarkeit mit Art. 6 der EK-DSRL legte der BGH dem EuGH zur Entscheidung vor. Mit Urteil vom 22.11.2012, C-119/12, folgte der EuGH der Wertung des BGH und erkannte keinen Verstoß gegen Art. 6 EK-DSRL. Mit Urteil vom 14.6.2012 erklärte der BGH jedoch eine zweite und jede weitere Abtretung der Forderung für unzulässig.[77] Der BGH begründet dies damit, dass Kettenabtretungen dem Schutzzweck zuwiderliefen, wonach nur ein begrenzter Kreis Kenntnis von den Verkehrsdaten erlangen solle.[78] Diese Auslegung wurde in der Literatur kritisch hinterfragt.[79] Zusammengefasst ist nach dieser Rechtsprechung des BGH eine **Abtretung der Forderung zulässig.** Eine **Weiterabtretung durch den Zessionar ist hingegen unzulässig.**

77 **Höchstspeicherfristen** werden durch § 10 Abs. 2 TTDSG festgelegt. Aus den Verkehrsdaten nach § 9 Abs. 1 S. 1 Nr. 1–3 und Nr. 5 TTDSG sind unverzüglich die für die Entgeltberechnung erforderlichen Daten zu ermitteln. Hiervon ausgenommen sind die in § 9 Abs. 1 S. 1 Nr. 4 TTDSG genannten Daten, bei denen der Gesetzgeber wohl davon ausgeht, dass sie stets entgeltrelevant sind.[80] Nach § 10 Abs. 2 S. 2 TTDSG dürfen die **zur Entgeltermittlung und -abrechnung erforderlichen Verkehrsdaten** bis zu **sechs Monate nach Versendung der Rechnung gespeichert werden.** Art. 6 Abs. 2 S. 2 EU-DSRL sieht eine Speicherung jedoch nur vor, solange die Rechnung rechtlich angefochten oder ein Zahlungsanspruch geltend gemacht wer-

[73] *Eckhardt,* K&R 2006, 293 (295); ebenso *Schmitz,* MMR 2003, 213 (215); *Kühling/Neumann,* K&R 2005, 478 (479).

[74] Mit § 10 Abs. 1 S. 3 TTDSG existiert auch die erforderliche Rechtsgrundlage, um Forderungen abzutreten, auch wenn das Informationsrecht nach § 402 BGB bestehen bleibt. Denn § 10 Abs. 1 S. 3 TTDSG legalisiert gerade diesen Datentransfer. Zu Rechtsproblemen bei der Forderungsabtretung aus TK-Verträgen s. auch *Geuer,* ZD 2012, 515 ff.

[75] Grundlegend *Koch/Neumann,* RTkom 2001, 226 ff.

[76] BGH, Beschl. v. 16.2.2012 (Urt. v. 7.2.2013) – III ZR 200/11, ZD 2012, 229 ff.; hierzu grundlegend *Neumann,* CR 2012, 235 ff.

[77] BGH, Urt. v. 14.6.2012 – III ZR 227/11, ZD 2012, 429 ff.

[78] BGH, Urt. v. 14.6.2012 – III ZR 227/11, ZD 2012, 429 (Rn. 16).

[79] Vgl. *Neumann,* CR 2012, 235 ff.; *Schmitz,* ZD 2012, 8 ff.

[80] Ebenso Plath/*Jenny,* BDSG/DS-GVO, 3. Aufl. 2018, § 97 TKG, Rn. 4 zur alten Rechtslage.

den kann, sodass die überschießende **Sechsmonatsfrist von der DS-GVO verdrängt** wird.[81]

78 Im übrigen hat § 10 TTDSG seine **Grundlage in Art. 6 der EK-DSRL.**[82] Für die Anbieter öffentlich zugänglicher Kommunikationsdienste ist § 10 TTDSG also anwendbar, wohingegen er im übrigen durch die DS-GVO verdrängt wird (vgl. Art. 6 Abs. 1 lit. b DS-GVO).[83]

c) Dienst mit Zusatznutzen und Standortdaten

79 Ein Dienst mit Zusatznutzen ist nach § 2 Abs. 2 Nr. 5 TTDSG (§ 3 Nr. 5 TKG 2012) jeder von einem Anbieter eines Telekommunikationsdienstes bereitgehaltene zusätzliche Dienst, der die Verarbeitung von Verkehrsdaten oder anderen Standortdaten als Verkehrsdaten in einem Maße erfordert, das über das für die Übermittlung einer Nachricht oder die Entgeltabrechnung des Telekommunikationsdienstes erforderliche Maß hinausgeht. In Bezug auf Dienste mit Zusatznutzen hat aufgrund der unterschiedlichen Ausgestaltung eine Unterscheidung zu erfolgen zwischen solchen unter **Rückgriff auf Verkehrsdaten,** die in § 9 Abs. 2 TTDSG (§ 96 Abs. 3, 4 TKG 2012) geregelt sind, und solchen unter **Rückgriff auf Standortdaten,** die in § 13 TTDSG (§ 98 TKG 2012) geregelt sind. Die mit den Begriffen Verkehrs- und Standortdaten erfassten Daten überschneiden sich. Keiner der beiden Begriffe kann als Oberbegriff verstanden werden.[84]

80 Die Vorgaben nach Art. 9 und Art. 10 lit. b der **EK-DSRL** werden durch § 13 TTDSG in Bezug auf den Umgang mit Standortdaten umgesetzt.[85] § 13 TTDSG ist sprachlich sehr eng hieran angelehnt und ebenfalls in seinem Anwendungsbereich inhaltlich beschränkt *(„von öffentlichen ...“).* Die Regelung kann nach Maßgabe des Art. 95 DS-GVO mit Ausnahme des aus § 98 TKG 2012 übernommenen Schriftformerfordernisses, das nicht auf die EK-DSRL beruht, angewendet werden.[86]

d) Einzelverbindungsnachweis

81 Der **Anspruch auf einen Einzelverbindungsnachweis** des Endnutzers ergibt sich aus § 65 TKG-2021 (§ 45e TKG 2012). Hierin ist auch dessen Ausgestaltung geregelt. § 11 TTDSG (§ 99 TKG 2012) beschreibt den Umgang mit den entsprechenden personenbezogenen Daten.

82 Beiden Regelungen ist gemein, dass ein Einzelverbindungsnachweis nicht rückwirkend verlangt werden kann, sondern nur für die Zeit nach einem entsprechenden Verlangen (§§ 65e Abs. 1 S. 1 TKG 2021, 11 Abs. 1 S. 1 TTDSG). Der Endnutzer erhält nach § 99 TKG 2021 einen Einzelverbindungsnachweis nur, wenn er einen solchen **im Vorhinein verlangt** hat. Nur im Fall von Beanstandungen unter den Voraussetzungen des § 67 Abs. 2 TKG 2021 (§ 45i Abs. 1 TKG 2012) hat der Endnutzer einen Anspruch für die Vergangenheit.

83 Gegenstand des Einzelverbindungsnachweises sind nach § 11 TTDSG nur Verbindungen, für die der Endnutzer **entgeltpflichtig** ist.[87] Nach § 11 Abs. 1 S. 2

[81] *Kühling/Sauerborn,* CR 2021, 271 (276).
[82] BerlKommTKG/*Klesczewski,* 3. Aufl. 2021, § 97 TKG, Rn. 2.
[83] Roßnagel/*Geminn/Richter,* DS-GVO, 2017, S. 284.
[84] Zur alten Rechtslage Heun HdB-TelekommR/*Eckhardt,* 2. Aufl. 2007, S. 1503; *Schütz/Attendorn/König,* Elektronische Kommunikation, 2003, Rn. 271 (insbes. Abb. 17); *Reimann,* DuD 2004, 421 (423).
[85] Vgl. Spindler/Schuster/*Eckhardt,* Recht der elektronischen Medien, 3. Aufl. 2015, § 98 TKG, Rn. 5ff.
[86] Zu § 98 TKG 2012 Roßnagel/*Geminn/Richter,* DS-GVO, 2017, S. 284/285.
[87] Heun HdB-TelekommR/*Eckhardt,* 2. Aufl. 2007, S. 1500 zur alten Rechtslage.

TTDSG dürfen dem Endnutzer auf seinen Wunsch auch die Verkehrsdaten pauschal abgegoltener Verbindungen mitgeteilt werden.[88]

84 Der Endnutzer entscheidet gemäß § 11 Abs. 1 S. 3 TTDSG, ob ihm die **Zielrufnummern** im Einzelverbindungsnachweis **ungekürzt oder um die letzten drei Ziffern gekürzt** mitgeteilt werden. Eine gesetzliche Vorrangregelung der einen oder anderen Alternative ist nicht vorgesehen. Der Umfang der Speicherung nach § 10 Abs. 2 TTDSG wird durch § 11 Abs. 1 S. 3 TTDSG nicht verändert. Die Diensteanbieter sind daher nach § 10 Abs. 2 TTDSG zur Speicherung unabhängig von der durch den Teilnehmer für den Einzelverbindungsnachweis getroffenen Wahl berechtigt.

85 Ein **datenschutzrechtliches Problem** besteht insoweit, als der **Nutzer des Anschlusses nicht stets der Endnutzer** sein muss. Der Ausgleich der Interessen wird durch § 11 Abs. 1 S. 4, Abs. 3 TTDSG (§ 99 Abs. 1 S. 3–6 TKG 2021) geschaffen. Danach ist es ausreichend, wenn die Mitbenutzer im Haushalt sowie in Betrieben und Behörden über die Mitteilung der Verkehrsdaten an den Teilnehmer informiert werden. Der Endnutzer muss gegenüber dem Diensteanbieter in Textform erklären, dass er dieser Informationspflicht nachgekommen ist und in Bezug auf zukünftige Mitbenutzer unverzüglich nachkommen wird.[89] Diese Regelung kann datenschutzrechtlich kritisch gesehen werden, da insofern eine datenschutzrechtliche Einwilligung der betroffenen Person durch eine bloße Mitteilung gegenüber der betroffenen Person und ohne Einflussmöglichkeit der betroffenen Person ersetzt wird.

86 § 11 TTDSG ist nach Maßgabe des Art. 95 DS-GVO anwendbar, da er sich im Rahmen des durch Art. 7 i.V.m. ErwGr 3 der **EK-DSRL** gesteckten Rahmens hält.[90]

e) Weitere telekommunikations- und telemedienspezifische Regelungen

87 Zwei verschiedene Konstellationen sind in **§ 12 TTDSG** (§ 100 TKG 2012) unter der Überschrift **Störung von Telekommunikationsanlagen und Missbrauch von Telekommunikationsdiensten** geregelt: das Erkennen, Eingrenzen und Beseitigen von Störungen und Fehlern (§ 12 Abs. 1–3 TTDSG) und das Aufdecken und Unterbinden von Leistungserschleichungen und sonstigen rechtswidrigen Inanspruchnahmen (§ 12 Abs. 4 TTDSG). 2021 neu hinzugekommen ist als weiteres Regelbeispiel für eine rechtswidrige Inanspruchnahme die unzumutbare Belästigung nach § 7 UWG. Die Europarechtskonformität dieses Regelbeispiels wird bestritten.[91]

88 § 12 Abs. 1, Abs. 2 und Abs. 4 TTDSG setzen die Vorgaben aus Art. 6 Abs. 5 und Art. 15 Abs. 1 der EK-DSRL um. Sie regeln die **Verwendung von Verkehrsdaten zur Störungsbeseitigung bzw. zur Betrugserkennung.** Sie sind daher nach Maßgabe des Art. 95 DS-GVO anwendbar.[92] § 12 Abs. 3 TTDSG ist ebenfalls anwendbar. Er fällt nämlich nicht in den Anwendungsbereich der DS-GVO. Denn die DS-GVO ist gemäß Art. 2 Abs. 2 DS-GVO nicht anwendbar, wenn es sich nicht um eine automatisierte Verarbeitung handelt, wovon bei einem rein akustischen Mithören – also einem sogenannten Aufschalten – auszugehen ist.[93]

89 **§ 14 TTDSG** (§ 101 TKG 2012) regelt das **Mitteilen ankommender Verbindungen** (früher sog. **Fangschaltungsverfahren**). Nach einem nach Maßgabe des § 14 Abs. 1

[88] Vgl. auch BT-Drs. 15/2316, 90.
[89] Heun HdB-TelekommR/*Eckhardt*, 2. Aufl. 2007, S. 1501 zur alten Rechtslage.
[90] Zu § 99 TKG 2012 Roßnagel/*Geminn*/*Richter*, DS-GVO, 2017, S. 285/286.
[91] *Kiparski*, CR 2021, 482 (489).
[92] Zu § 100 TKG 2012 Roßnagel/*Geminn*/*Richter*, DS-GVO, 2017, S. 286.
[93] Zu § 100 TKG 2012 Roßnagel/*Geminn*/*Richter*, DS-GVO, 2017, S. 286.

TTDSG begründeten Antrag des Anschlussinhabers darf sein Diensteanbieter Daten über die Anrufer dieses Anschlusses erheben, verwenden und dem Antragsteller mitteilen. Das Ziel ist es, den Störer zu identifizieren. Die störende Verbindung hat der Antragsteller so einzugrenzen, dass bestenfalls nur eine Auskunft – und zwar über den Störer – erfolgen muss. Eine **umfassende Auskunft darf hingegen nicht erfolgen.**[94] Die Vorgabe des Art. 10 lit. a EK-DSRL wird in § 14 TTDSG umgesetzt, womit die durch § 14 TTDSG geregelte Aufhebung der Unterdrückung der Rufnummeranzeige nach Maßgabe des Art. 95 DS-GVO anwendbar bleibt.[95]

90 In **§ 15 TTDSG** (§ 102 TKG 2012) ist die **Rufnummeranzeige und -unterdrückung** geregelt. In **§ 16 TTDSG** (§ 103 TKG 2012) ist die **automatische Anrufweiterschaltung** geregelt. Beide sind nach Maßgabe des Art. 95 DS-GVO anwendbar. Denn sie fußen auf Art. 8, 13 bzw. Art. 23 der EK-DSRL.[96]

91 **§ 17 TTDSG** führt die Regelungen der §§ 45m, 104 TKG 2012 zusammen und regelt die Erstellung von Endnutzerverzeichnissen. § 105 TKG 2012, der die Auskunftserteilung regelte, ist ersatzlos entfallen, sodass insoweit die DS-GVO gilt. Das betrifft insbesondere die sogenannte **Inverse-Auskunft,** bei der die Auskunft von der Rufnummer ausgehend erteilt wird. § 17 Abs. 1 S. 1 TTDSG gewährt dem Endnutzer einen Anspruch auf Eintragung in ein Endnutzerverzeichnis, vor dessen Geltendmachung eine Eintragung nicht erfolgen darf. Dabei können neben Rufnummer, Name und Anschrift auch zusätzliche Angaben wie Beruf und Branche eingetragen werden (§ 17 Abs. 1 S. 3 TTDSG). Die Anschlussinhaber sind speziell über die Möglichkeit der weiteren Nutzung aufgrund von eingebetteten Suchfunktionen zu informieren (§ 17 Abs. 1 S. 2 TTDSG). **§ 18 TTDSG** übernimmt § 47 TKG-2012 und gewährt den **Anbietern von Endnutzerverzeichnissen** einen Anspruch auf Bereitstellung der Endnutzerdaten nach § 17 TTDSG. § 17 TTDSG setzt Art. 12 EK-DSRL um, § 18 TTDSG dagegen Art. 112 EKEK-RL.[97] Beide Regelungen werden daher nicht von der DS-GVO verdrängt. Zweifelhaft ist allerdings, ob Art. 112 EKEK-RL nach dem Wegfall von § 105 TKG 2012 noch europarechtskonform umgesetzt ist.[98]

92 **§ 6 TTDSG** (§ 107 TKG-2012) regelt die datenschutzrechtlichen **Mindestvoraussetzungen** für sog. Nachrichtenübermittlungssysteme mit Zwischenspeicherung. Als solche kommen beispielsweise Mailbox- bzw. Mobilbox-Angebote, Anrufbeantworter im Netz (Voice-Mail-Dienste) sowie der Short Message Service (SMS) in Betracht.[99] Auch § 6 TTDSG ist nach Maßgabe des Art. 95 DS-GVO als Umsetzung von Art. 5 Abs. 1 EK-DSRL anwendbar.[100] Die Gesetzesbegründung verweist ausdrücklich auf ErwGr 22 EK-DSRL.[101]

92a Der § 20 TTDSG übernimmt § 14a TMG und dient der Umsetzung von Art. 6a Abs. 2 AVMD-Richtlinie[102, 103] Danach darf ein Telemedienanbieter, der **zur Wah-**

[94] Heun HdB-TelekommR/*Eckhardt,* 2. Aufl. 2007, S. 1511 zur alten Rechtslage.
[95] Roßnagel/*Geminn/Richter,* DS-GVO, 2017, S. 286.
[96] Zu §§ 102f. TKG Roßnagel/*Geminn/Richter,* DS-GVO, 2017, S. 286/287.
[97] *Kiparski,* CR 2021, 482 (490).
[98] Zweifelnd *Kühling/Sauerborn,* CR 2021, 271 (277).
[99] BerlKommTKG/*Klesczewski,* 3. Aufl. 2021, § 107 TKG, Rn. 3; Beck TKG-Komm/*Braun,* 4. Aufl. 2013, § 107 Rn. 2.
[100] Roßnagel/*Geminn/Richter,* DS-GVO, 2017, S. 288.
[101] BT-Drs. 19/27441, 35.
[102] Richtlinie (EU) 2018/1808 v. 14.11.2018 zur Änderung der Richtlinie 2010/13/EU zur Koordinierung bestimmter Rechts- und Verwaltungsvorschriften der Mitgliedstaaten über die Bereitstellung audiovisueller Mediendienste (Richtlinie über audiovisuelle Mediendienste) im Hinblick auf sich verändernde Marktgegebenheiten.
[103] BT-Drs. 19/18789, 41; BT-Drs. 19/27441, 37.

rung des Jugendschutzes personenbezogene Daten von Minderjährigen erhoben hat, diese nicht für kommerzielle Zwecke verarbeiten.

f) Technische Schutzmaßnahmen und Daten- und Informationssicherheit

93 Die Technischen Schutzmaßnahmen (§ 165 TKG 2021) und Daten- und Informationssicherheit (§ 169 TKG 2021) sind trotz ihrer thematischen Verbundenheit nicht im TTDSG, sondern **im TKG im Abschnitt Öffentliche Sicherheit** (Abschnitt 1 des 10. Teils des TKG 2021) geregelt.

94 Der **Kreis der Verpflichteten** ist im Abschnitt Öffentliche Sicherheit abweichend vom TTDSG geregelt und stellt nicht auf das geschäftsmäßige Erbringen von Telekommunikationsdiensten bzw. den Diensteanbieter ab (→ Rn. 46 ff.). Ebenso wenig haben alle Normen des Abschnitts Öffentliche Sicherheit denselben persönlichen Anwendungsbereich.

95 § 165 TKG 2021 (§ 109 TKG 2012) ist das **telekommunikationsrechtliche Gegenstück** zu Art. 32 DS-GVO, wenngleich die inhaltlichen Unterschiede grundlegend sind. § 169 TKG 2021 (§ 109a TKG 2012) ist das telekommunikationsrechtliche Gegenstück zu Art. 33, 34 DS-GVO und knüpft im Kern ebenfalls an die Verletzung des Schutzes personenbezogener Daten an.

96 Die Parallelitäten von § 165 TKG 2021 zu Art. 32 DS-GVO sind offensichtlich. *Geminn/Richter* weisen darauf hin, dass § 109 Abs. 2 TKG 2012 als Umsetzung von Art. 5 Abs. 1 der **EK-DSRL** angesehen werden konnte, obgleich dieser unionsrechtliche Bezug im Gesetzgebungsverfahren nicht gesehen wurde.[104] Der Gesetzesbegründung zufolge setzt § 165 Abs. 2 TKG 2021 nun Art. 40 Abs. 1 EKEK-RL um,[105] allerdings enthält Art. 40 Abs. 1 EKEK-RL gerade keine dem unverändert übernommenen § 165 Abs. 2 Nr. 2 TKG 2021 entsprechende Regelung, sondern beschäftigt sich nur mit der Ausfallsicherheit. Nach Art. 40 Abs. 4 EKEK-RL ist vielmehr für die Sicherheit bei der Verarbeitung personenbezogener Daten die DS-GVO anzuwenden. Allerdings kann die in § 165 TKG 2021 geregelte Sicherstellung des Fernmeldegeheimnisses auch als Aufgabe im öffentlichen Interesse verstanden werden, womit die Vorgabe in § 165 Abs. 1 S. 1 TKG 2021, welche „sonstige Maßnahmen" regelt, nach Art. 6 Abs. 2 DS-GVO angewendet werden könnte. Art. 32 DS-GVO verdrängt hingegen § 165 Abs. 1 S. 1 Nr. 2 TKG 2021, da Art. 32 DS-GVO insoweit konkretere Maßnahmen vorsieht.[106] Dasselbe ist für die Durchsetzungsvorschriften in Bezug auf §§ 166–169 TKG 2021 anzunehmen.[107]

97 Die Zielrichtung des § 165 ff. TKG 2021 ist die **Aufrechterhaltung der Funktionsfähigkeit der Netze und Dienste.** Damit ist er weiterhin anwendbar, weil er nicht in den Anwendungsbereich der DS-GVO fällt.[108]

98 Art. 4 Abs. 3 und 4 der **EK-DSRL** werden in § 165 TKG 2021 umgesetzt, weshalb die Regelung nach Maßgabe des Art. 95 DS-GVO anwendbar bleibt.[109]

V. Schutz des Fernmeldegeheimnisses

99 Die Vorschriften der §§ 3–5, 8 TTDSG (§§ 88–90 TKG 2012) konkretisieren das aus Art. 10 Abs. 1 GG abgeleitete **Fernmeldegeheimnis.**

---

[104] Roßnagel/*Geminn/Richter,* DS-GVO, 2017, S. 288 unter Bezugnahme auf BT-Drs. 15/2316, S. 91 f.

[105] BT-Drs. 19/26108, 361.

[106] Zu § 109 TKG 2012 Roßnagel/*Geminn/Richter,* DS-GVO, 2017, S. 288.

[107] Zur alten Rechtslage Roßnagel/*Geminn/Richter,* DS-GVO, 2017, S. 288.

[108] Roßnagel/*Geminn/Richter,* DS-GVO, 2017, S. 289.

[109] Ebenso zur alten Rechtslage Roßnagel/*Geminn/Richter,* DS-GVO, 2017, S. 289 unter Bezugnahme auf Beck TKG-Komm/*Eckhardt,* 4. Aufl. 2013, § 109a TKG, Rn. 4.

100 Der Begriff „Telekommunikation" bestimmt den Schutzbereich des Fernmeldegeheimnisses nach § 3 Abs. 1 TTDSG. **Telekommunikation** ist nach § 3 Nr. 59 TKG 2021 (§ 3 Nr. 22 TKG 2012) der technische Vorgang des Aussendens, Übermittelns und Empfangens von Signalen mittels Telekommunikationsanlagen. Als **Telekommunikationsanlage** definiert § 3 Nr. 60 TKG 2021 (§ 3 Nr. 23 TKG 2012) technische Einrichtungen, Systeme oder Server, die als Nachrichten identifizierbare elektromagnetische oder optische Signale oder Daten im Rahmen der Erbringung eines Telekommunikationsdienstes senden, übertragen, vermitteln, empfangen, steuern oder kontrollieren können. Der Schutz des Fernmeldegeheimnisses ist damit umfassend. Er ist insbesondere nicht auf Sprachtelefondienste beschränkt.

101 **Zweck des Fernmeldegeheimnisses** ist es, die Kommunizierenden so zu stellen, wie sie ohne Inanspruchnahme der Kommunikationstechnologie, also bei unmittelbarer Kommunikation in beiderseitiger Gegenwart, stünden.[110] Geschützt sind der **Inhalt und die näheren Umstände der Telekommunikation, nicht aber die sog. Bestandsdaten.**[111] Der Schutz zielt auf die technikspezifischen Risiken der unbemerkten Kenntnisnahme der Inhalte oder der näheren Umstände ab. Der Schutzbereich des Art. 10 Abs. 1 Var. 3 GG beginnt dort, wo zumindest die Tatsache eines Kommunikationsvorgangs registriert wird.[112] Diese Festlegung ist **entscheidend für die Auslegung des Schutzbereichs.**

102 Nach § 3 Abs. 2 TTDSG (§ 88 Abs. 2 TKG 2012) sind **verschiedene Personen** (→ Rn. 44) zur **Wahrung des Fernmeldegeheimnisses verpflichtet.** Der **persönliche Schutzbereich** ist in § 3 Abs. 1 TTDSG nicht ausdrücklich festgelegt. Aus § 3 Abs. 1 S. 1 TTDSG ergibt sich jedoch, dass jeder Kommunikationsbeteiligte geschützt ist. Geschützt sind **natürliche und auch juristische Personen sowie Personengesellschaften,** soweit sie mit der Fähigkeit ausgestattet ist, Rechte zu erwerben oder Verbindlichkeiten einzugehen. Beteiligter ist sowohl der **Anrufende als auch der Angerufene.**

102a Unklar war, ob die Inhalte von Social-Media-Konten im Verhältnis zu den Erben des Nutzers dem Fernmeldegeheimnis unterfielen. § 4 TTDSG kodifiziert nun die Rechtsprechung des BGH zu diesem sogenannten **„digitalen Nachlass".** Dieser hatte 2018 noch zur früheren Rechtslage judiziert, dass der Anbieter eines Social-Media-Dienstes den Erben einer Nutzerin nicht den Zugang zum Konto der Nutzerin unter Berufung auf das Fernmeldegeheimnis versagen könne, weil diese Erben im Wege der **Universalsukzession nach § 1922 BGB** in das Vertragsverhältnis einträten und die Erben keine „anderen" im Sinne des § 88 Abs. 3 TKG 2012 seien.[113] Er zog dabei die überzeugende Parallele zu den im BGB verschiedentlich angesprochenen persönlichen Papieren.[114] **Mit § 4 TTDSG besteht nun eine ausdrückliche Ausnahme vom Fernmeldegeheimnis,** die einen Rückgriff auf diese Überlegungen entbehrlich macht.[115]

103 Obgleich durch den Schutz durch Art. 10 Abs. 1 GG als Lex specialis das Recht auf Informationelle Selbstbestimmung verdrängt wird,[116] sind die Regelungen damit nicht per se dem Anwendungsvorrang der DS-GVO entzogen. Inhaltlich sind sie nämlich zumindest auch mit dem Schutz personenbezogener Daten befasst.[117] Der

[110] BVerfG, Urt. v. 14.7.1999 – 1 BvR 2226/94 u. a., NJW 2000, 55.
[111] BVerfG, Beschl. v. 24.1.2012 – 1 BvR 1299/05, MMR 2012, 410 (Rn. 113) mit Anm. *Meinicke;* vgl. BVerfG, Urt. v. 2.3.2010 – 1 BvR 256/08 u. a., NJW 2010, 833.
[112] St. Rspr., BVerfG, Urt. v. 12.3.2003 – 1 BvR 330/96 u. a., NJW 2003, 1787 (1789 m. w. N.).
[113] BGH, Urt. v. 12.7.2018 – III ZR 183/17, NJW 2018, 3178.
[114] BGH, Urt. v. 12.7.2018 – III ZR 183/17, NJW 2018, 3178 (Rn. 49).
[115] Kritisch aus rechtspolitischer Sicht *Kiparski,* CR 2021, 485 (486 f.).
[116] Dürig/Herzog/Scholz/*Durner,* GG, Stand 95. ErgLfg. 07/2021, Art. 10 Rn. 77.
[117] Ebenso Roßnagel/*Geminn/Richter,* DS-GVO, 2017, S. 279.

Anwendungsvorrang der DS-GVO kann daher bestehen, soweit nicht ein Schutz außerhalb des Anwendungsbereichs der DS-GVO vermittelt wird. Dies ist insbesondere für juristische Personen und nicht automatisierte Verarbeitungen ohne Speicherung in Dateisystemen der Fall. Ebenso für Regelungen die der Umsetzung der EK-DSRL dienen (Art. 95 DS-GVO).[118]

104 Durch Art. 5 Abs. 1 S. 1 der **EK-DRL** sind die Mitgliedsstaaten verpflichtet worden, die Vertraulichkeit der Nachrichten und der damit verbundenen Verkehrsdaten durch mitgliedstaatliche gesetzliche Regelungen sicherzustellen, sofern die Nachrichten in öffentlichen Telekommunikationsnetzen mit öffentlich zugänglichen Telekommunikationsdiensten übertragen werden. Insoweit lässt sich darauf abstellen, dass § 3 Abs. 1 TTDSG das allgemeine Gebot der Vertraulichkeit des Art. 5 der **EK-DSRL** umsetzt.[119]

105–106 Der Anwendungsbereich des § 3 Abs. 2 TTDSG geht allerdings **über den durch Art. 95 DS-GVO geschaffenen „Korridor" für nationale Regelungen hinaus,** indem der Anwendungsbereich nicht auf öffentlich zugängliche Telekommunikationsdienste beschränkt ist.[120] Insofern bleibt die Vorgabe des § 3 TTDSG für die Anbieter im Sinne von Art. 95 DS-GVO – also für die Erbringung öffentlich zugänglicher Kommunikationsdienste – bestehen. Für den hierüber hinaus gehenden Anwendungsbereich wird die Regelung in § 3 Abs. 2 TTDSG durch den Anwendungsvorrang der DS-GVO verdrängt.

107 § 5 TTDSG (§ 89 TKG 2012) enthält ein **Abhörverbot,** § 8 TTDSG (§ 90 TKG 2012) ein **Verbot von Besitz und Herstellung von Spionagegeräten** mit versteckten Kameras und Mikrofonen. Letzteres hatte im Zusammenhang mit Spielzeug Schlagzeilen gemacht.[121]

VI. Telekommunikationsüberwachung und Vorratsdatenspeicherung

108 Die §§ 170–183 TKG 2021 (§§ 110–115 TKG 2012) enthalten Regelungen **über staatliche Überwachungsmaßnahmen** zum Schutz der öffentlichen Sicherheit. Davon nennenswert sind insbesondere die Regelungen der §§ 175–181 TKG 2021 (§§ 113a–113g TKG 2012), die die **Vorratsdatenspeicherung** regeln. Diese Regelungen sind unverändert aus dem bisherigen TKG übernommen worden. Ihre Verfassungsmäßigkeit und ihre Unionsrechtskonformität sind umstritten (→ Rn. 7f. sowie → § 5 Rn. 74ff.). Nachdem das OVG Münster die Regelungen für europarechtswidrig hielt,[122] hat die Bundesnetzagentur ihre Durchsetzung ausgesetzt.[123]

D. Datenschutz in den Telemedien

109 Das TTDSG regelt formal in §§ 19–16 TTDSG den Telemediendatenschutz. Das TTDSG beschränkt sich insoweit jedoch auf einzelne Regelungen. Das Konzept des Telemediendatenschutzes im TTDSG basiert – anders als im TMG 2020 – darauf, dass für **Telemedien grundsätzlich die DS-GVO zur Anwendung kommt.**

110 Der Gesetzgeber wollte mit § 19 TTDSG Regelungen außerhalb des Anwendungsbereichs der DS-GVO ergänzen, sah sich zur § 20 TTDSG aufgrund anderer

---

[118] Ebenso Roßnagel/*Geminn/Richter,* DS-GVO, 2017, S. 279.
[119] Roßnagel/*Geminn/Richter,* DS-GVO, 2017, S. 280; *Kühling/Sauerborn,* CR 2021, 271 (274f.).
[120] Ebenso Roßnagel/*Geminn/Richter,* DS-GVO, 2017, S. 280; Kühling/Sauerborn, CR 2021, 271 (273f.); *Kiparski,* CR 2021, 482 (485).
[121] F. A. Z. v. 14.2.2017, 14.
[122] OVG Münster, Beschl. v. 22.6.2017 – 13 B 238/17, ZD 2017, 485 (Rn. 21ff.).
[123] F. A. Z. v. 29.6.2017, 1.

EU-rechtlicher Vorgaben gezwungen. Die Regelungen der §§ 21–24 TTDSG über die Auskunftspflichten gegenüber staatlichen Stellen liegen außerhalb des Anwendungsbereichs der DS-GVO. Mit § 25 TTDSG erfolgt die Umsetzung des Art. 5 Abs. 3 EK-DSRL in der Fassung der Richtlinie 2009/136/EG. Die Regelung in § 26 TTDSG liegt wiederum **außerhalb des Anwendungsbereichs des DS-GVO** und ist auf § 25 Abs. 1 TTDSG beschränkt.

111 §§ 22–23 TTDSG (§§ 15aff. TMG) regeln für Telemediendiensteanbieter die sog. **Bestandsdatenauskunft gegenüber staatlichen Stellen.** Für die Anbieter von Telekommunikationsdiensten finden sich entsprechende Regelungen in § 174 TKG 2021 (§ 113 TKG 2012). Diese textlich umfassenden Regelungen gehen auf ein Urteil des BVerfG zurück.[124] Als Regelungen zur staatlichen Datenerhebung im Namen der öffentlichen Sicherheit liegen sie außerhalb des Anwendungsbereichs der DS-GVO.

112 Zweifelhaft ist dagegen die Unionsrechtskonformität von § 21 TTDSG, der eine **Bestandsdatenauskunft an Private** vorsieht. Insbesondere bestritten worden ist die Unionsrechtskonformität von § 21 Abs. 2 S. 2 TTDSG, der Private zu einer Auskunftserteilung im Falle der Verletzung absolut geschützter Rechte aufgrund rechtswidriger Inhalte nach § 10a Abs. 1 TMG oder § 1 Abs. 3 NetzDG verpflichtet. Während der BGH die Vorgängerregelung im § 14 Abs. 2–5 TMG 2021 vom „klaren Wortlaut" des Art. 6 Abs. 4 DS-GVO gedeckt sieht und deshalb eine Vorlage an den EuGH für entbehrlich hielt,[125] gibt es in der Literatur gegenteilige Stimmen.[126]

113 § 19 TTDSG enthält Regelungen zu technischen und organisatorischen Maßnahmen für die **Anbieter von Telemedien.** Die Norm enthält die von § 13 TMG 2020 übrig gebliebenen Reste zu dieser Thematik, die der Gesetzesbegründung zufolge nicht von der DS-GVO verdrängt werden.[127] § 19 Abs. 1–3 TTDSG regeln Sachverhalte, bei denen es nach der Vorstellung des Gesetzgebers **grundsätzlich nicht um personenbezogene Daten** gehen muss und deshalb der Anwendungsbereich der DS-GVO nicht eröffnet sein solle, etwa die Pflicht zur Ermöglichung der **jederzeitigen Beendigung** nach § 19 Abs. 1 TTDSG und die Pflicht zur Anzeige einer **Weitervermittlung** an andere Anbieter nach § 19 Abs. 3 TTDSG. Auch wenn man der Norm rechtspolitisch nicht viel abgewinnen mag, ist die Aussage, die Verlinkung im Internet sei ein „Auslaufmodell" und die Norm daher ohne Anwendungsbereich,[128] befremdlich bis sachlich falsch, wie jeder, der schon einmal eine Internet-Suchmaschine benutzt hat, zu berichten weiß. Allerdings genügt bereits die vom Webbrowser vorgenommene **Anzeige der URL in der Adressleiste** zur Erfüllung dieser Pflicht.[129] § 19 Abs. 2 TTDSG verpflichtet dazu, die **Nutzung von Telemedien anonym oder unter Pseudonym** zu ermöglichen, soweit dies technisch möglich und zumutbar ist, worüber zu informieren ist. Diese Regelung ist verschiedentlich als technisch überholt kritisiert worden.[130] Einerseits dürfte die Regelung zur pseudonymen Nutzung von der DS-GVO verdrängt werden, da Pseudonyme meist personenbezogene Daten darstellen werden und Art. 25 DS-GVO

[124] BVerfG, Beschl. v. 27.5.2020 – 1 BvR 1873/13 u.a., NJW 2020, 2699 – Bestandsdatenauskunft II.
[125] BGH, Beschl. v. 24.9.2019 – VI ZB 39/18, NJW 2020, 536 (Rn. 31ff.).
[126] *Kühling/Sauerborn,* CR 2021, 271 (278).
[127] BT-Drs. 19/27441, 36.
[128] *Schwartmann/Benedikt/Reif,* MMR 2021, 99 (100).
[129] Spindler/Schmitz/*Schmitz,* Recht der elektronischen Medien 2. Aufl. 2018, § 13 TMG, Rn. 60.
[130] *Piltz,* CR 2021, 555 (559); *Schwartmann/Benedikt/Reif,* MMR 2021, 99 (100) nennen die Norm gar „antiquiert".

dieselbe Zielrichtung hat. Die Regelung zur anonymen Nutzung andererseits hat mit Blick auf die Rechtsprechung des EuGH zur Personenbeziehbarkeit von IP-Adressen nur einen sehr geringen Anwendungsbereich.[131] Ob § 19 Abs. 4 TTDSG, der Vorgaben zur technischen Sicherheit macht, eine Umsetzung von Art. 4 Abs. 1 EK-DSRL darstellen soll, ist unklar.[132]

114 Für die Speicherung von Informationen oder den Zugriff auf Informationen, die bereits im Endgerät eines Teilnehmers oder Nutzers gespeichert sind, **verlangt Art. 5 Abs. 3 EK-DSRL ausdrücklich eine Einwilligung.** Nunmehr findet sich deshalb in **§ 25 TTDSG,** der mangels Beschränkung seines Anwendungsbereichs keineswegs nur Telemediendienste erfasst, [133] eine weitgehend **wortlautgetreue Übernahme der Richtlinienbestimmung.** Wenngleich diese Regelung und ihre Umsetzung in § 25 TTDSG vor allem im Kontext von sog. Cookies diskutiert wurde, ist der Anwendungsbereich ausweislich des Wortlauts gerade nicht hierauf beschränkt. Beispielsweise kann diese Regelung auch auf vernetzte Fahrzeuge zur Anwendung kommen.

115 Der neue § 25 TTDSG regelt die vor allem kontrovers diskutierte **Nutzung von Cookies.** Diese Anforderung, dem Setzen von Cookies zustimmen zu müssen, ist als **„Cookieterror"** bezeichnet worden,[134] weil sich die informierte Einwilligung durch Übersteigerung in einem trivialen Zusammenhang in ihr Gegenteil verkehrt hat. Allerdings hängt der Anwendungsbereich des § 25 TTDSG wegen der entsprechenden Vorgaben der EK-DSRL weder vom Vorhandensein personenbezogener Daten noch von der Nutzung von Cookies ab, sondern erfasst alle Speicherungen und jeden Zugriff auf Endgeräte.[135] Das verschafft § 25 TTDSG einen sehr weiten Anwendungsbereich insbesondere **im Internet der Dinge.**[136] Letztlich handelt es sich bei der Norm nicht um eine datenschutzrechtliche Norm, sondern um einen **eher technisch ausgerichteten Schutz des Endgeräts.**[137] Was die konkreten Erfordernisse an die Einwilligung zum Setzen von Cookies anbelangt, hat der EuGH befunden, dass ein **vorangekreuztes Kästchen dafür nicht ausreichend** ist.[138]

116 § 25 Abs. 2 TTDSG setzt Art. 5 Abs. 3 S. 2 EK-DSRL um und enthält **Ausnahmen** von Einwilligungserfordernis nach § 25 Abs. 1 TTDSG. Nach § 25 Abs. 2 Nr. 1 TTDSG ist die Einwilligung nicht erforderlich, wenn alleiniger Zweck der Aktion die **Durchführung der Übertragung einer Nachricht über ein öffentliches Kommunikationsnetz** ist. Das Abspeichern einer E-Mail oder Sofortnachricht auf dem Endgerät des Nutzers bedarf daher keiner separaten Einwilligung. Nach Meinung der Artikel 29-Gruppe soll es auch Cookies geben, die unter diese Ausnahme fallen können.[139] § 25 Abs. 2 Nr. 2 TTDSG erklärt die Einwilligung weiter für entbehrlich, wenn ein **Nutzer ausdrücklich die Inanspruchnahme eines Telemediendienstes wünscht und für dessen Zurverfügungstellung die genannten Handlungen**

---

[131] *Piltz,* CR 2021, 555 (559).

[132] Näher *Piltz,* CR 2021, 555 (559 f.).

[133] Das ist eine bewusste gesetzgeberische Entscheidung, s. *Kühling/Sauerborn,* CR 2021, 271 (279); ebenso *Hanloser,* ZD 2021, 399 (400); *Golland,* NJW 2021, 2238 (2239).

[134] *Domscheit-Berg,* zit. in: F. A. S. v. 24.10.2021, S. 1 u. 7 m. w. N.

[135] *Golland,* NJW 2021, 2238 (2239); *Piltz,* CR 2021, 5555 (560). – Wegen der ausdrücklichen Verweisung des Art. 5 Abs. 3 EK-DSRL bezüglich der Einwilligungserteilung auf die Regelungen der alten DatenschutzRL gelten wegen Art. 95 Abs. 1 S. 2 DS-GVO die Anforderungen der DS-GVO an die Einwilligungserteilung auch in diesen Fällen, *Piltz* a. a. O.

[136] So ausdrücklich die Gesetzesbegründung, BT-Drs. 19/27441, 38.

[137] *Hanloser,* ZD 2021, 399 (399 f.).

[138] EuGH, Urt. v. 1.10.2019 – C-673/17, NJW 2019, 3433 (Rn. 65) – Planet49.

[139] WP 194, Ziff 2.1.

unbedingt erforderlich sind. Diese Ausnahmen entsprechen Art. 5 Abs. 3 S. 2 EK-DSRL. Unklar bleibt, was unter dem Begriff **„unbedingt erforderlich"** zu verstehen ist. Denkbar ist ein **wirtschaftliches oder technisches Verständnis.**[140] Einerseits geht ErwGr 66 der die Regelung einführenden Änderungsrichtlinie 2009/136/EG ausdrücklich von „technische[r]" Notwendigkeit aus.[141] Andererseits besteht zwischen wirtschaftlicher und technischer Erforderlichkeit ein kaum trennbarer innerer Zusammenhang.[142] Authentifizierungscookies sollen von der Ausnahme erfasst sein.[143] Klarheit wird entweder der EuGH oder die E-Privacy-VO schaffen müssen.

117 § 26 TTDSG adressiert ein in jüngerer Zeit besonders deutlich durch die zahlreichen Cookie-Banner aufgeworfenes Problem. Nutzer werden auf praktisch jeder Webseite nach ihrer Einwilligung gefragt. Der Bundesrat formulierte pointiert, der Besuch von Internetseiten werde „zunehmend beschwerlicher".[144] Dies hat zur Folge, dass man den Überblick über die erteilten Einwilligungen verliert[145] und die gesellschaftliche Akzeptanz für Datenschutz insgesamt Schaden nimmt.[146] Die Datenethikkommission hatte zur Lösung die Einführung sogenannter **„Personal Information Management Systems" (PIMS)** vorgeschlagen.[147] § 26 TTDSG setzt diese Empfehlung um. An sich wäre hierbei angesichts der europäischen Determinierung durch Art. 5 Abs. 3 EK-DSRL die Europäische Union gefragt. Doch ist der Erlass der E-Privacy-VO nicht absehbar (→ Rn. 11). Die Regelung wurde allerdings erst durch den Bundestags-Wirtschaftsausschuss eingefügt, der derartige Dienste als „nutzerfreundliche und wettbewerbskonforme Verfahren" zum Einwilligungsmanagement fördern wollte.[148] PIMS (→ § 13 Rn. 167a) sollen **Einwilligungen der Nutzer treuhänderisch für diese verwalten,** so einen Überblick schaffen und den Anbietern die automatisierte Abfrage ermöglichen. Dieses Modell setzt voraus, dass der Treuhänder **keinem Interessenkonflikt** unterliegt, d.h. kein Eigeninteresse an der Erteilung der Einwilligung und der verwalteten Daten haben darf.[149] So verlangt es nunmehr § 26 Abs. 1 Nr. 2 TTDSG. Weitere Anforderungen an die PIMS sind die Bereitstellung nutzerfreundlicher und wettbewerbskonformer Verfahren nebst technischen Anwendungen zur Einholung und Verwaltung der Einwilligung (§ 26 Abs. 1 Nr. 1 TTDSG), eine strenge Zweckbindung der Einwilligung (Nr. 3) und die Vorlage eines DS-GVO-konformen Sicherheitskonzepts (Nr. 4). Abseits der recht dünnen Regelung des § 26 TTDSG bleibt die rechtliche Einordnung derartiger „Datentreuhänder" aber offen.[150]

118 **Einzelheiten zu den PIMS** soll eine noch zu erlassende **Rechtsverordnung** nach § 26 Abs. 2 TTDSG regeln, die auch festzulegen hat, welche „unabhängige Stelle" (§ 26 Abs. 1 l. Hs. TTDSG) die PIMS anerkennen, sprich zulassen soll. Beachtenswert ist, dass § 26 TTDSG sowohl die Einwilligung nach § 25 Abs. 1 TTDSG als auch datenschutzrechtliche Einwilligungen erfasst.[151] Potential birgt das insbesondere in Konstellationen mit mehreren ggf. auch minderjährigen Nutzern pro Ge-

---

[140] *Piltz,* CR 2021, 555 (561).
[141] WP 194, Ziff 2.2. Ebenso die Gesetzesbegründung, BT-Drs. 19/27441, 38.
[142] *Hanloser,* ZD 2021, 399 (401).
[143] WP 194, Ziff 2.3; vgl. auch die Auflistung bei *Piltz,* CR 2021, 555 (562).
[144] BT-Drs. 19/28396, 3.
[145] Datenethikkommission, Gutachten, 2019, 133.
[146] *Schwartmann/Benedikt,* RDV 2021, 248 (251).
[147] Datenethikkommission, Gutachten, 2019, 133ff.
[148] BT-Drs. 19/29839, 67f.
[149] Datenethikkommission, Gutachten, 2019, 134.
[150] Dazu umf. *Specht-Riemenschneider u.a.,* MMR-Beil. 2021, 25.
[151] *Schwartmann/Benedikt,* RDV 2021, 248 (250f.).

rät.[152] § 26 Abs. 2 Nr. 3 lit. b TTDSG schreibt den Anbietern von Telemedien allerdings lediglich vor, die **PIMS-Einwilligung zu „berücksichtigen"**. Das kann man als Absage an eine **Befolgungspflicht** werten, um weiterhin individuelle, der PIMS-Einwilligung vorgehende Einwilligungen zu ermöglichen.[153] Eine derart strenge Interpretation würde das Ziel des § 26 TTDSG aber konterkarieren, speziell den ausufernden Cookie-Bannern etwas entgegenzusetzen. **„Berücksichtigen" in § 26 Abs. 2 Nr. 3 lit. b TTDSG ist deshalb als eine Befolgungspflicht zu verstehen, sofern eine PIMS-Einwilligung bzw. PIMS-Verweigerung der Einwilligung vorliegt.**[154] Der gegenüber einer wortwörtlichen Verpflichtung weichere Wortlaut findet seinen Sinn dann in den Fällen, in denen eine PIMS-Einwilligung überhaupt nicht vorliegt. Mangels PIMS-Einwilligung kann eine solche dann nämlich auch nicht befolgt werden. Daraus erklärt sich auch, warum § 26 Abs. 2 Nr. 3 lit. a lit. aa TTDSG statt „berücksichtigt" das Verb „befolgt" verwendet,[155] denn die in diesem Unterbuchstaben angesprochenen „Einstellungen" werden anders als eine PIMS-Einwilligung immer vorliegen (und wenn es nur die Standardeinstellungen sind).

---

[152] *Schwartmann/Benedikt,* RDV 2021, 248 (251).
[153] So *Golland,* NJW 2021, 2238 (2241).
[154] A. A. *Golland,* NJW 2021, 2238 (2241); unklar *Schwartmann/Benedikt,* RDV 2021, 248 (251).
[155] Darauf abstellend *Golland,* NJW 2238 (2251).

4. Abschnitt. Datensicherheit. Technischer/organisatorischer Datenschutz

§ 19. Sicherheit der Verarbeitung

Literatur: *Bartels/Backer,* Die Berücksichtigung des Stands der Technik in der DS-GVO, DuD 2018, 214; *Bieker/Hansen,* Normen des technischen Datenschutzes nach der europäischen Datenschutzreform, DuD 2017, 285; *Bleckat,* Abdingbarkeit des Art. 32 DS-GVO durch Einwilligung, RDV 2021, 206; *Eckhardt,* Rechtliche Aspekte der IT-Sicherheit, DuD 2008, 330; *ders.,* DS-GVO: Anforderungen an die Auftragsverarbeitung als Instrument zur Einbindung Externer, CCZ 2017, 111; *ders./Schmitz,* Datenschutz in der TKG-Novelle, CR 2011, 436; *Gehrmann/Voigt,* IT-Sicherheit – Kein Thema nur für Betreiber Kritischer Infrastrukturen, CR 2017, 93; *Kipker* (Hrsg.), Cybersecurity, 2020; *Kipker/Scholz,* EU-Cybersecurity-Verordnung, DuD 2018, 701; *Kipker/Scholz,* Das IT-Sicherheitsgesetz 2.0, DuD 2021, 40; *Schallbruch,* Das IT-Sicherheitsgesetz 2.0, CR 2021, 450; *Schulte/Wambach,* Zielkonflikte zwischen Datenschutz und IT-Sicherheit im Kontext der Aufklärung von Sicherheitsvorfällen, DuD 2020, 462; *Sundermann,* Abdingbarkeit technischer oder organisatorischer Maßnahmen, DuD 2021, 594; *Voigt/Gehrmann,* Die europäische NIS-Richtlinie, ZD 2016, 355.

1 Die Sicherheit der Verarbeitung ist in Art. 32 DS-GVO im Abschnitt 2 des Kapitel IV der DS-GVO geregelt, welcher den Titel „Sicherheit personenbezogener Daten" trägt. Sie dient dem **Schutz der Rechte und Freiheiten natürlicher Personen in Bezug auf die Verarbeitung der personenbezogenen Daten.** Die ebenfalls in Abschnitt 2 des Kapitel IV der DS-GVO geregelten Pflichten zur Meldung (Art. 33 DS-GVO) und Benachrichtigung (Art. 34 DS-GVO) im Fall einer Verletzung des Schutzes personenbezogener Daten sollen die Transparenz gegenüber der betroffenen Person sicherstellen, falls der Sicherheit der Verarbeitung nicht genügt wurde.[1]

2 Bereits die **DSRL 95/46/EG** sah in Art. 17 die Pflicht vor, technische und organisatorische Maßnahmen durchzuführen, die erforderlich sind für den Schutz gegen die zufällige oder unrechtmäßige Zerstörung, den zufälligen Verlust, die unberechtigte Änderung, die unberechtigte Weitergabe oder den unberechtigten Zugang und gegen jede andere Folge der unrechtmäßigen Verarbeitung personenbezogener Daten. In Deutschland wurde diese Regelung in § 9 BDSG-alt umgesetzt.

3 Die Sicherheit der Verarbeitung nach Art. 32 DS-GVO muss auch im **Kontext der Datenschutz-Folgenabschätzung** nach Art. 35 DS-GVO (insbesondere Art. 35 Abs. 7 lit. d DS-GVO) und einer eventuell sich hieran anschließenden Vorherigen Konsultation nach Art. 36 DS-GVO gesehen werden. Denn hierbei spielen die Maßnahmen nach Art. 32 DS-GVO eine entscheidende Rolle für die Bewertung der Zulässigkeit einer Verarbeitung personenbezogener Daten.

4 Mit Art. 32 DS-GVO wurden im Rahmen der Entstehung des Rechtsakts **unterschiedliche Ziele** verfolgt.[2] Art. 30 des Kommissionsentwurfes der Datenschutz-Grundverordnung[3] enthielt neben einer kurzen Auflistung der Schutzziele eine Ermächtigung der Kommission für delegierte Rechtsakte und Durchführungsbestimmungen. Demnach sollte die Kommission die Kriterien und Bedingungen für die technischen und organisatorischen Maßnahmen festlegen und eine situationsbezo-

[1] Der Anwendungsbereich der Pflichten nach Art. 33, 34 DS-GVO ist nicht auf Verstöße gegen Art. 32 DS-GVO beschränkt, sondern geht deutlich hierüber hinaus. Aber insbesondere Verletzungen der Pflichten nach Art. 32 DS-GVO können die Pflichten nach Art. 33, 34 DS-GVO begründen.

[2] BeckOK DatenSR/*Paulus,* 38. Ed. 2021, Art. 32 Rn. 1 DS-GVO.

[3] Vorschlag der Europäischen Kommission für eine Datenschutz-Grundverordnung vom 25.1. 2012, KOM(2012) 11 endgültig; 2012/0011 (COD).

gene Konkretisierung vornehmen.[4] Der Parlamentsentwurf sah in Art. 30[5] solche Ermächtigungen nicht vor, sondern listete detailliert auf, durch welche Maßnahmen eine sichere Datenverarbeitung gewährleistet wird. Unter anderem sah der Entwurf vor, Ergebnisse der Datenschutz-Folgenabschätzung ausdrücklich als einen dieser Faktoren zu benennen. Dies hat sich in den Trilog-Verhandlungen nicht durchgesetzt.[6] In Art. 32 DS-GVO wurden letztlich einerseits der umfangreiche Katalog des Parlamentsentwurfs erheblich gekürzt, aber andererseits auch – wie auch in weiteren Regelungen der Datenschutz-Grundverordnung – auf die Ermächtigung der Kommission zur Konkretisierung jeglicher Sicherheitsmaßnahmen verzichtet.[7]

A. Überblick

Bereits seit den ersten Datenschutzgesetzen wird der **Datenschutz nicht nur als Frage der (Un-)Zulässigkeit der Verarbeitung personenbezogener Daten** verstanden.[8] Andererseits war Datenschutz aber eben auch stets mehr als nur die Frage nach dem technischen Schutz personenbezogener Daten. 5

Für die Datensicherheit geht es um die **Gesamtheit der technischen und organisatorischen Maßnahmen,** mit denen ein unzulässiger Umgang mit personenbezogenen Daten verhindert und die in Art. 32 DS-GVO genannten Ziele der Datensicherheit erreicht werden sollen.[9] In der jüngeren Datenschutz-Vergangenheit wird die Datensicherheit um Überlegungen zur datenschutzfreundlichen Technikgestaltung ergänzt.[10] Die Datensicherheit i.S.d. Datenschutzrechts hat den Schutz der personenbezogenen Daten vor Augen, wie beispielsweise Art. 32 Abs. 1 S. 1 lit. a DS-GVO zeigt. Die dort genannten Kriterien können und müssen zu jedem Zeitpunkt der Verarbeitung personenbezogener Daten angewendet werden. Dagegen hat datenschutzfreundliche Technikgestaltung (→ § 20) zum Ziel, technische und organisatorische Maßnahmen schon vorgelagert in die Technik zu implementieren.[11] 6

Die **zentrale Regelung der Datensicherheit** der DS-GVO ist Art. 32 DS-GVO und mit „Sicherheit der Verarbeitung" überschrieben. Nach Art. 32 DS-GVO sind technische und organisatorische Maßnahmen zu ergreifen, um ein dem Risiko angemessenes Schutzniveau bei der Verarbeitung personenbezogener Daten zu gewährleisten. Die Regelung verfolgt einen risikobasierten Ansatz der technisch-organisatorischen Maßnahmen zur Gewährleistung gesicherter Verarbeitung *(„um ein dem Risiko angemessenes Schutzniveau zu gewährleisten")*.[12] 7

Die DS-GVO fordert technische und organisatorische Maßnahmen nicht nur im Kontext der Sicherheit der Verarbeitung und zur Gewährleistung eines angemessenen Schutzniveaus bei der Verarbeitung personenbezogener Daten, sondern sieht solche Maßnahmen auch in anderen Regelungen zur Erreichung derer Ziele und Zwecke vor, insbesondere in Art. 12 (Transparente Information, Kommunikation und Modalitäten für die Ausübung der Rechte der betroffenen Person) und Art. 24 (Verantwortung des für die Verarbeitung Verantwortlichen) DS-GVO. Der Begriff der technischen und organisatorischen Maßnahmen ist daher in der Datenschutz- 8

[4] Vgl. Paal/Pauly/*Martini*, 3. Aufl. 2021, Art. 32 DS-GVO, Rn. 20.
[5] Beschluss des europäischen Parlaments v. 12.3.2014 im Rahmen der ersten Lesung zu dem Vorschlag der europäischen Kommission für eine Datenschutz-Grundverordnung (interinstitutionelles Dossier des Rats der Europäischen Union vom 27.3.2014, 2012/011 (COD); 7427/1/14, REV 1.).
[6] Paal/Pauly/*Martini*, 3. Aufl. 2021, Art. 32 DS-GVO, Rn. 18.
[7] Roßnagel/*Barlag*, DS-GVO, 2017, S. 172.
[8] Vgl. Roßnagel/*Barlag*, DS-GVO, 2017, S. 165.
[9] Roßnagel/*Barlag*, DS-GVO, 2017, S. 165.
[10] Vgl. bspw. § 3a BDSG-alt Roßnagel/*Barlag*, DS-GVO, 2017, S. 165; → § 20.
[11] Roßnagel/*Barlag*, DS-GVO, 2017, S. 165.
[12] Vgl. Paal/Pauly/*Martini*, 3. Aufl. 2021, Art. 32 DS-GVO, Rn. 3.

Grundverordnung weit zu verstehen.[13] Der **Terminus „technische und organisatorische Maßnahmen“ ist nicht synonym für Sicherheit der Verarbeitung,** wie sie in Art. 32 DS-GVO geregelt ist.[14]

9 Die Verpflichtung zur Sicherheit der Verarbeitung nach Art. 32 DS-GVO ist ein **zentraler Grundsatz,** wie auch dessen Verankerung als einer der Grundsätze des Art. 5 Abs. 1 DS-GVO deutlich macht. Personenbezogene Daten müssen nach Art. 5 Abs. 1 lit. f DS-GVO in einer Weise verarbeitet werden, die eine angemessene Sicherheit der personenbezogenen Daten gewährleistet. Darin ist auch der Schutz vor unbefugter oder unrechtmäßiger Verarbeitung und vor unbeabsichtigtem Verlust, unbeabsichtigter Zerstörung oder unbeabsichtigter Beschädigung eingeschlossen, herzustellen durch geeignete technisch-organisatorische Maßnahmen („Integrität und Vertraulichkeit“). Wie sich aus ErwGr 39 DS-GVO ergibt, gehört hierzu auch, dass Unbefugte keinen Zugang zu den Daten haben und weder die Daten noch die Geräte, mit denen diese verarbeitet werden, benutzen können. Der Regelungsgehalt des Art. 5 Abs. 1 lit. f DS-GVO und der in Art. 32 Abs. 1 DS-GVO beschriebene Schutzumfang sind aber nicht deckungsgleich. Der Auftragsverarbeiter ist durch Art. 5 DS-GVO nicht adressiert. Dies betont zusätzlich den Pflichtenkreis des Verantwortlichen.

9a Es ist umstritten, ob die betroffene Person **in ein geringeres Schutzniveau** als das von Art. 32 DSGVO vorgesehene **einwilligen** kann (→ § 13 Rn. 67a). Dagegen wird vor allem angeführt, dass diese Möglichkeit zu Umgehungstaktiken dergestalt einladen würde, dass Verantwortliche systematisch Einwilligungen zur Absenkung des Schutzniveaus einholen würden.[15] Demgegenüber wird geltend gemacht, dass das Schutzgut des Datenschutzrechts in Art. 8 GRCh bestehe und als Individualrecht disponibel für den Betroffenen sei.[16] Zu berücksichtigen ist auch, dass die befürchtete Umgehung entweder als vorformulierte Gestaltung typischerweise an AGB-rechtlichen Grenzen scheitern würde oder als individuelle Vereinbarung die Grenzen der Freiwilligkeit (Art. 7 Abs. 4 DS-GVO) gewahrt bleiben müssten. Hier zeigt sich beispielhaft, dass das Datenschutzrecht keine autarke Rechtsmaterie ist, sondern Bewertungen im Kontext Rahmen der gesamten Rechtsordnung erfolgen müssen.

B. Verpflichteter und Inhalt der Verpflichtung

I. Verpflichteter

10 Sowohl der **Verantwortliche** als auch der **Auftragsverarbeiter** werden zur Gewährleistung der Sicherheit der Verarbeitung verpflichtet. Hersteller insbesondere von Hard- und Software sind nicht unmittelbar erfasst. Mittelbar werden sich die Vorgaben jedoch auch auf diese auswirken (→ § 20 Rn. 19ff.).

11 Es müssen der Verantwortliche als Auftraggeber und der Auftragsverarbeiter als Auftragnehmer **geeignete technisch-organisatorische Maßnahmen** ergreifen, um ein dem Risiko angemessenes Schutzniveau bei der Verarbeitung personenbezogener Daten sicher zu gewährleisten.

12 Im Rahmen der Auftragsverarbeitung ist zwischen den **Rollen des Auftraggebers als Verantwortlichem und als Auftragsverarbeiter** zu unterscheiden. Die eigenstän-

[13] Im Ergebnis ebenso Roßnagel/*Barlag,* DS-GVO, 2017, S. 166; wohl auch Paal/Pauly/*Martini,* 3. Aufl. 2021, Art. 32 DS-GVO, Rn. 28f.

[14] Wohl ebenso Paal/Pauly/*Martini,* 3. Aufl. 2021, Art. 32 DS-GVO, Rn. 28.

[15] *Bleckat,* RDV 2021, 206 (207).

[16] *Sundermann,* DuD 2021, 594 (595); ähnl. Paal/Pauly/*Martini,* 3. Aufl. 2021, Art. 32 DS-GVO Rn. 4b.

dige Nennung des Auftragsverarbeiters macht deutlich, dass dieser unmittelbar und nicht nur aufgrund der vertraglichen Verpflichtung gegenüber dem Auftraggeber (Art. 28 Abs. 3 S. 2 lit. c DS-GVO) zur Gewährleistung der Sicherheit der Verarbeitung verpflichtet ist.[17] Der Verantwortliche ist und bleibt auch im Rahmen der Auftragsverarbeitung für die Sicherheit der im Auftrag verarbeiteten personenbezogenen Daten verantwortlich. Denn nach Art. 28 DS-GVO ist der Auftraggeber als Verantwortlicher auch in Bezug auf technische und organisatorische Maßnahmen gegenüber dem Auftragsverarbeiter zur Weisung berechtigt und verpflichtet. Er ist insoweit im Außenverhältnis gegenüber der betroffenen Person primär haftbar (s. Art. 82 Abs. 4 i. V. m. Abs. 2 S. 2 DS-GVO). Der Verantwortliche darf nach Art. 28 Abs. 1 DS-GVO auch nur solche Auftragsverarbeiter heranziehen, die hinreichend Garantien dafür bieten, dass geeignete technische und organisatorische Maßnahmen so durchgeführt werden, dass die Verarbeitung auch im Einklang mit einer Anforderung dieser Verordnung erfolgt und den Schutz der Rechte der betroffenen Personen gewährleistet. Damit ist die Sicherheit der Verarbeitung Bestandteil der Auswahlentscheidung und des Auftrags.[18]

II. Inhalt der Verpflichtung

13 Der Verantwortliche und der Auftragsverarbeiter sind durch Art. 32 Abs. 1 DS-GVO dazu verpflichtet, geeignete technisch-organisatorische Maßnahmen[19] zu treffen, um **ein dem Risiko angemessenes Schutzniveau der Verarbeitung personenbezogener Daten** zu gewährleisten. Sie haben dabei nach Art. 32 Abs. 1 DS-GVO den Stand der Technik[20], die Implementierungskosten und die Art, den Umfang, die Umstände und die Zwecke der Verarbeitung sowie die unterschiedliche Eintrittswahrscheinlichkeit und Schwere des Risikos für die Rechte und Freiheiten natürlicher Personen zu berücksichtigen.

1. Gegenstand der Bewertung

14 Art. 32 DS-GVO zwingt seinem Wortlaut nach scheinbar jeden Verarbeiter personenbezogener Daten vor jeder Verarbeitung dazu, eine **Risikobewertung für den Einzelfall** durchzuführen und ein darauf abgestimmtes Schutzkonzept zu entwerfen, welches er nach Art. 32 Abs. 1 lit. d DS-GVO auch regelmäßig zu überprüfen hat.[21]

15 Art. 32 DS-GVO nimmt als **Gegenstand der Bewertung die „Verarbeitung“** in Bezug und nicht wie beispielsweise Art. 30 DS-GVO „Verarbeitungstätigkeiten“. Er sieht auch nicht wie Art. 35 Abs. 1 S. 2 DS-GVO vor, dass mehrere ähnliche Verarbeitungsvorgänge mit ähnlich hohen Risiken zusammengefasst werden können. Eine kleinteilige Bewertung, wie sie die Aufzählung der Tätigkeiten in Art. 4 Nr. 2 DS-GVO nahelegen könnte, würde aber zu einer das Schutzziel des Art. 32 DS-GVO konterkarierenden Kleinteiligkeit führen. Denn die Regelung in Art. 32 DS-GVO macht deutlich, dass es auf eine Gesamtheitlichkeit der Betrachtung und der Schutzmaßnahmen ankommt. Aber auch die Definition von „Verarbeitung“ in

[17] Ebenso Paal/Pauly/*Martini*, 3. Aufl. 2021, Art. 32 DS-GVO, Rn. 27b; Sydow/*Mantz*, 2. Aufl. 2018, Art. 32 DS-GVO, Rn. 7.

[18] Andererseits zeigt sich in der Formulierung in Art. 28 Abs. 1 DS-GVO auch, dass die technisch-organisatorischen Maßnahmen nicht allein auf die Sicherheit der Verarbeitung beschränkt sind.

[19] Zum Terminus → Rn. 9.

[20] Zum Begriff instruktiv *Bartels/Backer*, DuD 2018, 214 (215 f.).

[21] Vgl. Sydow/*Mantz*, 2. Aufl. 2018, Art. 32 DS-GVO, Rn. 8.

Art. 4 Nr. 2 DS-GVO zwingt nicht zu dieser Kleinteiligkeit, da sie jeden mit oder ohne Hilfe automatisierter Verfahren ausgeführten Vorgang oder jede solche Vorgangsreihe im Zusammenhang mit personenbezogenen Daten erfasst, also selbst auch Vorgangsreihen in Bezug nimmt. Im Interesse der Einheitlichkeit der Handhabung der Regeln spricht auch die systematische Auslegung dafür, dass auch die Bewertung nach Art. 32 DS-GVO an einer Bündelung einzelner Verarbeitungen im Sinne einer Verarbeitungstätigkeit ausgerichtet wird (→ § 17 Rn. 18ff., 52f.). Denn nach Art. 30 Abs. 1 lit. g DS-GVO sind auch die Maßnahmen nach Art. 32 DS-GVO zu beschreiben und nach Art. 35 DS-GVO zu bewerten.

2. Pflicht zu technischen und organisatorischen Maßnahmen (Abs. 1)

16 Art. 32 Abs. 1 DS-GVO regelt sowohl die **Pflicht** zu technischen und organisatorischen Maßnahmen und legt das Schutzziel und den Maßstab fest (Art. 32 Abs. 1 Hs. 1 DS-GVO) als auch, welche **Maßnahmen** hierfür in Betracht kommen (Art. 32 Abs. 1 Hs. 1 DS-GVO).[22]

17 Eine **Definition von technischen und organisatorischen Maßnahmen** enthält die DS-GVO nicht. Als technische Maßnahmen lassen sich mechanische, maschinelle und elektronische Maßnahmen (bspw. Zutrittskontrolle mittels Vereinzelungsanlage, Schlösser, Verschlüsselungstechniken) verstehen.[23] Der Terminus organisatorische Maßnahmen ist weit zu verstehen und erfasst alles, was nicht technische Maßnahmen sind.[24] Beispielhaft lassen sich Arbeitsanweisungen, Richtlinien, Dokumentations- und Berichtspflichten sowie Kontrollen nennen.

18 Mit der Bezugnahme auf die unterschiedlichen **Eintrittswahrscheinlichkeiten und die Schwere der Risiken** sowie dem Ziel, ein angemessenes Datenschutzniveau zu gewährleisten, stellt die DS-GVO in Art. 32 Abs. 1 Hs. 1 DS-GVO den die DS-GVO prägenden **risikobasierten Ansatz** heraus. Die technischen und organisatorischen Maßnahmen müssen stets das einem Risiko angemessene Schutzniveau gewährleisten. Dementsprechend hat ein kleiner Handwerksbetrieb andere Anforderungen zu erfüllen als ein Krankenversicherungsunternehmen.[25]

19 Art. 32 Abs. 1 Hs. 2 DS-GVO enthält eine **als „Maßnahmen“ bezeichnete Aufzählung, die nicht abschließend ist** (deutsche Fassung: „u.a.“/englische Fassung: „inter alia“):[26]

- die Pseudonymisierung und Verschlüsselung personenbezogener Daten (Art. 32 Abs. 1 lit. a DS-GVO);
- die Fähigkeit, die Vertraulichkeit, Integrität, Verfügbarkeit und Belastbarkeit der Systeme und Dienste im Zusammenhang mit der Verarbeitung auf Dauer sicherzustellen (Art. 32 Abs. 1 lit. b DS-GVO);
- die Fähigkeit, die Verfügbarkeit der personenbezogenen Daten und Zugang zu ihnen bei einem physischen oder technischen Zwischenfall rasch wiederherzustellen (Art. 32 Abs. 1 lit. c DS-GVO);
- ein Verfahren zur regelmäßigen Überprüfung, Bewertung und Evaluierung der Wirksamkeit der technischen und organisatorischen Maßnahmen zur Gewährleistung der Sicherheit der Verarbeitung (Art. 32 Abs. 1 lit. d DS-GVO).

---

[22] Vgl. Paal/Pauly/*Martini*, 3. Aufl. 2021, Art. 32 DS-GVO, Rn. 30.

[23] Vgl. Schantz/Wolff/*Schantz*, Das neue DatSchR, 2017, S. 266; vgl. Paal/Pauly/*Martini*, 3. Aufl. 2021, Art. 32 DS-GVO, Rn. 28.

[24] Vgl. Paal/Pauly/*Martini*, 3. Aufl. 2021, Art. 32 DS-GVO, Rn. 28f.

[25] Ebenso Schantz/Wolff/*Schantz*, Das neue DatSchR, 2017, S. 265.

[26] Ebenso *Wybitul* DS-GVO-HdB/*Schreibauer/Spittka*, 2017, Art. 32 DS-GVO, Rn. 8; Paal/Pauly/*Martini*, 3. Aufl. 2021, Art. 32 DS-GVO, Rn. 31.

20 Die Aufzählung enthält gleichwertig einerseits Ziele der Datensicherheit und andererseits Maßnahmen zur Erreichung der Datensicherheit.[27] Dies ist **wenig systematisch** und erschwert die Anwendung der Regelung unnötig, ist aber letztlich dem Gesetzgebungsverfahren geschuldet.

21 Aus dem Wortlaut der Regelung (deutsche Fassung: „u.a."/englische Fassung: „inter alia") ergibt sich nicht nur, dass die Aufzählung nicht abschließend ist, sondern vor allem auch, dass sie **nur Beispiele** nennt.[28] Dies zeigt auch der Vergleich mit der Formulierung in Abs. 2 (deutsch: „insbesondere"/englisch: „in particular"). Jedenfalls müssen nicht stets alle genannten Maßnahmen ergriffen werden. Hierfür spricht der Sinn und Zweck der Regelung. Denn eine Pseudonymisierung oder Verschlüsselung (Art. 32 Abs. 1 lit. a DS-GVO) wird weder bei allen Sachverhalten in Betracht kommen, noch bei allen Sachverhalten die angemessene Maßnahme sein. Die Maßnahmen sind jeweils darauf zu hinterfragen, ob und inwieweit sie dazu beitragen, den Verarbeitungsprozess an die Sicherheitsziele anzupassen, ohne die „Zwecke der Verarbeitung" (Art. 32 Abs. 1 Hs. 1 DS-GVO) zu gefährden.[29]

22 Die **Pseudonymisierung** (→ § 10 Rn. 36ff.) ist in Art. 4 Nr. 5 DS-GVO legaldefiniert. Sie unterscheidet sich von der Anonymisierung dadurch, dass es sich auch nach einer Pseudonymisierung weiterhin um personenbezogene Daten handelt.[30] Was unter **Verschlüsselung** zu verstehen ist, ist in der DS-GVO nicht festgelegt. Aus ErwGr 83 DS-GVO ergibt sich nur, dass es sich um eine Maßnahme zur Eindämmung der Risiken handeln soll. Die DS-GVO verwendet Pseudonymisierung und Verschlüsselung nicht synonym, was jedoch nicht ausschließt, dass eine Verschlüsselung zu einer Pseudonymisierung führt.

23 Die DS-GVO greift in Art. 32 Abs. 1 lit. b DS-GVO **Begrifflichkeiten aus der IT-Sicherheit** auf.[31] Der in der IT-Sicherheit gebräuchliche „Dreiklang" von Vertraulichkeit, Integrität und Verfügbarkeit darf im Rahmen der DS-GVO aber nicht ohne Berücksichtigung der unterschiedlichen Ausrichtung von IT-Sicherheit und Art. 32 DS-GVO verwendet werden. Unter Vertraulichkeit wird im Kontext der IT-Sicherheit verstanden, dass vertrauliche Informationen vor unbefugter Preisgabe geschützt werden müssen; unter Verfügbarkeit, dass dem Benutzer Dienstleistungen, Funktionen eines IT-Systems oder auch Informationen zum geforderten Zeitpunkt zur Verfügung stehen; unter Integrität, dass die Daten vollständig und unverändert sind.[32] Der Begriff „Belastbarkeit" ist im deutschen Datenschutzrecht nicht bekannt.[33] Die englische Textfassung von Art. 32 Abs. 1 lit. b DS-GVO spricht von „resilience". Im Kontext der Informationstechnologie wird unter „resilience" verstanden, dass es sich um ein widerstandsfähiges Gesamtsystem handeln muss, dass Störungen und/oder Angriffe unbeschadet absorbieren kann.[34] Obgleich die DS-GVO keine näheren Erläuterungen enthält, spricht die grammatische und vor allem

---

[27] Vgl. ErwGr 83 DS-GVO; Roßnagel/*Barlag,* DS-GVO, 2017, S. 166.

[28] Ebenso Paal/Pauly/*Martini,* 3. Aufl. 2021, Art. 32 DS-GVO, Rn. 31; Auernhammer/*Kramer/Meints,* 7. Aufl. 2020, Art. 32 DS-GVO, Rn. 20; **a.A.,** aber ohne Begründung, Schantz/Wolff/*Schantz,* Das neue DatSchR, 2017, S. 266, der von „Mindestvorgaben" spricht.

[29] Paal/Pauly/*Martini,* 3. Aufl. 2021, Art. 32 DS-GVO, Rn. 32.

[30] Was unter Anonymisierung zu verstehen ist, ergibt sich nicht aus Art. 4 DS-GVO, sondern nur aus ErwGr 26 DS-GVO (→ § 10 Rn. 23ff.).

[31] Ebenso *Wybitul* DS-GVO-HdB/*Schreibauer/Spittka,* 2017, Art. 32 DS-GVO, Rn. 11; zum Verhältnis von Datenschutz und IT-Sicherheit → unten Rn. 37ff.

[32] *BSI,* Leitfaden Informationssicherheit, Februar 2012, S. 14; vgl. Sydow/*Mantz,* 2. Aufl. 2018, Art. 32 DS-GVO, Rn. 15f.; vgl. Paal/Pauly/*Martini,* 3. Aufl. 2021, Art. 32 DS-GVO, Rn. 35ff.

[33] Roßnagel/*Barlag,* DS-GVO, 2017, S. 166.

[34] Sydow/*Mantz,* 2. Aufl. 2018, DS-GVO, Art. 32, Rn. 17; vgl. Paal/Pauly/*Martini,* 3. Aufl. 2021, DS-GVO Art. 32 Rn. 39f.; Roßnagel/*Barlag,* DS-GVO, 2017, S. 166f.

die systematische Auslegung dafür, dass es sich bei der Belastbarkeit um ein weiteres Datensicherheitsziel handelt.[35]

24 Nach Art. 32 Abs. 1 lit. b DS-GVO muss dieses Ziel **„auf Dauer"** gewährleistet sein. Es wird als Pflicht verstanden, die getroffenen Maßnahmen als nachhaltig wirksam anzulegen und umzusetzen sowie in regelmäßigen Abständen zu überprüfen, um dem Schutzanspruch des Art. 32 Abs. 1 und 2 DS-GVO zu genügen.[36]

24a Mit Blick auf die eingesetzte Verschlüsselung ist insoweit nicht nur der aktuelle Stand der Kryptographie, sondern sind auch kommende Entschlüsselungsmöglichkeiten in den Blick zu nehmen. Es ist also nicht nur die wachsende Rechenleistung (etwa entsprechend dem Moore'schen Gesetz) zu berücksichtigen, sondern auch Technologiesprünge wie Quantenrechner. Praktisch bedeutet das (wohl), dass personenbezogene Daten, deren Vertraulichkeit über etwa das Jahr 2030 hinaus gewahrt bleiben muss, schon heute gemäß der Standards von **Post-Quantum Encryption** verschlüsselt sein müssen.[37]

25 Art. 32 Abs. 1 lit. c DS-GVO geht sogar noch über die Verfügbarkeit nach Art. 32 Abs. 1 lit. b DS-GVO hinaus und fordert die **Gewährleistung einer raschen Wiederherstellung der Verfügbarkeit** für den Fall eines physischen oder technischen Zwischenfalls.

26 Die Maßnahmen zur Sicherheit der Verarbeitung sind jedoch nicht nur einmal zu erfüllen, sondern müssen stets erfüllt sein. Wenngleich sich dies schon aus Art. 32 Abs. 1 Hs. 1 DS-GVO ergibt, wird dies durch Art. 32 Abs. 1 lit. d DS-GVO nochmals explizit klargestellt.[38] Der **Turnus („regelmäßig") für die Überprüfung ist risikobasiert** zu bestimmen, ausgerichtet am Schutzbedürfnis der betroffenen Personen.[39] Der Wortlaut des Art. 32 Abs. 1 lit. d DS-GVO legt nahe, dass nicht nur eine theoretische Überprüfung, sondern auch ein Test in der Realität erforderlich ist, weil die „Wirksamkeit" der getroffenen Maßnahmen in Bezug genommen wird.[40] Dies würde aber eine erhebliche Ausweitung der Pflichten begründen, da Wirksamkeitstests in der Praxis sehr aufwendig sind und über die Festlegung und Überprüfung der Umsetzung der Maßnahmen weit hinausgehen. Die genannte Überlegung spricht dafür, dass die Regelung nicht stets und für jede Verarbeitung auch einen praktischen Wirksamkeitstest erfordert.[41]

3. Kriterien zur Beurteilung der Angemessenheit des Schutzniveaus (Abs. 2)

27 Art. 32 Abs. 2 DS-GVO wiederholt zunächst, dass bei der Beurteilung des angemessenen Schutzniveaus „insbesondere" die **mit der Verarbeitung verbundenen Risiken** zu berücksichtigen sind. Diese Aussage führt zu keinem Mehrwert an Erkenntnis, sondern bleibt sogar hinter dem Regelungsgehalt des Abs. 1 zurück. Die Kernaussage des in der Formulierung unglücklichen Abs. 2 besteht darin, mit einer weiteren „insbesondere"-Aufzählung Risiken zu benennen.

28 Art. 32 Abs. 2 DS-GVO enthält eine nicht **abschließende (deutsch:** „insbesondere"/englisch: „in particular") **Aufzählung von Risiken,** die bei der Bestimmung des nach Abs. 1 zu erreichenden Schutzniveaus zu berücksichtigen sind. Erforderlich ist damit eine Risikoanalyse unter Berücksichtigung zumindest dieser Kriterien.[42]

---

[35] Ebenso *Roßnagel/Barlag*, DS-GVO, 2017, S. 167.
[36] So ausdrücklich Paal/Pauly/*Martini*, 3. Aufl. 2021, Art. 32 DS-GVO, Rn. 40.
[37] Vgl. zu den aktuellen Entwicklungen c't 16/2021, 60 (61 ff.).
[38] *Wybitul* DS-GVO-HdB/*Schreibauer/Spittka*, 2017, Art. 32 DS-GVO, Rn. 14.
[39] Sydow/*Mantz*, 2. Aufl. 2018, Art. 32 DS-GVO, Rn. 21.
[40] So wohl *Wybitul* HdB DS-GVO/Schreibauer/Spittka, 2017, Art. 32 DS-GVO, Rn. 9; auch Sydow/*Mantz*, 2. Aufl. 2018, Art. 32 DS-GVO, Rn. 20 („Penetrationstests").
[41] Wohl ebenso Paal/Pauly/*Martini*, 3. Aufl. 2021, Art. 32 DS-GVO, Rn. 45a.
[42] Wohl ebenso Paal/Pauly/*Martini*, 3. Aufl. 2021, Art. 32 DS-GVO, Rn. 47.

Diese ist am Risiko für die Rechte und Freiheiten natürlicher Personen auszurichten, wie sich aus Art. 32 Abs. 1 DS-GVO ergibt.

29 Diese zunächst nur schwer greifbare Ausrichtung wird in ErwGr 83 DS-GVO zum Teil konkretisiert, indem **physische, materielle oder immaterielle Schäden** in Bezug genommen werden. Dies darf aber nicht dahin missverstanden werden, dass die Regelung in Art. 32 DS-GVO vor jeglichen physischen, materiellen oder immateriellen Schäden schützen soll, sondern nur vor datenschutzspezifischen Schäden.

30 Während Art. 32 Abs. 1 DS-GVO zu berücksichtigende Aspekte anspricht, die der Verarbeitung immanent und geplant sind, spricht Art. 32 Abs. 2 DS-GVO Aspekte an, die in die Kategorie **„Datenschutzpanne"** fallen. Erfasst werden durch Art. 32 Abs. 2 DS-GVO nur die unbeabsichtigte und unrechtmäßige Vernichtung, Verlust, Veränderung und die unbefugte Offenlegung von bzw. der unbefugte Zugang zu personenbezogenen Daten. Denn gewollte Vorgänge sind nach Abs. 1 zu berücksichtigen und dürfen nur erfolgen, wenn sie rechtmäßig sind. Auch ist die Parallelität der Formulierung in Art. 32 Abs. 2 DS-GVO mit der Definition von „Verletzung des Schutzes personenbezogener Daten" in Art. 4 Nr. 12 DS-GVO gegeben, welche dann die Melde- und Benachrichtigungspflicht nach Art. 33, 34 DS-GVO auslösen. Das darf aber nicht mit Risiken von außen (bspw. „Hacking") verwechselt werden. Denn hierauf ist weder Art. 32 Abs. 2 DS-GVO noch Art. 4 Nr. 12 DS-GVO beschränkt.

31 Verdeutlichen lässt sich das am **Beispiel** eines Profilings (→ § 16 Rn. 13ff., 52ff.): Einem Profiling sind aufgrund der Art, des Umfangs und der Umstände sowie der Zwecke der Verarbeitung das Risiko für die Rechte und Freiheiten der betroffenen Person immanent. Ein umfassendes Scoring zur Bewertung der Bonität unter Einbeziehung aller in § 31 BDSG (→ § 16 Rn. 62ff.) vorgesehenen Daten birgt an sich schon ein Risiko für den Betroffenen, das nach Art. 32 Abs. 1 DS-GVO anhand der Art, des Umfangs und der Umstände und der Zwecke der Verarbeitung zu bewerten ist, sodass diesem Risiko angemessene Maßnahmen ergriffen werden. Das muss auch bei der Zulässigkeitsprüfung nach Art. 6ff. DS-GVO berücksichtigt werden. Nach Art. 32 Abs. 2 DS-GVO muss zusätzlich bewertet werden, wie sich eine unbeabsichtigte oder unrechtmäßige Vernichtung, Verlust, Veränderung oder unbefugte Offenlegung von bzw. unbefugter Zugang zu personenbezogenen Daten auswirken und entsprechende Maßnahmen ergriffen werden.

4. Verhaltensregeln und Zertifizierungen (Abs. 3)

32 Art. 32 Abs. 3 DS-GVO sieht vor, dass die **Einhaltung genehmigter Verhaltensregeln** nach Art. 40 DS-GVO oder eines genehmigten **Zertifizierungsverfahrens** nach Art. 42 DS-GVO als Faktor herangezogen werden kann, um die Erfüllung der in Art. 32 Abs. 1 DS-GVO genannten Anforderungen nachzuweisen. Die Formulierung „als Faktor" (englisch: „as an element by which") macht deutlich, dass die Einhaltung solcher Verhaltensregeln oder genehmigter Zertifizierungsverfahren nicht *per se* als Nachweis der Verpflichtung nach Art. 32 Abs. 1 DS-GVO dient, sondern als einer von gegebenenfalls mehreren Aspekten zu berücksichtigen ist.[43]

5. Verpflichtung der Personen mit Zugang zu personenbezogenen Daten

33 Während Art. 32 Abs. 1–3 DS-GVO die **Verpflichtung des Verantwortlichen und des Auftragsverarbeiters** im Sinne der DS-GVO regelt, bricht Art. 32 Abs. 4 DS-GVO diese Pflicht auf die handelnden Personen hinunter.

---

[43] Vorsichtiger Paal/Pauly/*Martini*, 3. Aufl. 2021, Art. 32 DS-GVO, Rn. 63 („intendiertes Entschließungsermessen"); wie hier Schantz/Wolff/*Schantz*, Das neue DatSchR, 2017, S. 267.

34 Nach Art. 32 Abs. 4 DS-GVO haben der Verantwortliche und der Auftragsverarbeiter Schritte zu unternehmen, dass ihnen unterstellte natürliche Personen – also insbesondere Beschäftigte –, die Zugang zu personenbezogenen Daten haben, diese nur auf Anweisung des Verantwortlichen verarbeiten, es sei denn, sie sind nach dem Recht der Union oder der Mitgliedstaaten zur Verarbeitung verpflichtet. Damit wird die Schutzverpflichtung in die Organisation des Unternehmens des Verantwortlichen und des Auftragsverarbeiters hineingetragen **(organisatorische Gewährleistungspflicht)**.[44]

35 Die in Art. 32 Abs. 4 DS-GVO gewählte Formulierung „unternehmen Schritte, um sicherzustellen" (englisch: „take steps to ensure") relativiert die Pflicht insoweit, als **nicht ein Sicherstellen** gefordert ist. Ein Sicherstellen würde bedeuten, dass der Erfolg geschuldet ist. Gerade mit Blick auf das unvermeidbare und hinzunehmende menschliche Versagen kann von dem Verantwortlichen und dem Auftragsverarbeiter ein Sicherstellen in Bezug auf die Handelnden nicht verlangt werden. Diesem Umstand trägt die Formulierung in Art. 32 Abs. 4 DS-GVO Rechnung. Der Pflicht ist genügt, wenn Maßnahmen ergriffen werden, die auf das Ziel hinwirken. Bei der Gestaltung muss ebenfalls der risikobasierte Ansatz der DS-GVO (vgl. Art. 32 Abs. 1 DS-GVO) berücksichtigt werden.

36 Eine mögliche Maßnahme besteht in der **Verpflichtung der Mitarbeiter** auf die Einhaltung der Datenschutz-Grundverordnung und deren Belehrung über die Datenschutz-Grundverordnung, wie sie beispielsweise § 5 BDSG-alt vorgesehen hat; wenngleich natürlich die inhaltliche Vorgabe des Art. 32 DS-GVO über die des § 5 BDSG-alt hinausgeht.

6. Sicherheit der Verarbeitung nach DS-GVO und IT-Sicherheit

37 Die IT-Sicherheit und die Sicherheit der Verarbeitung nach der DS-GVO sind nicht dasselbe. Die IT-Sicherheit unterscheidet sich von der Sicherheit der Verarbeitung nach DS-GVO durch das Schutzziel. Die IT-Sicherheit richtet sich am Schutz der informationstechnischen Systeme im Interesse des Unternehmens aus,[45] wohingegen sich der Datenschutz und damit auch die durch den Datenschutz geregelte Sicherheit am Schutz der betroffenen Person ausrichtet.[46]

38 Das **Schutzziel des IT-Sicherheitsgesetzes** vom 17.7.2015[47] geht noch hierüber hinaus, da es am Schutz der Infrastruktur im Interesse der Allgemeinheit ausgerichtet ist und die Sicherheit der informationstechnischen Systeme unter diesem Aspekt fordert. Es geht um den Schutz Kritischer Infrastrukturen (KRITIS).

39 IT-Sicherheit wird daneben zusätzlich auch von der sog. **NIS-Richtlinie**[48] geregelt. Sie verfolgt unionsweit ebenfalls das Ziel, KRITIS im Interesse der Allgemeinheit zu schützen. Aus Art. 1 Abs. 1 NIS-Richtlinie ergibt sich, dass mit ihr Maßnahmen festgelegt werden, mit denen ein hohes gemeinsames Sicherheitsniveau von Netz- und Informationssystemen in der Union erreicht werden soll, um so das Funktionieren des Binnenmarkts zu verbessern.

40 Zu beachten ist, dass es zu inhaltlichen Überschneidungen der mitgliedstaatlichen Regelungen des IT-Sicherheitsgesetzes und der NIS-Richtlinie insbesondere in Fäl-

---

[44] Paal/Pauly/*Martini*, 3. Aufl. 2021, Art. 32 DS-GVO, Rn. 64.

[45] Vgl. BSI, Leitfaden Informationssicherheit, Februar 2012, insbes. S. 14.

[46] Art. 32 Abs. 1 DS-GVO: *„für die Rechte und Freiheiten natürlicher Personen"*; → Rn. 1.

[47] Gesetz zur Erhöhung der Sicherheit informationstechnischer Systeme (IT-Sicherheitsgesetz) v. 17.7.2015 (BGBl. I S. 1324 ff.); → Rn. 51.

[48] RL 2016/1148/EU v. 6.7.2016 über Maßnahmen zur Gewährleistung eines hohen gemeinsamen Sicherheitsniveaus von Netz- und Informationssystemen in der Union (ABl. EU L 194, 1); → Rn. 52 ff.

len der „Panne“ kommen kann, sodass neben den Melde- und Benachrichtigungspflichten nach Art. 33, 34 DS-GVO weitere Melde- und Benachrichtigungspflichten bestehen können.

III. Datenschutz als Grenze der Sicherheit der Verarbeitung

41 Art. 32 DS-GVO fordert, ein dem Risiko für die Rechte und Freiheiten natürlicher Personen angemessenes Schutzniveau zu gewährleisten. Der DS-GVO ist immanent, dass aber auch hierfür ergriffene **Maßnahmen ihrerseits im Einklang mit den Schutzbestimmungen der DS-GVO** stehen müssen. Denn auch die nach Art. 32 DS-GVO in Betracht kommenden Maßnahmen können ihrerseits eine Verarbeitung personenbezogener Daten darstellen und damit in die Rechte und Freiheiten der natürlichen Person eingreifen.

42 Es wäre ein **Zirkelschluss** anzunehmen, dass jede den Vorgaben des Art. 32 DS-GVO dienende Maßnahme allein deshalb zulässig wäre. Art. 32 DS-GVO legitimiert nicht den Ansatz: „Der Zweck heiligt die Mittel“.[49]

43 Entweder ist auf dem in Art. 32 DS-GVO enthaltenen Grundsatz der Verhältnismäßigkeit in Bezug auf eine Verarbeitung personenbezogener Daten und dem damit verbundenen Eingriff in die Rechte und Freiheiten der natürlichen Person abzustellen, oder die Beschränkung des Zulässigen ergibt sich aus dem in Art. 6 Abs. 1 DS-GVO verankerten **Verbot mit Erlaubnisvorbehalt,** von dem Art. 32 DS-GVO keine Ausnahme vorsieht. Dogmatisch ist es vorzugswürdig, die Maßnahmen nach Art. 32 DS-GVO wie jede Verarbeitung personenbezogener Daten nach der DS-GVO zu behandeln und ihre Zulässigkeit nach Art. 6ff. DS-GVO, insbesondere Art. 6 Abs. 1 lit. f DS-GVO (Interessenabwägung), zu bewerten.[50]

44 Aus ErwGr 49 DS-GVO ist zu entnehmen, dass die **Sicherheit ein berechtigtes Interesse** ist und einer Verhältnismäßigkeitsprüfung unterliegt.[51] Dies muss gleichermaßen für die nach Art. 32 DS-GVO zu gewährleistende Sicherheit der Verarbeitung und für die IT-Sicherheit gelten. Damit spricht auch ErwGr 49 DS-GVO dafür, dass die Zulässigkeit der Verarbeitung personenbezogener Daten zum Zweck der Sicherheit der Verarbeitung anhand von Art. 6 Abs. 1 lit. f DS-GVO zu prüfen ist.

45 Auch die weiteren Anforderungen der DS-GVO gelten für die Maßnahmen nach Art. 32 DS-GVO. Hierbei ist insbesondere an Art. 25 DS-GVO **(Datenschutz**

---

[49] Ähnl. *Schulte/Wambach,* DuD 2020, 462 (464) mit Blick auf eine anlasslose Vorratsdatenspeicherung in Protokolldateien.

[50] *Wybitul* DS-GVO-HdB/*Schreibauer/Spittka,* 2017, Art. 32 DS-GVO, Rn. 22; Kipker Cybersecurity/*Voskamp,* 2020, Kap. 5 Rn. 43; *Schulte/Wambach,* DuD 2020, 462 (464).

[51] „Die Verarbeitung von personenbezogenen Daten durch Behörden, Computer-Notdienste (Computer Emergency Response Teams – CERT, beziehungsweise Computer Security Incident Response Teams – CSIRT), Betreiber von elektronischen Kommunikationsnetzen und -diensten sowie durch Anbieter von Sicherheitstechnologien und -diensten stellt in dem Maße ein berechtigtes Interesse des jeweiligen Verantwortlichen dar, wie dies für die Gewährleistung der Netz- und Informationssicherheit unbedingt notwendig und verhältnismäßig ist, d.h. soweit dadurch die Fähigkeit eines Netzes oder Informationssystems gewährleistet wird, mit einem vorgegebenen Grad der Zuverlässigkeit Störungen oder widerrechtliche oder mutwillige Eingriffe abzuwehren, die die Verfügbarkeit, Authentizität, Vollständigkeit und Vertraulichkeit von gespeicherten oder übermittelten personenbezogenen Daten sowie die Sicherheit damit zusammenhängender Dienste, die über diese Netze oder Informationssysteme angeboten werden bzw. zugänglich sind, beeinträchtigen. Ein solches berechtigtes Interesse könnte beispielsweise darin bestehen, den Zugang Unbefugter zu elektronischen Kommunikationsnetzen und die Verbreitung schädlicher Programmcodes zu verhindern sowie Angriffe in Form der gezielten Überlastung von Servern („Denial of Service“-Angriffe) und Schädigungen von Computer- und elektronischen Kommunikationssystemen abzuwehren.“ (ErwGr 49 DS-GVO).

durch Technikgestaltung und durch datenschutzfreundliche Voreinstellungen) und Art. 35 **(Datenschutz-Folgenabschätzung)** bzw. Art. 36 **(Vorherige Konsultation)** DS-GVO zu denken.

IV. Relevanz im Rahmen der Festsetzung einer Sanktion

46 Nach Art. 83 Abs. 2 S. 2 DS-GVO sind bei der Entscheidung über die Verhängung einer Geldbuße – also das Ob – und über deren Betrag – also die Höhe – in jedem Einzelfall die dort genannten Faktoren zu berücksichtigen. Nach Art. 83 Abs. 2 S. 2 lit. d DS-GVO ist der Grad der Verantwortung des Verantwortlichen oder des Auftragsverarbeiters unter Berücksichtigung der von ihnen gemäß Art. 25 und Art. 32 DS-GVO getroffenen technischen und organisatorischen Maßnahmen zu bestimmen. Damit erlangt die Beachtung des Art. 32 DS-GVO auch über die Sanktionierung anderer Datenschutzverstöße Bedeutung. Hiervon zu unterscheiden ist die Sanktionierung des Verstoßes gegen Art. 32 DS-GVO selbst.

V. Bußgeldsanktion

47 Ein Verstoß gegen die Pflicht nach Art. 32 BDSG zur Gewährleistung der Sicherheit personenbezogener Daten ist nach Art. 83 Abs. 4 DS-GVO **bußgeldbewehrt.** Dies stellt im Vergleich zur Rechtslage unter dem BDSG-alt eine wesentliche und für die Praxis sehr entscheidende Veränderung dar. Denn obgleich auch im BDSG-alt die Datensicherheit verpflichtend war, so waren Verstöße gegen diese Regelungen nicht bußgeldsanktioniert. Die fehlende Sanktionierung schlug sich in der Praxis durchaus als Vernachlässigung der Thematik nieder.

48 Die Abstraktheit der Vorgaben, insbesondere die Festlegung der Maßnahmen unter Berücksichtigung von Implementierungskosten und dem Stand der Technik, machen den **Nachweis eines Verstoßes** nicht leicht.[52]

C. Weitere Regelungen

49 Neben der unionsweiten Regelung des Art. 32 DS-GVO bleibt für mitgliedstaatliche Regelungen zu den datensicherheitsrechtlichen Aspekten des Datenschutzes nur **Raum im Rahmen der Öffnungsklauseln.**

I. Telekommunikations- und telemedienrechtliche Spezialregelungen

50 Es gibt aber in **weiteren Gesetzen** speziellere Regelungen zur Datensicherheit, die auf anderen europäischen Rechtsakten beruhen oder Fragen außerhalb des Anwendungsbereichs der DS-GVO regeln. Zu nennen sind hier insbesondere die telekommunikationsrechtlichen Bestimmungen des § 165 TKG (§ 109 TKG 2012) (→ § 18 Rn. 13, 93ff.) und für den Telemedienbereich § 19 Abs. 4 TTDSG (§ 13 Abs. 7 TMG 2015).

51 Diese letztere Regelung ist durch **Art. 4 des IT-Sicherheitsgesetzes vom 17.7. 2015**[53] als § 13 Abs. 7 TMG 2015 eingeführt worden und wurde 2021 unverändert nach § 19 Abs. 4 TTDSG übernommen. Diensteanbieter haben, soweit dies technisch möglich und wirtschaftlich zumutbar ist, im Rahmen ihrer jeweiligen Verantwortlichkeit für geschäftsmäßig angebotene Telemedien durch technische und

[52] Vgl. Wybitul DS-GVO-HdB/*Hanßen*, 2017, Art. 25 DS-GVO, Rn. 14; vgl. Roßnagel/*Barlag*, DS-GVO, 2017, S. 175.

[53] Gesetz zur Erhöhung der Sicherheit informationstechnischer Systeme (IT-Sicherheitsgesetz) v. 17.7.2015 (BGBl. I S. 1324ff.).

organisatorische Vorkehrungen sicherzustellen, dass kein unerlaubter Zugriff auf die für ihre Telemedienangebote genutzten technischen Einrichtungen möglich ist und diese gegen Verletzungen des Schutzes personenbezogener Daten und gegen Störungen, auch soweit sie durch äußere Angriffe bedingt sind, gesichert sind. Die Vorkehrungen müssen den Stand der Technik berücksichtigen. Eine solche Maßnahme ist insbesondere die Anwendung eines als sicher anerkannten Verschlüsselungsverfahrens. Die Europarechtskonformität von § 19 Abs. 4 TTDSG erscheint zweifelhaft (→ § 18 Rn. 98a).

II. Kritische Infrastrukturen

51a Mit dem IT-Sicherheitsgesetz 2015 wurde auch der Begriff der **Kritischen Infrastruktur (KRITIS)** in das deutsche Recht eingeführt. Es handelt sich dabei um Anlagen, auf deren Funktion die Gesellschaft in besonderem Maße angewiesen ist, etwa die Trinkwasserversorgung, die Ausgabe von Bargeld oder Telekommunikationsleistungen. Dieses Recht der Kritischen Infrastrukturen findet sich in den §§ 8a–8f BSIG, daneben treten bereichsspezifische Regularien etwa aus dem AtG oder dem EnWG. Anders als die DS-GVO gehört das KRITIS-Recht nicht zum Datenschutz-, sondern zum **IT-Sicherheitsrecht.** Das zeigt sich in einer anderen Zielrichtung: Es geht vor allem um den Erhalt der Funktion der Infrastruktur; die Verarbeitung personenbezogener Daten tritt dabei in den Hintergrund. Das BSIG dient zwar auch der Umsetzung der NIS-Richtlinie (→ Rn. 52ff.), geht ihr aber sowohl zeitlich voraus als auch inhaltlich über sie hinaus.

51b § 2 Abs. 10 BSIG definiert den Begriff der **Kritischen Infrastruktur** im wesentlichen durch einen Verweis auf eine Rechtsverordnung des Bundesinnenministeriums nach § 10 BSIG, die Einrichtungen aus verschiedenen Bereichen wie Energie oder Gesundheit (§ 2 Abs. 10 S. 1 Nr. 1 BSIG) oder solche von hoher Bedeutung für das Funktionieren des Gemeinwesens (§ 2 Abs. 10 S. 1 Nr. 2 BSIG) zu Kritischer Infrastruktur erheben kann. Die auf dieser Grundlage erlassene BSI-KritisV ist dabei deutlich umfangreicher als es nach der europäischen Vorgabe durch die NIS-Richtlinie erforderlich gewesen wäre.[54] Das allein genügt aber für ein Eingreifen der KRITIS-Regularien nicht.[55] Die genannte Rechtsverordnung knüpft nur an den Betrieb bestimmter Anlagen an, nicht an die erbrachte Dienstleistung. Den Begriff der **Anlage** legaldefiniert § 1 Nr. 1 BSI-KritisV als Betriebsstätten und sonstige ortsfeste Einrichtungen, die für die Erbringung einer kritischen Dienstleistung notwendig sind (lit. a) oder Maschinen, Geräte und sonstige ortsveränderliche Einrichtungen, die für die Erbringung einer kritischen Dienstleistung notwendig sind (lit. b). Schließlich muss der Versorgungsgrad einer Anlage noch einen bestimmten, anlagenspezifischen Schwellenwert überschreiten.[56]

51c Liegt eine Kritische Infrastruktur vor, greifen die Pflichten aus § 8a BSIG. Die Norm enthält eine **Verpflichtung auf den Stand der Technik,** zu dem gem. § 8a Abs. 1a S. 1 BSIG insbesondere ab dem 1.5.2023 auch der Einsatz von Systemen zur Angriffserkennung gehört. Diese Verpflichtung greift auch dann, wenn mangels Verarbeitung personenbezogener Daten die DS-GVO nicht anwendbar ist und ist deshalb keineswegs bloß eine Wiederholung von Art. 32 DS-GVO. Da Kritische Infrastruktur gesamtgesellschaftliche, eben infrastrukturelle Fragen betrifft – wie

---

[54] Kipker Cybersecurity/*Beucher/Fromageau,* 2020, Kap. 12 Rn. 13.

[55] Anschauliche Drei-Stufen-Prüfung bei Kipker Cybersecurity/*Beucher/Fromageau,* 2020, Kap. 12 Rn. 11.

[56] Näher Kipker Cybersecurity/*Beucher/Fromageau,* 2020, Kap. 12 Rn. 55ff.

z.B. die Bargeldversorgung, § 7 Abs. 1 Nr. 1 BSI-KritisV – wird dieser Fall oftmals vorliegen. Dazu treten **Nachweispflichten** gegenüber dem Bundesamt für Sicherheit in der Informationstechnik (BSI), § 8 Abs. 3 BSIG. § 8 Abs. 4 BSIG **gewährt dem BSI Untersuchungsbefugnisse** gegenüber dem Betreiber Kritischer Infrastrukturen. Im Zuge des IT-Sicherheitsgesetz 2.0[57] wurden die Befugnisse des BSI erweitert, die scharf kritisierte[58] Festlegung des Stands der Technik durch das BSI hat es aber nicht in § 3 Abs. 1 S. 2 Nr. 19 BSIG geschafft. Eingeführt wurde etwa eine Bestandsdatenauskunft für Fälle des Bevölkerungsschutzes (§ 5c Abs. 1 BSIG) und der mit einem gewissen Medienrummel[59] begleitete § 7b Abs. 1 S. 1 BSIG, der dem BSI die aktive Untersuchung von an öffentliche Telekommunikationsnetze angeschlossenen Schnittstellen öffentlich erreichbarer informationstechnischer Systeme erlaubt und ihm damit Gefahrenabwehrfunktionen zuweist. Gem. § 8b Abs. 3 S. 1 BSIG sind Kritische Infrastrukturen beim BSI zu **registrieren, Störfälle** sind unter den in § 8b Abs. 4 bestimmten Bedingungen an das BSI **zu melden.**

51d Online-Marktplätze, Online-Suchmaschinen und Cloud-Computing-Dienste reguliert § 2 Abs. 11 BSIG in Umsetzung der NIS-Richtlinie unter gewissen weiteren Anforderungen als **Digitale Dienste.** Einzelheiten der Verpflichtung legt § 8c BSIG fest.[60]

51e Zwar keine Kritischen Infrastrukturen, aber ebenfalls Gegenstand des BSIG sind **Unternehmen im öffentlichen Interesse** nach § 2 Abs. 14 BSIG. Sie werden über die AWV, die StörfallVO oder eine gesonderte Rechtsverordnung nach § 2 Abs. 14 S. 2 BSIG i.V.m. § 10 Abs. 5 BSIG bestimmt und unterliegen verglichen mit dem Betreibern Kritischer Infrastruktur abgeschwächten Anforderungen, die vornehmlich § 8f BSIG normiert.[61]

III. NIS-Richtlinie

52 Die Richtlinie über **Maßnahmen zur Gewährleistung eines hohen gemeinsamen Sicherheitsniveaus von Netz- und Informationssystemen** in der Union (NIS-Richtlinie)[62] trägt dem Umstand Rechnung, dass Netz- und Informationssysteme mit den zugehörigen Diensten eine zentrale Rolle in der Gesellschaft spielen. Für wirtschaftliche und gesellschaftliche Tätigkeiten und insbesondere für das Funktionieren des Binnenmarkts ist es von entscheidender Bedeutung, dass sie verlässlich und sicher sind (ErwGr 1 der NIS-Richtlinie).

53 Die NIS-Richtlinie legt **Maßnahmen** fest, mit denen ein hohes gemeinsames Sicherheitsniveau von Netz- und Informationssystemen in der Union erreicht werden soll, um so das Funktionieren des Binnenmarkts zu verbessern (Art. 1 Abs. 1 NIS-Richtlinie).[63] Zu diesem Zweck sieht diese Richtlinie Folgendes vor (Art. 1 Abs. 2):

- die Pflicht für alle Mitgliedstaaten, eine nationale Strategie für die Sicherheit von Netz- und Informationssystemen festzulegen;
- die Schaffung einer Kooperationsgruppe, um die strategische Zusammenarbeit und den Informationsaustausch zwischen den Mitgliedstaaten zu unterstützen und zu erleichtern und Vertrauen zwischen ihnen aufzubauen;

[57] BGBl. I 2021 S. 1122.
[58] *Kipker/Scholz*, DuD 2021, 40 (40f.).
[59] Dazu *Kipker/Scholz*, DuD 2021, 40 (42).
[60] Ausf. Kipker Cybersecurity/*Beucher/Ehlen*, 2020, Kap. 12 Rn. 127ff.
[61] *Schallbruch*, CR 2021, 450 (453ff.); *Kipker/Scholz*, DuD 2021, 40 (42).
[62] Richtlinie (EU) 2016/1148 des Europäischen Parlaments und des Rates vom 6. Juli 2016 über Maßnahmen zur Gewährleistung eines hohen gemeinsamen Sicherheitsniveaus von Netz- und Informationssystemen in der Union (ABl. EU L 194, 1).
[63] Ausführlich *Voigt/Gehrmann*, ZD 2016, 355ff.; *Gehrmann/Voigt*, CR 2017, 93ff.

- die Schaffung eines Netzwerks von Computer-Notfallteams (CSIRTs-Netzwerk – Computer Security Incident Response Teams Network), um zum Aufbau von Vertrauen zwischen den Mitgliedstaaten beizutragen und eine rasche und wirksame operative Zusammenarbeit zu fördern;
- Sicherheitsanforderungen und Meldepflichten für die Betreiber wesentlicher Dienste und für Anbieter digitaler Dienste;
- die Pflicht für die Mitgliedstaaten, nationale zuständige Behörden, zentrale Anlaufstellen und CSIRTs mit Aufgaben im Zusammenhang mit der Sicherheit von Netz- und Informationssystemen zu benennen.

54 Art. 3 NIS-Richtlinie stellt klar, dass es sich um eine **Mindestharmonisierung** handelt. Die Mitgliedstaaten können daher grundsätzlich Bestimmungen erlassen oder aufrechterhalten, mit denen ein höheres Sicherheitsniveau von Netz- und Informationssystemen erreicht werden soll.

55 Art. 2 Abs. 1 NIS-Richtlinie verweist darauf, dass die Verarbeitung personenbezogener Daten gemäß dieser NIS-Richtlinie nach Maßgabe der Richtlinie 95/46/EG erfolgt. Die Maßnahmen zur Erreichung der Ziele der NIS-Richtlinie finden damit ihre **Grenze in den Datenschutzbestimmungen.** Nach Art. 94 Abs. 2 DS-GVO gilt, dass Verweise auf die aufgehobene Richtlinie 95/46/EG (Art. 94 Abs. 1 DS-GVO) als Verweise auf die DS-GVO gelten.

56 Die Kommission bemüht sich derzeit um eine Reform der NIS-Richtlinie unter dem Namen **NIS-2-Richtlinie.**[64] Außerdem soll eine auf die spezifischen Bedürfnisse Kritischer Infrastruktur zugeschnittene Resilienz-Richtlinie erlassen werden, wobei die Kommission sich „starke entsprechende Synergieeffekte" mit der NIS-2-Richtlinie verspricht.[65]

VI. CybersecurityVO

57 Neben der NIS-Richtlinie existiert auf europäischer Ebene noch der „Rechtsakt zur Cybersicherheit".[66] Diese Verordnung errichtet in Art. 3 CybersecurityVO die **ENISA** (Agentur der Europäischen Union für Cybersicherheit) und legt einen Rahmen für die Zertifizierung der Cybersicherheit von IuK-Dienstleistungen und -Produkten fest. Die in Art. 4 CybersecurityVO aufgezählten Ziele der ENISA machen allerdings deutlich, dass es sich mehr um eine Koordinations- als um eine Cyberabwehrbehörde handelt.[67] So ist sie dafür zuständig, auf Unionsebene die Zusammenarbeit einschließlich des Informationsaustauschs und die Koordinierung zwischen den Mitgliedstaaten, den Organen, Einrichtungen und sonstigen Stellen der Union sowie den einschlägigen privaten und öffentlichen Interessenträgern in Fragen, die im Zusammenhang mit der Cybersicherheit stehen, zu fördern (Art. 4 Abs. 4 CybersecurityVO) oder zum Ausbau der Cybersicherheitskapazitäten auf Unionsebene bei, um – insbesondere bei grenzüberschreitenden Sicherheitsvorfällen – die Maßnahmen zu unterstützen, die die Mitgliedstaaten zur Vermeidung von Cyberbedrohungen oder als Reaktion darauf ergreifen, beizutragen. Hauptaufgabe der ENISA dürfte die „Pflege eines **Cybersicherheitszertifizierungsrahmens**" (Art. 4 Abs. 6 CybersecurityVO) sein, dessen Aussehen Art. 46 ff. CybersecurityVO näher spezifizieren.[68]

---

[64] COM(2020) 823 final; dazu *Schallbruch,* CR 2021, 450 (451).
[65] COM(2020) 829 final, S. 1.
[66] Verordnung (EU) 2019/881 des Europäischen Parlaments und des Rates vom 17.4.2019 über die ENISA (Agentur der Europäischen Union für Cybersicherheit) und über die Zertifizierung der Cybersicherheit von Informations- und Kommunikationstechnik und zur Aufhebung der Verordnung (EU) Nr. 526/2013.
[67] *Schallbruch,* CR 2021, 450 (450 f.).
[68] Einzelheiten bei *Kipker/Scholz,* DuD 2018, 701 (701 ff.).

58 Die **Zertifizierung** selbst überlässt der Rechtsakt den Behörden der Mitgliedstaaten. In Deutschland ist hierfür gem. § 9a Abs. 1 das BSI zuständig. Interessanterweise führt das IT-Sicherheitsgesetz 2.0 neben der Zertifizierung nach der CybersecurityVO noch ein **„freiwilliges IT-Sicherheitskennzeichen"** auf mitgliedstaatlicher Ebene nach § 9c BSIG ein, für dessen Vergabe ebenfalls das BSI zuständig ist. Das kann man als wenig sinnhafte Dopplung kritisieren, unionsrechtswidrig ist es aber wohl nicht.[69]

[69] *Kipker/Scholz*, DuD 2021, 40 (43).

§ 20. Datenschutz durch Technikgestaltung und Voreinstellung

Literatur: *Bartels/Backer*, Die Berücksichtigung des Stands der Technik in der DSGVO, DuD 2018, 214; *Baumgartner/Gausling*, Datenschutz durch Technikgestaltung und datenschutzfreundliche Voreinstellungen, ZD 2017, 308; *Bieker/Hansen*, Normen des technischen Datenschutzes nach der europäischen Datenschutzreform, DuD 2017, 285; *Bretthauer*, Compliance-by-Design-Anforderungen bei Smart Data, ZD 2016, 267; *Buss*, Privacy by Design und Software, CR 2020, 1; *Hornung*, Datenschutz durch Technik in Europa – Die Reform der Richtlinie als Chance für ein modernes Datenschutzrecht, ZD 2011, 51; *Jandt*, Datenschutz durch Technik in der DS-GVO, DuD 2017, 562; *Martini/Drews/Seeliger/Weinzierl*, Dark Patterns, ZfDR 2021, 47; *Schulz*, Privacy by Design, CR 2012, 204; *Schneider*, Datenschutzeignung bei digitalen Produkten und Mangelbegriff, ZD 2021, 458; *Vásquez/Kroschwald*, Produktdatenschutz: Verantwortung zwischen Herstellern und Anbietern, MMR 2020, 217; *Weinzierl*, Dark Patterns als Herausforderung für das Recht, NVwZ-Extra 15/2020, 1.

1 Ein Datenschutz durch Technikgestaltung (**Data Protection by Design**) und datenschutzfreundliche Voreinstellungen (**Data Protection by Default**) wurde im Datenschutz lange Zeit gefordert und in der Fachwelt seit vielen Jahren diskutiert.[1]

2 Das Schlagwort „Datenschutz durch Technik" sollte den Unterschied zu dem in den Datenschutzgesetzen enthaltenen Primat des „Datenschutzes durch Recht" deutlich machen. *Bieker/Hansen* weisen dabei zutreffend darauf hin, dass es hierbei aber nicht um ein „Entweder/Oder" gehen darf, sondern um ein „Sowohl-als-auch" gehen muss.[2] Ein Datenschutz durch Technik darf nicht nur die Technik betrachten, sondern muss auch deren Einsatzumgebung, die Organisation und die Geschäftsmodelle betrachten.[3] Datenschutz durch Technik verfolgt einen **ganzheitlichen Ansatz.**

A. Überblick über die historische Entwicklung

3–6 Weder die **Datenschutz-Richtlinie 95/46/EG** (DSRL) **noch das BDSG-alt** kannten die Begriffe „Datenschutz durch Technikgestaltung" und „datenschutzfreundliche Voreinstellungen". Die DSRL enthielt in ErwGr 46 und Art. 6 Abs. 1 lit. c den **Grundsatz der Erforderlichkeit**. Danach hatten die Mitgliedstaaten vorzusehen, dass personenbezogene Daten „den Zwecken entsprechen, für die sie erhoben und/oder weiterverarbeitet werden, dafür erheblich sind und nicht darüber hinausgehen", die Norm war also auf den konkreten Fall bezogen und hatte die Funktion, die jeweilige Verarbeitung von Daten auf ein gerade noch dem Zweck angemessenes Maß zu reduzieren.[4] Der Datenschutz durch Technik ist hingegen ein vorsorgendes Gestaltungsprinzip.[5] Denn danach ist die Datenverarbeitung von vornherein so zu gestalten, dass keine oder aber möglichst wenig personenbezogene Daten verarbeitet werden (müssen).[6] Weiter reichte auf mitgliedstaatlicher Ebene die in § 3a BDSG-alt enthaltene Regelung zur **Datensparsamkeit**, die zum Schutz der informa-

---

[1] Statt vieler *Roßnagel/Pfitzmann/Garstka*, Modernisierung des Datenschutzrechts, Gutachten im Auftrag des Bundesministeriums des Innern, 2001; Roßnagel HdB DatenSR/*Hansen*, 2003, Kap. 3.3 Rn. 7 ff. m. w. N.

[2] *Bieker/Hansen*, DuD 2017, 285 (285).

[3] *Bieker/Hansen*, DuD 2017, 285 (285).

[4] So auch Roßnagel HdB DatenSR/*Dix*, 2003, Kap. 3.5 Rn. 25.

[5] Roßnagel/*Barlag*, DS-GVO, 2017, S. 177; vgl. Ehmann/Selmayr/*Baumgartner*, 2. Aufl. 2018, Art. 25 DS-GVO, Rn. 1.

[6] Roßnagel/*Barlag*, DS-GVO, 2017, S. 177.

tionellen Selbstbestimmung auch die Gestaltung von Systemen im Vorfeld von deren Einsatz und damit die Bestimmung der Zwecke im Auge hatte,[7] aber mangels Androhung von Sanktionen ein stumpfes Schwert war.[8] Nach **§ 19 Abs. 2 TTDSG** hat ein Anbieter von Telemedien deren Nutzung und ihre Bezahlung anonym oder unter Pseudonym zu ermöglichen, soweit dies technisch möglich und zumutbar ist; der Nutzer ist über diese Möglichkeit zu informieren. Diese **mitgliedstaatliche Regelung** verfolgt im Ergebnis den gleichen Zweck wie Art. 25 DS-GVO,[9] weshalb diese unveränderte Übernahme von § 13 Abs. 6 TMG 2007 in das TTDSG Zweifel an ihrer Unionsrechtskonformität weckt (→ § 18 Rn. 98a).

B. Überblick und Ziel

7 Mit dem Datenschutz durch Technikgestaltung und durch datenschutzfreundliche Voreinstellung in Art. 25 DS-GVO ergibt sich eine **zentrale Neuerung** des europäischen Datenschutzrechts.[10]

8 Ziel der Regelung in Art. 25 DS-GVO ist es, die **Entwicklung von Technik zu erzwingen,** die es gar nicht erst ermöglicht, nicht erforderliche Daten zu verarbeiten, insbesondere zu erheben. Datenschutz durch Technikgestaltung soll damit schon im Vorfeld der Verarbeitung personenbezogener Daten implementiert und damit in der zur Datenverarbeitung verwendeten Technik enthalten sein.[11] Die Grundrechte auf Privatleben nach Art. 7 GRCh und Datenschutz nach Art. 8 GRCh werden dann bereits durch den Entwurf der zur Verarbeitung personenbezogener Daten eingesetzten Systeme geschützt. Der Ansatz des Datenschutzes durch Technikgestaltung und datenschutzfreundliche Voreinstellung geht insoweit über den Grundsatz der Erforderlichkeit in Art. 5 Abs. 1 lit. c DS-GVO und den Grundsatz der Speicherbegrenzung in Art. 5 Abs. 1 lit. e DS-GVO hinaus.

C. Datenschutz durch Technikgestaltung und datenschutzfreundliche Voreinstellung

9 Art. 25 DS-GVO normiert den Datenschutz durch Technikgestaltung und datenschutzfreundliche Voreinstellungen; Art. 25 Abs. 1 DS-GVO regelt den Datenschutz durch Technikgestaltung. Art. 25 Abs. 2 DS-GVO enthält den Datenschutz durch datenschutzfreundliche Voreinstellungen. Ausgestaltet ist dies als allgemeine **Pflicht des Verantwortlichen,** nicht (auch) des Herstellers von IT-Systemen oder Programmierern (→ Rn. 11).

10 Es ist **keine explizite Verankerung** des Datenschutzes durch Technikgestaltung und datenschutzfreundliche Voreinstellung **in den Grundsätzen des Art. 5 Abs. 1 DS-GVO** erfolgt. Soweit die Vorgaben des Art. 25 DS-GVO insbesondere über die Anforderungen der Datenminimierung in Art. 5 Abs. 1 lit. c DS-GVO und der Speicherbegrenzung in Art. 5 Abs. 1 lit. e DS-GVO hinausgehen, ist die Umsetzung der Vorgaben des Art. 25 DS-GVO nicht von der Rechenschaftspflicht nach Art. 5 Abs. 2 DS-GVO umfasst. Der Datenschutz durch Technikgestaltung und

---

[7] BT-Drs. 14/4329, 33; Gola/*Nolte/Werkmeister*, 2. Aufl. 2018, Art. 25 DS-GVO, Rn. 6; vgl. Roßnagel/*Barlag*, DS-GVO, 2017, S. 176.

[8] Roßnagel/*Barlag*, DS-GVO, 2017, S. 177; Gola/Schomerus/*Gola/Körffer/Klug*, BDSG, 12. Aufl. 2015, § 3a Rn. 2.

[9] Vgl. zur früheren Rechtslage. Ehmann/Selmayr/*Baumgartner*, 2. Aufl. 2018, Art. 25 DS-GVO, Rn. 9.

[10] Zur früheren Rechtslage → Rn. 3 ff.

[11] *Baumgartner/Gausling*, ZD 2017, 308 (309); Roßnagel/*Barlag*, DS-GVO, 2017, S. 173.

durch datenschutzfreundliche Voreinstellung ist aber eigenständig mit einem **Bußgeld** sanktioniert (→ Rn. 28f.), sodass die Sanktionierung eines Verstoßes nicht auf die dahinter zurückbleibenden Vorgaben des Art. 5 Abs. 1 DS-GVO beschränkt ist.[12]

I. Regelungsadressat des Art. 25 DS-GVO

11 Art. 25 DS-GVO verpflichtet nur den Verantwortlichen aber **nicht den Auftragsverarbeiter** und insbesondere auch **nicht den Hersteller der Technik**, die zur Datenverarbeitung verwendet wird.[13]

12 **Mittelbare Auswirkungen** wird Art. 25 DS-GVO gleichwohl auf die Hersteller der Technik haben.[14] Denn die Verantwortlichen sind verpflichtet, auf Leistungen zurückzugreifen, die den Anforderungen des Art. 25 DS-GVO genügen. Eine Relativierung dieser mittelbaren Pflicht ergibt sich dadurch, dass die Pflicht nach Art. 25 DS-GVO unter dem Vorbehalt steht, dass die datenschutzfreundliche Technik dem Stand der Technik entsprechen muss.[15] Die Regelung zwingt damit nämlich nicht zur Fortentwicklung, sondern nur zur Umsetzung des Stands der Technik. Das ist auch bei der Frage zu berücksichtigen, ob bei einem digitalen Inhalt ein **Mangel im Sinne des § 327e BGB** vorliegt.[16] Manche Hersteller können im Einzelfall allerdings dem **Produktsicherheitsrecht** unterfallen und müssen dann vor der Bereitstellung ihrer Produkte am Markt die Anforderungen des § 3 ProdSG erfüllen.[17] Auch wenn es denkbar erscheint, das Recht auf Datenschutz als „sonstiges Rechtsgut" im Sinne von § 8 Abs. 1 S. 3 ProdSG zu verstehen, muss dies vor dem Hintergrund des umfassenden Geltungsanspruchs der DS-GVO für die Verarbeitung personenbezogener Daten und gerade auch Art. 25 DS-GVO ausscheiden. Eine produktsicherheitsrechtliche Verordnung nach § 8 Abs. 1 S. 1 ProdSG kommt damit nur in Frage, wenn auch über den Datenschutz hinaus andere in § 8 Abs. 2 S. 3 ProdSG genannte Rechtsgüter tangiert sind. Bisher sind derartige Verordnungen nicht erlassen worden.

II. Datenschutz durch Technikgestaltung (Data Protection by Design)

13 Art. 25 Abs. 1 DS-GVO regelt den **Datenschutz durch Technikgestaltung**. Der Verantwortliche hat sowohl zum Zeitpunkt der Festlegung der Mittel für die Verarbeitung als auch zum Zeitpunkt der eigentlichen Verarbeitung geeignete technische und organisatorische Maßnahmen – wie z.B. Pseudonymisierung – zu treffen, die dafür ausgelegt sind, die Grundsätze des Datenschutzes wie etwa die Datenminimierung wirksam umzusetzen und die notwendigen Garantien in die Verarbeitung aufzunehmen, um den Anforderungen dieser Verordnung zu genügen und die Rechte der betroffenen Personen zu schützen. Zu berücksichtigen sind der Stand der Technik, die Implementierungskosten, die Art, der Umfang, die Umstände und die Zwecke der Verarbeitung sowie die unterschiedlichen Eintrittswahrscheinlich-

---

[12] Zur Bedeutung von Art. 25 DS-GVO im Rahmen Bemessung eines Bußgelds → Rn. 27.

[13] Ebenso EDSA-Leitlinien 4/2019, Version 2 v. 20.10.2020, Rn. 94; Kühling/Buchner/*Hartung*, 3. Aufl. 2020, Art. 25 DS-GVO, Rn. 13; *Vásquez/Kroschwald*, MMR 2020, 217 (219).

[14] So auch Ehmann/Selmayr/*Baumgartner*, 2. Aufl. 2018, Art. 25 DS-GVO, Rn. 6; *Bieker/Hansen*, DuD 2017, 285, 286; *Baumgartner/Gausling*, ZD 2017, 307 (309). ferner → Rn. 19; praktische Gestaltungsempfehlungen bei *Buss*, CR 2020, 1 (2 ff.).

[15] Roßnagel/*Barlag*, DS-GVO, 2017, S. 175; vgl. Wybitul DS-GVO-HdB/*Hanßen*, 2017, Art. 25 DS-GVO, Rn. 10.

[16] *Schneider*, ZD 2021, 458 (462).

[17] *Vásquez/Kroschwald*, MMR 2020, 217 (219f.).

keiten und die Schwere der mit der Verarbeitung verbundenen Risiken für die Rechte und Freiheiten natürlicher Personen. Hierin kommt der risikobasierte Ansatz der DS-GVO zum Ausdruck.[18]

14 Durch das Anknüpfen an den Zeitpunkt der Festlegung der Verarbeitung wird betont, dass die **Bewertung nach Art. 25 Abs. 1 DS-GVO vor dem Beginn** der eigentlichen Verarbeitung zu erfolgen hat.[19]

15 Die aufgrund der expliziten Bezugnahme in Art. 25 Abs. 1 DS-GVO betonte **Datenminimierung** ist in Art. 5 Abs. 1 lit. c DS-GVO als Grundsatz der Verarbeitung personenbezogener Daten festgelegt. Danach hat die Verarbeitung dem Zweck angemessen und für diesen erheblich sowie auf das für die Zwecke der Verarbeitung notwendige Maß zu beschränkt zu sein. Das bedeutet, dass nur solche Daten verarbeitet werden dürfen, die für den konkreten Zweck unbedingt notwendig sind.

16 Welche Bedeutung Art. 25 Abs. 1 DS-GVO im Datenschutz daher hat, hängt maßgeblich davon ab, ob er aufgrund seiner Bezugnahme auf die Grundsätze in Art. 5 Abs. 1 DS-GVO und insbesondere den Grundsatz der Datenminimierung lediglich zur Absicherung des Grundsatzes der Erforderlichkeit angewendet wird oder hierüber hinausgehend als Verpflichtung zum Datenschutz durch Technik verstanden wird (→ Rn. 1 ff.).

17 ErwGr 78 DS-GVO fordert, dass der Verantwortliche zum **Nachweis der Einhaltung** der Vorgaben der DS-GVO interne Strategien festlegt und Maßnahmen ergreift, die insbesondere den Grundsätzen des Datenschutzes durch Technik und durch datenschutzfreundliche Voreinstellungen Genüge tun. Solche Maßnahmen können nach ErwGr 76 DS-GVO u. a. darin bestehen, dass die Verarbeitung personenbezogener Daten minimiert wird, personenbezogene Daten so schnell wie möglich pseudonymisiert werden, die Transparenz in Bezug auf die Funktion und die Verarbeitung personenbezogener Daten hergestellt wird, es der betroffenen Person ermöglicht wird, die Verarbeitung personenbezogener Daten zu überwachen, und der Verantwortliche in die Lage versetzt wird, Sicherheitsfunktionen zu schaffen und zu verbessern.

18 ErwGr 28 DS-GVO stellt heraus, dass die Anwendung der **Pseudonymisierung** auf personenbezogene Daten die Risiken für die betroffenen Personen senken und die Verantwortlichen und Auftragsverarbeiter bei der Einhaltung ihrer Datenschutzpflichten unterstützen kann. Gleichzeitig wird dort klargestellt, dass die ausdrückliche Einführung der Pseudonymisierung der DS-GVO nicht darauf abzielt, andere Datenschutzmaßnahmen auszuschließen.

19 Der Bezug zu den **Herstellern der für die Verarbeitung personenbezogener Daten genutzter Technik** ergibt sich aus ErwGr 78 DS-GVO. Auch hierdurch werden die **Hersteller zwar** nicht direkt verpflichtet, jedoch zum Datenschutz durch Technikgestaltung ermutigt:[20] In Bezug auf Entwicklung, Gestaltung, Auswahl und Nutzung von Anwendungen, Diensten und Produkten, die entweder auf der Verarbeitung von personenbezogenen Daten beruhen oder zur Erfüllung ihrer Aufgaben personenbezogene Daten verarbeiten, sollen die Hersteller der Produkte, Dienste und Anwendungen ermutigt werden, das Recht auf Datenschutz bei der Entwicklung und Gestaltung der Produkte, Dienste und Anwendungen zu berücksichtigen und unter gebührender Berücksichtigung des Stands der Technik sicherzustellen,

---

[18] Vgl. insbesondere Art. 24 Abs. 1 und Art. 35 Abs. 1 DS-GVO.

[19] Vgl. Wybitul DS-GVO-HdB/*Hanßen*, 2017, Art. 25 DS-GVO, Rn. 5; *Baumgartner/Gausling*, ZD 2017, 307 (308 f.).

[20] So auch Gola/*Nolte/Werkmeister*, 2. Aufl. 2018, Art. 25 DS-GVO, Rn. 11; *Baumgartner/Gausling*, ZD 2017, 307 (309).

dass die Verantwortlichen und die Verarbeiter in der Lage sind, ihren Datenschutzpflichten nachzukommen. Wie dieser zu ermitteln ist, lässt die Datenschutz-Grundverordnung jedoch offen.[21] Darüber hinaus wird für die Hersteller auch die Verpflichtung zum Datenschutz durch Technikgestaltung mittelbar Auswirkungen haben (→ Rn. 12).

III. Datenschutzfreundliche Voreinstellung (Data Protection by Default)

20 Nach Art. 25 Abs. 2 S. 1 DS-GVO trifft der **Verantwortliche** geeignete technische und organisatorische Maßnahmen, die sicherstellen, dass durch **Voreinstellung** grundsätzlich nur personenbezogene Daten verarbeitet werden, die für den jeweiligen Verarbeitungszweck erforderlich sind. Insofern stellt die Regelung in Art. 25 Abs. 2 DS-GVO eine Flankierung zur Vorgabe der Datenminimierung in Art. 5 Abs. 1 lit. c DS-GVO dar, geht aber auch nicht hierüber hinaus.[22] Art. 25 Abs. 2 S. 2 DS-GVO stellt klar, dass die Verpflichtung des Satzes 1 für die Menge der erhobenen personenbezogenen Daten, den Umfang ihrer Verarbeitung, ihre Speicherfrist und ihre Zugänglichkeit gilt.

21 Art. 25 Abs. 2 S. 3 DS-GVO fordert zusätzlich, dass die durch den Verantwortlichen zu treffenden technischen und organisatorischen Maßnahmen insbesondere sicherstellen müssen, dass personenbezogene Daten durch Voreinstellung **nicht ohne Eingreifen der betroffenen Person**[23] **einer unbestimmten Zahl von natürlichen Personen zugänglich** gemacht werden. Diese Gestaltung zielt insbesondere auf Portale mit geschlossenen Nutzergruppen ab, wie etwa Soziale Netzwerke oder ähnliche Online-Plattformen[24] sowie auf Suchmaschinen.[25] Die betroffene Person muss die Möglichkeit haben, die Veröffentlichung personenbezogener Daten vorab selbst zu bestimmen.[26]

21a Besondere Aufmerksamkeit hat Art. 25 Abs. 2 S. 1 DS-GVO im Zuge sogenannter **„Dark Patterns"** erhalten. Dabei geht es um die Gestaltung von Benutzeroberflächen derart, dass Nutzer zu Handlungen verleitet werden, die ihren eigentlichen Interessen zuwiderlaufen.[27] Auch wenn das Phänomen keineswegs darauf beschränkt ist, geht es dabei vornehmlich um den Fall der Einwilligung nach § 25 Abs. 1 S. 1 TTDSG mithilfe sog. Cookie-Banner auf Webseiten mit dem Ziel, Cookies zur Verbesserung personalisierter Werbung auf dem Endgerät des Nutzers zu speichern. Von einer pauschalen Unzulässigkeit kann allerdings nicht ausgegangen werden. Es kommt, auch für die Abgrenzung zu den allgemeinen Anforderungen an die Einwilligung, auf die **konkrete Gestaltung** des genutzten Dark Patterns an.[28] Vertreten wird in diesem Zusammenhang, dass den Staat eine grundrechtliche **Schutzpflicht** zum Einschreiten gegen Dark Patterns treffe.[29]

IV. Genehmigte Zertifizierungsverfahren

22 Ein genehmigtes **Zertifizierungsverfahren** im Sinne von Art. 42 DS-GVO kann nach Art. 25 Abs. 3 DS-GVO als Faktor herangezogen werden, um die Erfüllung

---

[21] Vgl. *Bartels/Backer*, DuD 2018, 214 (214 ff.).
[22] Vgl. Roßnagel/*Barlag*, DS-GVO, 2017, S. 174; vgl. *Baumgartner/Gausling*, ZD 2017, 307, 312.
[23] Ehmann/Selmayr/*Baumgartner*, 2. Aufl. 2018, Art. 25 DS-GVO, Rn. 20.
[24] So auch Ehmann/Selmayr/*Baumgartner*, 2. Aufl. 2018, Art. 25 DS-GVO, Rn. 13, 20 m. w. Bsp.
[25] Roßnagel/*Barlag*, DS-GVO, 2017, S. 174.
[26] Vgl. Ehmann/Selmayr/*Baumgartner*, 2. Aufl. 2018, Art. 25 DS-GVO, Rn. 20.
[27] *Martini u.a.*, ZfDR 2021, 47 (49).
[28] *Martini u.a.*, ZfDR 2021, 47 (57 f).
[29] *Weinzierl*, NVwZ-Extra 15/2020, 1 (4 f.).

der in den Absätzen 1 und 2 genannten Anforderungen nachzuweisen. Der Wortlaut macht deutlich, dass ein eingehaltenes Zertifizierungsverfahren nur ein Faktor unter mehreren ist.[30] Das bedeutet einerseits, dass eine Zertifizierung nicht zwingend ist, sondern der Nachweis auch auf andere Weise erbracht werden kann. Das bedeutet andererseits auch, dass die Einhaltung einer genehmigten Zertifizierung nicht *per se* den Nachweis der Einhaltung der Vorgaben des Art. 25 DS-GVO erbringt.

23 Der Verantwortliche bleibt trotz einer Zertifizierung für die **fortlaufende Kontrolle** und die Umsetzung seines Datenschutzkonzepts im Sinne des Art. 25 DS-GVO verantwortlich.[31]

V. Technisch-organisatorische Maßnahmen

24 Auf technische und organisatorische Maßnahme wird in der DS-GVO in verschiedenen Regelungen Bezug genommen. Was hierunter zu verstehen ist, ist jeweils normspezifisch auszulegen. Gerade wegen des Zusammenhangs der Regelungen in Art. 25 DS-GVO und der Regelung über die **Sicherheit der Verarbeitung** in Art. 32 DS-GVO, der ebenfalls technische und organisatorische Maßnahmen fordert, ist zu beachten, dass trotz gleicher Formulierung nicht dieselben Maßnahmen gemeint sein müssen.[32]

25 Hinter dem Datenschutz durch Technikgestaltung und datenschutzfreundlicher Voreinstellung steht die Überlegung, Technik in einer Art und Weise zu gestalten, dass überhaupt nur solche Daten erhoben werden können, die unbedingt erforderlich sind.[33] Hierfür müssen die technischen und organisatorischen **Maßnahmen bereits bei der Entwicklung der Technik ansetzen**. Die Sicherheit der Verarbeitung durch technische und organisatorische Maßnahmen nach Art. 32 DS-GVO kann hingegen auch zu einem späteren Zeitpunkt der Verarbeitung personenbezogener Daten eingesetzt werden.

26 **Zusammengefasst** bedeutet das: Die technischen und organisatorischen Maßnahmen im Sinne des Datenschutzes durch Technikgestaltung und datenschutzfreundliche Voreinstellung zielen darauf, dass personenbezogene Daten nicht verarbeitet, insbesondere schon nicht erhoben, werden. Die technisch organisatorischen Maßnahmen nach Art. 32 DS-GVO dienen der Sicherheit beim Umgang mit personenbezogenen Daten.[34]

VI. Relevanz im Rahmen der Festsetzung einer Sanktion

27 Nach Art. 83 Abs. 2 S. 2 DS-GVO sind bei der **Entscheidung über die Verhängung eines Bußgelds und über dessen Höhe** in jedem Einzelfall die dort genannten Faktoren zu berücksichtigen (→ § 24 Rn. 55 ff.). Nach Art. 83 Abs. 2 S. 2 lit. d DS-GVO ist der Verantwortungsgrad des Verantwortlichen oder des Auftragsverarbeiters unter Berücksichtigung der von ihnen gemäß den Art. 25 und 32 DS-GVO getroffenen technischen und organisatorischen Maßnahmen zu bestimmen. Dadurch erlangt Art. 25 DS-GVO mittelbar weitergehende Beachtung. Hiervon zu unterscheiden ist die Sanktionierung des Verstoßes gegen Art. 25 DS-GVO (→ Rn. 27 ff.).

---

[30] Vgl. Wybitul DS-GVO-HdB/Hanßen, 2017, Art. 25 DS-GVO, Rn. 53.

[31] EDSA-Leitlinien 4/2019, Version 2 v. 20.10.2020, Rn. 91; Gola/*Nolte/Werkmeister*, 2. Aufl. 2018, Art. 25 DS-GVO, Rn. 32.

[32] Ebenso Roßnagel/*Barlag*, DS-GVO, 2017, S. 175; zu Art. 32 DS-GVO → § 19.

[33] → Rn. 1 ff.; Roßnagel/*Barlag*, DS-GVO, 2017, S. 175.

[34] Roßnagel/*Barlag*, DS-GVO, 2017, S. 175.

VII. Sanktionierung eines Verstoßes

28 Für die Praxis besteht eine der wesentlichsten Änderungen vom BDSG-alt zur DS-GVO darin, dass Verstöße gegen Art. 25 DS-GVO **bußgeldbewehrt** sind (Art. 83 Abs. 4 DS-GVO).[35]

29 Die Abstraktheit der Vorgaben insbesondere die Festlegung der Maßnahmen unter Berücksichtigung von Implementierungskosten und des Stands der Technik macht den Nachweis eines Verstoßes nicht leicht.[36]

D. Bewertung des Ansatzes

30 Eine **effektivere Verwirklichung** des Datenschutzes durch Technikgestaltung und datenschutzfreundliche Gestaltung wäre gelungen, wenn einerseits auch die Hersteller durch Art. 25 DS-GVO unmittelbar in die Pflicht genommen worden wären (→ Rn. 12) und andererseits der Datenschutz durch Technikgestaltung nicht an den Grundsätzen in Art. 5 Abs. 1 DS-GVO ausgerichtet worden wäre (→ Rn. 16).

---

[35] Zu den Sanktionen nach der DS-GVO → § 24.

[36] Wybitul DS-GVO-HdB/*Hanßen*, 2017, Art. 25 DS-GVO, Rn. 14; vgl. Roßnagel/*Barlag*, DS-GVO, 2017, S. 175; vgl. auch *Bartels/Backer*, DuD 2018, 214 (214).

5. Abschnitt. Datenschutzkontrolle

§ 21. Interne (Selbst-)Kontrolle. Insbes. Datenschutzbeauftragter

Literatur: *Baumgartner/Hansch,* Der betriebliche Datenschutzbeauftragte, ZD 2019, 99; *Behling,* Die datenschutzrechtliche Compliance – Verantwortung der Geschäftsleitung, ZIP 2017, 697; *Bongers/Krupna,* Haftungsrisiken des internen Datenschutzbeauftragten – Zivilrechtliche Haftung, Bußgelder und Strafen, ZD 2013, 594; *Brink/Joos,* Datenschutz im Personalratsbüro – Datenschutzkonformer Umgang mit Beschäftigtendaten durch die Mitglieder der Personalvertretung, öAT 2021, 158; *Eßer/Steffen,* Zivilrechtliche Haftung des betrieblichen Datenschutzbeauftragten, CR 2018, 289; *Flink,* Beschäftigtendatenschutz als Aufgabe des Betriebsrats, 2021; *Franck,* Miscellanea zu den behördlichen Datenschutzbeauftragten, RDV 2020, 14; *Gola,* Der externe Datenschutzbeauftragte, RDV 2019, 157; *Hansch,* Die „neue" Rolle des Konzerndatenschutzbeauftragten: Erfahrungen und Schwierigkeiten, DB 2019, 186; *Jaspers/Reif,* Der Datenschutzbeauftragte nach der Datenschutz-Grundverordnung: Bestellpflicht, Rechtsstellung und Aufgaben, RDV 2016, 61; *Klug,* Der Datenschutzbeauftragte in der EU – Maßgaben der Datenschutzgrundverordnung, ZD 2016, 315; *Kort,* Was ändert sich für Datenschutzbeauftragte, Aufsichtsbehörden und Betriebsrat mit der DS-GVO?, ZD 2017, 3; *Lücke,* Die Betriebsverfassung in Zeiten der DSGVO: „Bermuda-Dreieck" zwischen Arbeitgeber, Betriebsräten und Datenschutzbeauftragten?!, NZA 2019, 658; *Marschall,* Strafrechtliche Haftungsrisiken des betrieblichen Datenschutzbeauftragten?, ZD 2014, 66; *Marschall/Müller,* Der Datenschutzbeauftragte im Unternehmen zwischen BDSG und DS-GVO – Bestellung, Rolle, Aufgaben und Anforderungen im Fokus europäischer Veränderungen, ZD 2016, 415; *Meinhold,* Stellung des Personalrats als Verantwortlicher nach der DS-GVO, NZA 2019, 670; *Möhle,* Die datenschutzrechtliche Verantwortlichkeit des Betriebsrats, 2021; *Möllenkamp,* Das Betriebsrätemodernisierungsgesetz 2021, DB 2021, 1198; *Stück,* Betriebsrat oder Geheimrat?, ZD 2019, 256.

1 Kapitel IV der DS-GVO regelt die **Pflichten des Verantwortlichen und des Auftragsverarbeiters.** In den Art. 37–39 DS-GVO ist der **Datenschutzbeauftragte** verortet. Sie regeln die Benennung (Art. 37 DS-GVO), die Stellung (Art. 38 DS-GVO) und die Aufgaben des Datenschutzbeauftragten (Art. 39 DS-GVO). Nicht in der DS-GVO vorgesehen, aber über Art. 88 DS-GVO möglich ist die Selbstkontrolle in bestimmten, die Arbeitnehmer betreffenden Angelegenheiten durch den **Betriebs- bzw. Personalrat.**

2 Der Datenschutzbeauftragte ist ein **Instrument der Selbstkontrolle,** wie es auch andere Rechtsgebiete kennen, insbesondere das Umweltrecht.[1] Die Frage, ob und unter welchen Voraussetzungen ein Datenschutzbeauftragter zu benennen ist, war eine Frage, bei der unter den Mitgliedstaaten im Rahmen des Gesetzgebungsverfahrens zur DS-GVO nur schwer eine Einigung zu erzielen war.[2]

3 Bei den Regelungen der Art. 37–39 DS-GVO handelt es um eine Kompromissfassung.[3] Während der Vorschlag des Rates der EU zur DS-GVO vom 11.6.2015[4] ursprünglich lediglich eine Option vorsah, eine Verpflichtung zur Benennung eines Datenschutzbeauftragten mitgliedstaatlich zu regeln, bestanden EU-Kommission und das EU-Parlament auf eine unionsweite Verpflichtung zur Benennung eines Datenschutzbeauftragten.[5] Im Ergebnis sieht nun die DS-GVO in Art. 37 DS-GVO eine unionsweite Pflicht zur Benennung eines Datenschutzbeauftragten vor. Dieses

---

[1] Schantz/Wolff/*Wolff,* Das neue DatSchR, 2017, S. 276; *Kort,* ZD 2017, 3 ff.

[2] Vgl. Paal/Pauly/*Paal,* 3. Aufl. 2021, Art. 37 DS-GVO, Rn. 4; Schantz/Wolff/*Wolff,* Das neue DatSchR, 2017, S. 275.

[3] Schantz/Wolff/*Wolff,* Das neue DatSchR, 2017, S. 275; *Dammann,* ZD 2016, 307 (308).

[4] Vgl. Art. 35 Abs. 1 des Vorschlags des Rates der EU zur DS-GVO, interinstitutionelles Dossier: 2012/0011 (COD), 9565/15.

[5] Wybitul DS-GVO-HdB/*Ettig/Bausewein,* 2017, DS-GVO Art. 37 Rn. 1.

Ergebnis war keine Selbstverständlichkeit, sondern beruhte maßgeblich auf der Darlegung der Vorteile des Instituts eines Datenschutzbeauftragten für den Datenschutz – und auch für die verpflichteten Unternehmen – durch deutsche Institutionen.

4 Auch wenn sich die EU-Kommission und das EU-Parlament in ihrer Forderung nach einer **unionsweiten Verpflichtung zur Benennung eines Datenschutzbeauftragten** einig waren, so waren doch die Kriterien für eine Benennungspflicht stark divergierend. Der Entwurf der EU-Kommission sah bspw. im Kern vor, dass eine Pflicht zur Benennung bei nicht-öffentlichen Stellen dann bestehen sollte, wenn die Verarbeitung durch ein Unternehmen erfolgt, das 250 oder mehr Mitarbeiter beschäftigt.[6] Der Entwurf des EU-Parlaments stellte auf die Verarbeitung der Daten von mehr als 5000 betroffenen Personen innerhalb eines Zeitraums von zwölf aufeinanderfolgenden Monaten ab.[7] Zur Begründung dieses Quorums wurde vor allem angeführt, klein- und mittelständische Unternehmen durch die Pflicht zur Benennung eines Datenschutzbeauftragten nicht über Gebühr zu belasten. Diesem Argument wurde insbesondere von deutschen Institutionen entgegengehalten, dass die deutsche Praxis zeige, dass hierfür ein so hoch angesetztes Quorum nicht erforderlich sei und die Benennung eines Datenschutzbeauftragten attraktiver gestaltet werden könne, indem betroffene Unternehmen durch die Benennung eines Datenschutzbeauftragten von anderen Dokumentationspflichten der DS-GVO befreit würden. Hierzu konnte insbesondere auf das deutsche Modell verwiesen werden, wonach die „verantwortliche Stelle" von der Meldepflicht gegenüber den Aufsichtsbehörden befreit war, sobald ein betrieblicher Datenschutzbeauftragter benannt war. Der deutsche Gesetzgeber hatte damit von der Möglichkeit nach Art. 18, 21 DSRL Gebrauch gemacht, den Verantwortlichen von der Meldepflicht zu entbinden, wenn der Verantwortliche einen Datenschutzbeauftragten benennt.[8]

5 In Art. 37 DS-GVO wird letztlich für die **Benennungspflicht** entsprechend dem in der DS-GVO verankerten risikobasierten Ansatz auf bestimmte Konstellationen der Verarbeitung personenbezogener Daten abgestellt.

6 *Maier/Ossoinig* weisen zutreffend darauf hin,[9] dass der Berufsverband der Datenschutzbeauftragten Deutschlands (BvD) e.V. im Gesetzgebungsprozess ermahnend darauf hingewiesen hat, dass die Benennung betrieblicher Datenschutzbeauftragter in Industrie, Handel und Mittelstand mit Geltung der DS-GVO auslaufen würde, wenn eine Benennungspflicht bei nicht-öffentlichen Stellen lediglich in den seinerzeit diskutierten und nunmehr in Art. 37 Abs. 1 lit. b und lit. c DS-GVO vorgesehenen Fällen bestehen würde.[10] Hierzu wurde darauf hingewiesen, dass der Großteil der Unternehmen, die nach dem BDSG-alt zur Bestellung betrieblicher Datenschutzbeauftragter verpflichtet waren, weder ihre Kerntätigkeit in der systematischen Beobachtung von Betroffenen haben, noch ihre Kerntätigkeit darin besteht, Daten gem. Art. 9, 10 DS-GVO zu verarbeiten.[11] Auch diesen Befürchtungen

---

[6] Vgl. Art. 35 des Vorschlags der Kommission für eine Verordnung des Parlaments und des Rates zum Schutz natürlicher Personen bei der Verarbeitung personenbezogener Daten und zum freien Datenverkehr (Datenschutz-Grundverordnung) v. 25.1.2012, KOM (2012), 11 endgültig.

[7] Vgl. Art. 35 des Beschlusses des europäischen Parlaments v. 12.3.2014 im Rahmen der ersten Lesung zu dem Vorschlag der europäischen Kommission, interinstitutionelles Dossier des Rates der europäischen Union vom 27.3.2014, 2012/0011 (COD), 7427/1/14; REV1.

[8] S. Art. 18 Abs. 2 DSRL 95/46/EG; → § 17 Rn. 2ff.

[9] Roßnagel/*Maier/Ossoinig*, DS-GVO, 2017, S. 211.

[10] BvD e.V., „Betriebliche Selbstkontrolle vor dem Aus", Pressemitteilung vom 7.12.2015, www.bvdnet.de/presse/betriebliche-selbstkontrolle-vor-dem-aus/ (zuletzt abgerufen am 28.1.2022).

[11] Vgl. BvD e.V., „Betriebliche Selbstkontrolle vor dem Aus", Pressemitteilung vom 7.12.2015, www.bvdnet.de/presse/betriebliche-selbstkontrolle-vor-dem-aus/ (zuletzt abgerufen am 28.1.2022).

wurde durch die Öffnungsklausel in Art. 37 Abs. 4 DS-GVO Rechnung getragen.[12] Von dieser Möglichkeit hat der deutsche Gesetzgeber im BDSG Gebrauch gemacht (→ Rn. 29ff.).

7 In der DS-GVO ist **keine Befreiung** von der Pflicht zur Benennung eines Datenschutzbeauftragten **für kleine und mittelständische Unternehmen** vorgesehen – anders als bspw. für die in Art. 30 Abs. 5 DS-GVO geregelte Ausnahme von der Pflicht zum Führen des Verzeichnisses von Verarbeitungstätigkeiten (→ § 17 Rn. 30ff.).

8 Die **DSRL** sah **keine Verpflichtung zur Benennung** eines Datenschutzbeauftragten vor. Sie gewährte den Mitgliedsstaaten lediglich die Möglichkeit, einen solchen in den mitgliedstaatlichen Datenschutzgesetzen vorzusehen. Nach Art. 21 Abs. 1 der DSRL kam einem Datenschutzbeauftragten die Aufgabe zu, die dort vorgesehenen Informationen über Verarbeitungen zusammenzustellen.[13]

9 Auch wenn die Regelungen in Art. 37–39 DS-GVO durchaus eine **deutsche Prägung** aufweisen, müssen sie nach allgemeinen unionsrechtlichen Grundsätzen autonom ausgelegt werden.

A. Benennung eines Datenschutzbeauftragten

10 Die DS-GVO sieht in Art. 37 **drei Konstellationen der Benennung** von Datenschutzbeauftragten vor:

- die unionsweit verpflichtende Benennung eines Datenschutzbeauftragten in den Fällen des Art. 37 Abs. 1 lit. a–c DS-GVO;
- die nach mitgliedstaatlichen Recht verpflichtende Benennung eines Datenschutzbeauftragten unter Nutzung der Öffnungsklausel in Art. 37 Abs. 4 S. 1 Hs. 2 DS-GVO;
- eine freiwillige Benennung eines Datenschutzbeauftragten nach Art. 37 Abs. 4 S. 1 Hs. 1 DS-GVO.

11 Darüber hinaus ist durch Art. 37 Abs. 2 DS-GVO gestattet, dass eine **Unternehmensgruppe einen gemeinsamen Datenschutzbeauftragten** ernennt, sofern von jeder Niederlassung aus der Datenschutzbeauftragte leicht erreicht werden kann.[14] Nach Art. 37 Abs. 3 DS-GVO ist es Behörden und öffentlichen Stellen möglich, **für mehrere Behörden oder Stellen** unter Berücksichtigung ihrer Organisationsstrukturen und ihrer Größe einen gemeinsamen Datenschutzbeauftragten zu benennen. Bei beiden Regelungen handelt es sich jedoch nicht um Regelungen über die Benennungspflicht. Denn sie knüpfen inhaltlich an die vorgenannten Konstellationen der Benennung an und setzen diese voraus. Dass in Art. 37 Abs. 3 DS-GVO die leichte Erreichbarkeit kein Kriterium sein soll, irritiert; die Anforderung ist in das Tatbestandsmerkmal der Organisationsstruktur hineinzulesen.[15]

12 Für die Stellung und die Aufgaben des Datenschutzbeauftragten ist es unerheblich, aufgrund welcher der vorgenannten Konstellationen die Benennung erfolgt. **Allein entscheidend ist die erfolgte Benennung.** Insofern ist eine Bezeichnung als „drei Formen von Datenschutzbeauftragten" aus Sicht der DS-GVO missverständlich.[16] Denn es gibt nicht drei Formen von Datenschutzbeauftragten. Das BDSG differenziert aber in Bezug auf den Schutz des Datenschutzbeauftragten nach dem

[12] Vgl. Roßnagel/*Maier/Ossoinig*, DS-GVO, 2017, S. 211.
[13] Vgl. Roßnagel/*Maier/Ossoinig*, DS-GVO, 2017, S. 208; s.a. → § 17 Rn. 2ff.
[14] Ausf. dazu *Hansch*, DB 2019, 186 (187f.).
[15] *Gola*, RDV 2019, 157 (159).
[16] So aber Schantz/Wolff/*Wolff*, Das neue DatSchR, 2017, S. 275.

BDSG zwischen Pflichtbenennung und freiwilliger Benennung (→ Rn. 37). Auch der **Vertreter** des originären Datenschutzbeauftragten ist spätestens mit Eintritt des Vertretungsfalls Datenschutzbeauftragter im Sinne des Datenschutzrechts.[17]

12a Eine Sonderrolle nimmt die Datenschutzaufsicht über die **Rundfunkanstalten des öffentlichen Rechts** ein. Den allgemeinen Datenschutzaufsichtsbehörden fehlt die Zuständigkeit für den Medienbereich, sodass der **Rundfunkdatenschutzbeauftragte** (s. z. B. für den Bayerischen Rundfunk Art. 21 f. BR-G) die Funktion des behördlichen Datenschutzbeauftragten mit derjenigen der Aufsichtsbehörde vereinigt.[18] Er wird nach besonderen, der Staatsfreiheit der Medien geschuldeten Modalitäten berufen (s. z. B. für den Rundfunkdatenschutzbeauftragten des Bayerischen Rundfunks Art. 21 Abs. 1 S. 3 BR-G).

I. Unionsweite Benennung eines Datenschutzbeauftragten

13 Eine **unionsweite Verpflichtung zur Benennung** eines Datenschutzbeauftragten besteht nur unter den engen Voraussetzungen des Art. 37 Abs. 1 DS-GVO. Dieser unterscheidet in Art. 37 Abs. 1 lit. a, lit. b und lit. c DS-GVO **drei Fallgruppen.**

1. Behörden und öffentliche Stellen

14 Nach Art. 37 Abs. 1 lit. a DS-GVO hat im Anwendungsbereich der DS-GVO jeder Verantwortliche und Auftragsverarbeiter einen Datenschutzbeauftragten ohne Ausnahme zu benennen, wenn die Verarbeitung von einer **Behörde oder öffentlichen Stelle** durchgeführt wird. Ausgenommen sind nur Gerichte im Rahmen ihrer justiziellen Tätigkeit. Damit ist praktisch der gesamte öffentliche Bereich von der Pflicht zur Benennung eines Datenschutzbeauftragten erfasst.[19]

15 Die Formulierung des Art. 37 Abs. 1 lit. a DS-GVO ist durch die Einbeziehung des Auftragsverarbeiters missverständlich, darf aber nicht dahin verstanden werden, dass jeder Auftragsverarbeiter allein schon deshalb zur Benennung eines Datenschutzbeauftragten verpflichtet ist, weil er als Auftragsverarbeiter einer durch Art. 37 Abs. 1 lit. a DS-GVO zur Benennung eines Datenschutzbeauftragten verpflichteten Stelle tätig wird.

16 Das BDSG regelt in seinem Anwendungsbereich in den §§ 5–7 BDSG den behördlichen Datenschutzbeauftragten recht ausführlich, wobei das BDSG auch Teile behandelt, die unionsrechtlich in der DS-GVO schon vorgegeben sind.[20] Das BDSG regelt in § 5 Abs. 1 die Pflicht zur Benennung, in § 5 Abs. 2 die Benennung eines gemeinsamen behördlichen Datenschutzbeauftragten (vgl. Art. 37 Abs. 3 DS-GVO), in § 5 Abs. 3 die Qualifikation des Datenschutzbeauftragten (vgl. Art. 37 Abs. 5 DS-GVO), in § 5 Abs. 4 wahlweise die Benennung eines internen oder externen behördlichen Datenschutzbeauftragten (vgl. Art. 37 Abs. 6 DS-GVO) sowie in § 5 Abs. 5 die **Publikation der Kontaktdaten des behördlichen Datenschutzbeauftragten** (vgl. Art. 37 Abs. 7 DS-GVO).

17 **§ 6 BDSG** regelt die **Stellung des behördlichen Datenschutzbeauftragten,** obgleich auch Art. 38 DS-GVO hierzu Regelungen enthält (→ Rn. 60 ff.). Nach § 6 Abs. 1 BDSG ist der behördliche Datenschutzbeauftragte ordnungsgemäß und

---

[17] *Franck*, RDV 2020, 14 (15).

[18] *v. Lewinski*, Medienrecht, 2020, § 22 Rn. 63.

[19] Schantz/Wolff/*Wolff*, Das neue DatSchR, 2017, S. 276, Paal/Pauly/*Paal*, 3. Aufl. 2021, Art. 37 DS-GVO, Rn. 6; Kühling/Buchner/*Bergt*, 3. Aufl. 2020, Art. 37 DS-GVO, Rn. 16; vgl. Ehmann/Selmayr/*Heberlein*, 2. Aufl. 2018, Art. 37 DS-GVO, Rn. 19.

[20] Schantz/Wolff/*Wolff*, Das neue DatSchR, 2017, S. 276.

frühzeitig in alle mit dem personenbezogenen Datenschutz zusammenhängenden Fragen einzubinden. § 6 Abs. 2 BDSG regelt die Unterstützung des Datenschutzbeauftragten durch die Bereitstellung von erforderlichen Ressourcen, den Zugang zu personenbezogenen Daten und Bearbeitungsvorgängen sowie die zur Erhaltung seines Fachwissens erforderlichen Ressourcen. In § 6 Abs. 3 BDSG ist die Weisungsfreiheit in Bezug auf die Ausübung der Aufgaben (*„dieser Aufgaben"*) geregelt, sowie die Berichterstattung an die höchste Leitungsebene der öffentlichen Stelle und das Abberufungs- und Benachteiligungsverbot wegen der Erfüllung seiner Aufgaben.

18 Während § 6 Abs. 3 BDSG sowie Art. 38 Abs. 3 S. 2 DS-GVO schlicht regeln, dass der behördliche Datenschutzbeauftragte von dem Verantwortlichen oder dem Auftragsverarbeiter wegen der Erfüllung seiner Aufgaben nicht abberufen oder benachteiligt werden darf, geht § 6 Abs. 4 BDSG darüber hinaus und regelt einen speziellen **Kündigungsschutz.** Der behördliche Datenschutzbeauftragte darf nur in entsprechender Anwendung des § 626 BGB abberufen werden. Die Kündigung des Arbeitsverhältnisses ist damit unzulässig, es sei denn, dass Tatsachen vorliegen, welche die öffentliche Stelle zur Kündigung aus wichtigem Grund ohne Einhaltung einer Kündigung berechtigen. Nach dem Ende der Tätigkeit als behördlicher Datenschutzbeauftragter ist die Kündigung des Arbeitsverhältnisses innerhalb eines Jahres unzulässig, es sei denn, dass die öffentliche Stelle zur Kündigung aus wichtigem Grund ohne Einhaltung einer Kündigungsfrist berechtigt ist.

19 Durch § 6 Abs. 5 BDSG wird die Anrufung des behördlichen Datenschutzbeauftragten durch betroffene Personen geregelt (vgl. auch Art. 38 Abs. 4 DS-GVO). Während Art. 38 Abs. 5 DS-GVO lediglich vorsieht, dass der behördliche Datenschutzbeauftragte bei der Erfüllung seiner Aufgaben an die Wahrung der Geheimhaltung oder der Vertraulichkeit gebunden ist, geht § 6 Abs. 5 S. 2 DS-GVO hierüber hinaus. Danach ist der behördliche Datenschutzbeauftragte zur **Verschwiegenheit über die Identität der betroffenen Person** sowie über Umstände, die Rückschlüsse auf die betroffene Person zulassen, verpflichtet, soweit die betroffene Person ihn nicht davon befreit.

20 § 6 Abs. 6 BDSG sieht – was in Art. 37–39 DS-GVO nicht geregelt ist – ein Zeugnisverweigerungsrecht des behördliche Datenschutzbeauftragten vor. Wenn der Datenschutzbeauftragte bei seiner Tätigkeit Kenntnis von Daten erhält, für die der Leitung oder einer bei der öffentlichen Stelle beschäftigten Person aus beruflichen Gründen ein **Zeugnisverweigerungsrecht** zusteht, steht dieses Recht auch dem Datenschutzbeauftragten und den ihm unterstellten Beschäftigten zu. Über die Ausübung des Rechts entscheidet die Person, der das Zeugnisverweigerungsrecht aus beruflichen Gründen zusteht, es sei denn, dass diese Entscheidung in absehbarer Zeit nicht herbeigeführt werden kann (§ 6 Abs. 6 S. 2 BDSG). Ergänzt wird das Zeugnisverweigerungsrecht in § 6 Abs. 6 S. 3 BDSG durch ein **Beschlagnahmeverbot** im Umfang des Zeugnisverweigerungsrechts.

21 Art. 37–39 DS-GVO sehen keine umfängliche Öffnungsklausel vor. Daher stellt sich die Frage der **Unionskonformität dieser Regelungen.** Für eine Unionskonformität wird angeführt, dass Art. 37 DS-GVO durch die ausdrückliche Sonderstellung des behördlichen Datenschutzbeauftragten konkludent auf die Ausgestaltungsbefugnis der Mitgliedsstaaten im Organisationsbereich verweist.[21] Weiter sei durch die Möglichkeit, in weiteren Fällen Datenschutzbeauftragte durch mitgliedsstaatliches Recht zu normieren (→ Rn. 29ff.), die Materie insgesamt teilweise für

[21] Schantz/Wolff/*Wolff*, Das neue DatSchR, 2017, S. 276.

das mitgliedsstaatliche Recht geöffnet.[22] Schließlich spricht für die Regelungsbefugnis auch die Organisationshoheit der Länder.[23] Gleichwohl bleiben Zweifel an der Unionskonformität, insbesondere wegen des Fehlens einer ausdrücklichen Öffnungsklausel. Das BAG hat diese Zweifel rezipiert und die zumindest einen Teilaspekt betreffende Frage, ob das BDSG einen über die DS-GVO hinausgehenden Kündigungsschutz für den betrieblichen Datenschutzbeauftragten vorsehen darf (→ Rn. 18), dem EuGH vorgelegt.[24] Verneint der EuGH diese Frage, wird man auch von einer Unionsrechtswidrigkeit der übrigen Regelungen ausgehen müssen.

22 **§ 7 BDSG** regelt die **Aufgaben des behördlichen Datenschutzbeauftragten.** Diese Regelung ist inhaltlich an Art. 39 DS-GVO ausgerichtet, geht jedoch inhaltlich über diesen hinaus. Da die Benennung der Aufgaben in Art. 39 Abs. 1 DS-GVO nicht enumerativ ist, besteht Spielraum für nationale Regelungen.

2. Benennungspflicht aufgrund der Kerntätigkeit

23 Für eine Benennungspflicht nach Art. 37 Abs. 1 lit. b und lit. c DS-GVO ist es entscheidend, ob die **„Kerntätigkeit" des Verantwortlichen oder des Auftragsverarbeiters** aus einer der in Art. 37 Abs. 1 lit. b oder lit. c DS-GVO genannten Tätigkeiten besteht. ErwGr 97 S. 2 DS-GVO beschreibt für den privaten Sektor die Kerntätigkeit als die **Haupttätigkeit eines Verantwortlichen** und grenzt die Verarbeitung personenbezogener Daten als Nebentätigkeit aus. Danach sollen nur die Geschäftsbereiche, die für die Umsetzung der Unternehmensstrategie entscheidend sind und nicht bloß routinemäßige Verwaltungsaufgaben darstellen, als Kerntätigkeit verstanden werden.[25] Diese enge Voraussetzung führt dazu, dass in Bezug auf die Gesamtwirtschaft nur wenige Unternehmen in den Anwendungsbereich des Art. 37 Abs. 1 DS-GVO fallen.[26]

24 Ob mit dieser Beschreibung tatsächlich in der **praktischen Handhabung** Rechtsicherheit gewonnen ist, lässt sich bezweifeln.[27] Sicherlich kann vertreten werden, dass der Betreiber eines Handelsgeschäfts, der Kundendaten analysiert, um seinen Kunden Produktvorschläge zu unterbreiten – sei es offline, sei es online –, nicht unter die Verpflichtung fällt, da seine Haupttätigkeit der Verkauf von Waren ist.[28] Andererseits wird vertreten, dass Unternehmen mit persönlich individualisierten Marktstrategien[29] und Betreiber von Sozialen Netzwerken, deren Werbeinhalte gerade durch eine fortlaufende Beobachtung des Nutzerverhaltens angepasst werden,[30] in den Anwendungsbereich der Regelung fallen. Ebenso soll dies für Versicherungsunternehmen mit Risikobewertungen gelten,[31] obwohl sich hiergegen argumentieren ließe, dass das Kerngeschäft einer Versicherung eben nicht Risikobewertung ist, sondern der Vertrieb und das Erbringen von Versicherungsdienst-

---

[22] Schantz/Wolff/*Wolff*, Das neue DatSchR, 2017, S. 276.

[23] Schantz/Wolff/*Wolff*, Das neue DatSchR, 2017, S. 276.

[24] BAG, Beschl. v. 27.4.2021 – 9 AZR 383/19 (A), NZA 2021, 1183 (Rn. 20ff.).

[25] Schantz/Wolff/*Wolff*, Das neue DatSchR, 2017, S. 277; Paal/Pauly/*Paal*, 3. Aufl. 2021, Art. 37 DS-GVO, Rn. 8; *Jaspers/Reif*, RDV 216, 61 (62); vgl. *Klug*, ZD 2016, 315 (316); Kühling/Buchner/*Bergt*, 3. Auf. 2020, Art. 36 DS-GVO, Rn. 19; Ehmann/Selmayr/*Heberlein*, 2. Aufl. 2018, Art. 37 DS-GVO, Rn. 25.

[26] Wybitul DS-GVO-HdB /Ettig/Bausewein, 2017, Art. 37 Rn. 11.

[27] Vgl. Wybitul DS-GVO-HdB/*Ettig/Bausewein*, 2017, Art. 37 DS-GVO, Rn. 11; Schantz/Wolff/*Wolff*, Das neue DatSchR, 2017, S. 277.

[28] So Wybitul DS-GVO-HdB/*Ettig/Bausewein*, 2017, Art. 37 Rn. 11; *Gierschmann* ZD 2016, 51 (52).

[29] So Schantz/Wolff/*Wolff*, Das neue DatSchR, 2017, S. 277.

[30] So Wybitul DS-GVO-HdB/*Ettig/Bausewein*, 2017, Art. 37 Rn. 11.

[31] So Schantz/Wolff/*Wolff*, Das neue DatSchR, 2017, S. 277.

leistungen. Auskunfteien, die Scoring durchführen,[32] und Adresshändler, die Datenbestände aufbauen, um sie Dritten zu Marketingzwecken zur Verfügung zu stellen,[33] fallen hingegen sicherlich in den Anwendungsbereich. Dies macht deutlich, dass dem Kriterium Kerntätigkeit die Trennschärfe fehlt.[34] Im Ergebnis wird sich eine starre Betrachtung verbieten und unter Berücksichtigung des risikobasierten Ansatzes der DS-GVO sowie des Schutzes der Rechte und Freiheiten der betroffenen Personen darauf abzustellen sein, ob die Daten die „Ware" sind oder ob die Verarbeitung der personenbezogenen Daten als Hilfstätigkeit zur Verfolgung des eigenen Geschäftszwecks erfolgt.[35]

25 Dasselbe gilt im Ergebnis auch für das weitere **Merkmal „umfangreiche" Verarbeitung personenbezogener Daten** in Art. 37 Abs. 1 lit. b und c DS-GVO. Die DS-GVO selbst enthält hierfür keine Konkretisierung. Eine konkrete Zahl wird sich ebenfalls kaum festlegen lassen, sodass es unter Berücksichtigung des risikobasierten Ansatzes der DS-GVO im konkreten Fall darauf ankommt, welche Quantität der Verarbeitung gegeben ist.[36]

26 Nach Art. 37 Abs. 1 lit. b DS-GVO muss die **Kerntätigkeit in der Durchführung von Verarbeitungsvorgängen** bestehen, welche aufgrund ihrer Art, ihres Umfangs und/oder ihrer Zwecke eine umfangreiche, regelmäßige und systematische Überwachung von betroffenen Personen erforderlich machen. Diese Regelung zielt offenbar auf Verarbeitungsformen wie Profiling.[37] Hierunter fallen bspw. Auskunfteien, die Scoring betreiben.

27 Nach Art. 37 Abs. 1 lit. c DS-GVO sind Verantwortliche und Auftragsverarbeiter, deren Kerntätigkeit in der umfangreichen Verarbeitung von **Daten gem. Art. 9 DS-GVO** oder von personenbezogenen Daten über strafrechtliche Verurteilungen und Straftaten **gem. Art. 10 DS-GVO** besteht, zur Benennung eines Datenschutzbeauftragten verpflichtet. In dieser Regelung setzt sich das in der DS-GVO bereits durch die Einführung von Sonderregelungen in Art. 9 DS-GVO und Art. 10 DS-GVO für die Verarbeitung solcher Daten vorgesehene besondere Schutzniveau fort.

28 Art. 37 Abs. 1 lit. b und c DS-GVO nehmen gleichermaßen den Verantwortlichen und den **Auftragsverarbeiter** in die Pflicht.[38] Dies erscheint mit Blick auf die Stellung des Auftragsverarbeiters, wie sie insbesondere in Art. 4 Nr. 8 und Art. 28, 29 DS-GVO zum Ausdruck kommt, nur eingeschränkt stimmig. Die Rolle des Auftragsverarbeiters ist hiernach dadurch gekennzeichnet, dass er nach Weisung des Verantwortlichen personenbezogene Daten für den Verantwortlichen verarbeitet. Er nimmt eine solche Tätigkeit nur als abhängige Kerntätigkeit wahr. Es lässt sich aber argumentieren, dass die Einbeziehung des Auftragsverarbeiters in die Pflichtenstellung nach Art. 37 Abs. 1 lit. a und lit. b DS-GVO dem Schutzbedürfnis der betroffenen Person bei solchen Tätigkeiten Rechnung trägt. Unter diesem Aspekt lässt sich auch die andere Bewertung als im Rahmen von Art. 37 Abs. 1 lit. a DS-GVO rechtfertigen, da Art. 37 Abs. 1 lit. a DS-GVO pauschal an die Eigenschaft des Auftraggebers anknüpft (→ Rn. 15). Die Konsequenz für den Auftragsverarbeiter ist, dass er nicht nur aufgrund eigener Tätig-

---

[32] So Schantz/Wolff/*Wolff*, Das neue DatSchR, 2017, S. 277.

[33] So Wybitul DS-GVO-HdB/*Ettig/Bausewein*, 2017, Art. 37 Rn. 11 unter Bezugnahme auf *Hornung*, ZD 2012, 99 (104).

[34] Ebenso Kühling/Buchner/*Bergt*, 3. Aufl. 2020, Art. 37 DS-GVO, Rn. 22.

[35] Vgl. *Niklas/Faas*, NZA 2017, 1091 (1092); Kühling/Buchner/*Bergt*, 3. Aufl. 2020, Art. 37 DS-GVO, Rn. 20; *Jaspers/Reif*, RDV 2016, 61 (62).

[36] Ebenso Wybitul DS-GVO-HdB/*Ettig/Bausewein*, 2017, Art. 37 Rn. 12.

[37] Vgl. Schantz/Wolff/*Wolff*, Das neue DatSchR, 2017, S. 277; vgl. Paal/Pauly/*Paal*, 3. Aufl. 2021, Art. 37 DS-GVO, Rn. 8b; → § 16, insbes. Rn. 12 ff. und 52 ff.

[38] Zum Auftragsverarbeiter → § 11 Rn. 5 ff.

keit zur Benennung eines Datenschutzbeauftragten verpflichtet sein kann, sondern auch aufgrund abhängiger und weisungsgebundener Tätigkeit. Der Regelung ist damit aber auch immanent, dass die Benennungspflicht für Auftragsverarbeiter nur dann besteht, wenn er die in Art. 37 Abs. 1 lit. b und lit. c DS-GVO beschriebene Kerntätigkeit für den Auftraggeber – also für den Verantwortlichen – ausführt und nicht schon, wenn er hierfür nur die technischen Rahmenbedingungen (wie bspw. Cloud-Services) zur Verfügung stellt.

II. Pflicht zur Benennung eines Datenschutzbeauftragten nach mitgliedstaatlichem Recht

29 Art. 37 Abs. 4 S. 1 Hs. 2 DS-GVO sieht vor, dass in anderen als den in Abs. 1 genannten Fällen ein Datenschutzbeauftragter benannt werden muss, *„falls dies nach dem Recht der Union oder der Mitgliedsstaaten vorgeschrieben ist"* **(Öffnungsklausel).**[39] **Kriterien oder Vorgaben zur Ausgestaltung dieser Pflicht** enthält Art. 37 DS-GVO nicht.

30 Der deutsche Gesetzgeber hat mit **§ 38 BDSG** von der Öffnungsklausel Gebrauch gemacht. In § 38 Abs. 1 BDSG sieht der deutsche Gesetzgeber zwei weitere Fälle von Pflichtbenennungen in Anlehnung an § 4f BDSG-alt vor, dessen Regel-Ausnahmeverhältnis im Vergleich zur heutigen Regelung allerdings umgekehrt war.

31 Nach § 38 Abs. 1 S. 1 BDSG haben Verantwortliche und Auftragsverarbeiter einen Datenschutzbeauftragten zu benennen, *„soweit sie in der Regel mindestens 20 Personen ständig mit der automatisierten Verarbeitung personenbezogener Daten beschäftigen."* Bis zum 20.11.2019 lag allerdings die Grenze noch bei zehn Personen. Für die Merkmale „in der Regel" und „ständig" kann auf die bisherige Auslegung zu § 4f Abs. 1 S. 4 BDSG-alt zurückgegriffen werden. Der Terminus „automatisierte Verarbeitung" (→ § 8 Rn. 21 ff.) wird dagegen in der DS-GVO verwendet und unterliegt daher einer unionseinheitlichen Auslegung.

32 Nach § 38 Abs. 2 Hs. 1 BDSG besteht die Pflicht zur Benennung eines Datenschutzbeauftragten, wenn der Verantwortliche oder Auftragsverarbeiter Verarbeitungen vornimmt, **die einer Datenschutz-Folgenabschätzung** nach Art. 35 DS-GVO unterliegen. Mit dieser Bezugnahme wird im Ergebnis die Komplexität der Datenschutz-Folgenabschätzung (→ § 17 Rn. 39 ff.) in die Frage der Benennungspflicht eines Datenschutzbeauftragten inkorporiert.

33 Nach § 38 Abs. 1 S. 2 Hs. 2 BDSG haben der Verantwortliche oder der Auftragsverarbeiter, die personenbezogene Daten geschäftsmäßig zum Zwecke der Übermittlung, der anonymisierten Übermittlung oder für Zwecke der Markt- oder Meinungsforschung verarbeiten, die Pflicht einen Datenschutzbeauftragten zu benennen. Für das Verständnis dieser Regelung muss auf Begrifflichkeiten des BDSG-alt zurückgegriffen werden:

34 Der Terminus **„geschäftsmäßig"** lässt sich aus dem BDSG und der DS-GVO heraus allein nicht verstehen. Hierzu muss auf das Verhältnis der §§ 28, 29 BDSG-alt zueinander abgestellt werden. Der Anwendungsbereich der Regelungen in § 28 BDSG-alt wurde vom Anwendungsbereich des § 29 BDSG-alt dadurch abgegrenzt, dass § 28 BDSG-alt bei einer Verarbeitung „für die Erfüllung eigener Geschäftszwecke" zur Anwendung kam,[40] wohingegen § 29 BDSG-alt auf das „geschäftsmä-

[39] Schantz/Wolff/*Wolff*, Das neue DatSchR, 2017, S. 278; Roßnagel/*Maier/Ossoinig*, DS-GVO, 2017, S. 211; Wybitul DS-GVO-HdB/*Ettig/Bausewein*, 2017, Art. 37 Rn. 2.

[40] S. auch die gesetzliche Überschrift des § 28 BDSG-alt: „Datenerhebung und -speicherung für eigene Geschäftszwecke".

ßige Erheben, Speichern, Verändern oder Nutzen personenbezogener Daten zum Zweck der Übermittlung" zur Anwendung kam.[41] Bereits unter dem BDSG-alt war diese Abgrenzung anhand des Begriffs „geschäftsmäßig" nicht leicht zu verstehen, da auch eine Datenverarbeitung nach § 28 BDSG-alt typischerweise geschäftsmäßig erfolgte. Denn wenn sie nicht geschäftsmäßig, sondern ausschließlich für persönliche oder familiäre Tätigkeiten erfolgen würde, wäre das BDSG-alt nach § 1 Abs. 2 Nr. 3 BDSG-alt schon nicht zur Anwendung gekommen. Unter dem BDSG-alt hat sich dabei zur Verbildlichung der erforderlichen Abgrenzung Folgendes herausgebildet: Erfolgte die Datenverarbeitung als Hilfstätigkeit zur Erreichung des eigentlichen Geschäftszwecks, so war § 28 BDSG-alt anzuwenden, wohingegen § 29 BDSG-alt dann anzuwenden war, wenn die Verarbeitung der Daten der eigentliche Geschäftszweck war (Stichwort: Daten als Ware). § 28 Abs. 3 BDSG-alt machte dabei deutlich, dass allein das Bereitstellen von Daten an Dritte zu Marketingzwecken nicht zwingend und automatisch eine Einordnung unter § 29 BDSG-alt erforderte. Da § 29 BDSG-alt andererseits inhaltlich für den Bereich Werbe- und Adresshandel auf die Regelung in § 28 Abs. 3–3b BDSG-alt verwies, war auch deutlich, dass die Bereitstellung von Daten zu Marketingzwecken nicht allein nach § 28 BDSG zu behandeln war. Mithin musste in diesen Bereichen auch eine Abgrenzung an einer Art „Kerntätigkeit" des Unternehmens zur Bestimmung der Anwendung des § 28 oder § 29 BDSG-alt stattfinden. Dieser Aspekt der Abgrenzung zwischen § 28 BDSG-alt einerseits und § 29 BDSG-alt andererseits erinnert an die oben dargestellte Auslegung des Merkmals „Kerntätigkeit" in Art. 37 Abs. 1 lit. b u. lit. c DS-GVO. Wenngleich natürlich eine Auslegung des unionsrechtlich geprägten Begriffs „Kerntätigkeit" durch das BDSG-alt nicht möglich ist, so ist gleichwohl ein Rückgriff auf die zur Abgrenzung von §§ 28, 29 BDSG-alt angestellte Überlegung unter diesem Aspekt sinnvoll.

35 Auch unter weiteren Aspekten scheint die Formulierung in § 38 Abs. 1 S. 2 Hs. 2 wenig sinnvoll: Der **Begriff „Übermittlung"** ist zwar in der DS-GVO nicht legaldefiniert, wird aber in der DS-GVO verwendet (vgl. Art. 4 Nr. 2 DS-GVO), womit eine Auslegung anhand der Definition in § 3 Abs. 4 S. 2 Nr. 3 BDSG-alt aufgrund des Erfordernis der unionsweit einheitlichen Auslegung nicht in Betracht kommt. **Der Begriff „Anonymisierung"** ist in Art. 4 DS-GVO nicht legaldefiniert. Aus ErwGr 26 ergeben sich jedoch Anhaltspunkte für das Verständnis von „anonym".

36 Selbst wenn aufgrund der Öffnungsklausel und dem damit für § 38 BDSG eröffneten mitgliedstaatlichen Spielraum eine **mitgliedstaatliche – und eben nicht unionsweite – Auslegung** der in § 38 Abs. 1 BDSG verwendeten Begriffe in Betracht kommt, muss hiervon Abstand genommen und eine unionsweite einheitliche Auslegung zugrundegelegt werden. Denn es konterkariert den Ansatz der DS-GVO, ein unionseinheitliches Datenschutzrecht zu schaffen, wenn ohne Not eine „Parallel-Auslegung" nach Unionsrecht und mitgliedstaatlichem Recht für dieselben Begrifflichkeiten stattfindet. Dies ist auch der Rechtsicherheit abträglich.

37–38 § 38 Abs. 2 BDSG erklärt § 6 Abs. 4, 5 S. 2 und Abs. 6 BDSG für anwendbar, § 6 Abs. 4 BDSG jedoch nur für die Pflichtbenennung (→ Rn. 17ff.). Zunächst stellt sich jedoch die Frage, ob die Bezugnahme durch § 38 Abs. 2 BDSG ausschließlich für die nach § 38 Abs. 1 BDSG zu benennenden Datenschutzbeauftragten gilt oder für alle Konstellationen der Benennung nach der DS-GVO (→ Rn. 10.). Aus dem Umstand, dass § 38 Abs. 2 Hs. 2 BDSG eine Ausnahme für freiwillig benannte Da-

[41] S. auch die gesetzliche Überschrift des § 29 BDSG-alt: „Geschäftsmäßige Datenerhebung und -speicherung zum Zwecke der Übermittlung".

tenschutzbeauftragten von der Regelung des § 6 Abs. 4 BDSG vorsieht, ist von der Anwendung des § 38 Abs. 2 BDSG auf alle Konstellationen der Benennung auszugehen. Denn § 38 Abs. 1 BDSG regelt nicht Fälle der freiwilligen Benennung, sondern nur solche der Pflichtbenennung, wohingegen Art. 37 DS-GVO sowohl die Pflicht- als auch die freiwillige Benennung vorsieht.[42] Der in § 6 Abs. 4 BDSG geregelte besondere Kündigungsschutz gilt nach § 38 Abs. 2 Hs. 2 BDSG aber nur für Pflichtbenennungen.[43]

III. Freiwillige Benennung eines Datenschutzbeauftragten

39 Art. 37 Abs. 4 S. 1 Hs. 1 DS-GVO sieht vor, dass der Verantwortliche und der Auftragsverarbeiter jederzeit einen Datenschutzbeauftragten freiwillig benennen können **(Freiwillige Benennung).**[44]

40 Darüber hinaus sieht Art. 37 Abs. 4 S. 1 Hs. 1 DS-GVO vor, dass Verbände und andere Vereinigungen, die Kategorien von Verantwortlichen oder Auftragsverarbeitern vertreten, einen Datenschutzbeauftragten **(Datenschutzbeauftragter von Verbänden und anderen Vereinigungen)** benennen können. Der Sinngehalt dieses zweiten Teils erschließt sich nicht. Soweit der Verband oder eine andere Vereinigung ein Verantwortlicher oder Auftragsverarbeiter ist, ist in Art. 37 DS-GVO bereits hinreichend geregelt, unter welchen Voraussetzungen die Pflicht zur Benennung besteht und dass im übrigen die Möglichkeit zur freiwilligen Benennung besteht.

41 Für Unternehmensgruppen ist in Art. 37 Abs. 2 und für Behörden oder andere öffentliche Stellen in Art. 37 Abs. 3 DS-GVO die Möglichkeit zur **Benennung eines gemeinsamen Datenschutzbeauftragten** geregelt. Die Regelung in Art. 37 Abs. 4 S. 1 Hs. 1 Var. 2 DS-GVO lässt sich daher nur so verstehen, dass Verbände und andere Vereinigungen für die durch sie vertretenen Unternehmen dann einen gemeinsamen Datenschutzbeauftragten benennen können, wenn es sich um eine freiwillige Benennung für alle handelt. Dass es sich um eine freiwillige Benennung handeln muss, lässt sich aus der Einleitung des Art. 37 Abs. 4 S. 1 DS-GVO schließen.

42 Für den freiwillig benannten Datenschutzbeauftragten gelten **dieselben Regelungen der DS-GVO wie für den pflichtgemäß benannten Datenschutzbeauftragten** (→ Rn. 12).

43 Das bedeutet, dass der Verantwortliche oder der Auftragsverarbeiter bei der Einsetzung von Mitarbeitern und/oder externen Dritten zur Umsetzung des Datenschutzrechts differenzieren und deutlich machen muss,[45] ob er diese als Datenschutzbeauftragter oder in anderer Funktion bspw. als **Chief Data Officer (CDO)** einsetzt. Denn für den Datenschutzbeauftragten sind die Stellung, Pflichten und Aufgaben durch Art. 38, 39 DS-GVO festgelegt und nicht frei gestaltbar.[46] Dem Datenschutzbeauftragten dürfen nach der DS-GVO zwar weitere Aufgaben als die Pflichtaufgaben nach Art. 39 Abs. 1 DS-GVO übertragen werden (→ Rn. 86ff., 89ff.). Allerdings ist dies nur in dem Maß zulässig, in dem diese weiteren Aufgaben nicht mit den zugewiesenen Aufgaben kollidieren (Art. 38 Abs. 6 DS-GVO; → Rn. 89ff.). Auch hierdurch kann sich eine Unterscheidung zwischen einem CDO und einem Datenschutzbeauftragten zwingend ergeben. Denn während der CDO im Wege der Delegation die Aufgaben des Unternehmens zur Einhaltung der

---

[42] Es geltend hierzu die obigen Ausführungen zu § 6 BDSG entsprechend.
[43] Zur Unionsrechtskonformität → Rn. 21.
[44] Schantz/Wolff/*Wolff*, Das neue DatSchR, 2017, S. 278.
[45] S. zum Fehlen von Formvorschriften für die Benennung → Rn. 53.
[46] S. zur Möglichkeit der Übertragung weiterer Aufgaben auf den Datenschutzbeauftragten → Rn. 86ff.

DS-GVO (vgl. Art. 5 Abs. 2, Art. 12, 24, 35 DS-GVO.) übernehmen kann, dürfte es mit der Rolle des Datenschutzbeauftragten unvereinbar sein, diese an ihn zu delegieren.[47]

IV. Qualifikation des Datenschutzbeauftragten

44 Der Datenschutzbeauftragte wird nach Art. 37 Abs. 5 DS-GVO auf der Grundlage seiner **beruflichen Qualifikation und insbesondere des Fachwissens** benannt, das er auf dem Gebiet des Datenschutzrechts und der Datenschutzpraxis besitzt, sowie auf der Grundlage seiner **Fähigkeit zur Erfüllung der in Art. 39 DS-GVO genannten Aufgaben.** Damit stellt Art. 37 Abs. 5 DS-GVO eine Reihe von Anforderungen an die fachliche Eignung auf. Die im **Entwurfstext des EU-Parlaments** zur DS-GVO formulierten Mindestanforderungen in Bezug auf das Fachwissen sind nicht in Art. 37 DS-GVO eingeflossen.[48]

45 Aufgrund der Bezugnahme auf seine Fähigkeit zur Erfüllung seiner in Art. 39 DS-GVO genannten Aufgaben ergibt sich, dass es **kein abstrakt beschreibbares Anforderungsprofil** gibt. Je größer der Umfang der Datenverarbeitung und je höher das Risiko und der Schutzbedarf, desto höhere Anforderungen sind daher an das erforderliche Fachwissen zu stellen.[49]

46 Der Datenschutzbeauftragte wird zwar in erster Linie aufgrund seiner beruflichen Qualifikation benannt. Aus der Formulierung „und insbesondere des Fachwissens" ergibt sich, dass sein **Fachwissen auf dem Gebiet des Datenschutzrechts und der Datenschutzpraxis nur eine Teilkomponente** der Qualifikationskriterien ist.

47 Dies ist auch relevant für die Frage, ob ein zu benennender Datenschutzbeauftragter über die erforderliche Qualifikation **bereits im Zeitpunkt der Benennung** verfügen muss oder sich diese nach seiner Benennung verschaffen kann. Gerade für Verantwortliche, die auf einen Beschäftigten als Datenschutzbeauftragten zurückgreifen wollen und insbesondere dies, wenn dieser im Unternehmen bzw. der Behörde nicht ausschließlich die Rolle des Datenschutzbeauftragen als Vollzeitkraft ausfüllt, sondern dort auch andere Tätigkeiten wahrnimmt,[50] ist es entscheidend, ob die Person zunächst qualifiziert und dann benannt oder zunächst benannt und dann entsprechend qualifiziert werden kann. Entscheidend ist dies auch, da die Pflicht zur Benennung nach Art. 37 DS-GVO sofort und unmittelbar gilt. Art. 37 Abs. 5 DS-GVO scheint durch die gewählte Formulierung Spielraum dafür zu bieten, dass der benannte Datenschutzbeauftragte zum Zeitpunkt seiner Benennung diese Anforderungen noch nicht vollständig erfüllen können muss. Entsprechend dem risikobasierten Ansatz der DS-GVO, welcher auch in Bezug auf die Ausübung der Tätigkeit durch den Datenschutzbeauftragten in Art. 39 Abs. 2 DS-GVO zum Ausdruck kommt, wird anhand der in Art. 39 Abs. 2 DS-GVO beschriebenen Kriterien darüber zu entscheiden sein, ob der Datenschutzbeauftragte bereits bei Aufnahme seiner Tätigkeit über die vollständige Qualifikation nach Art. 39 Abs. 5 DS-GVO in Bezug auf das Fachwissen verfügen muss oder nicht. Hierfür spricht auch,

---

[47] Vgl. Art. 39 Abs. 1, Art. 35 Abs. 2 DS-GVO; ausführlich → Rn. 91.

[48] ErwGr 75a des Beschlusses des europäischen Parlaments vom 12.3.2014 zu dem Vorschlag der europäischen Kommission zur DS-GVO, 2912/0011 (COD), 7427/1/14, REV 1; vgl. Wybitul DS-GVO-HdB/*Ettig/Bausewein,* 2017, Art. 37 Rn. 18; vgl. *Klug,* RDV 2014, 90ff.; *Bittner,* RDV 2014, 138ff.

[49] Roßnagel/*Maier/Ossoinig,* DS-GVO, 2017, S. 212; Wybitul DS-GVO-HdB/*Ettig/Bausewein,* 2017, Art. 37 Rn. 17; so auch ErwGr 97 DS-GVO.

[50] Vgl. zur Zulässigkeit Art. 38 Abs. 6 DS-GVO.

dass Art. 37 Abs. 5 DS-GVO auf Art. 39 DS-GVO und damit auch auf Art. 39 Abs. 2 DS-GVO Bezug nimmt. Der BfDI hält den nachträglichen Erwerb der vollständigen Qualifikation für zulässig, sofern der Datenschutzbeauftragte die Bereitschaft und Befähigung zum kurzfristigen Erwerb der Qualifikation besitzt.[51]

48 Das **Fachwissen** des Datenschutzbeauftragten muss sich **sowohl auf das Datenschutzrecht als auch auf die Datenschutzpraxis** beziehen. Allein aus der Bezugnahme auf die „Datenschutzpraxis" lässt sich ebenfalls nicht schließen, dass der Datenschutzbeauftragte bereits vor Übernahme seiner Tätigkeit hierzu qualifiziert sein muss. Daraus zu schließen ist aber, dass der Datenschutzbeauftragte über Kenntnisse in Bezug auf das Datenschutzrecht entsprechend der Erfüllung seiner Tätigkeit nach Art. 39 DS-GVO, insbesondere unter Berücksichtigung des risikobasierten Ansatzes in Art. 39 Abs. 2 DS-GVO, verfügen muss. Während Kenntnisse der DS-GVO sowie des BDSG generell als zwingend zu betrachten sind, müssen je nach Tätigkeit weitere Rechtskenntnisse bspw. im Bereich Datenschutz der Kommunikationsdienste[52] oder im Bereich des Sozialdatenschutzes vorliegen. Darüber hinaus sollte der Datenschutzbeauftragte auch über technisches Verständnis verfügen, um Sachverhalte der Informationstechnologie zu verstehen und Risiken aus IT-Systemen und Applikationen in IT-Prozessen erkennen zu können, sowie – je nach Tätigkeit des Unternehmens – sinnvollerweise auch über betriebswirtschaftliche und organisatorische Grundkenntnisse verfügen, um Sachverhalte im Unternehmenskontext beurteilen und ein Datenschutzmanagement betreiben zu können.[53]

49 Die **Vorgabe an die Qualifikation** des Datenschutzbeauftragten in Art. 37 Abs. 5 DS-GVO wirkt sich über Art. 38 Abs. 2 DS-GVO hinaus auch darauf aus, dass der Verantwortliche und Auftragsverarbeiter seiner Pflicht nach Art. 37 DS-GVO zur Benennung eines qualifizierten Datenschutzbeauftragten nur nachkommt, wenn er dem internen Datenschutzbeauftragten eine ausreichende Möglichkeit zur Teilnahme an Fort- und Weiterbildungsveranstaltungen auf Kosten des Verantwortlichen bzw. des Auftragsverarbeiters ermöglicht, um so im Rahmen der Entwicklungen das Qualifikationsniveau aufrecht zu erhalten.[54]

50 Wenngleich Art. 37 DS-GVO die **Zuverlässigkeit** des Datenschutzbeauftragten nicht als Auswahlkriterium benennt, so lässt sich auf der Grundlage der Bezugnahme des Art. 37 Abs. 5 DS-GVO auf die Aufgaben, wie sie in Art. 39 DS-GVO beschrieben sind, ohne weiteres ableiten, dass die Zuverlässigkeit eine dem Art. 37 DS-GVO immanente Voraussetzung für die Benennung eines Datenschutzbeauftragten ist.[55]

51 Die DS-GVO regelt nicht explizit, ob der **externe Datenschutzbeauftragte eine juristische Person** sein kann oder nicht. Zum Teil wird aus den Anforderungen nach Art. 37 Abs. 5 DS-GVO abgeleitet, dass nur eine natürliche Person zum Datenschutzbeauftragten benannt werden kann.[56] Da die DS-GVO dies weder fordert noch ausschließt, ist von der Zulässigkeit der Benennung einer juristischen Person

---

[51] BfDI, Die Datenschutzbeauftragten in Behörden und Betrieben, 2020, 13.

[52] Zum Datenschutz im Bereich der Kommunikationsdienste → § 18.

[53] Wybitul DS-GVO-HdB/*Ettig/Bausewein,* 2017, Art. 37 Rn. 18; vgl. zu den persönlichen und fachlichen Voraussetzungen für Datenschutzbeauftragte: Berufliches Leitbild der Datenschutzbeauftragten, Bundesverband der Datenschutzbeauftragten e.V. (BvD), 3. Auf. 2016; Düsseldorfer Kreis, RDV 2011, 53.

[54] Ebenso Roßnagel/*Maier/Ossoinig,* DS-GVO, 2017, S. 212.

[55] Ebenso Wybitul DS-GVO-HdB/*Ettig/Bausewein,* 2017, Art. 37 Rn. 19.

[56] Wybitul DS-GVO-HdB/*Ettig/Bausewein,* 2017, Art. 37 Rn. 17; Ehmann/Selmayr/*Heberlein,* DS-GVO, 2. Aufl. 2018, Art. 37 DS-GVO, Rn. 43; Paal/Pauly/*Paal,* 3. Aufl. 2021, Art. 37 DS-GVO, Rn. 15.

auszugehen.[57] Das Abstellen allein auf die Besonderheiten der englischen Sprachfassung[58] überzeugt angesichts der Gleichwertigkeit aller anderen anderslautenden Sprachfassungen nicht.[59] Für diese Sichtweise spricht vor allem auch das oben dargestellte Anforderungsprofil, das an den Datenschutzbeauftragten zu stellen ist. Denn bei praxisnaher Betrachtung wird das Anforderungsprofil des Art. 37 Abs. 5 DS-GVO leichter und besser durch die aufgabenteilige Wahrnehmung der mit entsprechender Fachkompetenz erforderlichen Tätigkeiten durch verschiedene Personen in einer Unternehmung gewährleistet.[60] Selbst die Befürworter der strengeren Auslegung gehen aber davon aus, dass man den zugrundeliegenden zivilrechtlichen Dienstleistungsvertrag aber mit einer juristischen Person schließen könne,[61] sodass sich in der Praxis kaum ein Unterschied ergeben dürfte. Der EDSA hat die Position der Artikel 29-Datenschutzgruppe, die die Bestellung juristischer Personen für möglich hielt, übernommen.[62]

V. Modalitäten der Benennung eines Datenschutzbeauftragten

52 Art. 37 DS-GVO regelt nicht den **Zeitpunkt der Benennung** des Datenschutzbeauftragten. Mithin hat die Benennung des Datenschutzbeauftragten unmittelbar zu erfolgen.

53 Es ist **kein Formerfordernis** für die Benennung vorgesehen. Aus Beweis- und Dokumentationsgründen wird eine dokumentierte Benennung des Beauftragten erfolgen.

54 Der Verantwortliche bzw. der Auftragsverarbeiter haben die **Kontaktdaten des Datenschutzbeauftragten zu veröffentlichen und diese Daten der Aufsichtsbehörde mitzuteilen** (Art. 37 Abs. 7 DS-GVO). Im Ergebnis erfolgt jedenfalls hierdurch eine Dokumentation der Benennung. Die DS-GVO enthält keine Vorgaben, wie eine solche Veröffentlichung zu erfolgen hat. Daher ist bspw. die Nennung auf einer frei zugänglichen Internetseite des Verantwortlichen oder des Auftragsverarbeiters ausreichend.[63] Nach Sinn und Zweck genügt eine nur unternehmens- bzw. behördenintern zugängliche Veröffentlichung nicht.[64]

55 Art. 37 Abs. 6 DS-GVO stellt klar, dass als Datenschutzbeauftragter des Verantwortlichen oder des Auftragsbearbeiters **sowohl ein Beschäftigter als auch ein Externer** auf der Grundlage eines Dienstvertrags benannt werden kann.

56 In den Entwürfen zur DS-GVO war die **Befristung der Benennung** des Datenschutzbeauftragten vorgesehen,[65] Art. 37 DS-GVO enthält letztlich hierzu jedoch keine Regelung. Eine Benennung des Datenschutzbeauftragten kann demnach befristet oder unbefristet erfolgen.[66]

---

[57] Ebenso Schantz/Wolff/*Wolff*, Das neue DatSchR, 2017, S. 279; *Bittner*, RDV 2014, 183 (186); *Baumgartner/Hansch*, ZD 2019, 99 (102); offenlassend Kühling/Buchner/*Bergt*, 3. Aufl. 2020, Art. 37 DS-GVO, Rn. 36.

[58] Ehmann/Selmayr/*Heberlein*, 2. Aufl. 2018, Art. 37 DS-GVO, Rn. 43.

[59] Wolff/Brink/*Moos*, 2. Aufl. 2022, Art. 37 DS-GVO Rn. 67.

[60] **A. A.** Ehmann/Selmayr/Heberlein, 2. Aufl. 2018, Art. 37 DS-GVO, Rn. 43,

[61] Ehmann/Selmayr/Heberlein, 2. Aufl. 2018, Art. 37 DS-GVO, Rn. 44; Paal/Pauly/*Paal*, 3. Aufl. 2021, Art. 37 DS-GVO Rn. 15a; *Gola*, RDV 2019, 157 (160).

[62] WP 243 Rev. 01 v. 5.4.2017, Ziff 2.5. Paal/Pauly/*Paal*, 3. Aufl. 2021, Art. 37 DS-GVO, Rn. 15a weist darauf hin, dass die Ausführungen a. a. O. nicht eindeutig seien.

[63] Ebenso Wybitul DS-GVO-HdB/*Ettig/Bausewein*, 2017, Art. 37 Rn. 20.

[64] Vgl. Wybitul DS-GVO-HdB/*Ettig/Bausewein*, 2017, Art. 37 Rn. 20.

[65] Vgl. Art. 35 Abs. 7 des EU-Kommissionsentwurfs; vgl. Art. 35 Abs. 7 des EU-Parlamentsentwurfs.

[66] Die deutschen Datenschutzaufsichtsbehörden hatten für den Datenschutzbeauftragten eine Mindestvertragslaufzeit von vier Jahren empfohlen (*Düsseldorfer Kreis*, RDV 2011, 53).

57 Art. 37 Abs. 2 DS-GVO sieht vor, dass eine Unternehmensgruppe einen gemeinsamen Datenschutzbeauftragten **(sog. Konzerndatenschutzbeauftragter)** benennen kann. In Art. 37 Abs. 3 DS-GVO ist eine entsprechende Regelung für Behörden und öffentliche Stellen vorgesehen. Zu Art. 37 Abs. 2 DS-GVO wird vertreten, dass es nur noch eines einzigen Benennungsaktes für alle Unternehmen der Unternehmensgruppe bedarf.[67] Diese Auffassung ist eine Überinterpretation des Art. 37 Abs. 2 DS-GVO. Weder der Systematik noch der Gesetzgebungsgeschichte oder dem Wortlaut des Art. 37, insbesondere dem des Art. 37 Abs. 2 DS-GVO, lässt sich eine so weitreichende Regelung entnehmen. Seinem Wortlaut nach regelt Art. 37 Abs. 2 DS-GVO lediglich den Umstand, dass es nicht ausgeschlossen ist und damit auch kein Interessenkonflikt darstellt, wenn in einer Unternehmensgruppe dieselbe Person als Datenschutzbeauftragter tätig wird. Die genannte Interpretation würde zumal bedeuten, dass die DS-GVO die Konzernleitung ermächtigt, in alle Unternehmen „hineinzuregieren". Mit Blick auf das Ausmaß der damit verbundenen Durchbrechung der gesellschaftsrechtlichen Regelungen bedürfte es hierfür einer expliziten Regelung in der DS-GVO. Die von Art. 37 Abs. 2 DS-GVO geforderte leichte Erreichbarkeit des Konzerndatenschutzbeauftragten darf im übrigen nicht übermäßig extensiv interpretiert werden, da sonst aufgrund der gerade bei Konzernen üblichen internationalen Verflechtung schon Zeitzonen- und Sprachbarrieren die Bestellung eines Konzerndatenschutzbeauftragten praktisch unmöglich machen würden.[68]

VI. Sanktion der Nichtbenennung

58 Ein Verstoß des Verantwortlichen und des Auftragsverarbeiters gegen die Pflichten nach Art. 37–39 DS-GVO ist nach Art. 83 Abs. 4 lit. a DS-GVO mit einer **Geldbuße** von bis zu 10 Mio. Euro oder im Falle eines Unternehmens von bis zu zwei Prozent seines gesamten weltweit erzielten Jahresumsatzes des vorangegangenen Geschäftsjahres zu sanktionieren. Die Inbezugnahme des gesamten Art. 37 DS-GVO durch die Sanktionsandrohung führt dazu, dass sämtliche in Art. 37 DS-GVO geregelten Pflichten mit diesem Bußgeldrahmen bußgeldbewehrt sind.

59 Darüber hinaus stellt sich für den Verantwortlichen und den Auftragsverarbeiter auch die Frage, ob die Verletzung der Pflicht zur Benennung eines Datenschutzbeauftragten für sich genommen Grundlage für einen **Schadensersatzanspruch** einer betroffenen Person sein kann. Hierfür ließe sich das in Art. 38 Abs. 4 DS-GVO normierte Anhörungsrecht der betroffenen Person anführen. Obgleich im Kontext dieser Regelung in Art. 38 Abs. 4 DS-GVO auch vom „Anwalt des Betroffenen" gesprochen wird, so sieht die Regelung dennoch nur vor, dass die betroffene Person den Datenschutzbeauftragten „zu Rate ziehen" kann. Dem Wortlaut der Regelung ist kein Ansatz dafür zu entnehmen, dass diese Regelung Schutzwirkung oder einen subjektiven Anspruch des Betroffenen auf Einbindung oder Tätigwerden für den Betroffenen vorsieht.

B. Stellung des Datenschutzbeauftragten

60 Art. 38 DS-GVO regelt in den Absätzen 1–6 die **Stellung des Datenschutzbeauftragten.** Unabhängig von den rechtlichen Voraussetzungen und insbesondere auch

[67] Schantz/Wolff/*Wolff*, Das neue DatSchR, 2017, S. 278; Roßnagel/*Meyer/Osoinek*, DS-GVO, 2017, S. 210; Wybitul DS-GVO-HdB/*Ettig/Bausewein*, 2017, Art. 37 Rn. 16; *Jaspers/Reif*, RDV 2016, 61 (63); Paal/Pauly/*Paal*, 3. Aufl. 2021, Art. 37 DS-GVO Rn. 10; Kühling/Buchner/*Bergt*, 3. Aufl. 2020, Art. 36 DS-GVO, Rn. 27.

[68] *Baumgartner/Hansch*, ZD 2019, 99 (100 f.); *Hansch*, DB 2019, 186 (188).

unabhängig davon, ob es sich um eine Pflicht oder um eine freiwillige Benennung als Datenschutzbeauftragten handelt, legt Art. 38 DS-GVO die Stellung des Datenschutzbeauftragten fest (→ Rn. 12 und → Rn. 42ff.).

61 Die Regelungen in Art. 38 DS-GVO **dienen zur Absicherung der Erfüllung der nach Art. 39 DS-GVO zugewiesenen Aufgaben.** Dies geschieht insbesondere dadurch, dass eine Einbindung des Datenschutzbeauftragten in die Entscheidung über die Prozesse zur Verarbeitung personenbezogener Daten erfolgen muss (Art. 38 Abs. 1 DS-GVO) und ihm eine zur Erfüllung der Aufgaben (Art. 38 Abs. 2 DS-GVO) erforderliche Ausstattung zur Verfügung gestellt wird. Auch zur Gewährleistung der Unabhängigkeit wird sein persönlicher Schutz in Art. 38 Abs. 3 DS-GVO geregelt. Die Funktion des Datenschutzbeauftragten wird dadurch abgerundet, dass nach Art. 38 Abs. 4 DS-GVO sich auch die betroffenen Personen an ihn wenden können.

62 Um dem Verantwortlichen und dem Auftragsverarbeiter einerseits und dem Betroffenen andererseits die Befassung des Datenschutzbeauftragten mit Themen der Verarbeitung personenbezogener Daten zu erleichtern, wird in Art. 38 Abs. 5 DS-GVO seine **Pflicht zur Wahrung der Geheimhaltung und Vertraulichkeit** geregelt. Art. 38 Abs. 6 DS-GVO regelt sodann, dass der Datenschutzbeauftragte nicht ausschließlich die Funktion als Datenschutzbeauftragter wahrnehmen muss, sondern auch andere Aufgaben und Pflichten wahrnehmen kann. Gleichzeitig stellt Art. 38 Abs. 6 S. 2 DS-GVO klar, dass andere Aufgaben und Pflichten nicht zu einem **Interessenkonflikt** mit der Aufgabenstellung als Datenschutzbeauftragter führen dürfen.

63 Dem Datenschutzbeauftragten werden durch Art. 38 DS-GVO aber keine Befugnisse, insbesondere **keine Weisungs- und/oder Durchsetzungsbefugnisse,** eingeräumt.[69] Allerdings existieren auf mitgliedstaatlicher Ebene vereinzelte Regelungen zu besonderen Informationsrechten für behördliche Datenschutzbeauftragte, etwa § 5 Abs. 4 S. 3 BSIG.[70]

I. Einbeziehung des Datenschutzbeauftragten

64 Der Verantwortliche und der Auftragsverarbeiter haben den Datenschutzbeauftragten „ordnungsgemäß und frühzeitig in alle mit dem Schutz personenbezogener Daten zusammenhängenden Fragen" einzubinden **(Pflicht zur frühzeitigen Einbeziehung).** Diese Einbeziehung haben sie durch organisatorische Maßnahmen sicherzustellen. Gleichwohl muss der Datenschutzbeauftragte nicht in sämtliche Vorüberlegungen der Unternehmensleitung eingebunden werden.[71]

65 Die DS-GVO stellt darauf ab, dass der Datenschutzbeauftragte **frühzeitig und nicht nur rechtzeitig** in alle mit dem Schutz personenbezogener Daten zusammenhängenden Fragen eingebunden wird. Damit macht der europäische Gesetzgeber deutlich, dass die Einbindung eines Datenschutzbeauftragten ein wesentlicher Aspekt zur Gewährleistung eines effektiven Datenschutzes nach der DS-GVO ist.[72] Denn der Verantwortliche und der Auftragsverarbeiter sind dadurch verpflichtet, von Anfang an zu prüfen, ob eine Datenverarbeitung den Schutz personenbezogener Daten tangiert, um den Datenschutzbeauftragten rechtzeitig einbinden zu können. Durch diese Vorgabe wird abgesichert, dass der Datenschutzbeauftragte so

[69] Insofern erscheint die Verwendung des Begriffs „Befugnisse" bei Schantz/Wolff/*Wolff*, Das neue DatSchR, 2017, S. 279f. missverständlich.

[70] *Franck*, RDV 2020, 14 (17).

[71] Wybitul DS-GVO-HdB/*Ettig/Bausewein*, 2017, Art. 38 Rn. 7.

[72] Ebenso Wybitul DS-GVO-HdB/*Ettig/Bausewein*, 2017, Art. 38 Rn. 5.

rechtzeitig Kenntnis erlangt, dass er mit Hinweisen und einer Beratung (vgl. Art. 38 Abs. 1 lit. a DS-GVO) auf die Gestaltung der Verarbeitung personenbezogener Daten Einfluss nehmen kann. Hier lassen sich Parallelen zur Datenschutz-Folgenabschätzung nach Art. 35 DS-GVO finden, die den Verantwortlichen ebenfalls zwingt, sich vor der Verarbeitung personenbezogener Daten inhaltlich mit dieser auseinanderzusetzen.

66 Nach Art. 35 Abs. 2 DS-GVO ist bei der Durchführung einer **Datenschutz-Folgenabschätzung** der Rat des Datenschutzbeauftragten einzuholen. Hiermit wird im besonderen Kontext der Datenschutz-Folgenabschätzung die Einbindung des Datenschutzbeauftragten zusätzlich verankert.

II. Pflicht zur Unterstützung des Datenschutzbeauftragten

67 Art. 38 Abs. 2 DS-GVO macht deutlich, dass die DS-GVO die Funktion des Datenschutzbeauftragten als **effektives Instrument des Datenschutzes** versteht. Denn durch Art. 38 Abs. 2 DS-GVO wird geregelt, wie der Verantwortliche und der Auftragsverarbeiter den Datenschutzbeauftragten bei der Erfüllung seiner Aufgaben nach Art. 39 zu unterstützen haben.

68 Dem Datenschutzbeauftragten sind die **zur Erfüllung seiner Aufgaben erforderlichen Ressourcen** zur Verfügung zu stellen. Dies umfasst auch ein ausreichendes Zeitbudget für die Erfüllung seiner Tätigkeit, insbesondere wenn die Tätigkeit nicht in Vollzeit ausgeübt wird.[73] In der Konkretisierung der Unterstützungspflicht bleibt Art. 38 Abs. 2 DS-GVO hinter Art. 38 Abs. 3 des Kommissionsentwurfs zurück, der vorsah, dass dem Datenschutzbeauftragten „das erforderliche Personal, die erforderlichen Räumlichkeiten, die erforderliche Ausrüstung und alle sonstigen Ressourcen" zur Verfügung zu stellen sind.[74] Wenngleich diese Formulierung keinen Eingang in Art. 38 Abs. 2 DS-GVO gefunden hat, sind damit die grundlegenden Ressourcen benannt.

69 Der **Umfang der zur Verfügung zu stellenden Ressourcen** ist auf der Grundlage des in Art. 39 Abs. 2 DS-GVO festgelegten **risikobasierten Ansatzes** zu bestimmen. Denn der Datenschutzbeauftragte kann seine nach Art. 39 DS-GVO zugewiesene Funktion nach Maßgabe des Art. 39 Abs. 2 DS-GVO nur wahrnehmen, wenn er über die entsprechenden Ressourcen verfügt.

70 Wenngleich Art. 38 Abs. 2 DS-GVO **keinen Vorbehalt der Finanzierbarkeit** vorsieht, ist auch Art. 38 DS-GVO der Grundsatz der Verhältnismäßigkeit immanent. Das ist bei der Bestimmung des Umfangs der erforderlichen Ressourcen zu beachten.[75] Der DS-GVO ist damit aber auch immanent, dass Verantwortlicher und Auftragsverarbeiter im Rahmen der wirtschaftlichen Planung ihrer Geschäftstätigkeit nicht nur sonstige Kostenfragen sondern auch entsprechend ihrer Verarbeitungstätigkeit die für eine ordnungsgemäße Ausstattung des Datenschutzbeauftragten erforderlichen Kosten einzuplanen haben.[76]

71 Art. 38 Abs. 2 DS-GVO postuliert darüber hinaus den **Zugang des Datenschutzbeauftragten zu personenbezogenen Daten und Verarbeitungsvorgängen.** Dies er-

[73] Ebenso Wybitul DS-GVO-HdB/*Ettig/Bausewein,* 2017, Art. 38 Rn. 15; *Franck,* RDV 2020, 14 (16f.) mit konkreten Berechnungsmodellen für öffentliche Stellen.

[74] Art. 38 Abs. 3 des Vorschlags für eine Verordnung des europäischen Parlaments und des Rates zum Schutz natürlicher Personen bei der Verarbeitung personenbezogener Daten und zum freien Datenverkehr (Datenschutz-Grundverordnung) vom 25.1.2012, KOM (2012) 11 endgültig; Wybitul DS-GVO-HdB/*Ettig/Bausewein,* 2017, Art. 38 Rn. 12.

[75] Im Ergebnis wohl ebenso Wybitul DS-GVO-HdB/*Ettig/Bausewein,* 2017, Art. 38 Rn. 12.

[76] Wybitul DS-GVO-HdB/*Ettig/Bausewein,* 2017, Art. 38 Rn. 12.

fordert entsprechende Zutritts- und Einsichtsrechte in alle betrieblichen und behördlichen Belange des Unternehmens bzw. der Behörde. Der Verantwortliche ist aufgrund der Geheimhaltungspflicht des Datenschutzbeauftragten nach Art. 38 Abs. 5 DS-GVO abgesichert.

72 Darüber hinaus müssen Verantwortlicher und Auftragsverarbeiter den Datenschutzbeauftragten in der **Erhaltung seines Fachwissens** durch erforderliche Ressourcen unterstützen. Dies bedeutet, dass Verantwortlicher und Auftragsverarbeiter dem Datenschutzbeauftragten auf ihre Kosten Zugang zu aktuellen Fachpublikationen und Fortbildungen ermöglichen müssen. Dies ist auch vor dem Hintergrund zu sehen, dass nach Art. 37 Abs. 5 DS-GVO Verantwortlicher und Auftragsverarbeiter ihrer Pflicht zur Benennung eines Datenschutzbeauftragten nur genügen, wenn der Datenschutzbeauftragte auf der Grundlage seiner beruflichen Qualifikation „und insbesondere des Fachwissens" benannt wird. Aus dem Zusammenspiel der Regelung in Art. 38 Abs. 2 und Art. 37 Abs. 5 DS-GVO ergibt sich, dass die Aufrechterhaltung des Fachwissens ein dynamischer Prozess ist und nicht nur einmalig im Zeitpunkt der Benennung gegeben sein muss.

III. Weisungsfreiheit

73 Art. 38 Abs. 3 DS-GVO sieht vor, dass der Datenschutzbeauftragte „bei der Erfüllung seiner Aufgaben keine Anweisungen bezüglich der Ausübung dieser Aufgaben" erhalten darf. Diese **Weisungsfreiheit** ist Ausdruck des in ErwGr 97 DS-GVO zum Ausdruck kommenden Prinzips der Unabhängigkeit des Datenschutzbeauftragten und macht zugleich die Bedeutung des Datenschutzbeauftragten als Instrument der Selbstkontrolle für den Datenschutz nach der DS-GVO deutlich.

74 Die Weisungsfreiheit ist allerdings **nicht inhaltlich unbeschränkt.** Sie ist doppelt beschränkt. Denn er ist einerseits nur bei der Erfüllung seiner Aufgaben und andererseits nur in der Ausübung dieser Aufgaben weisungsfrei. Diese Doppelnennung spricht dafür, dass der Datenschutzbeauftragte unter Berücksichtigung der Vorgaben in Art. 39 DS-GVO nur hinsichtlich des Ob und des Wie keinen Weisungen unterliegt.

75 Die Weisungsfreiheit schränkt das **Direktionsrechts des Arbeitsgebers bzw. des Auftraggebers** allerdings nur in Bezug auf die Ausübung der Aufgaben des Datenschutzbeauftragten ein. Da der Datenschutzbeauftragte im übrigen bei organisatorischen Entscheidungen, die keinen datenschutzrechtlichen Bezug aufweisen, dem Direktionsrecht untersteht,[77] ist dieser Schutz im Alltag faktisch eingeschränkt. Dies gilt im besonderen Maße dann, wenn der Datenschutzbeauftragte im Rahmen des Art. 38 Abs. 6 DS-GVO andere Tätigkeiten im Unternehmen wahrnimmt. Nach Sinn und Zweck ist die Regelung daher so auszulegen und anzuwenden, dass sie den Datenschutzbeauftragten auch vor anderen Maßnahmen schützt, die sich im Ergebnis gleich auswirken.

IV. Benachteiligungs- und Abberufungsverbot

76 Der Datenschutzbeauftragte darf nach Art. 38 Abs. 3 S. 2 DS-GVO von dem Verantwortlichen und dem Auftragsverarbeiter wegen Erfüllung seiner Aufgaben nicht abberufen oder benachteiligt werden. Dieses **Benachteiligungs- und Abberufungsverbot** flankiert die Weisungsfreiheit und die Unabhängigkeit des Datenschutzbeauftragten. Gleichzeitig kommt hierin die Bedeutung des Datenschutzbe-

[77] Wybitul DS-GVO-HdB/*Ettig*/*Bausewein*, 2017, Art. 38 Rn. 18.

auftragten als Instrument des Datenschutzes nach der DS-GVO zum Ausdruck.[78] § 38 Abs. 2 i.V.m. **§ 6 Abs. 4 BDSG** sieht einen **Sonderkündigungsschutz** vor (→ Rn. 18).

V. Direkte Berichtslinie

77 Nach Art. 38 Abs. 3 S. 3 DS-GVO berichtet der Datenschutzbeauftragte **unmittelbar der höchsten Managementebene** des Verantwortlichen oder des Auftragsverarbeiters. Für den deutschen Text der DS-GVO ist es eine gewisse Kuriosität, dass hier eine Kombination aus einem englischen und einem deutschen Terminus, „Management" und „Ebene", verwendet wird und für erstgenannten keine geeignete deutsche Übersetzung gefunden werden konnte.

78 In der Sache ist mit höchster Managementebene die **Unternehmens- bzw. Behördenleitung** gemeint. Soweit die Leitung aus mehreren Personen besteht, spricht die DS-GVO nicht dagegen, die Berichtspflicht auf eine Ressortzuständigkeit eines Mitglieds der Behörden- bzw. Geschäftsleitung zu beziehen.

79 Die **direkte Berichtslinie** ist erforderlich, um dem Datenschutzbeauftragten das erforderliche Gehör zu verschaffen. Durch die Pflicht der Leitung, eine unmittelbare Berichtslinie zu sich selbst einzurichten, werden die Wege zu Organisationsformen von vornherein unterbunden, bei denen der Datenschutzbeauftragte zwar in die Hierarchie hinein berichtet, aber ein solcher Bericht nie bei der Hausleitung ankommen muss. Soweit nach Art. 37 Abs. 2 und Abs. 3 DS-GVO ein gemeinsamer Datenschutzbeauftragter (→ Rn. 41) benannt wurde, so gilt die Berichtslinie nach Art. 38 Abs. 3 S. 3 DS-GVO gleichwohl an die jeweilige Behörden- und Unternehmensleitung des betroffenen (Tochter-)Unternehmens und Abteilungen.

VI. Anrufungsrecht der betroffenen Person

80 Die betroffene Person kann nach Art. 38 Abs. 4 DS-GVO den Datenschutzbeauftragten zu allen mit der Verarbeitung ihrer personenbezogenen Daten und mit der Wahrnehmung ihrer Rechte gemäß dieser Verordnung in Zusammenhang stehenden Fragen zu Rate ziehen **(Anrufungsrecht)**. Das Anrufungsrecht wird durch die Verpflichtung zur Geheimhaltung und Vertraulichkeit nach Art. 38 Abs. 5 DS-GVO abgesichert. Zuweilen wird der Datenschutzbeauftragte auch als **„Anwalt des Betroffenen"** bezeichnet.[79] Dies dürfte mit Blick auf die Ausgestaltung in Art. 38 Abs. 4 DS-GVO nur eingeschränkt zutreffend sein.[80]

81 Aus dem Wortlaut ergibt sich, dass das Anrufungsrecht der betroffenen Person auf **Fragestellungen der Verarbeitung ihrer personenbezogenen Daten** beschränkt ist. Das bedeutet insbesondere eine Beschränkung auf die Interessen der betroffenen Person selbst.[81]

82 Für das BDSG-alt wurde vertreten, dass das Recht, den Datenschutzbeauftragten zu Rate zu ziehen, mit dessen **Pflicht** korrespondiert, **jeder Frage eines Betroffenen nachzugehen und diesen über das Ergebnis der Anrufung zu informieren.**[82] Diese Reichweite muss mit Blick auf die Formulierung des Art. 38 Abs. 4 DS-GVO bezweifelt werden. Aus dem Wortlaut „zu Rate ziehen" ergibt sich nur, dass der Da-

---

[78] Wybitul DS-GVO-HdB/*Ettig/Bausewein,* 2017, Art. 38 Rn. 19.

[79] Etwa Kühling/Buchner/*Bergt,* DS-GVO/BDSG, 3. Aufl. 2020, Art. 37 DS-GVO, Rn. 54.

[80] Ähnl. *Baumgartner/Hansch,* ZD 2019, 99 (99).

[81] Wybitul DS-GVO-HdB/*Ettig/Bausewein,* 2017, Art. 38 Rn. 26.

[82] Gola/Schomerus/*Gola/Klug/Körffer,* BDSG, 12. Aufl. 2015, § 4f Rn. 57; vgl. Wybitul DS-GVO-HdB/*Ettig/Bausewein,* 2017, Art. 38 Rn. 27.

tenschutzbeauftragte gegenüber der betroffenen Person beratend tätig ist. Inwieweit er sich gegenüber dem Verantwortlichen für die Anliegen einsetzen muss, bestimmt sich allein nach Art. 39 Abs. 1 DS-GVO.

83 Soweit darüber hinausgehend eine Pflicht des Datenschutzbeauftragten gesehen wird, den **Betroffenen über das Ergebnis zu informieren,** so lässt sich dies jedenfalls nicht dem Wortlaut des Art. 38 Abs. 4 DS-GVO entnehmen. Zur Begründung wird angeführt, dass anderenfalls das Anrufungsrecht zum Schutz der betroffenen Person praktisch wirkungslos sei und die betroffene Person letztlich keine Klarheit über die Rechtmäßigkeit der Verarbeitung ihrer personenbezogenen Daten erlangt.[83] Hiergegen lässt sich anführen, dass nach Ausgestaltung der Art. 38 und 39 DS-GVO der Datenschutzbeauftragte als Instrument der Selbstkontrolle des Verantwortlichen und in dessen Interesse in der DS-GVO vorgesehen ist. Darüber hinaus kann der Datenschutzbeauftragte bei einer entsprechenden Berichterstattung in Konflikt geraten zu seiner Geheimhaltungs- und Vertraulichkeitspflicht gem. Art. 38 Abs. 5 DS-GVO, die nach der hier vertretenen Auffassung auch zugunsten des Verantwortlichen und des Auftragsverarbeiters besteht.

VII. Pflicht zur Geheimhaltung und Vertraulichkeit

84 Der Datenschutzbeauftragte ist nach dem Recht der Union oder der Mitgliedsstaaten bei der Erfüllung seiner Aufgaben an die **Wahrung der Geheimhaltung oder der Vertraulichkeit** gebunden. Diese Pflicht wirkt in **zwei Richtungen:**

- Der Datenschutzbeauftragte ist nach Art. 38 Abs. 5 DS-GVO zugunsten des Verantwortlichen bzw. des Auftragsverarbeiters zur Geheimhaltung und Vertraulichkeit verpflichtet. Dies sichert die Interessen des Verantwortlichen bzw. des Auftragsverarbeiters im Rahmen seiner Pflicht, den Datenschutzbeauftragten nach Art. 38 Abs. 1 und Art. 35 Abs. 2 DS-GVO einzubinden.
- Darüber hinaus ist der Datenschutzbeauftragte nach Art. 38 Abs. 5 DS-GVO im Rahmen der Anrufung durch eine betroffene Person nach Art. 38 Abs. 4 DS-GVO zur Wahrung der Geheimhaltung und Vertraulichkeit verpflichtet. Dies umfasst auch, dass der Datenschutzbeauftragte grundsätzlich nicht die Identität der betroffenen Person, die sich nach Art. 38 Abs. 4 DS-GVO an ihn gewandt hat, kundtun darf, es sei denn, er ist durch diese Person von seiner Verschwiegenheitspflicht befreit worden.[84]

85 Verantwortlicher und Auftragsverarbeiter sind im Rahmen der **Bereitstellung der Ressourcen** nach Art. 38 Abs. 2 DS-GVO auch verpflichtet, dem Datenschutzbeauftragten solche Ressourcen in der Weise zur Verfügung zu stellen, dass ihm die Geheimhaltung des Betroffenen im Rahmen des Art. 38 Abs. 4 DS-GVO in sozialadäquater Weise möglich ist.

VIII. Weitere Aufgaben des Datenschutzbeauftragten

86 Nach Art. 38 Abs. 6 S. 1 DS-GVO kann der Datenschutzbeauftragte auch **andere Aufgaben und Pflichten** wahrnehmen.

87 Die Position des Datenschutzbeauftragten muss danach **nicht zwangsläufig als Vollzeitstelle** ausgestaltet sein.[85] Unter Berücksichtigung des risikobasierten Ansatzes, der insbesondere in Art. 39 Abs. 2 und Art. 38 Abs. 2 DS-GVO zum Ausdruck kommt, können der Verantwortliche und der Auftragsverarbeiter den Daten-

[83] Wybitul DS-GVO-HdB/*Ettig/Bausewein,* 2017, Art. 38 Rn. 27.
[84] Wybitul DS-GVO-HdB/*Ettig/Bausewein,* 2017, Art. 38 Rn. 28.
[85] Wybitul DS-GVO-HdB/*Ettig/Bausewein,* 2017, Art. 38 Rn. 29.

schutzbeauftragten mit anderen Tätigkeiten im Unternehmen befassen. Damit wird dem Umstand Rechnung getragen, dass nicht in allen Unternehmen bzw. Behörden eine derartige Datenverarbeitung stattfindet, die eine Vollzeitstelle des Datenschutzbeauftragten erforderlich macht. Darüber hinaus ist dadurch auch klargestellt, dass **externe Datenschutzbeauftragte** benannt werden können, die dann in anderen Unternehmen bzw. Behörden weitere Aufgaben wahrnehmen.

88 Eine andere Frage ist, ob der Datenschutzbeauftragte auch **andere Aufgaben nach der DS-GVO** wahrnehmen darf, die ihm nicht nach Art. 39 DS-GVO zugewiesen sind. Art. 38 Abs. 6 S. 1 DS-GVO spricht jedenfalls nicht dagegen. Auch Art. 39 Abs. 1 DS-GVO spricht nicht zwingend dagegen, da er die Aufgaben des Datenschutzbeauftragten nicht abschließend regelt.

IX. Verbot der Interessenkollision

89 Nach Art. 38 Abs. 6 S. 2 DS-GVO stellen der Verantwortliche und der Auftragsverarbeiter sicher, dass die Übernahme anderer Aufgaben durch den Datenschutzbeauftragten nach Art. 36 Abs. 6 S. 1 DS-GVO **nicht zu einem Interessenskonflikt** führt.

90 Hierbei ist zunächst an einen Konflikt aufgrund von **weiteren Aufgaben und Pflichten des Datenschutzbeauftragten außerhalb der DS-GVO** zu denken. Der Datenschutzbeauftragte gerät insbesondere in einen Konflikt, wenn er die Ergebnisse seiner anderweitigen Tätigkeiten in seiner Eigenschaft als Datenschutzbeauftragter kontrollieren und überwachen soll.[86] Solche Konflikte ergeben sich bspw. bei einer Kombination mit Tätigkeiten als Leiter der IT-, der Personal- oder der Marketingabteilung, aber auch bei der Benennung eines Mitglieds der höchsten Managementebene.[87] Denkbar sind sie auch bei externen Datenschutzbeauftragten, wenn diese z. B. das Sicherheitskonzept mitentwickelt haben.[88] Jedenfalls nach Meinung des BGH liegt in der gleichzeitigen Tätigkeit als Syndikusrechtsanwalt und Datenschutzbeauftragter für dasselbe Unternehmen kein Interessenkonflikt.[89] Zur Mitgliedschaft des betrieblichen Datenschutzbeauftragten im Betriebsrat → Rn. 122.

91 Ob der Datenschutzbeauftragte **Aufgaben und Pflichten** übernehmen darf, **welche dem Verantwortlichen und dem Auftragsverarbeiter zugewiesen sind,** ist ebenfalls nach Art. 38 Abs. 6 S. 2 DS-GVO zu bewerten. Die DS-GVO stellt gerade in Abweichung von der DSRL die Verantwortung der Unternehmensleitung in den Vordergrund und betont dies an einer Vielzahl von Stellen. Die Unternehmensleitung ist nach Art. 5 Abs. 2, Art. 12, Art. 24, Art. 32 sowie Art. 35 DS-GVO verpflichtet, das Unternehmen so zu organisieren, dass die DS-GVO eingehalten werden kann. Die Konfliktlage entsteht dadurch, dass der Datenschutzbeauftragte die Umsetzung der genannten Vorgaben nach Art. 39 Abs. 1 lit. b DS-GVO – jedenfalls auch – überwacht. Das nicht ganz von der Hand zu weisende Argument, dass die Übertragung dieser Aufgaben an den Datenschutzbeauftragten gerade die idealtypische Erfüllung des Art. 39 Abs. 1 lit. b DS-GVO sei, verkennt allerdings die in der DS-GVO grundsätzlich angelegte Verantwortlichkeit des Unternehmens und die Ausgestaltung der Rolle des Datenschutzbeauftragten als Instrument der Selbstkontrolle nach Art. 38 DS-GVO. Diese systematische Ausgestaltung, welcher die DS-GVO folgt, wäre mit einer Übertragung der Aufgaben an den Datenschutzbe-

---

[86] Auernhammer/*Raum,* DSGVO/BDSG, 6. Aufl. 2018, § 4f BDSG, Rn. 95.
[87] Wybitul DS-GVO-HdB/*Ettig/Bausewein,* 2017, Art. 38 Rn. 30.
[88] *Baumgartner/Hansch,* ZD 2019, 99 (102 f.).
[89] BGH, Urt. v. 15.10.2018 – AnwZ (Brfg) 20/18, NJW 2018, 3701 (Rn. 50 ff.).

auftragten durchbrochen (→ Rn. 106ff.). Manifest wird die Problematik in der Praxis vor allem bei der strittigen Frage, ob der Datenschutzbeauftragte das Verarbeitungsverzeichnis nach Art. 30 Abs. 1 S. 1 DS-GVO führen und eine Datenschutz-Folgenabwägung nach Art. 35 Abs. 1 S. 1 DS-GVO durchführen darf.[90]

C. Aufgaben des Datenschutzbeauftragten

92 Art. 39 DS-GVO legt die dem Datenschutzbeauftragten **kraft Gesetzes obliegenden Aufgaben** fest und stellt klar, dass dies nur der **Mindestinhalt der Aufgaben** des Datenschutzbeauftragten ist. Dem Datenschutzbeauftragten können damit weitere Aufgaben übertragen werden, wenn diese nicht zu einem Interessenkonflikt mit der Tätigkeit als Datenschutzbeauftragter führen (→ Rn. 89). Wird der Datenschutzbeauftragte benannt ohne Beschreibung seiner Aufgaben oder schlicht unter Bezugnahme auf die gesetzlichen Regelungen, so hat er ausschließlich die Aufgaben nach Art. 39 DS-GVO kraft Gesetzes auszuführen.

93 Die durch die DS-GVO vorgesehene **Aufgabenverteilung** zwischen dem Datenschutzbeauftragten einerseits und dem Verantwortlichen bzw. Auftragsverarbeiter andererseits lässt anhand der Aufgaben nach Art. 39 Abs. 1 lit. a und lit. b DS-GVO nicht den Schluss zu, dass die Aufgaben des Datenschutzbeauftragten mit denen des Verantwortlichen bzw. des Auftragsverarbeiters faktisch deckungsgleich sind.[91]

94 Für die Stellung des Datenschutzbeauftragten ist entscheidend, dass ihm durch Art. 39 DS-GVO zwar Aufgaben zugewiesen, aber **keinerlei Weisungs- und/oder Durchsetzungsbefugnisse** zugestanden sind. Hinsichtlich der Durchsetzung der DS-GVO und Erfüllung seiner Aufgaben ist der Datenschutzbeauftragte, wie sich aus dem Zusammenspiel von Art. 39 Abs. 1 DS-GVO und unter Art. 38 Abs. 3 S. 3 DS-GVO ergibt, auf das Berichten und dadurch auf das Hinwirken zur Beachtung der DS-GVO beschränkt.

95 Art. 39 Abs. 1 DS-GVO weist dem Datenschutzbeauftragten über die in Art. 39 Abs. 1 lit. a bis lit. c DS-GVO beschriebenen Aufgaben als Organ der Selbstkontrolle des Verantwortlichen bzw. des Auftragsverarbeiters in Art. 39 Abs. 1 lit. d und lit. e DS-GVO hinaus auch **Aufgaben im Verhältnis zur Aufsichtsbehörde** zu.

96 **Art. 38 Abs. 6 S. 1 DS-GVO und Art. 39 Abs. 1 S. 1 DS-GVO** sind nicht inhaltsgleich. Art. 38 Abs. 6 S. 1 DS-GVO regelt, dass dem Datenschutzbeauftragter außerhalb seiner Funktion als Datenschutzbeauftragter andere Aufgaben und Pflichten übertragen werden können. Art. 39 Abs. 1 S. 1 DS-GVO regelt, dass ihm in seiner Eigenschaft als Datenschutzbeauftragter weitere Aufgaben übertragen werden können. Werden dem Datenschutzbeauftragten weitere Aufgaben in seiner Eigenschaft als Datenschutzbeauftragten übertragen, so kommen auch in Bezug auf diese weiteren Aufgaben die Regelungen der Art. 37, 38 und 39 DS-GVO zur Anwendung.

I. Unterrichtung und Beratung

97 Nach Art. 39 Abs. 1 lit. a DS-GVO obliegt dem Datenschutzbeauftragten die **Pflicht zur Unterrichtung und Beratung.** Die Aufgabe obliegt dem Datenschutzbeauftragten gegenüber dem Verantwortlichen oder dem Auftragsverarbeiter und den Beschäftigten, die Verarbeitungen durchführen, hinsichtlich ihrer Pflichten nach der DS-GVO sowie nach sonstigen Datenschutzvorschriften der Union bzw. der Mitgliedsstaaten. Der Anwaltsgerichtshof NRW hat auch klargestellt, dass der Daten-

[90] Zum Streitstand *Piltz/Häntschel,* RDV 2019, 277 (278f.).
[91] Wybitul DS-GVO-HdB/*Ettig/Bausewein,* 2017, Art. 39 Rn. 3.

schutzbeauftragte im Rahmen seiner Tätigkeit nach Art. 39 DS-GVO ohne Verstoß gegen das Rechtsdienstleistungsgesetz (RDG) rechtlich beraten darf.

98 Die Unterrichtung des Verantwortlichen und des Auftragsverarbeiters bedeutet letztlich die **Information über die Rechte und Pflichten** nach der DS-GVO und weiterer Datenschutzgesetze. Die Pflicht zur Beratung bedeutet sowohl die proaktive als auch die auf Nachfrage erfolgende – und damit reaktive – Erteilung von Ratschlägen gegenüber dem Verantwortlichen und Auftragsverarbeiter. Ebenso besteht die Pflicht gegenüber den mit der Datenverarbeitung Beschäftigten.

99 Die **Unterrichtung über die Datenschutzbestimmungen** ist allgemein und stets möglich. Vor allem in Bezug auf die Beschäftigten wird hierin der Schwerpunkt bestehen, da hier der Ansatz zum Ausdruck kommt, dass nur ein informierter Beschäftigter die Grenzen der Datenverarbeitung kennt und einhalten kann. Die Beratung hingegen wird auf solche Vorgänge beschränkt sein, von welchen der Datenschutzbeauftragte entweder nach Art. 38 Abs. 1 DS-GVO (Einbindung durch den Verantwortlichen und Auftragsverarbeiter) oder durch Anrufung durch den Betroffenen nach Art. 38 Abs. 4 DS-GVO oder auf sonstigen Wegen Kenntnis erlangt.

100 Entgegen dem **Entwurf der EU-Kommission**[92] ist eine Pflicht des Datenschutzbeauftragten zur Dokumentation seiner Aufgabenerfüllung nicht vorgesehen.

II. Überwachung der Einhaltung des Datenschutzrechts

101 Nach Art. 39 Abs. 1 lit. b DS-GVO obliegt dem Datenschutzbeauftragten die **„Überwachung der Einhaltung** dieser Verordnung, anderer Datenschutzvorschriften der Union bzw. der Mitgliedsstaaten sowie der Strategien des Verantwortlichen oder des Auftragsverarbeiters für den Schutz personenbezogener Daten einschließlich der Zuweisung von Zuständigkeiten, der Sensibilisierung und Schulung der an den Verarbeitungsvorgängen beteiligten Mitarbeiter und der diesbezüglichen Überprüfungen".

102 Wenngleich die Formulierung **„Überwachung der Einhaltung"** zunächst nahelegt, dass die Einhaltung der DS-GVO dem Datenschutzbeauftragten obliegt, so ist dies nicht zutreffend. Für das Verständnis der Rolle und der Aufgaben des Datenschutzbeauftragten ist die Betrachtung der Aufgaben und der Verantwortlichkeiten des Verantwortlichen nach der DS-GVO entscheidend. Ihrer Systematik nach geht die DS-GVO von einem **eigenverantwortlichen Überwachungs- und Handlungssystem des Verantwortlichen** aus.[93] Dies muss für das Verständnis des Überwachens als Aufgabe des Datenschutzbeauftragten berücksichtigt werden. Jede isolierte Betrachtungsweise des Begriffs „Überwachen" verkennt diese systematische und teleologische Auslegung.

1. Überwachungs- und Handlungssystem des Verantwortlichen

103 Der **Verantwortliche ist die zentrale Figur der Einhaltung der DS-GVO.** Denn die DS-GVO nimmt den Verantwortlichen an mehreren Stellen in die Pflicht und betont damit seine zentrale Rolle.

104 Besonders deutlich ergibt sich dies aus Art. 5 Abs. 2 DS-GVO: Art. 5 Abs. 2 Hs. 1 DS-GVO spricht aus, was sich ipso iure ergibt und betont gerade damit die Verantwortung des Verantwortlichen für die **Einhaltung der Grundsätze** des Art. 5

[92] S. Art. 39 Abs. 1 lit. a des Vorschlags der Kommission für eine Verordnung zum Schutz natürlicher Personen bei der Verarbeitung personenbezogener Daten und zum freien Datenverkehr (Datenschutz-Grundverordnung), KOM(2012) 11 endgültig.

[93] Vgl. Ehmann/Selmayr/*Heberlein,* 2. Aufl. 2018, DS-GVO Art. 37 Rn. 1.

Abs. 1 DS-GVO. Nach Art. 5 Abs. 2 HS. 2 DS-GVO besteht für ihn insoweit zusätzlich eine **Rechenschaftspflicht.** Der Verantwortliche wird daher ins Zentrum der Einhaltung der Regelungen der DS-GVO und deren Dokumentation gerückt. Das Überwachungs- und Handlungssystem der DS-GVO ist maßgeblich in Art. 5, 12 und 24 DS-GVO geregelt. Im Zentrum dieses Systems stehen demnach der Verantwortliche und die entsprechenden Organe des Unternehmens.[94] Art. 35 Abs. 1 DS-GVO sieht die Pflicht zur Durchführung der Datenschutz-Folgenabschätzung beim Verantwortlichen (→ § 17 Rn. 39ff., 46). Durch Art. 35 Abs. 2 DS-GVO ist der Datenschutzbeauftragte nur als Ratgeber vorgesehen und damit aus dem Zentrum der Pflicht zur Datenschutz-Folgenabschätzung gerückt.

105 In der **Gesamtschau** dieser zentralen Regelungen der DS-GVO zeigt sich, dass der Verantwortliche und nicht der Datenschutzbeauftragte im Zentrum der Sicherstellung der Einhaltung der DS-GVO steht.

2. Pflicht des Datenschutzbeauftragten

106 Dem Datenschutzbeauftragten obliegt es zu überwachen, ob der Verantwortliche oder der Auftragsverarbeiter deren Pflichten gem. der DS-GVO nachkommen. Ein Überwachen bedeutet jedoch **nicht** – weder nach dem Wortlaut noch der Systematik der DS-GVO – die Einhaltung der DS-GVO vorzunehmen und/oder sicherzustellen. Der Datenschutzbeauftragte trägt damit **keine Verantwortung für die Einhaltung des Datenschutzes.**[95]

107 Seine Aufgabe erschöpft sich darin, wie sich aus dem Zusammenspiel nach Art. 39 Abs. 1 lit. a DS-GVO mit Art. 38 Abs. 3, S. 3 DS-GVO ergibt, **bei der Feststellung von Abweichungen den Verantwortlichen bzw. den Auftragsverarbeiter hierüber zu unterrichten.** Bei enger wörtlicher Auslegung würde dem Datenschutzbeauftragten noch nicht einmal diese Pflicht obliegen, denn Art. 39 Abs. 1 DS-GVO regelt zwar die Pflicht des Datenschutzbeauftragten zur Überwachung, aber nicht, wie dieser mit seinen Kenntnissen umzugehen hat.[96]

108 Dies wird auch dadurch unterstrichen, dass dem Datenschutzbeauftragten durch Art. 39 DS-GVO **keinerlei Weisungs- und Durchsetzungsbefugnis oder sonstige Befugnis für Gegenmaßnahmen** zugestanden werden.

109 Das **Überwachen der Einhaltung** dieser Verordnung ist auch nicht dahin zu verstehen, dass der Datenschutzbeauftragte selbst organisatorische Maßnahmen ergreifen und Prozesse im Unternehmen installieren muss, um von allen Vorgängen in Bezug auf die Verarbeitung personenbezogener Daten im Unternehmen Kenntnis zu erlangen. Denn dies würde zum einen den Wortlaut der Regelung überspannen, und zum anderen kommt in Art. 39 Abs. 1 DS-GVO zum Ausdruck, dass die DS-GVO davon ausgeht, dass der Datenschutzbeauftragte durch den Verantwortlichen frühzeitig in alle Überlegungen zur Verarbeitung personenbezogener Daten einbezogen wird. Der Datenschutzbeauftragte muss ebenso wenig Prozesse oder organisatorische Maßnahmen ergreifen, um Kenntnis zu erlangen, in welchem Umfang Datenschutzverstöße abgestellt werden, die er moniert hat. Denn seine Aufgabe erschöpft sich in der Hinweispflicht entsprechend der Berichtslinie (→ Rn. 77ff.). Auch trifft den Datenschutzbeauftragten keine Pflicht – unabhängig von der

---

[94] So auch *Behling,* ZIP 2017, 697 (699f.).

[95] Ebenso Wybitul DS-GVO-HdB/*Ettig/Bausewein,* 2017, Art. 39 Rn. 16; *Jaspers/Reif,* RDV 2012, 78 (81); Kühling/Buchner/*Bergt,* 3. Aufl. 2020, Art. 37 DS-GVO, Rn. 1; WP 243 Rev. 01 v. 5.4.2017, Ziff 1; *Eßer/Steffen,* CR 2018, 289 (290f.); Sydow/*Helfrich,* EU-DSGVO, 2. Aufl. 2018, Art. 39 Rn. 72.

[96] So im Ergebnis auch Wybitul DS-GVO-HdB/*Ettig/Bausewein,* 2017, Art. 39 Rn. 17.

Schwere des Verstoßes – die Aufsichtsbehörden über Vorgänge in Kenntnis zu setzen (→ Rn. 116ff.).

110 Der Datenschutzbeauftragte ist damit **kein Überwachungsgarant im zivil- und arbeits- oder strafrechtlichen Haftungsregime,** der die Einhaltung des Datenschutzrechts zu gewährleisten hat.[97] Er hat daher auch haftungsrechtlich nicht hierfür einzustehen. Das bedeutet aber nicht, dass er per se und in jeder Hinsicht von der Haftung frei ist. Er haftet für die Nichterfüllung seiner nach Art. 39 DS-GVO vorgegebenen und ihm gegebenenfalls darüber hinaus übertragenen Aufgaben wie jeder andere Beschäftigte und Dienstleister auch.[98]

111 Darüber hinaus sieht Art. 39 Abs. 1 lit. b DS-GVO vor, dass es die Aufgabe des Datenschutzbeauftragten ist, die an der Datenverarbeitung beteiligten Mitarbeiter des Verantwortlichen bzw. des Auftragsverarbeiters **zu sensibilisieren und zu schulen.**

III. Beratung im Zusammenhang mit der Datenschutz-Folgenabschätzung

112 Art. 39 Abs. 1 lit. c DS-GVO ist das Gegenstück zur Verpflichtung des Verantwortlichen, nach Art. 35 Abs. 2 DS-GVO bei der Durchführung einer **Datenschutz-Folgenabschätzung den Rat des Datenschutzbeauftragten** einzuholen. Die Regelung in Art. 39 Abs. 1 lit. c DS-GVO geht jedoch über Art. 35 Abs. 2 DS-GVO insoweit hinaus, als sie anspricht, dass der Datenschutzbeauftragte auch die Durchführung der Datenschutz-Folgenabschätzung zu überwachen hat. In Bezug auf die Überwachung gelten die Ausführungen zu Art. 39 Abs. 1 lit. b DS-GVO entsprechend.

113 Die Durchführung der Datenschutz-Folgenabschätzung wird nicht durch den Datenschutzbeauftragten federführend geleitet.[99] Dies stünde in Konflikt zur Beratungs- (Art. 35 Abs. 2 DS-GVO) und Überwachungspflicht (Art. 39 Abs. 1 lit. c DS-GVO).

IV. Zusammenarbeit mit und Ansprechpartner der Aufsichtsbehörde

114 Nach Art. 39 Abs. 1 lit. d DS-GVO ist die **„Zusammenarbeit mit der Aufsichtsbehörde“** eine Aufgabe des Datenschutzbeauftragten. Diese Regelung wird mit Blick auf die Pflicht zur Geheimhaltung und Vertraulichkeit nach Art. 38 Abs. 5 DS-GVO zunächst dahingehend auszulegen sein, dass es sich hierbei nur um eine **reaktive Zusammenarbeit mit der Aufsichtsbehörde** handelt, soweit es um konkrete Vorgänge geht.

115 Es lässt sich in Art. 39 DS-GVO kein Anhaltspunkt finden, dass sich der Datenschutzbeauftragte aktiv an die Datenschutz-Aufsichtsbehörde wenden müsste. Vielmehr widerspricht es den Pflichten des Datenschutzbeauftragten, sich bei Unklarheiten bzw. in Zweifelsfällen an die zuständige Aufsichtsbehörde zu wenden. Der Datenschutzbeauftragte ist daher nicht gehalten, bei Datenschutzverstößen – auch nicht bei schweren – diese selbst **der Aufsichtsbehörde zu melden.**[100]

---

[97] Ebenso Sydow/*Helfrich,* DS-GVO, 2. Aufl. 2018, Art. 39 Rn. 72.

[98] Ausf. zu den denkbaren Konstellationen *Eßer/Steffen,* CR 2018, 289 (291ff.); *Piltz/Häntschel,* RDV 2019, 277 (281f.).

[99] So aber wohl Wybitul DS-GVO-HdB/*Ettig/Bausewein,* 2017, Art. 39 Rn. 22.

[100] Wie hier Sydow/*Helfrich,* DS-GVO, 2. Aufl. 2018, Art. 39 Rn. 107; Taeger/Gabel/*Scheja,* 4. Aufl. 2021, Art. 39 DS-GVO, Rn. 19; **a.A.** Wybitul DS-GVO-HdB/*Ettig/Bausewein,* 2017, Art. 39 Rn. 7; nur ausnahmsweise für schwere Verstöße Kühling/Buchner/*Berg,* 3. Aufl. 2020, Art. 37 DS-GVO, Rn. 19; widersprüchlich Paal/Pauly/*Paal,* 3. Aufl. 2021, Art. 39 DS-GVO, Rn. 8.

116 Nach Art. 39 Abs. 1 lit. e DS-GVO obliegt dem Datenschutzbeauftragten die Aufgabe der „**Tätigkeit als Anlaufstelle für die Aufsichtsbehörde** in mit der Verarbeitung zusammenhängenden Fragen, einschließlich der vorherigen Konsultation gemäß Art. 36 und gegebenenfalls Beratung zu allen sonstigen Fragen". Der Datenschutzbeauftragte ist durch die Pflicht zur Wahrung der Geheimhaltung und Vertraulichkeit nach Art. 38 Abs. 5 DS-GVO in seiner Zusammenarbeit mit der Aufsichtsbehörde beschränkt.

117 Durch die **Pflicht zur Mitteilung der Kontaktdaten** des Datenschutzbeauftragten nach Art. 37 Abs. 7 DS-GVO wird diese Funktion des Datenschutzbeauftragten unterstrichen. In der Gesamtschau in der Regelung bildet der Datenschutzbeauftragte nach der Vorstellung der DS-GVO die zentrale Anlaufstelle für die Aufsichtsbehörde.[101]

V. Risikobasierter Ansatz

118 Der Datenschutzbeauftragte trägt nach Art. 39 Abs. 2 DS-GVO bei der Erfüllung seiner Aufgaben **dem mit den Verarbeitungsvorgängen verbundenen Risiko** gebührend Rechnung, wobei er die Art, den Umfang, die Umstände und die Zwecke der Verarbeitung berücksichtigt.

119 Hierin kommt maßgeblich der **risikobasierte Ansatz der DS-GVO auch in Bezug auf die Tätigkeit des Datenschutzbeauftragten zum Ausdruck.** Das ist die Möglichkeit, aber auch die Pflicht des Datenschutzbeauftragten, seine Tätigkeit an dem Risiko auszurichten. Der Datenschutzbeauftragte muss die Verarbeitungsvorgänge, von denen er nach Art. 38 Abs. 1 DS-GVO (Einbindung durch den Verantwortlichen bzw. Auftragsverarbeiter) oder nach Art. 38 Abs. 4 DS-GVO (Anrufung durch die betroffene Person) oder auf sonstige Weise Kenntnis erlangt, mit Blick auf die damit verbundenen Risiken für die Rechte und Freiheiten der betroffenen Person bewerten und danach in Bezug auf den jeweiligen Verarbeitungsvorgang die Erfüllung seiner Aufgaben ausrichten.

D. Datenschutz durch Mitarbeitervertretung

120 Die genaue Aufgabenteilung im *„Bermuda-Dreieck zwischen Arbeitgeber, Betriebsräten und Datenschutzbeauftragten"*[102] ist komplex. Die datenschutzrechtlichen Bezüge im Recht der Betriebsverfassung sind gemäß der **Öffnungsklausel in Art. 88 Abs. 1 DS-GVO** Sache der Mitgliedstaaten. Naheliegend wäre, die Regelung des Verhältnisses im BetrVG zu suchen, doch existiert dort abgesehen von § 79a BetrVG (ähnlich § 69 BPersVG), der eine Spezialfrage regelt (→ Rn. 121), keine abschließende Regelung des Themas. Daher gibt es **keinen Vorrang des BetrVG gegenüber dem BDSG;** vielmehr findet gem. der Kollisionsregelung des § 2 Abs. 2 S. 2 BDSG das BDSG neben dem BetrVG Anwendung, wobei die Beteiligungsrechte der Interessenvertretungen der Beschäftigen allerdings nach § 26 Abs. 6 BDSG unberührt bleiben.[103] Deshalb gilt auch für den Betriebsrat, dass er für seine Verarbeitung auf eine Rechtsgrundlage zurückgreifen können muss.[104] Andererseits ist der Betriebsrat auch in die Schaffung von Rechtsgrundlagen für die Verarbeitung von Daten durch den Arbeitgeber eingebunden, denn gemäß § 26 Abs. 1 S. 1 BDSG können auch **Betriebsvereinbarungen die Rechtsgrundlage für eine Datenverarbei-**

---

[101] Wybitul DS-GVO-HdB/*Ettig/Bausewein,* 2017, Art. 39 Rn. 25.
[102] So der Titel des Aufsatzes von *Lücke,* NZA 2019, 658.
[103] *Lücke,* NZA 2019, 658 (658 f.); *Flink,* S. 41 f.
[104] *Lücke,* NZA 2019, 658 (662 ff.).

tung darstellen (was die Öffnungsklausel des Art. 88 Abs. 1 DS-GVO ausdrücklich zulässt). Allerdings kann auch in Betriebsvereinbarungen nicht beliebig von den gesetzlichen Datenschutzbestimmungen abgewichen werden, wobei die Details der Abweichungsmöglichkeiten umstritten sind.[105] In bestimmten Fällen kommt dem Betriebsrat zudem die Funktion zu, **neben dem betrieblichen Datenschutzbeauftragten die Einhaltung datenschutzrechtlicher Vorschriften zu überwachen.** Das setzt aber voraus, dass die betreffende Verarbeitung in den Aufgabenbereich des Betriebsrats fällt, was etwa bei § 87 Abs. 1 Nr. 6 BetrVG und dem dort geregelten Einsatz technischer Überwachungsmitteln bezüglich der Leistung oder des Verhaltens der Arbeitnehmer der Fall ist.[106] Grundlage der datenschutzrechtlichen Funktionen des Betriebsrats ist dabei § 75 Abs. 2 S. 1 BetrVG, nach dem der Schutz und die Förderung der freien Entfaltung der Persönlichkeit des Arbeitnehmers auch dem Betriebsrat obliegt.[107]

120a Bei den **Personalräten** bietet sich demgegenüber aufgrund divergierender Regelungen von Bund und Ländern ein insgesamt uneinheitliches Bild.[108] Bundesweit wohl einmalig ist die Regelung des § 80 Abs. 1 S. 2 thürPersVG, nach der der Personalrat zur Bestellung eines eigenen Datenschutzbeauftragten verpflichtet ist, der aber auch mit dem Datenschutzbeauftragten der Dienststelle identisch sein darf.

121 Vergleichsweise umstritten war bis vor kurzem, ob der **Betriebsrat selbst** bei der Verarbeitung von Personaldaten **datenschutzrechtlich „Verantwortlicher"** sein konnte oder ob seine Tätigkeit dem Arbeitgeber zuzurechnen war;[109] den Streit hat der Gesetzgeber durch das Betriebsrätemodernisierungsgesetz[110] entschieden, das mit Wirkung zum 18.6.2021 § 79a BetrVG einfügt und den **Arbeitgeber als Verantwortlichen** vorsieht **(§ 79a S. 2 BetrVG).** Das führt in die unglückliche Situation, dass der Arbeitgeber betriebsverfassungsrechtlich verpflichtet ist, dem Betriebsrat gewisse Daten bereitzustellen, deren Verarbeitung dann aber nicht kontrollieren darf und nach außen hin trotzdem bußgeldbewehrt haften soll. Man hat deshalb vorgeschlagen, bereits geringfügige Datenschutzverstöße als Grund für die Abberufung eines Betriebsrats anzusehen.[111] Dasselbe Gesetz fügt auch einige Unterrichtungs- und Mitsprachebefugnisse des Betriebsrats beim **Einsatz von Künstlicher Intelligenz** in das BetrVG (§§ 90 Abs. 1 Nr. 3, 95 Abs. 2a, 80 Abs. 3 S. 2 BetrVG) ein, freilich ohne zu definieren, was eigentlich Künstliche Intelligenz sein soll.[112]

122 Das Verhältnis des betrieblichen Datenschutzbeauftragten zum Betriebsrat ist ebenfalls nicht recht klar. Das BAG hat dem EuGH die Frage vorgelegt, **ob der betriebliche Datenschutzbeauftragte zugleich Betriebsrat sein kann** oder ob darin eine Interessenkollision im Sinne des Art. 38 Abs. 6 S. 2 DS-GVO liegt, die zur Abberufung von der Stellung als betrieblicher Datenschutzbeauftragter führen kann.[113] Bisher hatte das BAG diese Frage verneint.[114] Was die **Kontrolle des Betriebsrates**

---

[105] Dazu *Stück,* ZD 2019, 256 (257f.); ausf. *Flink,* S. 166ff.

[106] *Flink,* Beschäftigtendatenschutz als Aufgabe des Betriebsrats, 2021, S. 42.

[107] *Flink,* S. 96; *Kort,* NZA 2015, 1345 (1346).

[108] Dazu *Meinhold,* NZA 2019, 670; *Brink/Joos,* öAT 2021, 158.

[109] Für eine Verantwortlichkeit des Betriebsrats *Maschmann,* NZA 2020, 1207 (1209ff.); dagegen *Stück,* ZD 2019, 256 (258f.); *Lücke,* NZA 2019, 658 (659ff.); offen Gola/*Gola,* DS-GVO, 2. Aufl. 2018, Art. 4 Rn. 56f.

[110] BGBl. I 2021 S. 1762.

[111] *Möllenkamp,* DB 2021, 1198 (1202).

[112] Entsprechend kritisch *Möllenkamp,* DB 2021, 1198 (1200f.); zur KI-Definition → § 16 Rn. 68.

[113] BAG, Beschl. v. 27.4.2021 – 9 AZR 383/19 (A), NZA 2021, 1183.

[114] BAG, Urt. v. 23.3.2011 – 10 AZR 562/09, NZA 2011, 1036; **a.A.** schon damals zu Recht *Dzida/Kröpelin,* NZA 2011, 1018.

durch den betrieblichen Datenschutzbeauftragten anbelangt, hatte das BAG eine solche bislang ausdrücklich abgelehnt,[115] doch soll sich dies mit der Zurechnung des Betriebsrats zum Arbeitgeber als Verantwortlichen geändert haben.[116]

---

[115] BAG, Beschl. v. 11.11.1997 – 1 ABR 21/9, NZA 1998, 385 (386 ff.).
[116] *Stück*, ZD 2019, 256 (259).

§ 22. Fremdkontrolle

Literatur: *Blum,* Der „bayerische Weg“ in der Datenschutzaufsicht, 2022; *Born,* Unternehmen am Pranger?! – Öffentliche Äußerungen von Datenschutzbehörden im Zusammenhang mit Bußgeldverfahren, K&R 2021, 13; *Bräutigam/v. Sonnleithner,* Stiftung Datenschutz – Ein Schritt in die richtige Richtung, AnwBl. 2011, 240; *Casper,* Das aufsichtsbehördliche Verfahren nach der EU-Datenschutzgrundverordnung – Defizite und Alternativregelungen, ZD 2012, 555; *Dammann,* Die Kontrolle des Datenschutzes, 1977; *Flanderka,* Der Bundesbeauftragte für den Datenschutz, Diss. jur. Heidelberg 1988; *Garstka,* Völlige Unabhängigkeit der Bundesdatenschutzbeauftragten?, in: Dix/Franßen/Kloepfer/Schaar/Schoch/Voßhoff, Jahrbuch Informationsfreiheit und Informationsrecht 2015, S. 87; *Giurgiu/Larsen,* Roles and Powers of National Data Protection Authorities, EDPL 2016, S. 342; *Häner,* Unabhängigkeit der Aufsichtsbehörden, 2008; *Heil,* Die Artikel 29-Gruppe, DuD 1999, 471; *Herb,* Die Struktur der Datenschutzkontrollstellen in der Bundesrepublik, ZUM 2004, 530; *Hijmans,* The DPAs and Their Cooperation: How Far Are We in Making Enforcement of Data Protection Law More European?, EDPL 2016, 362; *Hüttl,* The content of „complete independence“ contained in the Data Protection Directive, IDPL 2012, 137; *Immermann,* Die Stiftung Datenschutz, 2017; *Jóri,* Shaping vs applying data protection law: two core functions of data protection authorities, IDPL 2015, 133; *Klein,* Die verfassungsrechtliche Problematik des ministerialfreien Raumes, 1974; *Kröger/Pilniok,* Unabhängiges Verwalten in der Europäischen Union, 2016; *v. Lewinski,* Formelles und informelles Handeln der datenschutzrechtlichen Aufsichtsbehörden, RDV 2001, 275; *ders.,* „Völlige Unabhängigkeit“ von Aufsichts- und Regulierungsbehörden, DVBl. 2013, 339; *ders.,* Unabhängigkeit des Bundesbeauftragten für den Datenschutz und die Informationsfreiheit, ZG 2015, 228; *ders.,* Datenschutzaufsicht in Europa als Netzwerk, NVwZ 2017, 1483; *Lüdemann/Wenzel,* Zur Funktionsfähigkeit der Datenschutzaufsicht in Deutschland, RDV 2015, 285; *Mähring,* Institutionelle Datenschutzkontrolle in der Europäischen Gemeinschaft, 1993; *Mitrou,* Die Entwicklung der institutionellen Kontrolle des Datenschutzes, 1993; *Müller,* Das datenschutzpolitische Mandat des BfD, RDV 2004, 211; *Papakonstantinou,* Self-regulation and the protection of privacy, 2002; *Roßnagel,* Datenschutzaufsicht nach der EU-Datenschutz-Grundverordnung, 2017; *Schild,* Die völlige Unabhängigkeit der Aufsichtsbehörde aus europarechtlicher Sicht, DuD 2010, 549; *v. Schmeling,* Datenschutz-Aufsicht: Vom Papiertiger zur Sonderordnungsbehörde, DuD 2002, 351; *Simantiras,* Netzwerke im Europäischen Verwaltungsverbund, 2016; *Thomé,* Reform der Datenschutzaufsicht: effektiver Datenschutz durch verselbstständigte Aufsichtsbehörden, 2015; *Tinnefeld/Buchner,* Völlige Unabhängigkeit der Datenschutzkontrolle, DuD 2010, 581; *Wagner,* Bundesstiftung Datenschutz – Chancen? Grenzen!, RDV 2011, 229; *Wind,* Die Kontrolle des Datenschutzes im nicht-öffentlichen Bereich, 1994; *Ziebarth,* Demokratische Legitimation und Unabhängigkeit der deutschen Datenschutzbehörden, CR 2013, 60; *ders.,* Gesetzliche Strukturänderung bei Datenschutz-Aufsichtsbehörden in EU, Bund und Ländern, RDV 2020, 309; *Zöllner,* Der Datenschutzbeauftragte im Verfassungssystem, 1995.

A. Allgemeines

1 Kein Recht kann wirksam sein, wenn nicht kontrolliert wird, ob es auch eingehalten wird. Das Datenschutzrecht unterscheidet sich von vielen anderen Rechtsgebieten darin, dass individuelle Rechtsverletzungen meist unbedeutend sind und oft auch unbemerkt bleiben. Insoweit hat die Datenschutzaufsicht eine **Kompensationsfunktion**[1] **für die „rationale Apathie“ der Betroffenen** (→ § 13 Rn. 47ff.).

2 Auch will das Datenschutzrecht nicht nur der konkreten (persönlichkeitsrechtsbeeinträchtigenden) Verarbeitung, sondern generell dem Entstehen von Informationsstrukturen, die zu **Datenmacht** des Verantwortlichen und zu Befangenheit der

[1] Insoweit zum besonders sensiblen Sicherheitsbereich BVerfG, Urt. v. 20.4.2016 – 1 BvR 966/09 u.a., NJW 2016, 1781 (1789 [Rn. 141]) – BKA-Gesetz; BVerfG, Urt. v. 24.4.2013 – 1 BvR 1215/07, NJW 2013, 1499 (1517 [Rn. 217]) – Antiterror-Datei.

Betroffenen führen, begegnen. Überhaupt soll Transparenzdefiziten entgegengewirkt werden.[2]

3 Aus diesen Gründen ist die Datenschutzkontrolle nicht allein dem Einzelnen (und an seiner Seite den Gerichten) überlassen, sondern – daneben und hauptsächlich – internen und externen Kontrollstellen. Charakteristisch ist ein **Nebeneinander von Eigen- und Fremdkontrolle** des Verantwortlichen, namentlich das der (betrieblichen und behördlichen) Beauftragten für den Datenschutz einerseits und der Datenschutzbehörden andererseits. Daneben gibt es noch weitere Selbstregulierungsmechanismen (Branchenvereinbarungen, Audit usw.). – Gleichwohl wurde bislang ein Kontrolldefizit konstatiert.[3]

Die Ausführungen dieses Kapitels beschränken sich auf die Fremdkontrolle; zur Eigenkontrolle → § 21.

B. System der Datenschutzaufsicht

4 Die Regeln über die Datenschutzaufsicht sind weitgehend europäisiert (Art. 51ff. DS-GVO), wohingegen eine einheitliche europäische Aufsicht in Form eines für die gesamte EU zuständigen Datenschutzkontrollgremiums nicht existiert.[4] Die Datenschutzaufsicht kann als organisatorisch-institutionelles System[5] beschrieben werden, das im wesentlichen aus zwei Ebenen besteht: Den **mitgliedstaatlichen Aufsichtsbehörden** sowie dem **Europäischen Datenschutzbeauftragten** und dem **Europäischen Datenschutzausschuss.** Daneben und in einem weiteren, funktionalen Sinne können auch die Europäischen Kommission (→ Rn. 32ff.), sonstige Behörden (→ Rn. 35ff.) sowie die (Bundes-)Stiftung Datenschutz (→ Rn. 36ff.) als Datenschutzinstitutionen verstanden werden. Datenschutzverbände (→ § 23 Rn. 55) können ebenfalls zu den Durchsetzungsinstanzen gezählt werden.

I. Allgemeine Datenschutzbehörden

1. Europäischer Datenschutzbeauftragter

5 Auf europäischer Ebene gibt es, wie in den Mitgliedstaaten, einen Datenschutzbeauftragten als zentrale Datenschutzinstanz[6] (vgl. Art. 39 S. 2 EUV i.V.m. Art. 16 Abs. 2 S. 2 AEUV; Art. 41ff. VO (EG) 45/2011). Aufgabe des Europäischen Datenschutzbeauftragten ist in erster Linie die **Überwachung der Einhaltung des Datenschutzes innerhalb der EU-Verwaltung und der EU-Organe** (Art. 41 Abs. 2 VO (EG) 45/2001). Daneben berät der Europäische Datenschutzbeauftragte die Organe der EU sowie die Einrichtungen der EU in Belangen des Datenschutzes (Art. 41 Abs. 2 i.V.m. Art. 46 lit. d VO 45/2001), bearbeitet Beschwerden (Art. 46 lit. a VO 45/2001) und führt diesbezügliche Untersuchungen durch (Art. 46 lit. b VO (EG) 45/2001).[7] Der Europäische Datenschutzbeauftragte ist zudem Mitglied im Europäischen Datenschutzausschuss (Art. 68 Abs. 3 DS-GVO), in dem er aber nur ein ein-

[2] BVerfG, Urt. v. 15.12.1970 – 2 BvF 1/69, BVerfGE 30, 1 (23, 31); BVerfG, Urt. v. 15.12.1983 – 1 BvR 209/83, BVerfGE 65, 1 (46) – Volkszählung; BVerfG, Urt. v. 20.6.1984 – 1 BvR 1494/78, BVerfGE 67, 157 (185).

[3] *Lepperhoff/Petersdorf/Thursch*, DuD 2010, 716ff. – S. auch die Meldung der F.A.Z. v. 24.9. 2010, S. 3, dass ein Unternehmen nur alle knapp 40000 Jahre mit einer Kontrolle durch die Datenschutzbehörden zu rechnen hätte.

[4] So auch *Hijmans*, EDPL 2016, 362ff.

[5] *v. Lewinski*, NVwZ 2017, 1483ff.

[6] Dazu *Zilkens*, RDV 2007, 196 (199).

[7] Zu weiteren Aufgaben des Europäischen Datenschutzbeauftragten s. Art. 46 VO (EG) Nr. 45/ 2001.

geschränktes Stimmrecht hat (Art. 68 Abs. 6 DS-GVO). Der Europäische Datenschutzbeauftragte stellt zudem das Sekretariat für den Europäischen Datenschutzausschuss bereit (Art. 75 Abs. 1 DS-GVO). Nach Art. 28 Abs. 2 VO (EG) Nr. 45/2001 ist der Europäische Datenschutzbeauftragte zu konsultieren, wenn die Europäische Kommission einen Vorschlag für datenschutzrechtliche Regelungen macht.

2. Mitgliedstaatliche Datenschutzaufsichtsbehörden

6 Die Mitgliedstaaten der Europäischen Union müssen unabhängige Datenschutzaufsichtsbehörden vorsehen (Art. 51 Abs. 1 DS-GVO; Art. 41 JI-RL).[8] Dabei überlassen die DS-GVO und die JI-RL die Entscheidung über Anzahl und Zuschnitt der Behörde(n) den Mitgliedstaaten, die also **eine oder mehrere Behörden** errichten können.[9] Die deutsche Datenschutzaufsicht besteht im Bereich der Fremdkontrolle aus dem BfDI (§§ 8ff. BDSG) sowie den Datenschutzbeauftragten der Bundesländer (§ 40 BDSG) sowie ggf. noch weiterer Stellen.

a) Bundesbeauftragter für den Datenschutz und die Informationsfreiheit (BfDI)

7 Auf Ebene des Bundes ist der Bundesbeauftragte für den Datenschutz und die Informationsfreiheit (BfDI) für die Datenschutzaufsicht zuständig. Er kontrolliert die **Einhaltung datenschutzrechtlicher Vorschriften bei den öffentlichen Stellen des Bundes.** Er ist außerhalb der Datenschutzkontrolle für die Begleitung der Informationszugangsfreiheit zu Akten und Informationen des Bundes zuständig (§ 12 Abs. 2 IFG).

b) Landesdatenschutzbeauftragte

8 Jedes Bundesland besitzt einen Landesdatenschutzbeauftragten, dessen Stellung und genaue Befugnisse näher in den jeweiligen Landesdatenschutzgesetzen geregelt werden und deren Bezeichnungen variieren;[10] teilweise ist ihre Stellung auch (landes-)verfassungsrechtlich abgesichert.[11] Die Landesdatenschutzbeauftragten sind in der Regel für die **Datenschutzaufsicht über den öffentlichen Bereich des jeweiligen Landes sowie für den nicht-öffentlichen Bereich** zuständig.

9 Eine Ausnahme von der monistischen Aufsicht in den Ländern bildet **Bayern.**[12] Dort ist die Zuständigkeit für die Datenschutzaufsicht im nicht-öffentlichen Bereich dem **Landesamt für Datenschutzaufsicht** (LDA; Art. 18 bayLDSG) zugewiesen, während der **Landesdatenschutzbeauftragte** (Art. 15–17 bayLDSG) die Aufsicht über den öffentlichen Bereich ausübt.

II. Koordinierungsgremien und Netzwerke

10 Um die **einheitliche Anwendung des Datenschutzrechts** zu gewährleisten, gibt es sowohl auf europäischer als auch auf mitgliedstaatlicher Ebene Koordinierungs-

[8] S. dazu, Knyrim/*Wildpanner-Gugatschka,* Datenschutz-Grundverordnung Praxishandbuch, 2016, S. 389–400, *Schwichtenberg,* DuD 2016, 605–608.

[9] Zum Ausgestaltungsspielraum *Ziebarth,* RDV 2020, 309 (310f.).

[10] In Rheinland-Pfalz wurde früher die Datenschutzkontrolle durch eine Datenschutzkommission des Landtags wahrgenommen (dazu *Mitrou,* Die Entwicklung der institutionellen Kontrolle des Datenschutzes, 1993, S. 66f.). In Angleichung an die anderen Bundesländer ist diese 1991 zu einer „Kommission *beim* Landesbeauftragten für den Datenschutz" umgeformt worden (Gesetz zur Bestellung eines Landesbeauftragten für den Datenschutz v. 13.2.1991, rlpGVBl. S. 46).

[11] Vgl. *Tettinger,* in: Isensee/P. Kirchhof, Handbuch des Staatsrechts, Bd. 5, 3. Aufl. 2007, § 111 Rn. 14ff. – So regeln beispielsweise Art. 62 Abs. 3 S. 1 ndsLVerf. und Art. 37 Abs. 2 S. 1 mvpLVerf, dass der Landesbeauftragte für den Datenschutz unabhängig und nur an Recht und Gesetz gebunden ist.

[12] Umfassend *Blum,* Der „bayerische Weg" in der Datenschutzaufsicht, 2022.

gremien. Auf Ebene der Europäischen Union erfüllt der Europäische Datenschutzausschuss (→ 1.) diese Funktion. Auf mitgliedstaatlicher Ebene bestehen in Deutschland die Konferenz der Datenschutzaufsichtsbehörden des Bundes und der Länder (Datenschutzkonferenz – DSK; → Rn. 13) sowie der (früher selbständige, inzwischen als Arbeitskreis der Datenschutzkonferenz fortgeführte) sogenannte „Düsseldorfer Kreis" (→ Rn. 14).

1. Europäischer Datenschutzausschuss

11 Auf europäischer Ebene wurde der Europäische Datenschutzausschuss eingerichtet, der v.a. die einheitliche Anwendung des europäischen Datenschutzrechts sicherstellen soll (Art. 70 Abs. 1 S. 1 DS-GVO, Art. 51 JI-RL). Der Ausschuss **löst die vormalige Artikel 29-Gruppe ab.** Zusammengesetzt ist der Europäische Datenschutzausschuss aus den Leitern einer Aufsichtsbehörde jedes Mitgliedstaats und dem Europäischen Datenschutzbeauftragten bzw. dem jeweiligen Vertreter. Diese Zusammenarbeit der mitgliedstaatlichen Aufsichtsbehörden im Europäischen Datenschutzausschuss macht es notwendig, dass Mitgliedstaaten mit mehreren Aufsichtsbehörden wie Deutschland eine Behörde bestimmen, die die mitgliedstaatlichen Aufsichtsbehörden im Europäischen Datenschutzausschuss vertreten (Art. 51 Abs. 3 DS-GVO).

2. Koordinierungsgremien bundesstaatlicher Datenschutzaufsicht

12 Auch die Aufsichtsbehörden der verschiedenen Datenschutzbehörden der Bundesländer untereinander und die der Bundesländer mit derjenigen des Bundes gilt es zu koordinieren. Hierzu existieren auf bundesstaatlicher Ebene **zwei Gremien:**

a) Konferenz der Datenschutzbeauftragten des Bundes und der Länder

13 Die Konferenz der Datenschutzbeauftragten des Bundes und der Länder tritt seit 1978 zweimal im Jahr zusammen. Sie besteht aus den **Aufsichtsbehörden des öffentlichen Bereichs,** d.h. dem BfDI und den Datenschutzbeauftragten der Länder. Ihre Aufgabe ist die Formulierung datenschutzrechtlicher Empfehlungen, die auf der Grundlage wechselseitigen Informationsaustauschs zustandekommen. Ergebnisse der Konferenz sind Konferenzbeschlüsse und Konferenzentschließungen. Zur Konferenz der Datenschutzbeauftragten des Bundes und der Länder zählen mehrere Arbeitskreise, die sich mit aktuellen und grundlegenden datenschutzrechtlichen Themen befassen.

b) Düsseldorfer Kreis

14 Der Düsseldorfer Kreis ist die ständige Arbeitsgemeinschaft der Vertreter der Aufsichtsbehörden der Länder für den nicht-öffentlichen Bereich unter Beteiligung des BfDI gewesen. Seine Hauptfunktion lag, neben dem allgemeinen Erfahrungsaustausch, in der **Vereinheitlichung der Handhabung der Aufsicht** und der Erarbeitung einheitlicher Positionen in überregionalen Datenschutzfragen. Seine Bedeutung ist inzwischen stark zurückgegangen; eine offizielle Auflösung gibt es freilich bislang nicht (→ Rn. 10).

15 Der Düsseldorfer Kreis arbeitete informell und kollegial, so dass es dort beispielsweise **keine förmlichen und die Aufsichtsbehörden bindenden Abstimmungen** gab[13] und die Beschlüsse keine

[13] Simitis/*Petri*, BDSG, 8. Aufl. 2014, § 38 Rn. 42.

rechtliche Bindungswirkung haben.[14] Gleichwohl hatte er einen erheblichen Einfluss auf die Entwicklung der Aufsichtspraxis gehabt. Vieles von den Ergebnissen der Sitzungen des „Düsseldorfer Kreises" fanden sich in den „Hinweisen zum Bundesdatenschutzgesetz für die private Wirtschaft",[15] die seit 2002 regelmäßig im Staatsanzeiger Baden-Württemberg[16] abgedruckt wurden. Seit 2006 werden die „Entschließungen" auf der Internetseite des BfDI veröffentlicht.

c) Vertretung im Europäischen Datenschutzausschuss

16 Föderale EU-Mitgliedstaaten wie Deutschland haben im Europäischen Datenschutzausschuss nur einen Sitz, besitzen aber u.U. mehrere Datenschutzaufsichtsbehörden (in Deutschland: BfDI, 16 LfDs und aus Bayern noch zusätzlich das BayLDA). Diese beiden Ausgangspunkte sind miteinander zu verbinden, was wegen der „völligen Unabhängigkeit" aller Akteure **konzeptionell freilich unmöglich** ist. Wesentlicher Zankapfel zwischen Bund und Ländern ist die Frage, wie die Vertretung im Europäischen Datenschutzausschuss zu regeln ist. Art. 51 Abs. 3 DS-GVO geht vom Wortlaut der Norm her davon aus, dass eine Behörde die Vertretung im Europäischen Datenschutzausschuss übernimmt.[17] Entsprechend sieht § 17 Abs. 1 BDSG vor, dass der BfDI im Europäischen Datenschutzausschuss als sogenannter gemeinsamer Vertreter mitarbeitet.

17 Hinsichtlich der Vertretung im Europäischen Datenschutzausschuss ist aber bereits die **Verbandskompetenz** des Bundes für diese Regelung nicht eindeutig. Art. 68 Abs. 4 DS-GVO sieht lediglich vor, dass der Vertreter im Europäischen Datenschutzausschuss im Einklang mit den Rechtsvorschriften des Mitgliedstaates benannt werden soll. Auf welche Gesetzgebungskompetenz der Art. 70ff. GG abzustellen ist, wird europarechtlich nicht determiniert.[18] Bundesstaatlich liegt es freilich durchaus nahe, dass die Außenvertretung Deutschlands durch den Bund bzw. jedenfalls ein Bundesorgan wahrgenommen wird (vgl. Art. 32 Abs. 1 GG).[19] Allerdings bestehen hinsichtlich der Mitwirkung der Länder auf der Ebene der Europäischen Union in Art. 23 GG Sonderregeln, die es auch im Falle der Vertretung der deutschen Datenschutzbehörden auf Ebene der europäischen Union zu beachten gilt.

18 Kritik an der Stellung des BfDI als gemeinsamer Vertreter kommt mehrheitlich aus den Datenschutzaufsichtsbehörden der Länder. Sie fordern eine **gleichberechtigte Vertretung im Europäischen Datenschutzausschuss durch den BfDI und die Landesdatenschutzbeauftragten,** die Bestimmung des Vertreters im Europäischen Datenschutzausschuss durch die Konferenz der unabhängigen Datenschutzbehörden des Bundes und der Länder sowie mehr Mitwirkungsmöglichkeiten der Landesdatenschutzbeauftragten im Europäischen Datenschutzausschuss.

19 Alternativ zur Lösung des § 17 Abs. 1 BDSG wäre durchaus auch ein **Rotationsmechanismus** der deutschen Aufsichtsbehörden denkbar,[20] der zu einer stärkeren Berücksichtigung der Länderinteressen sowie deren Mitwirkung im Europäischen Datenschutzausschuss führen würde. Für die Benennung eines Vertreters, der ständig die Bundes- sowie Länderinteressen im Europäischen Datenschutzausschuss vertritt, spricht aber pragmatisch die Aufgabenbündelung bei einer Stelle und der damit verbundene Kompetenzaufwuchs an einer Stelle.

III. Sektorielle Aufsicht

20 **Nicht der Aufsicht durch den BfDI und die Landesdatenschutzbehörden** unterliegen traditionell die Medien und die Kirchen. Auch Bereiche, die Berufsgeheimnissen unterliegen, sind teilweise von der allgemeinen Datenschutzaufsicht ausgenommen.

---

[14] *Mester,* DuD 2012, 274.
[15] Gola/Schomerus/*Gola/Körffer/Klug,* BDSG, 12. Aufl. 2015, § 38 Rn. 34.
[16] Die Hinweise waren früher im Internet (vgl. www.rainer-gerling.de/hinweise/) und im Kommentar von *Schaffland/Wiltfang* zum BDSG 1990 (Ziff. 7010; dort auch mit Fundstellen im StAnz. BaWü) zugänglich.
[17] So auch *Piltz,* K&R 2016, 777 (781).
[18] Vgl. *Kühling/Martini,* EuZW 2016, 448 (453).
[19] So auch *Kühling/Martini,* EuZW 2016, 448 (453).
[20] *Kühling/Martini,* EuZW 2016, 448 (453).

1. Medien

21 Die Medien unterliegen hinsichtlich der journalistischen Datenverarbeitung aufgrund des Medienprivilegs (→ § 8 Rn. 38) keiner Fremdkontrolle. Nach Art. 85 Abs. 2 DS-GVO können die Mitgliedstaaten für Datenverarbeitungen zu journalistischen Zwecken Ausnahmen auch im Bereich der Datenschutzaufsicht vorsehen, was vor dem Hintergrund der Medienfreiheit verfassungsrechtlich geboten ist.

22 Die Anbieter von **Rundfunk und von journalistisch-redaktionellen Telemedien** haben bislang nach Maßgabe des jeweiligen (Landes-)Medienrechts (interne) Datenschutzbeauftragte zu bestellen.[21] Für die Aufsicht über den nicht-journalistischen Bereich der öffentlich-rechtlichen Rundfunkanstalten sind in manchen Ländern die Landesdatenschutzbeauftragten zuständig.[22]

23 Die bisherige sehr weitgehende Freistellung von der Pflicht zur Bestellung eines Beauftragten für den Datenschutz der **Presse** in § 41 BDSG a.F. ist aus Kompetenzgründen nicht in das BDSG übernommen worden, so dass das Medien- und Presseprivileg nunmehr über das Landesrecht abgesichert werden muss.[23]

2. Kirchen und Religionsgemeinschaften

24 Art. 140 GG i.V.m. Art. 137 Abs. 3 WRV garantiert den Religionsgemeinschaften die selbständige Ordnung ihrer Angelegenheiten im Rahmen der für alle geltenden Gesetze (sog. **Kirchenautonomie**). Die Bindung der Kirchen und Religionsgemeinschaften an das staatliche Datenschutzrecht war deshalb bisher umstritten.[24] Jedenfalls waren diese Bereiche bislang von den staatlichen Datenschutzgesetzen ausgespart worden; stattdessen galten sowohl in der römisch-katholischen als auch in der evangelischen Kirche **eigene Kirchendatenschutzgesetze.**

25 Die **römisch-katholische Kirche** hat zur Regelung des Datenschutzes ein Gesetz über den kirchlichen Datenschutz (KDG) erlassen; hinzu kommen Verfahrensbestimmungen.[25] Nach § 36 Abs. 1 KDG haben die Bischöfe für die Bereiche ihres Bistums einen Diözesandatenschutzbeauftragten zu bestellen. Die Regelungen ähneln denen der staatlichen Datenschutzbeauftragten. Zum Diözesandatenschutzbeauftragten darf nur bestellt werden, wer die zur Erfüllung seiner Aufgaben erforderliche Fachkunde und Zuverlässigkeit besitzt (§ 36 Abs. 6 KDG). Auch der Diözesandatenschutzbeauftragte ist unabhängig (§ 37 Abs. 1 S. 2 KDG).

26 Die **evangelische Kirche** hat zur Regelung des Datenschutzes das Kirchengesetz über den Datenschutz in der Evangelischen Kirche in Deutschland (DSG-EKD)[26] erlassen. Nach § 18 DSG-EKD bestellen die Evangelische Kirche in Deutschland, ihre Gliedkirchen und ihre gliedkirchlichen Zusammenschlüsse jeweils Datenschutzbeauftragte, deren Amtszeit mindestens vier und maximal acht Jahre beträgt. Datenschutzbeauftragte der Evangelischen Kirche in Deutschland müssen die erforderliche Fachkunde und Zuverlässigkeit besitzen (§ 18 Abs. 3 S. 1 DSG-EKD) und sind an Weisungen nicht gebunden sowie organisatorisch und sachlich unabhängig (§ 18 Abs. 4 S. 1, 2 DSG-EKD). Die Unabhängigkeit der Datenschutzbeauftragten darf durch die Dienstaufsicht nicht gefährdet werden (§ 18 Abs. 4 S. 3 DSG-EKD). Zudem besteht eine Verschwiegenheitspflicht nach § 18

---

[21] *v. Lewinski,* Medienrecht, 2020, § 22 Rn. 63; beispielhaft für die Mediendatenschutzaufsicht über den privaten Rundfunk in Bayern *Rink/Gummer,* ZD 2021, 433 ff.; zu den Gestaltungsmöglichkeiten *König,* DuD 2013, 101 ff.; s. umfassend und kritisch zur Inkohärenz der differenzierenden Ansätze *Cornils,* ZUM 2018, 561 ff.

[22] Dies ist wegen der tatsächlich problematischen Trennung von journalistischen und Verwaltungsdaten (Bsp.: Vertrag mit freiem Mitarbeiter über Beitrag zu einem bestimmten Thema) verfassungsrechtlich bedenklich (*Dörr/Schiedermair,* Rundfunk und Datenschutz, 2002, S. 47 f.).

[23] Zu den verschiedenen Lösungen nunmehr *Cornils,* ZUM 2018, 561 (564).

[24] *Preuß,* ZD 2015, 217 (218 ff.); *Ziegenhorn/v. Aswege,* KuR [Kirche und Recht] 2015, 580 ff.; Tinnefeld/Philipps/Weis/*Walf,* Institutionen und Einzelne im Zeitalter der Informationstechnik, 1994, S. 89 (91 f.); *Dammann,* NVwZ 1992, 1147 ff.; *Hoeren,* Kirchen und Datenschutz, 1986, 56 ff.

[25] Roßnagel HdB DatSchR/*Arlt,* 2003, Kap. 8.15 Rn. 17.

[26] ABl. EKD 2013, S. 2.

Abs. 10 S. 1 DSG-EKD sowie ein Genehmigungsvorbehalt für gerichtliche und außergerichtliche Aussagen und Erklärungen nach § 18 Abs. 10 S. 4 DSG-EKD.

27 Art. 91 DS-GVO sieht vor, dass Kirchen und Religionsgemeinschaften ihre Regeln zum Datenschutz auch nach Inkrafttreten der DS-GVO weiter anwenden dürfen und bindet die Kirchen nicht unmittelbar an das staatliche Datenschutzrecht.[27] Dennoch müssen die **kirchlichen Datenschutzregeln mit der DS-GVO in Einklang gebracht** werden (Art. 91 Abs. 1 DS-GVO). Dies beinhaltet nach Art. 91 Abs. 2 DS-GVO die Kontrolle des Datenschutzes durch eine unabhängige Aufsichtsbehörde. Möglich ist auch weiterhin die Aufsicht durch die bereits jetzt durch die KDO und das DSG-EKD vorgesehenen Datenschutzbeauftragten. Der Bußgeldrahmen kann an die kirchliche Unternehmenslandschaft angepasst werden.[28]

3. Berufsgeheimnissen unterliegende Bereiche

28 In Berufsgeheimnissen unterliegenden Bereichen ist eine inhaltliche Datenschutzkontrolle durch die Aufsichtsbehörde für den Fall, dass durch die Datenschutzkontrolle das Berufsgeheimnis verletzt würde, ausgeschlossen; möglich bleibt eine rein organisations- und technikbezogene Kontrolle.[29] § 29 Abs. 3 BDSG setzt Art. 90 Abs. 1 DS-GVO um und schließt die Untersuchungsbefugnisse aus Art. 58 Abs. 1 lit. e (Zugang zu personenbezogenen Daten und Informationen) und lit. f (Zugang zu Geschäftsräumen) DS-GVO (→ Rn. 82) aus, soweit bei der Inanspruchnahme der Befugnisse Geheimhaltungspflichten verletzt würden. Betroffen von der nur eingeschränkten Datenschutzkontrolle durch die allgemeinen Datenschutzbehörden sind die **in § 203 Abs. 1, 2a und 3 StGB genannten Personen** (z.B. Ärzte, Anwälte, Steuerberater).

29 Dieser Ausschluss der Datenschutzkontrolle wird vor dem Hintergrund des Gebots einer effektiven Datenschutzkontrolle kritisiert und teilweise sogar für verfassungswidrig[30] gehalten. Allerdings darf nicht übersehen werden, dass die von § 203 StGB, auf den § 29 Abs. 3 BDSG verweist, geschützten Bereiche direkt oder jedenfalls indirekt ebenfalls Verfassungsrang haben. So liegt der Schutz der Geheimnisse vor dem Datenschutz u.U. auch im Interesse der Kunden/Mandanten/Patienten gegen obrigkeitliche Einsichtnahme. Eine **praktische Konkordanz** wird sich durch die Einführung einer sektoriellen Aufsicht durch spezielle Aufsichtsbehörden für die Aufsicht über Berufsgeheimnisträger herstellen lassen.[31]

4. Gerichte

30 Ausgenommen von der Datenschutzaufsicht sind nach Art. 55 Abs. 3 DS-GVO, Art. 45 Abs. 2 JI-RL und § 9 Abs. 2 BDSG sowie entsprechendem Landesdaten-

[27] Ausführlich zum Datenschutzrecht der Religionsgemeinschaften nach der DS-GVO *Preuß*, ZD 2015, 217ff.

[28] *Vöcking*, RDV 2021, 98 (101).

[29] DuD Report, DuD 07/2017, 458.

[30] Netzwerk Datenschutzexpertise *(Schuler/Weichert)*, Gutachten „Beschränkung der Datenschutzkontrolle bei Berufsgeheimnisträgern nach § 29 Abs. 3 BDSG-neu ist grundrechtswidrig", 2017, S. 8f., online abrufbar unter: www.netzwerk-datenschutzexpertise.de/sites/default/files/gut_2017_dskontrolleinschr_bdsg-neu_03.pdf, letzter Abruf 14.4.2022.

[31] So für die Rechtsanwälte Stellungnahme der BRAK, 41/2016, Dezember 2016, S. 11f., online abrufbar unter www.brak.de/zur-rechtspolitik/stellungnahmen-pdf/stellungnahmen-deutschland/2016/dezember/stellungnahme-der-brak-2016-41.pdf, letzter Abruf 14.4.2022; **a.A.** Netzwerk Datenschutzexpertise *(Schuler/Weichert)*, Gutachten „Beschränkung der Datenschutzkontrolle bei Berufsgeheimnisträgern nach § 29 Abs. 3 BDSG-neu ist grundrechtswidrig", 2017, S. 9, online abrufbar unter: www.netzwerk-datenschutzexpertise.de/sites/default/files/gut_2017_dskontrolleinschr_bdsg-neu_03.pdf, letzter Abruf 14.4.2022.

schutzrecht die Gerichte im Rahmen ihrer **justiziellen Tätigkeit.** § 9 Abs. 2 BDSG setzt Art. 45 Abs. 2 JI-RL um. Art. 55 Abs. 3 DS-GVO gilt unmittelbar.[32]

31 Diese Ausnahme von der Datenschutzaufsicht dient der **Sicherstellung der Unabhängigkeit der Justiz** (Art. 97 GG), insbesondere hinsichtlich der gerichtlichen Beschlussfassung (ErwGr 20 DS-GVO). Die Ausnahme der justiziellen Tätigkeit von der Datenschutzaufsicht bedeutet nicht die Unanwendbarkeit der DS-GVO, ihre materiellen Regelungen sind auf die Gerichte anwendbar. Nur die Kontrolle der Einhaltung des Datenschutzrechts erfolgt im Bereich der justiziellen Tätigkeit durch eine Selbstkontrolle der Justiz.

IV. Europäische Kommission

32 Die Europäische Kommission ist die zentrale Behörde der EU. Wegen der Vorgabe der Unabhängigkeit der Datenschutzaufsichtsbehörden (Art. 16 Abs. 2 S. 2 AEUV; Art. 8 Abs. 3 GRCh) kann sie nicht eine vergleichbare zentrale Stellung im Bereich der Datenschutzaufsicht einnehmen.[33] Nach der DS-GVO **beschränkt sich die datenschutzrechtliche Rolle der Europäischen Kommission** deshalb auf die Beurteilung der Angemessenheit des Datenschutzniveaus in Drittländern und den Abschluss von internationalen Abkommen zu deren Gewährleistung (Art. 45, 50 DS-GVO). Hier geht die Zuständigkeit der Europäischen Kommission für die Außenbeziehungen der Union der Unabhängigkeit der Datenschutzaufsicht vor. Zudem ist sie für den Erlass von Standarddatenschutzklauseln (Art. 46 Abs. 2 lit. c i.V.m. Art. 93 Abs. 2 DS-GVO) und die Erstellung von Berichten über die Bewertung und Überprüfung der DS-GVO (Art. 97 Abs. 1 DS-GVO) zuständig.

V. „Konkurrierende" Aufsichtsbehörden

33 Die Aufsicht über Telekommunikationsunternehmen wurde vor Einführung von § 29 TTDSG vom BfDI und der **Bundesnetzagentur** für Elektrizität, Gas, Telekommunikation, Post und Eisenbahnen (BNetzA) wahrgenommen (§ 115 Abs. 4 TKG a.F.). Der BfDI richtete etwaige Beanstandungen an die BNetzA. Auch weitere Ergebnisse der vom BfDI durchgeführten Kontrolle konnte er nach pflichtgemäßem Ermessen nur an die BNetzA weiterleiten, der insoweit die eigentlichen Aufsichtsentscheidungen oblag.

34 Das Konkurrenzverhältnis zwischen der Datenschutzaufsicht und den **Kartellbehörden**[34] ist anlässlich der Entscheidung des BKartA vom 7.2.2019 über die Zusammenführung von Daten durch Facebook virulent geworden; das Verfahren legte zudem Friktionen zwischen den Regelungsmaterien offen, soweit Datenschutzrecht nur zur Subsumtion unter kartellrechtliche Tatbestände dient und kein direkter Vollzug mehr durch die Aufsichtsbehörden erfolgt, aber das Ziel von Rechtssicherheit durch die fehlende Einbindung der Kartellbehörden in den europäischen Kohärenzmechanismus (Art. 63ff. DS-GVO) verfehlt wird. Betroffen kann das Verhältnis insbesondere nun auch im Bereich der Datenportabilität (Art. 20 DS-GVO) sein.[35] Nicht nur für diesen Fall, sondern allgemein ordnet § 50c GWB den Infor-

---

[32] BT-Drs. 18/11325, S. 84.

[33] Nach dem Kommissionsentwurf für die DS-GVO hatte sich die Europäische Kommission, jedenfalls im Ergebnis, eine durchaus zentrale Stellung in der europäischen Datenschutzarchitektur zugedacht. Zwar wäre danach pro forma die Unabhängigkeit der Datenschutzbehörden nicht angetastet worden, wohl aber hätte die Kommission über die Änderung oder Einführung von Tertiärrechtsakten (an vielen Stellen) den Datenschutzbehörden rechtlich „den Teppich unter den Füßen wegziehen" können (*v. Lewinski*, DuD 2012, 564 (567)).

[34] Hierzu *Kieck*, PinG 2017, 67ff.

[35] *Härting*, BB 2012, 459 (465); *Hennemann*, PinG 2017, 5 (6).

mationsaustausch der Kartell-, Regulierungs-, Verbraucherschutzbehörden und der Datenschutzbehörden untereinander an.

35 Auch ist eine Überschneidung von Aufgaben der Datenschutzaufsichtsbehörden und der **(allgemeinen) Sicherheits- und Ordnungsbehörden** denkbar. Das Datenschutzrecht lässt die Zuständigkeiten der Gewerbebehörden – sprich: der Wirtschaftsaufsicht – unberührt (§ 40 Abs. 7 BDSG; so auch schon § 38 Abs. 7 BDSG-alt). Die völlig unabhängige Stellung der Datenschutzaufsichtsbehörden gebietet es aber, dass die Sicherheits- und Ordnungsbehörden nicht im Bereich der Datenschutzaufsicht tätig werden. In Fällen, in denen nicht nur das Datenschutzrecht, sondern auch andere Schutzgüter betroffen sind, ist ein Tätigwerden der Wirtschaftsaufsichts- und auch der allgemeinen Sicherheits- und Ordnungsbehörden dagegen denkbar und möglich.[36]

VI. Stiftung Datenschutz

36 Zu den Datenschutzinstitutionen in einem weiteren Sinne muss auch noch die Stiftung Datenschutz[37] gezählt werden. Von ihren Befürwortern wurde die Stiftung Datenschutz als mögliche „dritte Kraft" der Datenschutzaufsicht gesehen,[38] von Kritikern dagegen als **Beeinträchtigung der Unabhängigkeit des institutionalisierten Datenschutzes** beäugt.[39] Eine solche Beeinträchtigung wird man richtigerweise nicht generell an der bloßen Existenz einer Institution festmachen dürfen, auch nicht an der Stiftung Datenschutz als formal Stiftung privaten Rechts; entscheidend ist vielmehr funktional eine Beeinträchtigung der Aufsichtsbehörden, etwa durch die (staatliche oder private) Finanzierung der Stiftung Datenschutz. Es müssten also kumulativ zwei Voraussetzungen vorliegen, um die „völlige Unabhängigkeit" der Datenschutzbehörden durch die Stiftung Datenschutz beeinträchtigt zu sehen: eine (rechtliche, aufsichtliche oder finanzielle) Steuerung der Stiftung Datenschutz, die dann begrenzende Auswirkungen auf den Aufgabenkreis der Datenschutzaufsichtsbehörden hätte.

37 Ursprünglich sollte die Stiftung Datenschutz ein wesentlicher Akteur bei „Datentests" und Zertifizierungen werden. Diskutiert wurde dann später die Zusammenführung mit der Stiftung Warentest, die Integration in die Dienstelle des BfDI, die Umwandlung in eine Verbrauchsstiftung und auch ihre Auflösung. Heute ist sie vor allem ein **Think Tank** und eine **datenschutzrechtliche Debattenplattform.** Ihr Störpotential der Unabhängigkeit der Datenschutzaufsicht (→ Rn. 36) ist auch schon deshalb gering, weil die Erträge aus dem Stiftungskapital (ursprünglich 10 Mio. EUR) in der gegenwärtigen Niedrigzinsphase nicht hinreichen, um sie dauerhaft als Vermögensstiftung zu führen.

C. Zuständigkeit der Aufsichtsbehörden

38 Entsprechend dem **Querschnittscharakter des Datenschutzrechts** haben die Datenschutzbehörden umfassende Zuständigkeiten; schon früh war auf die Gefahr einer „Superbürokratie" hingewiesen worden.[40]

I. Europarechtliches Territorialitätsprinzip

39 Für die Zuständigkeit der Aufsichtsbehörden gilt nach Art. 55 DS-GVO und Art. 45 Abs. 1 JI-RL das Territorialitätsprinzip. Die Ausübung der Befugnisse und

[36] *v. Lewinski/Herrmann,* ZD 2016, 467 (472).
[37] Umfassend *Immermann,* Die Stiftung Datenschutz, 2017.
[38] *Piltz/Schulz,* RDV 2011, 117 (119).
[39] Kritisch insb. *Wagner,* DuD 2012, 825 (830).
[40] *Kloepfer,* Datenschutz als Grundrecht, 1980, S. 10.

die Aufgabenerfüllung der Aufsichtsbehörde beziehen sich im Ausgangspunkt nur auf das **Hoheitsgebiet eines Mitgliedstaates.** Insoweit übt die deutsche Datenschutzaufsicht ihre Befugnisse nur auf deutschem Hoheitsgebiet aus. Bei einer grenzüberschreitenden Datenverarbeitung ist nach Art. 56 Abs. 1 DS-GVO die Aufsichtsbehörde der Hauptniederlassung (vgl. Art. 4 Nr. 16 DS-GVO) oder der einzigen Niederlassung des Verantwortlichen oder des Auftragsverarbeiters zuständig (sog. One Stop Shop-Prinzip).[41] Die nach dem One Stop Shop-Prinzip zuständige Behörde ist dann die sog. federführende Aufsichtsbehörde.

II. Innerstaatliche Zuständigkeitsabgrenzung von BfDI und Landesdatenschutzbehörden

40 Art. 51 Abs. 1 DS-GVO und Art. 41 Abs. 1 JI-RL überlassen den Mitgliedstaaten die Wahl, eine oder mehrere Aufsichtsbehörden zu errichten. Die DS-GVO und die JI-RL unterscheiden, anders als das bisherige deutsche Recht (vgl. §§ 22ff. u. § 38 BDSG-alt; s.a. § 40 Abs. 1 BDSG), nicht kategorial zwischen der **Aufsicht über öffentliche und nicht-öffentliche Stellen.**

41 Wegen des föderalen Staatsaufbaus in Deutschland teilen sich der BfDI und die Landesdatenschutzbehörden die Überwachung des Datenschutzrechts. Die Zuständigkeitsabgrenzung zwischen dem BfDI und den Landesdatenschutzbehörden erfolgt anhand des Kreises der von ihnen Beaufsichtigten. Der BfDI ist zuständig für die **Aufsicht über die öffentlichen Stellen des Bundes** (§ 9 Abs. 1 S. 1 BDSG). Die Aufsichtstätigkeit des BfDI erstreckt sich ausdrücklich auch auf Auftragsverarbeiter, die nicht-öffentliche Stellen sind, bei denen der Bund aber die Anteils- oder Stimmenmehrheit hält und sofern der Auftraggeber eine öffentliche Stelle des Bundes ist (§ 9 Abs. 1 S. 2 BDSG). Die Landesdatenschutzbehörden überwachen die Einhaltung der datenschutzrechtlichen Vorschriften bei **nicht-öffentlichen Stellen sowie den öffentlichen Stellen der Länder.**

42 Eine **Ausnahme bildet Bayern,** wo der Landesbeauftragte für den Datenschutz die Aufsicht nur über den öffentlichen Bereich ausübt und die Aufsicht für den nicht-öffentlichen Bereich dem Bayerischen Landesamt für Datenschutzaufsicht (LDA) übertragen ist (Art. 18 bayLDSG).

43 Neben diese grundsätzliche Zuständigkeitsabgrenzung entsprechend dem Kreis der Beaufsichtigten können spezielle Zuständigkeitszuweisungen treten. Zu nennen ist hier die Zuständigkeit des BfDI für die Datenschutzaufsicht auch über (Landes-)Finanzbehörden nach § 32h Abs. 1 AO[42] für den Bereich der Verwaltung bundes- oder unionsrechtlich geregelter Steuern (vgl. Art. 108 GG). Nach dieser Regelung liegt die **Datenschutzaufsicht über die Finanzbehörden** allein beim BfDI. Begründet wird die Erforderlichkeit dieser Zuständigkeitszuweisung mit dem Einsatz bundeseinheitlicher Datenverarbeitungsprogramme und der Sicherstellung einer einheitlichen Datenschutzprüfung.[43] § 32 Abs. 3 AO sieht zudem vor, dass die Länder die Datenschutzaufsicht in den Bereichen der landesrechtlichen oder kommunalen Steuergesetze auf den BfDI übertragen können, sofern und soweit diese Steuergesetze auf bundesgesetzlich geregelten Besteuerungsgrundlagen oder bundeseinheitlichen Festsetzungen beruhen.

---

[41] Zur Kritik am One Stop Shop-Prinzip Schmidt-Kessel/Langhanke/*Roder,* Datenschutz als Verbraucherschutz, 2016, S. 24; ausführlich zum One Stop Shop-Prinzip Knyrim/*Leissler/Wolfbauer,* Datenschutz-Grundverordnung Praxishandbuch, 2016, 291 ff.; *Hijmans,* EDPL 2016, 362 (367 ff.).

[42] Hierzu BT-Drs. 18/12611, insb. S. 99f.

[43] BT-Drs. 18/12611, insb. S. 99.

44 Zudem sind die **Zuständigkeitsbereiche der Landesdatenschutzbeauftragten untereinander** abzugrenzen. Die Landesdatenschutzbeauftragten werden jeweils auf dem Gebiet ihres Bundeslandes tätig. Welche Behörde im jeweiligen Bundesland für diese Überwachung zuständig ist, ergibt sich nach § 40 Abs. 1 BDSG aus dem Landesrecht. Für Zweifelsfälle und Konstellation mehrfacher Zuständigkeitsanknüpfung gilt § 40 Abs. 2 BDSG; das anwendbare Landesdatenschutzrecht bestimmt sich mangels ausdrücklicher Regelung nach den Regeln des **interlokalen Verwaltungsrecht.** Für ihre Aufsichtstätigkeit dürfen sie nach § 40 Abs. 3 S. 1 BDSG Daten verarbeiten und an andere Aufsichtsbehörden übermitteln.

D. Stellung der Aufsichtsbehörden

I. „Völlige Unabhängigkeit" der Aufsichtsbehörden

45 Die Datenschutzaufsichtsbehörden müssen nach Art. 52 Abs. 1 DS-GVO und Art. 42 Abs. 1 JI-RL bei der Erfüllung ihrer Aufgaben und der Ausübung ihrer Befugnisse „völlig unabhängig" gestellt sein.[44] Diese völlige Unabhängigkeit der Datenschutzaufsicht hat der EuGH in einer Grundsatzentscheidung im Jahr 2010[45] näher charakterisiert. Demnach bedeutet „völlige Unabhängigkeit" in erster Linie **Regierungsferne der Datenschutzaufsicht.**[46] Die Gefahr der Auswirkung politischer Einflussnahme auf die Entscheidungen der Datenschutzaufsicht müsse minimiert werden,[47] und die Datenschutzaufsicht müsse völlig frei von Weisungen und Druck handeln können.[48]

46 Die DS-GVO und die JI-RL treffen verschiedene Vorkehrungen für die Absicherung der unabhängigen Stellung der Aufsichtsbehörde. Zum einen statuiert Art. 52 Abs. 2 DS-GVO eine **Weisungs- und Beeinflussungsfreiheit der Mitglieder der Aufsichtsbehörde.** Mitglied der Aufsichtsbehörde meint den Leiter der Aufsichtsbehörde.[49] Zum anderen enthält Art. 52 Abs. 3 DS-GVO eine allgemeine **Inkompatibilitätsklausel,** nach der Mitglieder der Aufsichtsbehörde keine mit dem Amt unvereinbaren entgeltlichen oder unentgeltlichen Tätigkeiten oder Handlungen ausüben dürfen; hiervon geht auch Art. 42 Abs. 3 JI-RL aus.

47 Mit dem Zweiten Gesetz zur Änderung des Bundesdatenschutzgesetzes v. 2015[50] wurde die Unabhängigkeit des BfDI bereits vor Inkrafttreten der DS-GVO gesetzlich abgesichert. Insbesondere wurde dem BfDI der **Status als oberste Bundesbehörde** zuerkannt und die Rechtsaufsicht seitens der Bundesregierung sowie die Dienstaufsicht seitens des BMI aufgegeben. Eine unabhängige Stellung von Behörden ist in Deutschland zwar eine Ausnahme, aber kein Novum, sondern findet sich auch schon früh in der modernen Verwaltungsgeschichte.[51] Zu verfassungsrechtlichen Implikationen vgl. → Rn. 102.

---

[44] Zur Kritik an der Steigerung der Unabhängigkeit auf eine völlige Unabhängigkeit *v. Lewinski,* ZG 2015, 228 (229); zur geschichtlichen Entwicklung der Unabhängigkeit der Datenschutzaufsicht *Garstka,* in: Dix/Franßen/Kloepfer/Schaar/Schoch/Voßhoff u. a., Jahrbuch Informationsfreiheit und Informationsrecht 2015, S. 87 ff.

[45] EuGH, Urt. v. 9.3.2010 – C-518/07, Slg. 2010, I-01885.

[46] EuGH, Urt. v. 9.3.2010 – C-518/07, Slg. 2010, I-01885 (Rn. 32 ff.); *Kröger,* in: Kröger/Pilniok, Unabhängiges Verwalten in der Europäischen Union, 2016, 1 (6).

[47] EuGH, Urt. v. 9.3.2010 – C-518/07, Slg. 2010, I-01885 (Rn. 36).

[48] EuGH, Urt. v. 9.3.2010 – C-518/07, Slg. 2010, I-01885 (Rn. 18).

[49] *Piltz,* K&R 2016, 777 (781).

[50] 2. BDSGÄndG v. 25.2.2015 (BGBl. I S. 162).

[51] *Frenzel,* in: Kröger/Polniok, Unabhängiges Verwalten in der Europäischen Union, 2016, 45 (50 ff.).

II. Ausstattung der Aufsichtsbehörde

48 Die Aufsichtsbehörde muss über für eine unabhängige Aufgabenwahrnehmung hinreichende personelle und sachliche Mittel verfügen. Nur so kann die Unabhängigkeit durch die zur Verfügung stehenden Ressourcen abgesichert werden. Art. 52 Abs. 4 DS-GVO und Art. 42 Abs. 4 JI-RL geben vor, dass die Aufsichtsbehörde mit den für ihre Aufgabenerfüllung **notwendigen personellen, technischen und finanziellen Ressourcen** sowie Räumlichkeiten und Infrastrukturen ausgestattet wird.

1. Personelle Ausstattung

49 Die personelle Ausstattung der Aufsichtsbehörde muss der Aufgabe der Aufsichtsbehörde entsprechen, und zwar in quantitativer wie auch qualitativer Hinsicht. Das Personal der Aufsichtsbehörde wird seitens der Aufsichtsbehörde selbst ausgewählt und untersteht ausschließlich der Leitung der Aufsichtsbehörde (Art. 52 Abs. 5 DS-GVO; Art. 42 Abs. 5 JI-RL). Die Regelungen stellen somit die **Personalhoheit der Aufsichtsbehörde** über ihre Bediensteten sicher.

50 Gemäß Art. 54 Abs. 1 lit. f DS-GVO und Art. 44 Abs. 1 lit. f JI-RL ist den Mitgliedstaaten die Regelung der Pflichten der Bediensteten sowie der Beendigung der Beschäftigungsverhältnisse der Bediensteten der Aufsichtsbehörde überlassen. Dabei richtet sich die Beendigung der Beschäftigungsverhältnisse der Bediensteten grundsätzlich nach dem allgemeinen **Beamten- und Arbeitsrecht.**

51 Die Bediensteten müssen für ihre Dienstzeit und auch nach Beendigung der Dienstzeit gem. Art. 54 Abs. 2 S. 1 DS-GVO zur **Wahrung von Verschwiegenheit** über vertrauliche Informationen, die ihnen im Rahmen der Wahrnehmung ihrer Aufgaben und Ausübung ihrer Befugnisse bekannt geworden sein, verpflichtet sein. Für Mitarbeiter der Aufsichtsbehörde gilt gem. § 13 Abs. 3 S. 2 BDSG ein Zeugnisverweigerungsrecht, über dessen Ausübung der BfDI im Einzelfall entscheidet.

2. Sachliche Ausstattung

52 Auch in sachlicher Hinsicht müssen die Aufsichtsbehörden so ausgestattet sein, dass sie ihre vielfältigen Aufgaben (→ Rn. 64ff.) wahrnehmen können. Zur sachlichen Ausstattung zählt neben einer üblichen Büroausstattung vor allem eine zeitgemäße **technische Ausstattung und IT-Infrastruktur,** die es den Bediensteten der Aufsichtsbehörde ermöglicht, die Einhaltung des Datenschutzrechts effektiv zu kontrollieren.

3. Finanzielle Ausstattung

53 Zudem muss die Aufsichtsbehörde auch budgetär unabhängig sein. Dies bedeutet nicht nur **ausreichende finanzielle Mittel,** sondern auch einen eigenen, öffentlichen und jährlichen **Haushaltsplan** (Art. 52 Abs. 6 Hs. 2 DS-GVO; Art. 42 Abs. 6 JI-RL).[52] In seiner Entscheidung zur österreichischen Datenschutzaufsicht ging der EuGH davon aus, dass die haushaltsrechtliche Zuordnung der österreichischen Datenschutzkommission als solche nicht gegen das Unabhängigkeitsgebot verstößt, sondern die Datenschutzaufsicht lediglich über eine eigene „Haushaltslinie" verfügen muss.[53] Ebenfalls muss die Finanzkontrolle so ausgestaltet sein, dass die Unabhängigkeit der Aufsichtsbehörde nicht beeinträchtigt wird (Art. 52 Abs. 6 Hs. 2 DS-GVO).

[52] Zur Haushaltshoheit *Garstka,* in: Dix/Franßen/Kloepfer/Schaar/Schoch/Voßhoff u. a., Jahrbuch Informationsfreiheit und Informationsrecht 2015, S. 87 (90f.).

[53] EuGH, Urt. v. 16.10.2012 – C-614/10, ECLI:EU:C:2012:631, ZD 2012, 563 (565 [Rn. 58]).

III. Leitung der Aufsichtsbehörde

54 Die Aufsichtsbehörde wird von einem **sog. „Mitglied“** (oder mehreren Mitgliedern) geleitet. Für die Aufsicht auf Bundesebene ist das der Bundesbeauftragte für den Datenschutz und die Informationsfreiheit (BfDI).

1. Persönliche und fachliche Anforderungen

55 Die DS-GVO stellt persönliche und fachliche Anforderungen an das Mitglied der Aufsichtsbehörde. In fachlicher Hinsicht muss das Mitglied der Aufsichtsbehörde über die für die Erfüllung seiner Aufgaben und Ausübung seiner Befugnisse erforderliche Qualifikation verfügen (Art. 53 Abs. 2 DS-GVO; Art. 43 Abs. 2 JI-RL). Dies setzt vor allem **Erfahrung und Sachkunde im Datenschutz und Datenschutzrecht** voraus. Ziel des Erfordernisses fachlicher und persönlicher Anforderungen ist ein Ausschluss einer Ernennung aus rein politischen Gründen.

56 Die weiteren Voraussetzungen für die Ernennung zum Mitglied der Aufsichtsbehörde **regeln die Mitgliedstaaten** (Art. 54 Abs. 1 lit. b DS-GVO; Art. 44 Abs. 1 lit. b JI-RL). Das BDSG sieht ein Mindestalter von 35 Jahren vor (§ 11 Abs. 1 S. 3 BDSG) und stellt für die Qualifikation ebenso wie Art. 53 Abs. 2 DS-GVO auf die für die Aufgabenerfüllung erforderliche Qualifikation ab (§ 11 Abs. 3 S. 4 BDSG). Abweichend von Art. 53 Abs. 2 DS-GVO sieht § 11 Abs. 1 S. 5 BDSG vor, dass der BfDI über eine einschlägige Berufserfahrung sowie über Kenntnisse des deutschen und europäischen Datenschutzrechts verfügen und die Befähigung zum Richteramt oder für den höheren Verwaltungsdienst haben muss.

2. Wahl und Ernennungsverfahren

57 Das Verfahren zur Ernennung des BfDI muss **transparent und nachvollziehbar** gestaltet sein (Art. 53 Abs. 1 DS-GVO, Art. 43 Abs. 1 JI-RL). Dazu bedarf es eines öffentlichen Bekanntseins des Ernennungsverfahrens[54] und wohl auch der Möglichkeit für die Öffentlichkeit, dieses Verfahren zu verfolgen. Ansonsten kann die Ernennung sowohl durch das Parlament, von der Regierung, vom Staatsoberhaupt oder von einer unabhängigen Stelle, die nach mitgliedstaatlichem Recht mit der Aufgabe der Ernennung betraut wird, erfolgen; bei einer solchen unabhängigen Stelle nach Art. 53 Abs. 1 DS-GVO ist an eine Wahlkommission zu denken.[55]

58 Nach § 11 Abs. 1 S. 1 BDSG wird der BfDI **vom Deutschen Bundestag auf Vorschlag der Bundesregierung** und ohne Aussprache **gewählt.** Dass der BfDI seitens der Bundesregierung und nicht seitens des Parlaments vorgeschlagen wird, wird von manchen als Widerspruch zur unabhängigen Stellung des BfDI, die ein Herauslösen aus der Exekutive erfordert, gesehen.[56] Der BfDI ist gem. § 11 Abs. 1 S. 2 BDSG vom Bundespräsidenten zu ernennen. Die Formulierung in § 11 Abs. 1 S. 2 BDSG („ist zu ernennen“) lässt keinen Ermessensspielraum und kein (materielles) Prüfungsrecht hinsichtlich der Ernennung zu. Der BfDI leistet vor dem Bundespräsidenten den in § 11 Abs. 2 BDSG genannten Eid.

3. Amtszeit

59 Die Amtszeit des BfDI beginnt nach § 12 Abs. 2 S. 1 BDSG mit der Aushändigung der Ernennungsurkunde. Die Amtszeit des BfDI ist begrenzt; sie beträgt

---

[54] *Piltz*, K&R 2016, 777 (781).

[55] Gola/*Nguyen*/*Stroh*, DS-GVO, 2. Aufl. 2018, Art. 53 Rn. 3.

[56] So *Garstka*, in: Dix/Franßen/Kloepfer/Schaar/Schoch/Voßhoff u. a., Jahrbuch Informationsfreiheit und Informationsrecht 2015, S. 87 (91).

5 Jahre (§ 11 Abs. 3 S. 1 BDSG). Dabei ist eine **einmalige Wiederwahl möglich** (§ 11 Abs. 3 S. 2 BDSG). Auf Ersuchen des Präsidenten des Bundestags ist der BfDI nach § 12 Abs. 2 S. 6 BDSG nach Ablauf seiner Amtszeit zu einer sechsmonatigen Weiterführung der Geschäfte verpflichtet. Die Amtszeit kann außer durch Ablauf gem. § 12 Abs. 2 S. 2 BDSG auch durch Rücktritt enden. Eine vorzeitige Enthebung aus dem Amt ist nur durch den Bundespräsidenten auf Vorschlag des Präsidenten des Bundestags in Fällen einer schweren Verfehlung oder in Fällen, in denen der BfDI die Voraussetzungen für die Wahrnehmung seiner Aufgaben nicht mehr erfüllt, möglich (§ 12 Abs. 2 S. 3 BDSG).

4. Verschwiegenheitspflicht

60 Der BfDI unterliegt einer Verschwiegenheitspflicht, die **auch nach Ende seiner Amtszeit** wirkt (§ 13 Abs. 4 S. 1 BDSG). Diese Verschwiegenheitspflicht umfasst solche Angelegenheiten, die dem BfDI amtlich bekanntgeworden sind. Ausgenommen von der Verschwiegenheitspflicht sind Mitteilungen des dienstlichen Verkehrs, offenkundige Tatsachen und solche Tatsachen, die gemessen an ihrer Bedeutung keine Geheimhaltung erfordern.

5. Aussageverweigerungsrecht

61 Der BfDI entscheidet gem. § 13 Abs. 4 S. 3 BDSG nach **eigenem pflichtgemäßen Ermessen,** ob und, wenn ja, inwieweit er gerichtlich oder außergerichtlich über die der Verschwiegenheitspflicht unterliegenden Tatsachen aussagt oder diesbezüglich Erklärungen abgibt. Beschränkt wird die Ausübung des Ermessens ausdrücklich durch die Pflicht des BfDI, Straftaten zur Anzeige zu bringen und durch die Verpflichtung bei Gefährdung der freiheitlichen demokratischen Grundordnung auf deren Erhalt hinzuwirken.

62 Für gerichtliche und außergerichtliche **Aussagen und Erklärungen eines ehemaligen BfDI** bedarf es nach § 13 Abs. 4 S. 3 BDSG der Genehmigung des amtierenden BfDI. Damit werden zwar gerichtliche und außergerichtliche Aussagen und Erklärungen von der Bewertung des amtierenden BfDI abhängig gemacht. Die Abhängigkeit von der Unabhängigkeit des Nachfolgers[57] ist jedoch unproblematisch, zumal die europarechtlich geforderte Unabhängigkeit wegen ihres klaren Bezugs zur unabhängigen Aufgabenwahrnehmung nur die Stellung des amtierenden BfDI und nicht die des ehemaligen BfDI betrifft.

63 Grundsätzlich darf der BfDI **als Zeuge aussagen.** Hiervon gibt es drei Ausnahmen: Zum einen darf der BfDI nicht aussagen, wenn seine Aussage dem Wohl des Bundes oder eines Landes Nachteile bereiten würde (§ 13 Abs. 5 Nr. 1 BDSG); zu diesen Nachteilen zählen insbesondere solche für die Sicherheit der Bundesrepublik Deutschland oder Nachteile für die Beziehungen der Bundesrepublik Deutschland zur anderen Staaten. Zudem darf der BfDI nicht aussagen, wenn durch seine Aussage Grundrechte verletzt werden würden (§ 13 Abs. 5 Nr. 2 BDSG). In Fällen, in denen die Aussage des BfDI solche Vorgänge betrifft, die den Kernbereich exekutiver Eigenverantwortung der Bundesregierung berühren, darf der BfDI nur im Benehmen mit der Bundesregierung aussagen (§ 13 Abs. 5 S. 2 BDSG).

[57] So *Garstka,* in: Dix/Franßen/Kloepfer/Schaar/Schoch/Voßhoff u.a., Jahrbuch Informationsfreiheit und Informationsrecht 2015, S. 87 (92).

E. Handeln der Aufsichtsbehörde

I. Aufgaben der Aufsichtsbehörde

64 Die DS-GVO enthält einen **umfangreichen Katalog** an Aufgaben der Aufsichtsbehörde in Art. 57. Zu den Aufgaben nach der DS-GVO hinzukommen für den BfDI Aufgaben nach § 14 BDSG.

1. Klassische Aufsichtstätigkeit

65 Zu den Aufgaben der Datenschutzaufsicht zählt zunächst die **Überwachung und Durchsetzung der Anwendung des Datenschutzrechts** (Art. 57 Abs. 1 lit. a DS-GVO; § 14 Abs. 1 Nr. 1 BDSG). Dies ist die klassische Aufsichtstätigkeit. Verstöße gegen die DS-GVO und die gem. Art. 58 Abs. 2 DS-GVO getroffenen Maßnahmen hat die Aufsichtsbehörde in einem internen Verzeichnis aufzuführen (Art. 57 Abs. 1 lit. u DS-GVO).

2. Informationelle Aufgaben

a) Hinweise an Betroffene, Verantwortliche und die Öffentlichkeit

66 Die Datenschutzbehörden haben **daneben informationelle Aufgaben.** So sollen sie die Öffentlichkeit über **Risiken, Vorschriften, Garantien und Rechte** hinsichtlich der Datenverarbeitung **aufklären** und die Öffentlichkeit gleichzeitig für diese Themen sensibilisieren (Art. 57 Abs. 1 lit. b DS-GVO; § 14 Abs. 1 Nr. 2 BDSG). Die Nutzung von nicht-DS-GVO-konformen Sozialen Netzwerken ist dabei wohl ausgeschlossen, auch wenn diese eine besondere Reichweite in der Öffentlichkeit haben.[58] Ein besonderes Augenmerk sollen die Datenschutzbehörden dabei auf spezifische Maßnahmen für Kinder richten. Darüber hinaus haben sie auf Anfrage jedes Betroffenen **Informationen** über die Ausübung der Betroffenenrechte nach der DS-GVO bereitzustellen (Art. 57 Abs. 1 lit. e DS-GVO; § 14 Abs. 1 Nr. 5 BDSG).

67 Auch die Verantwortlichen und die Auftragsverarbeiter soll die Datenschutzaufsicht sensibilisieren. Diese **Sensibilisierung** zielt nicht auf die Risiken der Datenverarbeitung ab, sondern vielmehr auf die Pflichten, die der Verantwortliche und der Auftragsverarbeiter nach der DS-GVO haben (Art. 57 Abs. 1 lit. d DS-GVO, § 14 Abs. 1 Nr. 4 BDSG).

68 Die FTC in den USA bezeichnet solch präzeptorales Handeln als **„educational letters“**.[59]

b) Tätigkeitsbericht

69 Zu den informationellen Aufgaben zählt auch die jährliche Erstellung eines Tätigkeitsberichts (Art. 59 DS-GVO; für den BfDI § 15 BDSG). Der Tätigkeitsbericht ist dem Parlament zuzuleiten sowie der Öffentlichkeit sowie der Europäischen Kommission und dem Europäischen Datenschutzausschuss zugänglich zu machen. Der nähere Inhalt des Tätigkeitsberichts ist gesetzlich nicht vorgegeben. § 15 BDSG und Art. 59 DS-GVO machen lediglich den Vorschlag, dass der Bericht eine Liste der Arten gemeldeter Verstöße und Arten der getroffenen Maßnahmen enthalten kann. Der Bericht dient auch der **Transparenz der Arbeit der Aufsichtsbehörde.**[60]

---

[58] So der bawLfDI (vgl. c't 4/2020, 34) mit Bezug auf EuGH, Urt. v. 5.6.2018 – C-210/16, ZD 2018, 357 ff. – Wirtschaftsakademie Schleswig-Holstein.

[59] *Lejeune,* CR 2013, 755 (758).

[60] Gola/*Nguyen,* DS-GVO, 2. Aufl. 2018, Art. 59 Rn. 1; zu den unterschiedlichen Funktionen der Tätigkeitsberichte *Kühn,* Bürgerbeeinflussung durch Berichterstattung staatlicher Stellen, 2018, S. 83 f.

3. Beratende Aufgaben

70 Eng verknüpft mit den informationellen Aufgaben sind die beratenden Aufgaben der Datenschutzbehörden. So berät der BfDI den **Bundestag,** die **Bundesregierung,** den **Bundesrat** und andere Einrichtungen und Gremien in datenschutzrechtlichen Fragen (§ 14 Abs. 1 Nr. 3 BDSG i.V.m. Art. 57 Abs. 1 lit. c DS-GVO).

71 Beratung hat die Datenschutzaufsicht auch hinsichtlich solcher Verarbeitungsvorgänge zu leisten, die in Art. 36 Abs. 2 DS-GVO genannt sind. Das sind solche Verarbeitungsvorgänge, bei denen die Aufsichtsbehörde einen Verstoß gegen die DS-GVO sieht, weil der Verantwortliche das **Risiko der Datenverarbeitung nicht zutreffend ermittelt** oder hinreichend eingedämmt hat.

4. Untersuchungen

72 Die Datenschutzbehörde kann zudem **Untersuchungen über die Anwendung der DS-GVO** (Art. 57 Abs. 1 lit. h DS-GVO) und die Anwendung sonstiger datenschutzrechtlicher Vorschriften (vgl. § 14 Abs. 1 Nr. 8 BDSG) durchführen.

5. Beobachtende Aufgabe

73 Um seinen Aufsichtstätigkeiten gerecht werden zu können, müssen die Datenschutzbehörden die **maßgeblichen Entwicklungen mit Auswirkungen auf den Datenschutz** und die **Entwicklung der Informations- und Kommunikationstechnologie** beobachten (Art. 57 Abs. 1 lit. i DS-GVO; für den BfDI § 14 Abs. 1 Nr. 9 BDSG).

6. Beschwerdestelle

74 Die Datenschutzbehörde fungiert zudem als Beschwerdestelle (Art. 57 Abs. 1 lit. f DS-GVO; ErwGr 81, 85 JI-RL). Aufgabe des BfDI ist es etwa, sich mit Beschwerden von Betroffenen, Stellen, Organisationen oder Verbänden zu befassen (§ 14 Abs. 1 Nr. 6 BDSG). Dabei hat der BfDI den Gegenstand der Beschwerde zu untersuchen und innerhalb einer angemessenen Frist den Beschwerdeführer zu bescheiden. Auch ErwGr 48 JI-RL sieht vor, dass die mitgliedstaatlichen Aufsichtsbehörden sich mit Ersuchen von Betroffenen befassen müssen und betroffene Personen über ihr Recht, sich an die Aufsichtsbehörde zu wenden, unterrichtet werden sollten. Das **Recht auf Beschwerde bei einer Aufsichtsbehörde** regeln Art. 77 DS-GVO[61] und § 60 BDSG.

7. Datenschutzzertifizierung

75 Der BfDI übernimmt im Rahmen der Datenschutzzertifizierung eine Reihe von Aufgaben. So regt er die Einführung von **Datenschutzzertifizierungsmechanismen** und **Datenschutzsiegeln und -prüfzeichen** nach Art. 42 Abs. 1 DS-GVO an und billigt die Zertifizierungskriterien nach Art. 42 Abs. 5 DS-GVO. Der BfDI überprüft gegebenenfalls regelmäßig erteilte Zertifizierungen.

76 Auch im Rahmen von **Akkreditierungsverfahren** kommen dem BfDI Aufgaben zu. Hier fasst er zum einen die Kriterien für die Akkreditierung einer Stelle nach Art. 41 DS-GVO und einer Zertifizierungsstelle nach Art. 43 DS-GVO ab und veröffentlicht diese. Zum anderen nimmt der BfDI auch die eigentliche Akkreditierung einer Stelle nach Art. 41 DS-GVO und einer Zertifizierungsstelle nach Art. 43 DS-GVO vor.

---

[61] Auernhammer/*v. Lewinski,* DSGVO/BDSG, 7. Aufl. 2020, Art. 77 DS-GVO, Rn. 1 ff.

8. Genehmigungen

77 Die Datenschutzbehörden haben zudem genehmigende Aufgaben. Diese bestehen in der **Genehmigung von Vertragsklauseln** und Bestimmungen nach Art. 46 Abs. 3 DS-GVO und der **Genehmigung interner Vorschriften** nach Art. 47 DS-GVO.

9. Sonstige Aufgaben

78 Die Datenschutzbehörden legen ferner Standardvertragsklauseln nach Art. 28 Abs. 8 und Art. 46 Abs. 2 lit. d DS-GVO fest (Art. 57 Abs. 1 lit. j DS-GVO) und erstellen eine Liste für solche Verarbeitungstätigkeiten, bei denen eine Datenschutz-Folgenabschätzung nach Art. 35 Abs. 4 DS-GVO vorzunehmen ist (Art. 57 Abs. 1 lit. k DS-GVO). Zudem haben sie jede **sonstige Aufgabe im Zusammenhang mit dem Schutz personenbezogener Daten** zu erfüllen (Art. 57 Abs. 1 lit. v DS-GVO).

10. Aufgaben nach JI-RL

79 Die JI-RL normiert in Art. 46 ebenfalls Aufgaben der Aufsichtsbehörde, die sich teilweise mit denen aus Art. 57 DS-GVO decken. Die klassische Aufsichtstätigkeit umfasst auch nach Art. 46 Abs. 1 lit. a JI-RL die **Überwachung und Durchsetzung des Datenschutzes im Sicherheitsbereich.** Die informationellen Befugnisse aus der JI-RL decken sich ganz überwiegend mit denen der DS-GVO. Lediglich der in Art. 56 Abs. 1 lit. b DS-GVO enthaltene besondere Fokus auf Kinder ist in Art. 46 JI-RL nicht enthalten.

80 Die beratenden Tätigkeiten decken sich inhaltlich. Ebenso die Rolle als Beschwerdestelle, die Art. 56 Abs. 1 lit. f DS-GVO und Art. 46 Abs. 1 lit. f JI-RL wortgleich vorsehen. Gleiches gilt für die von Art. 56 Abs. 1 lit. g DS-GVO und Art. 46 Abs. 1 lit. h JI-RL geforderte Zusammenarbeit der Aufsichtsbehörden sowie die von Art. 56 Abs. 1 lit. h DS-GVO und Art. 46 Abs. 1 lit. i JI-RL vorgesehene Untersuchung der Anwendung der DS-GVO bzw. der JI-RL. Die beobachtende Aufgabe aus Art. 56 Abs. 1 lit. i DS-GVO deckt sich mit der aus Art. 46 Abs. 1 lit. j JI-RL. Ebenfalls sehen beide Regelwerke die Mitwirkung der Aufsichtsbehörde im Europäischen Datenschutzausschuss vor (Art. 56 Abs. 1 lit. t DS-GVO und Art. 46 Abs. 1 lit. l DS-GVO). **Anders als Art. 56 DS-GVO** enthält Art. 46 Abs. 1 lit. g i. V. m. Art. 17 Abs. 3 JI-RL ausdrücklich die Aufgabe, die Rechtmäßigkeit der Verarbeitung nach Art. 17 JI-RL zu überprüfen und den Betroffenen innerhalb einer angemessenen Frist über das Ergebnis dieser Überprüfung zu informieren.

II. Befugnisse der Aufsichtsbehörde

81 Zur Erfüllung dieser Aufgaben verfügt die Aufsichtsbehörde über eine ganze Reihe an Befugnissen. Diese sind in der DS-GVO in Art. 58 grundsätzlich **abschließend**[62] aufgelistet. In § 16 BDSG wird explizit auf Art. 58 DS-GVO Bezug genommen. Die Befugnisse sind systematisch auf die drei Absätze des Art. 58 DS-GVO aufgeteilt, welche ein gestuftes System der Befugnisse enthalten. Absatz 1 beinhaltet die Untersuchungsbefugnisse, Absatz 2 die Abhilfebefugnisse und Abs. 3 die Genehmigungsbefugnisse und beratende Befugnisse.

1. Untersuchungsbefugnisse

82 Zu den Untersuchungsbefugnissen der Aufsichtsbehörde zählen die Durchführung von Datenschutzüberprüfungen (Art. 58 Abs. 1 lit. b DS-GVO) und die

[62] So auch *Piltz*, K&R 2016, 777 (783).

Überprüfung der nach Art. 42 Abs. 7 DS-GVO erteilten Zertifizierungen (Art. 58 Abs. 1 lit. c DS-GVO). Der Begriff der **Datenschutzüberprüfung** kann durchaus weit verstanden werden als eine Überprüfung zur Ermittlung von Verstößen gegen das Datenschutzrecht.[63] Zu den Untersuchungsbefugnissen zählen auch Befugnisse mit dem Zweck der Informationsbeschaffung. So ist die Aufsichtsbehörde befugt, vom Verantwortlichen, vom Auftragsverarbeiter und gegebenenfalls auch vom Vertreter des Verantwortlichen und des Auftragsverarbeiters alle Informationen, die die Aufsichtsbehörde zur Erfüllung ihrer Aufgaben benötigt, anzufordern (Art. 58 Abs. 1 lit. a DS-GVO) und vom Verantwortlichen und dem Auftragsverarbeiter Zugang zu allen personenbezogenen Daten und Informationen, die für die Erfüllung der Aufgaben der Aufsichtsbehörde notwendig sind, zu erhalten (Art. 58 Abs. 1 lit. e DS-GVO). In Durchführung von Untersuchungen ist die Aufsichtsbehörde zudem befugt, Zugang zu den Geschäftsräumen und Datenverarbeitungsanlagen des Verantwortlichen oder des Auftragsverarbeiters zu erhalten (Art. 58 Abs. 1 lit. f DS-GVO). Nicht umfasst von Art. 58 Abs. 1 lit. f DS-GVO sind Privatwohnungen. Sollte die Untersuchung einen Verstoß gegen die DS-GVO zeigen, so ist die Aufsichtsbehörde zunächst befugt, den Verantwortlichen oder den Auftragsverarbeiter auf diesen Verstoß hinzuweisen.

2. Abhilfebefugnisse

83 In einem weiteren Schritt stehen der Aufsichtsbehörde verschiedene Abhilfebefugnisse zu. Hierzu zählen die **Warnung** (Art. 58 Abs. 2 lit. a DS-GVO) und die **Verwarnung** (Art. 58 Abs. 2 lit. b DS-GVO) des Verantwortlichen und des Auftragsverarbeiters hinsichtlich Verstößen gegen die DS-GVO. Die Aufsichtsbehörde kann zudem verschiedene **Anweisungen** gegenüber dem Verantwortlichen und dem Auftragsverarbeiter aussprechen. Hierzu zählen die Anweisung, Anträgen des Betroffenen auf Ausübung ihm nach der DS-GVO zustehenden Rechte zu entsprechen (Art. 58 Abs. 2 lit. c DS-GVO), die Anweisung, Verarbeitungsvorgänge auf bestimmte Weise und innerhalb einer bestimmten Frist mit der DS-GVO in Einklang zu bringen (Art. 58 Abs. 2 lit. d DS-GVO), und die Anweisung, die Personen, die von einer Verletzung des Datenschutzrechts betroffen ist, über diese Verletzung zu benachrichtigen (Art. 58 Abs. 2 lit. e DS-GVO). Ferner darf die Aufsichtsbehörde eine **Datenverarbeitung vorübergehend oder endgültig beschränken** oder ein **Verbot der Verarbeitung** aussprechen (Art. 58 Abs. 2 lit. f DS-GVO), eine **Geldbuße** nach Art. 83 DS-GVO aussprechen (Art. 58 Abs. 2 lit. i DS-GVO; → § 24 Rn. 51ff.) und die **Datenübermittlung in ein Drittland**[64] **oder an eine internationale Organisation aussetzen** (Art. 58 Abs. 2 lit. j DS-GVO). Zudem ist die Aufsichtsbehörde befugt, eine **Berichtigung oder Löschung personenbezogener** Daten oder eine Einschränkung der Datenverarbeitung und die Unterrichtung von Empfängern, an die personenbezogene Daten nach Art. 17 Abs. 2 und Art. 19 DS-GVO offengelegt wurden, anzuordnen.

84 Den Aufsichtsbehörden – in Deutschland dem BfDI – stehen auch hinsichtlich von **Zertifizierungen** Befugnisse zu. Der BfDI ist zum Widerruf einer Zertifizierung befugt (Art. 58 Abs. 2 lit. h Var. 1 DS-GVO). Anstatt die Zertifizierung selbst zu widerrufen, kann der BfDI auch die Zertifizierungsstelle anweisen, eine Zertifizierung zu widerrufen (Art. 58 Abs. 2 lit. h Var. 2 DS-GVO) oder eine Zertifizie-

---

[63] Vgl. Gola/*Nguyen*, 2. Aufl. 2018, Art. 58 DS-GVO, Rn. 10.

[64] Hierzu *Piltz*, K&R 2016, 777ff.; Knyrim/*Knyrim*, Datenschutz-Grundverordnung Praxishandbuch, 2016, S. 253ff.

rung gar nicht erst zu erteilen, wenn die Zertifizierungsvoraussetzungen nicht oder nicht mehr erfüllt werden (Art. 58 Abs. 2 lit. h Var. 3 DS-GVO).

3. Genehmigungsbefugnisse

85 Zu den Genehmigungsbefugnissen zählen die **Genehmigung von Vertragsklauseln** nach Art. 46 Abs. 3 lit. a DS-GVO, die **Genehmigung von Verwaltungsvereinbarungen** nach Art. 46 DS-GVO, die **Genehmigung der verbindlichen internen Vorschriften** nach Art. 47 DS-GVO sowie die Genehmigung von Verarbeitungen zur Erfüllung einer im öffentlichen Interesse liegenden Aufgabe nach Art. 36 Abs. 5, sofern der jeweilige Mitgliedstaat eine solche Genehmigung verlangt (Art. 58 Abs. 3 lit. c DS-GVO). Art. 36 Abs. 5 DS-GVO eröffnet den Mitgliedstaaten die Möglichkeit, eine Konsultation durch die Aufsichtsbehörde zwecks Genehmigung vorzusehen.

4. Beratende Befugnisse

86 Hinzu kommen beratende Befugnisse der Aufsichtsbehörde. Die Aufsichtsbehörde ist dazu befugt, den Verantwortlichen im Verfahren der **Vorherigen Konsultation** nach Art. 36 DS-GVO zu beraten und **Stellungnahmen** zum Datenschutz auf Anfrage oder von sich aus an das mitgliedstaatliche Parlament, die Regierung oder an sonstige Einrichtungen und Stellen und auch an die Öffentlichkeit zu richten (Art. 58 Abs. 3 lit. b DS-GVO). Ferner ist die Aufsichtsbehörde befugt, hinsichtlich von Verhaltensregeln, die von Verbänden oder anderen Vereinigungen geändert werden (Art. 40 Abs. 5 DS-GVO), Stellungnahmen abzugeben und die Entwürfe von Verhaltensregeln zu billigen.

5. Weitere Befugnisse

87 Schließlich darf die Aufsichtsbehörde auch **Zertifizierungen** billigen (Art. 58 Abs. 3 lit. f Alt. 2 DS-GVO). Die Aufsichtsbehörde ist ferner befugt, Zertifizierungen zu vergeben (Art. 58 Abs. 3 lit. f Alt. 1 DS-GVO) und Zertifizierungsstellen zu akkreditieren (Art. 58 Abs. 3 lit. e DS-GVO). Zudem darf die Aufsichtsbehörde **Standardvertragsschutzklauseln**[65] gem. Art. 28 Abs. 8 und Art. 46 Abs. 2 lit. d DS-GVO festlegen.

88 Auch müssen die Mitgliedstaaten durch Rechtsvorschrift die Befugnis der Aufsichtsbehörde vorsehen, Verstöße gegen das Datenschutzrecht den **Justizbehörden zur Kenntnis zu bringen** (Art. 58 Abs. 5 DS-GVO). Ob dies ein Klagerecht für die Aufsichtsbehörde beinhaltet und was genau die Betreibung eines gerichtlichen Verfahrens beinhaltet, ist der Norm nicht eindeutig zu entnehmen.[66]

6. Befugnisse nach der JI-RL

89 Die in Art. 47 JI-RL normierten **Befugnisse der Datenschutzbehörden im Polizei- und Sicherheitsbereich** fallen wesentlich knapper aus als die der DS-GVO. Die Einteilung in Untersuchungs-, Abhilfe- und Beratungsbefugnisse ist in Art. 47 JI-RL die gleiche wie in Art. 58 DS-GVO. Die Abhilfebefugnisse sind in Art. 47 Abs. 2 lit. a–c JI-RL nicht abschließend, sondern nur beispielshaft aufgezählt. Auch sie enthalten die drei Stufen Warnung, Anweisung und Verbot. Genehmigungsbefugnisse enthält Art. 47 JI-RL nicht.

---

[65] Hierzu Knyrim/*Knyrim* Datenschutz-Grundverordnung Praxishandbuch, 2016, S. 253 (264 ff.).

[66] *Piltz*, K&R 2016, 777 (784).

7. Umsetzung in mitgliedstaatliches Recht

90 Art. 58 Abs. 6 S. 1 DS-GVO überlässt es den Mitgliedstaaten, **zusätzliche Befugnisse** zu den in Art. 58 Abs. 1 bis 3 DS-GVO genannten vorzusehen. Dabei dürfen diese mitgliedstaatlich geregelten Befugnisse nicht zu einer Beeinträchtigung der effektiven Durchführung der Zusammenarbeit und des Kohärenzverfahrens führen. § 16 Abs. 3 BDSG sieht zwar in der Sache nicht zusätzliche Befugnisse vor, jedoch eine Erstreckung der Befugnisse aus Art. 58 DS-GVO auf von öffentlichen Stellen des Bundes erlangte personenbezogene Daten über den Inhalt und die näheren Umstände des Brief-, Post- und Fernmeldeverkehrs (§ 16 Abs. 3 Nr. 1 BDSG) sowie personenbezogene Daten, die einem besonderen Amtsgeheimnis, insbesondere dem Steuergeheimnis, unterliegen (§ 16 Abs. 3 Nr. 2 BDSG). Zu diesem Zweck unterliegen die öffentlichen Stellen Kooperationspflichten. Diese umfassen die Gewährung von Zugang (§ 16 Ab. 4 Nr. 1 BDSG) sowie die Bereitstellung aller für die Erfüllung der Aufgaben des BfDI erforderlichen Informationen (§ 16 Abs. 3 Nr. 2 BDSG).

8. Ausübung der Befugnisse

91 Die Ausübung der Befugnisse richtet sich nach Art. 58 Abs. 4 DS-GVO sowohl nach dem Unionsrecht als auch nach mitgliedstaatlichem Recht. Maßgeblich im mitgliedstaatlichen Recht sind insbesondere das VwVfG[67] und die grundlegenden verfassungsrechtlichen Prinzipien wie **Verhältnismäßigkeit** und **Rechtstaatlichkeit.** Wegen des **Effet utile-Grundsatzes** muss bei der Ausübung der Befugnisse der Aufsichtsbehörde dem Unionsrecht eine größtmögliche Wirksamkeit eingeräumt werden.

91a Wie andere (Wirtschafts-)Aufsichtsbehörden auch unterliegt das Handeln der Datenschutzbehörden deren Ermessen, sowohl hinsichtlich des Ob **(Entschließungsermessen)** als auch des Wie **(Ausübungsermessen).** Die Ermessenausübung bezieht sich nicht nur auf den Einzelfall, sondern auch auf übergreifende Konstellationen, wie etwa ein **pragmatisches Vollzugsdefizit** in Bezug auf Kollaborationssoftware zur Ermöglichung von Heimarbeit in Zeiten einer Pandemie.

F. Zusammenarbeit der Aufsichtsbehörden

92 Die DS-GVO betont explizit die Kooperation zwischen den Aufsichtsbehörden und wirkt vor allem auf einen konsistenten **Informationsfluss** zwischen den Aufsichtsbehörden hin. Das siebte Kapitel des zweiten Abschnitts der JI-RL enthält ebenfalls Vorschriften zur Zusammenarbeit der Aufsichtsbehörden. Im BDSG regelt § 82 im Hinblick auf die Zusammenarbeit der Aufsichtsbehörden die gegenseitige **Amtshilfe.**

I. Formen der Zusammenarbeit

93 Die DS-GVO kennt grundsätzlich **zwei Modi der Zusammenarbeit:** Zum einen existieren unterschiedliche Kooperationsgebote und Amtshilfevorschriften an verschiedenen Stellen der DS-GVO. Zum anderen regelt der zweite Abschnitt des Kapitels VII ausführlich und zusammenhängend Details des sogenannten Kohärenzverfahrens.

1. Kooperationsgebote und Amtshilfe

94 Zunächst sind bei den Aufgaben der Datenschutzaufsichtsbehörde in Art. 57 DS-GVO und § 14 BDSG bereits eine Reihe von Kooperationsgeboten aufgeführt. So

[67] Gola/*Nguyen*, DS-GVO, 2. Aufl. 2018, Art. 58 Rn. 26.

zählt es zu den Aufgaben der Aufsichtsbehörde, mit anderen Aufsichtsbehörden zusammenzuarbeiten (Art. 57 Abs. 1 lit. g DS-GVO); Art. 46 Abs. 1 lit. h JI-RL enthält eine inhaltlich gleichlaufende Bestimmung. Diese Zusammenarbeit kann im Rahmen eines **Informationsaustausches** und der **Amtshilfe** erfolgen und dient der Durchsetzung der einheitlichen Anwendung der DS-GVO bzw. der JI-RL. Zudem hat die Aufsichtsbehörde **Beiträge zur Arbeit des Europäischen Datenschutzausschusses** (→ Rn. 11) zu leisten. Die Zusammenarbeit der Aufsichtsbehörden der Mitgliedstaaten im Europäischen Datenschutzausschuss dient ebenfalls der Sicherstellung der einheitlichen Anwendung der DS-GVO (Art. 70 Abs. 1 S. 1 DS-GVO, ErwGr 84 JI-RL).

95 Für das Verhältnis zwischen der Aufsichtsbehörde und dem Verantwortlichen und dem Auftragsverarbeiter normiert Art. 31 DS-GVO eine **allgemeine Kooperationspflicht,**[68] welche sich an den Verantwortlichen und den Auftragsdatenverarbeiter und gegebenenfalls deren Vertreter richtet. Neben dieser allgemeinen Kooperationspflicht kennt die DS-GVO auch eine **besondere Kooperationsnorm,** die mit Art. 31 DS-GVO in Zusammenhang steht. Art. 30 Abs. 1 DS-GVO verlangt vom Verantwortlichen und dem Auftragsverarbeiter sowie gegebenenfalls von deren jeweiligem Vertreter das Führen eines Verzeichnisses aller Verarbeitungstätigkeiten in ihrem Zuständigkeitsbereich. Die Normadressaten müssen in diesem Zusammenhang gem. Art. 30 Abs. 4 DS-GVO insofern mit der Aufsichtsbehörde zusammenarbeiten, als dass sie auf Anfrage seitens der Aufsichtsbehörde dieser das Verzeichnis vorlegen müssen. Auch Art. 24 JI-RL verlangt das Führen eines solchen Verzeichnisses seitens des Verantwortlichen und Auftragsverarbeiters sowie deren Zusammenarbeit mit der Aufsichtsbehörde.

96 Die **Zusammenarbeit zwischen der federführenden Aufsichtsbehörde und den anderen betroffenen Aufsichtsbehörden** regelt Art. 60 DS-GVO in Form eines Abstimmungsverfahrens, des sog. **Kooperationsverfahrens,** ausführlich. Die federführende Aufsichtsbehörde ist gem. Art. 56 DS-GVO die Aufsichtsbehörde der Hauptniederlassung oder der einzigen Niederlassung des Verantwortlichen und des Auftragsverarbeiters, die in Fällen grenzüberschreitender Datenverarbeitung aufgrund des sog. One Stop-Shop-Prinzips eine federführende Rolle einnimmt.[69] Im Falle einer grenzüberschreitenden Verarbeitung nimmt die federführende Aufsichtsbehörde eine zentrale Rolle in der Abstimmung und dem Informationsaustausch mit den anderen betroffenen Behörden ein. Es ist Aufgabe der federführenden Behörde, einen Konsens mit den anderen betroffenen Behörden zu erzielen (Art. 60 Abs. 1 DS-GVO) sowie zweckdienliche Informationen und einen Beschlussentwurf zu übermitteln (Art. 60 Abs. 3 DS-GVO). Gegen die Stellungnahme der federführenden Aufsichtsbehörde können die anderen betroffenen Aufsichtsbehörden Einspruch einlegen (Art. 60 Abs. 4 DS-GVO). Diesem Einspruch kann sich die federführende Behörde anschließen (Art. 60 Abs. 5 DS-GVO). Die federführende Aufsichtsbehörde erlässt den Beschluss und teilt ihn auch gegenüber dem Adressaten mit (Art. 60 Abs. 7 DS-GVO). Schließt die federführende Aufsichtsbehörde sich dem Einspruch dagegen nicht an, erfolgt der Übergang ins Kohärenzverfahren (→ Rn. 99), in dem ultimativ der Europäische Datenschutzausschuss entscheidet (Art. 60 Abs. 4, 65 Abs. 1 lit. a DS-GVO). Gegen einen stattgebunden

[68] Hierzu Auernhammer/*Kieck*, DSGVO/BDSG, 7. Aufl. 2020, Art. 31 DS-GVO, Rn. 1ff.

[69] Auslegungsfragen dieser Vorschriften dürften eine wesentliche Rolle spielen bei der Frage, ob das Bußgeld der CNIL gegen Google (Beschl. v. 21.1.2019 – n°SAN-2019-001) vor dem Conseil d'Etat Bestand haben wird (*Wybitul*, ZD 2019, 87f. sieht die CNIL als unzuständig an; ausführlich *Netter*, Dalloz IP/IT 2019, 165ff.).

Beschluss der federführenden Aufsichtsbehörde ist wiederum ein Einspruch möglich (Art. 60 Abs. 5 DS-GVO), was theoretisch zu einem unbegrenzten Einspruchskreislauf ohne Einleitung des Kohärenzverfahrens führen kann, praktisch aber kaum denkbar und mit der Bindungswirkung des Art. 60 Abs. 6 DS-GVO hinsichtlich der unveränderten Teile unvereinbar ist.[70]

97 Art. 62 Abs. 1 DS-GVO sieht die **Durchführung gemeinsamer Maßnahmen der Aufsichtsbehörden** der Mitgliedstaaten der Europäischen Union vor. Zu diesen gemeinsamen Maßnahmen zählen insbesondere gemeinsame Untersuchungen sowie gemeinsame Durchsetzungsmaßnahmen. Diese gemeinsamen Maßnahmen kommen dann in Betracht, wenn ein Verantwortlicher oder Auftragsverarbeiter Niederlassungen in mehreren Mitgliedstaaten hat. Das Erfordernis der Zusammenarbeit ergibt sich in diesen Fällen daraus, dass jede Aufsichtsbehörde nur für ihr jeweiliges Hoheitsgebiet zuständig ist (sog. Territorialitätsprinzip).

98 Im Verhältnis der Aufsichtsbehörden untereinander sehen Art. 61 DS-GVO und Art. 50 Abs. 1 JI-RL **Amtshilfe**[71] vor, welche die einheitliche Anwendung der DS-GVO bzw. der JI-RL gewährleisten soll und vor allem durch die Übermittlung von Informationen über durchgeführte Untersuchungen im Wege von Auskunftsersuchen erfolgt. Um das Verfahren der Amtshilfe wirksam zu gestalten, sind eine Frist von einem Monat für das Nachkommen eines Amtshilfeersuchens (Art. 61 Abs. 2 DS-GVO, Art. 50 Abs. 2 JI-RL) und eine Informationsübermittlung auf elektronischem Wege mittels eines Standardformats (Art. 61 Abs. 6 DS-GVO, Art. 50 Abs. 6 JI-RL) vorgesehen. Bei fruchtlosem Ablauf der Amtshilfefrist fingiert Art. 61 Abs. 8 S. 2 DS-GVO das Vorliegen der Voraussetzung des dringlichen Handlungsbedarfs für ein Dringlichkeitsverfahren (zu diesem → Rn. 100ff.).

2. Kohärenzverfahren

99 Die DS-GVO sieht als weiteres Verfahren der Zusammenarbeit das sog. **Kohärenzverfahren**[72] in Art. 63ff. DS-GVO vor. Es soll die einheitliche Anwendung der DS-GVO sicherstellen. Nach Art. 63 DS-GVO betrifft die Zusammenarbeit im Kohärenzverfahren die Aufsichtsbehörden untereinander und gegebenenfalls die Europäische Kommission, deren Zusammenarbeit Art. 63 DS-GVO ausdrücklich vorsieht. Eine entscheidende Rolle im Kohärenzverfahren spielt jedoch vor allem der **Europäische Datenschutzausschuss,** der mithilfe von Stellungnahmen (Art. 64 DS-GVO) und in streitigen Fällen durch verbindliche Beschlüsse (Art. 65 DS-GVO) für eine einheitliche Anwendung des europäischen Datenschutzrechts sorgt. Der Europäische Datenschutzausschuss gibt Stellungnahmen in der Regel binnen acht Wochen zu den in Art. 64 Abs. 1 lit. a–f DS-GVO genannten Tätigkeiten der Aufsichtsbehörde ab. Die Aufsichtsbehörde hat der Stellungnahme des Europäischen Datenschutzausschusses sodann „weitestgehend“ Rechnung zu tragen und ändert ihren Beschlussentwurf unter Umständen ab (Art. 64 Abs. 7 DS-GVO). Sollte die Aufsichtsbehörde die Stellungnahme des Europäischen Datenschutzausschusses ablehnen, so entscheidet der Europäische Datenschutzausschuss im Streitbeilegungsverfahren nach Art. 65 DS-GVO.[73] In diesem Verfahren erlässt der Europäische Datenschutzausschuss in der Regel innerhalb eines Monats einen

---

[70] *Weber/Dehnert* ZD 2021, 63 (65).

[71] Hierzu Knyrim/*Schmidl,* Datenschutz-Grundverordnung Praxishandbuch, 2016, S. 303 (305f.).

[72] Instruktiv zum Verfahrensablauf Knyrim/*Schmidl,* Datenschutz-Grundverordnung Praxishandbuch, 2016, S. 303 (307f.); *Hijmans,* EDPL 2016, 362 (369ff.).

[73] Hierzu Knyrim/*Schmidl,* Datenschutz-Grundverordnung Praxishandbuch, 2016, S. 303 (308f.).

verbindlichen Beschluss, der von den beteiligten Aufsichtsbehörden vor dem EuGH mit der Nichtigkeitsklage nach Art. 263 AEUV angegriffen werden kann.[74] Die von dem Beschluss betroffene Aufsichtsbehörde trifft ihren endgültigen Beschluss dann auf Grundlage des Beschlusses des Europäischen Datenschutzausschusses (Art. 64 Abs. 6 DS-GVO).

3. Dringlichkeitsverfahren

100 Das Dringlichkeitsverfahren nach Art. 66 DS-GVO erlaubt es der Aufsichtsbehörde, vom Kohärenzverfahren oder der Zusammenarbeit nach Art. 60 DS-GVO abzuweichen und eine **einstweilige Anordnung** zu erlassen. Dies soll in „außergewöhnlichen Umständen" möglich sein. Unter außergewöhnlichen Umständen werden ausweislich der Verfahrensbezeichnung dringende Angelegenheiten fallen, deren Befassung durch die Aufsichtsbehörde zeitlich nicht ein umfangreiches Kooperationsverfahren zwischen verschiedenen Aufsichtsbehörden duldet. Die Geltungsdauer der einstweiligen Anordnung beträgt maximal drei Monate (Art. 66 Abs. 1 S. 1 DS-GVO). Die handelnde Aufsichtsbehörde muss andere betroffene Aufsichtsbehörden sowie den Europäischen Datenschutzausschuss und die Kommission über die Maßnahme und Gründe in Kenntnis setzen (Art. 66 Abs. 1 S. 2 DS-GVO). Derartige Alleingänge anderer als der federführenden Aufsichtsbehörde können das auf die Bündelung der Aufsicht bei der federführenden Aufsichtsbehörde ausgerichtete One Stop Shop-System der DS-GVO erheblich beeinträchtigen und sind deshalb nur in den eng zu verstehenden, in der DS-GVO geregelten Ausnahmefällen zulässig.[75] Andererseits darf die Bündelung der Aufsicht bei der federführenden Aufsichtsbehörde nicht dazu führen, dass durch Untätigkeit der federführenden Aufsichtsbehörde einem **„Forum Shopping"** zum Nachteil des gesamteuropäischen Datenschutzniveaus Vorschub geleistet werden würde.[76] Hierfür hält die DS-GVO insbesondere die Regelung des Art. 61 Abs. 8 DS-GVO bereit, die bei der Nichtbeantwortung eines Amtshilfeersuchens nach Ablauf eines Monats die für die Einleitung des Verfahrens nach Art. 66 DSGVO notwendige Dringlichkeit fingiert. Das bisher einzige Verfahren auf der Grundlage von Art. 61 Abs. 8 DS-GVO scheiterte allerdings an einem Formfehler bei der Versendung des Amtshilfeersuchens.[77] Als weiteres **Mittel gegen die systematische Untätigkeit einer federführenden Aufsichtsbehörde** mahnt der EuGH die Nutzung des Verfahrens für Angelegenheiten mit allgemeiner Geltung in Art. 64 Abs. 2 DS-GVO an.[78] Dementsprechend ist das Dringlichkeitsverfahren nach Art. 66 DS-GVO kein Allheilmittel gegen notorisch träge federführende Aufsichtsbehörden, sondern zum Schutze der Kohärenzbestimmungen der DS-GVO vor Unterlaufen an spezifische Einleitungsvoraussetzungen geknüpft. Ein allgemeiner entsprechender Rechtsbehelf gegen Untätigkeit war rechtspolitisch gefordert worden, konnte sich im Rechtssetzungsverfahren aber nicht durchsetzen.[79] Letztlich bleibt in diesen Fällen nur die Einleitung eines Vertragsverletzungsverfahrens durch die EU-Kommission.

---

[74] Simitis/Hornung/Spiecker/*Spiecker*, 2019, Art. 65 DS-GVO Rn. 39.

[75] EuGH, Urt. v. 15.6.2021 – C-645/19, NJW 2021, 2495 (Rn. 63 ff.); Dringlichkeitsentscheidung 01/2021 des EDSA v. 12.7.2021, Ziff. 167.

[76] EuGH, Urt. v. 15.6.2021 – C-645/19, NJW 2021, 2495 (Rn. 68).

[77] Dringlichkeitsentscheidung 01/2021 des EDSA vom 12.7.2021, Ziff. 171 ff.

[78] EuGH, Urt. v. 15.6.2021 – C-645/19, NJW 2021, 2495 (Rn. 71).

[79] *Caspar*, in: Kühling/Buchner, 3. Aufl. 2020, Art. 66 DS-GVO, Rn. 12. – Der EDSA hat zur Kompensation jüngst mit der Arbeit an Leitlinien zur Bearbeitungsgeschwindigkeit für Verfahren nach Art. 60 DS-GVO begonnen (s. *Thiel*, ZD 2021, 467 (469)). Diesen kommt aber eine verbindliche Wirkung nicht zu.

100a Der vom Europäischen Datenschutzausschuss im angesprochenen Dringlichkeitsverfahren unternommene Versuch, statt der in Art. 66 Abs. 2 DS-GVO vorgeschriebenen Maßnahmen eine Verpflichtung der federführenden irischen Aufsichtsbehörde zur weiteren Sachverhaltsaufklärung und -behandlung auszusprechen,[80] entbehrt der **gesetzlichen Grundlage** und ist daher letztlich ein unverbindliches politisches Statement.[81]

100b Das Dringlichkeitsverfahren ist neben den in Art. 56 Abs. 2 DS-GVO geregelten und wohl praktisch seltenen lokalen Fällen der einzige Weg, auf dem eine andere als die federführende Aufsichtsbehörde tätig werden kann. Liegen seine (engen, → Rn. 100) Voraussetzungen vor, folgt hieraus konsequenterweise auch die Befugnis, Abhilfemaßnahmen gegen Verantwortliche aus anderen Mitgliedsstaaten zu ergreifen. Zur **in Art. 58 Abs. 5 DS-GVO geregelten Klagemöglichkeit** für die Aufsichtsbehörden hat der EuGH diesbezüglich entschieden, dass die Klage erstens vor einem lokalen Gericht des Mitgliedsstaats der nicht federführenden Aufsichtsbehörde erhoben werden kann.[82] Aus der weiten Formulierung der Norm folge weiter, dass sie zweitens **weder eine Haupt- noch sonst eine Niederlassung** des Verantwortlichen im Mitgliedsstaat der Aufsichtsbehörde voraussetze[83] und sie drittens sowohl gegen die ausländische Haupt- als auch gegen die inländischen Zweigniederlassungen gerichtet[84] werden könne. In beiden Fällen ist der räumliche Anwendungsbereich der DS-GVO nach Art. 3 DS-GVO zu beachten, weshalb eine Klage gegen eine Niederlassung nur dann in Frage kommt, wenn diese die beanstandete Tätigkeit im Rahmen ihrer Tätigkeit im Sinne des Art. 3 Abs. 1 DS-GVO vornimmt, wobei der EuGH allerdings auf eine weite Auslegung drängt.[85] Damit **implizit mitentschieden** ist auch, dass die Klage vor einem Gericht des Mitgliedsstaats der nicht federführenden Aufsichtsbehörde aus Art. 58 Abs. 5 DS-GVO auch dann möglich ist, wenn der Verantwortliche *gar keine* Niederlassung in diesem Mitgliedsstaat unterhält. Die Klage ist dann gegen die ausländische Hauptniederlassung zu richten.

100c Art. 58 Abs. 5 DS-GVO ist im deutschen Recht bezüglich der Klagemöglichkeit für Aufsichtsbehörden weder für das Dringlichkeitsverfahren noch überhaupt umgesetzt worden.[86] Das steht im Einklang mit der traditionellen deutschen Konzeption, nach der Behörden Verwaltungsakte erlassen, gegen die dann der Adressat vor Gericht klagen kann. Auch wenn dies **ein eher indirekter Weg zum Gericht** ist, liegt hierin keine Verkürzung der Rechtsschutzmöglichkeiten, sodass der deutsche Weg noch gangbar erscheint. Für den Fall, dass ein Mitgliedsstaat ein Gerichtsverfahren überhaupt nicht vorsieht, attestiert der EuGH der Vorschrift allerdings offenbar hilfsweise und insoweit gegen den Wortlaut der Norm („jeder Mitgliedsstaat sieht […] vor“) unmittelbare Wirkung.[87]

II. Zusammenarbeit und Unabhängigkeit

101 Je nach dem Grad und der Intensität der Zusammenarbeit der Aufsichtsbehörde mit dem Verantwortlichen, dem Auftragsverarbeiter oder anderen Behörden oder öffentlichen Stellen wird die Unabhängigkeit berührt. In einem Verfahren der Zusammenarbeit kann keiner der Beteiligten völlig unabhängig sein. Die Begriffe der völligen **Unabhängigkeit und der Zusammenarbeit schließen sich konzeptionell**

[80] Dringlichkeitsentscheidung 01/2021 des EDSA v. 12.7.2021, Ziff. 207.
[81] Vgl. *Blasek*, ZD-Aktuell 2021, 05210; **a.A.** bei *Weber/Dehnert*, ZD 2021, 63 (66f.) unter Verweis auf Fehlanreize zu unvollständiger Ermittlung und dadurch entstehende Lücken im Grundrechtsschutz der Betroffenen.
[82] EuGH, Urt. v. 15.6.2021 – C-645/19, NJW 2021, 2495 (Rn. 57ff.).
[83] EuGH, Urt. v. 15.6.2021 – C-645/19, NJW 2021, 2495, (Rn. 79).
[84] EuGH, Urt. v. 15.6.2021 – C-645/19, NJW 2021, 2495 (Rn. 88f.).
[85] EuGH, Urt. v. 15.6.2021 – C-645/19, NJW 2021, 2495 (Rn. 88ff.).
[86] *Eichler*, in: BeckOK DatenschutzR, 36. Ed. 1.5.2021, Art. 58 DS-GVO, Rn. 44.
[87] EuGH, Urt. v. 15.6.2021 – C-645/19, NJW 2021, 2495 (Rn. 109ff.).

gegenseitig aus.[88] Im Wege der Zusammenarbeit kann es demnach keine völlige Unabhängigkeit der Aufsichtsbehörde geben, sondern nur Lösungen, die einen möglichst hohen Grad an Unabhängigkeit gewährleisten.

III. Netzwerk und Legitimation

102 Die Datenschutzaufsicht ist als Netzwerk organisiert.[89] Dieses Aufsichtsnetzwerk ergibt sich aus den Zusammenarbeitserfordernissen der DS-GVO (bspw. Art. 61 DS-GVO, Art. 63 ff. DS-GVO) und aus dem BDSG (§ 14 Abs. 1 Nr. 7, § 16 Abs. 5 BDSG) sowie der Struktur der Datenschutzaufsicht. Zwar dient die Kooperation der Aufsichtsbehörden auf mitgliedstaatlicher und europäischer Ebene der einheitlichen Durchsetzung des Datenschutzrechts, es stellen sich jedoch **Legitimationsprobleme im Bereich der unabhängigen Eingriffsverwaltung.** Rechtstaatlichkeit ist auf eine bestimmte Form und vorgegebene Verfahren gegründet, denen das Netzwerk als bewegliche und informale[90] Struktur auf den ersten Blick entgegenzustehen scheint.[91] Um mit dem Rechtstaatsprinzip vereinbar zu sein, muss die unabhängige Datenschutzaufsicht der Rechtsbindung sowie einem präzisen Normprogramm unterliegen, verfahrensmäßig flankiert werden und ein effektiver Rechtsschutz[92] bestehen.[93] Zudem ist für eine rechtstaatliche Gestaltung der unabhängigen Datenschutzaufsicht darauf zu achten, dass die Datenschutzaufsicht ihren Aufgaben entsprechend zusammengesetzt ist und Zuständigkeiten und Kompetenzen der Aufsicht gesetzlich bestimmt sind. Nicht zuletzt muss sich die Netzwerkstruktur der Datenschutzaufsicht am Demokratieprinzip messen lassen, was vor allem aufgrund der mangelnden Übertragbarkeit der einzelstaatlichen Organisationsprinzipien auf die europäische Ebene Schwierigkeiten bereitet.[94] Dennoch müssen auch durch europäisches Recht unabhängig gestellte Behörden ein Mindestmaß demokratischer Legitimation aufweisen (etwa in Form kompensatorischer Maßnahmen auf organisatorisch-personeller Ebene)[95] und muss der durch unterschiedliche Kooperationen geprägten Netzwerkstruktur der Datenschutzaufsicht zudem die Verantwortlichkeit des Aufsichtshandelns klar zuzuordnen bleiben.[96]

G. Rechtsschutz gegen Aufsichtsbehörden

I. Vorgaben der DS-GVO und verwaltungsgerichtlicher Rechtsschutz

103 Art. 78 Abs. 1 DS-GVO und Art. 53 JI-RL sehen vor, dass jede natürliche oder juristische Person unabhängig von einem anderweitigen verwaltungsrechtlichen

[88] Hierzu allgemein *Kröger*, Unabhängigkeitsregime im europäischen Verwaltungsverbund, 2019.

[89] *v. Lewinski*, NVwZ 2017, 1483 (1484 ff.); zu Verwaltungsnetzwerken in der EU allgemein *Schwind*, Netzwerke im Europäischen Verwaltungsrecht, 2018.

[90] *Schliesky*, Von der organischen Verwaltung Lorenz von Steins zur Netzwerkverwaltung im Europäischen Verwaltungsverbund, 2009, S. 7, mit Verweis auf *Möllers*, in: Oebbecke, Nicht-normative Steuerung in dezentralen Systemen, 2005, S. 285 ff. und zur informellen Steuerung S. 297 f.

[91] Weniger kritisch *Augsberg*, in: Kröger/Polniok, Unabhängiges Verwalten in der Europäischen Union, 2016, 17 (32 f.).

[92] Ausführlich zum Rechtsschutz im Zusammenhang mit Netzwerken *Simantiras*, Netzwerke im europäischen Verwaltungsverbund, 2016, 145 ff.

[93] *v. Lewinski*, DVBl. 2013, 339 (342); *ders.*, NVwZ 2017, 1483 (1489).

[94] *Simantiras*, Netzwerke im europäischen Verwaltungsverbund, 2016, S. 47 ff.

[95] Am Beispiel der ebenfalls unabhängigen EZB BVerfG, Urt. v. 30.7.2019 – 2 BvR 1685/14 u.a., BVerfGE 151, 202 (Rn. 210 ff.).

[96] *v. Lewinski*, NVwZ 2017, 1483 (1487 ff.); zu Legitimationsmodi *Kröger*, in: Kröger/Pilniok, Unabhängiges Verwalten in der Europäischen Union, 2016, S. 1 (10 ff.).

Rechtsschutz und außergerichtlichen Rechtsbehelfen ein **wirksamer gerichtlicher Rechtsbehelf** hinsichtlich eines sie betreffenden rechtsverbindlichen Beschlusses der Aufsichtsbehörde zusteht. Es handelt sich um den „klassischen" Verwaltungsrechtsschutz. Unklar ist vom Wortlaut der Norm her, welche rechtsverbindlichen Beschlüsse dies betrifft.[97] Rechtsverbindliche Beschlüsse sind wohl in erster Linie das Ergebnis der Ausübung der Untersuchungs-, Abhilfe- und Genehmigungsbefugnisse nach Art. 58 Abs. 1–3 DS-GVO bzw. der Abhilfebefugnisse nach Art. 47 Abs. 2 JI-RL und umfassen damit vor allem die Verwarnungen und Anweisungen gem. Art. 58 Abs. 2 DS-GVO und Genehmigungen und Verweigerungen von Genehmigungen nach Art. 58 Abs. 3 DS-GVO bzw. die in Art. 47 Abs. 2 lit. a–c JI-RL genannten Maßnahmen.[98] Es handelt sich um konkret-individuelle Maßnahmen der Aufsichtsbehörde mit Außenwirkung und kann damit dem Verwaltungsakt gleichgesetzt werden.[99]

104 **Klagebefugt** sind diejenigen, die von einem Beschluss betroffen sind. Darunter fallen die Adressaten der rechtsverbindlichen Beschlüsse und damit auch der Verantwortliche und der Auftragsverarbeiter. Bei einem Beschluss mit Drittwirkung kann auch ein mittelbar Betroffener klagebefugt sein.[100] Nach Maßgaben von Art. 80 DS-GVO[101] bzw. Art. 55 JI-RL klagebefugt sind auch bestimmte Verbände **(Prozessstandschaft).**

105 Die Rechtsschutzmöglichkeit gilt nach Art. 78 Abs. 2 DS-GVO und Art. 53 Abs. 2 JI-RL auch für Fälle, in denen sich die Aufsichtsbehörde gar nicht mit einer Beschwerde des Betroffenen befasst oder die Frist zur Benachrichtigung des Betroffenen über den Stand oder das Ergebnis der Beschwerde versäumt **(Untätigkeitsrechtsschutz).** Im Rahmen des Untätigkeitsrechtsschutzes sind nur Betroffene, die eine Beschwerde nach Art. 77 DS-GVO eingereicht haben, klagebefugt. Der Untätigkeitsrechtsschutz ist auf ein Tätigwerden oder Zwischenbescheidung gerichtet.

106 Die Zuständigkeit für die Durchführung dieser Verfahren liegt bei den **mitgliedstaatlichen Gerichten** (Art. 78 Abs. 3 DS-GVO; Art. 53 Abs. 3 JI-RL). In Deutschland betrifft dies in erster Linie die Verwaltungsgerichte, die rechtsverbindliche Beschlüsse der Aufsichtsbehörden auf Antrag des Betroffenen im verwaltungsgerichtlichen Verfahren auf ihre Rechtmäßigkeit hin überprüfen. Maßgeblich für die Durchführung dieser Verfahren ist nicht das europäische Recht, sondern das deutsche Verwaltungsprozessrecht. Die Gerichtszuständigkeit richtet sich nach mitgliedstaatlichem Recht. § 20 Abs. 1 BDSG sieht für Streitigkeiten unter Beteiligung einer Datenschutzaufsichtsbehörde, abgesehen vom Bußgeldverfahren, den Verwaltungsrechtsweg vor.

107 Ist dem Beschluss der Aufsichtsbehörde eine Stellungnahme oder ein Beschluss des Europäischen Datenschutzausschusses vorangegangen, so hat die Aufsichtsbehörde die **Stellungnahme oder den Beschuss dem Gericht zuzuleiten** (Art. 78 Abs. 4 DS-GVO). Daraus folgt keine direkte, wohl aber eine indirekte Überprüfung der Entscheidung des Europäischen Datenschutzausschusses.

---

[97] Plath/*Becker*, BDSG/DSGVO, 3. Aufl. 2018, Art. 78 DS-GVO, Rn. 1.

[98] Gola/*Pötters/Werkmeister*, 2. Aufl. 2018, Art. 78 DS-GVO, Rn. 8; Plath/*Becker*, BDSG/DSGVO, 3. Aufl. 2018, Art. 78 DS-GVO, Rn. 1 f.

[99] Kühling/Buchner/*Bergt*, DS-GVO, 3. Aufl. 2020, Art. 78 Rn. 6; Plath/*Becker*, BDSG/DSGVO, 3. Aufl. 2018, Art. 78 DS-GVO, Rn. 2; Gola/*Pötters/Werkmeister*, 2. Aufl. 2018, Art. 78 DS-GVO, Rn. 8; weniger eindeutig Ehmann/Selmayr/*Nemitz*, 2. Aufl. 2018, Art. 78 DS-GVO, Rn. 6.

[100] So auch Gola/*Pötters/Werkmeister*, 2. Aufl. 2018, Art. 78 DS-GVO, Rn. 10.

[101] Plath/*Becker*, BDSG/DSGVO, 3. Aufl. 2018, Art. 78 DS-GVO, Rn. 2.

II. Staatshaftung

108 In Betracht kommen auch staatshaftungsrechtliche Ansprüche des Verantwortlichen oder Auftragsverarbeiters im nicht-öffentlichen Bereich. Zu denken ist an einen **Folgenbeseitigungsanspruch** wegen Verletzung wirtschaftlicher Grundrechte oder je nach Lage des Falles auch an einen **Amtshaftungsanspruch,** der neben dem verwaltungsgerichtlichen Rechtsschutz steht, an einen **Folgenentschädigungsanspruch** oder aber auch an einen **öffentlich-rechtlichen Erstattungsanspruch.** In Betracht kommt bei einer Verletzung von europäischem Recht auch ein Anspruch wegen **Verletzung des Unionsrechts.**

III. Entscheidungen des Europäischen Datenschutzausschusses

109 Der endgültige Beschluss der Aufsichtsbehörde auf Grundlage des Beschlusses des Europäischen Datenschutzausschusses kann im Wege des Art. 78 DS-GVO bzw. Art. 53 JI-RL von den deutschen Verwaltungsgerichten überprüft werden. Für diese besteht auch die Möglichkeit eines **Vorlageverfahrens an den EuGH** gem. Art. 267 AEUV.[102]

110 Daneben besteht für den Verantwortlichen oder den Auftragsverarbeiter die Möglichkeit einer **Nichtigkeitsklage** hinsichtlich des Beschlusses des Europäischen Datenschutzausschusses vor dem EuGH nach Art. 263 Abs. 4 AEUV.[103]

111 Denkbar wäre zudem auch, den **Aufsichtsbehörden,** die von dem Beschluss des Europäischen Datenschutzausschusses betroffen sind, eine **Klagebefugnis** im Wege der Nichtigkeitsklage nach Art. 263 Abs. 4 AEUV zuzusprechen.[104]

---

[102] Plath/*Hullen,* BDSG/DSGVO, 3. Aufl. 2018, Art. 65 DS-GVO, Rn. 14.

[103] *Schantz,* NJW 2016, 1841 (1847); Kühling/Buchner/*Caspar,* 3. Aufl. 2020, Art. 65 DS-GVO, Rn. 17; Plath/*Hullen,* 3. Aufl. 2018, BDSG/DSGVO, Art. 65 DS-GVO, Rn. 15.

[104] *Nguyen,* ZD 2015, 265 (268).

6. Abschnitt. Haftung, Sanktionen

§ 23. Haftung

Literatur: *Bleckat,* Die Auslegung des Schadensbegriffs in Art. 82 DS-GVO, RDV 2020, 11; *Buchner,* Informationelle Selbstbestimmung im Privatrecht, 2006, S. 299; *Galetzka,* Datenschutz und unlauterer Wettbewerb, K&R 2015, 77; *Kamlah/Hoke,* Datenschutz und UWG – Unterlassungsansprüche bei Datenschutzverstößen, RDV 2008, 226; *Halder,* Private Enforcement und Datenschutzrecht, 2022; *Jacquemain,* Der deliktische Schadensersatz im europäischen Datenschutzprivatrecht, 2017; *Kautz,* Schadenersatz im europäischen Datenschutzrecht, 2006; *Kosmides,* Zivilrechtliche Haftung für Datenschutzverstöße, 2010 (hauptsächlich zum griechischen Recht); *v. Lewinski,* Formelles und informelles Handeln der datenschutzrechtlichen Aufsichtsbehörden, RDV 2001, 275; *Linsenbarth/Schiller,* Datenschutz und Lauterkeitsrecht, WRP 2013, 576; *Menezes Cordeiro,* Civil Liability for Processing of Personal Data in the GDPR, EDPL 2019, 492; *Podszun/de Toma,* Die Durchsetzung des Datenschutzes durch Verbraucherrecht, Lauterkeitsrecht und Kartellrecht, NJW 2016, 2987; *Rissing-van Saan,* Privatsphäre und Datenverarbeitung, Diss. jur. Bochum 1978; *Schmidt,* Wann haftet der Staat?, 1989; *Schröder,* Die Haftung für Verstöße gegen Privacy Policies und Codes of Conduct nach US-amerikanischem und deutschem Recht, 2007; *Schürmann/Baier,* Schadensersatzansprüche im Datenschutz, DuD 2022, 103; *Truli,* The General Data Protection Regulation and Civil Liability, in: Personal Data in Competition, Consumer Protection and Intellectual Property Law, 2018, S. 303; *Wessels,* Schmerzensgeld bei Verstößen gegen die DSGVO, DuD 2019, 781; *v. Westerholt,* Wettbewerbsrecht und Datenschutzrecht – Ein ungeklärtes Verhältnis, in: FG Beier, 1996, 561; *Wind,* Haftung bei der Verarbeitung personenbezogener Daten, RDV 1991, 16.

1 Verletzungen datenschutzrechtlicher Vorschriften sind (sekundär-)rechtlich oft folgenlos.[1] Bekanntermaßen aber manifestiert sich die praktische Bedeutung von Rechtsvorschriften in einer Rechtsfolge. Dabei kommt es nicht so sehr auf die geschriebenen **Folgen von Rechtsverstößen** an, sondern auf die tatsächlichen. So wirken sich einerseits Verfolgungsdefizite negativ auf die Verbindlichkeit von Normen aus, während andererseits die Verbindlichkeit durch erwartbare Sanktionen vergrößert werden kann. Solche Folgen können durchaus auch außerrechtlicher Natur sein, etwa in Gestalt eines Imageverlusts (gerade im Endkundengeschäft) und stets in der Form des Lästigkeitswerts (nuisance value), der die gebundenen internen Ressourcen und externen (Rechtsberatungs-)Kosten beschreibt.

2 Gesetzlich vorgesehen sind jedenfalls Sanktionen auf dem Gebiet des **Zivilrechts** (Schadenersatzansprüche; → Rn. 3 ff.), auch in Form von **Verbandsklagen** (→ Rn. 50 ff.), des **Wettbewerbsrechts** (→ Rn. 54 ff.) sowie des **Ordnungswidrigkeiten- und Strafrechts** (→ § 24). Als Sanktion im weiteren Sinne ist ein Ausschluss von den Verhaltensregeln (Art. 41 Abs. 4 DS-GVO) nebst anderer geeigneter Maßnahmen durch eine zur Überwachung der Verhaltensregeln akkreditierte Stelle möglich. In einem noch weiteren Sinne haben auch die Informationspflichten bei sog. „Datenpannen" nach Art. 33 f. DS-GVO (→ § 15) als **„Naming and Shaming"**[2] einen (wenngleich unechten) Sanktionscharakter.

A. Schadenersatz

3 Aus der ursprünglichen Natur des Datenschutzrechts als Ordnungsrecht, jedenfalls aber aus seiner Eigenschaft als **Vorfeldschutz vor Persönlichkeitsverletzungen**

[1] Umfassend *Lindhorst,* Sanktionsdefizite im Datenschutzrecht, 2010.

[2] Zur öffentlichen und politischen Bedeutung der Scham *Jacquet,* Scham, 2015; s. auch Art. 22 Abs. 2 des Gesetzes (Nr. 78-17) v. 6.1.1978 i.d.F. v. 1.6.2019, sowie Conseil d'Etat, Beschl. v. 7.2.2014 – n° 374595 – Google Inc. (zur jüngeren französischen Praxis kritisch *Wybitul,* ZD 2019, 97 (98) sowie *Brink,* ZD 2019, 141 f.).

folgt, dass ein Schadenersatzanspruch nicht für jede Verletzung einer Datenschutznorm gewährt wird bzw. gewährt werden muss.[3] Das Datenschutzrecht ist deswegen aber kein „Recht zweiter Klasse“,[4] sondern, weil es den Schutz des Persönlichkeitsrechts bewirken soll (vgl. § 1 BDSG-alt; unschärfer aber nun etwa ErwGr 2 DS-GVO), sind Verletzungen institutioneller und technisch-organisatorischer Vorgaben keine Verletzung eines subjektiven Rechts; nach überkommener Dogmatik ist dann grundsätzlich kein Schadenersatzanspruch gegeben, sondern die Durchsetzung insb. den Aufsichtsbehörden überwiesen.

4 Anders mag dies nun unter Geltung des Art. 82 DS-GVO sein, der dem Wortlaut nach **jeden Verstoß gegen Vorschriften des Datenschutzrechts** – inklusive der in delegierten Rechtsakten und Durchführungsrechtsakten der Union sowie in Rechtsvorschriften der Mitgliedsstaaten enthaltenen (ErwGr 146 S. 5) – für einen Schadenersatzanspruch genügen lässt und damit zumindest auch die technisch-organisatorischen Maßnahmen mit einschließt.[5] Zu erwarten ist, dass Art. 82 DS-GVO eine **Verlagerung** vom negatorischen zum kompensatorischen Rechtsschutz bewirken wird.[6]

I. Anwendbare Normen

1. Datenschutzrecht

5 Jedenfalls enthält Art. 82 DS-GVO eine spezielle datenschutzrechtliche Schadenersatznorm und damit erstmals eine eigenständige unionsrechtliche Anspruchsgrundlage. Normiert ist dort eine **spezielle deliktische Haftung.**[7] Dabei ist die Regelung nicht abschließend und lässt bestehende – allgemeine oder speziell auf das Persönlichkeitsrecht zugeschnittene[8] – Haftungsansprüche unberührt[9] (s. auch ErwGr 146 S. 4 DS-GVO). Das genaue Verhältnis zu den (vornehmlich) mitgliedstaatlichen Schadenersatznormen und die Einpassung in die (jeweilige) Dogmatik von Vertrags-, Delikts- und Staatshaftungsrecht werden noch zu klären sein.[10] Es spricht viel dafür, dass Art. 82 DS-GVO die allgemeinen zivilrechtlichen Anspruchsgrundlagen nicht vedrängt, sondern neben ihnen steht.[11] Ferner wären ergänzende mitgliedsstaatliche Haftungsnormen denkbar,[12] sind aber im BDSG nicht vorgesehen.

6 Änderungen der **datenschutzrechtlichen Spezialgesetze** und der dort enthaltenen Schadenersatzregelungen (bspw. früher § 7 TMG a. F., § 81b SGB X a. F.) hatten einige Zeit in Anspruch genommen.

7 Im Zentrum der Überlegungen für Auslegung und ggf. Neuschaffung des mitgliedstaatlichen Rechts muss im Hinblick auf den **Effet utile-Grundsatz** jeweils die

[3] Ausdrücklich auch AG Dietz, Urt. v. 7.11.2018 – 8 C 130/18, ZD 2019, 85f.; LG Karlsruhe, Urt. v. 2.8.2019 – 8 O 26/19, ZD 2019, 511 (Rn. 17); *Wybitul*, NJW 2019, 3265ff.
[4] So aber *Ehmann*, CR 1999, 751 (752).
[5] Auernhammer/*Eßer*, DS-GVO/BDSG, 7. Aufl. 2020, Art. 82 DS-GVO, Rn. 6.
[6] *Hess*, Die DSGVO und das europäische Prozessrecht, in: FS Geimer, 2017, S. 255 (258).
[7] Gola/*Gola/Piltz*, 2. Aufl. 2018, Art. 82 DS-GVO, Rn. 1.
[8] S. bspw. Art. 9 Abs. 1, 2 französischer Code Civil.
[9] Auernhammer/*Eßer*, DS-GVO/BDSG, 7. Aufl. 2020, Art. 82 DS-GVO, Rn. 1; von einem indirekten Effekt auf das mitgliedstaatliche Deliktsrecht geht gleichwohl *Truli*, The General Data Protection Regulation and Civil Liability, in: Personal Data in Competition, Consumer Protection and Intellectual Property Law, 2018, S. 303 (326).
[10] Kritisch *Hess*, FS Geimer, 2017, S. 255 (258).
[11] Auernhammer/*Eßer*, DS-GVO/BDSG, 7. Aufl. 2020, Art. 82 DS-GVO, Rn. 3 u. 27.
[12] Kühling/Buchner/*Bergt*, 3. Aufl. 2020, Art. 82 DS-GVO, Rn. 68.

Garantie eines wirksamen und insbesondere nicht ungünstigeren oder praktisch unmöglichen Anspruches auf Schadenersatz stehen.[13]

8 **Auch Art. 56 JI-RL** sieht die Schaffung mitgliedsstaatlicher Regelungen zum Ersatz materieller und immaterieller Schäden vor.

2. Zivilrechtliche Haftung

9 Eine zivilrechtliche Haftung auf Schadenersatz kann auf **Vertrag und Delikt** beruhen.

10 Die DS-GVO sieht als Instrument zur **Konkretisierung** der dort aufgestellten Anforderungen verschiedene Instrumente der „regulierten Selbstregulierung" vor, u. a. auch Verhaltensregeln nach Art. 40, 41 DS-GVO (sog. „Code of Conduct"). Genau so vielfältig wie deren Rechtsnatur gestalten sich auch die möglichen Folgen bei Verstößen. Sie ergeben sich beispielweise aus den Vereinssatzungen, aus vertrags-/vertragsähnlichem Rechtsgrund oder Deliktsrecht.[14] Noch größer ist die Variabilität der Erscheinungsformen bei Privacy Policies, da es sich hierbei nicht um einen deutschen Rechtsbegriff handelt. Liegt im Verstoß gegen den Code of Conduct oder die Privacy Policy auch ein solcher gegen die Vorschriften der DS-GVO, ergeben sich insoweit keine Besonderheiten.

a) Vertragliche und vorvertragliche Ansprüche

11 Anspruchsgrundlagen bei Verletzung einer – auch ungeschriebenen – (vor-) vertraglichen Pflicht können § 280 Abs. 1, § 241 Abs. 2 sowie § 311 Abs. 2 BGB sein. Hierzu muss es zu einer Verletzung einer vertraglichen Haupt- oder Nebenpflicht gekommen sein. Zwar scheint eine auf den Datenschutz bezogene Hauptleistungspflicht nicht ausgeschlossen[15] – insbesondere bei Auskunfteien oder Servicerechenzentren[16] –, in der Regel wird es sich bei datenschutzrechtlichen Pflichten aber um eine **Nebenpflicht** handeln. Häufig sind zudem auch vorvertragliche Ansprüche, wenn die Datenerhebung bereits zur Anbahnung eines Vertragsverhältnisses vorgenommen wird.

b) Deliktische Ansprüche

12 Neben und außerhalb eines Vertragsverhältnisses können Schadenersatzansprüche auf Delikt beruhen.[17] Anspruchsgrundlage ist dann § 823 Abs. 1 BGB. Das **Allgemeine Persönlichkeitsrecht** (Art. 2 Abs. 1 i. V. Art. 1 Abs. 1 GG) ist ein absolutes Recht im Sinne des § 823 Abs. 1 BGB. Auch § 823 Abs. 2 BGB ist in Verbindung mit **Vorschriften des Datenschutzrechts,** die „den Schutz eines anderen bezwecken", eine mögliche Anspruchsnorm,[18] wobei Art. 82 DS-GVO aber bereits bewirkt, dass alle Pflichten der DS-GVO (im Sinne deutscher Terminologie) zu **Schutzgesetzen** erhoben werden, in dem er jeden Verstoß zum Anknüpfungspunkt der Haftung wählt.[19] Denkbar sind darüber hinaus Ansprüche aufgrund von Kreditgefährdung (§ 824 BGB) sowie in Sonderfällen auch aus sittenwidriger Schädigung (§ 826 BGB).

13 Im Rahmen von Ansprüchen nach § 823 BGB muss – richtigerweise – vom Charakter des **Datenschutzrechts als Vorfeldschutz** ausgegangen werden. Das Vorliegen

[13] *Frenz,* Handbuch des Europarecht, 2010, Bd. 5, § 7 Rn. 441.

[14] Dazu im einzelnen *Schröder,* Die Haftung für Verstöße gegen Privacy Policies und Codes of Conduct, 2007, S. 174 ff.

[15] *Greve,* Haftung für Datenverarbeitung, 1988, S. 2.

[16] So *Jacquemain,* Der deliktische Schadensersatz im europäischen Datenschutzprivatrecht, 2017, S. 132.

[17] OLG Dresden, Urt. v. 14.10.2021 – 4 U 1278/21, nJ 2022, 122 (LS. 2).

[18] LG Gera, Urt. v. 6.1.2010 – 3 O 1/10, MMR 2011, 282 f.

[19] *Hess,* FS Geimer, 2017, S. 255 (257).

einer Persönlichkeitsrechtsverletzung wird also nicht durch die Verletzung einer Datenschutznorm indiziert.

3. Öffentlich-rechtliche Haftungsansprüche

14 Schadenersatz nach Öffentlichem Recht kann sich aus Amtshaftung (Art. 34 S. 1 GG i. V. m. § 839 Abs. 1 BGB) ergeben; auch weitere **staatshaftungsrechtliche Anspruchsgrundlagen** sind bei vertraglicher oder deliktischer Haftung (§§ 31, 89 bzw. § 831 BGB) nicht ausgeschlossen.[20] Bei Verstößen gegen die Vorgaben der DS-GVO sind hierbei die Grundlagen der Haftung der Mitgliedsstaaten für Verstöße gegen das Unionsrecht zu beachten, die seit der Francovich-Entscheidung[21] vom EuGH aus dem Effet utile-Grundsatz entwickelt wurden. Ausdrückliche Haftungsgrundlagen bestehen dabei nicht, weil deren grundsätzliches Bestehen bereits aus dem Wesen der mit den Verträgen geschaffenen Rechtsordnung folge.[22] Die Abwicklung hat im Rahmen des mitgliedstaatlichen Haftungsrechts zu erfolgen[23] (zu unionsrechtlichen Vorgaben zum Anspruchsumfang → Rn. 32 ff.).

II. Anspruchsberechtigter

15 Anspruchsberechtigter ist nach Art. 82 DS-GVO trotz fehlender expliziter Benennung nur der **Betroffene;**[24] systematisch kann dies mit Abs. 4 sowie ErwGr 146 S. 6 und S. 8 begründet werden.[25] Für alle anderen, bspw. Wettbewerber, bleibt damit nur ein Verweis auf andere mögliche Anspruchsgrundlagen (→ Rn. 53 ff.).

III. Anspruchsverpflichtete

16 Im Gegensatz zum Anspruchsberechtigten wird der Anspruchsverpflichtete in Art. 82 Abs. 1 DS-GVO ausdrücklich benannt. Datenschutzrechtliche Schadenersatzansprüche können sich nur gegen den **Verantwortlichen** und den **Auftragsverarbeiter** richten. Verantwortlicher im Sinne des Art. 4 Nr. 7 DS-GVO ist dabei nur derjenige, der im Rahmen der Verarbeitung die Möglichkeit hat, deren Zweck und Mittel zu bestimmen. Dass mitgliedstaatliche Gesetzgeber Bußgelder gegen öffentliche Stellen ausgeschlossen haben, ändert nichts daran, dass sie passivlegitimiert bei Ansprüchen aus Art. 82 DS-GVO sind.[26]

17 Dies schließt **Angestellte des Verantwortlichen** als eigenständig Verpflichtete aus, zudem wohl auch weiterhin die unabhängigen betrieblichen und behördlichen **(Datenschutz-)Beauftragten**[27] oder Gremien innerhalb des Verarbeiters, wie Betriebs- oder Personalräte[28] (→ § 11). Ansprüche gegen weitere Beteiligte regelt Art. 82 DS-GVO nicht.

---

[20] So BeckOK DatenSR/*Quaas,* 38. Ed. 2021, Art. 82 DS-GVO, Rn. 11.

[21] EuGH, Urt. v. 19.11.1991 – C-6/90 u. a., Slg. 1991, I-05357 – Francovich.

[22] *Frenz,* Handbuch des Europarecht, 2010, Bd. 5, § 1 Rn. 553; EuGH, Urt. v. 5.3.1996, C-46/93 u. a., Slg. 1996, I-1029 Rn. 29 – Brasserie du pêcheur.

[23] EuGH, Urt. v. 19.11.1991 – C-6/90 u.a., Slg. 1991, I -05357 Rn. 42 – Francovich.

[24] A. A. *Truli,* The General Data Protection Regulation and Civil Liability, in Personal Data in Competition, Consumer Protection and Intellectual Property Law, 2018, S. 303 (321 f.); Simitis/Hornung/Spiecker/*Boehm,* Datenschutzrecht, 2019. Art. 82 DS-GVO, Rn. 9; Kühling/Buchner/*Bergt,* DS-GVO, 3. Aufl. 2020, Art. 82 Rn. 14 f.; *Wybitul/Neu/Strauch,* ZD 2018, 202 (203).

[25] Hierzu auch Simitis/Hornung/Spiecker/*Boehm,* Datenschutzrecht, 2019, Art. 82 DSGVO, Rn. 9; so wie hier Paal/Pauly/*Frenzel,* DS-GVO/BDSG, 3. Aufl. 2021, Art. 82 DS-GVO, Rn. 7.

[26] S. *Kohn,* ZD 2019, 499 (499).

[27] OLG München, Urt. v. 27.10.2021 – 20 U 7501/20 zum externen Datenschutzbeauftragten

[28] Auernhammer/*Eßer,* DSGVO/BDSG, 7. Aufl. 2020, Art. 4 DS-GVO, Rn. 81; **a. A.** wohl Gola/*Gola,* 2. Aufl. 2018, Art. 4 DS-GVO, Rn. 56 f.; umfassend *Götz,* Datenschutzverstöße des Betriebsrats, 2021.

18 Umfangreich regeln Art. 82 Abs. 2–5 DS-GVO die Haftung einer **Mehrzahl von Verantwortlichen,** insbes. ihr Verhältnis untereinander sowie zu Auftragsverarbeitern. Ziel dieser Regelungen ist dabei, einen umfänglichen und wirksamen Schadenersatz für den Betroffenen unabhängig vom Innenverhältnis der an der Verarbeitung Beteiligten sicherzustellen (s. ErwGr 146). So haftet jede an der Verarbeitung beteiligte Stelle grundsätzlich für den gesamten Schaden (Art. 83 Abs. 4 DS-GVO), soweit nur irgendeine (auch minimale) Verantwortlichkeit für den Schaden besteht,[29] was allerdings den sehr unterschiedlichen (Verantwortlichkeits-)Modellen der Zusammenarbeit nicht immer gerecht wird (→ § 11 Rn. 31). Die Auseinandersetzung zwischen den an der Schadensherbeiführung Beteiligten regelt Art. 83 Abs. 5 DS-GVO.

IV. Anspruchsvoraussetzungen

19 **Voraussetzungen für die Haftung** nach Art. 82 DS-GVO ist – entsprechend des allgemeinen Deliktsaufbaus – das Vorliegen eines eines rechtswidrigen Handelns des Verantwortlichen oder Auftragsverarbeiters (Verstoß „gegen diese Verordnung“; → 1.), Verschulden (→ 2.) sowie ein kausaler (→ 3.) Schaden (→ 4.).

1. Rechtswidriges Handeln (Datenschutzverstoß)

20 Die Anzahl der **haftungsbegründenden Handlungen**[30] unter der DS-GVO ist groß. Es genügt jeder Verstoß gegen die Verordnung, was nicht nur die einzelnen Datenschutzvorschriften, sondern auch die Generalklauseln und die allgemeinen Grundsätze umfasst. ErwGr 146 weist zudem darauf hin, dass auch eine Haftung für Verstöße gegen die mitgliedsstaatlichen Umsetzungen im Rahmen von Öffnungsklauseln sowie gegen delegierte Rechtsakte der Europäischen Kommission und des Europäischen Datenschutzausschusses möglich ist. Im Sonderfall der Allgemeingültigkeitserklärung nach Art. 40 Abs. 9 DS-GVO kann auch der Verstoß gegen einen aufgestellten Code of Conduct den Anspruch nach Art. 82 Abs. 1 DS-GVO begründen (→ Rn. 9).

2. Verschulden

21 Es gilt sowohl für den Verantwortlichen als auch für den Auftragsverarbeiter eine **verschuldensabhängige** Haftung. Exkulpieren kann sich der Verantwortliche nur, wenn er für die zum Schadenersatz führenden Umstände in keiner Weise verantwortlich ist,[31] sodass auch die geringste Fahrlässigkeit genügt[32] (Art. 82 Abs. 3 DS-GVO). Andere sehen in dieser Regelung lediglich eine Beweislastumkehr und gehen von einer Anwendung des Verschuldensbegriffes in § 276 BGB aus.[33]

22 In einem Umkehrschluss dazu wird teilweise angenommen, dass ein **Mitverschulden des Geschädigten** nicht berücksichtigt werden könne.[34] Auch vertreten

---

[29] Gola/*Gola/Piltz*, 2. Aufl. 2018, Art. 82 DS-GVO, Rn. 7.

[30] Hierzu *Kosmider*, Die Verantwortlichkeit im Datenschutz, 2021, D.II. (S. 257ff.).

[31] So Plath/*Becker*, BDSG/DSGVO, 3. Aufl. 2018, Art. 82 DS-GVO, Rn. 5; BeckOK DatenSR/*Quaas*, 38. Ed. 2021, Art. 82 DS-GVO, Rn. 17; umfassend *Kosmider*, Die Verantwortlichkeit im Datenschutz, 2021, D.III. (S. 262ff.).

[32] Kühling/Buchner/*Bergt*, 2. Aufl. 2018, Art. 82 DS-GVO, Rn. 54; so auch *Truli*, The General Data Protection Regulation and Civil Liability, in: Personal Data in Competition, Consumer Protection and Intellectual Property Law, 2018, S. 303 (322f.).

[33] Gola/*Gola/Piltz*, 2. Aufl. 2018, Art. 82 DS-GVO, Rn. 18; a.A. OLG Stuttgart, Urt. v. 31.3.2021 – 9 U 34/21, ZD 2021, 375.

[34] *Laue/Nink/Kremer*, Neues DatSchR betrieblichen Praxis, 2. Aufl. 2019, § 11 Rn. 11; *Wessels*, DuD 2019, 781 (784).

wird aber die Anwendbarkeit des jeweiligen mitgliedstaatlichen Rechts, was in der Folge zu kollisionsrechtlichen Fragen im Hinblick auf die Anwendbarkeit der Rom I- oder Rom II-Verordnung bei grenzüberschreitenden Sachverhalten führt.[35]

23 Nach bisherigem Recht war ein haftungsausschließendes Mitverschulden im EDV-Bereich beispielweise angenommen worden, wenn **Sicherungskopien** vor einem Fremdkontakt, etwa vor einer Reparatur, nicht angefertigt wurden.[36]

3. Kausalität

24–25 Eine Haftung besteht dem Wortlaut nach nur dann, wenn die rechtswidrige Verarbeitung für den eingetretenen Schaden kausal war (Art. 82 Abs. 1 u. 2 DS-GVO, ErwGr 146 S. 1). Der Schaden muss also **gerade durch den Rechtsverstoß** entstanden sein.[37] Es genügt dabei auch eine Mitursächlichkeit für den Schaden. Der erforderliche Grad der Kausalität wird durch die DS-GVO nicht geregelt. Während die bisherige Rspr. des EuGH zur Amtshaftung insoweit nur einen unmittelbaren Zusammenhang genügen lässt,[38] genügt bei Kartellschäden (→ Rn. 67ff.) ein ursächlicher Zusammenhang.[39] Sofern man von einer Überformung des mitgliedstaatlichen Rechts durch das europäische Recht ausgehen möchte und eine ähnliche Schutzrichtung der Normen von Datenschutz- und Kartellrecht annimmt, erscheint ein rein ursächlicher Zusammenhang ausreichend.[40]

4. Schaden

26 Unproblematisch ist eine Haftung des Verantwortlichen zunächst für alle **materiellen Schäden,** die (adäquat kausal) durch Datenschutzverstöße verursacht werden.[41]

27 Das **deutsche Zivilrecht** und damit auch das Amtshaftungsrecht (Art. 34 GG i.V.m. § 839 BGB) kannte in seiner ursprünglichen Konzeption **keinen (Geld-)Ersatz für immaterielle Schäden** (vgl. § 253 Abs. 1 BGB). In § 253 Abs. 2 BGB ist ein Schadenersatz nur für „Verletzungen des Körpers, der Gesundheit, der Freiheit und der sexuellen Selbstbestimmung" bestimmt. Eine ausdrückliche Erwähnung des Persönlichkeitsrechts, des „Rechts auf informationelle Selbstbestimmung" oder des „Datenschutzes" fehlt. Aber schon bald nach dem II. Weltkrieg erkannten die Gerichte zumindest bei schwerwiegenden Verletzungen[42] des Persönlichkeitsrechts Schadenersatzansprüche zu.[43] Im Schrifttum wird dies teils immer noch abgelehnt und allenfalls eine Geltendmachung immaterieller Schäden nach § 823 Abs. 1 BGB i.V.m. Art. 2 Abs. 1, Art. 1 Abs. 2 GG für möglich gehalten.[44] Gleichwohl besteht für immaterielle Schäden nach den allgemeinen zivilrechtlichen Voraus-

[35] So Plath/*Becker*, BDSG/DSGVO, 3. Aufl. 2018, Art. 82 DS-GVO, Rn. 8; *Lüttringhaus*, ZVglRWiss (117) 2018, 50 (75).

[36] OLG Hamm, Urt. v. 1.12.2003 – 13 U 133/03, DuD 2004, 368.

[37] Ausführlich dazu Kühling/Buchner/*Bergt*, DS-GVO, 3. Aufl. 2020, Art. 82 Rn. 42f.

[38] EuGH, Urt. v. 4.10.1979 – C-64/76 u.a., Slg. 1979, 3091 (Rn. 21); EuGH, Urt. v. 6.11.2012 – C-199/11, ECLI:EU:C 2012:684, Rn. 65.

[39] EuGH, Urt. v. 13.7.2006 – C-295/04 u.a., ECLI:EU:C:2006:461, Rn. 61; EuGH, Urt. v. 6.11. 2012 – C-199/11, ECLI:EU:C 2012:684, Rn. 43; EuGH, Urt. 5.6.2014 – C-557/12, ECLI:EU:C: 2014:1317, Rn. 22.

[40] *Wessels*, DuD 2019, 781 (783); für eine Orientierung an mitgliedstaatlichen Maßstäben hingegen *Wybitul/Neu/Strauch*, ZD 2018, 202 (206f.).

[41] *Wybitul/Neu/Strauch*, ZD 2018, 202 (205) nennen u.a. Rechtsverfolgungskosten, Kosten für den Austausch von Kreditkarten sowie entgangener Gewinn aus verweigertem Vertragsschluss.

[42] BGH, Urt. v. 14.2.1958 – I ZR 151/56, BGHZ 26, 349 – Herrenreiter; s. auch BVerfG Beschl. v. 14.2.1973 – 1 BvR 112/54, BVerfGE 34, 269.

[43] Zur Entwicklung der Rspr. *Gottwald*, Das allgemeine Persönlichkeitsrecht, 2000, S. 199ff.; *Götting*, Perspektiven der Kommerzialisierung des Persönlichkeitsrechts, in: Götting/Lauber-Rönsberg, Aktuelle Entwicklungen im Persönlichkeitsrecht, 2010, S. 11.

[44] *Wolf/Neuner*, BGB AT, 11. Aufl. 2016, § 13 Rn. 56.

setzungen im deutschen Recht ein Schmerzensgeldanspruch jedoch nur, wenn überhaupt eine **Persönlichkeitsverletzung vorliegt und diese so schwer** ist, dass ein unabweisbares Bedürfnis für einen solchen Anspruch besteht,[45] der nicht auf andere Weise befriedigend aufgefangen werden kann.[46]

28 So ist bisher für die wiederholte (fahrlässige) **Weitergabe von Daten in ein Drittland** kein Schadenersatz anerkannt worden,[47] ebenso wie für die wiederholte **rechtswidrige Eintragung in ein öffentliches Telefonbuch,**[48] selbst wenn dies zum **Bekanntwerden des Wohnortes eines Kriminalbeamten** führt und dieser aufgrund dessen um seine Familie fürchtet.[49] Ebenso stellt eine **Speicherung trotz Löschpflicht** alleine keinen Verstoß dar, soweit Dritte die Daten nicht zur Kenntnis genommen haben und auch darüber hinaus keine nachteilige Folgen eingetreten sind,[50] wohl aber dann, wenn etwa das Internetprofil eines Arbeitnehmers nach dessen Ausscheiden noch abrufbar war[51]. Überhaupt nimmt die Rechtsprechung teilweise eine Bagatellschranke an.[52] Insgesamt lassen sich bislang nur wenige Fälle eines durchgesetzten Datenschutzschadenersatzanspruchs nachweisen.[53]

29 Nach der DS-GVO soll laut ErwGr 146 S. 3 der Schadensbegriff in Anlehnung an die bisherige Rechtsprechung des EuGH und entsprechend der Ziele der DS-GVO ausgelegt werden, wobei eine ggf. abweichende mitgliedstaatliche Dogmatik europarechtlich nun überspielt wird, da Art. 82 Abs. 1 DS-GVO materiellen und immateriellen Schaden nebeneinanderstellt. Bislang war dies in Umsetzung von Art. 23 DSRL nicht unionsweit der Fall. Beachtenswert ist insoweit die Entscheidung des Londoner Court of Appeal in der Sache „Vidal-Hall vs. Google Inc.", in der auch die Angst und Sorge der Betroffenen angesichts einer Datenweitergabe an Werbedienstleister als ersatzfähig angesehen worden.[54] Nach st. Rspr. muss der Umfang des Schadenersatzes angesichts des erlittenen Schadens angemessen sein, um effektiven Schutz zu gewährleisten,[55] sowie die Erlangung von Schadenersatz nicht praktisch unmöglich oder übermäßig erschwert,[56] jedenfalls aber nicht ungünstiger als die Erlangung von Schadenersatz nach mitgliedstaatlichen Ansprüchen sein. Dies könnte in **europarechtskonformer Auslegung** zu einem, im Vergleich zu obigen Ausführungen, erweiterten Anspruch auf den Ersatz immaterieller Schäden führen.[57] Allerdings schließen die Gerichte nach wie vor nicht von der Rechtsver-

---

[45] BGH, Urt. v. 26.1.1971 – VI ZR 95/70, NJW 1971, 698 (700); BAG, Urt. v. 18.12.1984 – 3 AZR 389/83, DB 1985, 2307 (2308).

[46] BVerfG, Urt. v. 26.8.2003 – 1 BvR 1338/00, NJW 2004, 591 (592); BGH, Urt. v. 30.1.1996 – VI ZR 386/94, BGHZ 132, 13 (27).

[47] AG Kassel, Urt. v. 1.12.1998 – 6 U 301/97, CR 1999, 749 (750f.).

[48] LG Hanau, Beschl. v. 4.4.2003 – 2 S 395/02, NJW-RR 2003, 1410.

[49] OLG Jena, Urt. v. 18.8.2004 – 2 U 1038/03, RDV 2005, 70 (71 f.).

[50] AG Speyer, Urt. v. 2.4.2008 – 33 C 34/08, RDV 2008, 161 (162).

[51] LAG Köln, Urt. v. 14.9.2020 – 2 Sa 358/20, ZD 2021, 168f.

[52] OLG Dresden, Beschl. v. 11.6.2019 – 4 U 760/19, RDV 2020, 94 (94f.); LG Landshut, Urt. v. 6.11.2020 – 51 O 513/20, ZD 2021, 161f.; AG Diez, Urt. 7.11.2018 – 8 C 130/18, RDV 2019, 85; kritisch hierzu *Bleckat,* RDV 2020, 11 (12f.).

[53] Umfassend *Jacquemain,* Der deliktische Schadensersatz im europäischen Datenschutzprivatrecht, 2017, S. 351ff., insb. zu Deutschland S. 355–357.

[54] Court of Appeal London, Entsch. v. 27.3.2015, [2015] EWCA Civ 311 – Vidal-Hall v Google Inc.; auf Ungemach abstellend auch Landesgericht Feldkirchen, Beschl. v. 7.8.2019 – 57 Cg 30/19b-15 – BeckRS 2019, 18276; ablehnend *Wybitul,* NJW 2019, 3265 (3266f.).

[55] EuGH, Urt. v. 5.3.1996 – C-46/93 u.a., Slg. 1996, I-1029 Rn. 32 – Brasserie du pêcheur.

[56] EuGH, Urt. v. 19.11.1991 – C-6/90 u.a., Slg. 1991, I-5357 (Rn. 43) – Francovich; EuGH, Urt. v. 24.3.2009 – C-445/06, Slg. 2009, I-2119 (Rn. 39) – Danske Slagterier.

[57] Ablehnend OLG Dresden, Beschl. v. 11.6.2019 – 4 U 760/19, BeckRS 2019, 12941 (Rn. 19); nicht mehr – jedoch ohne Begründung – am Kriterium der Schwere festhaltend AG Dietz, Urt. v. 7.11.2018 – 8 C 130/18, ZD 2019, 85 (86); zustimmend *Wessels,* DuD 2019, 781 (784); LG Karlsruhe, Urt. v. 2.8.2019 – 8 O 26/19, ZD 2019, 511 (Rn. 17); s. auch *Wybitul/Neu/Strauch,* ZD 2018, 202 (205). – Das BVerfG hält die hiermit zusammenhängenden Fragen für so ungeklärt, dass es für die deutschen Gerichte insoweit eine Vorlagepflicht nach Art. 267 Abs. 3 AEUV annimmt (vgl. BVerfG, Beschl. v. 14.1.2021 – 1 BvR 2853/19, RDV 2021, 222ff.).

letzung ohne weiteres auf einen Schaden.[58] V.a. wird ein Schadenersatzanspruch ohne (Nachweis eines) Schaden(s) nicht gewährt.[59]

Klärung ist durch den **EuGH** zu erwarten, dem entsprechende **Vorabentscheidung**sersuchen vorliegen.[60] 29a

V. Modifikationen des Anspruchs

Aus spezialgesetzlichen Normen ergeben sich teils **Haftungsprivilegierungen** für bestimmte Beteiligte. 29b

Freilich werden diese bezüglich der Haftung aus Art. 82 Abs. 2 DS-GVO in den meisten Fällen schon aus der Definition des Verantwortlichen i.S.v. Art. 4 Nr. 7 DS-GVO herausfallen. So ergibt sich aus den Art. 12 bis 15 der RL 2000/31/EG über den **elektronischen Geschäftsverkehr** („E-Commerce-Richtlinie") die Verpflichtung für die Mitgliedstaaten zur Schaffung von Haftungsprivilegien für die reine Durchleitung (Art. 12), das Caching (Art. 13) sowie das Hosting (Art. 14), ferner das Verbot einer allgemeinen Überwachungspflicht für diese drei Kategorien von Anbietern (Art. 15). Dies gilt allerdings nur insoweit, als dass diese von dem Verstoß keine Kenntnis haben, dieser nicht offensichtlich ist und bei Kenntnis unverzüglich eine Entfernung oder Sperrung vorgenommen wird.[61] Die Haftung liegt in diesen Fällen beim Nutzer der Dienste. Dem ist der Bundesgesetzgeber in Form von §§ 7ff. TMG nachgekommen. Dass diese Vorschriften von der DS-GVO unberührt bleiben sollen, wurde nach anfänglicher Kritik[62] zumindest in die Erwägungsgründe (ErwGr 21 S. 1 DS-GVO) aufgenommen. 30

Eine Privilegierung enthält auch § 70 TKG für Anbieter öffentlich zugänglicher **Telekommunikationsdienste.** Im Hinblick auf nicht vorsätzlich verursachte Vermögensschäden ist der Anspruch sowohl pro Betroffenem auf 12.500 Euro, als auch in der Gesamtsumme bei einheitlichen Handlungen oder Schäden auf 10 Mio. Euro beschränkt. Der Anteil jedes Betroffenen wird in letzterem Fall entsprechend gekürzt. 31

Eine vergleichbare Privilegierung findet sich im **Medienrecht** für den presserechtlich Verantwortlichen („V.i.S.d.P.") nach § 8 des (Muster-)Pressegesetzes. Diesem kommen umfangreiche Privilegierungen im Rahmen des pressespezifischen Straf- und Ordnungswidrigkeitenrechts (s. bspw. Art. 11–13 BayPresseG; §§ 20–22 PresseG BW) zu.[63] 32

VI. Schadenersatzhöhe

Die Höhe eines Schadenersatzes ist abhängig von der **Genugtuung des Opfers**[64] und der **Intensität der Persönlichkeitsrechtsverletzung,** soll aber nach herrschender Rechtsprechung auch eine **Präventionswirkung** haben.[65] Der Schadenersatz hat aber 33

---

[58] OLG Bremen, Urt. v. 16.7.2021 – 1 W 18/21; LG Frankfurt a.M., Urt. v. 18.9.2020 – 2–27 O 100/20.

[59] OLG Düsseldorf, Beschl. v. 16.2.2021 – 16 U 269/20 mit Hinweis auf Art. 7 Abs. 1 Fluggastrechte-VO (EG) 261/2004.

[60] Vorlage des öOGH, Beschl. v. 15.4.2021 – 6Ob35/21x.; hierzu (und auch zu anderen Fragen) die Vorlagen des BAG, 8 AZR 253/20 (A) und des LG Saarbrücken, Beschl. v. 22.11.2021 – 5 O 151/19.

[61] Kühling/Buchner/*Bergt,* 3. Aufl. 2020, Art. 82 DS-GVO, Rn. 40.

[62] Dazu umfassend *Sartor,* IDPL 2013, 3.

[63] Dazu Löffler/*Kühl,* Presserecht, 6. Aufl. 2015, Vor §§ 20ff. LPG, Rn. 2ff.

[64] Dazu *Mincke,* JZ 1980, 86ff.

[65] BGH, Urt. v. 5.12.1995 – VI ZR 332/94, NJW 1996, 984; BGH, Urt. 12.12.1995 – VI ZR 223/94, NJW 1996, 985; kritisch zu dieser Doppelfunktion *Honsell,* VersR 1974, 205.

im deutschen Recht **keine Straffunktion,** auch und gerade nicht bei Persönlichkeitsrechtsverletzungen,[66] so dass das Äquivalenzprinzip eine solche auch nicht verlangt. Die Entschädigung müsse jedoch zumindest fühlbar sein und den wirtschaftlichen Vorteil nehmen.[67]

34 Die Summen, die als Schadenersatz früher zuerkannt wurden, sind aber dennoch **bescheiden.** So wurde für eine zweimonatige verdeckte Videoüberwachung ein Schmerzensgeld in Höhe eines Viertels eines Monatsgehalts (damals 1.300 DM) zugesprochen.[68] Bei 5.000 DM für die wiederholte Überwachung des Nachbargrundstückes durch fest eingebaute Videokameras[69] handelt es sich schon um einen Extremfall, wobei dasselbe Gericht später und in einem anderen Fall einen Schadenersatz ganz verneint hat.[70]

35 ErwGr 146 lässt bezüglich des Umfangs eine **Tendenz zu umfassendem Schadenersatz** erkennen (s. auch Art. 82 Abs. 1 DS-GVO; im deutschen Recht: Grundsatz der Totalreparation). Zum Teil wird daher eine Steigerung insbesondere beim Ersatz immaterieller Schäden gefordert, um rein symbolische Schadenersatzzahlungen zu vermeiden.[71] In Anbetracht der fehlenden Straffunktion sind einer deutlichen Steigerung aber rechtliche Grenzen gesetzt, sofern nicht tatsächlich ein objektiver Schaden ermittelbar ist. Art. 83 Abs. 2 DS-GVO heranzuziehen, der die Bemessung einer Verwaltungssanktion regelt und folgerichtig vorwerfbares Verhalten in die Beurteilung einbezieht, erscheint deshalb fraglich.[72]

35a Aus neuerer Zeit sind aus der Praxis Beträge von 1000 Euro für das unterlassene Löschen eines zuvor einvernehmlich eingestellten Mitarbeiterbildes in einem Sozialen Netzwerk nach dessen Ausscheiden bekannt geworden.[73] In Deutschland betrug das bislang **höchste Bußgeld** 14,5 Mio. Euro.[74]

36 Häufig stellt sich an dieser Stelle das Problem sog. **„Streuschäden“,** die für den jeweils Betroffenen zu vernachlässigen, in ihrer Gesamtsumme aber dennoch erheblich sind.[75] Sofern man den Grund hierfür auch in dem fehlenden Ersatz immaterieller Schäden sieht,[76] scheint eine Besserung durch die DS-GVO insoweit durchaus denkbar. Zudem werden sich die Möglichkeiten der effektiven Durchsetzung auch kleinerer Ansprüche mit der Verbreitung von **Legal Tech**-Anbietern in den kommenden Jahren absehbar verbessern.

VII. Beweislast

37 Nach den allgemeinen Regeln über die Beweislast obliegt der Nachweis des **haftungsbegründenden Tatbestandes** für einen Schaden beim Verletzten.[77] Im Umkehrschluss aus Art. 82 Abs. 3 DS-GVO verlangt das Unionsrecht nur noch den **Anscheinsbeweis** einer Verletzung der Regelungen der Verordnung.[78] Dem Verant-

---

[66] BGH, Urt. v. 5.10.2004 – VI ZR 255/03, BGHZ 160, 298 (Rn. 13).
[67] BGH, Urt. v. 5.10.2004 – VI ZR 255/03, BGHZ 160, 298 (Rn. 8).
[68] ArbG Frankfurt/Main, Urt. v. 26.9.2000 – 18 Ca 4036/00, RDV 2001, 190 (191 f.).
[69] OLG Köln, Urt. v. 13.10.1988 – 18 U 37/88. NJW 1989, 720.
[70] OLG Köln, Urt. v. 22.9.2016 – 15 U 33/16, NJW 2017, 835 (837).
[71] Z.B. LG Mainz, Urt. v. 12.11.2021 – 3 O 12/21; so auch schon Kühling/Buchner/*Bergt*, 3. Aufl. 2020, Art. 82 DS-GVO, Rn. 17; s. auch *Wybitul/Haß/Albrecht*, NJW 2018, 113 (115); in diese Richtung auch *Wessels*, DuD 2019, 781 (785).
[72] So aber wohl *Wybitul/Haß/Albrecht*, NJW 2018, 113 (115); tendenziell hierfür auch *Wessels*, DuD 2019, 781 (785).
[73] ArbG Lübeck, Beschl. v. 20.6.2019 – 1 Ca 538/19, F. A. Z. v. 15.1.2020, 16.
[74] Gegen die Fa. Deutsche Wohnen SE durch die berlLfdI (c't 3/2022, 36).
[75] *Golla*, Die Straf- und Bußgeldtatbestände der Datenschutzgesetze, 2016, S. 219 m. w. N.
[76] So *Kautz*, Schadenersatz im europäischen Datenschutzrecht, 2005, S. 302.
[77] So auch LG Karlsruhe, Urt. v. 2.8.2019 – 8 O 26/19, ZD 2019, 511 (Rn. 13).
[78] Auernhammer/*Eßer*, DSGVO/BDSG, 7. Aufl. 2020, Art. 82 DS-GVO, Rn. 14; differenzierend auch *Kühling/Sackmann*, DuD 2019, 347 (350); ausführlich hierzu *Truli*, The General Data Protec-

wortlichen oder Auftragsverarbeiter ist aber der Entlastungsbeweis möglich, wofür diesem die ohnehin verpflichtenden umfangreichen Nachweise nach Art. 5 Abs. 1 DS-GVO zur Verfügung stehen.

38 Keine ausdrückliche Regelung findet sich für den Nachweis der Kausalität zwischen rechtswidriger Verarbeitung und Schaden.[79] Es wird in **Anlehnung an die etablierte Rechtsprechung zum Kartellrecht**[80] davon ausgegangen, dass hier nur zu beweisen ist, dass der Anspruchsgegner an der Verarbeitung beteiligt war, ein Schaden entstanden ist und die rechtswidrige Handlung grundsätzlich zur Verursachung des Schadens geeignet war.[81]

39 Rechtspolitisch wurde über eine **Beweiserleichterung für den Verantwortlichen** diskutiert, wenn sich dieser hat auditieren lassen.[82] Unter der DS-GVO ist damit zu rechnen, dass die Einhaltung der auch ansonsten bestehenden Rechenschafts- und Dokumentationspflichten die Entlastungsbeweisführung im Einzelfall erleichtern wird.[83]

VIII. Keine Versicherungspflicht

40 Eine (Haftpflicht-)Versicherungspflicht gibt es im Datenschutzrecht nicht.[84] Dies ist **rechtspolitisch nicht zu kritisieren,** da die individuellen Schäden, die durch eine Versicherung abgedeckt werden müssten, selten und sehr überschaubar sind (→ Rn. 1).

IX. Rechtsweg und Geltendmachung

41 Die **deutschen Gerichte** sind für die Geltendmachung von Schadenersatzansprüchen aus der DS-GVO grundsätzlich zuständig, wenn der Verantwortliche oder der Auftragsverarbeiter hierzulande seinen Sitz hat (Art. 79 Abs. 2 S. 1 DS-GVO) und wenn eine deutsche Behörde im Rahmen ihrer hoheitlichen Befugnisse tätig geworden ist (Art. 79 Abs. 2 S. 2 Hs. 2 DS-GVO). Bei nicht-hoheitlicher Verarbeitung besteht allerdings für den Betroffenen jeweils ein Wahlrecht, die Ansprüche auch bei **Gerichten des Landes seines Aufenthalts** geltend zu machen (Art. 79 Abs. 2 S. 2 Hs. 1 DS-GVO).

42 Unabhängig davon, ob die Verarbeitung durch öffentliche oder nicht-öffentliche Stellen erfolgt, sind die Schadenersatzansprüche vor **Zivilgerichten** geltend zu machen (§ 13 GVG, Art. 34 S. 3 GG, § 40 Abs. 2 VwGO).[85] Eine Sonderzuweisung besteht für die Arbeitsgerichte bei Arbeitnehmerdaten (§ 2 Abs. 1 Nr. 3 ArbGG).

43 Dem Problem der Streuschäden (→ Rn. 35) versucht die DS-GVO mit der Schaffung von **Verbandsklagerechten** zu begegnen. Unter Geltung der DS-RL stand es den Mitgliedstaaten aber bereits offen, derartige Rechtsbehelfe vorzusehen; die

---

tion Regulation and Civil Liability, in: Personal Data in Competition, Consumer Protection and Intellectual Property Law, 2018, S. 303 (323 f.).

[79] Die Differenzierung zwischen Schaden und Verletzung der DS-GVO betonend *Wybitul,* NJW 2019, 3265 (3267 f.); s. LG Karlsruhe, Urt. v. 2.8.2019 – 8 O 26/19, ZD 2019, 511 (Rn. 17).

[80] EuGH, Urt. v. 5.6.2014 – C-557/12, ECLI:EU:C:2014:1317, Rn. 34.

[81] Kühling/Buchner/*Bergt,* 3. Aufl. 2020, Art. 82 DS-GVO, Rn. 48; so auch öOGH, Urt. v. 27.11.2019 – 6 Ob 217/19h; a. A. wohl *Spindler,* DB 2016, 937 (947).

[82] Dazu Auernhammer/*Hornung,* DSGVO/BDSG, 5. Aufl. 2017, § 9a BDSG, Rn. 79.

[83] So Kühling/Buchner/*Bergt,* 3. Aufl. 2020, Art. 82 DS-GVO, Rn. 50.

[84] Vgl. Simitis/*Ernestus,* BDSG, 8. Aufl. 2014, § 9 Rn. 21; allgemein zur informationsrechtlichen Deckungsvorsorge: *Kloepfer,* Informationsrecht, 2002, § 4, Rn. 47. – In einer der ersten Ausgaben der DuD (damals DS+DS), Heft 2 1978, hinter S. 110 gab es eine Anzeige der Allianz für eine „Datenschutz-Versicherung"; zu damaligen Möglichkeiten des Versicherungsschutzes, *v. Uckermann,* DS+DS 1978, 64 (68).

[85] Dazu, Simitis/*Simitis,* BDSG, 8. Aufl. 2014, § 7 Rn. 77 ff.

Vollharmonisierung der DS-GVO steht nach Auffassung des EuGH dem nicht entgegen.[86] Die Umsetzung ist den Mitgliedstaaten allerdings freigestellt, sofern der Verband auch unabhängig von der Beauftragung durch den Betroffenen tätig werden können soll (Art. 80 Abs. 2 DS-GVO).[87] In Deutschland besteht eine entsprechende Befugnis[88] der Verbände bezüglich der in § 2 Abs. 2 S. 1 Nr. 11 UKlaG beispielhaft aufgelisteten Verstöße, welche auch solche gegen die DS-GVO erfassen sollen.[89]

X. Übertragbarkeit, Vererblichkeit

44 Zwar wird die Übertragbarkeit und Vererblichkeit von Schadenersatzansprüchen aus Persönlichkeitsrechtsverletzungen **generell abgelehnt;**[90] in Bezug auf die datenschutzrechtliche Regelung des Art. 82 DS-GVO wird dies jedoch vielfach befürwortet.[91] Anders als im Rahmen der presserechtlichen Rechtsprechung angeführt,[92] stehe hier aber nicht der Genugtuungsgedanke im Fokus.[93] Abschreckung und wirksame Durchsetzung der DS-GVO stünden hier deutlich im Vordergrund.[94] Ob sich diese Ansicht in der Rspr. durchsetzen wird, bleibt freilich abzuwarten.

Exkurs: Bereicherungsausgleich

45 Zwischen den datenschutzrechtlichen Ansprüchen auf Löschung und dem Bereicherungsrecht werden viele Parallelen gesehen, so dass dieses auch zur Lückenfüllung herangezogen werden kann.[95] Auch besteht eine **Ähnlichkeit zu den Unterlassungs- und Beseitigungsansprüchen** (§ 1004,[96] § 823, § 824 BGB)[97] sowie Parallelen der Ansprüche auf Berichtigung, Sperrung, Löschung und zum Folgenbeseitigungsanspruch.[98] Es scheint daher naheliegend, auch andere Ansprüche des BGB auf ihre Anwendbarkeit im Datenschutz hin zu untersuchen. Vorteilhaft kann dieser Anspruch sein, da er als Bereicherungsanspruch, anders als die Schadenersatzansprüche, **nicht vom Verschulden des Verletzers** abhängig ist.[99]

46 So sind bei Eingriffen in das Persönlichkeitsrecht generell Ansprüche auf Herausgabe nach § 812 Abs. 1 S. 1 Alt. 2 BGB **(Eingriffskondiktion)**[100] und auf Gewinnabschöpfung nach § 823 Abs. 1 BGB i. V. m. Art. 2 Abs. 1 i. V. m. Art. 1 Abs. 1 GG (allge-

---

[86] EuGH, Urt. v. 29.7.2019 – C-40/17, NJW 2019, 2755 (Rn. 54 ff.) – Fashion ID; zweifelnd noch BGH, Beschl. v. 11.4.2019 – I ZR 186/17, WRP 2019, 749.

[87] S. *Zolynski,* Dalloz IP/IT 2018, 470 ff. zur französischen Umsetzung der Öffnungsklausel.

[88] Hierzu ausführlich *Spindler,* ZD 2016, 114 ff.; *Gola,* RDV 2016, 17 ff.; *Schulz,* ZD 2014, 510 ff.

[89] So *Halfmeier,* NJW 2016, 1126 (1127).

[90] BGH, Urt. v. 29.11.2016 – VI ZR 530/15, NJW 2017, 800; BGH, Urt. v. 29.4.2014 – VI ZR 246/12, BGHZ 201, 45 (Rn. 8 ff.).

[91] BeckOK DatenSR/*Quaas,* 38. Ed. 2021, Art. 82 DS-GVO, Rn. 5; Kühling/Buchner/*Bergt,* 3. Aufl. 2020, Art. 82 DS-GVO, Rn. 65.

[92] BGH, Urt. v. 29.4.2014 – VI ZR 246/12, NJW 2014, 2871 (2872 [Rn. 18 m. w. N.]).

[93] Kühling/Buchner/*Bergt,* 3. Aufl. 2020, Art. 82 DS-GVO, Rn. 65.

[94] Plath/*Becker,* BDSG/DSGVO, 3. Aufl. 2018, Art. 82 DS-GVO, Rn. 4.

[95] *Woertge,* Prinzipien des Datenschutzrechts und ihre Realisierung, 1984, S. 120.

[96] Hiergegen aber LG Wiesbaden, Urt. v. 22.1.2022 – 10 O 14/21.

[97] *Woertge,* Prinzipien des Datenschutzrechts und ihre Realisierung, 1984, S. 191; sogar für deren analoge Anwendung im Datenschutzrecht BeckOK DatenSR/*Quaas,* 38. Ed. 2021, Art. 82 DS-GVO, Rn. 12; Überblick bei *Sundermann,* RDV 2020, 317 ff.

[98] *Woertge,* Prinzipien des Datenschutzrechts und ihre Realisierung, 1984, S. 166.

[99] BGH, Urt. v. 14.4.1992 – VI ZR 285/91, NJW 1992, 2084 (2085).

[100] *Canaris,* FS Erwin Deutsch, 1999, S. 85 (87 ff.); *Siemes* AcP 2001, 202 (215 ff.); *Beuthien/Schmölz,* Persönlichkeitsschutz durch Persönlichkeitsgüterrechte, 1999, S. 50 ff.; *Woertge,* Prinzipien des Datenschutzrechts und ihre Realisierung, 1984, S. 119 f.

meines Persönlichkeitsrecht) denkbar. Der Anspruch nach § 812 Abs. 1 S. 1 Alt. 2 BGB wird insbesondere im Medienrecht als weitere Grundlage neben dem Deliktsrecht für die Zahlung einer **fiktiven Lizenzgebühr**[101] **bei Persönlichkeitsrechtsverletzungen** herangezogen; daneben wird auch die Herausgabe des erlangten Gewinnes teilweise für möglich gehalten.[102] Bei einer Auswertung zu kommerziellen Zwecken ist der erlangte Vermögensvorteil herauszugeben (s. aber § 818 Abs. 3 BGB!).[103]

47 Als problematisch erweist sich in diesem Bereich die noch **nicht abschließend geklärte Frage zu Ausschließlichkeitsrechten an Informationen** und deren Zuordnung. Denkbar erscheint dabei ein Anknüpfen an das Sacheigentum am Datenträger, die Betroffeneneigenschaft i. S. d. Datenschutzgesetzes, aber auch wirtschaftliche Investitionen.[104] Bei Annahme einer Eigentumsähnlichkeit wäre insofern auch an Vindikationsansprüche im Rahmen eines Eigentümer-Besitzer-Verhältnisses zu denken.

48 Probleme ergeben sich aber hier auch schon im Medienrecht, soweit der **Gewinn nicht unmittelbar aus dem Wert der verletzten Persönlichkeit** resultiert.[105] Hinzu tritt hier wiederum die datenschutzrechtliche Spezialität der Streuschäden (→ Rn. 35). Einen Gewinn erzielen die Verarbeiter in der Regel nur aus der Masse der Daten. Der durch die Daten des Einzelnen erzielte Gewinn, auf den sich der Anspruch richtet, wäre in diesem Fall häufig gering.

49 Denkbar erscheint zur Lösung des Problems insoweit eine weitere Orientierung an der medienrechtlichen Rechtsprechung im Fall Caroline von Monaco[106].[107] Dabei kann anstelle des Gewinns aus der konkreten Persönlichkeitsverletzung auf den **Gewinn aus dem einzelnen Verarbeitungsvorgang** für die Bemessung der Entschädigung abgestellt werden.

B. Verbandsklage

50 **Datenschutzorganisationen** steht aus § 4 UKlaG diesbezüglich ein eigenes (Verbands-)Klagerecht zu, wie in Art. 80 Abs. 2 DS-GVO vorgesehen (→ Rn. 43), wobei das mitgliedstaatliche deutsche Recht im Hinblick auf Art. 80 Abs. 2 DS-GVO unionsrechtskonform auszulegen ist.[108] Daneben ist im europäischen Recht die Schaffung einer Verbandsklage in Vertretung der Betroffenen vorgesehen (Art. 80 Abs. 1 DS-GVO).

51 Im Gegensatz zur früheren Rechtslage[109] **gelten bestimmte Datenschutzregelungen auch als Verbraucherschutzgesetze** zumindest im Sinne des § 2 Abs. 1 UKlaG (§ 2 Abs. 1 S. 1 Nr. 11 UKlaG).[110] Dies soll durch die dynamische Verweistechnik auch solche der erst später in Kraft getretenen DS-GVO erfassen.[111]

---

[101] Zur Wertermittlung bei persönlichen Daten BeckOK DatenSR/*Quaas*, 38. Ed. 2021, DS-GVO Art. 82 Rn. 34.1 mwN.

[102] Insg. *v. Lewinski*, Medienrecht, 2020, § 26 Rn. 109 ff.; zu den Modi immaterialgüterrechtlicher Schadensberechnung ausführlich *Ernicke*, Die dreifache Schadensberechnung, 2019.

[103] *Gola/Hümmerich/Kerstan*, Datenschutzrecht, Teil 2, 1978, S. 50 f.

[104] Umfassend dazu *Specht*, CR 2016, 288.

[105] *Buchner*, Informationelle Selbstbestimmung im Privatrecht, 2006, S. 307 ff.

[106] BGH, Urt. v. 15.11.1994 – VI ZR 56/94, BGHZ 128, 1; dazu ausführlich *Canaris*, FS Erwin Deutsch, 1999, S. 85 ff.

[107] *Buchner*, Informationelle Selbstbestimmung im Privatrecht, 2006, S. 309.

[108] *Uebele*, GRUR 2019, 694 (697, 699 f.); a. A. *Ohly*, GRUR 2019, 686 (688 f.).

[109] So bspw. noch OLG Frankfurt, Urt. v. 30.6.2005 – 6 U 168/04, MMR 2005, 696 ff. – Autokids; *Kamlah/Hoke*, RDV 2008, 226 (228 f.).

[110] Für die DS-GVO ablehnend *Köhler*, WRP 2018, 1269, 1275 f. mit Verweis auf den Entwurf einer europäischen Verbandsklage, die sich auch auf die DS-GVO bezieht.

[111] Unentschlossen Köhler/Bornkamm/Feddersen/*Köhler*, UWG, 40. Aufl. 2022, § 2 UKlaG Rn. 29g; *Halfmeier*, NJW 2016, 1126 (1127).

51a Zur Durchsetzung privatrechtlicher **Schadenersatzansprüche** bietet sich auch das Instrument der **Musterfeststellungsklage** (§§ 606ff. ZPO) an, deren formale Hürden bei Datenschutzverletzungen gering erscheinen.[112] Sachgerecht mag auch ein Mechanismus zur gütlichen Streitbeilegung sein.[113] Zudem wird die zunehmende Verbreitung von **Legal Tech**-Anbietern die Durchsetzung von Datenschutzansprüchen erleichtern (→ Rn. 36).

C. Wettbewerbliche Haftung

I. Lauterkeitsrecht

52 Das Datenschutzrecht ist seiner ursprünglichen Konzeption nach **nicht Verbraucherschutzrecht.** Es dient, wenn dies auch eine mitgliedstaatliche, durch das Unionsrecht überlagerte, Perspektive sein mag, dem Persönlichkeitsschutz (§ 1 Abs. 1 BDSG-alt), unabhängig von seiner Eigenschaft als Verbraucher, Bürger oder Unternehmer.[114] Funktional allerdings erscheint der Datenschutz im nichtöffentlichen Bereich aber durchaus als Verbraucherschutz. Diese Lücke wird durch das Lauterkeitsrecht geschlossen.

53 Umstritten ist dabei, ob die Regelung des § 5 UKlaG die Durchsetzung des Datenschutzrechts durch § 3a UWG obsolet macht.[115] Teilen der DS-GVO wie bspw. Art. 20 wird ein deutlich verbraucher- und wettbewerbsschützender Einschlag attestiert.[116] Dem wird entgegengehalten, dass die Ansprüche nach dem UWG insgesamt weiter gehen.[117] Der Regierungsentwurf zur Änderung des UKlaG[118] stellte insoweit auch nur auf eine Ergänzung der Ansprüche aus UWG und nicht auf deren Ersatz ab. Die Ansprüche aus § 3 Abs. 1, § 3a i. V. m. § 8 Abs. 1 u. 3 UWG bleiben somit weiterhin daneben relevant.[119] Daneben eröffnet es durch **das Tätigwerden der Konkurrenten** eine weitere Durchsetzungsebene zur Beseitigung der Vollzugsdefizite.[120]

1. Anwendungsbereich des Wettbewerbsrechts

53a Mit dem Anwendungsbeginn der DS-GVO hat sich eine – der Frage der Marktbezogenheit datenschutzrechtlicher Vorschriften vorgelagerte – Diskussion um den abschließenden Charakter des **Private Enforcement,** wie in der DS-GVO angelegt ist, entsponnen. Erste Nachweise aus der instanzgerichtlichen Rechtsprechung lassen keine einheitliche Linie erkennen und kreisen meist um die Zustimmung und Ablehnung namentlich der Ansicht von *Köhler.*[121] Für einen das Lauterbarkeitsrechts ausschließenden Ansatz kann die herausragende Rolle der Aufsichtsbehörden bei der Durchsetzung der DS-GVO sprechen, die durch Mechanismen der Durchsetzung subjektiver Rechte der betroffenen Personen flankiert werden; nur solche Rechte sind einer kollektiven Durchsetzung zugänglich (Wortlaut Art. 80

---

[112] Ausführlich zur Durchsetzung des Art. 82 DS-GVO *Kühling/Sackmann,* DuD 2019, 347ff.; zu denkbaren Feststellungszielen *Geissler/Ströbel,* NJW 2019, 3414 (3416).

[113] *Kühling/Sackmann,* DuD 2019, 347 (350).

[114] Zur Anwendbarkeit des BDSG auf Kaufleute *v. Lewinski,* DuD 2000, 39ff.

[115] So *Köpernick,* VuR 2014, 240 (242).

[116] *Kühling/Martini,* EuZW 2016, 44 (450).

[117] *Podszun/Toma,* NJW 2016, 2987 (2989).

[118] BT-Drs. 18/4631, 13, 17, 24.

[119] Köhler/Bornkamm/Feddersen/*Köhler,* UWG, 40. Aufl. 2022, § 2 UklaG, Rn. 18 (noch zur bisherigen Rechtslage).

[120] Dazu *Lindhorst,* DuD 2010, 713.

[121] Eine Durchsetzung über das UWG ablehnend LG Stuttgart, Urt. v. 20.5.2019 – 35 O 68/18 KfH, ZD 2019, 366f.; LG Bochum, Urt. v. 7.8.2018 – I-12 O 85/18, ZD 2019, 39f.; dagegen befürwortend OLG Hamburg, Urt. v. 25.10.2018 – 3 U 66/17, ZD 2019, 33f.; LG Würzburg, Beschl. v. 13.9.2018 – 11 O 1741/18, ZD 2019, 38f.

DS-GVO; Abs. 2 keine Öffnungsklausel für Rechte von Mitbewerbern).[122] Gleichwohl weist der Normwortlaut der Art. 77ff. DS-GVO regelmäßig auf seine fragmentarische Regelung durch das Wort „unbeschadet" hin; zudem könnte, entgegen hier vertretener Ansicht, Art. 82 DS-GVO durch die fehlende Bezeichnung des Aktivlegitimierten durchaus auch Ansprüche Dritter umfassen.[123] In Betracht kommt auch eine Einordnung als weitere Sanktion nach Art. 84 DS-GVO.[124] Art. 80 Abs. 2 DS-GVO komme dann lediglich die Funktion zu, die Zulässigkeit datenschutzrechtlicher Verbandsklagen durch den Gesetzgeber zu regeln.

53b Beim EuGH ist das **Verfahren Facebook Ireland** anhängig, das insoweit für Klärung vieler diesbezüglicher Fragen sorgen wird.

54 Gegen das Wettbewerbsrecht verstoßen können nur Verantwortliche, die im Wettbewerb stehen („geschäftliches Handeln" i.S.d. § 2 Abs. 1 Nr. 1 UWG). Wettbewerbshaftung trifft **nur Unternehmen;** damit scheiden öffentliche Stellen von vornherein aus.[125]

55 Möglich ist zusätzlich die AGB-Kontrolle durch „qualifizierte Einrichtungen"[126] und rechtsfähige **Wettbewerbsverbände** (§§ 3, 4 UKlaG), die auch dort enthaltene datenschutzrechtliche Regelungen betreffen kann. Schon in der DSRL war zudem vorgesehen, dass „Verbände" (Art. 28 Abs. 4 S. 1 DSRL; Art. 80 DS-GVO; vgl. § 2 Abs. 2 UKlaG) zur Unterstützung des Betroffenen tätig werden können. Als datenschutzspezifischer Verband ist die von *Max Schrems* gegründete Organisation *noyb* anzuführen;[127] allgemein wird diese Funktion zudem von Verbraucherschutzverbänden wahrgenommen, daneben auch von Netzaktivisten und anderen politischen Zusammenschlüssen.[128]

2. Datenschutzverstoß als Wettbewerbsverstoß

a) Wettbewerbsbezug des Datenschutzrechts

56 Schrifttum und Rechtsprechung sind in der Frage, ob **Datenschutzverstöße gleichzeitig Marktverhaltensregelungen** i.S.d. § 3a UWG (sog. Rechtsbruchtatbestand)[129] sind, geteilter Meinung.[130] So wird teilweise ein Datenschutzverstoß regelmäßig auch als Wettbewerbsverstoß angesehen,[131] teilweise ebenso grundsätzlich nicht.[132] Bei der

---

[122] Zum Ganzen *Köhler,* WRP 2018, 1269 (1272f.); *Ohly,* GRUR 2019, 686 (688ff.); LG Stuttgart, Urt. v. 20.5.2019 – 35 O 68/18 KfH.

[123] Kritisch *Ohly,* GRUR 2019, 686 (689).

[124] Insgesamt hierzu *Wolff,* ZD 2018, 248 (251ff.); (pointiert) *Diercks,* CR 2018, S 001 (nur online) als Replik auf *Köhler;* zu teleologischen Erwägungen überzeugend *Uebele,* GRUR 2019, 694 (697f.).

[125] OLG Frankfurt, Urt. v. 30.6.2005 – 6 U 168/04, MMR 2005, 696 (697) – Autokids; *Heil,* RDV 2004, 205 (210f.).

[126] S. hierzu aus der Praxis des vzbv *Dünkel,* DuD 2019, 483 (486).

[127] Die Antragsberechtigung nach Art. 80 Abs. 1 DS-GVO bejahte die französische CNIL im Zuge des Beschl. v. 21.1.2019 – n°SAN-2019-001 gegen Google LLC.

[128] Zur Rechtsdurchsetzung durch Datenschutzverbände *v. Lewinski/Herrmann,* PinG 2017, 209 (215f.).

[129] Mittelbar dem Datenschutzrecht können originäre Unlauterkeitstatbestände (§§ 4a, 4 Nr. 4, 5, 5a, 7 UWG) dienen (*Uebele,* GRUR 2019, 694 (695)).

[130] Aktuelle Zusammenfassung des Streitstandes *Wolff,* ZD 2018, 248 (249); *Podszun/de Toma,* NJW 2016, 2987; *Galetzka,* K&R 2015, 77 (79f.); *Linsenbarth/Schiller,* WRP 2013, 576ff.

[131] OLG Naumburg, Urt. v. 7.11.2019 – 9 U 6/19 u.a.; so auch OLG Karlsruhe Urt. v. 9.5.2012 – 6 U 38/11, NJW 2012, 3312ff.; OLG Hamburg, Urt. v. 27.6.2013 – 3 U 26/12 (zu § 13 TMG); so auch *Ihde,* CR 2000, 413 (421ff.).

[132] Zur neuen Rechtslage insb. *Köhler,* WRP 2018, 1269 (1270ff.); *Barth,* WRP 2018, 790 (791f.); s. auch OLG München, Urt. v. 12.1.2012 – 29 U 3926/11, ZD 2012, 330ff (zu §§ 4, 28 Abs. 1,

Bestimmung einer h.M. darf man sich nicht auf das einfache Auszählen der einschlägigen Entscheidungen beschränken. Denn wegen des sog. „fliegenden Gerichtsstands“ im Internetrecht können sich Kläger faktisch ein Gericht aussuchen, dessen Rechtsprechung dem Begehren des Klägers entgegenkommt. Ob die datenschutzrechtlichen Normen wettbewerbsbezogen sind, kann nicht pauschal entschieden werden.[133] Eine Datenschutzverletzung ist jedenfalls nicht ohne weiteres auch ein Wettbewerbsverstoß.[134]

57 Anders als das BDSG[135] dient die DS-GVO nicht nur dem Persönlichkeitsschutz (§ 1 Abs. 1 BDSG-alt; Art. 1 Abs. 1 Hs. 1 DS-GVO), sondern auch dem freien Datenverkehr (Art. 1 Abs. 1 Hs. 2 DS-GVO).[136] Die DS-GVO stellt Datenschutz in einen **spezifischen (Binnen-)Marktkontext** (vgl. ErwGr 2 S. 2 DS-GVO), so dass es einerseits naheliegt, jeden Datenschutzverstoß als einen Marktverstoß zu begreifen. Andererseits aber ist der Binnenmarkt ein europapolitisches Konzept und nicht identisch mit dem (jeweiligen) Markt im Sinne des Wettbewerbsrechts. ErwGr 9 S. 3 seinerseits unterstreicht lediglich, dass durch die DS-GVO Hemmnisse des unionsweiten Wettbewerbes beseitigt werden sollen; die DS-GVO soll Wettbewerb schaffen, aber reguliert ihn nicht selbst.[137]

58 Ohnehin können auch außerwettbewerbsrechtliche Normen im Kontext des UWG relevant sein: Die wichtigste **Transmissionsnorm ist § 3a UWG.** Danach handelt wettbewerbswidrig, wer gegen eine wettbewerbsbezogene Norm verstößt.[138] Hinsichtlich der Transparenzvorschriften des Datenschutzrechts kann auch der § 5a Abs. 2 UWG Relevanz haben, der das „Vorenthalten wesentlicher Informationen“ betrifft. Abzustellen ist also auf den Wettbewerbsbezug der jeweiligen Norm; eine „sekundäre marktbezogene Schutzfunktion“ – die jedoch über einen reinen Rechtsreflex zugunsten von Wettbewerbern hinausgeht – reicht aus.[139]

59 Die Tendenz zeigt bisher dahin, bei Verletzung von Datenschutzrecht auch einen Wettbewerbsverstoß anzunehmen.[140] Nur die **verarbeitungsbezogenen Normen,** die also die Befugnisse gegenüber den Betroffenen regeln und damit Außenwirkung haben, können sich auch auf den Wettbewerb auswirken. **Technisch-organisatorische Normen** hingegen betreffen regelmäßig nur die Binnensphäre einer verantwortlichen Stelle.[141]

Abs. 3, 35 Abs. 2, Abs. 3 BDSG); KG, Beschl. v. 29.4.2011 – 5 W 88/11, GRUR-RR 2012, 19 (zu § 13 TMG); LG München I, Urt. v. 23.7.2003 – 1 HK O 175/03 – DuD 2004, 53 (zu § 4 Abs. 1 S. 1 TDDSG 2001); LG Berlin, Urt. v. 1.10.2002 – 16 O 531/02 MMR 2003, 200f. (zu § 6 TDG).

[133] *v. Westerholt,* FG Beier, 561 (568ff.).

[134] *Köhler/Piper,* 3. Aufl. 2002, § 1 UWG, Rn. 751; OLG Hamburg, Urt. v. 25.10.2018 – 3 U 66/17, ZD 2019, 33, 35; LG München I, Urt. v. 22.5.2003 – 17 HK O 344/03 – DuD 2003, 709 (709); *Taeger,* K&R 2003, 220 (224).

[135] OLG Düsseldorf, Urt. v. 20.2.2004 – I-7 U 149/03, DuD 2004, 631 (632); a.A. OLG Naumburg, Urt. v. 10.10.2003 – 1 U 17/03, NJW 2003, 3566 (3567); *Podszun/de Toma,* NJW 2016, 2987 (2989).

[136] *Wolff,* ZD 2018, 248 (251) bejaht Bezüge zur Wettbewerbsregulierung von Art. 20, der Bemessung der Sanktionshöhe und dem territorialen Anwendungsbereich.

[137] *Köhler,* WRP 2018, 1269 (1271); a.A. *Wolff,* ZD 2018, 248 (250f.).

[138] Vgl. zum Streit, ob zwischen wertbezogenen und wertneutralen bzw. wettbewerbsbezogenen und wettbewerbsneutralen Normen zu unterscheiden ist: *v. Westerholt,* FG Beier, S. 561 (564–566).

[139] BGH, Urt. v. 11.5.2000 – I ZR 28/98, WRP 2000, 1116 (1120) – Abgasemissionen; BGH, Urt. v. 25.4.2002 – I ZR 250/00, NJW 2002, 2645 (2647) – Elektroarbeiten; BGH, Urt. v. 26.9.2002 – I ZR 293/99, WRP 2003, 262 (264) – Altautoverwertung; BGH, Urt. v. 15.5.2003 – I ZR 292/00, WRP 2003, 1350 (1352) – Ausschreibung von Vermessungsdienstleistungen; s. ferner dazu *Heil,* RDV 2004, 205 (210).

[140] So *Podszun/de Toma,* NJW 2016, 2987 (2990).

[141] *Taeger,* K&R 2003, 220 (224).

60 Soweit das BDSG **vor Werbung schützte,** wurde ein Wettbewerbsbezug der Vorschriften angenommen.[142] Ebenso sieht man in einem Verstoß gegen Informationspflichten im Zusammenhang mit Werbung stets einen Wettbewerbsverstoß.[143] Nach Art. 7 Abs. 5 i.V.m. Anlage II der UGP-Richtlinie 2005/29/EG gilt dies auch für die Informationspflichten nach § 5 TMG, also für telefonische und Onlinewerbung. Da bei der Unlauterkeit – anders als bei der Belästigung – aber nicht nach dem Kommunikationsmedium unterschieden werden kann, ist über die europarechtlichen Vorgaben hinaus jeder Verstoß gegen Informationspflichten bei Werbung und Marketing ein Wettbewerbsverstoß.

61 Daneben ist an Verstöße gegen **datenschutzrechtliche Unterrichtungs- und Benachrichtigungspflichten** (→ § 15 Rn. 2ff.) zu denken. Dies gilt in besonderem Maße für Informationen über die verantwortliche Stelle (vgl. § 5 Abs. 1 Nr. 3 UWG). Bei Verstößen gegen andere (allgemeine) datenschutzrechtliche Informierungs- und Unterrichtungspflichten wurde bisher aber nicht immer ein Wettbewerbsverstoß angenommen,[144] in anderen Fällen jedoch schon.[145] Offen scheint bisher, ob die Regelung des § 5a Abs. 2 UWG hier zu Änderungen führt.[146]

62 Denkbar ist jedenfalls, in **Verstößen gegen Verhaltensregeln,** sofern diese veröffentlicht worden sind,[147] einen Wettbewerbsverstoß zu sehen.[148] Es handelt sich dann um eine irreführende geschäftliche Handlung nach § 5 Abs. 1 S. 2 Nr. 6 UWG.[149]

b) Wettbewerbsrechtliche Unlauterkeit

63 Sodann ist zu prüfen, ob der **Verstoß wettbewerbliche Relevanz** hat und **„unlauter"** i.S.d. § 3 UWG ist.

64 Es spricht viel dafür, Verstöße gegen das Werbedatenschutzrecht stets als Wettbewerbsverstoß anzunehmen.[150] Dies wird bei **Werbeanschreiben ohne Einwilligung** der Betroffenen und ohne Widerrufsbelehrung angenommen.[151] Auch die **Übermittlung von personenbezogenen Daten** gegen Entgelt an einen Dritten, der damit einen Wettbewerbsverstoß begeht, ist ein eigener Wettbewerbsverstoß.[152]

65 Ob die bisherige Rechtsprechung, dass eine **Sammlung von Daten (im Internet)** kein Wettbewerbsverstoß ist, wenn alle Wettbewerber gleichermaßen dagegen verstoßen, da dann kein Vorsprung durch Rechtsbruch entsteht,[153] so in der heutigen Zeit noch aufrechtzuhalten ist, darf bezweifelt werden.

---

[142] OLG Köln, Urt. v. 17.1.2014 – 6 U 167/13, NJW 2014, 1820; OLG Köln, Urt. v. 19.11.2010 – I-6 U 73/10, CR 2011, 680; OLG Karlsruhe, Urt. v. 9.5.2015 – 6 U 38/11, DuD 2012, 911 (914).

[143] Vgl. OLG Köln, Urt. v. 19.11.2010 – 6 U 73/10, m.Anm. *Eckhardt,* CR 2011, 680; unter Geltung der DS-GVO sieht *Köhler,* WRP 2018, 1269 (1271) den Marktbezug jedoch lediglich als Rechtsreflex.

[144] KG Berlin, Beschl. v. 29.4.2011 – 5 W 88/1, MMR 2011, 464 (zu § 13 Abs. 1 TMG).

[145] LG Würzburg, Beschl. v. 13.9.2018 – 11 O 1741/18, ZD 2019, 38; noch zu Rechtslage nach BDSG-alt OLG Hamburg, Urt. v. 27.6.2013 – 3 U 26/12, GRUR-RR 2013, 482.

[146] Auch insoweit können die durch die DS-GVO statuierten Rechtsfolgen abschließend sein nach *Köhler,* WRP 2018, 1269 (1275), der zudem darauf verweist, dass die DS-GVO nach Art. 7 Abs. 5 UPG-RL Vorrang besitzt.

[147] Umfassend *Kahlert,* DuD 2003, 412ff.

[148] *Martini,* NVwZ Extra 6/2016, 1 (9); *Wronka,* RDV 2014, 93 (96).

[149] So zu § 38a BDSG-alt *Kahlert,* DuD 2003, 412, *Gola/Reif,* RDV 2009, 104 (110); *Peifer,* K&R 2011, 543 (546f.).

[150] *Golla,* RDV 2017, 123 (127).

[151] OLG Köln, Urt. v. 14.8.2009 – 6 U 70/09, DuD 2009, 696 (696ff.).

[152] OLG Stuttgart, Urt. v. 15.2.2007 – 3 U 253/06, MMR 2007, 438 (438f.).

[153] *Weber,* DuD 2003, 625 (629–630).

3. Geltendmachung/Rechtsfolgen

66 Ein Verstoß gegen das UWG führt zu **Unterlassungsansprüchen** (§ 8 UWG).[154] Weiter kann **Schadenersatz** geltend gemacht werden (§ 9 UWG). Seit 2004 besteht zusätzlich die Möglichkeit der **Gewinnabschöpfung zugunsten des Bundeshaushalts** (§ 10 UWG). Von den Möglichkeiten des Schadenersatzes und der Gewinnabschöpfung wird allerdings bisher nur sehr selten Gebrauch gemacht.[155]

67 Die Ansprüche nach §§ 8, 9 UWG stehen Wettbewerbern, also **anderen Unternehmen, Wettbewerbs- und Verbraucherschutzvereinigungen** sowie den **Handels- und Handwerkskammern** zu (§ 8 Abs. 3 UWG). Der Gewinnabschöpfungsanspruch[156] kann nur von den genannten Vereinigungen und Kammern geltend gemacht werden (§ 10 Abs. 1 UWG).

II. Datenschutzverstöße im Kartellrecht

68 Das Kartellrecht enthält in § 33 GWB Unterlassungs-, Beseitigungs- und auch Schadenersatzansprüche. Die Datenschutzpolitik eines Unternehmens kann durchaus einen **Wettbewerbsfaktor** darstellen.[157]

69 Grundsätzlich anerkannt sind dabei kartellrechtliche Ansprüche auf **diskriminierungsfreien Zugang** zu bestimmten Daten.[158] Dies betraf aber bisher soweit ersichtlich nicht die personenbezogenen Daten Dritter. Wettbewerblich ähnliche Situationen im Hinblick auf solche Daten scheinen dabei aber durchaus denkbar.[159]

70 In Belgien wurde durch die dortigen Kartellbehörden zumindest dann ein **Missbrauch von Marktmacht** angenommen, wenn die Kundendaten missbräuchlich erworben wurden.[160] Weitergehend sehen in der Literatur einige die Gefahr einer generellen Ausbeutung der Internetnutzer, denen der Wert der im Tausch hergegebenen Daten möglicherweise unbekannt ist, durch Informationsasymmetrien.[161] In dieser Pauschalität mag dies wohl etwas zu weit gehen, in Extremfällen scheint eine solche Argumentation aber durchaus denkbar.[162] So hat das **Bundeskartellamt** Facebook einen sog. Konditionenmissbrauch als Unterfall des Ausbeutungsmissbrauchs (§ 19 Abs. 1 GWB) zur Last gelegt, da es sich als marktbeherrschendes Unternehmen gerade aufgrund dieser Marktmacht unangemessene, da datenschutzrechtswidrige Vertragskonditionen gewähren ließ; vorläufig suspendierte das OLG Düsseldorf allerdings den Vollzug der Anordnung.[163]

71 Die Monopolkommission hat das Problem der Datenmacht bereits in einem Gutachten umfangreich untersucht und dem jetzigen System insbesondere eine inn-

---

[154] Dazu *Kamlah/Hoke*, RDV 2008, 226 (229 f.).

[155] *Henning-Bodewig*, GRUR 2015, 731 (735).

[156] Dazu allgemein *Hager*, Streuschäden im Wettbewerbsrecht, 2011; zu Möglichkeiten der Gewinnabschöpfung de lege ferenda *Lindhorst*, Sanktionsdefizite im Datenschutzrecht, 2010, S. 65 ff.

[157] So auch *Körber*, in: Körber/Immenga (Hrsg.), Daten und Wettbewerb in der digitalen Ökonomie, 2016, S. 102 f.

[158] S. bspw. LG Frankfurt a. M., Urt. v. 21.1.16 – 2-03 0 05/13, ZD 2016, 331.

[159] Insgesamt zu der Thematik s. *Louven*, NZKart 2018, 217 ff.

[160] Belgische Mededingingsautoriteit, Entsch. v. 22.9.2015, BMA-2015-P/K-27-AUD, WUW 1189183 – Nationale Loterij NV.

[161] Vgl. *Calo*, The George Washington Law Review 2014, 995 (1005 f.); *Newman*, Yale Journal on Regulation, Vol. 31, Nr. 2, 2014, 401 (441 f.).

[162] Umfassend dazu auch *Körber*, in: Körber/Immenga (Hrsg.), Daten und Wettbewerb in der digitalen Ökonomie, 2016, S. 93 f.

[163] OLG Düsseldorf, Beschl. v. 26.8.2019 – VI-Kart 1/19 (V), NZKart 2019, 496 – Facebook I. – Die ausführliche Begründung ist bereits sehr deutlich, so dass in der Hauptsache die Anordnung aufgehoben werden dürfte; s. zur Entscheidung des BKartA (BeckRS 2019, 4895) *Körber*, NZKart 2019, 187 ff; *Mohr*, EuZW 2019, 265 ff.

effektive **Fusionskontrolle** bescheinigt.[164] Bisher wurde den Kartellbehörden im Bereich des Datenschutzes allerdings eine eher zurückhaltende Einstellung zugeschrieben.[165] Kommission und EuGH scheinen in der Tendenz sogar eine strikte Trennung von durch Marktmacht verursachten Wettbewerbsbeschränkungen und den dadurch erhöhten datenschutzrechtlichen Risiken zu sehen. Letztere lägen zumindest außerhalb des europäischen Kartellrechts.[166]

72 Der Bundesgesetzgeber hat das im Kartellrecht bestehende Problem von **Marktbeherrschung bei unentgeltlichen Leistungen** mit § 18 Abs. 2a GWB angegangen, indem auch diese nun dem Marktbegriff unterstellt sind, sowie auch bei Unternehmen mit großen Datenmengen, aber kleinen Umsätzen, eine Fusionskontrolle ermöglicht, § 35 Abs. 1a GWB.[167] Datenbasierte Geschäftsmodelle sollen so stärker im Hinblick auf mögliche Marktkonzentrationen und Marktmissbrauch überwacht werden können. Insgesamt bewegen sich Kartellrecht und Datenschutz trotz großer systematischer Unterschiede aufeinander zu.[168]

---

[164] *Monopolkommission* (Hrsg.), Sondergutachten 68 Wettbewerbspolitik: Herausforderung digitaler Märkte, 2015, insb. S. 194ff.; s. auch *Monopolkommission* (Hrsg.), Eine Wettbewerbsordnung für die Finanzmärkte, 20. Hauptgutachten 2012/2013, 2014, S. 72.

[165] So *Podszun/de Toma,* NJW 2016, 2987 (2992).

[166] Europäische Kommission, COMP/M.7217 Rn. 164; EuGH, Urt. v. 23.11.2006 – C-238/05, Slg. 2006-I, 11125 Rn. 63 – Asnef-Equifax; dazu auch *Kamann,* in: Körber/Immenga (Hrsg.), Daten und Wettbewerb in der digitalen Ökonomie, 2016, 59 (61f. m.w.N.).

[167] Dazu *Kieck,* PinG 2017, 67 (68).

[168] S. *Kamann,* in: Körber/Immenga (Hrsg.), Daten und Wettbewerb in der digitalen Ökonomie, 2016, S. 59 (63, 78).

§ 24. Sanktionen bei Datenschutzverstößen

Literatur: *Brunhöber,* Strafrechtlicher Schutz der informationellen Selbstbestimmung, Habil. HU Berlin 2015 (n.v.); *Eckhardt/Menz,* Bußgeldsanktionen der DSGVO, DuD 2018, 139; *Faust/Spittka/Wybitul,* Milliardenbußgelder nach der DS-GVO?, ZD 2016, 120; *Golla,* Die Straf- und Bußgeldtatbestände der Datenschutzgesetze, 2015; *ders.,* Säbelrasseln in der DS-GVO: Drohende Sanktionen bei Verstößen gegen die Vorgaben zum Werbedatenschutz, RDV 2017, 123; *ders.,* Volatiles Datenschutzbußgeld, DuD 2021, 180; *Haft,* Zur Situation des Datenschutzstrafrechts, NJW 1979, 1194; *Holländer,* Datensündern auf der Spur – Bußgeldverfahren ungeliebtes Instrument der Datenschutzaufsichtsbehörden, RDV 2009, 215; *Holländer,* Bußgeld-Apokalypse und Zeitenwende – Wohin bewegt sich die Sanktionspraxis deutscher Datenschutzaufsichtsbehörden unter der Datenschutz-Grundverordnung?, in: Lachmayer/v. Lewinski, Datenschutz im Rechtsvergleich Deutschland–Österreich, 2019, 201; *Kubiciel/Großmann,* Doxing als Testfall für das Datenschutzstrafrecht, NJW 2019, 1050; *v. Lewinski,* in: Auernhammer (Begr.), DSGVO. BDSG. 5. Aufl. 2017, Vor. zu § 43 BDSG, Rn. 5–20; *Lindhorst,* Sanktionsdefizite im Datenschutzrecht, 2010; *Martini/Wagner/Wenzel,* Das neue Sanktionsregime der DSGVO, VerwArch 2018, 163, 296; *Paal,* Kritische Würdigung des Konzepts der Datenschutzaufsichtsbehörden zur Bußgeldzumessung, RDV 2020, 57; *Pohl,* Durchsetzungsdefizite der DSGVO? – Der schmale Grat zwischen Flexibilität und Unbestimmtheit, PinG 2017, 85; *Schwartmann/Burkhardt,* Proaktiver Bußgeldschutz vor Verwaltungsgerichten im Datenschutzrecht, RDV 2021, 65 ff.

1 Die DS-GVO begründet in Art. 84 DS-GVO zwar eine Pflicht der Mitgliedstaaten, **Sanktionen „für Verstöße gegen [diese] Verordnung“ festzulegen** sowie „alle erforderlichen Maßnahmen“ zu ergreifen; selber regelt sie aber lediglich Bußgelder. Alle weiteren Arten von Sanktionen, insbesondere das Strafrecht, sind also durch die Mitgliedstaaten zu regeln.

2 Die DS-GVO selbst gibt einen **Katalog von mit Geldbuße bewehrten Ordnungswidrigkeiten** (→ Rn. 22 ff.) vor (Art. 83 Abs. 3–6 DS-GVO), welcher entsprechend den vorweggestellten Grundsätzen „wirksam, verhältnismäßig und abschreckend“ seine Wirkung entfalten, dabei aber auch unter Berücksichtigung der den Einzelfall prägenden Gegebenheiten (Art. 83 Abs. 1 DS-GVO) angewendet werden soll.

3 Dagegen wird von der DS-GVO eine **strafrechtliche Sanktionierung nicht zwingend vorgegeben.** So können grundsätzlich auch aufsichtsrechtliche (Eingriffs-) Befugnisse[1] und auch die wettbewerbsrechtlichen Reaktionsmöglichkeiten sowie die zivilrechtliche Haftung als wirksame, verhältnismäßige und abschreckende Maßnahmen (Art. 83 Abs. 1 S. 1 DS-GVO) ausreichen. Die Strafbewehrung von Verstößen ist jedenfalls immer nur als **Ultima ratio**[2] in Betracht zu ziehen. Das BVerfG hat allerdings die gebotene Chance, im Rahmen der Entscheidung zur Rindfleischetikettierung[3] auch im Detail hierzu Stellung zu nehmen, verstreichen lassen[4] und sich in der Entscheidung im wesentlichen auf die Probleme der dynamischen Verweisung gestützt (→ Rn. 9). Zumindest bezüglich der Bedenken gegen-

[1] S. zum Verhältnis der ordnungsrechtlichen Abhilfebefugnisse zur Verwaltungssanktion des Art. 83 DS-GVO *Martini/Wagner/Wenzel,* VerwArch 2018, 163 (165 f.).

[2] BVerfG, Urt. v. 25.2.1975 – 1 BvF 1/74, BVerfGE 39, 1 (44, 47); BVerfG, Urt. v. 28.5.1993 – 2 BvF 2/90, BVerfGE 88, 203 (258); BVerfG, Urt. v. 10.4.1997 – 2 BvL 4/92, BVerfGE 96, 10 (25 f.); BVerfGE, Urt. v. 9.6.1997 – 2 BvR 1371/96, BVerfGE 96, 245 (249); BVerfG, Beschl. v. 26.2.2008 – 2 BvR 392/07, BVerfGE 120, 224 (239 f.); kritisch insoweit *Bittmann,* NStZ 2016, 249 (254); *Frisch,* NStZ 2016, 16 (22).

[3] BVerfG, Beschl. v. 21.9.2016 – 2 BvL 1/15, NJW 2016, 3648 (Rn. 42) – Rindfleischetikettierung.

[4] *Kempf,* AnwBl. 2017, 34 (34 f.).

über unionsakzessorischen Blankettstrafgesetzen wurde aber den in der Literatur schon lange vorgetragenen Bedenken Rechnung getragen.[5]

4 Art. 57 JI-RL enthält ebenfalls einen **Regelungsauftrag an die Mitgliedsstaaten** zur Schaffung von Sanktionen für Verstöße. Die Sanktionen sollen wirksam, verhältnismäßig und abschreckend sein. ErwGr 89 JI-RL verdeutlicht dabei, dass die Sanktionsfolge bei Verstößen den Regelfall darstellen soll. Gem. Art. 49 JI-RL ist ein Bericht über Verstöße und verhangene Sanktionen durch die Aufsichtsbehörde vorgesehen.

A. Rechtstaatliche Grenzen des Datenschutzsanktionsrecht

5 Die Bußgeldtatbestände der Art. 83 Abs. 4–6 DS-GVO sind – wie auch schon Ordnungswidrigkeiten- und Straftatbestände des BDSG in §§ 43, 44 BDSG-alt[6] – aus rechtspolitischer Sicht kritisch zu betrachten und rechtstaatlicherseits mit Vorsicht zu genießen.[7] Die grundsätzliche Kritik daran, ein aufsichtsseitig **nicht konsequent umgesetztes, weite Ermessensspielräume einräumendes Gesetz mit hoher Strafe** durchsetzen zu wollen, ist im Strafrecht nicht neu.[8] Auch die anderen Kritikpunkte sind dabei schon seit Jahrzehnten Teil der datenschutzrechtlichen Diskussion.[9]

6 Wenn nun also die einzelnen datenschutzrechtlichen Sanktionsbestimmungen angewendet werden, müssen die **unionsrechtlichen Anforderungen** und (bei mitgliedstaatlichem Umsetzungsspielraum) ggf. zusätzlich auch die **Anforderungen des Art. 103 Abs. 2 GG** berücksichtigt werden. Hierbei ist durchaus auch eine Primärrechts- oder Verfassungswidrigkeit einzelner datenschutzrechtlicher Sanktionsnormen möglich. Schon in außerstrafrechtlichem Zusammenhang, in dem weniger strenge Maßstäbe als für Sanktionsnormen gelten, hat das Bundesverfassungsgericht Rechtsnormen, die sich durch Verweise und Generalklauseln auszeichneten, für nichtig erklärt.[10]

7 Jedenfalls aber kann eine **europarechtliche Pflicht zur effektiven Durchsetzung** nicht in der Weise Wirkung entfalten, dass etwaige unions- oder verfassungswidrige Bußgeld- oder v. a. Strafvorschriften dennoch angewendet werden. Anders als bei Unionsrecht besteht bezüglich einer innerstaatlichen Norm, die mit Unionsrecht nicht vereinbar ist, immer eine Verwerfungskompetenz für die Gerichte und die Verwaltung.[11] Ein ggf. bestehendes Umsetzungsdefizit durch den deutschen Gesetzgeber geht nicht zulasten des Täters.

8 Komplizierter ist die Rechtslage im Hinblick auf Umsetzungs- und Konkretisierungsakte. Bei fehlendem mitgliedstaatlichen Spielraum und insbesondere bei wortgleicher Übernahme ist davon auszugehen, dass die Normen am Vorrang des Unionsrechts teilnehmen.[12] Gibt es einen **Ausgestaltungs- oder Konkretisierungsspielraum** – wie in der Regel bei Richtlinien gem. Art. 288 Abs. 3 AEUV und insb. nach Art. 23 DS-GVO –, so unterliegt dieser in vollem Umfang einer verfassungsrechtlichen Überprüfung.[13]

I. Verweisungstechnik

9 Es ist eine in Deutschland übliche gesetzgeberische Technik, nebenstrafrechtlichen Normen auf materielle Vorschriften verweisen zu lassen (Akzessorietät). Sol-

---

[5] So *Hecker,* NJW 2016, 3648 (3653).

[6] Umfassend Auernhammer/*v. Lewinski,* DSGVO/BDSG, 5. Aufl. 2017, Vor. zu § 43 BDSG, Rn. 5 ff.

[7] Simitis/*Ehmann,* BDSG, 8. Aufl. 2014, § 43 Rn. 11 (noch zu §§ 43, 44 BDSG-alt).

[8] *Maurach/Zipf,* Strafrecht I, 8. Aufl. 1992, § 2 Rn. 14 ff.

[9] Hierzu schon zum damaligen § 41 BDSG *Haft,* NJW 1979, 1194 (1194 f.).

[10] Z. B. BVerfG, Urt. v. 3.3.2004 – 1 BvF 3/92, BVerfGE 110, 33 (62 ff.).

[11] EuGH, Urt. v. 22.6.1989 – C-103/88, Slg. 1989, 01839 (Rn. 30 ff.) – Constanzo.

[12] *Frenz,* Handbuch Europarecht V, 1. Aufl. 2010, § 4 Rn. 171.

[13] Zweifelnd *Buchholtz,* DÖV 2017, 837 (841), da ein mehrpoliges Grundrechtsverhältnis vorliegt, in dem das Unionsrecht Anwendungsvorrang beansprucht (kein Günstigkeitsprinzip); zur Frage umfassend *Marsch,* Das europäische Datenschutzgrundrecht, 2018, S. 278 ff, insb. 306 ff.

che sog. Blankett(straf)normen sind dabei auch nicht per se unzulässig.[14] Auch einer **Verweisung auf Unionsrecht** stehen keine grundsätzlichen Bedenken entgegen.[15] Die Länge der Verweisketten auch über mehrere Ebenen hinweg wird auch vom BVerfG nicht als entscheidend angesehen.[16] Zu problematisieren sind insofern nur sog. **dynamische Verweisungen** auf die jeweils geltende Fassung: Solche hält das BVerfG zwar ebenfalls grundsätzlich für möglich,[17] jedoch nicht, wenn dies dazu führt, dass der Gesetzgeber den Inhalt seiner Vorschrift nicht mehr in eigener Verantwortung bestimmt, sondern die Entscheidung Dritten überlässt.[18]

10 Die DS-GVO bedient sich der Regelungstechnik einer **Blankettstrafnorm,** die in Art. 83 lediglich grundsätzliche rechtsstaatliche Anforderungen an die Bußgelder (Abs. 1) und Bemessungsgrundsätze aufzählt (Abs. 2), in den Absätzen 4 bis 6 auf den Verstoß gegen fast 50 verschiedene materiellrechtliche Pflichten privatrechtlicher und öffentlich-rechtlicher Natur aus der DS-GVO abstellt.

11 Im Bereich der strafrechtlichen Sanktionierung verwendet das neue BDSG als **zentrales Tatbestandsmerkmal das Nicht-Bestehen einer Berechtigung** zur Übermittlung (§ 42 Abs. 1 Nr. 1 BDSG), Zugänglichmachung (§ 42 Abs. 1 Nr. 2 BDSG) oder Verarbeitung (§ 42 Abs. 2 Nr. 1 BDSG). Damit wird – wenn auch indirekt – auf die die Zulässigkeit dieser Vorgänge regelnden Vorschriften der DS-GVO in umfassender Weise verwiesen.

12 Ferner verweist das BDSG zur **Regelung des Straf- und Bußgeldverfahrens** auf Teile des OWiG, GVG und StPO (§ 40 Abs. 1 u. 2 BDSG).[19]

II. Unverständlichkeit

13 Zudem ist das Datenschutzrecht ausgesprochen schwer verständlich.[20] Der (internationale) Anwendungsbereich, die Abgrenzung zwischen allgemeinem Datenschutzrecht, Datenschutzrecht für Polizei und Justiz sowie Telekommunikationsdatenschutzrecht (zur Abgrenzung → § 8 Rn. 1ff.), die Verteilung der Regelungskompetenzen zwischen Union und Mitgliedstaaten, die kaum anschauliche Sprache, der in der Informationsgesellschaft kontraintuitive Regelungsansatz des „Verbots mit Erlaubnisvorbehalt" und die „vielen unbestimmten Rechtsbegriffe […], zahlreichen Verweisungsketten und vielen schon sprachlich schwer zu erfassenden Formulierungen"[21] lassen nur wenige Experten dieses Rechtsgebiet überschauen.[22] Die **generalklauselartige und technikneutrale Ausgestaltung** soll

---

[14] Schönke/Schröder/Eser/*Hecker,* StGB, 30. Aufl. 2019, § 1 Rn. 8.

[15] BVerfG, Beschl. v. 21.9.2016 – 2 BvL 1/15, NJW 2016, 3648 (Rn. 42) – Rindfleischetikettierung; zum Verweis auf eine noch nicht anwendbare VO s. BVerfG, Beschl. v. 3.5.20182016 – 2 BvR 463/17, NJW 2018, 3091 (Rn. 25) – Marktmissbrauchsverordnung (a. A. *Rothenfuß/Jäger,* NJW 2016, 2689 (2691)): umfassend *Ernst,* Blankettstrafgesetze und ihre verfassungsrechtlichen Grenzen, 2018.

[16] BVerfG, Urt. v. 3.3.2004 – 1 BvF 3/92, NJW 2004, 2213 (2218); *Bundesjustizministerium,* Handbuch des Nebenstrafrechts, 3. Aufl. 2018, Rn. 108.

[17] BVerfG, Urt. v. 1.3.1978 – 1 BvR 786, BVerfGE 47, 285 (312 ff.); BVerfG, Beschl. v. 25.2.1998 – 2 BvL 26/84, BVerfGE 78, 32 (36).

[18] BVerfG, Beschl. v. 21.9.2016 – 2 BvL 1/15, NJW 2016, 3648 (Rn. 43) – Rindfleischetikettierung.

[19] Gleichwohl verhängte die portugiesische Aufsicht hierauf gestützt gegen ein Krankenhaus ein Bußgeld von 400 000 € (Rechtsmittel eingelegt); kritisch hierzu auch BeckOK DatenSR/*Holländer,* 39. Ed. 2022 DS-GVO Art. 83 Rn. 6.

[20] So schon zum BDSG-alt z. B. *Dammann,* NJW 1978, 1906 (1907) („undurchdringliches Dickicht").

[21] Simitis/*Ehmann,* BDSG, 8. Aufl. 2014, § 43 Rn. 11; vgl. *Haft,* NJW 1979, 1194 (1195) (zu BDSG 1977).

[22] Hierzu und im folgenden Auernhammer/*v. Lewinski,* DSGVO/BDSG, 5. Aufl. 2017, vor § 43 BDSG, Rn. 9; Auernhammer/*Golla,* DSGVO/BDSG 7. Aufl. 2020, Art. 83 DSGVO, Rn. 14.

eine flexible Anwendung ermöglichen, was aber auf Kosten der Anschaulichkeit geht.[23]

III. Fehlende Bestimmtheit

14 Straftatbestände müssen auch nach Unionsrecht (Art. 49 Abs. 1 GRCh)[24] so bestimmt sein, dass der hiervon Betroffene dem Gesetz entnehmen kann, welches Verhalten sanktionsbewehrt ist. Die Formulierung muss so klar sein, dass der Betroffene die Rechtslage erkennen und sein Verhalten hiernach richten kann.[25] Dieses Gebot gilt auch für andere Sanktionen ohne strafrechtlichen Charakter.[26] Wie auch schon beim BDSG-alt erscheint die Einhaltung dieses Grundsatzes bezüglich der Bestimmtheit der Tatbestandsmerkmale, insbesondere im Hinblick auf die **häufige Verwendung von Generalklauseln und unbestimmten Rechtsbegriffen,** durchaus zweifelhaft.

15 Insbesondere erfordern die zentralen Erlaubnistatbestände (Art. 6 Abs. 1 lit b–f DS-GVO) eine **methodisch unsichere Güterabwägung,** vor allem im Hinblick auf das Kriterium der Erforderlichkeit einer Verarbeitung.[27] Das Gesetz gibt dabei weder vor, wann eine Datenverarbeitung erforderlich ist, noch welche Interessen berechtigt oder schutzwürdig sind, noch wie man sie abzuwägen hat. Gleiches gilt, soweit Art. 5 DS-GVO als Anknüpfungspunkt für repressive Maßnahmen dient.

16 Bei der Bestimmtheitsanforderung an eine Sanktionsnorm ist der **Verständnishorizont der Normadressaten** zu berücksichtigen. Dies wirkt sich insbesondere für Täter mit einer beruflichen Erfahrung aus.[28] Je weiter jedoch deren Kreis, desto verständlicher und konkreter muss die Norm gefasst sein.[29] Das Datenschutzrecht als Querschnittsmaterie, das den gesamten Wirtschafts- und Verwaltungsbereich erfasst, muss insoweit besonders hohen Standards genügen. Es richtet sich in vielen Fällen eben gerade auch an Gruppen ohne eine solche besondere Expertise.

17 Das Bestimmtheitsdefizit wird durch das **Tatbestandsmerkmal „ohne berechtigt zu sein"** in § 42 Abs. 1 u. Abs. 2 Nr. 1 BDSG noch verstärkt. Es wird dem an offenen Rechtsbegriffen reichen Datenschutzrecht noch eine weitere Quelle der Interpretationsbedürftigkeit hinzugefügt. Fast entlarvend ist es, wenn festgestellt wird, das (vormalige) Tatbestandsmerkmal „unbefugt" (§ 43 Abs. 2 Nrn. 1–3 BDSG-alt) gebe den Strafverfolgungsbehörden einen weiten Beurteilungsspielraum.[30] Denn gerade eine solche Unsicherheit will Art. 103 Abs. 2 GG ebenso wie Art. 49 Abs. 1 GRCh – eine grundlegende rechtstaatliche Errungenschaft – verhindern (zur Bestimmtheit auf Rechtsfolgenseite → Rn. 57).

IV. Folgen von Unionsrechtswidrigkeit oder Verfassungswidrigkeit

18 Sollte eine Datenschutzsanktionsvorschrift rechtstaatlichen Anforderungen des Unions- oder Verfassungsrechts nicht genügen,[31] führt ein solcher Verstoß gegen

---

[23] Dazu *Pohl,* PinG 2017, 85 (86).

[24] *Jarass,* GRCh, 4. Aufl. 2021, Art. 49 Rn. 11 m. w. N.

[25] BVerfG, Beschl. v. 7.4.1964 – 1 BvL 12/63, BVerfGE 17, 306 (314) – Personenbeförderungsgesetz.

[26] EuGH, Urt. v. 25.9.1984 – 117/83, EuGHE 1984, 3291 (Rn. 11) – Könecke.

[27] Dazu → § 12 Rn. 17 ff.; BeckOK DatenSR/*Holländer,* 39. Ed. 2022, Art. 83 DS-GVO, Rn. 6; zum BDSG 1978 schon *Haft,* NJW 1979, 1194 (1195).

[28] BVerfG, Beschl. v. 15.3.1976 – 2 BvR 927/76, BVerfGE 48 (57); BVerfG, Beschl. v. 6.5.1987 – 2 BvL 11/85, BVerfGE 75, 329 (345).

[29] *Bundesjustizministerium,* Handbuch des Nebenstrafrechts, 3. Aufl. 2018, Rn. 15.

[30] Roßnagel HdB DatenSR/*Bär,* 2003, Kap. 5.7, Rn. 28.

[31] Im Ergebnis für eine Verfassungswidrigkeit (der Sanktionsvorschriften des BDSG a. F.) *Tiedemann,* NJW 1981, 945 (952); *Dannecker,* BB 1996, 1285 (1287).

höherrangiges Recht dazu, dass sie **ex tunc nichtig** ist. Eine zurückhaltende Verfolgungspraxis kann eine Verfassungswidrigkeit nicht beseitigen.[32]

19 Allerdings ist nach Art. 100 Abs. 1 GG und Art. 267 Abs. 1 AEUV den **Fachgerichten** die Möglichkeit genommen, selbst über die Verfassungswidrigkeit bzw. die Auslegung des Unionsrechts oder die Gültigkeit abgeleiteten Unionsrechts zu entscheiden. Zumindest letztinstanzliche Gerichte müssen (Art. 267 Abs. 3 AEUV), wenn sie eine Norm für unionsrechtswidrig halten, diese **dem EuGH vorlegen.** Für andere Gerichte besteht die Möglichkeit einer Vorlage (Art. 267 Abs. 2 AEUV). Ferner ist eine inzidente Überprüfung möglich (Art. 277 AEUV). Der EuGH ist berechtigt, die Wirkung eines Urteils auf zukünftige Sachverhalte zu begrenzen.[33] Hält ein Gericht eine mitgliedstaatliche datenschutz(straf)rechtliche Norm für verfassungswidrig, muss es diese **dem Bundesverfassungsgericht vorlegen,** das dann hierüber und mit allgemeiner, also über den konkreten Fall hinausreichender Wirkung entscheidet (§ 78 BVerfGG).

20 Für die **Verwaltung** ist weder im deutschen Recht noch auf europäischer Ebene ein solches konkretes Normenkontrollverfahren vorgesehen; im Unterschied zu Gerichten können sie ein Gesetz nicht vorlegen. Anders als im deutschen Recht, wo wegen der Bindung der Exekutive an Recht und Gesetz (Art. 20 Abs. 3 GG) davon ausgegangen wird, dass Behörden daran gehindert seien, ein verfassungswidriges Gesetz anzuwenden, wird bezüglich der Verwerfung von unionsrechtlichen Normen von einem Auslegungs- und Verwerfungsmonopol des EuGH auch im Verhältnis zur Verwaltung ausgegangen.[34] Verwerfen dürfen aber sowohl Gerichte als auch die Verwaltung eine offenkundig unionswidrige Umsetzung im mitgliedsstaatlichen Recht. In Zweifelsfällen bleibt nur der Weg über die Vorlage durch ein Gericht.[35]

21 Zwar schreibt Art. 84 Abs. 1 DS-GVO (ebenso Art. 57 der JI-RL) den Mitgliedstaaten vor, im mitgliedstaatlichen Recht wirksame, verhältnismäßige und abschreckende Sanktionen bei Datenschutzverstößen festzulegen. Jedoch kann eine europarechtliche Pflicht nicht in der Weise Wirkung entfalten, dass verfassungswidrige Bußgeld- oder Strafvorschriften dennoch angewendet werden. Ein ggf. bestehendes **Umsetzungsdefizit** durch den mitgliedstaatlichen Gesetzgeber geht nicht zulasten des Täters (→ Rn. 7).

B. Datenschutzordnungswidrigkeiten

22 Die Sanktionsvorschriften der DS-GVO sind **umfassend** und betreffen die in der DS-GVO festgelegten Pflichten. Darüber hinaus enthält Art. 83 Abs. 5 lit. d DS-GVO noch eine **dynamische Verweisung** auf weitere Vorschriften, die die Mitgliedsstaaten im Rahmen von Öffnungsklauseln in Kapitel IX der DS-GVO schaffen können. Verstöße hiergegen ziehen ebenfalls ein Bußgeld nach sich.

23 Die Bußgeldtatbestände in Art. 83 DS-GVO haben über die **Einteilung in zwei Bußgeldkategorien** hinaus keine systematische Ordnung und orientieren sich allenfalls in Ansätzen an den Kapiteln der DS-GVO. Der Katalog lässt sich grob in **vier Gruppen** zusammenfassen (→ Rn. 25 ff.): Verstöße gegen Pflichten der für die Verarbeitung Verantwortlichen bzw. Auftragsverarbeiter (Art. 83 Abs. 4 lit. a DS-GVO), Pflichten der Zertifizierungs- und Überwachungsstellen (Art. 83 Abs. 4 lit. b u. c DS-GVO), Verstöße im Rahmen der konkreten Verarbeitung von Daten (Art. 83 Abs. 5 lit. a–d DS-GVO), sowie Verstöße gegen Anweisungen der Aufsichtsbehörde bzw. deren Behinderung (Art. 83 Abs. 5 lit. e, Abs. 6 DS-GVO).

24 Auch das **bereichsspezifische Datenschutzrecht** kennt zum Teil Bußgeldnormen. Hingewiesen sei hier insbesondere auf § 28 TTDSG.

[32] Hierzu und im folgenden Auernhammer/*v. Lewinski*, DSGVO/BDSG, 5. Aufl. 2017, vor § 43 BDSG, Rn. 14.

[33] EuGH, Urt. v. 16.7.1992 – C-163/90, Slg. 1992, I-4625 (Rn. 30).

[34] *Frenz*, Handbuch Europarecht V, 1. Aufl. 2010, § 4 Rn. 167.

[35] Zur Verwerfungskompetenz im einzelnen *Frenz*, Handbuch Europarecht V, 1. Aufl. 2010, § 4 Rn. 162 ff.

I. Bußgeldtatbestände

1. Verstoß gegen Pflichten der Verantwortlichen bzw. der Auftragsverarbeiter

25 Ein Großteil der in Art. 83 Abs. 4 DS-GVO bezeichneten Bußgelder bezieht sich auf die Verantwortlichen bzw. Auftragsverarbeiter (lit. a). Mit den weiteren bußgeldbewehrten Pflichten innerhalb des Absatzes für Zertifizierungs- und Überwachungsstellen haben sie die Maximalhöhe des Bußgeldes von 10 Mio. € oder 2 % des Jahresumsatzes bei Unternehmen gemeinsam.

26 Dabei listet die DS-GVO in Art. 83 Abs. 4 lit. a DS-GVO die bußgeldbewehrten **Pflichten zu Datenverarbeitungsverfahren** detailliert in Form einer statischen Verweisung auf die Art. 8, 11, 25–39, 42 und Art. 43 DS-GVO auf. Die Auslegung muss ergeben, dass jeweils nur die dort enthaltenen Pflichten der Verantwortlichen bzw. des Auftragsverarbeiters gemeint sein können. Dies sind keinesfalls immer die gesamten Normen. So richtet sich bspw. Art. 8 Abs. 1 S. 3 DS-GVO als Öffnungsklausel an die Mitgliedsstaaten, und Abs. 3 klärt das Verhältnis zum eigenen Vertragsrecht.

27 Die Regelungen der Art. 25–39 DS-GVO betreffen v. a. **Vorfeldpflichten der Verarbeiter.** Sie umfassen insbesondere auch die Regelungen zu Datenschutz durch Technikgestaltung sowie die datenschutzfreundlichen Voreinstellungen (Art. 25 DS-GVO), die Datenschutz-Folgenabschätzung (Art. 35, 36 DS-GVO), sowie auch die Regelungen zum betrieblichen bzw. behördlichen Datenschutzbeauftragten (Art. 37–39 DS-GVO).

28 Mit den Regelungen zur Mitteilung von Verletzungen des Schutzes personenbezogener Daten („Data Breach Notifications“) gegenüber den Aufsichtsbehörden (Art. 33) und gegenüber dem Betroffenen (Art. 34) enthält die Bußgeldnorm aber auch Verweisungen auf **Verpflichtungen im Nachgang** an eine (rechtmäßige) Verarbeitung.

29 **Außerhalb dieser Systematik** der bußgeldbewehrten Vorfeldpflichten stehen mit Art. 8 DS-GVO die Bußgeldbewehrung der Regelungen zur Einholung der elterlichen Einwilligung bei Kindern sowie die speziellen Transparenzanforderungen des Art. 11 DS-GVO in Fällen der Datenverarbeitung, die die Identifizierung der Betroffenen nicht oder nicht mehr erfordern.

2. Verstöße gegen Pflichten der Zertifizierungs- und Überwachungsstellen

30 Ebenfalls in Art. 83 Abs. 4 DS-GVO enthalten sind bestimmte Pflichten der **Zertifizierungsstellen** nach Art. 42, 43 DS-GVO (Art. 83 Abs. 4 lit. b DS-GVO) und die Pflichten der **Überwachungsstelle** aus Art. 41 Abs. 4 DS-GVO (Art. 83 Abs. 4 lit. c DS-GVO).

31 Art. 4 DS-GVO enthält für die „Zertifizierungsstellen“ keine Definition, sondern sie ergibt sich aus Art. 43 DS-GVO. Es handelt sich dabei um solche Stellen, die nach dem dort näher beschriebenen Verfahren als Private zur Vergabe von Zertifikaten akkreditiert werden können. Bußgeldbedroht sind danach nicht die akkreditierenden Stellen selber und somit auch nicht die diesbezüglichen Regelungen des Art. 43 DS-GVO. Übrig bleibt aus Art. 43 DS-GVO damit nur noch der Absatz 4, welcher die Grundvoraussetzung der Zertifizierung oder deren Widerrufung (**„angemessene Bewertung“**) bestimmt. Auch Art. 42 DS-GVO enthält keine weiteren konkreten Pflichten für die Zertifizierungsstelle selber.

32 „Überwachungsstellen“ meint an dieser Stelle solche, die nach Art. 41 Abs. 1 DS-GVO aufgrund ihres Fachwissens für die Überwachung der Einhaltung von genehmigten Verhaltensregeln i. S. d. Art. 40 DS-GVO akkreditiert worden sind. Auch hier enthält die Norm, auf welche verwiesen wird, wieder größtenteils **An-**

forderungen für die Akkreditierung. Die Voraussetzungen für die Überwachung an sich ergeben sich aus Abs. 4, welche den Überwachungsstellen die Möglichkeit, „geeignete Maßnahmen" zu treffen, gibt. Dies kann auch einen vorläufigen oder endgültigen Ausschluss von den Verhaltensregeln bedeuten. Insgesamt bleiben die konkreten Pflichten der Überwachungsstellen hier vage.

3. Verstöße im Rahmen der konkreten Verarbeitung

33 Die Anforderungen des Art. 83 Abs. 5 DS-GVO richten sich wiederum an die Verantwortlichen und Auftragsverarbeiter. Anders als die obigen Pflichten des Absatzes 4 beziehen sich die hier bußgeldbewehrten **Pflichten auf die konkrete Verarbeitung.** Hierzu gehören die gesamten Grundsätze der Verarbeitung (Art. 5), die Anforderungen an die Rechtmäßigkeit der Verarbeitung (Art. 6) und insbesondere auch der Einwilligung (Art. 7 bzw. Art. 9 bezüglich der Einwilligung bei besonderen Kategorien personenbezogener Daten, mit Ausnahme der Bedingungen für die Einwilligung von Kindern (→ Rn. 29).

34 Ebenfalls dieser Bußgeldregelung unterfallen die Rechte der Betroffenen nach Art. 12–22 DS-GVO. Dies beinhaltet somit neben den konkreten Informierungsvorgaben und Rechten auch die allgemeinen **Transparenzanforderungen** (Art. 12 DS-GVO) und insbesondere auch das Recht auf Datenübertragbarkeit (Art. 20 DS-GVO) sowie die Regelungen zu automatisierten Einzelentscheidung (Art. 22 DS-GVO). Ferner umfasst sind die Regelungen der DS-GVO zur **Übermittelung personenbezogener Daten in Drittländer** oder an internationale Organisationen (Art. 44–49 DS-GVO) sowie auch solche Regelungen, die die Mitgliedsstaaten ggf. nach Kapitel IX der DS-GVO noch für besondere Verarbeitungssituationen schaffen (können).

4. Behinderung der Aufsichtsbehörden

35 Deutlich stärker wird in Zukunft auch die Nichtumsetzung aufsichtlicher Anweisungen[36] sowie die Behinderung von deren Untersuchungen sanktioniert (Art. 83 Abs. 5 lit. f sowie Art. 83 Abs. 6 DS-GVO). Art. 83 Abs. 5 lit. f DS-GVO bezieht sich dabei auf **Anweisungen oder Beschränkungen der Aufsichtsbehörde** nur bzgl. Datenübermittlungen und auf die **Nichtgewährung des Zugangs** für die Aufsichtsbehörde nach Art. 58 Abs. 1 DS-GVO. Art. 83 Abs. 6 DS-GVO erweitert dies auf **alle gemäß Art. 58 Abs. 2 DS-GVO ergangenen Anweisungen.**[37] Dadurch ergibt sich die Besonderheit, dass in den Fällen einer vollstreckbaren Anweisung der Aufsichtsbehörde ein eigentlicher Verstoß gegen die materiellen Regelungen der DS-GVO zur Verhängung eines Bußgeldes nicht zu prüfen ist.[38]

5. Weitere Bußgeldtatbestände nach dem BDSG

36 Art. 84 DS-GVO ermöglicht grundsätzlich die Schaffung weiterer Sanktionen durch die Mitgliedstaaten. Im Bußgeldbereich wurde davon bisher aber kein Gebrauch gemacht. Zwar enthält § 43 BDSG über die DS-GVO hinausgehende Bußgeldvorschriften. Bei diesen handelt es sich aber wohl nicht um solche i.S.d. Art. 84 DS-GVO, da sie sich auf die in § 30 Abs. 1 und 2 BDSG ebenfalls mitgeregelten **Informationspflichten für Verbraucherkredite** beziehen.

---

[36] Im einzelnen zur Zusammenarbeit mit der Aufsicht Auernhammer/*Kieck*, DSGVO/BDSG, 7. Aufl. 2020, Art. 31 DS-GVO, Rn. 6ff.

[37] S. hierzu *Martini/Wagner/Wenzel*, VerwArch 2018, 296 (316).

[38] Paal/Pauly/*Frenzel*, 3. Aufl. 2021, Art. 83 DS-GVO, Rn. 25.

II. Täter

37 Ein Großteil der Normen, auf die in Art. 83, 84 DS-GVO bezüglich der Pflichten mittelbar verwiesen wird, ist **auf Organisationen, nicht auf Personen zugeschnitten.**[39] Zentrale Normadressaten der DS-GVO sind die Verantwortlichen (Art. 4 Nr. 7 DS-GVO) und Auftragsverarbeiter (Nr. 8). Dies umfasst grundsätzlich auch natürliche Personen, sofern diese über die Zwecke und Mittel der Verarbeitung personenbezogener Daten entscheiden. Hier ist jedoch auf die sog. Haushaltsausnahme (Art. 2 Abs. 2 lit. c DS-GVO) hinzuweisen. Den überwiegenden Anteil der Verantwortlichen bzw. Auftragsverarbeiter i. S. d. DS-GVO dürften deshalb die juristischen Personen und Behörden stellen. Dazu treten als taugliche Täter im Rahmen des Art. 83 Abs. 4 lit. b DS-GVO die Zertifizierungsstellen und nach Art. 83 Abs. 4 lit. c DS-GVO die Überwachungsstellen.

38 Angenommen wird für die Bußgelder unter der DS-GVO eine vom sonstigen Recht abweichende **unmittelbare Verbandshaftung** am Vorbild des kartellrechtlichen Modells.[40] Ohne Exkulpationsmöglichkeit haftet das Unternehmen damit für die Handlungen aller Mitarbeiter und für die der Organe.[41] Begrenzungen findet dies nur bei Handlungen, die klar außerhalb des Aufgabenbereiches liegen und dem Unternehmen auch nicht wegen der Billigung solcher Handlungen auf andere Weise zurechenbar sind (s. auch § 30 OWiG); in einem solchen Fall ist zu fragen, wer genau noch Verantwortlicher für die Datenverarbeitung ist. Nicht vorgesehen ist durch die DS-GVO bisher eine Bestrafung der Mitarbeiter selbst. War eine solche im Entwurf zum BDSG noch vorgesehen,[42] wäre sie zumindest außerhalb der Öffnungsklauseln abzulehnen gewesen.[43]

39 Art. 83 Abs. 7 DS-GVO ermöglicht auch die Verhängung von **Bußgeldern gegen Behörden und öffentliche Stellen.** Bußgelder gegen öffentliche Stellen sind dem deutschen Recht bislang fremd und trotz der Öffnungsklausel in Art. 83 Abs. 7 DS-GVO bisher auch im Datenschutz nicht geplant; § 43 Abs. 3 BDSG sieht von der Möglichkeit explizit ab. Eine strafrechtliche Sanktionierung der handelnden Personen und das Geltendmachen von Schadenersatzansprüchen (→ § 23 Rn. 5 ff.) gegen die öffentliche Stelle ist freilich nicht ausgeschlossen.

40 Im Ordnungswidrigkeitenrecht wird zwischen Täterschaft und Teilnahme nicht differenziert (§ 14 OWiG, sog. **Einheitstäterbegriff**). Eine Erweiterung des Adressatenkreises der Bußgeldpflicht des Art. 83 DS-GVO über die Täterschaft durch Teilnahme an einem Verstoß des Verantwortlichen oder des Auftragsverarbeiters (Anstiftung, Beihilfe) mag rechtspolitisch wünschenswert sein, ist aber von der Kompetenz des Art. 83 Abs. 7 DS-GVO, Verfahrensregelungen zu erlassen, nicht mehr gedeckt.[44]

III. Tatbegehungsformen

41 Zu den Formen der Tatbegehung nimmt die DS-GVO nicht explizit Stellung. Da der Umstand einer **vorsätzlichen und fahrlässigen Begehung** aber gem. Art. 83 Abs. 2 lit. b DS-GVO relevant für die Bußgeldbemessung ist, ist davon auszugehen, dass jedenfalls vorsätzliche und fahrlässige Verstöße erfasst sind.

---

[39] Umfassend *Kosmider,* Die Verantwortlichkeit im Datenschutzrecht, 2021, C. (S. 153 ff.).
[40] Kühling/Buchner/*Bergt,* 3. Aufl. 2020, Art. 83 DS-GVO, Rn. 20.
[41] *Faust/Spittka/Wybitul* ZD 2016, 120 (121).
[42] BT-Drs. 18/11325, 38.
[43] Dazu im einzelnen BeckOK DatenSR/*Holländer,* DS-GVO Art. 83 Rn. 20; insgesamt ablehnend *Martini/Wagner/Wenzel,* VerwArch 2018, 296 (302 ff.).
[44] *Martini/Wagner/Wenzel,* VerwArch 2018, 296 (313 f.).

42 Teils wird das Schweigen im Hinblick auf die Begehungsform in Zusammenschau mit der expliziten Nennung in den Entwürfen von Kommission und Rat als Hinweis für die **Sanktionierbarkeit von Verstößen auch ohne jedes Verschulden** gewertet.[45] Problematisch erscheint diese Interpretation im Hinblick auf den **Schuldgrundsatz** als Teil der Verfassungsidentität[46] und ebenso als allgemeiner Rechtsgrundsatz des Unionsrechts.[47] Teils wird dies daher abgelehnt[48] und in unionsrechtskonformer Auslegung eine zumindest fahrlässige Begehung gefordert, wobei dies im Hinblick auf ein häufig vorliegendes **Organisationsverschulden** praktisch nur zu geringen Unterschieden führt.[49] Auch wird für die mindestens fahrlässige Begehung aus systematischer Perspektive die Formulierung des Art. 83 Abs. 3 DS-GVO angeführt, der denjenigen, der einen Tatbestand ohne Verschulden verwirklicht, gegenüber den schuldhaft Handelnden benachteiligen würde.[50]

IV. Bußgeldverfahren

43 Die Aufgabe der Überwachung und Durchsetzung der DS-GVO ist in Art. 57 Abs. 1 lit. a DS-GVO den **Aufsichtsbehörden** zugewiesen und umfasst insbesondere die Abhilfebefugnisse nach Art. 58 Abs. 2 DS-GVO. Die Befugnis zur Verhängung von Bußgeldern ergibt sich aus Art. 58 Abs. 2 lit. i DS-GVO.

44 Das Verfahren selbst wird von der DS-GVO nicht geregelt. Die Ausübung aller **Befugnisse erfolgt nach dem Recht der Mitgliedstaaten** (Art. 58 Abs. 4, 83 Abs. 8 DS-GVO). ErwGr 129 und ErwGr 148 S. 4 konkretisiert die schon in Art. 58 Abs. 4, Art. 83 Abs. 8 DS-GVO enthaltenen Anforderungen an die Vereinbarkeit mit Unionsrecht und der GRCh.[51] Art. 41 Abs. 1 und 2 GRCh richtet sich zwar nur an die unmittelbare Unionsverwaltung, enthält aber einen allgemeinen Grundsatz, der die Bearbeitung in angemessener Frist und den Grundsatz der Verhältnismäßigkeit umfasst.[52] Ausgangspunkt ist das Äquivalenz- und Effektivitätsgebot (Effet utile), nach welchem die mitgliedstaatliche Regelung das Regelungsziel des Unionsrechts nicht behindern darf und die einfache Realisierung der Rechte des Einzelnen schon im Mitgliedstaat sicherstellen muss.[53] Verwaltungsverfahren, in denen internationale Datenverarbeiter Beteiligte sind, stellen das nationale Verfahrensrecht vor schwierige Situationen, insbesondere fragt sich, ob eine nationale Behörde nicht aufgrund höherrangigen Rechts verpflichtet sein kann, mit den Beteiligten auf Englisch zu kommunizieren.[54]

45 § 41 BDSG sieht, wie auch schon bisher, über die Regelung des § 2 OWiG hinaus die sinngemäße **Anwendung großer Teile des OWiG** auch für die Bußgelder nach Art. 83 DS-GVO vor. § 46 OWiG verweist dabei wiederum auf die Befugnisse der StPO, die über diejenigen aus der DS-GVO weit hinausgehen.[55] Diverse Normen aus dem OWiG werden aber in § 41 Abs. 2 BDSG von der Anwendung ausge-

---

[45] Kühling/Buchner/*Bergt*, 3. Aufl. 2020, Art. 83 DS-GVO, Rn. 35.

[46] Vgl. BVerfG Beschl. v. 15.12.2015 – 2 BvR 2735/14, Ls. 2.

[47] *Esser*, in: Sieber/Satzger/v. Heintschel-Heinegg, Europäisches Strafrecht, 2. Aufl. 2014, § 55 Rn. 62.

[48] Auernhammer/*Golla*, DSGVO/BDSG, 7. Aufl. 2020, Art. 83 DS-GVO, Rn. 17; *Härting*, Datenschutzgrundverordnung, 2016, Rn. 253; BeckOK DatenSR/*Holländer*, 39. Ed. 2022, Art. 83 DS-GVO, Rn. 18f.

[49] So bei Paal/Pauly/*Frenzel*, 3. Aufl. 2021, Art. 83 DS-GVO, Rn. 14.

[50] Bisher soweit ersichtlich nur Auernhammer/*Golla*, DSGVO/BDSG, 7. Aufl. 2020, Art. 83 DS-GVO, Rn. 17.

[51] Dazu Auernhammer/*v. Lewinski*, DSGVO/BDSG, 7. Aufl. 2020, Art. 58 DS-GVO, Rn. 56ff.

[52] *Martini/Wagner/Wenzel*, VerwArch 2018, 163 (179).

[53] *Frenz*, Handbuch Europarecht V, 1. Aufl. 2010, Kap. 4 § 6 Rn. 434.

[54] Ablehnend CNIL, Beschl. v. 21.1.2019 – n°SAN-2019-001, Rn. 66ff. – Google LLC. – Gleichwohl muss sich das Verwaltungsverfahren der CNIL an Art. 6 EMRK messen lassen (s. hierzu *Gerhold*, DuD 2018, 368 (370)); als ungeklärt sehen daher auch *Tambou*, EDPL 2019, 80 (83) und *Rost*, DuD 2019, 488 (489) die Problematik.

[55] BeckOK DatenSR/*Brodowski/Nowak*, 39. Ed. 2022, § 41 BDSG, Rn. 26ff.

nommen. Eine Verfahrensregelung ist darüber hinaus noch in § 43 Abs. 4 BDSG enthalten. Eine nach Art. 33, 34 DS-GVO erfolgte **Meldung einer Datenpanne** (sog. „Data Breach Notification") darf **nicht im Bußgeld- oder Strafverfahren gegen den Meldepflichtigen verwendet** werden, soweit dieser nicht zustimmt. Trotz einer verfassungs- und primärrechtlichen Verankerung des § 43 Abs. 4 BDSG wird teilweise die Unionsrechtswidrigkeit dieser Vorschrift angenommen.[56] Dem deutschen Gesetzgeber war jedoch, entgegen dem Eindruck, den ErwGr 87 S. 3 vermitteln mag, durch die Öffnungsklausel des Art. 83 Abs. 8 DS-GVO gestattet, mitgliedstaatliche Verfahrensstandards zu implementieren und selbst überkommene mitgliedstaatliche Garantien fortzuentwickeln.[57]

46 Die Verfolgung kann dabei von Amts wegen erfolgen und unterliegt dem **Opportunitätsprinzip.**[58] Wegen des schwer vorhersehbaren Ob und Wieviel von Datenschutzbußgeldern wird die Statthaftigkeit einer verwaltungsprozessualen Feststellungsklage vorgeschlagen.[59]

47 Nach § 67 OWiG kann gegen den Bußgeldbescheid binnen zweier Wochen nach Zustellung **Einspruch** eingelegt werden. Abweichend von § 69 OWiG geht, falls die Ausgangsbehörde im Zwischenverfahren keine Abhilfe verschafft, die Verfahrensherrschaft nicht vollständig auf die Staatsanwaltschaft über. Aufgrund § 41 Abs. 2 S. 3 BDSG kommt eine Einstellung in Zukunft in Betonung der unabhängigen Stellung der Datenschutzaufsichtsbehörde nur noch mit deren Zustimmung in Betracht. Wird das Verfahren beim Gericht (Amtsgericht, § 68 Abs. 1 OWiG, bei Geldbußen über 100 000 € nun gem. § 41 Abs. 1 S. 3 BDSG das Landgericht) anhängig gemacht, entscheidet der Richter.

47a Aufgrund zu erwartender Beweisschwierigkeiten, an denen die DS-GVO nichts ändert, wäre rechtspolitisch anzudenken, ein **an das Kartellrecht angelehntes Settlement-Verfahren** zur einvernehmlichen, schnellen Verfahrensbeendigung zu schaffen, bei dem die Geldbuße deutlich nach einer geständigen Einlassung reduziert wird.[60]

V. Sanktionen

48 Das Datenschutzordnungswidrigkeitenrecht kennt ein **gestuftes System von Sanktionen.**

1. Verwarnungen

49 Es beginnt mit der **Möglichkeit einer Verwarnung** (Art. 58 Abs. 2 lit. b DS-GVO) bei Verstoß gegen die DS-GVO. Zur Einordnung in das Gesamtsystem der Aufsichtsmittel, die keine Sanktionen im technischen Sinne darstellen,[61] sei auf die dortigen Ausführungen verwiesen (→ § 22 Rn. 83).

---

[56] S. insb. *LfDI BW,* 33. TB 2016/2017, S. 17; zugespitzt auch *ders.,* Stellungnahme v. 6.12.2018 zu BT-Drs. 19/467, S. 3; zu Recht weist *Martini/Wagner/Wenzel,* VerwArch 2018, 163 (181) darauf hin, dass im Sanktionsverfahren, anders als im regulären Verwaltungsverfahren, der EuGH gerade keinen engen Grundsatz der Selbstbelastungsfreiheit annimmt.

[57] *Martini/Wagner/Wenzel,* VerwArch 2018, 163 (183 f.); *Boms,* ZD 2019, 536.

[58] Für ein eigenständiges, in Art. 83 DS-GVO verankertes Opportunitätsprinzip *Golla,* CR 2018, 353 (355); *Holländer,* in: Lachmayer/v. Lewinski, Datenschutz im Rechtsvergleich Deutschland–Österreich, 2019, S. 216; *Kubiciel,* jurisPR-StrafR 14/2018 Anm. 1.

[59] *Schwartmann/Burkhardt,* RDV 2021, 65 ff.

[60] *Holländer,* in: Lachmayer/v. Lewinski, Datenschutz im Rechtsvergleich Deutschland–Österreich, 2019, S. 217.

[61] Paal/Pauly/*Frenzel,* 3. Aufl. 2021, Art. 83 DS-GVO, Rn. 8; differenzierend mit Verweis auf ErwGr 150 S. 7 DS-GVO *Martini/Wagner/Wenzel,* VerwArch 2018, 163 (167); *Golla,* RDV 2017, 123 (124).

50 Denkbar erscheint auch weiterhin ein der **Verwarnung vorgelagertes normerläuterndes Gespräch** gestützt auf die allgemeinen Aufsichtsbefugnisse, wobei es sich hierbei im technischen Sinne nicht um eine Sanktion für einen Verstoß gegen die obigen Normen handelt.[62] Die DS-GVO sieht zudem explizit eine sog. belehrende Warnung (Art. 58 Abs. 2 lit. a DS-GVO) durch die Aufsichtsbehörde bei Verdacht eines Verstoßes vor.

2. Bußgeld

a) Höhe des Bußgelds

51 Die Bußgelder nach § 43 BDSG-alt waren, obwohl der Bußgeldrahmen recht weit ist, **traditionell ausgesprochen niedrig.** Lange Zeit war die höchste bekannte Summe – soweit ersichtlich – 2500 €.[63] Darin mag sich Vorsicht der Aufsichtsbehörden wegen der verfassungsrechtlichen Bedenken (→ Rn. 5 ff.) widergespiegelt haben. Schon der Bundesgesetzgeber gab in § 43 Abs. 3 BDSG-alt (seit 2009) zu erkennen, dass deutlich höhere Bußgelder drohen. So waren nun Bußgelder bis zu 300 000 € möglich (§ 43 Abs. 3 S. 1 BDSG-alt), die im Falle eines höheren wirtschaftlichen Vorteils sogar im Sinne einer Vorteilsabschöpfung überschritten werden konnten (§ 43 Abs. 3 S. 2 BDSG-alt; vgl. § 17 Abs. 4 OWiG). – Dieser Trend setzte sich unter der DSRL fort. Gleichwohl unterschied sich der Bußgeldrahmen in den EU-Mitgliedstaaten bis zur DS-GVO beträchtlich.[64]

51a Erste **Bußgelder nach Anwendungsbeginn** der DS-GVO lassen bundesweit keine Harmonisierung der bundesdeutschen Verwaltungspraxis erkennen; die Beträge allerdings steigen. Das erste Bußgeld betraf unverschlüsselt gespeicherte Nutzerdaten; diesen Verstoß ahndete der LfDI BW mit 20.000 €,[65] die bislang höchsten (etwa 10 Mio. €) gegen einen Telekommunikationsanbieter wegen unzureichenden organisatorischen Datenschutzes in der Telefonhotline[66] und gegen einen großen Computerhändler.[67]

51b Die **rechtsvergleichende Betrachtung** vermittelt auch auf europäischer Ebene den Eindruck, dass mitgliedstaatliche Besonderheiten beim Vollzug bestehen bleiben.[68] In Italien ist gegen einen großen Telekommunikationsanbieter wegen wiederholter Datenschutzverstöße ein Bußgeld von 12 Mio. € verhängt worden.[69]

52 In Anlehnung an das Kartellrecht[70] ist in der DS-GVO für Unternehmen eine **umsatzabhängige Bußgeld-Obergrenze** vorgesehen. Anders als im Kartellrecht dürfte es sich aber nicht um eine Kappungsgrenze handeln – es kann rechnerisch eine höhere Strafe verhängt werden –, sondern um einen Rahmen, was auch einer verhältnismäßigen Sanktionierung entgegenkommt, da so schwere und mittlere Verstöße einer Differenzierung zugänglich sind.[71] Art. 83 Abs. 4 DS-GVO (erste Gruppe – Verstöße gegen Pflichten der für die Verarbeitung Verantwortlichen bzw. der Auftragsverarbeiter) sieht nun Bußgelder in einer Höhe von bis zu 10 000 000 € bzw. bis zu 2 % des gesamten weltweit erzielten Jahresumsatzes des vergangenen Geschäftsjahres im Falle eines Unternehmens vor. Es gilt der jeweils höhere Betrag. Art. 83 Abs. 5 DS-GVO ermöglicht (zweite und dritte Gruppe – Verstöße im Rahmen der konkreten Verarbeitung von Daten Verstöße gegen Anweisungen der Aufsichtsbehörde bzw. deren Behinderung) sogar Bußgelder in Höhe von bis zu 20 000 000 € bzw. im Unternehmensfalle bis zu 4 % des gesamten weltweit erzielten Jahresumsatzes des vergangenen Geschäftsjahres.

---

[62] Dazu Auernhammer/*v. Lewinski*, DSGVO/BDSG, 5. Aufl. 2017, § 43 BDSG, Rn. 72.
[63] Aufsichtsbehörde Hessen, 9. nöTB, hessLT-Drs. 14/1902, S. 17 f. (5000 DM).
[64] Dazu *Weiß*, PinG 2017, 97.
[65] Einordnung des Knuddels-Verfahrens bei *Braun*, ZD-Aktuell 2019, 06445.
[66] DuD 2020, 85; dann freilich herabgesetzt auf 900 000 € durch LG Bonn (dazu Golla, DuD 2021, 180 ff.).
[67] F.A.Z. v. 9.1.2021, S. 25; c't 4/2021, S. 164 f.
[68] Das britische ICO (Information Commissioner's Office) verhängte gegen British Airways und Marriott Sanktionen von respektive 183 und 99 Mio. Pfund (c't 17/2019, S. 39).
[69] EDPL 2020, 554 ff.
[70] *Faust/Spittka/Wybitul*, ZD 2016, 120 (120); s. auch ErwGr 150 DS-GVO.
[71] *Uebele*, EuZW 2018, 440 (446).

53 Ein Anknüpfen an weltweite Jahresumsätze von Unternehmen scheint aber in zweierlei Hinsicht problematisch: Zum einen würde eine Bezugnahme auf Umsätze auf dem europäischen Markt in Anbetracht auch des europäischen Anwendungsbereiches der DS-GVO (Art. 3 DS-GVO) viel eher eine **Relation zwischen Fehlverhalten und Nutzen** herstellen. Und zum anderen betrifft die Orientierung am Umsatz unterschiedliche Branchen oder Unternehmenstypen mit **unterschiedlichen Umsatzrenditen** (Datenkonzerne wie Soziale Netzwerke mit großer Umsatzrendite einerseits und margenschwacher Groß- und Einzelhandel andererseits; etablierte Unternehmen einerseits und Startups oder Sanierungsfälle andererseits) unterschiedlich.

54 Zum **Begriff des „Unternehmens"** verweist die DS-GVO in ErwGr 150[72] auf die Vorschriften der Art. 101 und 102 AEUV. Das unionsrechtliche Verständnis des Unternehmens ist dabei ein funktionales und somit vom Begriff der juristischen Person innerhalb des mitgliedstaatlichen Rechts grundsätzlich unabhängig.[73] Für global tätige Datenverarbeiter scheinen somit Bußgelder auch in Milliardenhöhe unabhängig von der Unternehmensstruktur zumindest theoretisch denkbar.[74] Unklar bleibt daneben aber die Bedeutung der in Art. 4 Nr. 18 und Nr. 19 DS-GVO zu findenden Definitionen von „Unternehmen" und „Unternehmensgruppe";[75] die deutsche Sprachfassung adressiert, anders als bspw. die englische, das legaldefinierte Unternehmen und gerade nicht eine wirtschaftliche Einheit.[76] Denkbar erscheint auch, wie im Schrifttum teilweise vorgeschlagen wird, an eine datenschutzrechtliche Einheit anzuknüpfen, die in Unabhängigkeit über das Ob und Wie einer Datenverarbeitung entscheiden kann.[77] Dem Willen des Verordnungsgebers und dem Gedanken des Effet utile (Umgehung durch Strukturierung) scheint die Anwendung des funktionalen Unternehmensbegriffes jedoch zumindest in Bezug auf die Sanktionsnormen aber näherzukommen.[78] Außerhalb der Bußgeldberechnung ist in den weiteren Bereichen der DS-GVO aber mangels anderer Anhaltspunkte auf die Definitionen in Art. 4 DS-GVO abzustellen, die jede natürliche und juristische Person umfasst, die regelmäßig einer wirtschaftlichen Tätigkeit nachgeht. Es wird damit auf das jeweils einzelne Unternehmen abgestellt.[79] Nicht anwendbar ist das kartellrechtliche Konzernprivileg; mag es innerhalb einer Unternehmensgruppe keinen Wettbewerb geben, so kommt eine Freistellung von datenschutzrechtlichen Vorschriften bei Verarbeitungen innerhalb des Konzerns nicht in Betracht.[80]

b) Maßstäbe der Bußgeldbemessung

55 Geldbußen können nach Art. 83 Abs. 2 DS-GVO zusätzlich oder anstelle der Maßnahmen der Aufsicht nach Art. 58 Abs. 2 lit. a–h u. i DS-GVO (→ § 22 Rn. 83 ff.) verhängt werden. In Art. 83 Abs. 2 lit. a–k DS-GVO ist diesbezüglich ein

[72] Zur Bedeutung des ErwGr *Martini/Wagner/Wenzel,* VerwArch 2018, 163 (172 f.).

[73] Callies/Ruffert/*Weiß,* EUV/AEUV, 6. Aufl. 2022, Art. 101 AEUV, Rn. 25.

[74] *Faust/Spittka/Wybitul,* ZD 2016, 120 (120).

[75] Zur Abweichung von diesen nur aufgrund der Erwägungsgründe *Gola,* K&R 2017, 145 (146); *Martini/Wagner/Wenzel,* VerwArch 2018, 163 (172 f.).

[76] *Uebele,* EuZW 2018, 440 (443); *Holländer,* in: Lachmayer/v. Lewinski, Datenschutz im Rechtsvergleich Deutschland–Österreich, 2019, S. 209 auch zur Entstehungsgeschichte.

[77] So *Cornelius,* NZWiSt 2016, 421 (426).

[78] Auernhammer/*Golla,* BDSG/DSGVO, 7. Aufl. 2020, Art. 83 DS-GVO, Rn. 36; Simitis/Hornung/Spiecker gen. Döhmann/*Boehm,* Datenschutzrecht, 2019, Art. 83 DSGVO, Rn. 43; so auch *Uebele,* EuZW 2018, 440 (445); *Holländer,* in: Lachmayer/v. Lewinski, Datenschutz im Rechtsvergleich Deutschland–Österreich, 2019, S. 209 f.; *Rost/Fischer,* RDV 2021, 253 (254) mit Nachw. aus der Rspr.; unausgesprochen auch CNIL, Beschl. v. 21.1.2019 – n°SAN-2019-001, Rn. 2, 189 – Google LLC, die auf den Umsatz der Muttergesellschaft ALPHABET abstellt.

[79] Kühling/Buchner/*Schröder,* 3. Aufl. 2020, Art. 4 Nr. 18 DS-GVO, Rn. 1 f.

[80] *Uebele,* EuZW 2018, 440 (444); deshalb kritisch zu einer Anlehnung an das Kartellrecht *Martini/Wagner/Wenzel,* VerwArch 2018, 163 (174); *Cornelius,* NZWiSt 2016, 421 (425).

umfangreicher Katalog von Abwägungskriterien für die im Einzelfall festzulegende Geldbuße aufgeführt.[81] Große Abweichungen vom bislang auch für das Datenschutzordnungswidrigkeitenrecht geltenden deutschen Recht (v.a. nach OWiG) erscheinen durch die nahezu klassischen Kriterien von u.a. Art und Schwere des Verstoßes, Ausmaß des Schadens und Verschuldensform kaum zu erwarten.[82] Neu ist aber insoweit die explizite Berücksichtigung des Wohlverhaltens der Verantwortlichen[83] bspw. durch Aufstellung von Verhaltensregeln oder Nutzung von Zertifikaten (Art. 82 Abs. 2 lit. j DS-GVO), die eigene Meldung des Verstoßes (lit. h) und allgemein weitere erschwerende oder mildernde Umstände[84] (lit. k).

56 Art. 83 Abs. 3 DS-GVO begrenzt die Höhe der Gesamtgeldbuße bei mehreren **in Tateinheit begangenen Verstößen** auf den Betrag für den schwerwiegendsten Verstoß.

57 Das **Bestimmtheitsgebot** (→ Rn. 14 ff.) ist auch für die Rechtsfolgen eines Verstoßes zu beachten.[85] Die Anzahl der Kriterien in Verbindung mit einem Strafrahmen, der nur durch eine Obergrenze harmonisiert wird (→ Rn. 52), führt nicht zu größerer Vorhersehbarkeit[86] und lässt eine auch in Zukunft uneinheitliche Praxis der Aufsichtsbehörden möglich erscheinen. Ob jedoch die unionsrechtliche gebotene Abwägung, deren Ergebnis eine verhältnismäßige Sanktion im Einzelfall sein muss, durch eine kraft Vertrauens oder gleicher Übung ermessensbindende „Sanktionspolitik", die mit Pauschalierungen und Kategorisierungen arbeitet, erreicht werden kann, scheint zweifelhaft, zumindest muss diese öffentlich sein.[87] Hinzu treten die Unklarheiten des Unternehmensbegriffes (→ Rn. 54). Zumindest lassen die Erwägungsgründe aber erkennen, dass eine Bestrafung den Regelfall darstellen soll (ErwGr 148). Dies engt den Ermessensspielraum der Aufsichtsbehörden ein.[88] Auch ist neben dem ohnehin möglichen Kohärenzverfahren zwischen den Aufsichtsbehörden (Art. 63 ff. DS-GVO) eine Konkretisierung in Form von Leitlinien des Datenschutzausschusses zur Bußgeldverhängung vorgesehen (Art. 70 Abs. 1 lit. k DS-GVO). Hiervon ist Gebrauch zu machen, um die Unbestimmtheit der DS-GVO im Hinblick auf eine einheitliche Durchsetzung abzumildern.[89] Allerdings ist anzumerken, dass sich der EuGH beispielweise im Kartellrecht bisher mit deutlich weniger konkreten Bemessungskriterien bei noch höherer Strafandrohung zufriedengegeben hat.[90]

C. Datenschutzstraftaten

58 Datenschutzkriminalität hat **keine große praktische Relevanz.**[91] Noch stärker als das Datenschutzordnungswidrigkeitenrecht ließen die zuständigen Behörden bisher

---

[81] Beispiel zur Gewichtung bei CNIL, Beschl. v. 21.1.2019 – n°SAN-2019-001, Rn. 176 ff. – Google LLC. Eine Begründungspflicht sieht die CNIL nur für die einschlägigen Gesichtspunkte, bejaht aber eine Prüfungspflicht aller Kriterien (Rn. 175); s. hierzu die Anm. von *Tambou,* EDPL 2019, 80 (82).

[82] So auch *Nolde,* DSRITB 2016, 757 (763).

[83] Hierzu *Wenzel/Wybitul,* ZD 2019, 290 (294); Conseil d'Etat, Entsch. v. 17.4.2019 – n°422575, Rn. 8 – Société Optical Center kassiert partiell (20%) eine Sanktion der CNIL mangels ausreichender Würdigung des Wohlverhaltens.

[84] Ebenso BeckOK DatenSR/*Holländer,* 39. Ed. 2022, Art. 83 DS-GVO, Rn. 21, 43; zum erschwerenden Kriterium des finanziellen Vorteils (lit. k) s. CNIL, Beschl. v. 21.1.2019 – n°SAN-2019-001, Rn. 188 – Google LLC.

[85] EuGH Urt. v. 22.5.2008 – C-266/06, Slg. 2008, I-00081 Rn. 43 f.

[86] So auch BeckOK DatenSR/*Holländer,* 39. Ed. 2022, Art. 83 DS-GVO, Rn. 7.

[87] S. die doch sehr abgestuften *Beleidsregls* (Staatscourant, Nr. 14586 v. 14.3.2019) der niederländischen Aufsicht, die nach Unternehmensgröße und der Maximalstrafe einordnet und innerhalb dieser Kategorie Verstöße der Schwere nach sortiert und einen Rahmen festsetzt; ob und wie ein deutsches Konzept der DSK bereits verwendet oder geplant ist, ist nicht unumstritten zwischen Anwaltschaft und Aufsichtsbehörden.

[88] Auernhammer/*Golla,* DSGVO/BDSG, 7. Aufl. 2020, Art. 83 DS-GVO, Rn. 11.

[89] So auch *Pohl,* PinG 2017, 85 (91); BeckOK DatenSR/*Holländer,* 39. Ed. 2022, Art. 83 DS-GVO, Rn. 7.1.

[90] Dazu Kühling/Buchner/*Bergt,* 3. Aufl. 2020, Art. 83 DS-GVO, Rn. 48 f.

[91] Roßnagel HdB DatenSR/*Bär,* 2003, Kap. 5.7, Rn. 2; *Woertge,* Die Prinzipien des Datenschutzrechts und ihre Realisierung im geltenden Recht, 1984, S. 101; *Haft,* NJW 1979, 1194 (1196); vgl.

angesichts der verfassungsrechtlichen Fragwürdigkeit vieler Tatbestände klugerweise Zurückhaltung walten.

I. Strafnormen des allgemeinen Datenschutzrechts

59 Eigentliche datenschutzrechtliche Strafvorschriften enthält die DS-GVO nicht. Vom Regelungskonzept in § 44 BDSG-alt, bei dem Straf- und Ordnungswidrigkeitstatbestand bezüglich der „Grundtatbestandsmerkmale" übereinstimmten und erst durch das Hinzutreten weiterer Merkmale zu einer Straftat „qualifiziert" wurden, hat man sich verabschiedet. Dies ist im Hinblick auf die Unbestimmtheit einiger Bußgeldtatbestände auch begrüßenswert.[92] Art. 84 DS-GVO enthält aber eine **Öffnungsklausel für „andere Sanktionen"**, was in Zusammenschau mit ErwGr 152 auch strafrechtliche Sanktionen erfasst.[93] Diese müssen „wirksam, verhältnismäßig und abschreckend" sein (Art. 84 Abs. 1 S. 2 DS-GVO, ebenso Art. 56 JI-RL). Dies ist letztendlich nur eine Wiederholung der Anforderungen des EuGH bezüglich einer Verpflichtung zur Sanktionierung von Verstößen gegen Unionsrecht,[94] die im Sinne eines weit verstandenen Effet utile-Grundsatzes eine möglichst wirksame Anwendung des Unionsrechts schon im Mitgliedstaat selbst sicherstellen sollen.[95]

60 Bei der Umsetzung ist jedoch zu beachten, dass die reine Effektivität im Hinblick auf **das Strafrecht als Ultima ratio**[96] den Einsatz strafrechtlicher Sanktionen nicht alleine rechtfertigen kann. Gerade im Hinblick auf die durch die geringen Verurteilungszahlen implizierte Wirkungslosigkeit strafrechtlicher Ansätze bisher[97] scheint es darüber hinaus auch kaum zweckmäßig, unter Weiterverfolgung des gleichen regelungstechnischen Ansatzes[98] eine effektivere Durchsetzung zu erwarten. Zudem besteht ein Spannungsverhältnis zwischen der europarechtlichen Sanktionsandrohungspflicht und den grundgesetzlichen Grenzen für die Sanktionierung und für Strafvorschriften.

61 In § 42 BDSG hat sich der Bundesgesetzgeber für die Schaffung von Straftatbeständen über die DS-GVO hinaus entschieden.[99] Er bedient sich dabei einer sog. **dynamischen Verweisung** auf Unionsrecht. Dabei werden die europarechtlichen Normen nicht genannt, sondern müssen in das Merkmal „ohne Berechtigung" der gewerbsmäßigen Übermittelung oder Zugänglichmachung (§ 42 Abs. 1 BDSG) bzw. der Verarbeitung (§ 42 Abs. 2 Nr. 1 BDSG) hineingelesen werden. Im Rahmen des § 42 Abs. 2 Nr. 2 BDSG, der die Erschleichung von Daten durch unrichtige Angaben bestraft, wird sich die Auslegung des Merkmales „unrichtig" mittelbar an den Informationspflichten der DS-GVO orientieren müssen. Zu beachten ist an

auch LG Bad Kreuznach, Beschl. v. 10.3.1978 – 1 Qs 11/78, NJW 1978, 1931, m. Anm. *Dammann*, NJW 1978, 1906. – Die Polizeiliche Kriminalitätsstatistik (PKS) 2016 wies für die BDSG-Straftaten [Straftaten-Schlüssel 728020] 296 Taten aus.

[92] Vgl. Auernhammer/*Golla*, DSGVO/BDSG, 7. Aufl. 2020, Art. 84 DS-GVO, Rn. 8.

[93] Auernhammer/*Golla*, DSGVO/BDSG, 7. Aufl. 2020, Art. 84 DS-GVO, Rn. 3; zur Reichweite der Öffnungsklausel s. umfassend *Martini/Wagner/Wenzel*, VerwArch 2018, 296 (298 ff.).

[94] EuGH Urt. v. 21.9.1989 – C-68/88, Slg. 1989, 2965 – Griechischer Mais.

[95] *Frenz*, Handbuch Europarecht V, 1. Aufl. 2010, Kap. 4 § 6 Rn. 434.

[96] BVerfG, Urt. v. 25.2.1975 – 1 BvF 1/74 u. a., BVerfGE 39, 1 (44, 47); Urt. v. 28.5.1993 – 2 BvF 2/90 u. a., BVerfGE 88, 203 (258); Urt. v. 10.4.1997 – 2 BvL 45/92, BVerfGE 96, 10 (25 f.); Urt. v. 9.7.1997 – 2 BvR 1371/96, BVerfGE 96, 245 (249); Urt. v. 26.2.2008 – 2 BvR 392/07, BVerfGE 120, 224 (239 f.).

[97] Dazu *Pohl*, PinG 2017, 85 (91); ausführlich zur Schwierigkeit des empirischen Nachweises *Golla*, Die Straf- und Bußgeldtatbestände der Datenschutzgesetze, 2015, S. 221.

[98] „[M]ore of the same law", *Koops*, IDPL 2014, 250 (256).

[99] S. hierzu *Martini/Wagner/Wenzel*, VerwArch 2018, 296 (325 ff.).

dieser Stelle, dass die Bestimmungen der DS-GVO im Rahmen der Verweisung aus formaler Sicht mitgliedstaatliches Recht darstellen.[100] Sie machen lediglich die Wiederholung des Wortlautes überflüssig („Inkorporierungslehre").[101]

62 Die Prüfung der Bestimmtheit dieser konkreten Strafnorm wäre daher, anders als oben (→ Rn. 18) bei den Normen der DS-GVO, am Maßstab des Grundgesetzes auszurichten.[102] Sowohl die verweisende Norm selbst als auch das Verweisungsobjekt müssen dabei den **verfassungsrechtlichen Anforderungen** entsprechen. Die Auslegung der Merkmale, auf die verwiesen wird, folgt aber weiterhin europarechtlichen Regeln. Abweichungen zwischen datenschutzrechtlicher und datenschutz*straf*rechtlicher Auslegung sind somit an dieser Stelle möglich (sog. Normspaltung bzw. Normambivalenz[103]).[104] – Inhaltlich ändert sich an der grundsätzlichen Kritik durch das Abstellen auf das grundgesetzliche Bestimmtheitsgebot (Art. 103 Abs. 2 GG) nichts. Insoweit kann auf die obigen Ausführungen zur Verweisungsproblematik (→ Rn. 9ff.), zur Unverständlichkeit (→ Rn. 13) und Unbestimmtheit (→ Rn. 14ff.) verwiesen werden.

63 Unterschiede zum Bereich des Bußgeldes ergeben sich beim strafrechtlichen Begriff des **Täters,** der vom Adressaten der datenschutzrechtlichen Normen abweicht. Diese sind zum Großteil juristische Personen, welche nach deutschem Recht selber jedoch zumindest nicht strafrechtlich sanktioniert werden können. Abweichend zum Bußgeld (→ Rn. 37) stellen die § 42 Abs. 1 und 2 BDSG daher im Rahmen der strafrechtlichen Sanktionierung auf die **handelnde Person** ab, die Daten verarbeiten, zugänglich machen oder übermitteln, ohne hierzu berechtigt zu sein.[105]

II. Strafnormen im bereichsspezifischen Datenschutzrecht

64 Spezialgesetzliche Datenschutzstrafvorschriften finden sich außerhalb des BDSG. Deren Notwendigkeit ergibt sich bereits aus den Vorgaben des Volkszählungsurteils zum bereichsspezifischen Datenschutz.[106] Eine bedeutende datenschutzrechtliche Strafvorschrift enthält bspw. § 85 SGB X für den **Umgang mit Sozialdaten.** Auch für den **Landesgesetzgeber** besteht die Möglichkeit der Schaffung von datenschutzrechtlichen Straftatbeständen, von der vor der Änderung im Rahmen der Anpassung an die DS-GVO auch überwiegend Gebrauch gemacht wurde.[107] Eine Weiteranwendung dieser und weiterer Strafvorschriften kommt jedenfalls nur insoweit in Betracht, als dass eine von der DS-GVO abweichende mitgliedstaatliche Regelung in einem Spezialgesetz vom Anwendungsbereich einer Öffnungsklausel gedeckt ist.[108]

---

[100] *Satzger,* in: Sieber/Satzger, Europäisches Strafrecht, 2. Aufl. 2014, § 9, Rn. 29.

[101] Insoweit zur bundesrechtlichen Verweisung auf Landesrecht, Beschl. v. 15.6.1969 – 2 BvF 1/64, BVerfGE 26, 338 (368); BVerfG, Urt. v. 1.3.1978 – 1 BvR 786, BVerfGE 47, 285 (309f.); *Karpen,* Die Verweisung als Mittel der Gesetzgebungstechnik, 1970, S. 31f.

[102] Allg. hierzu *Satzger,* Die Europäisierung des Strafrechts, 2001, S. 237ff.

[103] Dazu *Tiedemann,* Wirtschaftsstrafrecht AT, 2009, Rn. 222; speziell im Kontext des Datenschutzrechts; *Golla,* Die Straf- und Bußgeldtatbestände der Datenschutzgesetze, 2015, S. 168ff.

[104] So auch Auernhammer/*v. Lewinski,* DSGVO/BDSG, 5. Aufl. 2017, Vor. zu § 43 BDSG, Rn. 12.

[105] Jedoch mit Hinweis auf die Öffnungsklausel des Art. 84 DS-GVO, die nur die Sanktionierung von materiell-rechtlichen Verstößen gegen die DS-GVO zulasse, *Martini/Wagner/Wenzel,* VerwArch 2018, 296 (329).

[106] BVerfG, Urt. v. 15.12.1983 – 1 BvR 209, BVerfGE 65, 1 (46) – Volkszählung; dazu im einzelnen *Golla,* Die Straf- und Bußgeldtatbestände der Datenschutzgesetze, 2015, S. 68.

[107] Dazu im einzelnen *Golla,* Die Straf- und Bußgeldtatbestände der Datenschutzgesetze, 2015, S. 78.

[108] Dazu BeckOK DatenSR/*Holländer,* 38. Ed. 2021, Art. 84 DS-GVO, Rn. 11.

65 Eine Strafvorschrift findet sich etwa auch in § 27 Abs. 1 Nr. 1 TTDSG (**Strafbarkeit des Abhörens**). Sie kann im weitesten Sinne dem Datenschutzrecht zugerechnet werden. Deren Zukunft bleibt im Hinblick auf die anstehende E-Privacy-VO,[109] die inhaltlich teils an die DS-GVO anknüpft, abzuwarten (zur künftigen E-Privacy-VO → § 18 Rn. 11).

66 **Andere Spezialgesetze** enthalten zwar datenschutzrechtliche Vorschriften (§§ 87c ff. AO; § 5a EnWG; s.a. §§ 3, 33 ff. BMG),[110] jedoch keine eigenständigen Strafvorschriften für Verstöße.

III. Allgemeines Strafrecht[111]

67 Das Allgemeine Strafrecht enthält in §§ 201–206 StGB Rechtsfolgen für die **Verletzung des „persönlichen Lebens- und Geheimbereichs"**.[112] Strafbarkeitsvoraussetzung ist ggf. ein entsprechender Antrag hinsichtlich eines Verstoßes gegen § 203 StGB.[113] Mit dem 2021 eingefügten Tatbestand des „Gefährdenden Verbreitens personenbezogener Daten" (§ 126a StGB) ist ein bestimmter Modus der Offenlegung sog. **Feindeslisten** unter Strafe gestellt. Als Generalklausel des das Persönlichkeitsrecht schützenden Datenschutzstrafrechts wird der § 203 Abs. 2 S. 2 StGB verstanden, der über klassisches Geheimnisschutzrecht weit hinaus reicht.[114] Bei vielen weiteren Straftaten scheint zudem ein gleichzeitiger Verstoß gegen datenschutzrechtliche Vorschriften in vielen Fällen naheliegend (bspw. §§ 303a, 303b StGB: Datenveränderung und Computersabotage).[115] Als strafrechtliche Sanktionen im weiteren Sinne können auch der Verfall (§§ 73 ff. StGB; ebenso in § 29a OWiG), sowie die Einziehung (§§ 74 ff. StGB, ebenso in §§ 22 ff. OWiG) angesehen werden.

---

[109] Entwurf der Kommission COM(2017) 10 final, 2017/0003 (COD).

[110] Zu den dortigen Übermittlungskompetenzen im einzelnen *Kieck/Pohl,* DuD 2017, 567 (570).

[111] Lesenswert *Kubiciel/Großmann,* NJW 2019, 1050 ff. zur Strafbarkeit insbes. nach StGB des sog. Doxing, also der gezielten Suche nach personenbezogenen Daten und deren Veröffentlichung im Internet.

[112] Allg. zu den Schutzgütern des Strafrechts und deren notwendigen Pönalisierung *Golla,* Die Straf- und Bußgeldtatbestände der Datenschutzgesetze, 2015, S. 86, insbes. auch mit konkreten Reformvorschlägen zum StGB, S. 235 ff.

[113] Bei einer Kollision eines landesdatenschutzrechtlichen Offizialdelikts mit einem bundesrechtlichen Antragsdelikt geht die Bundesnorm (Art. 31 GG) vor (OLG Koblenz, Beschl. v. 3.6.2008 – 1 Ss 13/08, NJW 2008, 2794 (2795)).

[114] Dazu im einzelnen *Golla,* Die Straf- und Bußgeldtatbestände der Datenschutzgesetze, 2015, S. 33 f.; ausführlich *Wronka,* DuD 2017, 129 ff.

[115] Dazu Kühling/Buchner/*Bergt,* 3. Aufl. 2020, Art. 84 DS-GVO, Rn. 26.

Sachverzeichnis

Fette Zahlen bezeichnen die Paragraphen, magere Zahlen die Randnummer; Hauptfundstellen sind kursiv gedruckt.